中国石化储气库"五化"建设实践

（下册）

张庆生　杜广义　编著

中国石化出版社

·北京·

图书在版编目(CIP)数据

中国石化储气库"五化"建设实践 / 张庆生，杜广义编著 .—北京:中国石化出版社,2023.6
ISBN 978-7-5114-7128-4

Ⅰ.①中… Ⅱ.①张… ②杜… Ⅲ.①地下储气库-工业企业管理-研究-中国 Ⅳ.①F426.22

中国国家版本馆 CIP 数据核字(2023)第 112616 号

中国石化出版社出版发行
地址:北京市东城区安定门外大街 58 号
邮编:100011 电话:(010)57512446
发行部电话:(010)57512575
http://www.sinopec-press.com
E-mail:press@sinopec.com
北京捷迅佳彩印刷有限公司印刷
全国各地新华书店经销
*
787 毫米×1092 毫米 16 开本 43 印张 1130 千字
2023 年 6 月第 1 版　2023 年 6 月第 1 次印刷
定价:386.00 元(全 2 册)

编 写 组

主　　编　张庆生　杜广义

副 主 编　刘建亮　郑　焯　屈丹龙　高　山　高继峰　陈俊亮

参编人员　庞　军　梁成宁　公明明　陈清涛　吕应超　孙　娟　孟庆江　程振华　仝淑月　王向阳　张松伟　王崇高　米　克　丁　锋　史世杰　朱永辉　窦文林　范　伟　白宝孺　李　凯　唐　谋　王利畏　张　磊　吴佳伟　苗　洁　赵菁雯　王　勇　曾丽瑶　李　光　王令群　龚　瑶　任宁宁　刘　海　刘芳卓　宋　燕　李晓鹏　陈春霖　梅玲玲　孙　冲　张　迪　韦建中　张树中　张金红　张吉辉　任　丹　梁　莉　罗　珊　闫承东　赵　钦　路　宽　曹　斌　曹　利　刘　磊　秦跃雁　钱　潇　刘井坤　孙胜利　王来山　宋　豪　王　磊　闫　龙　虞　甫　徐　琳　孟晓飞　张海洋　乔爱丽　赵怡斐　苏啸吟　申　鹏　王雨生　胡恩源　银俊宏　张传裕

前言

Foreword

我国天然气行业快速发展，天然气消费持续快速增长，在国家能源体系中的重要性不断提高。但与之配套的储气基础设施建设相对滞后，储气能力大幅低于全球平均水平，成为天然气安全稳定供应和行业健康发展的短板。

为加快推进天然气“产、供、储、销”体系建设，国内地下储气库建设进入了高峰期，中国石化围绕天然气产区和进口通道，重点打造了中原卫11、文13西、文24、普光清溪、金坛、白庙、江汉黄场、永21、盐城朱家墩和西北大涝坝等地下储气库群，以形成与我国天然气消费需求相适应的储气能力，满足国内日渐扩大的天然气消费整体需求，保障天然气的长期稳定供应。

在国内天然气田建设领域，标准化、数字化技术已部分得到推广应用，但在储气库地面工程建设中，“标准化设计”覆盖率较低，“工厂化预制”程度较低、“模块化施工”和“机械化作业”比例较低，“信息化管理”中智能化和数字化程度都不高，此“五化”中的不足也成为目前制约储气库建设效率的短板。

中国石化集团公司提出并实施的“五化”建设，其核心是聚焦“省心、省时、省力、省人、省钱”的“五省”目标，坚持以“全球视野、国际标准、石化特色、高点定位”为中心，按照“全生命周期价值最大化”“安全、质量、效率、效益、智慧、快乐”等理念进行推广，着重创新施工方法，不断提升设计和施工水平。

自2021年以来，按照中国石化集团公司国内上游地面工程“五化”工作安排，中原油田分公司负责牵头组织，中石化中原石油工程设计有限公司具体实施，开展了枯竭气藏储气库地面工程“五化”工作。以卫11、文13西、清溪、白9储气库为载体，全面推行“五化”建设。

通过储气库“五化”建设与新技术的研发应用，中国石化在储气库建设领域取得了丰硕的成果。本次组织专业团队编写的《中国石化储气库“五化”建设实践》，即以中原储气库群(卫11、文13西、白9、清溪、文24储气库)、文96储气库、文23储气库地面工程“五化”建设理论和实践研究成果、设计管理经验为基础编著而成，旨在为相关从业人员提供有益的参考和帮助。

当前，我国储气库建设正处于快速发展阶段，相关工艺技术的研究和工程建设方兴未艾。在此背景下，该书的编者于实践中不断钻研、不断总结，持续攻坚克难、取得突破，在我国储气库建设中发挥了应有的作用。希望广大读者能够从该书中获得有益的帮助，解决工作中的实际问题，创造更好的效益。

着重强调的是，参与本书编写的人员都是长期从事地下储气库建设的一线设计人员、技术研究人员和施工管理人员，在编写过程中，他们注重工程实际需要，着力把工艺与生产相结合，有力推广了储气库建设“五化”经验，同时侧重储气库地面工程各环节的典型实例总结，全面反映目前中国石化储气库地面工程建设的技术和成果水平。

全书共分为十一章，包括国内外储气库建设综述、储气库“五化”建设实践情况概述、储气库标准化设计、储气库工厂化预制、储气库模块化施工与机械化作业、储气库信息化管理、储气库运营管理模式、储气库完整性管理与风险管控、储气库地面工程关键及配套技术、储气库场站投产与检维修和中原储气库群“五化”建设案例，内容全面、翔实，重点突出，既可作为地下储气库地面工程技术设计和生产运维专业人员的参考图书，也可作为石油院校相关专业师生的参考用书。

本书由中原石油工程设计有限公司和中原油田分公司、中原油建工程有限公司联合编写，全书由张庆生、杜广义、王中红统稿，并参与第一~三章、第五~七章、第十一章的编写。副主编刘建亮、郑焯、屈丹龙、高山、高继峰、陈俊亮负责布置各章节的详细编写任务，并对各章节进行统稿，编委会成员齐心协力对全书编写工作进行管理与推进，为了保障书稿编写质量，编写人员克服工作繁忙等困难，多次组织召开书稿编写对接会，积极吸纳合理化建议，先后进行了数次调整，高质量完成全部编写工作。

国内外储气库建设综述章节主要由郑焯、李光、李晓鹏、吴佳伟编写完成，储气库“五化”建设实践情况概述章节主要由屈丹龙、丁锋、王利畏、张磊、曹利、王磊编写完成，储气库标准化设计章节主要由范伟、王令群、程振华、宋燕、罗珊、梁莉、银俊宏编写完成，储气库工厂化预制章节主要由公明明、白宝孺、李凯、庞军、梁成宁、任丹、宋豪、路宽编写完成，储气库模块化施工与机械化作业章节主要由高继峰、孟庆江、赵钦、刘海、任宁宁、刘磊、王雨生编写完成，储气库信息化管理章节主要由刘建亮、高山、朱永辉、陈春霖、闫承东、张金红、秦跃雁、钱潇编写完成，储气库运营管理模式章节主要由陈俊亮、王向阳、唐谋、张松伟、王来山、王勇、刘芳卓、赵菁雯编写完成，储气库完整性管理与风险管控章节主要由陈清涛、王崇高、曹斌、刘井坤、苗洁、张海洋、申鹏、虞甫编写完成，储气库地面工程关键及配套技术章节主要由孙娟、窦文林、曾丽瑶、张迪、孙冲、赵怡斐编写完成，储气库场站投产与检维修章节主要由仝淑月、韦建中、史世杰、梅玲玲、张树中、乔爱丽、苏啸吟、孟晓飞、胡恩源、张传裕编写完成，中原储气库群“五化”建设案例章节主要由吕应超、陈俊亮、米克、龚瑶、孙胜利、张吉辉、闫龙、徐琳编写完成。

由于编写人员水平有限，书中难免出现不妥之处，敬请各位专家、同行和广大读者批评指正。

编著者

Contents

目　录

上　册

下　　册

第四章　储气库工厂化预制

第一节　概　　述

工厂化预制是实现模块化施工的前提，它以最大限度减少现场施工工作量为目标，将工艺安装工作量向预制工厂转移，为模块化施工创造条件。工厂化预制不受天气影响，作业环境好，在保证施工质量的前提下，可显著减少现场的工作量和资源投入数量，减少现场施工安全风险，缩短项目总体建设周期。

2020年5月，中国石化下发《中国石化国内上游地面工程"五化"推进方案》，目的是建立健全"五化"技术和管理体系，提升标准化设计水平，统筹标准化采购工作一体化运行，增强工厂化预制、模块化施工、机械化作业能力，提高信息化管理水平，提高工程质量，缩短建设工期，确保工程安全，降低工程投资，实现全生命周期成本最低。

中石化石油工程建设有限公司(以下简称"石工建")积极落实中国石化要求，扎实开展"五化"工作，建设了东部、中部、西部三个工厂化预制基地，统筹优化预制厂布局，加强先进适用的加工设备及预制管理软件的配置，提高加工设计转化能力，优化模块、撬块拆分节点，以及预制工序和流程，提高预制深度、质量与效率。通过开展"五化"工作，优化地面工程建设途径，全面提升地面工程技术质量水平及核心竞争力。

中原油田储气库群建设既是中国石化于2021年大力推动的重点工程项目，又是中国石化按照国家部署新增储气能力的重要工程项目，还是中原油田构建"四个一"新发展格局的核心建设规划项目。2021年，中原油田储气库群包括了卫11、文13西、清溪和白9共4座储气库，其中卫11储气库、文13西储气库和清溪储气库均采用撬装化设计，撬装化率达到96%。

石工建中部工厂化预制基地(图4-1-1)依托中原油田储气库群项目，加快基地升级建设，努力提升工厂化预制水平。采用管道预制生产线，在厂房内进行管子批量预制，钢结构批量制造，在完成撬块的组装、试验和调试，有效减少了现场工作量。

图4-1-1　工厂化预制基地

第二节 工厂化预制技术规定

工厂化预制是标准化设计的实现方法，是模块化施工的前提。在生产过程中，必须遵循一定的技术规定，保证预制的质量和安全，提高生产效率。

一、技术准备

(1) 工厂化预制前，组织技术和生产等部门相关人员进行图纸会审，对有疑问的图纸要联系设计单位进行澄清或修改，提前发现设计问题，避免按图预制完成后出现返工情况。

(2) 由设计单位向制造单位进行设计交底，使制造单位能够正确贯彻设计意图，加深对设计文件特点、难点、疑点的理解，把握关键部位的质量要求，确保工程质量。

(3) 根据单管图确定预制口和固定口的位置。基本原则是尽量减少固定口的数量，降低安装及焊接难度。储气库工厂化预制率达到80%以上。

(4) 锯床、坡口机和焊机等主要预制加工机具应按操作规程进行检查、调试，确保设备状态和性能满足预制的要求。

(5) 施工前，检查特种作业人员的资格证书，确保作业人员资质符合要求。

(6) 型钢、钢管、管件、法兰等材料必须经过入场验收合格后，才能投入使用。

二、管道下料组对

(1) 钢管宜采用机械加工方式进行集中下料切割，切割质量应符合以下规定：

① 切口表面应平整，尺寸应正确，并无裂纹、重皮、毛刺、凸凹、缩口、熔渣、氧化物、铁屑等。

② 管子切口端面倾斜偏差不应大于管子外径的1%，且不大于3mm。

(2) 管子切割前，应做好标识移植，切割完成后的管子应有相应的管段号和管线号，切割后的管段应按管线号和材质分开摆放。

(3) 坡口宜采用机械加工，坡口形式和组对间隙应符合焊接工艺规程的要求。

(4) 组对应在专门的组对工具上进行，以保证组对质量。

(5) 直管相邻环焊缝间距应大于管径的1.5倍，且不应小于100mm。

(6) 组对时，钢管的制管焊缝应错开，错开距离不小于100mm(外壁弧长)。

三、焊接

(1) 工艺管道焊接宜采用手工焊、半自动焊、自动焊或上述方法的组合，应采取措施提高自动焊应用的比例。

(2) 焊接过程中，必须严格按照焊接工艺规程的要求进行。

(3) 为保证焊接工序的可追溯性，焊口应做好标识。

(4) 采用多层焊接时，清除干净每层焊道上的氧化皮和熔渣后，进行下道焊接。相邻焊层的接头位置应错开20~30mm。

(5) 需要热处理的管道，热处理应符合设计文件和相关标准的要求。

(6) 钢结构焊接应符合《钢结构工程施工规范》(GB 50755—2020)中相关的规定。

四、无损检测

（1）焊缝无损检测应在焊缝焊接完成并经外观检查合格后进行。

（2）对有延迟裂纹倾向的焊缝，无损检测应至少在焊接完成24h后进行。对有再热裂纹倾向的焊缝，无损检测应在热处理后进行。

（3）焊后应进行无损检测，检测方法、比例及合格级别应符合设计文件和相关标准的规定。

五、压力试验及吹扫清洗

（1）管道安装完毕、热处理和无损检测合格后，进行压力试验。工艺管道的压力试验按照《工业金属管道工程施工规范》（GB 50235—2019）进行。

（2）对脆性材料严禁使用气体进行压力试验。压力试验温度严禁接近金属材料的脆性转变温度。

（3）试验过程中发现泄漏时，不得进行带压处理。消除缺陷后应重新进行试验。

（4）压力试验完毕后，不得在管道上进行修补或增添物件。

（5）管道在压力试验合格后，应进行吹扫与清洗。管道吹扫与清洗方法，根据管道的使用要求、工作介质、系统回路及管道内表面脏污程度确定。对不允许吹扫与清洗的设备及管道，应进行隔离。

六、防腐涂装

（1）防腐涂装施工宜在组装和预拼装工程质量验收合格后进行。

（2）防腐涂装施工前，应进行表面处理。表面处理前，应采取合适的方法对原有标识进行移植。表面除锈等级应按设计文件及现行国家标准的有关规定，采用机械除锈或手工除锈方法进行。

（3）表面除锈处理与涂装的时间间隔宜在4h之内。

（4）防腐涂装宜采用机械化作业，减少人工涂刷法的使用。

（5）涂装完毕后，应做好标识的恢复。

七、其他要求

（1）进行工厂化预制的工厂，应具有国家市场监管总局或其认可的机构颁发的与工厂化预制施工相适应的制造或安装许可资质。

（2）工厂化预制工厂应有专门的材料存放区，各类材料应分类存放，存放环境要满足相关规范的要求。不锈钢材料和碳钢材料要有隔离措施。材料管理部门要配置专人对材料的入库、验收、保存和发放进行管理。

（3）需要进行泄漏试验的阀门，在安装前应送至有资质的阀门检测机构进行检测。

（4）需要检定的仪表，应送至具有资质的检定机构进行检定，并出具检定报告。

（5）撬块内工艺管道的组装应满足《工业金属管道工程施工规范》GB 50235—2019的要求。

（6）工厂化预制的工厂应根据设计文件和相关规范的要求，完成各项预制工作，包含但不限于工作：管道焊接、容器制造（如有）、钢结构预制、无损检测、热处理（如有）、压力试验、除锈刷漆、保温(如有)、电气仪表安装、设备安装、调试和包装等。

(7) 需要进行监督检验的设备系统工厂化，预制的工厂应当约请特种设备监督检验机构对其预制过程进行监督检验。

(8) 工厂化预制的工厂应接受业主或EPC总包方及监理的检查，并为其提供便利。

(9) 一般情况下，工厂化预制的工厂应当在厂内完成压力试验、预组装及调试工作。

(10) 出厂前，工厂化预制的工厂应当采取适当的包装措施，保证设备运输的安全，保证配件不丢失。

第三节　工厂化预制生产线

石工建中部工厂化预制基地为提高工艺管道预制效率，提高预制质量，在工厂化预制基地配置管道预制生产线一套。预制生产线采用撬装式结构，便于现场安装。其主要包括下料系统、坡口加工系统、组对系统、焊接系统及物流运输系统。能够实现工艺管道预制的流水线作业。

管道预制系统安装于工厂化预制基地厂房内，能够大幅减少天气因素对施工过程的影响。本节主要介绍管道预制生产线的组成及功能。

一、管道预制生产线的组成

管道预制生产线的主要配置见表4-3-1。管道预制生产线的全貌如图4-3-1所示。

表4-3-1　管道预制生产线的主要配置

序号	工位名称	设备名称	单位	数量	技术简述
1	带锯床+坡口机切割下料工位	管道数控切割带锯床	台	1	PLC控制，用于管子下料切割
2		管道切割机械定常系统	套	1	与管道数控切割带锯床配套使用，实现管子定长下料
3		管道纵向物流输送系统(带锯进料端)	套	1	配套管道数控切割带锯床，V形聚氨酯辊道，电动输送管子
4		管道纵向物流输送系统(带锯出料端)	套	1	配套管道数控切割带锯床，V形聚氨酯辊道，电动输送管子
5		管道数控端面坡口机	台	1	CN全数控控制，用于管子坡口加工
6		管道纵向物流输送系统	套	1	配套坡口机，V形聚氨酯辊道，电动输送、电动升降，中部设置液压升降回转系统，满足管子两端的坡口加工
7		管道横向物流输送系统	套	2	设置在管道数控切割带锯床上料端、下料端，实现管子的横向平稳传输
8	全自动组焊区	管道预制机械组对中心	台	1	双多功能组对机头，满足管弯头、管法兰、管三通、管大小头的组对需求
9		悬臂式管道自动焊机	台	1	焊接主机可在轨道上电动行走；三爪自定心卡盘夹紧，卡盘可电动升降以快速调节管中心高度；配置多功能焊接系统，实现自动MAG+SAW焊接工艺，配置SAW焊剂循环回收系统
10		分体式管道自动焊机	台	1	上下压紧、分体式；包含支撑小车和轨道，满足长管子的承载需要，配置多功能焊接系统，实现自动MAG+SAW焊接工艺，配置SAW焊剂循环回收系统

续表

序号	工位名称	设备名称	单位	数量	技术简述
11	全自动组焊区	管道横向物流输送系统	套	2	配套上述2个组对焊接工位，2台小车+轨道贯穿组对，实现管子的横向平稳传输
12		焊接烟尘净化系统	套	2	每个焊接工位配置1套，用于焊接排烟、除尘
13	生产线长距离输送物流系统	管道纵向物流输送系统	套	1	设置在车间中部，V形聚氨酯辊道，用于将切割坡口完成的管子电动输送到各个组对焊接区，采用PLC+触摸屏控制

图 4-3-1 管道预制生产线的全貌

二、管道预制生产线功能

(一) 切割坡口作业中心

1. 切割坡口作业中心主体设备技术参数

1) 管道数控切割带锯床

功能说明：实现各类材质的金属管道高速切断。

适用场合：各种材质、各种壁厚的管子切割。

适用材质：碳钢、合金钢、低温钢、不锈钢等。

切割方式：锯带切割。

控制系统：控制台集中控制。

管道数控切割带锯床如图 4-3-2 所示。

图 4-3-2 管道数控切割带锯床

2）管道数控端面坡口机(全数控)

适用场合：各种壁厚管道的端面的各类形式坡口的加工。

适用材质：碳钢、合金钢、不锈钢、低温钢等。

坡口形式：U 形、X 形、V 形、双 V 形、双 U 形、UV 形、圆角过渡、钝边、内镗口。

坡口角度：0~45°可调。

控制方式：全自动控制，坡口启动后，任何形式坡口，均可实现全程自动化，中途无须换刀、无须停机、无须人工干预、坡口完成自动停机。

控制系统：全数控，具有人机对话模式，坡口全过程可在显示屏动态模拟显示。

管道数控端面坡口机如图 4-3-3 所示。

图 4-3-3 管道数控端面坡口机

3）管道纵向物流输送系统(带锯进料、出料)

与管道数控切割带锯床成套使用，实现管子切割过程中管子的电动输送，提高工厂化预制工厂的自动化程度，减少吊装过程中的安全风险。

输送形式：电动输送。

控制方式：控制台集中控制。

所有 V 形聚氨酯辊道均为包胶辊道，用于碳污染及油漆防护。

管道纵向物流输送系统(带锯进料、出料)如图 4-3-4 所示。

图 4-3-4 管道纵向物流输送系统(带锯进料、出料)

4）管道纵向物流输送系统（坡口机配套物流）

主要用于实现坡口加工过程中管子的电动输送，提高工厂化预制工厂的自动化程度，减少吊装过程中的安全风险。

采用电动输送方式，以及无线遥控方式。

升降系统：多台升降机同步电动升降，同时配置拉线开关，配合编码器/PLC，实现自动调高，提高坡口机加工不同管径管子时的对中效率。

回转调头：在物流系统中部设置液压升降、回转系统，满足管子两端的坡口加工需要，实现切割、坡口的自动化，极大地减少吊装设备的使用频率。

管道纵向物流输送系统（坡口机配套物流）如图 4-3-5 所示 。

图 4-3-5 管道纵向物流输送系统（坡口机配套物流）

2. 切割坡口作业中心主要工作流程

（1）将原材料管子吊入上料端缓存工位架。

（2）横向物流输送系统将单根管子平移到带锯床上料端纵向物流输送系统。

（3）纵向物流输送系统将管子电动输入带锯床切割工位。

（4）带锯床高速切断管子。

（5）由物流输送系统将管子从带锯床出料端横向平移到坡口前缓存料架/坡口工位。

（6）数控坡口机对管子一端进行坡口加工。

（7）液压旋转 180°，完成管子另外一端的坡口加工。

（8）坡口加工完成后，平移到坡口后缓存料架/长距离纵向物流输送系统。

（9）切割坡口作业完成。

（二）组对焊接中心

1. 管道预制机械组对中心

管道预制机械组对中心由组对机头、支撑小车和轨道系统三部分组成。组对机头和支撑小车均坐落在轨道系统上。

组对机头由下层小车、涡轮丝杆升降机构、中层小车、线性导轨、上层小车、定位挡板、变位翻板、磁性水平尺和电气系统九部分组成。

采用线控制盒，操作控制组对机头的上下升降、左右平移、前后行走以及法兰板的垂直翻转。

配置多功能组对机头，实现管子、管法兰、管弯头、管三通、管大小头的机械快速组对；提高管子与法兰、弯头、三通的组对效率、质量。

管道预制机械组对中心如图 4-3-6 所示。

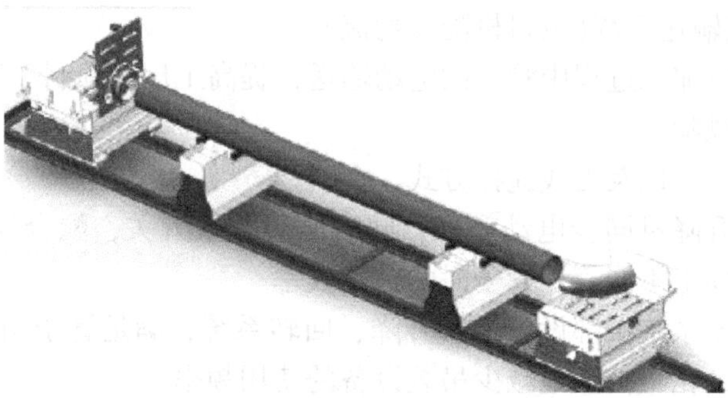

图 4-3-6 管道预制机械组对中心

2. 悬臂式管道自动焊机

采用三爪自定心卡盘夹紧驱动管子，支撑小车辅助支撑管段，焊接主机可在配套轨道上电动行走，实现焊缝的自动 TIG/MAG/SAW 焊接。

主机系统：立柱悬臂式主机是安装枪架系统、焊枪及控制系统的主体，包含立柱、悬臂、可行走底座小车系统、配套导轨、拖链、电机、丝杆、回转盘等部件；立柱悬臂式主机可沿工件轴向电动行走，并可以调节焊枪位置，实现焊枪左右、上下、前后动作调整。

卡盘夹紧驱动系统：用于夹持管件，可实现管件的电动升降、正转、反转。

焊接电源：使用多功能焊接电源，1 台电源即可实现自动 TIG/MAG/SAW 焊接功能。

焊剂回收：配置有专门的埋弧焊焊剂自动循环回收系统。

控制方式：PLC+触摸屏控制，PLC 控制系统内置存储多套焊接程序，使用时直接调用焊接程序进行焊接，同时可以对焊接程序进行修改、存储。

适用焊缝：管子、管弯头、管法兰、管三通、管大小头等。

焊接工艺：自动 TIG/MAG 打底，TIG/MAG/SAW 填充盖面焊接；三把焊枪同时装在枪架上，可在控制面板上操作，快速电动切换焊接工艺、调整焊接过程参数。

焊接质量：一次焊接合格率 98%以上。

适用材质：碳钢、不锈钢、双相钢、镍基合金钢等。

悬臂式管道自动焊机如图 4-3-7 所示。

图 4-3-7 悬臂式管道自动焊机

3. 分体式管道自动焊机

采用压紧轮固定管子，支撑小车辅助支撑管段，实现焊缝的自动 TIG/MAG/SAW 焊接。

焊接电源：多功能焊接电源，1 台电源即可实现自动 TIG/MAG/SAW 焊接功能。

焊剂回收：配置有专门的埋弧焊焊剂自动循环回收系统。

控制方式：PLC+触摸屏控制 TIG/MAG/SAW 焊接功能。

适用焊缝：管子、管弯头、管法兰、管三通、管大小头等。

焊接工艺：自动 TIG/MAG 打底，TIG/MAG/SAW 填充盖面焊接；三把焊枪同时装在枪架上，可在控制面板上操作，快速电动切换焊接工艺、调整焊接过程参数。

焊接质量：一次焊接合格率 98%以上。

适用材质：碳钢、不锈钢、双相钢、镍基合金钢等。

分体式管道自动焊机如图 4-3-8 所示。

图 4-3-8 分体式管道自动焊机

4. 组对焊接工位工艺流程

（1）长距离纵向物流输送系统将切割坡口完成后的管子电动输送到组对焊接区。

（2）借助横向物流系统，将管子横向平移到缓存料架/机械组对中心。

（3）在机械组对中心完成管子一端/两端与管件的机械组对、人工点焊。

（4）借助横向物流系统，将组对完成的管段横向平移到悬臂焊机工位。

（5）借助横向物流系统，将组对完成的管段横向平移到分体焊机工位。

（6）由悬臂式管道自动焊机/分体式管道自动焊机分别完成打底、填充盖面焊接。

（7）焊接完成的管段借助横向物流系统，将管段输送到半成品堆放区/待检区。

（8）组对焊接完成。

（三）管道工厂预制智能管理系统

工厂化预制基地配置有管道工厂预制智能管理系统，该管理系统利用分布在管道预制车间的专用硬件设备对从设计图纸归档、原材料入库到管段成品出库的管道预制全过程进行实时数据采集、控制和监控，实现对管线、管段、焊缝、材料等的有效管理，使管理覆盖到每条管线、每个管段、每道焊缝、每个管件、每名焊工。

该系统主要由 12 个模块组成：系统管理、项目数据、进度控制、详图设计、信息管理、材料控制、切割坡口、组对焊接、质量控制、无损检测、PWHT 管理和成品管理。

软件核心功能包括：智能图纸材料匹配、智能制作工作包、材料编码简单生成、常用软件无缝对接、材料编码解析反推、材料可追溯性管理、预制运输包编制、常用二维码打印、应用二维码采集器、当量寸径工作统计和管段流水编号管理等。

通过全过程的信息化管理，有效管理全自动焊管道预制生产线，使其有效发挥作用，减少人工工作量，减少人工操作易产生的错漏问题，从而提升技术管理、材料管理和生产进度控制能力。管道工厂预制智能管理系统如图 4-3-9 所示。

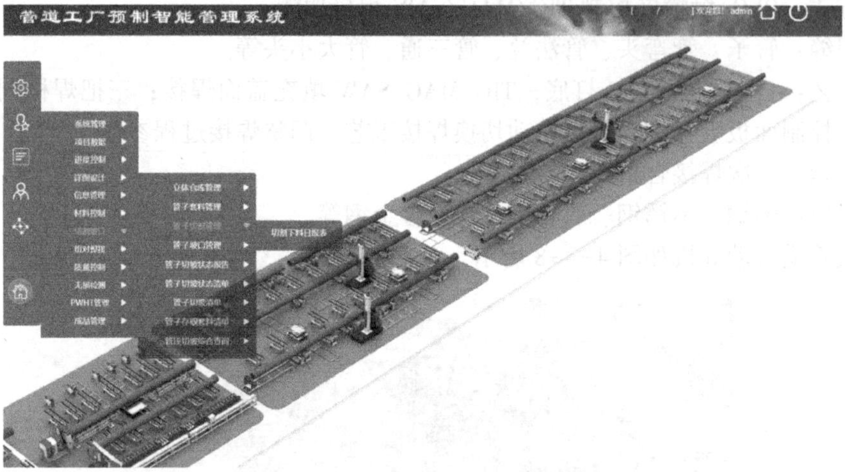

图 4-3-9　管道工厂预制智能管理系统

第四节　工厂化预制应用

2021 年，中原储气库群的建设全面采用工厂化预制模式。优化撬块制造流程，主要工艺撬块在工厂内制造，制造完成后运输至现场吊装就位。极大地缩短了工程总工期，消减了现场施工安全风险。撬块工厂化预制流程如图 4-4-1 所示。

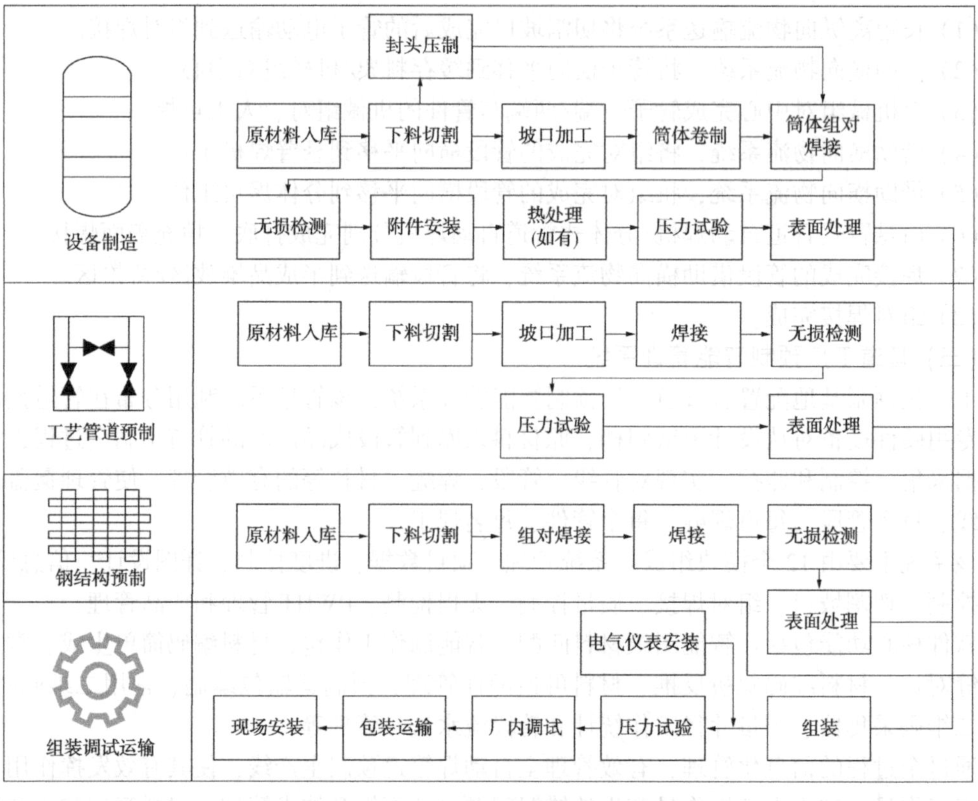

图 4-4-1　撬块工厂化预制流程

一、生产管理

1. 加大人力资源投入，确保施工进度

撬块制造期间共投入10支施工队(表4-4-1)。

表4-4-1 中原储气库群撬块建造队伍投入

序号	名称	工作内容	序号	名称	工作内容
1	低压容器施工队	全部低压容器施工	6	手工焊三队	撬块预制及组装
2	高压容器施工队	全部高压容器施工	7	钢结构施工队	全部撬块钢结构
3	全自动预制生产线施工队	厚壁管焊接	8	防腐保温施工队	撬块的防腐及保温
4	手工焊一队	撬块预制及组装	9	电仪施工队	全部电仪施工
5	手工焊二队	撬块预制及组装	10	试压队	撬块的试压

2. 严密组织生产，推进有序高效施工

安排专人负责生产进度管理工作，坚持深入施工现场督促进度，协调各专业人员之间的交叉作业，协调施工人员、设备及时到场，要求加班加点加快施工进度，保证工程按期完工。

同类规格的构件采用批量预制模式，定人、定设备，确保工艺一致性，提高预制效率，提升预制质量(图4-4-2)。

图4-4-2 中原储气库群撬块组装

3. 抓住关键因素，确保撬块按时交货

通过分析研判，影响撬块总体施工进度的因素有2个：制造周期长的厚壁高压容器制造和关键工序无损检测。因此，在施工组织中重点关注这两部分工作。

在厚壁高压容器制造方面：一是按照设计要求，提前订购定尺的钢板；在钢板生产过程中，派人前往钢板制造厂催交，争取早日收到钢板。二是设立高压容器制造专班，负责容器制造各工序的协调和敦促，保证各工序顺利实施，工序及时交接，保证高压容器制造进度。

大批量撬块同时制造，无损检测的工作量比较大，对无损检测队伍的设备及人员要求较高。拿到图纸后，及时与检测单位对接，梳理无损检测的要求和工作量，提前准备人员和设备，做好应急预案。根据施工进度情况，适时调整无损检测资源和人员。

二、技术质量管理

(一) 技术管理

做好技术管理，是提高工厂化预制效率、保证施工质量的前提。

1. 提前介入设计过程，加快材料采购进度

撬块的设计基本上都为三维设计，三维模型包含材料信息。在三维模型建立完成后，可利用设计软件一键生成材料清单。撬块制造单位可与设计单位提前沟通，提前拿到材料清单，早日开始材料的采购，缩短总体制造工期。

但这么做也存在一定的风险，即如果设计在后期审核时出现更改，会出现材料采购混乱和错误的问题。因此，提前采购材料要建立在前期设计准确的基础之上，另外提前采购主要针对周期长的材料，如阀门、钢板等。

2. 合理规划固定口位置，提高管线预制率

取得撬块图纸后，组织技术人员统计焊口信息，编制焊口号。对照三维模型及单管图，结合管线长度、管件种类及焊机特性，合理划分预制管段，尽量减少固定焊口的数量，提高管线预制率。注采气工艺模块三维设计模型如图4-4-3所示。

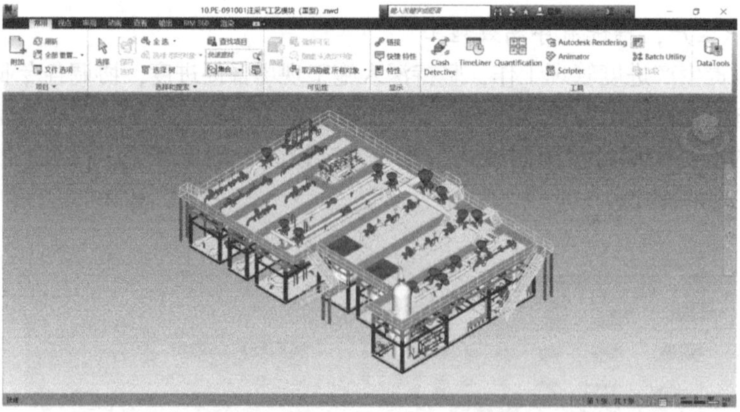

图4-4-3 注采气工艺模块三维设计模型

3. 充分利用管道预制生产线，提高生产效率和工程质量

为确保储气库撬块的施工质量和进度，引进管道预制生产线一套，用于中原储气库项目管道预制工作。该生产线采用锯床下料、车床加工坡口、全自动焊接。根据生产线特点和工艺管道规格，编制焊接工艺评定报告，做到评定全覆盖，实现管道全自动氩弧焊打底、焊接及埋弧焊焊接。自动焊接主要用于DN100以上厚壁管道焊接，焊道成型美观，焊接速度快、质量高，焊接一次合格率99%以上。管道预制生产线的应用，在提高施工质量的同时，降低了操作人员的劳动强度，缩短了项目总体施工工期。运行中的管道预制生产线如图4-4-4所示。

图4-4-4 运行中的管道预制生产线

4. 做好焊口及管线材质标识，保证可追溯性

进场钢管在底漆完成后涂刷色带，便于在切割后识别其材质。为每道焊口粘贴标签，标明焊口的焊口号、材质、所在位置、焊工等信息。保证在施工过程中材料不错用，预制件不错装。

5. 积极与设计人员沟通，加快变更流程

对于施工过程中出现的需要与设计人员沟通的事项，由专人及时与设计人员沟通，以最快的速度解决问题，减少变更对施工进度的影响。

6. 做好过程技术管理

按要求编制技术方案和作业指导书，并做好技术交底；技术质量人员深入施工现场，解决现场问题，检查工艺纪律执行情况和施工质量，项目整体质量稳定，未出现大的质量问题；及时校验计量器具，确保计量结果准确有效。

（二）质量管理

1. 建立健全质量控制体系

完善质量体系文件，配齐技术和质量管理人员，明确各岗位职责，制定奖惩措施，在制造过程中切实履行各自义务，确保质量体系顺利运行，保证工厂化预制质量。

2. 各工序主要控制点

1）原材料控制

（1）材料入库。

材料到货后，材料检验员对购进材料依据图纸及相关标准进行严格检验，确保材料质量符合要求。由材料责任工程师对验收结果进行审核确认。对图纸或有关规范规定要求复验的材料以及有疑问的材料，由材料检验员负责取样进行有关项目的复验，复验报告应经材料责任工程师审核确认。

材料质量证明书(合格证)中项目齐全，内容符合相关标准规定。材料检验员与保管员负责按有关规定对其分类保管。

确认不合格的材料不得用于产品制造，并存放于不合格区。对不合格的材料由材料责任工程师负责退货、罚款或索赔处理。

（2）材料发放。

材料发放的依据是领料单，为避免材料用错，保管员根据领料单核对材料代号、牌号、规格，并在领料单上填写材料代号，经材料检验员确认后方可发放材料。发放材料时，应按规定进行材料标记移植。

（3）材料使用。

材料在切割(或加工)前，应进行标记移植，防止错用、误用材料。

材料到车间、施工队后，应由车间、施工队质检员复核确认，材料要符合图纸及相关标准要求，在进行标记移植后方可下料使用。

2）工艺准备控制

（1）图纸审查。

由工艺责任工程师具体负责组织有关人员依据技术法规、技术条件对施工图纸进行审查。图纸审核后，对由于设计失误和漏项，以及结合制造可行性需要变更的内容，由工艺人员及时与设计人员取得联系，并办理技术核定单。

（2）工艺文件准备。

工艺文件主要有焊接工艺卡、热处理工艺卡、水压试验工艺卡等。工艺文件由相应专业

的工艺员编制，相应责任工程师审核签字。

3）制造过程控制

（1）工艺文件执行。

工艺员负责对承担的产品工艺实施进行监督。工艺纪律是产品生产过程中为维护工艺的严肃性，保证工艺贯彻执行，确保产品（零件）的加工质量和安全生产而制定的规定。

① 下料时，必须严格按照下料切割图进行；产品组对时，按照排版图执行，不能随意更改。

② 坡口加工和焊接过程遵循焊接工艺卡的规定，严格控制焊接线能量的输入。

③ 热处理时，按照热处理工艺卡升温、保温和降温，输出合格的热处理曲线。

④ 水压试验时，选择合格量程的压力表，并安装在适当的位置。严格按照试压曲线进行试压工作。

（2）组对焊接。

① 检查焊缝组对间隙、对口错边、棱角度、坡口形式等是否符合图样标准和工艺文件的要求。

② 检查组对整体几何尺寸、配合尺寸等是否符合要求。

③ 检查施焊人员是否持证上岗，焊接设备性能、施工环境是否符合要求。

④ 检查焊接材料的牌号、规格是否符合工艺卡的要求。

⑤ 检查焊缝外观质量和几何尺寸是否符合质量标准的要求。

（3）管阀配件及组装。

① 检查管阀配件是否符合图纸要求，资料是否对应齐全、合格。

② 检查安装尺寸及焊接是否符合要求。

（4）试压。

① 试压前，总检员应检查接管、法兰、构件的安装，开孔方位，以及总体尺寸是否符合图纸要求。

② 检查压力表、试压环境（包括气温、介质温度、安全条件）是否符合标准规定。

③ 检查试压程序、渗漏情况、异常变形是否符合标准规定。

④ 监督检查试压渗漏的整改。

（5）无损检测。

① 无损检测由具备资质的第三方检测公司实施，无损检测责任工程师负责对无损检测施工工艺进行监督。

② 车间、项目部技术人员编写无损检测申请单并提交给第三方监造，由第三方监造下达无损检测指令单。无损检测完成后，无损检测责任工程师应严格审查布片图，核实检测报告评定的准确性，无损检测报告需要由监检员签字认可。

（6）防腐控制。

除锈方法及等级按照设计文件要求执行。除锈完成后，必须经质检员检查除锈质量，合格后方能进行刷漆工作。油漆必须有合格证明，对设计文件要求复验的，还要有复验报告。

油漆施工时，底层油漆未干不能进行下一层油漆涂刷。油漆施工完成后测量漆膜厚度。

三、工厂化预制成效

2021 年，中原油田储气库群项目中部工厂化预制基地承担了 17 类共计 60 个撬块的制造任务，其中压力容器47台，工艺管道3.2万寸径，钢结构292t。

撬块制造自2021年4月1日正式开工，其间合理组织施工，至当年10月完工，共用时6个月完成制造任务，保证了工程的顺利投产。

通过对照三维模型及单管图，结合管子长度、管件种类及焊机特性，合理划分预制管段，充分发挥工厂化预制优势，增加机械化作业覆盖面，减少固定焊口的数量，提高了管线预制率。此次中原油田储气库群撬块共计5700余道焊口，预制焊口数达到90%以上，总体降低了焊接难度，提高了施工质量。

工艺管道预制采用新工艺，使用数控机械下料、加工坡口，利用全自动焊机焊接，全自动焊接比例达到43%。焊缝成型美观，一次合格率达98%以上。

工厂化预制的实施极大缩短了工程建设的总工期，并保证了产品质量的稳定，减少了现场施工安全风险。

工厂化预制在储气库项目中的成功应用，为同类型储气库建设提供了宝贵经验。为提高工程建设水平和竞争力，在后续开展工厂化预制时，建议从以下两方面提升：

(1) 重视技术创新，推动全自动焊接技术的应用，提升小口径工艺管道及固定焊口的全自动焊接能力，在当前操作工人不足和成本高昂的现状下，既能够降低建造成本，又能够保证施工质量。

(2) 加强预制过程信息化管理。结合预制基地现状，做好智能化工厂建设：整合现场人员车辆和设备管理、视频监控及安全行为智能识别等系统，助力预制基地HSE管理迈上新台阶；利用信息化手段，加强对材料、生产进度及预制质量等生产过程的全面管理，实现工程的数字化交付，进一步提高管理效率和质量。

第五节　工艺管道预制

为了提高工艺管道的焊接质量和速率，建设了标准焊接预制台，积极开展预制能力建设，提高了现场预制精度与深度，实现工艺管线预制率达85%以上，为确保工程按期交付提供了有力保障。

一、管道预制现场配置

管道预制现场配置见表4-5-1。

表4-5-1　管道预制现场配置

序　号	名　称	规　格	数　量	备　注
1	单枪自动焊机	PIPESTAR	2	
2	单枪自动焊机	A305	8	
3	自动焊机轨道	D355	2	
4	自动焊机轨道	D273	2	
5	自动焊机轨道	D168	2	
6	管道坡口机	DN150、DN200、DN250、DN300	4	ISE系列内胀式
7	滚轮架	自制	1	
8	磨光机	D125	4	

续表

序 号	名 称	规 格	数 量	备 注
9	磨光机	D100	4	
10	内磨机		1	
11	热处理设备	60kW	1	
12	红外测温仪		2	
13	温湿度计		2	
14	焊缝检验尺		2	
15	风速仪		2	
16	自动焊专用笔记本电脑		1	

二、现场流水化作业主要设备及系统介绍

（一）单枪自动焊机 A305

用于小口径管道、管件不同环境工况条件下的自动焊接作业，进一步拓展了自动焊的应用范围，加快了预制进度。单枪自动焊机 A305 可以适配多种品牌的焊接材料，方便施工中自由选择最佳方案组合，同时也适合手工、半自动打底自动焊填充盖面。

1. 技术参数

单枪自动焊机 A305 技术参数见表 4-5-2。

表 4-5-2 单枪自动焊机 A305 技术参数

产品型号	A305	焊丝盘质量	2. 7kg/5kg
适应管道直径	>Φ168mm	环境温度	-40～70℃
行走速度	0. 1～1. 5m/min	海拔高度	5000m
送丝速度	2. 5～25m/min	防护等级	IP54
每组分段数	1～180 段	小车质量	13kg
焊枪摆动宽度	0～20mm	外形尺寸(宽×深×高)	600mm×450mm×250mm
焊枪摆动形式	平摆/角摆	—	—

2. 设备特点

（1）A305+DPS-500A，具有电弧跟踪功能，降低焊工学习难度，提高焊口合格率。

（2）自动焊外根焊打底填盖一体化，对口无间隙，需要内对口器对口：DPS-500A+A305。

焊丝：打底 1. 2mm 金属粉芯外根焊，填充盖面 1. 2mm 气保护药芯焊丝，施工成本较低，根据不同气保护药芯焊丝工艺特点既可以向上焊也可以向下焊。

气体：20% CO_2+80% Ar，100% CO_2。

工艺特点：设备配置简单，施工成本较低。

（3）自动焊打底填盖一体化，对口无间隙，采用内对口器对口(带有衬垫的内对口器打底质量更好)：A305+DPS-500A。

焊丝：打底 1. 2mm 金属粉芯外根焊，填充盖面 1. 0mm 气保护实芯焊丝，效率高，综合对比最优。

气体：20% CO_2+80% Ar。

工艺特点：设备配置简单，焊接效率高，A305+DPS-500A，特别是独具电弧跟踪功能，

可降低焊工学习难度，提高窄坡口焊口焊接合格率。

A305 自动外焊机、系统接线、柔性圆轨道和磁性轨道如图 4-5-1～图 4-5-4 所示。

图 4-5-1 A305 自动外焊机

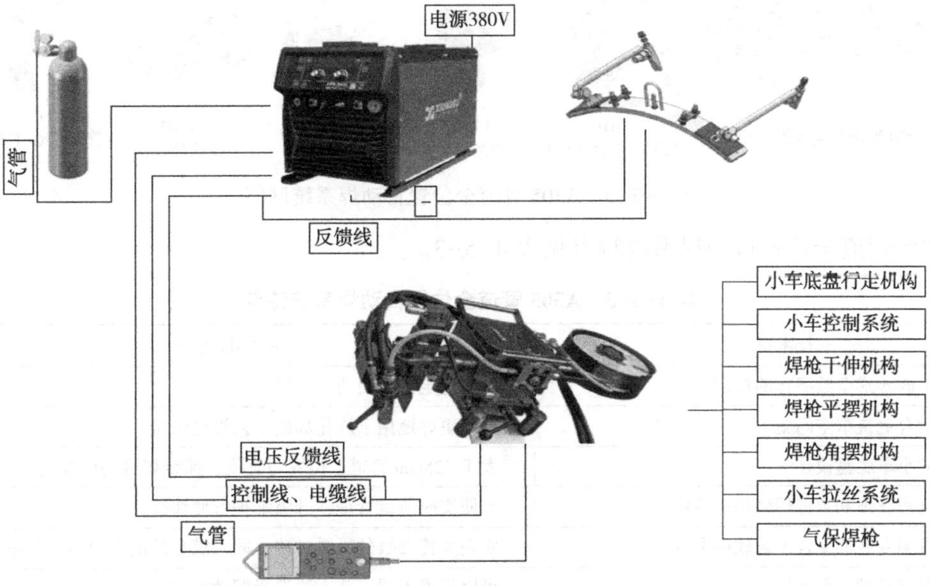

图 4-5-2 A305 系统接线

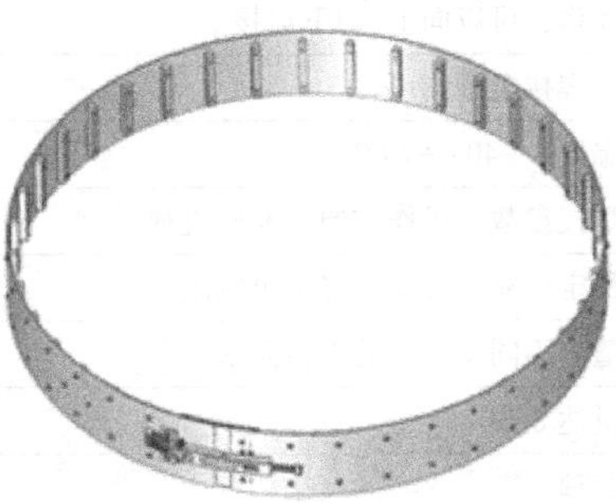

图 4-5-3 A305 柔性圆轨道

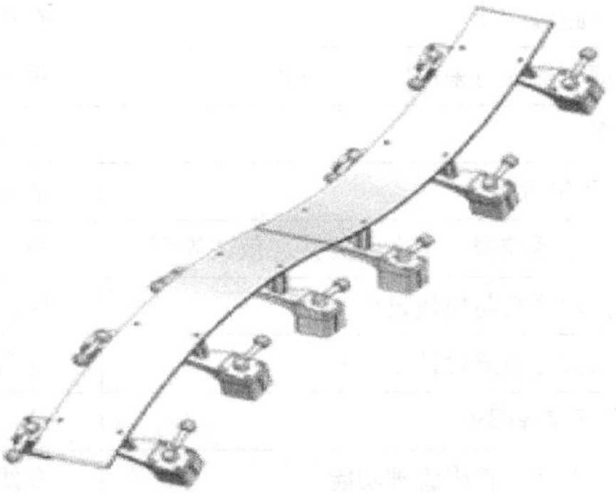

图 4-5-4 A305 磁性轨道

(二) A305 管道全位置自动焊系统

管道自动外系统采用了嵌入式计算机技术，参数控制均由软件控制系统完成，实现了焊接电压、焊接电流、行走速度、送丝速度、保护气体控制等参数的精密控制。建立了基于移动互联网的远程控制系统，可实现远程焊接参数监控和设备故障诊断(图 4-5-5)。

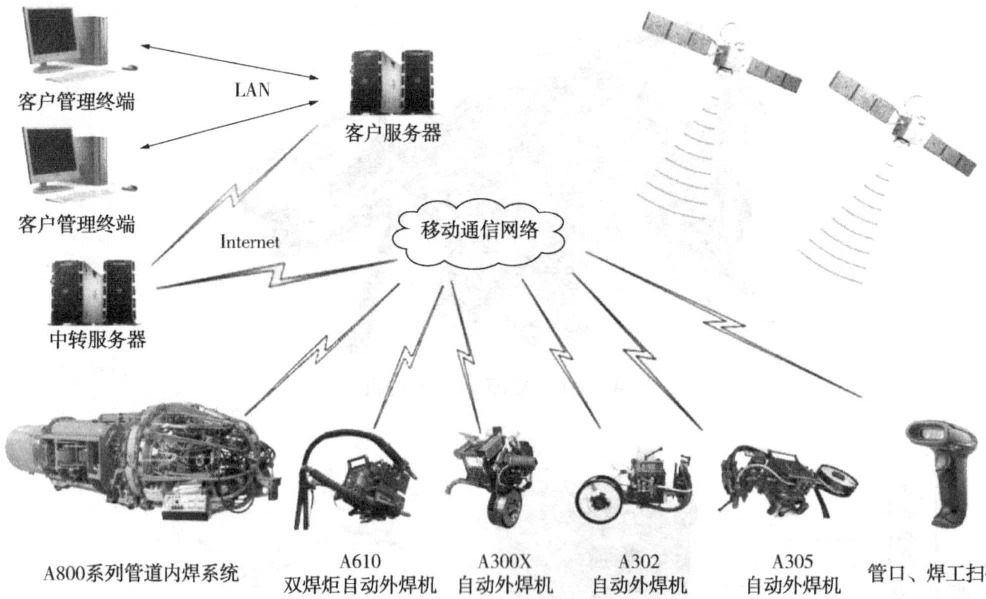

图 4-5-5　A305 管道全位置自动焊系统网络

A305 管道全位置自动焊系统特点见表 4-5-3。

表 4-5-3　A305 管道全位置自动焊系统特点

技术特点	带来的优势
采用了嵌入式全数字化的控制系统	系统稳定，方便功能扩展
小车适合更狭窄空间施工	可以更好地用于炼化场站工艺管道焊接
独特的小车底盘设计	大于 325mm 管道全位置与直线、弧线焊缝均可焊接
内置远程管理和数据传输功能模块	方便实时质量管理，升级维护方便快捷
具有发明专利的专业工艺软件平台	实现焊接参数的平滑过渡，同时满足后期客户多工艺拓展需求
同时具有平摆、角摆功能	可以根据不同工艺方法选择摆动模式
窄坡口具有同步电弧高低、水平跟踪功能，宽坡口具有高度跟踪功能	降低焊工学习难度，焊缝合格率更高，特别是窄间隙坡口焊接具有独特优势
从热焊到填充盖面可采用同一台设备	更灵活的操作，可以向上/向下焊接
焊接工艺多	多种焊材、焊接电源均可
系统 IP55 防护等级	适应环境温度：-40~+70℃
手持液晶显示遥控器，中文、英文、俄文界面	随时观察焊接参数，操作方便，友好直观
小车集成拉丝系统与模块设计	保证送丝稳定可靠，方便更多工况应用
带齿圆圈与弧形轨道设计	寿命长，适应不同工件自动焊接需求
提供 99 个可编程焊道	最大存储量达 8GB
工艺参数具有相应权限管理功能	方便现场管理

(三) ISE 系列内胀式电动管子坡口机

1. 技术参数

ISE 系列内胀式电动管子坡口机技术参数见表 4-5-4。

表 4-5-4 ISE 系列内胀式电动管子坡口机技术参数

型 号	适用内径/mm	使用壁厚/mm	最大行程/mm	功率，电压/W，V	刀盘空载转速/(r/min)	进刀方式	质量/kg
ISE-150	Φ65~Φ159	3~20	50	1200，220	23	棘轮手柄进刀	
ISE-252-Ⅰ	Φ80~Φ240	3~20	50		20	棘轮手柄进刀	
ISE-252-Ⅱ		15~70				自动进刀	
ISE-351-Ⅰ	Φ150~Φ330	4~20			12	棘轮手柄进刀	
ISE-351-Ⅱ		15~70				自动进刀	
ISE-630-Ⅰ	Φ300~Φ600	4~20			6	手轮进刀	
ISE-630-Ⅱ	Φ300~Φ600	15~70				自动进刀	

注：单机质量不含张紧块。表中坡削壁厚数据适用于坡削普通碳钢。

2. 设备特点

(1) ISE 系列内胀式电动管子坡口机具有多种型号，每种型号的坡口机均可通过更换不同尺寸的张紧块，在机型适用的范围内对任何管径管子进行坡口作业。

(2) 结构紧凑的小型化、轻型化设计，能独立在空间狭小的作业场所和高作业区开展坡口作业，不受作业方向限制，不用依赖其他辅助设施。

(3) 安装简便，坡口作业快捷。一般准备时间仅需几分钟，即使大型号坡口机也至多需要十几分钟准备即可达坡口状态。坡口机坡削常规管子，其坡削作业的时间仅需几分钟至十几分钟。

(4) 用电机作动力，设备移动性强，仅需要接上电源便可作业。优异的电机动力性能能满足坡削厚壁管时大切削力的功率需要。

(5) 采用机械切削的坡口方法，使坡口作业后的管子端口仍保持原材质良好的机械性能，避免采用气割坡口烧损管子材质、严重影响管子焊接强度的现象。

(6) 坡口机可对管子端面进行平口、V 形、X 形、U 形等多形状坡口，能满足管子对焊时的焊接工艺要求。

ISE-150 产品最大外形尺寸 590mm×250mm×168mm，其示意图如图 4-5-6 所示。ISE-351 产品最大外形尺寸 730mm×390mm×215mm，其示意图如图 4-5-7 所示。

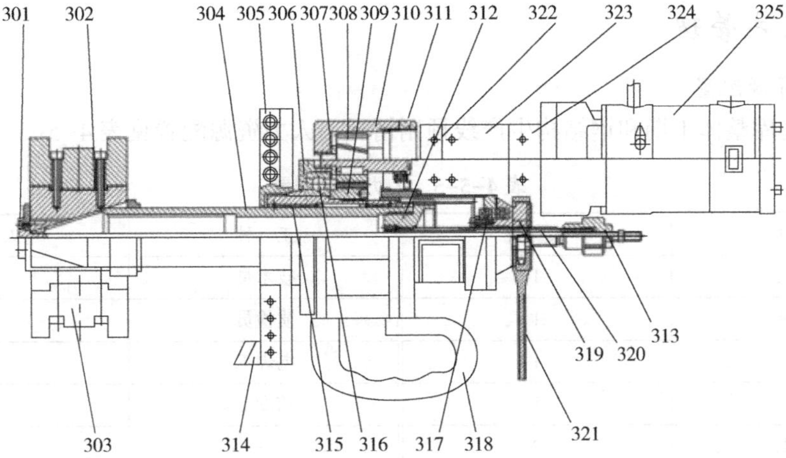

图 4-5-6 ISE-150 产品示意图(单位：mm)

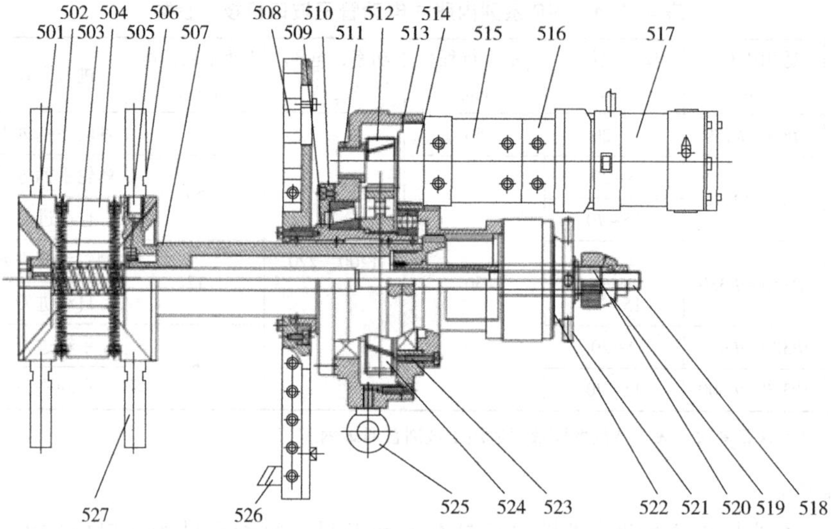

图 4-5-7　ISE-351 产品示意图(单位：mm)

三、管道预制施工流程

管道预制施工流程如图 4-5-8 所示。

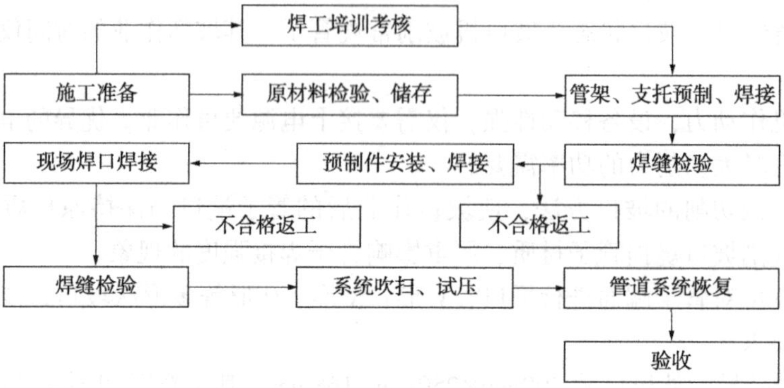

图 4-5-8　管道预制施工流程

四、生产管理

1. 人力资源配置

根据储气库整体工期和钢结构生产线预制情况，人力资源配置见表 4-5-5。

表 4-5-5　人力资源配置

工　种	人　数	工　种	人　数
机组长	1	技术员	1
安全员	1	质检员	1
管工	1	电焊工	4
电工	1	辅助工	2
防腐工	2	—	—
合计	14 人		

2. 过程管理

1）预制场地选择

新建或利用旧厂房改造为临时预制工厂，改造后的工厂具备以下条件：一是配备管道预制所需的机械装备，可在工厂内完成大部分管道的切割、组对、焊接、防腐、检验等工作；二是管道预制工厂距各施工现场较近，可以最短的时间送往现场各个区域进行安装和组焊。

2）单线图绘制及其软件选择

（1）其主要内容就是根据施工图纸或现场测量及复核后的数据绘制管道安装所要求的单线图。该工序确定了预制用短接长度、数量和法兰管件、阀门等管路附件的规格型号及数量、焊缝数量及位置、无损检测方式与数量等，决定了后续预制工序的准确程度与施工效率。

（2）单线图一般由工艺工程师采用专用绘图软件绘制，综合预制管段管理、无损探伤管理、材料配料管理、材料可追踪性管理，使管道预制过程的技术管理、质量管理、材料管理、探伤管理、进度管理等实现数据化，保证资料的同步性。一般以三维立体方式显示。

（3）储气库工程、集输管线等单线图来自两个方面：一是会审合格的施工图；二是现场测绘及数据复核。影响因素包括设备基础预制的误差、设备安装间距的变化等。

3）设备合理选配

设备的合理选配主要是指通过设备之间的互补发挥设备的最大性能，尽力减少对施工人员技能、素质的依靠，将人为因素的影响程度降至最低。目前，储气库建设管道预制系统所需的设备主要包括检验检测设备，小口径、大壁厚全自动焊接设备，以及坡口加工设备等。

第六节　技术与质量管理

一、技术管理

（1）根据现场情况，设置管道预制区，配备精良的施工机具，加大预制深度。根据现场实际情况，生产流水线按流转顺序布置，施工区域包括下料和坡口加工区、机加工区、组对区、焊接区、热处理区和检验区。

（2）对钢管道采用火焰切割，施工中保证尺寸正确、表面平整，并将氧化层打磨掉。管子切断前，先移植原有标记，管口采用管道半自动火焰切割机或砂轮切割机切割，并用电动砂轮机将切割表面的淬硬层清除。切割表面平整，无裂纹；坡口端面与管子中心线垂直，其不垂直偏差应小于1.6mm，管口以外表面25mm范围内的毛刺、缩口、熔渣、氧化铁、铁屑等均要清除干净。

（3）组对前，将管端100mm范围内的尘土、污油、铁锈、熔渣等清除干净，管端如有不大于公称直径2%的变形时，用专用管口千斤顶校正。当采用加热方法校正钢管时，要经有关技术人员同意方可进行，无效时应将变形部分管段切除。

（4）管道组对时采用倒链提升。管口组对时，避免强力对口，不得损坏钢管的外防腐层。直管段两相邻环焊缝的间距不得小于1.5倍管径。组对时垫置牢固，定位可靠，防止焊接时产生变形。

（5）预制的管段留有预留段，以调整安装产生的误差。

（6）加工好的管段组对前要进一步核实各管段的尺寸、方向，下料后要用记号笔在管段两端标注与单线图相一致的焊缝编号，并严格按单线图所标焊缝编号进行组对。因现场需要而发生焊缝增加时，在单线图上相应位置标注焊缝编号，焊缝编号为前一个焊缝号加上“-1”“-2”等。

（7）预制管段各部分尺寸需要符合设计要求，其允许偏差规定见表4-6-1。

表4-6-1 允许偏差规定

序号	项目	偏差	序号	项目	偏差
1	每个方向总长偏差	±5mm	4	管端最大偏差	±10mm
2	间距偏差	±3mm	5	法兰两相邻螺栓孔应跨中安装	±1mm
3	转角偏差	±3mm/m	—	—	—

（8）管道预制成型后，编号标识清楚，将管内清扫干净并检查确认内部无杂物后，用管口专用堵头进行封堵，分区妥善存放。

二、质量管理

（1）设备和材料管理。在施工过程中，项目部设置材料设备工程师专岗，制定岗位职责和管理制度，选派责任心强、业务能力出众的人员加强对设备、机具的管理，同时注重设备的维护保养，并强化各种规格型号材料的出库、入库管理，防止漏用、错用。

（2）作业人员管理。需要根据储气库建设的施工特点，加强作业人员管理，有效提高作业人员的工作效率，严加管理现场的作业人员，做到不参加入场教育不进场、质量意识不够不进场，无作业许可证件不进场，技能考核不合格不进场。

（3）预制过程管理。管道施工按照“先工艺，后辅助；先大，后小；先高压，后低压；先难，后易”的顺序施工。预制前由工艺工程师进行技术交底，各岗位作业人员依据图纸规范、操作规程、设计要求、施工图等开展预制工作。质检员实行全过程“自检、互检、专检”相结合的原则，对加工后的成品和半成品及时进行质量检验，防止不合格品进入施工现场，同时强化质量考核，实现质量控制目标。

（4）焊接过程管理。储气库项目设计压力高，管线壁厚大，项目部将焊接质量作为重要管控点，从源头开始，开展专项焊接技术及工艺纪律培训，签订焊接质量承诺书，组织质量例会、焊接质量提升专题会、现场焊接对接会等，加强所有焊接人员的质量意识，做好每日班前技术交底，把焊接作业指导书贴在焊机明显的位置以便随时查看，每个焊接机组均配备焊接质检员，对施焊人员、焊机、焊材、环境等情况进行确认，对焊接工艺执行情况等全程跟踪，严格进行检查、记录、反馈，此外督导组对每个机组的首次施焊情况进行检查，确认焊接工艺掌握情况。

（5）施工记录管理。施工记录是工程质量是否满足规定要求和各项管理体系是否有效运行的重要参考文件，应使其在标识、贮存、保护和处理等方面得到控制；按照EPC项目部、业主、监理有关过程记录要求及标准、规范的相关规定进行施工记录编制、储存；施工记录按规定格式，与工作、施工同步填写，字迹工整、清晰，数据真实、准确，内容完整、齐全，不得随意涂改。

三、工艺管道预制效果

（1）推广了小口径大壁厚自动焊机的使用，增强了企业核心竞争力，为后续储气库建设提升了焊接效率，减少了人力资源成本，提高了焊接一次合格率。

(2) 通过管道工厂化预制，有利于预制管道的集中运输，可实现预制管道抵达施工现场后分区域组装。

四、提高方向

(1) 小口径大壁厚自动焊技术在文 13 西储气库中得到了应用，完成了小口径自动焊设备选型、研发与操控工作，接下来要在储气库工程中进行大力推广，为拓展类似工程市场、增强技术竞争力提供有力保障。

(2) 加强管道工厂化预制过程中的视频监控管理，中原油田储气库建设过程中大力推进智能工地建设工作，其中视频监控已基本实现施工区域全覆盖，但在主体工程外的区域，视频监控力度存在不足，接下来要做好主体工程区域外的视频监控工作，确保整体工程建设的质量安全。

(3) 降低预制过程中的焊接难度。例如，在预制焊接过程中应该尽量减少固定口的数量，特别是仰焊，所以需要技术人员在管道预制前合理地进行单线图的二次优化。

(4) 加强培训工作。要注重相关专业的技能工人、技术人员的培训学习工作，邀请领域内的专家讲授相关知识，提升整体管理素质。针对当下储气库建设的先进管理专业技术，要积极学习与运用，不断提升管道工厂化预制的科学性。

第七节 钢结构预制

储气库工程钢结构先进的生产设备是确保产品品质的最大保障，钢结构工厂化预制基地设在濮阳市工业园区，配置了一套先进的生产线，为各种类型的钢结构产品生产提供了最大保障。预制生产线主要包括材料装卸系统、组对系统、焊接系统、防腐系统及物流运输系统，在钢结构设计和详图深化方面配置了先进的详图转换软件，现已具备 X-steel、PKPM、3D3S、PS2000、AutoCAD 等详图设计、深化软件，以及 FastCAM 全自动共边连割套料软件、FastSHAPES 钣金展开软件、FastCUT 全自动优化套排软件。设备完善，具有丰富的施工经验，确保整个程序始终都处在质量保证体系的受控状态。

一、管道预制生产线的组成

管道预制生产线的主要配置见表 4-7-1。

表 4-7-1 管道预制生产线的主要配置

序号	名称	规格	数量	备注
1	数控火焰切割机	3000~10000mm	1套	门式结构
2	型钢组立机	4000~15000mm	1套	9.5kW
3	龙门式焊接机	4000mm	1套	LMH-4000 埋弧自动焊
4	龙门式焊接机	5000mm	1套	LMH-5000 埋弧自动焊
5	门式起重机	5t	2台	
6	门式起重机	10t	2台	
7	抛丸除锈系统		1套	

续表

序号	名称	规格	数量	备注
8	滚剪坡口机	GJ20	2 台	
9	剪板机		1 台	
10	数控万能钻	UD70	1 台	
11	数控平板钻	PD16C	1 台	
12	电动平车	20t	3 台	
13	气割工具		10 套	
14	客货车	1.5t	2 辆	
15	卡车	车厢长约 9m	1 辆	
16	吊车	16t	2 辆	
17	吊车	25t	3 辆	

管道预制生产线全貌如图 4-7-1 所示。

图 4-7-1　管道预制生产线全貌

二、钢结构生产线主要部分介绍

(一) 数控火焰切割机

数控火焰切割机技术参数：该系统数控火焰切割机采用门式结构，单边或多头，是将电脑控制、精密机械及氧燃气切割三者相结合的高效率、高性能的自动化设备。

1. 技术参数

(1) 轨距：3000~10000mm。

(2) 有效切割宽度：2300~9300mm(直条)。

(3) 有效切割长度：轨长减去2500mm。

(4) 最小割炬间距：数控200mm，直条80mm。

(5) 切割厚度：6~100mm。

(6) 切割速度：50~1000mm/min。

(7) 空程速度：≤6000mm/min。

2. 设备特点

(1) 驱动端梁、横梁等采用箱梁式焊接结构，其结构紧凑，重量轻，刚性好，变形小，外形美观。

(2) 端梁侧装有水平导向轮，可通过调整其偏心轴使导向轮压紧导轨，从而确保整机在全程运行中的平稳度和精度。

(3) 纵向导轨均采用高强度路轨制作，对路轨的各接触面均做精密机械加工，导轨的外侧装有经过精密加工的齿条。

(4) 导轨的固定通过压板垫板和连接套固定来实现，可以确保导轨纵向直线度、平行度。

(5) 数据割枪上选配自动点火、自动调高装置，可多头同时切割。

(6) 割炬上安装回火器，杜绝切割过程中的安全隐患。

数控火焰切割机如图4-7-2所示。

图4-7-2 数控火焰切割机

3. 设备主要功能

(1) 数控系统：EDGE Pro数控系统(图4-7-3)是美国海宝公司专门为等离子、火焰、激光、高压水切割机开发的建立于Windows界面的最先进的数控系统。该系统的界面设计、运动控制采用了最新技术，功能强大、操作方便，配有超大的硬盘机内存，以及15英寸触摸屏、USB接口、参数化图形库等，是切割加工中最具智能化的系统。内置工作站点操作台、触感良好的操作杆、速度电位计和割炬位置控制器，使操作变得简单方便。

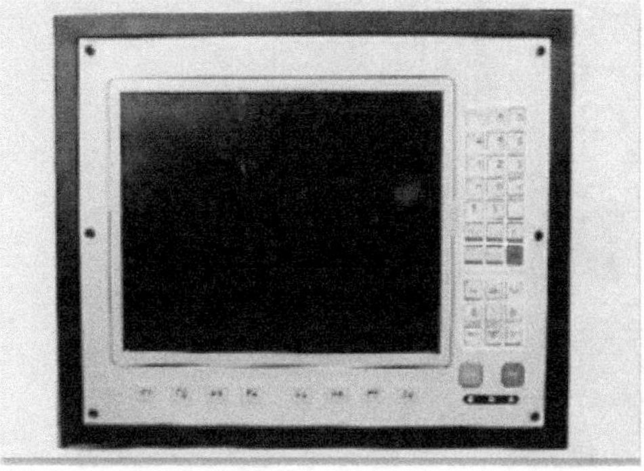

图4-7-3 美国海宝公司EDGE Pro数控系统

（2）其他配件：新宝减速机（图4-7-4）具有超静音运行、高效率工作的特点；日本松下伺服电机驱动（图4-7-5）操作方便，响应速度快；回火器（图4-7-6）有自动点火、自动调节功能（图4-7-7），可以有效杜绝切割过程中的安全隐患。

图4-7-4　新宝减速机

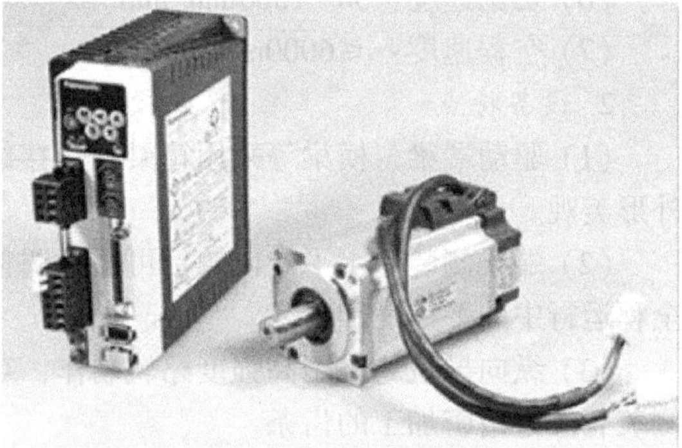

图4-7-5　电机驱动

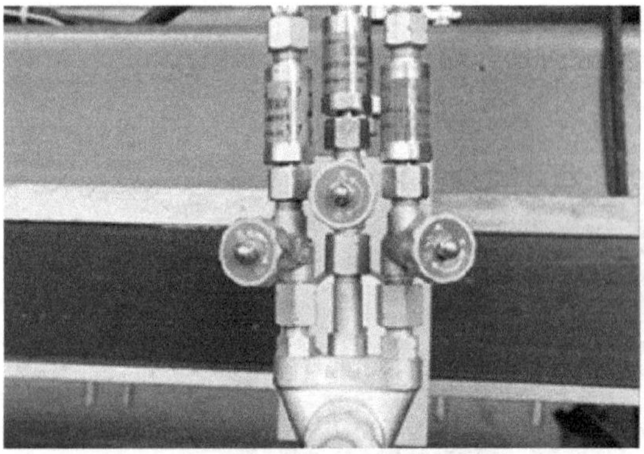

图4-7-6　回火器

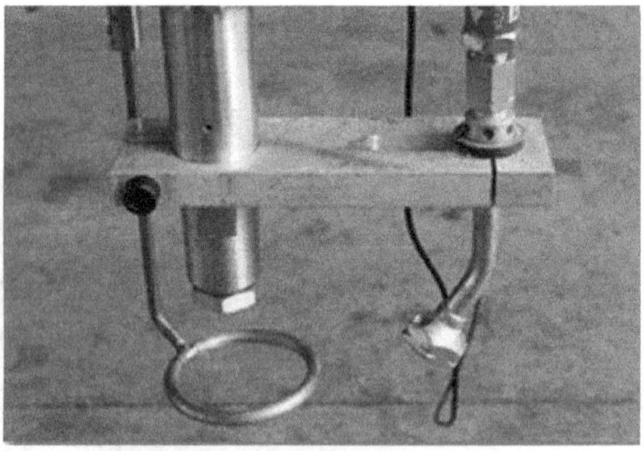

图4-7-7　回火器自动调节

图4-7-8　型钢组立机

（二）型钢组立机

该组立机的翼板、腹板夹紧对中、定位、自动点焊等过程均采用可编程序控制器及交流变频器，从而实现自动化控制，比一般产品效率高出一倍以上。工作稳定可靠，焊枪设有跟踪导弧装置，能够确保点焊质量（图4-7-8）。

1. 技术参数

（1）腹板高：200～1500mm。

（2）腹板厚：6～32mm。

（3）翼板宽：200～800mm。

（4）型钢长度：4000～15000mm。

（5）功率：9.5kW（不含2台焊机）。

2. 设备特点

（1）翼板、腹板自动对中采用液压马达和齿轮，对中精度高、保持性好，且全部由电控按钮台集中操作，轻松、方便、定位准确。

(2) 主传动部分减速机及变频器组立速度可在 0.5~6m/min 范围内任选。

(3) 采用同步夹紧系统使翼板、腹板初步自动对中的方式，从根本上减缓和避免型钢组立时的摆尾现象。

(4) 可以做成变截面 H 型钢。

(三) 龙门式焊接机

龙门式焊接机的基本原理：两根 H 型钢以 45°船形焊的位置放置在导轨内侧的工件架上；龙门架在导轨上以调节好的焊接速度行走；采用两台埋弧焊同时对两条焊缝进行焊接；采用导弧架自动跟踪焊缝；采用焊剂自动输送回收系统。

1. 技术参数

1）型号 LMH-4000

(1) 轨距：4000mm。

(2) 腹板高：200~1500mm。

(3) 翼板宽：200~800mm。

(4) 焊接速度：0.25~1.5m/min。

(5) 返程速度：3m/min。

2）型号 LMH-5000

(1) 轨距：5000mm。

(2) 腹板高：200~2000mm。

(3) 翼板宽：200~800mm。

(4) 焊接速度：0.25~1.5m/min。

(5) 返程速度：3m/min。

2. 设备特点

(1) 行走梁、立柱、上平台构成了龙门架的框架结构，门架采用方管和槽钢结构件，去应力退火，结构稳定。

(2) 两个行走梁各由一台电机减速机带动，构成双驱动系统，使得运行平稳可靠。

(3) 龙门架行走为变频调速控制，可根据焊接工艺的需要方便地调节焊接速度。

(4) 该龙门式焊接机(图 4-7-9)可进行来回焊，提高工作效率。

图 4-7-9 龙门式焊接机

（5）导弧架形式多样，适用范围广，通过更换导弧架可对 H 型钢、箱型梁、十字梁进行焊接。

（6）电控系统由一个电控箱和两个操作盒组成，电控箱安装在一个行走梁上，两个操作盒安装在上平台中前部，分别放置，便于操作。

（7）埋弧焊接电源可选洲翔逆变 ZX5-1250 埋弧焊电源（2 台）或者美国林肯 DC-1000 埋弧焊电源（2 台）。

（8）焊臂下方安装有焊缝跟踪装置，它可以自动跟踪焊缝，使焊枪与焊缝保持合适的距离，对于型钢变形和摆放不太整齐时具有自动补偿作用。

三、钢结构预制生产线工艺流程

储气库钢结构预制生产线主要由切割机、组立机、龙门式焊接机组成（图 4-7-10、图 4-7-11）。

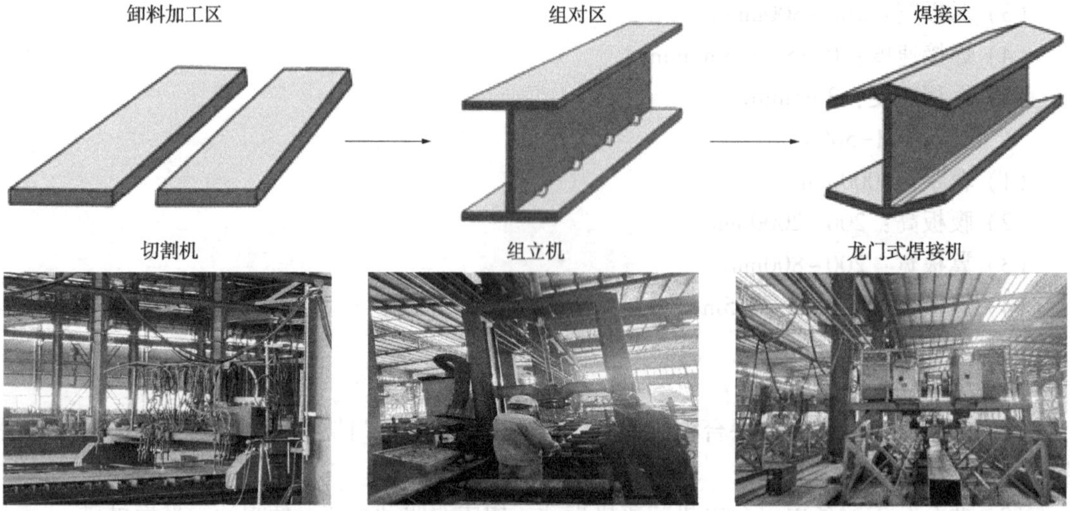

图 4-7-10　钢结构预制生产线组成及区域划分

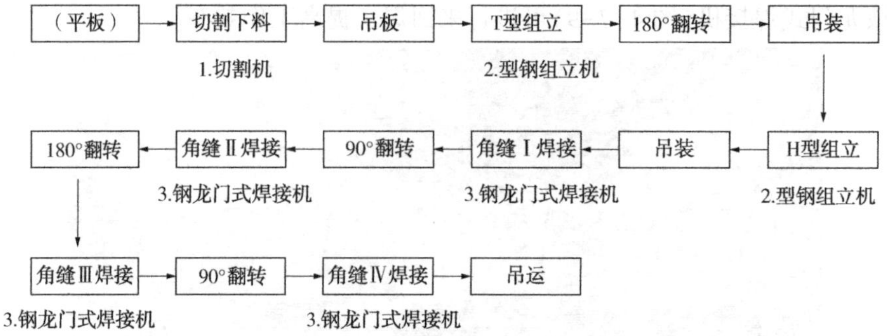

图 4-7-11　钢结构预制工艺流程

四、生产管理

1. 人力资源配置

根据储气库整体工期和钢结构生产线预制情况，人力资源配置和预制施工进度计划见表 4-7-2、表 4-7-3。

表 4-7-2　人力资源配置

工　种	人　数	工　种	人　数
机组长	1	技术员	2
质检工程师	1	安全员	1
结构工程师	1	焊接工程师	1
起重工	2	电焊工	2
电工	1	铆工	2
涂装工	2		
合计	16 人		

表 4-7-3　预制施工进度计划

序　号	名　称	编　号	规　格	出图时间	完成时间
1	水平支撑	SC1-SC10	L75×5	2021-5-7	2021-5-20
2	系杆	XG1-XG7	Φ114×5	2021-5-7	2021-5-25
3	钢架柱	GJ-1	HM390×300×10×16	2021-5-7	2021-5-30
4	钢架柱	GJ-1	HM550×200×10×16	2021-5-7	2021-5-30
5	钢架柱	GJ-1	HM450×200×9×14	2021-5-7	2021-5-30
6	抗风柱	KFZ	HM390×300×10×16	2021-5-10	2021-6-10
7	柱间支撑	ZC1-ZC7	2L100×6	2021-5-7	2021-5-20
8	系杆	XG-XG3. XG5	Φ114×5	2021-5-7	2021-5-25
9	屋面隅撑	WYC1	L63×5	2021-5-7	2021-5-20
10	屋面条	LT1-LT2	C180×70×20×2. 5	2021-5-7	2021-5-25
11	屋面斜拉条	WXL	Φ12	2021-5-7	2021-5-30
12	屋面拉条	WLT	Φ12	2021-5-7	2021-5-30
13	屋面支撑	WCG	Φ12+Φ32×3	2021-5-7	2021-5-30
14	隅撑	QYC	L63×5	2021-5-10	2021-6-10
15	墙	QL	C180×70×20×2. 5	2021-5-10	2021-6-10
16	斜拉条	QXL	Φ12	2021-5-10	2021-6-10
17	直拉条	QLT	Φ12	2021-5-10	2021-6-10
18	撑杆	QCG	Φ12，套管 Φ32×2. 5	2021-5-10	2021-6-10
19	墙面门柱	QMZ	2×18	2021-5-10	2021-6-10
20	墙面门梁	QML	18	2021-5-10	2021-6-10

2. 严密组织生产，推进有序高效施工

安排专人负责生产进度管理工作，坚持深入施工现场督促进度，协调各专业人员之间的交叉作业，协调施工人员、设备及时到场，要求加班加点加快施工进度，保证工程按期完工。

3. 加强作业现场安全管理工作

健全各设备及工序的安全操作规程，配备专职安全检查员随时检查，发现问题立即整改，并定期组织安全大检查工作。每项工序启动前必须进行安全技术交底，对于重要工程和特别危险的工程必须制定切实可行的安全技术措施。钢结构工厂化预制生产如图 4-7-12 所示。

图 4-7-12　钢结构工厂化预制生产

五、技术、质量管理

(一) 技术管理

1. 施工前准备工作

(1) 所有生产机器调试完成，具备生产条件。其他辅助生产机具完好，生产所需的耗材到货。

(2) 收到需预制的一次设计蓝图后，完成二次设计并通过审查、审核。

(3) 备料全部到场，并且验收合格，已按要求摆放并且做好归类标识。

(4) 参加生产的人员全部培训完成，具备生产机器操作的能力，并持证上岗。

(5) 技术员、质安员已对生产班组完成技术、质量、安全交底。

2. 预制过程

钢结构的预制分原材料倒运、零件切割下料、零件制孔、零件组对、无损检测和除锈防腐。因此，在各环节中要严格按设计要求及规范执行。

1) 原材料倒运

原材料倒运是根据施工任务的具体要求从原材料场地将所需加工的材料运送到不同的加工工段。在倒运的过程中，我们通过下达任务单的方式给倒运班组，避免材料的乱用情况，提高工作效率。

2) 零件切割下料

零件的下料分型钢下料和板材下料两种。所有型钢下料采用数控锯床切割的方式切割。板材切割分为火焰切割和剪板机剪切两种，对于板材厚度大于 12mm 的钢板采用火焰切割，对于板材厚度小于或等于 12mm 的钢板采用剪板机剪切。

3) 零件制孔

切割后对钢材切割面或剪切面用肉眼或放大镜、百分尺进行全数检查，应无裂纹、夹渣、分层和大于 1mm 的缺棱。

4) 零件组对

零件加工完成后应首先编号，然后交接给组对焊接班组。在开孔的过程中，应按以上允许偏差对零件的加工尺寸进行测量及核准，保证下一道工序的制作的准确性。组对前，组对班组应首先按构件图核对零件的规格型号及数量，然后按零件编号提取需组对构件的零件，同时按零件图核对零件的尺寸。组对构件的允许偏差应符合设计和标准要求。

5）无损检测

对于柱、梁的对接方式按设计和规范要求执行；所有需无损检测的焊缝在检测前先进行外观检查，检查合格后再进行无损检测。

6）除锈防腐

零件组对焊接完成后形成的构件，经过焊缝检测合格后进入除锈阶段。需除锈的构件放在抛丸机辊道上，操作抛丸机完成构件的除锈工作。除锈等级必须符合设计及规范要求。构件按要求等级完成除锈后进入涂漆工段。涂漆前，应对被涂表面进行清理，将污物、浮尘清除干净，经检查合格后方可涂装。涂底漆前，对组装符号、安装焊缝两侧各100mm范围内的构件表面、高强度螺栓的摩擦面和螺纹表面等特殊部位应加以保护，以免涂上油漆。涂装施工环境应通风良好，相对湿度不宜大于80%。涂料种类、涂装遍数、涂层厚度应符合设计要求。按照合同技术文件要求，出厂的零件必须涂装两遍无机富锌底漆。涂层干漆膜厚度为100μm，其允许偏差为±25μm。底漆应根据设计文件规定或产品说明书的要求配套使用。不同厂家、不同品种的涂料，不宜掺和使用。如掺和使用，必须经试验确定。涂刷面层时应顺流向涂刷，涂层应均匀，不得漏涂。涂层表面应平滑无痕、颜色一致，无针孔、起皱、气泡、流坠、粉化和破损等现象。涂装完毕后，应在构件上重新标注构件原编号。大型构件应标明质量、重心位置、中心线和定位标记。图4-7-13为除锈涂漆操作间。

图4-7-13　除锈涂漆操作间

（二）质量管理

（1）在制作过程中，严格按制作方案施工，以施工图和国家专业部门颁发的技术质量标准文件为依据检查验收。

（2）制作前必须对班组进行技术交底，明确三级质量控制点及关键工序。使作业层了解规范，熟悉图纸、方案。

（3）贯彻质量体系标准，严格管理，加强过程控制，每周进行质量大检查，对查出的不合格工序必须予以纠正，否则不得进行下道工序。对于多发性的不合格工序，制定纠正、预防措施。专职质检员进行巡视检查，发现问题责令作业组立即改正。

（4）质量管理人员必须认真做好质量记录，制作班组必须做好施工原始记录，及时对制作构件进行质量检验、评定。

（5）钢构件出厂前编号应准确无误，标志应清晰，且不易磨损。

（6）认真执行"三检"即自检、互检、专检制度。

六、工厂化预制成效

（1）施工工期短、占用场地小，由于钢结构主体构件为先工厂化生产，后运抵现场完成组装，在储气库现场施工作业面非常狭小的情况下，具有非常明显的优势，大幅减少了现场加工所需要的作业面。其他专业与钢构件加工可以采用平行作业的方式交叉或同时进行，从而大幅缩短储气库建设现场的施工工期。

（2）材料易于管理，不易丢失；同时，工厂化预制的集中管理便于质量控制，保证质检人员检验覆盖到位，确保工程实体质量。

（3）自动切割机、型钢组立机、龙门式焊接机等自动化机械设备在预制过程中得到了应用，增加了预制精度，保证了预制质量。

（4）工厂化预制，减少了雨季期间天气对施工的影响，同时也避免了因天气问题造成的工期延误。

（5）厂内行吊和龙门吊得到了高效使用，减少了吊车台班的浪费，减少了项目机械费用。

（6）深度预制工作技术人员的能力得到极大提高，发现设计施工图中存在的问题，并及时反馈给设计人员予以解决，避免在施工过程中造成材料、人力资源损失。

储气库钢结构安装完毕整体效果如图 4-7-14 所示。

图 4-7-14　储气库钢结构安装完毕整体效果

第八节　土建、钢结构、一体化小屋

中原储气库群的建设除实现工艺管道预制、撬块产品预制、容器预制等，还在土建、钢结构、一体化小屋等方面实现重要的应用，分别体现在：土建部分的压缩机房钢结构施工、钢结构降噪板施工、钢结构岩棉夹芯板施工等；安装部分的钢结构管廊安装施工；井场建设中的一体化小屋施工。

一、工厂化预制的优点

工厂化预制由于场地固定、人员集中，实现了机械化、流程化生产，因此具有明显的生产管理优势：一是既不受场地约束，也不受土建和设备条件的限制，可以实现安装与土建同步施工，最大限度地缩短施工工期。二是可以减少高空作业和高空作业辅助设施的架设，既经济，又安全。三是不受天气影响，作业条件好，可以实现流程化生产，施工效率高，节约劳动力成本。四是质量容易得到控制，检测、试验方便。五是减少了材料的浪费和丢失，有利于降低成本。六是便于集中管理，减少现场临时设施建设费用，提高了机械设备利用率。七是可以应用小口径、大壁厚管道自动焊等先进设备，减少了劳力需求。八是实现了预制资源的共享，可以同时进行多个项目的加工预制。

二、小型基础预制

储气库工程所有小型基础均为100%预制，达到了批量生产、节省工期的目的。主要体现为在模块工厂化预制上狠下功夫，建起了两个预制工厂，在厂内设置2条预制加工生产线，打通钢筋下料、钢筋绑扎、模版安装，以及混凝土浇筑、养护及拆模等环节，实现流水工厂化预制，各工序最大限度地实现“无缝衔接”。现场“三检制”实现层层把关，每个小型基础都有编号，有班组长、检验人、监理三方签名，剖析质量控制“风险点”，建立台账，挂号推进，清“淤点”、通“堵点”、解“难点”，确保质量管控任务一项一项完成。针对此类产品预制常有的起渣、外观平整度低问题，由土建专家现场管理，主抓模具的制作，确保内优外美、品质卓越。

三、钢结构工厂化预制

储气库钢结构工厂化预制依托濮阳工业园区某公司进行生产制造，该公司具有钢结构工程专业承包、建筑工程施工总承包资质，有完整的生产流水线，质量管理体系、环境管理体系、职业健康安全管理体系等认证均符合要求。

(一) 生产管理

1. 钢板下料

使用等离子切割机进行下料(图4-8-1)，切割机根据排料图自动进行找正、定位，确保了下料的精度，钢板切割采用多嘴切割机，减少了切割后的变形。

图4-8-1　等离子切割

2. 型钢下料

对于立柱间的钢结构模块，采用工厂内预制成片(图 4-8-2)，每一片作为一个模块进行吊装就位，对于跨路桁架由单片的小模块拼装成大模块集中吊装就位，从而大幅提升作业效率。

图 4-8-2 工厂内预制成片

3. 软件应用

采用 Tekla Structures 三维设计软件进行钢结构的节点尺寸深加工设计，编制零件构件生产图，钢板、型材的排版、数量由 Tekla Structures 三维设计软件自动给出，精准无误、效率倍增。

(二) 技术管理

1. 施工前准备工作

(1) 所有生产机器调试完成，具备生产条件。其他辅助生产机具完好，生产所需的耗材到货。

(2) 收到需预制的一次设计蓝图后，完成二次设计并通过审查、审核。

(3) 备料全部到场，并且验收合格，已按要求摆放并且做好归类标识。

(4) 参加生产的人员全部培训完成，具备生产机器操作的能力，并持证上岗。

(5) 技术员、质安员已对生产班组完成技术、质量、安全交底。

2. 预制过程

钢结构的预制分原材料倒运、零件切割下料、零件制孔、零件组对、无损检测和除锈防腐。因此，在各环节中要严格按设计要求及规范执行。

1) 原材料倒运

原材料倒运是根据施工任务的要求从原材料场地将所需加工的材料运送到不同的加工工段。在倒运的过程中，我们通过下达任务单的方式给倒运班组，避免材料的乱用情况，提高工作效率。

2) 零件切割下料

零件的下料分型钢下料和板材下料两种。所有型钢下料采用数控锯床切割的方式切割。板材切割分为火焰切割和剪板机剪切两种，对于板材厚度大于 12mm 的钢板采用火焰切割，对于板材厚度小于或等于 12mm 的钢板采用剪板机剪切。

3) 零件制孔

切割后对钢材切割面或剪切面用肉眼或放大镜、百分尺进行全数检查，应无裂纹、夹渣、分层和大于 1mm 的缺棱。

4）零件组对

零件加工完成后应首先编号，然后交接给组对焊接班组。在开孔的过程中，应按以上允许偏差对零件的加工尺寸进行测量及核准，保证下一道工序的制作的准确性。组对前，组对班组应首先按构件图核对零件的规格型号及数量，然后按零件编号提取需组对构件的零件，同时按零件图核对零件的尺寸。组对构件的允许偏差应符合设计和标准要求。

5）无损检测

对于柱、梁的对接方式按设计和规范要求执行；所有需无损检测的焊缝在检测前先进行外观检查，检查合格后再进行无损检测。

6）除锈防腐

零件组对焊接完成后形成的构件，经过焊缝检测合格后进入除锈阶段。需除锈的构件放在抛丸机辊道上，操作抛丸机完成构件的除锈工作。除锈等级必须符合设计及规范要求。构件按要求等级完成除锈后进入涂漆工段。涂漆前，应对被涂表面进行清理，将污物、浮尘清除干净，经检查合格后方可涂装。涂底漆前，对组装符号、安装焊缝两侧各 100mm 范围内的构件表面、高强度螺栓的摩擦面和螺纹表面等特殊部位应加以保护，以免涂上油漆。涂装施工环境应通风良好，相对湿度不宜大于 80%。涂料种类、涂装遍数、涂层厚度应符合设计要求。按照合同技术文件要求，出厂的零件必须涂装两遍无机富锌底漆。涂层干漆膜厚度为 100μm，其允许偏差为±25μm。底漆应根据设计文件规定或产品说明书的要求配套使用。不同厂家、不同品种的涂料，不宜掺和使用。如掺和使用，必须经试验确定。涂刷面层时应顺流向涂刷，涂层应均匀，不得漏涂。涂层表面应平滑无痕、颜色一致，无针孔、起皱、气泡、流坠、粉化和破损等现象。涂装完毕后，应在构件上重新标注构件原编号。大型构件应标明质量、重心位置、中心线和定位标记。

（三）质量管理

（1）在制作过程中，严格按制作方案施工，以施工图和国家专业部门颁发的技术质量标准文件为依据检查验收。

（2）制作前必须对班组进行技术交底，明确三级质量控制点及关键工序。使作业层了解规范，熟悉图纸、方案。

（3）贯彻质量体系标准，严格管理，加强过程控制，每周进行质量大检查，对查出的不合格工序必须予以纠正，否则不得进行下道工序。对于多发性的不合格工序，制定纠正、预防措施。专职质检员进行巡视检查，发现问题责令作业组立即改正。

（4）质量管理人员必须认真做好质量记录，制作班组必须做好施工原始记录，及时对制作构件进行质量检验、评定。

（5）钢构件出厂前编号应准确无误，标志应清晰，且不易磨损。

（6）认真执行“三检”即自检、互检、专检制度。

四、工艺管道预制

为了提高工艺管道的焊接质量和速率，建设了标准焊接预制台，积极开展预制能力建设，提高现场预制精度与深度，实现工艺管线预制率达 85%以上，为确保工程按期中交提供了有力保障。

（一）预制的主要工作量

1. 卫 11 储气库

卫 11 储气库项目预制焊口统计见表 4-8-1。

表 4-8-1 卫 11 储气库项目预制焊口统计

施工位置	焊口管径规格/mm	焊口数/道	可预制焊口数/道	预制部位
注采站	DN25×4.0	9	5	排污单元
	DN25×3.5	28	9	放空单元
	DN25×3.5	28	7	润滑油单元
	DN25×4.0	11	5	脱水单元
	DN25×4.0	7	3	排污单元
	DN25×3.5	32	22	仪表风单元
	DN50×4.5	31	18	排污单元
	DN50×4.5	15	6	氮气单元
	DN50×4.5	86	48	三甘醇单元
	DN50×4.5	50	14	仪表风单元
	DN50×4.5	122	77	放空单元
	DN50×4.5	106	36	空氮单元
	DN50×5.0	40	22	排污单元
	DN50×4.5	160	112	仪表风单元
	DN50×4.0	124	77	氮气单元
	DN88.9×6.3	12	5	排污单元
	DN80×6.3	27	6	排污单元
	DN80×4.5	170	112	放空单元
	DN80×4.5	22	8	三甘醇单元
	DN100×5.0	75	33	分离单元
	DN100×7.1	30	15	排污单元
	DN100×5.0	37	12	放空单元
	DN100×4.5	148	54	仪表风单元
	DN100×4.5	95	22	空氮单元
	DN150×16.0	77	38	增压单元
	DN250×11.0	70	42	进出站阀组单元
	DN300×8.5	24	8	进出站阀组单元
	DN350×30.0	19	11	进出站阀组单元
	DN400×14.2	40	18	进出站阀组单元
	DN400×32	39	18	增压单元
	DN500×17.5	7	3	进出站阀组单元
	DN600×20	112	66	放空单元

2. 文 13 西储气库

文 13 西储气库项目预制焊口统计见表 4-8-2。

表 4-8-2 文 13 西储气库项目预制焊口统计

施工位置	焊口管径规格/mm	焊口数/道	可预制焊口数/道	预制部位
注采站	DN25×3. 5	27	8	排污单元
	DN25×3. 5	28	9	仪表风单元
	DN25×3. 5	28	7	润滑油单元
	DN25×4. 0	13	5	排污单元
	DN25×4. 0	7	0	排污单元
	DN40×4. 5	18	7	注采气单元
	DN50×4. 5	17	2	空氮单元
	DN50×4. 5	26	6	排污单元
	DN50×4. 5	88	33	放空单元
	DN50×4. 5	50	14	仪表风单元
	DN50×4. 5	17	3	润滑油单元
	DN50×4. 5	106	36	空氮单元
	DN50×4. 5	36	14	脱水单元
	DN50×5. 0	69	20	排污单元
	DN50×5. 0	45	21	脱水单元
	DN80×6. 3	27	6	排污单元
	DN80×4. 5	48	18	放空单元
	DN80×6. 3	10	0	脱水单元
	DN80×4. 5	22	4	脱水单元
	DN100×5. 0	35	14	排污单元
	DN100×7. 1	33	15	排污单元
	DN100×6. 3	20	4	排污单元
	DN100×5. 0	111	39	放空单元
	DN100×4. 5	128	46	仪表风单元
	DN100×4. 5	95	22	空氮单元
	DN100×14. 2	27	5	注采气单元
	DN100×5. 0	20	2	脱水单元
	DN150×5. 5	12	0	放空单元
	DN150×8. 0	5	0	注采气单元
	DN150×20. 0	17	2	注采气单元
	DN200×7. 0	39	15	放空单元
	DN200×8. 8	27	4	注采气单元
	DN250×30. 0	49	18	注采气单元
	DN250×11. 0	12	2	注采气单元
	DN300×12. 5	21	3	注采气单元
	DN350×14. 2	127	36	注采气单元
	DN600×8. 8	54	17	放空单元

3. 白9储气库

白9储气库项目预制焊口统计见表4-8-3。

表4-8-3 白9储气库项目预制焊口统计

施工位置	焊口管径规格/mm		焊口数/道	可预制焊口数/道	预制部位
注气站	Φ168以下	DN25×3.5	80	22	注气站工艺区
		DN25×4.0	17	0	注气站工艺区
		DN25×4.5	2	0	注气站工艺区
		DN40×3.5	13	10	注气站工艺区
		DN40×4.5	14	4	注气站工艺区
		DN50×4.5	443	101	注气站工艺区
		DN50×5.0	117	65	注气站工艺区
		DN50×8.8	67	23	注气站工艺区
		DN65×4.5	15	10	注气站工艺区
		DN65×5.0	11	7	注气站工艺区
		DN65×14.2	118	36	注气站工艺区
		DN80×4.5	136	15	注气站工艺区
		DN80×5.0	21	12	注气站工艺区
		DN100×4.5	113	40	注气站工艺区
		DN100×5.0	30	6	注气站工艺区
	Φ168~Φ273	DN150×5.5	34	10	注气站工艺区
		DN150×7.0	35	22	注气站工艺区
		DN150×28.0	46	18	注气站工艺区
		DN200×8.0	57	20	注气站工艺区
	Φ273及以上	DN250×7.0	68	1	注气站工艺区
		DN250×9.0	15	13	注气站工艺区
2#集气站	Φ168以下	DN50×4.5	4	—	工艺区
		DN65×4.5	58	22	工艺区
		DN65×14.2	241	171	工艺区
		DN100×5.5	11	—	工艺区
	Φ168~Φ273	DN150×28.0	33	30	工艺区
		DN200×6.0	2	—	工艺区
		DN200×7.5	15	10	工艺区
	Φ273及以上	DN250×7.0	36	—	工艺区
		DN350×8.0	86	41	工艺区

4. 清溪储气库

清溪储气库项目预制焊口统计见表4-8-4。

表 4-8-4　清溪储气库项目预制焊口统计

施工位置	焊口管径规格/mm	焊口数/道	可预制焊口数/道	预制部位
注采站	Φ406.4×14.27	20	9	放空单元
	Φ168.3×6	41	18	放空单元
	Φ406.4×8.8	44	20	放空单元
	Φ114.3×6.3	35	16	分离单元
	Φ114.3×5.0	8	4	分离单元
	Φ219.1×8.8	15	7	分离单元
	Φ219.1×8.8	2	1	分离单元
	Φ60.3×5.0	8	4	分离单元
	Φ406×8.0	5	2	火炬
	Φ33.4×3.0	30	14	火炬
	Φ60.3×4.5	29	13	计量单元
	Φ219.1×8.8	17	8	计量单元
	Φ60.3×5.0	5	2	计量单元
	Φ168.3×6.0	8	4	计量单元
	Φ114.3×5.0	1	0	计量单元
	Φ273×11.0	21	9	进站单元
	Φ60.3×4.5	152	68	空氮单元
	Φ114.3×4.5	135	61	空氮单元
	Φ33.4×3.5	15	7	空氮单元
	Φ60.3×4.5	66	30	脱水单元
	Φ114.3×5.0	46	21	脱水单元
	Φ114.3×6.3	2	1	脱水单元
	Φ219.1×8.8	15	7	脱水单元
	Φ33.4×3.5	4	2	脱水单元
	Φ60.3×5.0	67	30	脱水单元
	Φ88.9×4.5	15	7	脱水单元
	Φ273×9.27	2	1	脱水单元
	Φ114.3×14.2	42	19	增压单元
	Φ114.3×5.0	29	13	增压单元
	Φ114.3×6.3	30	14	增压单元
	Φ114.3×7.1	30	14	增压单元
	Φ168.3×8.0	23	10	增压单元
	Φ26.7×2.87	28	13	增压单元
	Φ60.3×4.5	66	30	增压单元
	Φ60.3×5.0	56	25	增压单元
	Φ60.3×8.8	10	5	增压单元
	Φ88.9×12.5	22	10	增压单元

续表

施工位置	焊口管径规格/mm	焊口数/道	可预制焊口数/道	预制部位
注采站	Φ114.3×14.2	58	26	总体
	Φ114.3×4.5	34	15	总体
	Φ114.3×5.0	10	5	总体
	Φ219.1×8.8	48	22	总体
	Φ33.7×6.3	13	6	总体
	Φ60.3×8.8	22	10	总体
	Φ88.9×14.2	1	0	总体

（二）预制管理

1. 生产管理

1）预制场地选择

新建或利用旧厂房改造为临时预制工厂，改造后的工厂具备以下条件：一是配备管道预制所需的机械装备，可在工厂内完成大部分管道的切割、组对、焊接、防腐、检验等工作；二是管道预制工厂距各施工现场较近，可以最短的时间送往现场各个区域进行安装和组焊。

2）单线图绘制及其软件选择

（1）其主要内容就是根据施工图纸或现场测量及复核后的数据绘制管道安装所要求的单线图。该工序确定了预制用短接长度、数量和法兰管件、阀门等管路附件的规格型号及数量、焊缝数量及位置、无损检测方式与数量等，决定了后续预制工序的准确程度与施工效率。

（2）单线图一般由工艺工程师采用专用绘图软件绘制，综合预制管段管理、无损探伤管理、材料配料管理、材料可追踪性管理，使管道预制过程的技术管理、质量管理、材料管理、探伤管理、进度管理等实现数据化，保证资料的同步性。一般以三维立体方式显示。

（3）储气库工程、集输管线等单线图来自两个方面：一是会审合格的施工图；二是现场测绘及数据复核。影响因素包括设备基础预制的误差、设备安装间距的变化等。

3）设备合理选配

设备的合理选配主要是指通过设备之间的互补发挥设备的最大性能，尽力减少对施工人员技能、素质的依靠，将人为因素的影响程度降至最低。目前，储气库建设管道预制系统所需的设备主要包括检验检测设备，小口径、大壁厚全自动焊接设备、火焰切割机，以及坡口加工设备等。

4）施工流程

管道预制施工流程同图4-5-8。

2. 技术管理

（1）根据现场情况，设置管道预制区，配备精良的施工机具，加大预制深度。根据现场实际情况，生产流水线按流转顺序布置，施工区域包括下料和坡口加工区、机加工区、组对区、焊接区、热处理区和检验区。

（2）对钢管道采用火焰切割，施工中保证尺寸正确、表面平整，并将氧化层打磨掉。管子切断前，先移植原有标记，管口采用管道半自动火焰切割机或砂轮切割机切割，并用电动砂轮机将切割表面的淬硬层清除。切割表面平整，无裂纹；坡口端面与管子中心线垂直，其不垂直偏差应小于1.6mm，管口以外表面25mm范围内的毛刺、缩口、熔渣、氧化铁、铁屑等均要清除干净。

（3）组对前，将管端100mm范围内的尘土、污油、铁锈、熔渣等清除干净，管端如有不大于公称直径2%的变形时，用专用管口千斤顶校正。当采用加热方法校正钢管时，要经有关技术人员同意方可进行，无效时应将变形部分管段切除。

（4）管道组对时采用倒链提升。管口组对时，避免强力对口，不得损坏钢管的外防腐层。直管段两相邻环焊缝的间距不得小于1.5倍管径。组对时垫置牢固，定位可靠，防止焊接时产生变形。

（5）预制的管段留有预留段，以调整安装产生的误差。

（6）加工好的管段组对前要进一步核实各管段的尺寸、方向，下料后要用记号笔在管段两端标注与单线图相一致的焊缝编号，并严格按单线图所标焊缝编号进行组对。因现场需要而发生焊缝增加时，在单线图上相应位置标注焊缝编号，焊缝编号为前一个焊缝号加上“-1”“-2”等。

（7）预制管段各部分尺寸需要符合设计要求，其允许偏差规定同表4-6-1。

（8）管道预制成型后，编号标识清楚，将管内清扫干净并检查确认内部无杂物后，用管口专用堵头进行封堵，分区妥善存放。

3. 质量管理

（1）设备和材料管理。在施工过程中，项目部设置材料设备工程师专岗，制定岗位职责和管理制度，选派责任心强、业务能力出众的人员加强对设备、机具的管理，同时注重设备的维护保养，并强化各种规格型号材料的出库、入库管理，防止漏用、错用。

（2）作业人员管理。需要根据储气库建设的施工特点，加强作业人员管理，有效提高作业人员的工作效率，严加管理现场的作业人员，做到不参加入场教育不进场、质量意识不够不进场，无作业许可证件不进场，技能考核不合格不进场。

（3）预制过程管理。管道施工按照“先工艺，后辅助；先大，后小；先高压，后低压；先难，后易”的顺序施工。预制前由工艺工程师进行技术交底，各岗位作业人员依据图纸规范、操作规程、设计要求、施工图等开展预制工作。质检员实行全过程“自检、互检、专检”相结合的原则，对加工后的成品和半成品及时进行质量检验，防止不合格品进入施工现场，同时强化质量考核，实现质量控制目标。

（4）焊接过程管理。储气库项目设计压力高，管线壁厚大，项目部将焊接质量作为重要管控点，从培训源头开始，开展专项焊接技术及工艺纪律培训，签订焊接质量承诺书，组织质量例会、焊接质量提升专题会、现场焊接对接会等，加强所有焊接人员的质量意识，做好每日班前技术交底，把焊接作业指导书贴在焊机明显的位置以便随时查看，每个焊接机组均配备焊接质检员，对施焊人员、焊机、焊材、环境等情况进行确认，对焊接工艺执行情况等全程跟踪，严格进行检查、记录、反馈，此外督导组对每个机组的首次施焊情况进行检查，确认焊接工艺掌握情况。

（5）施工记录管理。施工记录是工程质量是否满足规定要求和各项管理体系是否有效运行的重要参考文件，应使其在标识、贮存、保护和处理等方面得到控制；按照EPC项目部、业主、监理有关过程记录要求及标准、规范的相关规定进行施工记录编制、储存；施工记录按规定格式，与工作、施工同步填写，字迹工整、清晰，数据真实、准确，内容完整、齐全，不得随意涂改。

（三）预制效果

（1）材料易于管理，不易丢失；同时，工厂化预制的集中管理便于质量控制，保证质检人员检验覆盖到位，确保工程实体质量。

（2）推广了小口径大壁厚自动焊机的使用，增强了企业核心竞争力，为后续储气库建设提高了焊接效率，减少了人力资源成本，提高了焊接一次合格率。

（3）自动切割机、数控机床、液压冲床等自动化机械设备在预制过程中得到了应用，提高了预制精度，保证了预制质量。

（4）工厂化预制，减少了雨季期间天气对施工条件的影响，避免因天气问题造成的工期延误。

（5）厂内行吊和龙门吊得到了高效使用，减少了吊车台班的浪费，减少了项目机械费用。

（6）深度预制工作技术人员的能力得到极大提高，可以发现设计施工图中存在的问题，并及时反馈给设计人员予以解决，避免在施工过程中造成材料、人力的损失。

（7）不受现场条件的约束，如井场工程交井时间较晚，即使现场不具备进场条件，也可以实现同时同地的管道预制施工，最大限度地缩短施工工期。

（8）通过管道工厂化预制，有利于预制管道的集中运输，可实现预制管道抵达施工现场后分区域组装。

（四）提高方向

（1）小口径大壁厚自动焊技术在文 13 西储气库中得到了应用，完成了小口径自动焊设备选型、研发与操控工作，接下来要在储气库工程中进行大力推广，为拓展类似工程市场、增强技术竞争力提供有力保障。

（2）加强管道工厂化预制过程中的视频监控管理，中原油田储气库建设过程中大力推进智能工地建设工作，其中视频监控已基本实现施工区域全覆盖，但在主体工程外的区域，视频监控力度存在不足，接下来要做好主体工程区域外的视频监控工作，确保整体工程建设的质量安全。

（3）降低预制过程中的焊接难度。例如，在预制焊接过程中应该尽量减少固定口的数量，特别是仰焊，所以需要技术人员在管道预制前合理地进行单线图的二次优化。

（4）加强培训工作。要注重相关专业的技能工人、技术人员的培训学习工作，邀请领域内的专家讲授相关知识，提升整体管理素质。针对当下储气库建设的先进管理专业技术，要积极学习与运用，不断提升管道工厂化预制的科学性。

五、一体化小屋

（一）选型说明

中原储气库群采用的一体化小屋为防爆式分析小屋，安装于小屋上的所有带电设备均为独立的防爆部件，如配电设备、照明设备、通风设备、分析仪等均已取得防爆认证，为独立的防爆产品。

防爆式分析小屋适用于含有爆炸性危险气体的Ⅱ类 2 区场所，为ⅡA 级、ⅡB 级、ⅡC 级，温度组别为 T1～T4 的爆炸性气体或蒸汽环境；海拔高度不超过 2000m；25℃时，相对湿度在 95%以下；工作环境温度-20～+40℃。

（二）结构分析

防爆式分析小屋由主房体、报警系统、配电系统、排风系统组成。主房体为型钢焊接框架式结构；内外墙及屋顶由 n 型钢板拼装铆接而成；内外墙采用 304 不锈钢；内外墙及吊顶和屋顶之间充填 70mm 厚阻燃型保温材料；设置 1 扇外开单扇型门，净尺寸为 2000(H)mm×900mm，材质与主体相同，门与墙之间镶有橡胶密封条，门上开有 400(H)mm×600(W)mm 钢化玻璃观察窗，带阻尼限位闭门器和扎杆式逃生锁，门外有孔锁及把手；地板采用 4.0mm 厚花纹钢板；底座用槽钢焊接而成，为方便吊运，底部带有起重用的吊耳。

(三) 加工制作

一体化小屋由专业厂家按照设计进行房体加工制作以及各系统组配件安装。完成后以成品形式运输至现场开展吊装、接线、调试等工作(图 4-8-3)。

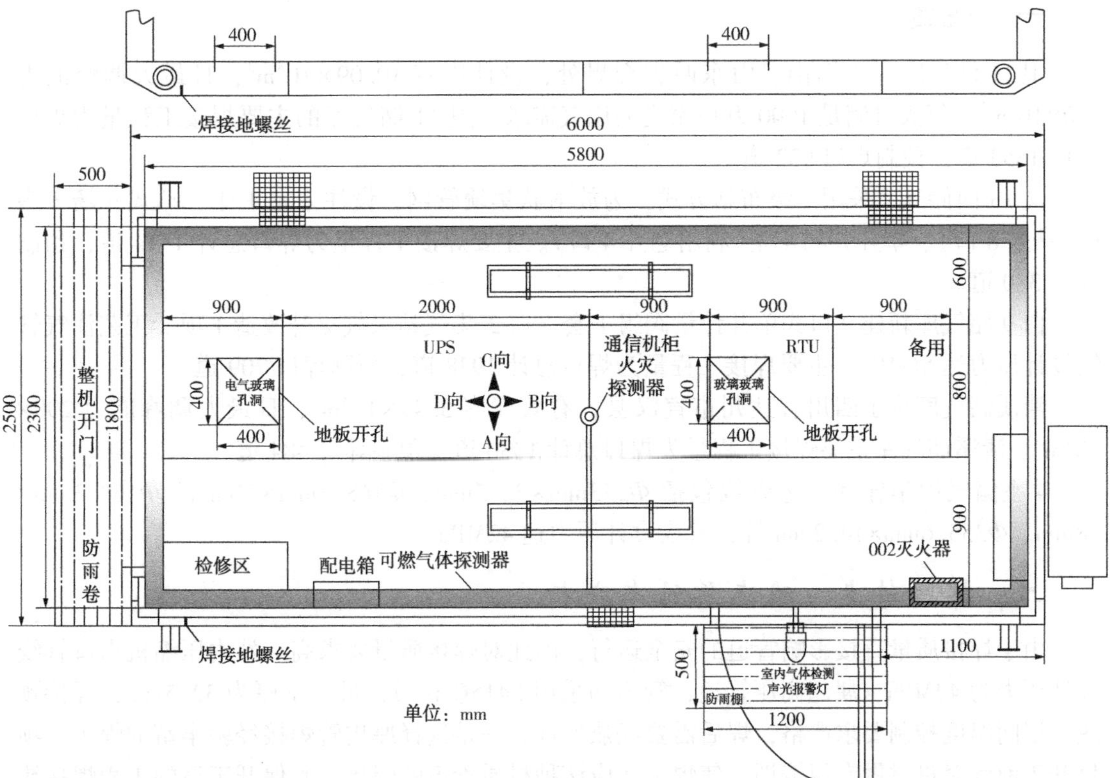

技术说明：
1.主梁采用20#工字钢，横梁和边梁采用12#槽钢，吊杠和拖杠采用ϕ114×6厚壁钢管，底板托板为2mm钢板，地板4mm花纹板，角柱为5mm厚压型钢板，侧板及顶板为2.0mm波纹钢板，小屋底托估价骨架布置应考虑配电柜的承重。
2.小屋的净尺寸为5800mm×2250mm×2800mm，房体侧面焊装挡绳器，便于房体吊装时保护房体，挡绳器部位檩条采用8#槽钢。墙面、顶面填充60mm阻燃型保温岩棉材料。
3.外门采用丙级防火门，尺寸为1000mm×2100mm，外开型，带有安全视窗500mm×500mm，带阻尼限位闭门器和安全逃生锁，有外锁机构，门的边缘镶氯丁橡胶密封条，雨棚外挑尺寸不小于500mm。
4.小屋表面喷漆为中灰色CMYK00040，色带采用石化红CMYK01001000，油漆分三道漆：环氧富锌底漆、环氧中间漆、丙烯酸面漆。油漆表面应光滑、色泽均匀、无针孔、桔皮、起皱、流挂、漏底等缺陷。

图 4-8-3　一体化小屋布置

第五章 储气库模块化施工与机械化作业

第一节 储气库管线焊接技术概述

一、概述

卫 11 储气库位于河南、山东两省交界处，设计库容 $10.09\times10^8m^3$，日最大调峰能力 $500\times10^4m^3$，每天可满足 1000 万户家庭的用气需求。卫 11 储气库的主要焊接工程量为焊口总计 1853 道，预制焊口 932 道。

文 13 西储气库采用一级布站方式，为放射状集输管网，设注采站 1 座、丛式井场 3 座(新钻井 8 口)、单井井场 4 座(利用老井 4 口)。主要焊接工程量为焊口总计 1514 道，预制焊口 380 道。

白 9 储气库新建 9 口式单井计量阀组 1 套，白 2#集气站采气提升改造 1 项。工艺注气管线设计压力达 56MPa。主要焊接工程量为焊口总计 1938 道，预制焊口 709 道。

清溪储气库位于四川省达州市宣汉县，有效库容 $3.49\times10^8m^3$，日最大调峰能力 $200\times10^4m^3$。清溪储气库主要焊接工程量为焊口总计 1330 道，预制焊口 484 道。

4 座储气库集输和工艺管线包括 Φ273mm×32.5mm、Φ168.3mm×20mm、Φ168.3mm×28mm、Φ355.6mm×14.2mm 等，管线设计压力达 42MPa。

二、焊接特点、难点总结与分析

由于焊接质量直接影响管道的安全运行，因此对焊接质量要求高。站内压缩机出口管线设计压力为 42MPa，属超高压管道，管道均采用 L415Q 材质，最大壁厚为 32.5mm，焊接预热、层间温度控制要求严格，焊后需要经热处理。一是选择厚皮管焊接经验丰富的焊工，项目开工前针对母材做专门培训，使焊工适应该种材质管道的焊接，确保开工后的工程焊接质量；二是严格执行焊接工艺纪律，配备具有丰富施工经验的焊接工程师对现场焊接工艺进行控制；三是配备齐全，每个队配备焊接检验尺 3 把，红外线温控仪 2 台，严格控制焊前预热和层间温度；四是焊材管理，安排专人对焊材进行烘烤和发放；五是关键工序的检查，制订质量检验计划，明确关键工序和检验方法；六是制定奖罚制度，用经济杠杆促进施工质量；七是按照施工工作量，合理配置专职质检员和兼职质检员，严格控制焊接的每一道工序。

第二节 管线自动焊

一、项目概况

小口径全自动焊技术在中原储气库群工程文 13 西储气库中得到了推广应用，现场应用效果良好。随着今后中原储气库群工程后续管道工程建设全面展开，此项成果具有非常广阔的推广应用市场(图 5-2-1)。

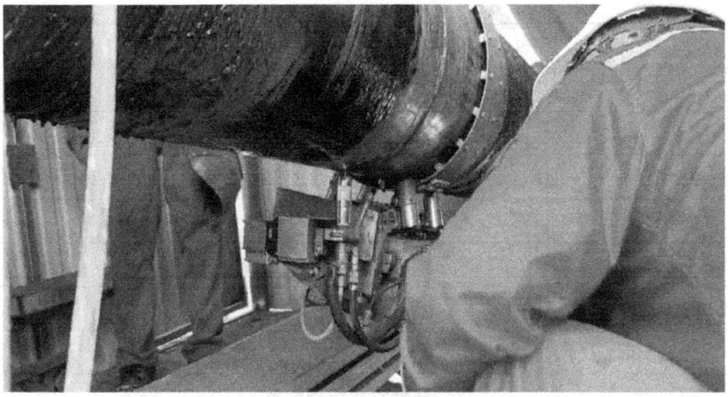

图 5-2-1　储气库现场(GTAW+FCAW-G)组合自动焊，焊缝外观美观，RT/UT 合格

二、生产管理

针对储气库工程自动焊的应用，从应用范围选择、现场资源组织方面进行如下配置。

(一) 应用范围选择

应用范围选择见表 5-2-1。

表 5-2-1　应用范围选择

<table>
<tr><th>储气库</th><th>部　位</th><th>管径规格/mm×mm</th><th>备　注</th></tr>
<tr><td rowspan="6">文 13 西</td><td rowspan="3">站内 L415Q(增压后天然气)</td><td>Φ168.3×20</td><td rowspan="9">A305 焊机壁厚小于 8mm，外径小于 273mm，不建议采用组合自动焊；安意源焊机壁厚小于 8mm，外径小于 168.3mm，不建议采用组合自动焊</td></tr>
<tr><td>Φ219.1×25</td></tr>
<tr><td>Φ273×32.5</td></tr>
<tr><td rowspan="2">注采气干线</td><td>Φ219.1×20</td></tr>
<tr><td>Φ273×32.5</td></tr>
<tr><td>气源管线</td><td>Φ355.6×14.2</td></tr>
<tr><td rowspan="3">白 9</td><td>站内 L415Q(增压后天然气)</td><td>Φ168.3×28</td></tr>
<tr><td>注采气干线</td><td>Φ168.3×28</td></tr>
<tr><td>气源管线</td><td>Φ335.6×8.0</td></tr>
</table>

(二) 现场资源配置

现场资源配置见表 5-2-2。

表 5-2-2　现场资源配置

一、文 13 西注采站自动焊设备配置(定口组织方式)				
序号	设备种类	规格	数量	说明
1	A305 或安意源焊机	单枪	1 台	
2	电加热器	80kW	1 套	焊前预热-焊后热处理(≥19mm 考虑)
3	轨道		2 条	1 用 1 备
4	自动坡口机		1 台	
5	防风棚		1 个	密封性要满足要求
6	混合气体检测仪		1 台	气体比例检测仪

续表

二、白 9 注采站自动焊设备配置(定口组织方式)				
序号	设备种类	规格	数量	说明
1	A305 或安意源焊机	单枪单机头	1 台	
2	电加热器	80kW	1 套	焊前预热–焊后热处理(≥19mm 考虑)
3	轨道		2 条	1 用 1 备
4	自动坡口机		1 台	
5	防风棚		1 个	密封性要满足要求
6	混合气体检测仪		1 台	气体比例检测仪
三、站外管线设备配置				
序号	设备种类	规格	数量	说明
1	A305 或安意源焊机	单枪，21kW	3 台	
2	电加热器	80kW	3 套	焊前预热–焊后热处理(≥19mm 考虑)
3	轨道		6 条	3 用 3 备
4	自动坡口机		2 台	
5	防风棚		3 个	密封性要满足要求
6	混合气体检测仪		3 台	气体比例检测仪
7	焊接工程车	804	3 台	各带一台焊机
8	电站	GYD80	3 台	焊后热处理
四、注采站人员配置(定口组织方式)				
序号	岗位	数量	备注	
1	技术、质检员	1 人		
2	自动焊工	2 人	两人共用 1 台	
3	氩弧焊工	2 人	氩弧焊两层	
4	管工	2 人		
5	热处理工	2 人		
五、文 13 西站外管线人员配置				
序号	岗位	数量	备注	
1	技术、质检员	1 人		
2	自动焊工	3 人	3 用 3 备	
3	氩弧焊工	2 人	氩弧焊两层	
4	管工	6 人		
5	热处理工	2 人		

注：1. 150 寸径/(机·天)，每月 150×22×3＝9900 寸径(以 L415Q Φ273mm×32.5mm 为例)；

2. 考虑到管径不同，3 台自动焊机各负责 1 条管线的自动焊施焊，实行定口非流水施焊。

三、技术管理

(一) 技术目标

施工质量要达到标准要求，掌握小口径钢管焊接施工专用技术。提升场站和集输管网自动焊接应用比例，稳定提升焊接质量，提高焊接工效，降低劳动强度，逐步实现机械化焊接作业。

（二）技术方法和路线

采取先调查研究，确定思路，根据施工环境，进行方案设计与先期试验验证，再从焊接工艺策划、设备与工装对比分析、坡口加工、焊接工艺参数调试、机组组织、质量控制等方面进行研究，形成小口径钢管自动焊施工技术，并在类似的工程中进行推广运用。

（三）内胀式坡口加工及控制技术

（1）清理被坡管子周围物体，处理管子端口，若管子是气割端口或端口上有焊缝，为防止损坏坡口刀，须用砂轮机打磨处理。

（2）张紧块安装：测量坡口管子的内径，根据内径选择张紧块并安装，试验张紧和收缩范围（保证张紧力最大时应超出管内径 10mm 以上，张紧块收缩后应能小于管内径 5mm 以上），张紧块下平面要与张紧斜块贴紧，紧固可靠。

（3）调整坡削角度：可在 0°~37°外角坡口范围内调整，调角架应可靠紧固，防止坡削过程中调角架产生角度偏移。

（4）机身位置调整：根据需要坡口的轴向长度，留有足够的向前调整行程，以便一次装卡完成坡口作业。

（5）坡口机张紧定位：定位时，要防止坡口刀坡削到张紧块，张紧块后侧面与管子端口要留有足够的距离，否则易引发事故；确保张紧可靠，防止坡削时坡口机产生位移。

（6）安装坡口刀及调整进刀机构：坡口刀的底面与走刀架的底面可靠贴合，坡口刀刀尖应停在管了外径 5 毫米以外，坡口刀刀尖的行程应满足壁厚的坡削要求防止坡削量过大，对刀时坡口刀尖的位置不要越过管子端面 5mm。

（7）坡口控制：注意刀盘空转时坡口刀不能与管子端面相碰；进刀的快慢可根据坡削确定，轴向坡削量大时应采用慢进刀；坡削壁较厚的管子时使用冷却液冷却坡口刀，能提高刀具寿命；每次坡削前要按上述要求进行对刀。

（8）坡口常见加工问题及处理见表 5-2-3。

表 5-2-3 坡口常见加工问题及处理

序号	常见问题	产生原因	处理方法
1	坡口刀崩口	管子端面凸凹不平	缓慢进刀，待端面平整后再加快进刀速度
		加工的管子有气割瘤或焊缝	坡口前用砂轮机打磨处理
2	坡口时振刀，造成坡口端面不平	坡口时没压住坡口刀	进刀时加力，稳住并缓慢进刀
		管子内孔不规整或坡口机定心不好	松开坡口机改变位置重新张紧定位
3	坡口面粗糙	坡口刀用钝或有缺损	更换或重磨坡口刀
4	坡口时刀盘转速明显降低，电机声音异常	进刀量过大	缓慢进刀或退刀后重新进刀
5	坡口时坡口机有位移或抖动现象	张紧不可靠，或张紧块选择不合适	重新张紧或选择合适的张紧块
6	电机开启时后端有可见弧光	电机碳刷损耗	微调电机两侧碳刷或更换碳刷
7	张紧或进刀不灵活	张紧机构或进刀机构缺润滑油或有异物	清理异物，加注润滑油

续表

序号	常见问题	产生原因	处理方法
8	棘轮进刀手柄空转不能进刀和退刀	机构活动件缺润滑油不能自动复位	加注润滑油
9	坡口作业后松不开张紧轮	坡口前选用的张紧块小，造成张紧的正反向螺纹对死	用锤震击张紧块位置处的管子，同时加力松旋张紧轮
10	电机及行星减速器发热	高速转动	用手感判断：手能握住，估计此时温度在50℃以下，可继续使用；烫手应停机，待自然冷却后再工作，或者查找是否有其他原因
11	转动自动进刀机构上的离合手轮不能退刀	走刀架超出可调整范围，走刀丝母脱离丝杠传动螺纹	用手向外移动走刀架，同时转动离合手轮，将走刀丝母丝杠重新接合

手动进刀的坡口机是用刃口不同形式的定型坡口刀坡口的，可获得所需管子端面的平口、V形、X形及U形等管子端口形式；自动进刀的坡口机仅采用30°角的坡口刀坡口，其坡口角度的变化是依靠调整进刀机构的角度来实现的；根据所加工管子的材质选配相应材质的坡口刀，一般情况下按以下规则选配：坡削碳素钢管(如Q235、10#、20#钢管等)用普通高速钢坡口刀；坡削不锈钢管(304/316钢管等)、高强度合金钢管(X60/X65/X70/X80钢管等)、铸铁管等，用含钴高速钢坡口刀。按所加工管子壁厚选配不同切削刃角的坡口刀：一般情况下坡削厚壁管时可用稍大切削刃角坡口刀，坡削薄壁管时必须选用小切削刃角坡口刀，否则坡口时易发生打刀，严重时会发生扎刀现象，造成坡口机损坏。保持坡口刀刃口锋利，当刃口缺损和刃口用钝时，应重磨刃口后再用。

(四)自动焊工艺及调试技术

储气库工程压缩机对管道内清洁度要求高，因而本次小口径管道自动焊、根焊、热焊选用了手工GTAW方式，填充、盖面选用气保护FCAW-G自动焊方式，坡口选用V形坡口，焊接参数基于焊接电流、电弧电压、送丝速度、焊接速度、最大热输入量、保护气体组成和保护气体流量、层道数，同时在工艺调试时对摆动幅度、摆频、边缘停留时间进行了规定，摆动方式为平摆。焊接参数设计分为中厚壁管14.2mm和厚壁管32.5mm设计两种，管径选用了DN350和DN250两种。详细焊接技术参数见表5-2-4和表5-2-5。

表5-2-4 集输管道L415Q中厚壁钢管预焊接工艺规程

工程名称：文13西储气库地面工程

施焊项目	线路、连头焊接	自动化程度	手工+自动焊
执行标准	GB/T 31032—2014		
焊接方法	GTAW(根焊、热焊)+FCAW-G(填充、盖面)		
预焊接工艺规程编号	21pWPS-ZYJS-W13-027	支持的工艺评定编号	

母材：

材料类型	制管方法	材质(钢级)	管径(D)	壁厚(T)
钢管1	热轧无缝	L415Q	355.6mm	14.2mm
钢管2	热轧无缝	L415Q	355.6mm	14.2mm

续表

工程名称：文 13 西储气库地面工程

填充金属：

焊道	根焊/热焊	填充/盖面
焊材规范号	AWS A5.18	AWS A5.36
焊材型号	ER70S-6	E81T1-M21A8-Ni1-H4
焊材规格	Φ2.4mm	Φ1.2mm
焊材牌号(厂家)	BÖHLER EMK 6	FOXcore X60 RC-Pipe
焊材烘干	—	—

保护气体：

焊道	根焊/热焊	填充/盖面
保护气体类型	100%Ar	80%Ar+20%CO_2
混合比(体积比)	—	8 : 2
纯度要求	Ar≥99.96%	Ar≥99.96%
含水量要求	含水量≤0.005%	含水量≤0.005%

注：混合气配制允差为±2%(体积分数)

接头设计：

接头及坡口形式：对接、V 形坡口

坡口面角度(α)：23.5°±1.5°

对口间隙(b)：3.0~4.5mm

错边：≤1.7mm，且连续 50mm 长度范围内局部最大错边不应超过 3.0mm，错边沿圆周均匀分布

钝边(p)：1.0mm±0.5mm

盖面焊缝宽：每侧增宽 1.0~2.0mm

余高：0~2mm，局部不大于 3.0mm

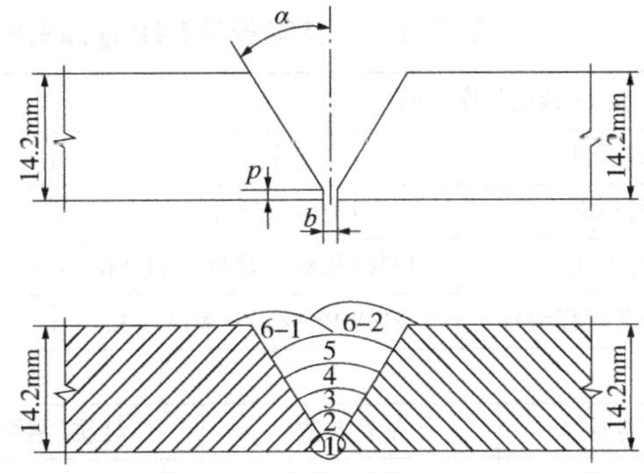

错边及最小焊层(道)数量规定

管壁厚	错边	最小焊层(焊道)数
T=14.2mm	≤1.7mm	见本表上图

注：1. 盖面焊道为 2 道排焊；

2. 可根据填充情况在立焊部位增加立填焊；

3. 不应少于本表上图中规定的焊层(道)数

施焊环境：	焊前准备：
温度：≥-5℃	焊接位置：管状水平固定焊
湿度：≤90%RH	对口方式：外对口器对口
风速：≤2m/s	对口要求：相邻制管焊缝在对口处错开，距离不小于 100mm

预热及道间温度：	电特性：
预热温度：80~150℃	电流种类：直流(DC)
预热方法：火焰加热或电加热	极性：GTAW-DCEN，GMAW(FCAW-G)-DCEP(滴状过渡)
测温方式：红外线测温仪测温	焊接设备：
预热宽度：坡口两侧各 50mm	设备型号：根焊/热焊-熊谷 MPS-450
层(道)间温度：80~150℃	填充/盖面-熊谷 A305(DPS-500P1)

续表

工程名称：文13西储气库地面工程									
工艺要求：									
焊工数量		根焊、热焊：1名焊工/层 填充、盖面：1名焊工/层			每层单道焊或多道焊			见焊道示意图	
单丝或多丝焊		单丝焊			焊丝干伸长			5~10mm	
焊枪摆动方式		平摆			焊后保温缓冷及热处理			不要求	
根焊结束与第二层焊开始的时间间隔要求：≤10min									
起弧或收弧要求：严禁在坡口以外的管壁上起弧，相邻焊道的起弧或收弧应错开30mm以上									
焊接工艺参数：									
焊道	焊接方法	焊接方向	极性	焊接电流/A	电弧电压/V	送丝速度/(in/min)	保护气体流量/(L/min)	焊接速度/(cm/min)	最大热输入/(kJ/cm)
根焊	GTAW	上向	DCEN	110~155	10~16	—	8~12	6~12	24.80
热焊	GTAW	上向	DCEN	160~190	10~16	—	8~12	10~18	18.24
填充	FCAW-G	上向	DCEP	160~230	20~26	230~300	25~35	15~30	23.92
盖面	FCAW-G	上向	DCEP	165~220	20~26	220~300	25~35	16~24	21.45
注：DCEN指钨极与焊接电源负输出端相关联，DCEP指焊丝与焊接电源正输出端相关联；摆宽、边缘停留时间等参数根据坡口尺寸进行设置与调节，焊枪摆动速度不宜过快									

表5-2-5　集输管道L415Q厚壁钢管预焊接工艺规程(pWPS)

工程名称：文13西储气库地面工程				
施焊项目	工艺管线焊接		自动化程度	手工+自动焊
执行标准	NB/T 47014—2011			
焊接方法	GTAW(根焊、热焊)+FCAW-G(填充、盖面)			
预焊接工艺规程编号	21pWPS-ZYJS-W13-030		支持的工艺评定编号	
母材：				
材料类型	制管方法	材质(钢级)	管径(*D*)	壁厚(*T*)
钢管1	热轧无缝	L415Q	273mm	32.5mm
钢管2	热轧无缝	L415Q	273mm	32.5mm
填充金属：				
焊道	根焊/热焊		填充/盖面	
焊材规范号	AWS A5.18		AWS A5.36	
焊材型号	ER70S-6		E81T1-M21A8-Ni1-H4	
焊材规格	Φ2.4mm		Φ1.2mm	
焊材牌号(厂家)	BÖHLER EMK 6		FOXcore X60 RC-Pipe	
焊材烘干	—		—	
保护气体：				
焊道	根焊/热焊		填充/盖面	
保护气体类型	100%Ar		80%Ar+20%CO_2	
混合比(体积比)	—		8:2	
纯度要求	Ar≥99.96%		Ar≥99.96%	
含水量要求	含水量≤0.005%		含水量≤0.005%	
注：混合气配制允差为±2%体积分数				

续表

工程名称：文 13 西储气库地面工程

接头设计：

接头及坡口形式：对接、V 形坡口

坡口面角度(α)：23.5°±1.5°

对口间隙(b)：3.0~4.5mm

错边：≤2mm，且连续 50mm 长度范围内局部最大错边不应超过 3.0mm，错边沿圆周均匀分布

钝边(p)：1.0mm±0.5mm

盖面焊缝宽：每侧增宽 1.0~2.0mm

余高：0~2mm，局部不大于 3.0mm

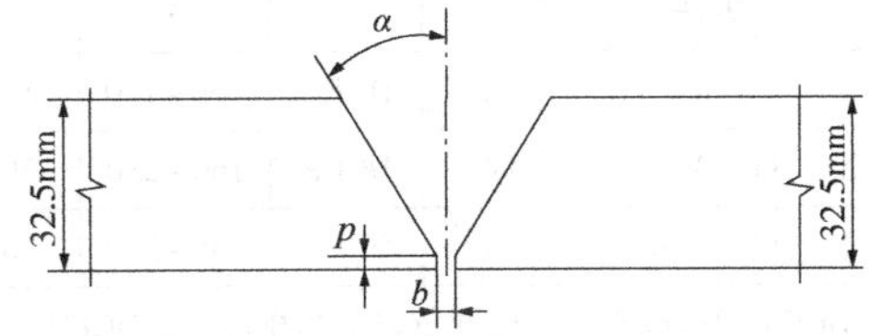

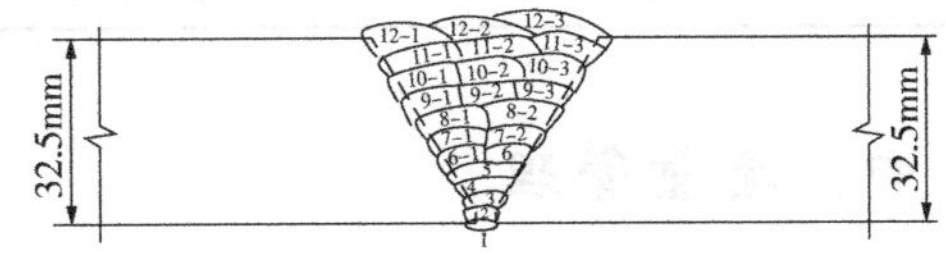

错边及最小焊层(道)数量规定

管壁厚	错边	最小焊层(焊道)数
T=32.5mm	≤2mm	见本表上图

注：1. 盖面焊道为 3 道排焊；2. 可根据填充情况在立焊部位增加立填焊；3. 不应少于本表上图中规定的焊接层(道)数

施焊环境	焊前准备	焊后热处理
施焊环境： 温度：≥-5℃ 湿度：≤90%RH 风速：≤2m/s	焊前准备： 焊接位置：管状水平固定焊 对口方式：外对口器 对口要求：相邻制管焊缝在对口处错开，距离不小于 100mm	焊后热处理：消应力退火 热处理温度：620℃±10℃ 保温时间：1.5h 当加热温度升至 400℃时，加热速率≤157℃/h，冷却速率≤200℃/h，400℃以下可自然冷却，加热方式：电加热。自动测温记录仪在使用前校验合格。热处理加热范围为焊缝两侧各不小于焊缝宽度的 3 倍且不小于 50mm。管径≥300mm，对称安装热电偶测温计 2 支；管径≤300mm，安装热电偶测温计 1 支

预热及道间温度	电特性
预热及道间温度： 预热温度：80~150℃ 预热方法：火焰加热或电加热 测温方式：红外线测温仪 预热宽度：坡口两侧各 50mm 层(道)间温度：80~150℃	电特性： 电流种类：直流(DC) 极性：GTAW-DCEN、GMAW(FCAW-G)-DCEP(滴状过渡) 焊接设备： 设备型号：根焊/热焊-熊谷 MPS-450 填充/盖面-熊谷 A305(DPS-500P1)

工艺要求：

焊工数量	根焊、热焊：1 名焊工/层 填充、盖面：1 名焊工/层	每层单道焊或多道焊	见焊道示意图
单丝或多丝焊	单丝焊	焊丝干伸长	5~10mm
焊枪摆动方式	平摆	焊后保温缓冷及热处理	不要求

根焊结束与第二层焊开始的时间间隔要求：≤10min

起弧或收弧要求：严禁在坡口以外的管壁上起弧，相邻焊道的起弧或收弧应错开 30mm 以上

焊接工艺参数：

焊道	焊接方法	焊接方向	极性	焊接电流/A	电弧电压/V	送丝速度/(in/min)	保护气体流量/(L/min)	焊接速度/(cm/min)	最大热输入/(kJ/cm)
根焊	GTAW	上向	DCEN	110~155	10~16	—	8~12	6~12	24.80

续表

工程名称：文 13 西储气库地面工程									
焊道	焊接方法	焊接方向	极性	焊接电流/A	电弧电压/V	送丝速度/(in/min)	保护气体流量/(L/min)	焊接速度/(cm/min)	最大热输入/(kJ/cm)
热焊	GTAW	上向	DCEN	160~190	10~16	—	8~12	10~18	18.24
填充	FCAW-G	上向	DCEP	160~230	20~26	230~300	25~35	15~30	23.92
盖面	FCAW-G	上向	DCEP	165~220	20~26	220~300	25~35	16~24	21.45
注：DCEN 指钨极与焊接电源负输出端相关联，DCEP 指焊丝与焊接电源正输出端相关联；摆宽、边缘停留时间等参数根据坡口尺寸进行设置与调节，焊枪摆动速度不宜过快									

四、质量管理

为了保证自动焊现场实施与质量管控的有效性，笔者通过对比、分析研究，从管口清理、坡口加工、焊材管理、管口组对、预热层道间温度、对口器撤离、焊接、外观检查及无损检测、低温控制 9 个方面制定了控制程序，见表 5-2-6。

表 5-2-6　自动焊质量控制程序

序　号	控制程序	具体要求
1	管口清理	1. 钢管内、外表面坡口及两侧 150mm 范围内应清理干净，不应有起鳞、磨损、铁锈、渣垢、油脂、油漆和影响焊接质量的其他有害物质。 2. 坡口及两侧 25mm 范围内应用机械法清理至显现金属光泽
2	坡口加工	1. 管端坡口的角度和尺寸应符合要求。 2. 应对加工的焊接坡口表面进行外观检查，坡口表面要求平滑无加工沟槽，不应有分层、裂纹等
3	焊材管理	1. 焊材的储存应按照生产厂家产品说明书的要求执行。凡有损坏或变质迹象的焊材不应用于焊接。 2. 焊接材料的保管和发放应由专人负责，并应填写好焊接材料的发放记录。每天应按用量领取焊材。凡有损坏或变质迹象的焊接材料不应用于焊接，剩余的焊材不应随意丢弃，应由专人负责回收，集中处理。 3. 拆除包装的焊丝宜连续用完，不应使用受潮、生锈的焊丝。 4. 当日未使用完的自动焊焊丝可不从送丝机上拆除，但应采取防雨、防潮措施，次日焊接时应至少去除 2m 长焊丝后，方可进行焊接
4	管口组对	1. 相邻环焊缝间的距离应大于 1.0 倍钢管直径。 2. 错边宜沿钢管圆周均匀分布，对口间隙宜沿圆周均匀一致
5	预热层道间温度	1. 当采用外对口器组对时，若根焊焊前预热温度低于焊接工艺规程要求的最低温度，可在采用相应加热方式补偿后开始焊接。 2. 预热时不应破坏钢管的防腐层，预热后应清除表面污垢。 3. 采用红外测温仪、接触式测温仪或测温笔监测预热温度是否符合工艺规程要求。监测层(道)间温度宜在焊接方向前方距施焊处 200mm 左右的焊缝金属上进行。 4. 中断焊接后，当重新开始焊接时的层(道)间温度冷却至焊接工艺规程要求的最低温度以下时，应重新将焊口加热至预热温度
6	对口器撤离	1. 正在施焊的钢管应处于稳定的状态。 2. 使用外对口器时，应在根焊道均匀对称完成 50%以上且单段焊道长度不小于 100mm 后撤离

续表

序号	控制程序	具体要求
7	焊接	1. 用卡具将地线与被焊钢管牢固接触，不应产生电弧灼伤母材。引弧应在坡口内或已完成的焊缝表面进行，不应在钢管表面引弧。 2. 焊接设备启动前，应检查指示仪表、开关位置和电源极性。 3. 应注意观察电弧在坡口两侧熔合情况，随时调整焊炬摆动宽度及坡口边缘停留时间。 4. 当发生导电嘴烧熔或碰壁时，应仔细打磨、清理，完全去除铜污染，必要时重新进行坡口加工和焊接，以避免产生热裂纹。 5. 焊接下一焊道前，应用动力角向砂轮机磨除已完成焊道表面的熔渣、密集气孔、引弧点或接头高凸处。焊口完成后，应将接头表面的熔渣、飞溅物等清除干净。 6. 在焊接过程中发现的层(道)间焊接缺陷，应采用打磨、焊接等方式立即进行修补。进行修补焊接时，应将缺陷完全去除，并采用原焊接工艺进行修补作业。 7. 焊接过程中应保证层(道)间温度满足焊接工艺规程要求。 8. 焊接用保护气体，当瓶内气体压力低于0.98MPa时，应停止使用。 9. 现场所使用的计量器具应符合国家的有关规定
8	外观检查及无损检测	1. 外观检查应符合GB/T 31032、GB/T 50369(长输管道)和GB 50819(集输)标准、GB 50683(工业管道)要求。 2. 无损检测方式为RT/UT，执行标准按工程设计标准
9	低温控制	管道施工时，当自然环境大气温度低于-5℃时，进入低温环境焊接作业。用于管道焊接的机具及设备应采取一定的措施使其具有良好的工作状态和安全性能，满足焊接工艺和低温环境野外工作条件的要求。预热过程中监测焊口温度应均匀且达到预热温度的要求。根焊开始前，若焊口温度低于规定的最低预热温度应重新对焊口进行预热。焊接作业应在全封闭的防风保温棚内进行，宜采用连续焊接的方式，并应保证层(道)间温度。盖面焊完成后立即用保温被覆盖焊道进行保温

第三节 设备吊装

机械化作业作为“五化”建设中的现场应用部分，提高其施工比例能够起到加快施工进度的作用。储气库工程内包含多种设备，其中大型设备有压缩机、放空火炬、组合撬块等。

一、压缩机设备就位

压缩机作为储气库建设的核心设备，存在着制造周期长、到货时间晚、设备体积大、安装地点位于压缩机房内的实际情况，压缩机的到货时间节点对生产组织和施工进度有着严重的影响。采用新型就位设备、调整施工工序，对保证工程施工进度具有决定性作用。根据现场查看和技术论证，压缩机吊装采用液压顶推平移方式进行设备卸车、就位。

（一）施工前期准备

（1）派专人与各制造厂紧密联系，及时掌握货物的出厂时间、运输时间及进场时间，确保信息及时、准确，并将收悉信息及时反馈给项目部生产协调部门和施工单位，做好相关准备工作。

（2）设备进场前，需要对进场路线及卸车部位进行勘查，提前将行车路线原土地面压实，同时根据实际情况采用铺设管排的方式，保证平移轨道(导轨)与行走接触面接触完好、受力均匀。

（3）组织全部参加施工人员熟悉压缩机安装图纸及有关技术文件（主要包括压缩机工艺平面布置图、标高图、设备基础图、安装施工图及施工说明和注释技术文件等），并学习有关规程。特别是针对所安装压缩机的安装程序，大件组合及平移运输方案，关键部位的技术要求，要反复进行讨论，做到施工人员心中有数。

（4）核对蓝图上注明内容是否齐全；同时核对设备的规格、质量、型号、中心线，并核对基础与设备的方位、标高、几何尺寸。自审合格后，应与相关专业（工艺、仪表等）人员配合审查管口数量、规格、方位、标高是否与其他专业施工图纸相符。

（5）明确作业总指挥（指挥由有实践经验、技术水平较高、组织能力较强的人担任），指令信号提前进行交底，统一指挥，参战人员令行禁止、配合默契、步调一致。

（二）设备开箱验收

（1）压缩机到场后应在建设单位、监理单位、EPC 项目部、厂家等有关人员参加下，按下列项目进行检查，并做好相应的记录。

① 箱号、箱数及包装情况。

② 机械设备名称、型号和规格。

③ 随机技术文件及专用工具。

④ 机械设备有无缺损文件，表面有无损坏和锈蚀。

⑤ 其他需要记录的事项。

（2）开箱后，应根据设备制造厂提供的设备装箱单逐一清点、检查。

（3）清点检查时，首先应核实设备的名称、规格和型号，必要时应对照设备图纸进行检查。

（4）清点机组的零件、部件、随机附件、备件、附属材料、专用工具，以及设备的出场合格证和其他技术文件是否齐全。

（5）检查机组及其附属设施的外观质量，如有缺陷、损伤和锈蚀等情况，应填入设备开箱检查记录中，并及时进行研究和处理。

（6）设备的转动和滑动部件，在防锈油料未清除前，不得转动或滑动。由于检查而除去的防锈油料，在检查后应重新涂上。

（7）复核机组的外形尺寸，特别是底座上地脚螺栓孔之间的相对位置尺寸，以备在基础检查验收时对照是否一致。

（8）机组开箱后，应加强保管，一般不宜露天放置，以免设备损伤和遭受风、沙、雨、雪的侵害。

（9）暂时不安装的设备或零部件，应把已检查过的精加工面重新涂抹油脂，以免锈蚀，并采取保护措施，以防擦伤或损坏。

（10）经过切削加工的零件、部件和备件，不得直接放置在地面上，最好置于木板货架上，细长杆件应竖直放置，以防弯曲。

（11）堆放在一起的零部件，先安装的应放在外面或上面，后安装的应放在里面或下面，以免安装时乱翻。

（12）机组上的易碎物品、易丢失的小零件、贵重仪表和材料均应单独收藏保管且注意编号，以免混淆和丢失。

（三）安装现场开工应具备的条件

（1）压缩机基础表面和地脚螺栓预留孔中的油污、碎石、积水等均应清除干净；预埋地脚螺栓的螺纹和螺母应保护完好，放置垫铁部位的表面应凿平。

(2) 需要二次灌浆的基础表面应铲除麻面，保证已浇筑好的混凝土基础上表面与灌浆料能很好地结合在一起，以保证基础的整体性。麻点深度一般不小于 10mm，密度以每平方米内有 3~5 个点为宜。

(3) 压缩机组主撬质量 70t，配套主电机的质量 17.5t 且无法使用厂房内桁吊，因此必须在厂房外利用汽车吊将配套电机就位在主撬上，推移时主撬总质量为 87.5t。为避免卸车及推移过程中产生不均匀沉降，导致压缩机组倾斜，从而引起不可预见的损坏。对卸车点原土进行夯实，夯实完成后铺设桥排。

(4) 压缩机组推移就位前，厂房内地坪要完成浇筑，为对其进行有效保护并降低设备对地面的压力，压缩机基础与基础之间的地坪部分铺设管排。

(四) 基础验收画线

(1) 基础验收前，应将现场清理干净。验收基础应以设计基础图为准，土建单位、监理单位、EPC 项目部及建设单位应共同参加，验收后，填写基础验收记录。

(2) 安装前，应对压缩机基础的定位轴线和基础轴线位置等进行检查，并应进行基础检测和办理交接手续，交接的基础应符合下列规定：

① 压缩机基础的位置、几何尺寸和质量要求应符合《混凝土结构工程施工质量验收规范》(GB 50204—2015)的规定，并应有验收或记录。压缩机安装前应按表 5-3-1 的允许偏差对基础位置和几何尺寸进行复验。

表 5-3-1 设备基础尺寸及位置的允许偏差

序号	允许偏差		允许偏差值/mm	检验方法
1	基础坐标位置(纵轴、横轴线)		20	全站仪或经纬仪、钢尺实测
2	基础各不同平面的标高		0~20	水准仪、钢尺实测
3	基础上平面的水平度		±20	钢尺实测
4	基础平面度 (包括地坪上需要安装设备的部分)	每米	5	水准仪或水平尺、钢尺实测
		全长	10	
5	侧面垂直度	每米	5	经纬仪或吊线坠、钢尺实测
		全高	10	
6	预埋地脚螺栓	标高(顶端)	+10 0	水准仪或水平尺、钢尺实测
		螺栓中心圆直径	±5	
		相邻螺栓中心距 (在根部和顶部两处测量)	±2	

② 在基础上应明显地标出标高基准线、纵横中心线及预留孔中心线。在建筑物上应标有坐标轴线及标高线。

③ 基础外观不得有裂纹、蜂窝、空洞、露筋等缺陷。

(3) 放线。

① 设备就位前，应按照施工图和有关建筑物的轴线及标高线画出安装的基准线。

② 因压缩机与相应的空冷器采用配管连接，同时多台压缩机位于同一横向位置，因此多台压缩机应划定共同的安装基准线。

③ 平面位置安装基准线与基础实际轴线或厂房墙(柱)的实际轴线之间，其允许偏差为±20mm。

④ 压缩机定位基准的面、点或线与安装基准线的平面位置和标高的允许偏差，应符合表 5-3-2 规定。

表 5-3-2 机械设备定位基准的面、线或点与安装基准线的平均面位置和标高的允许偏差

项 目	允许偏差/mm	
	平面位置	标 高
与其他机械设备无机械联系的	±10	-10~+20
与其他机械设备有机械联系的	±2	±1

(五) 液压顶升平移推进工艺原理

1. 简介

液压顶升平移推进系统主要由液压顶升推进装置、枕木及导轨三部分组成。液压顶升推进装置主要由液压油泵站、分离式液压千斤顶、在轨推进器和推进杆组成，通过操作液压泵站使液压千斤顶同步顶起设备，将导轨铺设在设备本体下方，人工操作在轨推进器推送设备，将设备推送到基础上方。

2. 工艺原理

通过装有快接接头的两根液压油管(进油、回油管路)将液压油泵站与液压千斤顶连接，操作启/停按钮，控制液压泵站换向阀液压油将压力输出，液压千斤顶同步顶起设备，将导轨铺设在设备钢制底座的下方，并在导轨上架设在轨推进器推移设备至基础上，再用液压千斤顶同步顶起设备，将导轨抽出，操作泵站将设备降落在基础之上。

3. 工艺特点

利用滑动摩擦的原理，在受限空间条件下采用轨道式液压顶升推进系统对大(重)型设备进行整体平移就位。适用于受限空间条件下吊装能力难以满足需要，能够提供组装场地，且设备基础较低的室内大型设备就位施工。具有无须拆除房屋承重结构、稳定可靠、效率高的优点。

(六) 压缩机卸车

(1) 运输压缩机的拖车进入施工现场指定位置，暂不卸车，先开始将压缩机辅助设备零配件拆下，压缩机仍放在拖车上。

(2) 待参加验收人员全部到场后，由监理组织建设单位、EPC 项目部、压缩机制造厂家、施工单位共同对压缩机本体进行验收，保管好压缩机随机文件资料，验收中发现的制造和运输损伤、缺件均要详细登记到设备开箱记录表内，最后由参加验收的相关人员共同签认。对于缺陷、缺件均及时返回到建设单位供应部门及制造厂家。

(3) 经验收合格后，方可组织施工人员进行卸车。卸车采用液压顶推平移系统进行。考虑压缩机撬装底座为 H 型钢，无安置液压顶升装置的位置，需要在靠近吊耳焊接部位处的撬底座 H 型钢翼缘板外侧焊接 4 处支撑耳，并在支撑耳下部及其 H 型钢内侧对称的部位焊接加强肋，以保证千斤顶起升时受力均匀，不会变形。支撑耳采用 $\delta=30$mm 钢板制作，手工电弧焊，焊条选用 E4315，焊接方式执行《钢结构焊接工艺评定报告》(PQR-W23CQK-GJG-012)。加强肋与钢板和型钢的角焊缝，其焊脚高度为 6mm。支撑耳的安装尺寸及安装位置如图 5-3-1 所示。C 型支座系列参数见表 5-3-3。

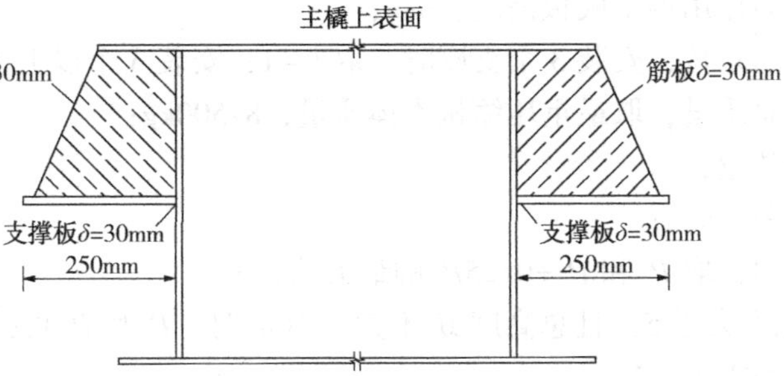

图 5-3-1　支撑耳的安装尺寸及安装位置

表 5-3-3　C 型支座系列参数

支座号	支座允许载荷 Q/kN		适用容器公称直径/mm	高度 H/mm	底板/mm					筋板/mm			垫板/mm				盖板/mm		地脚螺栓		支座质量/kg
	Q235A 0Cr18Ni9	16MnR 15CrMoR			l_1	b_1	δ_1	s_1	c	l_2	b_2	δ_2	l_3	b_3	δ_3	e	b_4	δ_4	d/mm	规格	
1	30	40	300~600	200	130	80	8	40	—	250	80	6	260	170	6	30	50	8	24	M20	6. 2
2	45	55	500~1000	250	160	80	12	40	—	280	100	6	310	210	6	30	50	10	30	M24	9. 0
3	65	85	700~1400	300	200	105	14	50	—	300	130	8	370	260	8	35	50	12	30	M24	16. 1
4	120	150	1000~2000	360	250	140	18	70	90	390	170	10	430	320	8	35	70	12	30	M24	28. 9
5	170	210	1300~2600	430	300	180	22	90	120	430	210	12	510	380	10	40	70	14	30	M24	47. 8
6	220	270	1500~3000	480	360	230	24	115	160	480	260	14	570	450	12	45	100	14	36	M30	74. 8
7	280	330	1700~3400	540	440	280	28	130	200	530	310	16	630	540	14	45	100	16	36	M30	114. 6
8	340	400	2000~4000	650	540	360	30	140	280	600	400	18	750	650	16	50	100	18	36	M30	181. 3

注：表中支座质量是以表中的垫板厚度 δ_3 计算的，如果 δ_3 的厚度改变，则支座的质量也相应改变。

（4）支撑耳的受力计算。

① 支撑耳的负荷参考《容器支座》（JB/T 4712. 3—2007）。

② 耳式支座实际承受载荷。

选用 4 个 C8 支座，水平支撑板 $\delta_1=30$mm，立式筋板 $\delta_2=30$mm，支座材料 Q235A，支座允许载荷$[Q]=340$kN；

地震载荷：$P_e=am_0g=0.2\times87500\times9.8=171500$N

风载荷：$P_w=1.2f_iq_0D_0H_0\times10^{-6}=1.2\times1\times450\times5400\times3800\times10^{-6}=11081$N

$$P=P_e+0.25P_w=171500+0.25\times11081=174270.25\text{N}$$

实际承受载荷：$Q=[(m_0g+G_e)/(kn)+4(Ph+G_eS_e)/(nD)]\times10^{-3}$

$$=[(87500\times9.8+0)/(0.83\times4)+4\times(174270.25\times200)/(4\times5900)]\times10^{-3}$$

$$=264.191\text{kN}$$

经计算得：$Q<[Q]$，满足支座本体允许载荷的要求。

式中　Q——支座实际承受的载荷，kN；

D——支座安装尺寸，mm；

g——重力加速度，取 9. 8m/s^2；

G_e——偏心载荷，N；

h——水平力作用点至底板高度，mm；

k——不均匀系数，安装 3 个支座时，取 $k=1$；安装 3 个以上支座时，取 $k=0.83$；

m_0——设备总质量，取最重压缩机本体质量，87500kg；

n——支座数量；

S_e——偏心距，mm；

P——水平力，取 P_w 和 $P_e+0.25P_w$ 的最大值，N。

当容器高径比不大于 5，且总高度 H_0 不大于 10m 时，P_e 和 P_w 可按下式计算，$P_e=am_0g$；

P_e——水平地震力，N；

a——地震影响系数，本工程为 0.2。

水平风载荷：

$$P_w=1.2f_iq_0D_0H_0\times10^{-6}$$

式中 D_0——设备外径，mm；

f_i——风压高度变化系数，按照设备质心所处高度取值；

H_0——设备总高度，mm；

q_0——10m 高度处的基本风压值，N/m^2，设计总说明为基本风压 $0.45kN/m^2$。

对于 B 类地面粗糙度，设备质心与风压高度变化系数见表 5-3-4。

表 5-3-4 设备质心与风压高度变化系数

设备质心所在高度/m	≤10	15	20
风压高度变化系数 f_i	1.00	1.14	1.25

(5) 在拖车一侧用枕木搭设 3 座平台，平台分别布置在设备卸车一侧的前、中、后 3 个位置，搭设高度与运输车一致。平台搭设方法为：在桥排上用 0.2m 高的枕木垂直于拖车方向并排紧挨放置 4 根，距离拖车 2m；依次交叉向上搭设枕木，直到搭设后的枕木平台高度与拖车上表面一致，枕木平台尺寸为长 2.5m、宽 1m。分别在 4 个支撑点用液压顶升设备依次将压缩机顶升，顶至高出枕木平台 200mm(导轨高度)，插入导轨，并放置滑板，将压缩机落在导轨上，在导轨上安装液压推进器，用液压推进器将压缩机送至枕木平台，然后在压缩机前后位置用 4 套液压顶升装置将压缩机同时顶起，抽出前后导轨，并依次慢慢将压缩机落于枕木平台上，拖车开走。卸车过程派专人统一指挥，动作缓慢，步调一致，保证压缩机卸车平稳。卸车示意图如图 5-3-2 所示。

1.搭设卸车平台

2.顶升

图 5-3-2 卸车示意图

3.铺设导轨、安装推移机

4.安装滑靴

5.完成卸车

图 5-3-2 卸车示意图(续)

(七) 压缩机就位施工方法及步骤

1. 压缩机运输路线上的导轨铺设

(1) 从卸车区域至压缩机基础上方铺设 2 条重型导轨，重轨规格为 50kg/m，此处采用 6.5m/根的重轨连接。2 根导轨的摆放间距根据每台压缩机底座的加强筋来定位，以便保证压缩机推移的安全、顺利进行。2 条重型导轨分别与卸车区域枕木上的导轨相连接，前后两个导轨的搭接点长度不得小于 300mm，搭接点需用锚栓连接固定；待压缩机推送到压缩机基础上时，将前段导轨拆卸、取出，继续向西铺设。采用接力方式将压缩机基础继续向南推进。压缩机至基础处导轨铺设方式如图 5-3-3 所示。

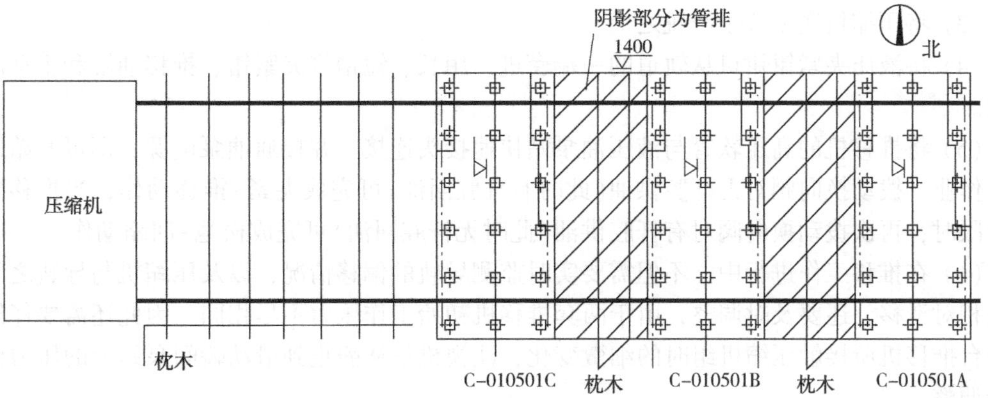

图 5-3-3 压缩机至基础处导轨铺设方式

（2）由于压缩机基础采用预留地脚螺栓孔的方式与设备底座连接固定，因此导轨在每台压缩机基础上铺设时，应避开地脚螺栓的位置进行铺设。在推移就位过程中，拟布置3条轨道，其中中间的一条轨道起辅助支撑作用，两侧轨道起主要支撑作用。3条重轨平行铺设，横向间距为3.5m，外侧两条轨道间距偏差应不大于2mm，顶面水平度偏差应不大于2mm/m。

根据压缩机基础图及压缩机制造图，从图中可以确定导轨的铺设位置，如图5-3-4所示。

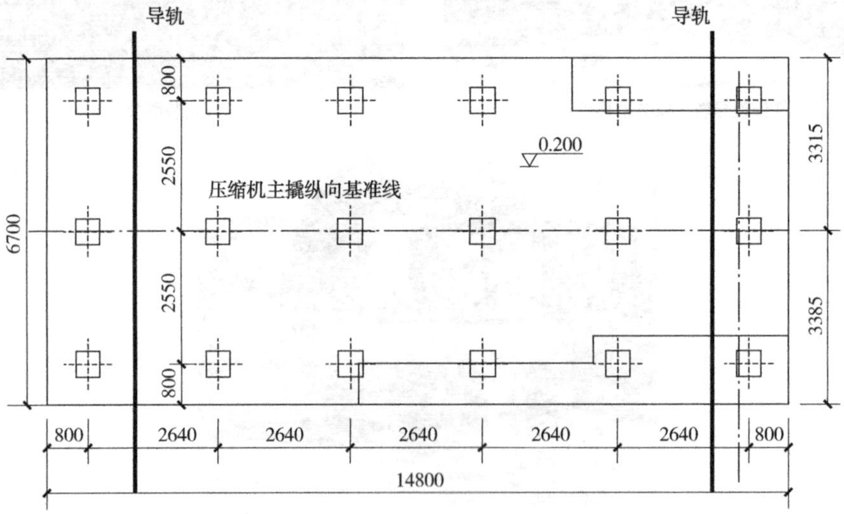

图5-3-4　导轨在基础上铺设位置(单位：mm)

2. 推移与调整

（1）本工程采用的推移机型号为TYJ16-60，其最大工作负荷为160t。在本工程的应用中。其负荷率见表5-3-5。

表5-3-5　推移机负荷率

序　号	推移机最大工作负荷	机组质量	负荷率	备　注
1	160t	87.5t	54%	

（2）在轨道上放置滑靴，并在轨道顶面及滑靴的接触面上涂抹少许润滑油脂(但要避免沾在钳口铁和重轨的接触面上，以免此作用面上的摩擦系数降低、夹紧力减少)以减小摩擦系数。

（3）将压缩机底座置于滑靴之上。

（4）将液压夹紧钳钳口从轨道的一端套进，用长、短销将夹紧钳、推移油缸和主动滑靴连接。

（5）将推移机的高压软管与液压油泵站快速接头连接，并接通油泵电源，即可开始进行推移作业：拨动换向阀对无杆腔供油(此时有杆腔回油)可完成夹紧-推移动作，当推移到行程上限时，再次拨动换向阀对有杆腔供油(此时无杆腔回油)可完成松弛-回缩动作。

（6）在推移工作进行中，不但需要实时监测导轨的偏移情况，以及压缩机与导轨之间是否有相对滑移，还要及时调整，由于两套推移机初始工作压力不尽相同，因此还需要仔细观察每台推移机所接触压缩机组时的细微变化，注视机组从静止到滑动瞬间泵站上的压力值并进行调整。

（7）压缩机由北至南推移到基础上方后，再进行由西至东的推移。

3. 就位与拆除工装

(1) 推移机将压缩机推移到指定位置时，检查并调整好每一条地脚螺栓所对准的地脚螺栓孔，采用 4 台 50T 同步低位液压爪式千斤顶将压缩机顶升抬起。同步液压爪式千斤顶布置在机组底座上吊耳的相应位置。其负荷率见表 5-3-6。

表 5-3-6 同步液压爪式千斤顶负荷率

序 号	推移机最大工作负荷	机组质量	负荷率	备 注
1	200t	87.5t	43%	

(2) 当压缩机底座离开轨道顶部大约 2cm 时，在每条地脚螺栓旁调整顶丝的另一侧，用临时垫铁进行支撑稳固后，拆除轨道及其他附件。

(3) 拆除完毕，撤离部分临时垫铁，4 台同步低位液压爪式千斤顶缓慢回落，并实时观测检查地脚螺栓与压缩机地脚螺栓孔的通过情况。

(4) 当压缩机底座回落到距离基础顶面约 50mm 位置时，采用 4 台 LSSC20-12 型超薄型液压千斤顶替换爪式千斤顶，临时垫铁分布在地脚螺栓两侧，此时爪式千斤顶继续回落直至压缩机完全落到临时垫铁之上。至此，压缩机组就位完成。

(八) 资源需求计划

1. 设备资源需求计划

设备资源需求计划见表 5-3-7。

表 5-3-7 设备资源需求计划

序 号	设备名称	型 号	数 量
1	电焊机	15kW	4 台
2	角向磨光机	100	6 台
3	液压锁紧推进器	TYJ16-60	4 套
4	同步低位液压千斤顶	50T	8 台
5	超薄型液压千斤顶	LSSC20-12	8 台
6	液压泵站	4L/2.5L	各 4 台

2. 工机具资源需求计划

工机具资源需求计划见表 5-3-8。

表 5-3-8 工机具资源需求计划

序 号	设备名称	型 号	数 量
1	液压千斤顶	5T、10T、20T	各 2 台
2	活动扳手	12 寸	3 把
3	水准仪	—	1 台
4	经纬仪	—	1 台
5	水平尺	—	1 台
6	开口扳手	12 件套	各 2 套
7	梅花扳手	公制、英制	各 2 套
8	撬棍	—	8 把
9	大锤	—	2 把
10	钢板钳	3.2t	8 把

3. 车辆资源需求计划

车辆资源需求计划见表5-3-9。

表5-3-9 车辆资源需求计划

序　号	设备名称	型　号	数　量
1	指挥车	—	1辆
2	通勤车	40座	1辆
3	通勤车	20座	1辆
4	双排	—	1辆
5	平板车	20T	1辆
6	二弧焊机	—	1辆
7	叉车	5T	1辆

4. 材料资源需求计划

材料资源需求计划见表5-3-10。

表5-3-10 材料资源需求计划

序　号	材料名称	型　号	数　量
1	钢板	$\delta=30$mm	10m^2
2	重型工字钢导轨	12m	2根
3	枕木	2. 5m×0. 15m×0. 2m	60根
4	枕木	2. 5m×0. 2m×0. 2m	40根
5	机油	—	50kg

二、放空火炬吊装

放空火炬作为储气库建设的重要设施之一，为满足储气库放空量的需要，框架设计基本采用钢结构塔架式形式，火炬筒体安装在塔架中间，设计高度基本在70~85m，根据放空量决定具体高度。放空火炬(塔架、火炬头及筒体组合件)整体高度较高，体积较大，工作全部为高空作业。

火炬安装需要吊装的设备为火炬筒体(包括火炬燃烧器、火炬筒体)、塔架结构(包括塔架结构、平台、爬梯附件等)，以及相应管网(包括点火系统、连接管网、电器控制系统等)。

(一) 材料准备及验收

(1) 提出材料验收。材料质量的好坏不仅是决定工程质量好坏的关键，也是工程质量保证项目的主要内容之一。材料验收及管理主要包括以下几项内容：

① 原材料及成品、半成品到达现场时，应至少提供但不局限于如下技术资料和技术文件：原材料及成品、半成品的质量证明文件或合格证。

② 发货清单。

③ 制造过程必需的检验和试验报告。

④ 必要的制造施工记录。

⑤ 出厂竣工图、安装图及制造过程的变更、修改文件等。

(2) 钢构件进入施工现场后，首先安排专人自检，自检由现场施工人员、现场技术员、专职质检员和材料质检员参加，检验合格后，按照程序报请监理部进行验收。验收时，依据发货清单、相关标准，从规格、型号、材质、数量等方面进行检查和核对。

(3) 焊缝表面不得有裂纹、焊瘤等缺陷。一级、二级焊缝不得有表面气孔、夹渣、弧坑裂纹、电弧擦伤等缺陷，且一级焊缝不得有咬边、未焊满、根部收缩等缺陷。

(4) 焊缝的观感应达到外形均匀、成型较好，焊道与焊道、焊道与金属母材间过渡较平滑，焊渣和飞溅物要清除干净。

(5) 热浸锌方法做防腐的构件，其焊缝应封闭，不可留有间隙。

(6) 螺栓孔径允许偏差见表 5-3-11。

表 5-3-11 螺栓孔径允许偏差

序 号	螺栓公称直径、螺栓孔径/mm	螺栓孔径允许偏差/mm
1	10~18	+0.18
2	18~30	+0.21
3	30~50	+0.25

检验合格后方可进入安装工程。

(7) 检查时还需要对运输过程中易产生变形的构件进行专项检查，发现问题及时与供货商联系，及时协商处理方案，并办理备案手续，处理合格后重新进行验收。

(8) 检验程序：产品质量证明书→检查出厂标志→外观检查→核对规格、材质→材质复检→标识→入库保管。

(二) 技术准备

(1) 施工场所已具备施工条件，所需的图纸资料和技术文件齐备，图纸会审已进行，由专业工程师编制施工方案，并经监理和业主审批认可。由专业工程师和安全员对参加火炬安装的施工工人进行技术及安全交底。

(2) 依据施工方案需要，提取施工机具及手段用料清单，交于采购部门和施工队。

(3) 编制施工安全、质量、进度计划，并合理安排安装施工人员，以确保施工任务顺利完成。

(4) 土建基础已施工完毕，按土建基础施工图及规范要求，对照火炬装配图，对火炬及设备基础检查验收，并做好有关复测记录，基础上纵、横中心线和标高标识明显。

(5) 准备好火炬安装所需的工具、量具、机具及手段用料等，保证其性能良好，满足施工要求。

(6) 根据实际情况制定并准备好施工中的各项安全防护措施及防护用料。

(7) 施工材料已到达现场，所用材料及附件均应具有质量合格证明书。

(8) 现场具备“三通一平”条件。施工用电、道路满足需要并能保证连续施工。

(9) 影响材料运输及吊装的障碍物已清除。

(10) 所用计量检测器具准备齐备，并经检验合格。

(11) 有关技术人员准备好安装过程所需的施工记录表格。

(三) 现场准备

(1) 火炬基础验收。

(2) 火炬安装前，应对火炬基础进行验收。基础的验收应由土建、安装和监理单位参加。由土建提供相关的中间验收资料，安装单位进行复测；基础不合格应及时进行处理。

（3）安装施工前做好基础验收记录。基础上要明显地画出标高、基准线、纵横向中心线。需要做沉降观测的火炬基础要标有相应永久沉降观测水准点。

（4）基础的外观不允许有裂纹、蜂窝、空洞及露筋等现象和缺陷。

（5）基础混凝土的强度达到设计要求。周围土方应已回填，夯实平整。

（6）工装平台搭设。

（7）组对平台的准备。组对现场平整完毕，组对平台满足选择的场地必须平整，平整场地，用方木搭设临时平台支架，便于火炬的分段组装。

（8）安装场地平整、规划。

（9）火炬塔架及火炬筒体组对场地设在火炬周边地形开阔处，场地需要整平、夯实。

（10）汽车吊站位处压实后采用桥排铺设，保证足够的地基强度。

（11）周边其余工作区块也做碾压压实处理。

（12）料场的规划和布置。料场的选择以方便施工、堆放合理和保管规范为原则，选定材料、构件存放场地应符合材料堆放和保管的相关要求。

（四）火炬塔架安装

以卫11储气库放空火炬为例。

1. 火炬塔架的组成

火炬塔架总高度73m，根开12m，基础顶标高+0.5m，在标高+11.0m、+22.0m、+32.0m、+42.0m、+52.0m、+61.0m、+69.0m处各设置一休息平台，在标高+69.0m、+73.0m处各设一处全平台。塔架支撑主火炬筒体直径为Φ610mm，顶部标高为73m；火炬燃烧器外径Φ610mm，高度为3m，顶部标高76m；火炬总排放高度76m。塔架一侧附塔管道尺寸及数量：工艺管线Φ33.4mm管道9根，Φ33.4mm穿线管1根，Φ48mm穿线管2根。

塔架采用工厂预制，分部件、分段现场组装；筒体采用工厂分段预制，现场组对焊接及防腐。

2. 塔架材料

（1）塔柱、横杆、刚性斜杆及刚性横杆采用20#无缝钢管，钢板采用Q235B。

（2）其他型钢采用Q235B，销轴采用调质45钢。

3. 塔架构件的连接

（1）塔柱、横杆及刚性斜杆及刚性横隔均采用法兰连接，采用8.6级普通螺栓，配双螺母。柔性拉杆通过销轴连接；其余爬梯、平台均采用5.6级螺栓、5级螺母连接。

（2）手工焊时Q345E之间采用E5015，Q345E与Q235之间采用E4315型焊条，其性能应符合《非合金钢及细晶粒钢焊条》（GB/T 5117—2012）的规定。

（3）钢管相交处焊接空间为相贯线剖口焊接，其他未注明的构件的连接均为焊接，未注明焊缝高度取连接件中较薄母材厚度，未注明长度的焊缝均为满焊。

（4）塔架一侧设带保护圈的爬梯1座，爬梯中间设7个休息台。

（5）塔架所有构件均采用热浸锌防腐处理，锌附着量应不小于120μm，其均匀性和附着性应符合规范要求。

4. 火炬塔架的安装要求

（1）主体结构的整体垂直度：≤（H/1500）mm，且不应大于60.0mm。

（2）火炬塔架总高度：±50mm。

5. 火炬塔架的拼装与吊装

(1) 火炬塔架，总高度 72. 5m，根开 12m，塔架为正三边形变截面空间管式桁架法兰连接结构塔架。

(2) 塔架总高度偏高，质量较大，安装周期紧，综合考虑场地、机具、人员和安装安全等因素，本项目采用正装工法拼装。依据图纸标注，本工程塔架和筒体分段进行吊装，逐段按照塔架、筒体及架筒合体分段顺序吊装。

6. 主要实物工作量

主要实物工作量见表 5-3-12。

表 5-3-12 主要实物工作量

序 号	设备名称	规 格	质量/t	数 量	采用的方法
1	火炬塔架	主体高度 72. 5m，根开 12m，等边三角形桁架结构，法兰组装	31. 463	1 台	散件组对吊装
2	火炬筒体	WA-HT Φ610×9 H=72. 5m	9. 74	1 座	垂直分段吊装

三、火炬塔架分段预制

火炬塔架预组装

根据火炬塔架高度及现场情况，火炬塔架预组装分成 3 个部分。组装区域及位置示意图如图 5-3-5 所示。

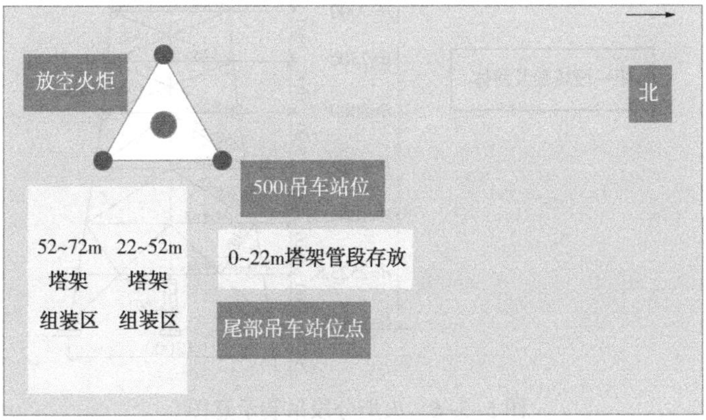

图 5-3-5 组装区域及位置示意图

四、火炬塔架吊装方案

1. 塔架组装步骤

(1) 第一段(+22. 0m 以下部分)塔架安装。

第一段塔架即标高+0. 5~+22. 0m 采用汽车吊散装，采用 30t 吊车在基础上直接将塔柱吊装就位，同时完成塔架横杆、刚性斜杆及柔性拉杆的安装。第一段火炬塔架组装完毕后，将第一段筒体安装就位，筒体安装分 2 节依次进入。此段火炬筒体分节吊装，现场组对环焊缝。

(2) 第二段火炬吊装。

第二段火炬吊装在第一段火炬安装完成后进行，筒体和塔架合体质量为 15. 4t，筒体及塔架同时吊装。主吊车采用500t汽车吊车HB工况，臂杆长度68.1m，工作幅度20m，加配重135t，起重量为30t，辅助吊车采用1台50t汽车吊，臂杆长度15m，工作半径10m，起重量为12.2t。第二段和第一段采用法兰连接，火炬筒体现场组对环焊缝。

(3) 第三段火炬吊装。

第三段火炬吊装在第二段火炬安装完成后进行，筒体和塔架合体质量为8.0t，筒体及塔架同时吊装。主吊车采用500t汽车吊车SLB工况，臂杆长度84m，工作幅度22m，加配重135t，起重量为16.8t，辅助吊车采用1台50t汽车吊，臂杆长度18.8m，工作半径12m，起重量为8t。第三段和第二段采用法兰连接，火炬筒体现场组对环焊缝。

火炬分段吊装示意图如图5-3-6所示。

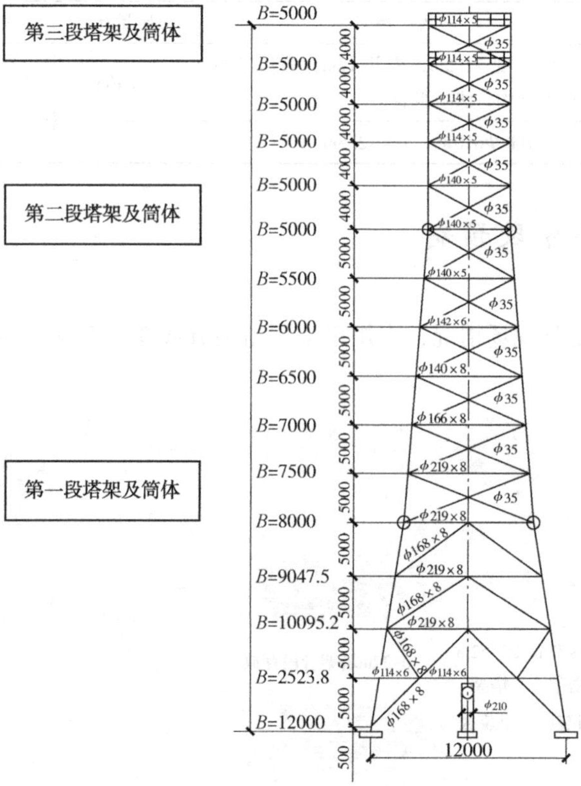

图5-3-6 火炬分段吊装示意图

2. 吊装机械、机具的选择及验算

(1) 主吊车及辅助吊车的选择参照表5-3-13执行。

表5-3-13 每段火炬塔架参数经过火炬图纸核算后火炬塔架吊装参数清单

名称	种类	吊装顺序	构件高度/m	塔架质量/t	筒体质量/t	总质量/t
第一段	塔架	①	22.0(0.5~22.0)	16.5	—	16.5
	筒体	②	22.0(0.5~22.0)	—	2.9	2.9
第二段	合体	③	30.0(22.0~52.0) 30.0(22.0~52.0)	11.1	4.0	15.4
第三段	合体	④	20.0(52.0~73.0) 20.0(52.0~73.0)	5.1	2.9	8

（2）第一段塔架组装示意图如图 5-3-7 所示。

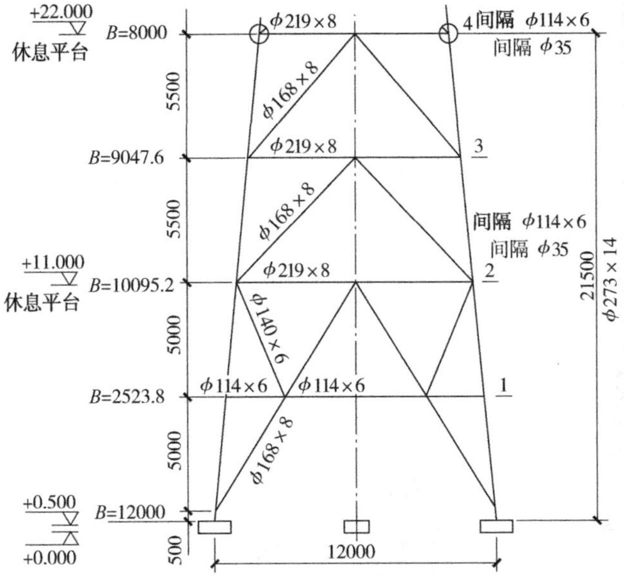

图 5-3-7　第一段塔架组装示意图(单位：mm)

（3）第二段合体吊装示意图如图 5-3-8 所示。

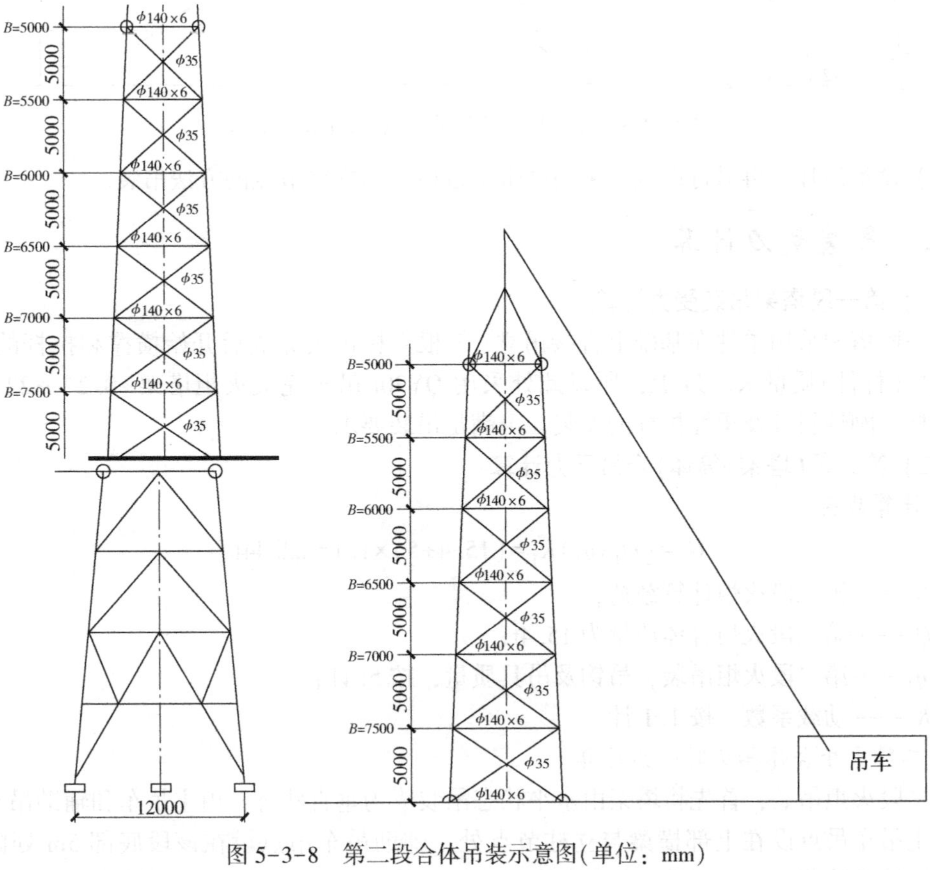

图 5-3-8　第二段合体吊装示意图(单位：mm)

(4) 第三段合体吊装示意图如图 5-3-9 所示。

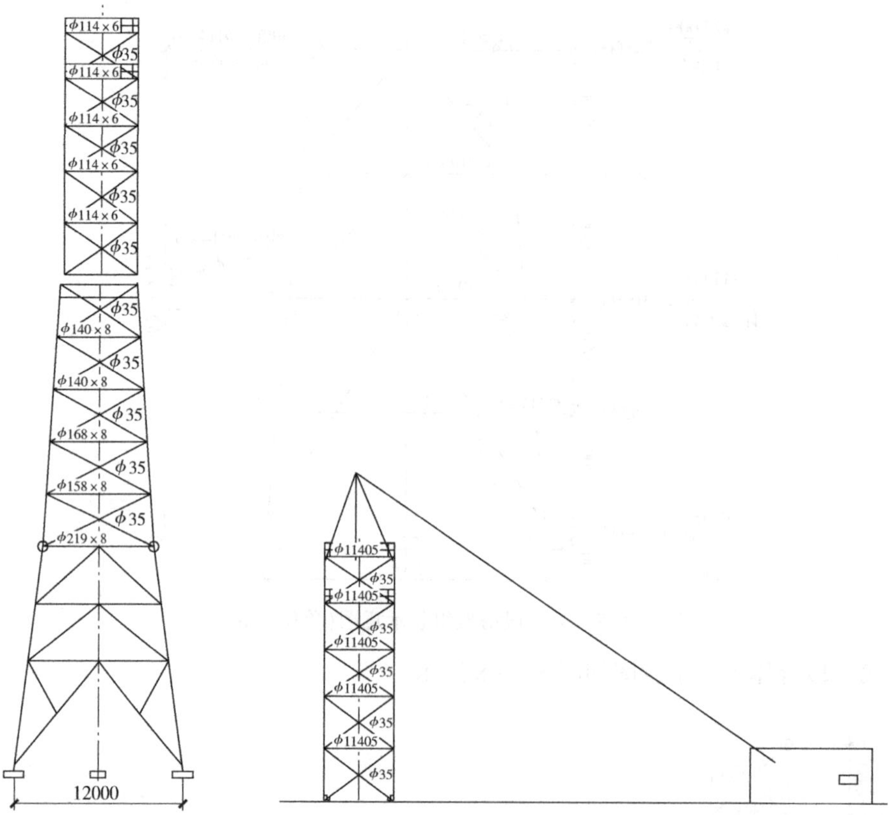

图 5-3-9 第三段合体吊装示意图(单位：mm)

(5) 设备吊耳不再另行设置，采用吊带穿过横梁与立柱节点的方法吊装。

五、吊装受力计算

(一) 第一段塔架吊装受力计算

第一段塔架采用单件在基础上直接吊立，3 根立柱吊装完成后开始横撑和拉杆的安装，由于单件(杆件)质量未超过 1t，所以此处采用 QY30t 吊车完成火炬塔架+0.2～+22.0m 塔柱、横杆、刚性斜杆及柔性拉杆的安装，可满足吊装要求。

(二) 第二段(塔架+筒体)合吊受力计算

1. 计算载荷

$$G_1=(Q_1+q_1)K_1=(15.4+5)\times1.1=22.44\text{t}$$

式中 G_1——第二段火炬计算载荷；

Q_1——第二段火炬合体质量为 15.4t；

q_1——第二段火炬吊装，吊钩及吊具质量，按 5t 计；

K_1——动载系数，按 1.1 计。

2. 二段火炬合体抬头时受力计算

第二段火炬吊装，首先将塔架由水平状态吊装成为垂直状态，由主吊车和辅助吊车配合完成，主吊车吊点设在上部横梁与立柱节点处，辅助吊车吊点设在该段底部 5m 处的节点处。该段计算载荷 22.44t，重心位置距离该段底部约 16m，如图 5-3-10 所示。

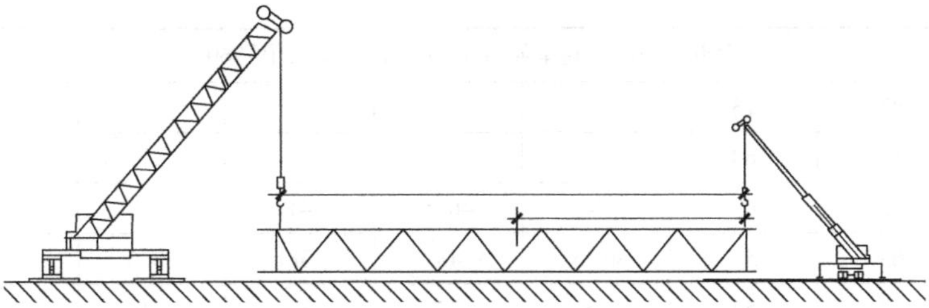

图 5-3-10 第二段火炬受力图

1）溜尾吊车受力计算

根据力矩平衡原理可知：

$$P\times B=F_1\times(L-A)$$

则 $F_1=22.44\times16/32=11.22$t

式中 P——设备起重荷载；

B——设备重心至主吊吊耳间的距离；

F——主吊吊车的受力；

F_1——溜尾吊车的受力；

A——溜尾吊车吊点距离。

2）主吊车受力计算

$$F=G_1-F_1=22.44-11.22=11.22\text{t}$$

3）吊车吊装核算

A 吊车起升高度=第二段高度+第一段塔架高度+吊索高度+螺栓顶部至基础高度+火炬基础高度=32m+22m+9.17m+0.27m+0.5m=63.94m

B 吊车作业半径：$R=r+E=r+[g+(H-C)/\tan\alpha]=3\text{m}+[1+(52-3.5)/\tan72°]=19.75\text{m}$

式中 R——吊车工作幅度；

r——吊车旋转轴心至起重臂根铰的距离，此处取 3m；

E——起重臂根铰至设备边缘的距离；

g——起重臂与设备边缘之间的安全距离，此处取 1m；

H——吊装时地面距离设备顶端的距离(含第一段塔架安装高度)；

C——起重臂根铰距离地面的距离，查吊装手册取 3.5m；

α——起重臂仰角。

根据以上计算，结合吊装工况，可看出，在 19.75m 的作业半径情况下，吊装高度 63.94m，吊重 22.44t。经查《自行式起重机吊装实用手册》，主吊车采用 500t 汽车吊车 HB(主臂+配重 135t)工况，臂杆长度 68.1m，工作幅度 20m，加平衡重 135t，起重量为 30t，辅助吊车采用 1 台 50t 汽车吊，臂杆长度 15m，工作半径 9m，起重量为 15.3t>11.22t，可以满足吊装需求，见表 5-3-14 和表 5-3-15。

表 5-3-14 500t 吊车 84m 主臂工况额定起重量

配重 135t 支腿全伸 10m×9.6m 回转范围 360°								
主臂长度/m	47.3	52.5	57.7	62.9	68.1	73.4	78.6	84
工作半径/m								
8	93							

续表

配重 135t　支腿全伸 10m×9.6m　回转范围 360°								
9	87	73						
10	81	69	60					
12	72	63	54	46.5	41			
14	63	57	49.5	43	38	33.5		
16	57	52	45	39	35	31	27.4	20.9
18	50	46	41.5	36	32.5	28.8	25.8	19.5
20	45	41.5	38	33	30	26.8	24.2	18.2
22	40	37.5	35	30.5	27.8	24.9	22.6	16.8
24	36.5	34	32	28.2	25.9	23.2	21.1	15.6
26	34	30.5	28.9	25.9	24.1	21.6	19.8	14.4
28	31.5	28.1	26.8	24	22.5	20.2	18.6	13.4
30	28.9	26	24.8	22.2	20.7	18.6	17.4	12.4
32	26.6	24	23	20.6	19	17.3	16.3	11.4
34	24.5	22.2	21.4	19	17.5	16.1	15	10.2
36	22.5	20.5	19.8	17.4	16.1	15	13.9	9.2

表 5-3-15　参数

工作幅度/m	主　臂							主臂仰角/(°)	主臂-复臂/m			
	1 缸伸至 100%，支腿全伸，侧方、后方作业								42+9.5		42+16	
	11.1	15.0	18.8	24.6	30.4	36.2	42.0		0°	30°	0°	30°
3.0	55000	40000	32000					80	4500	2150	2800	1000
3.5	50500	40000	32000					78	4500	2050	2600	1000
4.0	44500	40000	32000	24000				76	4200	1950	2300	1000
4.5	40000	36000	31000	23000				74	3800	1900	2000	1000
5.0	36000	33000	29000	21800	16000			72	3500	1850	1800	1000
5.5	32000	30000	27300	20600	16000	12400		70	3200	1800	1650	1000
6.0	29000	25700	25700	19500	16000	12400		68	3000	1750	1550	900
6.5	26000	25500	24200	18500	15500	12400		66	2700	1700	1450	850
7.0	24000	23500	23000	17500	14600	12400	9000	64	2300	1650	1350	800
7.5	22300	21900	21500	16600	14000	12400	9000	62	2000	1600	1250	750
8.0	20300	19700	19400	15800	13300	11800	9000	60	1700	1350	1150	700
9.0	15800	15300	15000	14300	12200	10900	9000	58	1400	1100	1000	650
10.0		12200	12000	13000	11200	10000	90000	56	1150	850	850	500
11.0		9900	9700	10700	10300	9200	8300	54	950	650	650	
12.0		8200	8000	9000	9700	8500	7800	52	750	450		
14.0			5500	6500	7150	7500	6800					
16.0			3800	4800	5400	5750	6000					
18.0				3550	4150	4500	4750					
20.0				2600	3200	3500	3750					

3. 吊装绳扣受力计算

主吊装绳扣受力计算：

主吊装绳扣系挂在主吊耳和主吊车吊钩之间，主吊耳设在火炬段上部梁和柱节点处，钢丝绳 1 股使用，主吊装绳扣共三根互成夹角(图 5-3-11)。主吊装绳扣最大受力发生在火炬段直立状态，则每股绳扣最大载荷为 $F_L = 22.44/3 = 7.48t$。力学性能见表 5-3-16。

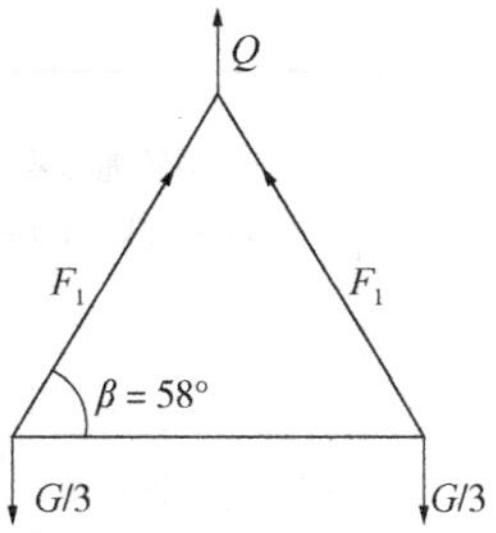

图 5-3-11　吊装绳扣受力

表 5-3-16　力学性能

钢丝绳结构：6×25Fi+FC　6×25Fi+IWR　6×26WS+FC　6×26WS+IWR　6×29Fi+FC　6×29Fi+IWR　6×31WS+FC　6×31WS+IWR　6×35WS+FC　6×35WS+IWR　6×37S+FC　6×37S+IWR　6×41WS+FC　6×41WS+IWR　6×49SWS+FC　6×49SWS+IWR　6×55SWS+FC　6×55SWS+IWR

钢丝绳公称直径		钢丝绳参考重量/(kg/100m)			钢丝绳公称抗拉强度/MPa									
					1570		1670		1770		1870		1960	
					钢丝绳最小破断拉力/kN									
D/mm	允许偏差/%	天然纤维芯钢丝绳	合成纤维芯钢丝绳	钢芯钢丝绳	纤维芯钢丝绳	钢芯钢丝绳	纤维芯钢丝绳	钢芯钢丝绳	纤维芯钢丝绳	钢芯钢丝绳	纤维芯钢丝绳	钢芯钢丝绳	纤维芯钢丝绳	钢芯钢丝绳
12	+50	54.7	53.4	60.2	74.6	80.5	79.4	85.6	84.1	90.7	88.9	95.9	93.1	100
13		64.2	62.7	70.6	87.6	94.5	93.1	100	98.7	106	104	113	109	118
14		74.5	72.7	81.5	102	110	108	117	114	124	121	130	127	137
16		97.3	95.0	107	133	143	141	152	150	151	158	170	166	179
18		123	120	135	168	181	179	193	189	204	200	216	210	228
20		152	148	167	207	224	220	238	234	252	247	265	259	279
22		184	180	202	251	271	267	288	283	303	299	322	313	338
24		219	214	241	298	322	317	342	335	363	355	383	373	402
26		257	251	283	350	378	373	402	393	426	417	450	437	472
28		298	291	328	405	438	432	466	458	494	484	522	507	547
30		342	334	376	466	503	496	535	526	567	555	599	582	628
32		389	380	428	531	572	564	609	598	645	632	682	662	715
34		439	429	483	599	646	637	687	675	728	713	770	748	807
36		492	481	542	671	724	714	770	757	817	800	863	838	904
38		549	535	604	748	807	796	858	843	910	891	961	934	1010
40		608	594	659	829	894	882	951	935	1010	987	1070	1030	1120
42		670	654	737	914	986	972	1050	1030	1110	1090	1170	1140	1230
44		736	718	809	1000	1080	1070	1150	1130	1220	1190	1290	1250	1350
46		804	785	884	1100	1180	1170	1260	1240	1330	1310	1410	1370	1480
48		876	855	963	1190	1290	1270	1370	1350	1450	1420	1530	1490	1610
50		950	928	1040	1300	1400	1380	1490	1460	1580	1540	1660	1620	1740
52		1030	1000	1130	1400	1510	1490	1610	1580	1700	1670	1800	1750	1890

续表

钢丝绳公称直径		钢丝绳参考重量/(kg/100m)			钢丝绳公称抗拉强度/MPa									
					1570		1670		1770		1870		1960	
					钢丝绳最小破断拉力/kN									
D/mm	允许偏差/%	天然纤维芯钢丝绳	合成纤维芯钢丝绳	钢芯钢丝绳	纤维芯钢丝绳	钢芯钢丝绳	纤维芯钢丝绳	钢芯钢丝绳	纤维芯钢丝绳	钢芯钢丝绳	纤维芯钢丝绳	钢芯钢丝绳	纤维芯钢丝绳	钢芯钢丝绳
54	+50	1110	1080	1220	1510	1630	1610	1730	1700	1810	1800	1940	1890	2030
56		1190	1160	1310	1620	1750	1730	1860	1830	1980	1940	2030	2030	2190
58		1280	1250	1410	1740	1880	1850	2000	1960	2120	2050	2240	2180	2350
60		1370	1340	1500	1870	2010	1980	2140	2100	2270	2220	2400	2330	2510
62		1460	1430	1610	1990	2150	2120	2220	2250	2420	2370	2560	2490	2680
64		1560	1520	1710	2120	2290	2260	2440	2390	2580	2530	2730	2650	2860

$$P=Q/(n\times\cos\alpha)$$

式中 P——每根钢丝绳所受的拉力，N；

Q——起重设备的重力，N；

n——使用钢丝绳的根数；

α——钢丝绳与铅垂线的夹角，30°。

$$P=17.64\times10\times1000/3/\mathrm{COS}30°=86374.16\mathrm{N}$$

$$\sum S_0=P\times K/a$$

P——钢丝绳的容许拉力，kN；

$\sum S_0$——钢丝绳的钢丝破断拉力总和，kN；

a——考虑钢丝绳之间荷载不均匀系数，0.82；

K——钢丝绳使用安全系数，选5。

$$\sum S_0=86.37\times5/0.82=527\mathrm{kN}$$

依据《重要用途钢丝绳》(GB/T 8918—2006)，Φ30-6×37+FC-1870钢丝绳破断拉力为599kN，599kN>527kN，所以吊装用的主钢丝绳采用Φ30-6×37+FC-1870钢丝绳共计3根。

辅助吊装绳扣受力计算：

辅助吊装绳扣系挂在辅助吊点和辅助吊车吊钩之间，辅助吊点设在火炬塔架底部两侧立柱节点处，在横梁下部捆绑在立柱上，每侧辅助吊装绳扣采用1弯双股钢丝绳，每处吊点钢丝绳受力为：

$$F_1=P/4=11.22/4=2.805\mathrm{t}$$

同主吊钢丝绳计算，辅助吊装绳扣选用Φ16-6×37-1870钢丝绳，长度10m 1弯双股使用，其破断拉力为170kN，170kN>155kN。共2根。

（三）第三段（塔架+筒体）合吊受力计算

1. 计算载荷

$$G_2=(Q_2+q_2)K_1=(8+5)\times1.1=14.3\mathrm{t}$$

式中 G_2——第三段火炬计算载荷；

Q_2——第三段火炬合体质量为8t；

q_2——第三段火炬吊装，吊钩及吊具质量按5t计；

K_1——动载系数，按1.1计。

2. 第三段火炬合体抬头时受力计算

第三段火炬吊装，首先将塔架由水平状态吊装成垂直状态，由主吊车和辅助吊车配合完成，主吊车吊点设在上部横梁与立柱节点处，辅助吊车吊点设在该段底部的节点处。该段计算载荷 14.3t，重心位置距离该段底部约 15.5m，如图 5-3-12 所示。

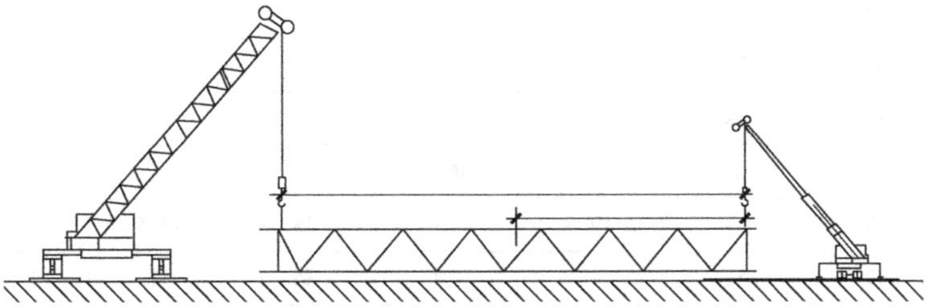

图 5-3-12　第三段火炬受力图

1）溜尾吊车受力计算

根据力矩平衡原理可知：

$$P\times B=F_1\times(L-A)$$

则 $F_1=14.3\times15.5/31=7.15\text{t}$

式中　P——设备起重荷载；

B——设备重心至主吊吊耳间的距离；

F——主吊吊车的受力；

F_1——溜尾吊车的受力；

A——溜尾吊车吊点距离。

2）主吊车受力计算

$$F=G_2-F_1=14.3-7.15=7.15\text{t}$$

3）吊车吊装核算

A 吊车起升高度=设备高度+第一段塔架高度+第二段塔架高度+吊索高度+螺栓顶部至基础高度+设备基础高度=21m+22m+32+8m+0.27m+0.5m=83.27m

B 吊车作业半径：$R=r+E+F=r+[g+(H-C)/\tan\alpha]=2\text{m}+[0.5+(73-3.5)/\tan75°]=21.13\text{m}$

式中　R——吊车工作幅度；

r——吊车旋转轴心至起重臂根铰的距离，此处取 2m；

E——起重臂根铰至设备边缘的距离；

g——起重臂与设备边缘之间的安全距离，此处取 0.5m；

H——吊装时地面距离设备顶端的距离（含第一段、第二段塔架安装高度）；

C——起重臂根铰距离地面的距离，查吊装手册取 3.5m；

α——起重臂仰角。

根据以上计算，结合吊装工况，可看出，在 21.13m 的作业半径情况下，吊装高度 83.27m，吊重 14.3t。经查《自行式起重机吊装实用手册》，主吊车采用 500t 汽车吊车 HB（主臂+配重 135t）工况，臂杆长度 84m，工作幅度 22m，加平衡重 135t，起重量为 16.8t，辅助吊车采用 1 台 50t 汽车吊，臂杆长度 18.8m，工作半径 12m，起重量为 8t，8t>7.15t，可以满足吊装需求。

4）钢丝绳选择

采用与第二段吊装相同的吊装索具，见表 5-3-17。

表 5-3-17 500t 吊车 84m 主臂工况额起重量

配重 135t 支腿全伸 10m×9.6m 回转范围 80°								
主臂长度/m	47.3	52.5	57.7	62.9	68.1	73.4	78.6	84
工作半径/m								
8	93							
9	87	73						
10	81	69	60					
12	72	63	54	46.5	41			
14	63	57	49.5	43	38	33.5		
16	57	52	45	39	35	31	27.4	20.9
18	50	46	41.5	36	32.5	28.8	25.8	19.5
20	45	41.5	38	33	30	26.8	24.2	18.2
22	40	37.5	35	30.5	27.8	24.9	22.6	16.8
24	36.5	34	32	28.2	25.9	23.2	21.1	15.6
26	34	30.5	28.9	25.9	24.1	21.6	19.8	14.4
28	31.5	28.1	26.8	24	22.5	20.2	18.6	13.4
30	28.9	26	24.8	22.2	20.7	18.6	17.4	12.4
32	26.6	24	23	20.6	19	17.3	16.3	11.4
34	24.5	22.2	21.4	19	17.5	16.1	15	10.2
36	22.5	20.5	19.8	17.4	16.1	15	13.9	9.2

六、吊装的一般要求

(1) 设备吊装前，必须对吊装机具的实际机械性能进行检查，确认吊车能力，吊索强度是否满足需要，防止出现过载现象。

(2) 对于两台以上吊车的联合吊装作业，吊装前应由现场指挥人员、技术人员、生产负责人、现场监理等对作业条件共同检查确认，然后才能进行吊装。

(3) 大型设备进入现场前，必须根据吊装方案确认摆放位置及摆放方位，确保其摆放位置在吊车有效作业半径内。设备卸车时，应根据实际情况加垫道木等，防止设备法兰口着地。

(4) 设备吊装前，设备基础必须已经报监理组织检查验收合格，基础表面要作出清晰的标高基准线和中心线标记。设备基础上表面临时摆放几组调整垫铁，垫铁组上表面标高应为设备底座下表面安装标高，临时垫铁的摆放位置应能确保设备就位后保持稳定。

(5) 设备吊装前，承包商制定的具体吊装方案已经业主和监理批准。吊装时严格按照吊装方案进行；现场吊装应通知 HSE 部门进行现场监督；技术人员必须对设备的安装方位进行检查确认并做好标记，防止出错。

(6) 设备吊装时，作业区域应拉设警戒线，无关人员禁止进入。设备起吊时，要先进行试吊，在设备离地 200~300mm 后，重新着地，检查确认一切正常后再正式起吊。吊装过程必须听从专人指挥。遇紧急情况，无论何人发出停车信号，起重司机都必须立即执行。

七、主要施工机具及设备配置

主要施工机具及设备配置见表 5-3-18。

表 5-3-18 主要施工机具及设备配置

序号	机械或设备名称	型号	数量
1	吊车	500t	1 辆
2	吊车	50t	1 辆
3	吊车	30t	1 辆
4	板车	5t	1 台
5	电缆线	$6\times20mm^2$	各 200m
6	绳卡	$\Phi21.5$	40 只
7	绳卡	$\Phi17.5$	34 只
8	绳卡	$\Phi13$	48 只
9	钢板	$\delta=20mm$	$4m^2$
10	钢板	$\delta=26mm$	$2m^2$
11	钢丝绳	6×37/直径 30	60m
12	钢丝绳	6×37/直径 16	30m
13	揽风白棕绳		500m
14	安全带		30 根
15	水准仪	DS3	1 台
16	经纬仪	DJ6	2 台
17	对讲机		8 台
18	哨子		6 个
19	防坠器	2t	4 套
20	梅花扳手	各种规格	各 5 套
21	手拉葫芦	8t、5t、3t、2t	各 6 个
22	力矩扳手	1500N · m	1 套
23	电焊机		3 台

八、质量保证措施

1. 施工前质量控制

施工前做到“四坚持”，坚持图纸会审，坚持编制施工技术文件，坚持施工方案和措施交底，坚持技术培训；编制质量计划/施工组织设计、施工方案(措施)或作业指导书，经监理单位和业主审批后执行；所有特殊工种人员都要持证上岗。

2. 施工过程中质量控制

施工中把好“五关”，即施工程序关、操作规程关、机索具检验关、工程验收关、工序交接关；要根据规范要求，遇到雷电或风速大于 10. 8m/s 时停止吊装作业。

3. 质量控制点的控制

施工前编制工程质量控制点，施工过程中按质量控制点的要求严格控制；对各质量控制点进行检查时，应首先提供必要的相关见证资料或自检记录；质量控制点控制内容：施工方案/技术措施审查；施工技术质量措施，质量控制点设置；施工工艺、工序；人力、机具安排。

4. 半成品验收

（1）严格按图纸逐件进行尺寸、孔距、不直度测量，对不符合规范及图纸要求的构件应立即进行处理，将制作问题处理在安装之前；同时应检查半成品材质证明书，试验技术文件，出厂合格证等。

（2）严格清点半成品的数量，确保构件数量无遗漏。

（3）塔架杆件两端法兰应与杆件焊接牢固，位置正确、法兰表面无明显划痕，法兰面无翘曲，且法兰侧面对中刻痕清楚。

（4）对于验收后的半成品应分类堆放在便于安装的场地。

5. 焊接质量要求

1）外观检查

（1）焊缝的表面及热影响区的药皮及飞溅物应清理干净。

（2）焊缝的表面及热影响区不得有裂纹、气孔、夹渣和弧坑等缺陷。

（3）对接焊缝的咬边深度不得大于0.5mm；咬边的连续长度不得大于100mm。焊缝两侧咬边的总长度不得超过该焊缝长度的10%。

（4）焊缝与母材应圆滑过渡，无明显不规则形状。

（5）焊缝宽度允许偏差0~2mm。

2）焊缝的无损检测

现场组焊的主火炬筒体对接环焊缝应进行20%RT检查，检查结果应符合《承压设备无损检测》(JB/T 4730—2005)规范Ⅲ级要求。

6. 施工过程检验

应采用经纬仪对塔架及火炬筒体的垂直度进行严格监控，确保垂直度符合规范要求。

7. 质量控制点

质量控制点见表5-3-19。

表5-3-19 质量控制点

检查项目	等　级
产品合格证、出厂检验报告、复试报告	A
检验焊接材料	A
焊接工艺及焊接资格认定	B
基础复查	A
高强螺栓连接检查	B
塔架杆件挠曲矢高实测	B
塔架、火炬筒体几何尺寸检查	C
焊接前检查	B
防腐涂料及防腐施工	B
焊缝外观检查	B
焊缝无损检查	B

续表

检查项目		等　级
塔架、火炬筒体焊接检查		B
火炬头检查		A
安装	吊装前检查	B
	标高中心线方位确认	B
	垂直度检查	A
灌浆前检查		A
安装整体验收		A

8. 质量记录

质量记录和试验记录由项目部质量部门负责汇编和管理，施工技术过程质量记录由专业质量负责人负责组织采集、编制和管理；竣工技术文件由质量部门负责组织编制和管理，以提供工程质量符合规定要求及质量保证体系有效运行的证据并及时整理归档，由专人负责管理，各项工程资料与工程同步，保证资料完整、真实。

第六章　储气库信息化管理

第一节　数字化转型与智能化储气库建设

近年来，随着国家科技与经济的快速发展，互联网发展趋势越来越强劲。为了适用竞争激烈的市场规则及提升企业本身管理水平并使企业发展得更好，更具竞争性，企业信息化的建设也必须跟上这个趋势。国家层面有战略性的规划，同步出台了一系列的导向政策来支持各企业信息化的建设。

先后提出了“两化深度融合”“中国制造2025”的国家战略，立足于基本国情和产业时机，探索智能发展道路，体现信息技术与制造技术深度融合的数字化、智能化发展之路，不断提升工厂数字化、智能化、智慧化水平，推动传统工厂向智慧工厂转型。

一、数字化转型实践

自“十五”以来，企业信息化建设遵循“六统一”原则，建成应用了涵盖生产管理、经营管理、公共平台、综合管理、基础设施和网络安全等集中统一信息系统，有效支持企业提质增效、转型升级。“十四五”时期将全面推进数字化转型、智能化发展。

随着信息化的逐渐深入，数据库多、平台多、孤立应用多的“三多”现象日趋突出，部分油田统建、自建系统多达上百个，接口上千个，数据无法共享、业务难以协同。

为践行“共享中国石油”战略目标，“十二五”末提出以“两统一、一通用”为核心的勘探开发梦想云蓝图，旨在实现上游全业务链数据互联、技术互通、业务协同与智能化发展，构建共创、共建、共享、共赢的信息化新生态(图6-1-1)。

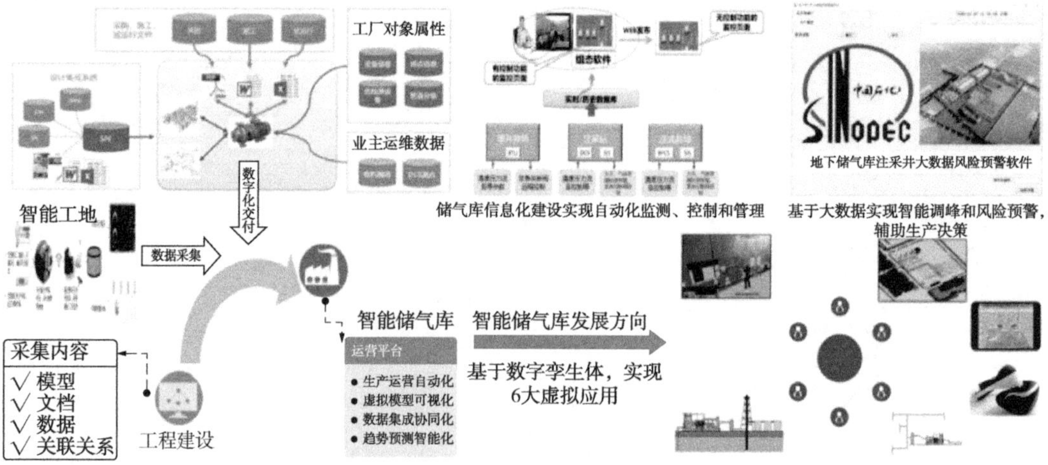

图6-1-1　数字化交付资产智能应用

二、智能化建设探索

油田储气库智能化建设围绕“数据+平台+应用”的思路开展智能化建设探索，以“工程数据”为核心，通过搭建全生命周期管理平台，将交付的工程数据、信息模型、现场实时数据和日常运维数据，相互之间建立关联关系，构建数字孪生体，实现全生命周期的信息化管理。

1. 智能化油田发展历程

1905—1999 年，处于传统油田阶段，大都做经典研究；1999 年，开启信息化建设，做计算机普及与互联网建设，也正是此阶段开启新型油田建设；1999—2009 年，开始数字化油田建设，实现数据电子化，数据极大地丰富；2009—2019 年，由数字化油田向智能化油田转换，在数字化基础上，加入智能自动化、预警预测智能生产等功能；2019—2029 年，将经历智能化油田向智慧油田转型的过程，让数据构建智慧的油田。

智慧油田，在油田数据极大丰富和完善、智能化程度很高的条件下，构建油田数据聪明运行与决策的“大脑”实现智慧油田。

2. 智能化建设及应用

通过数字化交付平台的建设，实现项目的线上线下管理，节约管理时间、提高管理效率、提升管理质量，同时构建智慧工地，与多平台协作运行，保障项目设计、采购、施工、运维等各个阶段的安全、高效工作。

基于数字化交付数据，构建可视化数据资产中心，通过统一的入口，让运营期各业务人员快速获取需要的所有信息，包括建设期的设计、采购、施工、竣工等数据，提高运维期工作效率、加速决策，同时，通过后期运维阶段持续集成，让各业务人员既能了解建设期信息，又能了解运维期运行状态(图 6-1-2)。

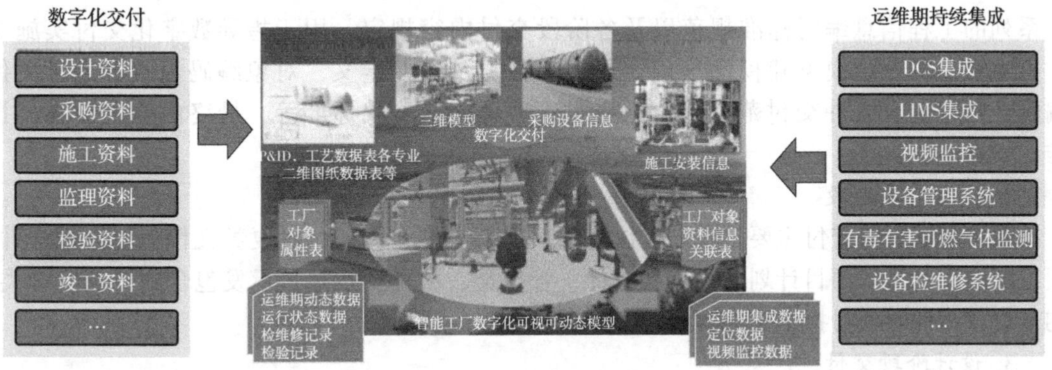

图 6-1-2　智能化建设

第二节　储气库数字化交付与要求

以服务工厂全生命周期智慧化管理为目标，在工程建设阶段，通过数字化交付平台，将项目各参与方纳入统一的数字化协同平台，以工厂对象(设备、管线、结构等)管理为核心，将设计、采购、施工、调试等阶段产生的数据、资料、三维模型及其对象之间的关联关系统一存储和管理，最终实现在交付实体工厂的同时，交付“数字工厂”，为智慧工厂构筑高质量的工程数据底座。

一、数字化交付背景

1. 国家战略

“十三五”期间，国家相关规划对企业信息化提出了较高的要求，通过信息化和工业化的深度融合，实现结构调整、产业升级，改善企业在工业化经济中存在的高消耗、高污染问题，实现资源、能源的合理利用，以支持绿色、低碳的发展战略。2015 年 3 月，工业与信息部发布《2015 年智能制造试点示范专项行动实施方案》，国务院于 2015 年 5 月 19 日印发的部署全面推进实施制造强国战略文件《中国制造 2025》等要求加快智能化建设，实现信息化和工业化的深度融合。

2. 项目背景

2017 年 3 月，中国石化工程部在宁波召开数字化交付研讨会，提出大中型项目建设必须进行数字化交付工作。

2017 年 4 月，中国石化提出了在“十三五”期间，全面开展基于全生命周期管理的数字化工厂工作。

2019 年，中国石化上游地面工程“五化”工作中明确提出：“推行数字化交付，建设数字孪生体”。

2021 年 2 月，中国石化发布了《油气田地面工程数字化交付细则》(试行)，对油气田地面工程的数字化交付工作进一步规范化和标准化。

二、数字化交付实施

1. 准备工作

为保证数字化交付工作的顺利开展，在实施前期准备阶段，需组织各参建方讨论编制一系列的工程信息编码标准规范以及各阶段交付内容规定，用于指导数字化交付实施工作，主要是对三维模型建模深度确定、类库分类及属性定义、对象编码规则确定、文件编码规则确定、文件交付范围确定、交付管理程序、验收标准等，最终由业主审核、批准、发布。

2. 项目前期阶段

项目前期阶段交付主要是建设单位对项目前期规划、调研、批复类文档，如立项文件、项目征地移民类、项目计划、投资、统计、管理类、项目招投标、承发包合同协议管理类、初步设计文件、项目报批文件等交付工作。

3. 设计阶段交付

设计阶段交付主要包括文档图纸、三维模型、P&ID、对象数据及属性、全专业三维模型补全、三维模型与现场一致性核查等工作。

三维模型与施工现场一致性核查工作必须形成常态化，根据不同施工阶段安排一致性核查工作，建设期设计图纸的变更以及施工现场变更要及时与设计配管人员进行联系，更改三维模型确保相互一致。

4. 设计文件交付

设计文件交付包括项目初设文件、全专业施工图、设计变更文件等。由设计单位文控将上述相关资料按交付标准打包交给数字化实施人员，最终确认无问题后移交至数字化移交系统与三维模型进行关联。

5. 三维模型交付

设计单位按照设计阶段逐渐完善储气库三维模型，待三维模型设计及细化工作全部完成，将三维模型及二维设计成果文件按储气库分解结构发送至数字化实施工作人员进行质量审查，审查合格后上传至移交系统继续进行解析及关联关系建立(图 6-2-1)。

6. 智能 P&ID 交付

传统的工艺流程图需按数字化交付统一技术规定通过专业的设计软件进行活化，即图纸中图元、管线等具有相关的属性，并符合相关图例、属性要求，满足智能 P&ID 解析、数据关联的需求。

完成活化的智能 P&ID 需输出 SVG 格式文件，由数字化实施人员进行合规性检查，最终由数字化实施人员检查确认无误后移交至数字化移交系统，进行智能 P&ID 数据解析、关联（图 6-2-2）。

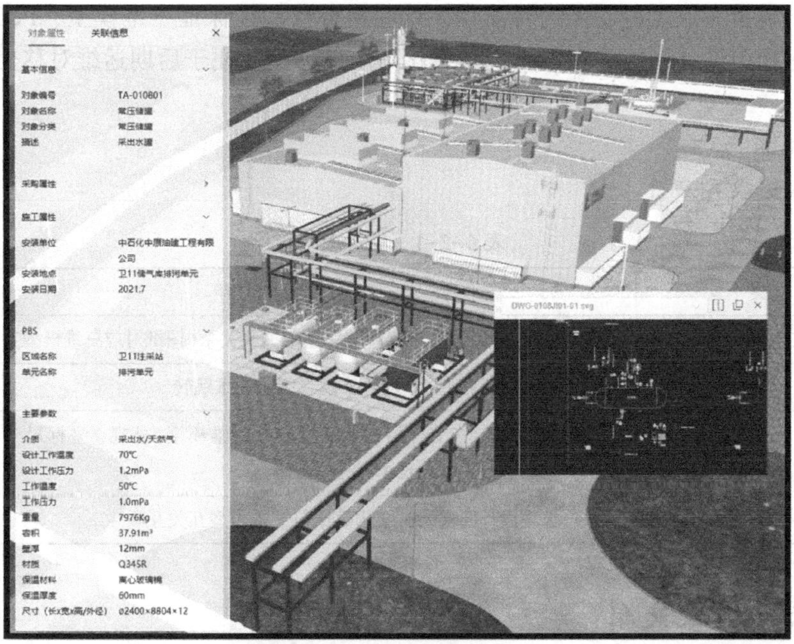

图 6-2-1 系统界面

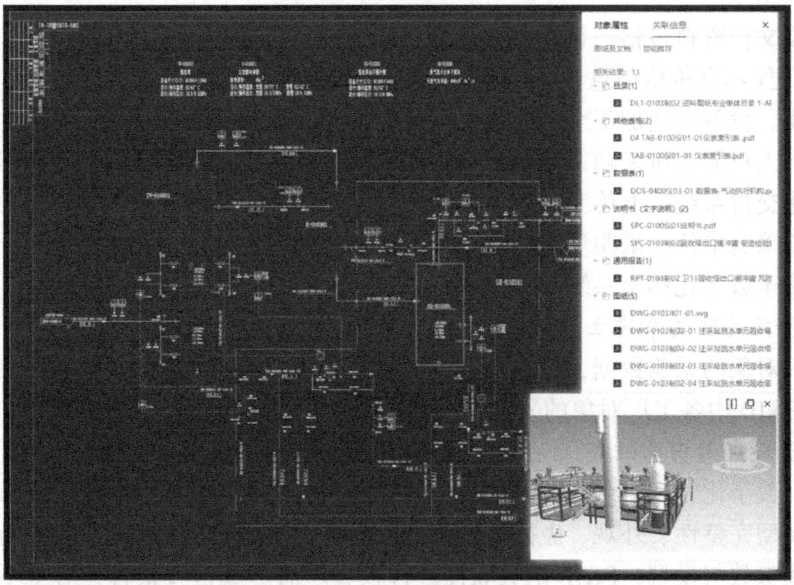

图 6-2-2 智能 P&ID 交付

7. 对象属性数据交付/关联关系

数字化实施方按照统一技术规定中的类库属性定义要求，将相关基础数据在系统中创建后，导出相应的属性数据模板，设计方需按照模板格式，采集整理相关类别对象和数据参数信息，采集完成后提交至数字化实施人员进行完整性检查，检查确认无误并整理后，由数字化实施人员上传至数字化移交系统进行属性数据确认，并与三维模型进行关联。

8. 一致性检查(模型/P&ID/数据)

为了提高数字化交付数据质量，在三维模型、P&ID、类库属性表均提交完成并在数字化移交系统中解析完成之后，需进行三者一致性检查校验，保证三维模型、P&ID可以相互跳转，并具有相关设计属性参数，实现数字化高质量移交，便于后期运维对移交成果数据进行高效利用。

9. 交付成果

交付成果见表6-2-1。

表6-2-1 交付成果

序号	类型	内容
1	文档资料图纸类	全专业施工图纸/文档资料，完整的关联关系(图纸对应三维模型)
2	P&ID	关于本项目所有P&ID活化实现二维、三维跳转
3	三维模型	与现场、P&ID三者保持一致的全专业三维模型(外观、坐标尺寸、模型拆分)，特别是地下管网模型与现场保持一致
4	结构化数据	收集整理设计阶段所有结构数据与三维模型互关互联

三、采购阶段交付

采购阶段交付工作主要包括文档图纸、对象采购数据及属性等。

1. 采购文件交付

采购阶段文档资料包括：请购文件、技术规格书、采购计划、采购合同(不含价格信息)、合同变更(不含价格信息)、设备监造记录、设备出厂检验记录、设备采购清单、设备使用操作手册、设备制造加工全套的竣工资料等。

采购负责人将需交付采购文档由采购文控将相关资料整理发送给采购经理审核，通过后上传至数字化交付系统，上传完成后由数字化交付团队进行线上合规性检查，并生成质量检查报告反馈给采购单位，采购负责人将相关问题整改后进行升版，数字化交付团队最终确认无问题后移交至数字化移交系统。

2. 采购阶段关联关系建立

整理工厂对象的采购数据，并填写结构化数据属性表，同时建立关联关系表，最终实现赋予模型及P&ID中各工厂对象的采购属性和关联的采购文档。

3. 采购阶段交付内容核查

对上传至数字化管理平台中的采购文件的编码、文件清晰度、完整度进行核查；对各供应商提供的模型完整性、外观、碰撞进行核查；对属性数据正确性、完整性进行核查；对采购文件、属性参数与模型、P&ID的关联性进行核查。需形成检查报告，对于不符合检查要求的资料进行整改重新处理。

4. 交付成果

交付成果见表6-2-2。

表6-2-2　采购交付成果

序　号	类　型	内　容
1	采购资料	项目所有采购标包内的设备/材料/物资全套的竣工文件资料
2	结构化数据	采购阶段结构化数据、采购属性导入
3	撬块化设备模型	交付与实物保持一致的设备模型进行深化处理
4	关联关系	收集整理采购阶段所有数据/文档资料与三维模型互关互联

四、施工阶段交付

施工单位交付资料按照《油气田地面建设工程(项目)竣工验收手册》的相关内容进行收集整理，以最终成果归档形式录入移交系统。

1. 施工单位

(1) 施工阶段数字化交付的内容主要是指开工策划、质量验收、安装、吹扫试压、单机调试、工程中间交接、联动试运行以及竣工等各个环节中所形成的文件，以及整个过程中的质量监督文件。

(2) 开工策划文件。经监理(或业主)批准的施工组织设计或施工方案、开工报告、质量管理体系登记表、施工现场质量管理检查记录、技术交底记录等。

(3) 安装文件。安装文件记录项目设备安装过程相关数据以及最终验收记录。以管道安装为例，交付内容应包括管道焊接工艺评定、安装记录、射线检查记录、管道吹扫记录、压力试验记录、气密试验记录以及问题会商、会审、验收纪要或记录、变更单等。

(4) 调试文件。一般包括设备、管道的启动调试大纲，试运方案措施，启动试运营指挥文件、命令、纪要、记录等，试运营交接班记录和运营记录，试运营阶段缺陷、故障分析记录与事故处理意见等。

(5) 质量监督资料。指第三方质量监督检查记录或报告，包括建设工程质量监督记录、各单体质量监督验收检查通知书、各单体质量核查记录、材料进场监督检查报告以及工程质量监督报告等。

(6) 工程竣工文件。工程竣工文件包括竣工图、竣工验收通知单、竣工验收备案表、建设工程竣工验收报告、建设及施工单位的施工许可证、中标通知单、施工图设计文件审查意见、勘察设计监理施工单位质量检查评估报告、建设工程质量检测报告及功能试验资料、规划公安消防环保等部门出具的证明文件或准许使用文件、施工单位签署的工程质量保修书、竣工验收整改项目回复单和法规规章规定必须提供的其他文件等。

施工单位文控需将上述相关资料整理并上传至可视化云协同系统公司文档中，由审批人审核通过后文件进入项目文档，并由数字化交付团队对相关文件进行合规性检查，并生成质量检查报告后上传至系统，施工方将相关问题整改后进行升版，数字化交付团队最终确认无问题后移交至数字化移交系统。

2. 监理单位

监理交付内容包括监理文件主要包括监理项目管理、监理指令、监理内业、工程检验记录。监理文件按统一的编码由监理文控进行扫描录入数字化移交系统。

3. 检测单位

检测单位交付内容包括检测单位交付的文件，这些文件有无损检测管理资料、无损检测报告等。

4. 施工内容关联

收集工厂对象的施工数据，整理后填写结构化数据属性表，并整理关联关系表，最终实现赋予模型及 P&ID 中各工厂对象的施工属性和关联的施工文档。

5. 施工交付内容核查

施工资料核查主要依据最终的分部分项工程划分表以及中国石油建设工程蓝皮书作为依据，主要核查各单体工序资料是否齐全、各类材料机具报审资料是否齐全。

焊口模型、属性数据主要依据施工单位提供的焊接记录台账、检测指令等，模型中的焊缝数量与焊接指令、焊接台账数量要保持一致，焊缝属性必须可靠真实。

6. 交付成果

交付成果见表 6-2-3。

表 6-2-3 交付成果

序 号	内 容	说 明
1	施工资料	施工文件以最终档案室归档的目录组卷形式进行交付
2	检测资料	无损检测管理文件、无损检测过程文件符合档案室交付规定
3	监理资料	监理业内文件、监理管理文件、监理指令文件、监理经济文件
4	焊缝模型完善	补全站内实体三模型中逻辑焊缝与自然焊缝添加属性等字段，关联检测文件
5	关联关系梳理	收集整理施工阶段数据/文档资料与三维模型互关互联

五、试运阶段交付

试运阶段主要由试运方从数字化移交系统中提取需要的数据，以编制试运方案。审核通过之后基于移交系统进行试运准备、试运过程记录，试运问题跟踪，定义试运行通过的准则，以及运行验收等工作，相关数据交付到数字化移交系统中。

该阶段采购资料、设计资料、三维模型均已完成交付，试运方可以从数字化管理平台中获取数据编制试运方案。

整个试运阶段产生的资料主要有各装置系统设备操作规程、设备试运转记录等文件。

六、验收阶段交付

工程验收阶段，主要为交工验收、专项验收和竣工验收等，以非结构化文档为主，数字化交付团队收集文档后按规则进行编码并上传至交付平台，对文档的属性和关联进行整理，并上传至交付平台，使其满足模型关联、文档查询，以及最后组卷归档。

七、数字化交付意义

数字化移交不仅推动了工程设计的改变和进步，更重要的是实现从源头上掌握工厂运行管理数据，并以设计数据为基础实现工厂数字化，开展现代化工厂运维管理及设备资产管理，从而实现全生命周期的工厂数字化管理。

第三节 数字化孪生

数字孪生体是现有或将有的物理实体对象的数字模型，通过实测、仿真和数据分析来实时感知、诊断、预测物理实体对象的状态，通过优化指令来调控物理实体对象的行为，通过相关数字模型间的相互学习来进化自身，同时改进利益相关方在物理实体对象生命周期内的决策。

一、数字化孪生发展

1. 数字孪生体发展综述

当前以物联网、大数据、人工智能等新技术为代表的数字浪潮席卷全球，物理世界和与之对应的数字世界正形成两大体系平行发展、相互作用。数字世界为了服务物理世界而存在，物理世界因为数字世界变得高效有序。在这种背景下，数字孪生体技术应运而生。

2. 数字孪生体发展历程

数字孪生体最初概念模型及其术语名称的前身——PLM 的概念化理想，数字孪生体为跨层级、跨尺度的现实世界和虚拟世界建立了沟通的桥梁，是第四次工业革命的通用目的技术和核心技术体系之一，是支撑万物互联的综合技术体系，是数字经济发展的基础，是未来智能时代的信息基础设施。接下来的 10 年(21 世纪 20 年代)将成为“数字孪生体时代”。在第四次工业革命进程中，数字孪生体将贯穿城市化、全球化和工业化的方方面面，成为现在的数字孪生体(图 6-3-1)。

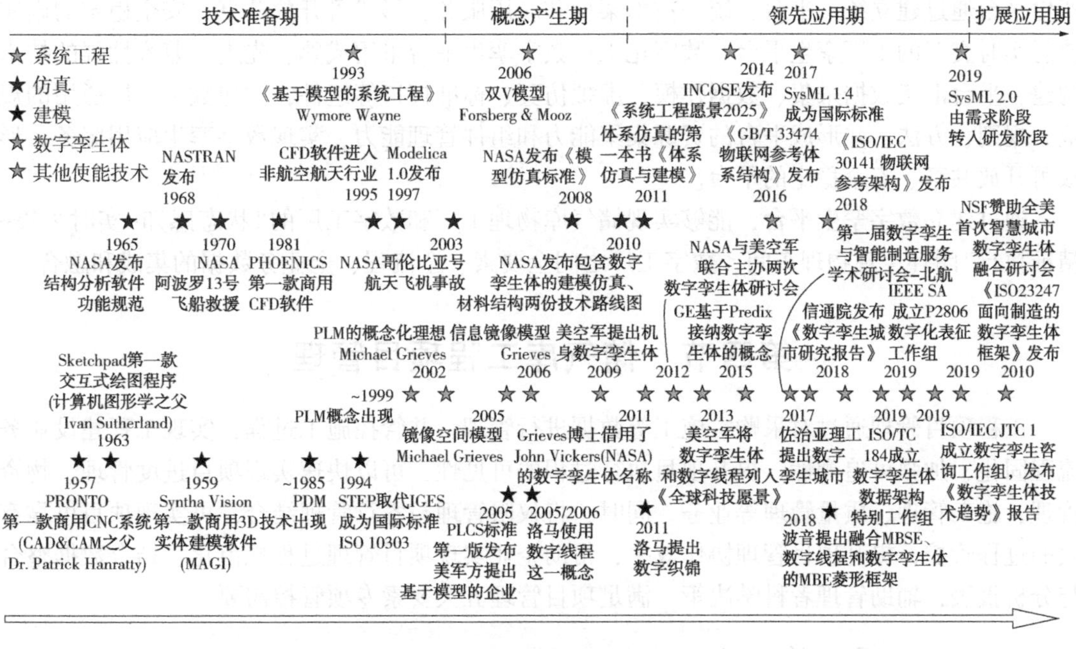

图 6-3-1 数字孪生体的发展历程

二、数字孪生系统架构

数字孪生系统的通用参考架构。一个典型的数字孪生系统包括用户域、数字孪生体、测量与控制实体、现实物理域和跨域功能实体共四个层次。

第一层(最上层)是使用数字孪生体的用户域，包括人、人机接口、应用软件，以及其他相关数字孪生体。

第二层是与物理实体目标对象对应的数字孪生体。它是反映物理对象某一视角特征的数字模型，并提供建模管理、仿真服务和孪生共智三类功能：

(1) 建模管理涉及物理对象的数字建模与展示、与物理对象模型同步和运行管理。

(2) 仿真服务包括模型仿真、分析服务、报告生成和平台支持。

(3) 孪生共智涉及共智孪生体等资源的接口、互操作、在线插拔和安全访问。建模管理、仿真服务和孪生共智之间传递实现物理对象的状态感知、诊断和预测所需的信息。

第三层是处于测量控制域、联接数字孪生体和物理实体的测量与控制实体，实现物理对象的状态感知和控制功能。

第四层是与数字孪生体对应的物理实体目标对象所处的现实物理域。测量与控制实体和现实物理域之间有测量数据流和控制信息流的传递。

测量与控制实体、数字孪生体以及用户域之间的数据流和信息流动传递，需要信息交换、数据保证、安全保障等跨域功能实体的支持。信息交换通过适当的协议实现数字孪生体之间交换信息。安全保障负责数字孪生系统安保相关的认证、授权、保密和完整性。数据保证与安全保障一起负责数字孪生系统数据的准确性和完整性。

三、储气库数字化孪生工厂

在智能制造的大环境下，大量工厂开始进行了“数字化”改造。储气库数字化工厂数字孪生平台通过建立统一平台、统一技术架构和应用服务，形成可开放共享、安全稳定的虚实映射实时交互的工厂孪生平台。数字化工厂数字孪生平台采用成熟、先进、兼容性强的技术构建，平台汇集数据采集、数据建模、虚拟仿真、标准接口等组件，构建数字工厂通用的规范、规则、方法，并形成平台的资源集聚能力和组件管理能力，实现数字孪生应用服务，形成可开放共享、安全稳定的平台。

通过建立数字孪生平台，能够实现储气库物理工厂和数字工厂的“状态感知-实时采集-精准执行”闭环，现物理车间、数字工厂之间全要素、全流程、全业务数据的集成和融合。

第四节　储气库工程项目管理

工程项目管理通过对采购、施工等数据进行管理，并管控施工过程，实现工程建设业务流程固化、加强可追溯性，提升项目执行过程的可见性，可以快速实现项目进度管理、物资管理、施工管理、质量管理等业务。同时，将权限管理与签章管理结合，可实现项目可靠有效的过程管控，提升项目管理协作效率，帮助企业实现项目管理过程规范化、结合数据整合与分析报表，辅助管理者科学决策，满足项目管理五大要素专项管控需要。

一、工程项目管理内容

工程项目管理的主要任务是保证项目在设计、采购、施工、安装调试等各个环节的顺利进行，围绕“投资、进度、质量、安全”控制目标，在项目集成管理、范围管理、时间管理、成本管理、质量管理、人力资源管理、沟通管理、风险管理、采购管理、结算管理、决算管理等方面所做各项工作。此外，通过协调组织各参建单位，进而实现对“合同、信息”的两管理。

（1）投资控制：建设项目投资控制就是通过有效的投资控制工作和具体的投资控制措施，在满足进度和质量的前提下，力求使项目建设的实际投资不超过计划投资。

（2）质量控制：工程质量控制就是致力于满足工程的质量要求，也就是同采取一系列的措施、方法和手段来保证工程质量达到工程合同、设计文件、规程规范的标准。

（3）进度控制：建设项目的进度控制就是通过有效的控制工作和具体的控制实施，在满足投资和质量的前提下，力求使工程的实际工期不超过计划工期或者说整个项目按计划时间投用(或整个项目按计划带负荷试车成功)。

（4）安全控制：国家颁布的《建设工程安全生产管理条例》对项目建设中的各责任制体安全管理责任做出了明确界定，目前项目建设中的安全管理已作为一项重要的内容纳入四大控制之一，是衡量项目建设成败一个重要指标，项目建设中安全控制就是：一是坚决杜绝人的不安全行为(三违)，即严格按照规程、规范组织施工，确保人身、设备安全；二是要坚决杜绝物的不安全状态，即建设项目的本身性能要安全可靠，实现项目设计意图，做到长周期、安全稳定运行；三是要做到文明施工。

（5）合同管理：是对建设项目有关的各类合同从条件的拟定、协商、签署、旅行情况的建设查和分析等环节进行科学管理工作，以期合同管理达到实现项目建设“四大控制”目标的要求。

（6）信息管理：建设工程信息管理是指对项目建设活动中所产生的信息，进行收集、加工、整理、存储、传递与应用等一系列工作的总程。项目管理的目标通过有组织的信息流通，使决策者及时的获得相应的信息，以便于做出正确的决定。

（7）组织协调：就是联动、联合、调和所有活动及力量，其目的就是促使各方协调一致，调动一切积极因素，以实现预定目标，协调工作贯穿整个项目建设的全过程中。

二、工程项目管理系统建设

工程项目管理是一个复杂的系统工程，工程项目管理体系的执行对项目进行的效率和质量保证有至关重要的作用，而体系的执行，不仅依赖于人员素质，也需要信息化系统的辅助支撑，将工程项目管理过程中的关键业务模块化、可视化、结构化、具体化。形成统一、协同的工作环境，通过标准化数据、标准化流程、标准化操作，提升管理效率和项目数据质量。

按照总部工程建设“三五五六六七”总体要求，结合油气田地面工程项目管理模式，以满足不同层级用户的需求为出发点，以地面工程全过程分级化管理为目标，实现以项目管理五大要素为主的工程建设项目专项管控，促进工程建设业务流程的规范化，实现项目前期、定义、工程实施、投料试车、验收等全过程关键流程的标准化、信息化、规范化管理。

（一）项目前期

1. 可研管理

从投资管理系统中提取前期方案、可研报告等内容，作为项目后续开展的参考依据。

2. 初设管理

对设计单位初步设计文件的编制、审查、报批、批复流程与流程中形成的相关过程文件进行管理。

（二）施工准备

1. 项目管理机构

对项目管理模式的确立、项目管理机构的组建、项目法人责任书或目标责任书的签署等过程和成果文件进行管理。

2. 施工图会审

对施工图会审流程、会审专家及意见、设计答复、会议纪要等过程及成果进行管理。

3. 施工图交底

对施工图交底过程及记录进行管理。

4. 建设手续办理

对项目环境影响评价、安全与评估，以及职业卫生评价、消防报审(消防审核意见)、建设项目工程规划、建设项目现场拆迁、四通一平、行政许可、地方政府招标项目的施工图审查(报告)等手续办理的流程及过程文件的管理。

5. 长周期设备采办管理

对项目所需长周期设备的申购、报批、采办流程与过程文件进行管理，对设备的采办进度进行监控。

6. 施工组织设计

对施工组织设计的成果、审查流程、审查记录等进行管理，组织施工单位按照工程数字化交付规定的要求，确定数字化交付的施工文件清单和数据采集周期，并在会议纪要中进行明确。

7. 专项施工方案

对大型设备吊装等专项施工方案的审查流程，方案内容和审查记录进行管理。

8. 监理规划与实施细则

对监理规划的成果、审查流程、审查记录等进行管理，在实施细则中明确监理交付的文件清单、标准、进度。

9. 质量监督手续

对工程项目质量和安全监督手续的办理流程及过程文件进行管理。

10. 开工报告

对开工报告的编制、审批进行管理。

（三）工程实施

1. 进度控制

1）进度计划

按工程类别对工程进行 WBS 分解，定义各工序的计划工作量、计划工作时间，工序之间的并行、先后等关系，工序的计划开始与结束时间，生成项目进度计划表与项目进度计划甘特图。

2）进度上报

根据建设单位要求通过周报、旬报、月报、季报等形式上报工程进度，系统对迟报、漏报情况进行提示，统计报表上报及时率，同时按要求在系统中录入各工序完成进度，进行进度与计划的对比分析。

3）进度纠偏

管理进度严重偏离计划的工作项的偏离原因、纠偏措施，跟踪整改落实情况。

2. 投资控制

1）进度款管理

对承包商上报的工程进度进行审核，管理进度款的提交审批流程与流程中产生的各类过程文件。

2）设计变更管理

管理设计变更的申报、审批流程，对工程联络单、工程备忘函及设计变更审批产生的其他过程文件进行存档管理。

3）结算款管理

管理承包商发起的结算款申请审批流程，对工程签证单、结算款申请单及结算流程产生的其他过程文件进行存档管理。

3. 质量控制

1）质量检查

对工程质量检查过程中发现的质量问题，以及问题的整改落实情况进行管理。

2）隐蔽工程验收

对隐蔽工程的自检、复检、整改要求、整改复检、工程量核实等流程及产生的相关过程文件进行管理。

3）焊接工艺评定

对焊接工艺评定的任务下达、焊接工艺编制、试样焊制、试样检测、工艺评定等流程及产生的相关过程文件进行管理。

4）旁站记录

管理监理工程师对工程关键部位、关键工序的现场旁站记录。

5）监理日志

对项目总监、专业监理工程师填写的监理日志进行管理。

6）质量评定

对分部工程、单位工程、合同段、建设项目的质量评定流程、评定结果及产生的相关过程文件进行管理。

4. HSSE 控制

对 HSSE 职能部门对项目进行的检查结果、存在问题、整改情况等资料进行管理。

5. 合同控制

对工程项目各标段的招标审批结果、合同文本、合同变更情况等资料进行管理。

(四) 投产试运

1. 单机试运

对单机试运计划的申报审批流程及流程产生的过程文件、单机试运记录等内容进行管理。

2. 中间交接

实现中间交接条件检查确认表、中间交接协议书、中间交接参加人员名单等中间交接流程及相关过程文件的管理。

3. 联合(生产)试运方案

对联合(生产)试运条件确认、试运方案培训、联合(生产)系统试运的工作流程及相关过程文件进行管理。

4. 生产考核

管理联合生产试运72h满负荷运行中对工程整体工艺合理性、工艺操作条件与设计吻合性、工程处理能力或产量的考核情况。

(五) 竣工验收

1. 交工验收

对交工验收审批流程、工程交工证书等进行管理。

2. 专项验收

对建设单位向油田对口部门或地方政府主管部门提交的消防验收、职业病防护设施、安全设施、环境保护验收、生产考核、竣工审计和档案验收等专项验收的审批流程、取得的验收手续及相关过程文件进行管理。

3. 竣工验收

对工程竣工验收申请审批流程、竣工验收报告、竣工验收证书、验收意见和竣工验收结论及相关的过程文件进行管理。

项目管理系统需实现项目前期、定义、工程实施、投料试车、验收等全过程关键流程的标准化、信息化、规范化管理。可以通过项目管理系统通过可配置的业务流程自动化特性，来驱动业务规则，加强可追溯性，提升项目执行过程的可见性。强大的项目交付和沟通协作能力可以快速实现项目进度管理、物资管理、施工管理、质量管理等业务。工程项目管理系统将权限管理与签章管理结合，可实现项目可靠有效的过程管理，提升项目管理协作效率，帮助企业实现项目管理过程规范化、标准化，结合数据整合与分析报表，辅助管理者科学决策。

4. 电子签章

签章一般用于业务流程流转审批步骤中，系统集成在线签章系统，并将签章与工作流节点进行绑定，在用户完成审批或确定内容后，可在签章界面选择提前配置好的若干种签章，输入独立的签章密码后，系统将自动把选择的签章填入流程中的相应位置。

系统可在工作流程的每一步都设置以签章为基础的条件判定，如当前用户“同意并签字”后，系统才可继续下一流程。用户亦可不进行签章，直接将不通过的流程驳回至之前用户处，以此完成业务流程有目的性、逻辑性的线上流转、审批过程。

完成签章后，只有该签章的签署人有权限在对应流程表单中对签章进行操作，其他用户无权对其进行任何操作。

5. 可视化流程管理

在系统中填报的表单，可直接进行线上审批，通过对账户进行分组并设置审批权限，用户在发起审批时可选择一个具有审批权限的组或者某个具体的用户作为审批者，被选中的组或者用户即可收到该文档并进行审批，而其他具有浏览权限的用户则可以查看该文档的审批工作流进度。

三、工程项目管理信息化建设意义

工程项目管理信息化建设，将以“业务流程标准化、工程交付数字化、项目管控信息化、多元数据可视化”为特色，以“提升工程项目管理水平”为核心目的建设平台，通过对工程项目管理的“四控、两管、一协调”内容的梳理，形成科学、规范、适用的项目全过程管控流程，结合实施保障体系建设，通过信息化建设，打造项目管理核心能力的全过程数字化管控，通过建成本平台，可以有效实现工程建设业务的“对象数字化、流程数字化、规则数字化”，提升数据质量、打破数据孤岛、充分发挥数据的业务价值，赋能工程建设业务的数字化管控，助力储气库信息化的高标准建设。

第五节　储气工程智能工厂建设

智能工厂是在标准统一和数字工厂的基础上，以数据全面统一、感知交互可视、系统融合互联、供应精准匹配、运行智能高效、预测预警可控为特征，通过“端+云+大数据”体系架构集成工厂全生命周期数据，提供智能分析和决策支持，用信息化手段实现工厂建设的可视化、网络化、智能化管理，具有全方位感知、综合性预判、一体化管控、自适应优化的能力。在油气田地面工程迅猛发展的同时，建成“资源多元、运行高效、安全可靠”的智能工厂已经成为当前业界公认的工厂信息化管理建设理念。

智能工厂处于现代工厂信息化发展的新阶段。它是在数字工厂的基础上，依托物联网的技术和设备监控技术加强信息管理和服务，通过构建多信息平台，应用其数据进行进一步深化应用从而达到智能工厂建设的基础要求。

1. 数字化交付平台

数字化交付平台以数据为载体，以工业物联网为支撑，集成工厂生产设备运行和监控数据，完善具有数字化资产管理、生产运营监控、空间感知、实感培训为主要功能的数字化工厂建设方案(图 6-5-1)。

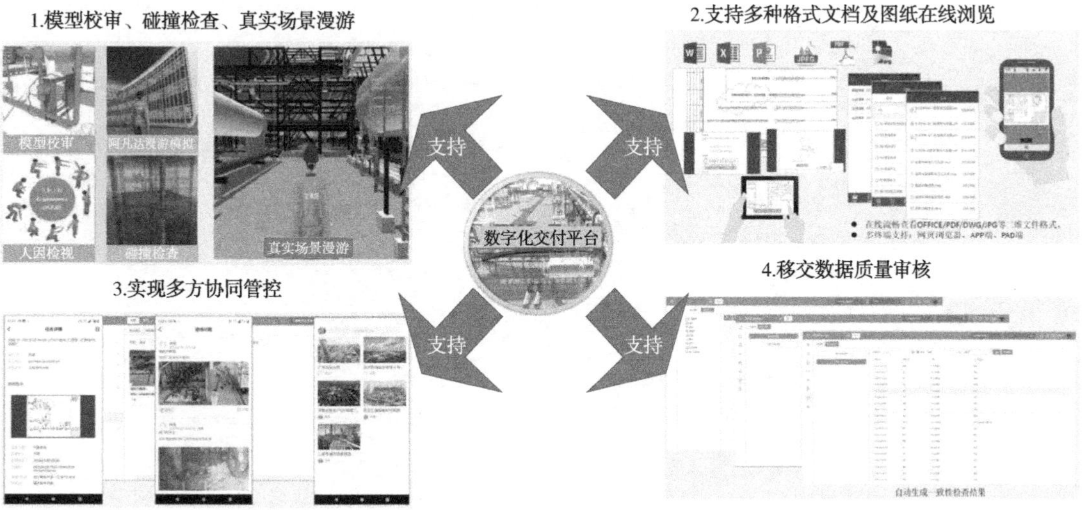

图 6-5-1　数字化交付

2. 工程项目管理

以数字化交付为基础，对依法合规、工程工艺、物资管理、施工管理、过程管理、HSSE 管理、资料管理和归档管理、运维管理的数字化，场站、物资、设备的坐标化、身份化，实现工程建设全方位的定位管理和数字化孪生；通过桌面推演细化优化工程关键节点，通过预警实现物资设备交付、人员、机具设备的协同，通过视频的全方位监控和智能手持终端 APP 实现工程建设的现场总管，通过系统的数字可扩容、信息可共享实现与已有的管理系统和平台的对接，最终达到工程建设的全生命周期智能化管理(图 6-5-2)。

图 6-5-2　智能化管理

第七章　储气库运营管理模式

储气库运营管理及盈利模式与天然气业务发展和天然气市场化程度密切相关。国外储气库历经百年，其运营管理方式随着天然气的产业发展和市场环境变化日臻完美。在天然气“产、运、储、销、用”五大产业链中，储气库的价值最终是要通过提升整个天然气产业的价值来体现的。虽然储气库的运营管理与管道输送和下游市场紧密联系，但无论作为管道还是作为市场的附属产业，国内储气库从来都是以调峰保供者的角色出现，而不是作为所有者营利的主要手段存在。而在储气库发达的欧美国家，随着天然气市场的成熟和对产业监管的要求的提高，作为公共服务产品的储气库业务已经实现了(或正在实现)独立经营管理和接受法律监督及产业监管的目标。目前，中国储气库正处于发展的初级阶段，系统分析国内储气库的管理现状和发展趋势，将为中国未来储气库的健康快速发展指明方向。

第一节　国外储气库运营管理模式

欧美等发达国家储气库建设历程长，在天然气业务发展的不同阶段，采取适应本国储气库业务发展的不同运营管理模式。早期储气库主要是与管道捆绑进行运营，通过管输费回收投资和成本。中后期采取市场化独立运行等多种方式，有效地促进了储气库业务的健康有序发展。

一、美国

美国具有 100 多年储气库建设、运营历史，储气库数量和工作气量也位居世界前列。同时具有发达的市场经济和健全完备的法律体系，已经形成了一套较为完善的地下储气库监管运营管理体制。

美国已经建立了适应天然气市场开放的储气库管理体制和运营机制。主要有以下三个方面：一是在天然气市场开放中逐步放开了储气库的“第三方”准入；二是储气费率市场化；三是储气交易多样化，有效保障天然气市场供应安全。

在天然气产业放开管制之前，美国的储气库主要由天然气管道公司和城市燃气公司拥有和运营。用这种管理和运营方式优化管网系统的运行、提高供气的安全可靠性和满足用气高峰的需求。管道公司拥有流经其管道系统的天然气，控制着储气库的储气能力及使用权利。20 世纪 80 年代以来，美国政府推行了天然气工业市场化改革，尤其是 1992 年颁布了 FERC636 号令后，美国不仅放开管道的“第三方”(包括生产商、消费者、运输商或贸易商)准入，也放开了储气库的“第三方”准入，打破了储气库的垄断。强制州际管道公司剥离销售业务。要求管道运输网络向第三方开放，以保证其他天然气供应者能够得到公平的、相同质量的运输服务。至此，美国的天然气市场化改革向完全竞争市场迈进。

(一) 美国储气库监管

美国储气库监管参照天然气管道模式，大体分为联邦和州两级。联邦政府通过联邦能源监管委员会(FERC)对州际管道公司拥有的储气库，连接到州际管道的储气库，以及为州际管道提供储气服务的独立运营商所拥有的储气库进行监管，而州政府相关机构负责州内储气库的监管。

1. 联邦监管

1992年，联邦能源监管委员会(FERC)下发636号令，该指令代表着美国不仅放开管道“第三方”(包括生产商，消费者、运输商或贸易商)准入，也放开了储气库“第三方”准入，打破了储气库的垄断。其主要内容包括：

(1) 储气库作为一项特别的业务，必须从其他服务中分拆出来，并且单独收费。

(2) 必须给予用户储气能力的准入权力，或者给予用户获得储气库储存空间的机会。

(3) 必须赋予用户分租其合同储气能力的机会。

(4) 监管的内容还包括环境、技术安全与费率方面。

2. 州监管

各州对储气设施的监管也包括对环境监管、储气设施建设的许可以及废弃的处理的监管等。尤其重视对地区配送公司的储气费用监管，以防止这些公司侵害终端小用户的利益。

在美国建设储气库的第一步是取得监管机构的批准，这是监管的重要环节。以向纽约州政府申请储气库建设的程序与文件为例：纽约州要求开发储气库必须要向州环境保护局申请许可，并在通过州地质学家的书面批准后，方可全面生效。在申请地下储气库许可时，必须提交以下信息：

(1) 申请机构的报告。

(2) 储气库涉及的所有井的经济担保，包括闲置和停用的井。

(3) 如果这些井是运营商从其他运营商手中接管的，要求提交《油气井移交报告》。

(4) 完整的《环境评价报告》。

(5) 地下地质构造图。应包括建库区和缓冲区域的界限，标注出所有的储气井、封堵井和废弃井。

(6) 气藏改建储气库的可行性研究报告。

(7) 在储气区域内(建库区块和缓冲区块)每一口钻井的详细报告。

(8) 运营商签署的宣誓书。确认其已经获得储气库区域内至少75%的储气权。申请人承诺书，承诺其将收购剩余25%的储气权，其作为签发许可证的条件。

在储气库中新增任何储气能力都需要获得整改许可证；如果通过增大单个盐腔体积扩容增大储气能力，也需要获得整改许可证；通过增加最大储气压力增加储气能力同样需要整改许可证。

(二) 美国储气库运营商

天然气开放管制之前，美国储气库所有者及运营商主要是管道公司和城市燃气公司，而管道公司是储气库中天然气的拥有者。

随着联邦能源监管委员会636号令的实施，美国储气库的所有者依然是管道公司和城市燃气公司，而美国储气库运营商则逐步多元化，包括管道公司(州际和州内)、城市燃气公司、独立运营商各自负责所属储气库的日常生产和经营管理，向天然气运销商提供储气、采气服务，收取储转费。储气库中天然气的拥有者主要是城市燃气公司、管道公司和销售公司。

1. 州际管道公司储气库运营商

目前，该类运营商拥有超过40%的储气库份额，其中总采气能力，总工作气能力在储气库市场占绝对优势。20世纪90年代以来，为提高储气库运营效益，新建或扩建储气库主要向市场开放，但受联邦能源监管委员会的直接监管。

2. 州内管道公司和城市燃气公司储气库运营商

该类运营商主要利用储气库进行调峰和应急，城市燃气公司则利用储气库中的天然气直接输送给用户。目前，这类运营商所拥有的储气能力低于州际管道公司，但也有部分储气库向"第三方"开放。从监管主体来看，约30%的储气库也受到联邦能源监管委员会监管，主要原因是其向州际提供服务，其余受各州监管。

3. 独立的储气库运营商

该类运营商主要目标就是通过"存气、贷气"业务获取利润。随着更多限制的解除，预计未来将占有更多的市场份额。目前，该类运营商储气能力占美国总能力的10%左右，多数不受联邦能源监管委员会的监管。

根据监管要求，上述公司主要负责储气库的日常生产、经营管理，向天然气运销商提供储气、采气服务，收取储转费，一般不拥有储气库内的天然气。夏季与冬季的天然气价格差、调峰气价及高峰时的议价气是促使北美储气库高度发展的主要驱动力。

(三) 美国储气库的费率监管

天然气产业放开管制之前，储气库作为管道的辅助设施，与管道捆绑运营，没有单独的定价机制。通常根据储气库的投资和成本形成相应费用，计入管输费。天然气产业放开管制之后，储气业务与管输业务分离，独立运营，向第三方提供有偿储气服务，单独定价，建立了储气价格形成机制。州际储气库一般按服务成本定价法制定，费率包含成本和合理的投资回报。独立储气库既可按服务成本定价法制定，也可按市场需求定价法制定。

美国的储气库价格水平与储气库的成本和提供的服务相关。与管输费一样，受服务成本管制的储气库价格分为容量费和使用费(表7-1-1和表7-1-2)。容量费包括储气库容量费和日最大采出气量费，按用户预定的储气容量和日最大采出气量收取，与实际使用量无关；使用费分注入费和采出费，按用户的实际注入(采出)气量收取。

表7-1-1 服务成本法确定储气费的费用组成及计算依据

费用类别	费用含义	计算依据
采出流量费	合同预计日最大采气量	50%固定成本
容量费	合同预订储气容量	50%固定成本
注入费和采出费	实际注入/采出气量	变动成本

表7-1-2 州际管道公司标准销售单元储气库费率样本

费用类别		最大费率/(美元/10^4m^3)	最小费率/(美元/10^4m^3)
容量费	月度空间预留	42.26	0.00
	月度注入量预留	1500.75	0.00
	月度采气量预留	744.15	0.00
使用费	储备注入量使用费用	20.64	20.64
	超过注入量使用费用	131.36	20.64
	储备采气量使用费用	20.64	20.64
	超过采气量使用费用	131.36	20.64

联邦能源监管委员会在服务成本定价法的基础上又发展了高峰期/非高峰期或者季节储气价格两种定价方法，具体价格水平由储气库运营商和用户协商确定。联邦能源监管委员会对储气库运营商的年收入总体水平进行控制。

2000年以来，70%左右受联邦能源监管委员会监管的新建与扩建储气库都执行了市场费率。由于州际管道公司在储气市场的绝对优势地位，以州际管道为例进行介绍。

州际管道公司用于自身季节调峰和管道完整性管理的储气库费率采用成本加成法，也就是“服务成本法”，以年为核算期计入管输费，费率受联邦能源监管委员会严格监管，并通过收取用户使用管道的费用补偿。储气成本包括三个方面：一是资本成本(CAPEX)，包括购买土地、勘探成本，注气井和采气井开发，以及地面设施(压缩机、管网和垫底气)；二是操作和维修成本(OPEX)，可划分为固定成本与可变成本，固定成本包括工资、租赁费和执照费、保险，设备和井的维修费用，可变成本包括压缩机燃料费、脱水器，乙二醇再生器或者水处理费用；三是工作气和垫底气的融资费用。

根据联邦能源监管委员会636号令和678号令，包括州际管道公司在内，受联邦能源监管委员会监管的储气库运营商可以执行市场型或者协商型费率，向所有合格用户提供开放的储气服务。市场型费率分两种情况，在美国储气市场工作气份额10%以下的储气库运营商可以自由决定储气费率；但是，工作气份额占10%以上的储气库运营商必须每5年向联邦能源监管委员会报告其市场状况，由联邦能源监管委员会核定其费率的合规性，实施监管的市场型费率。以上两种费率均要求通过一定方式公布单位储气费用、单位工作气能力、单位采气能力、单位注气能力等关键信息，便于储气库用户选择。

协商型费率主要是考虑到特定地区需要鼓励建设储气设施，同时市场竞争不充分，监管机构在考察相关用户利益的基础上批准实施。

(四) 美国储气合同管理

为了有效销售储气能力，储气公司与用户合同有长期与短期之分。储气公司根据不同储气库的地质、技术特点，将包括注气、采气能力以至储气容量的标准单元捆绑销售，并明确标示各项费用(表7-1-3)。储气用户可直接向储气公司订购，也可在二级市场购买、转让。

表7-1-3 州际管道公司标准销售单元储气库费率样本

项　目	费率/(单元/Dth①)	
	最大	最小
月度空间预留	0.1120	0.00
月度注气量预留	3.977	0.00
月度采气量预留	1.972	0.00
储备注气量使用费用	0.0547	0.0547
超过注气量使用费用	0.3481	0.0547
储备采气量的使用费用	0.0547	0.0547
超过采气量的使用费用	0.3481	0.0547

注：① 1Dth(10撒姆)=1MMBth=26.5m^3天然气。

长期合同一般一年以上，先期拥有储气合同的用户可优先续约。按照合同要求，用户必须支付月度预订费，以取得选定时期内注气、采气和储气容量的权利。预订费是固定收费，与用户最终实际使用的储气能力无关。当用户使用储气能力时，需要根据实际注采量支付可变费用。一般预订费占长期合同收入的最大份额。

短期合同通常为一年以下。与长期合同不同，短期合同用户必须在特定的时间注入和采出定量天然气。为此，用户只需要支付固定费用。

储气公司除通过合同销售获取收入外，还可以依靠自身资产优化扩大盈利能力。因为可能有一部分储气能力没有销售，或者销售出去后，在特定时期并没有被用户完全利用。储气公司可以自己注入和采出天然气来套利。根据统计，向市场开放的储气公司长期合同收入较稳定，占公司总收入的40%~50%，短期合同和优化收入显示出一定的波动性，总体上优化收入的比重高于短期合同收入。

二、加拿大

(一) 加拿大储气库规模

加拿大储气库规模基本能够满足国内调峰和出口天然气需求。各省储气库工作气量大致如下：

艾伯塔省：第一大储气地区，工作气量约为 $100\times10^8m^3$。安大略省：第二大储气地区，工作气量约为 $68\times10^8m^3$。萨斯喀彻温省：12 座储气库，工作气量为 $14.27\times10^8m^3$。

其他省：魁北克省储气库工作气量为 $1.43\times10^8m^3$；不列颠哥伦比亚省工作气量为 $23.5\times10^8m^3$(表 7-1-4)。

表 7-1-4 加拿大运营的地下储气库一览表

位置	设施	经营者	储气库类型	投产时间	工作气量/10^6m^3
艾伯塔省	艾伯塔枢纽	Enstor/雪佛龙	枯竭油气藏型	1997	1400
	Carbion	ATCO		1968	1120
	Countess	Niska 储气公司		2003	1550
	Crossfield(Cross Alta)	BP 加拿大/TransCanada		1993	1400
	Edson	TransCanada		2005	1400
	海斯(非商业用途)	AEC 油气公司		1984	296
	Sevem Creek(Hussar)	赫斯基能源公司		—	480
	萨菲尔德	Niska 储气公司		1988	2260
不列颠哥伦比亚省	Aitken Creek	雪佛龙	枯竭油气藏型	1988	2350
安大略省 Dawn 储气基地	班特派斯	联邦燃气有限公司	枯竭油气藏型	1974	137
	比克福德	联邦燃气有限公司		1972	575
	布卢沃特	联邦燃气有限公司		2000	52
	Booth Creek	联邦燃气有限公司		1999	52
	Dawn 47/167	联邦燃气有限公司		—	1300
	Dow Samia Block A	联邦燃气有限公司		1992	174
	Edys Mills	联邦燃气有限公司		1993	69
	恩尼斯基林	联邦燃气有限公司		1989	95
	Mandaumin	联邦燃气有限公司		2000	119
	OilCity	联邦燃气有限公司		2000	49

续表

位　置	设　施	经营者	储气库类型	投产时间	工作气量/10^6m^3
安大略省 Dawn 储气基地	Oil Spring east	联邦燃气有限公司	枯竭油气藏型	1990	99
	佩恩	联邦燃气有限公司		1957	662
	珀丽	联邦燃气有限公司		1975	82
	Sombra	联邦燃气有限公司		1990	67
	Terminus	联邦燃气有限公司		1975	297
	Waubuno	联邦燃气有限公司		1960	257
安大略省 Tecumseh 储气基地	Black creek	安桥天然气销售公司	枯竭油气藏型	1997	26
	查塔姆	安桥天然气销售公司		1998	43
	科伦纳	安桥天然气销售公司		1964	125
	科维尼	安桥天然气销售公司		1997	97
	克劳兰德	安桥天然气销售公司		1962	7
	Dowmoore	安桥天然气销售公司		1988	739
	莱迪史密斯	安桥天然气销售公司		1999	182
	Mid KimballColinville	安桥天然气销售公司		1965	582
	Seckerton	安桥天然气销售公司		1964	313
	South Kimball-Colinville	安桥天然气销售公司		1965	403
	Wildesport	安桥天然气销售公司		1978	218
魁北克省	皇居迪拉克	Intragaz 公司	枯竭油气藏型	1990	23
	Saint-Flavien	Intragaz 公司		1998	120
萨斯喀彻温省	East Centaur	赫斯基能源公司	盐穴型	—	140
	Bayhurst	Bayhurst 燃气有限公司	枯竭油气藏型	1981	340
	阿斯奎斯	TransGas 有限公司	盐穴型	2006	104
	Beacon Hill-pierceland	TransGas 有限公司	枯竭油气藏型	1978	330
	兰迪斯	TransGas 有限公司	盐穴型	1976	26
	北梅尔维尔	TransGas 有限公司		1964	9
	南梅尔维尔	TransGas 有限公司		1966	69
	慕苏名	TransGas 有限公司		1993	57
	Prud Homme	TransGas 有限公司		1968	163
	北里贾纳	TransGas 有限公司		1992	12
	南里贾纳	TransGas 有限公司		1967	67
	Unity	TransGas 有限公司	枯竭油气藏型	1959	110

资料来源：CEDIGAZ 报告(2009 年)。

(二) 加拿大储气库管理机构及司法管辖权

在加拿大，能源矿产(含储气库)的司法管辖权分为联邦和省区两级，其中联邦政府负责储气库的宏观管理，数据统计等；省区政府负责辖区内的储气资源开发和利用，政策制定及监管。联邦管理机构主要是加拿大自然资源部及其独立直属机构国家能源总局，其职责主要包括能源、贸易、经营等相关政策和制度制定等。国家能源委员会隶属于自然资源部，负责监管加拿大的能源工业。

按照加拿大的相关法律法规，如果一个储气库项目涉及多个司法辖区或省内的联邦辖区(如国家公园)，那么项目可能涉及联邦政府的管辖权。目前，加拿大储气库基本都是由各省区政府管辖的，并不涉及联邦司法管辖权。

(三) 加拿大储气立法发展历程

加拿大十分重视储气库的立法，对于在枯竭油气藏上建立储气库，储气权应该是一种独立于原有油气勘探开发的另一种权利；在其他地下构造中建设储气库也需要确立储气权利，要和原来地下、地面权利人或者政府谈判取得权利。总体来看，由于取得储气权利可能涉及的对象多，谈判协调难度较大。

1915 年，加拿大便在安大略省的维特林郡(Welland)建成了全球第一座枯竭油气藏型储气库，由于早期全部是枯竭油气藏型储气库，所以储气所有权争议不大。20 世纪 50—60 年代，加拿大开始建设盐穴储气库，并且考虑到储气库建设对周边其他资源的影响，因而引发了明确矿山和矿产储藏定义的需求。1960 年，在加拿大地下储气委员会提交给矿产部长会议的报告中明确指出：一个矿山和矿产储藏应当“不包括石油和天然气储藏，或其中能发现油气的岩层、地层或储藏”，在利用非油气构造的地方，那么“土地的所有者，而不是矿山和矿产的所有者，应当同意或签署其他文件来使用此类岩层、地层或储藏”。这意味着，如果在除油气藏之外的其他岩层、地层或储藏中储藏天然气，土地所有者是储气权的第一权利人。

如上所述，加拿大储气库基本都是由各省区政府管辖的，并不涉及联邦司法管辖权。从加拿大目前已经进行了储气立法和实践的省区来看，各省体现出较大的差异性，主要问题是储气权的归属，是归属原有矿产资源(包括油气开发商)的所有者、地表产权所有者还是归属政府。

为了有效开发储气库，储气库运营商需要获取并整合目标储气构造的所有权益。如果无法完成整合，储气库运营商可能无法进行这个项目；即使可以开展项目，也可能面临着另一方开采其储存的天然气的风险。

通常情况下，储气库运营商需要取得井和其他设施的地面准入。因此，运营商可以通过与私人签署合同和储气合约，或者与政府签订租赁或自愿联营来获得所需权利。并且如果储气权分散，运营商必须征得每一个所有者同意(无论是私有还是公有)。在项目开发过程中，还可能出现下面的情况：一是有可能无法找到所有者；二是即使找到了所有者，也可能出现无论价格如何，所有者就是不同意出让所有权，产生了阻碍储气库建设以及不愿合作的“钉子户”，其原因可能仅仅就是不同意在其土地下建设地下储气库。

针对上述问题，加拿大各省区采取的方式主要可以归为 4 类：

(1) 一些省采取了天然气储气权归政府所有的方式，这使得所有权问题不但清晰化，而且简单化。在这种情况下，潜在的储气库运营商只需要与一个所有者(即政府)打交道。此外，这种方式也有助于解决潜在的“钉子户”问题。在所有权分散的情况下，很可能在给定的价格水平下，或者无论什么价格水平，一些业主都拒绝同意出让权利，最终使储气库项目无法进行。魁北克省和新布伦斯维克省实施了这种措施：两者都明确地将地下存储空间和储气权归于政府。新斯科舍省没有明确规定，但该省的储气立法主要是按照省石油或矿产法，存储权已经被授予政府。

(2) 艾伯塔省是唯一以立法的方式来澄清储气库所有权的地方政府，该省在立法过程中就将储气权归于石油和天然气资源权益的所有者。因此，在艾伯塔省，储气权可能属于政府或者私人团体，这取决于其背后的油气资源所有权。由于大约80%的矿产权属于省政府，这使得政府储气所有权占据主导地位，但是在该省部分地区，仍然有许多乡镇具有(政府/永久业权)储气所有权。总而言之，艾伯塔省的立法澄清了储气所有权问题，但并没有完全解决潜在“钉子户”的问题。

(3) 其他一些省份虽然没有意识到澄清储气权的必要性，但是看起来默认了储气权伴随矿权。因此，储气权归于政府还是私人所有者，取决于背后的矿权属性。这种模式在安大略省、曼尼托巴省和萨斯克彻温省都存在。

(4) 不列颠哥伦比亚省以储气所有权不清晰为前提，规定储气权可以被地表或矿权所有者拥有。这样就使得政府可以按照规定获得储气权归属，在此过程中，如果私有业主证明其所有权被剥夺，可以按照省相关规定给予补偿。不列颠哥伦比亚省模式为计划整合储气库项目的运营商提供了确定性，但是这种确定性是基于具体情况具体分析的原则，而不是由一项通用的规则规定储气权属于一个类型的所有者所决定的。

(四) 主要管理制度与运行机制

1. 实施储气库所有权与监管权的分离

加拿大各省对储气库的管理各不相同，无论这些项目是公有还是私有的，但一般都会对储气项目的安全和环境保护方面进行监管，其与联邦政府对能源管理的做法类似，各省司法辖区通常试图明确地分离政府作为储气资源所有者，以及作为储气项目监管者的职责。例如，在不列颠哥伦比亚省，储气权需要从能源矿产和石油资源部获得，而项目审批归石油和天然气委员会；同时，公共事业委员会也可以进行经济监管，这是由于不列颠哥伦比亚省采取了投诉监管机制；在艾伯塔省，储气权需要从能源局获得，而项目审批和安全监管归能源资源保护局；在安大略省，需要从自然资源部取得政府储气权，钻完井施工作业也由同一部门管制，但总体的项目审批和管制仍由能源委员会负责。

2. 环境监管宽严不一

部分省司法辖区要求对储气项目进行环境评价，例如，新斯科舍省的首个储气库——Alton 盐穴储气库，其省司法辖区要求对储气项目进行环境评价。但是，并不是所有的司法辖区都是这样，如艾伯塔省规定储气项目不需要进行环境评价，不列颠哥伦比亚省 Peace 地区新建的枯竭油气藏型储气库也不需要进行环评。另外，由于盐穴型储气库建库特殊性，如盐岩溶腔需要获得水权，以及卤水的处理等，因此相比气藏型储气库建设，盐穴型储气库需要更严格的环境监管。

3. 储气费率正在逐步市场化

加拿大储气费率一直受到以“服务成本法”为基础的价格监管，安大略省、艾伯塔省和魁北克省有比较明显的法定规范。尽管在曼尼托巴省没有运营中的储气库，但该省的监管机构考虑，如果开发储气库，将对其进行价格监管。新斯科舍省的相关机构正在考虑：储气费率项目应该受制于新斯科舍省公共事业审查委员会的审查和批准。

近年来，加拿大显现出解除储气费率管制的趋势，希望通过市场化方式确定储气的费率。如在某些省辖区，储气库已经不受公共事业的费率管制(艾伯塔省)；在其他一些省如安大略省和艾伯塔省，强调新储气库将在竞争市场运营，实施以市场为基础的费率，而不是基于服务成本的费率。

近年来，不列颠哥伦比亚省希望对 Aitken Creek 储气设施进行价格监管，但考虑到市场化费率机制的影响，转而采取了所谓的投诉管理系统，也就是说，储气库费率由市场确定，除非有人认为储气运营商滥用其市场影响力操控价格。

4. 严格规范储气库建设对其他资源开发的影响

储气设施的开发可能对其他资源的开发产生影响，并且可能会引发安全问题，因此加拿大各级政府都有相应的规定：

一是如果政府正在设置储气权，应该采取措施保护现有的其他矿物开采权利。例如：新斯科舍省提出如果储气区域是基于《矿产资源法案》的租赁、《石油资源法案》的开采协议或者在禁止勘探和开采活动的区域，相关部门不应当接受该区域的储气勘探许可证的申请。

二是如果是政府正在审批储气项目，应该制定相关补偿规则。例如，艾伯塔省能源资源保护局规定，申请储气者必须同意向原有矿权所有者提供补偿面积。萨斯克彻温省也有这样的规定。

三是如何在一个储气项目周边保留防护性隔离区，以解决安全和对其他资源开发问题。有一些省的监管当局建议应由储气库运营商确定项目的边界，并且不将风险转嫁给政府或者第三方。就具体的操作层面来看，安大略省要求建立一块较狭窄的防护性隔离区，而魁北克省的监管当局考虑以最宽处测量，防护性边界应当至少是气藏面积的10%。在曼尼托巴省，立法提出在储气库的开发导致了其他资源萎缩和价值损失的情况下，受损害的所有者可能有权要求赔偿。

四是规定了如何保护储气项目的问题。例如：在不列颠哥伦比亚省和安大略省，监管者要求针对储气项目边界一定范围内的其他钻井和采矿活动进行特殊的审批。

三、欧盟

(一) 地下储气库的监管

1. 欧盟储气库监管的历史演变

在欧洲，天然气地下储气库主要由管道公司和城市燃气公司开发、拥有和运营，受中央政府管理。政府管理的主要内容包括服务规则、储气库价格机制和价格水平等。

20世纪80年代末以来，欧洲相继放开天然气工业管制，储气库的功能、用途和管理方式开始发生变革。储气库已被视为天然气供应链中的一部分，而不再是输气管道或配气管网的功能性结构之一；储气库的主要用途从输气量管理(满足市场的季节性需求差和调峰等)转向商业和金融管理(管理价格风险或降低天然气价格)；实行地下储气库第三方准入。

在欧盟，英国紧随美国率先放开天然气市场。从2000年8月起，欧盟相继颁布指令，要求其成员国逐步放松天然气工业管制，同时要求，只要存在技术和经济上的必要性和可行性，应允许第三方进入天然气储存设施领域。但是，虽然欧盟天然气指令将储气库视为天然气链的一部分，并要财务独立，分别结算，但它没有强制要求储气服务在管理体制上或功能上独立。

2. 储气库的运营管理

欧洲放开天然气管制之后，欧洲储气库基本与管输业务、配气业务等相关业务在法律上、财务上和功能上进行了分离，作为供应链中的一个独立环节进行商业运营。欧盟几个主要储气库大国的储气库运营基本由大型能源公司、天然气公司、电力公司、管道公司或者城市燃气公司掌控，具体运营由这些公司的储气库子公司负责，而且储气业务与母公司的其他子公司的业务分离，独立进行商业运营。与美国相比，欧洲天然气产业的竞争还不是很充分，像美国那样完全独立的储气服务商还比较少。

欧洲还有小部分储气业务没有从上游气田业务中独立出来，仍然由上游的气田开发公司运营管理，储气业务没有独立核算，其成本纳入整个气田的经营成本。储气库的作用只是在淡季储气以解决气田生产过剩问题，在旺季采气以满足市场需求。

储气库公司主要为能源供应者、用户、天然气贸易商以及承运商提供储气服务。用户可以在储气库的交易平台上查询相关信息，包括发布注入或采出天然气的指令、储气库流量信息、剩余储气能力、购买储气能力、交易储气能力以及下载发票等。

经过多年的探索，欧盟主要国家已经形成了一套比较完整的行业监管体系。监管机构作为各种利益的平衡力量，实际上发挥着稳定市场、平衡利益、确保政府行业目标顺利实现的作用。

早在1990年，欧盟就开始在内部建立统一的天然气市场，并陆续颁布一系列指令和制度，为欧盟统一的天然气市场确立了基本的指导思想和原则(表7-1-5)。

表7-1-5　欧盟储气库监管政策的演变

政策及指令	政策要点
1998/30/EC	要求管网、储气库及LNG接收站实行"第三方"准入
	自然垄断业务在一体内企业内要与其他业务进行财务分离
2003/55/EC	一体化企业完成管输(含储气)与销售的拆分
	2007年7月之前向用户开放市场
2005年储气公开准入指导原则	无法律约束力
	未来欧洲储气市场的基本原则和政策导向
2007年9月立法建议	强制拆分大型能源企业的管输与销售业务，实际"第三方"准入
715/2009监管条例及2009/73/EC指令	2012年3月，储气与管输和配气在法律上分离
	各国监管机构对储气开放制定准入条件

资料来源：IGU数据库，由金正纵横整理。

1998年，欧盟颁布了《天然气内部市场通用规则》，该规则规定：①逐步对大用户开放天然气市场；②将输气管网运营与天然气贸易脱钩，实行相互独立管理；③在输气、配气、储气业务上推行协商性或强制性第三方准入机制。

2003年，欧盟又颁布了《天然气内部市场通用规则》第二版(2003/55/EC，也称"第二号欧盟天然气指令")。规定：①2007年底前全面开放天然气市场；②长输管网、配气管网，LNG接收站的运营与天然气贸易在法律上由不同公司运营；③在输气、配气、储气业务上推行协商性或强制性第三方准入机制。但对大型基础设施投资项目(长输管道、地下储气库、LNG接收和储存设施)可在一定时期内豁免第三方准入义务。

2005年，欧盟电力和天然气监管组织发布了《储气库系统运营实行公开准入的指导原则》。该原则旨在为未来欧洲储气市场的建立制定基本原则和监管政策，是欧洲储气业务发展的里程碑。

2007年9月，欧盟委员会提出立法建议，强制拆分大型能源企业的天然气供应与管输业务，将大型能源公司拆分成若干独立的、从事能源生产或者管道输送业务的单一公司。同时，给予第三方公平的管网准入条件，确保有效的服务，为消费者提供更多的选择。

2009年7月，颁布了《天然气内部市场通用规则》第三版(2009/73/EC，也称"第三号欧盟天然气指令”)。规定对能源企业控制的天然气生产业务与输气业务进行“有效拆分”。并提供了三种拆分选择：①所有权拆分，即把输气网络出售给其他企业；②经营权拆分，即仍可以保留输气网络的所有权，但需设立一个独立公司(独立系统运营商)全权负责输气网络的运营；③管理权拆分，即仍可以拥有并经营输气网络，但输气网络的管理必须交给拥有独立的管理权和决策权的下属子公司(独立输气商)。同时，还颁布了与该指令配套实施的新版《天然气传输网络的准入条件》(715/2009)。

3. 主要监管要求

鉴于天然气储存在供应中扮演着关键角色，非歧视性开放储气库是一个重要原则，可以确保一种有效的市场竞争。监管机构通常需要松绑储存设施并由第三方(TPA)提供独立设施运营。然而在实践中，规定并不总是与输送基础设施的其他方面保持同步。在欧洲储存用户，尤其是新进入者抱怨在规则应用和容量配置方式上缺乏透明和存在歧视。基于无歧视开发原则，欧盟在地下储气库的监管上作出了很多的努力。

2003 年，欧洲天然气指令(欧盟委员会，2003)给出了存储系统运营商良好实践指南(GC-PSSO)，由欧洲电气监管机构集团于 2005 年出版，并于 2011 年修订(ERGEG，2011)。

指南中对储存系统运营商(SSOS)有如下要求：

(1) 运营商应该接受监管，或者提供在非歧视性和透明基础上的第三方机构服务(rTPA 和 nTPA)，利用由 SSO 开发的标准储存合同和储存代码，包含用户适当监管在内的咨询。

(2) 运营商应该建立容量使用的规则(容量分配管理)和方法以促进竞争和储存设施高效利用，从而抑制容量囤积。

(3) 提供的产品应该包括一个绑定和非绑定的服务菜单，包含短期或者长期时间、固定或中断的选项等。

(4) 如果政体是 rTPA，应该发行关税和关税方法。如果政体是 nTPA，则需要发行商业条款和标准服务关税。

(5) 应该明确地方公共服务(PSO)定义，而不是用来阻碍通道或市场发展。

(6) 操作信息包括设备细节访问，可用容量和使用水平，这些都需要发布。

(7) SSO 应该与 TSO 合作，以确保储存和运输网络的效率和安全操作。

总体看来，存储的监管，尤其是关于容量分配是全面自由化市场发展的重要贡献者。随着市场开放，监管者必须特别注意创建必要的灵活度，同时要确保储存灵活性与市场需求同步匹配。

储存设施在提供天然气灵活性方面扮演了关键角色，尽管由于大范围的供需因素导致在任何一个指定的系统中存储的数量将发生大范围的变化。天然气市场的优化通常在角色、价格和储存价值方面会有深远的影响，对这种市场存储容量拥有者来说机遇与挑战并存。储存监管在整体自由化天然气市场发展中，尤其是关于容量配置和管理是一个重要的部分。

4. 监管部门和方式

欧盟不同的国家对地下储气库的监管部门是不一样的。例如：匈牙利能源办公室及匈牙利矿产和地质办公室负责储气设施监管，匈牙利每年技术行动计划必须由匈牙利矿产和地质办公室批准，操作许可证不受时间限制。德国主要是在州一级采矿主管部门参与新的储气设施发展；在德国，每两年必须向相关矿业部门提交材料并获得重新批准。意大利经济发展部、环境部、国土与海洋部参与储气设施站点监管。

（二）运营机制

欧盟经过多年的发展和摸索，在储气库容量分配机制及储气服务价格形成机制的建立、库容动态管理、商务运作规范等方面也积累了丰富的管理经验。储气库运营商主要为能源供应者，用户、天然气贸易商以及承运商提供储气服务。储气库的相关信息在交易平台上完全公开，用户在平台上根据自己的需要执行必要的操作，包括：发布注入或采出天然气的指令，查询储气库流量信息及剩余储气能力、购买储气能力和交易储气能力等。同时，储气库的建设运营需具有较高的专业技术要求，储气库经营主体必须具有相当的技术水平和专业实力。如德国 VCN 公司、法国 Storengy 公司等专业独立的储气库运营商，已掌握成套的储气技术及标准，可以满足不同需求的储气服务合约和成熟的运营管理体系。

（三）定价机制

1. 定价原则

欧洲地下储气库的定价机制有协商定价和政府管制定价两种(表 7-1-6)。协商定价主要是在储气业务放开竞争的国家或地区采用。欧盟要求，在技术和经济上有必要展开竞争的地方，均应采用协商定价。欧洲大部分国家都选择了以协商确定储气库价格的方法。在协商定价的情况下，储气库公司为了保持价格的透明度，一般都会公布储气服务产品相对应的指导价格。指导价格只是作为协商的参考，运营商会根据情况的变化随时复核和调整储气费，具体执行价格是协商确定的价格。

表 7-1-6 两种定价机制的定价原则

定价机制	相应的定价原则
管制定价	1. 有效反映储气库发生的成本和合理的投资回报，以及储气库的地质特征； 2. 避免储气库用户之间的交叉补贴； 3. 提高储气库效率和利用率，促进储气库的投资，满足用户需求； 4. 公开、透明，根据市场发展定期调整
协商定价	其定价原则是公平、公正，提高效率，促进储气库之间的竞争，同时能有效激励储气库建设的投资

资料来源：SPE 数据库，由金正纵横整理。

如果储气服务处于垄断状态，则只能采用政府规定的储气库费率。在政府管制定价情况下，监管部门通常按照成本加合理利润确定储气价格。政府监管部门每隔几年委托第三方根据储气库的运营利润和成本进行重新评估，作为调整储气价格的依据。欧盟规定，管制定价和协商定价必须遵循表 7-1-6 中的原则。

2. 定价依据

储气服务费用与管输费分离后，便出现了储气库价格及其形成机制的问题。欧盟在确定储气费率时，通常按服务成本法或成本加成法制定。储气库最基本的功能是调峰，天然气峰谷价差是储气库有偿服务的基础。因此，无论采用何方法定价，都必须理顺天然气供应链各环节价格形成机制，并建立反映供求关系资源稀缺程度和合理投资运营成本的价格机制。合理的价格机制与盈利水平保证了储气库业务稳步发展。

储气库的建设和运营需要增加投资和成本。无论是在天然气工业和市场受政府管制的时期(国家)，还是在天然气市场放开的时期(国家)，储气库的成本都要通过价格向下游传递，由用户承担，只是储气库定价机制和价格收取方式有所不同。

地下储气库是一项投资很大的工程，一座储气库的建设少则几千万美元，多则数亿美元。影响储气库的总投资因素基本相同，主要包括垫层气井、地面设备、管道系统等投资，还有一定的运行费用和工作气投资。不同的储气库由于本身特有的性质，其各部分所占比例不同，如枯竭气田型储气库由于本身就是含气构造，改建成地下储气库时几乎不需要勘探费用，而且现有的设施可以重复使用，垫层气量也少于含水层型储气库，所以成本相对较低。含水层型储气库本身没有气体，所有的气体全部是从外部注入，以保持压力所需的垫层气用量较大(一般达到总容积的50%，有时甚至达到60%)，垫层气的投资占总投资的30%，这部分投资永远无法收回。含水层型储气库还要在勘探、钻井以及水文地质研究上花费大量的资金。盐穴型储气库的投资主要花费在盐洞的溶洗上。储气库的总投资与储气库的类型、总的储存能力以及深度等许多因素有关，从总投资上很难比较不同储气库的经济性，而只能通过单位成本(即总费用和工作气之比)来比较。

通过贸易和优化来提高储气库的价值，使得贸易自由化出现，这种自由化带来了储气库投资的最大机遇。地下储气库直接影响着天然气的价格。储气库的发展增强了供气能力，增加了用气高峰时期的可供气量。随着供气竞争的激烈和大量现货市场的出现，天然气价格差异会越来越大。用气高峰时上涨，用气淡季时下调。供气与用气双方都可从天然气季节性或月差价中实现价格套利，从价格波动中获取可观的利润。供气方在天然气低价时储气不售或增加储气量，待用气高峰、价格上涨时售出。而用气方在天然气低价购进储存，待冬季或用气高峰、气价上涨时采出使用。

3. *收费方法*

欧洲放松天然气管制之前，政府监管部门将储气库纳入输气管道进行管理，没有单独的储气库价格机制或费率计算方法，通常是由管道公司根据储气库的投资和运营成本，形成费用，与天然气井口价、管输费及其他费用等，一并构成天然气销售价，向用户收取。但是，政府对天然气销售价格实施管制。

天然气放松管制后，储气库要向第三方开放，提供有偿储气服务，便出现了储气库价格及其形成机制问题。虽然储气库不一定是自然垄断，但与管输费一样，欧洲多数国家仍要对储气库价格进行管制，费率通常按服务成本法或成本加成法制定。服务成本法是按照储气库的服务成本来定价，具体思路是储气库的固定成本分配给储气能力占用费，固定成本按照比例分配给采出流量费、注入流量费和工作气容量费。变动成本分配给储气库使用费，即注入与采出费。

协商定价的基础是储气库的服务成本，监管部门要对储气费进行管制。不同的国家、不同的储气库公司在储气费的费用科目的设计上不完全相同，但是基本费用科目是一致的。储气费一般包括储气能力占用费和储气库使用费两大类科目。储气能力占用费是对储气库注入/采出流量和储气库容量的占用而支付的费用，一般包括注入/采出流量费和容量费；储气库使用费是实际注入和采出天然气需要支付的费用，一般包括注入费和采出费。

欧盟国家储气库具有商业运作、独立运营的特点。储气库业务与天然气生产销售和管输业务分离。通过分离，使储气库成为天然气产业链上独立运营的盈利主体。独立运营储气库按照市场规则进行商业化运作，参与市场竞争，从而保障天然气稳定供应。独立运营储气库服务商依据投资和运营成本收取储气服务费用获得盈利，而储气服务对象由天然气峰谷差获得盈利。储气费不混合于管输费中。

欧洲许多国家实行捆绑式储气库价格，将工作气容量、注气速率和回采速率捆绑在一起，作为一个标准计价单位。不同国家，或同一个国家不同储气库的计价单位可能不同。例如，斯洛伐克的一个标准储气库计价单位包含：工作气量 $2000\times10^4m^3/a$，注气速率和回采速率为25×10^{4}m^3/d。一个标准单位的价格为136.49万欧元。也有国家将储气库价格分为储气库容量使用费、注气费和回采费，单独结算。

由于成本的差别和采用的定价机制的不同，不但各国地下储气库的价格不同，即使同一个国家，储气库类型不同，价格也有差别，有的甚至还相当大。如表7-1-7所示，管制定价的储气库价格低于协商定价，盐穴型储气库的价格高于其他类型的储气库。

表7-1-7 欧洲地下储气库价格机制与基准价格表 欧分/(立方米·年)

国家	价格机制	价格			平均
		盐穴型储气库	含水层型储气库	枯竭油气藏型储气库	
法国	协商定价	17.9	7.5		
荷兰					16.1
德国		12.2	11.1	7.9	
捷克					8.2
英国					7.4
丹麦					7.2
斯洛伐克					6.9
澳大利亚					6.1
波兰	管制定价	7.8		6.2	
西班牙					5.9
比利时					5.8
意大利					5.5
罗马尼亚					2.5
保加利亚					1.8

注：平均价格指各类储气库的平均数，资料来源于CEDIGAZ。

四、俄罗斯

苏联解体后，俄罗斯储气库全部由其天然气工业公司(Gazprom)负责管理，Gazprom按地区原则设立若干个天然气运输子公司，有关的地下储气库原则上附属于相应的天然气运输子公司。

Gazprom天然气经济研究所对地下气库的经济指标，包括储存气收费标准进行过多次研究和试验。但试验结果证实，地下储气库总体处于亏损状态。主要原因是管理上缺少透明度。为了优化内部管理结构，俄罗斯天然气工业股份公司于2007年3月19日将旗下全部地下储气库项目通过整合，从天然气运输企业和天然气开采企业中剥离出来，成为Gazprom的独立子公司——俄气天然气地下储存公司，负责俄气地下储气库的运营管理。

通过结构重组，完全解决了有关在天然气的开采、运输，加工、地下储存和销售环节的资金流分配工作。对储气费用的单独核算，为有效地引入地下储气库服务的合理费率提供了条件。目前，主要采取内部储气费进行结算。储气服务费用按照地下储气库天然气储存费和注/采气费收取，注气费和采气费是为了补偿地下储气库在注气和采气过程中的开支而征收的费用；而地下储气库天然气储存费为单位储气费乘以地下储气库的工作气量。

五、国外运营管理特点分析

国外储气库运营管理的基本模式是公司化运营，经过天然气产业的不断发展，欧美国家的储气库运营已经发展为完全市场化的独立运营模式。

一般有 4 种方式：一是由天然气供应商承建和管理；二是由城市燃气分销商建设和管理；三是由独立的第三方以盈利为目的的建设和管理；四是由多方合资建设(表 7-1-8)。

表 7-1-8 典型国家地下储气库运营管理特点分析

项 目	美国	英国	法国	意大利	俄罗斯
数量/座	419	5	15	10	22
有效工作气量/10^8m^3	1214	44	126	140	656
市场性质	竞争性市场	竞争性市场	逐步开放	逐步开放	垄断性市场
所有者	州际管道公司、配气公司、售气商、储气库独立开发商	SSE、CSL	法国燃气公司、道达尔公司	埃尼公司	独立的子公司
管理者	多元化	能源公司下属储气公司	燃气公司	石油公司下属的储气库公司	管道分公司
管理体制	多元化管理	独立管理	相对独立管理	相对独立管理	统一管理
运行机制	市场化统一调度	市场化统一调度	统一调度	统一调度	统一调度

储气库业务发展到一定规模，与天然气生产、销售和管输等业务分离是必然趋势。现今，欧美天然气市场成熟地区储气库管理和运营具有 3 个基本特点：

(一) 独立环节运营，市场调节运作

储气库作为天然气产业链上独立运营的盈利主体，按照市场规则进行商业化运作，储气服务产品多元化，参与市场竞争，从而保障天然气稳定供应。储气库运营服务商依据投资和运营成本收取储气服务费用实现盈利，而储气库的使用方由天然气峰谷价差实现盈利。

(二) 专业团队服务，规范操作运营

由于上下游市场化水平很高，储气库成为独立业务，由专门经营商投资运营，储气库服务的专业化水平和运营的规范程度得到提升。经过多年的发展和摸索，欧美天然气市场成熟地区储气库经营商已形成系统的储气库建设及运营技术，在储气库的建设与运维方面已经形成专业化团队，在储气库容量分配机制及储气服务价格机制的建立、库容动态管理、商务规范等方面也积累了丰富的管理经验，全面实现了专业化服务。

(三) 项目联合运营，区域统一调配

将储气库作为一个独立项目运营，可有效贯彻储气库的经营理念，也便于同一市场区域的储气库划分为一个联合库群，在库群内部统一调配工作气量，同时可以实现跨库群的调配，最大限度地满足市场需要，达到效益最大化目的。

要实现储气库的独立运营，离不开欧美天然气高度市场化的经济环境，这个市场环境主要包括以下几个要素：

一是庞大的市场容量。美国和英国是储气库商业运营的典型代表。据 BP 公司统计，美国 2014 年天然气消费量 $7594\times10^8m^3$，占一次能源消费总量的 30. 3%；英国 2014 年天然气消费量 $667\times10^3m^3$，占一次能源消费总量的 31. 9%。

二是开放的市场环境。储气库具有投资大、投资回收期长、技术密集等特点，放开储气库

市场准入、多元化扩展投资渠道、实现储气库商业化运作是十分必要的。既有利于筹集资金、分散风险，又保障储气库建设项目盈利并保持良性发展。欧盟从1998年开始实施政府调控，要求放开对储气库的第三方市场准入，对运输系统运营商和配送系统运营商实施法定的或功能性的分类计价制度，运输、配送和液化天然气领域也规定了准入制度，市场环境良好。

三是理顺的价格机制。储气服务费用与管输费分离后，便出现了储气库价格及其形成机制的问题。欧盟和北美天然气市场成熟地区在确定储气费率时，通常按服务成本法或成本加成法制定，并建立反映供求关系、资源稀缺程度和合理投资运营成本的价格形成机制，合理的价格机制与盈利水平保证了储气库业务稳步发展。

四是健全的市场监管。欧美天然气市场成熟地区十分重视储气库市场监管，在大力推行天然气市场化和第三方准入的同时，也加强了对储气库环节的监管，如欧盟内部的独立监管机构(NRA)，以及美国联邦能源监管委员会(FERC)，从储气库的服务定价、投资布局、市场准入等方面加强对储气库经营商经营行为的监管，健全的监管组织及其精细的规则，为稳定供应天然气创造了良好的市场秩序。

五是专业的市场主体。由于储气库的建设运营具有较高的专业技术要求，要求储气库经营主体必须具有相当的技术水平和专业实力。如以德国VGN公司、法国Storengy公司等为代表的专业独立储气库运营商，已掌握成套的储气技术及标准，可以满足不同需求的储气服务合约和成熟的运营管理体系。

六、经验与启示

(一) 与管输分离而独立运营是储气业务运营管理的发展趋势

在天然气市场发展初期，发达国家普遍采取垂直一体化管理模式发展天然气业务，储气业务作为管道的附属部分，一般由管道公司拥有和运营，作为保证供应安全、实施管道完整性管理的工具。随着天然气市场发展的逐渐成熟，天然气基础设施建设已经到位，政府放开对天然气产业的管制，储气业务逐渐从管道公司中分离出来，独立运营，成为自负盈亏的市场主体。

目前，欧美国家的储气库运营已经发展为完全市场化的独立运营模式，但是这种完全市场化的独立运营模式必须是在竞争性的市场环境里，包括天然气供应、运输、储存环节有众多的市场参与者，遵循市场准则，形成公平竞争的市场环境；天然气管网及储气库等基础设施发达，按照政府监管规则提供公平的市场准入；管网和储气库要有一定的管输和储气能力投放市场，储气库要能向市场提供一定的剩余工作气量，与储气库相连接的管道要有足够的管输能力来保证天然气在储气库和管道之间的输送；储气环节要建立单独的定价机制，并受到政府监管。

(二) 储气业务独立运营使得储气环节单独定价成为必然

欧美国家的天然气产业放开管制之前，产业链各环节的价格由政府确定，定价方法通常为成本加成法。储气库作为管道的辅助设施，与管道捆绑在一起运营。储气价格没有单独定价，而是根据储气库的投资与运营成本，将相应的费用计入管输费中，成为销售价格的组成部分。

欧美天然气市场自由化进程中的重要环节就是管输业务与销售业务分离，向第三方提供无歧视准入。此时，作为管道辅助设施的储气库也开始脱离管输和配气业务，成为天然气产业链中的独立环节进行商业运营。储气库独立运营，向市场提供服务，必须建立单独的定价机制。可以说，储气业务独立运营，成为一个盈利主体，使得储气环节单独定价成为必然。

（三）储气环节定价机制要与本国天然气产业的发展情况相适应

欧美的经验表明，储气环节的定价方式没有最佳模式，采用何种定价方式必须与本国天然气产业发展情况相适应。储气环节的定价一方面要保证储气库投资和运营成本的回收，保证储气服务商获得合理收益；另一方面要促进储气服务商的规范服务和公平竞争。

欧盟在储气业务存在竞争的国家，主要采用协商定价的方式；在储气服务处于垄断状态的国家，则采用政府定价的方式。协商定价相对于政府定价更为灵活，可以依据储气库运营成本的改变，及时调整储气价格。美国的储气库定价在服务成本定价法的基础上，发展了高峰期/非高峰期或者季节储气价格的定价方法，一定程度上降低了储气服务不均衡的风险。为促进储气服务的竞争，美国又发展了市场需求定价法。这些定价方法的改善都是为了更加适应储气服务的特点，保证储气服务商获得合理的经济收益。

（四）建立和完善相关的法律法规和监管政策，促进储气业务的竞争和规范

欧美国家储气业务的市场化进程中，储气环节与管输环节分离，独立运营；储气库向市场开放，提供无歧视准入等，都是根据本国天然气产业的发展目标，通过发布相应的法律法规或者相关的指令，分步推进和逐步实施的。

储气业务独立运营之后，政府监管部门更要对储气市场的公平竞争、储气服务的规范、储气价格的合理等进行监管，内容包括储气服务商的年收入水平、储气服务第三方准入条件、储气价格采用市场化定价的条件、储气服务商是否构成市场垄断、储气价格的制定和调整、储气市场交易的公开透明等。可以说，欧美国家储气业务的发展、市场化程度的提高、市场交易的规范以及定价方式的改善都离不开行业法律法规及监管政策的完善。

第二节　中国储气库运营管理模式

近年来，国内天然气业务和管道发展迅速，但储气库建设仅有20年的建设历程，处于初级发展阶段。当前，储气库运营管理主要由能源公司负责建设、运行和管理。受天然气市场化程度的影响不大，相关政策机制不健全，储气库的建设、运营管理仍处于摸索阶段。

一、储气库运营管理所有权

中国储气库建设起步于1999年，建设与发展历程较短。目前，地下储气库的工作气量仅$80\times10^8m^3$，仅占天然气消费量的3%左右，与天然气的安全保供10%差距较大。因此，当前中国地下储气库的建设仍重点围绕储气库的安全保供进行。而储气库的经营还未引起目前中国地下储气库建设和管理者们的重视。

目前，中国油气能源行业并未像欧美国家要求实现上下游产业独立。中国天然气的产、运、输、储、销五大产业可以一体化经营管理。中国石油、中国石化、中国海油等大型国有能源企业主导了中国国内的天然气生产、进口和输送业务。随之也就承担了中国国内天然气安全保供的主要责任。而作为天然气产业链中的重要组成部分和主要利润的获取者，下游天然气输配气公司和城市燃气公司等并未在天然气安全保供中担负相应的责任。中国国内储气库的建设者仍然是主要上游天然气的生产商和供应商。

国家管网公司承担了中国70%左右的天然气供给和长输管网的建设。国内最主要的储气库由中国石油和中国石化建设。近年来，地方燃气企业也开始进行地下储气库的建设，相对中国石化和中国石油其储气库数量少、储气规模小，对国内储气库调峰保供作用不大。目

前，中国已建成32座地下储气库。其中，中国石油占据了23座，中国石化有9座，地方企业仅有1座且正处于建设之中。因此，分析中国石化和中国石油地下储气库的建设、经营情况即可代表国内储气库的经营管理特点。

中国地下储气库建设大体经历了起步探索期和起步快速建设期两个阶段(图7-2-1)。第一阶段为起步探索期(20世纪90年代至2008年)：随着陕京线、西气东输一线、二线等长输管线的开工建设，作为天然气长输管网配套工程的储气库建设也同步启动，国内相继建成了板桥、京58、金坛、刘庄4座储气库群。

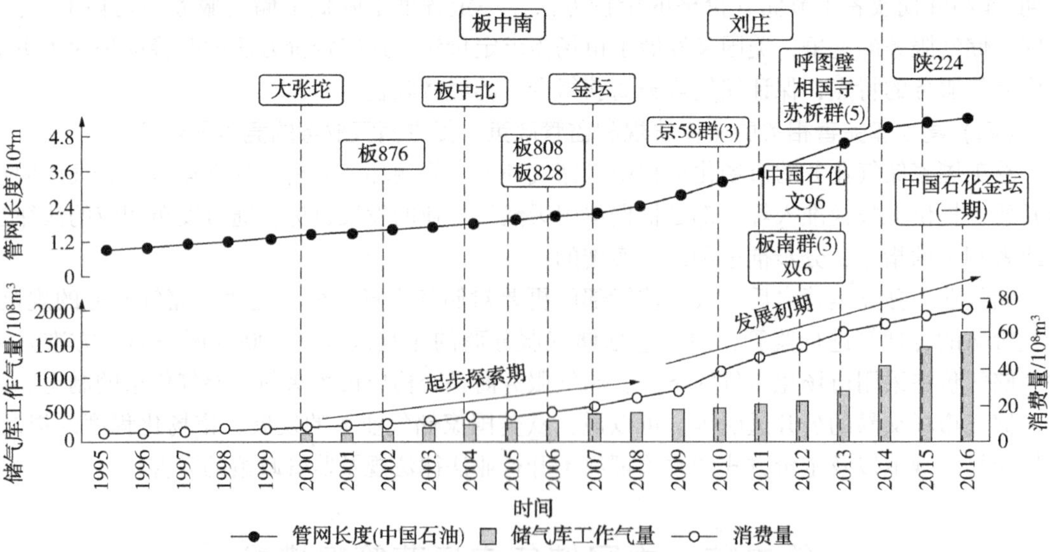

图7-2-1 中国储气库及天然气管道建设发展历程

第二阶段为快速发建设期(2009年至今)：随着国民经济的发展、全球气候变化、大气治理环境保护等，中国国内天然气用气量急剧增长，国内储气设施调峰不足短板凸显。2009年全国出现大面积“气荒”，引起国家能源管理等高层部门高度重视。在西北、西南、华北、东北等地区陆续建成了呼图壁、相国寺、文96等6座商业储气库群。

二、储气库投资与定价机制

鉴于储气库建设周期长，投资大。作为储气库的建设者必须为储气库建设找到投资回收的渠道，才能保证储气库运营有所收益。目前，中国正在进行天然气价格机制的改革，但天然气销售、管输、储气库调峰等相关天然气的价格体系还未真正建立起来。相应地，储气库建设的投资回收机制也并未形成。中国储气库投资回收的方式随着中国天然气门站定价机制改革前后而有所不同。

在中国地下储气库发展的20年里，储气库投资建设与回收经历了三个不同的阶段：

第一阶段：储气库作为管道配套工程投资，通过管输费加以回收。基本属于成本法定价加捆绑回收机制。

从目前中国地下储气库建设的总体情况来看，储气库主要还是作为长输管道的配套工程。在投资组成上，均把储气库建设投资作为管道工程建设的配套投资。中国第一座商业型地下储气库——大张坨储气库是中国第一条长输管道(陕京输气管道)的配套工程。随后陆续建成的大港板桥储气库群和京58储气库也是陕京输气管道工程(一线或二线工程)的组成部分，其所有投资均纳入陕京输气管道工程。文96储气库是榆济管线的配套工程，文23储气库是鄂安沧管线的配套，等等。

在这一阶段，储气库建设以管道的配套工程出现。管道工程回收工程建设投资的主要渠道为管输费，地下储气库将投资纳入管道建设的总投资中后，其建设资金的回收渠道主要是管输费。与储气库本身的经营管理并不存在直接的联系。储气库的主要职责也只有保障管道的安全运行。在这种管理模式下，储气库本身所提供的服务并未建立相应的定价机制，但储气库所带来的价值效益体现在整个管道工程中。储气库的投资回收资金全部包含在管道所输送的所有天然气产生的管输费中。

第二阶段：储气库建设投资全部由国家支持，而不作为管道配套工程，储气库运营无投资回收渠道，也无定价机制。

储气库建设投资高、周期长。在管道系统联网运行后，系统上的每一座储气库均可以为整个管网系统提供调峰保障服务。从某种意义上讲，如果将储气库作为管道工程的配套工程，储气库建设资金就可以包含在管道系统上任何一条管道工程的配套资金中，具体到哪条管道工程就取决于储气库所有者所服务的对象。

第三阶段：调峰气价准备阶段，尚未建立明确的储气库投资回收渠道和定价机制。

随着天然气消费量的不断增长，天然气调峰需求不断扩大。由于天然气冬季供气紧张形势的不断严峻，国家有关部门开始着手研究储气调峰促进机制和价格改革机制。虽然就储气库建设投资回收和服务定价并未出台特定的政策，但针对调峰气价现已出台了相关的政策。允许供气企业通过冬夏天然气价差进行调节，以解决调峰设施投资回收机制的问题。根据国家发展改革委以及国家能源局的政策，供气企业冬季天然气价格可以上浮正常门站定价的20%；甚至是部分冬季非居民用气的价格可以通过供需双方协商或拍卖的方式大幅提升，以体现冬季调峰设施建设的价值。但是，目前在国家天然气价格体系还未改革到位、调峰气价格体系还未完全建立的情况下，储气库投资回收和价值体现仍有很长的路要走。

现阶段，我国天然气产业仍然是上中下游一体化的运营模式(图7-2-2)。天然气生产、运输、储存及销售主要是由中国石化、中国石油等国有大型石油公司运营管理。储气库的运营模式与欧美国家的早期运营模式一样。储气库作为管道的辅助设施，与管道捆绑在一起，没有成为天然气产业链中的独立环节。储气库的运营模式并没有发生根本性的变化。目前，我国储气库的作用主要还是体现在协调供求和调峰、优化生产和管网运行以及应急与战略储备等方面。

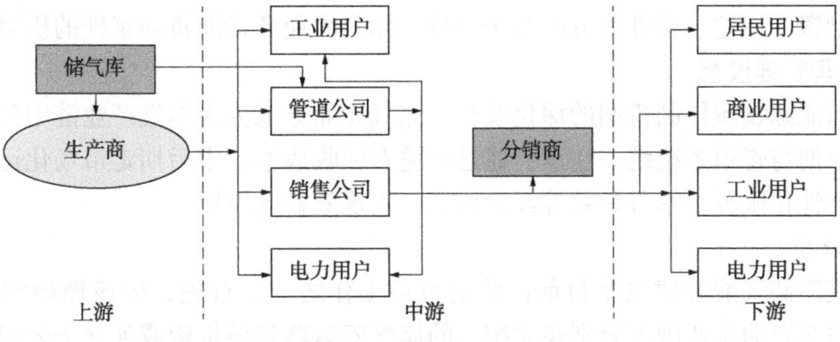

图7-2-2　现阶段储气库在天然气产业链中示意图

目前，储气库的运行管理还是主要以调峰保供为主，采取统一调度、统一调配的方式来满足管网平衡和城市调峰保供。各座储气库无论注气还是采气，均统一接受天然气调控指挥中心的指挥和调配，储气库的拥有者不具备生产经营的自主权。

三、储气库运营管理特点

现阶段，中国天然气产业特点决定了储气库业务发展只能沿袭欧美国家的早期模式，由主体大型能源供应商来承建。其主要原因是：

（1）国内储气库还处于不断发展的阶段。目前这个阶段，正处于储气库规模的建设期。考虑储气库建设与运营是综合性系统工程，对专业性、技术性和安全性要求高。统计表明，全球75%储气库由气藏改建而成，国内储气库也主要是气藏型。相对于国外，国内建库地质条件复杂，建设难度较大，只能以中国石化、中国石油、国家管网等综合性大型油气公司为主导建设。这是因为，大型油公司不仅掌握了大量的气藏资源，而且在技术、人才队伍和运行维护管理方面具有整体的优势。更重要的是，大型国有能源公司承担了绝大部分天然气的生产、进口输送任务，必须在天然气安全保供方面发挥巨大的作用。

（2）现阶段中国天然气产业的竞争程度不高，天然气定价还是政府指导定价。目前，国家还未出台相关储气库调峰气价政策，储气环节发生的投资、成本费用只能通过产业链其他环节进行回收。例如，通过管输费进行回收或通过大规模天然气销售来摊薄储气库建设投资成本等，其经济效益主要体现在整个天然气产、运、销的整体效益上。

（3）目前，国内储气库工作气量远未达到调峰保供的需要。在这种形势下，由大型国有天然气供应企业进行储气库的建设和运行，更有利于发挥天然气生产、销售、储存、管输的整体优势，充分发挥储气库的调峰能力，保障整个天然气下游的安全运行。在以大型国有油气能源一体化企业为主导建设地下储气库的同时，也要鼓励下游天然气的输配企业积极承担起储气库建设的任务，以加快中国地下储气库的建设，满足调峰保供的需求。

四、储气库运营管理远景展望

（一）未来发展趋势

近年来，国家能源局颁布了《油气管网设施公平开发监管办法（试行）》，国家发展改革委颁布了《天然气基础设施建设与运营管理办法》和《关于加快推进储气设施建设的指导意见》等文件。

明确要求基础设施拥有者向第三方开放，推进市场化进程。天然气产业链将面临改革，天然气生产、销售和管输环节有可能实现纵向分离。鼓励各种所有制经济参与储气设施建设和运营。在融资、用地、核准等方面给予支持。储气库业务发展将迎来新的机遇。

（二）运营管理设想

随着我国能源领域体制机制的深化改革，储气库业务成为天然气产业链中独立一环是必然的趋势。早期与管道系统统一建设，通过管输费回收成本；中后期走市场化运营之路，通过储气产品个性化服务、峰谷价差等经营模式，实现效益化发展。

1. 近期设想

加快储气库储气能力建设是目前面临的重点工作之一。首先，应该理顺储气的管理机制。可以考虑在石油企业内部分别建立统一的储气库运营领导机构或独立子公司，理顺管理体制。储气库运营领导机构或独立子公司，全面负责储气库的规划审核、建设进度管理、融资合作和日常运营管理等相关工作。后期，若国家先于储气库独立运营放开了储气库剩余能力的使用，还需要负责储气库剩余能力的核算、申请使用的审核和批准、交易信息的公布等。提前制定具体管理细则和配套政策，理顺储气库市场化运营管理体制，积累运营管理经验和相关管理人才储备。

2. 中长期设想

第一步：逐步形成与我国天然气产业相适应的单独储气费率机制，保障储气库运营商的经济效益。

依托于天然气市场化进程，我国应在现有储气费率机制下，积极探索、逐步形成与我国天然气产业相适应的单独储气费率机制。建议初级阶段以政府指导下的“成本加成法”为主，以“示范性应用调峰气价”为辅。当储气设施完善、市场竞争较为充分时，全面推动市场需求定价机制，保障储气库运营商经济效益。

第二步：建立天然气储备能力交易平台，促进储气库市场公平公开竞争。

未来天然气储备能力交易市场内的储气运营商包括三大石油公司的管道公司、城市燃气公司以及独立储气库运营商。储气用户包括储气运营商本身、投资机构和贸易商等。储气能力交易方较多、交易规模较大。为了促进储气库剩余能力公开开放的落实、市场公平公开竞争，借鉴国外天然气储备交易信息管理的经验，建议建立天然气储备能力交易平台，由储气运营商公布各自“标准储气单元”等信息。储气用户直接在交易平台一级市场内公开公平竞标订购储气能力，也可以在二级市场购买或转让。

第三步：建立健全相关法律法规和监管政策，保证储气库运营监管有法可依。

美国一直很重视天然气政策法规的制定和储气库的市场监管。目前，我国在此方面基本还是空白。为了保证储气库运营监管有法可依，建议国家能源主管部门应当从以下方面着手：①明确天然气储备的主体、储备的目标；②指定天然气储备的组织和管理机构，并具体化天然气储备的实施步骤；③制定国家对天然气储备建设的激励政策，结合储气库储气能力交易平台，根据下游市场供需实际情况，核实储气库运营商公布竞标信息的真实性；④制定和完善天然气供应紧急情况下的天然气储备管理办法。

第四步：实行“国家发展改革委天然气储备办公室—国家天然气储备管理中心—独立天然气储备公司”的三级天然气储备管理模式，推动储气库市场化运营。

国家发展改革委天然气储备办公室负责核准总体规划和建设。国家天然气储备管理中心负责执行和监督。独立天然气储备公司负责日常运营和具体措施落实。在交易市场成熟、单独储气费率机制形成和政府监管完善等储气库市场化基础条件基本具备时，适时将中国石油及中国石油内部的储气库运营领导机构或独立子公司划分出来，组建独立的天然气储备公司，向第三方全面开放(图 7-2-3)。储气库业务将从天然气产、运、销环节中剥离出来，在多元化主体投资机制下实现市场化运营。

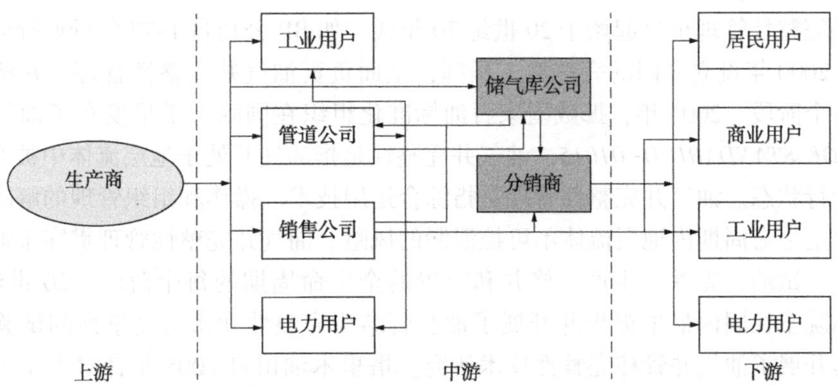

图 7-2-3　未来储气库在天然气产业链中示意图

第八章　储气库完整性管理与风险管控

国外储气库安全事故表明，高强度交替注采、压力循环波动易造成储气圈闭地质构造失稳、井完整性失效和地面设备故障，导致泄漏、燃烧或爆炸等事故发生。如美国加州 Aliso Canyou 储气库因井套管破损引发天然气泄漏，事故总损失超 10 亿美元，是美国历史上严重的储气库泄漏事故。完整性管理是储气库安全管理的必然要求和发展方向，是保障其长期注采安全运行的有效手段。在国外油气井完整性管理技术基础上，我国储气库完整性技术逐步研究完善。

第一节　国内储气库完整性现状

一、储气库完整性的提出与发展

20 世纪 70 年代末到 80 年代初，随着断裂力学的发展，国际上提出结构完整性的概念，形成了基于断裂力学和结构极限承载能力的含缺陷结构能否继续使用的定量工程评价方法，随后形成了相应的标准并不断发展和完善，并在核工业、炼化管道和压力容器、大型焊接结构、油气输送管道等工业领域得到成功应用。

在油气储运行业，完整性管理最先起始于油气输送管道专业，国外在 20 世纪 90 年代逐步形成油气管道系统的完整性管理体系。管道完整性是指管道始终处于完全可靠的服役状态，其内涵包括三个方面：一是管道在物理上和功能上是完整的；二是管道始终处于受控状态；三是管道运营商已经并仍将不断采取措施防止失效事故发生。管道的完整性管理是指管道运营商持续地对管道潜在的风险因素进行识别和评价，并采取相应的风险控制对策，将管道运行的风险水平始终控制在合理和可接受的范围之内。换言之，管道完整性管理是对影响管道完整性的各种潜在因素进行综合的、一体化的管理。我国从 1998 年开始探索管道的完整性管理，目前已发布国家管道完整性管理标准，并正在全国范围内推广。通过管道完整性管理推行，大大降低了事故发生率，避免了不必要和无计划的检修作业，从而获得巨大的经济效益和社会效益。

油气井完整性管理也是起始于 20 世纪 70 年代，如 BP 公司自 1977 年开始探索油气井完整性管理，2000 年设立专门的完整性工程师，全面负责油气井完整性管理，并将其贯穿于油气井的各个阶段。2004 年，挪威国家石油标准化组织在国际上最早发布了油气井完整性标准 *NORSOK STANDARD D-01015*。油气井完整性是指油气井处于地层流体中被有效控制并处于安全运行状态。油气井完整性管理是指综合运用技术、操作和组织管理的解决方案来降低油气井在全生命周期内地层流体不可控泄漏的风险。油气井完整性管理贯穿于油气井方案设计、钻井、试油、完井、生产、修井和弃置的全生命周期的每个阶段。20 世纪 90 年代初，李鹤林院士在国内最早提出并开展了油套管结构完整性和密封完整性的试验评价和研究，并持续开展了油气井管柱完整性技术研究。塔里木油田自 2005 年针对库车山前高压气井面临的众多挑战，借鉴国外先进的井完整性设计理念，持续开展了井完整性设计研究；西南油气田自2008年开展三高气井完整性评价技术研究，并于2015年上线运行“西南油气田井完整性管理系统”；2013年8月，中国石油勘探与生产分公司组织开展《高温高压及高含硫井完整性指南》、《高温高压及高含硫井完整性设计准则》和《高温高压及高含硫气井完整性管理》等井完整性技术规范编制工作，并与2017年9月正式出版发行。

储气库作为天然气产业的重要组成部分，其完整性管理在国际上备受关注和重视。20世纪90年代，美国气体研究协会开展了盐穴用于天然气储气库的风险评价研究；2001年，哥伦比亚公司采用风险评价方法评价储气库井完整性状况，用于优化资产完整性管理；2015年，美国石油学会发布了API RP 1171《枯竭型和含水层天然气储气库功能完整性》和APIRP 1170《盐穴型天然气储气库设计与运行》。储气库由储层、注采井和地面设施三大单元组成，其完整性管理的对象不只局限于注采井和地面设施，还包括储层(如气藏型储气库的圈闭、盐穴储气库的盐腔)。国际管道研究协会(PRCI)地下储气库委员会于2006年和2009年发布的研究指南中就将油套管完整性、固井水泥环完整性和库存完整性作为储气库完整性技术研究的重点内容。储气库完整性是指储气库地质体、注采井和地面注采设施的功能始终处于安全可靠的服役状态，其内涵包括三个方面：一是地质体、注采井和地面注采设施各单元在物理上和功能上是完整的；二是始终处于受控状态；三是运营商已经并仍将不断采取技术、操作和组织管理措施防止天然气泄漏事故发生。储气库完整性管理指对所有影响储气库地质体、注采井和地面注采设施三大单元完整性的风险因素进行识别和评价，并综合运用技术、操作和组织管理措施，将储气库运行的天然气泄漏风险水平始终控制在合理和可接受的范围之内。储气库完整性管理是对地质体、井筒和地面设施的一体化管理，是贯穿于储气库全生命周期的全过程管理，是应用技术、操作和组织措施的全方位综合管理。

我国储气库完整性管理主要包含以下基本内容：

(1) 储气库完整性管理的根本理念是防患于未然，应将储气库完整性管理理念融入可行性论证、设计、钻完井、注采运行和废弃各阶段。

(2) 储气库完整性管理包括地质体、注采井和地面设施完整性管理。

(3) 应收集与整合所有与储气库完整性相关的数据信息，并集中管理。

(4) 储气库完整性管理是持续改进的动态管理过程。

(5) 应持续开展储气库完整性管理，并不断将各种新技术应用于储气库完整性管理。

(6) 建立储气库完整性管理机构，明确职责范围，并配备必要的管理手段。

(7) 运营商应建立储气库完整性体系文件，包括管理手册、程序文件、作业手册和标准规范等。

二、储气库完整性管理体系

我国储气库建设运行过程中，储气库完整性管理体系主要包括储气地质体、井筒、地面设施等完整性管理体系。

(一) 储气地质体完整性管理体系

储层的完整性是指储层能够确保天然气安全存储的状态。可能发生泄漏的风险因素包括人为钻井造成的垂向或侧向泄漏通道、断层激活、盖层密封失效等。为确定和证实储气库储层完整性，需开展以下工作：①储层表征；②盖层和断层完整性检测；③库存井底压力测试；④观测井监测以及圈闭逸出监测；⑤已钻井井筒密封监测；⑥物质平衡分析等。对可追溯的、可核查的和完整的储气资产数据进行可访问式管理，以用于定期监管检查。此外，这些数据还用于评估设施的运行状况。

对储层完整性进行的核查和论证的内容应包括：证明储层完整性不会受到运行条件的不利影响。通过井底压力检查/关闭测试或者其他压力递减分析方法对储层完整性进行检验，还可通过监测观测井、监测第三方现有井和新井、执行相关测量/审核以及天然气系统平衡的方法对储层完整性进行检验。

（二）储气库井筒完整性管理体系

储气库井筒完整性管理首先应依据储气库的运行特点，建立相应的完整性管理文件，以储气库井的风险识别，完整性监测检测与评估为重点，风险识别包括采气树、井的风险识别，井筒监测包括温度、压力、流量监测，检测内容主要覆盖采气树和井口装置、套管/油管以及固井质量等。利用先进的检测技术对上述设备设施进行完整性检测，确定设备设施的运行状态及受损程度并对其剩余寿命进行估算。通过以上分析建立储气库井筒的完整性管理数据库，对储气库的总体运行状态进行评估，以达到风险预防和控制的目的（图 8-1-1）。

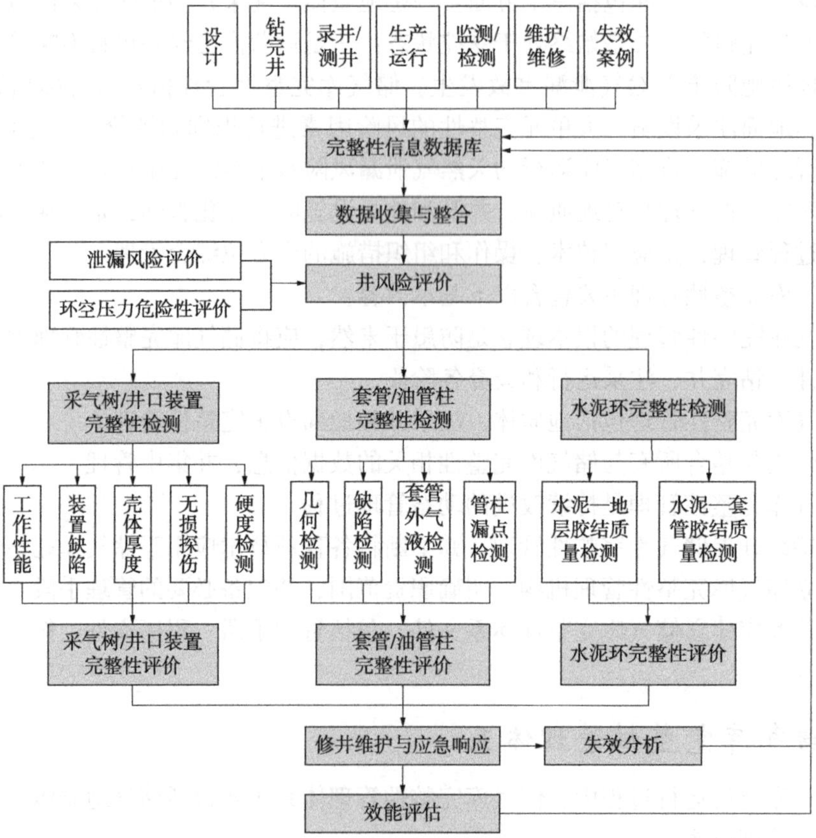

图 8-1-1 储气库井完整性管理流程图

储气库井筒完整性管理体系可以帮助运营者协调井完整性管理、能源可靠性、健康和环境风险之间的关系。同时，也有利于政府制定地下储气库的监管制度。

储气库井筒完整性管理在于变被动防护为主动防护，始终保证在储气库发生事故之前，将各种风险因素消除或降到可接受的范围之内，从而使储气库安全平稳地运行。

储气库井筒完整性研究包含的内容众多，涉及设计、施工、管理的全过程。但无论是在储气库建设还是运行过程中，对地层流体的有效控制都是最为重要的。一旦流体失控流动，可能导致严重的甚至灾难性后果。作为控制地层流体无控制流动的阻挡层，生产套管、注采管柱、固井水泥环是井筒完整性的关键组成部分。

井筒机械完整性是完整性管理的重要组成部分，包括气井内部和外部的完整性，如图 8-1-2 所示。

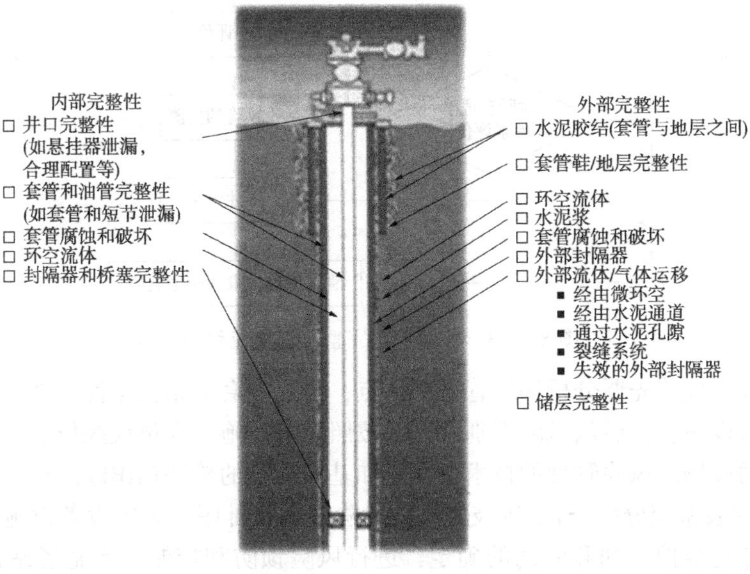

图 8-1-2　气井的内部和外部机械完整性示意图

(三) 地面设施完整性管理体系

储气库地面设施完整性管理包括注采管道和场站的完整性管理，有时也统称管道完整性管理。通过管道完整性管理，不仅可以大大减小管线事故发生率，而且可以避免不必要和无计划的管道维修和更换，从而获得巨大经济效益和社会效益。

完整性管理是由以下步骤组成并形成闭环系统，包括数据的采集、整合及分析，潜在危险因素的识别及分类，风险评价，基于风险的检测，完整性评价，完整性评价结果的决策、响应和反馈。

1. 注采管道完整性管理

注采管道完整性管理的流程如图 8-1-3 所示。注采管道完整性管理的核心是风险评价、基于风险的检测和完整性评价。风险评价包括定性、半定量和定量风险评价方法。完整性评价包括管道本体的适用性评价、防腐涂层的有效性评价、地震及地质灾害评估等。注采管道完整性检测是进行完整性管理的基础，常用方法有压力检测、外检测和内检测(在线检测)。外检测方法主要是声学检测、射线、电位检查、磁法检查等；内检测主要采用管内智能检测器。此外，还有缺陷直接评估、防腐层评价、管道泄漏检测等。

2. 场站完整性管理

场站设备设施包括往复式压缩机、泵、加热炉、阀门、工艺管道、储罐和仪表等。开展场站完整性管理，与注采管道完整性管理的出发点相同，即针对不断变化的场站设备设施风险因素，对场站运营中面临的风险因素不断进行识别和技术评价，制定相应的风险控制对策，不断改善识别到的不利影响因素，从而将场站运营的风险水平控制在合理的、可接受的范围内。

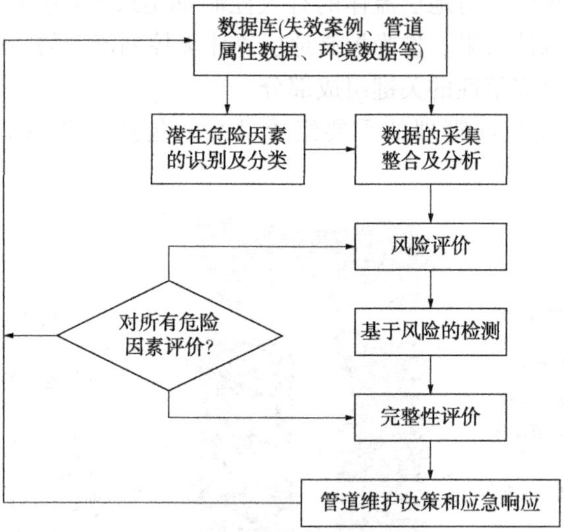

图 8-1-3　注采管理完整性管理流程图

场站完整性管理首先要分析场站管理的特点，建立一套场站完整性管理文件，文件覆盖场站的主要设备设施，然后从风险识别开始，按照设备设施、人员误操作、工艺管线的风险进行识别，再通过场站风险管理的技术方法，如基于风险的检测(RBI)，基于可靠性的维护(RCM)，安全仪表系统分级(SIL)等技术进行风险分级和排序，确定设备设施、管线的维护周期和时间。通过维护周期和时间的确定，进行风险预防和控制，实施场站设备设施的检测、完整性评估，基于此开展场站设施的维护维修，整个过程中，建立场站基础数据库，使数据与管理的各个环节紧密结合。最后，通过效能评估，持续改进场站完整性管理。典型的场站完整性管理流程如图 8-1-4 所示。

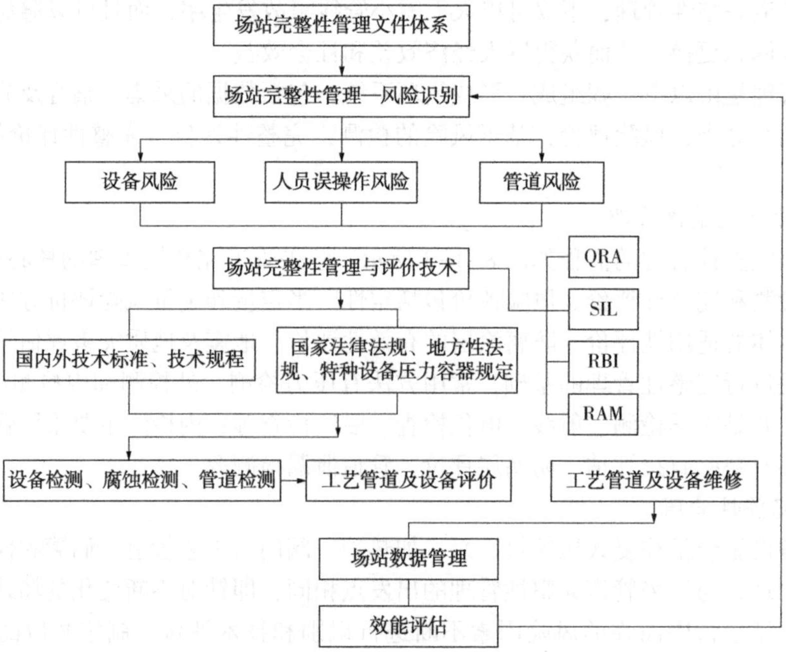

图 8-1-4　典型的场站完整性管理流程图

三、储气库完整性管理标准

目前，美国、加拿大、英国等国家已形成比较完善的储气库标准体系，主要有：

(1) 美国在储气库完整性管理方面的专门标准主要是 API RP 1170 和 API RP 1171，相关规定主要为美国管道与危险物品安全管理局(PHMSA)所发布的 ADB-2016-02 公告和暂行最终条例(IFR)。美国管道与危险物品安全管理局(PHMSA)协同联邦能源管理委员会(FERC)，以及五个国家监管机构和众多的行业代表，参与制定了两个美国石油学会推荐做法：API RP 1170《盐穴型天然气储气库的设计与运行》(2015 年 7 月)和 API RP 1171《枯竭油气藏和含水层储气库的功能完整性》(2015 年 9 月)。这两个推荐做法为储气库运营商提供了多方面的建议，包括储气库的建设、维护、风险管理和完整性管理程序。

(2) 2016 年 2 月 5 日，PHMSA 发布了 ADB-2016-02(地下储气库安全操作规范)公告。公告中建议地下储气库运营商应该审查他们的运营、维护和应急措施，以保证地下储气库的完整性。公告中告知了运营商一些推荐的做法，并敦促他们采取一切必要措施防止和缓解完整性破坏、泄漏或地下储气设施的失效，以保证公共、作业者和环境安全。

(3) 加拿大 CSA Z341《碳氢化合物在地层中的储存》，该标准为加拿大国家级标准，于 1987 年开始起草，1993 年发布第一版，1998 年发布第二版，2003 年发布第三版。标准中包括三大部分：①CAN/CSA-Z341.1-02 储藏储库；②CAN/CSA-Z341.2-02 盐穴储库；③3CAN/CSA-Z341.3-02 矿穴储库。该标准主要对储库的地下部分做出规定，而地面设施主要采取引用标准，并不作为该标准的重点。第一部分涉及枯竭油气藏型储气库，对该标准的适用范围、参考出版物、材料选择、完井及老井利用、地下储库设施的定位、设计和开发准则、开发和建设、地面设施操作与维护、监测和测量、安全、储库的填堵和报废等均作出了要求。

(4) 英国 BS EN 1918-2：2016 涵盖了油气藏地下储气库(UCS)从地下到井口范围内的设计、施工、测试、调试、运行、维护和废弃等的功能性建议。

(5) 英国 BS EN 1918-5：2016 涵盖了地下储气库(UGS)地面设施的设计、施工、测试、调试、运行、维护和废弃的功能性建议，包括从井口到燃气管网的部分。

(6) 与储气库设施方面相关的国际标准包括：ANSI/API Spec 6A—2004《井口装置和采油树设备规范》、APl Spec 5CT《套管和油管规范》、ASME B1.5《ACME 螺杆螺纹》、ASME B16.5《NPS1/2 至 NPS24 管法兰和法兰配件》。

(7) 俄罗斯在储气库井安全检测方面发布了相关标准。例如：安全生产评价规则，延长危险生产项目中技术装置、设备及设施的安全使用期限的办法条例，目测和测量检测须知，套管剩余强度参数的计算，钻井工具切割损伤时套管的剩余强度，石油天然气行业安全生产条例，储气库套管间出现流体的井的研究规程等。

我国储气库经过 20 余年的发展，在标准体系建设方面也取得了较大的进展，在储气库设计、钻完井、风险评价、安全评价方面发布了 24 项标准，并完成了储气库标准体系规划，标准主要有：

(1)《地下储气库设计规范》(SY/T 6848—2012)。

(2)《枯竭砂岩油气藏地下储气库注采井射孔完井工程设计编写规范》(SY/T 6645—2006)。

(3)《天然气输送管道和地下储气库工程设计节能技术规范》(SY/T 6638—2012)。

(4)《油气藏型地下储气库安全技术规程》(SY 6805—2010)。

(5)《地下储气库注采管柱选用与设计推荐做法》(SY/T 7370—2017)。

(6)《油气藏改建地下储气库注采井修井作业规范》(SY/T 6756—2009)。

(7)《气藏型储气库建库地质及气藏工程设计技术规范》(Q/SY 1636—2013)。

(8)《油气藏改建地下储气库气藏管理》(Q/SY 1183.1—2009)。

(9)《地下储气库天然气损耗计算方法第 1 部分：气藏型》(Q/SY 195.1—2007)。

(10)《枯竭型气藏储气库钻完井技术规范》(Q/SY 1561—2013)。

(11)《地下储气库套管技术条件》(Q/SY 1703—2014)。

(12)《油气藏型地下储气库废弃井封堵技术规范》(Q/SY 1270—2010)。

(13)《油气藏改建地下储气库运行管理规范第 2 部分：注采井管理》(Q/SY 1183.2—2009)。

(14)《油气藏型地下储气库注采井完井设计规范》(Q/SY 01012—2017)。

(15)《油气藏改建地下储气库地面设施管理》(Q/SY 1183.3—2010)。

(16)《地下储气库套管柱安全评价方法》(Q/SY 1486—2012)。

(17)《盐穴储气库腔体设计规范》(Q/SY 416—2011)。

(18)《盐穴储气库造腔技术规范》(Q/SY 1417—2011)。

(19)《盐穴储气库声呐检测技术规范》(Q/SY 1418—2011)。

(20)《在役盐穴地下储气库风险评价导则》(Q/SY 1599—2013)。

(21)《盐穴型储气库井筒及盐穴密封性检测技术规范》(Q/SY 1860—2016)。

(22)《盐穴型储气库钻完井技术规范》(Q/SY 1859—2016)。

(23)《盐穴储气库注采系统设计规范》(Q/SY 06024—2017)。

(24)《盐穴储气库造腔系统地面工程设计规范》(Q/SY 06025—2017)。

注：如有更新，以最新版为准。

第二节　气藏型储气库完整性技术

我国储气库主要以气藏型储气库为主，储气库设计寿命长达 30 年以上，且埋藏深、压力与温度交替变化，其安全要求相比油气田更高。天然气泄漏是气藏型储气库的主要风险，一旦发生，将对周边居民安全和公共财产造成巨大的威胁，甚至造成恶劣的社会影响。因此，储气库应从设计、建设，运行等全寿命周期考虑完整性。

储气库监测、检测与评价技术作为储气库完整性的关键技术，是实现储气库天然气漏失实时监测、储气库设施安全状况评价以及再检测周期确定的重要手段。

一、气藏型储气库设计完整性

(一) 地质完整性

地质完整性贯穿方案、可行性研究到后期设计优化，需要开展储气层静、动态资料分析，研究储气库受到强注强采交变载荷影响，预测分析地层或井壁岩石松散、断层漏失、盖层及底托层漏失、老井井工程封堵失效、水体入侵等问题对储气库安全运行的影响。为确保储气库地质安全及高效运行，合理部署盖层、断层、水体、储层监测井，制定封堵老井、监测井管理办法，强化动态监测，跟踪注采运行过程中地质安全预警，确保储气库地质完整性。

（二）管柱设计完整性

1. 储气库管柱气密封螺纹接头优选

调研搜集完成中国石油集团石油管工程技术研究院自 1989 年以来的近万份失效分析、试验研究、质量检验报告中关于气密封螺纹油套管的试验报告，发现国外气密封螺纹接头在压缩载荷下的密封性能优于国内气密封螺纹接头，但其气密封循环试验时的最大压缩载荷下均在 ISO 13679 标准范围内，即最大仅进行 67%压缩载荷下的气密封试验，多数进行 10%～40%压缩载荷下的气密封试验，且循环仅进行了 CCW（逆时针）、CW（顺时针）、CCW 方向（相当于 1.5 周次），没有更多周次循环试验。

综合考虑储气库管柱的重力效应、温度效应、鼓胀效应、活塞效应、摩阻效应以及内压力、外压力的影响，结合气密封螺纹结构额定数据，建立了考虑注气/采气交变载荷下压缩效率计算模型：接头压缩效率＝有效轴向力/压缩屈服载荷<接头额定压缩效率。

根据最大轴向载荷的交变确定了气密封循环试验载荷，同时结合注采压力，制定了 30 周次气密封循环试验方案，并进行了靖边储气库、苏桥储气库、板南储气库注采作业工况下管柱气密封循环模拟试验。最终从经过“ISO 13679 标准的 1.5 周次气密封循环未泄漏”的试验，改变为经过“拉压交变载荷下 30 周次气密封循环未泄漏”的试验。

靖边储气库、苏桥储气库、板南储气库管柱接头的密封结构分别为锥面—球面、柱面—球面、锥面—锥面金属密封，在扫描电镜下分别观察上述 30 周次试验后管柱接头密封结构损伤形貌，发现柱面—球面金属密封结构损伤最为严重，其次为锥面—球面金属密封结构，锥面—锥面金属密封结构损伤相对最轻。而 30 周次试验结果也证实柱面—球面金属密封结构的接头密封性能最差。进一步利用有限元分析方法，建立了柱面—球面、锥面—球面、锥面—锥面金属密封三种结构的接头模型，在同种工况交变载荷下分析其密封面承载能力变化，发现锥面—锥面密封形式主密封面最大接触压力和有效接触长度的相对改变量最小。

2. 储气库管柱材质优选

结合储气库环境工况，进行气液两相条件下的动态高温高压腐蚀试验。通过对 L80、95S、P110、13Cr110、110Cr13S 和 Q125 等系列管材腐蚀试验，可知 13Cr 材质较好地适用于 CO，上述气相/液相腐蚀环境，腐蚀速率：L80、13Cr＝13Cr110>110Cr13S；其他材质均较好地适用于 CO。上述气相腐蚀环境，其腐蚀速率均小于《碎屑岩油藏注水水质指标和分析方法》（SY/T 5329—2012）标准规定的 0.076mm/a。结合储气库生产套管和油管使用环境，认识到生产套管和油管腐蚀选材应分别对待，套管依据现有液相工况选材，油管按照低含水工况选材。

通过系列管材电化学试验，形成考虑自腐蚀电位差的管材选用图版（图 8-2-1），改变了“井下管材任意匹配使用”的做法，提出选用要求：在同一电位区域内选材，若要跨电位区域且电位差超过 200mV，需要保证合适的阴阳面积比。譬如两种材质电位差超过 200mV，在材质匹配上要求在同一空间内，低电位与高电位材质的面积比至少要大于 1∶1，在地层水环境中面积比要求在 3∶1 以上，才可能保证腐蚀速率值小于 0.076mm/a（SY/T 5329—2012 标准规定）。

3. 储气库管柱密封设计方法

明确储气库管柱设计原则，应综合考虑温度、压力、流量等参数的变化而引起的载荷交变，尤其是在拉伸/压缩交变载荷下的管柱设计。尤其强调储气库注采管柱设计，不仅应进行管柱结构强度设计，更应进行管柱密封设计，即从结构强度和密封完整性上进行注采管柱设计。通过对钻完井工况、生产工况等过程中管柱所受载荷计算分析，提出储气库管柱设计准则，主要包括管柱强度设计准则和密封设计准则，最终提出储气库管柱设计方法，突破传统的"管柱强度设计+气密封螺纹接头"的管柱设计理念，形成强注强采交变载荷下储气库管柱强度设计+密封设计的新技术方法。

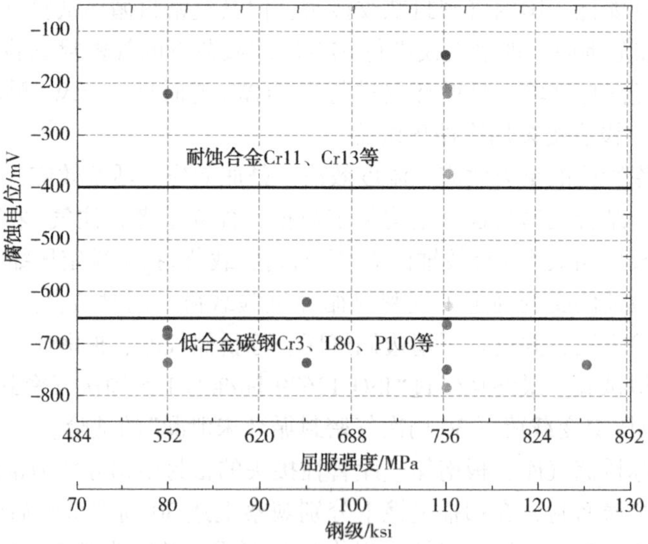

图 8-2-1 管材腐蚀电位分布图

通过以上储气库管柱接头、材质优选和管柱设计方法，可有效保障储气库管柱设计完整性，并达到储气库管柱的结构完整性、密封完整性和腐蚀完整性。

(三) 地面设施的完整性

地面各类设施的完整性在设计阶段除了要严格按照国内行业标准设计外，还要在设计阶段不断优化，将各类设施失效故障风险降到最低，更要做好各类设施的失效风险评估，根据评估结果提出建设期和运行期减少各类设施失效故障风险的措施。

气藏型储气库建设完整性气库建设过程主要包括钻井完井工程建设与地面工程建设。但作为储气库井，重点应该是考虑储气库井在未来运行过程中会受到长期交变载荷的影响，建设期完整性应以保障固井水泥环长期密封完整为核心。储气库一般处于人口稠密区或经济发达区，储气库寿命周期长(30~50 年寿命)，对井筒密封性及固井质量要求高。储气库注采特点是大排量、多周期、强注强采，注采气速度是气藏开发的 20~30 倍，管柱及水泥环频繁承受交变应力的作用。如果储气库井窜气，环空带压处理难度大、成本高、危险性大，甚至会影响整个库群的安全运行。因此，在储气库建设期应从固井设计、准备、施工、检测等环节严格把关，针对地质、气藏特点及井眼状况，采用适用、成熟、可靠的技术，以保证固井质量及井筒长期注采密封性。

资料收集及储气库固井设计时考虑的主要因素：

(1) 固井设计前应收集相关资料，主要包括地质资料、井筒数据、电测资料、钻井资料，以及设备能力，水质水源和水泥等其他资料，为设计提供依据。

(2) 影响施工安全及固井质量的主要因素主要包括：井身质量、井眼稳定性、井眼清洁、钻井液和水泥浆性能、固井施工等。固井设计时应充分考虑影响水泥环及套管柱密封的主要因素，切实保证固井质量特别是盖层段的固井质量，以满足储气库长期高低压交互变化条件下密封的需要。

(3) 应遵循平衡压力固井设计原则，认真核定完钻时的地层漏失压力，掌握安全密度窗口，以此为依据合理确定水泥浆密度、环空液柱结构和固井施工参数，应以地层承压数据及地层破裂压力为依据优化固井设计。

(4) 使用注水泥流变学专用软件，根据平衡压力固井和大排量顶替要求进行辅助设计，为确定注替参数提供依据。

(5) 储气库井套管的材质、强度、螺纹类型、管串结构应能满足钻完井作业、注采气长期安全运行及井筒密封完整性的要求。

(6) 生产套管固井不使用分级箍，若需采用分级固井的，应采用尾管悬挂再回接方式。

(7) 冲洗液流变性应接近牛顿流体，对滤饼具有较强的浸透力，冲刷井壁、套管壁效果好，紊流临界返速为0.3~0.5m/s，对钻井液中油基成分具有水润湿反转作用。

(8) 隔离液应具有良好的悬浮顶替效果，与钻井液、水泥浆具有良好的相容性，不影响水泥环的胶结强度，隔离液高温条件下上下密度差应不大于0.03g/cm^3。

(9) 各层套管固井水泥浆均应设计返至地面，生产套管及盖层段固井应采用韧性水泥。

(10) 生产套管或生产尾管固井水泥浆失水量不大于50mL/(30min×6.9MPa)，游离液应控制为0mL，沉降稳定性试验的密度差应小于0.02g/cm^3。

(11) 水泥石力学性能指标参照《储气库固井韧性水泥技术要求(试行)》[中国石油天然气股份有限公司勘探与生产分公司文件(油勘〔2014〕122号)]执行，其他密度水泥石指标要求可参考相邻密度水泥石；储气库井井底静止温度大于110℃，应对其高温条件下力学性能进行监测评价。

(四) 套管固井工具及附件

1. 管材及螺纹类型选择

(1) 生产套管材质应结合油气藏流体性质、外来气体性质和注采工艺进行，满足腐蚀工况的要求。

(2) 生产套管应选择气密封螺纹，其上一层技术套管应选用气密封螺纹，套管附件的机械参数、螺纹密封等性能应与套管相匹配。

(3) 为了满足储气库长期交变应力条件下对生产套管强度的要求，应根据储气库运行压力按不同工况采用等安全系数法进行设计和三轴应力校核。

(4) 技术套管作为生产套管时，应根据储层井段长度、钻井时间，分析套管可能磨损情况；若存在套管磨损，应采取防磨措施，相应井段套管壁厚适当增加，完井后应做套管磨损分析，评价套管的可靠性。

(5) 根据储气库注采强度高、压力变化大、运行周期长的特点制定详细的套管订货技术条件。

2. 固井工具及附件选择

(1) 应根据上层套管壁厚/钢级、尾管壁厚、悬挂重量、钻井液性能、井下温度及使用环境选择悬挂器规格型号，悬挂器的机械性能应能满足固井、井筒完整性的要求，入井前认真检查浮箍、浮鞋，保证密封可靠。

(2) 分级箍本体的机械强度不低于连接套管的机械强度，钻塞后内通径不小于套管内通径，分级箍开孔压力不宜过低且能适度调节。应根据井深、钻井液密度、井底温度、回压值、井斜等因素选择浮箍与浮鞋。

（五）固井准备

（1）钻井过程中应加强井眼轨迹监测，实时掌握井斜、方位变化情况，保证井眼平滑、井径规则，为固井创造良好的井筒条件，各开井段平均井径扩大率不大于15%。

（2）下套管前对地层进行承压能力试验，满足下套管、固井施工预计压力的要求，否则进行堵漏作业。

（3）下套管前通井时，钻具组合的最大外径和刚度应不小于下入套管的外径和刚度。

（4）下入尾管前，应对上层套管进行刮壁作业，在悬挂器坐挂点上下各50m内刮壁应不少于3次。若怀疑上层套管磨损严重时，应测微井径或采用成像测井的方法进行检查。

（5）为保证固井施工安全，保证入井水泥浆的混拌质量，储气库现场施工中应采用装机功率大、压力高、排量大的双机双泵水泥车和批混装置；另外，进一步优化地面设备，确保施工的连续性和水泥浆性能。现场施工的主要措施为批混批注、气灰分离器连混连注、高能混浆系统独立混浆、多车泵注，来实现施工连续性和施工安全，确保入井水泥浆性能与设计一致。

（6）油井水泥每批次都要抽检，检验合格后方可使用。固井前应对施工用水泥、外加剂和外掺料抽样检查，合格后方可使用。干混完成后应抽样检查混拌成品的水泥浆密度，符合设计要求后方可使用。

（7）现场大样复查试验后，超过48h应进行二次大样复查试验。

（六）下套管及固井施工

1. 下套管

（1）为保证气密螺纹的气密性能，下套管作业应采用专用工具完成，并结合气密封检测（氦气检测）指导合理的上扣参数。生产套管应逐根进行螺纹气密性现场检测，检测压力为储气库最大运行压力的1.1倍。

（2）套管连接时应精心操作，严防错扣、碰扣、损坏密封面。应使用扭矩仪监测上扣扭矩并用专业软件记录，应根据生产厂家推荐扭矩数值调整最佳上扣扭矩。

（3）尾管过程中遇阻或中途循环，循环压力不应超过坐挂压力的80%。尾管出上层套管鞋前宜开泵循环一次。

2. 固井施工

（1）注水泥前应以不小于钻进时的最大环空返速循环至少2周以上，钻井液进出口密度差应小于$0.02g/cm^3$。

（2）在井眼条件允许的情况下，应适当调整钻井液性能，达到低黏切、流变性好。

（3）储气库现场施工应以保证施工安全和固井质量为中心，井况、井眼、钻井液性能调整等施工环境和施工设备未达到要求的不能进行固井施工。

（4）在注替水泥过程中应连续监控施工情况（排量、压力、水泥浆密度、工序连续时间、设备工况及井口返浆等），并做好记录；若发现泵压异常或井口返浆减小或不返，应立即降低替浆排量。

（5）生产套管或生产尾管固井应采用批混批注方式施工，注水泥应按设计连续施工。水泥浆密度应保持均匀，与设计密度偏差不超过$0.02g/cm^3$。

（6）替浆结束后如对环空水泥浆进行加压，依据地层承压能力计算加压值。

华北苏桥储气库、重庆相国寺储气库、新疆呼图壁储气库、大港板南储气库、长庆储气库等固井由于地质及井眼条件复杂，固井难度大、要求高，保证安全施工及固井水泥环密封特别是保证盖层段固井质量困难。针对建设期储气库固井难点及前期固井中存在的问题，通过开展固井工艺、韧性水泥浆体系、固井防漏、固井质量评价、保证井筒密封、防止环空带压以及现场固井配套措施等的研究，形成了适合枯竭气藏型储气库的建设期保障施工安全、固井质量及水泥环密封完整性的成套措施，为枯竭气藏型储气库的长期安全运行奠定了基础，也为未来建设的储气库进行了固井技术储备。

二、气藏型储气库运行完整性

为保障储气库从设计、建设、运行到报废全生命周期的服役安全，储气库运行阶段是关键，因国内外所有储气库安全事故主要发生在运行阶段，故为确保储气库运行完整性，应做好储气库监测、井完整性检测与评价、地面设施的完整性检测评价等工作。

(一) 储气库监测

国外储气库动态监测技术日趋完善，仪器设备齐全配套，但由于地质情况和对储气库的要求存在差异，各国对地下储气库的监测及管理内容有差别。例如，法国地下储气库在运行时，对注采气井不做井下生产动态监测，只在井口和地面进行压力、流量和组分的实时测试；美国等国家在储气库气水界面附近和盖层附近布置一批观察井，用以监测储气库井下的动态变化，包括气顶、气水界面和盖层的密封情况等。目前，我国储气库监测体系主要包括圈闭密封性监测、井筒动态监测、内部运行动态三大方面。

1. 圈闭密封性监测技术

圈闭密封性监测是对含气区域内盖层、断裂系统、溢出点、周边储层以及上覆渗透层和浅层水域监测天然气泄漏，确保注入气库天然气能存得住。

(1) 断层密封性监测。在储气区控制断层外侧利用老井或新钻井，监测断层两侧较薄地层，侧向及垂向封闭性存在较大风险区域，定期观察压力变化，取样化验分析。

(2) 盖层密封性监测。在盖层岩性可能变化、厚度变薄及盖层内部断裂发育等区域之上的储层利用老井或新钻井，定期观察压力变化、取样化验分析。

(3) 周边及溢出点监测。在储气库周边及圈闭溢出点附近、甚至浅层水等利用老井或新钻井，定期观察压力变化、取样化验分析。

另外，国外还采用地球化学监测、氡微量元素测量直接判断圈闭天然气漏失。利用微地震技术解释处理由于注采交变应力产生的微地震事件及其应力应变强度，判断圈闭密封性失效风险。运用新近发展起来的空间对地观测技术，如干涉雷达测量(InSAR)和全球定位系统(GPS)联合监测储气库含气区域及周边地表沉降。

2. 井筒动态监测技术

井筒动态监测包括注采井参数监测、注采井密封性监测/检测、泄漏监测等。

(1) 注采井参数监测。对储气库注采井监测的动态参数，采气期包括产气量、产液量、地层流压和流温以及井口压力、温度、含砂等数据；注气期包括注气量、井口压力与温度、地层流压与流温等数据。通过监测注采井的动态参数，可及时掌握储气库的注采量及库内流体的分布和移动规律，进而分析储气库的运行状况。

(2) 注采井密封性监测/检测。对某储气库群的统计发现，注采井服役三年后 92.6%的注采井 A 环空带压，19.1%的注采井环空压力达 15MPa 以上，部分井超过 20MPa。不管是在注气阶段还是在采气阶段，相当一部分注采井监测到 B 环空带压。

环空压力是储气库注采井动态监测和管理、井筒密封完整性评价最直接的指标参数。如果环空压力异常或短期内上升较快，并经过多次泄压、恢复后，环空压力仍超出正常值，则证明井筒完整性出现问题，应进行密封性检测、评价，并采取应对措施。

对于储气库井密封完整性检测，美国宾夕法尼亚州油气井管理局规定：

① 储气库公司应该对每个储气库制订完整性监测及检测计划。

② 储气库井至少每 5 年进行一次密封完整性检测。

③ 检测内容包括地球物理测井、耐压试验，或其他批准的程序。检测结果应能反映井的完整性，观察气体泄漏量是否超过 $142m^3/d$，并以此决定是否进行修井，封堵或采取其他补救措施。

④ 储气库井监测程序包括油压和套压监测、油藏工程评价剩余储量及压力、计量器具校准、现场巡查、套管检查、压力流量测试等。

⑤ 检测收集的信息，应至少保存 15 年。

⑥ 对不保留监测数据的观测井，应该封堵或声明其处于不活跃状态。

(3) 泄漏监测。对于储气库范围内或边缘的报废井和已封堵井，要确定其位置，检查完井管柱的密封完整性和气密封性：

① 应在每次注气结束，储层压力达到最高时进行检查，记录是否有气体泄漏及其他危害公共安全的情况发生。

② 气体泄漏量超过 $142m^3/d$，应在 24h 内上报，并讨论进一步的补救措施。

在 Q/SY 1182.2—2009 储气库注采管理规定中，储气库井生产 10 年内需进行技术检测。首次检测后，不含 H、S 的井，延长期限不超过 12 年。

在 Q/SY 1486—2012 地下储气库套管柱安全评价规定中，对于产物中不含腐蚀活性组分的已枯竭气田，凝析气田和在油田、含水层里建设的地下储气库，生产井不超过 20 年需要进行技术检测，延长期限不超过 12 年。对泄漏量在 $100m^3/d$ 以上的注采井，应停止生产，进行技术检测评价。

3. 内部运行动态监测

内部运行动态监测包括注采动态、内部温压和流体性质、气液界面与流体运移、注采井产能等，了解单井注采气能力、储层性质、流体分布及变化等，指导气库扩容达产，优化配产配注及井工作制度调整。

(1) 生产动态监测，指注(采)气井生产动态监测。采气井包括油嘴、油气水产量、井口油套压及温度等；注气井包括注气量、压缩机压力及温度、井口油套压及温度等。

(2) 内部温度、压力及流体监测，在储层利用老井或新钻井，监测静温及温度梯度，静压及压力梯度，井流物分析化验，掌握多周期注采后地层流体性质改变及变化规律。

(3) 气液界面与流体运移监测，在储气库构造中高部、过渡带及周边区域利用老井或新钻井，重点监测流体运移主要方向及气液界面变化。气液界面仪和地震层析成像可确定气液界面；激发极化法电测、高精密重力测量，脉冲光谱伽马测井等方法确定气液界面和流体运移；4D 地震和示踪剂法可监测流体运移方向和气驱前缘变化趋势。

(4) 产能监测，分区分层选取代表井在不同注(采)气阶段进行系统试井和不稳定试井，2~3 个周期需完成全部井轮换测试，获取单井产能、有效渗透率、地层压力、井完善系数、地层连通性及地层边界性质等，分析井多周期注采气能力变化。对于多层合采合注情形，需开展注气剖面测井，了解单层吸气状况；采气剖面测井，分析单层产气状况和产出流体组分等。

（二）井完整性检测

主要是指使用测井仪器进行的地球物理测井技术检测，来分析油管柱、套管柱结构完整性和水泥环密封完整性，并据此进行综合分析和评价，分析与判断管柱损伤情况及环空流体积聚情况。

井筒密封完整性检测主要内容，即包括对套管柱（井下及近井口）的技术检测，也包括对套管外空间，采气树和井口装置的技术检测；所使用的方法，既有地球物理测井方法，也有气体动力学检测方法（环空压力评价测试）及综合分析评价。

（三）地面设施监测

地面设施监测包括地面腐蚀监测、管道压力监测、天然气泄漏监测，确保地面设施的完整性和安全运行。

开展腐蚀监测是有效的井口完整性确认和监测方法，常用的腐蚀监测方法包括管道腐蚀/冲蚀监测方法（如腐蚀挂片法、声学传感装置、腐蚀探针、砂探针等）以及电阻探针腐蚀监测技术等。

与储气库管道压力管理和监测有关的设备设施包括但不限于：①压力控制阀；②泄压阀和紧急关闭系统（ESD）；③校准的自重压力计；④校准的数字和模拟压力表；⑤温度补偿压力传感器；⑥止回阀。电子数据监测系统或SCADA系统可用于对储气设施处理流程进行实时监测和控制。

电子数据监测系统可用于实时监测和控制气体的注入和采出过程。这可能包括对系统压力、流量和关闭能力的监测和控制，在某些储气库中，还可能包括对单井压力和流量的控制能力。ESD系统应该被集成到整个电子数据监控系统或SCADA系统中。SCADA控制中还应包括听觉和视觉警报，以对系统故障和异常运行条件进行提醒。应定期测试电子数据监控系统或SCADA系统的功能和安全组件，以确保所有的仪器均经过了合理的校准，并按照设计能力运行，且所有警报装置功能正常，整个系统能够按预期应对紧急情况。应根据监管要求和（或）运营商程序，对系统的所有组件进行测试，并记录测试结果。

储气库运营商应实时监测储气设施的运行压力，以评估设施性能和监测系统完整性。这包括制订和实施日常监测、记录和分析单井油管和环空压力的程序。压力读数可以手动获取和记录，也可以通过电子数据监控系统或SCADA系统自动读取。监测的频率和类型应该基于现场的具体情况和风险评估中识别的潜在威胁和危害。但不论何种情况，都应至少对压力进行日常监测，并做好记录。

在泄漏检测和修复中，经常采用主动检漏程序，通过利用各种技术检测泄漏情况，制订修理或监测计划，然后进行修复。近年来，地面泄漏监测技术发展迅速，允许进行可靠和低成本的短距离连续探测。不同的地面泄漏检测技术可以同时使用，一些专门用于检测，其他的用于定位（便于维修）。例如，光学气体成像技术，采用光学摄像机对井场的泄漏情况进行测量，这是一种红外相机，可以通过过滤光线而突出显示逸出气体中的甲烷；远程泄漏检测，使用激光吸收仪器进行远程泄漏检测，激光仪器可以快速扫描组件，识别一个小区域的泄漏，然后利用光学气体成像设备对泄漏源进行定位；泄漏定量检测采用高流量仪器，适用于井场的大部分泄漏情况。

第三节　储气库井完整性检测与评价技术

一、采气树和井口装置完整性检测技术

采气树和井口装置的完整性检测包括以下内容：工作性能检查、装置缺陷检测、壳体厚度测量、无损检测、硬度检测、压力表准确度检验等。完整性检测过程中使用的技术主要包括直观检查法、磁粉探伤技术、超声波测厚技术、超声波无损检测、硬度检测技术等(表 8-3-1)。

表 8-3-1　采气树和井口装置完整性检测项目及内容

检测项目	检测内容	检测技术
工作性能检查	阀门可操作性、阀门密封性、气封的密封性、增压阀和润滑器性能、压力表底部阀门性能	直观检查法
装置缺陷检测	裂纹、缩孔、砂(渣)眼、气孔、脊状凸起、鼠尾、冷隔、皱褶、割疤、结疤、撑疤、焊疤、表面粗糙	磁粉探伤技术
壳体厚度测量	各个井的采气树和井口装置零部件壁厚	超声波测厚技术
无损检测	套管头壳体、阀门壳体、封头壳体、管接头、连接件(四通)	超声波无损检测技术
硬度检测	套管头壳体、闸阀壳体、封头壳体、管接头、四通、螺栓、螺帽	硬度检测技术

(一) 工作性能检查技术

工作性能检查主要是针对储气库井的采气树及井口装置阀门的可操作性、阀门密封性、气封的密封性、增压阀和润滑器性能、压力表底部阀门性能进行检查。针对这些检测内容，使用的方法主要是直观检查法。

除了直观检查法之外，目前，国内对阀门密封性的检测一般采用气泡法、差压法、直压式检测法等进行。

(二) 井口装置缺陷检测技术

针对采气树及井口装置的缺陷，例如装置存在裂纹、缩孔、砂(渣)眼、气孔、脊状凸起(多肉)，以及鼠尾、冷隔、皱褶、割疤、结疤、撑疤、焊疤、表面粗糙等，通常采用磁粉探伤技术进行装置的完整性检测。

磁粉探伤对钢铁材料或工件表面裂纹等缺陷的检验非常有效，设备和操作均较简单，检验速度快，便于在现场对大型设备和工件进行探伤，检验费用也较低。但它仅适用于铁磁性材料，并且仅能显出缺陷的长度和形状，而难以确定其深度。在储气库现场检验中，磁粉检测技术多用于场站装置和天然气管道的检测，磁粉探伤是检验钢制焊接结构表层缺陷的最佳方法，具有设备简单、灵敏可靠、探伤速度快和成本低等特点。

(三) 井口装置壳体厚度测量技术

壳体的厚度检测主要检查各个井的采气树和井口装置零部件壁厚，一般采用超声波测厚技术。超声波测厚是目前国内外检测管道壁厚的主流手段，储气库井壁的腐蚀主要以厚度均匀减薄为主，其他手段如漏磁检测、视频检测、涡流检测对管壁的均匀减薄均不敏感，射线检测成本较高，易对人体造成伤害，这是采用超声波水浸测厚方式的基本依据。

（四）井口装置无损检测技术

井口装置无损检测的内容包括套管头壳体、阀门壳体、封头壳体、管接头、连接件(四通)，一般采用超声波无损探伤技术进行检测。

（五）井口装置硬度检测技术

井口装置的硬度检测目标包括套管头壳体、闸阀壳体、封头壳体、管接头、四通、螺栓、螺帽。主要是使用钢材硬度测试仪器进行直接测量，例如OU2200型钢材硬度测试仪。

（六）套管和油管质量检测技术

套管柱技术状态检测通过油管(在天然气介质中)的地球物理测井方法进行(表8-3-2)。当发现套管柱缺陷、井筒不密封，地球物理测井资料解释结果不统一等现象，或进行大修时，在压井条件下(提升油管柱)进行更全面的地球物理综合研究。在进行套管、油管检测之前应确定井身结构和状况，包括表层套管、技术套管、生产套管、油管直径及下放深度，当前井底和射孔段的深度，以及关井时的油管与套管压力。

表8-3-2　地球物理方法检测内容

检测内容	检测方法及仪器	
	不提升油管	提升油管
套管损坏检测	磁脉冲探伤法—厚度测量法(电磁探伤测井仪)	井径测井仪(十六臂井径仪；四十臂井径仪)；套管检测仪；小直径井壁超声成像测井仪
套管壁厚检测	磁脉冲探伤法—厚度测量法(电磁探伤测井仪)	电磁探伤测井仪
井下设备(套管靴、封隔器、筛管等)位置检测	磁脉冲探伤法—厚度测量法(电磁探伤测井仪)	磁性定位器
油管探伤	磁脉冲探伤法—厚度测量法(电磁探伤测井仪；噪声测井仪；小直径井壁超声成像测井仪)	电磁探伤测井仪；噪声测井仪；小直径井壁超声成像测井仪
管接头位置	磁脉冲探伤法—厚度测量法(电磁探伤测井仪；套管检测仪)	电磁探伤测井仪；套管检测仪；磁性定位器
井筒液面深度	中子伽马测井	—
套管外空间状态(套管外空气聚集地层段、地层间串流、水淹情况)	高灵敏度测温法；噪声测量法；放射性测量法(伽马测井+中子伽马测井；感应测井(记灵感应的放射性)；固定式伽马测井	中子脉冲测井；伽马光谱测定法；噪声测量法—光谱测定法；放射性同位素检查；水流动定位

1. 电磁探伤测井技术

电磁探伤测井技术，特别是磁脉冲探伤法—厚度测量法在储气库套管、油管质量检测中有重要应用。针对套管、油管、石油管线和井下设备等受到腐蚀性液体，以及地层应力变化等因素的影响，从而出现断裂、穿孔的问题，电磁探伤测井技术具有很好的检测效果。电磁探伤测井技术不受井内流体类型和套管内的结蜡及井壁附着物的影响，能通过油管检测油管和套管，过套管检测套管和表层套管，不仅节省了检查套管情况时起下油管的作业费用和时间，还使得对油井、水井井身结构进行普查成为可能，满足了不停产测试的需求。

2. 超声成像测井技术

在储气库井完整性检测中，主要利用超声成像测井技术检测套管的腐蚀、破损变形，利用改进的小直径超声成像测井仪检测油管的腐蚀、破损变形。

3. 噪声与温度测井技术

噪声与温度测井（N&T测井）为评估气井套管是否存在泄漏提供数据。太平洋燃气电力公司每年在其储气库气井中都采用N&T测井技术。虽然测井过程不能直接确定管道泄漏的原因是否是腐蚀，但能提供管道泄漏的深度位置，由此可采取进一步调查措施。在2013年之前，噪声和温度测井是太平洋燃气电力公司用于评估气井套管损失的重要完整性评估工具。

噪声与温度测井技术在国内外都有广泛应用，在国内的龙岗气田、萨北气田以及国外太平洋燃气电力公司的储气库中都有应用，主要是为气井套管的完整性进行检测并提供依据。

4. 井径测井评价技术

井径测井技术用于评估套管的几何形状以及套管内径的变化情况，为储气库井套损检测的重要技术。据调研，测井检查在美国太平洋燃气电力公司储气库完整性检测中有重要应用，该公司计划在2025年前完成所有井的井径测井评估工作。

5. 中子伽马测井检测技术

测试过程中，先测量一条伽马曲线作为基线。将此基线与完井所测组合图进行对比校准深度，且结合套管下深数据对比磁定位深度。之后，在完成注气后进行24h监测。注气后仪器所处测量环境发生变化了，测量显示出曲线在液面之上伽马值明显变高。根据与基线的对比校深，选取伽马曲线变化半幅点读取的深度作为当时测量的界面深度。完成测量后对比测量曲线界面位置变化并根据以下评价标准对气库的密封性进行评价：气体泄漏率随时间的变化趋势是逐渐减小的，并在测试时间内达到一个稳定的值；测试时间内气水界面深度变化小于1m。若两点都达到则认为密封性是合格的；如果不满足第一点则认为腔体密封性不合格；如果不满足第二点则需要延长测试时间且及时跟甲方汇报。

气液界面测试中，可选取测量伽马变化大的地方进行准确校深比对，如盐层部位、套管鞋部位等。校深后将测取的液面曲线进行校对得出液面位置即可。

二、储气库井筒完整性评价技术

储气库井筒完整性评价包括管柱完整性和固井质量评价两大部分。

管柱完整性评价包括管体和螺纹接头完整性评价两部分，基本思路如图8-3-1所示。剩余强度评价和剩余寿命预测是完整性评价的核心技术。对于套管柱和注采管柱，其管体和螺纹接头完整性评价方法相类似，主要区别在于服役载荷与服役环境不同，服役载荷对应于评价过程中的载荷，而服役环境则与腐蚀剩余寿命预测的腐蚀速率确定相关；另外，套管柱抗内压强度和抗挤毁强度需考虑水泥环的影响，而注采管柱则不用考虑。管柱螺纹接头完整性评价主要基于数值模拟和多周期交变载荷下螺纹接头密封性评价试验进行评价。

管柱管体剩余强度以抗内压安全系数、抗挤毁安全系数与抗拉安全系数表征，并与额定安全系数相比，确定管柱剩余强度是否可接受。抗内压安全系数（n_i）、抗挤毁安全系数（n_o）和抗拉安全系数（n_T）表达式为：

$$n_i = P_s / P_{ie} \tag{8-3-1}$$

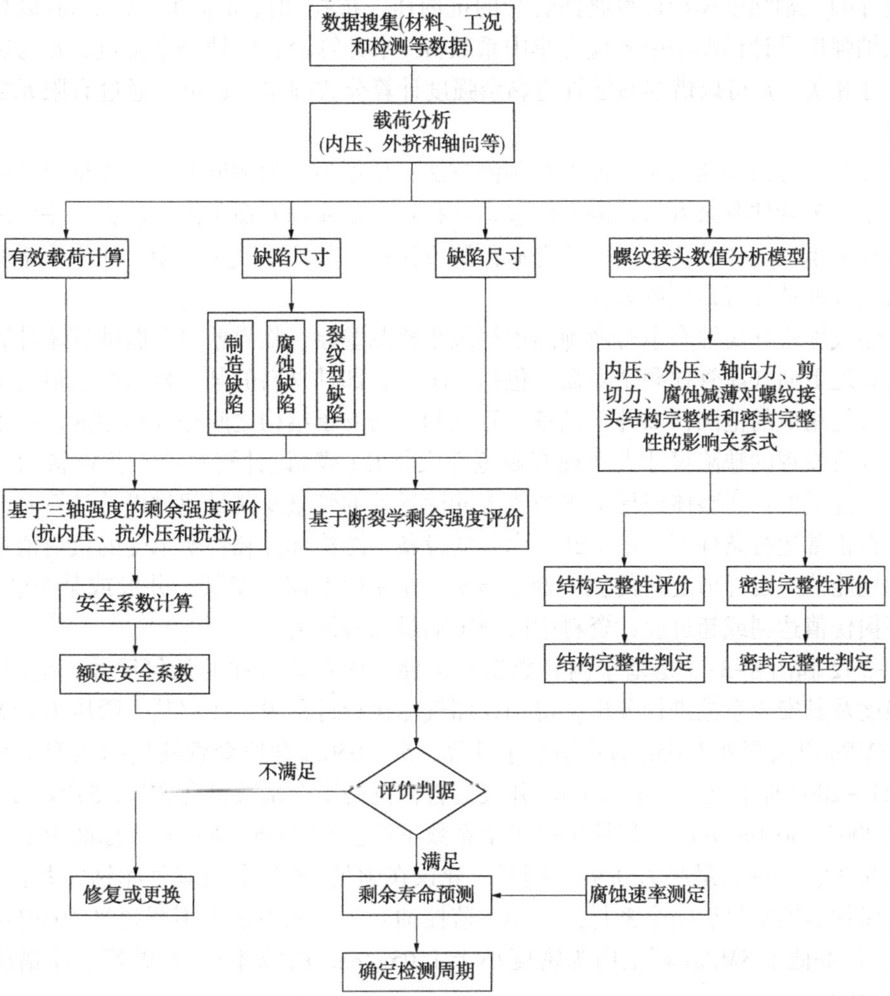

图 8-3-1　储气库管柱完整性评价技术思路

$$n_o = P_{eo}/P_{oe} \tag{8-3-2}$$

$$n_T = T_o/T_{oe} \tag{8-3-3}$$

式中　P_s——抗内压强度；

P_{eo}——抗挤毁强度；

T_o——抗拉强度；

P_{ie}——有效内压力；

P_{oe}——有效外压力；

T_{oe}——有效轴向力。

额定抗内压安全系数为 1.05~1.15，额定抗挤安全系数为 1.00~1.25，额定抗拉安全系数为 1.60~2.00。

按照上述管柱管体剩余强度基本模型，其关键在于确定载荷和管体强度。注采运行过程中的套管柱和注采管柱主要承受外压力、内压力与轴向力三种外载荷。管体强度可考虑单轴和三轴抗内压强度、抗挤强度和抗拉强度。体积型缺陷和裂纹型缺陷会降低管体三轴抗内压强度、抗挤强度和抗拉强度。对于体积型缺陷中的管体均匀腐蚀，将实测最小壁厚直接代入套管柱设计的三轴强度模型计算腐蚀套管的抗内压、抗拉和抗挤强度。对于局部腐蚀缺陷，在套管三轴强度设计模型中引入应力集中系数(K)来计算套管腐蚀剩余强度，K 与腐蚀缺陷的几何尺寸相关。K 可以借鉴腐蚀管道剩余强度计算公式确定，也可以通过有限元数值分析计算获得。

套管柱剩余寿命预测采用腐蚀寿命预测方法，依据最小检测壁厚、临界壁厚和腐蚀速率计算。对于注采管柱剩余寿命预测方法包括三种：一是腐蚀寿命预测方法；二是注采气管在注采气过程中承受交变载荷下的疲劳寿命预测方法；三是注采气过程中，注采管承受夹带岩盐颗粒天然气的冲蚀寿命预测方法。

地下储气库管柱腐蚀剩余寿命预测依据最小检测壁厚、临界壁厚和腐蚀速率计算。以下情况需计算地下储气库管柱剩余寿命，包括：①套管部件材料的某一机械性能值超出设计阶段计算中所使用值的范围；②井下设备、管柱和井的支承结构之间相互作用的设计条件发生变化时；③所发现的缺陷尺寸大于现有规范性文件和(或)设计资料、工艺资料和生产资料中所指定的许可值；④整体或局部腐蚀或者冲蚀导致的管壁变薄量超过设计计算时的采用的数值；⑤在正常运行条件下，地下储气库井的设备、结构部件和管所承受的负荷值或支承结构的硬度性能值与设计值之间的偏差超过 5%；⑥在地下储气库某一井段或某个装置区域，金属循环损伤值达到或超过设计资料中所规定的最大容许值。

图 8-3-2 和图 8-3-3 是基于测井数据对某储气库井套管柱的几何尺寸，抗内压强度、抗外挤强度及其安全系数进行分析，得知在储气库运行过程中，按照其上限压力 31MPa、下限压力 13MPa 以及管外 1.05g/cm^2 地层水计算，5～3050m 井段套管柱抗内压安全系数符合 SY/T 5724—2008 标准规定，5～2905m 井段套管柱抗挤安全系数符合 SY/T 5724—2008 标准规定，但 2905～3050m 井段套管柱抗挤安全系数不符合 SY/T 5724—2008 标准规定，其抗挤安全系数在 3033.3m 处最小为 0.93。同时，建议在满足《油气藏型储气库钻完井技术要求》下，应确保封隔器坐封后完全密封，并动态监控油套环空压力最大不要超过 10MPa(环空内为气柱)，最好低于 5MPa(环空内为密度小于 1.05g/cm^3 的液体)，并做好放压措施，以保证套管压力为零。

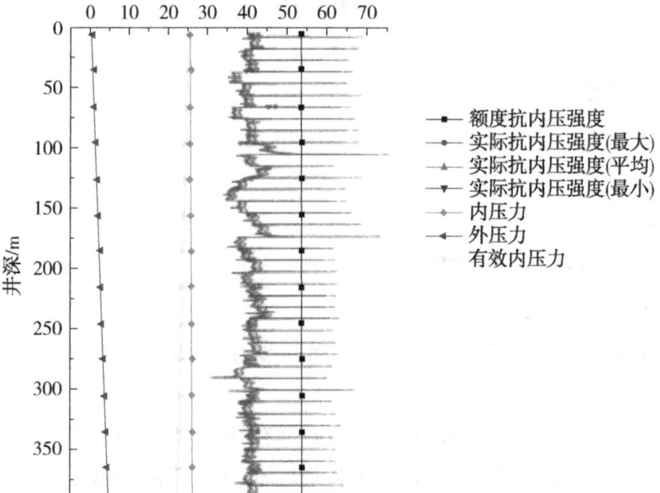

图 8-3-2 套管柱抗内压强度分析

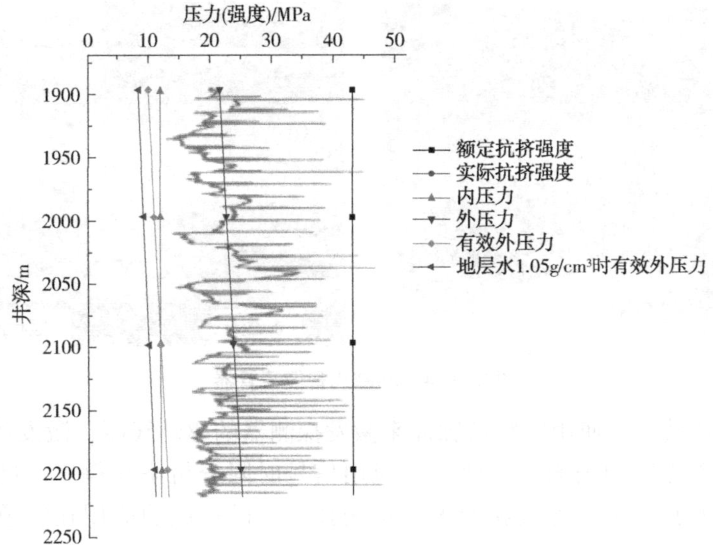

图 8-3-3　套管柱抗挤强度分析

储气库对固井质量要求更严格，储气层及顶部以上盖层段水泥环连续优质胶结段长度不少于25m，且以上固井段合格胶结段长度不小于70%。固井质量评价技术主要包括声波幅测井、声波变密度测井、扇区水泥胶结测井、伽马—伽马水泥密度测井以及固井质量综合评价检测(MAK-9&SGDT-100)等，其评价结果可以从不同侧面反映固井质量的好坏(表 8-3-3)。根据水泥胶结程度，按照《固井质量评价方法》(SY/T 6592—2016)的规定，可将固井质量分为良好、中等(或合格)和差(不合格)3 个等级。

表 8-3-3　固井质量检测内容及方法

胶结类型	检测方法及仪器
水泥—套管胶结质量	扇区水泥胶结测井(SBT)、固井声幅测井(CBL 测井)
水泥—岩石胶结质量	扇区水泥胶结测井(SBT)、声波变密度测井(CBL/VDL 测井)

储气库地面管道检测技术叙述如下。

1. 管道内部缺陷无损检测技术

漏磁检测技术。智能清管器已被广泛应用于长距离输气管道的内检测中(图 8-3-4)。其中，漏磁式智能清管器在检测领域中占到很大份额，这种清管器采用漏磁检测技术进行腐蚀缺陷的检测和表征。

超声波检测技术，主要有传统脉冲超声波检测和超声导波检测。传统脉冲超声波检测方法也叫作压电超声检测，检测时通过垂直于管道的超声波探头发射超声波脉冲信号，比较管内表面和外表面两次脉冲反射波之间的脉冲间距，反映出管壁壁厚，从而检测到管壁是否受到腐蚀及腐蚀程度大小。超声导波检测采用低频扭曲波或纵波，超声导波可以在较远的距离上传播而信号衰减很小，因此管道在不开挖状态下在一个位置固定脉冲回波阵列就可做大范围的检测。电磁超声检测技术即涡流—声检测(EMAT)技术，作为超声导波的一种激励方式，是超声检测发展中的前沿技术之一，属非接触超声检测。通过在试件中振荡激发出不同形式的超声波，实现快速检测。

图 8-3-4　漏磁式智能清管器

脉冲涡流检测技术，使用宽频谱脉冲来激发探测器的驱动线圈，激发的脉冲分散在试样上。由于脉冲首先影响表面，因此需要应用信号时限分析来获得底面缺陷的信息。脉冲涡流(PEC)检测技术是一种最新的无损检测技术，已经成功应用在管道的腐蚀等缺陷检测中。

光学原理类的检测技术主要有闭路电视(CCTV)管道内窥检测技术、激光全息检测技术和电子散斑干涉检测技术等。此类检测技术在对管道内腐蚀等缺陷的定位和分级中，具有较高的精度，且易于通过图像直观显示缺陷状况，在实际检测中优势明显。

射线照相类检测技术，在无损检测技术中有着很大优势，因为在检测过程中它可以不移除管道的外防护层，可以在较高温的环境中进行检测。射线照相技术可以用来检测管道局部腐蚀，借助标准的图像特性显示仪测量壁厚。

随着新技术工艺的发展，不同检测技术之间的互补结合推进了管道内无损检测技术的发展。内检测设备也逐渐集 GPS 和 GIS 技术于一体，向着智能化、可视化、集成化、高分辨率方向发展。无损检测技术逐渐与清管器结合在一起，清管器除了担负清管作用外，还被改进为具有信息采集、处理、存储等功能的智能化清管器。目前，结合漏磁检测技术和超声波检测技术的管内智能清管器已经研制出来，并在实际应用中取得良好的效果。

漏磁检测常用的检测设备，如美国著名的无损探伤设备制造厂商 Tuboscupe 公司生产的 Amalog 电磁纵向探伤系统、磁粉探伤仪、Sonoscope 电磁横向探伤系统，以及超声+涡流组合式无损探伤系统等；德国的 Foerster 公司生产的 Circoflux 旋转探头法交流场漏磁探伤仪、Statomatl 梳状探头法漏磁检测仪等；英国的 British Gas、德国的 Pipetronix 等公司均有成熟的检测技术和装备。

超声波检测设备有美国 GE 公司生产的相控阵超声探伤设备，德国 BJMILJM 公司生产的 K6M3BIBH 电磁超声法测厚仪，美国 Tuboscupe 公司的 Truscope、Truscan 超声探伤系统和油田用超声波探伤设备 Specta Sonic UTEA Ⅱ 四通道超声探伤仪。此外，日本钢管株式会社(NKK 公司)研制的高性能管道超声波检测清管器也有较好的检测效果，应用 Teletest 技术的英国 PI 公司和采用 WavemarketTM 技术的英国 GUL 公司亦可提供管道导波检测。

涡流检测方面常用的有德国 Foerster 公司生产的 DEFECTOMAT C 2. 820 单通道涡流检测仪、CIRCOCRAPH S 多通道旋转探头涡流检测仪，美国磁性分析公司 MAC 生产的 MultiMac、ProMac 等涡流探伤仪，此外，德国 KK 公司也有涡流探伤的系列产品。

三维图像直观显示管壁缺陷，也是当前管内检测技术的发展方向，如采用激光定位、视像机器人的三维电视系统的法国 Exavision 公司等。

2. 管道外部腐蚀检测技术

油田地下管网敷设复杂，油气集输管道主要依靠外防腐层减缓土壤腐蚀，目前常用的外检测方法很多，主要有密间隔电位检测法、电压梯度检测法、皮尔逊检测法、多频管中电流检测法、变频—选频检测法等。

三、储气库地面设施完整性评估技术

(一) 完整性评估技术

1. 管道完整性评估技术

管道完整性评估技术体系包括管道内检测及基线评估、管道试压评估、管道直接评估。利用这些评估方法，可以获取管道系统数据，进一步开展管道剩余强度评估和管道剩余寿命预测，进行缺陷发展的敏感性预测分析。此外，尚需对管道运行状况、环境状况、自然灾害状况对管道造成的影响进行评估，确定管道的安全性和可靠性(图 8-3-5)。

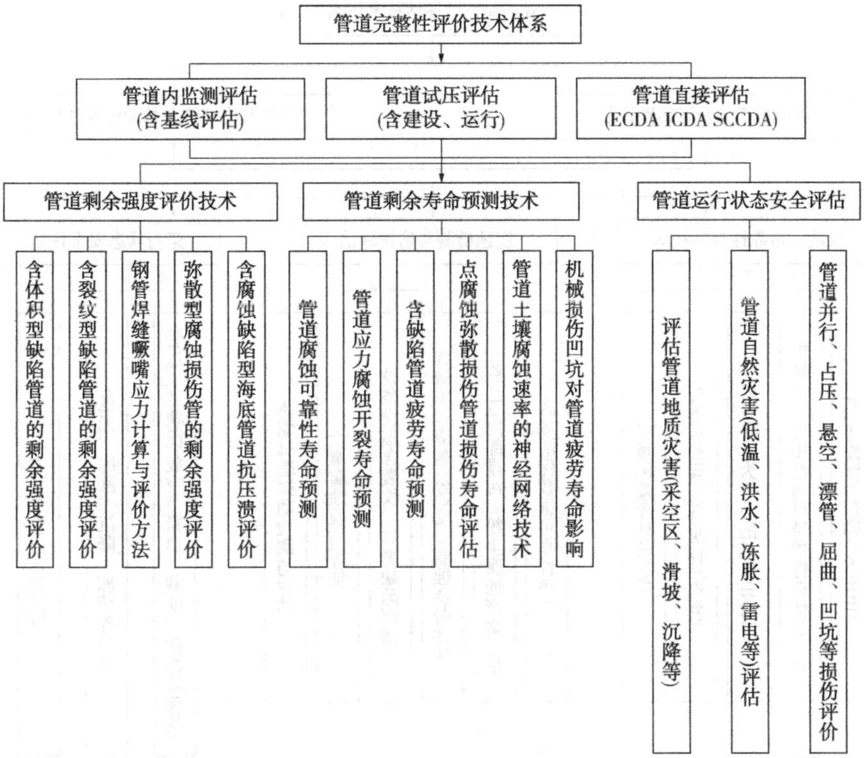

图 8-3-5　管道完整性评估技术体系框架

2. 场站完整性评估技术

场站完整性评估技术着重从动设备和静设备两个方面开展评估，包括场站静设备的泄漏和可靠性评估、动设备监测与故障诊断评估，具体包括场站腐蚀监测与防护，场站安全运行状态评估，以及场站风险、可靠性评估。这些技术的应用，主要是通过风险评估技术和风险排序方法，找出高风险点后，进行场站腐蚀监测、检测，对所有数据进行安全评估，确定优先修复的点，削减风险(图 8-3-6)。

(二) 注采井失效治理补救措施

1. 注采井失效治理补救程序

基于先易后难的原则，对出现环空带压密封失效的注采井，建议如下治理补救程序：

（1）经过压力卸放/恢复测试24h诊断、密封完整性检测等，评价为生产套管、套管外水泥环密封失效、窜通的注采井，特别是经过风险评价风险较高的井，应根据具体失效原因进行治理、补救或大修。

（2）确定需要治理、补救或大修的井，要搜集该井所有建井、修井及生产、检测评价资料，进行详细研究和分析，制订治理、补救或大修计划(修井设计)，并进行审批。

（3）基于先简后难、治理为主的原则，几个不需要修井补救的治理方法为：

① 环空压力间歇卸放；

② 部分井放压后，接着注入高密度流体；

③ 向环空插入小直径油管，允许浅部环空循环；

④ 近井口段泄漏的封堵修补；

⑤ 井口装置的维护、保养。

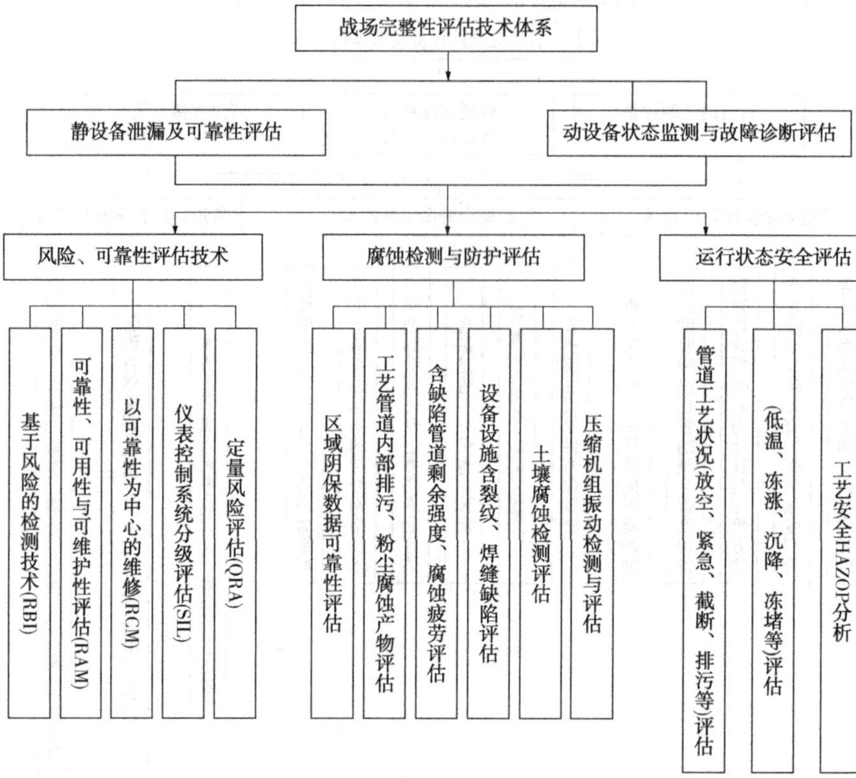

图8-3-6　场站完整性评估技术体系框架

对于治理无法解决问题的井，要实施以下油管修井或锻铣封堵等补救措施。

（1）适当间歇放压。

对于出现环空带压的注采井，首先想到的治理措施应该是放压。压力卸放的方法是通过≤Φ12.7mm针阀，在24h内卸放至0或规定的低风险压力值。

对于热效应和注采温度升高引起的环空带压，大多数井能立即见到效果，压力能很快卸放至0，且1年内不再升高，或者没有升高到原压力值。

对于少数不能在24h内卸放至0或规定的低风险压力值的井，或者在24h内压力很快升高至原压力的井，应该采取进一步措施。

压力间歇卸放，可以和压力卸放/恢复测试诊断等注采井完整性评价结合起来进行。

(2) 注入高密度流体。

对于套管间压力卸放，流出大量气体、泡沫或者是轻质流体($<1.08g/cm^3$)，且压力能恢复的井，流体的流出降低了环空液柱压力，增加了气体或者轻质流体进一步流入环空的可能性。为此，应该在阀门上连接注入管线，间歇注入溴化锌盐水、钻井液或者类似环空保护液的高密度流体，恢复环空液柱压力。

(3) 环空插入小直径油管循环。

上述的环空注入高密度流体，注入量少。对于环空间隙较大、水泥面较深的井，应该尝试环空插入小直径油管至一定深度，或者通过导翼阀插入可以旋转90°的软管进入环空，允许流体循环至井内。

(4) 近井口段泄漏的封堵修补。

通过井筒完整性检测或各种治理判断，泄漏点在近井口段易接近点，可以使用树脂、水泥等内管堵漏修补技术修复泄漏。

(5) 井口装置的维护保养。

经过压力卸放/恢复测试诊断、井筒完整性检测等，确认是井口装置问题，应该采取套管头，油管挂部位的维护保养来消除环空压力。主要方法是套管头、油管挂密封部位的补充注密封脂等作业。

(6) 起下油管修井。

经过压力卸放/恢复测试诊断、井筒完整性检测等，确认是生产管柱、封隔器、油管挂等问题，应起下油管修井，更换泄漏部件。这是目前多次实施并行之有效的昂贵方法。

经过压力卸放/恢复测试诊断、井筒完整性检测等，确认是生产套管破损，或者是套管外水泥环有窜流通道和裂缝，应起下油管修井。泄漏补救须进行具体分析，要论证其可行性、经济性，补救的有效性等。这是因为：

① 套管补贴、封堵技术不成熟，措施本身也会破坏生产套管的结构完整性。

② 生产套管上射孔或锻铣一段后挤水泥封堵，成功率低(小于50%)、费用高。

③射孔挤水泥削弱了生产套管的结构、密封完整性，还可能产生新泄漏通道。

如果确认进行射孔或锻铣一段后挤水泥封堵，应该选择尽可能深的部位进行挤注水泥。如果修井不成功，也利于下一次修井作业。

进行提油管更换管柱、套管修补、挤注水泥的井，完井后要进行井筒完整性检测，合格后方可使用。

2. 高压的间歇卸放及实例

通过分析详尽的间歇卸放环空压力数据，研究人员发现：环空压力间歇卸放，会加剧持续环空压力问题。有些实例表明，重复卸放环空流体到大气中，会增大套管环空压力。卸放出的流体通常是气体，泡沫或者是轻质流体(小于 $1.08g/cm^3$)。当流体流出井内时，降低了环空液柱压力，增大了气体或者轻质流体进一步流入环空的可能性。很多人赞成更改现行的MMS政策，即需要把环空高压卸放至0，以消除持续环空压力的做法。一些人首选把压力卸放至大于大气压力的一个值。

有些井固井时水泥返至地面，严重地限制了一些固井补救方法的应用。在此情况下，近地面积聚的气体很少，持续卸放井口压力可能是一个有效的减缓套管爆裂的手段。如果高压地层向环空流入的气体量小，持续放压可能会耗尽这层储层的能量，彻底消除环空带压。但不管怎么样，在有些情况下，环空压力的卸放暂时减缓了环空带压的严重程度。

3. 重盐水或钻井液环空挤注

CNG 已使用了一个分步压力卸放程序，就是在环空卸放很少量的气体和流体后，接着注入溴化锌盐水。此方法的原理是，在放压时用高密度盐水如溴化锌代替产生的气体或流体，可以逐步地增加环空中的液柱压力。

一些使用此方法的井，减小了井口环空压力。然而，也有使用此方法的井出现了压力增加的情况，估计是新的气泡窜到井口的原因。此方法在几口井尝试几年后，最终没有达到预期的效果。另一些是注入钻井液而不是盐水，力图增加环空静液柱压力，也期望钻井液中的固体能封堵水泥环的裂缝。同时，钻井液也有腐蚀小、毒性小的优点，但是流体中固体浓度大，注入困难。最初的设想是，固体的存在，可能有助于堵塞水泥环已存在的裂缝和微环间隙。

4. 重盐水或钻井液循环、内管修补

环空注入只能注入极少量的流体。为此，有人开发了一种循环高密度流体到约 305m 深度的方法。ABB Vetco Gray 和 Shell 开发试验了环空循环系统，可以在环空插入小直径油管至一定深度，允许流体循环至井内。软管可以旋转 90°通过导翼阀进入环空。在未来的井上，井口要设置一定角度的进口，解决此问题。如果循环管插入成功，可以增加从环空替换轻质流体的能力，用重盐水或钻井液替换。

如果受影响环空易接近，可以使用内管修补技术修复泄漏。这种装置通常是可以下入环空内修补局部泄漏。在过去，一些施工者注入水泥或树脂，来封堵溢流通道。效果不明显，这种方法可以消除井口压力，满足监管要求，但同一套管串井下环空压力是否增加是不可知的。

5. 射孔或锻铣套管后挤水泥

环空带压井的一级补救方法是起下油管修井，来封堵引起问题的泄漏通道。如果问题来自油管、井下封隔器或井口，补救施工要相对简单。尽管就技术上来说，如果井接近寿命周期的末期，修井是昂贵的和不经济的。

在生产套管外水泥封固段，如果有窜流通道和裂缝的窜流，即使花费昂贵的修井作业，往往在技术上也难以补救。这往往必须在生产套管上射孔或锻铣一段生产套管后，尝试对漏失通道挤水泥。射孔挤水泥削弱了生产套管的密封完整性，还可能产生新的泄漏通道。

射孔或锻铣套管后挤水泥，其成功率低（<50%）、费用高，一般认为是最后的补救办法。从井眼向套管漏失通道挤注困难是其主要原因。有的油气公司为了消除 7 口井的环空带压，花费了 13 个月时间，费用超过 2000 万美元。即使实施了分段挤水泥也实施了循环挤水泥，仍然有些井在井口存在环空带压。有关学者研究和分析修井失败的原因，确定后期的修井应该选择尽可能深的部位进行挤注水泥，如果修井不成功，可以方便下一次修井作业。

第四节　储气库完整性技术应用案例

一、X1 井盐穴案例

X1 井盐穴体积为 105000m^3，储存介质为天然气，天然气相对密度为 0.575，气库运行压力为 7~14MPa，盐穴中层温度为 326.15K，注采管规格为 7in，井口平均温度为 298.15K，大气压力为101325Pa。该盐穴地下储气库注采气站于2007年1月投产，全站采用SCADA系统进行数据采集和监控，主要完成站内工艺数据采集、监视、控制和流量计算等功能，目前辖管5口在役盐穴井。该盐穴井场到注采气站进站阀组的单井管道总长2.7km，该段管道为273mm×20mm规格的16Mn无缝钢管，设计压力17.5MPa，屈服强度245MPa。整个管道有一条池塘穿越，沿途路过村庄，沿线环境较单一，杂散电流影响较小。利用上述完整性技术方法对盐穴井、注采气站和单井管道进行评估，详细结果如下。

对于盐穴井，在井口破裂最严重的情况下，距离井口50m处居民和在井场的工作人员(维修工人或巡检人员)的个人风险计算结果分别为2.472×10^{-5}和2.06×10^{-6}。根据建立的个人风险可接受准则可知，维修工人和周边居民在距离盐穴50m处的个人安全风险可接受，处在风险可容忍区，但仍应该根据ALARA原则采取措施，在合理可行的范围内将风险降低到尽可能的最低水平。而泄漏和注采能力下降两类失效事件的产生的经济风险计算结果(表8-4-1)显示：大气泄漏相比地下泄漏的经济风险要大，主要是因为其事件率远大于地下泄漏，同时，运行减缓的发生概率也具有高的发生概率，因此，应根据故障树重点加强对引发大气泄漏和运行减缓的事件控制，例如运行减缓则要防止水合物堵管、设备故障、顶板坍塌、上覆层运动和盐穴坍塌等事件的发生。较大中断的经济风险最大，主要是由于盐穴废弃带来的经济损失较大。

表8-4-1 X1井经济风险评估结果

<table>
<tr><th colspan="2">失效事件</th><th>严重度级别</th><th>事件率/(次/年)</th><th>总经济后果/(千元/次)</th><th>经济风险/[千元/(次·年)]</th></tr>
<tr><td rowspan="6">泄漏</td><td rowspan="3">大气泄漏</td><td>小泄漏</td><td>2.86×10^{-1}</td><td>97.5</td><td>27.85</td></tr>
<tr><td>大泄漏</td><td>1.18×10^{-1}</td><td>186.1</td><td>22.05</td></tr>
<tr><td>破裂</td><td>4.12×10^{-3}</td><td>6754</td><td>27.83</td></tr>
<tr><td rowspan="3">地下泄漏</td><td>小泄漏</td><td>1.98×10^{-4}</td><td>4633.2</td><td>0.92</td></tr>
<tr><td>大泄漏</td><td>3.05×10^{-4}</td><td>4474.4</td><td>1.37</td></tr>
<tr><td>破裂</td><td>6.04×10^{-6}</td><td>7290.6</td><td>0.04</td></tr>
<tr><td rowspan="4">注采能力下降</td><td rowspan="2">运行减缓</td><td>较小减缓</td><td>1.6×10^{-1}</td><td>43.3</td><td>6.9</td></tr>
<tr><td>较大减缓</td><td>7.43×10^{-2}</td><td>43.3</td><td>3.2</td></tr>
<tr><td rowspan="2">运行中断</td><td>临时中断</td><td>2.36×10^{-1}</td><td>43.3</td><td>10.2</td></tr>
<tr><td>长期中断</td><td>1.83×10^{-3}</td><td>171740</td><td>314.3</td></tr>
</table>

注采气场站风险评估结果表明：压缩机系统和处理系统风险远远大于管路系统风险，其中压缩机组最大的；处理系统设备中空冷器风险最大，其次是缓冲罐(压缩机出口)过滤分离器和旋风分离器(图8-4-1)；而管路系统中对带压的34条管线中，从压缩机出口到缓冲罐出口的管线P2112—P2118风险大，其中P2113风险最大，管路系统风险大主要是由于压力和温度相对较高引起的。采用风险矩阵对各类设备或管路风险定级可知：压缩机风险为高风险。而管路系统均为中低风险(图8-4-2)。通过风险排序，明确了高风险单元，即可采用HAZOP法进行详细风险分析。对于单井管道根据具体情况将管段分为7段，经风险评分后，各管段风险均处于中低风险。通过对储气库进行风险评估，可使储气库管理者明确各类设施或设备风险高低，从而采取有效措施控制风险，以避免灾害事故发生。

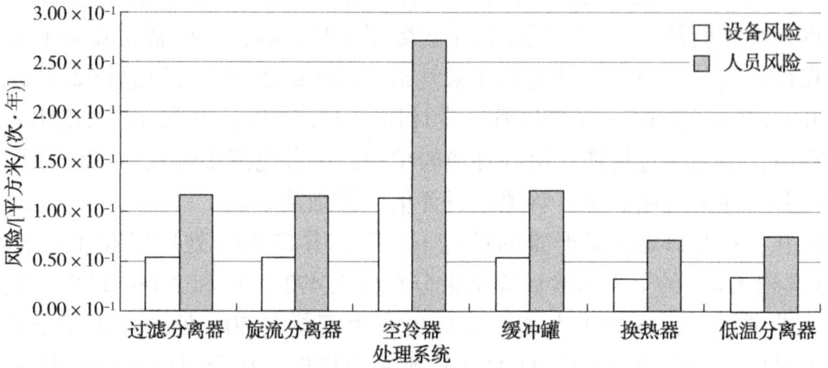

图 8-4-1 处理系统各设备风险

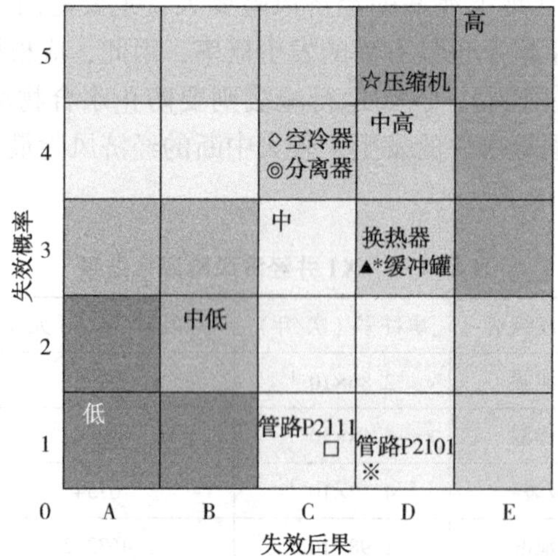

图 8-4-2 场站设备风险定级

二、金坛储气库 X1 井和 X2 井对比分析

采用建立的盐腔稳定性模糊综合评价方法评价了金坛储气库 X1 井和 X2 井的稳定性，综合得分为 70.33 和 71.7，根据建立的评价集(表 8-4-2)，稳定性等级均为 V3 级，即较稳定。指标得分不均衡，最低的运行压力指标主要受二级指标采气速率过高的影响。X2 井和 X1 井较稳定，要较 X1 井分值高，主要是由于 X2 井体积收缩率低和腔体直径较小；X2 井周围盐岩层分值低主要是由于顶板厚度较薄。西气东输储气库项目部开展的 X1 井和 X2 井的带压声呐测腔结果表明井口压力为 8.2MPa 的 X1 井带压声呐测井结果：形状变化主要在盐腔底部，但整体看 X1 井的体积变化并不明显，相对较稳定，如图 8-4-3 所示。

表 8-4-2 金坛储气库盐腔稳定性模糊综合评价结果

井号	一级指标 U	指标权重 ω_i	指标得分 M_i	综合得分 M	稳定级别
X1 井	U_1 盐腔形状	0.1414	75.1	70.3296	V3 较稳定
	U_2 运行压力	0.2051	49.45		
	U_3 夹层	0.0696	90.22		
	U_4 周围盐岩层	0.0933	68.32		

续表

井　号	一级指标 U	指标权重 ω_i	指标得分 M_i	综合得分 M	稳定级别
X1 井	U_5 套管鞋高度	0.0349	90	70.3296	V3 较稳定
	U_6 盐腔间距	0.1414	59.32		
	U_7 盐岩力学特性	0.3143	80.97		
X2 井	U_1 盐腔形状	0.1414	77.34	71.6977	V3 较稳定
	U_2 运行压力	0.2051	49.45		
	U_3 夹层	0.0696	90.08		
	U_4 周围盐岩层	0.0933	64.72		
	U_5 套管鞋高度	0.0349	60		
	U_6 盐腔间距	0.1414	68.55		
	U_7 盐岩力学特性	0.3143	80.97		

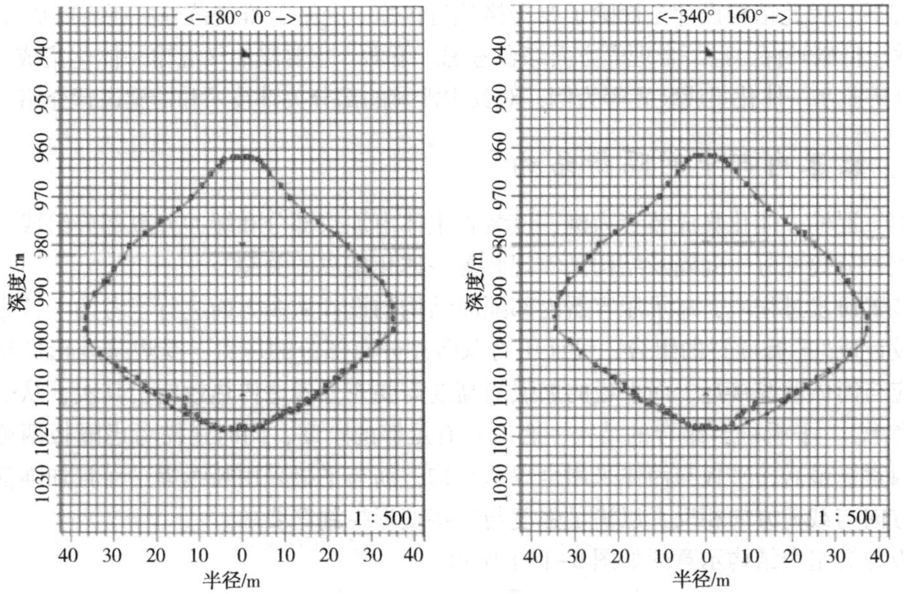

(a) 180°~0°纵剖面视图　(b) 340°~100°纵剖面视图

图 8-4-3　X1 井声呐检测结果

第九章 储气库地面工程关键及配套技术

第一节 结构设计

储气库地面工程一体化集成装置需要在多功能、高质量、高可靠性、低能耗的基础上自成系统，并能够独立完成一个中小型场站或大型场站中某个工艺单元的全部功能。

储气库地面工程一体化集成装置的研发需要结合储气库地面工程的特点，全面优化简化工艺流程，并将机械、电子、自控、信息等技术有机结合，高度集成，根据功能目标对各单元进行合理配置与布局。由于涉及多个专业，研发重点各不相同，大部分装置的核心部分又是压力容器，因此结构设计方面除了要严格执行国家、行业标准规范外，还需要从安全可靠、节能高效、低碳环保、经济合理等方面综合考虑。下面，主要以油气混输一体化集成装置、天然气三甘醇脱水一体化集成装置等为例，对其中涉及的部分关键技术和措施进行介绍。

一、容器内部中间隔断结构

以油气混输一体化集成装置为例，该装置主体由加热部分和缓冲分离部分组成，而加热部分和缓冲分离部分中间隔断结构是实现装置一体化集成的关键。

在装置研发过程中，对承压容器内部隔断结构的设计从多方面进行了考虑。首先，将隔断结构设计成“平板+筋”的组合，设计压力取缓冲分离部分的压力，受焊接变形的影响，平板厚度应与简体壁厚接近，而平板的加强筋高度需要充分考虑传热效应；其次，从受载特点的角度考虑，“平板+筋”组合的结构中心应具有足够的刚度，同时还需考虑隔板两侧的介质和温度因素；最后，平板与简体采用全焊透结构，筋与平板采用断续焊，而且加强筋在板上的设置方向与载荷方向相反，以满足强度与焊接变形控制等要求。

平板与筋组合结构示意图如图 9-1-1 所示。

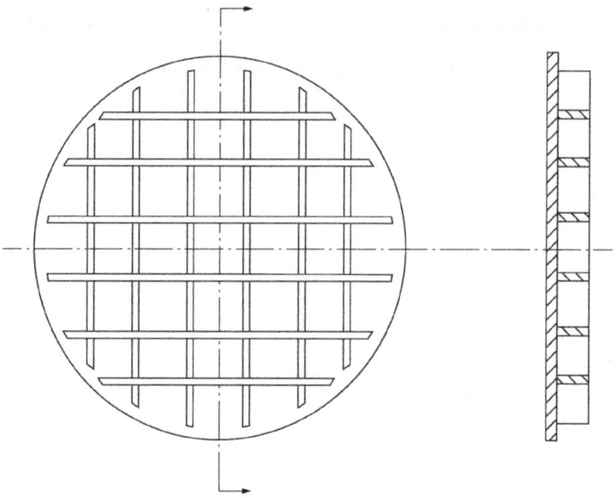

图 9-1-1 平板与筋组合结构示意图

二、动设备减振措施

一体化集成装置通常由多个静设备、动设备、管路系统、控制系统及撬座等组成，由于动设备部件转动、系统回压以及外输泵出口弯头等原因，通常会造成管路系统振动，进而引发装置共振，如不采取措施会严重影响装置安全运行。通过调研分析、仿真模拟和现场测试，确定的主要减振措施有：

（1）根据类型与特点，全面优化动设备布置。

（2）动设备基础与撬座之间增加弹性支撑。

（3）外输泵出口采用大半径弯头。

（4）外输泵出口设置防系统回压作用的单向阀组。

三、可拆卸式封头结构

可拆卸式封头结构主要用于部分一体化集成装置内部构件的更换，以可拆卸式油气混输一体化集成装置为例，结构设计要点：一是将加热段端部封头设计成一个专用可拆结构，上半部法兰与加热盘管连接，下半部法兰与火筒连接；二是考虑结构质量，在加热段内部增加了导轨和特殊支撑。

可拆卸式封头结构示意图如图 9-1-2 所示。

图 9-1-2　可拆卸式封头结构示意图

四、专用吊架设计

受冬季环境温度影响，在北方地区使用的大部分生产设备均需保温，通常在装置运送到使用场站后进行保温作业。而一体化集成装置将多功能集成于一体，大部分需要在工厂进行制造、安装和试验，保温作业也需在工厂完成。如果采用传统的 1 个吊点 4 条吊绳方式吊装，起吊过程中吊绳将不可避免地损伤保温材料的保护层，不仅直接影响保温性能，也影响产品外观。

为确保吊装安全，同时吊装过程不破坏保温材料，大胆借鉴法国航空卫星吊装思路进行一体化集成装置专用吊装工具的研发。首先构思了一个门型架，在门型架的两端设吊耳板，每个吊耳板挂两条吊绳，门型架的起吊布置为装置的宽度方向，吊车的起吊点为门型架的中央。门型架的计算模型为简支梁模型，并充分考虑局部失稳；门型架上所有受力点均需考虑剪切因素，结合结构本身受力的不均匀性，强度控制按第三强度理论考虑。同时，装置整体吊装前应制定严密的吊装方案，并通过专业软件精准确定装置重心，确保吊装安全。专用吊架吊装示意图如图 9-1-3 所示。

图 9-1-3　专用吊架吊装示意图

五、罐塔组合结构

三甘醇再生塔是脱水装置一体化集成装置的核心设备，为再生塔与重沸器的组合结构

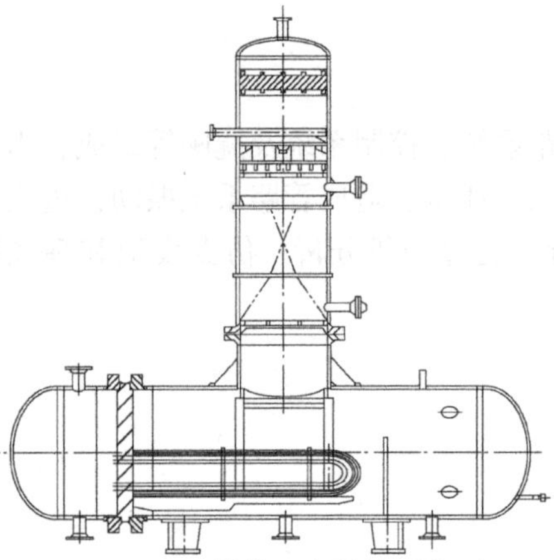
图 9-1-4 罐塔组合结构示意图

形式。罐塔组合结构设计超出《压力容器》(GB 150.1～150.4—2011)、《钢制卧式容器》(JB/T 4731—2005)、《钢制塔式容器》(JB/T 4710—2005)等国内压力容器设计规范，美国焊接协会WRC107和WRC297号公报也仅给出了强度计算方法。为简化工艺流程，通过对罐、塔组合结构变形以及塔体部分的极限载荷控制的研究，采用已投入使用的结构进行对比经验设计，解决结构刚度问题，在确保设备结构安全的前提下满足了工艺要求。

罐塔组合结构示意图如图 9-1-4 所示。

六、撬座

撬座承载着所有的动静设备，是整个一体化集成装置吊装、拉运以及结构支撑的关键部件。在撬座设计中，重点需要考虑两种工况：一是安装时的支撑工况，一般按两支点或多支点支撑考虑；二是吊装工况，因为吊装位置与现场实际支撑位置可能不一致。

第二节 腐蚀与防护

一、腐蚀特点

随着一体化集成装置的发展，对装置整体防腐措施提出了新的要求。由于撬装设备均应用于地面工程，其腐蚀一般可分为外腐蚀和内腐蚀两类。

(一) 外腐蚀

外腐蚀主要是大气腐蚀，只有和地面接触的部位属于土壤腐蚀。大气腐蚀一般指由大气中的水、氧、酸性污染物等物质的作用而引起的腐蚀。

通常钢材遭受大气腐蚀有 3 种类型，即干燥的大气腐蚀、潮湿的大气腐蚀和可见液膜下的大气腐蚀。在设计时，油气田一体化集成装置主要按大气腐蚀条件进行考虑，大气环境下防腐涂料的选择应具备一定的防腐性能、较好的耐候性能，并且保光性强。

(二) 内腐蚀

内腐蚀根据介质不同，腐蚀因素主要如下：

1. 介质酸碱性对腐蚀的影响

pH 值的变化对金属表面膜的溶解及保护膜的生成均有影响，因而也影响到金属的腐蚀速率。当 pH 值变小时，将加速腐蚀的进行。

2. 介质成分及浓度的影响

不同成分和浓度的介质，对金属腐蚀有不同的影响。在非氧化性酸(如盐酸)中，金属随介质浓度的增加，腐蚀速率加大。而在氧化性酸中，当浓度增大到一定数值时，金属表面生成钝化膜，腐蚀速率达到峰值，即使浓度再增加腐蚀速率也不会增大。例如碳钢、不锈钢等，在浓度为 50%左右硫酸中的腐蚀最严重，而当硫酸浓度增加到 60%以上时，腐蚀速率反而急剧下降。

3. 介质温度对腐蚀的影响

介质温度升高时，电解液电阻下降，阴极过程和阳极过程均被加速，腐蚀加剧。温度对钝化膜也有影响，往往在一个温度下生成的膜在另一温度下便会溶解，高温使钝化变得困难，腐蚀也加剧。

但在有些情况下，腐蚀速率与温度的关系较复杂。例如，随温度增加，氧分子溶解度减小，氧浓度下降，腐蚀速率亦下降。

4. 介质压力对腐蚀的影响

介质压力的增加，可使溶液中溶解氧的浓度增大而加速腐蚀。如在高压锅炉内，只要有少量氧存在，便可引起剧烈腐蚀反应。

5. 介质流速对腐蚀的影响

流速对腐蚀的影响是复杂的，在多数情况下，流速越高，腐蚀越大。溶液较快流动时，可带来更多的活性物质(如氧)，加速阴极去极化过程，从而加速腐蚀；而当流速继续增大时，氧化能力使金属达到钝态，腐蚀速率反而下降。

介质流动时形成的湍流会破坏金属表面的钝化膜，从而引起严重的冲击腐蚀，有时甚至引起空泡腐蚀。

6. 电偶的影响

在实际生产中，不同的金属和合金与腐蚀介质接触时将可能产生电偶效应，电位较负的金属被腐蚀。腐蚀的动力是两金属间的电位差，电位差越大，阳极腐蚀就越严重，对于电偶腐蚀还应特别注意距离效应和面积效应。在电偶中，当阳极面积较大时，腐蚀并不显著；如果阳极面积过小，阳极的电流密度过大，就易发生严重的孔蚀。

电偶效应一般在连接处最大，距离越远，腐蚀越小。

7. CO_2 对腐蚀的影响

在油气田生产中，设备和管线中 CO_2 是比较严重的腐蚀问题，通常是 CO_2 溶于液相产生的碳酸与铁表面发生反应引起腐蚀。平衡状态下，液相中 CO_2 浓度与气体中 CO_2 分压有关。

8. 细菌腐蚀

细菌腐蚀只在特定条件下发生，通常受到多种因素的影响，如土壤含水分、土壤呈中性或酸性、有机质(树叶、树根、木质纤维)的类型和丰富程度、不可缺少的化学盐类，所有这些都是作为细菌食物必不可少的。此外，管子周围的土壤温度也适宜细菌的繁殖。

油气田细菌腐蚀以硫酸盐还原菌腐蚀(SRB)形成的腐蚀瘤为主。腐蚀瘤最初由钢铁表面的铁细菌生成，在内外部产生氧的浓差电池加速腐蚀。腐蚀瘤内部因缺氧导致硫酸盐还原菌大量生长，产生 H_2S 并生成硫化铁。由于硫化物的去极化作用，以及 pH 值的降低使腐蚀进一步加速。

二、防腐设计原则

(1) 防腐材料应具有良好的防酸、防碱、防盐性能、优异的防水性能和足够的耐油性，技术成熟可靠、价格经济合理。对于管路系统，防腐设计应易于补口补伤，并能与阴极保护联合使用。同时，防腐材料还需满足标准化、模块化设计及采购需要，并注重规模化施工的可行性。

(2) 同一类型装置中应采用相同的防腐设计结构，并按照一体化集成装置或管路系统进行配套防腐设计，施工图纸及开料统一。

(3) 对于没有保温的部位，应重点考虑材料的耐候性能和保光性能，保证美观，无漏点、无流挂、无起泡、无失色等缺陷。

三、外防腐设计要求

装置本体和管路系统：外壁喷砂除锈达 *Sa*2.0 级，防腐层可涂覆环氧富锌底漆二道，氟碳面漆二道，干膜总厚度应不小于 180μm。

对于需要进行保温的装置本体和管路系统，防腐层可只涂覆环氧富锌底漆二道，干膜总厚度应不小于 801μm。

四、内防腐设计要求

装置本体内壁喷砂除锈达 *Sa*2.0 级，防腐层应根据不同介质和不同腐蚀环境有针对性地进行选取，必要时可配套安装牺牲阳极材料，采取涂层与电化学联合防护的措施。

第三节　保温技术

一、保温特点

保温主要目的是节能和降耗。对于一体化集成装置，保温还应具备以下特点：

1. 标准化

保温材料的选择应适合规模生产的需要，从材料到规格，应尽可能统一，满足生产和施工的需要。

2. 系列化

不同的撬装设备规格和型号都按系列化考虑，在保温配套时也做相应处理。

3. 模块化

根据工厂生产和现场检修的特点，保温结构在具备统一性的同时，对于阀门、过滤器等常检修部位，应考虑采用可拆卸结构。

二、保温设计原则

(1) 隔热材料应具有导热系数小、吸水率低的特性，并具有一定机械强度，其耐热性能也应满足工程需要。有机隔热材料应采用阻燃型材料，对于无机隔热材料应采用非燃烧型材料，不宜选择石棉材料及其制品。保温设计时，应对隔热结构的技术可靠性、施工工艺、使用寿命和成本等进行综合技术经济对比。

(2) 保护层应具有足够的强度和韧性，耐老化、防水和电绝缘性能良好，化学性能稳定。

(3) 所有材料应易于采购和施工，满足标准化采购及施工需要。同一系列装置应采用相同的隔热设计结构，并按照一体化集成装置或管路系统进行配套防腐设计，施工图纸及开料统一。

(4) 保温结构应充分考虑现场检修需要，对于常检修部位应考虑采用可拆卸结构。

三、保温结构设计

1. 装置主体设备

对于一体化集成装置主体设备，外保温一般采用 50mm 厚复合硅酸盐，钢带捆扎；外保护层采用 0.5mm 厚镀锌铁皮或者哑光不锈钢，自攻螺钉连接。

2. 管路系统

对于一体化集成装置的配管，外保温一般采用 30mm 厚复合硅酸盐，钢带捆扎；外保护层采用 0.5mam 厚镀锌铁皮或者哑光不锈钢，自攻螺钉连接。

四、可拆卸组合式保温技术

一体化集成装置通常对常检修部位采用可拆卸组合式保温，在不破坏保温设施的前提下方便进行设备的检修维护。

(一) 技术关键点

1. 模块划分

根据装置及附件的密集程度和工艺流程，将需保温的整体对象按照模块化划分为动模块和静模块，然后分模块进行组合式保温。动模块是指保温层需要拆卸的部分，静模块是指保温层固定的部分，各模块根据一体化集成装置的工艺流程和操作规则再进行组合式保温。

2. 结构选取

对于需要检修的装置部件，保温层主要采用可拆卸式结构。保温可拆卸组合式结构是指用于动模块的保温结构，其保温层对于阀门、过滤器、外输泵等需要检修的部位采用填充式。

对于管线等无须拆卸的部位，保温层采用传统镀锌铁丝捆扎式。

3. 材料选择

保温材料为阻燃型防水复合硅酸盐板(毡)，要求耐火极限不小于 2h、憎水率大于或等于 98%，厚度根据计算结果选取。

保护层采用 0.5mm 厚的哑光不锈钢铁皮。对于阀门、过滤器、外输泵等，将保护层压制成方箱式或半弧式结构，自攻螺钉连接；对于弯头采用虾米腰结构；对于直管段等无须拆卸的部位采用圆筒式结构，自攻螺钉连接。

(二) 适用范围

可拆卸组合式保温施工方便快捷，可提前预制、批量生产，外表美观，结实耐压，且具有良好的防水、防晒和耐腐蚀的作用，适用于介质温度低于 400℃ 的一体化集成装置和高密度管线及阀门等异形件的保温。

可拆卸组合式保温结构如图 9-3-1 所示。

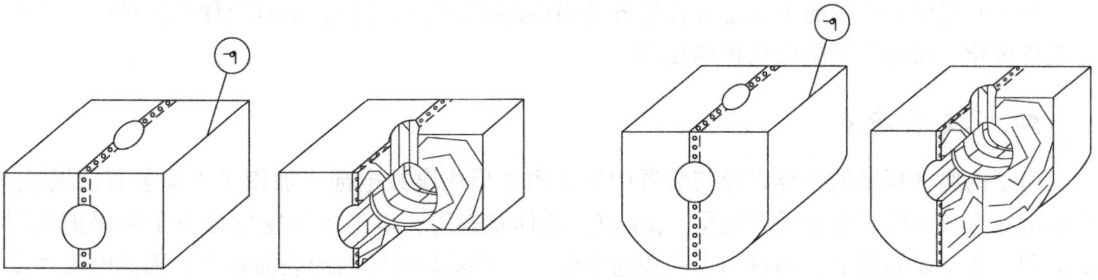
(a)　(b)

图 9-3-1　可拆卸组合式保温结构

第四节 阴极保护

一、定义

阴极保护技术是电化学保护技术的一种，其原理是向被腐蚀金属结构物表面施加一个外加电流，被保护结构物成为阴极，从而使得金属腐蚀发生的电子迁移得到抑制，避免或减弱腐蚀的发生。

二、阴极保护原理

金属-电解质溶解腐蚀体系受到阴极极化时，电位负移，金属阳极氧化反应过电位减小，反应速度减小，因而金属腐蚀速率减小，称为阴极保护效应。

由外电路向金属通入电子，以供去极化剂还原反应所需，从而使金属氧化反应(失电子反应)受到抑制。当金属氧化反应速度降低到零时，金属表面只发生去极化剂阴极反应。

阴极保护方法一般有两种，分别为牺牲阳极阴极保护和外加电流阴极保护。

1. 牺牲阳极阴极保护

牺牲阳极阴极保护是将电位更负的金属与被保护金属连接，并处于同一电解质中，使该金属上的电子转移到被保护金属上，使整个被保护金属处于一个较负的相同的电位下。该方式简便易行，不需要外加电源，很少产生腐蚀干扰，广泛应用于保护小型或处于低土壤电阻率环境下的金属结构。

2. 外加电流阴极保护

外加电流阴极保护是通过外加直流电源以及辅助阳极，迫使电子流从土壤中流向被保护金属，使被保护金属结构电位低于周围环境。

三、阴极保护技术

对于一体化集成装置，常见的阴极保护方式为牺牲阳极阴极保护在撬装设备中，内腐蚀远比外腐蚀严重，同时由于纳入的设备种类繁多、管道走向复杂，故干扰和屏蔽现象也比较严重。通常情况下，根据设备腐蚀的严重程度，在不同部位的装置区域内能够利用区域阴极保护来克服这种腐蚀危险，所用方法也类似于局部阴极保护的方法。受保护的区域是没有限制的，也就是说管道与连接设备或者设备不同区城之间是没有电绝缘的，其本质是一种局部保护。

局部阴极保护的目的不仅是要补偿外部阴极部件的电池电流，而且要使被保护的部件充分阴极极化，从而满足阴极保护的要求。

四、技术特点

由于内腐蚀环境的差异以及与装置中钢铁阴极形成腐蚀电池，加剧了工业装置的腐蚀。影响电池形成的因素有介质含氧量、pH 值、流体状态等，电池电流密度取决于需保护的阴极面积。在工业装置上，钢材内表面积通常较大，而撬装装置的内表面较小，因此电流密度和所需开路电位均较低。

为了使装置严重腐蚀部位达到全面的阴极保护，需保护设备内壁必须极化达到保护电位。牺牲阳极保护一般和涂层内壁保护结合使用，一体化集成装置中常用的牺牲阳极为铝合金牺牲阳极。

牺牲阳极安装示意图如图 9-4-1 所示。铝合金牺牲阳极现场应用如图 9-4-2 所示。

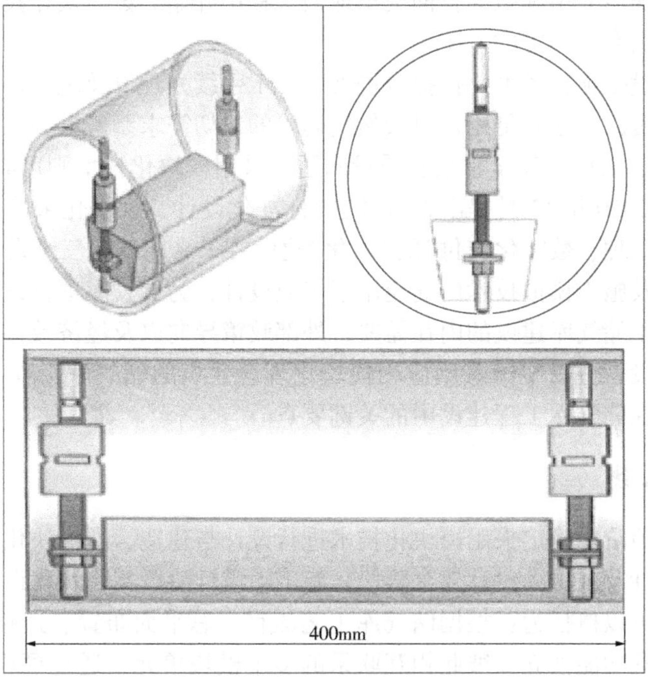

图 9-4-1　牺牲阳极安装示意图

图 9-4-2　铝合金牺牲阳极现场应用

第五节　模块化技术应用

模块化设计与建造技术（简称“模块化技术”）是一种工程建设模式，是指将大型场站的生产单元按功能要求、运输限制条件划分为若干个模块进行设计，然后将各个模块在工厂内进行预制、整体组装及初步调试，再将模块进行拆分，运输至现场组装复原，最后经整体联动调试后投产运行。20 世纪 60 年代初，欧美一些专利设备供货商为保护其核心技术，将其核心设备连带相关的管道、检测仪表等集成到钢结构框架内一同出售，即早期模块化技术的锥形。20世纪90年代末，得益于三维设计软件的成熟应用和先进的项目管理技术，模块化技术开始朝着大规模、高集成、整装化方向发展。中国模块化技术起步于21世纪初，因其在质量、进度、费用等方面较传统建造模式更具优势，化工行业最早开展了积极的探索，并取得显著的成效，随后，中国石油在油气田地面工程中开始尝试模块化技术的建设模式，但其技术与国际水平尚存在一定的差距。

常规储气库建设受项目各种评价报告进展、开工手续办理以及施工环境等限制因素的影响，其施工进度缓慢，无法满足用户对天然气调峰的迫切需求。若人为压缩项目建设周期往往导致"三边"工程，易引发安全事故和质量问题，采用模块化技术则可有效解决上述难题。同时，中国石油于2020年12月提出着力推进"标准化设计、规模化采购、工厂化预制、模块化建设、信息化管理、数字化交付"的"六化"建设要求。此外，三维设计技术、管道与结构应力分析技术以及施工模拟技术广泛应用于工业设计，为储气库项目设计与建设提供了技术保障。为此，基于储气库建设的内在需要、外部政策导向以及经济效益，提出将模块化技术应用于储气库建设，并以中国首座应用模块化理念建设的储气库工程文23储气库为例，探讨了模块化技术在储气库工程建设中的关键要点。

一、技术路线

当储气库在立项阶段确定采用模块化技术进行设计与建造，则模块化思路应该贯穿储气库的可研、初步设计及施工图设计3个阶段。施工图设计阶段是模块化设计与建造的真正实施阶段，技术路线可以概括为：根据储气库工艺流程、总平面布置、道路运输等输入条件，将工程主体分解为既功能独立又彼此相互联系的多个模块单元，通过模块单元的拼装组合，完成模块化设计。模块供应商根据模块设计图在预制厂内对模块进行加工预制，再经检验、包装后运输至项目现场进行组装(图9-5-1)。

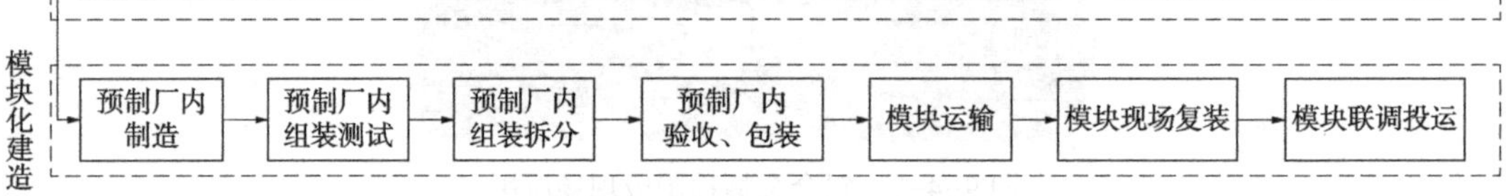

图9-5-1 储气库模块化设计与建造技术路线流程图

二、关键技术

(一) 模块化方案的影响因素

影响模块化技术方案的因素主要有工艺单元划分、平面布置及运输方案，3个因素彼此相互制约，设计时需三者兼顾得当，才能确保最终的方案具有可实施性。

(二) 工艺单元划分

工艺单元划分是模块化概念设计的第一步，应遵循以下基本原则：①划分出来的工艺单元应具备基本独立的功能；②单元划分时应考虑单元内所含设备和容器的数量、质量及大小，保证成模块后的尺寸、总质量满足运输条件的要求；③功能相似的工艺流程应该划分为同一单元，并且保证单元内的接口条件一致，以便提高单元模块的复用率；④需保证项目的安全性，不能因模块化设计而产生不安全因素。

1. 平面布置

平面布置是模块化设计成败的关键，不合理的布置往往会浪费项目成本、增大模块化设计难度、增加项目后期的运维费用。因此，模块平面布置应遵循以下原则：

（1）应与工艺流程顺序相匹配，尽量避免主要管道在不同模块之间来回折返。

（2）充分利用纵向空间进行模块化布置，节省占地；同时，应结合重力流管道要求，考虑相关模块在垂直方向上的相对位置。

（3）模块布置设计应充分考虑模块内的安全通道、设备的维检修操作。

2. 运输方案

运输方案是确定模块设计尺寸的决定性因素。中国通常采用公路运输模式，主要限制条件为国家相关法规和道路硬件条件。超限运输车辆在进入公路行驶前，其承运人应向公路管理机构提出书面申请。超限越多，费用越高。因此，在模块化方案的确定阶段，要反复调整工艺单元划分与模块的平面布置，既要保证模块单元功能的完整性，又要尽可能缩小模块的尺寸。

3. 工艺方案及设备选型优化

工艺方案与设备选型优化能够有效提升模块的利用空间。采用模块化设计，应尽量选用高效、同等规模小尺寸的设备。对于阀门、电动及气动执行机构，除应考虑操作可靠性外，还应重点关注设备的外形尺寸，同等性能条件下应优选小尺寸阀门及执行机构。

（三）模块设计

1. 全专业三维协同设计

目前，已广泛采用三维软件开展模块化设计。长期的工程实践证明，参与三维协同设计的专业越多、范围越广，项目中的“错、漏、碰、缺”则会越少。与储气库的常规设计模式相比，模块化设计更加精细，设计过程中应按项目进度节点组织建设方、施工方、监理方开展30%、60%、90%模型审查，避免后期因方案变更而造成设计返工。

2. 模块稳定性计算

可采用专业结构计算软件 PKPM 进行模块强度与稳定性计算、重心分析，再采用 SAP 2000 软件对单个模块进行吊装分析，确保吊装过程中模块不会因重心过偏而发生侧翻。三维设计软件 PDMS 自身具备模块重心分析能力，当然，通过人工计算也可获得模块的重心。为防止公路运输过程中由于货车突然加速或减速对模块内的管道、设备造成冲击破坏，应采用管道应力分析专业软件 CAESAR Ⅱ对模块运输稳定性进行计算。

3. 模块拼接节点设计

管道节点连接分为法兰连接与现场焊接两种方式。法兰连接方式最为常用，能够最大限度减少现场焊接的工作量，拼接速度最快，但对于整个装置而言，每增加一对法兰便增加了一个管道泄漏风险点。钢结构节点垂直方向采用高强度螺栓加定位板连接。水平相邻模块以刚性杆件连接，连接杆件两端与模块通过高强螺栓连接。

（四）模块化建造

模块化建造过程由模块的加工、运输及现场复装 3 部分组成。模块在预制厂内的加工质量往往决定整套装置乃至整个工程的质量，应从以下5个方面进行严格把控。

(1) 严格控制模块所有组成件的质量，核心设备、阀门及自控仪表应选用信誉高、质量有保障的供货商。

(2) 模块出厂前应在预制厂内进行预组装、管道焊缝检测、水压试验及系统调试。

(3) 设计人员应参加模块装置的出厂验收，并在验收前准备好检查表。对于技术难度大、质量要求高的模块，工程公司可以要求驻场监造。

(4) 应根据模块的使用要求、结构尺寸、质量、路程、运输方式等特点，选用适宜的包装结构及方法。模块的包装应有足够的强度，以保证模块及其零部件能安全可靠地运抵目的地。

(5) 模块复装方案由设计单位或模块供应商编写，用于指导施工方开展模块的复装工作。

三、应用案例

文23储气库是中国重点建设的一座大型储气库，其主要目的是优化京津冀地区能源结构，并推动区域低碳清洁能源发展。文23储气库地面工程包括新建集注站1座、注采井场2座、老井井场7座、计量清管站1座。该储气库为凝析气藏，井口采用注甲醇节流工艺，采气期井口压力为5.10~18.36MPa；采出气进入集注站后统一处理，设有一套$500\times10^4m^3/d$烃水露点控制装置，采用注乙二醇防冻+J-T阀节流制冷+丙烷辅助制冷工艺；注气规模为$240\times10^4m^3/d$，设有往复式注气压缩机2台，通过一条双向输送管道经计量清管站与陕京二线某阀室连通，从陕京二线系统取气作为注气气源。文23储气库建成后，将与陕京二线、永京管道、大港储气库群、京58储气库群、苏桥储气库群及其配套管道相互联通，实现多储气库的统一管理与调度，使整个天然气输配系统运行更加安全、可靠。

(一) 模块化方案

文23储气库规模大、建设工期短且各种开工手续滞后，传统建设模式无法满足运营单位年度供气目标。为了按时完成项目建设，建设方要求最大限度采用模块化设计，将现场施工转化为预制厂加工。结合文23储气库工艺流程特点、平面库址情况，最终决定采用"模块+撬块"的建设思路，其中模块设计以便于拆装与运输、快速复装为原则；撬块设计则以功能独立、结构相似为原则进行整合，并考虑撬块的复用性。

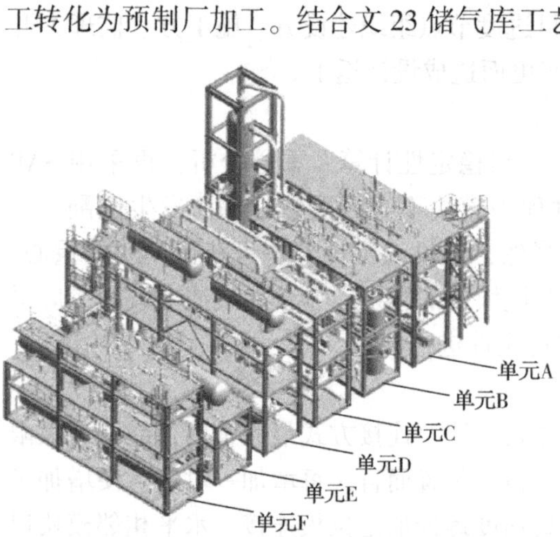

图9-5-2 文23储气库集注站工艺装置区6个单元模块相对位置模型图

文23储气库的具体建设方案：集注站工艺装置区采用整体模块化设计，设置A~F共6个单元模块(图9-5-2)及1座撬块G(表9-5-1)，主要包括过滤分离及外输单元、低温脱水脱烃单元1与单元2、进站分离单元、乙二醇再生单元、低压油气水处理单元、甲醇注入撬块。2座注采井场为a、b井场，将其整合为阀组撬(共14座)、甲醇注入撬(共2座)、计量分离器撬(共2座)3类撬块。计量清管站设置为球筒撬、调压撬、计量撬3座撬块。

表 9-5-1 文 23 储气库集注站的 6 个单元模块及 1 座撬块统计结果表

单元及撬块编号	名 称	模块编号	模块内撬块编号	撬块名称	主要设备
单元 A	过滤分离及外输单元	SK-A	SK-A-1	双向收发球筒撬	双向收发球筒(37PR01)
			SK-A-2	过滤分离器撬	过滤分离器(36S01A/B)
			SK-A-3	燃料气及放空阀组撬	电加热器(84E01)
单元 B	低温脱水脱烃单元 1	SK-B	SK-B-1	预冷分离器撬	预冷分离器(18D01)
			SK-B-2	低温分离器撬	低温分离器(18D02)
			SK-B-3	绕管式换热器撬	绕管式换热器(18E02)
			SK-B-4	绕管式换热器阀组撬 1	底层阀组
			SK-B-5	绕管式换热器阀组撬 2	高层阀组
单元 C	低温脱水脱烃单元 2	SK-C	SK-C-1	低温脱水脱烃阀组撬 1	底层阀组
			SK-C-2	低温脱水脱烃阀组撬 2	中间层阀组
			SK-C-3	低温脱水脱烃阀组撬 3	高层阀组
			SK-C-散材	低温脱水脱烃散运设备及管道	空冷器(18E01)
单元 D	进站分离单元	SK-D	SK-D-1	生产分离器撬	生产分离器(07D01)
			SK-D-2	生产分离器阀组撬	阀组
			SK-D-散材	生产分离单元阀组	阀组
单元 E	乙二醇再生单元	SK-E	SK-E-1	乙二醇换热撬	乙二醇再生塔底重沸器(81E01)、贫富乙二醇换热罐(81D01)等
			SK-E-2	乙二醇贫液储罐撬	乙二醇贫液储罐(81D03)、乙二醇再生塔顶空冷器(81E02)
			SK-E-散材	乙二醇再生单元散运设备及管道	乙二醇再生塔法兰以上部分
单元 F	低压油气水处理单元	SK-F	SK-F-1	低压气冷箱和凝析油闪蒸分离器撬	低压气冷箱(24E01)、凝析油闪蒸分离器(24D01)
			SK-F-2	轻烃分离器和低压气低温分离器撬	轻烃分离器(25D01)、低压气低温分离器(25D02)
			SK-F-3	低压气处理单元放空阀组撬	
模块 G	甲醇注入撬块	SK-G	SK-G-1	甲醇注入撬	甲醇储罐(80D01)、甲醇注入泵 80P01A/B

（二）运输方案比选

模块运输方案需通过现场踏勘确认，其主要目的是寻找安全、合理、经济的运输路线，并对可能的障碍点提出切实可行的排障方案。根据公路运输过程中限高、限宽、限重的限制条件，现场踏勘结果表明，自模块预制厂到文 23 储气库建设地有 3 条路线(表 9-5-2)可供选择，其中路线 2 有 2.4m 限宽的限制，大型货车无法通过，所以该路线不可行；路线 1 和路线 3 均为可行路线。

表 9-5-2 模块预制厂到文 23 储气库建设地 3 条公路运输路线对比表

运输路线	道路类型	障碍点	障碍物	限高/m		限宽/m		限重/t		最终制约条件
				标识	实测	标识	实测	标识	实测	
路线 1	高速公路	Ⅰ	过路管道		5.49					限高 5.0m
		Ⅱ	过路电缆		5.00					
		Ⅲ	限高架	5.0	5.00					
路线 2	国道	Ⅰ	过路桁架	5.0	5.00					限高 5.0m，限宽 2.4m，限重 5t
		Ⅱ	桥梁					5		
		Ⅲ	限宽墩				2.4			
路线 3	国道	Ⅰ	过路桁架	5.0	5.00					限高 5.0m
		Ⅱ	铁路立交	4.5	5.00					
		Ⅲ	限高架	4.5	5.00					

（三）模块结构稳定性计算

文 23 储气库模块结构稳定性计算分整体计算和单模块吊装工况计算两部分。整体计算采用 PKPM 软件完成，目的在于计算模块整体结构在恒载、活载、风荷载、地震作用下的强度和稳定性，并确定各模块构件的截面尺寸。整体计算模型与传统计算模型的不同之处在于：模块底层增设了一层框架梁，模块的横向连接是通过刚性连接杆件与模块铰接连接，同时柱脚采用铰接连接。文 23 储气库模块主体钢结构立柱、横梁、纵梁分别采用 H 型钢 HW250×250×9×14、H 型钢 HM244×175×7×11、H 型钢 HM244×175×7×11。单模块吊装工况的计算采用 SAP 2000 软件完成。在模拟过程中，将主梁、主柱的连接设为刚性连接，同时将设备、管道的质量等效为点荷载及均布荷载。吊装工况不考虑检修荷载、地震作用。吊点设置在各撬块质心两侧，且处于钢框架结构最理想的受力位置，通过横梁、支撑构件等的分散传递使模块整体均匀受力，保证模块的最大应力、最大位移不超限值。

（四）模块复装方案

选取过滤分离及外输单元模块（即单元 A）为例，构建文 23 储气库模块的复装方案（图 9-5-3）：①在模块安装前，按《建筑地基基础工程施工质量验收标准》（GB 50202—2018）中表 5.2.4、表 5.3.4 规定的允许偏差对文 23 储气库基础的位置、尺寸进行复检。根据撬块特性及质量要求，准备相关工（机）具。②使用吊装设备将撬块 SK-A-1 整体吊装到基础上，利用垫铁找平，再用地脚螺栓固定住撬块的底部，并按安装精度要求进行找正［图 9-5-3（a）］。③依次进行撬块 SK-A-2、SK-A-3 及跑梯撬的吊装就位，上下两层撬块之间通过定位板及高强度螺栓固定［图 9-5-3（b）~图 9-5-3（e）］。④在层间平台安装过程中，水平相邻模块以刚性杆件连接，连接杆件两端与模块通过高强螺栓连接［图 9-5-3（f）］。⑤根据电气、仪表专业桥架布置图，在撬块分界处重新连接撬块间的桥架。⑥所有撬块安装完毕后，对模块各层平台的护栏进行稳定性检查，消除安装隐患。需要特别注意的是，部分单元模块需要充分考虑散装大口径管道、设备（如分段塔器）的复装顺序，避免发生撬块就位后散装管道、设备无法安装的情况。

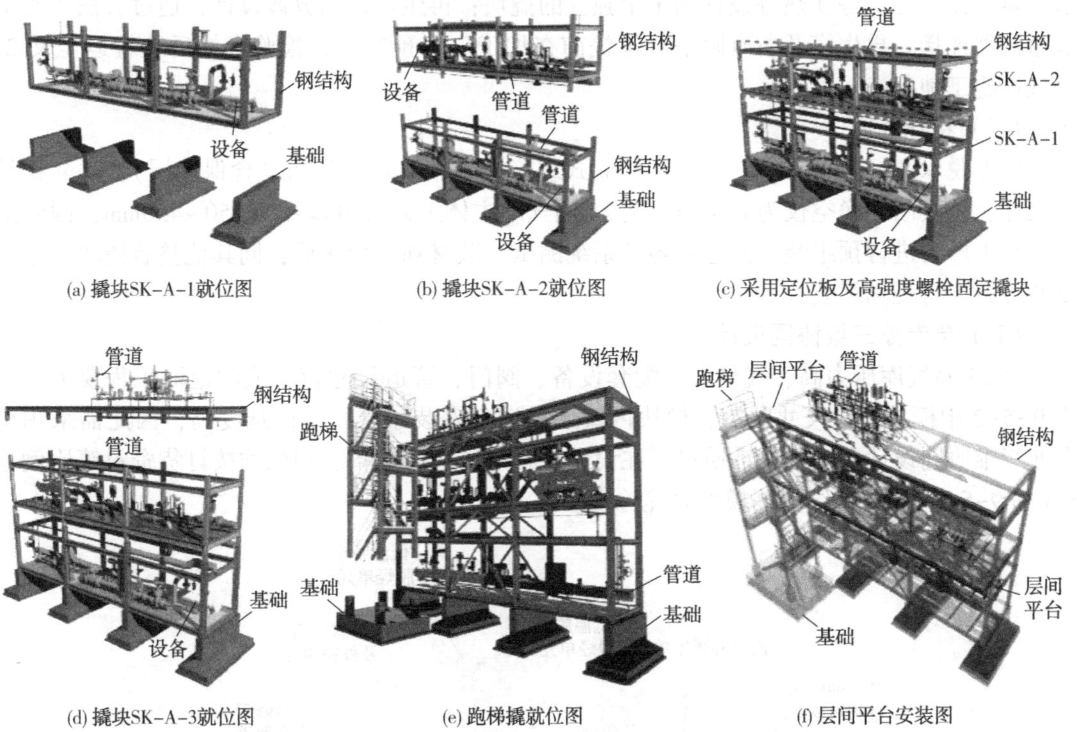

(a) 撬块SK-A-1就位图　(b) 撬块SK-A-2就位图　(c) 采用定位板及高强度螺栓固定撬块

(d) 撬块SK-A-3就位图　(e) 跑梯撬就位图　(f) 层间平台安装图

图 9-5-3　文 23 储气库集注站单元 A 模块复装方案模型图

四、模块化难点及应对措施

(一) 设备形式多样

文 23 储气库集注站工艺装置模块内设备形式多样，既有卧式设备又有立式设备。含有卧式设备的单元模块采用上、中、下 3 层撬块结构，而对于含有特殊设备的单元模块需制定相应的拆分与组装方案。以低温脱水脱烃单元(即单元 B)为例，该单元 3 个小尺寸立式撬块(SK-B-1、SK-B-2、SK-B-4)、1 个大尺寸立式撬块(SK-B-3)以及 1 个卧式撬块(SK-B-5)采用了横纵交叉的拼接方式(图 9-5-4)。为了便于单元间横向连接，SK-B-1~SK-B-4 这 4 个撬块的宽度之和与其他单元单个橇块的水平长度相同。

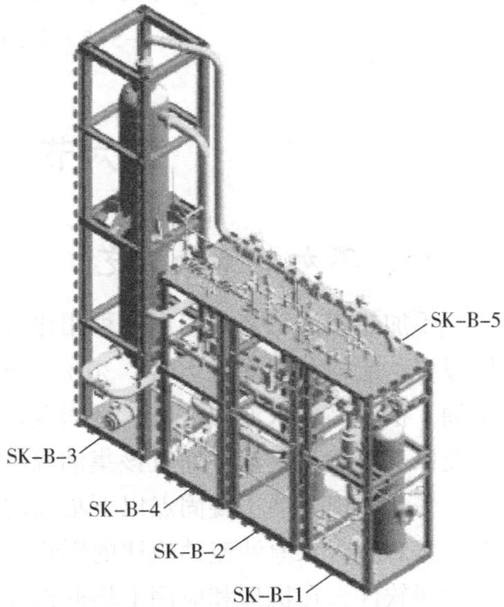

图 9-5-4　文 23 储气库集注站单元 B 模块组合模型图

为了便于单元 B 内部撬块的自身连接，SK-B-1、SK-B-2、SK-B-4 这 3 个撬块的宽度之和与撬块 SK-B-5 的长度相同。

(二) 超限设备及管道

文 23 储气库乙二醇再生单元(即单元 E)的再生塔正下方为重沸器、乙二醇换热罐，3 台设备整体尺寸为 12m×5.5m×1.5m(其中塔直径 0.35m、高 8.5m)，在不考虑配套管道安装的情况下，设备尺寸已超出了运输极限。为满足模块化预制及运输要求，重沸器、乙二醇换热罐设计为1个独立的撬块；再生塔采用分段设计，通过大法兰与塔底重沸器连接。再生塔及所有附塔管道提前在加工厂内预制好，检验合格后装箱运至文23储气库施工地点。

(三) 特殊管道

低温脱水脱烃单元(即单元B)中的立式绕管式换热器直径为2m(含保冷层)，去除钢结构尺寸，撬块两侧净空仅为0.45m。文23储气库主体工艺管道口径为250~450mm，因管道均要在工厂内进行预组装，并进行各种系统测试。散材到达现场后，同其他整装撬块一起按复装方案进行现场组装。

(四) 全专业三维协同设计

文23储气库压力高、气量大，配套设备、阀门、管道尺寸较一般的地面工程要大。受表9-5-2中模块运输尺寸限制，模块内管道及设备安装紧凑、设计难度高，因此需采用全专业三维协同设计来提升设计质量。在设计过程中，所有设备、阀门均按订货资料等比例建模(图9-5-5)，并持续开展模型碰撞检查。

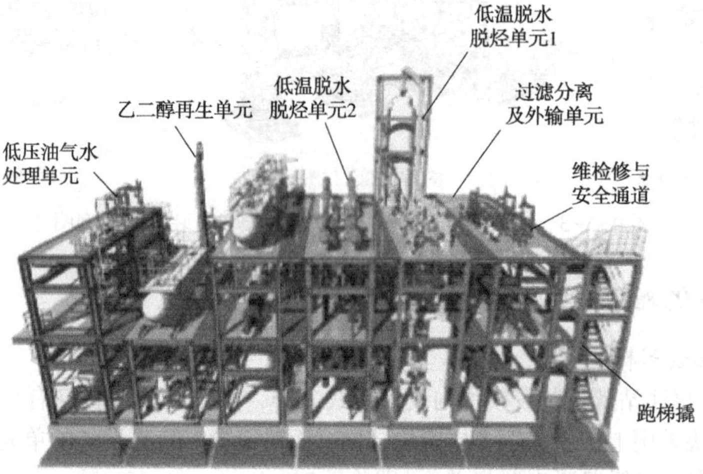

图9-5-5 文23储气库工艺装置模块三维效果图

第六节 油田集输处理技术

一、不加热集油工艺

不加热集油工艺与掺水流程相比，取消了掺水设施和管道，场站规模大幅缩减，集输系统投资、能耗分别降低40%、30%。截至目前，中国石油已有7.9×10^4口油井实现了不加热集油。很多高含水油田突破了凝固点以上3~5℃的传统不加热集油温度界限，实现了在凝固点及以下2~3℃集油，而且该集油温度仍有较大的下降空间。中国石油规划总院联合吉林油田、华北油田开展了凝固点以下集油的机理和应用研究，揭示了流动状态、气油比、含水率等因素对高含水原油流动规律的影响，提出基于黏壁临界温度的不加热集油技术界限，开发了预测软件，在机理和应用上均取得突破性进展。长庆油田研发了自动投球清蜡装置，实现了低含水原油在凝固点温度以下15℃进站。吉林油田拓宽了油井常温输送边界条件，不断扩大规模，2019年新增常温输送井459口；同时应用轮扫工艺，突破了支干线常温输送瓶颈，研发了低温预脱水装置和水处理装置，解决了采出液低温进站处理问题。华北油田规模应用不加热集油技术，目前已经基本取消三管流程。

(一) 地层热能利用技术

利用油管外裹或内衬隔热技术，充分利用地层热量，降低了井筒热能损失，提高井口出油温度 10~20℃，有利于油井维护、地面常温输送及节能降耗，实现了油井不洗井、不加药剂生产。在华北八里庄复合隔热内衬油管示范区通过分析论证，按照井组远端升温串接低温井的原则，筛选出其中 14 口井应用保温隔热油管技术，降低了井筒热能损失，从而保障了整个油田 79 口油井的常温输送。最终使输送平均温度提高 16.6℃，最大悬点载荷平均下降 6.8%，日耗电平均下降 8.8%；在油井维护方面，2017 年后未进行热洗化防；在能耗方面，4 座结转站停炉 9 台，减少 LNG 消耗 $41\times10^4m^3$。

(二) 软件量油技术

通过研发针对不同举升方式油井的软件量油技术，简化了集输系统。近几年，中国石油新建产能和老油田调整改造工程中约有 6.9×10^4 口油井采用该技术，大港油田已经取消全部计量站。

(三) 油气混输技术

在油气混输计算、装备等方面取得突破，塔里木、哈萨克斯坦等油气田长距离油气混输应用成功。长庆油田在油田集输上应用混输泵、混输一体化集成装置及同步回转装置，简化了集输流程，方便管理，并回收了大量伴生气。例如，长庆油田采油三厂混输泵占输油泵的比例达到 48%。

(四) 稠油密闭脱水工艺

采用稠油密闭脱水工艺替代二段热化学沉降脱水工艺，脱水成本由 66.87 元/吨降至 47.53 元/吨，降低幅度约 30%，投资费用大幅减少。

二、气田集输处理技术

(一) 井下节流技术

依靠井下节流嘴实现井筒节流降压，充分利用地温复热，防止形成水合物，简化了地面工艺。平均每口井节省投资 218 万元，节省燃料和人力费用 24×10^4元/年。在长庆油田及川渝地区广安白马庙等“三低”气田中得到大规模应用，其中苏里格气田 95%以上的生产井采用井下节流技术。

(二) 简化计量技术

研发各类气田简化计量技术，取消了传统的计量分离器，实现了井口连续计量。简化计量技术主要包括低渗透气田简化计量工艺、高气液比气田简化计量模式、气液两相计量技术、煤层气简化计量技术。

低渗透气田简化计量工艺的典型应用为苏里格气田，针对气藏大面积均质、产气含水率低的特点，应用旋进漩涡单井湿气计量，实现了“井间串接”，与放射状管网相比，平均单井管道长度减少 36%，集气站辖井数大幅上升。

高气液比气田简化计量模式的典型应用为长北气田高气液比工况，井口不设分离器，直接采用孔板对天然气计量，设移动式计量撬定期测试单井油气水产量，对井口计量工艺大大简化。针对凝析气田采用气液两相计量技术，研发推广了基于异型文丘里的低成本两相流量计，实现了多井串接，大大简化了集输流程，降低了工程投资。该项技术也适用于其他类型气田的湿气计量，在浙江油田昭通页岩气示范区得到规模推广应用。

煤层气简化计量技术的核心是将计量前移至井口，取消阀组，优化井场布局，以达到减少工艺管道的目的。目前该技术已在中国石油山西煤层气区块得到应用。上述简化计量技术均是以取消单井计量管道或集气站的方式，减少场站数量，从而实现多井串接，简化集输管网，可减少约5%的投资成本。

（三）高酸性气田高效集输技术

形成了"碳钢+缓蚀剂"工艺，将传统的"单井集气、气液分输"优化为"气液混输、多井集气"，简化了集输流程。形成高强度高含硫湿气集输管材与防腐工艺、复杂山地大型高含硫气田天然气泄漏多元监测技术、高含硫气田自动控制技术，并成功应用于西南油气田、塔里木塔中等含硫气田集输工程。

（1）缓蚀剂应用与腐蚀监测技术。成功开发出适用于高含硫腐蚀环境的缓蚀剂品种，完善了预膜/间歇或连续加注缓蚀剂技术。采用残余浓度分析、腐蚀挂片、电阻探针、线性极化电阻探针等腐蚀监测技术，监测管道腐蚀情况、确定缓蚀剂的最佳用量，使碳钢管道得以在高酸性腐蚀环境下应用。

（2）含硫气田金属材料选择及应用技术。通过对L360、L415管线钢在含硫环境下的焊接工艺和耐蚀性能进行研究，明确了材料性能和焊接评定技术要求，解决了中高强度管线钢在含硫气田应用的难题。实际应用中，龙岗气田集输干线采用L360管线钢，较常规L245管线钢节约钢材超过700t，节省投资约900万元，经济效益显著。

（四）放空系统优化技术

提出"先关断、后放空"设计理念，采用动态模拟计算和定量风险分析方法，大幅降低了放空规模(可降低放空规模50%以上)；采用分区延时泄放技术进行优化设计，进一步降低放空规模。目前，该技术已在10座天然气处理厂和6座储气库得到应用，节约投资约1.5亿元。

（五）高含硫高含碳天然气净化技术

为适应新气质标准要求(一类气总硫含量由200mg/m^3降至20mg/m^3)、新SO_2排放限值，"十三五"期间西南、长庆等油气田研发了新一代天然气净化、尾气处理系列技术，并应用于23座场站升级改造，中国石油全部含硫天然气($170\times10^8m^3$)达到新标准要求。

（1）脱硫脱碳技术。基于醇胺法，自主研发系列核心净化药剂(如CT8-24、CT8-25等)，可满足高含H_2S、CO_2处理需求。基于自主工艺包，具备建设单列规模$700\times10^4m^3/d$的高酸性天然气净化装置的能力，整体技术达到国际先进水平。

（2）有机硫脱除技术。攻克了天然气羰基硫水解技术、分子筛深度脱硫醇技术，研发了高适应性有机硫脱除溶剂，解决了不同有机硫含量天然气气质达标处理难题。

（3）硫黄回收及尾气处理技术。形成具有自主知识产权的系列技术，具体包括改进克劳斯(Claus)+壳牌克劳斯尾气处理(Shell Claus Off-gas Treating, SCOT)工艺，在原Claus工艺基础上，增加了Claus级数，同时更换新型高效溶剂，形成具有自主知识产权的综合制氢硫黄回收及尾气处理专利技术CPH，总硫黄回收率稳定达99.95%，SO^2排放浓度小于400mg/m^3，整体技术达到国际领先水平，适用于总硫黄回收规模不小于200t/d的净化厂；选择性氧化脱硫工艺，Clinsulf-DO国产工艺得到改进，采用两级反应器提高硫黄回收率。核心技术是选择氧化催化剂，该催化剂具有较好的低温(130℃)活性和选择性，适用于贫酸气、高碳硫比(CO_2与H_2S含量之比大于6)的净化厂；自循环络合铁液相氧化硫黄回收工艺，形成CT-

LOS 工艺包，用于中、小规模脱硫、且对硫黄品质要求不高的天然气处理，总硫收率不低于 99.8%，废气中 H_2S 排放小于 $5mg/m^3$。

(六) 天然气轻烃深度回收工艺

"十三五"期间，塔里木、长庆等油田建成中国最大的轻烃回收工程，新疆油田建成克拉美丽、玛河等深冷提效工程，这些工厂每年可为中国石油增加液体产量超过 220×10^4t。

(1) 天然气回收乙烷技术取得重大进步。"膨胀制冷+部分干气循环工艺(Recycle Split-Vapor，RSV)双回流"工艺实现国产化，RSV 工艺主要用于较贫气体的乙烷回收。新疆克拉美丽处理站采用"膨胀机制冷+RSV 双回流"工艺技术，制冷深度-109℃，C_2、C_{3+} 回收率分别达到 95%、99%。塔里木深度回收乙烷工程(总规模 $100\times10^8m^3/a$)，采用"丙烷预冷+膨胀制冷+RSV 双回流"工艺方案，在原轻烃产品基础上获得乙烷 $76\times10^4t/a$，C_2、C_{3+} 回收率分别达到 94.35%、99.85%。长庆上古天然气处理厂(总规模 $200\times10^8m^3/a$)，采用"膨胀制冷+三元制冷(制冷剂由丙烷、乙烯及甲烷组成)+RSV 双回流"工艺，C_2、C_{3+} 回收率分别达到 90.93%、99.83%。

(2) 伴生气回收乙烷技术。研发形成液相回流工艺，用于较富气体的乙烷回收。该工艺利用液相过冷为脱甲烷塔顶提供回流，增加了塔顶的冷凝回流量；塔顶液相过冷，可降低常规流程所需的高压和低温要求，从而在相同的乙烷回收率下节省功耗；含 C_{3+} 的低温分离液烃过冷后进入脱甲烷塔上部，提高脱甲烷塔顶液相泡点温度，使脱甲烷塔偏离生成 CO_2 固体的条件。该工艺在大庆油田得到广泛应用，2019 年中国石油深度处理伴生气 $19\times10^8m^3$，深冷率高达 80%，年生产轻烃 44×10^4t。

(七) 天然气脱汞技术

中国石油勘探开发研究院、塔里木油田等单位研发形成含汞气田天然气气相脱汞、液相脱汞、污泥脱汞、含汞设备清洗及汞危害防护等系列技术。成功研制了不可再生(载硫化铜三氧化二铝)和可再生(载分子筛)两种脱汞剂，替代了国外进口产品，其价格(12×10^4 元/吨)约为国外同类产品(25×10^4 元/吨)的 1/2，技术性能指标达到国际同类产品水平。在新疆、塔里木、大庆等应用 500 脱汞剂，节省投资 6000 万元，保障了 $177\times10^8m^3$ 的含汞天然气达标外输。该项技术打破了国外技术垄断，降低了运行成本，获中国石油 2021 年度科学技术进步一等奖。

(1) 研发了可再生与不可再生两类天然气脱汞新技术及脱汞剂，实现了天然气达标外输(气体汞含量低于 $28\mu g/m^3$)。研发了金属硫化物不可再生型脱汞剂，形成高效聚结预处理+脱汞塔化学吸附脱汞的湿天然气不可再生脱汞工艺技术，消除了后续流程汞污染，双塔可串可并工艺设计使脱汞剂利用率提高 30%。针对大规模、特高含汞气田，研发了载银分子筛可再生型脱汞剂，形成高效聚结预处理+分子筛脱水+载银分子筛脱汞+再生气冷凝回收汞的湿天然气同塔可再生脱水脱汞工艺技术，减少了危废的产生量，实现了汞的资源化回收。脱汞技术实现了湿气脱汞，消除了后续工艺汞污染。

(2) 分别针对含汞气田水、污泥、容器，研发了相应的汞处理技术，消除了汞的二次污染。研发了气田水高效可再生脱汞剂，形成靶向复合捕捉+动态膜过滤+吸附/电化学的一体化气田水脱汞处理工艺技术，实现了汞、油、悬浮物、化学需氧量(COD)的同时处理，达到总汞含量低于 0.05mg/L 的回注要求。研发了高效絮凝剂，形成污泥减量化-无害化-资源化脱汞处理技术，污泥脱水率提高了 10%，资源化回收汞，实现了高效、低耗、安全处置及汞回收，使汞含量(质量分数)降至 8mg/kg 以下，达到无害化处理目标。研发了汞污染容器密闭式高温蒸汽循环除汞技术及装置，实现了汞的零污染、零排放，满足了健康安全检修要求。

（八）提氦技术

自主研发了后膨胀+氮循环制冷两塔低温分离工艺，使提氦技术实现了国产化，在荣县建成中国第一套提氦装置，氦气回收率96%以上，粗氦产品浓度68%，精整提纯后氦气产品纯度高达到99.999%。

三、采出水处理及注水技术

（一）高效采出水处理技术

研发推广了一系列成熟高效的采出水处理技术，井口综合水质合格率连续11年得到提升，满足“注好水”的开发需要，为油田稳产打下了坚实基础。

（1）常规稀油采出水高效过滤技术。在传统“沉降+过滤”两段或三段流程基础上，研发应用了多种高效过滤器，保障了水质，简化了流程，提高了效率。其一体化高效过滤器具有滤料体外搓洗、气浮、聚结等功能，且机械搅拌过滤器可有效消除滤料板结。

（2）化学驱采出水达标处理技术。研发了气浮沉降罐设备，三元复合驱采出水处理采用“序批式沉降+两级过滤”流程，解决了常规化学处理费用高、泥量大的问题，平均运行费用降低70%以上。含聚采出水处理主要采用“两级沉降+一级压力过滤”的处理工艺，沉降时间加长、滤速调整，处理后水质可达到高渗透层回注标准。

（3）稠油SAGD采出水回用锅炉技术。在常规处理的基础上进行去除硬度、矿化度的深度处理，从而实现采出水处理后回用锅炉，其包括的主要技术有离子交换、高温反渗透、MVC蒸发等。离子交换和高温反渗透已推广应用，MVC蒸发工业化试验已获成功。

（4）低渗透采出水深度处理技术。使出水水质达到相关标准，满足低渗透油藏开发注水要求。采用“常规+深度”处理工艺，常规处理有沉降、气浮、过滤及微生物处理等技术，深度处理主要采用中空纤维膜技术。

（二）高效注水技术

中国石油推广了一系列注水系统提效技术，如稳恒流配水、离心泵与柱塞泵(变频)配套技术、分压注水、局部增压等，注水系统能耗明显降低，2015年以来，注水系统节电3.8×10^8kW·h；应用稳恒流配水技术研发了注水井口稳恒流配水装置，实现了智能注水、远程控制，取消了配水间，实现了无人值守，已在中国石油1.6×10^4口注水井得到推广应用，单井地面投资可减少10万元以上。

四、储气库注采技术

与国外相比，中国的储气库具有注采压力高、采出物组分复杂等特点。为此，针对储气库“大吞大吐、注采交替、高压运行”的特点，集成创新了以“高压大流量注采、节能高效处理”为核心的储气库地面工艺技术。

（一）双向精准注采技术

通过引入超高压大流量轴流式双向调节阀、双向流量计等，大大简化了流程；此外还提出注采管道合一建设、开井低温工况防冻堵、注采系统安全切换技术。

（二）超高压大型化技术

突破了换热器冻堵、分离效率低的技术瓶颈，创新应用超高压大型绕管式换热器和高效低温聚结分离器。储气库集注站采气装置单列规模由 $750\times10^4m^3/d$ 增至 $1800\times10^4m^3/d$，因此，双台子储气库（采气规模 $5400\times10^4m^3/d$）所需装置由 7 列减少至 3 列即可满足要求，节省装置投资 6000 万元。

（三）大型装备国产化

储气库大功率高压离心式压缩机、天然气处理厂多股流高压大功率冷箱均实现了国产化。例如，第一批储气库采用往复式压缩机，最大排量 $200\times10^4m^3/d$，最大功率 4.5MW。双台子储气库选用国产双缸离心式压缩机，单套压缩机排量 $800\times10^4m^3/d$，电机额定总功率 25MW，设计压力 28MPa，排量是往复式压缩机的 4 倍，节省投资 20%，节省建筑面积 50%，运行效率高，维护成本低。

五、提质增效技术

（一）新材料管材

（1）非金属管。油气田常用的非金属复合管可以分成增强热固性塑料复合管（主要是玻璃纤维管线管）和增强热塑性塑料复合管（主要是柔性复合管）两大类，其具有耐腐蚀、输送水力条件好、价格低等优点，已广泛应用于集油、输油、集气、输气、供水、注水六大系统中。

（2）耐蚀特种材料的双金属复合管。随着双金属复合管焊接及评定技术的突破，双金属复合管在长岭、迪那、克深等气田高含 CO_2、高含 H_2S、高矿化度的输气管道中得到广泛应用，在储气库建设中实现了超高压大口径双金属复合管的成功应用，管径已突破了 DN500，与不锈钢纯材相比，投资费用大幅度降低。

（二）地热开发地面技术

中国石油大力推进油气田生产用能清洁替代和对外清洁供能，积极布局地热、风光发电、CCUS 等项目。2021 年共建成投产此类项目 24 个，年新增清洁能源利用量 41.3×10^4t 标准煤。其中，京津冀地热供暖示范基地建成地热供暖/制冷项目 5 个，地热新增供暖面积 $892\times10^4m^2$；冀东曹妃甸地热供暖项目供暖面积 $230\times10^4m^2$，是中国中深层水热型地热集中供暖最大单体项目。针对地热流体含油影响换热效率、回灌水质标准不统一、尾气需要安全环保排放、碳酸盐岩热储结垢腐蚀严重、运行控制需要优化简化等问题，开展了地热开发地面工艺优化研究，在“平台井场+除砂排气+保温输送+站内换热+（热泵取热）+过滤处理+自然回灌”基本工艺流程基础上，提出适用于不同资源条件的标准化建设模式及工艺技术路线。

（1）砂岩热储地热建设模式。对于温度较高（60~90℃）的砂岩热储地热资源，可仅采用换热利用工艺，井场设地热水分集水器、回扬旁路，换热站内板式换热器换热，采用两级回灌过滤。对于温度较低（45~60℃）的砂岩热储地热资源，采用换热+热泵两级利用工艺，采用两级回灌过滤。热泵可选螺杆式（额定功率 1.8MW 以下）、离心式（额定功率 1~10MW）及燃气溴化锂吸收式（额定功率最大 60MW）。

（2）灰岩热储地热建设模式。对于温度较低（60~90℃）、轻度结垢灰岩热储，单井出水量大、回灌量大，无须设井场分集水器，可采用换热利用工艺，根据含气量，采取换热后排气或换热前后均排气，不设回灌过滤。对于温度较高（90~120℃）、重度结垢、高含气率灰岩热储，无须设井场分集水器，可采用换热利用工艺，换热前后均设置排气，设混水泵掺水降温，不设回灌过滤。

六、标准化设计技术

(一) 模块化三维设计技术

研发了包括 5 项关键支撑技术的多要素耦合模块化设计技术，转变了设计方式，提高了设计效率。关键支撑技术具体包括：①面向预制和组装的模块划分技术；②模块设备及管道布置技术；③模块接口技术；④设备基础和管道支撑优化设计技术；⑤模块多工况整体力学稳定性及管系稳定性分析技术。在“六统一”(工艺流程、模块划分、设备定型、平面布局、建筑风格、配套标准统一)的基础上，应用三维设计软件，构建三维模块定型图库，根据生产参数和边界条件变化，模块组合高效形成系列化生产装置和场站。该项技术应用于川南页岩气 157 座钻前平台、108 个平台井站、32 座集气站、14 套脱水装置，覆盖率 100%，缩短建产周期 60d，实现了丛式井平台地面与钻完井同步完工，所有场站当年设计、当年投产。

(二) 模块工厂化预制和现场组装技术

通过开发施工和预制数字化管理平台，实现焊接质量全程受控、工厂组撬工序无缝衔接。研发了油气处理厂工艺装置现场撬装化施工技术、模块化装置高效吊运技术、大型石油天然气处理塔和塔架的安装施工技术，全面提高了模块化建造的质量和效率，预制化率从常规建设的平均 30%提高至标准化设计的 80%，建设工期缩短 38.0%。长庆油田上产 6000×10^4t、塔里木油田上产 3000×10^4t、西南油气田上产 300×10^8m^{3}工程规模均应用了该模块化建设方式，有效加快了工程进度。

(三) 一体化集成装置

创新研发了能够替代传统地面场站的多功能一体化集成装置，应用领域不断拓展，由常规油气田扩展到致密油、页岩油气、储气库等新领域，从油气主体工艺扩展到注水、采出水处理、变电、通信、供热、供风等专业，转变了地面建设和管理方式。“十三五”期间，中国石油累计推广多功能一体化集成装置 12403 套，替代中小型场站 5921 座，与常规设计相比，平均缩短建设周期约 47%，节省建设投资 34.78 亿元，减少新增用工 23883 人，节省占地约 281.53×10^4m^2，新建中小型场站一体化装置覆盖率超过 50%，长庆、西南油气田的中小型场站的一体化装置覆盖率达到 100%。

七、完整性技术

在风险管理、腐蚀评价、焊缝缺陷评价及管道防护 4 个关键方面构建了新型油气田管道完整性技术体系，在中国石油 16 家油气田企业得到应用，管道年失效次数由 11×10^4 次降至近5×10^4 次，降幅达 55%，产生了良好的经济、安全、环保及社会效益。

(1) 在风险管理方面，应用大数据分析技术，形成 7 大类 24 小类的油气田管道失效分类方法，研发了近中性土壤管道应力腐蚀开裂半定量风险评价和集输管道风险评价技术。

(2) 在腐蚀评价方面，研发了适用于油气田开发模式的湿气管道内腐蚀直接评价技术(准确率高于 73.1%)、含 H_2S-CO_2管道原位 pH 和原位 H_2S-CO_2含量计算方法(准确率高于 90%)、H_2S-CO_2腐蚀现场快速评估方法(现场符合率大于 75%)、油气田小口径管道周期性清水试压验证方法(在长庆、华北、吉林等油田累计应用超过 6.3×10^4km，现场符合率大于 85%)。

(3) 在焊缝缺陷评价方面，研制了焊缝复合缺陷窄脉冲宽频探头(分辨率低于 0.5mm)；建立了在役管道焊缝缺陷检测方法及焊缝复合缺陷安全评价方法(误差小于 15%)。

(4) 在管道防护方面，研制了新型高性能内外防腐涂料和在役管道内涂层质检设备；开发了适用于油气田现场条件的新型环氧钢套筒修复技术。

第十章　储气库场站投产与检维修

储气库主要采取周期运行方式，全年根据运行情况设置注气期、采气期以及检测、维修平衡期。

第一节　一体化集成装置运维体系建设

随着一体化集成装置在储气库项目大规模应用，传统的运行维护管理方式已经不能满足专业化运维服务的需要，需要建立一整套满足生产需要、符合一体化集成装置特点的运维体系，以保障一体化集成装置在油气田安全平稳运行，促进油气田一体化集成装置研发与应用推广工作得到持续推进。

一、全周期运维体系建设

一体化集成装置运维保障应以提供装置全生命周期、全过程服务为导向目标，全面提高服务的及时性、准确性，有效减少运维服务的用工和成本。运维保障体系至少应包括：健全组织机构，建立服务体系，建设服务平台，创新服务方式等措施，开展专业化运维服务。

二、健全装置运维组织机构

在一体化集成装置研发和推广较成熟的地区，可尝试组建专业的运维机构和技术人员队伍，靠近用户设置服务点，并对运维服务团队进行技术培训，确保装置运维保障的质量和效率。

首先，将传统机械制造业务转型，组建了数字化技术服务处，统一进行储气库一体化集成装置的运维服务与管理，并在数字化技术服务处设置数字化建设项目部、远程维护技术管理中心、数字化实训基地、数字化与科技信息中心 4 个技术服务支撑机构。其次，根据中原油田储气库业务发展规划，建立相应的服务大队，全面覆盖中原储气库群数字化建设和一体化集成装置运维服务。最后，按照内部培养、公司选拔、院校引进等多种方式，组建运维服务技术团队，开展专业性人才培训。

三、制定装置运维服务管理流程

1. 制定管理制度

制定油气田一体化集成装置运行维护管理办法、维护队伍管理办法等制度和相应的技术标准，明确服务内容。

2. 划分服务界面

以本次中原储气库群组建的数字化技术服务处为例，下辖的数字化建设项目部承担油田的数字化建设任务，数字化技术服务大队承担一体化集成装置运维。在施工建设和装置运维服务过程中，均由数字化与科技信息中心提供技术支持，而运维服务指令由近程维护技术管理中心下达，并进行远程视频监控。

3. 确定服务流程

一体化集成装置发生故障时，通过电话或网络报修，经过呼叫中心确认后，安排相关部门开展技术服务。对于简单问题，通过电话沟通，指导排除故障；对于复杂问题，通过调度中心依次安排工程师、专家组进行故障排除。故障排除后，维护信息上传至档案管理信息系统，并定期安排电话回访。

4. 确保服务质量

一体化集成装置运维服务过程中，需对设备、实施、验收、交付等环节进行全过程记录及闭环控制，确保运维服务质量。

四、建立装置运维服务平台

建设一体化集成装置运维服务的厂、队、点三级管理平台，协同工作，全面覆盖主要一体化集成装置用户，全力保障运维服务的实施。

按照三级管理平台，构建以信息化为支撑的远程运维管理系统，包括信息管理、故障智能诊断、维护任务管理、网络故障诊断、备品备件管理、数字化管理、运维分析管理、系统管理等系统，实现信息共享。

五、创新装置运维服务方式

运维服务单位可与主要用户签订一体化集成装置运维服务协议，对装置的初装投运、定期保养、仪表标定、故障维修、系统升级进行全方位服务，保障一体化集成装置的连续稳定运行。

同时，结合实际情况创新一体化集成装置运维服务方式，将定点维护与远程维护相结合。其中，定点维护主要是依托厂、站、点等服务网点，常驻人员靠前维护，及时处理现场故障，进行定期维护保养；远程维护则是依托远程运维管理系统，进行远程诊断，发出维护指令，就近服务网点完成维护。

第二节　一体化集成装置的制造检验维护修理

目前，一体化集成装置已经涵盖了包括注采气、采出水处理、电气控制等多个领域，能够实现的功能千差万别，需要进行的维护修理内容也各不相同。下面，主要以注采工艺模块、三甘醇再生装置等典型装置为例，按照不同侧重点对储气库一体化集成装置的制造、检验、维护修理等进行介绍。

一、注采工艺模块

（一）现场维修技术条件

设备运行使用时，满足下列条件之一的应进行现场维修：

（1）设备运行满一年。

（2）设备发生故障，部分或整体功能丧失。

（3）设备超压、过热等异常使用后。

（4）设备受到雷击等自然灾害。

（5）设备功能下降。

（6）设备其他异常情况。

当出现以下情形之一，装置需进行大修：

（1）设备使用一年，应进行全面检查，根据检查情况需返厂修理时。

（2）设备整体或主要部件（分离缓冲装置、脱水吸收塔等）运行存在故障或安全隐患，不能现场排除时。

（3）设备整体或主要部件需检查，但不能在现场进行时。

（4）其他设备整体或主要部件异常情况需返厂修理。

（二）装置大修基本要求

（1）装置大修应根据大修技术文件，并按规定的程序批准后实施。

（2）从事装置大修的单位应当是已取得相应的制造许可证的单位。

（3）装置各部件的拆卸、清洗、鉴定、修理、装配和调试均应符合其相应设备标准和设计图样要求。

（4）修理厂应根据各零部件的装配关系，采用选定的工具和方法进行解体，保证零部件无人为损坏。

（5）装置各主要部件可单独大修，大修后应按相关规范及标准要求检测，合格后方能进行现场安装。

（三）主要部件检修

1. 加热装置

1）检查内容

现场维修时应符合《石油工业用加热炉安全规程》（SY 0031—2012）的要求；检查加热装置的保温层、设备运行情况及安全附件；设备液位计刻度是否准确；化验炉内水质；加热装置排污状况；燃烧器电机运转情况，运行中有无异响；加热装置使用过程中温度、压力等参数，加热装置是否超温、超压运行，是否频繁突然升温、降温；加热装置人孔、防爆门和各管线等处的密封，是否损坏；加热装置盘管的压力、排烟温度是否正常。

2）维修内容

加热装置的维修应在停炉情况下进行；检查燃烧器时应将燃烧器拆下，对其单独检查维修并清理火筒、烟管内的灰垢；修补加热装置耐火层；加热装置人孔、防爆门和各管线等处的密封损坏，应进行更换；对燃烧器电机应检查燃烧器关键零部件是否有损坏或锈蚀，如果影响燃烧器功能或存在安全隐患应进行更换；燃烧器电机发现声音异常，可松动固定螺栓上下左右进行微调；电机轴承部位发生故障，如轴承完好可进行清洗并更换润滑油，如轴承损坏，应进行更换，推荐使用同型号轴承；各密封点产生渗漏时，应检查垫片是否失效或法兰螺栓是否压紧，如有应更换垫片或紧固螺栓；检查阀门填料是否失效，如失效应更换或添加填料；网杆表面有无磨损锈蚀，如已锈蚀，应区时修理阀杆表面或更换阀门。

3）大修方法

盘管：打开炉体保温层及封头，应用超声波测厚仪对盘管进行测厚，每根盘管测厚部位不少于20处，特别是弯头最薄处的厚度，如果壁厚最薄处厚度低于要求厚度的80%，应对盘管进行更换。

炉体：检查炉体外壁有无开裂变形，防腐漆是否脱落，变色；检查炉体是否损坏及损坏程度；对耐火砖或保温层进行局部修补及整体更换。

燃烧设备：应将燃烧器从炉体取下，拆开逐件检查，清洗零部件表面的积灰和污垢，清除喷嘴头部的结焦物；对燃烧器进行冷态和热态调试。

火筒和烟管：对火筒和烟管进行测厚，要求对火筒的测厚点不低于20处，每根烟管的测厚点不少于10处，厚度若低于要求厚度的80%，要更换火筒和烟管；对火筒和烟管的连按部位进行100%的NT无损检测，对存在缺陷的部位进行修复。

4）大修验收标准。

加热装置：应符合《火筒式加热炉规范》(SY/T 5262—2009)标准的要求，盘管厚度大于要求厚度的80%。

炉体：炉体耐火砖和保温层得到修补，炉体无变形且防腐良好，盘管进出炉体处密封良好；炉体外观清洁整齐。

燃烧装置：各零部件表面无积灰、无积垢、无结焦，损坏件得到修复或更换；燃烧器工作时，火焰的长短、形状、颜色达到相关要求；转动件转动灵活，调节自如；燃烧器的输气管无泄漏，无堵塞。

火筒和烟管：火筒和烟管的厚度大于要求厚度的80%；火筒和烟管的连接部位无超标缺陷。

2. 分离缓冲装置

1）检查内容

应按《压力容器定期检验规则》(TSG R7001—2013)进行定期检查；分离装置本体、接口部位、焊接接头等是否有裂纹、过热、变形、泄漏、损伤、腐蚀等；保温层有无破损、脱落、潮湿；检漏孔、信号孔有无漏液或漏气，检漏孔是否畅通；按管、紧固件、密封件部位等是否有损坏或泄漏；分离缓冲装置与相邻管线或者构件是否有异常振动、响声或者相互摩擦；支承或者支座有无损坏，紧固件是否齐全、完好；排放(疏水、排污)装置是否完好；设备运行期间是否有超压、超温、超量等现象；容器罐体有接地装置的，检查接地装置是否符合要求；安全附件(压力表、液位计、测温仪表)是否完好、灵敏；液面波动部位、气体液体进口冲刷部位及其相邻部位的筒体厚度是否满足要求。

2）维修内容

维修应符合《压力容器安装改造维修许可规则》(TSG R3001—2006)要求；装置内部有压力时，不得对安全装置和主要的受压元件进行任何修理或紧固调整工作；维修前须切断与设备有关的电气设备电源；分离缓冲装置维修时拆卸的紧固件和密封面应妥善保管，密封元件的更换或密封面的修理；螺栓等紧固件的清洗、检查和更换；保温、防腐设施的修理；与分离缓冲装置相连的管件、阀门的修理；影响分离缓冲装置安全使用的外围设施(如基础支座及吊耳等)的修理。

3）大修方法

必要时更换封头和筒节；打磨法消除缺陷；补焊或堆焊修复法；挖补修复法。

4）大修验收标准

各受压元件厚度符合规范要求；表面无裂纹、鼓包、凹陷、变形等现象；焊缝表面不得有裂纹、气孔、弧坑等缺陷，并不得保留有溶渣和溅物；各连接部位无泄漏现象；分离缓冲装置及附属设备的外表清洁、无油污、积灰和积水现象。

3. 单螺杆泵

1）检查内容

单螺杆泵的检查应执行《单螺杆泵》（JB/T 8644—2007）标准；螺栓、螺母紧固，基础牢固；检查泵运转时的音响和振动是否异常；检查减速箱油液位；检查轴承，补充或更换变速箱的润滑油，校验联轴节的同轴度和端面间隙。

2）维修内容

单螺杆泵正常维修周期为 4 个月，如漏油应适当压紧传动箱盘根密封压盖螺母填料（如采用盘根密封）或更换机械密封；清扫、修理密封液系统；消除定子两端密封面渗漏，紧固定子拉杆螺栓。

3）大修内容

除正常检修内容外，还需检查各部零件的磨损情况，并进行修理或更换；检修或更换轴承；检查齿轮变速箱内的齿轮磨损情况及齿轮啮合间隙，修理或更换齿轮及齿轮轴；检查转子表面有无裂纹及表面磨损情况；检查定子内表面的磨损或拉伤等情况；检查修理或更换传动轴；检查弧齿齿轮联轴节的磨损情况，修理或更换；检查和调整减速机、传动箱及泵的水平度。

4）大修验收标准

转子：转子螺旋面外径同联轴节套配合面的同轴度偏差应小于 0.02mm；转子螺旋面外径的径向跳动量应小于 0.02mm；转子螺旋面和轴颈表面不得有伤痕，粗糙度应不大于 $Ra1.6\mu m$。

定子：两端连接配合面的同轴度偏差应小于 0.02mm；螺旋面不得有伤痕，粗糙度应不大于 $Ra1.6\mu m$；定子螺旋面的内径径向跳动量应小于 0.03mm；定子两端连按密封面应无划痕。

转子螺旋面外径与定子配合的过盈量，一般为 0.20~0.25mm，当转子与定子配合过盈量大于或小于此值时，判定转子或定子报废。

传动轴：轴承颈与轴密封颈不同轴度小于 0.03mm；表面粗糙度应不大于 $Ra1.6\mu m$，各部轴颈不得有划痕、磨损现象。

传动箱轴承座：传动箱轴承座、轴承颈与连接轴密封座配合面的不同轴度应小于 0.02mm；止口同轴承座、轴承颈表面不得有伤痕磨损现象，其表面粗糙度应不大于 $Ra1.6\mu m$。

轴密封：

① 填料密封时，填料对口应开 30°斜口，每圈切口应互相错开 120°，并保证封油环对准密封液入口，填料压盖压入填料箱的深度一般为一圈填料的高度，但最小不能小于 5mm；当泵开动时，必须缓慢而均匀紧固压盖螺母，直到填料处不再滴漏。

② 机械密封时，压盖与垫片接触面对轴中心线的垂直度为 0.02mm；密封圈表面应光滑、平整、无划痕、裂纹等缺陷；油封、O 形密封圈不应有老化、裂纹、伤痕等缺陷，安装应符合设计要求。

齿轮：角位移允许偏差小于 0.50°，齿轮的啮合顶间隙为 0.20~0.30 模数；齿轮面不得有点蚀、胶合、划痕、裂纹等。齿轮单侧磨损为 0.30 时，应更换：轮销孔与柱销的配合为 H7/s8。

5）故障与处理

单螺杆泵常见故障与处理见表 10-2-1。

表 10-2-1　单螺杆泵常见故障与处理

序　号	故障现象	故障原因	处理方法
1	泵不能启动或电机超载	1. 转子、定子(新泵)配合过紧； 2. 液体黏度过大； 3. 定子安装不合格； 4. 供液严重不足，泵抽负压	1. 用工具人力帮助启动； 2. 用工具人力帮助启动； 3. 重新检查调整安装定子； 4. 检查进口管线是否通畅
2	泵不排液	1. 管线泄漏或万向轴断裂； 2. 电机反转； 3. 进出口阀门未打开； 4. 介质在低温下凝固	1. 检修管线或更换万向轴； 2. 调整电机转向； 3. 开启阀门； 4. 加热介质
3	流量达不到要求	1. 管线有泄漏、阻塞； 2. 转速太低； 3. 转子定子副磨损； 4. 介质黏度过高	1. 检查维修管线排除障碍物； 2. 增加转速； 3. 更换定子； 4. 加热介质，降低黏度
4	压力达不到要求	定子磨损	更换定子
5	流量急剧下降	1. 管线忽然堵塞或泄漏； 2. 进出管吸入空气或液体中混有大量气体； 3. 定子某一部分被损坏	1. 检查管路； 2. 检查进出口系统有无漏气； 3. 更换定子或调整定子
6	运转振动有噪声	1. 进出吸入管道泄漏 2. 供液不足	1. 检查吸入管路； 2. 检查泵进液情况
7	定子过早损坏	1. 出口压力过大； 2. 介质中混有异物； 3. 介质对定子有化学腐蚀； 4. 介质温度过高； 5. 泵干或半干运转	1. 调整压力； 2. 清除异物； 3. 根据介质选配定子； 4. 降低介质温度； 5. 向进口处加入润滑介质
8	轴密封出现大量泄漏	机械密封面或盘根被损坏或磨损	修复或更换机械密封或盘根

4. 仪器仪表

1）检查内容

可按《检测仪表》(SHS 07002)要求检查；如超过校验周期，应重新校验；有表盘的，玻璃应完好清晰，使表盘内指针指示值能清楚易见；零部件应完整无损，紧固件不得有松动和损伤现象，或动部分应灵活可靠；接管、阀门及接头等是否渗漏；接管保温伴热是否正常；接管是否通畅、有无冻堵；变送器故障检查：接线端子是否松动或生锈；变送器对地绝缘是否良好；电源电压是否稳定；重新检查变送器是否符合技术要求。

2）维修内容

根据检查、校验中查出的故障情况，运用备品配件与修理技术进行修复或更换；按《检测仪表》(SHS 07002)步骤，进行检查、校验，各项性能应符合技术指标要求。

3）故障与处理。

仪器仪表常见故障与处理见表 10-2-2。

表 10-2-2　仪器仪表常见故与处理

仪表种类	故障现象和原因	处理方法
压力表	有限止钉的压力表，在无压力时，指针转动后不能回到限止钉处；无限止钉的压力表，在无压力时，指针距零位的数值超过压力表规定的允许误差	重新校验压力表，如不能恢复应更换
	表盘封面玻璃破碎或表盘刻度模糊不清	更换表盘封面或更换新压力表
	封印损坏或超过校验有效期限	重新校验
	表内弹簧管泄漏或压力表指针松动	更换压力表
双金属温度计	表盘玻璃破碎或表盘刻度模糊不清	更换表盘封面或更换双金属温度计
	超过校验有效期限	重新校验
	无法准确指示温度	更换新双金属温度计
浮子液位计	因主体管沉淀物质，造成无法正常显示液位	进行清洗吹扫，必要时可拆除连接部分
	主体管内部等部件磨损严重、变形渗漏	更换新液位计

5. 管线管件

1）检查内容

检查管线温度、压力及电伴热运行情况；检查管线及法兰、管件、阀门等组成件是否泄漏；保温层和防腐层检查：检查保温层有无破损、脱落等情况，防腐层是否完好；振动检查：检查管线有无异常振动情况，管线内有无异常声音；支架检查：检查支架是否脱落、变形、腐蚀损坏或焊接接头开裂，主要受力焊接接头是否有宏观裂缝；阀门检查：检查阀门表面是否存在腐蚀现象，阀体表面是否有裂纹、严重缩孔等缺陷，阀门连接螺栓是否松动，阀门操作是否灵活；法兰检查：法兰是否偏口，紧固件是否齐全并符合要求，有无松动和腐蚀现象；法兰面是否发生异常翘曲、变形；测厚检查：需重点管理的管线或有明显腐蚀和冲刷减薄的弯头、三通、管径突变部位及相邻直管部位应采取定点测厚或抽查的方式进行壁厚测定。定点测厚发现问题时，应扩大测厚范围，根据测厚结果，可缩短定点测厚间隔期；安全阀检查：是否进行定压和校验，定压和校验是否由有资质的单位承担；安全阀校验应包括开启压力、回座压力、阀芯提升高度、密封性等。

2）维修内容

管线管件的维修应按《工业管道维护检修规程》(SHS 01005—2004)进行。管线发生以下情况之一时，应停止使用：在用管线超压、过冷，经过处理仍然无效；管线发生严重泄漏或破裂，介质大量泄出时；发现不允许继续运行的其他情况时。安全阀发生下列情况之一时，应停止使用并更换：阀芯和阀座密封不严且无法修复；阀芯与阀座黏死或弹簧严重腐蚀、生锈。

3）故障与处理

管线管件常见故障与处理见表 10-2-3。

表 10-2-3 管线管件常见故障与处理

序 号	故障现象	故障原因	处理方法
1	法兰泄漏	螺栓预紧力不够	紧固螺栓
		法兰密封面损坏	修复密封面或更换法兰
		法兰密封垫失效	更换密封垫
2	焊缝泄漏	焊缝有沙眼、裂纹、腐蚀减薄	补焊修复
3	管线泄漏	管线腐蚀穿孔	补焊修复或更换管段
4	管线冻堵	保温层损坏或电伴热带故障	修复保温层或修理电伴热带
5	管线结垢	运行时间长，管线自然结垢	更换结垢部分管线

6. 自动控制部分

1）PLC 控制柜

PLC 控制柜由中央处理单元 CPU、存储器输入输出模块以及编程器等组成。

PLC 硬件部分包括外围线路、电源模块、存储器输入输出模块等，其中外围线路由现场信号和现场输出信号以及一些导线、接线端子和接线盒等组成，其中现场信号主要包括输入按钮、行程开关、传感器输出开关量，中间继电器输出信号等，现场输出信号主要包括电磁阀线圈、继电器、接触器、电阻丝、电动机信号等。

外围电路元器件故障：如 PLC 控制系统自动停止工作，应检查 PLC 控制回路中元器件是否损坏；如系统可靠性降低或系统不能正常工作，应检查输入电路接线方式是否正确、牢靠；PLC 的输出形式是否合适；检查外接继电器、接触器、电磁阀等执行元件是否正常，有无线圈短路、机械故障造成触点不动或接触不良等故障。

端子接线接触不良：根据控制系统原理图或者 PLC 逻辑梯形图，使用万用表进行故障诊断维修；检查控制柜配线是否存在缺陷，或者由于使用中振动加剧及机械寿命等原因，造成接线头或元器件接线柱松动而引起接触不良。如有，可采用焊接冷压片或冷压插针的方法进行处理。

PLC 受到干扰引起的功能性故障：PLC 受到外部干扰，与系统结构无关时，应排除干扰源。PLC 生产现场的抗干扰可采用下列方法：检查 PLC 接地线，接地电阻应小于 4Ω，接地点应靠近 PLC，并且与其他设备分开。此外，对供电系统中的强电设备外壳、柜体、框架、机座及操作手柄等金属构件，必须设置保护接地。

PLC 周期性死机：如出现 PLC 周期性死机或者程序混乱，或者出现不同的中断故障显示，重新启动后又一切正常，应检查 PLC 机体内有无积灰，如有积灰应对 PLC 机架插槽接口处进行吹扫，再用酒精擦净插槽及控制板插头。

PLC 程序无故丢失：检查 PLC 主机及模块是否接地良好；主机电源线的相线与中性线接线是否正确；预先准备好程序包，用作备份；使用手持编程器查找故障时，应将锁定开关置于垂直位置。

模块的维修：当出现故障时，修理人员可观察模块的指示灯及用万用表测量模拟量模块输入/输出、开关数模块输入/输出是否正常，如果不正常则需进行维修或者更换相应模块。

继电器的维修：当外输泵不能自动启停，或者电动阀不能远程进行控制，测试继电器工作是否正常，如果不正常，则需进行维修或者更换继电器。

保险（熔断器）的维修：若出现电脑界面上装置的数据全无，检查保险是否损坏；检测可用万用表通断挡，用表笔接触保险的两端测试保险（熔断器）是否熔断。如损坏，则应更换相应的保险(熔断器)。

电源的维修：可用万用表测电源的输出电压24V DC是否正常。如损坏，则应更换相应的电源。

信号线的维修：可用万用表通断挡，用表笔接触导线的两端，如果有蜂鸣声，则信号线无断线。如损坏，则应更换相应的信号线。

程序的更改：包括改IP地址，更换相应的通道，添加流量计数据等。若工控机输出界面个别数据显示异常，可通过PLC-232串口，更改相应通道。

2）变频柜

交流接触器：变频器报故障，泵启动异常，并且伴有烧焦现象，应检查交流接触器是否损坏，如损坏，应更换交流接触器；打开接触器主触头灭弧罩，检查三相主触头接触是否严密，触头有无烧灼。

空气断路器：打开断路器外壳，检查进出线路有无变色或松动；检查三相主触头应无烧灼点，试合两次断路器三相动、静触头接触严密、压力均衡，用万用表测量阻值应在0.20Ω以内；灭弧罩完好无破损；回装外壳后合断路器手柄灵活无卡滞，按动试验按钮应能够立即跳闸；如空气断路器灭弧罩损坏，则应更换相应的空气断路器。

继电器：检查继电器外观无触点烧灼痕迹，按线圈电压通电试合，吸合良好，无杂音、不抖动，合位用万用表测试各触点间导通良好；继电器应检查对应的设备定值调整合理，按动试验按钮用万用表测量辅助触点通断状态正常；继电器校验合格，动作灵敏可靠。

变频器输入电压：控制回路接线端子螺丝是否松动，如松动应紧固；主回路接线端子螺丝是否松动，如松动应紧固；铜排连接处是否有过热痕迹；主回路电缆、控制回路电缆有无损伤，特别是与金属表面接触的表皮是否有割伤的痕迹；主回路电力电缆的绝缘是否良好；对风道、本体风扇及电路板上的粉尘全面清扫；在粉尘较大的环境中应经常清扫；变频器内部冷却风扇的使用是否正常，应检查风扇叶片等是否有裂痕，开机声音是否异常，如发生风扇故障时，应及时更换风扇；转换开关和按钮；变频器自动、手动应能转换，否则需更换转换开关；变频器频率如不能手动调节，调节旋钮用万用表测电阻值有无变化，如损坏应更换。

变频器常见故障与处理见表10-2-4。

表10-2-4 变频器常见故障与处理

序号	故障现象	故障原因	处理方法
1	上电无显示或乱码	1. 变频器输入电源异常； 2. 驱动板与控制板连接的排线接触不良； 3. 变频器内部器件损坏	1. 检查输入电源； 2. 重新拔插排线； 3. 寻求厂家服务
2	上电显示“对地短路故障”报警	1. 电机或输出线对地短路； 2. 变频器损坏	1. 用摇表测量电机和输出线的绝缘； 2. 寻求厂家服务
3	上电变频器显示正常，运行后显示“HC”并马上停机	风扇损坏或者堵转	更换风扇
4	频繁报“模块过热”故障	1. 载频设置太高； 2. 风扇损坏或者风道堵塞； 3. 变频器内部件损坏(热电偶或其他)	1. 降低载频； 2. 更换风扇、清理风道； 3. 寻求厂家服务

续表

序　号	故障现象	故障原因	处理方法
5	变频器运行后电机不转动	1. 电机损坏或者堵转； 2. 参数设置不对	1. 更换电机或清除机械故障； 2. 检查并重新设置
6	DI 端子失效	1. 参数设置错误； 2. 接线错误； 3. 控制板故障	1. 检查并重新设置相关参数； 2. 重新接线； 3. 寻求厂家服务
7	变频器频繁报过流和过压故障	1. 电机参数设置不对； 2. 加减速时间不合适； 3. 负载波动	1. 重新设置相关参数； 2. 设置合适的加减速时间； 3. 寻求厂家服务

3）配电柜

配电柜提供三相交流电用于启动变频器输出控制电动机动作，检查时闭合漏电保护器，电路导通，控制面板上接触式开关红灯亮，按下绿色接触式开关，绿灯亮，变频器进入待机状态，则电柜工作正常，如出现短路、漏电状况，在闭合漏电保护器的瞬间，保护器应自动断开。如果闭合后接触式开关红灯不亮，则可能出现短路情况，可根据接线图，用万用表检测、判断故障进行修理。

4）通信柜及 UPS 修理

通信网络故障：检查网线是否断线或松动；检查交换机工作是否良好，供电是否正常或交换机网口是否损坏；检查视频服务器工作是否良好，视频通信或供电是否正常。

UPS 电源切换启动频繁：检查 220V 交流电压是否干扰过强或者电压波动范围过大；检查自动稳压控制和市电供电与逆变器供电的转换工作点调整是否合适。

UPS 电源只能工作在逆变器供电状态，不能转换到市电供电状态：220V 交流电压输入保险丝熔断，检查输出回路是否短路或过载；市电输入端火线与零线接线有无错误；交流电是否出现过大的浪涌电流；如转换电压偏高，应检查控制供电转换电压工作点微调电位器调整是否合适；如无交流反馈电压信号输入，应检查主变压器次级反馈绕组是否闭路；如特定电压范围内 UPS 无输出，应检查交流稳压控制线路是否出现故障。

UPS 电源只能工作在市电供电状态下，不能转换到逆变器供电状态：若逆变器工作指示灯停止闪烁，处于长亮状态，并且 UPS 电源没有输出，应检查每节 12V 蓄电池端电压是否低于终了电压 10.5V 及逆变器末级晶体管是否损坏，或是脉宽调制组件有无驱动振荡脉冲输出；若逆变器工作指示灯熄灭，电源没有输出，应检查蓄电池组 30A 保险丝是否熔断，或是逆变器末级晶体管有无烧毁而导致蓄电池组短路。如蓄电池电压很低，甚至为零时应进行检查：内部辅助电源回路故障；末级驱动电路中两臂输出出现严重不平衡；过流保护线路失效；脉宽调制组件损坏；末级晶体管线路中的保护二极管被损坏。

逆变器工作指示灯正常，电源没有输出：应检查脉宽调制器件工作点是否失调或损坏；主电源变压器是否短路或层间击穿；末级晶体管电路两臂是否严重不平衡；转换控制电路是否损坏。

UPS 不间断电源处于逆变器供电时，后备工作时间达不到额定满负荷供电时间：蓄电池是否过度放电，使端电压接近于规定的终了电压，每节 12V 蓄电池端电压不应低于 10.5V；蓄电池放电后，是否有足够时间充电或市电电网电压长期在低压状态下运行；蓄电池是否长期处于"浮充状态"，导致蓄电池内阻增大，造成蓄电池实际可供使用的容量远远低于蓄电池组的额定容量；蓄电池充电回路是否损坏或者充电电压调整不当。若蓄电池组端电压过低，可将蓄电池脱机进行均衡充电，重新恢复蓄电池组的性能。

工作指示灯停止闪烁，电蝉常鸣：频繁开关UPS是否既不工作在市电供电状态，也不工作在逆变器供电状态，造成启动失败。关断UPS电源开关后，应至少要等5~6s以后，才能重新启动；UPS电源是否因负载过重或者蓄电池端电压过低引起自动保护线路动作；检查控制工作状态指示灯和蜂鸣器的定时器组件是否损坏；在UPS电源负载回路中或在市电供电网络中有无大负载或电感性负载接入。

变压器有异响：整流回路和稳压电路是否有故障，整流桥或集成稳压块是否烧毁；主变压器初级或次级绕组是否打火；脉宽调制线路和末级晶体管之间的连接线缆断裂或插头座接触是否良好；末级晶体管电路两臂输出是否严重失调、不匹配。

UPS不间断电源每次开机工作一段时间后，蜂鸣器长鸣，无输出：市电/逆变器供电转换控制电路有故障，导致电压不稳定；过电流保护电路工作点漂移，造成误动作。

5）电气故障

应先检查控制器动作，然后检查电装动作。检查主电源及控制电源、继电器、熔丝及所有指示灯、开关是否正常。若控制有问题，检查确定是否更换相关零件；若电气元件无问题，检查电装；检查电机，如有问题可更换；若微动开关出现故障，可调整或者更换；其他电气故障，可通过更换相关元件解决。

6）工业控制计算机

打开计算机电源而计算机无反应，按下列要求逐步检查：检查电源插座是否有电并与计算机正常连接；检查计算机电源是否能正常工作（开机后电源风扇是否转动），显示器是否与主机连接正常；打开机箱盖查看电源是否与计算机底板或主板连接正常，底板与主板接插处是否松动，开机底板或主板是否上电，电源是否接线有误；拔掉内存条开机是否报警；更换CPU或主板。

加电后底板上的电源指示灯一亮就灭、无法加电：检查机箱内是否有螺丝等异物，导致短路；有关电源线是否接反，导致对地短路；再次利用替换法，更换电源、主板、底板等设备。

工业控制计算机加电后，电源工作正常，主板没有任何反应：去掉外围的插卡及所连的设备，看能否启动；如果不能，可去掉内存，看是否报警；检查CPU是否正常工作；检查主板是否正常。

开机后听见主板自检声但显示器没有任何显示：检查显示器与主机连接是否正常；更换显卡，查看是否能正常显示；清除CMOS（可能设置有错误）或者更换BIOS模块；更换CPU板（主板集成显卡）或显示器。

二、注水一体化集成装置

（一）现场维修技术条件

（1）设备连续运转使用时间达到设备小修周期。

（2）设备发生故障可现场修理解决。

（3）设备短期超负荷运行后。

（4）设备受自然灾害损坏需现场修理。

（5）设备易损件损坏需更换。

当出现以下情形之一，装置需进行大修。

(1) 设备连续运转使用时间达到设备大修周期。

(2) 设备发生故障现场无法修理。

(3) 设备主要部件功能丧失。

(4) 设备存在安全隐患。

(5) 设备主要功能指标下降。

(二) 现场维修原则

(1) 修理应由具有相应资质的修理厂及修理人员进行修理。

(2) 修理使用的配件应符合其相应的国家标准和行业标准。

(3) 大修后的注水一体化集成装置在主要技术性能指标上达到《数字化注水撬》(Q/SY CQ3423)的相关要求。

(4) 修理厂应根据各零部件的装配关系，采用合理的工具和方法。

(5) 大修设备经拆检后符合下列条件之一的，视为报废：已达到或超过设备使用的年限，且性能已达不到要求的；虽未达到规定使用年限，但无法修复的；国家明文规定淘汰的；污染环境，有安全隐患的。

(6) 对大修设备的进厂要求：返厂修理件运输前使用单位必须将送修机外露部分基本冲洗干净，剩余的水、油应排放掉；对因发生事故而造成损坏的大修设备，使用单位应说明原因及过程。

(三) 主要部件检修周期

注水一体化集成装置关键部件修理周期见表 10-2-5。

表 10-2-5 注水一体化集成装置关键部件修理周期

序　号	部件名称	小修周期/月	大修周期/月
1	电动往复泵	6	24
2	管道离心泵	6	18
3	控制系统	3	36

(四) 主要部件检修项目

1. 电动往复泵

1) 小修

检查密封填料及各部密封圈，必要时更换；检查、清洗泵液力端和润滑油油系统过滤器；检查、紧固各部螺栓；检查、修理或更换进出口阀组件；检查各部轴承磨损情况，必要时更换；检查、调整往复泵大小皮带轮安装误差；检查、调整齿轮油泵压力；检查动力系统及强制冷却风扇情况，必要时加注润滑油；检查储能器压力，必要时补充氮气；校验压力表、安全阀。

2) 大修

除小修项目外，还需包括泵解体、清洗、检查各零部件以及测量磨损情况，必要时更换；调整机体水平度，曲轴与十字头形位误差必要时调节修复；检查各部件轴承，必要时更换；检查机身、底座地脚螺栓紧固情况；检查清洗动力端油池、过滤器和齿轮油泵，更换润滑油。

2. 管道离心泵

1) 小修

更换填料密封；检查清洗轴承，调整轴承间隙；检查修理泵的对中情况；处理在运行中出现的一般缺陷；检查清理油封和润滑系统等。

2）大修

除小修项目外，还需包括检查修理机械密封；解体检查各零部件的磨损、腐蚀和冲蚀情况；泵轴、叶轮必要时进行无损检测；检查清理轴承、油封等，测量、调整轴承油封间隙；检查测量转子的各部圆跳动和间隙，必要时做动平衡校检；检查并校正轴的直线度；测量并调整转子的轴向窜动量；检查泵体、基础、地脚螺栓及进出口法兰的错位情况，防止将附加应力施加于泵体上，必要时重新配管。

3. 控制系统

1）小修

吹扫清理柜内部的灰尘，清理干净柜内的油、水等其他杂物，保证柜内清洁干燥无异味；检查所有元器件；检查断路器、变频器、继电器、交流接触器、端子排、旋钮、按钮及指示灯、PLC 和触摸屏，看是否有损坏或碳化痕迹，如有损坏则更换相应元器件，并对更元器件的接线进行紧固。

2）大修

除小修项目外，还需包括 PLC 控制软件升级，保证系统的兼容性及稳定性；上位机组态软件升级，保证系统的兼容性及稳定性。

（五）主要部件修理准备与故障处理

1. 电动往复泵

1）拆卸前准备

掌握泵的运行状况，备齐必要的图纸资料和相关修理记录；备齐修理工具、量具、起重机具、配件及材料；切断与泵相连的水、电源，关闭泵管线上的进出口阀，进行泵体内部介质置换并吹扫干净，确保修理过程安全。

2）拆卸与检查

检查泵对中情况；拆卸附件及附属管线；拆卸十字头组件，检查十字头、十字头销轴、十字头与滑板的配合与磨损；拆卸曲轴箱，检查曲轴、连杆及各部件轴承；拆卸泵体上的进出口阀，检查各部件及密封；拆卸工作缸、柱塞，检查缸与柱塞的磨损情况与缺陷；拆卸减速机盖，检查轴承磨损与齿轮啮合痕迹；拆卸齿轮油泵，检查齿轮啮合情况；检查地脚螺栓。

3）故障与处理

电动往复泵常见故障与处理见表 10-2-6。

表 10-2-6　电动往复泵常见故障与处理

序　号	故障现象	故障原因	处理方法
1	流量不足或输出压力太低	吸入管道阀门稍有关闭或阻塞，过滤器堵塞	打开阀门，检查吸入管道和过滤器
		阀接触面损坏或阀面上有杂物使阀面密合不严	检查阀的严密性，必要时更换阀门
		柱塞填料泄漏	更换填料或拧紧填料压盖
2	阀有剧烈敲击声	阀的升程过高	检查并清洗阀门，调节阀门升程
3	压力波动	安全阀、导向阀工作不正常	调校安全阀，检查、清理导向阀
		管道系统漏气	处理漏点

续表

序　号	故障现象	故障原因	处理方法
4	异常响声或振动	轴与驱动机同心度不好	重新找正
		轴弯曲	校直轴或更换新轴
		轴承损坏或间隙过大	更换轴承
		地脚螺栓松动	紧固地脚螺栓
5	轴承温度过高	轴承内有杂物	清除杂物
		润滑油质量或油量不符合要求	更换润滑油，调整油量
		轴承装配质量不好	重新装配
		泵与驱动机对中不好	重新找正
6	密封泄漏	填料磨损严重	更换填料
		填料老化	更换填料
		柱塞磨损	更换柱塞

2. 管道离心泵

1）拆卸前准备

掌握泵的运转情况，并备齐必要的图纸和资料；备齐修理工具、量具、配件及材料；切断电源及设备与系统的联系，排净泵内介质，达到设备安全修理条件。

2）拆卸与检查

拆卸附属管线，并检查清扫；测量转子的轴向窜动量，拆卸检查轴承；拆卸密封并进行检查；测量转子各部圆跳动和间隙；拆卸转子，测量主轴的径向圆跳动；检查各零部件，必要时进行无损检测检查；检查通流部分是否有汽蚀冲刷、磨损、腐蚀结垢等情况。

3）故障与处理

管道离心泵常见故障与处理见表 10-2-7。

表 10-2-7　管道离心泵常见故障与处理

序　号	故障现象	故障原因	处理方法
1	流量、扬程降低	泵内或吸入管道内存有气体	重新灌泵，排除气体
		泵内或管路有杂物堵塞	检查清理
		泵的旋转方向不对	调整旋转方向
		叶轮流道不对中	检查、修正流道对中
2	电流升高	转子与定子碰擦	解体修理
3	振动增大	泵转子或驱动机转子不平衡	转子重新平衡
		泵轴与原动机轴对中不良	重新校正
		轴承磨损严重，间隙过大	修理或更换
		地脚螺栓松动或基础不牢固	紧固螺栓或加固基础
		泵抽空	进行工艺调整
		转子零部件松动或损坏	紧固松动部件或更换
		支架不牢引起管线振动	管线支架加固
		泵内部摩擦	拆泵检查消除摩擦

续表

序　号	故障现象	故障原因	处理方法
4	密封泄漏严重	泵轴与原动机对中不良或轴弯曲	重新校正
		轴承或密封环磨损过多形成转子偏心	更换并校正轴线
		机械密封损坏或安装不当	更换检查
		密封液压力不当	调整密封液压力
		填料过松	填料压实
		操作波动大	稳定操作
5	轴承温度过高	轴承安装不正确	按要求重新装配
		转动部分平衡被破坏	检查消除
		轴承箱内油过少、过多或油品变质	按规定添放或更换油
		轴承磨损或松动	修理更换或紧固
		轴承冷却效果不好	检查调整

3. 控制系统

1）拆卸前准备

备齐测量仪器、工具及电路图；劳保防护用品：安全帽、绝缘鞋和绝缘手套；确认安全措施制定情况；检查安全注意事项。

2）拆卸与检查

检查系统接地；检查主线路、控制线路接线端子是否松动，是否有烧灼痕迹；检查空气断路器、交流接触器、继电器接线端子是否松动，是否有烧灼痕迹，外观有无缺损；检查变频器接线端子是否松动，是否有烧灼痕迹，外观有无缺损；检查精控注水仪及其他仪表显示是否正常，外观有无缺损。

3）简易故障判断和处理方法

电源问题：电网电压不正常，欠压或超压、缺相等，应用万用表依据随机附带的电气原理图逐级检查供电情况。

指示仪表显示不正常的问题：频率表工作时的显示范围为0~50Hz，电流表的显示范围为注水泵电机的额定电流，电压表显示380V左右的电源电压，当各类仪表工作时显示不正常或无显示时，先检查仪表的连线有无明显掉线和松动等接触不良问题，若排除后可初步判定仪表损坏。

器件、元件、部件有明显的破损等问题（但并非烧坏）：及时更换相同型号的元器件，并按照图纸或实物的接线方法正确安装与接线。

4）系统故障判断和处理方法

电源指示灯不亮：当打开总电源开关时，电源灯指示灯不亮，可用万用表的交流750V挡分别去量总空气开关上下两端的三相电源电压是否正常，若正常则灯坏，若空开在合的状态下，上端有电压，而下端无电压，则空开保护或故障，若两端均无电压则检查电源。

控制部分不起作用：检查急停按钮是否被锁定在关断的状态下。

按动注水泵启动按钮，无法使变频器上电，水泵风机不转，运行指示灯不亮：检查连接点压力表是否发生故障；风机的热过载继电器是否有保护。

手动状态下无法启动注水泵：当按动注水泵启动按钮后，变频器通电但旋转电位器注水泵不能运转时，检查电位器和中间继电器是否损坏。

自动状态下无法启动注水泵：当按动注水泵启动按钮后，变频器通电但变频器没有输出频率时，检查压力传感器工作是否正常，控制器工作是否正常，中间继电器是否损坏。

注水泵风机不能启动：当按动注水泵启动按钮后，变频器通电且注水泵运行但风扇不转，检查注水泵风机的交流接触器。

5）电路故障判断和处理方法

依据电路图，按照设备的工艺流程及各相关功能的控制方法，检查各功能器件是否损毁。断路器的检查：万用表的电压挡量断路器的进端在无电压的情况下，依次将断路器置于合挡、分挡，并分别量各相的通断，以确定断路器是否损坏。

接触器、热继电器、中间继电器等检查：分别量其线包的阻抗和各个触点的通断来判断是否损坏，损坏时应按照图纸或实物的接线方法正确安装与接线。

启停按钮、转换开关、急停按钮、复位开关的故障排查：将各开关按钮分别置于不同状态，依据图纸用万用表量取各常开常闭节点相应的通断，判断是否损坏，损坏时应按照图纸或实物的接线方法正确安装与接线。

检查电路各个紧固处以及线路(特别是控制回路)是否有松动、掉线或断开情况。

6）变频器故障判断和处理方法

简单的变频器故障：可通过按动复位按钮对变频器进行故障复位，重新启动后即可正常运行；若通过复位按钮无法进行故障复位时，记录变频器指示灯板上的故障代码，将故障代码反馈给厂家；当控制系统有明显烧损现象，或者依据图纸无法找到故障原因且系统无法恢复正常运行时，须及时与生产厂家联系。

（六）主要部件修理质量要求

1. 电动往复泵

1）缸体

对缸体用放大镜或着色方式检查，应无伤痕、沟槽或裂纹，发现裂纹应更换；缸体内径的圆度、圆柱度公差值为 0.04mm；缸体内有轻微拉毛和擦伤时，应进行研磨修复处理，表面粗糙度为 $Ra1.6$；必要时对缸体进行水压试验，试验压力为额定工作压力的 1.25 倍。

2）曲轴

曲轴安装水平度公差值为 0.05mm/m，清洗、检查曲轴不得有裂纹等缺陷，必要时进行无损检测；曲轴表面粗糙度为 $Ra0.8\mu m$。主轴颈、曲轴颈的圆柱度公差值见表 10-2-8。

表 10-2-8 主轴颈、曲轴颈的圆柱度公差值 mm

轴颈直径 D	主轴颈、曲轴颈圆柱度		轴颈直径 D	主轴颈、曲轴颈圆柱度		轴颈直径 D	主轴颈、曲轴颈圆柱度	
	公差值	极限值		公差值	极限值		公差值	极限值
$D<80$	0.015	0.05	$80\leq D<180$	0.020	0.10	$D\geq180$	0.025	0.10

主轴颈圆跳动为 0.04mm，主轴颈与曲轴颈的中心线平行度公差值为 0.02mm/m；曲轴中心线与缸体中心线垂直度公差值为 0.15mm/m。曲轴轴向窜量见表 10-2-9。

表 10-2-9 曲轴轴向窜量 mm

主轴颈直径 D	轴向窜量	主轴颈直径 D	轴向窜量
$D\leqslant150$	0.20~0.40	$D>150$	工业泵 0.40~0.80

主轴颈、曲轴颈擦伤凹痕面积不大于轴颈面积的 2%，轴颈上的沟痕不大于 0.10mm，轴颈磨损减少值不大于原轴径的 3%。

3）连杆

连杆两孔及装瓦后的中心线平行度公差值为 0.02mm/m；连杆小头为球面，圆度公差值为 0.03mm，表面粗糙度为 $Ra1.6\mu m$；检查连杆螺栓孔，螺栓孔若损坏，用铰刀、铰孔修理，并配置新的连杆螺栓；连杆和连杆螺栓不得有裂纹等缺陷，必要时应进行无损检测；连杆螺栓拧紧时的伸长不应超过原长度的 2%，否则应更换。

4）十字头

对十字头用放大镜或着色方式检查，不得有裂纹等缺陷；十字头销轴的圆柱度公差值为 0.02mm，表面粗糙度为 $Ra0.8\mu m$；十字头销轴与十字头两端销轴孔用着色法检查，要求接触良好；当连杆小头为球面时，球面垫的球面应光滑无凸痕，球面垫与连杆小头的间隙值为 h8/e7。

5）柱塞

柱塞不应有弯曲变形，表面应无裂纹、沟痕、毛刺等缺陷，面粗糙度为 $Ra0.8$；柱塞的圆柱度公差值为 0.05mm；柱塞与导向套配合间隙为 h9/f9；导向套的内孔、外径的圆柱度公差值为 0.10mm；导向套内孔轴承合金不允许有脱壳现象，局部缺陷用同样材料补焊修复。导向套内孔表面粗糙度为 $Ra1.6\mu m$。

6）进出口阀

进出口阀的阀座与阀芯密封工作面不得有沟痕、腐蚀、麻点等缺陷，阀芯与阀座成对研磨，环向接触线不间断，组装后用煤油试验以 5min 不渗漏为合格；检查弹簧，若有折断或弹力降低时，应更换；阀芯的升程应符合技术要求；阀装在缸体上必须牢固、紧密，不得有松动和泄漏现象。

7）滑动轴承

轴承合金应与瓦壳结合良好，不得有裂纹、气孔和脱壳现象；轴与轴衬的接触面在轴颈正下方 60°~90°，连杆瓦在受力方向 60°~75°，用涂色法检查，接触点不少于 2 点/平方厘米；轴衬衬背应与轴承座、连杆瓦座均匀贴合，用涂色法检查，接触面不小于总面积的 70%。滑动轴承配合径向间隙要求见表 10-2-10。

表 10-2-10 滑动轴承配合径向间隙要求 mm

部位名称	径向间隙	部位名称	径向间隙	部位名称	径向间隙
径向间隙	$1.2d/1000$	曲轴轴衬	$1\sim1.5d/1000$	连杆小头轴衬	0.05~0.10

注：d 为轴颈直径。

8）滚动轴承

滚动轴承的滚子与滚道表面应无坑痕和斑点，转动自如无杂音；轴与轴承的配合为 H7/k6，轴承与轴承座的配合为 Js7/h6；滚动轴承在热装时严禁直接用火焰加热。

9）填料密封

压盖紧固螺栓的松紧程度要均匀一致；压盖压入填料箱深度一般为一圈的高度，但最小不能小于5mm；填料的切口应平行、整齐，安装时切口应错开120°~180°；填料压入填料函时必须一圈圈压入，严禁多圈同时压入。

2. 管道离心泵

1）滚动轴承

滚动轴承与轴配合为H7/k6；滚动轴承外圈与轴承箱内壁配合为Js7/h6；滚动轴承拆装时，采用热装的温度不超过120℃，严禁直接用火焰加热，推荐采用高频感应加热器；滚动轴承的滚动体与滚道表面应无腐蚀、坑疤与斑点，接触平滑无杂音，保持架完好。

2）机械密封

压盖与轴套的直径间隙为0.75~1.00mm，压盖与密封腔间的垫片厚度为1~2mm；密封压盖与静环密封圈接触部位的粗糙度为*Ra*3.2μm；安装机械密封部位的轴或轴套，表面不得有锈斑、裂纹等缺陷，粗糙度为*Ra*1.6μm；静环尾部的防转槽根部与防转销顶部应保持1~2mm的轴向间隙；弹簧压缩后的工作长度应符合设计要求；机械密封圈弹簧的旋向应与泵轴的旋转方向相反；压盖螺栓应均匀上紧，防止压盖端面偏斜；静环装入压盖后，应检查确认静环无偏斜。

3）转子

管道离心泵转子跳动要求见表10-2-11。

表10-2-11 管道离心泵转子跳动要求 mm

测量部位直径 *D*	径向圆跳动		叶轮端面跳动	测量部位直径 *D*	径向圆跳动		叶轮端面跳动
	叶轮密封环	轴套			叶轮密封环	轴套	
D≤50	0.05	0.04	0.20	120<*D*≤260	0.07	0.06	0.20
50<*D*≤120	0.06	0.05		*D*>260	0.08	0.07	

轴套与轴配合为H7/h6，表面粗糙度*Ra*1.6μm；根据运行情况，必要时转子应进行动平衡校验，其要求应符合相关技术要求。一般情况下，动平衡精度要达到6.3级。

4）叶轮

叶轮与轴的配合为H7/js6；更换的叶轮应做静平衡，工作转速在3000r/min的叶轮，外径上允许剩余不平衡量控制值见表10-2-12。

表10-2-12 叶轮静平衡允许剩余不平衡量控制值

叶轮外径 *D*/mm	*D*≤200	200<*D*≤300	300<*D*≤400	400<*D*≤500
不平衡量/g	3	5	8	10

平衡校验，一般情况下在叶轮上去重，但切去厚度不得大于叶轮壁厚的1/3。

5）主轴

主轴颈圆柱度为轴径的0.25%，最大值不超过0.025mm，且表面应无伤痕，表面粗糙度*Ra*1.6μm；键与键槽应配合紧密，不允许加垫片，键与轴键槽的过盈量控制值见表10-2-13。

表10-2-13 键与轴键槽的过盈量控制值

轴径 *D*/mm	*D*≤70	70<*D*≤100	100<*D*≤230
过盈量/mm	0.009~0.012	0.011~0.015	0.012~0.017

转子与泵体组装后，测定转子总轴向窜量，转子定中心时应取总窜量的一半。

3. 控制系统

1）接地系统

母线、主接线端头无变色或松动现象，主体无变形弯曲，电气距离合乎标准要求(380V 相间大于 20mm，相线对外壳大于 100mm)；电缆槽内无积水、杂物，支架完好、牢固、不锈蚀，盖板齐全；控制电路接线正确、整齐、紧固，标志清晰，熔断器接线无变色或松动现象；盘面指示装置完好可靠，使用万用表检测盘面转换开关、按钮接触电阻应在 0.5Ω 以下，开关按钮无卡滞、灵活可靠；检查抽屉柜的一次插接件无烧灼痕迹，弹簧压力均衡，接触良好；二次插接件金属弹片无弯曲变形，测量二次插件插座与插头接触电阻小于 0.5Ω。

2）空气断路器

打开断路器外壳检查进出线路有无变色或松动；检查三相主触头应无烧灼点，试合两次断路器三相动触头与静触头接触严密、压力均衡，用万用表测量阻值应在 0.2Ω 以内，灭弧罩完好无破损；回装外壳后合断路器手柄灵活无卡滞，按动试验按钮应能够立即跳闸；断路器外壳(进线、出线电源两相之间外壳)无缺损。

3）交流接触器

交流接触器电磁铁的短路环和磁铁扣合紧固，吸合状态下无噪声，吸合铁芯表面光洁、无油污，吸持线圈绝缘无损伤，线圈表面无变色过热现象，合(分)位用万用表测试各触点间通断良好；打开接触器主触头灭弧罩，检查三相主触头接触严密，手动检查无卡滞，压力均衡，触头开距在合适范围内；灭弧罩内附件完好，联动机构绝缘良好，无变形移位松脱现象；辅助触头动作无卡滞，动静(常开、常闭)触点接触良好。

4）继电器

检查继电器外观完好，按线圈电压通电试合，吸合良好无杂音、不抖动，合位用万用表测试各触点间导通良好；热继电器应检查对应的设定值调整合理，按动试验按钮用万用表测量辅助触点通断状态正常；热继电器校验合格，动作灵敏可靠。

5）变频器

主回路、控制回路电缆线端子螺丝无松动、电缆无损伤，主回路电力电缆的绝缘良好；变频器可正常启动，初始参数设置正确，示值合理；冷却风扇无异响，变频器温升正常，外观完好。

三、天然气三甘醇脱水一体化集成装置

(一) 材料、零部件

(1) 根据设计文件及图纸编制材料采购计划，采购符合要求的板材、管材、锻件等材料。

(2) 材料、零部件到厂由材料检验员进行检验，核对质量证明文件，检查外观质量，并填写相应的检验记录。

(3) 对验收合格者按要求做好记录，逐件标记；对验收不合格者，检验员在实物上作出“不合格”标记，存放在不合格区；富液精馏柱所用不锈钢材料单独存放。

（4）库管员按“领(发)料单”核对实物标记，发放材料。

（5）做好材料标记移植，划线后由划线人员移植标记代号，经检验人员确认后再下料。

（二）工艺控制

（1）审查图纸的有效性、结构和材料的工艺性、技术要求的合理性，并做好记录。

（2）编制切实可行的产品加工工艺和符合规范要求的焊接操作工艺规程，其中设备的平封头焊接、重沸器设备法兰的焊接、鞍座的焊接作为关键点，应制定详细的加工及焊接工艺方案。

（3）根据产品加工工艺编制产品质量传递卡，根据管线安装单线图编制工艺管道安装工艺与质量传递卡。

（4）质量传递卡填写应及时、正确、完整。

（三）过程控制

（1）吸收塔、重沸器、原料气分离器、闪蒸罐、过滤器、燃料气缓冲罐、仪表风罐的制造、检验按《固定式压力容器安全技术监察规程》(TSG R0004—2009)和《压力容器》(GB 150.1～GB 150.4—2011)相关要求进行制造、检验。

（2）在设备制造过程中，严格控制以下内容：活性炭过滤器、滤布过滤器中间隔板焊接后应做煤油渗漏检测；重沸器设备法兰、鞍座的组对焊接应严格按照工艺方案执行。

（3）压力容器的成型、组对及焊接应符合相关标准的规定，制造完工后按设计文件规定的压力进行耐压试验。

（4）撬座的制造、检验和验收按《钢结构工程施工质量验收规范》(GB 50205—2001)执行。

（5）在撬座制造过程中，采用交错对称焊方法控制撬座焊接变形。撬座上吸收塔及闪蒸罐支撑板与下部H型钢纵横梁需满焊，且焊缝焊脚高度符合相关要求，吊轴尺寸及轴套与支撑板的焊接应满焊且焊脚高度符合要求。

（6）成撬安装按《工业金属管道工程施工规范》(GB 50235—2010)、《现场设备、工业管道焊接工程施工规范》(GB 50236—2011)执行。

（7）按领料单领取各管道组成件，并填写记录。

（8）撬座找平检验合格后设备就位。

（9）管道坡口采用机械加工方法，管路所用管材不宜拼接。

（10）按管道焊接工艺操作规程施焊；焊接环境、工装设备、焊接材料应符合焊接工艺规定；焊接接过程中的焊接电流、电压、焊条直径与工艺一致；应及时填写焊接记录。

（11）焊缝表面不得有裂纹、气孔、弧坑和肉眼可见的夹渣等缺陷，咬边应符合相应的标准要求，焊缝上的熔渣和两侧的飞溅物必须清除。

（12）按照单线图进行管道预制，并标明管道系统编号和按预制顺序标明各组件的编号；安装时按预制管道的系统号和预制顺序号进行安装；管线组对的错边量、横平竖直符合相关标准的要求。

（13）阀门安装应便于操作、检查和维修，符合安全要求；安全阀安装时应保证其铅垂度，当其进口管道上设置截止阀时，应加铅封且应锁定在全开启状态；阀门在关闭状态下安装，焊接时不得关闭；截止阀、节流阀按介质流向安装；保证高、低温球阀正确安装。

（14）管线固定支架安装时要焊接牢固，并与管道同步施工。

（四）压力试验及无损检测

（1）按设计文件及相关标准要求进行压力试验，压力容器的压力试验按《固定式压力容器安全技术监察规程》（TSG R0004—2009）和《压力容器》（GB 150.1～GB 150.4—2011）执行，管道的压力试验按《工业金属管道工程施工规范》（GB 50235—2010）、《现场设备、工业管道焊接工程施工规范》（GB 50236—2011）执行。

（2）无损检测按设计文件及《承压设备无损检测》（JB/T 4730.1～JB/T 4730.6—2005）相关要求进行。

（3）外观检查：管道焊缝的外观质量符合图样及相关标准的规定；管道外观检查，包括管道组成件、管道支撑件检查及管道施工过程中的检查；管道组成件、坡口加工及组对、管道安装的检验符合相关规定。

（4）法兰、垫片、紧固件的检验和验收按《钢制管法兰、垫片、紧固件》（HG/T 20592～20635—2009）相关规定执行。

（5）管件的检验和验收按《锻制承插焊和螺纹管件》（GB/T 14383）、《钢制对焊无缝管件》（GB/T 12459）相关规定执行。

（五）检验要求

1. 外购件及焊缝等

（1）外购锻件法兰密封面不应有划痕、擦伤等缺陷。

（2）外购管件不允许有肉眼可见的裂纹、折叠和其他影响使用的外观缺陷。

（3）外购的螺栓表面不允许有黑皮、磕碰等缺陷。

（4）外购阀门不允许有肉眼可见的裂纹、缩孔和穿透性缺陷及严重的残缺类缺陷（如欠铸、机械损伤等）和其他影响使用的外观缺陷。

（5）焊缝表面不得有裂纹、气孔、弧坑和肉眼可见的夹渣等缺陷，焊缝应在焊接完成后立即除去熔渣、飞溅并将焊缝表面处理干净。

（6）管路元件和材料使用前按国家现行标准和设计文件的规定核对材质、规格、型号、数量和标示，进行外观质量和几何尺寸的检查验收。

（7）管路安装应横平竖直，其允许偏差应符合相关标准的要求。

2. 出厂检验

（1）装置出厂前，其设备及管道的外防腐层表面应无脱落、气泡、裂缝、凸瘤和混杂物等影响表面质量的缺陷。

（2）每套产品应检验合格，并附有所有出厂资料后方可出厂。出厂资料至少应包括：产品合格证、产品说明书、质量证明书（装置中压力容器合格证及质量证明书、装置上外购件合格证及质量证明书、无损检测报告、焊接质量检查记录、压力试验报告等）。

（六）标志

1. 标志

标志仅为铭牌标志。

2. 铭牌位置

装置铭牌应固定于撬座上，处于装置正面显著位置。

3. 铭牌内容

(1) 装置名称。

(2) 规格型号、处理量。

(3) 进气压力、进气温度。

(4) 泵形式、泵循环量。

(5) 设备质量。

(6) 主要外形尺寸。

(7) 出厂编号。

(8) 制造日期。

(9) 设计、生产制造单位名称。

第三节 一体化集成装置大修相关要求

一、装置大修出厂要求

(1) 一体化集成装置大修后需进行相关试验，试验方法和验收规则执行相应的国家、行业或企业标准。

(2) 零件、部件及仪表应齐全完整，相关仪表应按要求进行校验。

(3) 经大修的装置都应按相应的技术要求，在出厂前进行工厂试验，确保达到规定性能。

(4) 经大修出厂的装置，应由承修单位填写合格证及修理卡，修理卡的主要内容应包括更换的主要零部件名称和数量、主要部位的配合尺寸、主要零部件修复工艺记录、代用改进性零部件及试车记录等。

(5) 凡经大修的设备，应外表清洁，并按相关要求进行喷涂。

二、大修后装置的标志、包装、吊装运输、存放

1. 标志

(1) 大修后的装置应有液体流向标志及工作旋向标志。

(2) 大修后的装置应有大修铭牌，铭牌内容至少应包括：大修设备名称和规格、大修编号、作业单位名称、出厂日期等。

2. 包装

(1) 装置所有进、出水口应进行封口处理，并封闭牢靠。

(2) 装置内的油、水应排放干净，自由状态的部件应锁定或捆扎牢固。

(3) 随机文件应包括大修合格证书、使用维护说明书。

3. 吊装运输

(1) 装置吊装作业应按照吊装方案并采用专用吊装工具进行，起放动作要平稳，防止重心偏离，确保吊装安全。

(2) 运输时，设备与运载车体应固定牢靠。超高超宽运输时，应设置超高超宽标志，并在路政管理部门办理相关手续。

4. 存放

(1) 装置不使用时，应存放在干燥通风处，以免受到雨淋和其他损伤。

(2) 装置存放超过一年的，应定期检查并做好防锈处理。

第四节 投产试运

储气库投产试运是储气库建设中的关键环节，是一项复杂的系统工程，是储气库由建设转向运行的过渡。针对储气库的特点，提出了“先辅助后主体，分步试运投产”的思路，在整体试运前，先完成公用工程、辅助生产系统的投运，之后进行主体设备试运投运。

一、生产准备工作

生产准备工作是工程投产前的一项重要工作，是确保工程投料试车一次成功及试车后各设备装置安全平稳运行的前提条件。中原油田储气库群工程建设建立了生产准备工作前移工作机制，将生产准备工作贯穿于工程建设项目始终。

(一) 建立组织机构

建立生产准备组织机构，其包含一个领导小组及七个专项准备组(图 10-4-1)。各准备组职责明确，协调处理生产准备工作中各项问题，保障生产准备工作顺利有序开展。

(二) 确定管理模式及人员

1. 管理模式

储气库前期运行采用生产运行单位直管和基层单位代管相结合的模式运行。注采站负责储气库注采运行、HSSE 管理、巡检巡查、设备设施管理、应急处置、员工管理、经营管理等日常管理工作；分公司直属单位业务主管部门直接管理、指导注采站对口业务。技术支持、生产应急、后勤保障、党政工团等管理保障工作分别由基层管理区代管；储气库仪表检定、压缩机维修维保、集输管线巡护等生产辅助业务由分公司直属单位专业化部门负责；车辆保障、门岗保卫、绿化保洁等后勤保障业务由分公司直属单位后勤辅助部门负责。

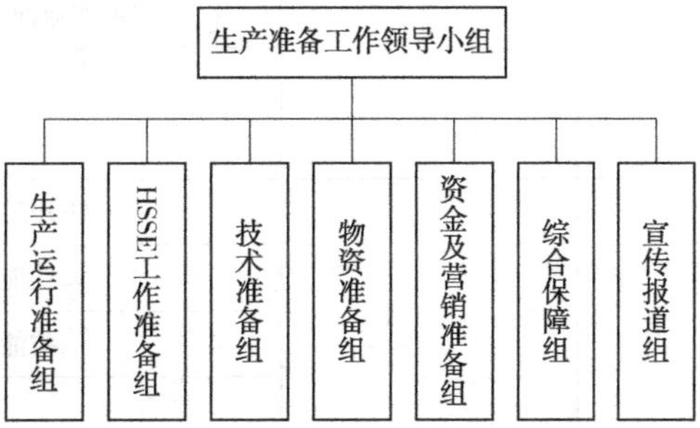

图 10-4-1 储气库生产准备组织机构

2. 人员配置

按照层级精干、运行高效原则设置班组，并按照因事设岗、数量最少原则设置岗位，实现注采站少人值守，井场无人值守、有人巡检。

根据《天然气长距离运营劳动定员》(Q/SH 0288—2009)、《油田地面建设规划设计规范》(SY/T 0049—2006)、《采输气工程定员标准》(Q/SH 1025 0644.13—2016)、《岗位设置规范核心业务基层队伍》(Q/SH 1025 0878.07—2020)等标准要求，进行人员配备。

3. 人员培训及取证

为确保储气库成功投产及安全运行，所有参与储气库运行的管理人员、技术人员和操作人员于投产前 6 个月内进行选聘，统一负责培训，培训采用自主学习、理论学习、储气库跟班实习以及厂家学习交流的方式穿插进行，培训期间安排管理、专业技术、操作岗位人员的培训取证工作(表 10-4-1)。

（1）管理人员培训。提高管理人员的政治站位，强化责任担当，增强抓管理、带队伍和风险管控能力，掌握上岗所需的专业知识和管理技能，确保储气库投产后高效运营。

（2）技术人员培训。掌握储气库基础知识；储气库危险源及危害识别；场站工艺流程及参数；储气库投产基本步骤及实施方案、储气库正常生产运行时的气藏分析、设备设施管理；储气库技术标准、行业规范等专业知识。

（3）操作人员培训。熟悉场站集输、注采、脱水工艺流程，熟练掌握设备工艺操作规程，提高员工现场操作能力、执行能力和应急处理能力；了解场站 DCS 系统的控制与管理，掌握远控、站控、就地三级控制模式；了解压缩机组基本原理及参数、相关配套流程、日常检查、启停操作、日常保养、常见故障及预防处理，提高员工现场操作能力、分析判断及处理控制能力。

（4）投产前组织储气库管理、技术人员、操作人员按岗位职责分别取得相应的管理和操作证，确保全员持证上岗。

表 10-4-1 人员取证清单

序 号	岗 位	取证名称	备 注
1	管理及技术	危化品安全管理人员培训合格证	
		特种设备安全管理证 A	
		HSE 上岗证	
		许可作业四类人员：签发、申请、监护证	
		计量操作员证	
		采油采气井控证	
2	生产运行操作	快开门式压力容器操作证(R1)	
		技能等级操作证(输气工)	
		技能等级操作证(采气工)	
		监护证	
		HSE 上岗证	
		技能等级操作证(压缩机)	
		特种作业操作证(低压电工证)	
		消防操作证	
		采油采气井控证	
3	巡线操作	技能等级操作证(油气管道保护工)	
		HSE 上岗证	
		采油采气井控证	

（三）技术准备工作

依据国家、行业、集团公司颁发的有关标准、规范以及基础设计的要求，对储气库工程在工程建设、投产试运、生产运营不同时期所涉及的技术工作进行准备。技术准备主要包括编制投产方案、生产技术资料和管理制度，使生产人员掌握各装置的生产及维护技术。

1. 编制技术资料、图纸、操作手册

整理各种设计文件和图纸(走向图、施工图、竣工图等)。各类设备的出厂检验报告、使用说明书、性能参数、操作手册、维修保养规程，共 3 类，总计 53 项。气藏类技术资料 15 项，工艺类技术资料 28 项，电气类技术资料 10 项(表 10-4-2)。

表 10-4-2 技术资料汇编明细表

类别	序号	资料名称	类别	序号	资料名称
工艺类	1	制氮装置出厂说明说(技术规格书)	气藏类	1	储气库气藏构造平面图
	2	压缩机出厂说明书(技术规格书)		2	储气库气藏构造剖面图
	3	空压机出厂说明书(技术规格书)		3	油井交接书
	4	过滤分离器操作维护手册		4	完井地质报告
	5	阀门出厂说明书(技术规格书)		5	井斜数据表
	6	氮气储罐操作维护手册		6	套管记录
	7	流量计出厂说明书(技术规格书)		7	测井解释成果表
	8	阴极保护操作维护手册		8	固井质量资料
	9	仪表风操作维护手册		9	录井综合图
	10	通信设备操作维护手册		10	测井组合图
	11	自控设备操作维护手册		11	井身结构图
	12	DCS 系统的 HMI 软件说明书		12	注采井作业完井资料
	13	火气系统操作维护手册		13	老井封堵方案
	14	线路检验报告、操作维护手册		14	老井封堵作业完井资料
	15	储气库工程平面布置图(0 版详见)		15	井口装置、井下工具及设备资料
	16	储气库工程 PID 图纸(0 版详见)	电气类	1	电气一次主接线图
	17	储气库工程工艺流程图(0 版详见)		2	交、直流系统图
	18	发电机出厂说明书(技术规格书)		3	电缆走向图
	19	分析小屋出厂说明书(技术规格书)		4	巡视路线图
	20	行吊出厂说明书(技术规格书)监督检验证书、注册登记表		5	应急逃生图
	21	过滤分离器出厂说明书(技术规格书)监督检验证书、注册登记表		6	设备台账
	22	分离器出厂说明书(技术规格书)监督检验证书、注册登记表		7	一次设备说明书
	23	脱水装置出厂说明书(技术规格书)		8	保护装置说明书
	24	吸收塔出厂说明书(技术规格书)、监督检验证书、注册登记表		9	SVG 说明书
	25	采出水罐出厂说明书(技术规格书)、监督检验证书、注册登记表		10	交直流一体化系统说明书
	26	放空火炬出厂说明书(技术规格书)			
	27	井口注采阀组撬出厂说明书(技术规格书)			
	28	甲醇撬出厂说明说(技术规格书)			

2. 完善各类操作规程

为保障投产及后期运行工作顺利开展，投产前完成各类操作规程的制定，涉及七大类

63项，包括安全控保装置类4项、工艺设备类26项、电气设备类3项、计量仪表操作及检修类8项、测试仪表类4项、维抢工具类2项、电力运行类16项(表10-4-3)。

表10-4-3 工艺类操作规程明细表

类别	序号	名称	类别	序号	名称
安全控保装置类	1	正压式空气呼吸器操作规程	测试仪表类	1	接地电阻测试仪操作规程
	2	手提式二氧化碳灭火器操作规程		2	绝缘电阻测试仪(兆欧表)操作规程
	3	手提式干粉灭火器操作过程		3	数字万用表操作规程
	4	推车式干粉灭火器操作规程		4	冰点仪操作规程
电气设备类	1	UPS电源操作规程	工艺设备类	1	注气开关井操作规程
	2	柴油发电机操作规程		2	采气开关井操作规程
	3	火气系统操作规程		3	注气系统投运、停运操作规程
计量仪表操作及检修类	1	气体超声波流量计操作规程		4	采气系统投运、停运操作规程
	2	流量计算机操作规程		5	球阀操作规程
	3	分析小屋操作规程		6	阀套式排污阀操作规程
	4	电磁流量计操作规程		7	节流截止阀操作规程
	5	压力变送器操作规程		8	放空操作规程
	6	压力表更换安装操作规程		9	清管阀操作规程
	7	双金属温度计更换安装操作规程		10	旋塞阀操作规程
	8	温度变送器拆卸安装操作规程		11	气动执行机构(ESDV、BV、BDV、PV)操作规程
电力运行类	1	35kV GIS操作及维护法		12	井口紧急切断阀操作规程
	2	主变压器操作及维护法		13	采出水罐装车操作规程
	3	10kV开关柜操作及维护法		14	分离器排污操作规程
	4	10kV SVG操作及维护法		15	压缩机操作规程
	5	10kV接地变及消弧线圈操作及维护法		16	仪表风系统操作规程
	6	10kV压缩机操作及维护法		17	制氮机操作规程
	7	五防系统操作及维护法		18	消防栓操作规程
	8	交直流一体化装置操作及维护法		19	消防水系统操作规程
	9	UPS操作及维护法		20	桥梁式起重机操作规程
	10	微机监控系统操作及维护法		21	脱水系统投运操作规程
	11	变电站运行维护规程		22	锁环式快开盲板操作规程
	12	电力安全规程		23	井口控制柜操作规程
	13	变电站操作规程		24	井口注醇操作规程
	14	电气设备检修、预防性试验规程		25	过滤分离器更换滤芯操作规程
	15	变电站应急预案		26	HMI软件操作规程
	16	电力调度规程	维抢工具类	1	手动高压注脂枪操作规程
				2	气动注脂机操作规程

3. 编制完善各项规章制度

根据多年储气库运行管理经验，整理完善适用于储气库管理的各项规章制度，为储气库管理提供制度保障。共涉及六大类 70 项，包含储气库相关制度 14 项、生产运行类 21 项、HSE 管理类 12 项、设备管理类 13 项、管道保护类 2 项、电力类 8 项。

4. 编制综合性技术资料

(1) 根据储气库特点整理编制适用于储气库运行的图表记录等资料，共涉及六大类 59 项，包含生产运行与调度指挥类 13 项、计量与天然气结算类 6 项、设备管理类 6 项、HSE 管理类 16 项、阴保防腐类 1 项、电力类 17 项。

(2) 注采站内各压力容器、压缩机、脱水撬、配电室、发电机房和井场注采井、单井为重点要害部位，在日常管理中应重点巡查到位。根据注采站和井场的运行情况和设备状况，站内和井场易发生因设备问题出现少量天然气泄漏，管线、设备冻堵，以及站内停电等事件，事件等级较低，但站内设备较多，正常注采气时处置不当容易引起停气或事件扩大，因此根据实际现场预想的突发情况编制储气库相关的现场处置方案。

5. 编制试运投产方案

投产方案主要包括供电、空氮系统、消防系统、通信系统、压缩机、三甘醇脱水撬调试方案、总体试车、联动试车、投料试车和生产考核等，共计 14 项(表 10-4-4)。

表 10-4-4　试运投产方案目录

序　号	名　称	责任部门	序　号	名　称	责任部门
1	电力系统投运方案	EPC 承包单位	8	自用气撬及火炬调试方案	EPC 承包单位
2	给排水系统调试方案	EPC 承包单位	9	压缩机试车方案	建设单位
3	空氮系统调试试车方案	EPC 承包单位	10	脱水系统试车方案	EPC 承包单位
4	消防系统调试方案	EPC 承包单位	11	联动试车方案	建设单位
5	通信系统调试方案	EPC 承包单位	12	投料试车方案	建设单位
6	自控系统投运方案	EPC 承包单位	13	储气库项目总体试车方案	建设单位
7	阴极保护系统投运方案	EPC 承包单位	14	储气库项目生产考核方案	建设单位

(四) 物资准备

生产准备工作小组结合储气库特点，本着节约、实用的原则，按类别编制投产试运行所需要的材料及物资，并建立台账清单。涉及主要材料及物资如下：

(1) 维护用料 42 项，主要包含压缩机各类润滑油、三甘醇、甲醇、过滤分离器滤芯、柴油、漆料、阀门润滑脂、密封脂、清洗液等物资。

(2) 普通工器具 145 项，主要包含各类扳手、锤类、钳类、各类检测仪器、存放类、螺丝刀类、撬杠类等工具。

(3) 防爆工具 13 项，主要包含铜锤、管钳类、活动扳手、撬杠、F 扳手、呆扳手等工具。

(4) 安全防护 21 项，主要包含变电所用品、耳塞、耳罩、手套、检查服、空呼器等防护用品。

(5) 消防应急 16 项，主要包含消防服、消防帽、防毒面具、铁丝、编织袋、救生衣等消防应急用品。

(6) 办公用品 41 项，主要包括电脑、打印机、办公桌椅、文件柜、饮水机等办公用品。

(7) 标识标牌 59 项，主要包括注采站、变电站及井场各类标识标牌。

(8) 记录资料及台账 36 项，主要包括各类记录台账及资料报表。

(9) 备品备件 66 项，主要包括压缩机备件，以及 DCS、SIS 备品备件。

二、调试投运

储气库试车投运主要包含公用工程投用、设备单体调试、氮气置换及气密试验、工艺设备联调、投料试车等，需上下游协调，根据完井作业情况，结合地面集输工程建设和压缩机的调试方案，进行试运投产工作。

按照先投外部条件、辅助及控制系统，后投主体的顺序进行试车。采用氮气置换空气、天然气再置换氮气的置换方法。控制系统的调试由供应商负责，系统调试由建设单位负责，供应商、施工单位、监理等配合(图 10-4-2)。

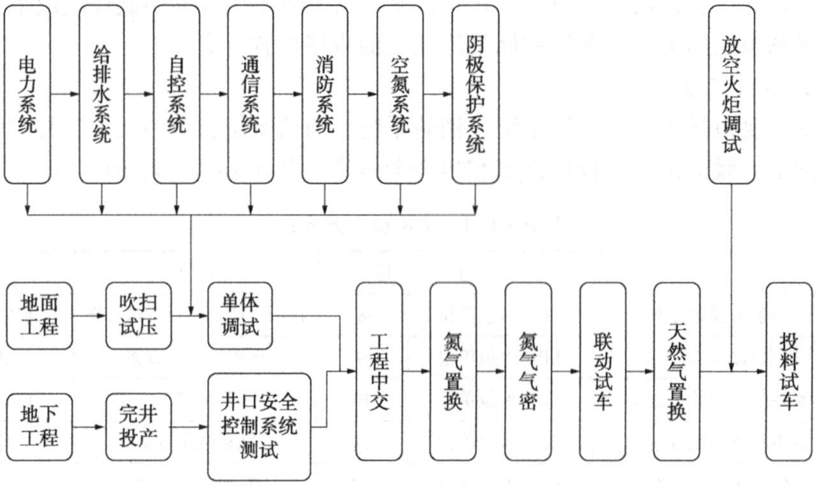

图 10-4-2 储气库投料试车程序框图

(一) 公用工程投用

为确保储气库场站设备单调、工艺联调安全顺利开展，首先要完成公用工程系统的调试及投运工作，主要包括电气系统、仪表自控系统、通信系统、消防系统、空氮系统等。

1. 电气系统投运

储气库变电站需先期投运，具备供电条件，为后期设备调试和场站正常运行提供可靠电力保证，主要内容如下：

(1) 调试之前完成市电/UPS 电缆铺设、变电站设备安装、检验报告、工用具配件准备，和供电部门签订供用电协议等工作，具备调试条件。

(2) 按照调试程序核对及测试设备编号，检查线路和变电站接地电阻及接地网，检测综合自动化信号、主变冲击合闸实验、10kV 母线冲击合闸实验等。

(3) 根据现场的实际条件，场站电气系统投运流程如图 10-4-3 所示。

2. 仪表自控系统调试投运

储气库自动控制系统设置在注采站，站内设 DCS 系统、SIS 系统、FGS 系统，丛式井场设井场 RTU 系统，具备储气库的生产、监控、报警、事故处理隔离等功能，系统的稳定性关乎储气库的本质安全和间接安全。其调试范围及主要内容如下。

(1) 仪表自控系统调试范围见表 10-4-5。

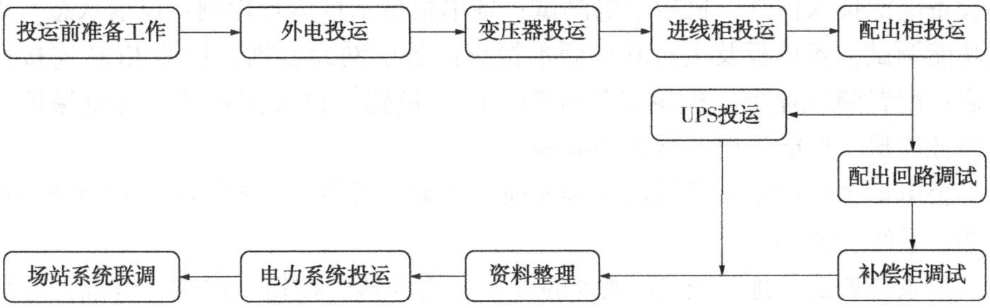

图 10-4-3 储气库电气系统投运流程图

表 10-4-5 仪表自控系统调试范围

序 号	系统名称	系统调试范围
1	DCS 系统	用于生产过程中数据采集和监控
2	SIS 系统	确保生产过程中紧急停车装置的运行
3	FGS 系统	用于火灾、气体监测、消防控制
4	井场 RTU 系统	DG12. 577mm 实现井场内工艺过程的远程数据采集、监控、管理和对井场可燃气体泄漏进行监测报警

（2）仪表自控系统调试内容见表 10-4-6。

表 10-4-6 仪表自控系统调试内容

序 号	系统调试内容	序 号	系统调试内容
1	外部接线检查	6	电源故障测试
2	系统电源检查	7	应用站完整性测试
3	控制器完整性检查	8	工作站完整性测试
4	控制器冗余度检查	9	功能测试
5	网络冗余度测试	10	ESD 测试

3. 通信系统调试投运

通信系统包含工业以太网系统、电话系统、办公网络系统、安防系统（视频监视系统、周界防范系统、防冲撞装置系统、门禁系统、电子巡更系统）、扩音对讲系统、巡线及抢维修系统、站内通信系统通信电源及接地、光线缆部分等。调试后满足设计和现场使用要求，各项功能符合设备说明书的出厂要求，工业以太网业务通道正常，通信各系统接地线满足设计文件要求等。现场和指挥中心保持通信畅通，确保在试车及正常生产过程中的正常沟通和紧急情况下的及时汇报。调试范围及主要内容如下：

（1）工业以太网系统：交换机光纤、网线连接；系统电源接入，工业交换机等设备通电；控制中心容错服务器、网管工作站接入；系统网管软件调试；时钟服务器、交换机、无线设备调试；有线和无线之间切换调试。

（2）视频监视系统：测试视频电缆、控制电缆、电源线通断情况；检查前端监控点安装位置，摄像机安装角度，线头接线柱合格情况；检查设备供电、防雷模块安装、电源线接地、接地线与标准符合情况；检查前端图像清晰度；检查磁盘阵列柜通电；检查数据库配置检查；检查场站监控系统稳定性、可靠性；检查视频管理平台稳定性、可靠性。

（3）光传输系统：检查光纤连接；检查线缆连接情况、单板外观及安插情况；对设备进行硬件、设备电源接入检查；机柜上电测试；各单板指示灯运行检测；风扇状态、主控板告警、复位功能调试；各单板及主机软件版本检查；备份网元数据，检测 ECC 连接情况；测试掉电重启；配置测试业务，检测光纤连接、ECC 链路、以太网业务、自愈保护、网络时钟倒换、公务连接、性能误码及网管功能等。

（4）办公电话系统调试：系统电源接入前，检测所需设备配置情况；对设备各种指标参数进行检测；系统功能调测。

（5）门禁系统调试：地址码/IP 地址的设置，读卡器、按钮、门磁、电源、通信线连接检查；测试门卡的授权状态，门禁控制器与服务器通信状态检查；电脑串口故障、总线有无开路，通信设备故障、控制器地址测试；系统软件安装、数据库建立。

（6）周界防范系统调试：检查挂线杆安装正确牢固，绝缘子位置正确，导线架设正常；检查跨接线情况，接地电阻满足要求；检查引向主控制器的高压绝缘导线信号线和回路线分管穿线，始端和终端连接正确；检查系统的绝缘电阻满足设计要求；主机上电后检查系统正常显示，测试报警功能达到出厂要求。

（7）电子巡更系统调试：使用巡更机按设置好的巡更路线巡更一次；通过管理软件读取巡更机内数据；查询巡更数据，符合实际巡更时间；使用巡更机按设置好的巡更路线，巡更一次，并故意漏巡 2~5 个巡更点；通过管理软件读取巡更机内数据；查询巡更数据，查看合格巡更数据和漏巡巡更数据，与实际是否一致。

（8）电子防冲撞系统调试：检测装置完全起升时间，到达设计要求；检测装置完全回缩时间，达到设计要求；检测系统拦截宽度和高度达到设计要求；检测起升力、系统安全承载压力达到设计要求；停电测试，达到不限次数的升起和降下设备，确保有效拦截和通行。

4. 消防系统调试投运

消防系统对整个储气库场站的运行安全起着至关重要的作用，在储气库试车之前对系统的软硬件设施进行调试，确保达到硬件完好、软件好用、本质安全的目的(表 10-4-7)。

表 10-4-7 消防系统调试内容

序 号	工作内容	
1	调试条件	调试人员职责明确，调试负责人具备专业技术资格
2		消防系统各类设备已经通过单体测试
3		消防水罐水量达到设计要求
4		系统供电正常
5		消防管网已充满水，阀门法兰无泄漏
6		与系统配套的火灾自动报警系统处于工作状态
7	调试要求	水源测试应符合设计要求
8		消防水泵测试应符合厂家说明书和技术协议要求
9		消防系统控制逻辑测试达到设计要求

5. 空氮系统调试投运

仪表风系统担负着整个场站仪表、阀门、控制柜的仪表气源供给，系统的平稳关系到整个储气库的平稳运行与安全，氮气系统担负整个场站工艺系统安全隔离、检修置换等作用，两套系统的稳定是保障储气库安全生产的前提。其调试项目及主要内容见表 10-4-8。

表 10-4-8 空氮系统调试项目及主要内容

序 号	调试项	调试内容
1	空载测试	系统上电，启动空压机，检查工艺管路是否有漏气，油管路是否有泄漏，主机是否有异响杂音，检查正常后停运
2		启动冷干机，观察压缩机、冷媒高低压变化、风机运行是否正常。检查正常后停运
3		空载启动吸干机，检查 PLC 控制、仪表参数、气动阀切换、加热器启停、故障报警、连锁控制等各项功能正常。检查正常后停运
4		空载启动制氮机，检查 PLC 控制、仪器仪表显示参数、故障报警、连锁控制、气动阀切换等各项功能正常。检查正常后停运
5	带负载调试	打开空氮系统管路上的各个阀门，确保工艺气流程畅通
6		启动空压机
7		启动冷干机，正常运行后按照要求对高效油水分离器、高效除油器、精密过滤器、粉尘精滤器排污(高效油水分离器、高效除油器排污建议每 1~2h 排一次，精密过滤器、粉尘精滤器排污建议每 8h 排一次)
8		空压机正常启动后，调节好再生气，观察吸干机吸附塔压力，待压力上升到 0.6MPa 并观察吸干机电磁阀控制气路前的过滤减压阀压力值是否在气动阀控制动作压力范围内(气动薄膜阀 0.2~0.3MPa，气动蝶阀 0.4~0.6MPa)以后启动吸干机
9		待前置净化部分正常运行，并且空气缓冲罐压力达到 0.6MPa 以上后启动制氮机组
10		根据现场实际情况以及用户技术协议要求对制氮机运行的参数进行微调，对放空装置进行缓慢调节，对进气大小、出气大小、再生气大小进行调节，最终使设备各项参数达到技术协议要求
11	调试结束停机	停运空压机
12		停运吸干机，打开系统排污阀进行排污、泄压
13		停运制氮机，关闭氮气出口流量调节阀，并打开系统排污阀排污、泄压

(二) 设备单体调试

设备单体调试是设备安装结束后未与系统连接，按照建设施工和验收规范的要求，确认设备符合出厂标准和满足实际使用条件而进行的单机试车工作。为保证储气库的顺利试车，各个单元的设备需在投用之前进行单体设备调试，调试结果达到实际使用要求。为节约调试时间，单体设备调试工作和公用工程调试同步进行。单体设备调试要求见表 10-4-9。

表 10-4-9 单体设备调试要求

序号	名 称	调试内容	合格标准	备 注
1	压缩机	压缩机撬、空冷器撬安装	粗找平、精找平、一次灌浆、二次灌浆、三次灌浆达标	
2		压缩机、主电机润滑油系统	按照说明书要求进行油品添加、润滑油系统油运完成	
3		主电机压缩机对中	对中数据符合设备说明书要求标准	
4		压缩机数据间隙测量	数据符合设备说明书要求标准	
5		电气、仪表	回路测试、功能测试达到设计要求	
6		主电机 4h 空载测试	温度、振动符合设备说明书要求标准	
7		其他辅助系统	具备投用条件，达到设计使用要求	

续表

序号	名　称	调试内容	合格标准	备　注
8	气动执行装置	手动、气动、自动截断功能	阀门能够按照设计要求开关到位	
9		装置全开全关时间	在最低压力时动作时间≤60s	
10	阀门	外观检查	无明显制造、运输、安装缺陷，无砂眼、裂纹、腐蚀坑等缺陷	
11		安装	位置正确、安装牢靠	
12		内外漏检查	不泄漏	
13		维护保养	投运前已完成并有记录	
14	三甘醇再生撬	设备管道吹扫	完成并达到相关规范要求	
15		循环泵调试	达到设计使用要求	
16		系统清洗、碱洗、清洗	系统中无杂质和油分	
17		系统干燥	系统中空气露点达到设计要求	
18	注采井口安全控制系统	注采井口检查	无明显制造、运输、安装缺陷，无砂眼、裂纹、腐蚀坑等缺陷	
19			生产阀门和备用阀门满足作业要求状态	
20		井下安全阀状态检查	地面液压控制压力在6000~8000psi	
21		井口安全阀状态检查	地面液压控制压力在3000~4000psi	
22	火炬系统	燃料气压力、流量检查	压力≥0.7kg/cm^2	
23		点火盘测试	长明灯现场及面板显示正常	
24		火焰监测器测试	关断燃料气阀门，报警正常	
25		长明灯自动点火测试	打开长明灯燃料气截止阀，自动点火功能正常	

（三）氮气置换及气密

1. 氮气置换

氮气置换主要是在系统投产运行前，用惰性气体氮气对所有管线进行氮气置换，防止天然气与空气混合形成爆炸混合气体，工作结束后关闭所有进气口和排气口，天然气置换前系统保压 0.2MPa（表压）。

氮气置换的主要技术要求包括：

（1）液氮纯度达到98%以上，置换过程中主管道内气体流速应大于 1m/s；注入管道的氮气温度不低于5℃。

（2）各检测口配备气体含量检测仪器，每间隔 5min 连续 3 次取样分析，当排放气中氧气浓度均小于2%时，为置换合格。

（3）全部置换合格后系统注氮充压，压力维持在 0.2MPa 左右。

中原油田储气库氮气置换采用“分段置换、分段实施、分区检测”的置换思路。按照主流程氮气置换顺序：第一段是联络线至注气出站阀组段氮气置换，第二段是注气出站阀组至采气进站阀组段氮气置换，第三段是采气进站阀组至吸收塔缓冲罐置换。共设置三个主放空，其他放空为次放空，主放空为全开模式，次放空为半开模式。

置换合格后，进行区域置换(计量出口汇管至吸收塔缓冲罐区块、计量出口汇管至自用气区块、压缩机进出口汇管及各压缩机机组区块、注采站所有排污管线置换)。氮气置换流程图和站内脱水系统氮气置换流程图如图 10-4-4 和图 10-4-5 所示。

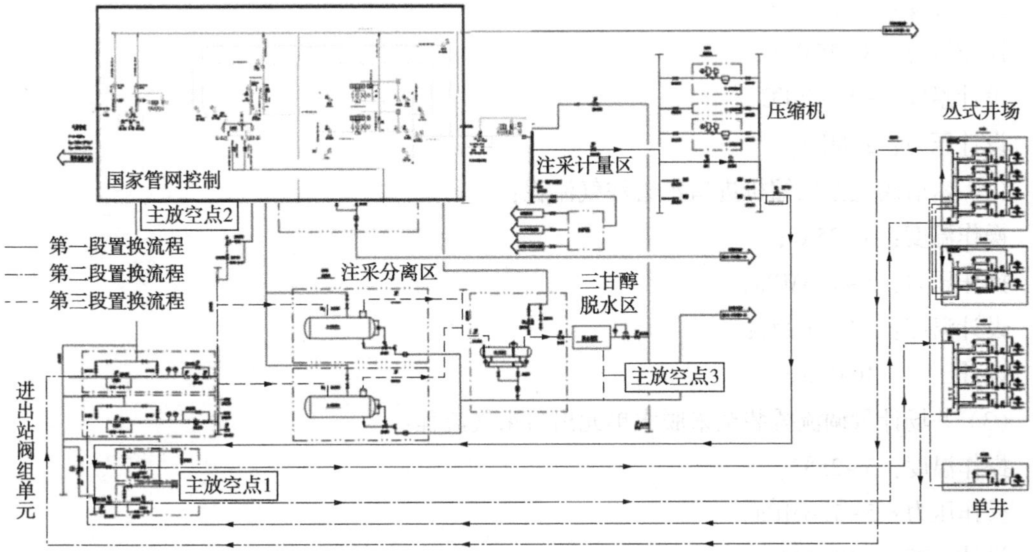

图 10-4-4 氮气置换流程图

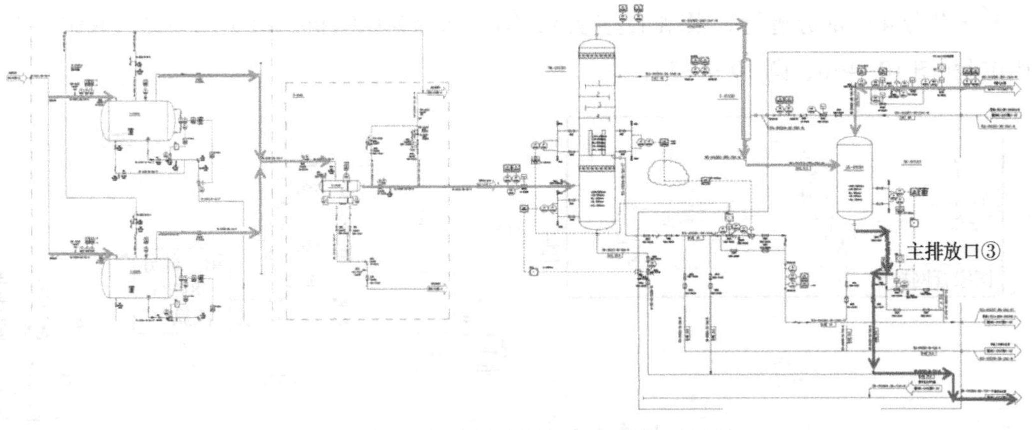

图 10-4-5 站内脱水系统氮气置换流程图

2. 氮气气密

在全线氮气置换完毕后进行，对站内及井场注采系统主流程、旁通流程、排污系统进行升压气密性试验，放空系统不在试验范围当中。考虑联络线主管线为长输管线，注气出站至井场管线为集输管线，按照施工标准，不参与气密性试验。试压介质为氮气，气密性试验压力为设计压力，采取逐级缓慢升压，气密性试验合格后，及时缓慢泄压。

氮气气密性试验要求包括：

(1) 气密性试验应在压力试验合格后进行。试验采用氮气进行。

(2) 气密性试验压力应为设计压力。

(3) 气密性试验应逐级缓慢升压。

(4) 气密性试验合格后，应及时缓慢泄压，并填写试验记录。

氮气气密升压管段技术指标包括(以卫 11 储气库为例)：

(1) 压缩机出口汇管至各注气井场注气流程：

操作温度：-15~65℃；

操作压力：8~25MPa；

设计温度：-15~70℃；

设计压力：28MPa。

(2) 六塔阀室至压缩机进口汇管注气流程：

操作温度：5~25℃；

操作压力：5~7.6MPa；

设计温度：-19~60℃；

设计压力：10MPa。

(3) 井场计量调流撬装至采脱水单元出口采气流程：

操作温度：5~25℃；

操作压力：5~7.6MPa；

设计温度：-19~60℃；

设计压力：12MPa。

升压共分 4 个部分进行。根据工艺特点，第一部分为压缩机出口至场站注气阀组 28MPa 升压试验(图 10-4-6、图 10-4-7)。

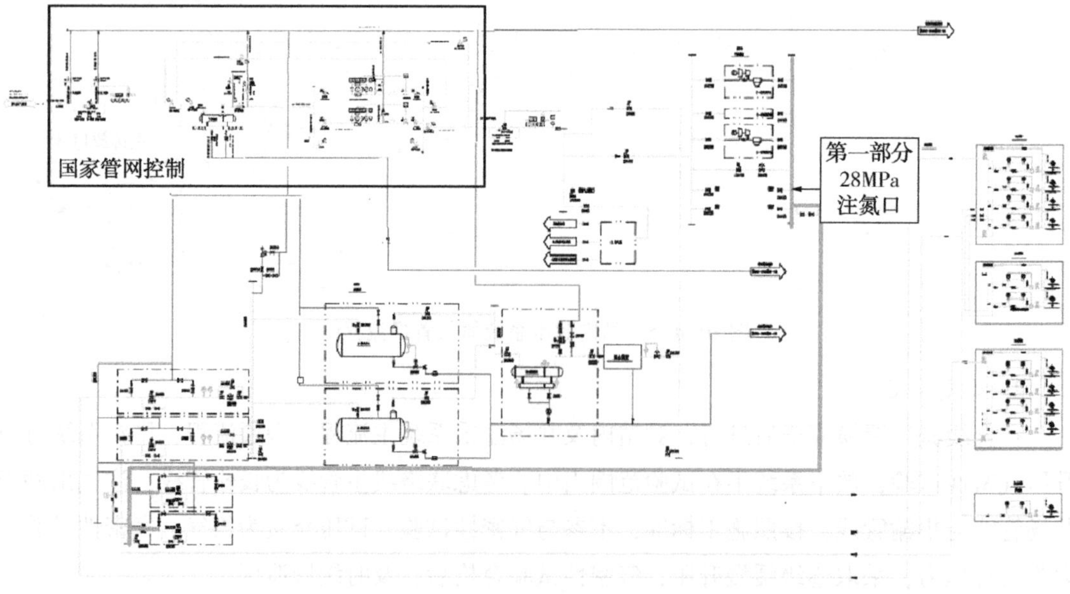

图 10-4-6 氮气气密注气流程示意图(1)

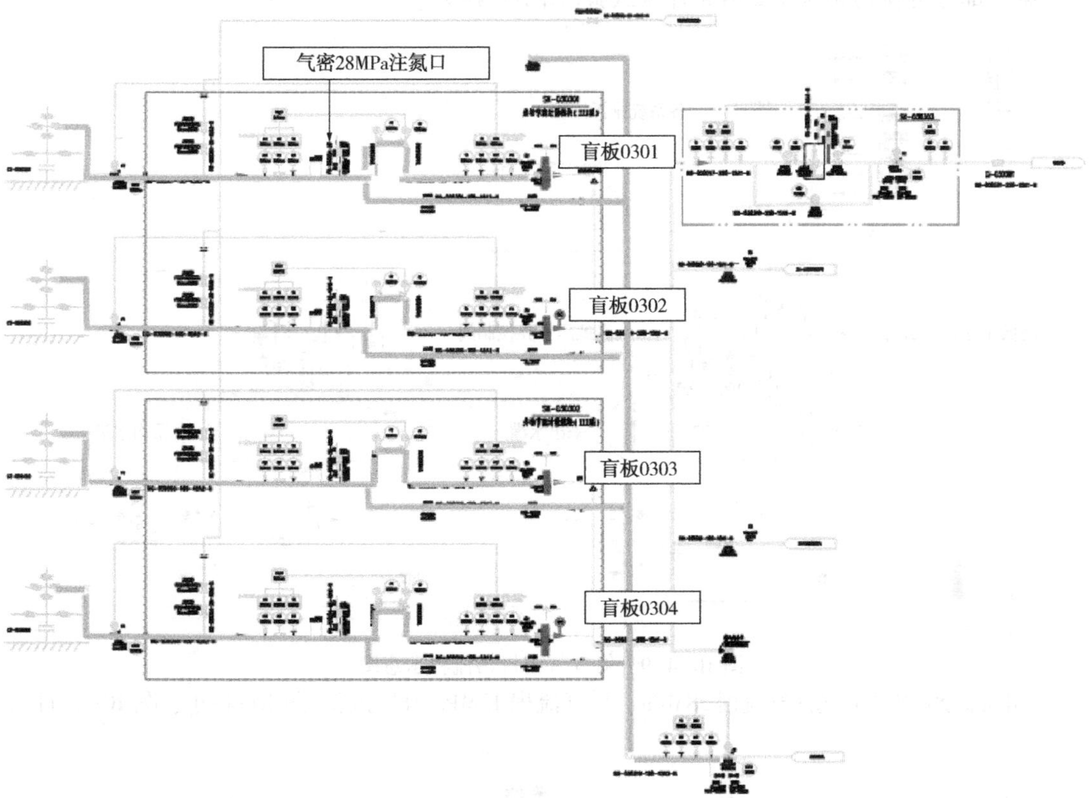

图 10-4-7　氮气气密注气流程示意图(2)

第二部分为采气阀组至采气出站 10MPa 升压试验(图 10-4-8)。

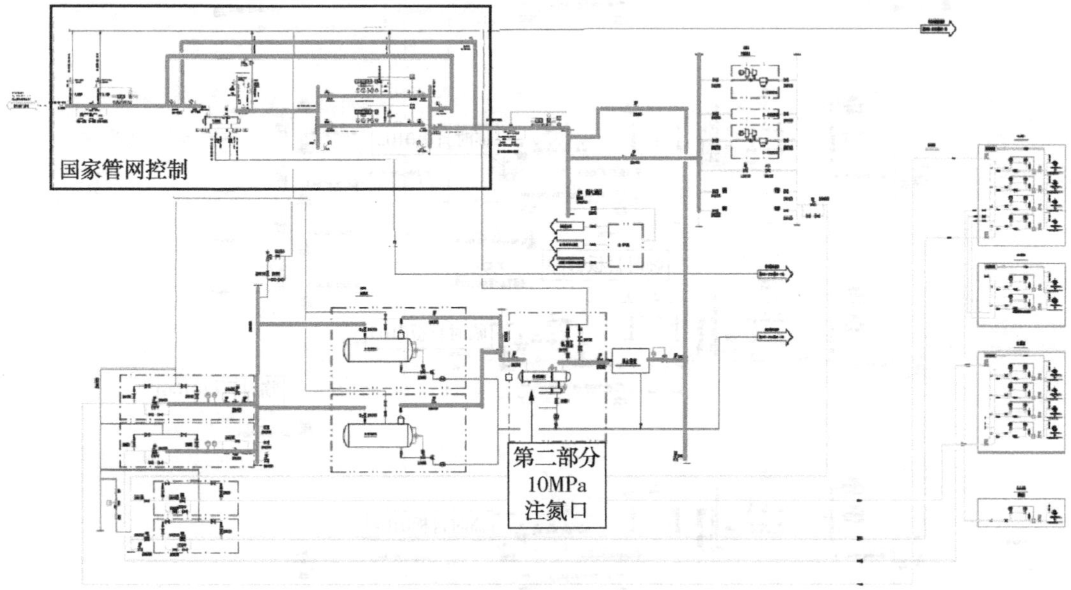

图 10-4-8　氮气气密采气流程示意图

第三部分为排污系统 1.2MPa 升压试验(图 10-4-9)。

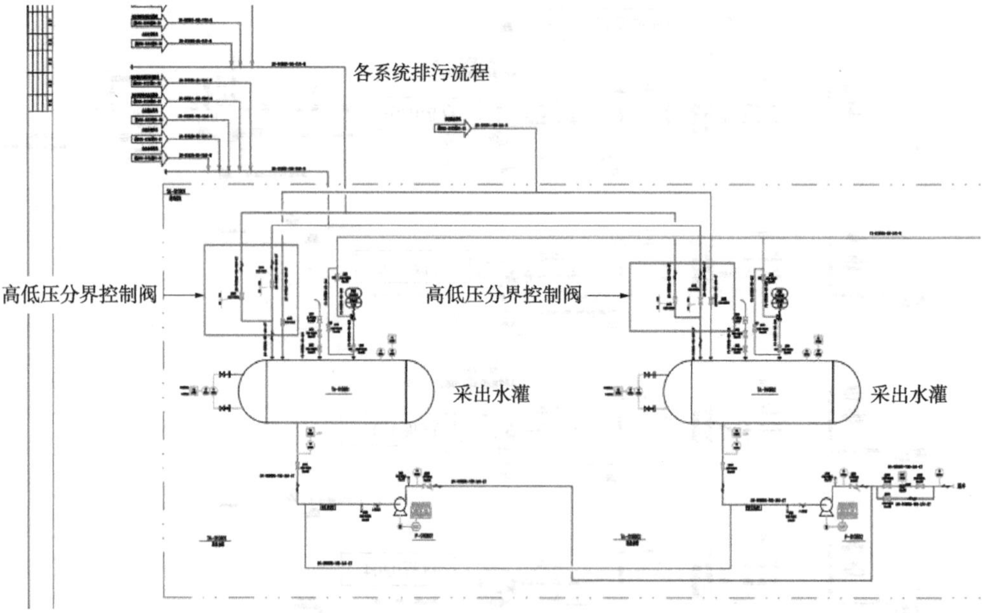

图 10-4-9 氮气气密排污流程示意图

第四部分为丛式井场注气流程 28MPa、采气流程 12MPa 升压试验(图 10-4-10、图 10-4-11)。

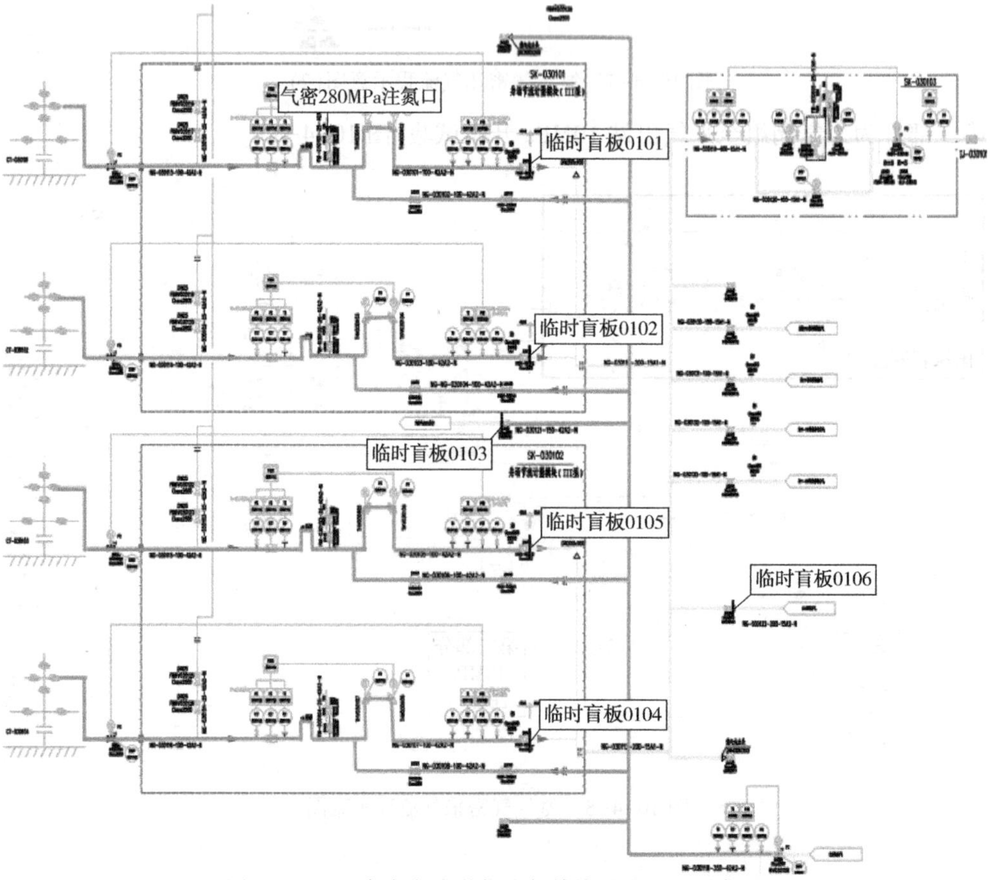

图 10-4-10 氮气气密井场注气管线试验流程示意图

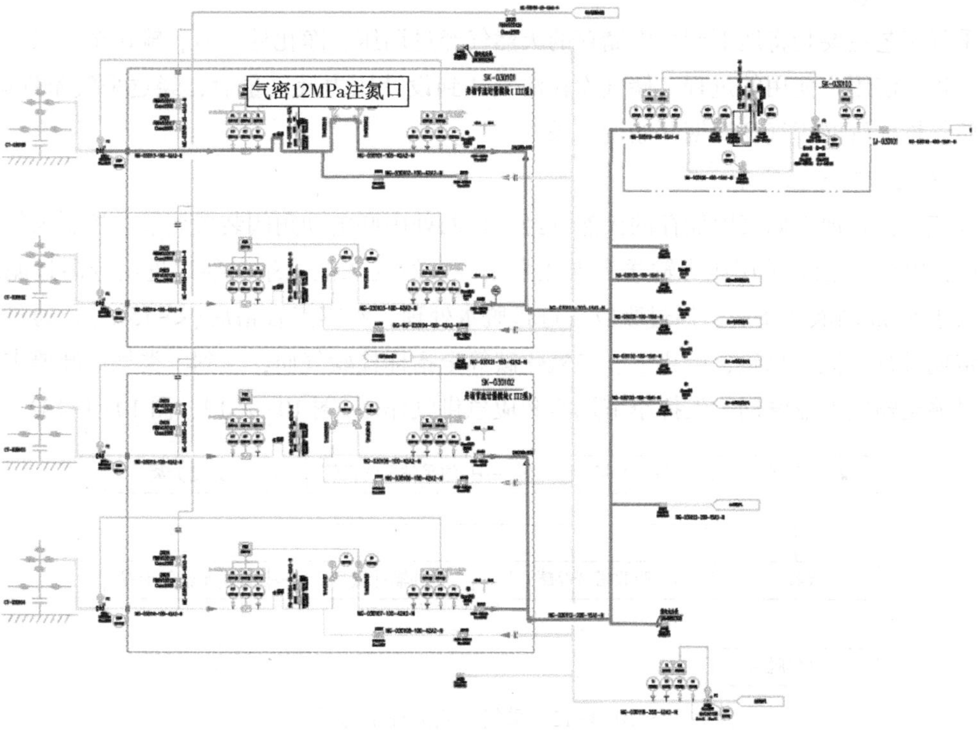

图 10-4-11　氮气气密井场采气管线试验流程示意图

（四）联动调试

联动调试是模拟正常的生产工艺参数，考核场站装置自控仪表、机电设备、空氮系统、自控阀门以及辅助流程的各项指标是否合格。联动调试气源使用氮气气密后留在系统内的氮气，压力为 0.2MPa。

联动调试主要包括公用工程系统、DCS 系统、SIS 系统、RTU 系统、FGS 火灾和气体监测系统、空氮系统的检查与调校，压缩机单机空载启运。

（五）投料试车

储气库投料试车是在联动调试完成后，进行天然气置换、升压和试车注气工作。其中，其主要内容如下（以卫 11 储气库为例）：

（1）注气投产时需要关断采气系统，做好注采系统高低压分界点的安全管理。

（2）天然气置换及升压按照“分段置换、分段实施、分单元检测”的思路，先进行联络线至进站流程天然气置换及升压，之后利用气源管线对注采站站内流程及井场天然气置换及升压。置换完成后分别在 2MPa、5MPa、8MPa 下稳压 2h，进行稳压检漏。

（3）自用气撬进行调试，按照设计给定数据调整好 2 条支路的切断压力和工作压力，投用自用气撬；导通去火炬燃料气管线，投运火炬。

（4）压缩机加载升压验漏，分两个台阶进行。第一台阶：8～20MPa；第二台阶：20～25MPa。验漏合格后，控制压缩机出口压力在 25MPa，继续注气 72h。

（5）根据压缩机开启情况进行开井注气。

(六) 采气投产

采气工艺主要是将地下储气库储存的天然气经过调压、净化处理后，输送至天然气输配管网，供下游用户使用的过程。储气库在注气达到设计压力及气量后，经过采气条件确认，在天然气输配管网用气高峰期开始调峰采气。

1. 采气工艺流程简介

采气工艺是地下储气库储存的天然气经井口两处串联电动角阀装置调节，控制采气井口气量(注甲醇)，依靠地层压力输送进入注采站。天然气在注采站内经过进站分离过滤除掉直径大于5μm固液杂质后，通过吸收塔进行脱水处理，水露点合格后(<-15℃)，通过分析小屋定期进行热值、总硫、硫化氢、二氧化碳等全指标检验气质，达到一类气标准要求，经过计量输至输气外输管网，发挥季节调峰和应急供气作用(图10-4-12、图10-4-13)。

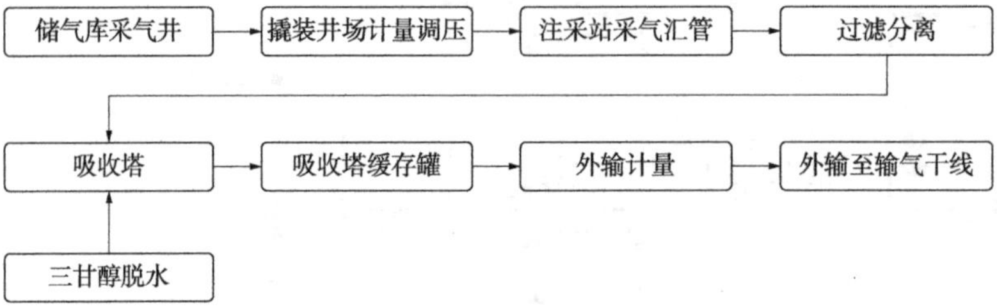

图10-4-12 采气工艺流程示意图

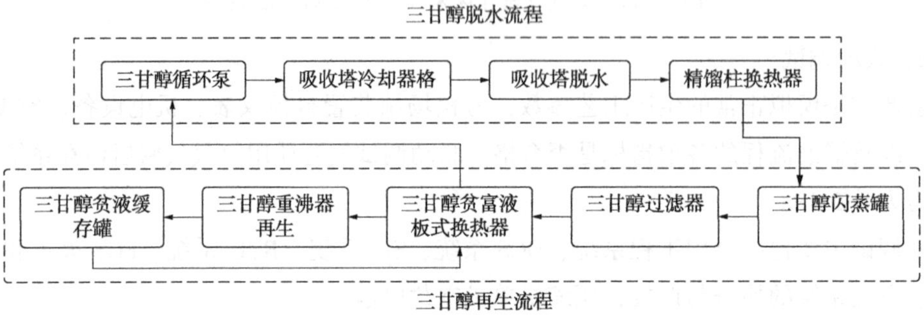

图10-4-13 三甘醇脱水再生流程示意图

2. 三甘醇脱水系统投运

三甘醇脱水系统投运是采气系统投运的前提和必要条件，在进行气井采气工作前，按照要求进行相关的三甘醇脱水系统设备、设施的单体调试工作，保证脱水系统的机泵、空冷器、燃烧器满足设计使用要求，同时进行脱水系统的水洗、碱洗工作，清除前期管道施工过程中残留在工艺管道、系统内的铁锈、灰尘、油污等杂质，确保三甘醇不受污染，达到预期的脱水效果。三甘醇系统完成前期的水洗、碱洗、单体调试和联合调试后，加注三甘醇完成初步测试等工作。

3. 采气系统工艺流程置换升压

根据注气期气井注气能力分析和现场实际，为确保采气工艺流程置换彻底，丛式井场利用最远处采气井对井场采气汇管、采气干线进行天然气置换，之后依次进行单井采气流程、注采站内采气进站阀组至脱水单元天然气置换，根据流程情况设置主、次放空口以及检测口

(具体操作方式同注气系统天然气置换)。天然气置换合格后开始分阶段升压。根据气井条件选取升压供气气源井，分三个阶段升压(以卫11储气库为例)，分别在2~5MPa、5~8MPa以及8~10MPa稳压1h，并进行验漏。

4. 采气工艺系统与三甘醇脱水系统联合试运

三甘醇脱水系统完成前期水洗、碱洗及两次脱盐水洗并进行调试，调试问题整改完毕后，开启吸收塔进气阀门，进行脱水系统联合试运。

(1) 向吸收塔充入天然气至1MPa左右。

(2) 通过加注泵注入TEG补充罐或直接注入三甘醇再生撬装置中；开启三甘醇补充泵，向贫液缓冲罐、重沸器注入三甘醇；开启三甘醇循环泵，向吸收塔注入三甘醇，当液位达到60%时；开启液位调节阀，向TEG闪蒸罐注入三甘醇溶液；当液位达到60%时，充压至0.35MPa(缓慢地打开燃料气至闪蒸罐的阀门，通过调节减压阀使闪蒸罐的压力达到0.35MPa左右)。按流程走向，三甘醇依次流过机械过滤器、活性炭过滤器、机械过滤器、贫/富液换热器、精馏柱、重沸器、汽提柱、贫液缓冲罐、贫/富液换热器，完成一个循环。调节各个塔、罐的液位达到平稳，液位调节阀投入自动。检查各处工艺指标是否正常，装置建立了三甘醇溶液循环。初次建液，建议循环24h以上，以观察系统各点是否运行正常(仪表、电气、运转设备等)。

(3) 按照操作规程启动燃烧器。

(4) 当一个稳定、良好的操作建立起来后，利用调节阀控制重沸器温度，蒸发系统内水分，当尾气分离罐液位上涨趋势减小后，可继续升温，最终将重沸器的温度设置在190~200℃。

(5) 待重沸器的温度和三甘醇贫液达到操作要求后，使原料气流经装置。当重沸器达到操作温度且泵的流量也达到规定值时，慢慢打开原料气进口阀，让气体流经装置。缓慢进行此项操作，以免将三甘醇溶液吹翻，引起拦液及大量三甘醇溶液被带出装置。手动控制流量，维持原料气小流量平稳运行8h以上。

(6) 打开汽提气的出口阀门，根据三甘醇浓度要求调节汽提气阀门。

(7) 检查产品气指标，如在指标范围内，可直接输送至产品气下游流程；如不符合指标要求，开启去火炬管线阀门，不合格气送入火炬系统。

(8) 开车中多次取样分析三甘醇的浓度，用手动、自动方式同时分析产品气指标，调整各处工艺参数，至产品气合格。

第五节　生产运行

根据《中国石化工程建设项目生产准备与试车管理规定》要求，装置试车后要对装置的生产能力、工艺指标、设备性能、自控水平等指标进行全面考核。

一、空氮单元考核

空氮单元对制氮机、空压机及干燥机的主要生产运行指标进行考核，各个运行参数均符合设计要求，具体情况见表10-5-1。

表 10-5-1 空氮单元装置考核情况

序号	单元	设备	主要控制点	控制参数	实际值	投运时间	考核时间
1	空氮单元	制氮机	出口氮气排量	≥90m³/h	101m³/h	2021-9-8	2022-1-15
2			出口氮气露点	≤-40℃	-78℃		
3			出口氮气纯度	≥99%	99.6%		
4			系统压力降	≤0.15MPa	0.08MPa		
5			出口氮气含油量	≤0.001ppm	0.0004ppm		
6			出口氮气含尘量	≤0.01ppm	0.003ppm		
7		空压机	排量	≥12m³/min	18m³/min		
8			排气压力	1.0MPa	0.8~0.9MPa		
9			排气温度	≤环境温度+10~15℃	环境温度+8~12℃		
10			出口空气含油量	≤3ppm	0.43ppm		
11		干燥机	处理量	≥17m³/min	22m³/min		
12			出口空气露点	≤-40℃	-78℃		
13			系统压力降	≤0.02MPa	0.01MPa		
14			再生气消耗量	0	0		
15			出口空气含液量	≤0.003ppm	0.001ppm		

二、消防单元

消防单元对消防稳压装置、电动消防泵及柴油消防泵主要运行指标进行考核，各运行参数符合设计要求，具体考核参数见表 10-5-2。

表 10-5-2 消防系统装置考核情况

序号	设备名称	主要控制点	控制参数	实际值	投运时间	考核时间
1	消防稳压装置	系统工作压力	0.98MPa	0.98MPa	2021-10-9	2022-6-16
2		稳压泵输出流量	1.5L/s	1.5L/s	2021.10.9	2022.6.16
3		自动启泵压力	0.27MPa	0.27MPa	2021-10-9	2022-6-16
4		自动停泵压力	0.32MPa	0.32MPa	2021-10-9	2022-6-16
5	电动消防泵	自动启动压力	0.2MPa	0.2MPa	2021-10-9	2022-6-16
6	柴油消防泵	当电动消防泵不能正常启动时	自动切换启动柴油机消防泵	自动切换启动柴油机消防泵	2021-10-9	2022-6-16

三、增压单元

增压单位主要对压缩机组的压缩机、驱动电机、空冷器及公用设备主要运行指标进行考核，各运行参数符合设计要求，具体考核情况见表 10-5-3。

表 10-5-3 增压单元考核情况

序号	设备名称	主要控制点	控制参数	实际值	投运时间	考核时间
1	压缩机	进口压力	5.0~8.0MPa	5.3~7MPa	2021-10-9	2022-5-27
2		出口压力	20~25MPa	38~39.6MPa	2021-10-9	2022-5-27
3		出口温度	≤65℃	33~38℃	2021-10-9	2022-5-27
4		压缩级数	2 级	2 级	2021-10-9	2022-5-27
5		活塞行程	177.8mm	177.8mm	2021-10-9	2022-5-27
6		活塞最大线速度	5.89m/s(1000r/min)	5.89m/s	2021-10-9	2022-5-27
7		活塞杆直径	70mm	70mm	2021-10-9	2022-5-27
8		(进气温度 15℃,进压 5.0MPa,排压 25MPa)排气量	$\geq 108.4\times10^4 m^3/d$	$137\times10^4 m^3/d$	2021-10-9	2022-5-27
9		主油泵流量	300L/min	300L/min	2021-10-9	2022-5-27
10		润滑油油压	0.35~0.45MPa(表压)	0.35~0.45MPa(表压)	2021-10-9	2022-5-27
11		油滤器滤芯压差	0.055~0.07MPa(表压)	0.055~0.07MPa(表压)	2021-10-9	2022-5-27
12	驱动电机	额定转速	994r/min	994r/min	2021-10-9	2022-5-27
13		额定功率	≤3750kW	3750kW	2021-10-9	2022-5-27
14		额定电流	260.9A	260.9A	2021-10-9	2022-5-27
15		功率因素	0.86	0.86	2021-10-9	2022-5-27
16		防爆等级	ExdepzⅡCT3	DePZⅡCT3Gc	2021-10-9	2022-5-27
17		防护等级	外壳 IP55	IP55	2021-10-9	2022-5-27
18		噪声	≤85dB(A)	≤85dB(A)	2021-10-9	2022-5-27
19		一级工艺气管束设计压力	22MPa(表压)	22MPa(表压)	2021-10-9	2022-5-27
20		一级工艺气管束额定工作压力	16.8MPa(表压)	16.8MPa(表压)	2021-10-9	2022-5-27
21		二级工艺气管束设计压力	30MPa(表压)	30MPa(表压)	2021-10-9	2022-5-27
22		二级工艺气管束额定工作压力	25MPa(表压)	25MPa(表压)	2021-10-9	2022-5-27
23		二级工艺气管束出口温度	65℃	33~35℃	2021-10-9	2022-5-27
24	公用设备	动力电	10kV(±15%)/50Hz/三相	10kV	2021-10-9	2022-5-27
25		辅助电	380V(±15%)/50Hz/三相	380V	2021-10-9	2022-5-27
26		控制电	220V/50Hz/单相	220V	2021-10-9	2022-5-27
27		仪表风	0.4~1.0MPa,在线压力下水露点≤-30℃	0.4~0.8MPa,在线压力下水露点≤-30℃	2021-10-9	2022-5-27
28		UPS 电源	220V,50Hz,单相	220V,50Hz,单相	2021-10-9	2022-5-27
29		氮气	0.4~1.0MPa,在线压力下水露点≤-30℃	0.4~0.8MPa,在线压力下水露点≤-30℃	2021-10-9	2022-5-27

第六节　储气库关键设备检维修

设备完好是储气库正常运行的基础，储气库日常运行过程中要做好设备的检维修工作。从安全控保装置、工艺设备、电气设备、计量仪表设备几个方面阐述储气库关键设备检维修内容。

一、安全控保装置

(一) 消防水系统维护

储气库的注采站消防系统选用高压消防冷却水系统。该系统包括消防水罐、消防水泵、消防稳压给水装置、消防供水管网、消防栓和消防水炮等。日常系统维持在一个低压状态，通过压力检测的变化启动稳压泵补压，火灾时自动启动消防水泵满足消防水灭火需要的压力及流量。

该消防水系统是利用水泵自动控制屏控制消防泵组运行，消防泵组由 2 台稳压泵、1 台电动消防水泵、1 台柴油机消防水泵组成(图 10-6-1)。

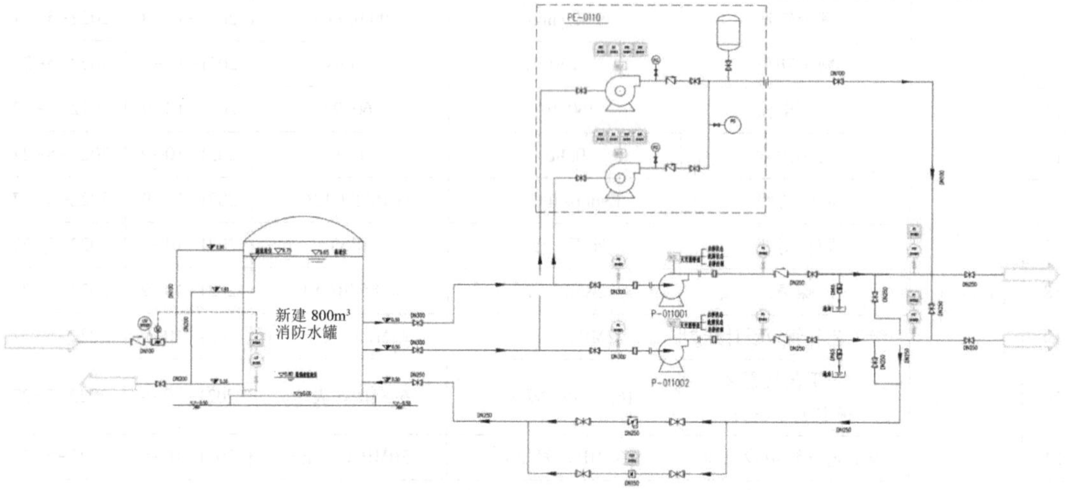

图 10-6-1　储气库消防水系统工艺流程图

当消防管网压力下降到 0. 32MPa 时，自控系统自动启动主稳压泵(主稳压泵故障时自动开启备用稳压泵)。当管网压力上升至 0. 37MPa 时，稳压泵自动停止工作。当管网压力下降至 0. 1MPa 以下或接到火警信号时，自控系统启动电动消防水泵，如果此时无市电或者电动消防水泵故障无法正常启动，则自动启动柴油机消防水泵。

1. 柴油机消防水泵

柴油机消防泵是依靠柴油发动机驱动消防水泵运转，其主要由柴油机、水泵、冷却风扇、散热水箱、蓄电池、排气消音器、自动控制屏组成。其维护保养内容包括：

柴油机的维护保养：每日检查机油及防冻液液位，柴油机渗漏情况检查，各旋转部件紧固检查；每周需要检查清洁空气滤芯、蓄电池电量；每月或运行 250h 更换柴油机机油、机油滤清器、燃油滤清器滤芯；每季度或运行 600h 更换空气滤清器，调整风扇皮带涨紧度，检查清理水箱散热器(图 10-6-2)。

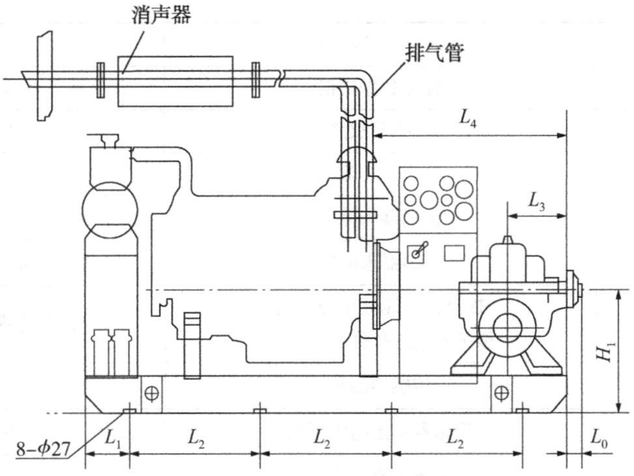

图 10-6-2 柴油消防泵结构图

消防水泵的维护：每月检查一次水泵填料、密封圈是否有漏水或渗水现象；以手动或自动方式启动消防水泵，消防水泵应在 15s 内投入正常运行。

2. 电动消防水泵

电动消防水泵是依靠电动机驱动消防水泵运转，其主要维护内容有：消防水泵检查维护。电机转动应无异响、发热等状况；联轴器转动是否灵活；每年对电机轴承加注一次润滑油。以手动或自动方式启动消防水泵，消防水泵应在 15s 内投入正常运行。消防水泵每月进行一次模拟测试，泄放消防管网的水压，达到启动条件时，稳压泵应立即启动。当系统达到设定压力时，稳压泵应自动停止运行，当消防主泵启动时，稳压泵应停止运行。

3. 消防栓

每月检查维护一次消火栓，室内消火栓应保持清洁、干燥，防止锈蚀、碰伤或其他损坏，检查接口垫圈是否完整无缺。每月检查水带是否完整、无损坏迹象，发现问题及时检修。

4. 供水管路

每月开展一次供水管路检查，包括管路外观检查、阀门检查及管路支撑检查等。

5. 消防水罐

每月对消防水罐的水位进行一次检查，低水位时及时补水。气温低于 5℃时，应每天对消防水罐进行检查，当结冰时应及时采取措施，确保不结冰。

(二) 火气系统维护

火气系统主要完成站内生产区域的气体泄漏检测和火灾探测，以保护人员和设备的安全。现场火气系统主要包括固定式可燃气体探测器、火焰探测器、烟感报警器、火灾报警控制器等设备。

(1) 固定式可燃气体探测器测量范围为 0~100%LEL 的点型可燃气体探测器，日常保养主要是清洁及定期检测工作，常见故障及处理方法见表 10-6-1。

表 10-6-1 固定式可燃气体探测器常见故障及处理方法

故障现象	可能故障原因	处理方法
无显示	接线错误或电源故障	重新接线、检查供电
无电流输出	接线错误或电路故障	重新接线

续表

故障现象	可能故障原因	处理方法
显示 E-01	标定数据错误	标定传感器
显示 E-02	传感器故障	更换传感器
显示 E-03	通信故障	断电后重新插拔或更换传感器
显示 E-05	传感器未标定	标定传感器
开机时传感器版本号显示“V_ . _ _”	传感器未插好	断电后重新插拔或更换传感器
	探测器未能够正确识别传感器模组软件版本信息	检查传感器模组是否损坏
示值不准确	传感器漂移	进行零点平移
	传感器标定时限到期	标定传感器
	传感器寿命到期	更换传感器

（2）火焰探测器为输出信号 4～20mA 标准信号点型火焰探测器，日常保养主要做好清洁工作，常见故障及处理方法见表 10-6-2。

表 10-6-2 火焰探测器常见故障及处理方法

故障现象	可能故障原因	处理方法
火警误报	环境因素干扰或者传感器故障	将探测器转移到无干扰的环境中重新通电测试
指示灯不亮	接线错误或内部电路故障	检查接线及供电
无 4～20mA 电流输出	接线错误或内部电路故障	检查接线
故障继电器不吸合	接线错误	检查接线
报警继电器不吸合	接线错误	检查接线

（3）烟感报警器采用红外散射原理研制的点型光电感烟火灾探测器，日常保养主要做好检查和清洁工作，常见故障及处理方法如下：

发生故障时，首先应检查外部接线是否正确，紧固螺丝是否松动，若正常，再打开外壳，观察线路板是否有虚焊、烧焦等异常现象；总线短路故障要检查总线端子是否与地线短接；误报火警检查是否过脏。

（4）火灾报警控制器是可与其他产品配套使用组成配置灵活的报警联动一体化控制系统。常见故障及处理方法见表 10-6-3。

表 10-6-3 火灾报警控制器常见故障及处理方法

故障现象	可能故障原因	处理方法
开机后无显示或显示不正常	交流输入保险损坏	更换保险
	电源不正常	检查更换低压开关电源
	与显示盘电缆连接不良	检查连接电缆
开机后显示主电故障	无交流电	检查并接好交流电线
	交流保险管烧断	更换交流保险管
	线路连接不良	检查电源线路

续表

故障现象	可能故障原因	处理方法
开机后显示备电故障	蓄电池亏电或损坏	在交流供电的情况下开机 8h 以上，若仍不能消除故障则更换电池
不能注册外接总线设备	总线连接错误或不良	检查总线
不能注册外接显示盘	通信线连接错误或不良	检查火灾显示盘的电源线及通信线
不打印	未设置打印方式	重新设置
	打印机电缆连接不良	检查并连接好
	打印机损坏	更换打印机
按手动键无反应	手动操作盘电缆连接不良	检查并连接好，重新注册
	手动操作盘线路板损坏	更换线路板
设备故障	设备连接断开	检查连线
	该设备损坏	更换设备
总线故障	总线短路	检查线路
时钟故障、存储故障	环境干扰	检查接地是否良好
	相应部分老化	更换老化部件
系统故障	控制器主控单元损坏	更换

二、工艺设备

(一) 压缩机维护

注气压缩机是地下储气库运行的关键设备，被誉为储气库的“心脏”装置，其主要作用是将输气管线输送的天然气加压后注入地下气藏。早期国内储气库建设大部分使用国外品牌压缩机，随着储气库的持续运行，部分进口压缩机出现“水土不服”的现象，一旦出现故障，运维人员无法及时到达现场进行检修，就会导致储气库长时间、大面积停注。目前，中原油田储气库建设的压缩机均是与中石化石油机械股份有限公司合作开发的国产化压缩机，具有压力高、排量大、适应范围广、供货周期短、性价比高、安全可靠、运行平稳等特点(图 10-6-3)。

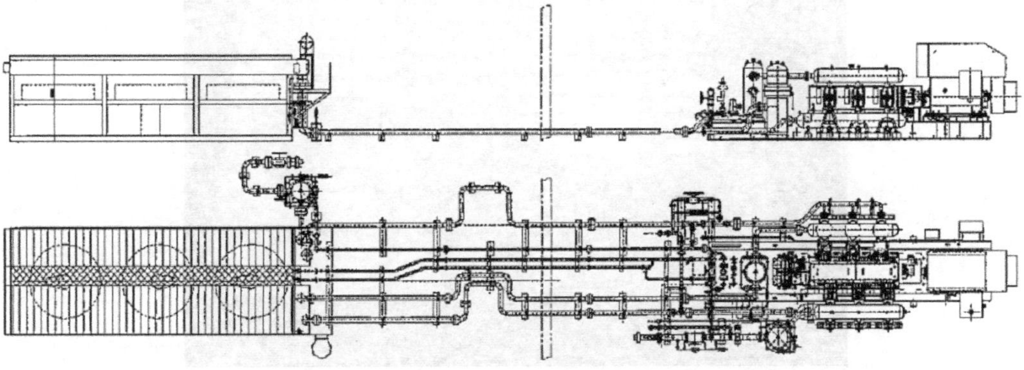

图 10-6-3　压缩机组示意图

中原油田储气库在用的压缩机组型号为 RDSE706-2/RDSE706-3，均为国产二级往复式压缩机组及三级往复式压缩机组。主要设备包括压缩机、驱动机、冷却器、电器控制系统、填料组件、注油系统、压缩机润滑系统等。

注气压缩机的主要工艺流程：天然气→入口临时过滤器(锥形)→一级进气气液分离器(应为可拆卸式聚结过滤器)→一级进气缓冲罐→一级气缸→一级排气缓冲罐→一级冷却器→二级进气气液分离器→二级进气缓冲罐→二级气缸→二级排气缓冲罐→二级冷却器→三级进气气液分离器(RDSE706-3 型)→三级进气缓冲罐(RDSE706-3 型)→三级气缸(RDSE706-3 型)→三级排气缓冲罐(RDSE706-3 型)→三级冷却器(RDSE706-3 型)→末级气液分离器→≤65℃的天然气排出。

鉴于压缩机对于储气库运行的重要性地位，根据每个储气库情况制定压缩机维护保养方案，并依托压缩机维保项目部统筹安排储气库压缩机组的例行保养、项修、大修及抢维修工作。

图 10-6-4 压缩机仪表控制系统检查

1. 维护保养内容

压缩机的维护保养主要包括日常保养(每日巡检)、一级保养(1000h)、二级保养(4000h)和三级保养(8000h)。

日常保养主要是每日巡回检查，及时发现设备异常并进行处理。主要包括：

(1) 仪表控制系统检查：自控设备工作环境状况、设备有无报错指示；查看各仪表供电是否正常、线缆有无松动；仪表风压力是否正常，压力应在 0.4～0.6MPa；查看机组震动、油压、温度等参数是否正常显示，就地显示参数与中控显示参数是否一致；查看机组各测点仪表表体(连接管路、线路)是否有松动、泄漏、损坏、腐蚀(图 10-6-4、图 10-6-5)。

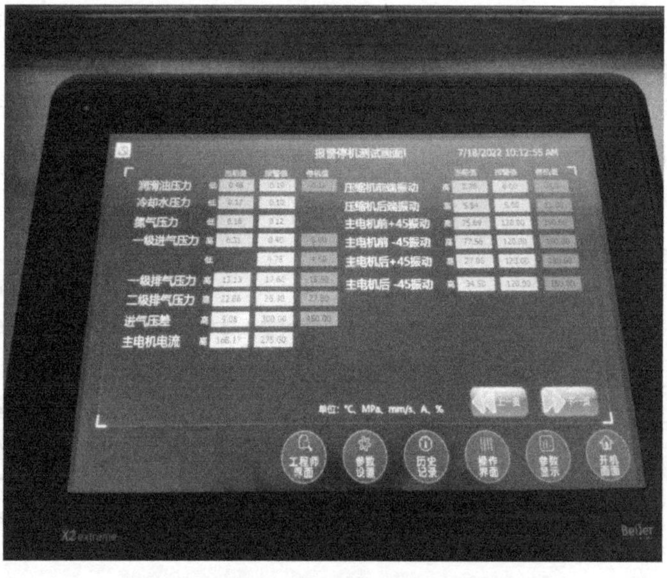

图 10-6-5 压缩机就地显示参数检查

（2）压缩机系统检查：检查机体油池油位，油位应在机体油位观察面中心线上下 5mm 位置或外部油位控制器观察面 1/2 处，不足应补加润滑油到规定位置（图 10-6-6）；压缩机油压应在 0.35～0.42MPa 运行；检查油滤器进出口压力降，当压差在 0.055～0.07MPa 时，应清洗或更换油滤器元件；检查润滑系统管路是否存在泄漏点，有泄漏点及时处理，防止泄漏点扩大。

图 10-6-6 机油油位指示器

（3）压缩机注油系统检查：检查注油器高架位油箱油位，油位在油位控制器观察面 1/2 处，必要时通知操作人员添加润滑油；检查注油器油箱油位，油位在油箱玻璃管 1/2～2/3 处，必要时通知操作人员添加润滑油；检查注油泵（图 10-6-7），各泵的注油量应在规定的范围内（21～32 滴/分）；检查注油系统各紧固件是否存在松动现象，若松动及时进行紧固；检查注油器无流量控保装置显示是否正常，若电量不足，应更换锂电池（图 10-6-8）。

图 10-6-7 注油泵

图 10-6-8 高位油箱油位控制器

图 10-6-9 空冷器电机皮带检查

（4）压缩机冷却系统检查：检查膨胀水箱液位应在 1/3～2/3 处，不足时应补加防冻液；检查空冷器气路管束、水路有无泄漏，电机工作是否正常；检查空冷器电机皮带是否运行正常，风扇皮带的张紧度、皮带无超常跳动、无松脱、不打滑（图 10-6-9）；风扇轴承不缺油，无异响；百叶窗开度合适，无异响；风扇电机工作正常，无异响；检查冷却水泵工作是否正常，有无异响、泄漏；检查冷却系统管路是否存在泄漏点；检查气缸水套端盖有无泄漏，必要时进行处理；检查冷却水压力应在 0.1～0.3MPa，气缸套冷却水的排出温度在 43℃左右。冷却液的流量要保持通过气缸的冷却液的温升在 6～11℃。

(5) 电机检查：检查电机润滑油位并视情况进行补充；检查电机前后端轴承是否存在异响、高温现象；检查电机各线路、控制开关连接完好、齐全；检查接地板螺栓是否松动或烧损；检查电动机驱动端及非驱动端呼吸阀通畅、不滴油；检查电动机固定螺栓紧固、无松动；检查电动机工作声音正常、无杂音。

(6) 运行参数检查：检查机组主要运行参数，若发现机组的进排气温度、进排气压力、润滑油温度、润滑油压力、冷却水温度、冷却水压力、耗电量、耗油量与前次的不同，应及时查明原因，严禁超温超压运行。

(7) 工艺气系统检查：检查机组附属设备、设施是否齐全完好，如果不足应进行完善；检查机组油、气、水有无跑、冒、滴、漏等现象并及时处理或汇报；检查洗涤罐的液位计，如发现罐内积液，应及时通知操作人员手动排液；观察机组，若发现机组的振动、噪声与前次的有较大差异，应及时与运行单位结合查明原因(图 10-6-10)。

一级保养为机组运行满 1000h 进行维护保养，主要包括：

(1) 曲轴箱检查及保养：检查曲轴箱呼吸阀并进行清洁；检查润滑油过滤器滤芯差压，必要时更换滤芯；检查压缩机曲轴箱润滑油油位，不足时补充；检查曲轴箱底部无金属碎屑或外来异物，如有异常查找原因并调整；检查机油化验报告，依据化验报告确认是否更换机油(图 10-6-11)。

图 10-6-10 工艺气系统检查

图 10-6-11 曲轴箱检查

(2) 注油器系统检查及保养：检查注油器工作情况，清洗注油器油箱和注油泵；检查注油系统油管路和单向阀；检查油管应无漏油、磨损及破裂；检查无流量报警仪工作是否正常。

(3) 润滑系统检查：检查主油路滤芯前后差压；检查润滑油泵联轴节；检查预润滑泵及电机工作是否正常；检查并处理润滑系统渗漏点。

(4) 气阀、十字头、活塞、填料及活塞杆保养：检查进、排气阀，如有损坏则进行更换；检查进、排气阀阀盖密封圈，如有损坏则进行更换(图 10-6-12)；检测活塞内、外止点间隙应正常，必要时调整或更换；检测活塞与气缸底部间隙应正常，如有必要更换活塞环；检查十字头与滑板配合间隙、活塞杆跳动量，必要时调整或更换；检查填料注油、水管无松动、裂纹及磨损；检查、紧固箱体与箱体的连接螺栓以及十字头箱底部螺栓；检查、紧固十字头背帽。

(5) 排污系统检查：检查排污系统工作正常、无渗漏，有问题进行处理；检查洗涤罐液位报警装置。

(6) 空冷器检查及保养：检查风扇叶片连接螺栓扭矩，螺栓无松动；对风扇主轴承及电机主轴承注入润滑脂；检查风扇轴承皮带松紧正常，无裂纹、断裂。

(7) 冷却系统检查：冷却水管线无松动、裂纹及磨损；气缸水套端盖检查有无泄漏，有问题进行处理。

(8) 自控系统检查：检查所有安全停机和加卸载装置动作是否正常工作；自控设备工作环境状况、设备有无报错指示；查看各仪表供电是否正常、线缆有无松动；仪表风压力是否正常；压力应在0.4~0.6MPa；查看机组震动、油压、温度等参数是否正常显示，就地显示参数与中控显示参数是否一致；查看机组各测点仪表表体(连接管路、线路)是否有松动、泄漏、损坏、腐蚀。

图 10-6-12 进气阀阀盖密封圈检查

二级保养为机组运行满4000h进行维护保养，除进行一级保养内容外，主要包括：

(1) 曲轴箱保养：检查主润滑油泵应正常，必要时调整；清洗曲轴箱油路粗滤芯；更换曲轴箱润滑油；清洁发动机曲轴箱安全阀，检查密封圈应正常，必要时更换密封圈；检查主轴承间隙、连杆轴承间隙和曲轴轴向间隙。

(2) 注油系统保养：检查爆破片，如有必要更换爆破片；检查油路滤芯，必要时更换；检查无油量检测器，必要时更换；更换注油器油箱润滑油；检查注油箱自动补油是否正常，必要时维修；检查注油箱加热器运行是否正常；检查注油器分配器运行是否正常。

(3) 润滑系统保养：清洗预润滑油泵滤芯；更换主油路细滤芯；检查自动补油系统，必要时处理。

三级保养为机组运行满8000h进行维护保养，除进行一级、二级保养内容外，主要包括：

(1) 注油器系统检查维护：检查注油器工作情况应正常，压缩机气缸各点注油应正常；检查注油器凸轮应无明显磨损；更换爆破片；检查无油流检测器连接导线，应无磨损、开路或断路；检查涡轮、蜗杆工作应正常；检查注油器联轴节工作应正常。

(2) 润滑系统检查维护：检查油路节温器。

(3) 气阀、十字头、活塞、填料及活塞杆保养：更换气阀总成；检测曲轴轴向窜动量；检测气缸头端间隙，间隙1.65~3.10mm；检测气缸机体端间隙，间隙1.10~2.05mm；检测曲轴主轴颈顶部与轴承间隙，间隙0.20~0.25mm；检测曲轴主轴颈最下部与轴承间隙，间隙不大于0.03mm；检测连杆轴承与曲柄销径向间隙，间隙0.15~0.25mm；检测连杆衬套与十字头销径向间隙，间隙0.05~0.15mm；检测十字头瓦下部与机体滑道间隙，间隙不大于0.03mm；检查十字头与滑板配合间隙，间隙0.36~0.48mm；检查压缩机十字头及滑道磨损情况，应无明显磨损；检查十字头螺母应无松动；紧固箱体间及底座连接螺栓；检查活塞杆应无明显磨损；检查气缸应无明显磨损；检查各级活塞杆磨损及填料盒锁紧螺帽扭矩，约350N·m；更换各级盘根；检查盘根注油管及冷却水管，接头应无松动、裂纹和断裂；检查缸头密封圈，必要时更换(图10-6-13)。

(4) 曲轴、连杆保养：检查曲轴变形量，其变形量应小于0.0010in，据此判断轴承磨损情况；检查连杆轴瓦应无明显磨损；检查连杆小头衬套应无明显磨损，必要时更换；检查连

图 10-6-13 十字头及滑道磨损情况检查

杆及曲轴油孔应无堵塞；检查主轴承盖螺栓及连杆螺栓扭矩应正常。

(5) 自控系统维护：用吹风机、吸尘器等清理 PLC 机柜里的尘土以防短路，检查仪表密封件及各部分连接接头密封及腐蚀情况；观察 LED 指示灯状态，检查 CPU、通信模块、I/O 卡件的运行状态；检查 PLC 柜中接线端子的连接情况，若发现松动的地方及时重新坚固连接；对压缩机各执行机构进行单体测试，并对自控阀供气系统过滤器减压阀进行排污；对压缩机控制系统与 ESD 连锁保护系统进行测试；标定空冷器所有振动开关。

2. 保养后试车与验收

(1) 试车前应检查检修记录，确认检修记录准确无误，各部间隙均符合要求；检查确认各螺栓已按要求上紧；清理现场，检查各仪表、电器、水系统、油系统、风系统均已具备试车条件。

(2) 全面检查压缩机气体管路及管路上所有阀门均灵活好用，并确认关闭压缩机进出口阀、高点放空阀、各排污总管上各支管阀、管路上高点放空阀、低点排凝阀，全开回路阀；确认安全阀的根部阀打开；全面检查压缩机循环冷却水系统及管路上所有阀门均灵活好用，并依次全开油冷器，以及油滤器进、出口油阀，关闭其他油路阀；确认油箱液位和电机轴承座油位在 2/3 以上，打开润滑油管路上所有压力表根部阀；开压缩机用工器具及操作记录已准备齐全，操作人员已熟悉开停车操作程序、注意事项及事故处理预案，进入岗位待命。

(3) 保养队伍相关负责人及主要技术人员对保养后机组状态进行评价，审核试机报告。

(4) 确认油、水、气、电、仪等系统正常，按操作规程规定启动压缩机进行空负荷试车，并对试车情况进行检查。空载试机不少于 10min；若各项检查均合格，则可进入负荷试车；若有问题，则应停机处理后重新空负荷试车至合格。

(5) 按操作规程步骤进行负荷试车，若各项检查均正常，可根据运行计划转入正式运行或停机备用；若存在异常，应视情况作紧急停车处理。

(6) 检修质量符合本规程要求，检修记录齐全、准确；单机及联动试车正常，达到完好标准，满足生产需要，方可验收。

(7) 保养单位编写保养报告，报告按照《压缩机组维护保养管理规定》内容编制报告，应包含检测的结果、发现的问题、问题处理过程、使用的备件与材料等。

(二) 空氮系统维护

空氮系统主要包括空压机撬、仪表风干燥撬、仪表风储罐、制氮机装置撬以及氮气储罐。为储气库工艺设备及计量仪表提供纯净空气及氮气。

空氮系统工作流程：空压机→空气缓冲罐(湿罐)→C 级离心式油水分离器→微热型吸附式干燥剂→T 级主管路过滤器→A 级油雾过滤器→D 级超高效微油雾过滤器→D 级超高效微油雾过滤器→空气工艺罐(干罐)→PSA 制氮机主机→氮气工艺罐→不合格放空/合格输出→需求使用点。

空气压缩机产出满足制氮装置要求(压力为 0.6~1.0MPa，油含量≤3ppm)的压缩空气，送入后级空气净化系统。

压缩空气经过空气缓冲湿罐的缓冲，稳压，冷却，除水，再进入C级离心式油水分离器滤除大体积的水、油、尘之后，进入吸附式干燥机干燥、除水，干燥后依次进入T级主管路过滤器、A级油雾过滤器、D级超高效微油雾过滤器深度吸附油雾，最后洁净的空气送入空气缓冲干罐(图10-6-14)。

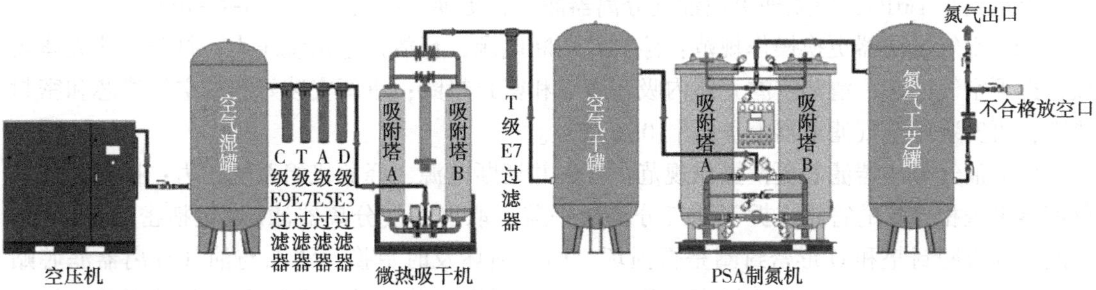

图10-6-14　空氮系统流程示意图

PSA制氮装置利用压缩空气和碳分子筛的压力变化物理过滤吸附作用得到合格氮气，然后送入氮气工艺罐缓冲储存待用。

氮气经除尘、过滤纯净后，经氮气纯度分析仪检测，合格后输送到需方使用点。不合格则放空大气中。

1. 空压机

空压机是用以压缩空气的设备，目前储气库使用的空压机属于单级螺杆型。空气通过空气滤清器过滤后，经过进气控制器进入压缩机，与喷入的润滑油混合后被压缩，在压缩机排气口处被压缩的油气混合物通过单向阀进入油气分离器进行分离，分离后的压缩空气经最小压力阀、油气冷却器，最终由供气阀供气给输至下游设备(图10-6-15)。

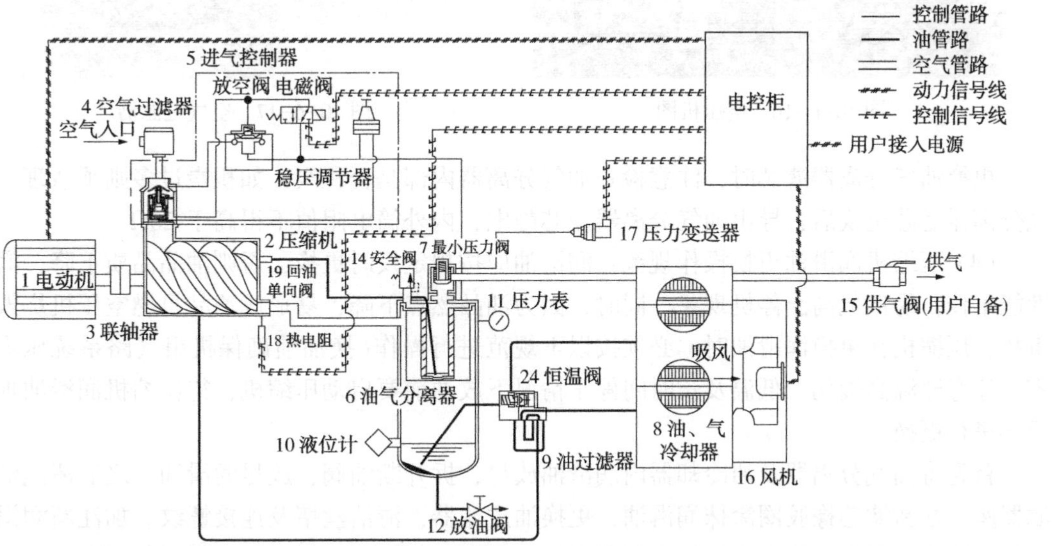

图10-6-15　空压机系统流程图

(1) 空压机维护保养：开机前和运行中需要检查油位；每运行8h需检查排气温度和排气压力；观察故障报警项目，发现故障应停车维修；检查冷却水流量；记录运行参数及维护保养项目；每周检查油、气泄漏情况，若有泄漏应及时检修；检查皮带松紧度，如果太松，会降低空压机的排气量，皮带太紧，容易断裂；清洁机组；每三个月检查安全阀，检查冷却器，必要时应清洗；检查或更换空气过滤器滤芯；检查回油单向阀是否畅通，若堵塞，及时清洗或更换；每半年检查密封件和油气分离器的液位计；每间隔 2000h 对安全阀进行校验；按要求补充或更换主电机润滑油脂；更换空气过滤器滤芯；更换油过滤器，若油气分离器滤芯压差达到 0.1MPa，应立即更换油气分离器滤芯；更换压缩机油(图 10-6-16)。

(2) 空气过滤器更换操作规范：停机并切断电源，释放机组系统压力；打开空滤壳体盖板，拆下空气滤芯，清洁空滤壳体内吸音海绵和密封垫圈；重新安装好新的空气滤芯和密封垫圈；再安装好空气滤清器上盖(图 10-6-17)。

(3) 油气分离器滤芯更换操作规范：停机并切断电源，释放机组系统压力；拆开与油气分离器平盖相连接的管路，拆下油气分离器平盖；取出油气分离器滤芯(包括密封垫)和 O 形圈，检查密封垫和 O 形密封圈是否损坏，如有损坏及时更换；清洁与油气分离器滤芯贴合的平盖和筒体结合面；放置好密封垫和 O 形密封圈，装好油气分离器滤芯及平盖；接好与油气分离器平盖相连接的管路。

图 10-6-16 空压机图

图 10-6-17 空气过滤器

更换油气分离器滤芯时，注意检查油气分离器内部是否积炭，如积炭过多则须清理。油气分离器滤芯更换后，导出油气分离器滤芯静电，内外筒电阻值不得高于 20Ω。

(4) 压缩机润滑油更换操作规范：润滑油应按规定及时更换，否则油品品质下降，润滑性能不佳，易造成高温停机现象。同时，因为油品燃点下降，易形成油品自燃空压机烧毁的事故；压缩机在更换润滑油时，必须按以下规范进行操作(换油前确保机组气路系统压力为零，注意油温高烫伤。低温及长时间停车情况下放油前要启动压缩机，待压缩机润滑油加热后再进行更换)。

首先将油气分离器及油冷却器内润滑油放尽，拆开断油阀，放尽润滑油。之后清洗油过滤器座，在新滤芯橡胶圈涂抹润滑油，更换油过滤器，清洁丝堵及连接螺纹。加注新润滑油至最高液位，开车前再向主机加入新润滑油 1~2L，并用手盘动压缩机联轴器数圈。

压缩机在使用两年后，要使用润滑油做一次"油系统清洗"工作，具体做法是更换新润滑油时，让空压机运转 6~8h 后，立即放油再更换润滑油，使原本系统中残存的各种有机成分可以被清洗干净，再度更换的润滑油可有较佳的使用寿命。

2. 稳压调节器

空压机通过稳压调节器来调节压力设定值。稳压调节器集成于进气控制器上(图 10-6-18)。

管网压力低于设定压力时，控制气源被稳压调节器切断，此时进气控制器阀芯处于全开状态，压缩机负载运行。

管网压力高于设定压力时，控制气源从油气分离器中通过稳压调节器进入进气控制器，逐渐关闭进气控制器阀芯。

稳压调节器的设定方法：松开稳压调节器锁紧螺母，旋动调节螺钉手柄，调节设定压力(顺时针旋转设定压力升高，逆时针旋转设定压力降低)，设定好后拧紧锁紧螺母，锁紧力矩≤4.1N·m。

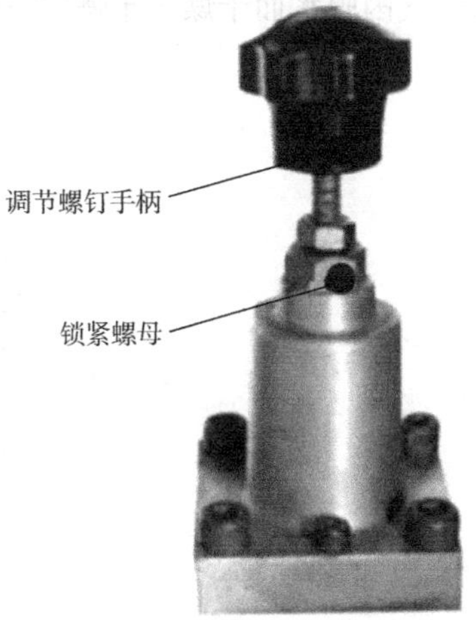

图 10-6-18　稳压调节器

3. 四级过滤器

四级过滤器的主要功能是去除压缩空气中的水、尘、油(图 10-6-19)。其中，C 级过滤器用于除水，T 级过滤器用于除尘，A 级过滤器用于除油，D 级过滤器进行深度除油。

维护保养：过滤器滤芯视空气质量状况不同一般六个月至一年更换一次。每三个月清洗一次过滤器。具体清洗方法是用管子钳打开过滤器，把中间的滤芯拧下来，先用干净的空气吹扫，震动一下再装回去；过滤器外筒用肥皂水清洗；电子自动排水器如果不能自动排水，要拆开清洗。

4. 微热吸附式干燥机

微热吸附式干燥机是利用变压变温吸附原理，即“高压低温吸附水分，低压高温解析水分”，吸收了由热吸附干燥机和无热吸附干燥机的优点研制而成的一种吸附干燥机。微热干燥机具有干燥切换时间合理，再生耗气量少等优点。通常能够使压缩空气干燥至常压露点 -70～-40℃。

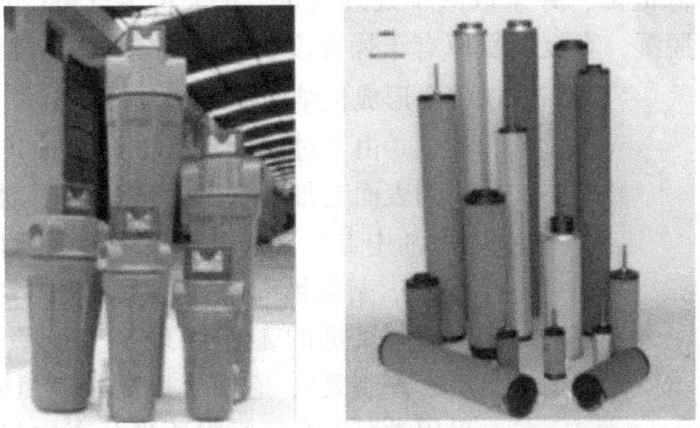

图 10-6-19　四级过滤器

(1) 微热吸附式干燥机工艺流程：

其工艺流程如图 10-6-20 所示(图中 A 塔作为吸附塔，B 塔作为解吸塔)。

干燥机开机后，A 塔作吸附运行，B 塔作脱附(再生)运行。在预先设定的时序控制下，气动截止阀 A1、B2 相继打开，被处理的潮湿压缩空气经 A1 阀进入 A 塔，潮湿空气在自下而上的运动过程中，内部所含的水蒸气被充满塔内的吸附剂(氧化铝和分子筛)所吸附，压缩空气因脱水而干燥。干燥空气经上管系中的单向阀进入用气管网。

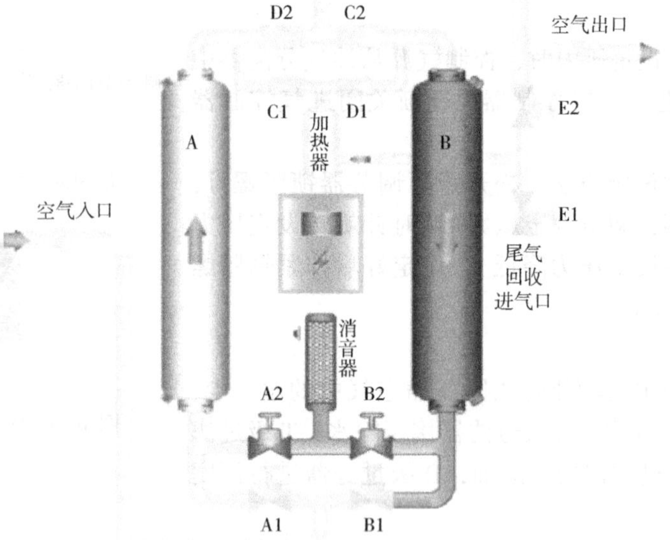

图 10-6-20　微热吸附式干燥机工艺流程

(2) 微热吸附式干燥机的维护保养：检查加热器加热温度以及过滤器的排水阀工作情况是否正常；检查消音器排放是否通畅，过滤器压差值是否超标；检查干燥器前后压差是否偏高；检查干燥剂是否有污染或粉化，干燥剂受损或失效按以下三种情况处理。

① 由于操作不当或低压运行均能引起高速气流冲刷干燥剂，造成大量粉尘脱落，此时应卸出干燥剂，过筛后再重新填入并补充填实。

② 由于进气湿度过高，液态水冲击或无切换动作下超时工作，干燥剂过饱和甚至被水浸泡，此时应立即排除故障，并采取减少处理气量，扩大再生气量(开大节流阀)等措施，在开机状态下，逐步脱湿，直至恢复原有干燥程度(干燥剂长期处于过饱和或水浸泡状态，将会形成板结而失效)。

图 10-6-21　制氮机

③由于过滤器失效，润滑油进入干燥床，堵塞吸附剂表面毛细孔通道，致使吸附剂降低或丧失吸附能力(油中毒)。此时，则必须更换吸附剂。

5. 制氮机

制氮机的工作原理是变压吸附空分制氮(简称 P. S. A 制氮)，它以优质高效制氮碳分子筛为吸附剂，采用常温下变压吸附原理分离空气制取纯度 99.0% 的氮气，即"高压吸氧制氮，常压解析氧气"的原理(图 10-6-21)。

氧、氮两种气体分子在碳分子筛表面上的扩散速率不同，直径较小的气体分子(O_2)扩散速率较快，较多的进入高效制氮碳分子筛微孔，直径较大的气体分子(N_2)扩散速率较慢，进入高效制氮碳分子筛微孔较少。利用高效制氮碳分子筛对氮和氧的这种选择吸附性差异，使短时间内氧气在吸附相富集，氮气在气体相富集，如此氧氮分离，在变压吸附条件下得到气相富集物氮气。

制氮装置维护保养：碳分子筛第 5 年添加压紧一次，第 8 年添加压紧一次。

（三）脱水系统维护

天然气脱水装置是储气库采气系统的重要组成部分，目的是脱除天然气中的 H_2O，降低水露点，满足管输气产品质量要求。其基本原理是利用三甘醇对天然气、烃类的溶解度低、对水的溶解度高和水汽吸收能力强的特点，使天然气中的水汽及液态水被溶解和吸收，再将含水三甘醇溶液与天然气分离，溶剂经再生除水后进行系统中循环使用。主要包括天然气脱水流程、三甘醇再生流程、燃料气及汽提流程、排污流程等(图 10-6-22)。

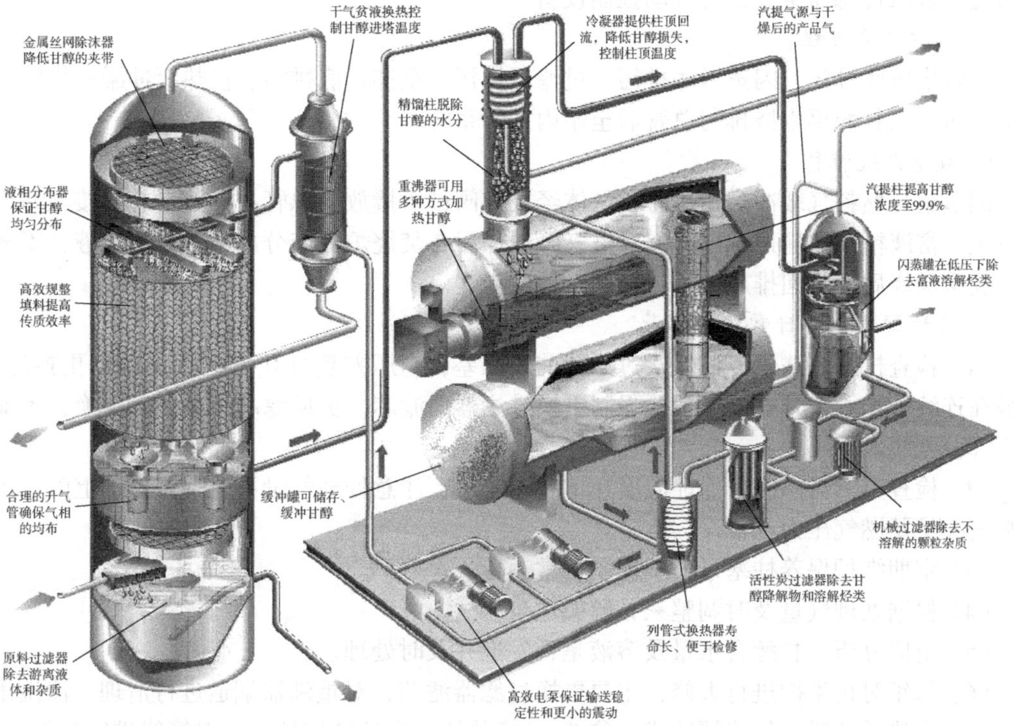

图 10-6-22　脱水装置流程示意图

1. 天然气脱水流程

天然气脱水流程在吸收塔内完成，储气库气井采出的湿天然气经过井口调压后经采气干线进站，通过分离器、过滤器进入三甘醇吸收塔下部的气液分离腔，分离掉可能进入吸收塔中的游离液体，湿天然气在吸收塔内继续上升，经过 4 层泡罩塔盘，与从塔上部进入的贫三甘醇充分接触、传质交换进行脱水，再经塔顶捕雾丝网除去大于 5μm 的甘醇液滴后出塔。湿天然气中的水分被脱掉后成为干天然气，干天然气出塔后经过贫液换热器与进塔前热贫甘醇换热，降低贫三甘醇进塔温度，干天然气在经过缓冲罐出口调压阀调压后进入外输气管网。

2. 三甘醇再生流程

贫三甘醇由吸收塔上部进入吸收塔，由上而下经过 4 层塔盘与天然气充分接触，吸收天然气中的水分成为富三甘醇，吸收水分的富甘醇经塔底调压后经冷凝器加热进入闪蒸罐，闪蒸分离后的富甘醇经机械过滤器、活性炭过滤器、板式贫/富液换热器、三甘醇换热缓冲罐后再进入三甘醇再生塔及重沸器，通过提馏段、精馏段、塔顶回流及塔底重沸的综合作用，使富甘醇中的水分及很小部分烃类分离出来成为贫甘醇，贫甘醇经板式贫/富液换热器通过三甘醇柱塞泵加压进入吸收塔进行往复循环。

3. 燃料气及汽提气流程

通过自用气调压撬调压后的天然气经过三甘醇燃气缓冲罐，分为两路：一路进入重沸器燃烧器，作为重沸器的燃料气；另一路经重沸器加热后进入贫液汽提柱下部作为贫液汽提气，提升三甘醇的再生效果，闪蒸罐顶部出来的闪蒸气返回至燃料气缓冲罐，与缓冲罐的燃料气汇合作为重沸器燃料气。

4. 仪表风流程

站内仪表风进装置后经过自力式压力调节阀稳压至 0. 3MPa 进仪表风缓冲罐。出缓冲罐后通过仪表风过滤器至装置各气动控制设备。

5. 排污系统流程

吸收塔塔底排污、闪蒸罐底排污、过滤器排污、重沸罐底排污、换热缓冲罐底排污经排污汇合进入三甘醇再生撬排污总管后至站内排污系统。

6. 放空系统流程

闪蒸罐与燃料气缓冲罐超压时，气体经放空阀进入撬放空总管；撬放空总管接至站内放空系统。富液精馏柱柱顶排出蒸汽经排气管冷却后在焚烧炉气液分离腔分离出凝液，不凝气进燃烧室焚烧后从烟囱排放大气。

7. 三甘醇再生撬日常维护保养

(1) 检查机械过滤器，活性炭过滤器前后压差，当压差超过 0. 05MPa 时立即更换滤芯。一般在连续工作 6 个月或 1 年，要强制更换过滤器内滤芯。更换滤芯必须全部更换，不能只更换部分滤芯。

(2) 检查重沸器温度，保证温度在 170~200℃，注意处理气量不要超过处理上限，保证燃料气充足及燃气压力正常。

(3) 定期维护保养柱塞泵，确保泵正常运行。

(4) 根据处理气量及时调整三甘醇循环量。

(5) 定期分析三甘醇含水量及溶液是否发泡并及时处理。

(6) 每年对再生撬进行大修，主要更换过滤器滤芯，对重沸器烟道进行清理，清洗重沸器内壁、换热缓冲罐、气体缓冲罐、贫/富液换热器、富液精馏柱，并对管线进行吹扫。

(7) 贫液进三甘醇循环泵温度应控制在 80℃以内，如高于 90℃应排查原因，常见异常为换热器堵塞。

(8) 工艺气进塔温度应控制在 15~30℃，防止发生气泡现象及降低脱水能力。

(9) 发现闪蒸罐中有油污累积时，通过液位调节阀控制闪蒸罐中液位，将油污从排油口排出循环系统。贫液缓冲罐发生油污累积时，停车检修时可通过排污阀排出。

(四) 关键阀门维护

阀门是用来开闭管路、控制流向、调节和控制输送介质的参数(温度、压力和流量)的管路附件。目前，储气库的主要阀门有球阀、旋塞阀、节流截止阀、阀套式排污阀以及清管阀等。做好阀门的日常及周期性维护能够有效提升阀门运行的稳定性以及使用年限。

1. 球阀日常保养

1) 周期

根据季节及输气量大小进行阀门排污；每月对现场球阀进行全开关一次；每年对现场工艺

起主要作用的关键球阀(DN200以上)进行清洗注脂；入冬前拆开球阀齿轮箱清理内部杂物积水(图10-6-23)。

2）保养内容

检查阀座注射阀，检查阀杆注射阀(禁止将清洗剂注入该阀内)、阀体或排泄阀。

(1) 确保注脂枪或泵设备可以正常使用，而且使用合适的产品(清洁剂)。

(2) 利用阀座的注射通道对每一个阀座注射清洁剂。如果阀门已经进行了第一次护养，而且试用期已超出两年，应按以下的阀门清洁程序执行。

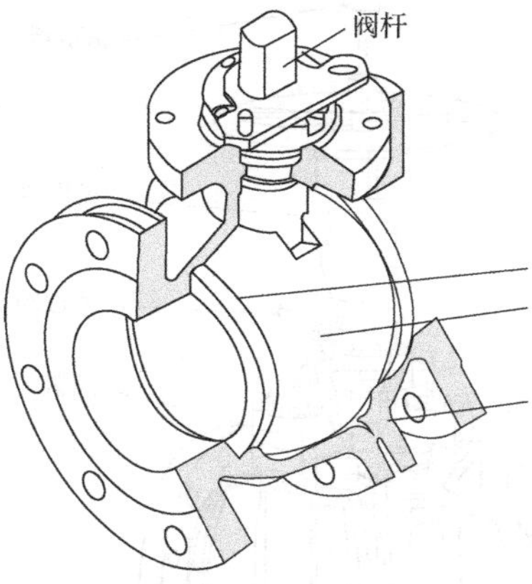

图10-6-23 球阀结构图

① 确保阀门安全运行、全开、全闭操作阀门三次；

② 确保阀门处在准确的位置，清洁阀门的注脂阀；

③ 向阀座的注射通道注入清洁剂，浸泡积聚物和垃圾等候1~6h。

3）阀门可能发生的故障及处理方法

球阀常见故障及处理方法见表10-6-4。

表10-6-4 球阀常见故障及处理方法

序号	故障现象	原因分析	处理方法
1	操作困难	1. 传动装置损坏； 2. 操作次数少，缺润滑油； 3. 传动装置或阀门被冻结； 4. 阀杆损伤	1. 卸下传动装置的盖，检查螺钉和键是否被损坏； 2. 用密封剂润滑阀座；用合适的工业润滑脂润滑传动装置； 3. 加热或注入防冻溶液； 4. 维修或替换阀杆
2	密封面间渗漏	1. 密封面有污物附着； 2. 密封面损坏	1. 将污物清除干净； 2. 重新加工整修
3	填料渗漏	1. 填料压板螺母松弛； 2. 填料圈数不够； 3. 填料由于使用过久或保存不妥而失效； 4. 阀杆密封面损坏	1. 均匀地拧紧螺母将填料紧压； 2. 增加填料圈数； 3. 更换新填料； 4. 阀杆应结合装置管道检修，对其按周期进行修理或更换
4	法兰处渗漏	1. 中法兰螺栓松弛； 2. 垫片失效	1. 拧紧法兰螺栓； 2. 更换垫片
5	不能够完全关闭	1. 传动装置限位开关的安装不合理； 2. 涡轮传动装置的停止位置不合理	1. 重新安装限位开关； 2. 选择适当的停止位置
6	阀体通道不畅	阀芯没有处在和通道平行的位置上	通过调节限位开关和涡轮传动装置，将球调整到正确的位置

2. 旋塞阀日常保养

1）日常维护

阀门(图10-6-24)投入使用后应定期检修，在日常维护和巡查中，需要必须检查以下项目，如发现异常情况，应及时进行修理和更换。对于发现的异常情况且无法处理时，可以在停机时实施拆卸维修。

(1) 与管线联接螺栓是否松动，阀门表面油漆有无脱落。

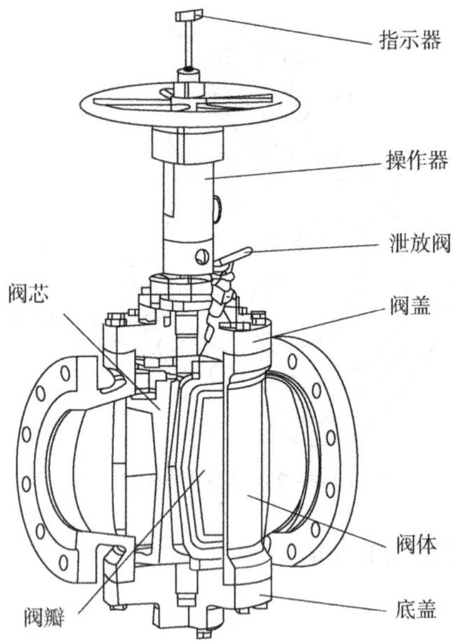

图 10-6-24 旋塞阀结构

（2）阀门手轮及摇把有无异常脱落和松动。

（3）阀门气动时有无异常声响。

（4）阀杆填料部位、与管线联接部位和其他部位有无泄漏和外漏介质。

（5）对于用作常闭的阀门，应当检查有无内漏发生。

2）季度维护

（1）每三个月对阀门进行一次检查和维修，检查阀门的泄漏情况。

（2）如果是强腐蚀性流体，建议每个月对阀门进行全体或部分的检查和维修。

（3）对于常开或常闭的阀门，每三个月至少检查一次操作扭矩是否正常，有无卡死现象。

（4）中腔检漏：当阀门处于关闭状态时，通过手动拧开阀门的中腔泄放装置上面的针阀检查是否有介质流出，可以判断该阀门是否有内漏发生。

3）年度维护

（1）定期对操纵器加注锂基润滑脂，每年内加注 1~2 次。

（2）在寒冷地区使用本阀门，每年入冬前应做好阀门的排污工作。以避免因水结冰而损坏阀门。旋塞阀常见故障及处理方法见表 10-6-5。

表 10-6-5 旋塞阀常见故障及处理方法

序号	故障现象	原因分析	处理方法
1	填料部位渗漏	1. 填料压盖松动； 2. 填料磨损； 3. O 形密封圈损坏	1. 拧紧螺栓； 2. 更换填料； 3. 更换 O 形密封圈
2	中法兰连接处渗漏	O 形密封圈损坏	更换 O 形密封圈
3	主密封渗漏	1. 硬密封面损伤； 2. 软密封面损伤； 3. 密封面有污染物附着	更换阀瓣
4	阀门打不开	1. 关闭时用力过大； 2. 主轴上； 3. 腔内污物太多	1. 不得使用加力杆； 2. 更换推力销； 3. 清洗内腔
5	阀门关不断	1. 操纵器中的球头销损坏； 2. 阀瓣断裂； 3. 主轴及轴套螺纹损坏	1. 更换球头销； 2. 更换阀瓣； 3. 更换主轴、轴套
6	操纵器卡阻动作不灵活	1. 轴承损坏； 2. 球头销损坏； 3. 填料压得过紧； 4. 无润滑油	1. 更换轴承； 2. 更换球头销； 3. 调整填料压盖； 4. 加注润滑油

3. 节流截止阀及阀套式排污阀保养

1）使用维护保养

在阀门使用过程中，根据需要不定期地在阀杆与螺套梯形螺纹处加注润滑油脂。

2）常见故障

发生故障的原因以及处理故障的方法见表 10-6-6。

表 10-6-6　节流阀常见故障及处理方法

序号	故障现象	原因分析	处理方法
1	出现关闭不严、内漏的情况	主要是阀芯和阀座密封面黏附有杂质或软密封被划伤	使用中如出现内漏，可旋转手轮，连续启闭几次，让介质吹扫阀芯阀座密封面，使密封面清洁，再投入使用。如吹扫后仍然存在内漏，则切断气源，松开拆卸上盖的紧固螺母，整体将阀芯总成抽出，然后检查阀芯阀座密封面是否有杂质黏附，阀座软密封是否损坏，如有则及时清洁或更换
2	阀杆压盖处漏气	1. 可能由于填料压盖未压紧； 2. 可能是填料老化造成，需更换新填料	1. 拧紧填料压盖螺母进行处理； 2. 更换填料时，旧填料内腔有压力，需用铜针通注脂孔，使孔内止回阀（钢珠）打开，泄掉填料腔内压力后更换新填料
3	密封面渗漏	可能是密封面间夹杂杂物或密封面损坏	可通过反复开启阀门，利用介质压力清洗密封面，如仍然有泄漏，则通过解体阀门后更换相应的密封垫或密封圈
4	法兰连接密封面渗漏	可能是法兰螺栓未拧紧或法兰密封圈损坏	可重新将螺栓均匀地拧紧或更换法兰密封圈

4. 清管阀的日常维护保养

1）检查项目

（1）应定期彻底检查运行中的所有阀门，以评估阀芯、阀座和密封件的状况，如发生泄漏及时清洗注脂维护或更换密封件。

（2）应特别注意检查是否因腐蚀或侵蚀而损坏或磨损。

（3）检查是否有任何可见的缺陷或故障，如填料或阀体接合部，快开门处等有无泄漏（图 10-6-25）。

（4）螺栓、螺母有无松动。

图 10-6-25　清管阀

2）常见故障

常见故障及处理故障的方法见表 10-6-7。

表 10-6-7　清管阀常见故障及处理方法

序号	故障现象	原因分析	处理方法
1	机械故障、泄漏	存储损坏	阀门储存在干燥和良好通风环境的室内；需长期储存的阀门应定期检查和清除污物
2		安装不规范	安装前确保阀门参数，如型号、尺寸、压力、材质等与要求一致；安装前检查管道和阀内有无焊渣、碎石等异物，并保持阀内腔干净
3	清管阀全关后，阀门体腔介质不能完全排放，阀腔压力表指示压力不能降到零	1. 阀门关闭不到位； 2. 阀座密封件损伤； 3. 阀座插件损伤或有污物	1. 调整开关位置； 2. 更换密封件； 3. 将阀门开关几次后检查排除污物或更换阀座
4	阀体与法兰连接处渗漏	1. 安装未拧紧或螺栓松动； 2. 密封件（垫片）损伤	1. 重新均匀拧紧螺栓； 2. 更换密封垫片
5	阀杆处渗漏	1. 压紧螺栓未拧紧； 2. 填料损伤	1. 重新均匀拧紧螺栓； 2. 更换阀杆填料

续表

序号	故障现象	原因分析	处理方法
6	阀体与阀盖连接处渗漏	1. 螺栓松动； 2. 密封件(垫片)损伤	1. 重新均匀拧紧螺栓； 2. 更换密封垫片
7	放空阀锁定销不能锁定	快开门关闭不到位	旋转快开门，直到快开门上指示箭头与门盖上"关"对齐

(五) 执行机构维护

执行机构主要是通过液体、气体、电力或其他能源作为动力驱动阀门开关的装置，中原油田储气库目前使用广泛的执行机构主要有气液联动阀执行机构及电动执行机构。

1. 气液联动执行机构

气液联动执行机构的基本功能是紧急情况下驱动阀门自动切断，开关方式主要分为远程操作、就地手动液压操作和就地气动操作三种方式(图 10-6-26)。

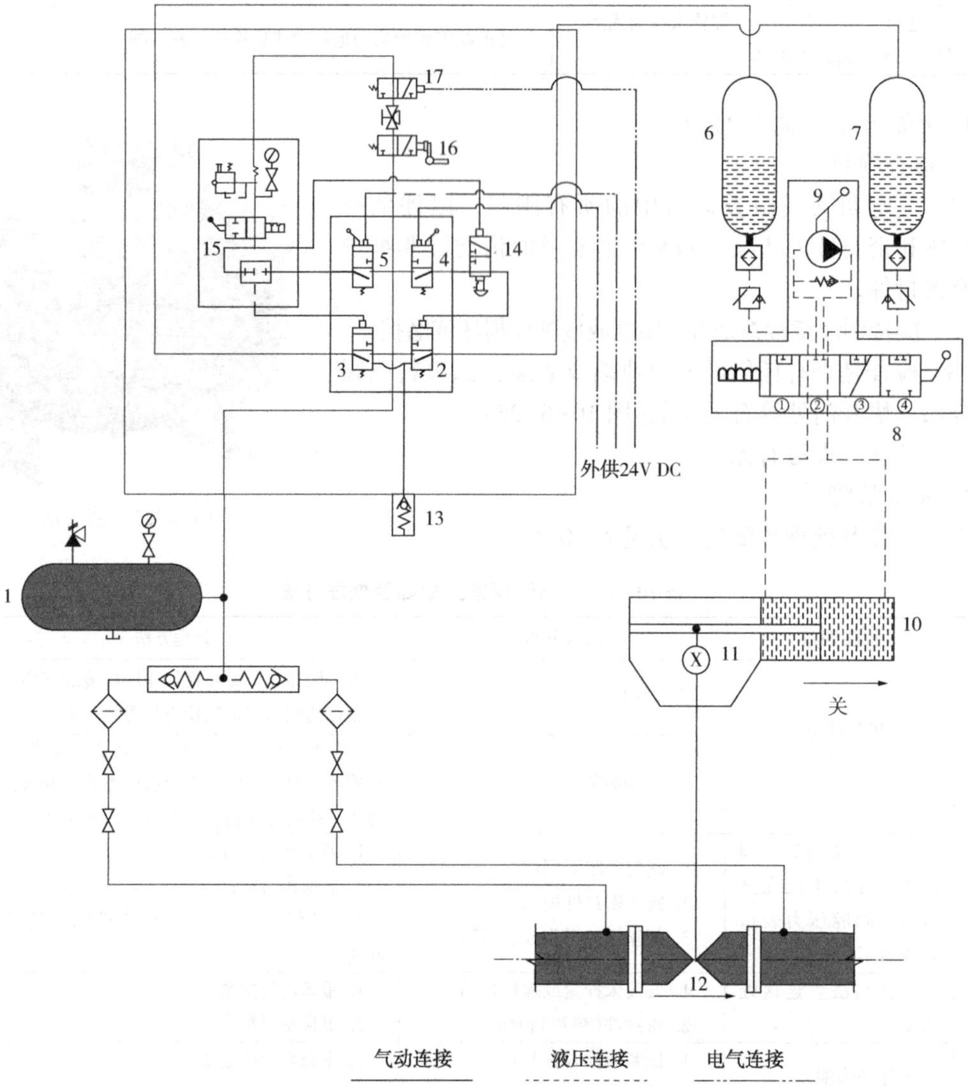

图 10-6-26　中襄气液联动执行机构结构图

1）手动液压操作原理

将方向控制阀置于①位，则开阀油路导通，压动手动液压泵操作杆将开阀气液罐中的液压油压入油缸（油缸的液压油则流向关阀气液罐），从而推动活塞，带动拨叉机构，实现开阀操作。同理，将方向控制阀置于③位，操作手动液压泵即可实现关阀操作（图 10-6-27）。

2）就地气动操作原理

按下开阀手动阀的手柄，控制气打开先导开阀气动阀，储气罐中的气体通过先导开阀气动阀进入开阀气液罐，将液压油通过方向控制阀压入油缸，驱动拨叉机构动作，实现开阀操作。在开阀的整个过程中要保持开阀手动阀的手柄持续按下，直至阀门全开到位再松手。关阀操作与开阀操作同理（图 10-6-28）。

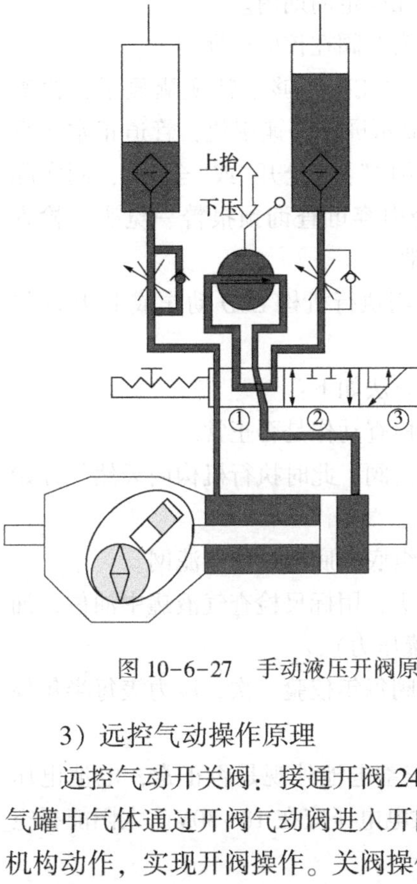

图 10-6-27 手动液压开阀原理图

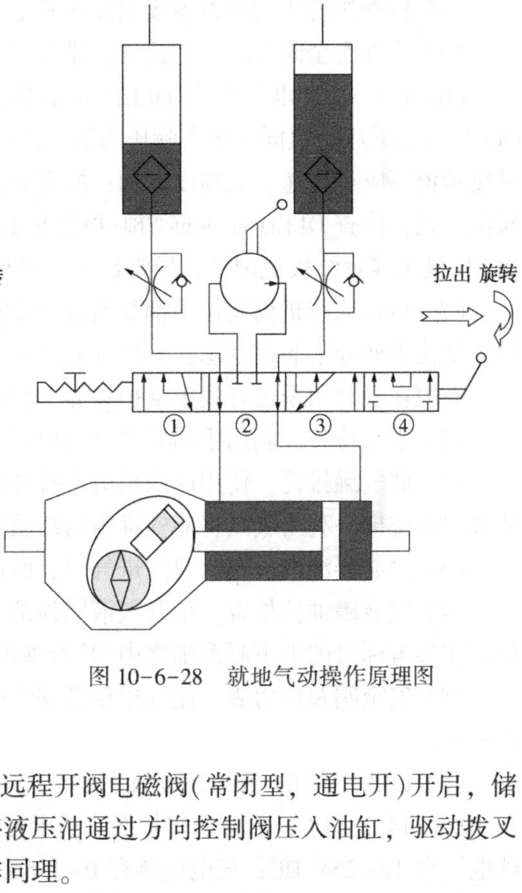

图 10-6-28 就地气动操作原理图

3）远控气动操作原理

远控气动开关阀：接通开阀 24V DC 电源，远程开阀电磁阀（常闭型，通电开）开启，储气罐中气体通过开阀气动阀进入开阀气液罐，将液压油通过方向控制阀压入油缸，驱动拨叉机构动作，实现开阀操作。关阀操作与开阀操作同理。

LBP 紧急自动关阀：当 LBP-1000 检测到管线压力持续异常（压力超高、超低或者压降速率超限）时，将会发出控制信号（24V DC）到紧急自动关断电磁阀，电磁阀得电打开，储气罐中气体通过关阀气动阀进入关阀气液罐，将液压油通过方向控制阀压入油缸，驱动拨叉机构动作，实现关阀。在 LBP-1000 设定的动作时间到了后，紧急自动关断电磁阀失电关闭，系统气被排掉。关阀气动阀被打开的同时，复位锁定阀也被关断，开阀手动阀无法控制开阀气动阀，气动开阀被禁止，以防止误动作，等待现场复位。

ESD 触发关阀：当人工断掉外供 24V DC 电源（触发 ESD）或由于外部原因使得 24V DC 电源丢失（如发生火灾，现场断电等）时，紧急关断电磁阀失电打开，储气罐中气体通过关阀气动阀进入关阀气液罐，将液压油通过方向控制阀压入油缸，驱动拨叉机构动作，实现关阀。关到位后，同轴联动的凸轮控制阀被关断，系统排气。气动阀被打开的同时，复位锁定阀被关断，开阀手动阀无法控制开阀气动阀，气动开阀被禁止，以防止误动作，等待现场复位。

4）日常检查及维护保养

日常检查内容包括：

（1）检查执行机构阀位指示同实际阀位是否一致。

（2）检查执行机构各螺纹连接部位、密封部位无漏气、漏油现象。

（3）外观检查执行机构各部件、引压管、截止阀等完好，无震动、无锈蚀，所有连接无松动。

（4）检查执行机构压力表读数在正常范围内，压力表在检定周期内。

（5）检查安全阀各螺纹连接处，排放口处应无泄漏，安全阀在校验周期内。

（6）检查LBP电控单元OLED显示是否正常，按下OLED能够正常唤醒显示，检查OLED显示屏压力值同管道实际压力值一致；检查OLED显示屏压降速率值，管道正常运行时显示值不应有快速、大幅度波动；检查OLED显示屏“阀位”为“全开”或“全关”，同实际阀位一致；检查OLED显示屏“预/报警信息”，具体报警内容可查询预报警一览表；检查OLED显示屏管线极值记录、异常记录、运行记录是否正常。

（7）检查执行机构复位手柄是否在正常（复位）状态（当执行机构ESD动作或LBP动作后，复位手柄处于起跳状态，应将其复位）。

一般在春秋两季进行集中维护保养，保养的主要内容方法如下：

（1）手泵检查。利用手动泵和方向控制阀操作阀门，检查动作是否正常。

（2）储气罐排污。使用内六角扳手打开储气罐底部放空阀，此时执行机构内天然气开始从放空阀排出，利用气压将储气罐内的杂质和水排出。

（3）过滤器滤网检查。清洗进气口、取压口、气控阀组底板底部过滤器滤网。

（4）气液罐油位检查。松开气液罐顶部的油位标尺堵头，用标尺检查气液罐中油位，油位应在参考标尺的上下限范围之内（检查油位前应放空气罐压力）。

（5）安全阀及压力表。储气罐顶部安装的弹簧式安全阀每年校验一次，压力表每半年检定一次。

（6）LBP电控单元（太阳能面板）。打开电控箱，检查蓄电池外观是否正常，电池电压在10.8~14.3V DC；打开防爆接线盒或电控箱，检查外供电电压应在18~30V。太阳能板空载电压在12~25V DC；充电电流在0~1.5A。

（7）气控阀组。利用气控阀组开、关手柄气动操作阀门，检查阀门开关是否到位。通过远程控制开关阀门命令（24V DC通电控制信号），检查阀门开关是否到位。从爆管保护单元的压力传感器输入给定的压力信号，分别超过高限设定值、低限设定值和压降速率设定值，检查爆管保护功能是否正常执行，气控阀组复位阀手柄是否起跳。通过ESD紧急关阀命令，检查ESD控制功能是否正常，气控阀组复位阀手柄是否起跳。

（8）ESD电磁阀。检查ESD控制电压在24V（±10%）以内，检查控制线路连接情况；ESD电磁阀断电后测量线圈电阻，为218Ω左右；检查密封情况。

2. 电动执行机构

电动执行机构一般是利用电机转动驱动阀门开关，其基本原理是利用电机转动带动蜗杆、涡轮驱动输出轴转动实现阀门开关。目前使用的电动执行机构主要分为现场电动操作、远程电动操作及现场手动操作三种模式。阀门的开关状态可以通过站控系统显示器、执行机构的液晶显示器和阀门的阀位指示器进行观察(图 10-6-29、图 10-6-30)。

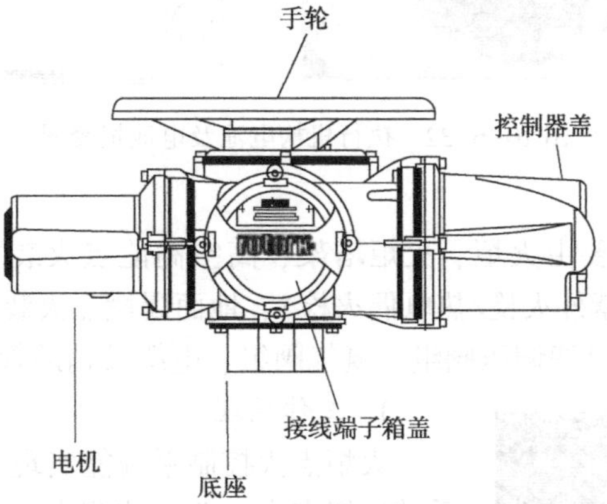

图 10-6-29　电动执行机构结构图

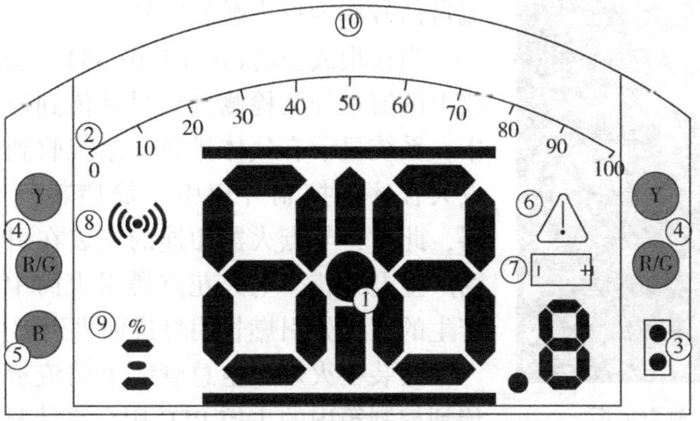

LED显示：R=红色、G=绿色、Y=黄色、B=蓝色

图 10-6-30　执行机构液晶显示屏

可以通过设定器对执行机构进行参数设定、组态设定和故障诊断(图 10-6-31)。

执行机构的维护主要分日常检查及定期维护两部分。

日常检查主要是检查执行机构外观及紧固情况，检查阀位指示情况是否正确，有无漏油现象，检查液晶屏显示情况及有无报警信息并进行处理。

定期维护主要为电池更换、开关动作检查及润滑油检查等方面。其中，电池应使用 FM、CSA 或 UL 认证的 9V 二氧化锰碱性电池，电池电量低时，液晶显示屏上会有电池图表提示更换电池(图 10-6-32)。

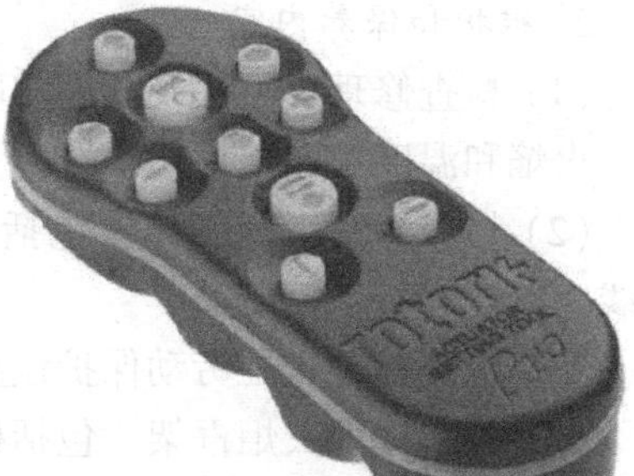

图 10-6-31　电动执行机构设定器

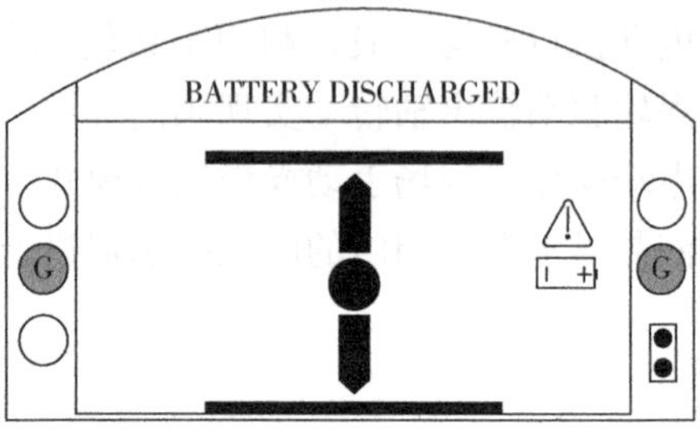

图 10-6-32　执行机构电池及电池报警图

(六) 放空火炬

储气库的火炬系统主要由火炬、火炬塔架、高空高能点火装置、长明灯、就地控制箱(防爆)、火焰检测装置(紫外火检/热电偶火检)、地面爆燃点火装置、仪器仪表、电磁阀及燃气过滤调压阀组、空气过滤调压阀组、氮气阀组、电缆及辅助管线等组成。

图 10-6-33　放空火炬

1. 工作原理

火炬点火控制系统能实现就地手动按钮点火和远程手动按钮点火，并可监测火炬系统点火及燃烧情况。在火炬的排放气总管上设置流量开关检测火炬放空信号，流量信号作为点火触发信号。

当火炬放空时(图 10-6-33)，安装在火炬放空总管线上的流量开关检测到信号并传到控制箱中的主控 PLC 中，系统显示有气体排放，系统收到此信号后执行自动点火程序，控制开启引火筒燃料气阀，启动高空点火器，此时，与点火器相连的安装在引火筒下部的点火电嘴产生电火花，电火花点燃引火筒中的燃料气，引火筒产生的火焰先引燃长明灯进而再引燃主火炬。

安装在火炬放空总管线上的流量开关检测到信号并传到控制箱中的主控 PLC 中，系统显示有气体排放且火炬点燃后，系统收到此信号后开启密封氮气阀，启动氮气密封气，防止回火。当火炬熄灭时，氮气电磁阀延时关闭。

2. 维护和保养内容

(1) 检查修理火炬头及其高空附件。高空附件包括长明灯和爆燃管组件、高空点火器组件、火焰和温度检测组件。

(2) 检查修理火炬筒体。包括检查、彻底清理筒体底部封头、筒体底部排凝阀、排凝管线。

(3) 检查修理火炬劳动保护设施。包括平台、栏杆、爬梯等。

(4) 检查修理火炬框架。包括框架连接件、框架防腐、牵索式火炬的纤绳、基础锚点，以及筒体和塔架防雷接地。

(5) 检查修理地面上火炬附属管线，以及管线的附属设备。包括阻火器、高压燃气过滤器、各排空阀门、火炬排放气和燃料气的切断阀。

(6) 检查、修理、调试地面爆燃点火器。

（7）检查修理、试验火炬单元配套的仪表自控设施，包括自动点火控制回路、燃气助燃控制回路等。

（8）检查修理、试验火炬单元配套的电气设施，包括高空点火器组件的电气线路和元件、点火高压发生器、点火电源等。

三、电气设备

（一）35kV 变电站维护

储气库的供配电系统通过站内新建 35kV 变电站完成变压配送。储气库的变电站采用预装式变电站，将一次、二次设备经过系统集成技术安装在一个密封、恒温、无尘、便于配送的预制舱模块内，实现功能单元模块化设计、工厂化生产，减少现场工作量。

变电站内主要包括 35kV 预制舱、二次保护预制舱、10kV 预制舱、0.4kV 预制舱、高压动态无功补偿装置(SVG)、辅助用房预制舱、35kV 变压器以及事故油池等设备设施。

1. 35kV 预制舱

35kV 预制舱内主要包括的设备有 XGN17D-40.5(Z)型箱型固定式户内气体绝缘交流金属封闭开关设备，主要对注采站内变电站实行控制、保护和监测。其主要维护分为巡视检查、一般检查、详细检查和临时检查四种，内容如下：

（1）巡视检查主要对运行中的设备进行外观检查，目视其有无异常状况，每日进行一次。每日进行设备外部状况检查以及电动弹簧操作机构检查，主要包括检查分合闸指示器、指示灯指示情况；检查有无异常声音或气味产生；检查高压带电显示装置指示是否正常；控制和保护单元的指示是否正常；母线或电缆外表面有无破损；SF6 密度继电器指示情况；检查分合闸指示是否正确；油缓冲器有无漏油。

（2）一般检修主要是将开关设备停止运行，从外部进行一般检查与修理，一般每三年进行一次。主要包括机械操作试验，检查分合闸指示情况，分合闸时间测量有无异常，确认指示仪表、信号正常。若开关不经常操作，需每年认为进行分合闸操作一次；检查密封部件的紧固状况；对控制柜内进行检查清理。

（3）详细检查主要是将开关设备退出运行，根据运行情况将密封盖板打开进行主回路检查，更换不能继续使用的零部件。每六年进行测试工作，包括分合闸操作特性试验、密度控制器试验、防跳跃试验，以及控制和保护单元功能检查，主回路电阻测量；每六年进行传动及操动机构保养工作，包括修理变形和损坏部件，检查、调整与行程有关的部件，检查各连接部分的销、轴有无异常情况，检查传动系统与油缓冲器，传动操动机构润滑及更换零部件；每十二年进行主回路原件保养，维修更换故障断路器及变形密封圈。

（4）临时检修一般是在发生异常情况或高压开关装置已达到规定的操作次数，对有必要检修的部位临时进行的检修。包括断路器的空载操作达 10000 次、开断负荷电流达 2000 次以及开断额定短路开断电流达 20 次，三工位开关空载操作达 3000 次。

（5）预制舱内的 SF6 气体泄漏在线检测系统主要是对 SF6 组合电器设备进行现场 SF6 浓度、氧气含量及温湿度等环境数据检测并分析处理做出控制及警告的智能化电力安全监控系统。其日常维护保养要求每月进行机壳表面清理，每季度巡视检查各开关功能及主机显示器，每半年清理传感器表面灰尘。

2. 10kV 预制舱

10kV 预制舱内部主要包括的设备是 KYN287-12 开关柜，适用于三相交流、额定频率

50Hz、额定电压12kV的电力系统。其主要对电力系统进行控制、监测、保护作用。其维护保养主要分为监视维护和设备检修，具体内容如下：

（1）监视维护主要包括日常的开关设备主母线和电气连接母线检查，有过热变色及时进行维修，检查开关设备照明、控制、信号电源是否正常供电，记录断路器的动作次数，开关设备异响，停电检查。

（2）开关设备定期检修主要包括每年进行断路器耐压试验、部件的清洁与润滑维护工作；定期检查手车推进机构及其连锁情况；检查主回路触头情况，查看触头有无损伤，弹簧力有无明显变换，检查有无温度过高引起镀层异常氧化现象；检查辅助回路及接地回路各部分情况；检查各部分紧固件有无松动并及时处理。

3. 0.4kV 预制舱

0.4kV预制舱内主要设备是MNSS型交流低压开关柜以及SCBH15-1250/10型干式电力变压器，具体维护保养内容如下：

（1）低压开关柜维护主要是对断路器触头进行维护和检修，定期对紧固件、连接件进行紧固，检查处理导电零件腐蚀情况并处理。

（2）干式电力变压器维护主要包括对变压器放置场所进行干燥清洁，定期对紧固件、连接件进行紧固，检查处理导电零件腐蚀情况并处理。检查温控器、风机工作情况。

4. 35kV 变压器

储气库主变压器采用的是35kV油浸式变压器，对35kV外电转换至10kV。其具体维护保养内容如下：

（1）变压器定期(3~6个月)进行变压器油样耐压检测，不合格油品通过滤油机进行循环滤油。

（2）储油柜要定期检查油位高度并进行内部清理。内部的吸湿器要定期检查变色硅胶，如果失效进行干燥或者更换。

（3）压力释放阀在变压器停电检修时要检查开启动作是否灵敏，检查密封胶圈是否老化、变形或损坏，清理阀内异物。

（4）风机在变压器停电检修时要检查紧固螺栓、二次线是否松动，检查风机是否损坏、有异物并进行处理。

5. 动态无功补偿装置(SVG)

动态无功补偿装置主要是对储气库电力系统无功功率进行控制与补偿的装置，能够提高电力系统稳定性，消除无功冲击，平衡三相电网，降低损耗，节能减排。该装置主要包括控制柜、功率柜、电抗器柜以及散热系统。其维护保养内容如下：

（1）定期进行周围环境检查，清理环境中的灰尘、水滴、油污及异物危险品。

（2）检查功率单元，清理散热通道，对功率柜进风窗滤棉进行清理；检查进出电缆、连接铜排油污松动或灼伤痕迹，并对松动部位进行紧固，对灼伤部位进行处理。

（3）柜体及风机检查，检查柜体有无变形、污损，紧固件有无松动；清理柜体表面和内部灰尘及异物并对风冷系统滤尘网进行除尘。

（4）检查导体导线有无变色、变形、破损，检查接线端子与电缆连接有无松动。

（5）每日检查设备有无异常振动、声响、气味、冒烟现象，并及时进行处理；检查触摸屏界面有无报警信息，相关温度电压显示是否正常。

（二）UPS 维护

UPS即不间断电源，是一种含有储能装置的不间断电源。主要用于给部分对电源稳定性要求较高的设备提供不间断的电源。储气库供电系统中注采站及井场仪表自动化及通信系统主要由 UPS 进行供电。

1. 周期性维护

为提高 UPS 系统运行的可靠性，一般定期(每 3 个月)进行以下预防维护操作：

(1) 定期检查输入、输出电缆接线端子一次，仔细查看接触是否良好。

(2) 定期检查排热风扇的工作状态，防止被杂物堵住出风口。如有损坏，应进行更换。

(3) 定期检查电池组的电压，确保电池电压正常。

(4) 定期检查系统的工作状态，确保及时发现故障。

2. 电池维护保养

为确保电池使用寿命定期进行维护保养：

(1) 一般情况下每 4~6 个月需要将电池充放电一次，每次充电时间不得少于 4h。

(2) 在高温地区，每隔 2 个月需要将电池充放电一次，每次充电时间不得少于 4h。

(3) 在电池很长时间没有放过电情况下，要求每隔 3 个月给电池做一次定时充电，以激活电池，每次充电时间不少于 4h。

(4) 避免对电池过度放电，放电后应立即(最迟不能超过 24h)进行完全充电。

(5) 使用 6 个月后，需要检查电池连接部位是否牢固，确保连接良好。

(6) UPS 停止使用时，需断开电池空开，避免造成市电停电后电池长时间放电。

四、计量仪表设备

(一) 流量计维护

储气库使用的流量计主要包括外夹式超声流量计和插入式超声波流量计，其工作原理是利用超声信号采用传输时间法进行流量测量(图 10-6-34)。日常的维护主要是检查清洁流量计，定期清洁流量计传感器。

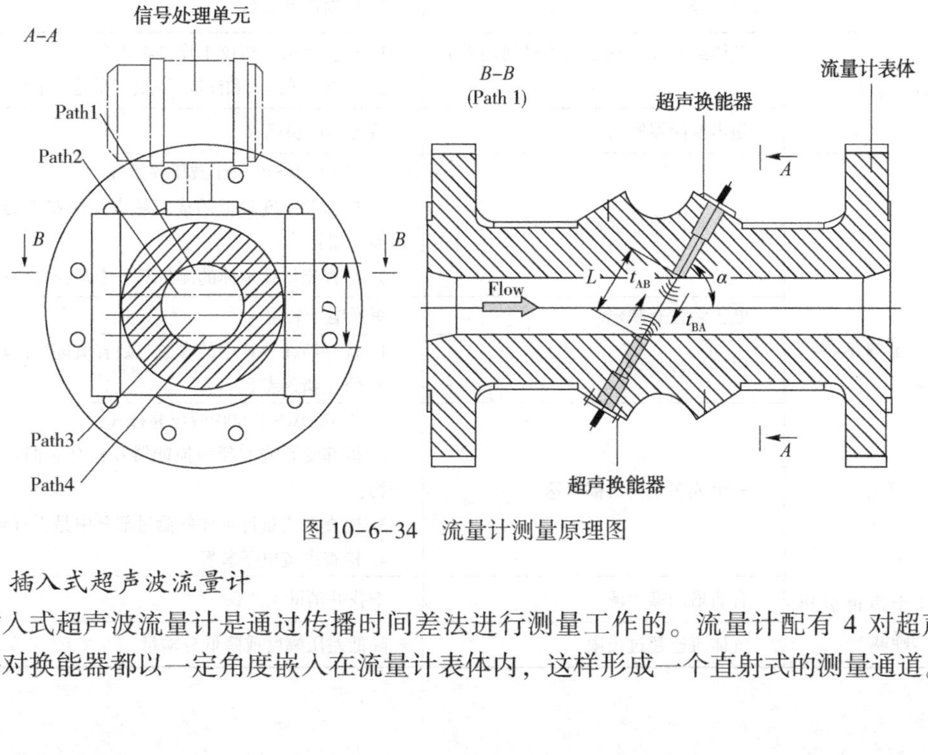

图 10-6-34　流量计测量原理图

1. 插入式超声波流量计

插入式超声波流量计是通过传播时间差法进行测量工作的。流量计配有 4 对超声换能器，每对换能器都以一定角度嵌入在流量计表体内，这样形成一个直射式的测量通道。

流量计主要由三部分组成：流量计表体、超声换能器、信号处理单元。其主要维护保养内容如下：

(1) 换能器(探头)的健康度小于75%时，应对该探头进行拆卸检查，若探头损坏应进行成对更换。对拆卸下的探头进行外观检查，并使用干棉布清洁探头上和平衡孔的污垢。

(2) 流量计安装前要清洁流量计内管壁，一般使用柴油或酒精等有机溶剂进行清洁。

(3) 通过 MEPAFLOW600 CBM 软件核查流量计运行状况，当流速剖面系数高出理想值(1.11)的±0.05时，结合历史记录，清洗流量计前后直管段脏污。

(4) 定期查看超声流量计各个声道的信号形态，包括信号振幅、信噪比、传输时间的标准偏差、信号质量、流速剖面系数、漩涡角等信息，进行流量计性能评估(表10-6-8)。

表10-6-8 流量计常见故障

序号	故障现象	故障分析	处理方法
1	表头显示屏LED无显示；无脉冲输出；无实时状态信号	供电电源无法供电或电源不稳定	在流量计表头接线端子1、2处检测输入电压；检查布线和终端接线。注意：要采取必要安全措施
		电路板损坏、熔断器烧毁或其他故障	更换电路板或联系SICK代理商
2	表头显示屏LCD上显示报警和错误；声速不正常	超声换能器脏污	清洗超声换能器
		超声换能器故障	更换超声换能器
		当清洗超声换能器时，线缆接错	检查线缆并修正
3	独立声道的声速偏差过大	超声换能器或电子板错误	更换超声换能器或电路板
		超声换能器损坏	更换超声换能器
		由于阀门或其他所引起的噪声	检查就近阀门是否有故障、是否有噪声源
		高流速状态下，或受到超声噪声干扰，或流动条件变化都会使信号质量出现报警	1. 减低流速； 2. 检查产生超声噪声的原因进行排除； 3. 控制流动条件
4	增益增大	气体组分或过程压力短时间内差异过大	1. 检查色谱分析仪工作是否正常； 2. 检查上游压力和计量压力变送器是否正常
		超声换能器脏污	清理超声换能器
5	测量数据读取无效	所有超声换能器都被阻塞	1. 将FLOWSIC 600减压并排气； 2. 拆卸健康度较低的成对超声换能器中的一个超声换能器； 3. 检查流量计本体的测量部分中是否有异物
		电子装置有缺陷	更换电子装置
		错误参数设置	1. 将存储在装置中的参数与缺省值进行比较； 2. 修正错误参数
		一个或多个声道被阻塞	1. 将FLOWSIC 600减压并排气； 2. 拆卸受影响的超声换能器并检查它们是否积有污物； 3. 检查在流量计本体的测量部分中是否有异物； 4. 检查声道电子装置
6	4个声道健康度均降低	有新增的噪声源	查找并消除噪声源
		气体流速超过极限	降低差压幅度或降低分输量

2. 外夹式超声波流量计

外夹式超声波流量计主要由变送器、超声波换能器以及进行测量的管道组成，其超声波换能器安装在管道的外部，日常的维护主要是检查清洁流量计，定期清洁流量计传感器。

（二）压力、温度仪表维护

储气库仪表主要包括压力变送器、压力表、双金属温度计以及温度变送器。

（1）压力变送器的维护保养：每周进行仪表的清洁工作，配管配线检查，检查密封压盖O形圈有无损坏或老化，防止雨水浸入；每季度进行仪表零位调校；每年进行仪表周期检定工作。

（2）压力表的维护保养：主要是进行外观及示值检查，连接部位检漏，每半年进行检定，发现故障及时维修更换。

（3）双金属温度计维护：主要是进行外观及示值检查，每年进行检定，发现故障及时维修更换。

（4）温度变送器维护保养：每周进行仪表的清洁工作，配线检查，检查密封压盖O形圈有无损坏或老化，防止雨水浸入；每年进行校准。

（三）分析小屋维护

储气库分析小屋是为在线气相色谱分析仪、在线水烃露点分析仪、在线硫化氢(总硫)分析仪等设备专门定制的一套承载这些分析仪器的相对密闭的撬装设备(图10-6-35)，主要作用是定期检测管道中天然气的组分、水烃露点、硫化氢含量等，为防止水合物生成、气质监测、流量测量等提供数据。

图10-6-35　分析小屋

1. 在线气相色谱分析仪

通过安装在天然气管路中的采样探头将样品天然气采出，通过采样线路到预处理系统进行过滤并调节压力、流量，之后样品进入分析仪进行分离和成分检测(图10-6-36~图10-6-38)。

1）工作原理

气相色谱的流动相为惰性气体，当多组分的混合样品进入色谱柱后，由于吸附剂对每个组分的吸附力不同，经过一定时间后，各组分在色谱柱中的运行速度也就不同。吸附力弱的组分容易被解吸下来，最先离开色谱柱进入检测器，而吸附力最强的组分最不容易被解吸下来，因此最后离开色谱柱。如此，各组分得以在色谱柱中彼此分离，顺序进入检测器中被检测、记录下来。检测器将物质的浓度或质量的变化转变为电信号，经放大后在记录仪上记录下来，得到色谱图。根据色谱图上每个峰的保留时间，可以进行定性分析，根据峰面积或峰高的大小，可以进行定量分析。

2）维护保养注意事项

（1）投用前要检查调节各载气、样气的进气压力和流量是否达到设备要求，环境温度低时要开启样气加热装置。

（2）定期检查和记录各气瓶的压力、有效期，不合格的气瓶应及时更换，所有气瓶避免阳光直射。

（3）定期或按需对色谱仪进行标定，标定所需标准气体的成分和含量要符合设备要求。

（4）色谱仪应进行周期检定，检定周期一般不超过两年。

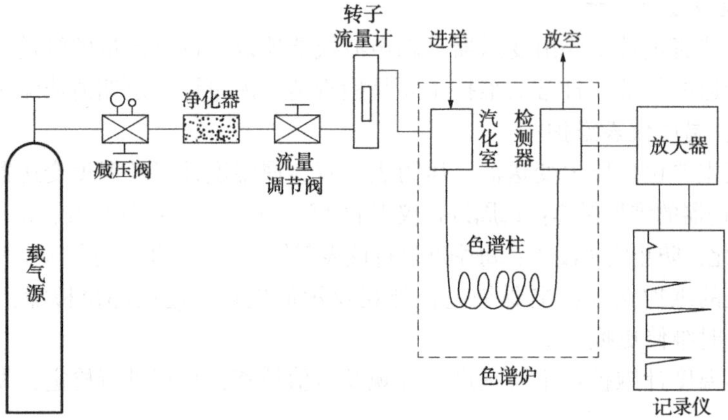

图 10-6-36　在线气相色谱分析仪结构原理图

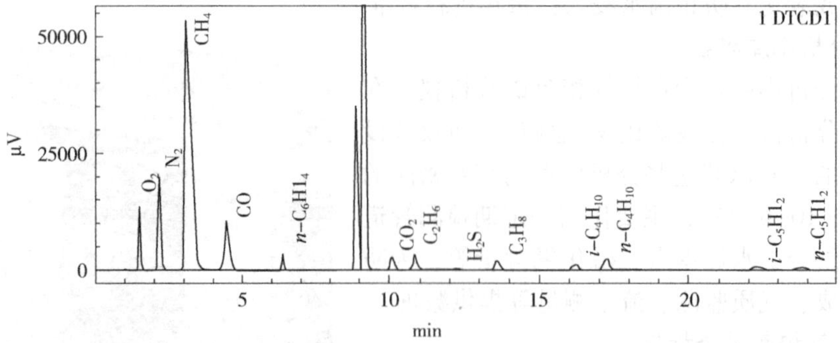

图 10-6-37　天然气色谱图

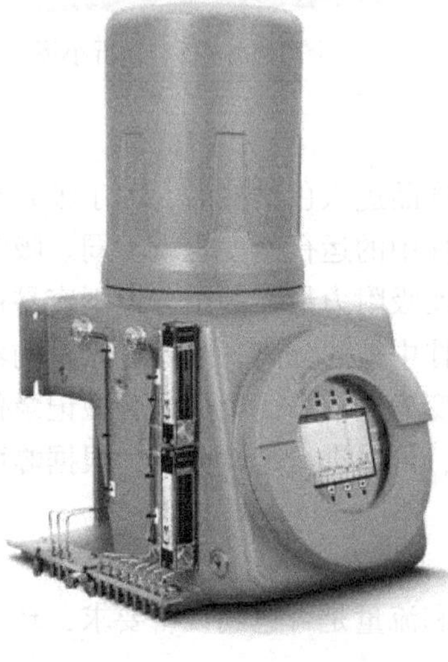

Emerosn Rosemount 770XA

Emerosn Rosemount 370XA

图 10-6-38　常见天然气在线气相色谱分析仪

3）常见故障处理

若色谱仪故障灯亮起，显示屏上显示故障代码和提示信息，则首先查阅其使用手册，根据故障代码和提示信息排查处理。

2. 在线水、烃露点分析仪

天然气水露点和烃露点的在线检测方法主要有电介法、冷镜法、光纤法等，储气库主要使用的是光纤法测量设备。

1）工作原理

光纤法主要是由高折射层和低折射层组成，这些折射层与光源和处理单元相连，水蒸气引起折射率变化，折射率变化导致的波长偏移量与气体中的水分含量呈正比，进而根据气体的含水量计算出水露点。

2）维护保养注意事项

（1）投用前要检查样气管路所有阀门状态，调节进气压力和流量达到设备要求，环境温度低时要开启样气加热装置。

（2）定期对样气管路进行验漏，杜绝气体泄漏造成的着火、爆炸或人员窒息等危险。

（3）露点仪应按期进行标定或校准。

3）常见故障处理

一般情况下露点仪正常投运后不易出现故障，常见故障都出在配套管路和设备上。若露点仪故障灯亮起，显示屏上显示故障代码和提示信息，则首先查阅其使用手册，根据故障代码和提示信息排查处理。

3. 辅助系统

天然气分析小屋本体一般为内外双层钢板夹保温层，整体相对密封，由于其内部有天然气、氢气、氮气、氦气等气体泄漏可能，因此其内部所有电气设备及电路均为防爆设计，并设有可燃和有毒气体报警系统、声光报警器、强制排风扇等，用以对小屋内空气进行监测、报警和强制排风。小屋内外的样气采样器、采样管路、样气预处理系统、排液放空管路、气瓶架等用来与其内部各分析仪器配套使用，以完成气体分析任务。小屋设置防爆空调主要用来保证其内部各分析仪工作在合适的温湿度环境下。供配电和通信系统用来保证小屋内各设备运行的供电和远程信号传输。

维护保养注意事项：

（1）进入小屋前先观察是否有声光报警，报警一般为内部某气体泄漏并达到了报警浓度，在确定周围环境安全的情况下从外部打开防爆风机，待通风彻底后再开门进入，并查找泄漏点。

（2）小屋内可燃和有毒气体探测器要进行周期检定，每年要对小屋 ESD 按钮、声光报警器、远程报警信号等安全控保装置和功能进行测试。

（3）小屋门一般为外开逃生门，定期检查其是否可在锁闭状态下从内部一推即开。

（4）定期对所有气体管路进行验漏，杜绝气体泄漏造成的着火、爆炸或人员窒息等危险；停用和备用的气瓶要将瓶口阀关严。

（5）小屋内温、湿度应控制在分析仪等设备的建议范围内，一般可维持在 18～24℃ 和 20%～80%RH，通过防爆空调和电加热器对温湿度进行调节。

（6）环境温度较低时，标准气体气瓶应放置在小屋内，防止烃组分析出影响标定准确性。

（7）若管道内天然气含液较多，应经常对样气管路和排液放空管路进行吹扫，环境温度过低时开启所有加热装置并增加检查频次。

（8）小屋内分析仪等仪表设备的供电为双电源，且其中一路为 UPS 电源，每年应测试市电断路后是否能够无缝切入 UPS 电源。

(9) 观察记录各气瓶的消耗周期，提前做好气瓶更换的计划。对小屋所用到的各型号滤芯、纸带等消耗品备足备件。

4. 分析小屋系统常见故障处理

(1) 载气压力低：依次检查载气气瓶压力是否足够，调压阀是否调节到位，管路阀门是否正确打开。

(2) 样气压力低：依次检查样气管路阀门是否正确打开，调压阀是否调节到位，流量是否调节到位，取样器处压力是否足够，若流量和压力过小且无法向上调节则考虑管路堵塞可能，可从分析仪端到取样器端逐段卸开检查气流是否正常，常出现的原因有水合物冻堵、油污堵塞、过滤器堵塞等，可通过开启加热器、高压气源吹扫、更换过滤器滤芯(滤膜)等方式解决，若频繁出现堵塞可考虑改造加装样气前置过滤器。

(3) 分析结果误差较大：若烷烃组分含量均较低，N_2、CO_2 等组分含量较高，首先考虑取样管路中样气是否置换完毕，若取样管路较长，且检测周期间隔较长，则投运后样气需要较长时间才能置换完整个管路；其次若较长时间未标定，则按照用户手册说明，用有效的标准气体对色谱仪进行标定。

(4) 各组分含量总和不为 100%：分析结果或远程采集的数据为未归一之前的结果，应设置为进行归一化算法之后的结果。

(5) 色谱仪及分析仪正常运行但远程数据不更新：首先考虑通信异常，分析结果一般采用 RS485 Modbus 协议或网络协议通信，检查相关通信设备和线路是否正常。其次用通信调试软件测试是否能采集到色谱仪及分析仪对应的信号。

(6) 各仪器仪表刚投运时要预热至特定温度才会开始采样检测，环境温度较低时可能需要 1~2h，因此开机较慢并不是故障。

第十一章　中原储气库群“五化”建设案例

中国石化“十一五”期间开始储气库建设布局，“十二五”期间实现突破，目前已建成储气库8座：文96、文23一期、金坛一期、卫11、文13西、清溪、白9、永21；在建5座：黄场、金坛二期、孤西、文23二期、大涝坝；拟建5座：文24、文68、白庙、卫2、文13油藏。

近年来，通过深耕细作储气库建设市场，高质量完成文96、文23、卫11、文13西、清溪等大型储气库群项目，中原设计公司积累了丰富的建设经验，开展了储气库群地面注采工艺技术、储气库群地面系统高效设计施工关键技术、储气库地面工程“五化”建设等十余项工艺技术的研究，形成了特大型储气库地面非稳态注采工艺技术、高压大流量高矿化度注采系统腐蚀控制技术、注采系统湿气防垢工艺技术、大型储气库三维设计与数字化交付技术、三甘醇脱水再生尾气回收技术、中原储气库群过滤分离关键技术等10余项关键技术成果。2021年，依托中原储气库群项目全面推进“五化”工作，形成储气库地面工程标准化设计V1.0版设计文件1套，统一建设标准、工艺与平面布置、建构筑物形式及视觉形象，缩减建设工期。文96地下储气库地面工程获得集团公司2013年度优质工程奖；文23储气库项目(一期工程)地面工程获得集团公司2020年度优质工程奖、2021年度河南省优秀工程总包一等奖、优秀工程勘察与岩土工程二等奖。取得一种枯竭气藏储气库用地面集输系统、一种节流预脱水、共沸剂再生的天然气脱水系统及方法等4件获国家发明专利授权。

第一节　文23储气库设计思路及规模

一、项目背景

中原文23气田位于河南省濮阳市，地质储量采出程度81%，处于低压低产枯竭阶段，具备建设地下储气库的储层和盖层条件。根据“十二五”期间我国库址资源筛选及评价结果，我国东部地区的油气藏构造整体断裂系统复杂，构造破碎，地下储气库建设难度较大，而中原气田文23气田具有难得的建设大规模地下储气库的地质条件。中原文23气田上报探明含气面积12.2km^2，天然气地质储量132.79×10^{8}m^3，其中主块含气面积8.15km^2，储量为116.10×10^{8}m^3。主块含气面积大，储量大，原始地层压力38.64~38.87MPa，压力系数1.29~1.34，地层温度115~120℃，为干气藏。文23气田自1988年开始产能建设，截至2013年12月底，累计产气95.19×10^{8}m^3。自2001年开始，随着采气速度的提高，平均地层压力在4.44MPa，井口压力普遍在0.8~1.6MPa。根据气藏工程测算，动用文23储气库的剩余可采储量为5.95×10^{8}m^3。文23气田含气层系上部覆盖一套巨厚的文23盐，厚度大，岩性纯，封闭性好。沙三下亚段沉积的灰白色盐岩，盐膏厚度一般为200~600m。良好的区域盖层对文23气田的富集成藏起着重要作用，为储气库的建设提供了得天独厚的封闭条件。

文23气田贴近华北市场，建成储气库后可覆盖整个华北市场，对该区域天然气安全平稳供应具有重要的意义。中原文23气田地处河南省境内，位于华北和长三角两大用气中心的中间位置，储气库建设的地理位置非常优越。储气库建成后，不仅可与周边的中国石化榆济线、鄂安沧管线、中开管线等主干管道相连，还可和豫北管网、山东管网、河北管网、山东液化天然气项目输气管道等区域管网相连通，以及通过鄂安沧濮阳支干线及保定支干线与中国石油陕京输气系统连通，实现对整个华北地区的覆盖，调峰范围极大，将是中国石化在目标市场提高竞争力、获取增量市场的重要手段，将会为中国石化进一步做大天然气经营规模提供强有力的支撑。

储气库一期有效工作气量$32.67\times10^8m^3/a$，注气能力按照一期平均注气量的1.2倍设计为$1960\times10^4m^3/d$（含文23储气库先导工程已经具备的$200\times10^4m^3/d$），需要新增$1800\times10^4m^3/d$的注采气能力；天然气处理能力按照平均调峰供气能力按照平均调峰气量的1.6倍设计为$3600\times10^4m^3/d$。建设1座注采站、8座丛式井场、5座监测井场、站外集输管网等配套工程。

二、环境概况

（一）地理位置

工程所在地文23气田位于河南省濮阳市文留镇北部，由中国石化中原油田天然气产销厂主管。文留镇属于黄河冲积平原的一部分，地势较为平坦，地面海拔50m左右。

（二）气候气象

濮阳市位于中原地带，属于暖温带半湿润季风型气候，四季分明，春季干旱多风沙，夏季炎热雨量大，秋季晴和日照长，冬季干旱少雨雪。

（三）水文地质

濮阳市属河南省比较干旱的地区之一，水资源不多。地表径流靠天然降水补给，平均径流量为$1.85\times10^8m^3$，径流深为432mm。境内浅层地下水总量为$6.73\times10^8m^3$，其中可供开采的为$6.24\times10^8m^3$。濮阳境内多为中小河流，分属于黄河、海河两大水系。过境河主要有黄河、金堤河和卫河。

三、设计规模

（一）设计基础资料

1. 气源及组分

1）注气气源

文23储气库周边中国石化的主干管道有已建榆济线、中开线和规划的鄂安沧输气管道濮阳支干线、新气管道豫鲁支干线。文23储气库一期工程注气气源主要为鄂安沧输气管道气、已建榆济线、中开线管道气，外部气源接入点位置与具体参数见表11-1-1。

表11-1-1 外部气源接入点位置与具体参数

序号	接入点管线参数	鄂安沧州输气管道濮阳支干线	榆济管线	
1	位置	鄂安沧管线	清丰站至文96注采站管道巴庄村阀室	中开线文留阀室
2	口径/mm	DN1000	DN500	DN700
3	操作压力（表压）/MPa	5.0~9.8	5.0~7.6	5.0~7.6
4	操作温度/℃	5~25	5~25	5~25
5	设计压力/MPa	10	8	8

两种气源组分见表 11-1-2。

表 11-1-2　两种气源组分

序　号	名　称	摩尔含量/%			
		榆济管道气	鄂安沧管道气		备　注
			天津 LNG 管道气	内蒙古煤制气	
1	C_1	92.43	91.0~99.9	96.38	
2	C_2	3.85	0.1~5	0.11	
3	C_3	0.98	0~2.5	0.1	
4	nC_4	0.30	0~1	—	
5	iC_5	0.19	0~0.1	—	
6	nC_5	0.15	—	—	
7	C_6+	0.13	—	—	
8	CO_2	1.16	<100ppm	<2.0	
9	N_2	0.55	0~0.5	0.51	
10	He	0.03	—	—	
11	H_2	0.01	—	<1.0	
12	H_2S		<1ppm	<6mg/m^3	
13	总硫	—	—	<60mg/m^3	

注：投产三个月考虑气质中含饱和水的可能。

2）原始气藏气

文 23 气田天然气成分以甲烷为主，相对密度 0.5811。文 23 原始气藏气组分见表 11-1-3。

表 11-1-3　文 23 原始气藏气组分

序　号	名　称	含　量
1	天然气摩尔含量/%	
	C_1	94.38
	C_2	1.62
	C_3	0.37
	C_4	0.26
	C_5	0.18
	CO_2	0.95
	N_2	0.94
2	高位热量/(MJ/m^3)	38.03
3	低位热量/(MJ/m^3)	34.29

文 23 气田自 1990 年投入正式开发以来，水气比一直保持在 $0.1\sim0.3m^3/10^4m^3$，地层水为高矿化度盐水，总矿化度为 $26\times10^4\sim30\times10^4mg/L$，$Cl^-$ 含量为 $16\times10^4\sim18\times10^4mg/L$，水型为 $CaCl_2$ 型。

3）采气组分(拟合)

储气库建成后，采出气组分可以根据管道来气、原始气藏气组分进行拟合，详见表 11-1-4。

表 11-1-4　文 23 储气库采出气组分(拟合)

序　号	组　成	采气组分 1	采气组分 2	采气组分 3
1	C_1	0.9291	0.9396	0.9440
2	C_2	0.0214	0.0129	0.0011
3	C_3	0.0110	0.0030	0.0010
4	nC_4	0.0042	0.0007	0
5	H_2S	2.28×10^{-6}	3.13×10^{-6}	3.00×10^{-6}
6	H_2	0.0171	0.0196	0.0294
7	He	0	0.0001	0
8	N_2	0.0035	0.0030	0.0050
9	CO_2	0.0115	0.0180	0.0196
10	C_6	0	0.0003	0
11	iC_5	0	0.0004	0
12	nC_5	0	0.0003	0
13	H_2O	0.0022	0.0022	0

注：采气组分 1 为以 30%煤制气、70%天津 LNG 拟合；采气组分 2 为以 60%煤制气、20%榆济、20%气藏气拟合；采气组分 3 为以 100%煤制气拟合。

2. 气井数据

根据地质方案，新钻 66 口井，利用老井 11 口，分别布置在 8 个井台内。每座井台管辖的井口数见表 11-1-5。

表 11-1-5　井台管辖井口数量

井台号	总井数/口	新井井数/口	利用井/口	利用井位号
2#	13	11	2	文 23-44、文 23-32
3#	11	10	1	文 23-30
4#	9	9	—	—
5#	8	7	1	文新 31
6#	6	5	1	文 23-26
7#	13	9	4	文 23-19、文 23-17、文 23-13、文 23-36
8#	7	7	—	—
11#	10	8	2	文 23-34、文侧 105
合计	77	66	11	—

3. 设计规模

1）井场设计规模

井场设计规模需根据井场管辖的井口数与单井产量预测进行确定，井场处理规模预测详见表 11-1-6，考虑地层扰动系数，8 座丛式井场采气、注气设计规模见表 11-1-7。

表 11-1-6　井场产能预测

采气能力								
地层压力/MPa	预计产能/(10^4m^3/d)							
	2#井场	3#井场	4#井场	5#井场	6#井场	7#井场	8#井场	11#井场
15	116.4	127.9	66.9	79.6	32.2	73.2	48.6	90.2
20	216.8	238.2	124.6	148.3	60.0	136.4	90.6	168.1
25	314.9	346.1	180.9	215.4	87.1	198.2	131.6	244.1
30	406.5	446.6	233.5	278.0	112.4	255.7	169.9	315.0
35	494.0	542.8	283.8	337.9	136.6	310.8	206.5	382.9
38.6	555.5	610.4	319.1	379.9	153.7	349.5	232.2	483.28
注气能力								
地层压力/MPa	预计产能/(10^4m^3/d)							
	2#井场	3#井场	4#井场	5#井场	6#井场	7#井场	8#井场	11#井场
15	421.8	463.4	242.3	288.4	116.7	265.4	176.3	326.9
20	392.7	431.5	225.6	268.6	108.6	247.1	164.1	304.4
25	351.3	386.0	201.8	240.3	97.2	221.0	146.8	272.3
30	296.2	325.4	170.1	202.5	81.9	186.3	123.8	229.5
35	220.9	242.7	126.9	151.1	61.1	139.0	92.3	171.2

表 11-1-7　8 座丛式井场采气、注气设计规模

丛式井号	单井/口	利用井/口	总井数/口	最大注气量/(10^4m^3/d)	最大采气量/(10^4m^3/d)	注气设计规模/(10^4m^3/d)	采气设计规模/(10^4m^3/d)
2#	11	2	13	421.8	555.5	350	600
3#	10	1	11	463.4	610.4	350	700
4#	9	—	9	242.3	319.1	200	400
5#	7	1	8	188.4	379.9	200	450
6#	5	1	6	116.7	153.7	100	200
7#	9	3	12	265.4	349.5	200	400
8#	7	—	7	176.3	232.2	150	300
11#	8	3	11	326.9	483.28	250	550
合计						1800	3600

2）场站设计规模

本工程设注采站 1 座，在注气期，接收长输管道来气，在注采站内经过滤分离、计量、增压后通过注采气干线输往各丛式井场，再通过单井管线注入注采气井；在采气期，接收丛式井场来气，在注采站站内经冷却、分离、脱水、计量后输往长输管道。

注气规模：$1800\times10^4m^3/d$。

采气规模：$3600\times10^4m^3/d$。

4. 产品要求

1）产品指标要求

储气库外供天然气，气质应满足《天然气》（GB17820—2012）中的Ⅱ类气质标准要求。通过对目前注入的管道气与原始气藏气进行分析，地温按6℃考虑，在输送条件下不会有烃析出，按照设计规范，水露点应不高于1℃，本次设计水露点按-5℃设计。

2）注采能力要求

一期建成后注气能力$1800\times10^4m^3/d$，年注气期200d；采输气处理能力$3600\times10^4m^3/d$，年采气期150d，平衡检测期15d。

（二）工程规模

1. 气藏描述

（1）文23气田含气层系上部覆盖一套巨厚的文23盐，厚度大，岩性纯，封闭性好。沙三下亚段沉积的灰白色盐岩，盐膏厚度一般为200～600m。良好的区域盖层对文23气田的富集成藏起着重要作用，也为储气库的建设提供了得天独厚的封闭条件。

（2）气田为复杂断块背斜构造形态，边界断层和分块断层具有封闭性，将气田分割为主块、西块、南块、东块4个断块区，其中主块为最大的开发区块，从静态资料及30多年开发动态资料证明分块断层具有封闭性，而主块内部次一级断层不具封闭性，块内整体连通，为储气库建设的目标区块。

（3）文23气田主块气层厚度大，含气层位为ES_4^{1-8}。其中：ES_4^{1-2}储层不发育，具有层状特征，下部泥岩隔层稳定，不作为库容考虑；ES_4^{3-6}储层发育，具块状特征，是储气库的主要储集空间。ES_4^{7-8}南北两个高点的储层天然裂缝发育，与上部层位连通良好。综合评价将主块ES_4^{3-8}层段作为储气库的储气单元。

（4）储层岩性以细粉砂岩-粗粉砂岩为主，孔隙类型以次生粒间溶蚀孔为主；酸敏、水敏中等，储层物性以低孔低渗为主，孔隙度8.86%～13.86%，平均空气渗透率$(0.27\sim17.12)\times10^{-3}\mu m^2$。平面上主块中北部物性较好，向南物性变差。纵向上$ES_4^{3-5}$物性最好。

（5）主块是具底水的气藏，由于水层具层状特征与上部气层的隔层好，且物性差，历年新钻井资料及开发动态资料表明，边底水能量弱，气水界面变化不大，对开发生产无影响，在方案设计中不考虑底水的影响。

（6）主块含气面积大，储量大，从1987年气田上报探明储量至今，储量认识一致。主块含气面积$8.15km^2$，地质储量$116.10\times10^8m^3$。采用定容封闭弹性气驱气藏的物质平衡法，利用30多年来取得的开发生产数据建立了压降方程，计算主块的压降储量$104.21\times10^8m^3$，即储气库的最大库容量。

2. 气藏工程

（1）系统分析了气田开发动态特征。气田开发稳产阶段在生产压差5MPa左右时，气井自然稳定产量在$(3.5\sim33.12)\times10^4m^3/d$，个别气井自然产能高达$80\times10^4m^3/d$，具备较高的产能；内部连通性好，地层压力下降均衡，地层水能量弱，有利于储气库的建设与运行。

（2）利用产能试井资料，结合气井生产特征，平面上划分了高产、中产、低产三个产能区，建立了相应的产能方程，计算高、中、低产区的平均绝对无阻流量分别为$102\times10^4m^3/d$、$34.7\times10^4m^3/d$、$16.5\times10^4m^3/d$。通过定向井、水平井可有效提高单井产能，平均增产倍数是直井的1.3倍、1.9倍。

（3）对气库参数进行了论证。考虑到最大利用库容，气田不被破坏，设计上限压力为原始地层压力 38.6MPa，气库总库容为 $104.21\times10^8m^3$；设计气库下限压力为 15.0MPa，有效工作气量 $57.25\times10^8m^3$，占库容的 54.94%，基础垫气量 $7.32\times10^8m^3$，附加垫气量 $39.64\times10^8m^3$，补充垫气量 $33.69\times10^8m^3$。

(4) 据中国石化北方市场对文 23 储气库提出的远景调峰高峰期日需求 $4000\times10^4m^3$，年调峰气量 $40\times10^8m^3$ 以上的要求，测算出整体方案需要新钻井 103 口，利用老井采气 7 口，共计 110 口注采井，确定了储气库注采井网的合理井距为 300~520m，井型采用直井、定向井，布井方式采用丛式井，设计井台 13 个。年采气期 150d，注气期 200d，运行工作气量 $44.68\times10^8m^3$，运行压力 19.06~38.62MPa，补充垫气量 $46.26\times10^8m^3$。

(5) 按照“分步(期)建设、滚动实施”的原则，结合中国石化多条长输管线的建设及需求情况，分两期建设。据中国石化北方市场对文 23 储气库提出的近期调峰高峰期日需求 $3000\times10^4m^3$，年调峰气量 $30\times10^8m^3$ 以上的要求，一期方案动用库容体积 $84.31\times10^8m^3$，需要新钻井 66 口，老井采气利用 6 口，注采总井数 72 口，设计井台 8 个，运行压力 20.92~38.62MPa，运行工作气量 $32.67\times10^8m^3$，补充垫气量 $40.90\times10^8m^3$。实施完毕后即可注气投产，其余 5 个井台 37 口新井根据市场需求，择机实施。

3. 钻井工程

(1) 井身结构设计：根据储气库开发的地质特征，优选出一套三开次井身结构，一开采用 Φ444.5mm 钻头，下 Φ346.1mm 套管，设计井深为 500m；二开采用 Φ320mm 的非标钻头，目的是为了增大 Φ273.1mm 技术套管与井眼之间的环空间隙，提高固井质量，为了提高盐层段的套管强度，盐层段下入钢级 TP95T、壁厚 12.57mm、扣型为 TP-CQ 的特殊螺纹套管；三开采用 Φ241.3mm 钻头，生产套管选用 Φ177.8mm 气密封扣套管，考虑气源的多样化，悬挂器以下选用钢级 P110-13Cr 抗腐蚀套管，以上选用钢级 P110 的套管。

(2) 按照“分步(期)建设、滚动实施”的原则，分两期建设。一期方案动用库容体积 $84.31\times10^8m^3$，需要新钻井 66 口，利用老井采气 6 口，注采总井数 72 口，设计井台 8 个，丛式井组布井方案(其中直井 11 口、定向井 55 口，钻井总进尺 224400m)；轨道设计：定向井剖面设计采用“直-增-稳”或五段制剖面。实施完毕后即可注气投产，其余 5 个井台 37 口新井根据市场需求，择机实施。

(3) 微泡钻井液体系研究：通过发泡剂、稳泡剂等关键处理剂的开发，增黏剂、降滤失剂等配伍处理剂选择，形成了微泡钻井液体系；该体系具有密度低，流变性好，砂床(60~90 目)实验测定封堵强度达 15MPa，密度可控制在 0.85~0.95g/cm^3，防漏能力强，综合成本低。

(4) 凝胶暂堵储层保护技术：以凝胶 NFJ-Ⅱ为主剂，配合高强度矿物类骨架材料 GW-1(主要成分：$SiO_2/Al_2O_3/CaO$)和填充材料 XJ-1，凝胶聚合物作为功能性充填粒子，通过其弹性、韧性及可变形提高与漏失通道适应性，提高成功率；加量为 3.5%暂堵剂与钻井液具有良好配伍性，60~90 目砂床封堵强度达 15MPa，15%盐酸酸溶率达 95%。

(5) 采用下套管固井完井；固井采用先尾管悬挂后回接的工艺。

(6) 非渗透防漏防窜高强低密度水泥浆体系研究：根据颗粒级配及紧密堆积理论优选外掺料及外加剂设计水泥浆，具有浆体稳定性好、防漏防窜性能好、水泥石顶部强度高等优点，用于二开固井；设计非渗透防窜增韧双凝水泥浆体系：根据微环隙-微裂缝气窜理论优选外加剂设计水泥浆，改善水泥石脆性，提高界面封固质量，提高水泥环长期防窜性能，用于盐层段及储层固井。

(7) 编制了钻井过程中的 HSE 管理要求、危险因素分析及危害防治措施。

文 23 气田在 30 多年的开发过程中，储层经过多次加砂压裂，裂缝发育而不均衡，储层压力分布存在差异，若分期打井，气井控制风险大。因钻储层过程中要平衡气层压力，需关停所钻井周边的注采井，使储层压力稳定，确定钻井液密度平衡地层压力。该项目丛式井组"井工厂设计"，一个平台上两部钻机同时施工，钻井 1 年左右完成。

4. 注采气工程

(1) 根据储气库开发的需要，对割缝衬管完井方式进行了钻井及投产等全面论证，经中国石化股份有限公司、中原油田分公司以及天然气分公司多次论证，最终不予采用。对于射孔完井方式的井，优先采用射孔-生产一体化投产方式；需监测注采气剖面的井采用射孔后，下完井管柱分步投产方式；为实现最大限度地储层保护，减少入井液漏失，作业过程中最大限度地使用不压井作业设备进行施工。

(2) 设计了三种注采井完井管柱：射孔生产一体化且具备井筒安全控制功能的管柱(主要结构：井下安全阀+封隔器+射孔枪)；具有井筒安全控制功能的管柱(主要结构：井下安全阀+封隔器)；具有环空封隔保护功能的管柱(主要结构：循环滑套+封隔器)。

(3) 设计了两种监测井完井管柱：新注采井监测完井管柱(主要结构：井下安全阀+监测装置+封隔器)；老井监测完井管柱(主要结构：油管+测试坐落接头)。

(4) 注采气井口初步推荐采用 EE 级材质，井下配套工具采用 9Cr 材质。同时，继续跟踪分析文 23 自产气及外输来气组分以及运行工况变化，进一步开展管材的优选。井口装置压力等级选用 34.5MPa，井下工具压力等级为 34.5MPa。

(5) 采用地面与地下两级安全阀控制系统，对异常高压、低压、火灾等情况实现自动关井控制，确保安全生产。

(6) 应用节点分析方法，根据气井的配产情况，分析了气井产量与井底流压、井口压力、井口温度、油管尺寸的关系，确定了不同注采条件下的井口压力、温度。选择外径 88.9mm 的油管为主要生产管柱。

(7) 针对长井段、文 23 气田储层的特点，主要采取油管传输射孔方式，通过室内岩心实验，从最大限度保护低压储层出发，确定完井工作液体系类型。

(8) 进行了增产工艺可行性论证：由于储层酸敏，不建议使用酸化工艺；压裂工艺方面，投产初期由于存在压裂液返排困难、出砂等问题，经各级别审查会审查和论证，在本方案中也不予考虑。

(9) 优选了动态监测工艺：主要采用钢丝作业存储式监测工艺、重点井采用永置式监测工艺监测井下压力、温度；采用电缆作业测井工艺完成井间微地震、气水界面、注采剖面监测；采用示踪监测工艺技术进行井间连通性监测。

(10) 编制了注采气工程过程中的 HSE 管理要求、危险因素分析及危害防治措施。

5. 老井利用与封井工程

(1) 对文 23 气田所钻 57 口老井进行了系统的调查与井况分析，并进行了分类评价，筛选出 35 口废弃封堵井，22 口拟利用井。为了监测主块与边块分块断层的封闭性，在气田东块、西块和南块还选择了 3 口井作为观察井，因此拟利用井总数为 25 口。

(2) 为保证储气库安全运行，对 25 口(含边块用以监测断层封闭性的 3 口井)拟利用井编制了拟利用井检测方案，对于检测不合格的井转为废弃井进行封堵。

井眼轨迹复测：22 口，利用陀螺测斜仪核实井眼轨迹，为储气库钻井防碰设计提供依据。

试压验套：25 口，目的是判定油层套管、套管头是否存在渗漏问题，找出渗漏点，为判定气井可利用性提供依据。

井径：25 口，采用多臂井径测井仪判定井筒套管变形状况。

套管腐蚀检测：25 口，采用常规电磁探伤测井技术判定井筒套管的腐蚀状况，为判定气井可利用性提供依据。

固井质量复测：主块 22 口，使用套后成像测井新技术进行固井质量复测，进一步评价确认拟利用井油层套管的管外封闭性，为编制利用井投产工程设计提供依据。

（3）对不同类型的废弃井，分别编制了封堵方案。

通过井况调查与评价，提出废弃封堵井 35 口，拟利用井 22 口，拟利用井通过系统的井况检测和评价，11 口井因井况问题不符合利用标准，需实施封堵，封堵井总数为 46 口。

光油管合层挤堵：36 口井，针对固井合格、无窜层可能的井。将光油管挤堵管柱下至井筒留塞设计深度，对全井段射孔层进行合层挤堵，同时完成井筒留塞。

合层挤堵+锻铣挤堵：5 口井，可能窜层、但无法分层封堵的井。下光油管挤堵射孔段，锻铣套管，下水泥承留器对锻铣段进行合层挤堵，上提管柱保压候凝，注灰至井筒塞面设计深度。

承留器合层挤堵：3 口井，针对拟作为监测盖层封闭性的井，下水泥承留器挤堵管柱至挤堵目的层上部坐封，完成对全井段射孔层的合层挤堵，上提管柱保压候凝，注灰至监测射孔段深度以下 20m。

承留器分层挤堵：1 口井，针对可能窜层、可以分层挤堵的井。将水泥承留器挤堵管柱下至挤堵层上部，分别对 ES_4^{1-2} 和 ES_4^{3-6} 实施分层挤堵、保压候凝，井筒注灰。

空井筒合层挤堵：1 口井，全井小套管井。直接从井口挤注实施挤堵。

6. 地面工程

1）储气库规模

依据文 23 储气库地质、注采工程研究方案与天然气目标市场需求研究结果，在文 23 气田中心位置建设储气库，进行整体规划设计，分期实施。一期库容体积 $84.31\times10^8m^3$，设计运行压力 20.92～38.6MPa，运行工作气量 $32.67\times10^8m^3$，补充垫气量 $40.90\times10^8m^3$。采取周期运行方式，每年夏季为注气期、冬季为采气期，注气期 200d，采气期 150d，检测、维修平衡期 15d。

文 23 地下储气库项目（一期工程）地面工程，设计注气能力 $1800\times10^4m^3/d$、采输气能力 $3600\times10^4m^3/d$。气源主要为鄂安沧输气管道气、榆济线管道气、中开线管道气。建设 1 座注采站、8 座丛式井场、5 座监测井场、站外集输管网和相关的总图、给排水、消防、供配电、道路、自控、通信、暖通、建筑、结构等配套工程。

2）工艺路线

文 23 储气库一期工程，采用一级布站方式，工艺路线（图 11-1-1）特点描述如下：

（1）采用一级布站、气液混输、井口节流、双向计量、注采共用的集输工艺。

（2）采用宽工况、多气源、多机组的注气工艺。

（3）采用井口一级调压、井口流量控制、“节流+三甘醇脱水”的采气工艺。

（4）井场采用无人值守，有人巡视，有人操作，远程紧急关断。

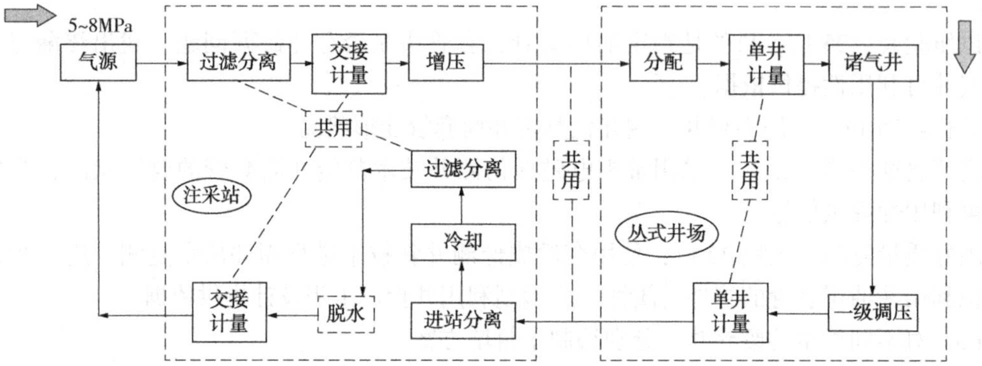

图 11-1-1　工艺线路

第二节　文 23 储气库流程图及平面布置

一、工艺流程特点

文 23 储气库(一期工程)地面采用一级布站方式，主要工艺包括集输工艺、注气工艺、采气工艺，工艺路线特点描述如下：

(1) 采用一级布站、气液混输、井口节流、双向计量、注采共用的集输工艺。

(2) 采用宽工况、多气源、多机组的注气工艺。

(3) 采用井口流量控制、不加热不注醇、“节流+三甘醇脱水”的采气工艺。

总体流程框图如图 11-2-1 所示。

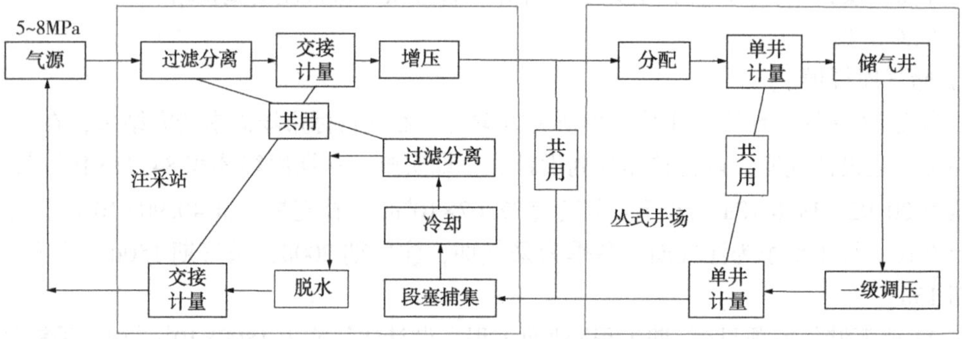

图 11-2-1　总体流程框图

二、工艺流程简述

(一) 注气部分

1. 注气流程

从长输管道来的天然气(压力 5~8MPa、温度 5~25℃)进入注采站，分三路进入旋风分离器及过滤分离器，分离计量后分 12 路进入压缩机系统压缩，经注气压缩机组两级压缩后至 34.5MPa(表压)、冷却至 65℃后送到注气汇管分配，分成多路送入集输干线管网至丛式井场，由丛式井场经单井输气管线注入地下储气库。

2. 注气压缩机设计参数

1）注气规模

注气处理规模 $1800\times10^4m^3/d$。

2）压缩机进口压力

文 23 储气库压力范围为 5.0~9.8MPa，同时考虑长输管道运行压力范围等因素，注气期压缩机进口压力为 5.0~8.0MPa(表压)。

3）压缩机出口压力

根据地质资料，注入垫底气后地层压力为 15~38.6MPa。考虑注气井井身结构、注气井深度等造成的注气沿程摩阻，上限压力：34.5MPa(表压)(最高操作压力)；下限压力：约 18MPa(表压)。压缩机出口压力：18~34.5MPa(表压)。同时，压缩机组运行应考虑垫底气注入运行工况要求，出口压力 10~18MPa(表压)。

4）注气压缩机处理量

为使压缩机操作、维护方便，应力求选用同一型号的压缩机。一方面，通过调研分析国内已投运的储气库，最大电机功率为 4500kW。国内已建储气库注气压缩机组设计参数见表 11-2-1。另一方面，注气压缩机组设计应能保证在进气压力 5.0~8.0MPa(表压)，排气压力范围 18~34.5MPa(表压)工况下高效运行。通过多工况核算，确定文 23 储气库注气压缩机组单台排气量为 $150\times10^4m^3/d$。根据一期工程注气规模 $1800\times10^4m^3/d$，配置 12 台。

表 11-2-1　国内已建储气库注气压缩机组设计参数

储气库名称	入口压力/MPa	出口压力/MPa	排量/($10^4m^3/d$)	配套电机功率/kW	台数/台	压缩机生产厂
相国寺储气库	7.0~9.5	30	166	4000	8	普帕克
呼图壁储气库	9	28	200	4000	8	普帕克
京 58 储气库	4	18	90	1500	4	艾斯德伦
文 96 储气库	5.0~7.0	23.5	62	1550	2	艾斯德伦
双六储气库	4.0	26	142	4500	8	普帕克
苏桥储气库	4.5	35	115	4000	12	普帕克

（二）采气部分

1. 采气流程

来自气井的湿天然气(34.5~12MPa)，经井口电动角式节流阀调压至 15MPa、靶式流量计计量后，汇入井场采气汇管，气液混输送至注采站采气汇管，经段塞流捕集器、空冷器冷却、旋风分离器、过滤分离器分离其中的游离水及杂质后，进入三甘醇脱水装置，脱水后天然气经调压至 9.5MPa、计量后送入外输管网，脱水后水露点<-5℃(交接压力下，地温按 6℃考虑)。在采气后期，由于地层压力降低至 12~8MPa，脱水后天然气经调压至 7.0MPa，井口角式节流阀开度至全开。

2. 采气工艺参数

1）采气规模

采气处理规模 $3600\times10^4m^3/d$。

2）采气压力系统

因单井来气采用井口三级节流、湿气输送工艺，为保证储气库向鄂安沧或榆济管道平稳供气，采气工艺压力系统采用两级节流，保证注采站出口压力稳定。一级节流位置设置在单井采出管线上，设电动角式节流阀，电动调流阀与阀后靶式流量计联锁，通过调节阀门开度控制单井采出气流量；三级节流位置设在脱水撬块三甘醇分离器后，设调压阀，稳定脱水撬块吸收塔的运行压力。采气初期井口压力较高 34.5～12MPa，三级节流阀控制阀前压力为 9.5MPa，阀后压力与管线外输背压相同。一级节流阀调节阀后压力 15MPa，阀前压力与气井压力相匹配。随着采气过程继续，气井压力为 12～9MPa 时，三级节流阀控制阀前压力为 7.0MPa，二级节流阀开度逐渐变大至全开。

3. 脱水工艺系统

1）脱水工艺

由于该储气库在采气初期，一部分水会以小液滴的形式随着天然气被夹带出地面，另一部分水会在天然气中以饱和水蒸气的形式存在。夹带出的液滴可通过旋风分离器、过滤分离器过滤分出。而天然气中的饱和水蒸气则需要通过降低天然气中的水露点，使天然气达到外输标准。同时，随着采气量的不断增大，储气库底部存留的水量会逐渐减少。

降低天然气水露点的方法有很多种，一般分为溶剂吸收法、固体干燥剂吸收法、直接冷却法、注防冻剂法、化学反应法等。本项目根据工程需要采用溶剂吸收法的三甘醇脱水工艺。主要脱水设备包括吸收塔及三甘醇再生撬。

2）脱水工艺流程简述

湿天然气（9.7MPa、25℃）由吸收塔下部的天然气进口进入三甘醇脱水吸收塔，与塔顶流下的贫三甘醇溶液充分接触，脱水后由塔顶天然气出口出塔，然后进套管换热器与进塔贫甘醇换热后，再经过分离器和顶部压力控制阀后出装置。控制阀前压力（即吸收塔的工作压力）为 9.5MPa。

富三甘醇由吸收塔底部富液出口出塔，部分进入三甘醇再生塔塔顶盘管，被塔顶蒸汽加热至 40℃后进入三甘醇闪蒸罐，闪蒸分离出溶解在甘醇中的天然气。再生塔塔顶盘管两端连接有手动旁通调节阀，用以调节富甘醇进盘管的流量，从而调节再生塔塔顶的温度。三甘醇由闪蒸罐下部流出，经过闪蒸罐液位控制阀，依次进入三甘醇二级过滤分离器（滤布）及三甘醇三级过滤器（活性炭）。通过滤布过滤器过滤掉富甘醇中 5μm 以上的固体杂质；通过活性炭过滤器过滤掉富甘醇溶液中三甘醇再生时的降解物质。两个过滤器均设有旁通管路。在过滤器更换滤芯时，装置可通过旁通管路继续运行。经过滤后富甘醇进入贫/富三甘醇换热器，与由再生重沸器下部三甘醇缓冲罐流出的热贫甘醇换热升温至 160℃后进入三甘醇再生塔。

在三甘醇再生塔中，通过提馏段、精馏段、塔顶回流及塔底重沸的综合作用，使富甘醇中的水分分离出塔。塔底重沸温度为 170～195℃，三甘醇质量浓度可达 97%～99%。塔顶水蒸气经富三甘醇溶液冷却后，进入冷凝水缓冲罐。重沸器中的贫甘醇溢流至重沸器下部三甘醇缓冲罐。贫三甘醇液从缓冲罐进入板式换热器，与富甘醇换热，温度降至 48.5℃左右进三甘醇循环泵，由泵增压后进套管式气液换热器与外输气换热至 35℃进吸收塔吸收天然气中的水分。三甘醇富液闪蒸罐顶部闪蒸气引出后进入燃料气管网。

3）脱水撬配置

根据采气规模 $3600\times10^4m^3/d$，设 3 列装置，单列装置吸收部分最大处理能力为 $1200\times10^4m^3/d$，单列装置再生部分三甘醇循环量 $Q=10m^3/h$。

第三节 文 23 储气库设计难点及亮点

一、过程控制

1. 逐级审查、及时调整

在设计过程中，按公司正常工作流程，设计成品须经过设计人自校、校对人、审核人、审定人四级校审签署，各级审查人对图纸存在的问题提交设计人员进行修正。对存在的疑问，各级校审人员进行综合讨论，并提出解决办法。

2. 统一协调、多方配合

工艺、配管、仪控、电气、结构、消防等各专业紧密配合，总图专业统一协调地下部分各专业，及时调整相互影响的设计工作，实现地下管线和设备基础合理布置，按时交付地下管网施工图，确保了现场施工的进度条件。

利用 CAD Worx 软件进行三维建模，利用 Navisworks 软件进行碰撞检查及三维漫游。把桥架、基础、地下管网、设备等实体全部建模，在一个模型环境中统筹空间，综合考虑检修、巡检通道，做到模型无实体的硬碰撞，同时预留检修空间、巡检空间等，做到“所建即所见”，减少后期施工变更，提高设计效率。

3. 相互催促、及时反馈

文 23 储气库项目设备多，压力高，种类复杂。在设计过程中，采用主办专业责任制，即负责该设备的设计工作，也负责该设备的采购、安装等技术支持工作。积极催促厂家反馈图纸。与此同时，配合专业也及时地参与到该设备的招标工作中，确保该设备相关专业设计文件符合设计要求。

在设备设计、采购过程中，各专业第一时间审查设计图纸，积极反馈设计需求。实现不欠账、不拖账。

4. 合理计划、逐项落实

从初步设计开始，就及时地按照计划时间，完成相关设计工作，并提交相关单位。初步设计批复后，及时开展施工图设计。在施工图设计过程中，按照周会的工作安排，计划各专业设计工作。并在下次周会时，逐条落实上周相关工作，采取相应奖惩措施，督促大家牢记质量和进度。

二、设计难点

(1) 针对采出水中氯离子含量高、矿化度高，同时气质组分中含有 CO_2(最大 2%)、H_2(最大 1%)的特点，开展复杂环境下的腐蚀分析，进一步确定集输管网钢管材质；同时，注采管线采用了腐蚀挂片(CC)、电阻探针(ER)、极化探针(LPR)等腐蚀监测方法，并设置了水分析取样点，定期进行溶解性离子(主要是铁离子)分析，保障了管输系统的安全(表 11-3-1)。

表 11-3-1 静态腐蚀速率

试 样	腐蚀速率/(mm/a)
A350 LF6 class2 气相	0.00129
A350 LF6 class2 液相	0.0305
L415Q 气相	0.00224
L415Q 液相	0.0289
Q345R 气相	0.00252
Q345R 液相	0.0285

（2）针对三甘醇脱水传统工艺再生尾气对空排放，造成环境污染问题，采用再生尾气密闭回收，一方面避免污染环境，另一方面节约投资。

（3）由于文 23 储气库具有周期性强采强注、工况变化范围大、压力适应范围广等特点，针对面临的可靠性、稳定性控制难题，通过调研国内储气库压缩机应用情况，优化了储气库压缩机工艺流程控制方式，确定了压缩机配置参数。

旁通采用双回路，机组启动时，开启旁通自动球阀及旁通回流调节阀保证机组低负荷启动；停机时，缓慢开启旁通回流调节阀进行卸载，通过调节阀的降压作用，使高压回流气体与进气管路的压力一致，避免带负荷停机。

（4）文 23 储气库注气压缩机组为高压、大流量的往复机组，机组运行的安全性要求高。针对这项设计难题，一方面收集国内外已建储气库注气压缩机组的资料，并邀请 ARIEL、GE、DRESSER-RAND 等知名供应商针对储气库压缩机组设计特点展开技术交流，同时开展了对苏桥、相国寺、呼图壁等储气库的现场调研，明确了机组关键运行参数，细化了机组内部多个控制点，首次在储气库压缩机组增设远程诊断监测，对机组活塞杆、气缸压缩腔、十字头、阀盖、机体等关键部位的振动故障机理和监测敏感性进行分析研究，首次在储气库压缩机组中增设远程诊断监测模块，实现对机组运行的关键参数进行实时分析。

（5）压缩机撬与空冷器撬之间工艺管束配管难度大，空间小，压缩机房与空冷器撬间距为 7.5m，中间 1 座 4m 宽管廊，同时业主单位要求所有管线（含电气、仪表）地面敷设；设备种类多，12 台注气压缩机组有三种供应商品牌，机型结构不一致；供应商沟通困难，不按设计要求修改。设计人员高度负责、多次核对，调整、优化，避免了现场的碰撞。

三、设计亮点

（1）采用 PIPEPHASE 软件对集输管网开展水力、热力模拟分析计算，如图 11-3-1 所示。

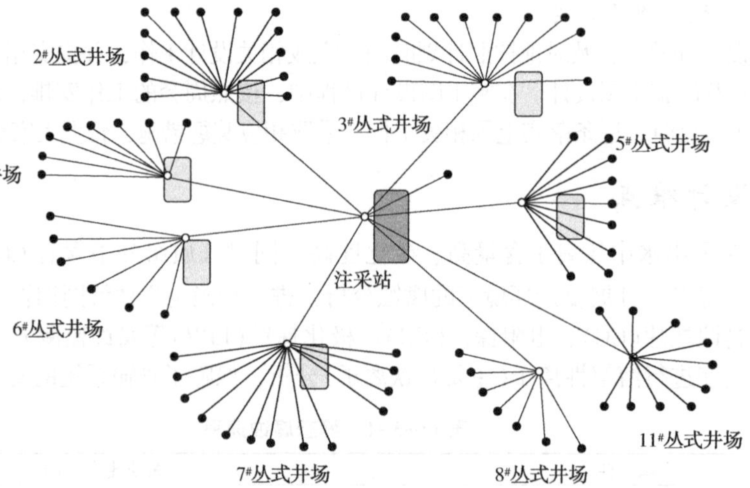

图 11-3-1 集输管网水力学计算模型

（2）结合水合物形成温度，确定不同运行工况下最小输送量和输送温度。根据《气田集输设计规范》（GB 50349—2015）4.5.1 条的规定，天然气集输温度应高于水合物形成温度 3℃以上（表 11-3-2）。

表 11-3-2 天然气输送管道水合物形成温度及最低输送温度一览

项 目	输送压力/MPa													
	8	9	10	11	11.5	12	13	15	18	20	25	30	32	35
水合物形成温度/℃	11.7	12.7	13.7	14.3	14.7	15.0	15.6	16.7	18.0	18.7	20.3	21.6	22.0	22.6
最低输送温度/℃	15	16	17	18	18	18	19	20	21	22	24	25	25	26

根据水合物的形成温度，在不注醇的情况下，管线的最小启输量为 $15\times10^4m^3/d$，最小输送温度不能小于16℃(表 11-3-3)。

表 11-3-3 最小输送量和最低输送温度

序 号	气井分布区域	地层压力/MPa	井口压力/MPa	井口最低输送温度/℃	井口最低采气量/($10^4m^3/d$)	水合物形成温度/℃
1	高产区	38.6	9	16	12	12.70
		36.5	9	16	12	
		33.0	9	16	12	
		30.0	9	16	12	
		27.0	9	16	13	
		24.0	9	16	13	
		21.0	9	16	13.5	
2	中产区	18.0	9	16	14	
		38.6	9	16	12	
		36.5	9	16	12	
		33.0	9	16	12.3	
		30.0	9	16	12.3	
		27.0	9	16	12.3	
		24.0	9	16	14.5	
		21.0	9	16	15	

(3) 开展 HAZOP 和 SIL 等级评估分析，确保设计本质安全，提高储气库安全运行的可靠性。

(4) 桩基础首次采用预应力混凝土方桩，施工速度快，强度高，减少施工工艺流程，省去灌注桩的养护时间，大幅度缩短施工工期。

(5) 压缩机房和空冷间根据降噪厂家的降噪板施工工艺，将隅撑节点及柱间支撑节点首次进行改良设计，将降噪板直接卡放在门式刚架型钢柱内，节约了现场的安装周期。

(6) 采用专业软件优化地下管网设计，将管线交叉点逐一列出管线交叉点垂距表，避免了管网设计产生矛盾、冲突，现场地网施工未出现一处地网碰撞的问题。

(7) 储气库工程首次实现数字化集成设计和数字化交付，实现各专业之间的协调设计，提供了设计效率。

(8) 压缩机房采用开路式可燃气体探测器，解决以往可燃气体探测器设置过多，特别是顶层可燃气体探测器维修不便的情况。

(9) 集气管网采用局域牺牲阳极阴极保护，避免了站外各个管线阴极保护电流、电压的互相影响，也避免了新建管线和已建管线交叉平行处的互相干扰。

(10) 开展工业控制系统网络安全性研究，采用专网专用+备用通信方式 DDN 专线链路技术，提高其运行的安全性。

(11) 针对地下水矿化度高特点，采用三级过滤和反渗透处理工艺，满足水质要求。

(12) 针对压缩机防爆起重机，国内类似项目普遍采用 LB 型悬挂式起重机，该型起重机由于采用悬挂式，轨道易变形，存在安全隐患，项目实际中合理选用了 LHB 型电动葫芦梁式起重机，消除了轨道易变形的安全隐患，提高了检修操作中的安全性，同时降低了厂房的高度约 1m。

第四节　文 23 储气库专业描述及特点

一、场站工程

(一) 场站设置

1. 设置原则

(1) 满足储气库工艺设计要求，满足天然气采气、注气、清管、采出水处理等功能需要。

(2) 注采管道线路走向合理，保证注采气工艺的经济性。

(3) 选择较有利的地形及工程地质条件，避开软土、地面沉降等不良工程地质地段及其他不宜设站的地方。

(4) 社会依托条件好，供电、给排水、生活及交通便利。

(5) 与附近工业、企业、仓库、车站及其他公用设施的安全距离应符合国家标准《石油天然气工程设计防火规范》(GB 50183—2020)及相关规范。

(6) 各类场站应有足够的生产和设备检修的作业通道及行车通道，有车行道与外界公路相通。

(7) 尽量减少土石方工程量，降低建设和管理费用。

2. 场站设置

文 23 储气库项目(一期工程)地面工程新钻井 66 口、利用老井 11 口，根据气井的分布情况，配套建设 1 座注采站、8 座丛式井场、11 座单井井场及 6 座监测井场。

3. 功能参数

1) 场站功能

注采站主要功能如下：

(1) 接收长输管道来气。

(2) 井口采出气(输入)长输管道。

(3) 注入天然气的分离、过滤、计量、增压。

(4) 采出天然气的分离、过滤、脱水、计量、调压。

(5) 站内自用气供给。

(6) 收发送清管器(阀)。

(7) 场站紧急关断。

(8) 事故及维修时放空。

(9) 场站数据采集与监控。

2) 设计参数

(1) 注气运行参数:

① 压缩机的进气压力: 5~8MPa;

② 压缩机的注气压力: 18~34.5MPa;

③ 压缩机的注气流量: $150\times10^4m^3/d$;

④ 注气规模: $1800\times10^4m^3/d$。

(2) 采气运行参数:

① 丛式井场来气压力: 10.5~11MPa;

② 出站压力: 7~9.5MPa;

③ 采气规模: $3600\times10^4m^3/d$;

④ 单列最大处理规模: $1200\times10^4m^3/d$;

⑤ 水露点<-5℃(交接点压力下)。

4. 场站流程

1) 注气部分

(1) 进站阀组流程:

来自站外鄂安沧管道(压力5~8.0MPa、温度5~25℃)、中开管道和榆济-文96注采站管道(压力5~7.6MPa、温度5~25℃)的3路注气气源, 经站东围墙进入注采站进站阀组区, 其中鄂安沧管道气源进入两列过滤分离系统, 中开管道和榆济-文96注采站管道气源汇合成一路进入过滤分离系统(不考虑两气源同时注气), 气源之间采用连通汇管贯通。

(2) 过滤分离流程:

来自注气阀组区的3路天然气, 分别进入3路旋风分离器、过滤分离器进行过滤分离, 分离出管道中携带的固体颗粒及杂质, 分离后进入计量系统。

(3) 计量流程:

经分离后的3路装置每路采用2列(共6列)超声波流量计进行计量。计量后, 每3列管线汇合一条汇管, 分别进入两个增压区, 两根汇管之间设连通阀门。

(4) 增压流程:

经计量后来的2条天然气汇管, 每条汇管分6分支线, 分别进入注气压缩机组入口, 经两级压缩后增至34.5MPa(表压)、空气冷却至65℃后, 每3台注气压缩机组出口管线汇合后送至进站阀组区。

(5) 注气分配流程:

来自增压区的两条注气管线经注气阀组汇管分配, 向8座丛式井场注气。

(6) 注气清管流程:

在注气过程中, 根据生产运行需要, 可接收长输管道上游清管设施。

2) 采气流程

(1) 进站阀组流程:

自8座丛式井场来的湿天然气经注采站东围墙进入进站采气阀组区。8座丛式井场来气通过汇管实现互通。每个进站采气管线上设紧急切断与手动放空。

(2) 过滤分离流程:

自进站采气阀组的天然气, 分3路经段塞流捕集器、空冷器冷却、旋风分离器、过滤分离器分离其中的游离水及杂质后，进入3列三甘醇脱水装置。其中，旋风分离器、过滤分离器与注气流程共用。

(3) 脱水流程：

经过滤分离后的天然气进入吸收塔底部与塔顶流下的贫三甘醇溶液充分接触，脱水后由塔顶天然气出口出塔，然后进套管换热器与进塔贫甘醇换热后，再经过分离器和顶部压力控制阀后出装置。脱出三甘醇后的天然气经调压阀进行稳压。

富三甘醇由吸收塔底部富液出口出塔，部分进入三甘醇再生塔塔顶盘管，被塔顶蒸汽加热至40℃后进入三甘醇闪蒸罐，闪蒸分离出溶解在甘醇中的天然气。再生塔塔顶盘管两端连接有手动旁通调节阀，用以调节富甘醇进盘管的流量，从而调节再生塔塔顶的温度。三甘醇由闪蒸罐下部流出，经过闪蒸罐液位控制阀，依次进入三甘醇二级过滤分离器(滤布)及三甘醇三级过滤器(活性炭)。通过滤布过滤器过滤掉富甘醇中5μm以上的固体杂质；通过活性炭过滤器过滤掉富甘醇溶液中的部分重烃及三甘醇再生时的降解物质。两个过滤器均设有旁通管路。在过滤器更换滤芯时，装置可通过旁通管路继续运行。经过滤后富甘醇进入贫/富三甘醇换热器，与由再生重沸器下部三甘醇缓冲罐流出的热贫甘醇换热升温至160℃后进入三甘醇再生塔。

在三甘醇再生塔中，通过提馏段、精馏段、塔顶回流及塔底重沸的综合作用，使富甘醇中的水分分离出塔。塔底重沸温度为170~195℃，三甘醇质量浓度可达97%~99%。塔顶水蒸气经富三甘醇溶液冷却后，进入冷凝水缓冲罐。重沸器中的贫甘醇溢流至重沸器下部三甘醇缓冲罐。贫三甘醇液从缓冲罐进入板式换热器，与富甘醇换热，温度降至48.5℃左右进三甘醇循环泵，由泵增压后进套管式气液换热器与外输气换热至35℃进吸收塔吸收天然气中的水分。三甘醇富液闪蒸罐顶部闪蒸气调压后进入燃烧器燃料气管线。

再生塔顶尾气经冷凝分离后，液相通过增压泵进入排污系统，气相进入燃烧器混合燃烧，消除尾气排放和冬季白烟等环境问题。

(4) 计量流程：

经脱水后的天然气经超声波流量计计量后输送至进站阀组区。该流量计与注气流程共用。

3) 辅助流程

(1) 燃料气系统。

燃料气主要用途是为站内用气设备提供燃料气。在注气期，主要作为火炬点火燃烧器用；在采气期，主要作为三甘醇再生撬重沸器火管燃料用和火炬点火燃烧器用。

(2) 空氮系统。

空压、制氮系统为全厂提供仪表风和氮气。仪表风主要用于对工艺装置、储罐及相关设施的自控阀门、仪表进行供气和作为制氮机的原料气，以保证整套装置的连续、稳定运行。在注气期，氮气主要用于为注气增压机组填料密封、电机正压通风；在采气期，为三甘醇回收罐、三甘醇储罐进行氮封，同时考虑装车补压使用。

空气经空气压缩机压缩至1.0MPa(表压)，后经过滤、分离、冷却至40℃左右后进入空气缓冲罐后，经前置高效过滤器、微热再生干燥机和后置颗粒式过滤器净化，净化后的压缩空气，一部分进入仪表风储罐，供全厂装置仪表用，另一部分作为制氮机系统的原料。

净化后的压缩空气通过制氮机入口汇管，进入制氮机撬块，在撬块内依次通过深度微热再生干燥器、除油器、PSA空分制氮机，分离出0.7MPa、纯度99%的成品氮气，经氮气储罐，汇入氮气出口汇管，送至全厂氮气管网。

（3）采出水系统。

生产装置排放的采出水通过管线排放至采出水罐，根据液位定时将采出水管输至文一污集中处理。文23气田自1990年投入正式开发以来，水气比一直保持在$0.1\sim0.3m^3/10^4m^3$，采气最大处理能力$3600\times10^4m^3/d$，因此，最大采出水量为$1080m^3/d(45m^3/h)$，设2座$50m^3$采出水罐，2座输送能力$45m^3/h$的采出水泵。

（4）放空火炬系统。

放空火炬单元主要功能为保护整个工厂的安全，火炬单元主要由放空管网、火炬分液罐、放空火炬组成。放空管网分为高压放空管线、中压放空管线与低压放空管线，在工艺装置区内分别进入火炬分液罐，火炬分液罐设液位联锁与液位报警，分离出的液体设装车泵，定期装车外运。

（二）线路工程

1. 线路概况

线路工程涉及的管线为注采站与周边管网连接的气源管线及注采站与注采井场之间的集输管线。

2. 气源管线

本设计中的气源管线全部敷设在河南省濮阳市文留镇境内，集中敷设在文留镇的东北方向的小刘庄、后邢屯村、西邢屯村、东邢屯村及后草场村周边，线路全长7.3km，多处采取同沟敷设，河流穿越共3处，顶管穿越公路共13处。

本工程的气源管线为3条，与榆济输气管道至文96储气库注采站内的气源管线的接口为巴庄村阀组，从巴庄村阀组预留的DN500的球阀处接一条DN500的气源管线到注采站，管道的设计输量为$500\times10^4m^3/d$、设计压力为8.0MPa、材质为L415M、管线长度为1.34km；与中开输气管道的气源管线的接口为文留阀室，从文留阀室预留的DN700的球阀处接一条DN700的气源管线到注采站，管道的设计输量为$1000\times10^4m^3/d$、设计压力为8.0MPa、材质为L450M、管线长度为5.96km；与鄂安沧输气管道濮阳支干线的接口为注采站东围墙外1m处，管道的规格为DN1000，设计压力为10.0MPa，材质为L450M。

3. 集输管线

本设计中集输管网的管线全部敷设在河南省濮阳市文留镇境内，集中敷设在文留镇的东北方向的小刘庄、后行屯村、西邢屯村、东邢屯村及后草场村周边，线路全长31.87km，与光缆同沟敷设，河流穿越共29处，顶管穿越公路共51处。

集输管网由三部分组成，具体如下：

（1）注采气干线。为注采站至丛式井场（2#、3#、4#、5#、6#、7#、8#、11#）的注采气干线，全长13.62km，设计输量$700\times10^4m^3/d$，设计压力37MPa，为DN300的无缝钢管，材质为L415Q。

（2）单井管线。为单井井场与丛式井场间的单井管线，全长11.64km，设计输量$60\times10^4m^3/d$，设计压力37MPa，为DN100的无缝钢管，材质为L415Q。

（3）采出水管线。为注采站至文一联进行污水处理的采出水输送管线，全长6.61km，设计输量$90m^3/h$，设计压力2.0MPa，为DN150的钢骨架聚乙烯塑料复合管。

（三）线路用管

本工程所涉及的管线为气源管线及集输管线，由于气源管线的规格、设计压力同已建管线，本次设计选用与已建管线相同的规格及材质。

本次油气集输管线的设计压力较高(注采气干线、单井管线的设计压力为37MPa)；管径较小(单井管线采用DN100，注采气干线采用DN300)，根据所用的集输管线输送的介质为含水天然气，设计压力较高，且采出的含水天然气中含有CO_2、H_2、Cl^-等介质，管线选用无缝钢管，需要对管线材质进行选择(表11-4-1、表11-4-2)。

表11-4-1 不同钢级别的单井管线管材费用对比

序 号	钢管形式及规格	钢 级	管重/(t/km)	钢材价格/(元/吨)	管材/(万元/千米)
1	无缝钢管 D114.3×16	L360Q	38.79	6500	25.21
2	无缝钢管 D114.3×15	L390Q	36.73	6800	24.98
3	无缝钢管 D114.3×14.2	L415Q	35.05	7000	24.54
4	无缝钢管 D114.3×14.2	L450Q	35.05	8000	28.04
5	无缝钢管 D114.3×12.5	L485Q	31.38	1020·0	32.01

表11-4-2 不同钢级别的注采气干线管材费用对比

序 号	钢管形式及规格	钢 级	管重/(t/km)	钢材价格/(元/吨)	管材/(万元/千米)
1	无缝钢管 D323.9×40	L360Q	281.14	6500	182.74
2	无缝钢管 323.9×36	L390Q	268.96	6800	182.89
3	无缝钢管 323.9×34	L415Q	244.00	7000	170.8
4	无缝钢管 323.9×32	L450Q	231.23	8000	184.98
5	无缝钢管 323.9×30	L485Q	218.25	10200	222.62

经过对多种钢级管材的经济比选，采用L415Q管材的单井管线及注采气干线的费用最低，且采用高钢级管线的焊接性能相对于低钢级管线要差，因此采用L415Q的管材。

(四) 管道敷设

1. 管道敷设方式及埋深

根据管道沿线的地形、地貌、工程地质、水文地质以及气候条件，管道采取直埋敷设方式。根据沿线地形、工程地质和耕作深度等情况，确定管道埋深：考虑到站外管线均位于油区，油区内已建管线密集，已建管线的管顶埋深多为1.0~1.5m，为了减少管线施工对已建管线的影响，站外管线的管顶埋深定为1.6m。

当管沟深大于3m而小于5m时，沟底宽可根据实际情况适当加宽，当沟深超过5m时，应根据土壤类别及物理力学性质确定底宽，并将边坡适当放缓或加筑平台；在农田地区开挖管沟时，应将表层耕作土和底层生土分层堆放。

2. 施工作业带

根据管道所连接的场站及管道的布置，管道尽可能采用同沟敷设，减少占地面积，管道的施工作业带宽度严格按《油气田集输管道施工规范》(GB 50819—2013)和《油气长输管道工程施工及验收规范》(GB 50369—2014)的要求。

3. 管道转角

管道在水平和纵向的转角较小时，应优先采用弹性敷设来实现管道方向改变，以减小局部摩阻损失和增强管道的整体柔韧性，弹性敷设的曲率半径$R \geqslant 1000D$(D为管子外径)。

在弹性敷设受地形、地物及场地限制难以实现，或虽能施工，但土方量过大时，应优先采用曲率半径为40*D*的现场冷弯弯管，其次采用曲率半径为6*D*的热煨弯管。

4. 特殊地段管道处理

管道经过地工农业发达，地面管网密集，同时地下水位较高时，需要进行特殊处理。

1）地表植被茂密、经济林、果园、苗圃段

管道在通过上述区域时，应尽量根据地表植被情况进行合理避让，同时为减少管道施工对地表植被的破坏，施工作业带宽度应尽量缩减，宜采用沟下组焊方式减小施工作业带宽度。

2）地表水系发达和地下水位较高段

在地表水系发达或地下水位较高地段敷设管道时，应尽量将管道置于稳定地层内，在施工过程中注意降水和排水措施，保证管道埋设深度和柔性要求；同时，做好水工保护和配重设计，防止在雨季冲毁管沟，损坏管道。

3）光缆、管道穿越

《钢质管道外腐蚀控制规范》（GB/T 21447—2008）有关规定和管道工程施工做法，以及管道与其他管道、电力、通信电缆交叉时，其间距应符合下列规定：

（1）与其他管道交叉，其垂直净距不应小于0.3m。当小于0.3m时，两管间应设置坚硬的绝缘隔离物，两条管道在交叉点两侧各延伸10m以上的管段，应采用加强绝缘等级。

（2）管道与电力、通信电缆交叉时，其垂直净距不应小于0.5m。交叉点两侧各延伸10m以上的管段和电缆，应采用加强级绝缘等级。

4）与高压输电线路并行

本工程输气线路部分区段因受地形、地物及规划等条件限制，局部被迫靠近高压线并与其并行，管道设计需采取特殊的阴极保护措施和干扰电流控制措施，保证管道的安全。埋地管道与架空输电线路的距离应满足《钢质管道外腐蚀控制规范》（GB/T 21447—2008）、《66kV及以下架空电力线路设计规范》（GB 50061—2010）和《110～750kV架空输电线路设计规范》（GB 50545—2010）的相关要求。

二、井场工程

（一）井场设置

根据文23地下储气库工程的地质及气藏方案共新钻66口井，利用老井11口，利用6口老井作为监测井，设8个多井的井台。根据井台及利用井的布置，文23地下储气库工程共设计8座丛式井场、11座单井井场、6座监测井场。在老井利用之前，必须经过严格的检验以及安全评价合格，方可作为储气库注采井使用。

1. 丛式井场

本工程共设8座丛式井场，丛式井场尽量利用已建的老井井场建设，丛式井场内管辖66口新钻注采井。

2. 单井井场

根据先导工程检测合格的11口井，利用已建井场进行改造，共设11座单井井场。

3. 监测井场

根据《文23地下储气库工程可行性研究报告》（地质及气藏工程），利用6口已建井作为监测井，共设6座监测井场。井场的位置如图11-4-1所示。

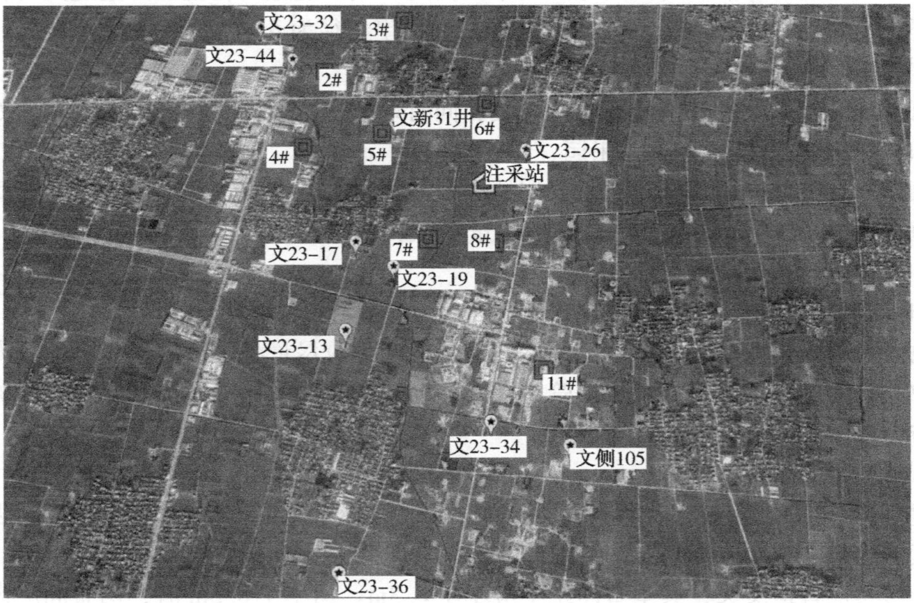

图 11-4-1 井场的位置

（二）井场布置

井场的布置根据相关功能及周围的环境确定，井场为无人值守井场。

单井井场根据功能分为井口装置区（含井口的注采气工艺设施）及辅助生产区，辅助生产区设井口控制柜、仪表及通信机柜等。

丛式井场根据功能分为井口装置区（多口注采气井，含井口的注采气工艺设施）及辅助生产区，辅助生产区辅助生产区设井口控制柜、仪表及通信机柜等。

监测井场由于没有工艺装置区，不需要任何数据上传，且只需要作业车定期地进行监测，为了井场方便管理，仅设围墙及大门。

（三）工艺流程

1. 注气流程

注采站来气→紧急关断阀→滑管阀→靶式流量计→止回阀→紧急关断阀→采气树。

2. 采气流程

采气树来气→紧急关断阀→调节阀→调流阀→靶式流量计→清管阀→紧急关断阀→注采站。

三、仪表及自动控制

（一）自控水平

（1）严格执行现行国家、行业的有关标准、规范。

（2）坚持安全、适用、经济、可靠的原则。

（3）提高储气库的管理和自动化水平，加强监控手段，采用先进的控制方式，达到国内同类工程的先进水平。

（4）自动化仪表设备及控制系统的选型以技术先进、性能稳定、可靠性高、性价比高、能够满足精度要求、能够满足现场环境及工艺条件要求为原则。

（5）在满足安全、工艺过程要求的前提下，仪表、设备选型要统一，以减少备品、备件的品种和数量，以便维护。

（6）采用高可靠性、高稳定性和可维护性高的、先进适用的自动化软件、硬件，保证储气库安全、高效、平稳生产运行。

（7）根据工艺要求和生产装置的规模、流程特点，以及各参数对生产操作的影响等因素，确定测量及控制方式，选用相关的仪表。

（8）仪表的防爆类型根据国家有关爆炸和火灾危险场所电气装置设计规范的规定，按照仪表安装场所的爆炸危险类别、范围、组别确定。

（二）方案设计

1. 总体方案

文 23 地下储气库工程自动控制系统采用以计算机为核心的监控及数据采集系统（简称“SCADA 系统”）。SCADA 系统设调控中心 1 座，位于注采站。注采站设 DCS 系统、SIS 系统，单井井场设 RTU 远程终端系统，丛式井场设基本过程控制系统（BPCS）、SIS 系统。

采用调度中心控制级、场站控制级和就地控制级的三级控制方式：

（1）第一级为调度中心控制级：设置在注采站调控中心，对整个储气库系统进行远程监控，实行统一调度管理。通常情况下，由调度控制中心对储气库进行监视和控制，沿线各场站无须人工干预，场站的控制系统在调度控制中心的统一指挥下完成各自的监控工作。

（2）第二级为场站控制级：设置在注采站、井场，由注采站 DCS、丛式井场基本过程控制系统（BPCS）、单井井场 RTU 系统对站内工艺变量及设备运行状态进行数据采集、监视控制，通过 SIS 系统对站内设备进行联锁保护。

场站控制级控制权限由调度控制中心确定，经调度控制中心授权后，才允许操作人员通过站控系统对各站进行授权范围内操作。当通信系统发生故障或系统检修时，在站控系统实现对各站的监视与控制。

（3）第三级为就地控制级：就地控制系统对工艺单体或设备进行手/自动就地控制。当进行设备检修或紧急切断时，可采用就地控制方式。

为保证人身设备安全，注采站设置 SIS 系统及火气系统，丛式井场设置 SIS 系统。

2. SCADA 系统配置

1）硬件配置

注采站设 SCADA 系统一套，配置操作员站 3 台、工程师站 1 台、调度员站 1 台、远程维护工作站 1 台、实时数据服务器 2 台、历史数据服务器 2 台、Web 服务器 1 台。

2）软件配置

SCADA 系统的软件配置包括：SCADA 系统软件；该软件采用运行稳定、版本先进的标准中文 Windows；SCADA 软件包。

3）SCADA 系统功能

控制中心是 SCADA 系统的调度指挥中心，在正常情况下操作人员在调度控制中心通过计算机系统即可完成对整个储气库的监控和运行管理等任务。其主要功能：

（1）数据采集和处理。

（2）工艺流程的动态显示。

（3）实时数据的采集、归档、管理及趋势图显示。

（4）历史数据的采集、归档、管理及趋势图显示。

（5）生产统计报表的生成和打印。

（6）标准组态应用软件和用户生成的应用软件的执行。

（7）组分追踪。

（8）模拟培训。

（9）紧急切断。

（10）安全保护。

（11）SCADA 系统诊断。

（12）仪表的故障诊断和分析。

（13）网络监视及管理。

（14）通信通道监视及管理。

（15）通信通道故障时主备信道的自动切换。

（16）贸易结算管理。

（17）为 MIS 系统（管理信息系统）提供数据。

（18）与上级计算机系统通信等。

3. DCS 系统配置

1）硬件配置

注采站采用 DCS 系统对站内工艺变量及设备运行状态进行数据采集，对关键工艺参数、可燃气体和火灾信号进行报警。DCS 系统通过网络与 SCADA 控制中心进行数据通信。DCS 控制系统，包括 CPU 模板、电源模块、通信模块，机架，I/O 模块及 PLC 内部网络等。I/O 模块依据 I/O 统计表配置。CPU 模块、电源模块、通信模块、PLC 内部网络及机架均需冗余。

设置 1 台工程师站、2 台操作员站，对站内数据进行监视、操作。DCS 系统作为管道 SCADA 系统的现场控制单元，除完成对所处场站的监控任务外，同时负责将有关信息传送给调度控制中心并接受和执行其下达的命令。

其他配置还包括 A3 幅面激光打印机 1 台、针式打印机 1 台、路由器、交换机等。

2）软件配置

DCS 系统的软件配置包括：

（1）操作员工作站操作系统软件；该软件采用运行稳定、版本先进的标准中文 Windows；PLC 编程软件。

（2）PLC 用户应用软件。

（3）HMI 软件。

（4）HMI 用户应用软件。

3）DCS 系统技术要求

DCS 系统 PLC：PLC 主要由处理器、I/O 系统、电源、安装附件等构成。为了保证系统的可靠性，CPU 模块、电源模块、通信模块、机架设备采用冗余配置。

PLC 处理器：PLC 处理器以 32bitCPU 为基础，若电源掉电恢复后，处理器无须人工干预而能自动重启，处理器采用设备冗余配置，支持冗余自动切换。

I/O 模块：PLC 的输入和输出模块具有故障自诊断功能，具有抗浪涌保护功能。

4）DCS 系统功能

DCS 系统完成以下主要功能（不限于此）：

（1）数据采集与传输功能：

① 采集站内工艺运行参数，将其传输至调度控制中心；

② 火气及可燃气体检测报警，并上传至调度控制中心。

（2）控制功能：

① 执行调度控制中心下发的指令；

② 全站的启动、停止控制；

③ 流量计量及调压；

④ 站内所有远控阀门远控及就地手动控制；

⑤ 紧急切断及安全保护。

（3）显示功能：

① 动态流程显示(包括实时运行参数及设备状态)；

② 运行参数的动态显示，参数的实时、历史趋势显示；

③ 报警画面显示。

（4）打印功能

① 报表打印；

② 故障及报警信息打印。

（5）其他功能：

① 站内数据管理；

② 数据通信管理；

③ 自动诊断自恢复；

④ 经通信接口与第三方的系统或智能设备交换信息。

4. 基本过程控制系统(BPCS)

1）硬件配置

丛式井场采用 BPCS 对丛式井场内工艺变量及设备运行状态进行数据采集，对关键工艺参数、可燃气体信号进行报警。BPCS 通过网络与 SCADA 控制中心进行数据通信。BPCS 控制系统，包括 CPU 模板、电源模块、通信模块，机架，I/O 模块及 PLC 内部网络等。I/O 模块依据 I/O 统计表配置。CPU 模块、电源模块、通信模块、PLC 内部网络及机架均需冗余。BPCS 作为管道 SCADA 系统的现场控制单元，除需要完成对所处场站的监控任务外，同时负责将有关信息传送给调度控制中心并接受和执行其下达的命令。

其他配置还包括路由器、交换机等。

2）软件配置

BPCS 系统的软件配置包括：

（1）PLC 用户应用软件。

（2）HMI 软件。

（3）HMI 用户应用软件。

3）BPCS 技术要求

BPCS 控制系统 PLC：PLC 主要由处理器、I/O 系统、电源、安装附件等构成。为了保证系统的可靠性。CPU 模块、电源模块、通信模块、机架设备设置冗余。

PLC 处理器：PLC 处理器以 32bitCPU 为基础，若电源掉电恢复后，处理器无须人工干预而能自动重启，处理器采用设备冗余配置，支持冗余自动切换。

I/O 模块：PLC 的输入和输出模块具有故障自诊断功能，具有抗浪涌保护功能。

4）BPCS 功能

BPCS 完成以下主要功能(不限于此)：

(1) 数据采集与传输功能：

① 采集从式井场内工艺运行参数，将其传输至调度控制中心；

② 可燃气体检测报警，并上传至调度控制中心。

(2) 控制功能：

① 执行调度控制中心下发的指令；

② 流量计量及调压调流；

③ 紧急切断及安全保护。

(3) 显示功能：

① 动态流程显示(包括实时运行参数及设备状态)；

② 运行参数的动态显示，参数的实时、历史趋势显示；

③ 报警画面显示。

(4) 其他功能

① 从式井场内数据管理；

② 数据通信管理；

③ 自动诊断自恢复；

④ 经通信接口与第三方的系统或智能设备交换信息。

5. 安全仪表系统(SIS)

场站设置独立于过程控制的安全仪表系统(SIS)，SIS 采用冗余、容错的控制器，系统的安全等级为 SIL2。SIS 是保证管道及沿线场站安全的逻辑控制系统。SIS 的紧急关断命令优先于任何操作方式。在场站发生超压、火灾等紧急情况下，SIS 将按预定的顺序关闭进出站阀、打开越站阀(需要时)、站内管道减压，确保场站安全。包括以下主要功能：

(1) 场站内 ESD 按扭动作。

(2) 接到调度控制中心的 ESD 命令。

(3) 火灾报警(人工确认后)。

(4) 大面积的可燃气体泄漏(经人工确认后)。

(5) 场站超压。

6. 远程终端 RTU

RTU 主要对单井井场和井口的数据进行采集和监控，RTU 是以微处理器为核心的数据采集和控制，编程组态灵活、通信能力强、维护方便、自诊断能力强、耗电少等。

1) RTU 系统主要功能(不限于此)

单井井场 RTU 对井场天然气计量、阀门控制和外输等工艺过程进行数据采集，对井场天然气高压、低压信号进行报警关断。保障工艺系统的安全、可靠、平稳运行，实现工艺系统参数的显示，以及数据的处理、报警和归档。

RTU 主要功能(不限于此)如下：

(1)对现场的工艺变量进行数据采集和处理。

(2) 数据存储及处理。

（3）与注采站站控系统通信。

（4）执行远程控制命令。

（5）事件顺序记录。

（6）系统时钟同步。

（7）自恢复和自检测功能。

2）RTU 硬件、软件

（1）硬件配置：RTU 包括处理器模块、I/O 模块、电源模块。

（2）软件配置：Windows 操作系统、编程组态软件。

7. 火气系统

在注采站内有可能引起天然气泄漏的检测点及丛式井场的配电间内设置红外点式可燃气体变送器，检测天然气泄漏情况，信号远传至可燃气体报警控制器进行声光报警，同时将高高报警信号传至 SIS 系统进行报警，并与场站内关断阀进行联动控制，以保证站内人身、设备和生产过程的安全。并在场站内设置便携式可燃气体探测器，用于人工巡检场站或井场时检测可燃气体的浓度，保护人员安全。

在站控楼、综合用房及门卫设置智能感烟探测器，在场站工艺区设置、压缩机区设置火焰探测器，对场站火灾情况进行检测，并远传至控制室进行报警、联锁。

（三）仪表检测控制设计方案

1. 井场

文 23 储气库设 77 口注采井，单井井场 11 座，丛式井场 8 座。单井井场管线设井口切断阀、电动节流阀、电动调流阀、靶式流量计及压力、温度检测装置，单井井场 RTU 通过专用通信光缆将数据上传注采站。丛式井场设井口切断阀、出站紧急切断阀、电动节流阀、电动调流阀、靶式流量计、压力检测、温度检测装置，丛式井场基本过程控制系统（BPCS）通过专用通信光缆将数据上传注采站。

2. 注采站

主要检测、控制仪表选型。

1）温度仪表

温度检测采用一体化温度变送器，精度±0.25%，输出 4~20mA 信号；用于计量的变送器要求精度不低于±0.2%；传感器采用 Pt100、精度 A 级的铂热电阻。

2）压力仪表

压力检测采用智能型压力变送器，精度±0.075%，输出 4~20mA 信号，带 Hart 协议。

3）液位仪表

液位检测采用磁翻板液位变送器，精度±0.5%，输出 4~20mA 信号，带 Hart 协议。

4）流量仪表

天然气外输计量采用多声道双向超声波流量计，配以压力、温度补偿，流量积算采用专用流量计算机完成，流量计精度要求达到±0.5%。

三甘醇液体计量采用涡街流量计，流量计精度要求为±1.0%。

采出水、给排水液体计量采用电磁流量计，流量计精度要求为±1.0%。

5）分析仪表

采用气相色谱分析仪对外输天然气进行自动分析，输出信号 4~20mA 或 RS485。

采用水露点分析仪对脱水出口天然气进行含水分析，水露点分析仪输出 4~20mA 信号。

采用烃露点分析仪对脱水出口天然气进行含烃分析，烃露点分析仪输出 4~20mA 信号。

6）火气系统

在场站内有可能引起天然气泄漏的检测点设置红外点式可燃气体变送器，检测天然气泄漏情况，信号远传至可燃气体报警控制器进行声光报警，同时将高高报警信号传至 SIS 进行报警，并与场站内关断阀进行联动控制，以保证站内人身、设备和生产过程的安全。并在场站内设置便携式可燃气体探测器，用于人工巡检场站或井场时检测可燃气体的浓度，保护人员安全。在场站工艺区装置设置火焰探测器对场站火灾情况进行检测，并远传至控制室进行报警、联锁。在站控楼、综合用房及门卫设置感烟探测器、火灾手动报警按钮、声光报警器、消防电话分机，信号远传至火灾报警控制器进行报警、联锁。

7）阀门

（1）切断阀。直径大于 DN700 的开关阀采用气液联动执行机构，其余开关阀采用气动执行机构。

（2）调节阀。仪表风系统内采用自力式调节阀，其余调节阀均采用气动调节阀。

（四）配套设计

1. 系统供电

场站采用不间断电源系统（UPS）对站内仪表和控制系统供电，供电电源：AC 220V（±5%），50Hz（±0.1%）。在外电源断电的情况下，UPS 能保证站控计算机系统和仪表 1h 的正常工作时间。

2. 防雷

进入控制室内的所有信号接口（包括电源接口）等有可能将雷电感应所引起的过电流和过电压引入系统的关键部位，均设置浪涌保护器。

3. 接地

保护接地、工作接地、安全接地和防雷接地统一接入电气接地网，接地电阻≤4Ω。

4. 站控室及机柜间建筑设计

场站设有站控室，分为控制室和机柜间。为保证站控系统的正常工作，对站控室应采取一定的保护措施。

（1）站控室室内温度冬季控制在 18~20℃，夏季控制在 25~30℃，湿度保持在 40%~70%。

（2）站控室内采用防静电地板并可靠接地，基础地面为水泥地面。地板平均负荷不应小于 5000N/m^2，活动地板离基础地面高度为 300mm，基础地面应高于室外地面 300mm 以上。

（3）站控室采光要求。采用人工照明时，应使仪表盘盘面和操作台台面得到最大照度，且光线柔和、无眩光、无灯影。人工照明的照度值，仪表盘盘面和操作台台面处宜为 250~350lx，盘后区不应小于 200lx。控制室事故照明的照度值，盘前区不应小于 50lx，盘后区不应小于 30lx。

四、供配电

（一）负荷等级

按照《供配电系统设计规范》（GB 50052—2009）、《地下储气库设计规范》（SY/T 6848—2012）和《油气藏型地下储气库安全技术规程》（SY/T 6805—2010）的有关规定，本工程注气期天然气压缩机、压缩机辅助负荷和其他工艺负荷为二级负荷，采气期工艺负荷为一级负荷，注采站仪表风、站控系统、消防等重要设施的电源为一级负荷，其他负荷为三级负荷。

（二）外部电源及变电站

从濮阳市 220kV 昆吾变引接两路 110kV 输电线路，为文 23 储气库提供电源，220kV 昆吾变扩建 110kV 出线间隔 2 个，输电线路主要采用架空铁塔线路(同塔双回路)，导线采用 LGJ-300，线路长度约 13km。

110kV 变电站位于注采站东北角，变电站采用户内式布置，110kV、10kV 侧系统接线方式均为单母线分段接线，设置 2×63MV·A+1×6.3MV·A 变压器及 34 面 10kV 中置开关柜为整个工程提供电源。

（三）注采站

在 110kV 变电站内设 10/0.4kV 变配电室 1 间，内设 4 台容量为 1600kV·A 的干式变压器及 30 面 GCS 型低压抽出式开关柜，为全厂低压用电设备提供电源。其高压电源采用高压电缆引自 10kV 高压开关柜预留回路，其中压缩机自控负荷设置 UPS 供电。

变配电系统接线方式采用单母线分段接线，低压侧设集中无功补偿装置，补偿后功率因数大于或等于 0.9。

在站控楼一层配电室内设 4 面 GCS 型低压抽出式开关柜为整个站控楼提供电源，进线电源引自 110kV 变电站的配电室，其中自控、通信等负荷设置冗余 UPS 供电。

配电系统接线方式采用单母线接线，低压配出方式采取放射式。

（四）井场

1. 丛式井场

每座丛式井场内设 10kV 箱式变电站一台，变压器容量为 63(80)kV·A，其高压电源引自注采站内 110kV 变电站，配电室内设一台动力配电箱，其中自控、通信等负荷设置 UPS 供电。

2. 单井井场

每座单井井场 0.38kV 低压电源进线采用低压电缆引自附近丛式井场内箱式变电站，井场配电室内设一台动力配电箱，其中自控、通信等负荷设置 UPS 供电。

（五）防爆区域划分

本工程的场站爆炸性气体环境危险区域范围的划分依据《石油设施电气设备安装区域一级、0 区、1 区和 2 区区域划分推荐作法》(SY/T 6671—2006)标准执行。

爆炸性气体环境危险区域范围的电气设计及电气设备选择依据国家标准《爆炸危险环境电力装置设计规范》(GB 50058—2014)执行。

（六）防雷设置

建(构)筑物的防雷保护执行《建筑物防雷设计规范》(GB 50057—2010)规定，电子信息系统的防雷保护执行《建筑物电子信息系统防雷设计规范》(GB 50343—2012)部分规定。

按自然条件、当地雷暴日和建(构)筑物、生产装置的重要程度划分类别，本工程防雷等级划分如下：

(1) 压缩机房、站控楼、变电所按照第二类防雷建筑物考虑；平房按第三类防雷建筑物考虑，防直击雷措施采取装设在建筑物上的避雷带。

(2) 工艺装置区的设备及管架、管道的防雷保护执行《石油化工装置防雷设计规范》(GB 50650—2011)规定。

（七）防静电设置

(1) 站内管线的始、末端，分支处以及直线段每隔 100~200m 处，设置防静电、防感应雷的接地装置。

(2) 在爆炸危险场所中凡生产、储存过程有可能产生静电的管道、设备、金属导体等均应做防静电接地。

(3) 管道的法兰(绝缘法兰除外)、阀门连接处，采用金属线跨接。

(4) 工艺装置区入口处设人体放静电设施。

(八) 接地设置

为保护人员安全，所有电气设备的金属外壳均应可靠接地。各站内的工作接地、保护接地、静电接地和建(构)筑物的防雷接地采用统一的接地系统。

五、通信

(一) 技术方案

与中开线的连接采用随气源管道同沟直埋敷设 2 根 16 芯光缆，通过中开线的文留阀室，分两个方向与中开线连接；与文 96 储气库的连接采用随气源管道同沟直埋敷设 2 根 16 芯光缆，通过榆济线到文 96 储气库的输气管道的巴庄村阀室分别与文 96 储气库及榆济管线相连。由于注采站同时作为鄂安沧输气管道濮阳支线的末站，本期工程考虑与鄂安沧其他工艺场站的通信连接，故注采站为输气管道和文 23 储气库的通信共建站，其通信能力不但满足文 23 储气库的需求，同时必须满足鄂安沧管道场站对通信的需求，通信的技术方案本着系统相互兼容，设备互联互通。

据此，通信系统包含以下子系统：MSTP 光传输系统、软交换行政调度电话系统、计算机网络系统、视频会议系统、扩音对讲系统、安防系统(包含视频监控系统、周界防范系统、门禁系统、实时电子巡更系统)、DDN 专线链路、光缆线路系统、巡线抢修系统、抢险应急指挥通信系统、备用通信系统。至自动化控制专业的数据端，至防腐专业腐蚀监测系统端，本设计只提供标准以太网 RJ45 接口，自动化控制专业 2 个，防腐专业 1 个。

信号传输链路按照物理分离原则，数据传输网络与办公网络的物理链路相互分离。

(二) MSTP 光传输系统

本工程设光通信专网，在注采站内设置一套 MSTP/10G 光传输设备，光通信站与工艺场站合建，搭建光传输系统，作为文 23 储气库通信系统的承载网，为主用通信方式。同时，注采站作为鄂安沧输气管道工程的一个末站，与输气管道其他场站共同搭建管道的光传输系统。后期注采站的光通信设备将接入鄂安沧输气管道工程的光通信网，网管、时钟等将由管道统一管理。

鉴于本工程通信业务量大，业务种类繁多，本工程选用 MSTP 光传输设备，满足各类通信业务传输的需求。根据设计传输系统的业务量，以及为适应今后多媒体通信的应用，本期工程注采站采用 STM-64 等级的 MSTP/10G 光传输设备，光通信站设备安装在注采站的机柜间。

MSTP 设备的重要单板：以太网主单板、交叉时钟板、主控板、电源板等都采用 1+1 保护热备份配置，使得系统具备高的安全性。采用 MSTP 的以太网通道传输自控数据、视频监控信号、视频会议信号及计算机局域网信号，以太网业务按照接口类型分为 GE 业务和 FE 业务，通过 MSTP 设备的以太网板卡 FE 口接入井场的数据信号，GE 板卡汇聚来自井场的视频信号及站内的办公网络信号。

MSTP 系统采用主从时钟同步方式，主时钟源同步于鄂安沧输气管道的调控中心主时钟源，从时钟源由濮阳当地电信部门向本工程 MSTP 传输设备提供标准同步定时基准信号，再经该站点向其他站点及鄂安沧输气管道传输时钟信号。

光通信站设置环境动力监测系统，针对机柜间的设备特点和工作环境，对通信设备供电电源、UPS、空调等智能、非智能设备以及温湿度、烟雾、地水、门禁等环境量实现“遥测、遥信、遥控、遥调”等功能。

（三）安防系统

本工程安防系统包含视频监控系统、周界防范系统、门禁系统、实时电子巡更系统。

1. 视频监控系统

为文 23 储气库项目（一期工程）地面工程建设视频监控，系统实现工程区域内的全覆盖、无盲区、不间断的视频监控，包含办公生活区的安保监控和工艺装置区的工业电视监控，重点监控：办公生活区的主要出入口、楼梯口、公共走廊、机柜间，工艺场站的关键区域、关键机组、关键设施、关键物品、关键岗位、工艺技术关键点、危险化工工艺点等。本工程在注采站及各井场（单井井场、丛式井场）均设置视频监控系统。注采站设置监控系统综合管理平台，将注采站的控制室作为本工程的监控中心，集中管理本工程的工业电视监控，可以选择查看一个或多个摄像机图像，并可以控制摄像机运动以取得更好的监视效果，注采站大门值班室设为分控室，分管站内为安保监控，同时将监控信号接入濮阳市当地公安机关。前端监控点的控制权限以贴近现场摄像机为最高权限，注采站设置流媒体转发服务器、存储服务器、管理服务器等。

本工程视频监控系统为 1080P 高清网络系统，组网采用视频监控技术与 TCP/IP 网络的专线组网方式，网络拓扑结构为以注采站为中心的树形网络结构，监控系统承载网主要依托本次工程工业级以太网。各前端选用高清摄像机，其中井场、注采站围墙摄像机带智能分析功能，监控前端室外主要采用立杆安装，室内主要采用墙壁安装。监控图像采用二级存储、本地存储和远程监控中心存储，本地采用 NVR 硬盘录像机存储，远程上传至注采站采用磁盘阵列存储，图像存储时间不小于 30×24h，重点监控图像存储时间不小于 90×24h。监控中心采用 DLP 拼接大屏显示。

2. 周界防范系统

周界防范系统主要是对非出入通道的周边区域进行监视和管理，目的在于防止非法入侵。通常情况下，周界的范围较大，不同的周界，条件和环境也不同，往往单靠人防很难实现全面而有效的管理。而周界防范系统辅以视频监控系统，可对周界区域实施 24h 实时监控，并进行智能化管理，使管理人员能及时准确地了解周边环境的实际情况，遇到非法入侵能自动报警，自动显示报警区域；自动记录警情及自动转发报警信息；配以视频监控能实时而直观地观察和记录布控现场的实际情况，为警情核实及警后处理提供切实可靠的资料。

本工程在注采站设置一套振动光缆周界入侵报警系统，防止非法入侵。

系统采用防区型，在工艺场站四周围墙的滚网上敷设振动光缆和传输光缆，报警主机设置在机柜间，装有系统管理软件的管理终端和报警器设置在注采站的控制室。

当发生外界入侵产生机械振动时，振动光缆敏感外界环境的应力变化，经过信号采集与分析，就能检测出光的特性（即衰减、相位、波长、极化、模场分布和传播时间）变化，光的特性变化通过报警器分析处理，区分第三方入侵行为与正常干扰，实现报警，并将入侵位置 GPS 坐标实时显示在地理信息系统软件界面上。系统还可以通过增加入侵模式识别功能，降低风雨等环境因素的干扰误报，并通过 I/O 开关量，实现与视频监控系统的联动。

依据上述设置原则，注采站设置防区 14 个，每个防区均与视频监控前端形成报警联动，联动时，监控画面即可弹出报警画面，并进行报警区域的实时录像，传输介质为光缆，沿围墙四周敷设振动光缆 GYTA-4B1，总长 3km，传输光缆 GYTA-24B1，总长 2km。

注采站四周围墙除设置振动光缆周界入侵报警系统外，在注采站主出入口同时外设电动液压式自动防冲撞装置路障机，路障机降落时可通行 120t 以上车辆。特殊时期时，路障机设置为阻截状态。停电状态下，路障机具备手动升起、降落功能。注采站三处大门处均设置路障机，共设 6 套。

3. 门禁系统

注采站、井场的出入口设门禁系统，选用感应卡式门禁系统，每处出入口设一套门禁，在外电断开的情况下，系统默认全部出入口为打开状态。各站工作人员实行一人一卡制。

4. 实时电子巡更系统

注采站、井场均设置电子巡更系统，选用实时电子巡更系统，系统为注采站一级控制，设系统平台，统一管理各巡更点，井场仅设系统终端，巡更日志保留不少于 180d。

巡更点的设置主要考虑工艺流程需要重点巡更的工艺关键点，如采注气阀组区的来气压力、温度、紧急放空阀-脱水区的调节阀、分离器的压力、温度、液位，出站流量计-采出水罐区的压力等。

(四) 备用通信系统

在文 23 储气库的场站、井场就近接入当地电信公网，以保证在专网通信发生故障时，重要的计算机数据和调度电话能通过备用通信信道传输，保证通信畅通。储气库位于河南省濮阳市，当地通信公网已覆盖储气库所在区域，本工程采用当地通信公网有线通信作为场站备用通信方式，注采站安装当地公网有线电话一部，进行语音调度通信，同时租用 2M 数据链路作为自动化控制专业数据传输的公网备用信道。井场采用 4G DTU 无线数传终端，作为储气库自控数据传输的公网备用传输信道。

(五) 通信电源系统

通信系统的交换设备、传输设备采用 UPS 不间断电源供电。系统接地采用联合接地，所有的通信机房均设置一套接地系统。注采站 UPS 电源负荷 12kW，井场 UPS 电源负荷 0.5kW。

六、消防

(一) 注采站

1. 消防给水系统

注采站为三级油气场站，根据《消防给水及消火栓系统技术规范》第 6.1.4 条规定，注采站采用临时高压消防给水系统。依据《石油天然气设计防火规范》(GB 50183—2004) 8.6.1 规定：三级站的消防用水量为 45L/s，注采站内最大一次火灾为工艺装置区，工艺装置区设固定消防炮系统，设计消防用水量 60L/s，火灾延续供水时间按 3h 计算，消防总用水量为 $648m^3$，消防储水采用 1 座 $800m^3$ 消防水罐，消防水罐设置自动进水装置及高低液位报警，就地显示并将液位信号远传至控制室。消防水罐补水来自水源井泵房，消防补水时间为 48h。消防水泵采用专用消防泵，流量为 60L/S，扬程为 95m，一用一备。

消防管网上设置压力检测点，压力监测点设置于消防泵房内消防管线上。平时管网压力由稳压装置维持，当压力升至 0.44MPa 时停止消防稳压泵，压力降至 0.35MPa 时启动消防稳压泵，当管网压力降至 0.25MPa 时，启动消防泵。

注采站内设环状消防管网，室外消火栓均布在环状管网中，并设置阀门将消防管网分成独立段，每段内的消火栓数量不超过 5 个。

压缩机房和空冷器间设计消防用水量为 40L/s，由于建筑物内无采暖，室内消火栓采用干式系统，其最高点设自动排气阀，接室外不状管网的阀井内设泄水阀。阀井内消防水通过移动式潜水泵提升至附近雨水检查井。

站控楼设计消防用水量为 40L/s，设室内消火栓系统，其消防管线接自室外环状消防管网。

变电所设计消防用水量为 35L/s，设室内消火栓系统，其消防管线接自室外环状消防管网。

消防给水系统流程如图 11-4-2 所示。

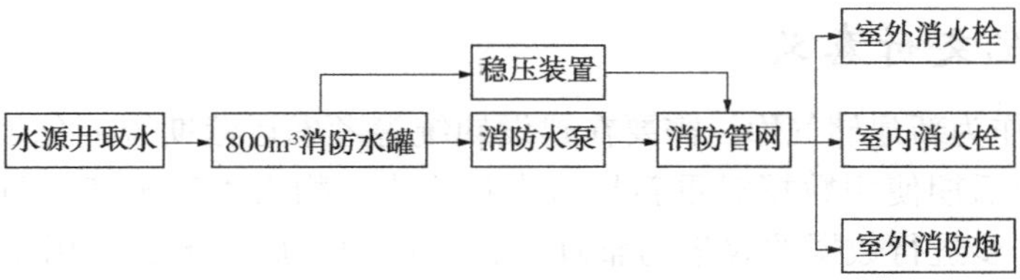

图 11-4-2　消防给水流程

2. 灭火器配置

根据《建筑灭火器配置设计规范》(GB 50140—2005)的相关条款规定，控制室、采出水罐区、三甘醇罐区、压缩机房、空冷器间、变电所、空调室外机组和工艺区属于严重危险等级，其他区域属于中危险级。在采出水罐区、三甘醇罐区和工艺装置区配置 MFT/ABC20 型推车式磷酸铵盐干粉灭火器。压缩机房和空冷期间配置 MF/ABC8 型手提式和 MFT/ABC20 型推车式磷酸铵盐干粉灭火器。放空区和空调室外机组配置 MF/ABC8 型手提式磷酸铵盐干粉灭火器。配电室、控制室等电气房间配置 MT7 手提式二氧化碳灭火器，其他房间配置 MF/ABC5 型手提式磷酸铵盐干粉灭火器。灭火器铭牌应朝外，灭火器箱不得上锁。灭火器顶部离地面高度不应大于 1.50m；底部离地面高度不宜小于 0.08m，室外放置的灭火器放置于灭火器棚内。站内配置灭火毯、消防斧、消防桶和消防铲等。

(二) 井场

1. 丛式井场

根据《石油天然气工程设计防火规范》(GB 50183—2004)规定，井场为五级油气场站，场站内不设消防给水，设置灭火器。根据《建筑灭火器配置设计规范》(GB 50140—2005)的相关条款，井口、工艺区、控制柜火灾种类为严重危险级，配置 MF/ABC8 型手提式和 MFT/ABC20 型推车式磷酸铵盐干粉灭火器。配电间、机柜间火灾种类为中危险级，配置 MT7 型手提式二氧化碳灭火器。室内的灭火器放在灭火器箱内，其他灭火器放在灭火器棚内，灭火器铭牌应朝外，其灭火器顶部离地面高度不应大于 1.50m，底部离地面高度不宜小于 0.08m。

2. 单井井场

根据《石油天然气工程设计防火规范》(GB 50183—2004)规定，井场为五级油气场站，场站内不设消防给水，设置灭火器。根据《建筑灭火器配置设计规范》(GB 50140—2005)的相关条款，井口、阀组区和控制柜火灾种类为严重危险级，配置 MF/ABC5 型手提式和

MFT/ABC20 型推车式磷酸铵盐干粉灭火器。灭火器放置于灭火器棚内，灭火器铭牌应朝外，其灭火器顶部离地面高度不应大于 1.50m，底部离地面高度不宜小于 0.08m。

3. 监测井场

根据《石油天然气工程设计防火规范》(GB 50183—2004)规定，井场为五级油气场站，场站内不设消防给水，设置灭火器。根据《建筑灭火器配置设计规范》(GB 50140—2005)的相关条款，井口火灾种类为严重危险级 C 类，配置 MFT/ABC20 型推车式磷酸铵盐干粉灭火器。灭火器放置于灭火器棚内，灭火器铭牌应朝外，其灭火器顶部离地面高度不应大于 1.50m，底部离地面高度不宜小于 0.08m。

第五节　文 23 储气库技术服务及经验总结

一、数字化交付意义

文 23 储气库作为新建储气库，需要在建设期统筹考虑运营期智能化工厂、智能化运营管理的需求，避免后期使用数据时重新投入大量人力、物力去整理甚至重建各类数据、模型。在建设期，同步进行数据的收集与整理工作可以为今后的数据应用工作节省 80% 人工时，并且在进行一致性验证的基础上，能够保证较高的数据质量。因此，在建设期，储气库的建设与应用需求对"存数据"提出更高的要求：能够对各阶段交付物进行统一、集中的存储，并且便于查询；基于数字化设计，提升设计成果的数字化传递能力；能够保证储气库资产全生命周期信息数据的完整性、有效性和准确性，为生产运营服务，并支撑数据回流。

随着文 23 储气库项目全生命周期的推进，会产生大量的设计、施工建设数据及文档。在数字化工厂的全生命周期中，设计成果数据和施工建设成果数据是构成建设期数据中心的关键阶段成果，其数据的可延续性对其各自下一阶段的工作有着重要的支撑作用。如何能够收集、管理好设计阶段、施工阶段的成果数据，是建立全生命周期的数字化工厂的关键。其中，设计阶段的成果移交主要是为工程建设服务的，也是项目工程期的重要数据来源，而施工成果移交则是运营期智能化应用的基础数据源。基于工程建设管理平台将工程建设过程中产生的信息，随工程建设同步进行数字化，并在项目投产运营之前完成向运营期管理平台的移交。

对于这些数据资产的管理和利用，将为文 23 储气库的运营带来极大的价值。自项目启动执行开始，从技术需求的提出到物理资产的形成过程，也是信息快速积累的过程。现实中这些末端的海量信息往往在各个交付环节被忽视，从而造成了逐渐丢失。工程项目期数据的缺失(或者不规范)，导致在运营维护中缺少真实有效的基础数据，需要投入大量人力、物力去重新整理甚至是重建数据，且数据质量和正确性很难得到保证。因此，对文 23 储气库项目进行数字化交付，具有重要的意义，主要体现在以下几点。

1. 便于查看数据与模型，提高生产运维效率

数字化交付提供了完整的数据、模型及文档信息，三维可视化程度高，并且具有统一的建设、运维、管理一体化信息共享平台，实现了数据的共享，数据利用率可提高 50%以上，管理效率可提高 20%以上。由于数字化交付的智能数据不仅具备丰富的信息，各类数据之间还具有较好的关联关系。因此，在生产运维期间，满足设备运行管理要求，可以及时查看与工厂对象相关的数据信息，并通过链接的文档和位号，极大地减少了数据检索时间。当发

生安全应急事件时，可以对事件快速、准确分析和应急指挥。

2. 支撑检维修、设备完整性管理

数字化交付后，在工程建设期的数据均保存在数据共享平台上，以设备及其维护管理为核心，建立标准、统一、完备的设备信息数据库，利用企业内部网络实现了设备管理技术资料的共享，从而实现了设备档案的动态管理。技术管理人员和维修部门能随时掌握设备运行状况，并对设备状况提前做出判断与分析，有利于提高设备维修质量，快速排除设备故障，减少设备临时停机，提高设备完好率。

准确且完整的数字化信息与数据可以复用，在设施改造、扩建、故障维修时，完整准确的数据能够提高设施改造、扩建、故障维修工程效率。

承载数字化交付成果的运营平台还可以与移动技术相结合，通过移动设备或可穿戴设备实现移动巡检。现场工程师可以摒弃传统的纸质文档，通过移动端获取实时准确的数据，并及时将巡检结果更新至平台中，实现工厂设备信息更新的闭环管理。

3. 仿真培训、模拟

依托数字化工程平台，采用 VR、AR 等手段，对工厂进行全面仿真，让运维人员能够沉浸式交互体验虚拟工厂，实现模拟拆装、运行维护、培训、应急演练等功能，节约成本，为生产建设进一步发展提供更大的空间，发挥数据资产的价值。基于数字化交付的三维模型进行轻量化处理，还可以在远期形成全厂整体模型及其他厂区信息的挂载，使数字化工厂三维模型具备丰富信息和轻量化外观两种形态，分别支持不同需求的仿真、模拟、培训、专家远程会诊、工厂变更的远程校审等应用(图 11-5-1)。

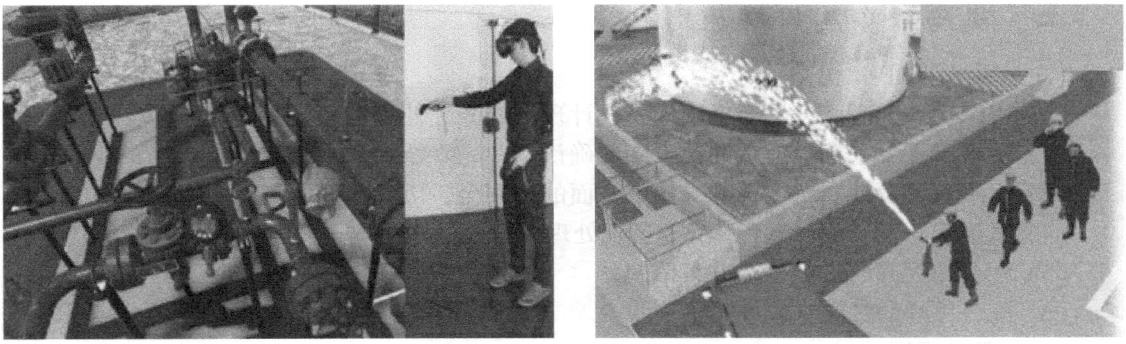

图 11-5-1　仿真培训模拟

4. 提高建设项目管理水平

通过构建数字化交付平台，实现设计、采购、施工等其他参建单位的一体化管控，对设计成果数据、采购数据、施工技术数据、业务管理数据进行整合，为实现工程项目的五大要素控制和外部资源管理提供高效手段。同时，通过从一开始就执行通用规范和数据字典，可以降低项目数据供应链各环节不断对一致性进行检查所带来的时间损失，提升效率；项目交付成果通过数字化交付平台实现渐进式移交，提升业主对项目过程可视化程度，进而提升交付成果数据质量。从项目建设初始到竣工交付，为业主工程项目的管控奠定坚实的数据基础。

5. 为智能化应用开发提供基础

数字化交付所提供的静态数据在数据整合、信息检索等方面具有天然优势。由于交付的结构化和非结构化文件采用了通用的标准数据格式 XML 文件，与建设单位的后期运行维护系统、生产管理系统、ERP 系统、设备资产管理系统等均可以无缝接入，可以有效降低成本，提高管理效率，对于后期开发建设数字化工厂、智能化工厂的意义重大。

在建设期统筹考虑运营期智能化工厂、运营管理的需求，做到数据与建设过程同步收集、保证数据的及时性、准确性、完整性，满足后期管理运营需要。通过数据的积累与挖掘分析，对工厂的运营状况进行智能化预测，辅助决策层制定合理有效的管理策略，从而实现储气库建设运营收益最大化的目标(图 11-5-2)。

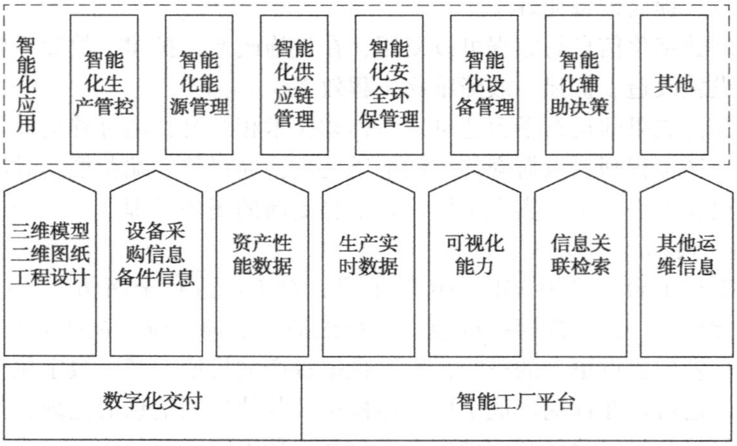

图 11-5-2　数字化交付为智能化应用开发提供基础

二、现场服务范围及原则

(一) 服务范围

(1) 组织设计交底、设计变更管理、设计现场服务、外部接口的协调。

(2) 负责施工、采办过程中的技术变更确认。

(3) 组织有关设计质量、进度、技术方面的协调会，协调和处理存在的问题。

(4) 负责建立设计质量管理体系，负责处理设计质量事故。

(5) 配合相关部门进行投产方案编制。

(6) 配合工程的过程验收及竣工验收。

(二) 服务原则

1. 技术支持

(1) 各专业设计人员积极配合设备材料采办及现场施工，做到谁设计、谁负责技术交流，并负责技术协议的签署等。

(2) 做到谁设计、谁负责施工技术支持。

(3) 提前确定相关专业施工现场代表，即时响应现场发现的问题。

2. 现场服务

为了保证施工顺利开展，做到设计代表每天进驻现场进行现场办公，坚持"小事不隔天，大事不过三"原则。

三、设计变更管理程序及措施

(一) 目的

为了提高设计部门施工图纸的设计质量，最大限度地降低设计变更的次数，控制因设计变更带来的工程费用增加、工期延误及施工错误等风险，保证文 23 地下储气库地面工程 EPC 项目建设的顺利进行，对设计变更进行规范化管理，特制定本程序。

（二）适用范围

本程序适用于文 23 地下储气库地面工程 EPC 项目详细设计、采购及施工各阶段全过程设计变更管理。各部门及单位应严格按照本程序执行设计变更流程。

（三）定义

设计变更是指详细工程设计和工程实施过程中由于设计条件、采购条件等发生变化（与批复的基础工程设计文件相比较）或由于施工条件、材料采购、合理化建议等因素而需要修改设计的过程，它是工程建设中的一个重要组成部分。

（四）设计变更的分类

设计变更的责任划分为设计原因变更和非设计原因变更两种。

1. 设计原因变更

设计原因变更是指因设计部门的原因造成的对设计文件的修改。包括：

（1）施工过程中因设计问题出现的设计漏项、设计错误、设计改进等，致使设计内容必须修改，方可进行下道工序等。

（2）因设计原因在采购订货或者施工管理中失误造成设计变更。

2. 非设计原因变更

非设计原因变更是指非设计原因发生的变更，是业主、监理公司、施工单位、上级部门要求，或设计条件发生变化的设计变更，统称为非设计原因变更，包括：

（1）因业主或监理公司合理要求造成设计变更。

（2）施工人员提出合理化建议，有利于提高工效、节约投资、促进工程进度进行的设计变更。

（3）因业主负责的采购订货造成的设计变更。

（4）上级部门提出的要求或设计条件发生变化的设计变更等。

（五）设计变更提出人、编制人

设计变更提出人可以是设计部门，也可以是业主、项目采购部或施工部，但除设计部门外，其他部门或个人无权直接要求设计部门做出设计变更。业主、监理、项目采购部及施工部门等如果认为设计图纸有错误或其他原因应该变更设计，应向项目部提出变更请求，由项目部设计管理部负责组织设计、质量等相关部门人员对提出的变更申请进行审核。施工单位、监理单位等出于不正当的意图私自要求（未告知项目部）设计部门进行设计变更的，设计部门必须予以拒绝。如业主对设计人员提出增加设计范围的要求，设计人员应告知业主先向项目部就增加部门提出设计变更申请。

设计变更编制人只能是原设计或业主另外委托具有相应资质的设计部门。业主、监理公司、EPC 项目部、施工单位及其他任何单位或个人都无权对施工图进行修改。

（六）设计变更申报规定

（1）本项目所有的设计变更（包括设计原因和非设计原因）造成工程费用改变的，都需要经过项目部的审批。只有变更申请得到项目部审批通过后，设计部门方可进行设计变更。设计部门不得擅自进行变更。

（2）对于造成费用改变的设计变更申请，项目相关部门及领导审批权限规定如下：

① 变更费用变化小于或等于 1 万元的，由计划控制部审批。并将工程变更申请单报项

目部主管领导。

② 变更费用变化大于 1 万元，小于或等于 10 万元的，由项目部主管领导审批。

③ 变更费用变化大于 10 万元，小于或等于 50 万元的，由项目部项目经理审批。

④ 变更费用变化大于 50 万元，提交设计公司总经理审批(该审批单另做表单)。

(七) 设计变更申请审批程序

本项目所有的设计变更(包括设计原因和非设计原因)须按照下列程序要求办理相关手续：

1. 变更申请

设计变更申请人向项目部设计管理部提交三份设计变更申请单(原件)。

设计原因变更申请人为设计部门。非设计原因变更申请人可为业主、项目采购部和施工部。

2. 变更正确性审查

设计管理部接到变更申请单后，在 2 天内组织设计管理部、质量管理部、施工管理部(必要时可邀请业主、监理单位、施工单位、采购部门、供应商等)对变更申请的正确性进行审查。如果会审方一致认为无须变更，则变更终止。如果会审方认为需要变更，则在变更申请单上签署意见。

3. 变更审批

根据设计变更造成费用变化的不同，申请部门应在 1 天内根据审批权限的不同将变更申请分别提交给项目计划控制部、项目主管领导、项目经理。审批不通过，则变更终止。

4. 告知设计部门

设计变更申请得到审批通过后，报送设计管理部、计划控制部各一份存档和备案；根据需要报送业主主管部门一份。同时，由设计管理部根据对变更申请的审批内容进行变更详细设计工作。

5. 编制设计变更

(1) 对设计文件的任何修改(包括材料代用、工程量等的变更)，都必须编制设计变更单。

(2) 设计变更编制包括变更申请单及设计变更单(含必要的图纸、清单等设计附件)，设计变更原则上只能由原设计部门用其统一格式、统一编号的设计变更单编写，其他非原设计部门一律无权出具设计变更单。

(3) 设计变更单的内容包括项目名称和项目编号、主项名称、原图纸编号、专业编号、变更依据、变更原因、变更内容及必要的附图。

(4) 设计变更应注明设计原因变更单或非设计原因变更单，1 万元以下(包括 1 万元)由设计部门设计代表、专业审定人员和设计总代表三级签字，超过 1 万元的设计变更除三级代表签字外，应由公司主管该专业的副总工程师以上领导签字，并加盖公司设计变更通知单专用章。设计变更单的份数根据设计合同的要求确定。

(5) 1 万元以下(包括 1 万元)设计变更编制以两个日历日为原则，超过 20 万元的设计变更编制一般应在 3~5 个日历日内完成。

6. 送达设计变更

设计部门完成设计变更，应立即将设计变更单送项目设计管理部。由设计管理部核准后发综合文控部，再由综合文控部发送相关业主、相关部门及实施单位。

（八）设计变更管理

（1）设计部门及设计项目团队应对设计文件的设计质量负责。

（2）设计部门必须坚持原则，从严控制设计变更，凡达到设计要求，满足安、稳、长、满、优正常生产的，不予变更。

（3）设计交底、图纸审查、现场协调等会议的会议纪要不是设计变更，可作为设计部门可编制设计变更的依据。

（4）对于设计部门故意不按分类标准进行分类或采用图纸升版方式，规避业主审查的变更，一经发现，项目分部和设计管理部代表业主有权否决，并视情况报请项目主管领导，对相应的责任单位进行处罚。

（5）施工单位必须按照施工图施工，无权擅自修改设计图纸。如果设计部门对原施工图做出设计变更采用设计变更单，施工单位应结合施工图和所有设计变更单施工。

（九）设计变更的责任

（1）设计原因变更引起的进度、费用和人工时耗所产生的影响，原则上由设计部门本身负责。

（2）非设计原因变更中，业主原因造成的由业主承担因设计变更造成的费用变化或工期延误带来的影响，工期应予以适当顺延。

（3）非设计原因变更中，施工单位原因造成的由施工单位自行承担因设计变更造成的费用变化，并通过自行赶工弥补工期延误带来的影响。

（十）考核

文23储气库EPC项目部对设计部门和施工单位对本程序定的执行情况进行考核。

（1）考核设计部门执行对本程序的情况(包括但不限于下列款项)：

① 施工图的错误是否严重，设计变更是否频繁，设计变更是否及时。

② 设计变更是否执行规定的审批程序。

③ 设计变更是否对工程质量、工期、费用等造成影响。

④ 设计变更是否采用了设计变更单形式。

⑤ 是否应施工单位及监理单位私下不正当的请求擅自进行了设计变更。

（2）考核施工单位执行对本程序的情况(包括但不限于下列款项)：

① 施工时是否遗漏了设计变更。

② 图纸会审是否提出意见。

③ 是否对设计变更进行有效的管理。

（3）项目部根据设计部门和施工单位的过错程度的不同对其分别做出限期整改、通报批评、罚款、赔偿的处罚决定。

四、经验总结

（一）如何进行设计变更及现场问题处理

1. 设计变更单的出具方式

（1）设计变更主要采用两种处理方式：设计变更单；技术核定单。

（2）由于现场施工属于一个动态过程，随时会遇到问题，但专业设计人员又比较分散，所以处理问题分为两种方式：

① 对于影响不大且急需解决的工程变更，采用技术核定单进行即时处理(不超过1天)；

联络方式采用电话沟通，并通过传真或邮件进行书面答复。

② 对较大设计变更，提前1天通知专业工程师，第二天进行现场结合、处理，并及时出具设计变更单。

2. 设计变更的管理方法

(1) 严格执行业主已批准的设计变更和现场签证管理办法。

(2) 严格执行变更的八步原则。

① 相关方提出变更；

② 团队评估分析影响；

③ 与业主沟通变更申请及影响；

④ 按流程提交相关主管部门审批；

⑤ 保存变更文件并报请控制部门更新计划；

⑥ 通知所有相关方变更的内容；

⑦ 下发已批准的变更；

⑧ 文件归档，并总结经验教训。

(3) 对设计变更单按专业分类进行台账管理。

3. 处理现场问题的方法

遇到问题首先需诊断归纳。

(1) 疑似问题：设计符合标准规范要求，但业主从表象上认为设计存在不合理之处。

处理措施：在会上尽量不要抵触此类情况，下会后由专业工程师从专业的角度及规范要求给业主进行解释、答疑。

(2) 施工单位未按图施工导致的问题。

处理措施：不要急于推卸责任，从实际的角度(图纸的内容及标准与施工的现状进行对比)向业主进行合理的说明，同时提出解决问题的建议性意见，顺带出此问题的责任界面。

(3) 设计失误导致的问题。

对于设计失误导致的问题进行细分归类：

① 设计专业之间会签不严导致的问题：

A. 分析原因，勇于承担错误及责任。

B. 向业主汇报产生此问题的原因。

C. 及时提出解决办法，出具设计变更单，修改图纸。

D. 对问题的整改情况进行动态跟踪直至最终落实，关闭问题。

② 本专业内考虑不周导致的错误：

A. 勇于承担错误，虚心接受业主的指正。

B. 积极主动想解决的办法并提出合理化建议。

C. 结合施工现场实际情况，及时处理，使问题造成的影响控制至最低。

③ 由于不可抗力或非设计范畴出现的问题(如地方关系不允许；环保要求不允许使用沥青路面的铺设、油漆；现场喷砂等)：

A. 如实汇报，分析导致的原因。

B. 提合理化建议。

C. 若需要进行变更，严格执行变更的八步原则，积极配合业主方、施工方进行合理化变更，以便后期的变更索赔。

(二) 如何进行现场服务

1. 做好沟通，积极跟进，动态跟踪

(1) 在项目管理中，沟通是第一位的，在项目的实施工程中，一定要多汇报，有困难要向项目领导反馈，办法永远比困难多，集体的力量是无穷的，在遇到困难时，一定要借助组织、求教专家，多采取专题会的方式解决问题，同时做好会议纪要，必要时保存影音资料，这些都是可追溯的资料，也是学习教案；在现场，我们作为设计人员要以学生的态度去学习，向施工单位、监理、运行单位、业主各方学习，学习他们的实操技能、项目管理技能，学习如何控制进度、节约成本、进行工序管理、合理安排作业面等，只有这样，我们才能做到与各相关方在同一频道上用工程的语言去对话，做到更好地沟通，做好技术服务。

(2) 服从 EPC 设计管理部统一安排，做到谁设计、谁负责施工技术支持；设计总代表提前确定相关专业设计代表，即时响应现场发现的问题；做到设计总代表每天到现场进行现场办公，坚持“小事不隔天，大事不过三”的原则。

2. 提高责任意识，做好品牌服务

(1) 在项目建设中，要做到“你中有我，我中有你”；要做到“一家人、一条心、一股劲”，用主人翁的态度去对待一个项目，你所付出的努力各方都会看在眼里，都会发自内心地尊重你，哪怕再苛刻的业主也会认可你所做的成绩。

(2) 品牌、口碑在很大程度上是在此阶段得以实现的，然而，在我们设计人心中常常忽略或不重视这个环节，往往认为我们做完项目的施工图，设计工作就基本完成，对于后期的施工服务基本不会去重视，要做好施工服务，不单是对图纸上的技术进行梳理，更是工艺技术的回炉升华，也体现了对自身设计产品及业主的负责，从出图到图纸的建成落地更能体现系统、科学的项目管理，在施工阶段，我们作为设计方一定要积极主动地跟踪现场，乐于去处理问题，处理问题要及时。

(3) 在工作中，一定要做到对事不对人，不要平添个人的主观色彩，要学会解读规范，不要照搬死搬规范，在规范允许的范围内去变通，要多想解决问题的办法，这是业主最希望看到的，设计就是业主的参谋，是解决问题的，是帮业主出谋划策的，而不是让你出难题的，因此要求我们要有把业主当“衣食父母”的服务意识，不要摆“设计是龙头”的高姿态，随着行业的竞争越来越激烈，我们一定要与时俱进，一定要转换观念，我们身为市场经济的一员，一定要有忧患意识，对业主投以优质的服务，只有这样，我们以后才能承接更多的业务，才能树立中原设计公司这个品牌。

第六节　文 96 储气库设计思路及规模

一、项目背景简介

天然气作为一种清洁、高效的优质能源，据 2008 年世界能源统计，在 2007 年已经占世界能源消耗总量的 23%以上，天然气消费量在逐年迅速增长，预计到 2012 年，世界天然气年需求量将达到 $32800\times10^8m^3$，比 1995 年的 $20237\times10^8m^3$ 增长 60%以上；据权威机构预测到 2015 年，在世界能源结构中天然气所占比重将从 1995 的 22%上升到 26%。因此，加快天然气工业发展，不仅有利于加快能源结构优化，减少环境污染，也是提高人民生活水平，实现社会经济可持续发展的必要条件。

国家"十五"期间提出的实施西部大开发战略，加快中西部地区发展，是党中央总揽全局，审时度势，面向新世纪，实现第三步战略目标的必然举措和重要途径。西部地区有着得天独厚的天然气资源优势，当务之急是加快相关基础设施建设，将资源优势转变为经济优势。西部天然气资源的落实，使我国天然气的综合利用得以迅速发展，大大促进了城市天然气输配系统工程的规划和建设。

为满足东部地区经济发展对天然气的需求，中国石化以鄂尔多斯北部塔巴庙探区天然气气源为基础，杭锦旗和杭锦旗南探区为接替，山西煤层气作为下一步发展目标，兴建榆济输气管道，主要供应豫北、山东市场。

榆济输气管道设计输气量 $30\times10^8m^3/a$，线路总长度 1045km，管道起点为陕西省榆林首站，末点为山东省齐河末站，途径 4 省 23 县。榆林—濮阳段线路长度为 779km，榆林—濮阳段管道系统设计压力 10.0MPa，管线采用 D711、X65 材质钢管，濮阳—济南段线路长度为 266km，管道系统设计压力 8MPa，管线采用 D610、X60 材质钢管；管道全线共设各类场站 12 座。

榆济输气管道的建成，将形成以榆林—濮阳天然气管道为中心，濮阳—济南输气管道和濮阳—郑州输气管道为两翼组成的豫鲁天然气管道系统，同时依托中原油田原有的外输天然气管道和中国石化天然气分公司近年来在山东建设的天然气管道，形成以省际输气管道为骨架，省内干线输气管道为基础，沟通县区输气管道，与其他气源有效衔接的安全供气网络。

河南、山东是我国人口稠密地区和经济较发达地区之一。目前，上述地区为进一步提高人民生活水平和促进地区经济发展，加快了天然气利用步伐，并正在建设和规划与之配套的天然气输配系统工程。根据该地区天然气市场调查及用气量的规划，要满足安全平稳使用天然气要求，必须配套建设储气设施用于季节调峰和事故应急。

根据天然气管道系统运行经验，随着天然气在能源结构中所占比例的不断增大，供气区与用户区的年峰谷差、季峰谷差、意外事故等原因出现的供气不平衡现象越来越明显，建立与输气管道相配套的地下储气库是安全平稳供气和天然气输配系统高效运行的重要保证。

榆济输气管道末段的中原油田地处河南省境内，邻近山东，地理位置优越，并且中原油田有数个可改建为地下储气库的枯竭气藏，地面配套设施完善。多年来，中原油田在气田开发、气举采油、采气管理中积累了不少经验，其中文 88 块天然气气驱先导试验，井口注气压力达到 50MPa，已安全运行近 3 年；普光气田正在进行高含硫气田的开发工作。这些特殊油气田的开发和试验，可为储气库建设提供技术支撑，研究利用这些枯竭气藏建设地下储气库，对河南、山东地区的安全平稳供气具有重要意义。

二、设计指导思想

中原油田文 96 地下储气库要充分考虑管道的实际输送能力和调峰市场(河南、山东)的需求。研究供气系统调峰技术、筛选储气构造、确定储气库的工作量，应遵循以下原则：

(1) 中原油田文 96 地下储气库规划和布局要符合中国石化与国家能源整体规划。

(2) 中原油田文 96 地下储气库为榆济输气管道调峰、应急的配套项目，以平衡榆济输气管道季节性用气不均匀性和事故应急为目标。

(3) 可行性研究的主要内容：气藏工程、钻井工程、注采工程、地面工程均需要进行详细论证，以保证结论的科学性、先进性和经济性。

（4）提高项目的安全性，注重环境保护，确保项目安全、平稳、可靠运行。

（5）通过优化设计，充分考虑节能降耗，有效降低项目投资和运行成本，提高项目经济效益。

（6）遵循国家及石油行业的有关财务制度和税收政策。

（7）费用与效益计算口径的一致性原则，费用与效益识别的有无对比原则。

（8）动态分析和静态分析相结合，以动态分析为主；定量分析和定性分析相结合，以定量分析为主。

（9）基础数据确定的稳妥原则。

三、项目建设的必要性

根据世界各国天然气开发利用的经验，为了充分利用榆济输气管线的输气能力，提高其经济性，以及协调天然气供求关系和保证天然气安全平稳供气，必须建设与之配套的地下储气库。

储气库建设的必要性主要表现在以下几个方面。

（一）季节用气调峰

天然气的利用主要是城市居民用燃气，突出的特点是用气量的不均衡性，用气量在一年中每个季节、每一个月、每一天都是波动的，白天特别是一日三餐时间用气多，夜间用气少；冬季用气多，夏季用气少；冬夏两季用气量相差悬殊。

输气管道一般按照满足年输气量设计，满负荷运行时经济。长距离输气管线输量虽然可以调节，但可调节范围小，满足不了冬季高峰用气量的需求，这就决定了需要建设天然气储存设施。

（二）突发事件应急

榆济输气管线长1045km，管道沿线地形地貌复杂，若出现事故，输气干线必然会中断向下游供气。对于城市居民用户、部分公共建筑和福利设施以及冶金、玻璃陶瓷等工业用户来说，如果停气会影响正常的生产、生活秩序，增加社会不稳定因素，同时也会给工业企业带来不可估量的经济损失，因此，当建设了与输气管道相配套的储气库时，可调用地下储气库中的天然气供用户应急用气。

（三）降低管道投资，提高工程效益

国内外相关资料表明，没有配套地下储气库的长输管道系统输气能力只能达到80%～85%，而建有配套地下储气库的长输管道系统可以充分发挥其输气能力；当气井按配产均衡生产、输气干线系统满负荷输气时，气田采气井和干线压缩机总数可减少15%。

豫北、山东所处地区天然气利用具有自身显著的特点：一是用气人口多，用户类型和组成复杂，造成天然气用气情况复杂，城市居民夏、冬两季用气的差别非常明显，调峰需求量大；二是用气的城市多，天然气输配管网系统比较复杂，天然气量管网调度困难，特别是在冬季用气高峰时更为明显；三是这些地区主要以西部气源为主，用气中心与气源之间相距远，这不仅增加了管道发生事故的概率，而且使得气源的调节功能相对滞后，不可能通过调节气源的生产来满足调峰的要求。榆济输气管道与目标天然气市场的特点，决定了只有建设与之配套的地下储气库才能满足管道季节调峰与应急供气的要求。

综上所述，为了保证榆济输气管道的安全、平稳供气，必须着手建设与之相适应的地下储气库。

四、设计范围

储气库的地面工程可分为两部分：输气干线和文96集注站。文96集注站位于河南省濮阳市区东南30km处的文留镇文三联合站南，输气干线起点濮阳市清丰县的清丰分输站，终点为文96集注站，全部地面工程均位于濮阳市境内。

（1）文96集注站包括站外注采气井管网和站内注采工艺、采气脱水、自动控制与仪表、供配电、通信、总图和道路、建筑、结构、给排水、消防、采暖通风、防腐及阴极保护、工程概算、节能降耗等。

（2）输气干线包括线路部分、穿跨越部分及阀室部分的工程测量、工程岩土、工艺部分、自动控制与仪表、供配电、通信、结构、水工保护、通风、防腐及阴极保护、工程概算、节能降耗等。

五、设计规模

（一）榆济输气管道概况

榆济输气管道工程线路起点为陕西省榆林首站，终点为山东省齐河末站，管道沿途经陕西、山西、河南、山东4省，共8个地市23个县区，设计输量为$30\times10^8m^3/a$（相当于$857.14\times10^4m^3/d$），沿线共设12座场站，主干线线路长度1045km，榆济输气管道的设计输量为$30\times10^8m^3/a$。

榆济输气管道从榆林首站至南乐分输站段，设计压力为10.0MPa，管线采用D711、X65材质钢管；南乐分输站至齐河末站段设计压力为8.0MPa，管线采用D610、X60材质钢管；濮阳分输支线设计压力为8.0MPa，管线采用D610、X60材质钢管（表11-6-1）。

表11-6-1 榆济输气管道设计压力、管径、管材

名 称	设计压力/MPa	管径/mm	管 材
榆林首站至南乐分输站段	10.0	711	X65钢管
南乐分输站至齐河末站段	8.0	610	X60钢管
濮阳分输支线	8.0	610	X60钢管

根据豫北地区市场调查，2010年中国石化在豫北地区天然气供应的协议量应该达到$7.2\times10^8m^3/a$，2011年后则为$13\times10^8m^3/a$，而目前中原油田在豫北地区供气已不足$7\times10^8m^3$，随着中原油田天然气产量的递减，其供应量将随之逐年减少，豫北地区现有气源的可供气量在今后将很难超过$10\times10^8m^3$，远远满足不了该地区的天然气市场$13\times10^8m^3/a$的需求。根据豫北地区输气管道布局，榆济输气管道拟向豫北地区供气$10.5\times10^8m^3/a$，下气点设在榆济输气管道的安阳分输站和清丰分输站。

山东省是国内少数几个由国内三大石油公司共同供应的省份之一，可供天然气源较多，主要包括中国石化的胜利油田、中国石油陕京二线代输的中国石化天然气、中沧线管输天然气；中国石油的渤南气田生产的天然气，中国石油的沧淄线、冀宁线的管输天然气。根据山东LNG可研报告分析，2007年山东省天然气消耗量为$20.94\times108m^3$，2010~2020年山东省天然气供需平衡预测见表11-6-2。

表 11-6-2 2010—2020 年山东省天然气供需平衡预测 10^8m^3

年 份		2010 年	2013 年	2014 年	2015 年	2016 年	2017 年	2018 年	2019 年	2020 年
需求量		51.12	90.49	99.71	108.12	115.46	120.35	125.38	129.58	13.94
供应量	胜利油田	4	4	4	4	4	4	4	4	4
	渤南气田	5	5	5	5	5	5	5	5	5
	中石油	20	26	28	30	32	35	35	35	35
	鄂尔多斯	15	15	15	15	15	15	15	15	15
	合计	44	50	52	54	56	59	59	59	59
供需平衡		-7.12	-40.49	-47.71	-54.12	-59.46	-61.35	-66.38	-70.58	-74.94

从表 11-6-2 中可以看出，山东省天然气市场需求缺口巨大，为此中国石化立项兴建山东 LNG 工程，项目主要供给山东省淄博市以东到青岛、烟台等七个城市，淄博市以西的山东省其他城市主要由中国石化在建的榆济输气管道负责调峰供气。LNG 项目的接收站分两期建成，一期供气能力 $40\times10^8m^3/a$，于 2013 年建成投产，当年输出天然气量为 $14.29\times10^8m^3$，于 2016 年达产；二期工程供气能力为 $68\times10^8m^3/a$，最大供气能力为 $87.64\times10^8m^3$。

从以上分析说明，山东省天然气市场销量大，供应方竞争激烈，仅靠一个气源是满足不了山东市场需求的，同时，山东省西部天然气市场缺乏必要的调峰手段，因此为榆济输气管道配套建设地下储气库意义重大。

榆济输气管道投产后，每年分配给山东省 $18\times10^8m^3$ 天然气，主要由齐河末站进入山东省供气管网进行统一调配。

（二）储气库规模确定

1. 管道分类用气需求

根据现行国家规范《城镇燃气设计规范》(GB 50028—2006)明确规定，燃气的调峰由供气方(输气管线)负责。而榆济输气管道所输天然气在目标市场上主要为城市单位及居民用燃气、保障性用气(主要为集体采暖用户)及工业用气(燃料及原料)。根据目前国内现役管道的调查情况，下游用气对管道季节调峰的影响很大。就目前采暖地区而言，对用气波动影响较大的主要是民用和公福用气，在供气初期和资源短缺的情况下，各地优先保障民用和公福用气，其用气量占的比例普遍偏大，这给管网的安全运行、季节调峰带来了很大的压力，因此在制定下游用气结构时，必须综合考虑储气库的合理选址及管线的输气能力。

本项目储气库的配套研究是基于榆济输气管道各省市供气量的基础上展开的，各分输站冬季下气量见表 11-6-3。

表 11-6-3 榆济输气管道分输站冬季下气量 10^8m^3

分输站	安阳站	南乐站	聊城站	齐河末站	合计
下气量	6.00	4.50	1.50	18.00	30.00

2. 季节调峰气量

在进行调峰气量预测时，可视河南、山东等目标市场的所有天然气用户为一个整体，所有气源鄂尔多斯北部塔巴庙探区、杭锦旗和杭锦旗南探区，先预留山西煤层气为一个稳定供气源。由于整个目标市场用气量差别较大，民用生活气部分的调峰可由各级管网消化调整，而采暖保障用气则由于用气过于集中，且用量占整个市场量较大，因此必须建立专门的设施以作调峰之用，本工程是依据中国石化有关部门决定，在下游市场的上口、地质等条件优越的中原油田建立地下储气库，以将气源来气在夏季出现余量时注入储气库，冬季用气市场出现缺口时由储气库来补充，来保障整个沿线市场用气的平稳、安全。

用气不均匀系数与地域气候差别、用气结构均有关，根据豫北、山东市场调研数据，分析预测出目标市场用气综合月不均匀系数。

目标市场的用气综合月不均匀系数见表 11-6-4、图 11-6-1。

表 11-6-4　目标市场的用气综合月不均匀系数

月　份	1	2	3	4	5	6	7	8	9	10	11	12
不均匀系数	1.41	1.27	1.07	0.89	0.82	0.8	0.8	0.8	0.83	0.88	1.07	1.36

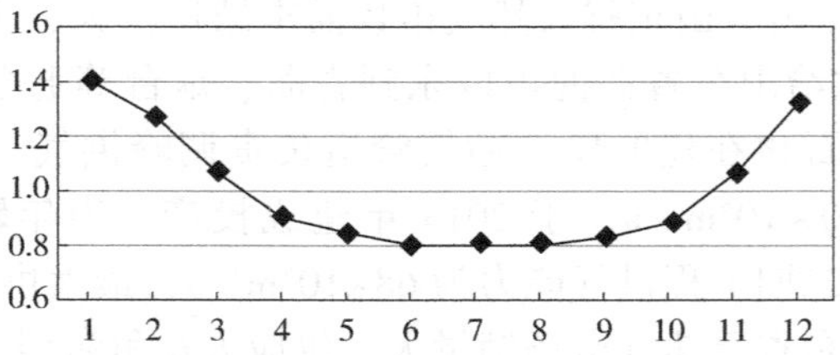

图 11-6-1　河南、山东综合月不均匀系数曲线

根据用气结构和综合月不均匀系数，管道达到设计输量后，目标市场季节调峰总量为 $2.95\times10^8m^3$。季节调峰期目标市场的最大注气量(6 月、7 月、8 月)为 $167\times10^4m^3/d$，最小注气量(4 月)为 $92\times10^4m^3/d$；最大采气量(1 月)为 $340\times10^4m^3/d$，最小采气量(3 月、11 月)为 $117\times10^4m^3/d$(表 11-6-5、图 11-6-2)。

表 11-6-5　目标市场综合月用气量

月　　份	1	2	3	4	5	6	7	8	9	10	11	12
月富余用气量/10^8m^3				0.275	0.45	0.5	0.5	0.5	0.425	0.3		
月不足用气量/10^8m^3	1.025	0.675	0.175								0.175	0.9
日注气量/10^4m^3				92	150	167	167	167	142	100		
日采气量/10^4m^3	342	225	117								117	300

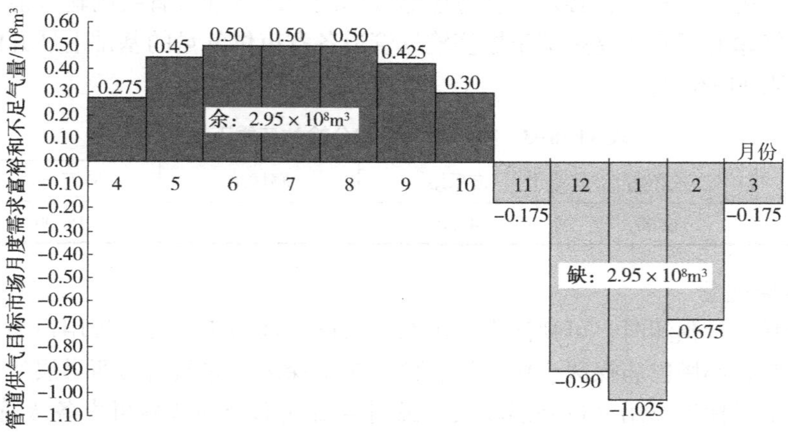

图 11-6-2　河南、山东综合月不均匀用气图

3. 管道事故应急气量

事故应急气量是指当输气管道发生事故时，利用天然气供应系统的能力最大限度地满足用户的保安需求量。榆济输气管道工程天然气主供山东及豫北市场，供气系统涉及管线、场站、增压设备及下游用户，必须安全可靠。

国外的实践经验以及国内西气东输等管道的实际运行情况表明，在极端事故的工况下，储气库作为应急气源供气，要保证不可中断用户 3d 的用气量。因此，本书中管道事故维修时间取 72h，不可中断用户为民用气、部分公共建筑福利设施用户和工业用户用气。不可中断用户民用气量取 90%，部分不可中断及福利设施和工业用户用气量取 10%，则榆济输气管道一次事故的延滞气量为 $0.141\times10^8m^3$，则目标市场的应急气量为 $470\times10^4m^3/d$。

4. 储气库规模

储气库的有效工作气量为管道达到满负荷运行时季节调峰气量 $2.95\times10^8m^3$，应急供气能力大于 $470\times10^4m^3/d$，按 $500\times10^4m^3/d$ 进行设计。管道达到设计输量后，目标市场季节调峰量、注气量、应急供气量见表 11-6-6。

表 11-6-6　目标市场季节调峰量、注气量、应急供气量

月　份	1	2	3	4	5	6	7	8	9	10	11	12
不均匀系数	1.41	1.27	1.07	0.89	0.82	0.8	0.8	0.8	0.83	0.88	1.07	1.36
月注气量/10^8m^3				0.275	0.45	0.5	0.5	0.5	0.425	0.30		
日注气量/($10^4m^3/d$)				92	150	167	167	161	142	100		
月调峰气量/10^8m^3	1.025	0.675	0.175								0.175	0.9
累计调峰气量/10^8m^3	2.042	2.717	2.95								0.175	1.075
日调峰气量/($10^4m^3/d$)	342	225	117								117	300
应急供气量/($10^4m^3/d$)	470	423	356	296	273	266	173	266	266	293	356	427

（三）设计基础资料

1. 地面工艺运行参数

储气库动用主块和文 92-47 块的有效工作气量达到 $2.95\times10^8m^3$，因此，储气库的地面工程设计规模应与其相匹配，确定为 $2.95\times10^8m^3$，文 96 储气库库容参数见表 11-6-7。

表 11-6-7　文 96 储气库库容参数

参　数	主　块	文 92-47 块	合　计
最大库容量/10^8m^3	5.19	0.69	5.88
基础垫气量/10^8m^3	0.62	0.08	0.70
附加垫气量/10^8m^3	1.96	0.27	2.23
总垫气量/10^8m^3	2.58	0.35	2.93
有效工作气量/10^8m^3	2.61	0.34	2.95

1）注气系统

榆济输气管道最大富裕气量为 $167\times10^4m^3/d$，因此确定文 96 集注站注气系统设计规模 $200\times10^4m^3/d$，单井注气规模 $\leqslant50\times10^4m^3/d$。

2）采气系统

文 96 集注站天然气脱水处理系统设计规模 $350\times10^4m^3/d$；单井采气规模 $\leqslant60\times10^4m^3/d$；应急供气规模 $500\times10^4m^3/d$。

2. 天然气走向及运行周期

本工程气源流向为：

1）注气期

天然气来自榆济输气管道，从清丰分输站预留开口接气，经计量后输送至文 96 集注站，经注气压缩机增压后通过单井注气管道注入地下储气库。

注气期共 220d：3 月 26 日—10 月 31 日。

2）采气期

地下储气库储存的天然气，通过采气井注采气管道输入集注站内，经过天然气脱水处理后，由新建的输气干线输送到清丰分输站后，进入榆济输气管道系统。

储气库采气期共 120d：11 月 15 日—次年 3 月 14 日。

3）停气期

春季共 11d：3 月 15 日—3 月 25 日。

秋季共 14d：11 月 1 日—11 月 14 日。

停气期用于压力平衡及设备维护等。

3. 天然气气质

储气库采出天然气由两部分构成：

第一部分为注入的管道气，符合《天然气》(GB 17820—1999) 中的Ⅱ类气质标准，组成见表 11-6-8。

表 11-6-8 榆济输气管道天然气组成

序号	名称	含量	序号	名称	含量
1	天然气摩尔组分/%		1	天然气摩尔组分/%	
	C_1	94.7809		N_2	0.4464
	C_2	2.9639		He	0.033
	C_3	0.5752		H_2	0.0107
	iC_4	0.1008	2	天然气相对密度	0.5903
	nC_4	0.1156	3	压力/MPa	4.18
	iC_5	0.0538	4	温度/℃	2.7
	nC_5	0.0363	5	水露点(工况)/℃	−16
	C_{6+}	0.0192	6	烃露点/℃	−28.8
	CO_2	0.8642			

第二部分为原有的文 96 气藏气，组成见表 11-6-9。

表 11-6-9 文 96 原始气藏气组成表

序号	名称	含量	序号	名称	含量
1	天然气摩尔组分/%		1	天然气摩尔组分/%	
	C_1	85.69		nC_5	0.43
	C_2	5.94		C_6	0.40
	C_3	3.27		C_{7+}	0.32
	iC_4	0.68		CO_2	0.66
	nC_4	1.25		N_2	0.88
	iC_5	0.48	2	相对密度	0.6588~0.7505

4. 井口工作参数

储气库注采工程方案，注采井生产参数如下。

（1）新钻井采气井 14 口，其中注采合用井 6 口。

（2）单井采气规模：≤$60\times10^4m^3/d$。

单井注气规模：≤$50\times10^4m^3/d$。

（3）单井注气规模：≤$50\times10^4m^3/d$。

（4）采气井井口压力：≤ 22.5MPa。

（5）采气井井口温度：≤62.47℃。

（6）注气井井口压力：≤23.5MPa。

（7）注气井井口温度：≤60℃。

六、自然条件

（一）地理位置

文 96 气藏位于河南省濮阳市东南部、濮阳县文留镇东南部。气藏区域位置为东濮凹陷中央隆起带文留构造的东翼，为一北宽南窄，呈北北东—南南西方向延伸的狭长形的逆牵引背斜—反向屋脊式构造带。气藏北为文 92 北块，东为文 110 块，南为文 115 块。该构造形态为走向北东、倾向北西的徐楼断层与东倾的地层控制的反向屋脊式构造。徐楼断层、文 110 断层、文 92-43 断层、文 115 断层为气藏边界断层，对油气分布起控制作用。

文 96 气藏属于黄河冲积平原的一部分，地势较为平坦，土层深厚，便于开发利用；垦殖率较高，但人均占有量少，后备资源匮乏。土地绝大部分已被开辟为农田，土地垦殖率 77.5%，除生产建设和生活用地外，均为农业用地。

文留镇位于濮阳市区东南 30 千米处，地处中原油田开发腹地，面积 $80km^2$。它东连王称固乡，北与户部寨乡、柳屯镇毗邻，南临白罡乡，西与梁庄乡、鲁河乡接壤。它区位优势十分明显，境内公路网纵横交错，铁路、公路运输十分便利，向西靠紧 106 国道，北距濮鹤高速仅 25 千米，南距日东高速 20 千米。其所属的濮阳市北有濮台铁路，西连京广铁路，东接京九铁路，东北部与山东省聊城市毗邻，东、南部与山东省济宁市、菏泽市隔黄河相望，西南部与河南省新乡市相倚，西部与河南省安阳市相连，北部与河北省邯郸市相连。

近年来，文留镇经济稳步发展，强力实施“以工兴镇”，以园区建设为载体，不断培育壮大以电光源玻璃为主导的特色产业，全镇工业经济实现了突飞猛进的发展。园区玻管、高硼硅管产量分别占国内市场份额的 41%、56%，已发展成为国内较大的玻璃制品加工生产基地，形成了世界上最大的圣诞灯泡加工生产集散地，被誉为圣诞灯泡生产总量“世界第一镇”。

（二）沿线地形地貌

管线经过地段属于平原地貌，地形平坦，沿线土地主要为耕地。沿线种植的农作物以小麦、玉米为主。沿线分布有较多生产灌溉用水渠。地层的分布情况多为第四系上更新统及全新统的土黄色、黄褐色粉土、黏性土，部分地段分布有冲积的砂等。

（三）沿线区域地质构造

根据地质演化、新构造运动特征的不同，勘察近场区区域构造上属于中朝准地台—华北坳陷区的次一级构造单元。

中朝准地台基本特征：基底为深变质的太古界以及浅变质的下元古界，太古界与下元古界之间为角度不整合接触，基底地层经嵩阳运动和中条运动，褶皱明显，为形态复杂的紧闭或倒转线型褶皱，其构造线方向在太行山区和嵩箕山区为近南北向，在小秦岭—舞阳、济源西铁山河地区则为近东西向和北西西向。盖层为未经变质的中元古界汝阳群(及官道口群)至下古生界浅海相碎屑岩-碳酸盐岩沉积建造，以及上古生界海陆交互含煤建造和中新生界陆相碎屑岩建造。王屋山运动以后，准地台区所经历的构造运动主要表现为升降运动，形成震旦系底界、寒武系底界、中石炭统底界三个区域性平行不整合面。燕山运动在区内影响较大，表现为强烈的断裂活动，褶皱运动次之，因此，盖层内断裂比较发育，褶皱较弱，多形成近东西向的宽缓背向斜。燕山运动使东部大幅度沉陷，形成华北坳陷。

沿线所经区域处于华北平原地震带，地震活动水平和频度很高。勘察近场区内主要断裂为安阳—范县断裂。全新世以来未见断裂活动证据，在地形地貌上亦无明显活动迹象。

(四) 地震效应评价

1. 地震动参数区划结果

根据《建筑抗震设计规范》(GB 50011—2010)、《中国地震动参数区划图》(GB 18306—2015)，文 96 地下储气库工程段地震动峰值加速度值 0.20g，相当于地震基本烈度Ⅷ度，场地土特征周期 0.35s。

2. 地基土地震液化判别

管道沿线抗震设防烈度为Ⅷ度，勘察期间地下水位局部较高，存在饱和粉土层(主要分布在文留镇)，局部地段存在地震液化可能性，详细勘察时应详细查明沿线地下水的埋深情况，判别存在地基地震液化可能地段的液化等级，提供设计所需的参数及处理措施的建议。

3. 抗震地段划分

如前所述，管道全线抗震设防烈度为Ⅷ度，无崩塌、滑坡、泥石流等不良地质，管线所经文留镇境内地下水位局部较高，存在饱和粉土层，存在地震液化可能性，属对建筑抗震不利地段。其他地段属建筑抗震一般地段。

(五) 水文地质条件和气象

1. 地下水赋存特征

管线所经区域主要为黄河中下游洪积平原，地下水以第四系孔隙潜水类型为主，主要赋存在透水性较强的第四系粉土中。据调查，勘探期间地下水埋深 4~15m，地下水位随降雨量而变化，丰水期水位上抬，枯水期水位下降。补给来源主要为大气降水和农业灌溉的入渗补给及区段内河流的侧向径流补给，排泄途径主要为自然蒸发及人工抽水。

2. 水土腐蚀性评价

该区段地下水位埋深较大，大于管道敷设深度，可不考虑地下水对钢质管道的腐蚀性影响。

根据对沿线所做的土壤电阻率测试结果，该段土壤电阻率测量结果在 3.77~85.41Ω·m，70%的测量区段内土壤电阻率小于 20Ω·m，16.7%的测量区段内土壤电阻率在 20~50Ω·m，13.3%的测量区段内土壤电阻率大于 50Ω·m。故综合判断该段土壤对钢质管道的腐蚀性应为强腐蚀。

3. 气候气象条件

管线所经区域属北温带半湿润大陆季风气候区，四季分明。年最低气温出现在每年 1 月，月平均气温-2.1℃；最高气温多出现在每年 7 月，月平均气温 27℃；年平均气温 13.4℃。多年平均降水量 607.79mm，蒸发量 1805.4mm，绝对湿度 12.9g/m^3，相对湿度 68%，全年无霜期 210d 左右，太阳年总辐射量 1183kcal/cm^2。降水量实际变化较大，丰水年最大降水量 1067.6mm，枯水年最小降水量 264.5mm。因受季风影响，年降雨量不均匀，冬季少，占 10%~

15%，年内降水量多集中在7月、8月、9月3个月，约占全年降水量的70%。全市常年主导风向为北、南风，其次为东南风，年平均风速为2.8m/s，瞬时最大风速为15.3m/s。总之，该区春季干旱多风，夏季炎热多雨，秋季旱涝交替，冬季干冷少雪。

（1）平均年冻土深度20.6cm。

（2）管线埋地1.3m处月最高平均地温25℃，月最低平均地温6℃。

（3）极端最高气温43.1℃，极端最低气温-21℃。

（4）全年平均日照时间数2427.2h，年平均相对湿度68.3%。

（六）沿线岩土分布及工程地质

管线所经区域属于黄河泛滥平原，该区域为黄河多次泛滥冲洪淤积之场所，沉积了较厚的黄河冲洪积物，岩性主要为第四系全新统冲洪淤积成因的黄褐色、浅黄色的粉土和黏性土，根据《油气田及管道岩土工程勘察标准》（GB/T 50568—2019），确定岩土工程分级为Ⅱ级，具体描述如下：

粉质黏土：黄褐色、褐黄色，可塑-硬塑，无摇震反应，切面稍光滑，干强度中等，韧性中等，夹粉土、黏土薄层。横向上分布不连续，局部较薄甚至缺失。层厚一般为1.0~3.0m。

粉土：黄褐色、褐黄色，稍湿-很湿，稍密-中密，见云母片、少量氧化铁染、有机质，摇震反应迅速，局部夹粉质黏土薄层及黏土块。层底埋深大于3.0m，仅局部地段缺失该层。

（七）管道沿线不良地质

该段管线与区内非全新活动断裂安阳-范县断裂在马村乡附近相交，活动断裂对输气管道可能产生的危害主要包括两方面：一是断裂直接穿过管道，产生同震地表断错，使管道被错断或发生变形；二是强震在管道工程场地产生强烈地面震动，使管道及其建（构）筑物发生震动毁坏或引发次生灾害。

根据《榆林—濮阳—济南输气管道工程场地地震安全性评价报告》（中国地震局地震研究所，2006年9月），安阳—范县断裂发震可能性较小，无须特殊设防，工程设计施工时只需要考虑区域地震构造环境，按照该地区的地震危险性分析和区划结果所提供的地震动参数进行设计施工即可。

（八）社会条件

1. 交通运输

文96储气库区域优势明显，交通运输方便。文96气田位于濮阳市区东南30km处的文留镇，地处中原腹地，地势平坦，气候适宜，物产丰富，生活方便，区域优势十分明显，属人口稠密区。境内公路网纵横交错，铁路、公路运输十分便利，北依濮台铁路，西连京广铁路，东接京九铁路，西面紧临106国道，北距濮鹤—濮范高速30km，西距大广高速35km，南距日东高速40km，距河南郑州国际机场、山东济南机场仅2.5h车程，物流、人流可通过公路、铁路、航空港及沿海港口输送。德商高速濮阳段已开工建设，通车后文留镇将连接形成京珠、济青、德商（山东德州—河南商丘）、日东高速网。矿区内配套的油区道路布局合理，级别高，文东勘察路由北向南穿过文96气田，拟建的集注站在文东勘察路路边，交通十分便利。

2. 油田地面配套系统

文96气田周围建有文三联合站、文东气举站（北、南两院）、金堤变电所、采油一厂生活基地等，地面油气生产处理设施配套建设齐全。

文三联合站：建于1988年，占地面积56550m^2，建筑面积2678.02m^2。设计原油处理能力150×10^4t/a，储油能力1.0×$10^4$$m^3$，污水处理能力15000$m^3$/d。配套有35kV开闭所一座，

锅炉房一座，供水消防泵房一座，主要担负采油一厂文东油田油气分离、原油脱水、原油稳定与计量外输、含油污水预处理及油田注水等任务。站内设有油气分离、原油脱水、原油外输、原油稳定、油田污水处理、供水、天然气外输计量7个生产岗位。

文三联合站可以为文96储气库建设提供依托，可以提供生产用水及软化水等。2003年11月对污水系统进行了改造，新建1000m^{3}污水收油罐1座、1000m^{3}污水缓冲罐1座。可以承担集注站天然气脱水脱出凝液的处理任务。

文东气举站(北、南两院)：拥有气举压缩机9台，配气站18座，日供气能力204×10^{4}m^3，可以为文96集注站提供仪表用风等。

金堤变电所：为110kV供电开闭所，其主变安装容量为(31500+20000)kV·A，平均最高运行负荷约30000kW。该变电所设110kV电源进线2回，分别引自郭屯变及李拐变；35kV配出线8回(主要供采油一厂油区内生产负荷用电)；6kV配出回路10回，主要供文三联、文东气举等生产负荷用电。可为储气库消防、压缩机提供充足的电力依托。

采油一厂生活基地：该基地是为文东气举采油增压站配套建设的；距文96集注站仅7km，基地设有通信塔站，可以为文96储气库生产建设提供通信、生活服务。

第七节 文96储气库流程图及平面布置

一、注气工艺

(一)注气流程简述

在注气期(4—10月)，榆济输气管道富裕的天然气通过清丰分输站至文96集注站的输气干线进入文96集注站，首先进行流量计量，经过滤分离后进入注气压缩机增压，增压后的天然气通过单井管线注入地下储气库。文96集注站注气工艺流程如图11-7-1所示。

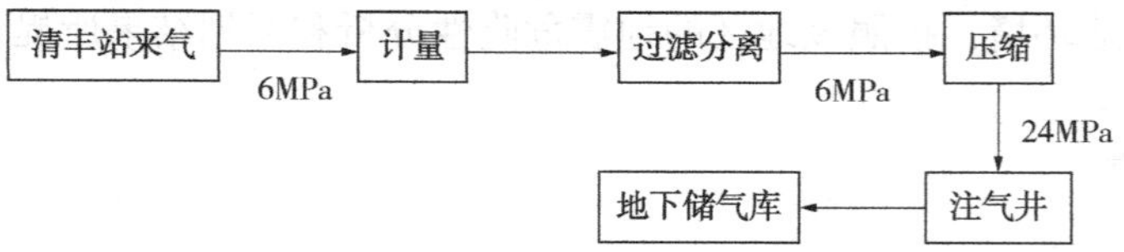

图11-7-1 文96集注站注气工艺流程

(二)注气工艺参数

储气库地面配套工艺满足“强采、强注”要求，注气压力在注气期开始时压力低，略高于储气库最低压力，随着注气量的累加，压力越注越高，到注气期结束时，注气井口压力为24MPa，地层压力达到27MPa。注气量随着时间不同而变化，在注气期注气压力、注气量、对应的地层压力见表11-7-1。

表11-7-1 注气压力、注气量、地层压力表

月份	1	2	3	4	5	6	7	8	9	10	11	12
不均匀系数	1.41	1.27	1.07	0.89	0.82	0.8	0.8	0.8	0.83	0.88	1.07	1.36
月注气量/10^{8}m^3				0.275	0.45	0.5	0.5	0.5	0.425	0.30		
日注气量/10^{4}m^3				92	150	167	167	161	142	100		
累计注气量/10^{8}m^3				0.275	0.725	1.225	1.725	2.225	2.65	2.95		

续表

月　份	1	2	3	4	5	6	7	8	9	10	11	12
地层压力/MPa				14.02	15.89	18.10	20.54	23.26	25.86	26.99		
井底流压/MPa				24.9	25.2	25.6	26.2	26.9	27.8	35		
井口压力/MPa/井数				12.23/6	14.92/6	17.06/6	18.99/6	21.12/6	22.97/6	23.31/6		

季节调峰期，目标市场的最大注气量是6月、7月，为$167\times10^4m^3/d$，最小注气量在4月，为$92\times10^4m^3/d$。

（三）注气压缩机

1. 注气压缩机工艺参数

注气压缩机是地下储气库的最核心设备，而压缩机工作参数选择是否合理，关系到储气库的长期运行效率。根据榆济输气管道输气压力，计算文96集注站进站压力为5.91~6.05MPa，压缩机进气压力设计点为6.0MPa，允许波动范围5.0~7.0MPa。

压缩机进口压力与压比的选择决定着压缩机的长期运行效率，根据储气库的实际工作状况，要求配套压缩机进口压力及排量范围要宽，以满足调峰量的要求，保证输气管线高效运行，同时，考虑到储气库周期运行的特点，合理设计分配压缩机的一级、二级压比，满足在进气压力低时二级出口温度不超要求，在进气压力高时一级负载不超要求，在设计点时运行效率最高。

注气压缩机设计参数见表11-7-2。

表11-7-2　注气压缩机设计参数

序　号	项目名称	数　值	备　注
1	进口压力/MPa	6.0	5.5~7.0
2	出口设计压力/MPa	26.0	
3	进气温度/℃	15~25	
4	出口温度/℃	<60	冷却后

2. 注气压缩机选型

压缩机是储气库工程中的最关键设备，选择技术先进、质量可靠的压缩机组对降低工程投资和注气费用有重要的意义。

目前，压缩机按照类型区分主要有离心式、往复式以及螺杆式三种形式。离心式压缩机，排量大、效率高、对气质的要求低、性能稳定，但对工况的要求非常严格；往复式压缩机压比大，对工况的要求不高，但对气质的要求较严格；螺杆式压缩机排量较大、压比大、对气质的要求低，但不适用于高压的场合。

针对储气库用注气压缩机出口被压范围大，注气压力高的特点，注气压缩机选用往复式压缩机。目前，用于天然气压缩的压缩机生产商主要有：Ariel公司、Cooper公司、GE公司、D-R（德莱塞兰）公司等；天然气发动机生产主要有Waukesha（瓦克夏）公司和Caterpillar（卡特比勒）公司。其产品已经实现系列化设计、模块化生产，成套技术先进，型号齐全，应用范围广，产品使用遍布世界各地。机组都在向高可靠、长周期、低成本运行方向发展。压缩机组成套方案既可向发动机生产商订货，也可向压缩机生产商订货。

国内压缩机生产厂家主要有：上海压缩机厂、重庆压缩机厂、江汉第三机械厂、北京第一通用机械厂和沈阳压缩机厂等。国内厂家也相继引进了国外先进技术，如沈阳压缩机厂引进了GE公司的技术，江汉第三机械厂引进了D-R公司RDS系列产品，四川简阳气体压缩机厂研发的装置性能接近Cooper公司AJAX的DPC系列产品等。

目前，国内大功率燃气发动机没有定型产品，国内大型天然气压缩机组生产厂家也较少，现场应用少，就整体性而言，在产品品种、性能(包括易损件寿命、振动、噪声、可靠性、配件互换性、工况适应性等)以及成套水平，与国外还有一定差距。从国内产品的应用情况来看，主要存在产品单一、性能不稳定、效率低、维修费用高和排量小等问题，但是国外设备配件订货时间长，维修保养比较困难，选用国外燃气驱动压缩机组时要考虑设备备用问题。

压缩机组采用燃气驱动和电机驱动两种驱动方式，储气库建设无论是采用燃气轮机驱动还是电机驱动，在技术上均可以满足工程工况的要求，驱动方式的选择主要取决于场站所处地理位置和各项技术经济指标，电源稳定的地区优先选用电驱压缩机。

3. 压缩机台数、气量调节

压缩机台数选择与设备功率、供配电条件、投资以及气量运行管理有关，在同样规模的储气库中，注气压缩机排气量的选择是在满足储气库工作气量要求的前提下，单机排气量的选择要适应来气量的变化，并与气量调配相适应。

压缩机工作气量与实际气量相差较大时，可以在运行前通过调节压缩机余隙、在运行中控制进口压力的方法解决。

对于储气库压缩机的运行，也可以对进口不进行节流控制气量，而是根据管道系统进入集注站的压力情况，由压力自动调节阀维持管道系统压力稳定的情况下，将管线中富裕气量注入储气库。

集注站设计进站、出站压力控制系统，在注气期初期、末期也可以通过设置的出口压力调节系统进行高压回流调节，保证压缩机进口、出口压力的稳定，并与注气压力、气量相匹配。

根据储气库月度注气量的要求与现有供电条件分析，电机驱动压缩机功率不宜过大，因此，本工程选择燃气驱动压缩机时为3台2开1备，选择电机驱动压缩机时为3台3开无备用两个方案进行比选。

压缩机进口压力5~7MPa，设计点6MPa，对应供气量为：

3台3开无备用方案：52×10^4~$72\times10^4m^3/d$，设计点为$62\times10^4m^3/d$。

3台2开1备方案：71×10^4~$99\times10^4m^3/d$，设计点为$85\times10^4m^3/d$。注气压缩机月度运行参数及台数见表11-7-3。

表11-7-3 注气压缩机月度运行参数台数

月　份	1	2	3	4	5	6	7	8	9	10	11	12
不均匀系数	1.41	1.27	1.07	0.89	0.82	0.8	0.8	0.8	0.83	0.88	1.07	1.36
注气量/10^8m^3				0.275	0.45	0.5	0.5	0.5	0.425	0.30		
注气量/10^4m^3				92	150	167	167	161	142	100		
井口压力/MPa				12.23	14.92	17.06	18.99	21.12	22.97	23.31		
压缩机运行台数/台				2	3	3	3	3	3	2		

考虑采气过程中地层可能出现少量水的影响，增压机注气时存在一定的启动压差，适当考虑注气压力的余量，压缩机出口压力为 26MPa。

根据压缩机驱动方式的不同，设计两套方案，方案一为燃气驱动，方案二为电机驱动（表 11-7-4、表 11-7-5）。

表 11-7-4　压缩机机组运行参数

驱动方式	燃气驱动	电机驱动
单机排量/(10^4m^3/d)	84.495	62.883
运行台数/台	2	3
压缩机型号	JGC/4-1	JGC/4-2
压缩机转速/(r/min)	1000	1000
驱动型号	G3608	6kV 高压电机
压缩机功率/kW	1867	1323
驱动机功率/kW	1867	1500
单价/总价(美元)/万元	400/1200	350/1050
总价(人民币)/万元	7200	6300
配套费用	45	599.1

注：人民币对美元汇率按 1∶6 计。

表 11-7-5　不同驱动方式费用一览表

项目单台费用/总费用	燃气驱动(2 用 1 备)	电机驱动 (3 台)
燃料气耗量(单台/总共)/(10^4m^3/d)	1.137/2.275	
耗电量 (单台/总共)/(10^4kW · h/d)		2.88/8.64
气价/电价/元	2.5	0.757
润滑油耗量(单台/总共)/(t/d)	28/84	14/42
年运行费用(总共)/万元	1251.307	1438.906
年维修费用(单台/总共)/万元	155 /465	50/150
合计/万元	1884.307	1672.906

表 11-7-4、表 11-7-5 中数据显示，设备购置费用燃气机组比电动机组多 900 万元，配套供电设施费用燃气机组比电动机组少 554.1 万元，两者相抵 2 项费用燃气机组比电动机组多 345.9 万元；运行费用燃气机组费用比电动机组多 211.404 万元。

在压缩机组日常管理维护中，燃气发动机维修工作量以及发生的配件费用、维修费用占到总费用的 75%，也就是说以燃气发动机为动力的压缩机组维修工作量以及发生的配件费用、维修费用高于以电机驱动的压缩机组，如果用户中同类型设备数量较少，维护费用及管理难度会更高。

鉴于文 96 油气田地面设施中已建有一座双回路开闭所可以依托，电网供电相对平稳，本工程压缩机电机功率中等，与现有的气举采油、采气压缩机功率相当，占地面积较小，一次投资少，根据以上分析综合比较后，建议推荐采用国外电驱压缩机 3 开无备用压缩机方案。

二、露点控制工艺

(一) 气质分析

根据文 96 储气库地质方案，文 96 气田未采出原始气量是 $0.42\times10^8m^3$，储气库运行到压力下限 12.9MPa 时，计算注入的干气量 $2.51\times10^8m^3$，文 96 主块储气库的总垫气量 $2.93\times10^8m^3$；运行到压力上限 27MPa 时，库容量为 $5.88\times10^8m^3$ 时需注入的干气量 $5.46\times10^8m^3$，有效工作气量为 $2.95\times10^8m^3$。

假设注入的干气与未采出原文 96 气藏原始气混合，注入的干气量是 $5.46\times10^8m^3$，未采出原始气量是 $0.42\times10^8m^3$，经模拟计算结果混合后的天然气组成见表 11-7-6。

表 11-7-6 混合后天然气组成表

序 号	名 称	含 量	序 号	名 称	含 量
1	天然气摩尔组分/%		1	天然气摩尔组分/%	
	C_1	93.7222		nC_5	0.0805
	C_2	3.2972		C_6	0.0620
	C_3	0.8778		C_7	0.0360
	iC_4	0.1658		CO_2	0.8404
	nC_4	0.2430		N_2	0.4948
	iC_5	0.1017	2	烃露点(工况)	-34.681

(二) 烃露点控制

储气库采出气随着注采次数的增加，采出气重烃及水分含量越来越低，按气质最差的首次采出气组分，可知在 8MPa 工况下烃露点(工况)：-34.681℃，采出气质符合重烃含量要求，无须上脱烃设施。

(三) 水露点控制

天然气脱水有吸收法、吸附法、冷却法脱水。根据《天然气脱水设计规范》(SY/T0076—2023)在输送过程烃类凝液较少，压力较高的天然气脱水宜采用甘醇吸收法脱水。但是，由于地下储气库采取“强采强注”周期性生产方式，采出天然气水露点控制工艺一般选择节流-丙烷制冷法脱水、吸收法三甘醇脱水，两种方法都是成熟的天然气脱水工艺。但是，根据储气库类型不同，选择不同的脱水方法，一般认为以凝析气藏改建的地下储气库选择节流-丙烷制冷法脱水、脱烃工艺，而以盐穴改建的地下储气库选择吸收法三甘醇脱水工艺，在中原油田建设储气库有着它自身的内部条件和外部条件，选择以上两种脱水工艺的优点和缺点分析对比介绍如下。

1. 三甘醇脱水方案

1) 采出气三甘醇脱水处理装置

根据储气库的规模建设一套 $500\times10^4m^3/d$ 的脱水装置。

2) 采气工艺流程

本装置利用三甘醇溶液吸收收法脱出天然气中的部分水分，满足露点降的要求。

(1) 主要工艺流程：

井口来的高压天然气(约 8.0MPa，20~45℃)进高压空气冷却器，温度降低到 24℃左右，经分离过滤器去三甘醇脱水系统。

① 湿天然气经过场站设置的过滤分离器，分离掉湿天然气中游离态液滴及固体杂质后呈水饱和状态的湿天然气进入吸收塔下部的气液分离腔。分离掉因过滤分离器处于事故状态而可能进入吸收塔中的游离液体。湿天然气在吸收塔中的上升过程中，与从塔上部进入的贫三甘醇充分接触，气液传质交换，脱除掉天然气中的水分后，经塔顶捕雾丝网除去大于5μm 的甘醇液滴后由塔顶部出塔。

② 干天然气出塔后，经过套管式气液换热器与进塔前热贫甘醇换热，降低贫三甘醇进塔温度，换热后经基地式自力式气动薄膜调节阀调节控制吸收塔运行压力，然后进入外输气管网。上述调节阀两侧设置旁通管路，管路上设节流阀，供调节阀维修及装置起动时使用。

③ 贫三甘醇由塔上部进入吸收塔，由上而下经过塔板，吸收天然气中的水分。吸收水分的富甘醇与部分高压天然气的气液混合物经过过滤器进入循环泵（甘醇和天然气驱动泵）。

④ 富甘醇出甘醇循环泵进三甘醇再生塔塔顶盘管，被塔顶蒸汽加热至 40~60℃后进入闪蒸罐，闪蒸分离出作为驱动循环泵的动力气及溶解在甘醇中的烃气体。再生塔塔顶盘管两端连接有旁通调节阀，用以调节富甘醇进盘管的流量，从而调节再生塔塔顶的回流量。

⑤ 甘醇由闪蒸罐下部流出，经过闪蒸罐液位控制阀，依次进入滤布过滤分离器及活性炭过滤器。通过滤布过滤器过滤掉富甘醇中 5μm 以上的固体杂质。通过活性炭过滤器过滤掉富甘醇溶液中的部分重烃及三甘醇再生时的降解物质。两个过滤器均设有旁通管路。在过滤器更换滤芯时，装置壳通过旁通管路继续运行。

⑥ 经过滤后富甘醇进入选型为板式换热器的贫/富液换热器，与由再生重沸器下部三甘醇缓冲罐流出的热贫甘醇换热升温至 150~170℃后进入三甘醇再生塔。

⑦ 在三甘醇再生塔中，通过提馏段、精馏段、塔顶回流及塔底重沸的综合作用，使富甘醇中的水分及很小部分烃类分离出塔。塔底重沸温度为 198~202℃，三甘醇质量浓度可达98.5%~99.0%。

⑧ 重沸器中的贫甘醇经贫液汽提柱，溢流至重沸器下部三甘醇缓冲罐，在贫液汽提柱中可由引入汽提柱下部的热干气对贫液进行汽提，经过汽提后的贫甘醇质量浓度可达到99.8%。

⑨ 贫液从缓冲罐进入板式贫/富液换热器，与富甘醇换热，温度降至 60℃左右进循环泵，由泵增压后进套管式气液换热器与外输气换热至 40℃进吸收塔吸收天然气中的水分。

（2）辅助流程：

① 从吸收塔出口干气干管上引出一股干气至三甘醇缓冲罐，加热后经自力式压力调节阀节流并稳压至 0.3~0.4MPa 进入燃料气缓冲罐。从燃料气缓冲罐引出一股气，经单流阀后与闪蒸罐罐顶闪蒸气汇合并经自力式压力调节阀稳定阀后压力为 0.2MPa，进入三甘醇再生重沸器燃烧器及焚烧炉燃烧器作燃料气。从燃料气缓冲罐引出另一股气，经流量计进入三甘醇再生重沸器，加热后引申至贫液汽提柱下部，作为贫液汽提气。

② 三甘醇富液闪蒸罐顶部闪蒸气引出后与燃料气缓冲罐引出燃料气汇合，作重沸器燃烧器及焚烧炉燃烧器的燃料气。在闪蒸气管线上设置放空管线。该管线经设定控制阀前压力的自力式压力调节阀及单流阀后连接站内放空系统。该自力式压力调节阀设定的压力略高于

燃料气缓冲罐，约0.5~0.6MPa。其作用是在三甘醇重沸器燃烧器主火强度减弱或熄灭时，在闪蒸罐内通过升压过程储存此时闪蒸出的可燃气体。

③ 闪蒸罐高于正常液位上部设有篦油口，当从吸收塔出来的富甘醇中混有液烃时，可暂时提高闪蒸罐液位，让液烃从篦油口的管阀排至排污管汇。

④ 重沸器富液精馏柱顶排放的气体主要是三甘醇中再生出来的水蒸气，但同时含有甲烷和乙烷以上烃类，以及微量 CO_2、N_2 等。大部分情况下经柱顶至焚烧炉排汽管线的冷却，水蒸气冷凝为水液，在焚烧炉下部的分液腔内分离出来，经排污管排放至污水池中。未凝气部分非甲烷烃类含量极小，如符合废气无组织排放标准，可直接排放。

⑤ 循环增压泵高压出口管线上设有一复线与富甘醇进三甘醇再生塔管线相连，供装置投产时向重沸器内灌注三甘醇时使用。

⑥ 仪表风由站内仪表风系统供给，0.7MPa 压力的仪表风由站内经自力式压力调节阀稳压至 0.3MPa 进入仪表风缓冲罐，并经仪表风过滤器过滤后分配至各气动控制仪表设备。

储气库在运行过程中流量不稳定，脱水装置吸收塔选用泡罩塔盘以适应流量的波动，处理量弹性范围 20%~150%。

2. 节流-丙烷制冷法脱水方案

1）采出气节流-丙烷制冷脱水处理装置

建设一套 $500\times10^4m^3/d$ 节流-丙烷制冷脱水处理装置。

2）采气工艺流程

本工艺利用节流-丙烷制冷法脱出天然气中的部分水分，满足露点降的要求。

井口来的高压天然气(12MPa，30~45℃)进高压空气冷却器，温度降低到24℃左右，进分离器分离出冷凝液体，然后加注抑制剂去节流-丙烷制冷系统进一步脱水。在采气期内来气压力高于 12MPa 时主要依靠节流制冷进行脱水，只有在 2 月份来气压力低于 12MPa 时采用丙烷制冷脱水，在采气期内丙烷制冷脱水运行时间计划为 45d。

3）丙烷制冷工艺流程

处理能力 2 月份按 $350\times10^4m^3/d$，3 月份按 $200\times10^4m^3/d$，压力为 8MPa，天然气进口温度 24℃，制冷到温度-15℃。

由于气体被冷却以后温度到-15℃，考虑到回收这部分低温气体的冷负荷，先用-15℃的尾气通过预冷器 24℃的原生气体冷却到-5℃，然后-5℃的原料气再通过丙烷蒸发器降温到-15℃，把液化下的液体分离掉后的气体再通进回冷器预冷原生气。经过计算，冷量需求为 1250kW，需配套丙烷制冷设计工况：-20℃/20℃。

方案如下：

(1) 选择 LG20BLZ 自动型压缩机 2 台，单台 LG20BLZ 丙烷制冷压缩机在设计工况-20℃/20℃下的制冷量为 660.2kW，轴功率为 171.9kW，电机功率为 200kW，电压为 380V。

(2) 选择风冷冷凝器 2 台，单台风冷冷凝器的换热量为 833kW。

(3) 选择 ZP-3.5 高压贮液器一台，单台高压贮液器 ZP-3.5 的容积为 $3.5m^3$。

(4) 选择 ZWP-3.5 卧式桶泵一台，单台卧式桶泵 ZWP-3.5 的容积为 $3.5m^3$。

(5) 防爆要求：

① 主电机：dⅡBT4，防护等级是 IP54，绝缘等级是 F 级，电机的防护等级为 IP54，电压是 380V。

② 油泵电机：dⅡBT4，防护等级是 IP54，绝缘等级是 F 级，电压是 380V。

③ 现场操作台：pⅡT4。

④ 丙烷泵：dⅡCT4，防护等级 IP55，绝缘等级 H 级，电压是 380V。

⑤ 风冷冷凝器轴流风机电机：dⅡBT4，防护等级 IP54，绝缘等级 F 级，电压 380V。

以上两种脱水方案都可以满足天然气脱水要求，节流-丙烷制冷法脱水工艺方案投资较高，但是运行费用较低，主要是消耗了抑制剂与后期的丙烷制冷用电，工艺能耗利用合理；三甘醇脱水工艺方案投资较少但运行费用较高，主要消耗的是甘醇再生时加热用天然气；在安全运行方面，节流-丙烷制冷法脱水工艺较三甘醇脱水工艺没有加热设备，运行更加平稳，安全可靠性更高。

由于地下储气库周期性的运行模式，配套脱水装置季节性运行，随着储气库注采次数的增加，节流-丙烷制冷法脱水工艺较三甘醇脱水工艺优势更加明显，因而推荐选择节流-丙烷制冷法脱水工艺(表 11-7-7)。

表 11-7-7　运行费用对比

序　号	方案名称	工程费用/元	全部费用/元
1	三甘醇脱水工艺	23929. 94	30314. 05
2	节流-丙烷制冷法脱水工艺	24098. 01	30516. 46

(四) 凝液处理

集注站脱出液体，经过站内缓冲罐后，由管道靠自身压力密闭输送到文三联油气水三相分离器内进行处理回收利用。

三、采气工艺

(一) 采气流程

根据露点控制工艺配套设计采用两种方案，方案一为采用三甘醇脱水工艺，方案二为采用节流-丙烷制冷脱水工艺。

方案一采用三甘醇脱水工艺时，在采气期(11 月—次年 3 月)将储存在地下储气库的天然气在井口经过角阀进行一级节流，通过单井集输管线进入集注站，在站内经过自立式调节阀将阀前压力调节节流至阀后不大于 9MPa，然后进行流量调节，一级分离、空冷，经二级分离过滤后进入天然气甘醇脱水处理装置脱水，处理后的天然气经流量计量后通过输气干线输送至清丰分输站，补充进榆济输气管道进行季节调峰。文 96 集注站方案一工艺流程如图 11-7-2 所示。

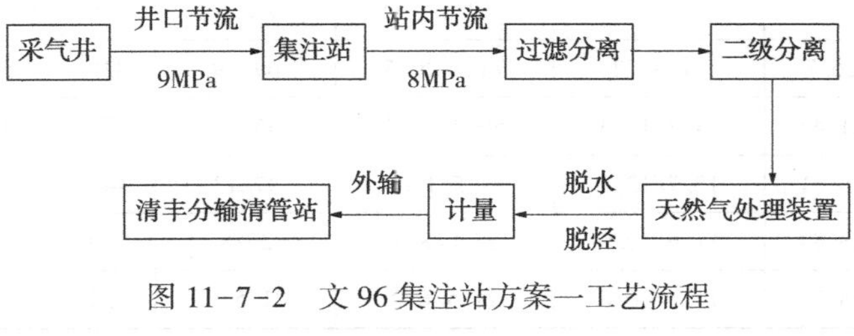

图 11-7-2　文 96 集注站方案一工艺流程

方案二采用节流-丙烷制冷脱水工艺时，流程与方案一基本相同，天然气在井口经过角阀、通过单井集输管线进入集注站，在站内经过自立式调节阀将阀前压力调节节流至阀后不大于13MPa，然后进行流量调节，当压力高于12MPa时，在12MPa压力下进行一级分离、空冷，空冷后的天然气进入天然气节流制冷脱水装置；当压力低于12MPa时，采用丙烷制冷，脱水后的天然气经流量计量后输送至清丰分输站，补充进榆济输气管道进行季节调峰。文96集注站方案二工艺流程如图11-7-3所示。

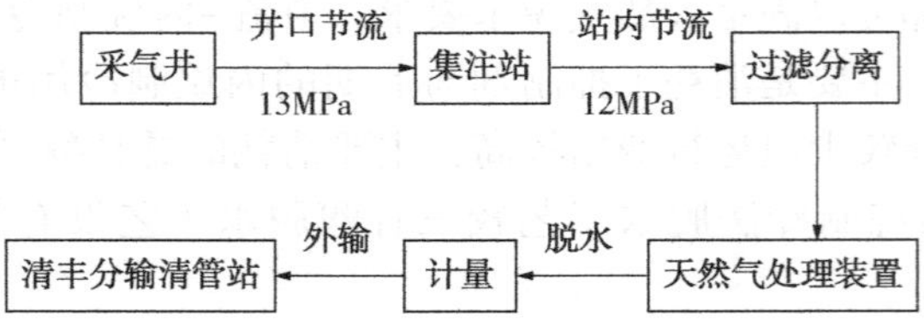

图11-7-3 文96集注站方案二工艺流程

(二) 采气期工作参数设计

每口井敷设一条集气线至集注站，注采阀组及计量设备设在文96集注站内，集气、注气管线最高操作压力按26MPa设计，注采合用井管线设计压力取28MPa。采气期储气库工作运行参数设计见表11-7-8。

表11-7-8 采气期储气库工作运行参数设计

月 份	1	2	3	4	5	6	7	8	9	10	11	12
不均匀系数	1.41	1.27	1.07	0.89	0.82	0.8	0.83	0.8	0.83	0.88	1.07	1.36
日采气量/10^4m^3	342	225	117								117	300
月采气量/10^8m^3	1.025	0.675	0.175								0.175	0.9
累计采气量/10^8m^3	2.042	2.717	2.95								0.175	1.075
应急供气/(10^4m^3/d)	470	423	356	296	273	266	173	266	266	293	356	427

(三) 气库正常运行时调峰能力

气库正常运行调峰供气时采气井井口最低压力按9MPa设计，气库正常运行时14口采气井调峰能力见表11-7-9。

表11-7-9 气库正常运行时14口采气井调峰能力

井口压力/MPa	月份	地层压力(主块/92-47块)/MPa	井底流压(主块/92-47块)/MPa	最大稳产(主块/92-47块)/(10^4m^3/d)	选用气量(主块/92-47块)/(10^4m^3/d)	气库最大调峰量/(10^4m^3/d)			市场需调峰气量/(10^4m^3/d)
						主块12口井	92-47块2口井	最大调峰量	
9	11	26.67/26.7	17.3/12	74.5/29.5	69/29	828	58	500	117
	12	21.32/21.44	14.8/11.3	56.2/21.4	56/21	672	48	500	300
	1	16.42/16.61	12.7/13.5	37.5/13.5	37/13	444	26	470	342
	2	13.61/13.84	11.6/10.9	25.0/8.3	25/8	300	16	316	225
	3	12.91/13.15	11.4/10.8	21.5/6.9	21.5/6	258	12	270	116

气库最大日调峰能力随着采气阶段的延长而逐步降低，运行至采气末期时，地层压力降至下限压力12.91MPa时，最大日调峰能力仅满足270×10^4m^3/d，但仍满足调峰供气要求。

（四）突发事故气库应急能力预测

根据工艺计算，储气库应急供气时最低井口压力按7MPa设计，其供气能力见表11-7-10。

表 11-7-10 文96储气库应急能力预测

井口压力/MPa	月 份	地层压力（主块/92-47块）/MPa	井底流压（主块/92-47块）/MPa	选用气量（主块/92-47块）/(10^4m^3/d)	气库最大应急能力/(10^4m^3/d)			市场需应急气量/(10^4m^3/d)
					主块12口井	92-47块2口井	最大调峰量	
7	11	26.67/26.7	16.4/10	67/30	804	60	500	427
	12	21.32/21.44	13.38/9.3	59/23	708	46	500	500
	1	16.42/16.61	11.5/8.9	42/18	504	36	500	470
	2	13.61/13.84	10.2/8.7	34/16	407	16	423	423
	3	12.91/13.15	9.9/8.5	29/12	344	12	356	356

最大日应急供气能力随着采气阶段的延长而逐步降低，在采气初期11月份至采气末期4月份时，地层压力高，应急能力可达$500×10^4m^3/d$；气库运行至采气末期3月份时，地层压力降至12.91MPa时，应急能力为$368×10^4m^3/d$，仍满足应急供气要求。

（五）采气井口、集气工艺选择

天然气开采过程中怎样保证采气井口、集气管线不发生冻堵，也就是为防止采气井口、集气管线发生水化物冻堵问题，就要对采气工艺进行选择。一般采气工艺有三种：一是采气井口不加热不节流高压输送工艺；二是采气井口不加热、节流注抑制剂低压输送工艺；三是采气井口加热、节流低压输送工艺。

天然气水化物形成与其组成有很大关系，重烃组分越多，相对密度越大，越容易形成水合物，形成水合物三个必备条件是：足够高的压力；足够低的温度；有液态水存在。常用的解决方案有：对集气管线进行保温或者设置井口加热炉，使集气温度始终保持高于水化物形成温度；在井口设置抑制剂加注系统加注抑制剂。因此，在天然气开采过程中要根据地面采气设施情况、当地气候情况合理选择采气、集气工艺。

中原油田文96气田建储气库属于枯竭开采式气藏建库，储气库采出天然气含重烃量少，不易形成水合物。采出天然气相对密度按0.7计算，压力下的水合物形成温度与按设计规范计算的集气最低温度见表11-7-11。

表 11-7-11 压力下的水合物形成温度与按设计规范计算的集气最低温度

压力/MPa	22	20	18	16	14	12	10	8
水化物形成温度/℃	22.48	21.80	21.02	20.15	19.15	18.28	17.2	15.8
设计集气最低温度/℃	25.48	24.80	24.02	23.15	22.15	21.28	20.2	18.8

中原油田文96气田地处中原地带，地下水位较低，气温及地温相对较高，采气期11月份到来年的3月份输气管线埋深处地温6~20℃。同时，储气库工作时采取强采强注工作模式，单井集气管线短，平均只有500m，根据注采工程方案，在采气调峰期内，为了保证气井的携液能力与进站温度，在满足调峰气量需求的条件下，尽量减少开井数，调峰期内最低气温条件下储气库气井运行参数见表11-7-12和表11-7-13。

表 11-7-12　文 96 主块极低气温条件下采气井压力和温度计算

月　份	极低气温/℃	地层压力/MPa	开井数/口	需求气量/[10^4m^3/(d·口)]	井口压力/节流后/MPa	井底流压/MPa	井口温度/节流后/℃	进站温度/℃
11	-5.5	26.67	2	43.75	19.1/13.0	23.8	52/38.95	38.9
12	-21	21.32	5	55.76	9.2	14.9	45.4	45.3
1	-16.9	16.42	9	36.53	9.4	12.9	41.3	41.2
2	-13.1	13.61	9	24.11	9.2	11.8	33.7	33.6
3	-3.1	12.91	6	18.47	9.5	11.78	32.6	32.5

表 11-7-13　文 92-47 块极低气温条件下采气井压力和温度计算

项目	月　份	气温/℃	地层压力/MPa	需求气量[10^4m^3/(d·口)]	井口压力/MPa	井底流压/MPa	井口温度/℃	进站温度/℃
高温	11	25.9	26.70	29.5	9.10	12.1	52	47
	12	16.2	21.44	21.2	9.36	11.7	44.7	39.7
	1	17.5	16.61	13.2	9.30	11.3	38.4	33.4
	2	19.3	13.84	8.0	9.20	11.0	36.5	31.5
	3	26.6	13.15	6.2	9.30	11.1	35.8	30.8
低温	11	-5.5	26.70	29.5	9.10	12.1	37.8	32.8
	12	-21	21.44	21.2	9.36	11.7	24.4	19.4

从表 11-7-12 和表 11-7-13 中就可以看出，主块在极端气温条件下节流后温度、到集注站内温度也始终保持高于水合物形成温度，因此，文 96 储气库采气工艺选择采气井口不加热一级节流低压输送技术，集气温度不低于 24℃，即集注站内选用甘醇脱水工艺时，采气井口不加热一级节流，依靠自身压力输送到集注站，在站内由自力式调节阀将阀后压力调节到不大于 9MPa，然后进行流量调节后进行脱水处理；集注站内选用节流-丙烷制冷脱水工艺时，采气井口不加热一级节流，依靠自身压力输送到集注站，在站内由自力式调节阀将阀后压力调节到不大于 13MPa，然后进行流量控制、脱水处理(压力低于 12MPa 时采用丙烷制冷脱水)，单井集输管线采用 D168.3mm×11.0mm 保温管线。文 92-47 块只有极低气温条件下的 1、2 月份集气温度低于水合物形成温度，实际生产中在调峰初期地温相对较高的 11、12 月份时，优先动用文 92-47 块天然气储备进行生产，以避开在其他温度较低的月份生产。

(六) 注采气管线管径计算

1. 管径初选

注气井的注气管线与采气时共用一条管线，管径设计满足最大采气时对管径的要求，壁厚按注气压力 26MPa 设计。

$$d = \sqrt{\frac{4Q}{\pi v}} \tag{11-7-1}$$

式中　Q——管道给定流量，m^3/s；

v——经济流速，m/s；(取 15~20m/s)

d——管内径，cm；

采气管线管道内径的选取时考虑一部分液量等因素，根据计算选择 DN150 的管子。

2. 水力核算

根据《油气集输设计规范》(GB 50350—2015)，集气管道流量采用式(11-7-2)计算($\Delta h \leqslant 200$m)：

$$q_v = 5033.11 d^{8/3}\sqrt{\frac{P_1^2 - P_2^2}{\Delta ZTL}} \tag{11-7-2}$$

式中 q_v——管道计算流量，m^3/d；

P_1、P_2——管道起点和终点压力(绝压)，MPa；

d——管内径，cm；

Z——气体压缩系数；

Δ——气体相对密度；

T——气体平均温度，K；

L——管道计算段长度，km。

单井集输管线长度0.5km；采用DN150管线在$P_1=7$MPa、$P_2=6.5$MPa的条件下管线最大输量$64.67\times10^4m^3/d$，满足应急供气要求。

(七) 注采气管线壁厚计算

根据《油气集输设计规范》(GB 50350—2015)的要求，采用式(11-7-3)计算管道壁厚：

$$\delta = \frac{PD}{2\sigma_s \phi F t} + C \tag{11-7-3}$$

式中 δ——钢管计算壁厚，mm

P——设计压力，MPa；

D——管道外径，mm；

σ_s——管材最低屈服强度，MPa；

ϕ——焊缝系数；

F——强度设计系数，0.6；

C——管道腐蚀裕量。

经计算，壁厚取11mm；采气管线规格为D168.3mm×11.0mm，材质为L390。

(八) CO_2 腐蚀控制

在考虑选择采气井口、集气工艺时，还应考虑天然气中二氧化碳腐蚀问题。由于二氧化碳溶入水后对钢铁有极强的腐蚀性，故当水在管材表面上凝结后会使管材遭受严重腐蚀，使集输管线发生腐蚀穿孔，特别是在储气库注采初期，采出气含饱和水蒸气。根据储气库地质方案，采出气中CO_2含量为0.8642%，对于腐蚀严重程度，可以通过分析计算压力系统中CO_2分压来判断系统中是否存在CO_2腐蚀的可能性或程度。API Spec 6A规定了CO_2腐蚀的判断数据标准，详见表11-7-14。

表11-7-14 关于CO_2腐蚀的判断标准

流 体	CO_2分压/MPa	相对腐蚀性
一般流体	<0.05	无
	0.05~0.21	轻
	>0.21	中等-严重
酸性环境	0.05~0.21	轻
	>0.21	中等-严重

CO_2 分压计算见表 11-7-15。

表 11-7-15 CO_2 分压计算表

集气压力/MPa	干线组分 CO_2 分压/MPa
21.5	0.1806
8.5	0.0714

外来气的 CO_2 含量 0.8642%，集气压力上限 21.5MPa，CO_2 分压计算为 0.1806MPa，腐蚀环境为轻度腐蚀等级，可以不考虑管线腐蚀问题，以上分析也说明，采用较低的集气压力，在一定程度上可以减轻二氧化碳对集气管线的腐蚀性，选择较低的集气压力也更安全。

四、集注站工艺

(一) 平面布置

1. 平面布置原则

(1) 严格执行《石油天然气工程设计防火规范》(GB 50183—2004)和《建筑设计防火规范》(GB 50016—2014)；平面布置符合防火、防爆及安全卫生要求。

(2) 平面布置在考虑安全生产、方便操作、检修和施工的前提下，同类设备集中布置，力求做到流程简洁、通畅。

2. 平面布置

场站分为办公区、压缩机区和生产装置区。站的东部为办公区，设综合办公楼 1 栋、消防罐 1 座和消防水泵房，综合办公楼里包括仪表、配电等；压缩机区在站的西边，设压缩机房(42m×23m)1 栋，内有 3 台电驱压缩机；生产装置区设在站的中部，设注采气阀组、分离脱水装置等。文留集注站征地面积(198+40+2)×(98+2)+25×45=25125m^2，约合 37.7 亩。

(二) 工艺流程

文 96 集注站站内工艺流程分注气工艺和采气工艺两部分。

(三) 辅助流程

文 96 集注站辅助流程包括放空系统和排污系统流程。包括过滤分离器、收球装置以及汇气管。放空管线汇入放空总管后，输送到站外放空火炬进行放空，满足安全和环保要求。过滤分离器、收球装置以及汇气管排污管道汇入排污总管后，将系统中部分凝液输送到文三联合站进行处理。

(四) 主要设备选型

文 96 集注站采用的主要设备包括过滤分离设备、收球装置和各类阀门等，根据各种设备的使用功能需求，其选型考虑如下。

1. 过滤分离设备

站内设置过滤分离器，以除去天然气中的小粒径粉尘和可能携带的少量液体。本工程分离设备选用具有过滤效率高、噪声低、摩阻小、维护量小、使用寿命长等优点的过滤分离器。过滤分离器属于精细分离设备，需定时更换滤芯。

2. 收球装置

输气管道建成投产以前应进行管道清扫，将管内施工遗留下来的杂质及试压水清除出去。投产后为提高输气效率，也需定期清管，以清除管内的固体颗粒及其他杂质，并能检测输气管道的腐蚀等情况。本工程场站采用能通过智能清管器的清管收发装置，在清丰分输站内设有清管球发送装置，在文96集注站内设收球装置，清管球收发装置可以不停气接收各种清管器和检测器。清管时需要有操作人员到现场，借助清管小车等辅助设施进行清管作业。

3. 阀门

本工程场站内所选用的各种阀门除满足其功能要求外，还具有密封性能好、使用寿命长、操作维护方便和价格便宜的特点。

1）干线截断阀

进站截断阀是站内的重要设备，当输气管道发生破损时，为尽可能减少损失和防止事故扩大，在进站入口处设置截断阀，根据管道内气体的压降速率来实现阀门的自动关闭。

进站截断阀拟采用气液联动全通径球阀。

2）球阀

站内进出清管器的球阀选用全通径球阀。

场站内需进行流程切换的阀门配备有电动执行机构，进出站的ESD阀配备有气液联动执行机构。

3）零泄漏阀门

为了保证计量的准确性，流量计前后的阀门选用零泄漏球阀，这种阀门具有内、外零泄漏的特点。

4）排污阀和放空阀

排污阀和放空阀分别采用密封性能好、使用寿命长、噪声小、耐冲刷的阀套式排污阀和节流截止放空阀，收球筒的平衡阀采用双作用节流截止阀。

5）安全阀

为确保输气干线和文96集注站的安全平稳运行，按《输气管道工程设计规范》中有关设置泄压放空设施的要求，在文96集注站进站截断阀之前设置压力安全阀，安全阀拟选用超高压泄放动作灵敏、泄放能力大、复位准确、密封可靠、工作稳定性好的先导式安全阀。

4. 放空系统

1）放空火炬

为满足环保和安全要求，文96集注站放空系统设置放空火炬，放空火炬设置在站西北侧90m处，其防火间距已满足《石油天然气工程设计防火规范》(GB 50183—2004)的规定。当天然气停气整改时，天然气管段内的天然气需要停气放空，放空量$32\times10^4m^3$。

放空火炬采用电点火装置，作为单井来气或输气干线事故放空时的点火设施，将放空天然气在火炬顶部点燃，为保证点火的可靠性，采用高压电点火及外传火两种点火方式。

该点火装置在场站内及火炬区两处均设点火操作点，并可让天然气燃烧器单独作为长明灯使用，该点火装置包括火炬燃烧器1个，高压点火系统2套，地面点火系统1套。

2）放空管

文96集注场站内检修放空或事故放空采用放空管。

5. 凝液罐

站内设凝液罐，可实现凝液密闭回收。

五、线路工程

（一）选线原则

根据设计标准以及管道所经地区的地形、地貌、交通、工程地质等条件，结合本工程特点，确定以下选线原则：

（1）线路走向力求顺直、平缓，以节约钢材、减少投资。

（2）尽可能靠近或利用现有铁路、公路，以方便管道施工和维护管理。

（3）尽量避开施工难度较大和不良工程地质段，确保管道可靠、安全运行，确有困难时，选择合适的位置和方式通过，并采取相应的工程措施。

（4）大中型穿跨越位置选择符合线路总体走向，其局部走向根据实际情况进行调整，尽量减少穿跨越段的工程量和施工难度。

（5）线路路由与地方的城镇规划、矿产资源、铁路及公路的规划建设相协调，尽量避开人口稠密区。

（6）尽量避开多年经济作物区域和重要的农田基本建设设施。

（7）避开城市的水源保护区及国家级风景名胜区。

（二）线路走向

文96储气库输气干线起点是清丰县瓦屋东南侧的清丰分输站，管线往南偏东方向穿越S101进入濮阳县境内，终点是新建的文96集注站。其中，在瓦屋附近往东南方向穿越S101省道，沿线经呼沱村东、大没岸和东没岸之间向南，途径柳屯镇东穿越濮台铁路，再向南穿越金堤河后，在左枣林和后白楼之间向东南，经马庄、前盆庄、侍郎寨、新车庄到文96集注站。线路总长21.041km。

该段线路穿越省道1处、铁路1处、中小型河流1条。管道经过地区以三级地区为主。

管道沿线设场站1座，线路截断阀室1座。

六、线路设计

（一）设计系数

1. 地区等级划分标准

按照《输气管道设计规范》（GB 50251—2015）的有关规定，沿管道中心线两侧各200m范围内，任意划分成长度为2km并能包括最大聚居户数的若干地段，按划定地段内的户数划分为四个等级。在农村人口聚集的村庄、大院、住宅楼，应以每一独立户作为一个供人居住的建筑物计算。

（1）一级地区：户数在15户或以下的区段。

（2）二级地区：户数在15户以上、100户以下的区段。

（3）三级地区：户数在100户或以上的区段，包括市郊居住区、商业区、工业区、发展区以及不够四级地区条件的人口稠密区。

（4）四级地区：指四层及四层以上楼房（不计地下室层数）普遍集中、交通频繁、地下设施多的区段。

当划分地区等级边界线时，边界线距最近一幢建筑物外边缘应大于或等于200m。

在一级、二级地区内的学校、医院以及其他公共场所等人群聚集的地方，应按三级地区选取设计系数。

当一个地区的发展规划足以改变该地区的现有等级时，应按发展规划划分地区等级。

管道沿线地区等级的划分应考虑施工的可操作性，地区等级不宜频繁变化，以方便施工和管理。

线路的地区等级划分除严格遵守规范的要求外，还要结合工程实际，另考虑管道较长段落与三级道路交叉次数多，以及来往车辆及人类活动频繁等，适当提高地区等级。

2. 沿线地区等级划分

根据以上地区划分等级原则及现场实际情况，沿线地区等级划分见表 11-7-16。

表 11-7-16　沿线地区等级划分

省　份	地　区	途径县市	通过长度及等级/km				小计/km
			一级	二级	三级	四级	
河南	濮阳市	清丰县	0.0	0.0	0.3	0	0.3
		濮阳市			20.7		20.7

3. 不同地区的管道设计系数

按照《输气管道设计规范》(GB 50251—2015)的要求，对通过不同地区等级的管道采用不同的强度设计系数，经管道强度计算确定管道的用管壁厚。通过采用增加管道强度(加大用管壁厚、降低通过高等级地区管道的应力)、缩短线路阀室的设置间距、适当加大管道埋深、加强管道环向焊缝的质量检查等方法满足通过高等级地区的管道安全要求，减少外部活动可能对管道造成的破坏。

一般线路设计系数按表 11-7-17 确定。

表 11-7-17　一般线路设计系数

地区等级	强度设计系数 F	地区等级	强度设计系数 F
一级地区	0.72	三级地区	0.5
二级地区	0.6	四级地区	0.4

穿越铁路、公路和人群聚集场所的管段一级输气站内，管道的强度设计系数，按表 11-7-18 确定。

表 11-7-18　管道的强度设计系数

管道及管段	地区等级			
	一级	二级	三级	四级
	强度设计系数 F			
有套管穿越三级、四级公路的管道	0.72	0.6	0.5	0.4
无套管穿越三级、四级公路的管道	0.6	0.5	0.5	0.4
有套管穿越一级、二级公路、高速公路、铁路的管道	0.6	0.6	0.5	0.4
输气站内管道及其上、下游各 200m 管道，截断阀室管道以及上、下游各 50m 管道(其距离从输气站与阀室边界线起算)	0.5	0.5	0.5	0.4
人群聚集场所的管道	0.5	0.5	0.5	0.4
冲沟穿越	0.6	0.5	0.5	0.4
小型冲沟、水域穿越	0.72	0.6	0.5	0.4
大、中型水域穿越	0.6	0.5	0.4	0.4
隧道穿越	0.6	0.5	0.5	0.4

七、管道敷设

(一) 管道敷设方式及埋深

根据管道沿线的地形、地貌、工程地质、水文地质以及气候条件，一般地段管道采取直埋敷设方式。管顶埋设深度要考虑管线区的最大冻土层深度和耕作深度，地面荷载等对管道刚度的影响以及管道稳定要求，为防止管道发生低温脆性断裂等不利情况，普通地区管顶埋深大于规范规定值，管顶埋深≥1.0m。根据沿线实际情况，管顶埋深为1.2m。

管道采用以埋地敷设为主。沟上焊时，管沟横断面参数见表11-7-19。

表11-7-19 管沟横断面参数

土壤名称	边坡比	沟底宽/m		沟深/m
		旱地	沟内有积水	旱地
粉细砂	1∶1.5~1∶1.0	1.1	1.3	1.8
亚砂土，卵砾石	1∶0.67			
粉土，亚黏土	1∶0.5			1.8

当管沟深大于3m而小于5m时，沟底宽可适当加宽，沟深超过5m时，应根据土壤类别及物理力学性质确定底宽，并将边坡适当放缓或加筑平台；在农田地区开挖管沟时，应将表层耕作土和底层生土分层堆放。

(二) 管道转角

管道在水平和纵向的转角较小时应优先采用弹性敷设来实现管道方向改变，以减小局部摩阻损失和增强管道的整体柔韧性，弹性敷设的曲率半径 $R\geqslant1000D$（D 为管子外径），且满足式（11-7-4）计算值。

1. 计算公式

$$R\geqslant3600\sqrt{\frac{1-\cos\frac{\alpha}{2}}{\alpha^4}D^2} \qquad (11-7-4)$$

式中 R——管道弹性弯曲曲率半径，m；

D——管道外径，cm；

α——管道的转角，(°)。

2. 计算结果

计算结果见表11-7-20。

表11-7-20 计算结果

钢管外径/mm	508					
转角	3°	3°30′	4°	4°30′	5°	5°30′
曲率半径/m	799	721	660	610	569	534
管道外径/cm	1572	1419	1298	1200	1118	1049
切线长/m	20.91	22.02	23.02	23.95	24.80	27.29
弧长/m	41.82	44.02	46.02	47.87	49.57	51.18
外矢距/m	0.27	0.34	0.40	0.47	0.54	0.70

在弹性敷设受地形、地物及场地限制难以实现，或虽能施工，但土方量过大时，优先采用曲率半径为40D的现场冷弯弯管，其次采用曲率半径为6D的热煨弯头。

弯头度数说明：

1）热煨弯头

（1）线路热煨弯头的曲率半径为$R=6D$。

（2）热煨弯头按每4°一个台阶进行系列化制作，热煨弯头两端各带0.5~1m长直管段；设计中在±2°范围内选用热煨弯头使用角度，现场施工中采用微调管沟进行就位和安装。

（3）热煨弯头采用直缝埋弧焊钢管制作。

2）冷弯管

（1）现场冷弯弯管的最小曲率半径=40D。

（2）单根现场冷弯管的使用角度为6°~22°（D508）。

（3）平面转角在地形条件许可且经济的情况下，在施工中可以考虑采用多个冷弯管连接改变线路走向。

（4）每根现场冷弯管的弯曲段两侧应至少各有2m长的直管段。

（5）冷弯管使用的管子为所在线路段等壁厚的直缝埋弧焊钢管制作。

（三）管道占地及建（构）筑物拆迁

管道线路占地分为永久占地和临时占地，永久占地主要是桩位、伴行路和阀室占地，临时占地主要为施工作业带、施工便道等。

1. 永久占地

管线永久占地包括阀室、标志桩、伴行路、水工保护设施等。

（1）阀室征地按553m^{2}考虑。

（2）每个标志桩、测试桩永久占地按1.0m^{2}考虑。

2. 临时占地

管道临时占地主要有以下几个方面：

（1）施工作业带，按16~18m宽计。

（2）穿越工程临时占地。

（3）防腐厂临时占地。

（4）堆管及设备、材料存放用地。

（5）施工临时便道，按6m宽计。

3. 建（构）筑物拆迁

管道线路选定走向时应尽量避开集中的建（构）筑物。

（四）特殊地段管线处理

该段管道途经地以平原为主，相对而言地质灾害形式较小，对管道安全有一定影响的地质灾害为采空、塌陷两种。其余地质灾害对管道的影响不明显，管道局部地点经过这些地质灾害时，可参照榆济输气管道陕西段、山西段的处理措施对管道进行防护。

（五）管材、管件

1. 制管标准

本工程输送的天然气符合我国《天然气》（GB 17820—2018）标准的一类气质，对管道腐蚀轻微；输气管道设计压力为8.0MPa，在国内属于高压气管道。针对上述特点选择API Spec 5L《管线管规范》作为钢管选用标准。弯管制作应参照《油气输送用钢制感应加热弯管》

(SY/T 5257—2012)执行。

2. 制管原则

线路用管选用基本原则是：

(1) 保证钢管质量可靠、生产技术先进、价格经济合理。

(2) 应满足介质的特性、设计压力、环境温度、敷设方式以及所在地区等级的要求。

(3) 保证钢管具有满足管道要求的刚性、强度、韧性和可焊性，并尽量减少耗钢量。

(4) 氢致开裂(HIC)是输气管道失效原因之一，HIC 主要与 H_2S 分压等因素有关。由于从钢材冶炼上考虑抗 HIC 性能将增加钢板的生产难度和投资费用，因此，本工程应以控制气质指标为主，含硫量和介质的 pH 值必须满足有关标准要求，不合格的气体不允许进入输气管道。

3. 制管方式

用于长输管道的钢管成型方式通常有螺旋缝埋弧焊钢管和直缝埋弧焊钢管两种。

螺旋缝埋弧焊钢管具有受力条件好、止裂能力强、刚度大、价格便宜等优点，但因其焊缝较长，出现缺陷的概率要高于直缝管；在制作过程中，焊缝呈一条空间螺旋线，焊缝质量不如直缝管容易控制；我国的螺旋管焊后钢管不扩径，几何尺寸精度不如直缝管；焊缝不做热处理，从而在管材内部存在较大的残余应力，使得钢管在使用时，容易产生应力腐蚀；焊缝绕管周布置，制作弯管时，焊缝受力条件不好，因此，一般不宜用来制作热煨弯管。

直缝埋弧焊钢管焊缝长度短，出现质量问题的概率小。其中，直缝电阻焊钢管是非填充金属的焊接钢管，在小口径管线上广泛采用，具有焊缝平滑、外形尺寸精度高等优点，缺点是受加工工艺过程的限制，钢管的外径和壁厚不能太大。直缝埋弧焊钢管成型过程和焊接过程分开进行，从而使焊缝质量可靠性强，焊后钢管通常要进行扩径和热处理两道工序，这就基本消除了管材内部的残余应力，提高了钢管的强度和韧性，此外管子有严格稳定的尺寸，切割后易组装，弯制成弯管时，焊缝放在弯曲中性面上，焊缝受力小，便于加工弯头、弯管。

文 96 储气库工程输气干线管道为 D508，根据国内外输气管道建设的经验，本项目确定以下用管类型：

(1) 管线所处一级、二级、三级地区，一般直管段采用螺旋缝埋弧焊(SSAW)钢管。

(2) 所用弯管、弯头，一律采用直缝埋弧焊(LSAW)钢管进行制作。

(3) 中型河流穿越、二级及二级以上公路穿越、铁路穿越一律采用直缝埋弧焊(LSAW)钢管。

(4) 灾害性地质段采用直缝埋弧焊(LSAW)钢管，根据应力分析选取壁厚。

4. 钢管等级的选择

建设长输管道，安全性和可靠性必须放在第一位。因此，选择制管所需板材的生产技术应是成熟、稳定和可靠的，从管材性能(强度、韧性、可焊性)、经济性、设计压力、管径与管材相匹配几个方面进行综合考虑。D508 管材选择与榆济输气管道濮阳支线相一致的管材，材质为 X60 钢级。

(六) 壁厚计算

根据《输气管道工程设计规范》(GB 50251—2015)的要求，采用式(11-7-5)计算管道壁厚：

$$\delta = \frac{PD}{2\sigma_s \phi F t} \qquad (11-7-5)$$

式中　δ——钢管计算壁厚，cm；

P——设计压力，MPa；

D——管道外径，cm；

σ_s——管材最低屈服强度，MPa；

ϕ——焊缝系数，取 1；

F——强度设计系数，三级地区取 0.5，中型水域取 0.5，公路、铁路穿越取 0.5；

t——温度折减系数，当温度<120℃时，$t=1$。

输气管道的强度设计系数按照《输气管道工程设计规范》(GB 50251—2015)以及《油气输送管道穿越工程设计规范》(GB 50423—2013)的规定。

按照《输气管道工程设计规范》(GB 50251—2015)，热煨弯头的壁厚计算需满足式(11-7-6)：

$$\delta_b = \delta \cdot m$$

$$m = \frac{4R - D}{4R - 2D} \qquad (11-7-6)$$

$$c = \frac{\delta_{bX} - \delta'_b}{\delta_{bX}} \times 100\%$$

$$\delta_b' > \delta_b$$

式中　D——热煨弯头外直径；

R——热煨弯头曲率半径，$R=6D$；

m——热煨弯头的壁厚增大系数；

δ——弯头所连接的直管段计算壁厚，mm；

δ_b——热煨弯头计算壁厚，mm；

δ_{bX}——热煨弯头选取壁厚，mm；

δ_b'——考虑壁厚减薄后的热煨弯头最小壁厚，mm；

c——热煨弯头的壁厚减薄率，取 10%。

本工程距离较短，考虑材料订货和现场施工等原因，主管壁厚选用统一壁厚，弯管、弯头选用一种型号。因此，按照以上公式，通过计算，得到圆整后钢管壁厚，见表 11-7-21 和表 11-7-22。

表 11-7-21　管道钢管壁厚

地区级别	设计压力/MPa	管道外径/mm	X60	
			计算壁厚/mm	选择壁厚/mm
三级	8.0	508	9.8	11.0

表 11-7-22　热煨弯头壁厚

地区级别	设计压力/MPa	管道外径/mm	X60	
			计算壁厚/mm	选择壁厚/mm
三级	8.0	508	10.45	12.5

由于该工程直缝管用量较少，为便于管材采购，考虑冷弯弯管与热煨弯管均采用12.5mm厚直缝管。

（七）管道强度及稳定性校核

当管道壁厚和材质确定后，还要根据管道的工作条件和环境状况进行强度、稳定性校核。

1. 直管段

按照《输气管道工程设计规范》（GB 50251—2015）规定，埋地管道需进行管道强度校核。校核公式如下：

$$\sigma_e=\sigma_h-\sigma_L<0.9\sigma_s$$
$$\sigma_L=\mu\sigma_h+E\alpha(t_1-t_2) \tag{11-7-7}$$
$$\sigma_h=\frac{pd}{2\delta}$$

式中 σ_e——当量应力，MPa；

σ_h——由内压产生的环向应力，MPa；

σ_L——轴向应力，MPa；

E——钢材的弹性模量，2.07×10^5MPa；

α——钢材线膨胀系数，1.2×10^{-5}m/（m·℃）；

μ——泊松比，取0.3；

p——设计压力，MPa；

d——管道内径，mm；

δ——管道壁厚，mm；

σ_s——管材最小屈服强度，MPa；

t_1——管道下沟回填时温度，取10℃；

t_2——管道的工作温度，取60℃（按最大温差50℃）。

根据式（11-7-7），计算结果见表11-7-23。

表11-7-23 干线直管段强度校核结果

设计压力/MPa	管径/mm	壁厚/mm	环向应力/MPa	下沟温度/℃	工作温度/℃	轴向应力/MPa	当量应力/MPa	许用应力/MPa
8.0	508	11.0	197.3	10	60	-65.02	262.3	373.5

由表11-7-23可看出，干线当量应力均小于许用应力，均满足强度要求。

2. 管道稳定性校核

按照《输气管道工程设计规范》（GB 50251—2015）规定，埋地管道采用的钢管，其外径与壁厚之比一般不宜大于140，使管道具有一定的刚度，以保持管道在外荷载作用下的稳定性。本工程管道外径与壁厚之比见表11-7-24。

表11-7-24 本工程管道外径与壁厚之比

管径/mm	壁厚/mm	管径/壁厚
508	11.0	46.12

根据表 11-7-24，管道外径与壁厚之比均满足规范中小于 140 的要求，所以能满足刚度要求。

3. 混凝土套管穿越铁路、高等级公路段

本工程铁路穿越段和公路穿越段均采用钢筋混凝土套管，使气体输送管道不承受外力。

根据以往工程经验，穿越铁路钢筋混凝土套管一般由铁路部门设计并施工，是铁路部门专用钢筋混凝土套管，在此暂不做强度校核。

公路穿越采用 DRC1200×2000GⅡ AJC/T640 钢筋混凝土套管穿越，计算实际荷载为 61.7kN/m，而其许用荷载分别为 78.2kN/m，因此，本工程所用钢筋混凝土套管穿越高等级公路满足强度要求。

(八) 管道抗震

根据《油气输送管道线路工程抗震技术规范》(GB 50470—2017)的规定，管道通过地震动峰值加速度为≥0.2g 地区时，应进行地震强度校核。本工程管道地震动峰值加速度为 0.15g，按以下公式进行校核。

1. 地震波作用下所产生的最大轴向应变

$$\varepsilon_{man}=\pm\alpha T_g/(4\pi C) \tag{11-7-8}$$

式中　α——设计地震动峰值加速度，m/s^2；

T_g——地震动反应谱特征周期；

C——场地剪切波速，m/s；

ε_{man}——地震波引起的最大管道轴向应变。

2. 操作条件下荷载(内压、温差)引起的管道轴向应变

$$\varepsilon=\sigma_a/E$$

$$\sigma_L=\mu\sigma_h+E\alpha(t_1-t_2)$$

$$\sigma_h=pd/(2\delta_n)$$

式中　ε——操作条件下管道的轴向应变,%；

σ_a——管段在操作条件下的轴向应力，MPa；

σ_h——有内压引起的管道环向应力，MPa；

α——钢材线膨胀系数，1.2×10^{-5}m/(m·℃)；

μ——波松比，取 0.3；

p——管道设计内压，MPa；

σ_n——管子公称壁厚，mm；

d——管子内径，mm；

E——钢材的弹性模量，2.07×10^5MPa；

t_1——管道下沟回填时温度，取 35℃；

t_2——管道的工作温度，取 0℃。

3. 管道抗震校核

当 $\varepsilon_{man}+\varepsilon\leqslant0$ 时：

$$|\varepsilon_{man}+\varepsilon|\leqslant[\varepsilon_c]_v$$

当 $\varepsilon_{man}+\varepsilon>0$ 时：

$$\varepsilon_{man}+\varepsilon\leqslant[\varepsilon_t]_v$$

式中　ε_{man}——地震波引起的最大管道轴向拉、压应变,%；

ε——操作条件下管道的轴向应变,%;

$[\varepsilon_c]_v$——埋地管道抗震动的轴向容许压缩应变,%;

$[\varepsilon_t]_v$——埋地管道抗震动的轴向容许拉伸应变,%。

4. 埋地管道抗震的轴向容许应变

容许压缩应变按式(11-7-9)计算:

$$[\varepsilon_c]_v = 0.35\delta/D \qquad (11-7-9)$$

式中 δ——管子壁厚, mm;

D——管子外径, mm。

管道容许拉伸应变按表 11-7-25 选取。

表 11-7-25 管道容许拉伸应变

拉伸强度极限 σ_b/MPa	容许拉伸应变$[\varepsilon_t]_v$/%
σ_b<552	1.0
552≤σ_b<793	0.9
793≤σ_b<896	0.8

5. 计算结果

对管道穿越段选择最不利的场地类型, 场区最大地震动峰值加速度为 0.15g, 对最不利的管道壁厚(一类地区)进行校核, 管道地震应变校核结果见表 11-7-26。

表 11-7-26 管道地震应变校核结果

管道规格/mm	容许最大压缩应变/%	容许最大拉伸应变/%	计算压缩应变/%	计算拉伸应变/%
D508×11.0	0.709	1	0.0298	0.0314

由表 11-7-26 可以看出, 管道计算压应变和拉应变均小于允许应变, 因此, 管道通过本工程地震动峰值最大加速度 0.29g 地区是安全的, 可不采取特殊的抗震措施。钢管用量见表 11-7-27。

表 11-7-27 钢管用量

钢管规格	长 度	单 位
螺旋缝埋弧焊钢管 D508×11 X60	17580	m
直缝埋弧焊钢管 D508×12.5 X60	3460	m
合计	21040	m

八、穿(跨)越工程

(一) 河流穿越

本工程管道所经地区穿越河流均为中、小型河流。小型河流穿越可采用开挖穿越方式, 中型河流穿越根据具体情况来选择适当的施工方法, 可采用开挖或定向钻穿越, 并考虑管道的抗震措施。开挖穿越宜利用枯水期, 在水流量较小、水深较浅时开挖管沟。

小型河流穿越的管顶埋深应不小于最大冲刷线或疏浚规划线下 0.5m, 若冲刷深度不详, 管顶埋深应不小于 1.5m。

本工程河流穿越名称见表 11-7-28。

表 11-7-28 本工程河流穿越名称

序号	河流名称	次数	河流宽度	施工措施
1	金堤河	1	128	定向钻
2	金堤河	1	20	开挖
3	灌溉渠	14	206(合计)	开挖

（二）公路穿越

公路穿越应根据公路的等级、路基地质、填上高度、地形条件等具体情况分别采用大开挖穿越方式、顶管穿越方式。高速公路和一级、二级公路穿越采用顶钢筋混凝土套管穿越方式。三级、四级公路和无等级公路穿越尽量通过调整埋深采用不带套管开挖直埋穿越方式。

公路穿越技术要求如下：

（1）管道穿越公路时，保护套管或输气管道顶距公路路面>1.2m，距公路边沟沟底>0.9m。尽量正交穿越，受地形地物限制时不应小于60°。

（2）大开挖穿越造价低，施工简单，不受路基地质、地形的影响，宜优先采用。开挖穿越公路时，首先应得到公路部门的批准，两侧设置警示标志，一般按半侧开挖法，尽量不中断交通。

（3）顶管穿越适用于高等级公路且公路两侧地面高差不大的情况，先用顶管机顶进混凝土套管，而后在套管内穿入管道。

（4）管道穿越通车道路尽量设保护套管，保护套管规格为 DN1200。套管选用钢筋混凝土排水管，标准为《顶进施工法用钢筒混凝土管》(JC/T 2092—2011)。一般地段套管应伸出路基坡脚或路边沟外 2m。

（5）为保护管线，工艺管线与套管之间必须加隔离支架进行保护。

（6）穿路套管内均有一根光缆套管通过，光缆套管应位于主管正上方贴近套管内壁处。

本工程主要公路穿越名称见表 11-7-29。

表 11-7-29 本工程主要公路穿越名称

序号	名称	路面宽度/m	穿越方式	备注
1	S101	16	顶管	
2	柳屯镇县道	20	顶管	
3	文三联沥青路	8	顶管	
4	文留镇沥青路	10	顶管	
5	经营管理六区路	6	顶管	
6	乡级沥青路	10	顶管	
7	乡级沥青路	6	顶管	
8	水泥路	4(5条)	顶管	路边有水渠

（三）铁路穿越

铁路穿越一般由铁路部门指定的队伍进行施工，铁路穿越技术要求如下：

（1）铁路穿越一般采用顶管穿越方式，采用 DN1200 的保护套管，顶进用钢筋混凝管的承载能力满足铁路部门的要求。混凝土管顶进施工一般由铁路部门承担，钢筋混凝土套管应伸出铁路路基坡脚外 2m。

(2) 保护套管管顶距铁路轨枕>1.8m，距铁路边沟沟底>0.9m，尽量正交穿越，受地形地物限制时，不应小于 45°。

为保护管线，工艺管线与套管之间必须加隔离支架进行保护。

本工程铁路穿越名称见表 11-7-30。

表 11-7-30 本工程铁路穿越名称

序号	名称	所在地区	穿越宽度/m	穿越方式
1	濮台铁路	濮阳县	20	顶管

(四) 与地下构筑物的交叉

本管道沿线与地下管道、地下电缆等地下构筑物交叉较多。输气管道与已建地下构筑物交叉时，管道敷设按照《输气管道工程设计规范》(GB 50251—2015)第 4.3.12 要求执行。

一般情况下，管道与其他埋地构筑物交叉原则上应位于先建构筑物的下方。

(1) 与管道交叉时，两管间净距不小于 0.3m，并在交叉位置放置废旧轮胎等将两管道隔离。

(2) 与电缆交叉时，管道与电缆净距不小于 0.5m，与电缆交叉时，还要对电缆采取保护措施，如用角钢围裹住电缆，在电缆上方铺一层砖等。

(3) 与架空高压线交叉时，交叉点两侧管道要采取加强防腐措施。

第八节 文 96 储气库设计难点及亮点

一、高压注气

文 96 储气库将榆济输气管道中的富裕气注入储气库用于季节性调峰，满足天然气市场需求。榆济输气管道来气在进、出站管线上设电动关断阀和气液联动紧急关断阀、泄漏检测仪、火灾报警仪等，若站内输气管线出现压力超压、气体泄漏、火灾报警等紧急情况时，立刻自动关闭场站关断阀，停止整个场站的生产运行。

榆济输气管道来气进站设来气计量阀组，计量阀组设三路计量(两用一备)，流量计选用多声道气体超声波流量计量系统，多声道气体超声波流量计为来气和外输双向计量仪表，计量精度为±0.5%，流量计均进行温度、压力补偿，流量、压力、温度信号进流量计算机按计量标准计算标准状态下流量并累计归档，超声波流量计输出信号通过通信接口 RS485 上传 SCADA 系统，协议为 MODBUS 协议。

榆济输气管道来气压力 5~6MPa，经往复式压缩机增压，压缩机出口压力为 23.5MPa，增压后的天然气由注气阀组注入储气井，为了保证压缩机的安全可靠运行，压缩机进、出口管线设电动关断阀，注气阀组设紧急关断电动阀、多声道气体超声波流量计。电动关断阀根据注气压力、气体泄漏等因素，自动关闭注气阀组关断阀。

压缩机回流进过滤分离器管线设自力式调压阀，阀前压力为 9~23.5MPa，阀后压力为 7.6MPa。

二、高压采气

高压采气工艺采气阀组设双向流量计量仪表和气动调节阀，根据采气压力调节，调节后的流量经气体超声波流量计计量后进脱水装置。站内自用气设计量调压撬，调压撬进口压力6.0~7.6MPa，调压撬设一路总计量分三路调压管线，一路天然气经调压后去污水缓冲罐，污水缓冲罐利用气压排污。调压阀出口压力0.4MPa。二路天然气经调压后去脱水装置用气管线，调压阀出口压力0.4MPa。三路天然气经调压后去火炬燃烧放空管线，调压阀出口压力0.6MPa。

天然气经脱水后外输，在出站计量阀组前设天然气组分分析小屋，分析小屋气质分析范围：全组分分析、H_2S，检测在8MPa工况下烃露点(工况)：-34.681℃。计量分离器进口管线设流量计量仪表，计量仪表采用多声道气体超声波流量计，计量分离器出口管线和污水外输缓冲罐流量计量仪表选用电磁流量计。生产分离器、计量分离器液位检测选用磁翻柱式液位计，就地显示并远传控制室SCADA控制系统显示。

文96储气库及配套设施分两级控制，即过程控制系统和安全关断系统。过程控制系统采用国内先进成熟的SCADA系统，使其达到国内同类型工程目前的先进水平，以实现集中管理、平稳操作、安全生产、强化管理、降低能耗，提高经济效益。安全关断(ESD)系统完全独立于过程控制系统的关断系统。文96储气库SCADA系统控制室设在综合办公楼一层，SCADA系统是对生产过程进行集中监视、操作、管理和控制的系统。系统的控制功能综合了逻辑控制、程序控制等功能。

第九节　文96储气库成果总结

一、工程设计的难点及先进性

该工程为中国第一座低渗砂岩枯竭气田建成的储气库，同时作为国内首座EPC模式的储气库，前期资料很少，同时储气库利用枯竭的文96气藏建设，而国内的储气库以盐穴储气库和凝析气藏储气库为主，在这种情况下，选择适合文96储气库的工艺方案成了首要问题，经过综合比较，选择了三甘醇脱水工艺，脱烃采用丙烷制冷脱烃工艺。场站布局合理，有效利用了周边联合站和变电站，节约了投资，同时注气压缩机选择合适，平稳运行，达到了设计要求。

文96储气库于2012年9月6日正式注气运行，与国内建成的储气库相比，具有安全可靠、投资较低，顺利通过中国石化天然气分公司的验收。

文96储气库工程地面部分主要包括：输气干线；集注站1座及注采井注采管网。储气库为枯竭式凝析气藏储气库，位于河南省濮阳市文留镇东南约6km。注气能力$200\times10^4m^3/d$，设计压力25.5MPa，配置3台电驱往复压缩机；天然气干线设计压力8.0MPa，调峰能力$500\times10^4m^3/d$，天然气脱水采用三甘醇脱水工艺，脱烃采用丙烷制冷脱烃工艺。

设计具有以下特点：

(1) 作为国产化重大科技攻关项目，首次采用国产压缩机，国产压缩机一次开车成功、运行正常，各项参数均达到设计要求。

(2) 通过精心设计低渗砂岩储气库地面工艺，流程简洁、可靠实用，场站布局合理，能耗低、安全环保。

(3) 进行储气库有害源分析，优化站控系统，注重职业安全卫生、环境保护，消防设施做到“三同时”，储气库安全性能高。

(4) 按总承包模式进行设计，设计人员全过程参与，在工程建设的过程中不断地进行设计优化。

(5) 生产工艺具有创新性和先进性。在调研国内外储气库的基本资料后，并参考国内大港地下储气库和京58储气库经验，选择性地利用国内储气库的生产工艺，采取密闭集输流程，采出气经过井口一级节流，进站通过调节阀稳定阀后压力到7.6MPa，经过脱水、脱烃后外输，注气采用不节流增压工艺，通过压缩机增压后注入地下储气库，在垫气初期采用一级压缩注气。

(6) 设计工作难度较大。文96储气库是中国石化第一座储气库，前期资料很少，同时储气库利用枯竭的文96气藏建设，而国内的储气库以盐穴储气库和凝析气藏储气库为主，在这种情况下，选择适合中原油田的枯竭气田的储气库的工艺方案成了首要问题，经过多方案的技术经济比选，选择成熟的三甘醇脱水+丙烷制冷脱烃工艺。

(7) 场站的布局合理。场站的设置根据目前文96气藏周边情况，将文96集注站设置在同类场站集中、水电系统工程便利且靠近储气库的文三联南侧，充分利用了金堤变的双电源供应，提高了场站的安全级别，并且污水直接接入文三联进行处理，达标外排。

(8) 结合生产，设备选择合理。注气压缩机是地下储气库的最关键设备，压缩机工作参数的选择是否合理，关系到储气库的长期运行效率，根据储气库的实际工作状况要求，设计选用了进口压力及排量范围宽的往复压缩机，考虑储气库周期运行的特点，合理设计分配了压缩机的一级、二级压比，在满足进气压力低时，二级出口温度不超要求，在进气压力低时，一级负载不超要求。

(9) 安全防护措施到位。根据储气库的运行特点，进行了危险有害因素分析，对工程介质、场站、管道、施工、自然环境及社会环境分析后，采取了在输气管道局部地区增大壁厚和直缝焊接，提高工程的抗风险等级，站内总平面布置利用道路进行功能分区，将生产区和人员休息区分离，合理布局，确保人员安全。

二、靶式流量计在文96储气库中的应用

目前文96储气库在用靶式流量计有13台，主要用于各单井管线注采过程中天然气的计量工作。众所周知，储气库达容、扩容过程中各单井开关方案的制定是以地质分析结果作为指导的，而地质分析工作的开展离不开精准的注采气数据的支持，因此，靶式流量计在保证文96储气库正常运行中起着极其重要的作用，这就要求我们对靶式流量计有着充分的认识。

1. 针对小流量井开井后无流量显示的处理方法

在开井状态下，文96储6井靶式流量计瞬时流量一直为零，通过对流量计的检查发现流量计本身并无损坏，经过分析，初步确认为该井瞬时量过小导致无法计量。为满足生产需要，通过参数设置，将小流量切除门限改为1000m^3/h。可是运行一段时间后，瞬时流量又变为0。最终发现为动态特征系数与静态特征系数之间关系所导致。

其中，动态特征系数随着瞬时流量的改变而变化且呈正比关系，静态特征系数为一个固定值。当瞬时流量很小时，动态特征系数的值也非常小，如果此时静态特征系数设置得很大，将导致动态特征系数小于静态特征系数，通过靶式流量计零点自动校正，输出的瞬时流

量即为0。所以，此时需要人为地将静态特征系数调小。经过处理，目前文96储6井流量可正常显示。

2. 关井后瞬时流量不为零

由于上游来气经过生产分离器、过滤分离器、压缩机后，气质已经非常干净，所以基本排除管道异物卡住靶板等原因，当此种情况发生时可从以下两方面查找原因：①进入流量零点自动跟踪界面，检查静态特征系数，看其设置值是否过小，当静态特征系数过小时，动态特征系数始终大于静态特征系数，流量计会一直默认管道内有介质流动，最终导致瞬时流量无法归零；②查看靶式流量计主板，看其是否兼容。对部分井的主板进行更换后发现文96储13井关井后瞬时流量一直不为零且瞬时数据无法远传，人为设置虚拟流量进行检验，最终发现主板不兼容，更换老主板后问题得到解决。

3. 针对流量出现负值的处理方法

储2井开井状态时靶式流量计一直显示负值，通过现场分析、查阅历史曲线，确定为储2井稳定试井时为了保证其瞬时流量在4500~5000m^3/h频繁开关邻井控制，压力波动过大所致。在对靶式流量计参数进行检查时，发现零点漂移特别严重。解决方法为在保证注气汇管不超压的情况下，短暂关闭储2井注气汇管旋塞阀，待储2井稳定后，通过静态零点校正以及动态零点跟踪，使得靶式流量计零点回归。然后缓慢开启旋塞阀，气流稳定后，储2井瞬时流量可正常显示。

4. 靶式流量计与超声波输差较大的处理方法

储气库投产运行以来，单井的靶式流量计的计量数据之和与进站超声波流量计的计量数据之间一直存在较大的输差。在排除仪表本身计量精度的影响之外，问题仍然存在。由于超声波的准确度等级为0.5，而靶式流量计为1.5，从理论上讲，超声波的计量数据要相对准确一些。以此为据，为了解决输差问题，可以超声波流量计数据作对比，通过修改流量系数，将输差按比例分配到个注采井。

5. 建议及措施

在注采气后期，随着地层压力的升高、吸气能力的下降，预计会有一部分单井的流量也相应变小，而靶式流量计在小流量计量时，精度非常低，严重情况下导致无法计量。数据的不准确会影响地质工作的开展，从而影响储气库的正常运行。为此，提出以下两点建议：①注(采)气时，在能满足地质分析工作需要的前提下，建议将瞬时流量较低的井关闭，只开吸气能力(产气能力)比较高的井，保证靶式流量计的正常运行及准确的数据提供；②建议现场配备一些计量小流量的主板，把瞬时流量比较小并且运行稳定的注采井的主板进行更换，以满足计量需要。

三、脱水装置运行参数优化

1. 三甘醇循环量计算

三甘醇浓度影响天然气的露点，三甘醇循环量决定着总的被脱除的水量。

三甘醇循环量计算公式如下：

$$G=V(y-y')/1000$$

$$V'=\alpha G$$

式中　G——脱出的水量；kg/h；

V——进入吸收塔的天然气量；m^3/h；

y——进入吸收塔的湿天然气含水汽量；g/m³；

y'——离开吸收塔干气的含水汽量；g/m³；

V'——三甘醇贫液循环量；m³/h；

α——一般取值为0.025~0.06m³。

针对文96储气库冬季气量调峰的实际情况，并根据装置实际制作了“脱水装置三甘醇循环量计算程序”，从而使装置的运行符合干气外输露点的要求。

假设脱水后干气的露点要求为-15℃，利用脱水装置三甘醇循环量计算程序，计算出不同处理气量下的三甘醇循环量(处理气量分别对应为：100×10⁴m³/d、200×10⁴m³/d、300×10⁴m³/d、400×10⁴m³/d、500×10⁴m³/d)为0.99m³、1.99m³、3m³、4m³、5m³。

2. 三甘醇贫液浓度

通过查阅甘醇循环量、浓度与露点降关系图可以看出：在给定了三甘醇循环率的情况下，贫甘醇的浓度越高，露点降就越大。

1）三甘醇重沸器再生温度

目前，国内外比较通用的温度设置方法是：把重沸器的再生温度设置在188~199℃，这样可以将三甘醇的浓度限制在98.2%~98.5%，同时将三甘醇的降解速度减至最小。根据三甘醇浓度与重沸器温度关系图得出：当进气温度为25℃，天然气平衡时水的露点温度为-15℃时，需要的三甘醇的质量浓度为98%。

2）天然气进入吸收塔的温度、压力

采气时，吸收塔的进气温度在20~25℃，符合天然气进塔温度在15~48℃的通用要求。对系统降压到5MPa的情况，及时投用了脱烃出口压力调节阀，确保吸收塔操作压力为6MPa。

3）汽提气

此套装置中设置有汽提柱和汽提气工艺流程。通常情况下，汽提气的流量为15~75L(气体)/L(甘醇)。

3. 贫甘醇的温度

目前，通用的设计标准是：贫甘醇进塔温度高于天然气进入吸收塔温度10℃，API推荐的标准是10~30℃，且三甘醇进塔温度不应高于60℃。这套装置贫液从换热罐至吸收塔顶进口处只经过了板式换热器一次主要的换热和管线自然降温。通过利用红外测温仪进行测量，当贫液出口温度为78℃时，贫液进塔管线外壁温度为73.8℃。

4. 三甘醇的污染情况

针对脱水装置在运行过程中有可能出现的三甘醇污染情况，首先是加强上游重力分离器、过滤分离器的排污，同时还对两台生产分离器进行了偏流调整。其次是每周对吸收塔塔底分离器以及积液箱富液取样进行样品静置检测以及pH检测。另外一个污染三甘醇的因素是溶解在三甘醇中的烃类，它会促使三甘醇发泡，降低脱水效果，增加三甘醇的消耗。此套装置中设置了闪蒸罐，其作用是将溶解在三甘醇溶液中的烃类闪蒸出来，降低三甘醇溶液中烃类含量。闪蒸罐的操作参数有闪蒸压力、闪蒸温度、闪蒸罐液位高度。

《甘醇型天然气脱水装置规范》(SY/T 0602—2005)中规定：甘醇闪蒸分离器操作压力为0.27~0.62MPa，结合现场闪蒸罐的最高允许工作压力0.45MPa的实际将闪蒸罐操作压力设定为0.43MPa。根据公式：

$$V=V't/60$$

式中　V——闪蒸罐沉降容积，m^3；

V'——三甘醇循环量，m^3/h；

t——甘醇停留时间，min。

可以计算出三甘醇在闪蒸罐中的设置高度。《甘醇型天然气脱水装置规范》(SY/T 0602—2005)中规定：对于两相分离器，保证液体停留在闪蒸分离器的时间为5~10min，故$t=10min$。由以上结果将三甘醇沉降高度设置为500mm。

5. 脱水装置脱水效果评价

分别从2013年11月、12月以及2014年1月各随机提取了3天的生产数据进行统计。2013年11月17日、21日及28日的水露点分别为：-32.74℃、-33.83℃及-37.39℃；2013年12月3日、10日及26日的水露点分别为：-33.85℃、-36.27℃及-39.27℃；2014年1月1日、2日及4日的水露点分别为：-30.73℃、-35.36℃及-23.92℃。可以看出：此套装置目前的脱水效果满足-15℃的设计要求，参数设置合理。

6. 不足及改进建议

在对脱水装置的参数进行调整过程中，发现以下对脱水装置有明显影响的问题，并提出了相应的改进建议。

(1) 三甘醇储罐未采用三甘醇保护措施，致使储罐内的三甘醇溶液与空气接触，使部分三甘醇发生了氧化，建议对三甘醇储罐设计保护装置，减缓三甘醇氧化速度。

(2) 醇贫液进入吸收塔温度过高。由前面可知：三甘醇贫液进塔温度达到了73.8℃，超过了最高允许进塔温度(60℃)的规定。建议重新设计对三甘醇贫液在进入吸收塔前进行降温的方案并实施。

(3) 富液精馏柱顶未设置温度测量装置。目前，精馏柱顶的温度无法测量，致使无法及时根据温度变化调整回流量，对于科学、合理管理脱水装置都是不利的。建议增加温度检测和远传装置。

7. 认识

通过分析天然气进吸收塔温度、重沸器的再生温度、汽提气量、三甘醇的污染情况、三甘醇循环量等对三甘醇脱水装置脱水效果的影响，得出以下认识：

(1) 此套脱水装置达到设计要求。根据分析小屋换算出的出站水露点，大部分水露点前期均在-30~+39℃。

(2) 当吸收塔进口天然气温度为25℃，脱水后干气露点为-15℃时，需要98%浓度的三甘醇贫液就能达到要求。

(3) 天然气进吸收塔温度控制在40℃以下较为合理。当天然气进吸收塔温度为40℃，脱水后干气露点为-15℃时，需要99%浓度的三甘醇贫液才能满足脱水要求。高浓度的再生三甘醇溶液意味着燃料气消耗量的增多和三甘醇降解速度的加快。

四、EPC合同签约时应注意的风险

1. EPC总承包的优点

(1) 有利于合理交叉，缩短建设周期。EPC合同快速跟进模式的最大优点就是可以大大缩短工程从规划、设计到竣工的周期，节约建设投资，减少投资风险，可以比较早地取得收益。一方面，整个工程可以提前投产。另一方面，减少了由于通货膨胀等不利因素造成的影响。

（2）有利于设计、采购、施工整体方案优化。EPC合同模式下，承包商对设计、采购和施工进行总承包，在项目初期和设计时就考虑到采购和施工的影响，避免了设计和采购、施工的矛盾，减少了由于设计错误、疏忽引起的变更。可以显著减少项目成本，缩短工期。

（3）有利于实现项目目标、有效地对项目全过程进行费用、进度和质量的综合控制。EPC发展较快的原因是符合市场经济的规律要求，承包方由花别人的钱，办别人的事，转变为花自己的钱，办自己的事情，有利于发挥承包方在建设过程中设计的主导作用，向项目管理和设计优化要效益，一般节约投资的8%~12%，缩短工期10%~15%。

2. 合同风险类型及防范措施

EPC合同风险一般分为业主的风险、承包商的风险和不可抗力的风险。通常情况下，业主的风险大致包括：政治风险、社会风险、法律风险、经济风险、外界风险等，承包商一般承担工程风险，但是在EPC合同模式下，外界风险、经济风险一般都要求承包商来承担，只有出现不可抗力风险时，业主才会承担承包商的直接损失。天然气分公司和中原油田设计院签署的EPC合同文本是参照标准工程施工合同进行修改的，结合文96储气库建设的特点，又进行较大幅度的修改，以适用该项目管理的需要。文96储气库地面建设的特点是双方都是中国石化内部企业，合同采用的是议标形式，双方也都是第一次采用EPC这种合同管理模式，没有成熟的经验可供借鉴，所以双方在合同谈判过程中都较为关切各自的利益，充分表达对合同条款的意见，提出自己的方案，合同商谈工作比较细致，但最终在上级领导和部门的支持下，双方从大局出发，在公平协商的前提下，求同存异，化异为同，较好地达成了共识。

（1）工作范围：主要是规定双方的工作职责、工作界面、权利和义务。工作界面是EPC合同总价款测算的依据，工作范围明确有利于双方合理分工，加快工作进度，减少扯皮。工作范围不明确，一方面造成承包商投标报价不准确，另一方面容易造成合同争议，影响工程项目的实施。文96储气库在就明确了EPC承包方工作范围从工程中交延伸到项目试运投产后，增强了EPC承包方的责任。确保了项目建设的完整性和连续性，有利于项目通过整体质量验收。

（2）设计方面：设计是控制投资的关键环节。一般来讲也是承包商利用设计优势为自己争取最大利益的地方。甲方在此阶段的风险是如果对详细设计审查不严格，技术线路不熟悉，不能发现设计阶段存在的问题。等到工程开工建设时，再提出修改意见，就会造成工艺变更，增加费用。所以，在审查详细设计环节基础上，充分借鉴中国石油在储气库建设方面的经验，从生产工艺、线路布局、操作流程、安全保护等方面组织专家会审，提出了30多项需要整改的大小问题，优化生产工艺布局，简化操作流程。对涉及安全隐患的脱烃装置进行了论证，进行了重大的工艺流程修改，消除了设计隐患。且在合同条款中也特别注明了因设计问题而发生的费用增加和工期延长由EPC方承担责任。

（3）采购与运输：该阶段的主要风险在于物资采购周期的确定，采购周期=订单周期+制造周期+运输周期，但是大家往往忽视了订单周期，结果造成物资到货时间延后，特别是工程建设需要的大型专用设备、进口仪器仪表，都存在着较长的订单周期，这在合同条款中要特别明确，避免出现货物不能及时发运到现场，影响施工进度。在进口物资采购环节，面对人民币升值的情况，也要注意汇率风险，合同中尽可能明确以美元计价。在运输环节，风险存在于运输方式的安全性、便利性和经济性的统一。在合同中也要特别明确运输方式选择与货物交接的验收程序。

(4) 施工方面：主要的风险是工程质量和工程进度。工程质量的重点是质量的监督检验，特别是隐蔽工程和中间部位的验收。由于隐蔽工程质量问题造成返工和项目寿命缩减的比率占30%以上。在工程质量检验方面，要明确质量检验的程序、抽样检验的方法、检验结果的认证等内容。还要求双方和监理方要建立畅通的三方沟通渠道，能够及时对施工中的质量进行检查、检验。对隐蔽工程进行检查验收。

(5) 分包：在总承包项目中必要的分包工程是存在的，为了避免层层转包而造成工程监管不到位、质量低下、事故频发现象，双方在合同中明确了设计、采购、工程中交、试运投产不得分包的要求。对于施工阶段对分包商的选择，不仅要求分包商具有相应的资质，还必须征得业主方的审查同意，而且在条款中要严格要求EPC承包方应将分包商的管理和考核纳入其日常管理范围，并对分包工作中出现的问题承担责任。

(6) 健康、安全、环境方面：新的国家法规要求，承包方在施工中发生的HSE事故，特别是人身伤亡事故，发包方也要承担业主管理责任，这种风险不因工程承包而发生改变。但是，我们可以通过采取措施来降低风险发生的频率和程度。例如，业主通过建立健全HSE管理体系，在合同条款中明确将承包方的HSE管理体系纳入业主的HSE管理体系之中，接受业主的监督与考核，这样通过机制创新和制度约束，加大检查和考核力度，考核促使施工各方遵守HSE规章制度，发包方也可以减轻这种风险损失。

(7) 竣工试验方面：主要风险是编制竣工试验方案不全面，竣工验收标准和流程不明确，双方的职责不清晰，造成验收结果存在争议，不合格工程反复整改。竣工日期滞后。针对这种风险，双方在合同中约定了竣工方案编制、程序报批、结果验收的确认标准。同时，也明确了验收不合格的处理办法。

(8) 工程接收：工程中交意味着看护权、保管权和控制权的转移，接收日期是一个风险控制点，工程的中交日期应当以最后一项单项工程通过竣工验收的日期和时间为节点，此前的工程项目仍由承包方负责照管。

(9) 工期进度方面：主要的风险是工程进度落后时，需要承包方赶工，这种赶工又分为业主责任造成的赶工和承包方责任造成的赶工。因此，合同中要明确业主责任和承包商责任造成赶工的界限和费用承担规定，避免产生纠纷和索赔现象。

(10) 质量保证方面：双方存在的争议和分歧点在于质量保证期从何时算起，实际操作中有两种观点：一种是从项目竣工验收后开始计算保证期；另一种是项目竣工验收签发质量合格证书后计算保证期。按照储气库要保证“注得进、存得住、采得出”的工作要求。结合第一座储气库建设的特点，应当采用后一种观点，确保储气库质量经得起时间的检验。

(11) 变更和合同价款调整方面：变更是甲方业主的权利，但是要慎重运用这项权利，通常情况下变更意味着费用追加和工期的延长。因此，业主要把握好变更的条件和原因以避免追加费用和工期，这需要双方在合同条款中加以约定，在变更范围方面：

① 设计方面。在不扩大或缩小初步设计批准的生产线路和规模，以及不扩大初步设计批准的建筑规模，不改变初步设计批准的使用功能，对配套工程系统的工艺调整、使用功能调整不超过概算金额5%以内的不属于变更。

② 采购方面。承包方采购的物资达不到质量要求或供应商资质不符合规定，业主可以要求承包方变更物资供应商或组织重新招标采购。

③ 施工过程的变更。约定因承包方原因造成的变更，承包方不得要求追加费用。

当然，双方也约定由于国家政策法规有新的要求，或重大的工艺调整超过概算费用5%以上、扩大(缩小)生产规模、改变设计使用功能，或业主方提出增加的附加试验、改变试验地点，或业主要求EPC方增减合同中约定的备品备件、专用工具、竣工后试验物资的采购数量，发包方应当给予承包方变更费用及施工周期调整。在变更程序方面，要严格执行变更程序，以出具书面的资料为准，在变更价款的确定方面，要执行合同签订时的定额或结算价格。同样，当一项变更会使投资减少、工期缩短的情况下，也可要求对该项变更提出利益分享权利。

第十节 中原储气库群

一、实施背景

2021年以来，中原油田分公司积极贯彻落实集团公司储气能力建设和“五化”工作部署，编制了中原油田“十四五”储气库发展规划，提出建设“百亿立方米储气库运营商”的发展目标；按照集团公司国内上游地面工程“五化”工作安排，牵头组织完成了“枯竭气藏储气库地面工程标准化设计”，紧紧围绕“一个目标、一条主线、两个理念、六个抓手”，着力聚焦中原储气库群标准化设计及建设，以卫11、文13西、白9、清溪、文24、白庙浅层等储气库为载体，实行一体化管控，大力推行标准化设计、工厂化预制、模块化施工、机械化作业，强化信息化提升工作，实现“五省”目标，全力打造储气库建设“中原品牌”和“五化”示范工程。

二、主要做法

1. *以标准化设计为源头，提升整体设计质量*

按照“三统一、四定型”原则，开展管理程序文件、编码体系文件、标准体系文件、设计指南、标准图等标准化设计工作，定型工艺技术5种，划分规模系列4类，定型工艺流程10类，平面布置6类，模块、撬装化产品25种，形成枯竭气藏储气库地面工程10大类1659项标准化设计体系文件，实现统一建设标准、统一工艺、建(构)筑物形式及视觉形象、定型集成化模块产品。卫11、文13西等储气库均采用标准化设计体系文件，标准化设计覆盖率达到90%，设备撬装化率达到100%(含外购)，设计周期缩短30%。

2. *以工厂化预制为基础，提升撬块制造水平*

储气库建设以“灯塔预制工厂”为目标，建立工厂化预制基地，采用“固定预制厂+移动作业线+现场预制平台”相结合施工模式，实现管道自动切割下料、坡口加工、组对及自动焊接的流水作业，撬块全部工厂化预制，管道预制化率90%，全自动焊占比达50%，预制焊口焊接一次合格率达98.5%以上。

3. *以模块化建设为抓手，提升施工组织效率*

按照高度集成撬装化的思路，现场实现搭积木式施工，最大限度减少了现场工序交叉和安装时间，通过集约化集成设计，制作了17类60个撬装模块，减少占地1260m^2，施工效率提高20%以上。

4. *以机械化作业为手段，提升现场作业效率*

通过预制流水作业线、数控火焰切割机床、喷砂除锈作业线、油漆自动喷涂设备、自动化焊接、撬块组装等机械化作业手段，实现“机具替代传统人力”，施工效率得到明显提升，项目机械化施工率达60%，现场人工时节约30%左右。

5. 以信息化管理为平台，提升建设管理效能

将“互联网+”技术理念引入施工现场，最大限度收集人员、安全、环境、设备等关键业务数据，实现了对工地可视化、信息化、智能化管理；通过智能化设计，实现井场“无人值守”，注采站“集中监控、少人值守”，优化劳动定员30%。推广使用二维码移动应用管理系统，以设备、钢管、焊缝等为应用对象，生成二维码唯一标识，实现工程工序交接信息、质量检查验收信息的实时提报、永久追溯。

三、取得成效

(1) 展现国企形象。通过标准化设计，中原储气库实现定型流程、集成设备、统一建构筑物形式、统一外观视觉形象，凸显中国石化储气库风格和企业形象。

(2) 缩短建设周期。通过采取标准化设计体系文件复用及标准化文件采购，减少设计及物资采购周期，工厂化预制、模块化施工消除恶劣天气对施工带来的影响，减少工期。较以前同类储气库建设周期由30个月缩短至10~12个月。

(3) 减少劳动定员。通过智能化、数字化设计，实现井场“无人值守”，注采站“集中监控、少人值守”，实现劳动定员减少30%(15人)，年减少300万人工成本。

(4) 节省工程投资及运维成本。通过模块立体拼插组合，提高集成度，较传统模式占地减幅60%，节约征地费用；统一设备选型、减少材料等级，减少后期维护保养备品备件，降低运维成本。

四、设计思路

从标准化设计、工厂化预制、模块化施工、机械化作业和信息化管理方面出发，中国石化首次实现“五化”建设。

设备高度集成化，设备模块化率100%，在国内处于绝对领先水平。

全专业协同三维设计，首次实现全方位数字化交付。

储气库项目首次使用智能工地建设，最大限度收集人员、安全、环境、设备等关键业务数据，实现工地可视化、数字化、智能化管理。

中原储气库群白9储气库，注气压力最高52MPa，设计压力56MPa，为国内高压力储气库。

根据国内储气库采出气性质，中原储气库采出气矿化度高($\geq 10\times10^4$mg/L)、含少量轻质油，为防止积盐腐蚀和积盐堵塞，采用注采分离、气液混输工艺。

采用“五化”建设理念，并将设计理念与实际工程相结合，最终短时间内(8个月)完成卫11、文13西、清溪和白9四座储气库建设与投产。

采用了“往复增压”注气工艺，“注醇节流、三甘醇脱水”采气工艺，以及“气液混输、注采分开”集输工艺。

标准化设计开展管理程序文件、编码体系文件、标准体系文件、设计指南、标准图、典型场站标准化流程、典型场站标准化平面布置、典型场站标准化建筑图集(含视觉形象)、典型场站标准化模块、标准化采购文件设计工作，完成储气库地面工程标准化设计V1.0版，合计10大类约2000项文件的编制，实现统一建设标准、施工工艺、建(构)筑物形式及

视觉形象，并用于指导现场施工。

自行设计、制造共计 17 类模块，60 座单撬，模块化图纸 1500 余张，标准化设计覆盖率达到 90%，设备撬装化率达到 100%，实现"自产自销"，使中国石化内部利益达到最大化。

五、工程简介

1. 卫 11 储气库

卫 11 储气库设计注气能力 $450\times10^4m^3/d$，采气处理能力 $500\times10^4m^3/d$，建设 1 座注采站，3 座丛井，6 座单井，注采井数 20 口，日最大调峰能力 $500\times10^4m^3$，每天可满足 1000 万户家庭的用气需求，2021 年 2 月设计，2021 年 10 月投产。

卫 11 储气库主要技术参数见表 11-10-1。

表 11-10-1 卫 11 储气库主要技术参数

参数	数值	参数	数值
库容/10^8m^3	10.09	投资/亿元	16.6
工作气量/10^8m^3	5.08	储气费/元	0.43
上限压力/MPa	27.0	收益率/%	9.2
下限压力/MPa	13.0	投资回收期/年	14.2
新钻井/口	10	年均利润/亿元	0.51

卫 11 储气库如图 11-10-1 所示。

图 11-10-1 卫 11 储气库

2. 文 13 西储气库

文 13 西储气库设计注气能力 $240\times10^4m^3/d$，采气处理能力 $500\times10^4m^3/d$，建设 1 座注采站，3 座丛井，4 座单井，注采井数 12 口，日最大调峰能力 $500\times10^4m^3$，2021 年 2 月设计，2021 年 11 月投产。

文 13 西储气库主要技术参数见表 11-10-2。

表 11-10-2　文 13 西储气库主要技术参数

参　数	数　值	参　数	数　值
库容/$10^8 m^3$	5.69	投资/亿元	10.10
工作气量/$10^8 m^3$	3.32	储气费/元	0.52
上限压力/MPa	47.0	收益率/%	6.9
下限压力/MPa	15.7	投资回收期/年	13.8
新钻井/口	8	年均利润/亿元	0.40

文 13 西储气库如图 11-10-2 所示。

图 11-10-2　文 13 西储气库

3. 清溪储气库

中国石化第一座井站一体化储气库，设计注气能力 $120\times10^4 m^3/d$，调峰供气能力 $200\times10^4 m^3/d$，应急供气能力 $200\times10^4 m^3/d$，注采气运行压力 9~40MPa。包括 1 座注采站和 2 口注采井，2021 年 2 月设计，2021 年 10 月投产。

清溪储气库主要技术参数见表 11-10-3。

表 11-10-3　清溪储气库主要技术参数

参　数	数　值	参　数	数　值
库容/$10^8 m^3$	3.49	投资/亿元	3.71
工作气量/$10^8 m^3$	1.94	储气费/元	0.44
上限压力/MPa	50.0	收益率/%	6.2
下限压力/MPa	17.6	投资回收期/年	13.7
新钻井/口	1	年均利润/亿元	0.18

清溪储气库如图 11-10-3 所示。

4. 白 9 储气库

现今国内注气压力最高的储气库(工作压力 52MPa)，也是一座储采兼顾型储气库，利用老井盘活难动用储量，实现凝析气藏提高采收率与储气库协同发展，注气规模 $100\times10^4m^3/d$、采气规模 $120\times10^4m^3/d$，2021 年 2 月设计，2021 年 12 月投产。

图 11-10-3 清溪储气库

白 9 储气库主要技术参数见表 11-10-4。

表 11-10-4 白 9 储气库主要技术参数

参数	数值	参数	数值
库容/10^8m^3	3.59	投资/亿元	3.49
工作气量/10^8m^3	0.43/1.13/1.80	储气费/元	0.51
上限压力/MPa	53.0	收益率/%	7.2
下限压力/MPa	43/26/20.5	投资回收期/年	14.4
新钻井/利用井/口	0/9	年均利润/亿元	0.21

白 9 储气库如图 11-10-4 所示。

图 11-10-4 白 9 储气库

六、中原储气库群“五化”工作亮点

及时响应集团公司“五化”部署，贯彻执行是实现工程全生命周期“五省”的先决条件。大力推动“五化”工作在储气库建设的落地见效，标准化设计覆盖率达到90%，工厂预制化率86%、撬装化率96%，机械化、自动化应用程度更高，加快了工程建设速度，缩减了项目建设周期。

储气库项目采用“设计、采购、施工”一体化运行的EPC管理模式，充分发挥“大兵团作战”优势，减少工作环节，节约招标时间，通过总包方对项目的统筹规划和协同运作，能够更高效地完成项目建设目标，实现项目利益最大化。通过深入实践EPC联合体建设优势，储气库参建各方工作界面更清晰、工作职责更明确、资源配置更优化，工作衔接更高效，内部融合更紧密，项目建设更顺利。

(一) 强化设计引领，标准化设计成果实现工程应用

按照“三统一、四定型”原则，开展标准化设计，为“五化”建设夯实基础。标准化设计组开展管理程序文件、编码体系文件、标准体系文件、设计指南、标准图、典型场站标准化流程、典型场站标准化平面布置、典型场站标准化建筑图集(含视觉形象)、典型场站标准化模块、标准化采购文件设计工作，完成储气库地面工程标准化设计V1.0版，合计10大类1659项文件的编制，实现了建设标准、工艺、建构筑物形式及视觉形象的统一。

(二) 完善工厂化预制手段，提升模块化施工、机械化作业水平

建立工厂化预制基地，配备全自动数控切割、机械化组对、全自动焊接等设备，实现了切割、卷制、焊接、防腐等作业机械化，安全便捷，高效精准。实现了管道自动切割下料、坡口加工、组对及自动焊接的流水作业，满足储气库撬块生产、模块制作组装要求。储气库撬内管线全自动焊1.6万寸径，占比50%。管道预制化率90%。预制焊口焊接一次合格率达98.5%。自主设计、制造的60座撬块全部采用工厂化预制，所有撬块在厂内预组装后，再运输至现场，现场直接将撬块吊装就位、拼装，最大限度减少了现场工序交叉和安装时间。

(三) 实现数字化集成设计和交付，提升信息化管理水平

撬块设计和现场安装均采用三维设计，工艺、仪表、通信、建筑等全专业协同三维作业，实现“所见即所建”。按照《石油化工工程数字化交付标准》和《油气田地面工程数字化交付细则》的相关规定，结合建设期、生产运维期实际需求，从模型、数据、文档等三个方面开展数字化交付工作。

通过搭建地面工程数字化交付平台，扩展完善现有EPBP系统，充分利用实时数据自动采集功能，将储气库建设各阶段的数据进行采集与集成，实现了全生命周期的数字化管理与工程数字化交付。

同时将“互联网+”的理念和技术引入施工现场，最大限度收集人员、安全、环境、设备等关键业务数据，实现了对工地可视化、数字化、智能化管理。通过BIM施工推演技术，将空间与时信息整合构建可视化施工推演技术，将空间与时信息整合构建可视化4D模型，直观、模型，直观、精确地反映了整个施工过程 。

首次开发应用的智能工地管理系统，具备智能门禁、视频监控、焊接管理、环境监测等功能，满足了工地可视化、数字化、智能化管理要求。该系统具备智能门禁、视频监控、焊接管理、环境监测等功能，为项目管理进行数据分析、远程协作、安全预警等提供了技术支撑。现场配备多台AI摄像机，能够智能识别作业人员行为，自动提示与预警；应用的焊接

智能管理系统，能够将焊接数据实时采集、传输与分析，有效提高了焊接施工质量；研发的移动终端APP，可以实时远程监控，对发现的隐患进行及时提醒。

工程建设全周期内未发生质量事故，单位工程、设计文件、采办物资以及施工质量评定合格率均为100%，焊接一次合格率96%以上。

（四）初步实现全生命周期成本降低

通过标准化设计，定型工艺与平面布局，落实撬装化、模块化建设理念，实现减少占地、缩短工期，减少设计期投资和施工成本。

通过提升信息化管理水平，提高自动化设计水平，实现劳动定员的减少，从减少工程的运维成本。

通过提高机械化作业水平，增加工厂化预制工作量，消除天气等外因给工程施工带来延期、误工等，减少了施工期人员、机具的投入，进一步降低了施工成本。

通过统一设备选型、减少材料等级，减少采办人员的投入和后期维护保养备品备件，降低了人员和维护成本。

从设计、施工和运维期多方面统筹，初步实现全生命周期成本的降低。

1. 智能工地

智能工地是根据工程施工现场的实际需求，利用物联网、人脸识别、5G、大数据等技术，对现场工地进行智能化管控，确保现场施工安全，包括人员定位、闸机管理、视频监控、人脸识别等，通过实时监测数据信息，上传至智能工地管理平台进行可视化显示和分析，从而对工程施工项目现场人员、车辆、环境等进行实时监控、行为预警，解决项目部管理人员因距离远不能实时对施工现场进行管控的问题（图11-10-5）。

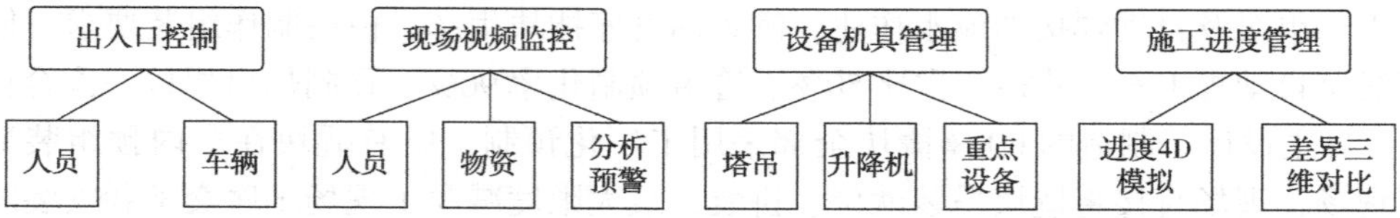

图11-10-5　智能化管控

2. 在役场站及管道数字化恢复

数字化恢复是根据已建场站或管道现有二维设计数据，依托点云技术采用激光扫描、航拍、建模平台等逆向恢复三维实景模型（图11-10-6）。

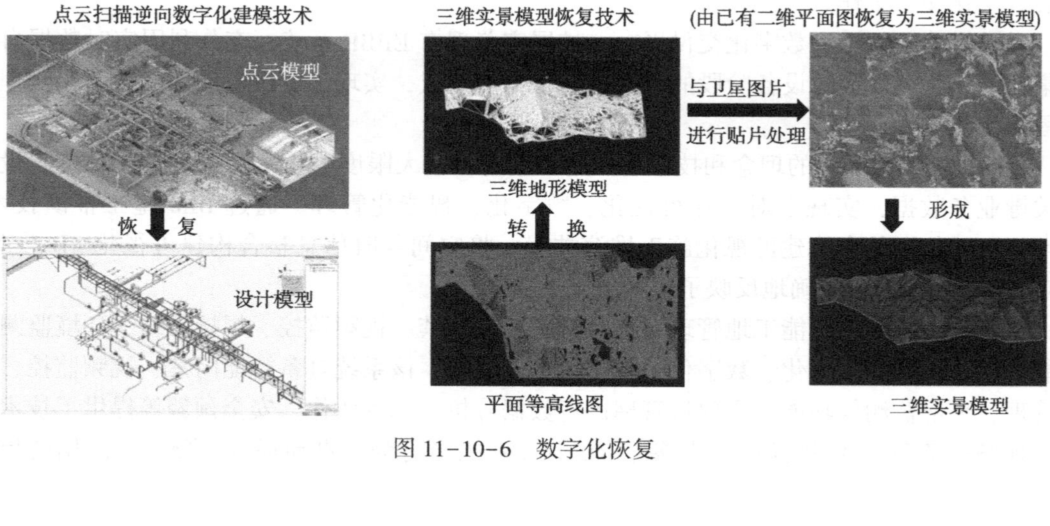

图11-10-6　数字化恢复

3. 智能化应用

集团公司总体转型目标是充分利用数据与现代化数字技术和数字孪生技术，实现降本增效、协同共享、持续创新、风险预控和智慧决策等业务目标。在立足于需求的基础上，面向开发建设一体化、生产运行一体化、经营决策一体化三大转型方向，逐步形成数字化和智能化应用生态，实现全生命周期的数据化模型化驱动、可视化流程化管控、一体化智能化分析。

在项目启动阶段，以价值创造、提升效益为导向，梳理项目建设、运营及退役全生命周期的作业活动，构建地下地上一体化管理平台，定义项目各阶段的需求及策略，制定项目数字化智能化的标准和规范。

在建设阶段，以数字化交付为核心，实施工程阶段的数字化建设管理和交付，驱动项目资产数据化、作业标准化、管控流程化的转型，构建地下地上一体的三维模型、软件平台及数据中心。

在运营阶段，在数字化交付、信息化及自动化的基础上，充分利用大数据、GIS、云平台、人工智能、智能机器人、无人机及远程 APP 等技术，实施气藏动态化管理、生产标准化作业、工艺智能化操控、运管流程化管控，实现项目高效运营，提升项目整体经济效益。

七、数字化施工

通过数字化交付系统中的施工数据采集功能实现所有施工工序、隐蔽工程、重点施工环节数据的完整上传、检查复核。可利用配备移动数据采集系统的终端设备实现数据在施工现场的自动采集上传、校核等(图 11-10-7)。

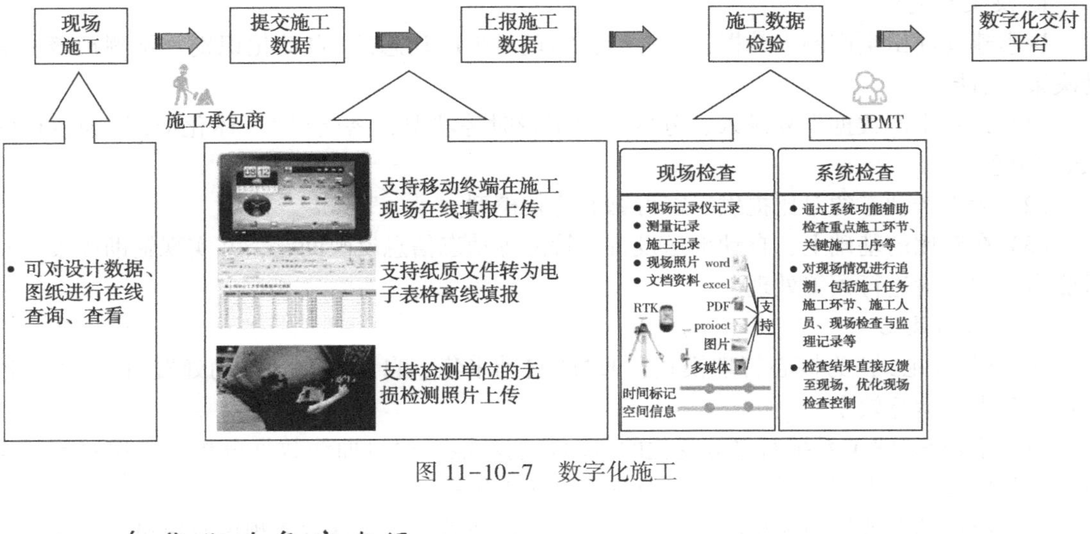

图 11-10-7 数字化施工

八、智能化储气库建设

随着智能工厂建设理念的不断深化，石油化工行业相关公司及企业在工程建设和运营管理上都提出了很高的要求，努力建设“国内领先，世界一流”的智能工厂。

储气库工程科学、合理地规划智能化建设框架、思路及内容至关重要。总体设计方案的编制，旨在进行充分调研、需求分析、关键技术研究的基础上，梳理储气库项目工程智能化建设内容，完善油气建设，落实关键技术，形成重(难)点问题的解决思路，坚持"统一规划、统一投资、统一建设、统一管理、统一标准、统一设计"六统一的基本原则，力求以"智能工厂"为发展愿景，充分发挥储气库建设的后发优势，为实现宏远目标奠定坚实基础，切实促进储气库的智能化建设的全面、健康、可持续发展。

(一) 已建工程信息化建设

1. 文23储气库

文23储气库是国家"十三五"重点建设工程，设计总库容 $104\times10^8m^3$，是我国中东部地区最大的储气库，通过对中原文23储气库建设关键技术研究形成了气藏型储气库地面工艺八大关键技术。文23储气库工程基于数字化集成设计平台，首次采用全专业三维集成设计，建立一体化数据库和专业性知识库，构建了数字孪生体并进行数字化内容交付。

2. 中原储气库群

中原储气库群是国家重点项目，主要涵盖卫11储气库、文13西储气库、清溪储气库及白9储气库四座储气库。2021年，储气库群信息化建设完成了数字化交付、智能工地管控两大平台的部署实施及应用。数字化交付实现建设期数据的采集和管理。同时，利用"互联网+"的理念和技术应用于施工工地，实现了对工地可视化、数字化、智能化管理，实现了中原储气库群信息化建设。

(二) 智能化储气库探索

以无人值守站为出发点，推进"远程监控、定期巡护"的前端管理向纵深发展，重点围绕工艺设备设施功能再完善，生产运行效率再提升、劳动组织架构再优化，将数字化建设与生产、安全、经营深度融合，推动作业区向"决策智能化、运行高效化、管理现代化"的智能化储气库迈进。

1. 决策智能化

探索建立油田生产的大数据、云计算，实现对生产动态的"自动化识别、预测预警、辅助决策"功能：

(1) 针对生产数据重复录入、分散、调用费时等状况，搭建以"一体化应用"为目标的"云"环境。

(2) 为生产动态的对比提供丰富可靠的比较模型。

(3) 在对比的基础上，自动推送设备、管网等动态信息反映问题，并实现辅助决策，对可能出现的风险进行预警处理。

2. 运行高效化

完善以"中心站"为核心管理模式，通过"自动采集、自动判别、自动处置"的实现，进一步提升生产运行效率。

(1) 增强 SCADA 系统对趋势变化的自动判别功能。通过曲线数据分析，实现对预警参数一键归位设置，大幅降低人工计算及参数录入工作量。

(2) 通过动态数据与模型的对比，自动显示治理措施，实现智能预警及决策。

中国石化储气库“五化”建设实践

（上册）

张庆生　杜广义　编著

中国石化出版社
·北京·

图书在版编目(CIP)数据

中国石化储气库“五化”建设实践 / 张庆生，杜广义
编著.—北京:中国石化出版社,2023.6
ISBN 978-7-5114-7128-4

Ⅰ.①中… Ⅱ.①张… ②杜… Ⅲ.①地下储气库-
工业企业管理-研究-中国 Ⅳ.①F426.22

中国国家版本馆 CIP 数据核字(2023)第 112616 号

中国石化出版社出版发行

地址:北京市东城区安定门外大街 58 号
邮编:100011 电话:(010)57512446
发行部电话:(010)57512575
http://www.sinopec-press.com
E-mail:press@sinopec.com
北京捷迅佳彩印刷有限公司印刷
全国各地新华书店经销

*

787 毫米×1092 毫米 16 开本 43 印张 1130 千字
2023 年 6 月第 1 版 2023 年 6 月第 1 次印刷
定价:386.00 元(全 2 册)

编 写 组

主　　编	张庆生	杜广义			
副 主 编	刘建亮	郑　焯	屈丹龙	高　山	高继峰
	陈俊亮				
参编人员	庞　军	梁成宁	公明明	陈清涛	吕应超
	孙　娟	孟庆江	程振华	仝淑月	王向阳
	张松伟	王崇高	米　克	丁　锋	史世杰
	朱永辉	窦文林	范　伟	白宝孺	李　凯
	唐　谋	王利畏	张　磊	吴佳伟	苗　洁
	赵菁雯	王　勇	曾丽瑶	李　光	王令群
	龚　瑶	任宁宁	刘　海	刘芳卓	宋　燕
	李晓鹏	陈春霖	梅玲玲	孙　冲	张　迪
	韦建中	张树中	张金红	张吉辉	任　丹
	梁　莉	罗　珊	闫承东	赵　钦	路　宽
	曹　斌	曹　利	刘　磊	秦跃雁	钱　潇
	刘井坤	孙胜利	王来山	宋　豪	王　磊
	闫　龙	虞　甫	徐　琳	孟晓飞	张海洋
	乔爱丽	赵怡斐	苏啸吟	申　鹏	王雨生
	胡恩源	银俊宏	张传裕		

Foreword 前 言

我国天然气行业快速发展，天然气消费持续快速增长，在国家能源体系中的重要性不断提高。但与之配套的储气基础设施建设相对滞后，储气能力大幅低于全球平均水平，成为天然气安全稳定供应和行业健康发展的短板。

为加快推进天然气“产、供、储、销”体系建设，国内地下储气库建设进入了高峰期，中国石化围绕天然气产区和进口通道，重点打造了中原卫11、文13西、文24、普光清溪、金坛、白庙、江汉黄场、永21、盐城朱家墩和西北大涝坝等地下储气库群，以形成与我国天然气消费需求相适应的储气能力，满足国内日渐扩大的天然气消费整体需求，保障天然气的长期稳定供应。

在国内天然气田建设领域，标准化、数字化技术已部分得到推广应用，但在储气库地面工程建设中，“标准化设计”覆盖率较低，“工厂化预制”程度较低、“模块化施工”和“机械化作业”比例较低，“信息化管理”中智能化和数字化程度都不高，此“五化”中的不足也成为目前制约储气库建设效率的短板。

中国石化集团公司提出并实施的“五化”建设，其核心是聚焦“省心、省时、省力、省人、省钱”的“五省”目标，坚持以“全球视野、国际标准、石化特色、高点定位”为中心，按照“全生命周期价值最大化”“安全、质量、效率、效益、智慧、快乐”等理念进行推广，着重创新施工方法，不断提升设计和施工水平。

自2021年以来，按照中国石化集团公司国内上游地面工程“五化”工作安排，中原油田分公司负责牵头组织，中石化中原石油工程设计有限公司具体实施，开展了枯竭气藏储气库地面工程“五化”工作。以卫11 、文13西 、清溪、白9储气库为载体，全面推行“五化”建设。

通过储气库“五化”建设与新技术的研发应用，中国石化在储气库建设领域取得了丰硕的成果。本次组织专业团队编写的《中国石化储气库“五化”建设实践》，即以中原储气库群(卫11、文13西、白9、清溪、文24储气库)、文96储气库、文23储气库地面工程“五化”建设理论和实践研究成果、设计管理经验为基础编著而成，旨在为相关从业人员提供有益的参考和帮助。

当前，我国储气库建设正处于快速发展阶段，相关工艺技术的研究和工程建设方兴未艾。在此背景下，该书的编者于实践中不断钻研、不断总结，持续攻坚克难、取得突破，在我国储气库建设中发挥了应有的作用。希望广大读者能够从该书中获得有益的帮助，解决工作中的实际问题，创造更好的效益。

着重强调的是，参与本书编写的人员都是长期从事地下储气库建设的一线设计人员、技术研究人员和施工管理人员，在编写过程中，他们注重工程实际需要，着力把工艺与生产相结合，有力推广了储气库建设“五化”经验，同时侧重储气库地面工程各环节的典型实例总结，全面反映目前中国石化储气库地面工程建设的技术和成果水平。

全书共分为十一章，包括国内外储气库建设综述、储气库“五化”建设实践情况概述、储气库标准化设计、储气库工厂化预制、储气库模块化施工与机械化作业、储气库信息化管理、储气库运营管理模式、储气库完整性管理与风险管控、储气库地面工程关键及配套技术、储气库场站投产与检维修和中原储气库群“五化”建设案例，内容全面、翔实，重点突出，既可作为地下储气库地面工程技术设计和生产运维专业人员的参考图书，也可作为石油院校相关专业师生的参考用书。

本书由中原石油工程设计有限公司和中原油田分公司、中原油建工程有限公司联合编写，全书由张庆生、杜广义、王中红统稿，并参与第一～三章、第五～七章、第十一章的编写。副主编刘建亮、郑焯、屈丹龙、高山、高继峰、陈俊亮负责布置各章节的详细编写任务，并对各章节进行统稿，编委会成员齐心协力对全书编写工作进行管理与推进，为了保障书稿编写质量，编写人员克服工作繁忙等困难，多次组织召开书稿编写对接会，积极吸纳合理化建议，先后进行了数次调整，高质量完成全部编写工作。

国内外储气库建设综述章节主要由郑焯、李光、李晓鹏、吴佳伟编写完成，储气库“五化”建设实践情况概述章节主要由屈丹龙、丁锋、王利畏、张磊、曹利、王磊编写完成，储气库标准化设计章节主要由范伟、王令群、程振华、宋燕、罗珊、梁莉、银俊宏编写完成，储气库工厂化预制章节主要由公明明、白宝孺、李凯、庞军、梁成宁、任丹、宋豪、路宽编写完成，储气库模块化施工与机械化作业章节主要由高继峰、孟庆江、赵钦、刘海、任宁宁、刘磊、王雨生编写完成，储气库信息化管理章节主要由刘建亮、高山、朱永辉、陈春霖、闫承东、张金红、秦跃雁、钱潇编写完成，储气库运营管理模式章节主要由陈俊亮、王向阳、唐谋、张松伟、王来山、王勇、刘芳卓、赵菁雯编写完成，储气库完整性管理与风险管控章节主要由陈清涛、王崇高、曹斌、刘井坤、苗洁、张海洋、申鹏、虞甫编写完成，储气库地面工程关键及配套技术章节主要由孙娟、窦文林、曾丽瑶、张迪、孙冲、赵怡斐编写完成，储气库场站投产与检维修章节主要由仝淑月、韦建中、史世杰、梅玲玲、张树中、乔爱丽、苏啸吟、孟晓飞、胡恩源、张传裕编写完成，中原储气库群“五化”建设案例章节主要由吕应超、陈俊亮、米克、龚瑶、孙胜利、张吉辉、闫龙、徐琳编写完成。

由于编写人员水平有限，书中难免出现不妥之处，敬请各位专家、同行和广大读者批评指正。

编著者

Contents

目　录

上　　册

下　　册

第一章　国内外储气库建设综述

第一节　中国储气库概况

一、储气库分类

（一）枯竭气藏型储气库

利用已开采枯竭及废弃的气藏，或利用开采到一定程度的在役气藏，停止采气并转为夏注冬采的地下储气库，这是在各种地下岩层中建造地下储气库的最佳选择，其主要优点如下：

（1）有很大的天然气储气空间，并具有良好的渗透条件。

（2）有盖层、底层，无水驱或弱水驱，具备良好的密闭条件，密闭性好，气体不易发生散逸漏失，安全可靠性高。

（3）有较多现成的采气井可供选择利用。作为注采气井，有完整配套的天然气地面集输、水、电、矿建等系统工程设施可供选择，建库周期短，试注、试采运行把握性大，工程风险小，有完整成套的成熟采气工艺技术和熟练的技术人员。

（4）不需或仅需少量的垫底气，一般调峰工作气量为注气量的 70%~90%，注入气利用率高。

（5）建库费用低。

（二）枯竭油藏型储气库

利用枯竭油藏或油藏气顶建造储气库，虽具备了枯竭气藏型储气库的部分优点，但缺点也较为突出，首先需要把部分油井改造成天然气注采井，原油集输系统也要改为气体集输系统，其次随着采气的进行必然会携带出部分轻质油，因此需要新建配套轻质油脱除及回收系统，而且建造周期长，需要开展试注、试采，进行检验、考核，建库费用较高。

尽管存在上述缺点，但在无枯竭气藏的情况下，枯竭油藏为建造地下储气库的良好选择。

（三）地下含水层型储气库

在大型工业中心和大城市附近，并非都有适于建设地下储气库的枯竭油气藏。在这种情况下，最有利的建库条件便是在含水层中建设地下储气库。在含水层中建库的方法是，在顶部打井注气，利用注入天然气实现气驱水，把水排开并推移至构造边部。在非渗透性的含水层的盖层下直接形成储气场所。在水层边部利用老井，或新打若干口监测井定期、探测气水界面的变化，分析天然气气驱水移动状况，以便确定含水层型储气库边界及天然气在水层中的漏失量、气库运行参数和运行状况。

适合作储气库的地下含水层应具备以下条件：

（1）地质构造是穹隆型隆起或背斜构造，有完整封闭的地下含水层构造，无断层。含水岩层有一定的孔隙度、渗透率，可作为储气的空间，且空间越大越好。

(2) 含水层上、下均有良好的盖层底层，密闭性好，注气后不会发生漏失、散逸。通常，储气库的漏失率要控制在3%以内。

(3) 含水层有一定的深度，能承受一定的注气压力，与城市生活用水等水源相互不连通。

利用含水层建造储气库存在的不利因素：勘察、研究选库工作难度大、工作量大。时间长，需钻一定数量的注采井、观测井；需建设完整的配套工程，投资运行费用高；需要一定的垫底气，垫底气量一般是储气库储气量的35%~65%(一般取50%)；其储气量、调峰能力较枯竭油气藏型储气库储气量、调峰能力小。

(四) 盐穴型储气库

对于周围缺乏多孔结构地下构造层的城市，特别是在具有巨大的盐岩矿床地质构造的地区，将天然气储存在地下含盐岩层内，在短期内实现高容量的天然气储备，也是目前世界上普遍采用的方法。盐穴型储气库的建造分为两种：一种是将废弃的采盐盐穴改建为天然气地下储气库；另一种是新建盐穴型储气库。

盐穴型储气库的特点是，单个盐岩空间容积大，最大可达$500\times10^4m^3$以上，储气量可达$1\times10^8m^3$，开井采气量大，调速快，调峰能力强，储气无漏损。与其他地下储存方式相比，虽然建库的投资成本较高，天然气有效容积相对较小，但产气能力相对较强，注气时间短，垫气量少。

(五) 废弃煤矿井型储气库

利用采过煤的废弃矿井及巷道容积，经过改造修复后用作地下储气库。其优点是实现废物利用，建库费用低；缺点是通常矿井中有裂缝，密闭性差，高压注入的天然气易漏失，易导致灾害发生，安全性低。因此，需做较长时间的试注、观察和监测，建库周期长，运行成本高。

二、天然气储气库的作用

(一) 季节用气调峰

天然气消费存在着时间上的不均衡性，如小时不均衡性、昼夜不均衡性、周和月不均衡性等。耗气量的不均衡性系数为某段时间内实际耗气量与该段时间平均耗气量之比。天然气用气市场，尤其是大城市居民用气市场，一个突出的特点是用气量的不均衡性，用气量在一年中、一月中乃至一天中都是波动的，白天特别是一日三餐时间用气多，夜间用气少；冬季用气多，夏季用气少。冬、夏两季用气量的差值非常悬殊。

输气管道一般按照满足年输气量设计，日常满负荷运行最经济。长距离输气管道输气量虽然可以调节，但可调范围小，满足不了冬季高峰用气的需求，这就决定了需要建设天然气储存设施。

(二) 事故应急

气源或上游输气系统发生故障，甚至上游设施停产检修等，都有可能造成供气中断；输气干线管道一般输送距离较长，管道沿线地形、地貌复杂，存在一定的事故隐患。长距离输气干线管道一旦出现事故，则可能中断供气。而对于城市居民用户以及冶金、玻璃等部分工业用户，一旦停气则可能增加社会不稳定因素和给工业企业带来不可估量的经济损失。储气库可作为备用气源，当供气中断时，抽取储气库中的天然气，向固定用户保证连续供气，提高供气可靠性，供用户应急之用。

（三）降低输气成本，提高管网利用率

储气库可使天然气生产系统的操作和输气管网的运行不受天然气消费高峰季和消费淡季的影响，有助于实现均衡生产和作业。同时，有助于充分利用净化及输气设施的能力，提高管网的利用系数和输气效率，降低输气成本。

国内外相关资料表明，没有配套储气库的长输管道系统输气能力只能达到设计能力的80%~85%，而建有配套储气库的长输管道系统不仅可以充分发挥其输气能力，而且输气干线和压缩机站的投资比没有配套地下储气库的管道系统少20%~30%。

（四）国家天然气资源战略储备

近几年，随着中国经济的发展，我国对能源的需求与日俱增。天然气作为能源消费结构中重要的组成部分，在经济发展和能源消费中所占的比例越来越高。目前，中国国内天然气资源有限，仅能满足部分用户的消费需求，部分资源依靠进口。一旦国家外部环境出现动荡，进口天然气将受到极大的限制，必将造成用气紧张、社会不稳定现象。美国等发达国家均已建立完备的天然气资源战略储备体系，在其国内建有大量地下储气库，以避免出现天然气资源紧张的情况。因此，中国也应该适时开展储气库规划建设，完善国家天然气资源战略储备体系。

在天然气系统中，解决调峰有多种方式。按照储存形式，可分为地上储罐储气、长输管道末端储气、高压管束储气、地下枯竭油气藏储气、地下盐穴储气、地下含水层储气、废弃矿井储气、地下内衬岩洞储气及液化天然气储气等多种形式。地下储气库与地上储罐相比，具有投资省、地面设施占地面积小、安全性好、库容量大、对用气不均衡性调节能力强等优点，普遍被各国采用，成为天然气输配系统安全稳定运行的重要手段。但建设地下储气库必须具备一定的地质条件，站址选择的条件比较苛刻。

综上所述，建设储气库不仅是调整供气区与用户区因年峰谷差、季峰谷差、管道检修、意外事故等造成供气不平衡的重要手段，也是安全平稳供气和天然气管道输配系统高效运行的重要保证。此外，盐穴型储气库采卤可用于生产高纯度的精制盐、烧碱及漂粉精产品，提高了盐矿资源的经济附加值，变资源优势为经济优势，促进了当地盐化工产业的经济发展。由于地下储气库在调峰和保障供气安全上具有独特的优越性，因此地下储气库的建设受到许多国家的重视，天然气生产和消费大国都把地下储气库的建设作为天然气上下游一体化工程的一个重要组成部分进行总体规划。欧美国家在不断加大储气库的建设力度，以增大储气量。除了常规的调峰应急，已经研究建立天然气的战略储备体系。地下储气库在天然气的供给方面发挥着非常大的作用。据统计，世界上所用天然气量中约10%是由地下储气库进行周转和供应的，其中欧洲用气量的20%是通过地下储气库供应的。

三、中国储气库发展现状

地下储气库建设在国外已有近百年的历史，而在中国尚处于起步阶段。作为陕京输气管道配套工程的大张坨地下储气库，是满足首都北京用气调峰的中国第一座城市调峰用地下储气库，该地下储气库于2000年建成投用，拉开了中国地下储气库建设的序幕。

国外地下储气库按气库作用分为调峰储气库和应急（战略）储气库，按地质条件分为油气藏型储气库（占78%）、含水层型储气库（占12%）和盐穴型储气库（占10%），其中油气藏型储气库和含水层型储气库是将天然气储存在天然的岩石孔隙中，盐穴型储气库是将天然气储存在人工溶盐后形成的腔体中。与油气藏型储气库相比，含水层型储气库需要更多的垫底气，注气和采气时需要进行更严密的监控，其储气及调峰能力较弱。盐穴型储气库垫底气量少、注采频率高，虽然建设投资成本高，但每年多个注采循环使天然气的单位注采成本相对并不高。

国内最早建成的地下储气库群是中国石油大港油田公司的大港地下储气库群，它包括6座地下储气库，均为油气藏型储气库，其特点是注采周期长、达容周期长，用于满足首都北京用气的季节调峰及月调峰，建库成本较低。国内已建成的首座盐穴型储气库位于江苏金坛（有效工作气量为17.14×10^8m^3，日注气能力为900×10^4m^3，日采气能力为1500×10^4m^3），盐穴型储气库的特点是建库周期长、注采期灵活、注采量大、调峰能力强，用于满足日调峰、周调峰、月调峰，建库成本高。

四、华北地区储气库建设情况

文96储气库为榆林—济南输气管道的配套储气库，承担着河南、山东市场的季节调峰及事故应急供气。文96储气库设计库容为5.9×10^8m^3，设计工作气量3.0×10^8m^3，日调峰供气350×10^4m^3，日应急供气350×10^4m^3。

除了中国石化已建的文96储气库，目前华北地区已建大港、华北两个储气库群，分别属于中国石油大港储气库公司及华北储气库公司。由大港储气库群和华北储气库群构成的陕京管网地下储气库系统主要向京津冀地区提供调峰、应急供气服务。

天津大港储气库群包括2013年建成及投产的大张坨储气库、板876储气库、板中北储气库、板中南储气库、板808储气库、板828储气库，是陕京管网地下储气库系统的重要组成部分。大港储气库群设计库容69.6×10^8m^3，设计工作气量30.4×10^8m^3，最大日调峰量达3400×10^4m^3。

板南储气库于2014年6月投产，设计库容10.1×10^8m^3，设计工作气量4.3×10^8m^3，主要担负着天津滨海新区天然气调峰任务，可为北京提供部分应急用气，最高日采气量427×10^4m^3。

目前华北储气库群主要包括陕京输气管道系统配套建设的京58、苏桥两个储气库群。已建的京58储气库群包括京58储气库、永22储气库和京51储气库，设计库容15.4×10^8m^3，设计工作气量7.5×10^8m^3。

苏桥储气库群包括苏1储气库、苏20储气库、苏4储气库、苏49储气库、顾辛庄储气库，设计库容67.4×10^8m^3，设计工作气量23.3×10^8m^3。华北地区已建储气库情况见表1-1-1。

表1-1-1　华北地区已建储气库情况　　10^8m^3

序号	省(市)	储气库名称	设计库容	设计工作气量	有效工作气量
1	天津	大张坨	17.8	6.0	6.0
2		板876	4.7	1.9	1.3
3		板中北	24.5	11.0	6.2
4		板中南	9.7	4.7	1.7
5		板808	8.2	4.2	1.8
6		板828	4.7	2.6	1.1
7		板南	10.1	4.3	1.0

续表

序　号	省(市)	储气库名称	设计库容	设计工作气量	有效工作气量
8	河北	京 58	8.1	3.9	1.6
9		京 51	1.3	0.6	0.2
10		永 22	6.0	3.0	1.6
11		苏桥	67.4	23.3	2.1
12	河南	文 96	5.9	3.0	2.3
合计			168.4	68.5	26.9

五、金坛储气库

天然气的上游和中游一般按照满足年输气量要求设计，日常满负荷运行时最经济，而下游的用气量则根据季节、昼夜、小时的不同在变化，不均衡性是天然气消费的一大特征。在天然气供应和消费之间一直存在着供应均衡与需求变化的矛盾。为避免出现用气季节紧张或意外致停气现象的出现，必须采取有效手段来解决季节用气调峰和意外事故应急问题。从保障用气安全角度来说，这一因素的重要性更加突出。作为天然气系统工程，天然气储气库是其重要的组成部分。建设金坛储气库具有以下几个方面的作用。

(一) 季节调峰用气储备

在天然气供需链上，天然气的需求量在时间上表现出的波动和不均衡性是影响供气平稳性和经济性的主要因素。为解决供需不平衡这一矛盾，采取的主要措施是实行天然气储备，即在用气低峰时期将系统富余的气量储存在下游的储气库中，在用气高峰时期系统不能满足供应时，将储气库中的天然气释放出来，以保证下游的高峰用气量，达到调节供需不平衡的目的。天然气消费需求量的不均衡性主要有以下三种：小时不均衡性、日不均衡性、月(季节)不均衡性。小时和日不均衡性主要取决于人们的生活方式，以及人们工作和休息时间的交替。气温的季节性变化是引起天然气需求量月(季节)不均衡或波动的主要原因。在中国，城市燃气的小时不均衡系数较大(有些地区可达到3)，但因时间短，调峰量较小。日不均衡系数较小，调峰量也不大，因此小时和日不均衡性问题一般是由下游用户自建储气设施或利用输气管道末端储气来解决。而月(季节)不均衡系数虽然不大，但调峰时间长，调峰量较大，单靠一个城市或几个用户不能解决，目前一般月(季节)不均衡性由上游气田或管道输送方解决。金坛储气库可以作为“川气东送”系统工程的季节调峰储备设施，解决上中下游的天然气供需矛盾。

(二) 事故应急储备

气源厂、上游输气系统或者长输管道发生故障都有可能造成供气中断。“川气东送”管道总长1700km，管道沿线地形、地貌复杂，洪水、泥石流、地震、风暴等自然灾害及人为施工等造成的管道事故均可能造成供气中断。一旦供气中断，将对一些不可中断的工业用户造成不可估量的经济损失，对城市居民生活等造成严重影响。金坛储气库可作为上游或管道故障时的应急补充气源，当供气中断时，可以释放储气库中的天然气，为那些不可中断的用户供气，以保证供气的连续性和可靠性。

(三) 有助于生产系统和输气管网运行的优化

建设地下储气库可使天然气开采、生产系统和输气管网的运行不受天然气消费的影响，不仅有助于实现均衡性生产和作业，而且有助于充分利用气田及输气设施的能力，提高管网的利用系数和输气效率，降低输气成本。

（四）战略储备

随着中国经济的发展，天然气依赖进口的局面尚未得到有效改善，极易受到国际形势的影响，且蕴藏着大量的不利因素，对中国社会、经济发展具有潜在威胁。因此，完善天然气战略储备体系，可增强中国和谐稳定发展的稳固性。

（五）带动当地经济发展

建设金坛储气库可以充分利用金坛当地的盐矿资源，配合中盐金坛盐化有限责任公司的制盐二期工程建设，生产高纯度精制盐，提高盐矿资源的经济附加值，变资源优势为经济优势，促进地方经济发展。

（六）实现与中盐金坛盐化有限责任公司的优势互补

气库建设期间，溶腔所需的淡水由中盐金坛盐化有限责任公司提供，产出的大量卤水可以作为中盐金坛盐化有限责任公司的真空制盐原料，金坛储气库的建设可以实现与中盐金坛盐化有限责任公司真空制盐项目的优势互补，不仅节省了建腔采卤的费用，还可以实现卤水综合利用。根据目标市场分布，按照输气线路总体规划，“川气东送”下游用户主要分布在湖北、安徽、江苏、上海、浙江。为满足这些地区天然气用户的调峰、事故应急、战略储备等需求，须建设天然气储气设施。

江苏省金坛地区有中国最大的地下盐层，为建设地下盐穴型储气库提供了良好的地质条件。金坛盐矿盐层稳定，盐层单层厚度、连续厚度大，盐层间夹层厚度小；盐层构造简单，断层不发育，密闭性好，埋深适宜，有适合建设地下储气库的盐藏，因此综合利用这些盐藏建设地下储气库对“川气东送”下游用户的安全平稳供气和优化管网节省投资具有重要意义。

储气库建设期间，溶腔将产生大量的卤水，如进行排放即造成资源浪费，同时也污染环境。卤水是盐化工生产的主要原料，可供项目建设地中盐金坛盐化有限责任公司利用，实现双方优势互补。

因此，金坛储气库，不仅有效保障了“川气东送”管道的“安、稳、长、满、优”运行，还提高了天然气用户的用气可靠性，同时充分发挥了双方的各自优势，实现良好发展。

（七）节约工程投资

建设地下储气库，对气源及储气库上游输气系统的所有设施均可按照平均用气量进行建设，与按最大用气量进行建设相比，工程投资将大幅降低。

六、中国高度重视和鼓励天然气调峰设施的建设

为保障输气管网的安全平稳运行，切实推进储气设施建设，中国高度重视储气设施的建设，陆续出台了相关强制性及鼓励性政策，包括国家发展改革委《关于建立保障天然气稳定供应长效机制若干意见》的通知、《天然气基础设施建设与运营管理办法》、《关于加快推进储气设施建设的指导意见》、《关于加快储气设施建设和完善储气调峰辅助服务市场机制的意见》等，进一步明确天然气销售、天然气基础设施运营和城镇天然气经营等企业的储气调峰责任。鼓励各种所有制经济参与储气设施投资建设和运营，同时在融资、用地、核准和价格等方面给予支持。今后，天然气价格将根据需求情况进一步向市场化方向迈进，储气设施在市场化运营机制下具有盈利能力。

在调峰责任更加明确、盈利模式逐步完善的基础上，地下储气库、LNG 接收站储罐、

城市门站调峰设施的多元化调峰储备体系将加快形成。同时，国家将出台一系列天然气市场化及峰谷气价政策，加大市场监管力度，利用市场化手段对市场需求进行调节和指导，促进储气调峰设施建设，为中国天然气市场的持续快速发展提供保障。

根据中国能源发展规划，2020~2030年全国将建设形成西北、西南、东北和海域四大天然气供应基地，同时配套建设区域性天然气储气库群和LNG接收站，以具备供气多元化、输配网络化、运行安全化、消费便利化的基本条件，推进天然气工业进入持续稳定发展阶段。随着国家“一带一路”倡议的推进，中亚天然气市场、“西气东输”六线、七线等干线管道建设都给天然气储气设施建设带来发展机遇，天然气管线储气调峰设施市场发展前景广阔。

华北市场是中国三大石油公司(中国石油、中国石化和中国海油)资源投放相对集中的区域，市场竞争非常激烈。“十三五”期间，中国石油供气能力达$800\times10^8m^3/a$，中国海油供气能力约$100\times10^8m^3/a$，而储气调峰能力却没有相应增强，区域内的调峰矛盾突出。随着用气结构的快速变化，季节调峰能力日益被发电企业等大型新用户所看重，只有实现用气高峰期的天然气足量供应，才能获得相应稳定的市场份额。

参照北美等发达天然气市场发展规律，在市场发展成熟、用气结构稳定后，用气峰谷比会逐步回落并趋稳(目前美国用气峰谷比为1.3：1，欧洲用气峰谷比为1.49：1、日本用气峰谷比为1.15：1、韩国用气峰谷比为1.48：1)。远期华北地区按照峰谷比回落至2：1测算，文23储气库全部建成后的$44.68\times10^8m^3/a$工作气量加上其他储气库工作气量可支撑$270\times10^8m^3/a$以上的经营规模。

七、中国储气库的发展趋势

(一) 有序推进储气库建设，工作气量逐步达到年消费量的15%以上

地下储气库调峰应急储备既是天然气供应链中的重要组成部分，也是世界天然气利用发达国家的普遍选择。美国和俄罗斯两个天然气消费、生产大国的地下储气库总工作气量分别占其年消费量的17.4%和17.0%(不包括战略储备气量)。部分发达国家和地区的调峰应急储备达到年消费量的17%~27%，而中国储气库建设规模与国外相比，存在较大差距。截至2014年年底，中国建成的地下储气库调峰能力仅占天然气年消费量的1.7%，调峰工作气量的增长与消费量增长不匹配，远远不能满足冬季用气高峰的调峰需求。据中国石油规划总院做过的预测，2020年中国的天然气调峰需求约占年消费量的11%，而储气库调峰作为最主要的调峰方式，其储气调峰规模至少应达到年消费量的15%以上，才能基本满足调峰及保供需求。因此，中国在“十二五”期间建设国家商业储备库的基础上，建设了一大批地下储气库，继续加大储气库库址筛选和前期评价的力度，按照“筛选一批、评价一批、规划一批、建设一批”的原则，有序地加大了储气库建设投入，使调峰规模逐步赶上天然气消费高速增长的需求。

(二) 全国整体规划，合理安排储气库建设

根据建库资源的分布情况，从国家层面协调石油企业、地方政府统筹布局全国地下储气库，按照保重点及需求程度，分步实施储气库建设。

从建库类型看，中国从南到北已在24个省、市、自治区和海域发现了可利用的石油和天然气资源，这些含油气构造为改建地下储气库提供了一定的地质基础。因此，我国地下储

气库建设以最为经济的油气藏类型为主，而在缺少油气藏构造的地区，选择适合建库的含水层及盐层，建设含水层及盐穴型储气库。

从地域上看，中国气层气主要分布在西北和西南地区，气顶气和油田伴生气主要分布在东北松辽、渤海湾盆地及中南地区。因此，中国西北和西南地区储气库应以气藏型储气库为主，东北地区、渤海湾地区及中南地区储气库类型则应以油气藏型为主。而长江三角洲及东南沿海地区缺少适合建库的油气藏构造，因此在这两个地区应把寻找盐穴或含水层构造作为储气库建设的重点方向。

从作用上看，上游主要气区，如西北、西南、中部和东北地区以大中型气藏型或油气藏型储气库为主，以解决淡季天然气存储、冬季调峰和应急储备问题；东南地区以建设中小型油气藏型、盐穴型储气库群为主，以解决本地区调峰问题。

此外，还应在渤海湾盆地、松辽盆地及南方盆地积极开展含水层建库目标的研究与勘探，寻找含水层建库有利目标，建设多元化的地下储气库，满足不同调峰需求。

针对中国建库地质资源的不均衡性，地下储气库建设要逐渐摆脱那种单纯为某个干线配备储气库的模式，而应通过各干线之间的联络线将调峰能力较强地区的剩余工作气调配到调峰能力较弱的地区。特别是联络线附近的储气库，可根据不同地区的调峰需求，在各干线之间进行调配，进而确保重点地区、重点城市的调峰需求。

在没有建设大型储气库的地质条件下，应考虑将多个距离较近的小型储气库组成储气库群，统一规划、统一建设、统一调配，这样既可以扩大调峰规模，降低投资成本，又能更加灵活有效地发挥储气库的应急调节作用。

（三）建立数字储气库，实现储层-井筒-地面全生命周期一体化运行管理

地下储气库要经历强注强采、多周期的注采过程，全生命周期达50年以上，与气藏开发相比，其注气和采气速度是气藏开发速度的20~30倍。储气库构造的密闭性在多周期交变载荷工况下，受储层非均质性、气体高速流等影响极大。同时，活跃的边底水使储气库运行特征更加复杂，这些特点决定了地下储气库在地质风险评估、注采井钻采工艺及地面集输工艺等方面与气田开发有显著的差异。

中国储气库建设受地质条件复杂性等因素影响，在储气库设计、建设、运行管理等方面与发达国家存在差距。因此，在学习和借鉴国外储气库先进技术和经验的同时，加强中国地质特点储气库核心技术攻关，形成以储层渗流为核心、井筒-地面为约束条件，集地下、地面于一体的三维仿真数值模拟技术，建立数字储气库，实现储气库地下、井筒、地面一体化设计和运行管理，提高储气库运行效率，科学指导储气库扩容达产，防范并预警地下储气库建设运行过程中面临的安全风险。

八、中国储气库面临的挑战

（一）资源挑战

中国东部地区油气藏目标已经基本被纳入了地下储气库建库的范围。由于东部地区地质条件复杂，寻找合适建库目标需要开展大量的工作。南方地区的油气勘探没有取得突破，无法利用油气藏建库，利用水层建库的勘探任务艰巨。世界上单个地下储气库平均工作气量为$5\times10^8m^3$，按世界平均水平计算，新建$500\times10^8m^3$的工作气量，就需要100座地下储气库，也就需要寻找、评价300个左右的圈闭构造。

（二）技术挑战

国外已基本形成一套成熟的地下储气库评价、筛选、建设和管理的技术体系和流程，国

内在这一领域才刚刚起步，技术体系还不成熟。

相比国外地下储气库的建设，中国的建库对象具有很强的复杂性，如何在低渗透、超深、复杂油气水系统地质条件下建库具有很大的挑战性。从目前的建库目标来看，油气藏地下储气库埋藏深度普遍较深，几乎都超过 2000m，最深的油气藏达到 5000m；储层物性较差，部分区块渗透率只有几毫达西；有些目标已经被水淹，建库扩容难度非常大。另外，这些气藏往往又是 20 世纪 60~70 年代开发的，井况复杂，处理或修复难度大，对地下储气库的安全影响较大。与此同时，不少气藏衰竭程度较高，压力系数小，钻井、完井、固井的难度大。

含水层型储气库、岩洞型储气库建设对中国南方地区来讲具有重要意义，但这类地下储气库建设难度较大，目前中国在这方面还处于空白状态，相关的技术经验都还不具备。在盐层建库方面，尽管因金坛储气库建设积累了一定的经验，但是针对多夹层盐层建库过程中的溶腔控制、实时监控等同样面临很多困难。

在工程技术方面，尤其是在钻井、完井、保证井筒安全方面，同样也面临相当多的困难。目前，地下储气库处于主要的建设阶段，如何确保安全钻进、保证固井质量是我们要解决的首要技术难题。今后，随着地下储气库的投产，所有的地下储气库注采井的井筒都将面临注采过程中温度和压力的周期性变化，保证井筒的完整性，建立一套科学有效的安全评价标准体系对地下储气库的安全运行至关重要。

(三) 管理挑战

地下储气库的运行管理优化、运行效率提高是一项十分复杂的课题，其包括提高运行压力、减少水侵影响、规范安全管理、制定应急注采方案、有效监测、井筒和系统完整性管理等。

地下储气库数量不断增多，类型不一，且分布在不同的天然气管道沿线，针对不同管径、不同压力系统、不同储气库注采调峰方式，将天然气管道与地下储气库作为一个整体进行优化管理显得非常重要：在正常调峰状态下，兼顾天然气管道输送效率和地下储气库建库达容的需要，研究整个系统的最佳调配运行方案；在不同管道、不同供气阶段、不同管段检修和事故状态下，研究最优的地下储气库注采运行方案；在不同地区的极端气候条件下，研究合理的天然气管道与地下储气库的调配方案；形成系统应急处置预案。

第二节　中国储气库地面系统

一、大张坨储气库

陕京输气管道大张坨储气库及配套管线工程，是满足京津地区天然气需求和保障供气安全的重要基础设施。陕京输气管道于 1997 年 9 月建成投产后，选择在大港油田将大张坨凝析油气藏改建为储气库。大张坨储气库地面工程及工艺流程如图 1-2-1 所示。

(一) 人工岛集注站站控系统

主控站采用双机热备的 Modico Quantun PLC 140CPU513414，CPU、电源模块采用气余热备进行配置。主控站负责采集集气站数据，A、B 井组的工艺参数 A、B 通过六组井口紧急切断阀遥控控制；采用 RS-232/MODBUSRTU 采集注气压缩机组工艺参数；对整个储气库采气、分离、脱水、外输、注气机组状态、注气过程等进行实时监控，通过动态流程画面显示、参数报警、历史数据存储、趋势显示、报表打印、人机交互操作等对控制参数进行自动调节，并完成紧急关断控制，将井口、露点装置、注气压缩机组等主要生产数据传送至调度中心。

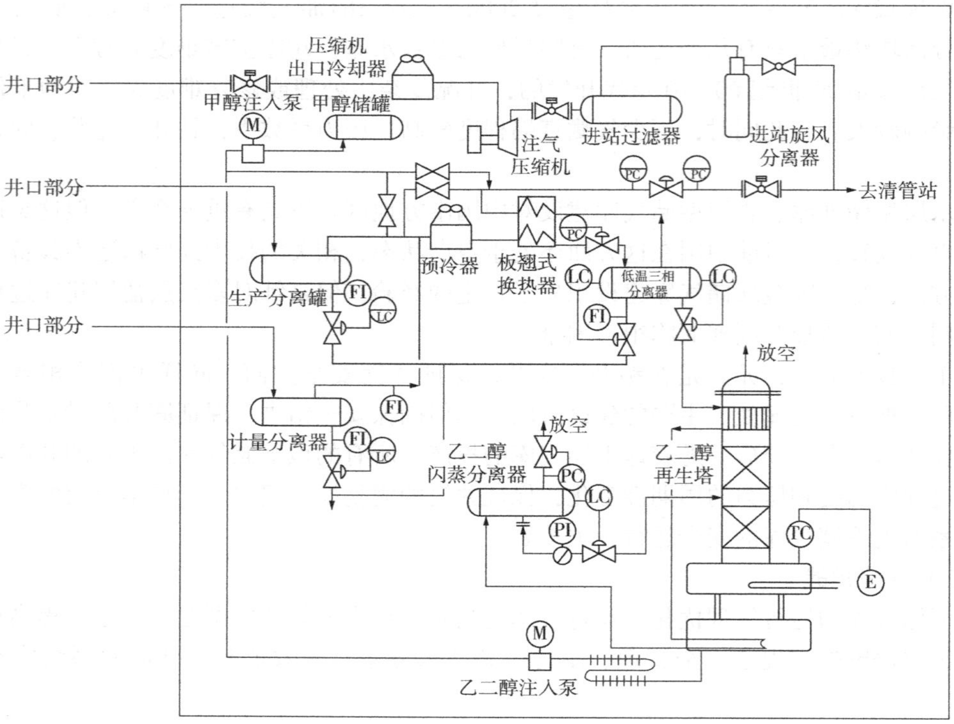

图 1-2-1 大张坨储气库地面工程及工艺流程

（二）注气压缩机组控制系统

注气压缩机组就地控制盘 LCP 由机组成套提供，LCP 装有彩色触摸操作屏，负责监控机组所有的运行参数，通过转速监测换算控制、起动停车控制、加载卸载控制、机组保护报警并实施紧急停车，保证机组安全平稳运行。另外，LCP 接受站控 PLC 的远方紧急停车命令，实施紧急停车。为保证命令可靠执行，停车命令采用外部连线方式执行。控制系统设远程操作终端及主 PLC，远程操作终端显示动态画面、实时及趋势图并打印，同时实现故障报警/事件记录打印、中文报表打印，通过该终端实现整个机组的远程起停、参数修改、回路整定等。主 PLC 具有转换通信、平衡机组运行时间等功能，同时完成与站控系统的通信，将所有注气压缩机组的工艺参数传至站控 PLC，由站控 PLC 将机组数据通过卫星传往调度中心的 SCADA 系统。机组主要监测参数包括发动机、压缩机的润滑油压力、温度、油位；润滑油过滤器压差；润滑油热交换器进出油温度、进出水温度；气缸排气温度；机身振动参数；发动机和空冷器水套水压力、温度；中冷水压力、温度；洗涤罐液位、工艺气进出温度和压力等。

（三）A、B 井组 RTU

采用 Modico Compact PC-E984-258 PLC 与站控系统无线通信。在正常情况下，为主从式通信方式，并具有逢变则报通信功能。当井口出现异常时，主动将信息传往站控 PLC。RTU 供电采用太阳能电池，总输出功率为 608W，蓄电池总容量为 200A · h，配有完善的充供电保护设备及电源切换装置。井口 RTU 负责采集井口温度、压力、流量及太阳能供电电压等参数，注气流量的温压补偿及累积运算，以及井口紧急切断阀的联锁关断控制。

（四）大港首站站控系统

采用 Modico Compact PC-E984-265 PLC 采集站内压力、可燃气体浓度、集输管道阴极保护数据，对气液联动阀遥控关断控制。RTU 通过 BM85 与流量计算机和本地上位机通信（传递数据）。通过卫星将数据传送至调度中心，并经调度中心将主要数据转送至人工岛集注站系统。

二、京 58 储气库

（一）注气系统工艺流程

陕京二线来气经永清分输站至京 58 集注站（3.56~4.5MPa，20℃），经过滤分离器（3 套并联，2 用 1 备）除去粉尘和杂质后，进入注气压缩机组（1 套）入口缓冲罐，经压缩至 10.0~32.0MPa（根据地层压力变化），进空冷器（注气压缩机组附带）冷却至 65℃以下，经集注站至各储气库井场的注气管线输送至井场，通过单井管线注入地下储气库。注气压缩机组进口实行两级除尘过滤，使气体中粉尘粒径≤3μm，可保证压缩机入口气体的清洁，为减少注气压缩机组出口天然气携带的润滑油对地层渗透率产生不利影响，要求压缩机厂家保证在压缩机出口的天然气中润滑油含量不超过 1mg/L（质量分数）。

（二）集注站事故流程

除了正常露点控制流程，集注站供气系统还设计有事故流程，即在露点控制装置事故状态下，井场来气经生产分离器分出凝析油后，天然气注甲醇后可实现应急直接外输以保证陕京二线的正常供气。

在集注站内发生火灾时，切断进出站紧急切断阀，打开紧急放空阀，将装置内的设备泄压，保证在火灾情况下，将火灾危害降低到最低程度。

（三）应急调峰流程

当长输管道发生事故时，需由储气库应急供气。一方面，应急供气可能发生在一年的任何时间（有可能发生在注气期），因此整个储气库的工艺流程需满足在短时间内进行注采转换的要求。另一方面，在应急供气时，所需天然气供气量远大于储气库正常工作时高峰日采气量，此时采出气经过生产分离器分出液相后，一部分通过露点控制装置处理后外输，另一部分通过注甲醇、节流工艺处理后外输。

（四）辅助系统

辅助系统主要有放空火炬系统、燃料气系统、甲醇（缓蚀剂）注入系统、制氮系统和仪表风系统。

三、板南储气库

（一）注气系统工艺流程

一部分通过板 G1 储气库井场注采管线输往板 G1 储气库井场，后经注气汇管输至注气阀组，分配并计量后注入板 G1 储气库；另一部分通过白 6 储气库、白 8 储气库井场注采管线输至白 6 储气库、白 8 储气库井场，后分别经白 6 储气库、白 8 储气库注气汇管输至注气阀组，分配并计量后再注入白 6 储气库、白 8 储气库注采井。注气压缩机组入口实行两级除尘过滤，使气体中粉尘粒径≤3μm，可保证压缩机入口气体的清洁。为减少压缩机出口天然气携带的润滑油对地层渗透率产生的不利影响，要求压缩机厂家保证在压缩机出口的天然气中润滑油含量不超过1mg/L(质量分数)。在注气压缩机房内建1套润滑油系统，包括1具气缸润滑油储罐、1具机身润滑油储罐、1台气缸润滑油泵和1台机身润滑油泵，分别为3台注气压缩机自带的气缸及发动机润滑油罐补充润滑油。

(二) 采气系统工艺流程

1. 工艺主流程

在采气期，板G1储气库、白6储气库和白8储气库井场断块地层中储存的天然气由注采井采出，各注采井产出物经油嘴节流后，通过单井计量撬进行计量，所有注采井产出物汇合后进生产分离器进行三相分离、计量，并进入露点控制装置系统和乙二醇实现再生系统进行处理，脱去气中的水，形成干气，同时乙二醇实现再生重复利用。

2. 露点控制装置系统

板G1储气库、白6储气库和白8储气库井场所有注采井产出物进露点控制装置，经生产分离器进行三相分离，分出的凝析油和水分别计量后进凝液管线。生产分离器分出的天然气，经管道过滤器过滤后，进入预冷器冷却至25℃，在甘醇雾化器中与乙二醇混合后进换热器与低温分离器分出的天然气换冷后，节流至-10℃进低温分离器。低温分离器分出的气相经聚结过滤器进一步净化后，进天然气换热器复热后经计量外输至大港分输站。低温分离器底部设有加热盘管，分离出的凝液进凝液管线，富乙二醇水溶液进乙二醇再生系统再生。

3. 乙二醇再生系统

根据露点控制要求，计算露点控制装置乙二醇防冻剂注入量为400kg/h。乙二醇低温分离节流至0.6MPa，经过滤器过滤后，先与乙二醇再生塔塔顶水蒸气换热至50℃，然后进闪蒸分离器，分出的低压气进放空系统，分出的液体与塔底乙二醇贫液换热至95℃，进乙二醇再生塔。再生塔塔底操作温度为120℃，采用导热油供热。再生塔塔底乙二醇贫液经贫液冷却器冷却至75℃后，由乙二醇注入泵提升，经甘醇雾化器雾化后，注入预冷器后的气相中循环使用。

4. 辅助系统

(1) 甲醇注入系统。甲醇主要注入预冷器前、后原料气及管壳式换热器前原料气和注采管线收球筒气相中，防止原料气在低温状态下冻堵管线。

(2) 仪表风及制氮系统。仪表风系统主要作为露点控制装置、注气装置气动仪表、阀门气源，与注气压缩机配套的电机提供正压通风用于压缩空气。制氮系统主要为露点控制装置、注气装置及其他配套装置提供置换气。仪表风系统包括空气压缩机2台、干燥撬2台、制氮机2台、仪表风储罐和氮气储罐各1具。

(3) 排放系统。集注站内主要工艺设备的污物均排入闭式排放罐，当闭式排放罐达到一定液位后，利用闭式排放罐输液泵将罐内污水与污油增压后输至处理站进行处理。该站设计有闭式排放系统，建有1具闭式排放罐(1.6MPa，2000mm×6000mm)、2台闭式排放罐输液泵。

(4) 燃料气系统。集注站设置燃气调压撬，主要为600kW热媒加热系统、燃气发电机、燃气采暖炉、放空筒点火系统提供燃料气。燃料气为干气，带流量计量装置。燃料气经燃气调压撬调压至0.40MPa后供给各用户，经燃气调压撬二级调压至0.25MPa后供燃气发电机使用。

(5) 热媒加热系统。热媒加热系统主要为生产分离器、低温分离器、闭式排放罐及乙二醇再生装置提供热负荷，总净热负荷约为530kW。设置1套600kW的热媒加热系统，为工艺装置供热。

(6) 放空系统。集注站建1套放空系统，带点火功能。在事故状态下，将井口和分输站出站紧急切断阀切断，将集注站、井场至集注站管道、集注站至分输站管道的压力在15min内降至0.7MPa，最大放空量为$93.2\times10^4m^3/d$。放空系统设计放空量为$96\times10^4m^3/d$，包括1具放空筒和1具放空分液罐。

四、苏桥储气库

(一) 注采井口工艺

井口集输工艺应由场站工艺、集输管线、井流物性质等综合因素确定。为充分利用采气井口的压力能，集注站内采用J-T阀制冷工艺。根据计算结果，外输干气进入陕京二线、三线系统时，完全利用J-T阀制冷的最低井口采气压力远低于采气井口初期压力。因此，当井口压力高于计算值时，为降低输送压力、减少工程投资，需在井口节流降压。

采气期，天然气由注采井采气树采出，经过双向节流阀(此时节流阀主要起到采气调节作用，控制采气量)，而后经双向流量计计量后进入采气生产管线，或者进入注气、计量合一管线进行计量，最终进入集注站进站分离单元。

注气期，天然气自集注站压缩机，经站外注气、计量合一管线进入注采井场，井场内采气生产、采气计量的电动阀门关闭，天然气流经注气管线上的球阀及止回阀，通过双向流量计后进入井口双向节流阀(此时节流阀主要起到控制注气流量的作用，将注气的流量控制在允许的范围内，避免流量过大对井口或者管线造成冲蚀)，最终进入井口采气树满足均匀注气的要求。

(二) 注气工艺

苏桥储气库群由苏4储气库、苏49储气库、顾辛庄储气库、苏1储气库和苏20储气库组成，设计工作气量$23.3\times10^8m^3/a$，与陕京二线、三线的接点位置为38号阀室。

由于储气库的压力系统和注气量的差别及储气库地理位置分布特点，苏4储气库、苏49储气库、顾辛庄储气库和苏1储气库和苏20储气库注气压缩机单独设置，配套系统共用。气源来气经计量后，经15.2km长的管线输至集注站，然后经旋风分离、过滤分离、集注站注气压缩机组增压，通过注气管线分配至各储气库的注气井口并注入目标地层储存，达到利用地下空间储气的目的。注气井口采用丛式布井，共设14处井场。

(三) 注气系统工艺流程

陕京二线、三线系统来气自38号阀室(4.47~4.72MPa，20℃)经双向输送管线输送至集注站，经旋风分离器、过滤分离器除去粉尘和杂质后，分别进入苏4储气库、苏49储气库、顾辛庄储气库、苏1储气库和苏20储气库注气压缩机组入口缓冲罐，增压后送至井场，通过单井管线注入地下储气库；注气压缩机组进口设两级除尘过滤。

(四) 辅助系统工艺流程

1. 露点控制装置工艺流程

采气井来气通过采气生产、计量管线进入集注站。需计量单井井流物进计量分离器进行三相分离，分别计量分出的气相、凝析油和水，气相接入生产分离器气相出口管线，凝析油进站内凝析油处理系统，污水经汽提装置汽提后利用原有管线外输至永清分输站，然后转输至京30储气库回注。采气生产管线中的天然气(9.0MPa，43~89℃)进入采气生产分离器，进行气液两相分离。分出的液相进站内油水处理系统；分出的气相经进站空冷器冷却至30℃，进预冷分离器分离后，再经乙二醇注入器注入乙二醇，经绕管式换热器与低温分离器分出的天然气冷至-1.5℃，经J-T阀节流，进低温分离器。低温分离器分出的气相进聚结器分离后，再经绕管式换热器复热，通过天然气管线返回陕京二线、三线38号阀室。低温分离器、聚结器分离出的油相进罐储存，分出的富乙二醇溶液进乙二醇再生系统再生。

2. 乙二醇再生系统工艺流程

富乙二醇分离器分离出的富乙二醇节流至0.3MPa后，经活性炭过滤器过滤，依次与乙二醇再生塔塔顶水蒸气和塔底乙二醇贫液换热至70℃进再生塔。再生塔塔底操作温度125℃，采用循环热水供热。再生塔塔底乙二醇贫液(75%，质量分数)经塔底换热罐冷却至75℃后再经乙二醇贫液换热器冷却至40℃，经甘醇雾化器雾化后，注入绕管式换热器前的气相中循环使用。

设两套乙二醇再生系统，处理量均为320kg/h。正常工况下，两套装置同时运行。当采出气量发生变化时，可以根据实际情况只运行一套乙二醇再生系统，以达到节能降耗的目的。

五、相国寺储气库

相国寺石炭系气藏各井历次气质分析资料表明，该气藏气质纯，天然气组分以甲烷为主，其含量在97.05%~98.14%，非烃含量低，不含或微含硫化氢，二氧化碳含量只有0.1%~0.6%；气体相对密度为0.562~0.568，临界压力为4.588~4.634MPa，临界温度为190.5~191.4K。根据气藏工程研究结论，采出天然气组分与注入气组分相同。采出天然气总工艺流程如图1-2-2所示。

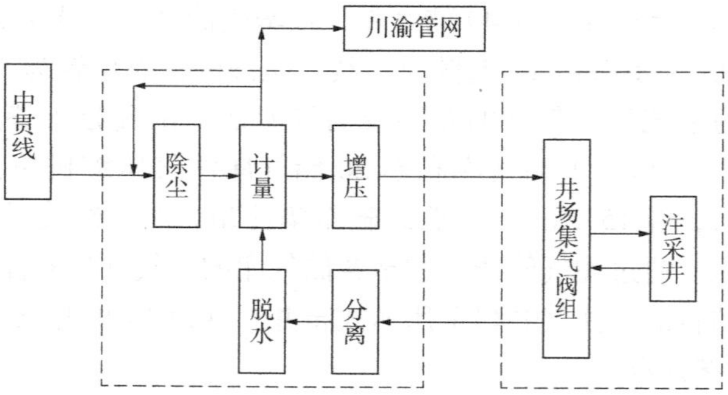

图1-2-2 相国寺储气库采出天然气总工艺流程

储气库注气集输管网和采气集输管网分开，从井口至注采站形成两套完全独立的系统(注气系统和采气系统)，在注采站北侧与南侧均建1条注气管线和1条采气管线。

六、文96储气库

文96储气库天然气地面集输处理和集注站采用集中布站方式，集注站建在原文留集气站附近。地下储气库地面总工艺流程如图1-2-3所示。将西部天然气管输到中原油田中原输配总站。在注气阶段，大部分天然气进入中原地区输气管网，其余天然气经中原输配总站到文留输气干线再到文留集注站；在采气阶段，文留集注站来气经文留输气干线到中原输配总站，与西部来气汇合后进入中原地区输气管网。

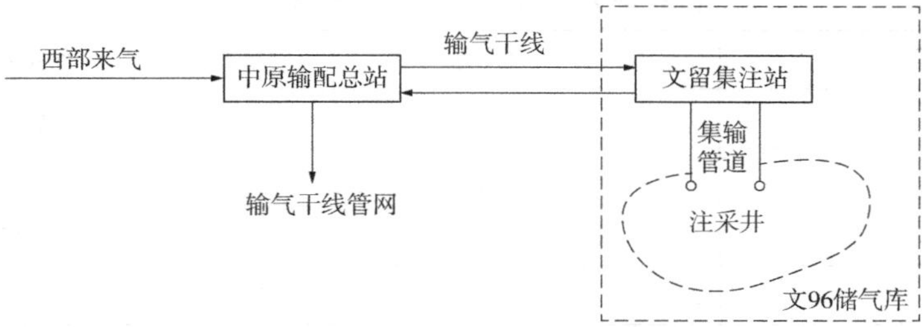

图 1-2-3 地下储气库地面总工艺流程

采气期，采气井产出井流物经集气管道输至集注站进露点控制装置进行脱水、脱烃处理，单井井流物进计量分离器进行三相分离计量。干气经 Φ457mm×6.4mm 输气管线输送至中原输配总站。

注气期，中原输配总站来气经 Φ457mm×6.4mm 输气管线输送至集注站，经过滤分离，进注气压缩机增压后，由注气管道输送至注采井口并注入地下储气库。

地面注气系统选用往复式压缩机组，驱动机采用燃气发动机。

（一）文 96 注采站工艺流程

文 96 储气库投产后，注气期，榆济线富余气量自清丰分输站通过输气管道输送至文 96 注采站，经注气工艺处理后注入储气库；采气期，气井来气经输气管道输至文 96 注采站，经采气工艺处理后外输至清丰分输站进入榆济线。文 96 储气库地面工艺流程如图 1-2-4 所示。

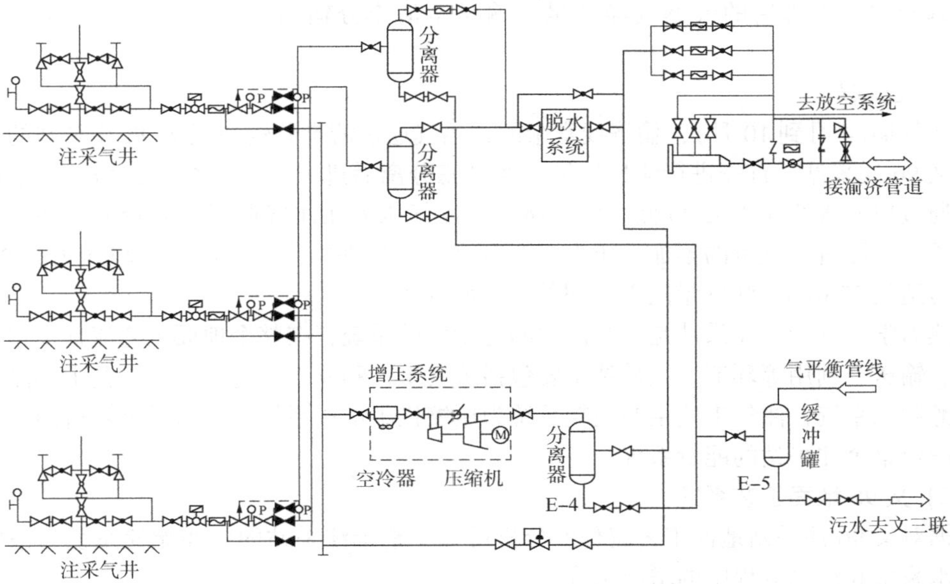

图 1-2-4 文 96 储气库地面工艺流程

1. 采气流程

采出气由注入干气与未采出原始气混合而成，注入干气量为 5.46×10^8m^3，未采出原始气量为 0.42×10^6m^3，经计算得到混合后的天然气主要组分见表 1-2-1。

表 1-2-1　混合后的天然气主要组分

序　号	名　称	摩尔含量/%
1	C_1	93.7222
2	C_2	3.2972
3	C_3	0.8778
4	iC_4	0.1658
5	nC_4	0.2430
6	iC_5	0.1017
7	nC_5	0.0805
8	C_6	0.0620
9	C_7	0.0360
10	CO_2	0.8404
11	N_2	0.4948

随着储气库注采次数的增加，采出气中重烃及水分的含量会越来越少，文 96 注采站采气工艺主要是指采用三甘醇脱水工艺对水露点进行控制。在采气期(当年 11 月到次年 3 月)，将储存在地下储气库中的天然气在井口进行一级节流，通过单井采气管线输送至文 96 注采站，在站内经过流量调节，进行一级分离、空冷，经二级分离过滤后进入天然气脱水处理装置，处理后的天然气经计量后输送至清丰分输站，补充进入榆济线进行季节调峰。

2. 注气流程

在注气期(4 月到 10 月)，榆济线富余的天然气通过清丰分输站至文 96 注采站的输气干线进入文 96 注采站，首先进行流量计量，经过滤分离后进入注气压缩机组增压，增压后的天然气通过单井管线注入文 96 储气库。储气库注气压力在注气期开始时较低，略高于储气库最低压力，随着注气量的累加，压力逐渐越高，注气期结束时，注气井口压力为 24MPa，地层压力达到 27MPa，注气量随着时间的不同而变化。

从热力学角度看，注采站是一个巨大的能量耗散系统，在整个地面工艺流程中包括能量的转换、输送、利用等环节。注采站主要包括采气工艺和注气工艺，采气工艺主要能耗系统为三甘醇脱水系统，注气工艺主要能耗系统为压缩机组增压系统。下面通过对这两个系统的分析来确定整个注采站的能量系统。

(二) 文 96 地面工艺系统

根据对文 96 注采站地面工艺流程的分析可知，整个注采站的主要能耗系统为采气流程中的脱水系统和注气流程中的增压系统。

1. 脱水系统

在整个采气流程中，最关键的能耗系统是脱水系统，文 96 注采站脱水系统设计规模为 $500\times10^4 m^3/d$，主要设备包括三甘醇脱水装置及三甘醇再生装置。三甘醇吸收塔将天然气中的水分吸收，使外输天然气达到管输标准，吸收水分的三甘醇富液经过换热、闪蒸、过滤后进入再生塔，再生后的三甘醇贫液与出吸收塔干气换热后，进入三甘醇吸收塔，完成循环。脱水系统工艺流程如图 1-2-5 所示。

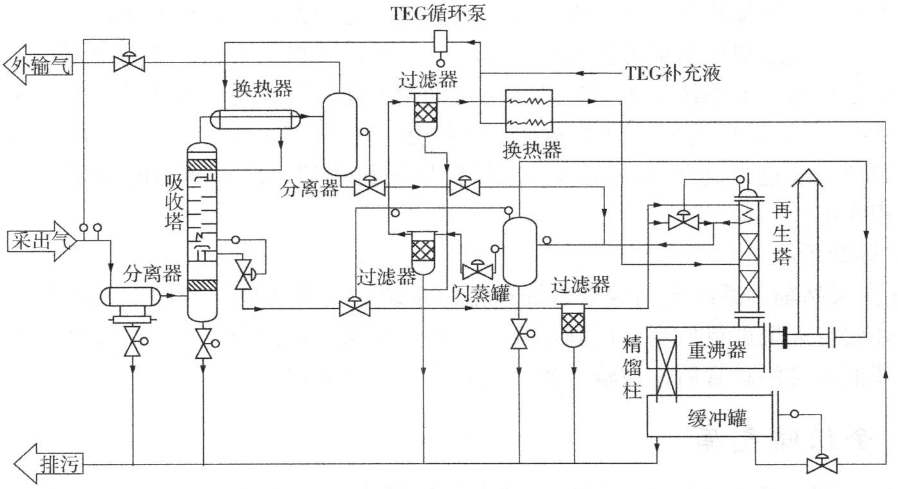

图 1-2-5 脱水系统工艺流程

与传统的三甘醇脱水工艺相比，文 96 注采站脱水工艺具有如下特点：采用三甘醇富液与三甘醇贫液先换热再闪蒸的工艺，提高了三甘醇富液的闪蒸温度，增强了闪蒸效果；同时，在流程中设置了汽提精馏柱，满足了对天然气水露点的不同要求。

2. 增压系统

在整个注气流程中，最关键的能耗系统是增压系统。增压系统中的注气压缩机组是储气库地面工艺中最关键的设备，选择技术先进、质量可靠的压缩机组对降低工程投资和注气费用具有重要的意义。

文 96 注采站增压系统设计规模为 $200\times10^4m^3/d$，由 3 台并联运行的压缩机组构成。针对储气库用注气压缩机组出口背压范围大、注气压力高的特点，文 96 注采站注气压缩机选用往复式压缩机，驱动方式采用电机驱动，连接方式采用直连。增压系统工艺流程如图 1-2-6 所示。

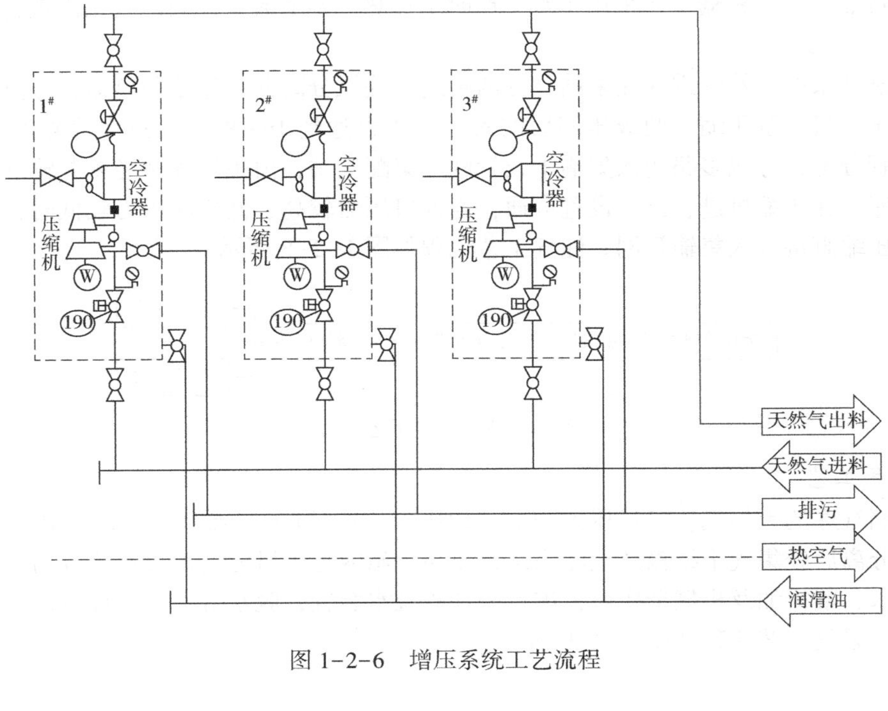

图 1-2-6 增压系统工艺流程

实际工作中，压缩机工作气量与实际气量相差较大时可以在运行前采用调节压缩机余隙、在运行中控制进口压力的方法解决。对于储气库压缩机的运行，也可以对进口不进行节流控制，而是根据管道系统注采站进站压力自动调节注气量，将管线中的富余气全部注入储气库。文 96 注采站设有进站、出站压力控制系统，在注气期初期、末期也可以通过设置的出口压力调节系统进行高压回流调节，以保证压缩机进口、出口压力的稳定，并与注气压力、气量相匹配。

（三）辅助系统

文 96 注采站辅助系统包括放空系统和排污系统。气体从放空管线汇入放空总管后，被输送到站外放空火炬进行放空，以满足安全和环保要求。过滤分离器、收球装置以及汇气管等的排出液汇入排污总管后，被输送到文三联合站进行处理。

七、金坛储气库

“川气东送”管道天然气经金坛分输站由输气管线输送至储气库注采站，在注采站内经净化、计量、压缩及冷却后进入集输干线，压缩后的天然气先被输送至集配气站，再被分配至各盐穴气井内。在采气期，盐穴气井内天然气由集输支线输送至集配气站，在站内经调压、过滤、计量后经集输干线输送至注采站内采气系统，在注采站内经处理后输送至金坛分输站进行调峰供气。总体流程如图 1-2-7 所示。

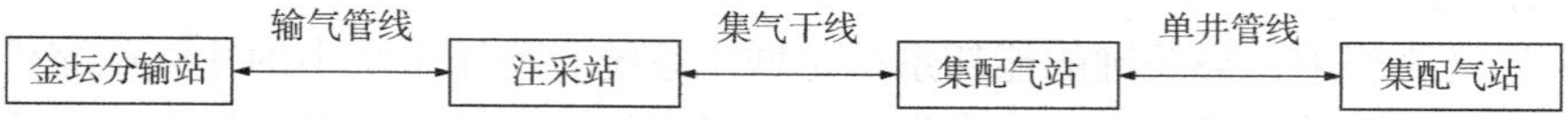

图 1-2-7　总体流程

（一）井口工艺方案

井口集输工艺应由场站工艺、集输管线、井流物性等综合因素确定。根据金坛盐穴天然气地下储气库井流温度较高（35～45℃）、井口温度波动不明显，最高采气井口压力只有 15MPa 的特点，井口集输工艺采用正常生产时不加热、不节流，在集配气站内进行节流。

1. 注气工艺

从分输站来的天然气进入注采站，分两路进入旋风分离器及过滤分离器，分离计量后分三路进入压缩机系统压缩。两级压缩后的天然气压力达到 16MPa，经过空冷器冷却至 50℃后送到汇管分配，分成多路送入集输干线管网至集配气站，由集配气站经单井输气管线注入地下储气库。在压缩机进、出口设置旁通，当入口压力较高、储气库压力较低时，可以不经过压缩机压缩直接进入集输管网。注气工艺流程如图 1-2-8 所示。

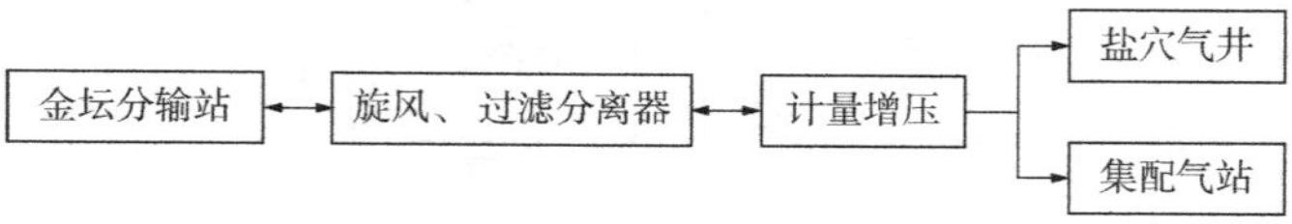

图 1-2-8　注气工艺流程

2. 采气工艺

来自储气库的天然气，井口压力为 6～15MPa，温度为 35～45℃，经过单井进入集配气站，节流分离后经集气干线输送至注采站，在注采站内经旋风分离器及过滤分离器分离掉其中的游离水、凝析油及机械杂质后，进入三甘醇脱水装置，脱水合格后经计量调压输送至金坛分输站。采气工艺流程如图 1-2-9 所示。

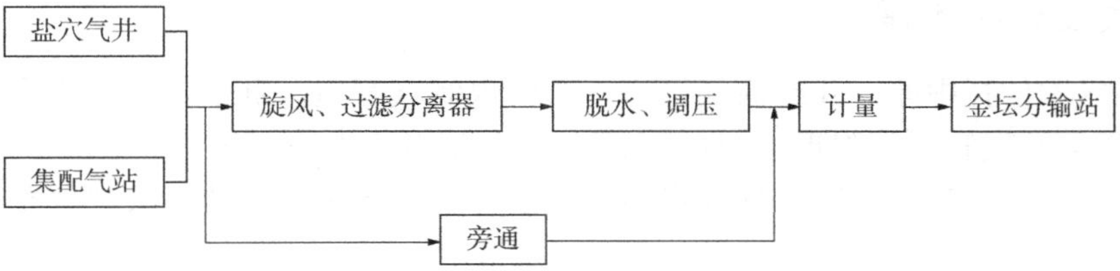

图 1-2-9　采气工艺流程

(二) 脱水工艺系统

1. 脱水工艺

由于该储气库为盐穴型储气库，盐穴底部会存有一定量的水，在采气初期，一部分水会以小液滴的形式随着天然气被夹带出地面，另一部分水会在天然气中以饱和水蒸气的形式存在。被夹带出的液滴可通过旋风分离器、过滤分离器过滤分出。而天然气中的饱和水蒸气则需要通过降低天然气中的水露点，使天然气达到外输标准。同时，随着采气量的不断增大，盐穴底部存留的水量会逐渐减少。

降低天然气水露点的方法有很多种，一般分为溶剂吸收法、固体干燥剂吸收法、直接冷却法、注防冻剂法、化学反应法等。根据需要，采用溶剂吸收法的三甘醇脱水工艺。主要脱水设备包括吸收塔及三甘醇再生撬。

2. 脱水工艺流程

来自储气库的湿天然气经过输气干管进入注采站汇管，再经旋风分离器及过滤分离器分离掉其中的游离水、凝析油及机械杂质后，进入三甘醇脱水装置。在三甘醇脱水装置中，湿天然气(压力 6~8MPa)由吸收塔下部的天然气进口进入三甘醇脱水吸收塔，与塔顶流下的贫三甘醇溶液充分接触，脱水后由塔顶天然气出口出塔，然后进套管换热器与进塔贫甘醇换热后经过压力控制阀出装置。控制阀前压力即吸收塔工作压力。

富三甘醇由吸收塔富液出口出塔，进入三甘醇循环高压端，经降压后出泵，部分进入再生精馏柱顶，与三甘醇中再生出的水蒸气换热，加热至 50~80℃后进闪蒸罐，闪蒸出溶于富三甘醇内的部分烃类及随富三甘醇进泵的天然气，闪蒸罐闪蒸压力 0.45MPa。富液经闪蒸罐闪蒸脱气后分别通过滤布过滤器、活性炭过滤器进入三甘醇贫富液换热器、换热缓冲罐，与贫三甘醇换热至 130~150℃进富液精馏柱精馏，提浓后的贫三甘醇进入重沸器下部的换热缓冲罐。

贫液出换热缓冲罐后，过三甘醇贫富液换热器和过滤器进三甘醇循环泵低压端，三甘醇循环泵将贫三甘醇压力由常压增大为 8.5MPa 后，进入套管换热器与出吸收塔干气换热，进一步冷却后进入吸收塔塔顶。

3. 脱水撬配置

该储气库为盐穴型储气库，气源为“川气东送”管道天然气，不含水，在注入地下储气库后，由于采卤时注入淡水，溶腔内会积留部分水，当采气时，溶腔内饱和天然气可能会携带溶腔内少量的水，注采站调峰采气规模为 $600\times10^4m^3/d$，设置两套脱水装置，每套脱水装置的处理能力为 $300\times10^4m^3/d$。

在事故应急状态下，因采气量较大，脱水装置不能满足要求，这时采出的天然气可不经过脱水装置而直接调压后送往管网。

八、文 23 储气库

文 23 储气库依托中原—开封输气管道、新疆煤制气管道、鄂尔多斯—安平—沧州输气管道、山东省天然气管网等附近管道配套建设，主要担负大华北地区(北京、天津、河北、山东、河南、山西、江苏北部)和新疆煤制气外输管道沿线中南部地区天然气季节调峰、应急供应任务。

文 23 气田于 1988 年开始产能建设。该气田主块具有生产能力的气井有 53 口，产气能力 $40\times10^4m^3/d$，建有 1 座脱水站(文 23 脱水站)、7 座集气站及配套集气管网。气井产能普遍较低，产能低于 $2\times10^4m^3/d$ 的气井，产能低于 $0.5\times10^4m^3/d$ 的气井占 26%。各场站单井管线设计压力 16MPa，出站设计压力 4MPa。目前，运行集气站进站压力 3.5MPa。场站采用二级布站工艺，在文 23 气田中心位置建设。

在文 23 气田 7 座集气站中，6 座集气站(文 1～文 5 号集气站、文 7 号集气站)在冬季应急供气时进行生产，集气站的单站设计集气能力 $120\times10^4m^3/d$，目前 6 座集气站实际总集气量为 $40\times10^4m^3/d$。

文 23 脱水站设计处理能力 $200\times10^4m^3/d$，脱水站采用三甘醇脱水工艺，在站内设置处理能力为 $50\times10^4m^3/d$ 和 $150\times10^4m^3/d$ 的天然气脱水装置各 1 套，目前实际处理量为 $40\times10^4m^3/d$。

(一) 注气工艺

储气库采用高压往复式压缩机增压注气工艺。注气期，天然气经过联络线进入储气库集注站，经过交接计量、分离除尘、压缩机增压后，通过注气干线输送至集气站注气计量阀组、单井计量后分配注入各注气井储存。注气工艺流程如图 1-2-10 所示。

图 1-2-10　注气工艺流程

注气期，从气源来的管道气经输气管道联络线输至集注站，经过计量、分离、除尘，由注气压缩机组增压至 34.5MPa 后，通过注气干线输至集气站，通过集气站注气阀组分配至各单井注气管线注入目标地层储存，达到利用地下空间储气的目的。

(二) 采输气工艺

储气库采用井口防管柱冲蚀、不加热节流湿气/干气输送工艺。采气期，天然气从储气库中采出，经过井口节流控制(限制流速，防止管柱汽蚀)后，从单井管线进入集气站，在站内单井计量、压力控制、气液分离、预脱水后输送至集注站，在集注站经过分离过滤、脱水处理、计量交接后输送至输气管线进入天然气目标市场。采输气流程如图 1-2-11 所示。

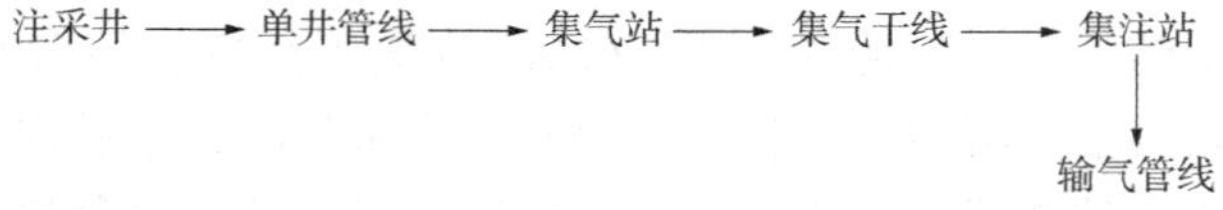

图 1-2-11　采输气流程

采用井口不加热、一级节流湿气输送工艺技术。地下储气库中储存的天然气由井口气量控制装置(远程控制节流阀与超音速限流喷嘴装置)限制流速、防止管柱汽蚀，调节控制单井气量(温度)，依靠自身压力输送进入集气站，在集气站内进行单井计量、油气分离、预脱液后以干气状态输送到集注站。在集注站内经过分离、过滤后进入天然气脱水处理装置进行脱水处理，达标后合格天然气经过交接计量输送至输气管线，满足季节调峰需求。

对于单井管线长(大于1000m)的低产气井，在井口设置甲醇加注口，配备移动式甲醇加注装置，预防单井投产以及极端低温天气条件下集气温度达不到要求，导致水合物堵塞管道。

(三) 脱水处理工艺

储气库天然气处理以水露点控制为主，兼顾烃露点控制(枯竭气藏型储气库投产初期采出气可能含有烃)，采用甘醇吸收+节流预脱水集成脱水工艺。在采气初期、末期分别以节流、甘醇吸收为主进行脱水、露点控制，以达到充分利用气藏高温、高压能量，缩短工艺流程、降低工程造价，实现设备运行平稳、管理方便、安全可靠、降低能耗的目的。

采气调峰初期(井口压力≥13MPa)或地温≥6℃时，以集气站节流脱水为主，处理能力$3600\times10^4m^3/d$；正常采气期(井口压力≥10MPa)或地温≤6℃时，运行集气站节流预脱水+集注站甘醇吸收脱水工艺；采气调峰末期(井口压力≤10MPa)或地温≤6℃时，以集注站三甘醇脱水为主，处理能力$2250\times10^4m^3/d$。集气站配备活动式甲醇加注撬，采气初期烃露点不达标时，节流脱水装置可注入甲醇、降低脱水温度进行烃露点控制。集气站节流预脱水工艺流程如图1-2-12所示。

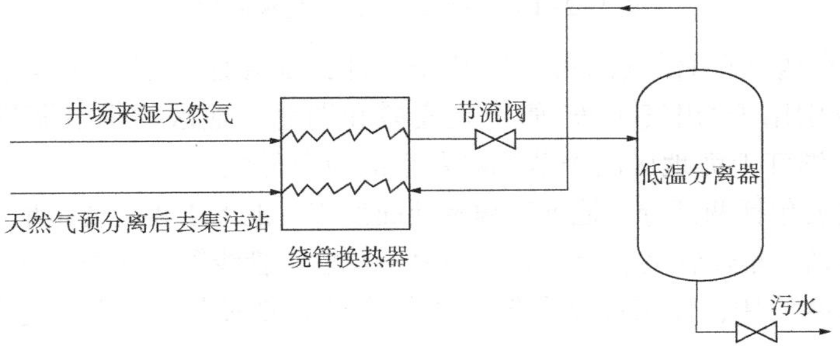

图1-2-12　集气站节流预脱水工艺流程

文23储气库一期集注站三甘醇脱水处理能力$2250\times10^4m^3/d$，节流预脱水处理能力$3600\times10^4m^3/d$。

储气库注气增压工艺关键设备为天然气压缩机，采用12台电机驱动往复式注气压缩机；通过优化工艺，降低节流损失，可实现串联、并联高效安全运行。

采出气处理工艺采用井口预防管柱冲蚀、控制气量湿气/干气集输与三甘醇脱水+节流预脱水集成工艺技术，充分利用气藏能量，缩短了流程，降低了工程造价，操作管理方案安全可靠，能耗低。

(四) 连通管网

文23储气库同周边管网实现连通，如榆济线、山东管网等。集注站三甘醇脱水流程如图1-2-13所示。

九、江汉储气库

"川气东送"管道工程西起川东北普光首站，东至上海末站，是继"西气东输"管道之后又一条贯穿我国东西部地区的天然气大动脉，管道主干线自西向东途经四川、重庆、湖北、安徽、江苏、浙江、上海五省二市，全长1702km；为配合主干线向下游市场供气，同时建设天生—达州、梁平—川维、十字铺—南京、金坛—常州和嘉兴—苏州五条支线，支线总长453km。天然气主供江苏、浙江、上海，兼顾沿线主要城市居民用气，并适当考虑四川、重庆的需求。主干线设计输量$120\times10^8m^3/a$，输气压力10MPa，管径1016mm。

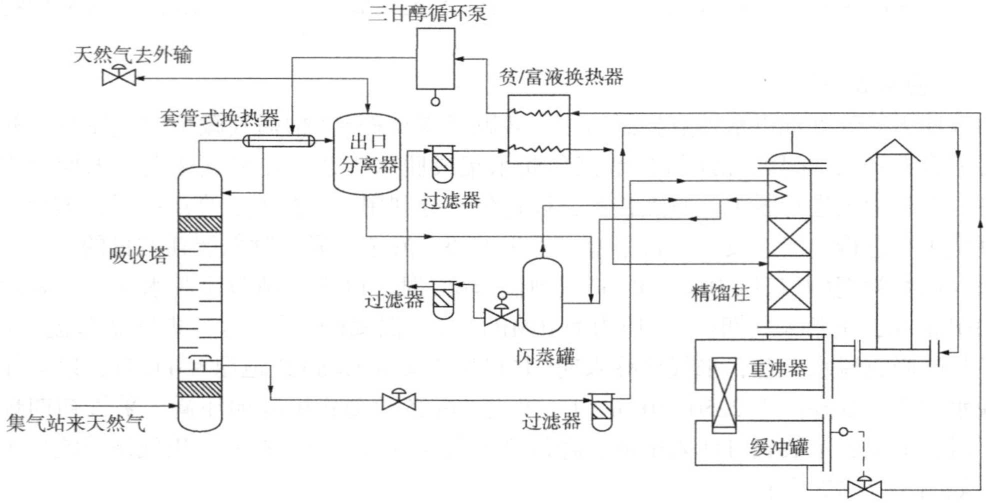

图1-2-13　集注站三甘醇脱水流程

为保障"川气东送"管道供气的可靠性及安全性，配套建设了江汉地下盐穴储气库和地下岩穴储气库，分别用于"川气东送"管道在安徽和湖北等地区的季节调峰储气及事故应急储气，以及江苏、浙江上海地区的季节调峰及事故应急储气。

江汉储气库主要包括两部分：地下工程及地面设施。地下工程主要是地下盐穴储气库；地面设施主要有注采站、集输管网、储气井、采卤站及输水管线等。其中，注采站、集输管网和地下储气库在运行期使用，而采卤站和输水管线在建设期使用。储气库总流程如图1-2-14所示。

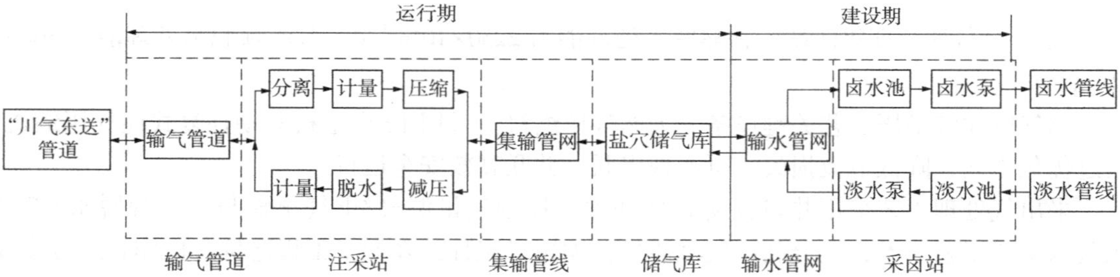

图1-2-14　储气库总流程

注气期，"川气东送"管道与储气库接点压力为7.16MPa。采气期，交接压力按照7.16MPa考虑，外输气出站压力按照8.0MPa设计。储气库采出气经净化后输送至"川气东送"管道，作为管道调峰用气。外输天然气达到《天然气》(GB 17820—2012)中二类天然气的要求，天然气水露点比输送条件下的最低环境温度低5℃，烃露点低于或等于最低环境温度，参考"川气东送"管道设计要求，取烃露点水露点低于或等于-15℃。

注采站的最大注气能力$150\times10^4m^3/d$，最大采气能力$720\times10^4m^3/d$，应急供气时调峰采气量$200\times10^4m^3/d$。从注采站到各井口的集输管网被分为13根干管，注采管线合一使用。

集输干管总长度 13560m，管径 Φ114.3mm，壁厚 7.9mm，材质 L415，集输管线设计压力 32MPa。输气管道自注采站至输气主线路管道总长度 16km，管径 Φ559mm，壁厚 14.3mm，材质 L415，集输管线设计压力 10.0MPa。

（一）注气工艺

从输气管网来的天然气进入注采站，分两路进入螺旋分离器及过滤分离器，分离杂质后经过计量进入压缩机汇管，分三路进入压缩机压缩，两级压缩后的天然气压力达到 32MPa，再经过空冷器冷却后送到汇管参与分配，分成多路送入集输管网的干管。在压缩机进、出口设置旁通，在入口压力较高、储气库压力较低时，可以不经过压缩机压缩直接进入集输管网。工况流量、压力变化范围较大时，选择往复式压缩机，压缩机选择电机驱动形式。

（二）采气工艺

1. 脱水工艺

由于该储气库为盐穴型储气库，盐穴底部会存有一定量的水，在采气初期，这些水会随着天然气被夹带出地面，随着采气量的不断增大，盐穴底部存留的水量会逐渐减少。由于水蒸气的存在，天然气管输过程中往往会造成管道积液，降低输气能力，加速天然气中 H_2S 和 CO_2 对钢材的腐蚀。即使在天然气的温度高于水的冰点时，水也可能和气态烃形成烃类的固态水化物，引起管道阀门堵塞，严重影响平稳供气。因此，从地下储气库出来的天然气在管输前必须脱除其中的水分。天然气中的饱和含水量取决于天然气的温度、压力和气体组分等条件。采用三甘醇脱水工艺。

2. 采气工艺流程

来自储气库的湿天然气压力 13~32MPa，温度 70~80℃，借助调压阀将压力调整到 8~10MPa 后，经输气干管进入注采站汇管，接着用加热器将低温天然气加热到 20~40℃，经重力分离器及过滤分离器分离掉其中的游离水、凝析油及机械杂质后，进入三甘醇脱水装置。在三甘醇脱水装置中，湿天然气由吸收塔下部的天然气进口进入三甘醇脱水吸收塔，与塔顶流下的贫三甘醇贫液充分接触，脱水后由塔顶天然气出口出塔，然后进套管换热器与进塔贫三甘醇换热后经稳压计量后出站被送到分输站。富三甘醇由吸收塔富液出口出塔，进入三甘醇循环泵高压端，降压后出泵部分进入再生精馏柱顶，与三甘醇中再生出来的水蒸气换热，加热至 50~80℃后进闪蒸罐，闪蒸出溶于富三甘醇的部分烃类及随富三甘醇进泵的天然气，闪蒸罐闪蒸压力 0.45MPa。富液经闪蒸罐闪蒸脱气后分别通过滤布过滤器、活性炭过滤器进入三甘醇贫富液换热器、换热缓冲罐，与贫三甘醇换热至 130~150℃进富液精馏柱精馏，提浓后的贫三甘醇进入重沸器下部的换热缓冲罐。贫液出换热缓冲罐后，经过滤器进三甘醇循环泵低压端，三甘醇循环泵将贫三甘醇压力由常压增大为 10MPa 后，进入套管换热器与出吸收塔干气换热，进一步冷却后进入吸收塔塔顶。

3. 采气系统主要设备

采气系统主要设备是三甘醇脱水设备，脱水设备包括吸收塔及三甘醇再生撬。在注采站内设置两套三甘醇脱水装置，每一套装置的处理能力为 $100\times10^4m^3/d$。根据调峰气量的需要，确定三甘醇脱水装置的开启套数。若采气量小，可以只开一套三甘醇脱水装置；若采气量大，两套三甘醇脱水装置全开，以满足最大调峰要求。

在经过几个注采周期后，储气库中的水含量将会减少，采出的天然气中所含水量很少。在事故应急状态下，因采气量较大($720\times10^4m^3/d$)，脱水装置不能满足要求，这时采出的天然气可不经过脱水装置直接调压后被送往管网。

(三) 采卤工艺

采卤站只用于储气库建设时期，为溶腔提供淡水，接收的卤水供给江汉油田分公司盐化工总厂，作为生产原料使用。采卤站工艺流程如图 1-2-15 所示。

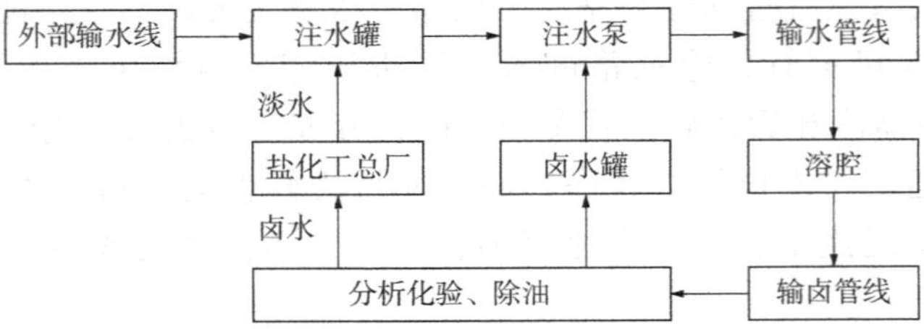

图 1-2-15　采卤站工艺流程

盐化工总厂来的循环水(80%)和新鲜水(20%)经计量后，直接进入站内注水罐，注水泵从注水罐吸水，淡水经增压调节后进入配水间的注水阀组，经调节计量后分配至各注水井井口。采卤井出水经阀组计量调节后，由输卤干管输至站内卤水罐，分析含盐浓度后，合格卤水送盐化工总厂，不合格卤水则进入卤水罐，再次循环进入盐井溶腔，提高浓度。注水罐设有液位显示、高低液位报警装置，信号均传至控制室。

第三节　国内外储气库压缩机

一、欧洲储气库压缩机系统概况

全球储气库约 650 座，其中欧洲有 160 多座。储气库地面系统作为储气库系统的重要组成部分，其中的压缩机作为动力设备，用于天然气的注入和采出。针对 150 座储气库，分别调研了其压缩机系统，并进行了统计，调研情况如下。

(一) 往复式压缩机

经调研和统计，获得含压缩机信息的储气库 62 座，压缩机 173 台。其中，采用往复式压缩机的储气库 22 座，含压缩机 73 台。压缩机类型：R 表示往复式压缩机，M 表示电动机驱动，E 表示气体发动机。欧洲储气库往复式压缩机见表 1-3-1。

表 1-3-1　欧洲储气库往复式压缩机

国　家	储气库/站点	压缩机类型	数量/台	驱动类型	功率/MW
奥地利	Haidach5	R	4	M	
白俄罗斯	Osipovichskoye	R	6	M	4.6
	Pribugskoye	R	5	M	7
	Mozyrskoye	R	2	M	4.7
比利时	Loenhout	R			
捷克	Tvrdonice	R	3	M	
	Uhřice	R	2	E	
丹麦	Stenlille	R	4		

续表

国　家	储气库/站点	压缩机类型	数量/台	驱动类型	功率/MW
德国	Kraak	R	3	M	
	Epe Trianel	R	4	M	14
	Kalle	R	5	E	
	Xanten	R	3	M	
	Rüdersdorf H	R	2		
	Peckensen	R	3		
	Wolfersberg	R	8	M	
	Empelde	R	3		
	Berlin	R	4	M	
匈牙利	Szöreg-1	R	7	M	
波兰	Daszewo	R	2	E	
俄罗斯	Elshansky	R			
塞尔维亚	Banatski Dvor	R			
英国	Gaythorpe	R	3	E	
总计			73		

(二)离心式压缩机

采用离心式压缩机的储气库 23 座，含压缩机 55 台。其中，压缩机类型：C 表示离心式压缩机，M 表示电动机驱动，T 表示燃气轮机。欧洲储气库离心式压缩机见表 1-3-2。

表 1-3-2　欧洲储气库离心式压缩机

国　家	储气库/站点	压缩机类型	数量/台	驱动类型	功率/MW
奥地利	7Fields	C	2	M	
捷克	Stramberk	C		T	
法国	SEDIANE Nord：Saint-Illiers-la-Ville	C	3	M	
	SEDIANE Littoral/SERENE Sud storage group	C			
德国	Etzel EKB	C	3	M	
	Stassfurt	C		M	
	Bad Lauchstädt (storage group)	C	5		
	Rehden	C	2	T	
匈牙利	Hajdúszoboszló	C		T	
意大利	Sergnano	C	1	T	

续表

国家	储气库/站点	压缩机类型	数量/台	驱动类型	功率/MW
荷兰	Grijpskerk	C	1	M	
	Norg(Langelo)	C	2	M	
	Bergermeer	C	6	M	
波兰	Husow	C		M	
	Wierzchowice	C	2	M	
俄罗斯	Shchelkovskoye	C	4	T	
斯洛伐克	Láb 4	C	8		
土耳其	Silivri(Marmara)	C	4		
英国	Rough	C	2		
	Hatfirld Moor	C	2	T	
	Hole House Farm	C	1	M	
	Holford	C	3		
	Stublach	C	4	M	
总计			55		

二、欧洲储气库压缩机

图 1-3-1 Haidach5 储气库压缩机

(一) Haidach5 储气库

奥地利 Haidach5 储气库采用 4 台电驱往复式压缩机，压缩机由 MAN Diesel 公司提供，电驱为 ABB 公司的 VFD 型号，设计流量 225000m^3/h(标准)，功率 14600kW，转速 13700r/min，密封系统为 DGS 系统，入口压力 4.6MPa，出口压力 18.2MPa 。Haidach5 储气库压缩机如图 1-3-1 所示。

(二) 白俄罗斯管道公司运营储气库

白俄罗斯管道公司运营 3 座储气库，分别为 Osipovichskoye、Pribugskoye 和 Mozyrskoye。Osipovichskoye 储气库于 1976 年投产，工作气量 $3.6\times10^8m^3$。Pribugskoye 储气库于 2000 年开始注气，目前工作气量 $4.5\times10^8m^3$，经 2015 年扩建后，气量达到 $6\times10^8m^3$。Mozyrskoye 储气库工程建设于 2006 年启动，2009 年储气库一期工程投入试运行，到 2015 年，工作气量达 $2.75\times10^8m^3$，二期工程于 2020 年开始建设，总工作气量达 $11\times10^8m^3$。3 座储气库共有压缩机 13 台，总功率 16.3MW，各储气库压缩机功率见表 1-3-3。

表 1-3-3 白俄罗斯储气库压缩机功率

储气库	压缩机型号	压缩机数量/台	功率/MW	总功率/MW
Osipovichskoye	10GKMA1-28/75	6	0.767	4.6
Pribugskoye	10GKNAM2-40/150	4	1.175	4.7
	JGC/4+12V-AT27GL	1	2.3	2.3
Mozyrskoye	JGC/4+12V-AT27GL	2	2.334	4.7
总计		13		16.3

储气库压缩机组采用了 10GKMA1-28/75、10GKNAM2-40/150 和 JGC/4+12V-AT27GL 三种型号，部分压缩机如图 1-3-2 所示。

(a) 10GKMA1-28/75

(b) JGC/4+12V-AT27GL

图 1-3-2 部分压缩机

Osipovichskoye 储气库采用电机驱动两冲程往复式压缩机 10GKMA1，Pribugskoye 储气库采用电机驱动两冲程往复式压缩机 10GKNAM2。

1. 10GKMA1 压缩机

10GKMA1 压缩机结构如图 1-3-3 所示。

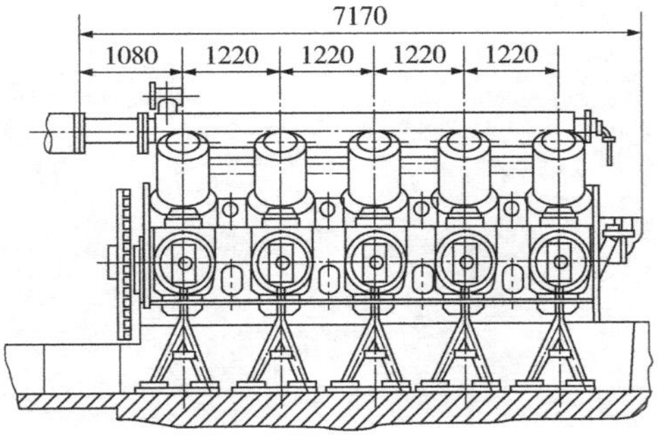

图 1-3-3 10GKMA1 压缩机结构(单位：mm)

2. 10GKNAM2 压缩机

10GKNAM2 压缩机结构如图 1-3-4 所示。

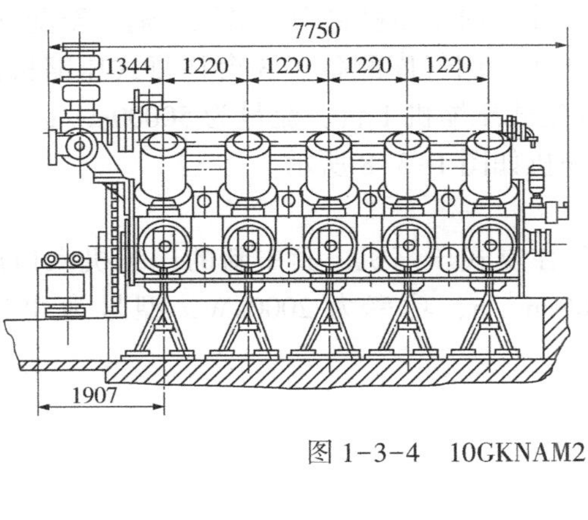

图 1-3-4 10GKNAM2 压缩机结构(单位：mm)

图 1-3-5　JGC/4 压缩机

3. JGC/4 压缩机

Mozyrskoye 储气库使用的是 JGC/4 压缩机。其天然气发动机型号为 12V-AT27GL(生产厂家为 WAUKESHA 公司)。JGC/4 压缩机如图 1-3-5 所示。

(三) Loenhout 储气库

Loenhout 储气库位于比利时北部，该储气库于 1985 年开始运行，储气量为 $7\times10^8m^3$。储存深度超过 1000m，属于蓄水层储气库。采用 Dresser Rand 公司的 VIP1-6 型往复式压缩机，功率 2300kW，入口压力 4~8MPa，出口压力 8~13.5MPa。Loenhout 储气库压缩机如图 1-3-6 所示。

(四) Tvrdonice 储气库

捷克 Tvrdonice 储气库装配有 3 台电驱往复式压缩机，型号为 CKD4 JBK240。

(五) Uhřice 储气库

捷克 Uhřice 储气库工作气量 $2.8\times10^8m^3$，采用燃气发动机驱动的两级往复式压缩机，一级出口压力 12MPa，二级出口压力 21MPa，天然气发动机功率 3500kW，采用了 HOERBICER Recip COM 监测系统和 HOERBICER Hydro COM 控制系统。Uhřice 储气库压缩机如图 1-3-7 所示。

图 1-3-6　Loenhout 储气库压缩机

图 1-3-7　Uhřice 储气库压缩机

(六) Stenlille 储气库

丹麦 Stenlille 储气库属于含水层型储气库，地面系统包括 1 座集注站、3 座配气站和 14 口生产井，14 口生产井分配在 3 座配气站，集注站内压缩机将来气增压后输送至配气站，经配气站输送至各井口，最终注入储气库。2007 年，储气库配备了 3 台往复式压缩机，每台压缩机的流量为 $30000m^3/h$。2009 年，新增往复式压缩机 1 台，流量为 $50000m^3/h$，转速为 3751r/min，功率为 4MW。Stenlille 储气库压缩机如图 1-3-8 所示。

(七) Kraak 储气库

德国 Kraak 储气库地面系统配备了 3 台电驱往复式压缩机，其中新的压缩机入口压力 8~41MPa，出口压力 10~21MPa，流量为 $30000m^3/h$，功率为 2000kW，型号为 JCK/4。Kraak 储气库压缩机如图 1-3-9 所示。

图 1-3-8 Stenlille 储气库压缩机

图 1-3-9 Kraak 储气库压缩机

（八）Epe Trianel 储气库

德国 Epe Trianel 储气库与 3 个不同的管网系统相连，考虑到管网系统压力不同，采用 4 台电驱往复式压缩机，总功率 16MW，注气范围 15000~70000m^3/h，NEA 公司提供了 2SLV700HS 型两级压缩机，转速 750r/min Epe Trianel 储气库压缩机如图 1-3-10 所示。

图 1-3-10 Epe Trianel 储气库压缩机

（九）Kalle 储气库

德国 Kalle 储气库深度 2100m，有 8 口生产井，2 口监测井，储层最小压力 12MPa，最大压力 32MPa，总气量 6.2×10^{8}m^3，工作气量 2.15×10^{8}m^3，最大采气速率 1080×10^{4}m^3/d，最大注气速率 528×10^{4}m^3/d，储气库分四个阶段建成，目前有 8 口生产井，其中 6 口直井，2 口水平井，地面系统配备了 5 台电驱往复式压缩机。储气库运行模型为 PORTEC，可在线监测和模拟储气库、气井和地面管道系统。Kalle 储气库运行监控界面如图 1-3-11 所示。

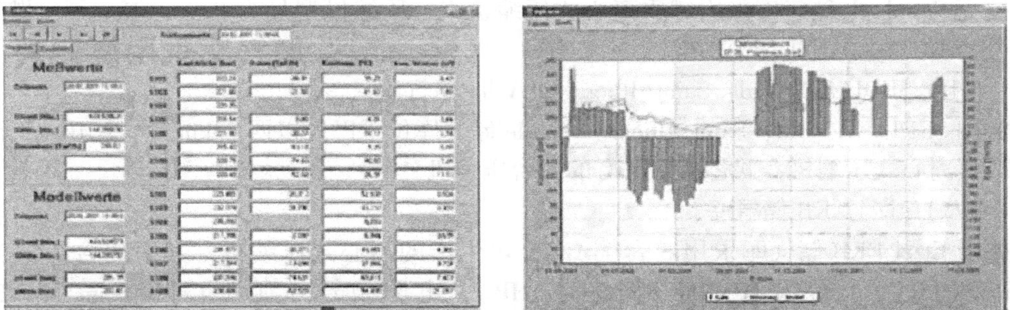

图 1-3-11 Kalle 储气库运行监控界面

（十）Xanten 储气库

德国 Xanten 储气库配备了 3 台电驱往复式压缩机，每台压缩机功率 3700kW，总流量 160000m^3/h。

（十一）Rüdersdorf H 储气库

Rüdersdorf H 储气库位于德国柏林附近，地面系统配备了 2 台电驱往复式压缩机，入口压力 4.1~8MPa，出口压力 8~17MPa，每台压缩机流量 30000m^3/h，功率 1900kW。

（十二）Peckensen 储气库

德国 Peckensen 储气库地面系统配备了 3 台电驱往复式压缩机组，入口压力 4.1~8MPa，出口压力 10~21MPa，每台压缩机流量 60000m^3/h，功率 4500kW。

（十三）Wolfersberg 储气库

德国 Wolfersberg 储气库地面系统配备了 8 台电驱往复式压缩机组，其中 2009 年新增的 2 台压缩机入口压力 15.1~17.5MPa，出口压力 17.5~24.5MPa，每台压缩机流量 70000m^3/h，功率 1000kW。

（十四）Empelde 储气库

德国 Empelde 储气库地面系统采用 2 台 Hoss 公司的往复式压缩机，并替换了已使用 30 年的旧压缩机。Empelde 储气库压缩机如图 1-3-12 所示。

（十五）7Fields 储气库

奥地利 7Fields 储气库采用 2 台电驱离心式压缩机，型号为 ICL。7Fields 储气库压缩机如图 1-3-13 所示。

图 1-3-12 Empelde 储气库压缩机

图 1-3-13 7Fields 储气库压缩机

（十六）Stramberk 储气库

捷克 Sramberk 储气库采用燃驱离心式压缩机组，压缩机型号为 Prague Energo，燃气轮机型号为 UCT3000 改进型 DE76。

（十七）SEDIANE Nord：Saint-Illiers-la-Ville 储气库

法国 SEDIANE Nord：Saint-Illiers-la-Ville 储气库位于巴黎以西 70km 处，2010 年新增 3 台 ICL 型离心式压缩机，并替换了已有的 5 台压缩机。

（十八）Etzel EKB 储气库

德国 Etzel EKB 储气库采用 3 台 MAN 公司生产的离心式压缩机，其中 2 台为 HOFIM RB35-7（LP），1 台为 HOFIM RB35-4（HP），电驱型号分别为 Converteam MGV2 和 Converteam VFD。LP 型压缩机入口压力 5.4MPa，出口压力 12.9MPa，功率 7220kW；HP 型压缩机入口压力 12.7MPa，出口压力 18.2MPa，功率 6535kW。LP/HP 型压缩机转速 9900r/min。

（十九）Bad Lauchstädt 储气库

德国 Bad Lauchstädt 储气库是盐岩和废弃油气田混合型储气库，有盐岩溶腔 17 个，自 1976 年开始运行，地面系统配备了 5 台离心式压缩机。Bad Lauchstädt 储气库压缩机如图 1-3-14 所示。

图 1-3-14 Bad Lauchstädt 储气库压缩机

(二十) Rehden 储气库

德国 Rehden 储气库配备了 2 台燃驱离心式压缩机。

(二十一) Sergnano 储气库

意大利 Sergnano 储气库于 1965 年开始运行，有 35 口生产井，2 口监测井，平均井深 1300m，注采站配备了 1 台 Rollse-Royce RB211DLE/RCB 型燃驱离心式压缩机，最大采气速率 $5850\times10^4m^3/d$，总功率 47000kW。

(二十二) Crijpskerk 储气库

荷兰 Crijpskerk 储气库配备了 1 台 MAN 公司生产的电驱离心式压缩机，压缩机型号 RBZ-4+3，驱动机型号 SIEMENS Synchronous VFD，流量 $500000m^3/h$，入口压力 5.5MPa，出口压力 31.5MPa，功率 38000kW，转速 9700r/min。

(二十三) Norg 储气库

荷兰 Norg 储气库配备了 2 台 MAN 公司生产的电驱离心式压缩机，压缩机型号 RBZ-4+3，驱动机型号 SIEMENS Synchronous VFD，流量 $500000m^3/h$，入口压力 5.5MPa，出口压力 31.5MPa，功率 38000kW，转速 9700r/min。

(二十四) Bergermeer 储气库

荷兰 Bergermeer 储气库配备了 6 台 MAN 公司生产的电驱离心式压缩机，压缩机型号 Tandem HOFIM RB45+RB45，驱动机型号 MAN M43/ABB VFD，流量 $217000m^3/h$，入口压力 4.9MPa，出口压力 15MPa，功率 12200kW，转速 8370r/min。

(二十五) Husow 储气库

波兰 Husow 储气库配备了 CE 公司生产的 Integrated Compressor Line(ICL)电驱离心式压缩机。

(二十六) Shchelkovskoye 储气库

俄罗斯 Shchelkovskoye 储气库配备了 4 台燃驱离心式压缩机，型号 Saturn 4 RM，替换了之前的 14 台燃气压缩机。

(二十七) Hole House Farm 储气库

英国 Hole House Farm 储气库配备 1 台 MAN 公司生产的电驱离心式压缩机，压缩机型号 HOFIM RB45-4，驱动机型号 MAN M43/ABB VFD，流量 $647450m^3/h$，入口压力 2MPa，出口压力 6.6MPa，功率 14800kW，转速 9175r/min。

三、中国储气库压缩机

(一) 天然气压缩机发展概况

中国生产天然气压缩机始于 20 世纪 80 年代末期。经过几十年的生产、建设经验积累，已能满足 CNG 加气站、低压大排量、高压小排量天然气增压的工艺要求，但是在大型天然气增压领域应用较少。中国压缩机生产企业主要有江钻股份压缩机分公司、无锡压缩机股份有限公司、济柴成都压缩机公司(名称缩写)等，生产的产品遍布国内各个地区乃至亚洲其他地区，同时国内压缩机具有造价较低(约为同等进口压缩机造价的 1/3~2/3)，供货周期短，售后服务快捷，备品、配件供应及时等优势。

（二）储气库天然气压缩机应用概况

中国的地下储气库建设起步较晚，与发达国家相比有明显的差距。1969 年，中国在大庆曾利用枯竭气藏建造过萨尔图地下储气库，而真正意义上的储气库为 2005 年建成的大张坨储气库群，继大张坨储气库群后又建成板 876 储气库、板中北储气库、板中南储气库、文 96 储气库、相国寺储气库、呼图壁储气库、双六储气库、苏桥储气库等，国内储气库 95% 以上的注气压缩机全部采用进口往复式压缩机或进口主机国内成撬的压缩机，国内建成储气库压缩机工作参数见表 1-3-4。文 23 储气库运行工况复杂，具有注气压缩机进气压力、排气压力波动范围大，压比大，周期运转、使用寿命长的特点。常用的压缩机中只有往复式压缩机、离心式压缩机满足这些要求，同时结合国内外储气库注气压缩机的应用现状，文 23 储气库注气选用进口撬装二级压缩往复式压缩机，其可以在国内或国外成撬，具有可以串联、并联运行的功能。

表 1-3-4 国内建成储气库压缩机工作参数

储气库名称	入口压力/MPa	出口压力/MPa	排量/($10^4m^3/d$)	配套电机功率/kW	台　数
相国寺储气库	7.0~9.5	30	166	4000	8
呼图壁储气库	9	28	200	4000	8
京 58 储气库	4	18	90	1500	4
文 96 储气库	5.0~7.0	23.5	62	1550	2
双六储气库	4.0	26	142	4500	8
苏桥储气库	4.5	35	115	4000	12

（三）储气库天然气压缩机应用

国内储气库压缩机应用还处于起步阶段，尚没有定型产品，也没有形成规模，只在中原文 96 储气库作为重大国产化攻关项目试验过 1 台压缩机，且压缩机的配套电机功率不超过 2000kW，见表 1-3-5。

表 1-3-5 国产化压缩机在储气库的应用情况

储气库名称	入口压力/MPa	出口压力/MPa	排量/($10^4m^3/d$)	配套电机功率/kW	台　数
文 96 储气库	5~7	23.5	62	1500	1

第二章　储气库“五化”建设实践情况概述

第一节　储气库标准化设计

一、标准化在储气库建设中的作用

储气库建设的标准化是一个多专业紧密衔接的系统工程，主要由项目选址、工程设计、物资采购、现场施工和信息化管理5个体系组成，各体系发挥各自作用。

标准化选址作用：规范在构造环境复杂的地质条件下确定建库载体的技术性指标和经济性指标。

标准化设计作用：①提高劳动生产率，减少重复劳动，加快设计速度；②为设备的撬块化制造、施工材料的工厂化预制、现场的机械化施工创造条件；③节约建设材料，降低工程造价，提高经济效益。

标准化采购作用：①促进设计、需求、制造、监造、储运、生产、运维、销售等环节有序、高效开展，实现企业利益最大化；②规范物资选型，优化资源配置，降低管理和维护的难度，降低采购成本、库存资金占用和运维成本，提高采购效能；③稳定和提升物资制造质量，与合作伙伴建立持续、良好的合作关系，获得最高安全性和可靠性支持。

标准化施工作用：①实现模块化设计和施工的深度融合，缩短建设周期；②实现对施工组织方案的事前推演，加强施工资源安排的科学性；③提升非标准容器、工艺管道焊接的一次合格率，减少返工带来的资源浪费。

标准化信息管理作用：①提高企业收集外部数据的效率和准确性；②帮助现场实时掌握设备运行情况和周边生产环境；③实现“人、机、料、法、环”五要素的数字化管理，促进劳动定员的优化。

二、标准化的实施方案

（一）标准化选址

储气库的选址需要满足的标准包括：①地理位置优越，离主要用户城市或长输管道较近；②构造简单，圈闭落实，内部断层少，变化幅度小；③盖层厚度大，岩性致密，圈闭密闭性好；④储层厚度大，分布稳定，物性、连通性好，有效孔隙度≥15%，有效渗透率≥$50\times10^{-3}\mu m^2$；⑤天然气属于干气，组分中以CH_4为主，H_2S含量不超标；⑥气藏属常压常温系统；⑦具有一定的储量规模，原始地质储量$>1.6\times10^8m^3$；⑧单井注气和采气能力大；⑨采出程度较高，建库后不影响目前的油气生产。

（二）标准化设计

按场站用房集约化、场站装置模块化和平面布局紧凑化的原则，采取模块立体拼插组合的方式，优化储气库地面工程的布局，解决建筑物零散、建筑风格和视觉形象不统一的问题，地面工程标准化的布局如图2-1-1所示。

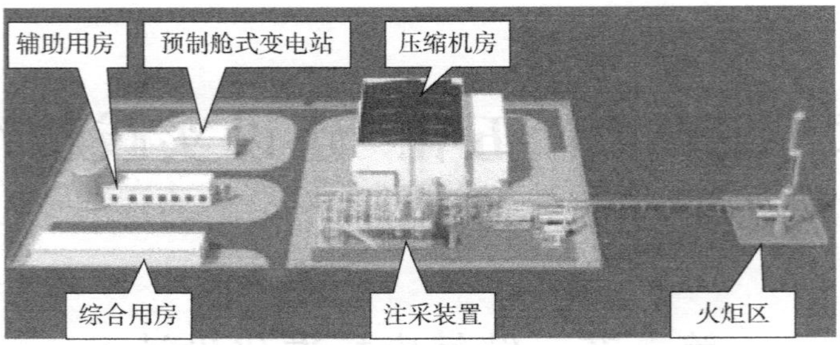

图 2-1-1　储气库地面工程标准化布局

采用气液混输、注采合一的注采工艺(图 2-1-2)。其中，注气流程为：来气→收球装置→旋风分离→过滤分离→计量→增压→注采井；采气流程为：注采单井来气→气液分离器→脱水装置→计量→联络线外输。

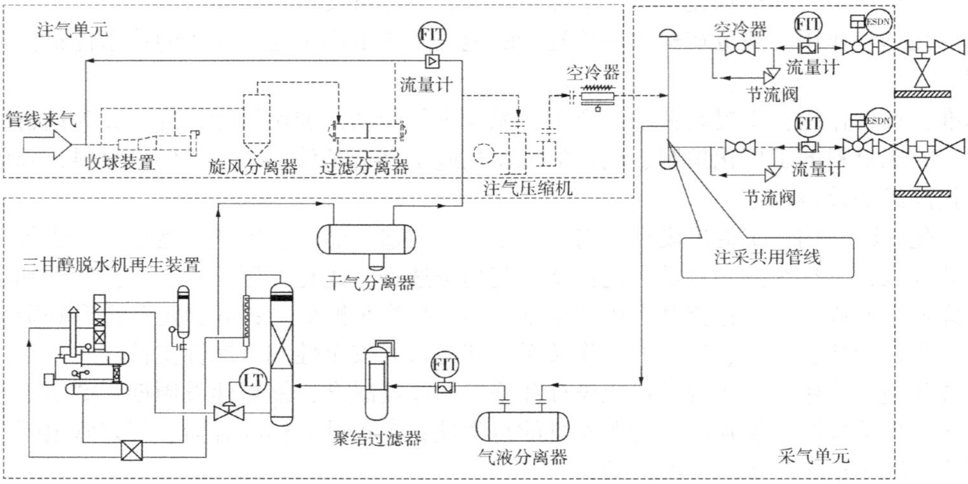

图 2-1-2　注采单元的工艺流程

注气单元为立体布置，如图 2-1-3 所示。在结构框架中集成了旋风分离器、燃料气分离器和过滤分离器，并撬装模块化地制造站内阀组、注气计量阀组、进站计量阀组。

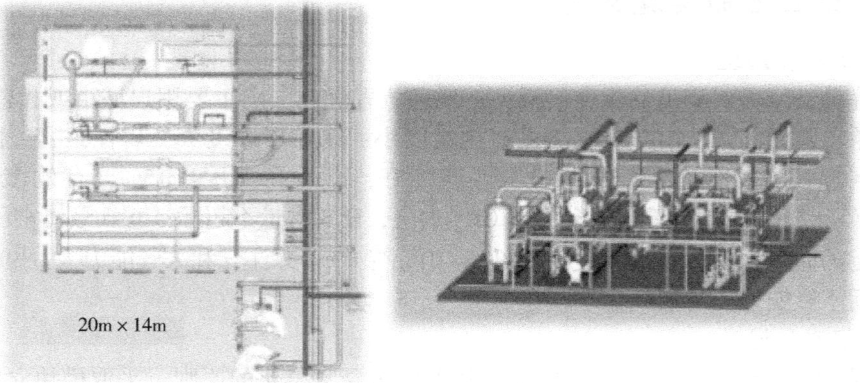

图 2-1-3　注气单元优化后的配置

采气单元优化后的布置如图 2-1-4 所示。在井场模块中设置 1 个独立的采气阀组撬装模块，在采气分离模块中集成了分离器、干天然气分离器和闭式排放罐，在脱水模块中集成了聚结过滤器和三甘醇吸收塔，在加热再生模块中集成了三甘醇回收罐，并撬装模块化地制造了三甘醇再生和加热炉阀组。

图 2-1-4 采气单元优化后的配置

将 35kV 变电站设计为舱式变电站，一层舱体内集了成高压开关设备、无功补偿和低压开关设备，二层舱体内集成了二次保护和通信设备，并在工厂中完成组装和测试。

三、标准化采购

(一) 完井工具

完井工具是完井管柱中除了油管和套管，按照一定功能组合而成的井下工具，具有注气、采气和气藏监测等生产运行功能，能够实现油管通道井下紧急自动关断，阻断封隔器以下的流体通道，保证封隔器以上的流体通道实现不压井作业，可以满足气密封、防腐蚀、耐压、耐温等要求，是天然气注采环节的重要设备。其主要部件由液控管线、流动短节、井下安全阀、永久式封隔器总成(含插入锚定密封)、坐落短节和剪切球座等组成。

所有完井工具的材质均为 13Cr，两端连接螺纹应与油管的气密封螺纹扣配套，密封件(含封隔器胶筒)除了金属密封和密封圈挡环，均采用 AFLAS 材料生产；液控管线的长度通常为 110m，材质为 316 不锈钢；控制管线保护器的材质为低碳钢；井下安全阀按 3C 适用等级设计生产，具有自平衡机构，上部扣型为气密封母扣，下部扣型为气密封公扣；流动短节的最小内径应与安全阀配套，上部扣型为气密封母扣，下部扣型为气密封公扣；封隔器为可钻式封隔器，按 V0 等级进行设计、生产、检验；坐落短节具有管柱试压、封隔器坐封备用、不压井作业、坐落监测等功能，并配套了钢丝作业堵塞器、投捞工具；插入锚定密封的上部扣型为气密封母扣，下部扣型为无扣，脱开形式为正转脱扣，按 V0 等级进行设计、生产、检验；剪切球座的上部扣型为气密封母扣，下部扣型为 EUE 母扣；坐封球座配套喇叭口 1 件。

(二) 井口安全控制系统

储气库注采井运行过程中须承受强注、强采的工况，井口安全控制系统具有在火灾或压力异常等情况下，对井下安全阀、地面安全阀的远程关断控制功能，是气井安全生产的重要保障，它由液压系统(液压动力系统、主控制回路、输出回路、先导控制系统、易熔塞及自动关断回路）和控制系统组成。

液压系统内应设置1个容积30L的循环液压油储油箱、输出压力不低于6.894MPa（1000psi）的电动液压泵2台和手动液压泵1台，每台泵的进、出口应配有隔离阀，进口配有过滤器，出口配有单向阀和溢流阀；井下和地面主控制回路配有蓄能器、隔离球阀、泄压针阀、压力表、单向阀和溢流阀；地面主控制回路配有2组高压减压阀；先导控制回路配有2组高压减压阀和蓄能器、压力表、紧急关断阀。此外，还包括集成在防爆箱内的远程终端单元，以及当区域温度≥121℃时可自动熔化的易熔塞。

（三）注气压缩机组

注气压缩机组是储气库的核心设备，该设备曾经以进口为主，价格昂贵，调试和售后维修周期长。目前，国产往复式和离心式压缩机组都已研制成功并获得应用，既大幅降低了机组采购投资和后期运行成本，又大幅提升了储气库运行的保障能力。机型的选择与储气库的最小日注气量有关，当最小日注气量≥$500\times10^4m^3$时，建议采用离心式压缩机组，其他情况下宜采用往复式压缩机组。压缩机组部件由主机总成、驱动系统、工艺气系统、机体润滑系统、气缸润滑系统、冷却水系统、底座系统、电气控制系统组成。通过建立标准化选型、模块化制造、工厂化性能测试、数字化交付的采购模式，压缩机组的质量不仅可满足储气库注气压力高、工况范围广的特点，而且设计、安装和调试的周期还可大幅缩短，符合储气库建设周期的要求。

在压缩机组配置方面，驱动机可选用天然气发动机或防爆电动机（以下简称“电动机”）两种类型。与天然气发动机相比，防爆电动机占地面积小、启动时间短、控制精度高、噪声小、排放少，维护成本低，虽然初始投资较高，但更符合绿色生产的要求，因此已逐渐成为首选配置。电机额定功率≥压缩机最大功率×105%。电机轴承形式与额定功率密切相关，见表2-1-1；空冷器的选型与机组的设计压力密切相关，见表2-1-2；状态监测系统由传感器、数据采集器、场站级监测服务器、场站级状态监测软件、远程网络化状态监测及故障分析软件等组成，重点监测机体和十字头的振动、气缸的压力和轴系的键相。

表2-1-1 电机和轴承的形式

电机额定功率/kW	轴承形式	电机额定功率/kW	轴承形式
<2000	宜采用滚动轴承	>4000	宜采用强制润滑式滑动轴承
2000~4000	宜采用滑动轴承		

表2-1-2 空冷器的管箱形式

设计压力/MPa	管箱形式	设计压力/MPa	管箱形式
≤10	丝堵式	35~70	锻件式
10~35	集合管		

（四）三甘醇再生撬和尾气处理撬

三甘醇再生撬和尾气处理撬是储气库的重要设备，用于脱除储气库采出的天然气中的水气，防止水气进入管道造成积液，引起输气能力及热值下降，以及防止天然气中的H_2S和CO_2加速对钢材的腐蚀。撬块由三甘醇再生系统、燃料气系统、甘醇循环系统、尾气处理系统及电气仪表控制系统组成，优化后的系列配置见表2-1-3。

表 2-1-3 三甘醇再生及尾气处理撬系列

三甘醇		平面参考尺寸	
处理量/(m^3h)	压力/MPa	三甘醇再生撬/mm	尾气处理撬/mm
1	2~10	8000×3000	4000×2500
2	2~10	9000×3000	4000×2500
3	2~10	10000×3000	4000×2500
4	2~10	11000×3000	4500×2500

在撬块配置方面，三甘醇再生设备主要包括预过滤器、活性炭过滤器、后过滤器、精馏柱、重沸器、缓冲罐、贫液泵；三甘醇循环设备主要包括三甘醇闪蒸罐、预过滤器、活性炭过滤器、后过滤器(含差压计)、贫/富液换热器、三甘醇循环泵；尾气处理设备主要包括鼓风机、尾气空冷器、尾气分离器、废水提升泵；辅助配套设备主要包括安全阀、气动球阀、手动球阀、截止阀、节流截止阀、针阀和电磁阀。

在设备选型方面，三甘醇循环泵宜选柱塞式往复泵，鼓风机宜选三叶式罗茨鼓风机，空冷器的管箱形式为丝堵式，废水提升泵为离心泵，三甘醇循环泵的电机宜选用防爆变频电机，其他电机选用防爆工频电机。

四、标准化施工

工厂预制是标准化施工的基础。通过采用固定厂房结合现场简易平台的预制模式，在油田气或潜在项目集中的区域建立预制厂，厂内配备带锯坡口机、五轴数控等离子切割机、移动式铣边机等自动化施工设备和 EP3D、PDSOFT 等二次设计软件，实现成撬块设备、阀组和工艺管道下料、组对、焊接作业的自动化，从而提高工程质量和施工效率。

五、标准化信息管理

(一) 建立数字化交付平台

数字化交付是标准化信息管理的基础，通过建立统一的数字化交付平台，将储气库设计、采购、设备制造、施工、监理、项目管理、中交、调试、竣工等过程资料按照标准化的编码规定批量上传，一起移交给业主，满足业主在工程交工后进行日常查询、管理、改造、开发等需要。

(二) 设备的数字化交付

对于重要机械设备，在集成数字化工程图纸和文件的基础上，利用三维数据全面展示设备的整体外观和内部构造，利用动画推演设备建立焊接工序及流体工作原理，实现设备的内部线上巡检，为施工管理和生产操作提供指导。

六、标准化的有效性验证

通过量化和细化标准化评价指标，将储气库建设的标准化转化为可操作、可衡量的具体标准，从而帮助建设单位明确标准化方向，大幅提高储气能力建设的质量和效率。中原油田卫 11 储气库按照标准化模式开展建设，并于 2021 年 10 月建成注气，设计库容达到 $10.09\times10^8m^3$。它与 2012 年建成的文 96 储气库和 2019 年建成的文 23 储气库共同组成了中国华北地区最大的天然气地下储气库群——中原储气库群。与文 96 和文 23 储气库相比，卫 11 储气库取得了更好的经济效益。中原储气库群的标准化工作评价见表 2-1-4。

表 2-1-4 中原储气库群的标准化工作评价

考核点	考核指标/%	实际指标/%	备 注
标准化选址	100	100	—
标准化设计覆盖率	80	90	含工艺、电气仪表、建筑等专业
撬装化率	95	99	注采站：除仪表风和氮气储罐，其余均实现撬装化或模块化。井场：所有设备均撬装化
场站三维设计率	100	100	
标准化采购	80	84	油套管、完井工具、放空分液排液泵、污油回收泵、润滑油加注泵、注气压缩机、三甘醇再生装置、消防稳压装置、污水提升泵、采出水外输泵、电动单梁起重机、加热炉撬等实现标准化采购
工艺管道预制率	80	85	—
钢结构预制率	90	95	—
数字化设计和交付	100	100	—
标准化设计成果线上管理	100	100	—
减少劳动定员	30	40	单库定额 15 人，较文 96 储气库定额缩减 10 人
缩短建设周期	10	50	设计+采购+施工+预投产共计 8 个月，较文 23 储气库减少 10 个月
全生命周期成本降低	≥5	10 左右	通过标准化设计，减少物料浪费，缩短建设周期，减小占地面积等

随着国内天然气消费量强劲增长和天然气对外依存度逐步攀升，储气库已成为实现管网和接收站的供气平稳和安全必不可少的设施。国内储气库的建设单位应加强合作，将国外储气库建设和运营的先进经验和国内储气库的研究与实践成果转化为技术标准，持续提升标准质量，提高标准的国际化水平，健全人才队伍，为推动我国储气库产业的科学发展提供有力支撑，早日建成适合我国国情的储气库全产业链标准体系。

第二节 机械化作业

一、自动焊接设备

机械化作业是大幅降低人工成本、提高施工效率的重要措施。工程建设企业要紧跟时代发展步伐，着眼长远发展，瞄准世界一流水平，认真学习借鉴汽车、高铁等行业的机械化作业成功经验，全面提升机械化作业水平，能够机械化作业的尽量不用或者少用人工作业，加快提高工作效率。要充分认识到，机械化不是为了继续扩大产能，不是对原有施工设备、机具的重复购进，而是要着眼那些全部或部分采用人工作业的工序，那些可全部或进一步替代人工、技术先进、功能特殊、性能优越、经济可行的施工设备、机械、机具，持续不断地提升机械化作业水平，逐步实现机械化换人、机器人作业、自动化减人。

近20年来，随着数字化、自动化、计算机、机械设计的发展，以及对焊接质量的高度重视，自动焊接已发展成为一种先进的制造技术，自动焊接设备在各工业应用中发挥的作用越来越大，应用范围正在迅速扩大。在现代工业生产中，焊接生产过程的机械化和自动化是制造工业现代化发展的必然趋势。

二、常用自动焊接技术

（一）自保护药芯焊丝自动焊技术

在早期建设的石油化工长输管道中，普遍采取手工下向焊、实心焊丝气保护焊等技术开展管道焊接作业，这类技术存在应用局限性，操作流程烦琐，技术水平要求高，不易取得理想的焊接效果。例如，在应用实心焊丝气保护焊技术时，既需要使用大量保护气体，根据工程情况设定保护气配合比与控制气体纯度，同时对施工现场环境条件有着严格要求，需要在环境风速不超过2m/s的条件下开展管道焊接作业，如果不能满足这一要求，则有可能在焊缝部位形成气孔。对此，应在现代石油化工长输管道工程中推广、普及自保护药芯焊丝自动焊技术，与手工下向焊等焊接技术相比，其有着抗风能力强、成型美观、工作效率高、操作简单和焊缝可控性强的优势，在管道焊接期间不易出现气孔、接头未熔合等质量缺陷，能将焊口一次合格率提高至95%及以上，这对管道焊接质量与作业效率的提高有积极影响。

自保护药芯焊丝自动焊技术的原理为：施工人员在药芯焊丝部位添加适量造渣剂和造气剂，启动机械系统，控制焊接小车带动焊炬绕管口部位在焊缝中匀速填充焊丝，造渣剂和造气剂在高温条件下持续生成渣、气来保护熔池熔滴，直至完成焊接作业。由于机械系统采取齿轮传动方式，在焊接小车作业期间并不会出现明显抖动现象，以此保障焊口质量，使焊丝和坡口边缘保持良好熔合状态。

（二）双丝焊接技术

双丝焊接技术是在焊枪内串联2根焊丝进入同一熔池的自动焊技术，与传统单丝焊接技术相比，可以摆脱焊接电流对焊接作业效率的限制，采取时序方式来控制2个脉冲电弧，由转化设备实时地将模拟信号转换成数字信号，再向电源发送数字信号。现阶段，在石油化工管道施工中，双丝焊接技术较为成熟，并且积累了丰富的实践操作经验，是当前最有效的管道自动焊技术。

三、自动焊技术在石油化工管道施工中的应用建议

（一）建立石油化工管道视觉焊接系统

现阶段，尽管自动焊技术在石油化工长输管道工程中得到广泛应用，但受到技术水平的限制，管道焊接与检测环节的衔接程度较低，无法在管道焊接作业期间实时地发现全部的质量问题与隐患部位，而是需要在管道焊接完毕后，再开展管道检测作业，对缺陷部位进行返工处理。这一问题的存在，使得管道焊接作业流程较为烦琐，返工率相对较高。因此，施工企业在石油化工长输管道工程中可选择建立配套的管道视觉焊接系统，系统由坡口与根焊道视觉检测设备、视觉清渣设备、自动视觉外焊机三部分组成。

其中，坡口与根焊道视觉检测设备负责持续监视焊接作业情况与成果质量，包括实时测

量坡口尺寸、获取根焊道轮廓图像、上传缺陷问题等，起到替代人工发现、反馈焊接质量问题的作用。视觉清渣设备负责实时监测管道清理情况，执行系统下发的控制指令，清理管道背部附着的灰尘污渍与残渣，尽可能保持管道在焊接期间的洁净状态，避免因焊渣未得到及时清理而出现氧化现象，同时在舱内参数实时监测值超过预先设定的控制阀值后，视觉清渣设备将自动发送报警信号。自动视觉外焊机则采取激光视觉方法，基于程序运行准则，通过发送与接收激光束来获取管道焊缝部位特征信息，对比分析焊缝特征信息和预先导入的管道焊接方案，自动对焊接作业方案与工艺参数进行纠偏调整，实现对焊接质量缺陷的快速发现、实时解决，避免因参数设定不当而形成气孔、夹渣等质量通病，其本质上属于一种闭环控制系统，可以自动纠正工艺参数偏差。

(二) 推动自动焊技术体系的创新发展

现阶段，虽然自动焊技术在石油化工管道施工中得到广泛应用，并取得显著的应用成果，但自动焊技术体系尚处于初期发展阶段，在实际应用期间仍存在一些问题。因此，施工企业需要树立创新意识，加大技术研究力度，积极借鉴国内外同类项目的技术经验，持续推动自动焊技术体系的创新发展。例如，当前在部分石油化工长输管道工程中，施工企业采取一种基于双丝焊接技术发展演变而成的 CAPS 双焊枪双丝自动焊工艺，有效解决了双丝焊接技术无法在低温环境中施工的技术难题。同时，北京某技术公司研发出新型的无轴肩搅拌摩擦焊技术，与传统搅拌摩擦焊技术相比，有效地解决了焊接质量易受搅拌针长度影响、接头部位组织不均、无法实时控制焊接厚度、接头强度不足等技术难题。

此外，为了充分发挥新型自动焊技术的优势，施工企业与相关技术公司还积极研发配套的新型管道焊接设备，以此满足技术应用要求。例如，在应用新型搅拌摩擦焊技术的同时，根据石油化工管道施工要求研发配套的便携式搅拌摩擦焊设备，与传统型号的焊接设备相比，该便携式搅拌摩擦焊设备有着操作简单、熔合线周边不会形成粗大晶粒、软化点可控性强的优势，可以完成壁厚 20mm 以下的管线钢焊接作业，且管道抗压强度及屈服强度得到明显提高。

四、自动化焊接在我国的应用

针对当前项目工期紧、类别多的生产预制需求，中石化中原建设工程有限公司首次引进了一体化自动焊生产线，将预制车间搬到了储气库施工现场，在提高工程质量、缩短生产工期的同时，有效降低了施工成本。

其金属结构分公司主要承担双台子储气库管线预制焊接和撬装产品预制生产任务。一体化自动焊生产线的引进，实现了由工厂生产向现场化预制的转变。投入的 4 条自动化焊接生产线，将原本在工厂内完成的组对、焊接等流程前移到项目现场，不仅减少了成品运输、原材料周转的时间，还节约了人工成本。原材料在现场切割、组对、焊接，工艺管线焊接采用自动焊接工艺，整体焊接合格率达到 99%以上，焊口检测 1 级片达到 97%以上，提高了工艺管线的整体焊接质量。

由单体预制向模块化施工转变。该分公司提出了先预制后组装的模块化撬装生产模式，将撬体钢构与工艺同时施工，当工艺预制 60%以上时便安装到撬体上，现场一次安装完成。通过现场"工厂化预制"，现场设备及工艺结构布局由平面分布向立体叠加集成，功能由分散型向一体化、智能化集成，大幅节省了施工占地和建设成本，提高了预制生产效率 30%

以上。

由人工操作向机械化作业转变。为适应不断增加的预制生产任务，引进了切管机、坡口加工机、组对平台、管道自动焊机和悬臂吊等各类国内先进设备，组建成预制生产线和组装平台，形成机械化流水作业生产线。随着生产线的建成使用，下料、组对、焊接、涂装等生产流程实现了由人工操作向机械化操作的转变。目前，储气库项目施工中的大部分焊接工作完成了由单纯人工作业向机械化作业转变，机械化设备投入后覆盖生产工序达90%以上，在减少施工人员数量、提高施工质量及施工效率的同时，有效降低了施工风险。

五、自动化焊接总结

综上所述，随着油气管道工程的不断发展，管道口径、壁厚、压力增大在带来更大的运输能力的同时，也对管道焊接工艺提出了更高的要求。手动焊接、半自动焊接等传统方式受人为因素影响大，焊接速度有限，一次焊接合格率不高，且焊工劳动强度大，无法满足油气管道工程发展的需求实现。自动焊是油气管道焊接工艺发展的主流趋势，电子束焊等一系列先进的焊接技术将拥有更广阔的发展和应用空间，而自动焊工艺的发展需要加大研发投入，加快推动焊接设备与焊接系统等方面的进步。

第三节 工厂化预制

工厂化预制是石油工程建设企业需要长期研究及不断投入资金的大课题。可随时调遣、机动性能强、小型化预制工厂建设的技术及经济对比分析论证，预制先后工序论证及优化，以及增强机动性是今后几年的主要方向。采用信息化、数字化手段，不断提升工厂化预制的管理水平。

一、现阶段我国工厂化预制情况

工厂化预制是实现模块化施工的基础。为了贯彻这一理念，针对长输管道工程线路跨度大、施工地点非常分散、线路中间场站数量有时很多而安装设备规模和数量反而相对小等特征，在工程项目中，要最大限度地减少项目施工现场制造加工的工作量，原则上能在加工厂房内完成专业制造工序的尽量不在施工现场制作，同时学习、借鉴国外先进的现场工厂化作业和大型模块化组装技术的成功经验，对施工组织管理进行科学筹划。并且，按照这一理念，优化施工方案和工艺，利用先进管理软件完善施工网络计划，不断改进传统的施工组织方式，大幅降低施工难度，在施工过程中按业主要求确保工厂化预制和模块化施工质量。

将工厂化预制和模块化施工这两项工作与设计标准化充分结合，与设计相比，主要侧重油气储运工艺中单元撬的单一设计制造和安装，完成了六大类撬装设备的工厂化预制和模块化施工，提升了场站建设效率。

多年的施工经验表明，如果在提高施工质量、产品质量、工艺质量和工作效率上多下功夫，就可以在提升现场管理水平、保证施工安全、确保工程进度、优化工作环境上实现大跨越。

二、受限因素分析

（一）工艺区及管廊区的影响

工艺区设备密集，空间相对狭小，各系统管道数量众多，管道类型、走向各异，预制过深或管道过长则容易造成安装困难，而分段预制就位、安装更加符合现场实际。管廊区相对简单，管廊区顶部可直接现场焊接。除了顶层，考虑到钢结构立柱间距，可视情况选择预制，一般安装长度为钢结构立柱间距的0.8~1.2倍。

（二）预制工艺要求的影响

对于支管台、厚壁斜支管等管件，开孔下料需要多层多道焊接，因此一般在工厂车间内完成。

对于有缝管道，相连的不同管道0°基准线或计算方向可能不同，应保证两个管节间纵缝错开100mm以上，避免形成十字焊缝，导致应力集中。

针对需要焊后热处理的管道，现场安装的管道节一般大部分已经被刷好油漆，如果有大量焊缝需要热处理，会影响焊缝周围管道油漆的质量，并造成返工补漆。

（三）现场高空临空面的影响

高空临空面位置特殊，它是通向工艺区内部的窗口。现场安装高空临空面的管线时，由于不具备直接作业平台，需要基于现有钢结构或设备搭设脚手架。而这些临时搭设结构会对其他管道的吊装产生较大影响，因此在预制和安装时，应优先考虑钢结构框架内部管道的预制和安装。

（四）吊装能力的影响

被吊管道重量会受到施工设备起吊能力的限制。施工中，应根据项目吊装设备的吊装性能确定预制管节的最大单件重量。

（五）车辆转运的影响

一次性预制过长会造成转运困难，并引发安全事故。一般情况下，预制管节首尾直线距离应小于车斗长度。为保障运输的稳定性，确保管道不变形，一般进行"长直管、短弯管"预制，防止其翘起，以及因局部受力过大导致管道圆度不足或管线变形。

三、预制策略探讨

（一）适合工厂预制的管节

适合工厂预制的管节包括以下几种类型：弯头（45°/90°）、三通、喷嘴/支管、法兰、偏心异径管等方向性的管件；焊缝质量难以控制的管道，如大管径厚壁管道、易变形的薄壁不锈钢管道；安装难度较大的管道，如垂直走向的大管径部分；就位较高且没有配套永久检修平台的管道，如大型塔器顶部回流管；现场不易固定的法兰，如大型带颈对焊法兰。需要注意的是，法兰处安装的阀门有方向要求，在预制时应做好方向基准线的控制。

（二）适合现场焊接的管节

（1）现场走向复杂或布置存在不确定性的小管道，一般不在预制工厂内预制。

（2）安装精度要求较高的大型法兰。由于设备安装允许有一定的安装偏差，在现场安装焊后成品管节时，与设备配对的相关参数如平行度、同心度、螺栓孔位置等可能出现超标现象，对于这样的管节，选择在安装现场进行高精度法兰的实地组对、焊接。尤其是与动设备进、出口连接的法兰则要求较高，根据 GB 50235—2019 要求，与动设备连接前的自由状态下的法兰安装平行度及同心度允许偏差见表 2-3-1。

表 2-3-1 法兰安装平行度及同心度允许偏差

机器转速/(r/min)	平行度/mm	同心度/mm
<3000	≤0.40	≤0.80
3000~6000	≤0.16	≤0.50
>6000	≤0.10	≤0.20

(3) 带有一定坡度的管道，应在现场装配、测量后再焊接。因为角度值很难保证精确，而且一旦有细微的偏差便会造成方向和标高较大的误差。

(4) 针对管廊上的长距离传输管道，可直接在管廊上简单加工后组对焊接。

(三) 预制顺序

(1) 优先预制设备及与动设备连接的管道。工艺区管道安装复杂且不易调整，在管廊上调整管节对接。

(2) 考虑到现场安装，应遵循先难后易的顺序，充分利用有限的施工空间。先预制、安装大管径管道，再预制、安装小管径管道。

(3) 先预制钢结构内部的管道，再预制临界面的管道。

(4) 应优先考虑区块化预制。考虑到管道在现场安装后还需要补漆、强度及严密性试验、伴热(电、蒸汽)及保温保冷等工序，为减少交叉作业带来的影响及安全隐患，在二次设计和施工时，应优先预制某个高程或区块的管线，尽量保障现场在相近区域内的安装进度一致。

四、注意事项

(1) 已预制的弯头、偏心异径管、法兰等应视为带有方向的管件，即安装的角度已在预制时确定，需要现场安装工认真校对角度并调节对缝。为方便现场调整，预制的一根管节两端一般不得同时预制法兰或弯头。而对于需要在管体上开孔焊接的支管或支管台则除外，例如母管上应尽量多地装配焊接支叉管。

(2) 在二次设计时，应尽量考虑以法兰连接为分界节点，减少现场焊接点。

(3) 管廊上的管线特点是管材型号、尺寸基本一致，分支管较少，预制管道的设计长度应充分考虑供货标准管材的长度，以减少切割，降低损耗率。

(4) 考虑到一般的塔器安装顺序，即在安装管道前需要将检修平台安装好，而这些垂直管道常常要穿过检修平台，因此垂直管道一般预制程度不应太高，且现场焊缝不应距离检修平台过远。

第四节 模块化施工

模块化施工是世界上先进的工程建设技术，广泛应用于各领域。油气田地面工程模块化施工是通过三维模块化设计完成场站设计，依据设计模块，在不同的预制工厂分别对模块进行预制，然后运输至建设现场进行安装或组装的建设模式。近年来，中国石化在陆上油气田地面工程大型场站的建设中，借鉴了国际先进的工程建设经验，探索了模块化施工模式，取得了初步成果。但由于模块化施工在中国石化还处在初级阶段，还需进一步深化认识，进一步提升技术水平，进一步完善管理模式，逐步建立管理制度。因此，模块化施工在中国石化的发展和完善还有很多工作要做。

一、模块化施工与传统建设模式的区别

模块化施工是一种先进的建设理念，在技术上与传统建设模式的区别主要表现为：在设计阶段，以满足生产功能需求、工厂制造、运输和现场装置模块或单元模块的安装为主线开展工程设计；在施工阶段，将油气田地面建设工程中的大部分现场施工转移到流程化、自动化程度高的预制工厂内，在预制工厂内实现工程模块的批量化生产，然后将预制模块运输至现场进行组装。

模块化施工将工艺安装、土建、调试等工序进行了深度交叉，在现场土建施工的同时，依照模块设计图纸，在预制工厂内进行其他专业的施工。土建施工完毕后，可将在预制工厂内制作好的预制模块运往现场进行组装，迅速地完成现场施工作业。

模块化施工模式可以被定义为：依据工艺流程和总平面布置图等，将场站设施按功能、单元或区域分解为若干模块，根据其功能、安装要求开展模块设计，通过对模块进行定位拼接完成场站设计。根据设计模块，预制单位可在不同地点的预制工厂内分别对模块进行预制，再经包装后运输至建设现场进行组装。

二、模块化施工的现状和成果

近年来，随着三维工程设计技术、施工技术和管理水平的不断进步，中国石化对地面工程模块化施工的认识水平得到了大幅提升。在油气田地面工程场站建设中，结合中国石化自身建设特点，在多项大型场站的工程建设中均采用了模块化施工方式，提高了建设效率和质量，提升了安全环保水平，取得了显著成效。2021 年 7 月，采取“五化”理念，采用集成模块化施工方式建成了中原储气库群项目(包括卫 11 储气库、文 13 西储气库、白 9 储气库和清溪储气库等)和孤家子储气库项目，缩短建设工期 50%，减少占地 35%，节约投资 10%。2022 年 5 月，标准化储气库建设在文 24 储气库和孤西储气库中得到了进一步的推广应用。

三、中国石化储气库地面工程推广模块化施工的策略

(一) 一体化集成设计和建造

一体化集成装置是在标准化、模块化、智能化思想指导下，将容器、机泵、电气、自控仪表等按一定工艺要求集成安装在撬座上，具有特定功能，能够替代常规中小型场站或大型场站生产单元的生产设施。一体化集成装置是具有智能化特点的模块，能够实现生产数据自动采集、生产过程自动控制、生产环境自动监测、紧急状态自动保护、生产现场无人值守和远程监控。

在一体化集成装置的设计和研发中，重点开展了高效节能工艺、高效及多功能合一设备、集成优化布置、智能化、本质安全等技术的研究和应用。自 2010 年中国石化全面开展集成装置研发与应用以来，已经将其广泛用于油气集输、注水、采出水处理、伴生气回收、天然气处理、供配电和供热等主体及配套工程中，替代了油气田规模较小的中小型接转站、增压站、注水站、采出水处理站、集气站等，以及大中型场站的部分生产装置和配套设施，如中小型原油稳定装置、天然气脱水装置、天然气脱硫装置、仪表风净化装置、制氮装置、

热煤炉装置等。

（二）结合自身特点

中国石化国内项目在开展模块化施工过程中，也不宜全部生搬硬套国外的建设模式，需要结合自身特点，包括工程项目特点（区域位置、环境、社会依托等），以及设计单位、施工单位、管理单位等的特点，经过综合技术经济分析，以安全可靠、经济高效、先进适用为目标，因地制宜地开展模块化施工，确定模块化施工的方案。

（三）模块法在其他施工中的运用

随着吊装能力的提升，近年来模块法在大型装置建设中运用得越来越多。例如，2008年55×10^4t/a气体分馏装置异地改造及系统配套工程需新增2台丙烯塔，其材质为16MnR，其中C-2103A规格为Φ5600mm×68598mm×48mm（内径×总长×壁厚），质量为472305kg，C-2103B规格为Φ5600mm×67998mm×48mm（内径×总长×壁厚），质量为468575kg。施工方法为模块预制，现场安装。C-2103A、C-2103B共分29节进行预制，每节高度约3900mm，在预制工厂中将每节内构件、接管安装好，在验收合格后运至现场进行安装。因属于旧装置改造，受现场施工条件限制，采用DEMAG AC615 200t级汽车吊及600t级履带吊配合不同工况进行安装。通过模块化预制，大量减少了高空施工作业量，节省了大量机械，提高了施工质量及加快了施工进度，取得了良好的效果。

四、模块化施工的总结与展望

开展模块化施工在储气库项目中的适应性分析研究，制定相关标准规范，建立相应设计、采购、施工和项目管理体系，完善安全和质量等相关规定，有效规范和指导模块化施工的稳步发展。随着时代的进步、科技的发展，模块化施工已经逐渐深入到各种装置建设中。在未来的施工中，模块法将创造更多的经济及社会效益。

第五节 信息化管理

信息化管理是实现现代化生产的重要条件，也是推广“五化”工作的重要手段。依托信息化建设成果，充分利用集团公司信息化资源，围绕工程项目建设管理，逐步建立了能够覆盖EPC（设计、采购、施工）全流程的信息化管理系统，该系统在工程项目建设中充分运用了互联网、大数据、云平台、移动应用互联、交互传输等技术手段；为确保信息系统高效平稳运行、全面实现信息共享，开展了管道工程项目的EPC、监理、交付、运维的全生命周期管理；信息化系统搭建了包括线路、场站、建筑、经济造价四大数字设计系统及物资采购管理系统；在施工信息化方面，根据管道施工现场分布广、设备多、风险大、数据采集困难等特点，开发了大型施工设备远程监控系统、现场安全监督管理系统等。

一、当前存在的问题

储气库自动化系统建设标准高、覆盖面广，设备设施先进，基础设施良好，所以井站采用光缆传输通信，实现了视频监控和周界防范，基本建成了数字储气库，达到了国内先进水平。储气库生产管理全部采用自控系统，自动化程度的提高在一定程度上节约了劳动力，提高了生产效率和管理水平。但仍在实践的过程中发现一些不足：

（1）储气自动化系统（服务器、控制站、工程师站、操作员站）及操作系统、工控平台分属不同厂商，各系统互通性不强，软、硬件维护维修难度大，需要进行统一整合。

（2）缺乏自有生产实时数据库、历史数据库及数据管理、发布和智能应用分析系统，大部分数据和报表仍需要人工计算和录入，后期数据利用率不高，应用程度偏低，距离实现完全数字化、智能化差距很大。

二、储气库信息化建设及发展探讨

（一）远程异地自动监控

设立自动化信息专网，将现场井站监控、调度、管理数据迁移至异地，根据网络条件，设立远程中心控制室，实现对现场站库远程异地监控管理、调度，减少现场工作人员，提升远程管理水平。

（二）完善信息化基础设施建设，全面建成数字储气库

在当前储气库自动化程度高、设备设施先进、覆盖面广的良好基础上，加强信息、自动化基础的应用和完善，全面建成数字储气库。

（1）实现生产数据桌面化。储气库井站在基本实现生产关键参数自动采集、关键过程自动连锁控制、生产现场实时视频监控的基础上，需要开展实时、历史数据收集、整理，建库数据有效存储、开发、分析和利用。因此，建立自动化实时数据库、历史数据库、生产管理数据库，按照物联网建设要求规范数据结构，实现生产自动化数据秒级存储、历史数据永久保存，使数据采集、传输、存储、管理实现常态化。

（2）实现网络管理桌面化。规划核心办公信息网络建设，建立网络监控、预警和管理系统，实现网络设备、服务器、办公计算机、工控设备、视频设备、视频会议终端等的自动 IP+MAC 管理，实时网络监控，为网上办公、视频传输提供高速、稳定、安全、可靠的网络环境。完善作业区工控冗余内网，架设双向网闸，实现工控网与办公信息网安全、高效数据传输，消除数据鸿沟和信息孤岛，实现生产数据快速传输、共享和应用。

（3）实现业务工作桌面化。根据储气库生产、管理需求，定义业务信息化流程，开发业务信息应用系统，实现生产业务、管理业务、决策业务等的信息化、桌面化。

（4）实现数字油田桌面化。以储气库实体为对象，以地理空间坐标为依据，通过实时、历史大数据存储和异构数据融合，用多媒体和虚拟现实技术，建立以储气库工艺流程、生产运行、地理信息、科研管理、决策指挥为基础的数字储气库，实现储气库地上、地下的多维空间展示，实现储气库的空间化、数字化、网络化和可视化。达到数据共享化、科研工作协同化、生产运行监控自动化、生产指挥可视化和分析决策智能化，全面实现储气库数字化管理。

（三）开展智能储气库实践

智能储气库比数字储气库更高级，它是在充分完成数字化的基础上，建立各类管理和决策分析模型，辅助储气库生产的智能分析和决策制定。

（1）特点。智能储气库建设的工作重点是对储气库进行大数据挖掘、知识管理、过程控制和人工智能建设，特点是可全面感知、自动操控、预测趋势、优化决策。具备以下几个功能：

① 通过全面采集地下、地面生产数据，直观展示储气库注采生产全过程。

② 建立储气库注采、天然气处理各种工况知识库和系统单元模型，通过实时、历史、预警大数据分析，逐步实现参数自动调节，实现生产全过程智能控制。

③ 预测储气库气藏、工艺、设备趋势变化，实时生产异常预警，必要时自动切换工作流程，避免发生严重事故。

④ 挖掘储气库注采、天然气处理各系统关系，优化生产流程，降低运行成本，为科学制定决策提供全面支持。

（2）框架结构。根据储气库特点及生产管理要求，智能储气库总体上以自动化设施为基础，以网络为纽带，以智能系统为核心，实现数据采集、存储处理、集中调控、决策分析的综合应用。数据采集：实现全面采集地下、地面、工艺、设备生产数据，远程操控，视频传输。存储处理：对实时数据、历史数据进行大数据分析、处理，建立气藏地质、地面工程、GIS 空间等数据模型。集中调控：实现生产指挥系统、自动化调控系统、数字储气库系统等智能化调控管理。决策分析：实现生产管理、生产指挥、气藏研究、注采工艺研究、数据共享、数据管理、经营管理、管理决策、召开视频会议等。

（3）重点方向。基础设施方面：全面建设和完善信息基础设施、数据采集设备，以实现对生产工况的全面感知。自动控制方面：深入研究储气库生产各环节的特点和规律，充分应用实时、历史、预警数据，进行大数据分析，建立生产（故障）模型，实现生产全过程的自动控制。系统建设应用方面：深化数字储气库应用，按照物联网建设要求，开发相关智能储气库子系统，包括智能气藏管理系统、智能注采井管理系统、智能产量管理系统、智能生产运行指挥系统、智能应急管理系统、集输管网智能调峰系统和专家辅助系统等。

三、信息化管理在储气库建设中的应用

目前，地下储气库信息数据管理平台已在新疆呼图壁、西南相国寺及辽河双 6 等 6 座气藏型储气库（群）试运行，实现了对 6 座气藏型储气库（群）气藏的基本信息数据、集注（配）站基础数据、输气管道数据、地面设施数据、气源数据、集配站基础数据、地质方案设计参数、钻完井方案设计参数、地面工程方案设计参数、投资估算及经济评价指标设计参数等 360 项数据的整理入库。对于新产生的各类生产动态数据，依托数据传输加载系统，采用手动录入和自动加载两种方式对数据进行采集、录入、并实时汇总传输到管理平台数据库中，实现了库、单井、地面集输管道相关参数[如生产时间、油（套）压、注采气量、温度]等各种数据的处理及存储。实现了所有入库数据的网上发布，具备网上查询、浏览及下载储气库各种基础地质数据、生产动态数据及生产报表的功能，科研人员可以根据需要对各类数据进行综合分析查询，并将查询结果生成直观、形象的统计图和统计表。同时，编制的数据备份软件可以实现将主数据库中的全部数据通过自动加载和手动录入两种方式备份到备份服务器中，以保障数据的安全性和可靠性。

在近年的地下储气库（群）注采运行计划编制过程中，科研人员充分利用了地下储气库信息数据管理平台，统计并分析了上述 6 座储气库（群）投运以来注采井的各类数据 30000 余项，在此基础上提出的注采运行方案为天然气产、运、销平衡及安全、平稳供气提供了强有力的技术支撑。

四、信息化建设的成效与未来发展

地下储气库信息数据管理平台的建立，使储气库业务开展中各类数据存储、管理及使用更加规范、快捷、准确。根据储气库的库名称、井名称、生产时间段等查询条件，科研人员

可以方便地从数据库中查询所需的信息资料并生成相应的图表、曲线等，极大地提高了科研人员、管理者对储气库实施综合分析、评估和决策的效率。目前，该系统正处于不断完善阶段，今后应该重点在以下 3 个方面开展工作：

（1）建立与数据平台相关的管理制度和方法。

（2）根据后期生产实际需求，加强地面数据实时自动化采集、文档资料管理等新的功能模块的开发。

（3）在现有系统框架的基础上，根据数字储气库信息发展需要，进一步加强对储气库信息数据管理平台的远程监控、调度及可视化综合运用的开发与建设。

第三章　储气库标准化设计

自2021年以来，按照中国石化集团公司国内上游地面工程“五化”(标准化设计、工厂化预制、模块化施工、机械化作业和信息化管理)工作安排，要积极开展枯竭气藏型储气库地面工程标准化设计相关工作。，以卫11储气库、文13西储气库、清溪储气库、白9储气库为载体，全面落实“五化”要求，打造储气库建设“中原品牌”，建设“五化”示范工程。

“五化”工作的核心是聚焦“五省”(省人、省时、省力、省心和省钱)，坚持“全球视野、国际标准、石化特色、高点定位”“全生命周期价值最大化”“安全、质量、效率、效益、智慧、快乐”等理念，创新施工工法，不断提升设计和施工水平。

第一节　储气库标准化设计体系

近年来，我国经济迅速发展，对能源的需求量日益增长。天然气地下储气库是城市天然气输配系统工程中的重要组成部分。随着天然气在能源结构中所占比例不断增大，供气区与用户区的年峰谷差、季峰谷差、管线更换、意外事故等原因造成的供需不平衡现象越来越明显。地下储气库是安全平稳供气和天然气输配系统高效运行的重要保证。

通过建设地下储气库，既能提高气藏开发效果、大幅提高凝析油采收率，又能利用储气库的调峰功能，在冬季用气高峰期形成调峰及应急能力，创造经济效益，还能为气田储备提高采收率有效技术，因此在文96储气库、文23储气库成功建设的前提下，近年来，中原油田深入展开储气库群的开发建设。随着工程设计工作任务加重，设计产能和业务量之间的矛盾、业务量和设计质量之间的矛盾急需解决。

目前，大部分单位采用的设计方法还是以往的老方法，在承接设计任务之后，质量管理部门只对最终设计文件做相应控制，即设计文件产品能够满足现行规范的要求，能够满足业主对质量和进度的要求。而对于设计生产过程中设计人员采用的设计工具、设计思路、设计手法等不做具体规定。这种设计方法给设计人员的自由度很大，使其有足够的发挥空间，但同时也造成设计的个性化烙印非常重，同一个设计院交付的设计产品存在风格不统一的现象。而且，由于每个人的设计风格、设计习惯不同，造成效率、进度、质量等难以得到有效控制。总体来说，这种设计方法还是“以个人为中心”的作坊式生产方法。一切以设计人员为中心，设计人的能力决定了该项目的进度和质量；设计人的能力不同，造成设计项目的结果不同；如果项目组中途换人，对项目的影响很大。

纵观现代化工业生产，流水线上的工人换了一班又一班，可最终产品的产量和质量并无差异。究其原因，生产线上每一道工序都是事先定好的标准工序，所用的零件也都是标准零件，整个生产过程是一个标准化的过程，与具体操作人员无关。这种标准化流水作业的模式，不但生产效率高、人为因素少，而且质量控制点明确，产品的合格率也高。作为设计企业，借鉴这种模式，对设计生产方式做一些变革，减少设计过程中人的因素，逐步转化为“以项目(产品)为中心”的生产方式。

“标准化设计体系(Standardized Design System，SDS)”就是为了满足这种“以项目(产品)为中心”的生产方式而制定的一种制度，即将设计工作中大量、重复性的工作，进行标准化统一，使之成为设计文件中的“标准模块”或“标准框架”。在设计流程之中，可以通过在“标准框架”中插入相应内容，或者直接插入“标准模块”来完成重复性的设计工作，从而提高设计的劳动生产率，并节约大量的宝贵时间和精力，使设计人员专注于设计方案和内容的构思。

一、标准化设计体系的构成

整个标准化设计体系，除了包括设计内容标准化之外，还应包括设计流程标准化、工程管理标准化等相关内容，使之真正成为一个可以依托的体系平台，所有设计都应遵从这个平台的要求，利用该平台对设计全过程进行质量管控。

要构建这样一个体系平台，应该从设计的各个阶段入手，分析每个阶段的特点，使标准化设计体系涵盖设计前期、中期、后期的全部内容。这些内容包括工程编号和名称标准化、文档外观标准化、图纸外观标准化、技术措施标准化、技术接口标准化、设计软件标准化、文件存储结构标准化和通用图库管理标准化。

各个阶段、各个方面的标准化内容，可以归为两类：一类是属于设计文档外观的标准化，比如文档外观标准化、图纸外观标准化、工程名称标准化等，这部分标准化可以为客户提供外观整齐统一的设计文件，称之为“表达方式标准化”；另一类是属于设计文件内涵的标准化，包括技术措施标准化、技术接口标准化、文件存储结构标准化等，这部分标准化主要体现设计质量水平和技术水平，称之为“技术措施标准化”。

二、标准化设计体系原则

标准化设计体系框架结构层次的建立应遵照以下原则：

一是科学性原则。体系在结构划分和逻辑关系要严谨、合理，既要符合储气库建设生产实际，又能满足标准化设计的需要。

二是优化原则。体系结构由若干元素组成，反映不同侧面和不同层次之间的关系。体系的结构形式，既要避免过于庞杂，又要避免缺项。

三是扩展性原则。体系既要适于体现现行技术水平和生产实际，又要有利于随着标准化设计工作的开展不断升级、完善。

三、储气库标准化设计体系

（一）管理程序文件

在设计前期，重点是项目名称、编号标准化及文件格式标准化。也就是说，要制定项目管理原则、项目文件标准格式。项目的文件索引应能够充分体现项目的总体特征和一些基本信息。

为满足储气库地面工程标准化设计（方案设计、可行性研究）、初步设计及施工图设计项目、竣工图设计项目的文档结构及文件编号规则管理的要求，规范并统一各类成果文件的编制格式，编制文件管理规定及文件标准格式。

（二）文件审查与发布

业主单位收到编制单位提交的征求意见稿后，一般应在 10 个工作日内组织本单位专业人员或外部专家完成审查。审查重点是文件内容、范围和深度是否满足委托要求，以及技术方案是否合理。

编制单位收到业主单位的审查意见后，应在5个工作日内向业主单位上报文件修改计划。

编制单位根据业主单位的审查意见和批准的修改计划完成报审稿，并编制审查意见采纳说明表。

业主单位收到编制单位提交的报审稿后，应在5个工作日之内确定下一步工作安排：

（1）上报主管部门审查。

（2）退回重新修改。

主管部门在收到报审稿后，一般应在10个工作日之内组织专家完成审查。

编制单位收到主管部门的审查意见后，应在5个工作日内向主管部门、业主单位上报文件修改计划。

编制单位根据主管部门的审查意见和批准的修改计划完成报批稿，并编制审查意见采纳说明表。

主管部门收到编制单位提交的报批稿后，应在10个工作日之内确定下一步工作安排：

（1）批准并发布。

（2）退回重新修改。

（三）文件标准格式

针对文字类设计文件描述如下。

文字类设计文件包括管理程序文件、说明书、技术规格书、请购书、计算书及各种专篇。

1. 目录

目录位于“封面”之后。

目录为利用 Word 根据章节编排生成，且只保留前两级。

（1）汉字、数字及英文均采用“宋体”，小四号。

（2）一级目录左对齐，二级目录左缩进2个字符。

（3）一级目录字体加粗。

（4）行距为1.5倍行距。

（5）章节名称与页码之间用“……”分隔。

2. 标题正文

正文中一级、二级、三级标题采用阿拉伯数字，具体格式为1、1.1、1.1.1，一般只写到三级标题，最多不超过四级。

（1）一级标题格式为四号加粗，居中对齐，段前段后1行间距。

（2）二级标题格式为小四号加粗，居中对齐，1.5倍行距。

（3）三级、四级标题格式为小四号，左对齐，1.5倍行距。

（4）正文中汉字采用“宋体”英文，数字采用“Times New Roman”，小四号。

（5）正文行距为1.5倍。

（6）表格名称在表格的上方，五号字体，居中对齐，格式为“表1.1-1××××××”。表格内的文字采用五号字体，表格内行距为单倍行距。

（7）图形名称在图形的下方，五号字体，居中对齐，格式为“图1.1-1××××××”。

（8）说明书、技术规格书、请购书及计算书的模板采用标准模板。

3. 表格类设计文件

表格类设计文件包括目录(专业单体目录、专业目录、单元目录、区域目录)、设备表、材料表、数据表等。

目录、设备表、材料表及标准数据表的模版采用中原设计公司模版，其他数据表模板根据实际需要自行确定。

目录、设备表、材料表、数据表采用 Word 或 Excel 编制。

4. 图纸类设计文件

图纸宜采用 AutoCAD 2012 软件绘制；当采用高版本 AutoCAD 绘制时，应转换为 2012 版本。

图框宜采用 A1、A2、A3 图框或其加长图框。

图中字体的样式应统一，宜采用“sim+hzfst”或“romanc+hzfst”。

字体大小：

(1) 字体的高度宜采用 2.5mm、3.5mm、5mm、7mm、10mm、14mm、20mm；汉字字高一般不小于 3.5mm，拉丁字母、阿拉伯数字、罗马数字的字高一般不小于 2.5mm。

(2) 一般说明性文字的字高宜采用 3.5mm 或 5mm。

(3) 项目名称的字高不宜小于 7mm，图纸名称的字高不宜小于 5mm。

(4) 用作指数、上下角标的字母和数字宜用小一号的字高。

(5) 字体的宽度比例宜取 0.7。

线条的宽度分为粗、中粗、细三种。

(1) 粗线用于表示主要工艺流程或管道，宜取 0.7mm。

(2) 中线表示辅助、次要工艺流程或管道，宜取 0.35mm。

(3) 细线用于标注(例如尺寸线、中心线、轴线、边界线、断开线等)，宜取 0.18mm。

线型：

(1) 已建的管道、设备用虚线绘制，新建的管道、设备用实线绘制。

(2) 管道、设备的可见部分用实线绘制，不可见部分用虚线绘制。

(3) 中心线、对称线、轴线用单点划线绘制。

(4) 假想轮廓线、边界线(如工艺区边线等)用双点划线绘制。

(5) 电动信号线用虚线绘制，内部系统线(数据信号线)用“-o-o-”线型绘制，气动信号线用“-//-//-”线型绘制。

颜色：

(1) 设备的颜色宜采用白色。

(2) 管道的颜色宜按表 3-1-1 选取。

表 3-1-1　各介质管道在计算机屏幕上的显示颜色

序　号	管道内介质	显示颜色
1	天然气	红色(索引号 1)
2	燃料气	黄色(索引号 2)
3	放空天然气	洋红(索引号 6)
4	凝液、污垢	蓝色(索引号 5)
5	润滑油	棕色(索引号 36)
6	水合物抑制剂	绿色(索引号 3)
7	信号线	青色(索引号 4)

(3) 管道上阀门的颜色宜采用白色(索引号 7)，仪表的颜色同管道的颜色。

(4) 图纸中各种标注(位号、口径、管线号等)采用白色(索引号 7)，相关说明的颜色采用白色(索引号 7)。

5. 电子类提交文件

除特殊要求外，提交的设计文件采用 PDF 格式。

提交的 PDF 文件打开必须是正确的，不存在文档不清的问题。

提交的设计文件按目录中的文件编号，一个文件编写一个文件编号，一个文件编号对应一个 PDF 文件。

文件编号采用“流水号+文件号+文件名称+版次”。其中，流水号为两位数字，编号为 01~99，文件号为目录中的文件号，文件名称为单元名称+图纸名称，版次为 0 版。

例如：单井集气站的平面布置图，平面布置图在专业单体目录中序号为 6，编号为：“06-DWG-0603 集 01-02-单井集气站平面布置图 0 版”。

提交的 PDF 文件必须按专业单体目录分别打包。

(四) 编码体系文件

在编码体系文件中，项目的编号应包括开始时间、设计部门、工程类别、流水号、工程阶段等基本信息。在某些场合，可能还需要设计一些短名称和短编号。制定一套适用的命名和编号制度，是项目管理的良好开端。

针对储气库地面工程初步设计及施工图设计阶段设计文件、技术文件和一般性管理文件的编制，包括图纸、规格书、设备表、材料表、数据表、周月报、程序文件、各类专项报告等进行统一规定。

1. 项目文档结构划分

项目文档结构按照区域、单元、专业、单体进行划分。项目下面分为若干区域，区域下面分为若干单元，单元下面分为若干专业，专业下面分为若干单体。工程区域、单元划分见表 3-1-2。专业及单体划分根据各工程实际情况进行确定。

表 3-1-2 工程区域、单元划分

序号	区域名称	区域代号	单元名称	单元代号
1	总体系统	00	总体	00
			总说明	01
			图例	02
			注采站计算书	03
			集配气站计算书	04
			线路部分计算书	05
			井场部分计算书	06
2	场站部分	01	场站说明书	00
			注采站	01
			1#集配气站(如需要)	02
			2#集配气站(如需要)	03
			3#集配气站(如需要)	04
			4#集配气站(如需要)	05
			5#集配气站(如需要)	06
			6#集配气站(如需要)	07
			××联合站改造(如需要)	08

续表

序号	区域名称	区域代号	单元名称	单元代号
3	线路部分	02	线路说明书及通用图	00
			已建管(线)网改造	01
			站外管网	02
			站外电力线	03
4	井场部分	03	井场说明书	00
			1#丛式井场	01
			2#丛式井场	02
			3#丛式井场	03
			4#丛式井场	04
			5#丛式井场	05
			6#丛式井场	06
			7#丛式井场	07
			8#丛式井场	08
			×××单井井场	20
5	采购系统	04	注采站	01
			集配气站(如需要)	02
			××联合站改造(如需要)	03
			线路部分	04
			井场部分	05
6	专篇	05	—	00
			安全设施设计专篇	01
			消防专篇	02
			环境保护专篇	03
			职业病防护设施设计专篇	04
			节能专篇	05
7	经济	06	—	00

2. 设计类文件编号规则

文件编号由六个部分组成，如图 3-1-1 所示。

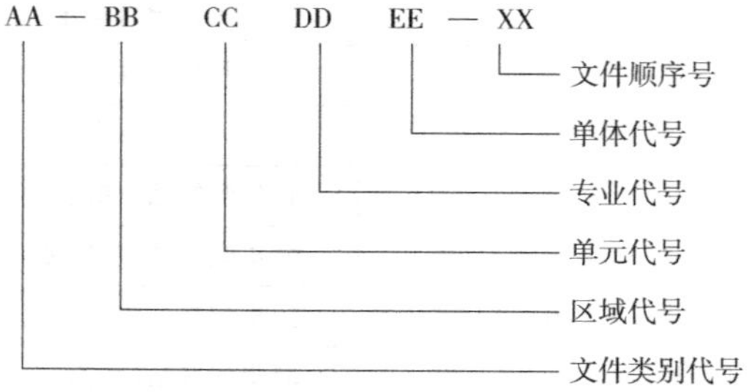

图 3-1-1 文件编号组成

标准化文件类别代号见表 3-1-3。

表 3-1-3 标准化文件类别代号

序号	文件类别	代号	序号	文件类别	代号
1	设计文件目录	DL	8	材料表	BML
(1)	专业单体目录	DL1	9	标准符号表	SBL
(2)	专业目录	DL2	10	(其他)表格	TAB
(3)	单元目录	DL3	11	技术评价报告	TER
(4)	区域目录	DL4	12	询价书	RFQ
(5)	总目录	DL5	13	请购书	RFP
2	图纸	DWG	14	设计变更单	DCR
3	说明书	SPC	15	技术手册	MAU
4	规格书	SPE	16	通用报告	RPT
5	数据表	DDS	17	资料文件	INF
6	计算书	CAL	18	技术规定	TS
7	设备表	EQL	19	专篇	SEC

(五)设计指南

以各类场站基本功能为基础，建立基础模块。通过功能分析，对不同类型、处理规模的储气库进行逐级拆分，形成基础功能模块，针对基础功能模块进行系列化的定型图设计。定型图设计以工艺专业为主线，包括各辅助专业的配套定型图和文字资料，形成功能独立、内容完整的设计文件。设计人员在进行场站设计时，根据生产需求，选择满足需求的基础功能模块进行组合，形成标准化设计套图。同时，结合一体化设计跨阶段、跨专业、共享、协同的特点，促进不同设计阶段之间、不同设计专业之间、不同设计作业人员之间的信息交流与实时交互。

地下储气库工程地面建设工作充分结合了储气库的范围广、气井压力高、压力变化大、井数多的特点，克服了地面设施多、建设施工和生产管理成本高的困难，在方案设计和施工建设过程中，从工艺流程、技术路线、设备选型和系统配套等多方面不断总结优化，按“标准化设计、模块化建设、数字化管理、市场化运作”的模式，形成了一系列技术。根据已建设的文 23 储气库、文 96 储气库、中原储气库群(卫 11 储气库、文 13 西储气库、白 9 储气库)、清溪储气库等地下储气库工程的工程特点，对储气库项目设计中油气集输、气加工、通信、仪表、建筑、结构、总图、给排水、消防、电气、暖通、非标设备、道路、水工保护、防腐保温等各个专业进行统一规定。建设方案与气藏工程、钻采工程方案紧密结合，统筹兼顾。相关设计参数和技术措施必须“地上地下”统一论证优化，根据气田分阶段开发的具体情况，全面规划、分期实施，保证气田开发建设的整体经济效益。针对地面建设内容，以工艺技术优化简化和定型为核心，以模块设计为关键手段，对批量性、通用性、重复性的产建内容进行标准化设计，并应遵循 10 个方面的内容：场站规模系列化、工艺流程通用化、平面标准化、工艺设备定型化、设计安装模块化、管阀配件规范化、建设标准统一化、安全设计人性化、设备材料国产化和生产管理数字化。

(六)标准化工程设计基础库

模块化预制、组装化施工，要求必须有精准的设计。传统的二维设计很难满足要求，采用三维绘图可以提高设计质量，三维设计是地面工程设计发展的必然趋势。与二维 CAD 设计相比，三维设计在自动纠错、自动和绘制轴侧图、平面图和剖面图，以及材料表全自动生成等方面具有更大的优势。相对来说，二维平面设计费时、费力，容易出现设计错误，而有些错误是较难避免的。例如，制图方面的错误(投影关系等)、材料统计方面的错误和误差。

采用三维软件设计可最大限度地减少设计错误，提高设计、预制的质量和效率。国外大型的工程设计公司，在基础设计和详细设计(施工图)阶段，已经广泛采用三维设计。因此，三维设计是标准化设计的必要手段，标准化设计定型图应采用三维设计。

根据工艺管道仪表流程图，利用管道、管件、阀门、仪表将各个设备进行合理、可靠地连接，形成完整的工艺系统，从而实现具有某种处理功能的有关设备、阀门、管道、仪表的安装设计，配管应同时满足工艺需求、操作检修需求、总体规划、自然条件及现场安装条件、施工技术力量水平等。

1. 配管设计一般规定

1）设备布置

设备布置应坚持"按工艺流程顺序布置和同类设备适当集中分区布置"的原则，充分地考虑工艺流程的顺畅、施工及操作维护的方便、外形的整齐美观，同时减少占地面积、节省投资。

同类设备应尽量并列整齐布置。设备的布置坐标或尺寸应尽量圆整，且精度不宜低于0.1m。

设备的布置应充分考虑将来的发展。

装置内部的地下管道和地下构筑物、设备基础的最大外形不应超出装置边界线。

设备的间距除应满足防火、防爆规定要求，还应满足操作通道、检修、结构设计(如基础、平台梯子)、埋地管道、管沟和仪表安装所需的尺寸要求。

设备的人孔、手孔附近应设置有检修通道。不得在人孔、手孔的正面外侧2m范围内布置管道及其他建筑物。

应根据生产操作、巡回检查和小型检修等的频繁程度和操作点的分布情况设置操作通道，操作通道宽度不得小于0.8m，净空高度不得低于2.2m。

建筑物地面一般高出室外地面300mm。在可能散发比空气重的可燃气体的装置内，控制室、变配电室、化验室的室内地面应比室外地坪高600mm以上。

2）其他

管道布置设计应符合工艺管道仪表流程图的要求。

管道布置应统筹规划，做到安全可靠、经济合理，满足施工、操作、维修等方面的要求，并力求整齐美观。

对于需要分期施工的工程，其管道的布置设计应统一规划，力求做到施工、生产、维修互不影响。

永久性的工艺、热力管道不得穿越场站预留用地。

在确定进出装置区的管道的方位与敷设方式时，应做到内外协调。

管道应架空或地上布置，如确有需要，也可埋地或敷设在管沟内。

工艺管道宜地上安装；放空及排污管道宜地下安装。

管道宜集中成排布置，地上的管道应敷设在管墩上。

在管架、管墩上布置管道时，宜使管架或管墩所受的垂直载荷、水平载荷均衡。

管道布置不应妨碍设备、机泵及其内部构件的安装、检修和消防车辆的通行。

管道布置应使管道系统具有必要的柔性。在保证管道柔性及管道对设备、机泵管口作用力和力矩不超出允许值的情况下，应使管道最短，组成件最少。

应在管道规划的同时考虑其支撑点设置。宜利用管道的自然形状实现自行补偿。

管道系统应有正确和可靠的支撑，不应发生管道与其支撑件脱离、管道扭曲、下垂或立管不垂直的现象。

管道布置宜做到“步步高”或“步步低”，减少气袋或液袋。否则，应根据操作、检修要求设置放空、放净装置。管道布置应减少“盲肠”。

气体支管宜从主管的顶部接出。

工艺管道不应沿道路敷设在路面下或路肩下。

管道除与阀门、仪表、设备等需要用法兰或螺纹连接，还应采用焊接连接。

工艺管道、仪表风、循环水等公用系统管道分支管布置时，需在分支管根部设置截断阀，避免支管故障引起系统停运。

管道布置时，管道焊缝的设置应符合下列要求：

（1）焊缝与弯管起弯点的距离不应小于管子外径，且不小于100mm。

（2）焊缝距离支吊架不应小于50mm，需要热处理的焊缝距离支吊架不应小于焊缝宽度的5倍，且不小于300mm。

（3）管道上两相邻焊缝的中心间距：

① 对于$DN<300$mm的管道，不应小于管道外径，且不得小于150mm。

② 对于$300\leqslant DN<500$mm的管道，不应小于300mm。

③ 对于$DN\geqslant500$mm的管道，不应小于500mm。

（4）仪表管嘴安装位置距离焊缝净距不小于100mm，距离法兰不小于300mm。在卧式容器中，开口离切线不小于100mm。

（5）非无缝钢管、管件与非无缝钢管、管件之间焊接，不得出现十字焊缝，管子管件自身的焊缝之间间距应不小于3倍壁厚，且不小于100mm；设备开孔需错开其焊缝100mm以上。

绝缘接头与弯头、三通等管件之间的间距应不小于3~5倍直径。

管道穿过建筑物的楼板、屋顶或墙面时，应加套管，套管与管道间的空隙应密封。套管的直径应大于管道隔热层的外径，不得影响管道的热位移。管道上的焊缝不应在套管内，并距离套管端部不应小于150mm。套管应高出楼板、屋顶面50mm。管道穿过屋顶时，应设防雨罩。管道不应穿过防火墙或防爆墙。

自流水平管道顺介质流向的坡度不应小于0.003。

站内管道应设置高点放空装置，地面管道应设置低点排液装置。

可燃气体管道不得穿过与其无关的建筑物。

对于跨越、穿越站内道路的管道，在其跨越段或穿越段上不得装设阀门、金属波纹管补偿器和法兰、螺纹接头等管道组成件。

工艺管线穿越站内道路应设置保护套管(钢筋混凝土套管或钢套管)。

2. 数字化交付

数字化交付内容与形式的要求：交付内容应包括数据、文档和三维模型。工厂对象与数据、工厂对象与文档、工厂对象与三维模型等不同信息之间应建立关联关系。

1）设计软件及交付方式

数字化交付工具软件可采用鹰图SP系列集成设计软件，包括工艺软件SPPID、三维配管软件SP3D、自控软件SPI及平台软件SPF。

根据实际情况，选择合适的交付方式。典型的交付方式有两种：平台移交、交付物移交。

平台移交是指设计单位为业主搭建交付平台，直接完成项目的数字化交付工作，业主可直接使用数字化交付成果。

交付物移交(图 3-1-2)是指设计单位通过设计交付平台生成设计成果移交包，并移交给业主接收平台。

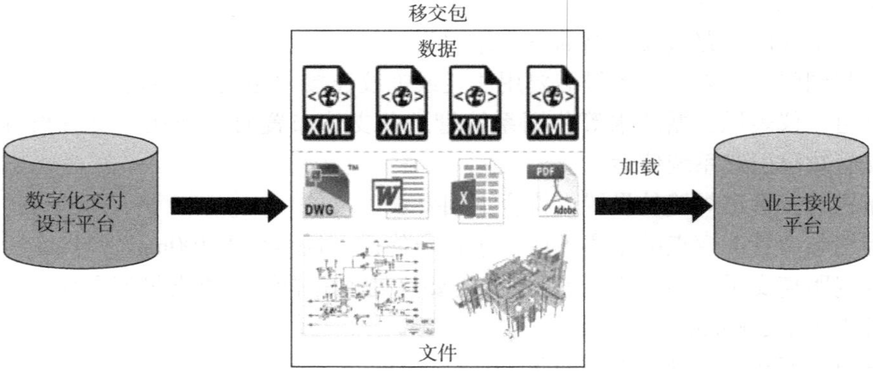

图 3-1-2　交付物移交示意图

2）交付过程

首先确定工厂对象清单和每个工厂对象的对应分类。按照建设单位发布的相关规范要求编制并提交其设计范围内的工厂对象清单，包含工厂对象标识码、名称及分类。

工厂 PBS 结构划分是将影响设计单位相关智能设计软件的使用及设计交付物的范围进行划分，应由建设单位在各设计单位开展详细设计阶段前确定工厂 PBS 结构，工厂 PBS 结构按 PAU(Plant Area Unit)原则划分。工厂结构中区域(Area)、单元(Unit)划分原则须严格与实际工程项目的装置、单元保持一致。

为便于各专业人员基于三维设计软件进行协同设计，三维设计软件可在工厂 PBS 结构的基础上进一步按专业进行划分。

第二节　标准化平面布局设计与规定

一、地上地下结合，优化简化井口设施

目前，井口一般都会设置有加热炉或移动式注甲醇撬，甚至在东北地区的储气库为了应对采气开工初期的低温情况，在井口同时设置了加热炉和注甲醇撬。

工程建设中地面工艺与地下工艺相结合，在提高单井气量和提升井口温度的同时，计算井口至集注站不形成水合物的最佳输送距离，并据此布站，使得集输过程中不形成水合物，从而简化或去掉井场的加热注醇工艺，实现提质增效。

二、注采站、井站一体化优化工艺

在总体布局时，尽量将集注站与井场毗邻建设，注采管道合一设置或分开设置。不仅可实现高压集输管道均在场站内部敷设，避免在站外建设高压集输管道带来危险。同时，由于井口与集注站距离近，可依托集注站的配套设施防治水合物，简化了井口的水合物防治工艺。除此之外，对于凝析气藏型储气库，可将井口单井气液分离计量撬设置在集注站内，减少井场占地。

其中，通过井站一体化、小型注采站、大型注采站、集气站、井场(丛式井场、单井井场)、盐穴型储气库注采站标准化设计，定型了6类场站的平面布置，满足用房集约化、装置模块化、布局紧凑化、模块立体拼插组合要求，提高了集成度，最大限度地减少了用地图3-2-1为标准化平面布置效果图。

图3-2-1 标准化平面布置效果图

(一) 中小型注采站(注采240/300-450/500系列)

1. 方案一设计说明

(1) 生产区、辅助区分开，实现安全分区。

(2) 综合用房对外设置职工通行门，与生产区主大门分开，实现人车分流。

(3) 本方案选择实体围墙、压缩机房和空冷器间、消防泵房(北方)设计。

注采站详细平面布置及说明如图3-2-2、图3-2-3及表3-2-1所示。

图3-2-2 注采240/300-450/500系列方案一平面布置效果图(一)

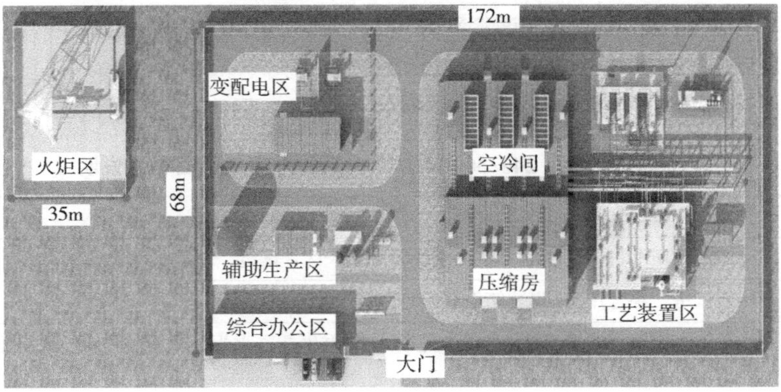

图3-2-3 注采240/300-450/500系列方案一平面布置效果图(二)

表 3-2-1 注采 240/300-450/500 系列方案一平面布置说明

占地面积	17.55 亩(172m×68m)
区域划分	生产区：压缩机、空冷器；注采模块辅助生产区：配电、消防、综合
建(构)筑物	压缩机房、综合用房(集装箱组装)实体围墙、消防泵房(集装箱式)
撬块分类	注采工艺模块、储罐模块、空氮撬、三甘醇再生撬、火炬分液罐撬 35kV 预制舱、集装箱组合式辅助用房
对比	节约用地 8~9 亩

2. 方案二设计说明

(1) 生产区、辅助区分开，实现安全分区。

(2) 综合用房对外设置职工通行门，与生产区主大门分开，实现人车分流。

(3) 本方案选择栅栏围墙、压缩机房(空冷器露天)、消防泵棚(南方)设计。

注采站详细平面布置及说明如图 3-2-4、图 3-2-5 及表 3-2-2 所示。

图 3-2-4 注采 240/300-450/500 系列方案二平面布置效果图(一)

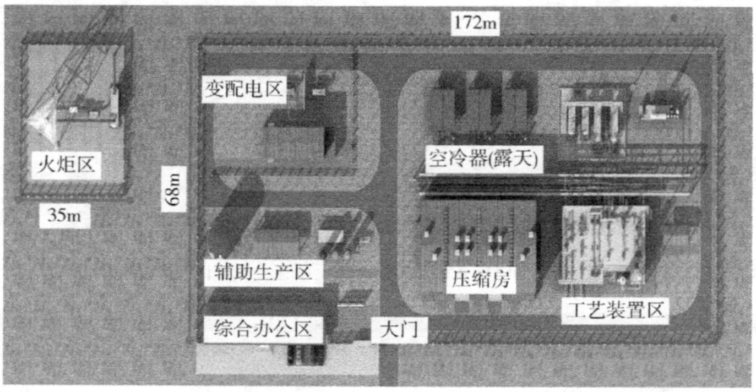

图 3-2-5 注采 240/300-450/500 系列方案二平面布置效果图(二)

表 3-2-2 注采 240/300-450/500 系列方案二平面布置说明

占地面积	17.55 亩(172m×68m)
区域划分	生产区：压缩机、空冷器；注采模块辅助生产区：配电、消防、综合
建(构)筑物	压缩机房、综合用房(集装箱组装)铁栅栏围墙、消防泵棚
撬块分类	注采工艺模块、储罐模块、空氮撬、三甘醇再生撬、火炬分液罐撬 35kV 预制舱、集装箱组合式辅助用房
对比	节约用地 8~9 亩

3. 方案三设计说明

(1) 生产区、辅助区分开，实现安全分区。

(2) 综合用房对外设置职工通行门，与生产区主大门分开，实现人车分流。

(3) 本方案选择栅栏围墙、降噪罩式压缩机房(空冷器露天)、消防泵棚(南方)设计。

注采站详细平面布置及说明如图 3-2-6、图 3-2-7 及表 3-2-3 所示。

图 3-2-6 注采 240/300-450/500 系列方案三平面布置效果图(一)

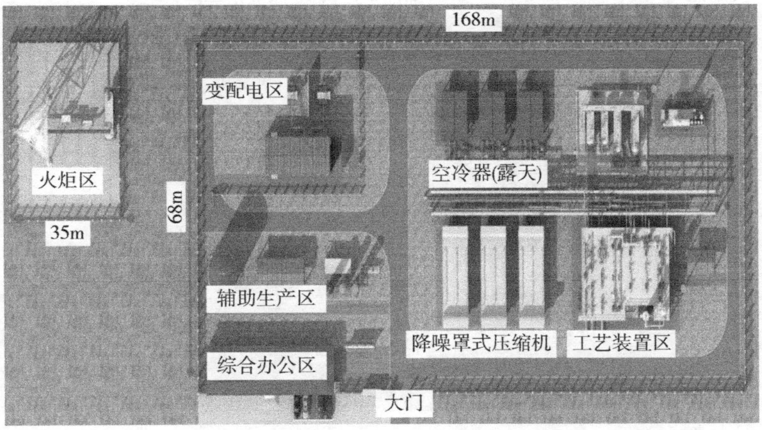

图 3-2-7 注采 240/300-450/500 系列方案三平面布置效果图(二)

表 3-2-3 注采 240/300-450/500 系列方案三平面布置说明

占地面积	16.6 亩(168m×66m)
区域划分	生产区：压缩机、空冷器；注采模块辅助生产区：配电、消防、综合
建(构)筑物	压缩机房、综合用房(集装箱组装)铁栅栏围墙、消防泵棚
撬块分类	注采工艺模块、储罐模块、空氮撬、三甘醇再生撬、火炬分液罐撬 35kV 预制舱、集装箱组合式辅助用房
对比	节约用地 9~10 亩

(二) 大型注采站(注采 600/1200 系列)

大型注采站(注采 600/1200 系列)平面效果图如图 3-2-8 所示。详细平面布置图及说明如图 3-2-9及表 3-2-4 所示。

图 3-2-8 注采 600/1200 系列平面效果图

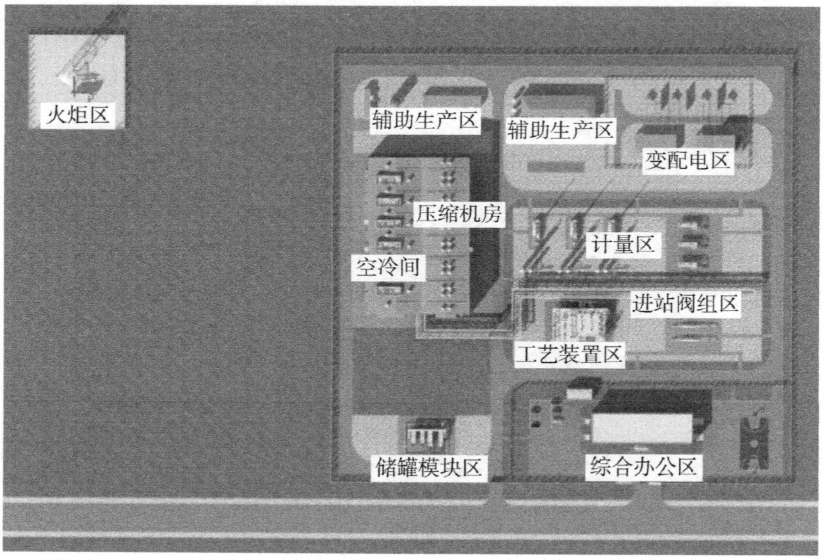

图 3-2-9 注采 600/1200 系列详细平面布置图

表 3-2-4 注采 600/1200 系列平面布置说明

占地面积	88 亩
区域划分	综合办公区、工艺装置区、压缩机区、变配电区、火炬区
建(构)筑物	综合办公楼、压缩机房、变电站、集装箱式辅助用房和库房
撬块分类	收发球筒撬、过滤分离撬、计量撬、压缩机模块、火炬分液罐撬、空氮系统、排污罐撬、润滑油撬、进站分离撬、脱水分离撬、三甘醇储存撬、三甘醇回收撬、三甘醇再生撬、自用气撬、预装式变电所、在线分析小屋、集装箱式辅助用房
对比	节约用地 10 亩

(三) 井站一体化场站(注采 120/200 系列)

井站一体化场站设计说明:

（1）生产区、辅助区分开，实现安全分区。

（2）综合用房对外设置职工通行门，与生产区主大门分开，实现人车分流。

（3）本方案选择栅栏围墙、压缩机房和空冷器间、消防泵房（北方）、场站井场一体化设计。注采站详细平面布置及说明如图 3-2-10、图 3-2-11 及表 3-2-5 所示。

图 3-2-10 注采 120/200 系列平面布置效果图（一）

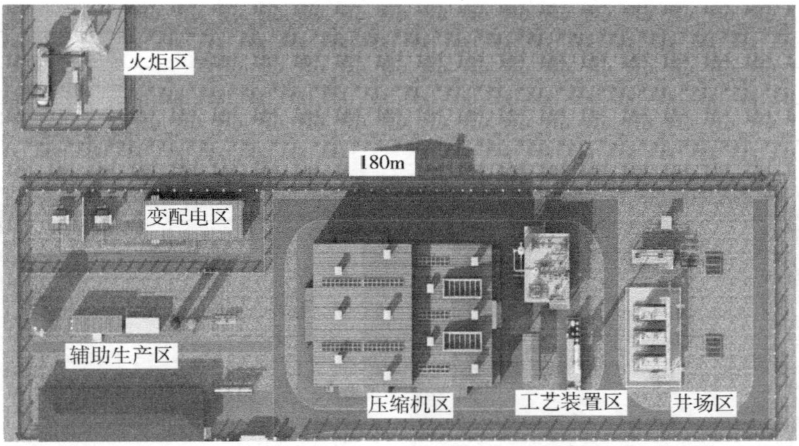

图 3-2-11 注采 120/200 系列平面布置效果图（二）

表 3-2-5 注采 120/200 系列平面布置说明

占地面积	12.4 亩（184m×45m）
区域划分	工艺装置区、压缩机区、辅助生产区、变配电区、井场区、火炬区
建（构）筑物	压缩机房、预制舱、集装箱式辅助用房
撬块分类	注采工艺模块、储罐模块、空氮模块、三甘醇再生撬、预制舱、集装箱式辅助用房
对比	节约用地 2~4 亩

（四）井场标准化设计

针对单井井场、丛式井场平面和设施进行标准化设计，在达到同样功能要求的基础上进行优化和简化，实现工程建设的标准化作业，从而缩短建设工期，减少土地占用面积，显著降低建设成本，促进地面工程高效快速运行。

井场详细平面布置及说明如图 3-2-12~图 3-2-16 及表 3-2-6 所示。

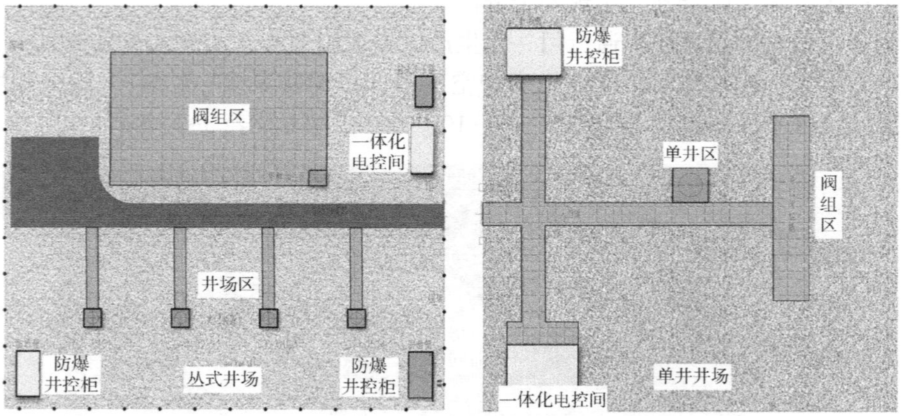

图 3-2-12　单井、丛式井场平面布置图

表 3-2-6　单井、丛式井场平面布置说明

丛式井场		单井井场	
占地面积	8.6 亩(4 井式)	占地面积	8.6 亩(4 井式)
区域划分	阀组区、井场区	区域划分	阀组区、井场区
建(构)筑物	一体化电控间、井控柜	建(构)筑物	一体化电控间、井控柜
撬块分类	井口节流撬、甲醇加注撬、进出站阀组撬	撬块分类	井口节流撬、甲醇加注撬
对比	节省用地 1.4 亩(14%)	对比	节省用地 2.6 亩(50%)

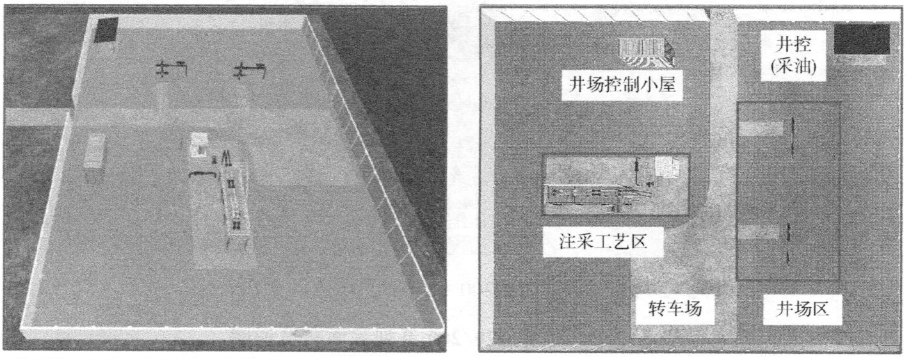

图 3-2-13　两井式注采井场平面布局

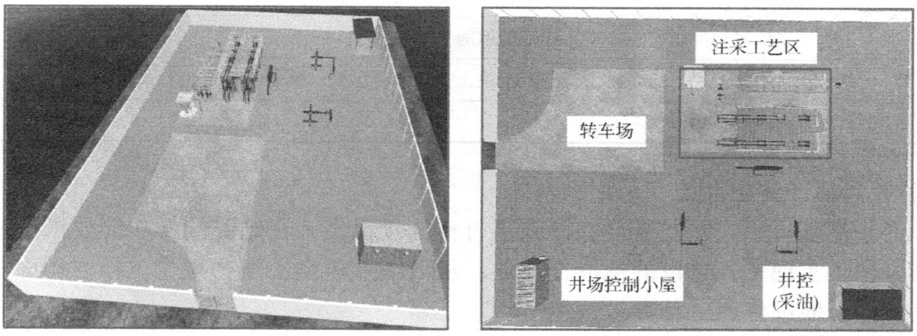

图 3.2-14　四井式注采井场平面布局

图 3-2-15　多井丛平面布局

图 3-2-16　集气站平面布局

三、总体布局集约化设计

总体布局集约化设计的理念为：功能集中、设置简约。形成“集中建站、井站合一、生产调控和生活设施集中、生产管理系统上层集中”的布局模式。

将集注站布置在井网的中心，实现注采气集中处理，实现配套工程和生产运行、维护、管理最优化；集注站与中心位置井场合建，缩短集输线路和减小管径，大幅减少道路和供电等配套系统建设；整合调控中心与倒班公寓，满足生产和生活需求，提升后勤保障能力，节约生产成本；精简组织机构，实现“分级负责，层层受控”。集注站履行生产和执行职能；调控中心为生产受控中心，进行监控和远程操作及调度，做到人员集中、信息共享，全面提升生产管理效率。

四、地面集输模式设计优化

针对目前储气库地面集输系统存在建设投资高、设备闲置率高、运行能耗高的现状，创建“井站合建、设备撬装化、按功能分区布局”的总体集输工艺优化模式，弱化集气站建设，简化采集系统流程，优化集输系统功能；采用撬装化设计技术，取消固定式场站的设计，实现工厂化预制和模块化施工，减少现场工作量，缩短建设工期，确保产能建设的灵活性，最终形成集约化工艺技术，用于指导新区块产能建设。

根据建设地环境情况，设计两套方案，实现标准化布局的灵活性。

1. 压缩机及配套设计

完成压缩机与空冷器标准化设计，分为三个方案执行：

方案1：按压缩机房、空冷器间设计，组合为一座建筑物。

方案2：按压缩机房、空冷器露天布置，考虑设备降噪。

方案3：按压缩机房单独设置降噪罩，空冷器露天布置，考虑设备降噪。

方案1、方案2适应性较强，方案1适用于噪声要求严格，周边存在学校、大型居民区等环境，方案2采用压缩机房和空冷器单独降噪设计，整体噪声相对空冷器间设计来说较高，但是能满足环保指标要求，适用于周边农田、山林等较多植被，以及较少民用建筑的环境。

方案3适用范围较窄，用于小型储气库的小型压缩机机组设计。根据对国内外压缩机厂家调研结果，降噪罩仅适用于小型压缩机组，一般为≤$20\times10^4m^3/d$（300kW左右）排量的机组，且内部空间较为狭小，不利于检维修，不适用于大型储气库、大型增压机组（图3-2-17~图3-2-19）。

图3-2-17　压缩机房、空冷器间布局渲染图

图 3-2-18　压缩机房、空冷器设备降噪布局渲染图

图 3-2-19　压缩机房降噪罩、空冷器设备降噪布局渲染图

2. 消防布局及配套

针对建设地环境的不同，消防标准化设计考虑两种实施方案，且更加灵活。

考虑到气候温度，消防泵系统按南方和北方分别设计，北方考虑低温防结冰冻堵，以及工房保温；南方温度相对高，按露天布置，设置防雨棚，便于检维修和设备启停(图 3-2-20、图 3-2-21)。

注：设消防水罐(做保温、伴热)，消防泵配套消防泵房，消防泵房选用组装建筑。

图 3-2-20　消防设施设计(北方)

注：设消防水罐(不保温)，消防泵配套消防泵棚(防雨棚)。

图 3-2-21　消防设施设计(南方)

五、持续推进储气库地面建设标准化设计及实施

随着储气库建设进度的加快，工程量大幅增加，储气库的类型也将更加多样化。为了保障新建储气库的高质高效，需要对储气库建设的固化设计工艺进行总结，归纳相似点，保留差异性，推进储气库地面建设系统的标准化设计，从气藏型储气库扩展到油藏型储气库和盐穴型储气库，从主体工艺扩展到辅助工程，最大限度地实现地面工艺技术、平面布局、视觉形象、建设标准等方面的统一。

第三节　标准化工艺技术及应用

近年来，中国天然气工业迅猛发展，天然气消费快速增长。地下储气库调峰作为当前主要的天然气调峰手段之一，为中国天然气产业稳步发展起到重要作用。根据"十四五"发展规划，储气库将迎来建设高峰。

受地质条件、采出物组分等条件影响，储气库地面工程建造、运行工况复杂。虽然中国的储气库建设相对滞后，但是经过20多年的发展，形成的地面工程工艺技术已满足储气库的建设需求。

储气库地面工程工艺按运行方式，可分为注气工艺、采气工艺；从地理分布上划分，可分为注采站工艺、井场工艺、集输工艺。储气库地面工程工艺是天然气地下储气库工程工艺的重要组成部分，对天然气地下储气库的整体功能和效益的提高具有关键作用。

一、标准化工艺技术

(一) 工艺技术概况

储气库地面工程工艺主要包括注气工艺、采气工艺，采取周期运行方式，每年夏季为注气期、冬季为采气期，注气期与采气期间为检测、维修平衡期。天然气长输管网及目标市场天然气出现盈余时进行注气，称为注气期。反之，出现不足时，需要通过采气井采气以弥补不足，称为采气期。

1. 注气工艺

地下储气库的注气工艺流程有以下两种基本形式。

（1）靠注气压缩机增压注气示意图如图 3-3-1 所示。

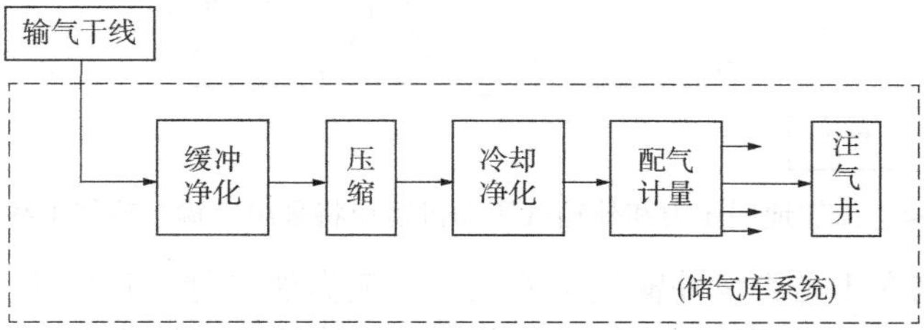

图 3-3-1　靠注气压缩机增压注气示意图

（2）靠采气干线的管压注气示意图如图 3-3-2 所示。

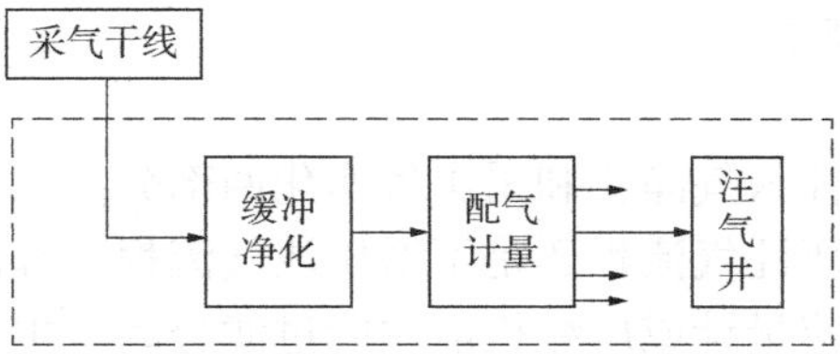

图 3-3-2　靠采气干线的管压注气示意图

两种流程的差别在于是否设置注气压缩机，这需要结合天然气长距离管道系统全面考虑，只有当储气库联络线运行压力高于储气库最高注气压力时，才不需要设置注气压缩机。显然，国内外绝大多数天然气长输管道储气库需要设置注气压缩机。

不管是增压还是不增压注入流程，都需要对注入天然气进行净化处理，按照功能可分为流量计和压缩机前端的过滤分离，主要是过滤分离除去天然气中所含的液体与固体颗粒、粉尘，满足天然气计量仪表、增压设备要求；此外，压缩机增压后天然气的过滤，主要是分离天然气中携带的润滑油等杂质、水分，满足注气井注气质量要求。

储气库增压注气工艺与其他增压工艺最大特点是注气压力高达 35.0MPa 及承受交变载荷周期运行模式。注气受制于储气库气层吸气能力，压缩机出口至注气井口的管网系统压力随着地层压力上升而上升，且上升幅度大。此外，气源受制于长距离输气管道，当出现盈余时，注入气量由低到高、由高到低周期性变化，且变化幅度大。多气源管道供气时，压力存在不均衡性，需要分别增压。

2. 采气工艺

地下储气库的采气流程是指注采井（采气井）至注采站（集气站）的集气流程，一般有两种基本形式。

（1）依靠地层压力将采出的天然气输至输气干线示意图如图 3-3-3 所示。

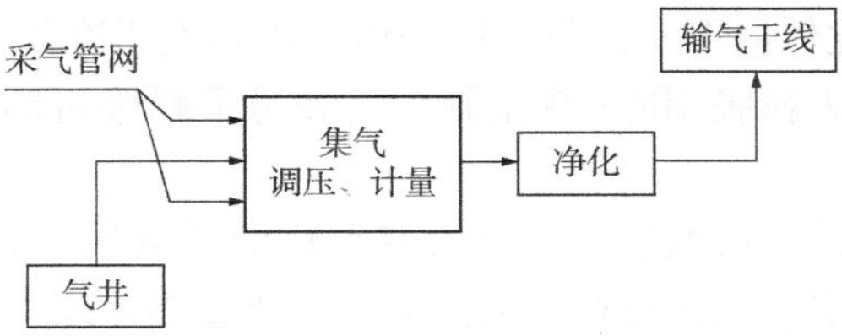

图 3-3-3　依靠地层压力将采出的天然气输至输气干线示意图

（2）依靠地层压力和外输气压缩机增压将采出气输至输气干线示意图如图 3-3-4 所示。

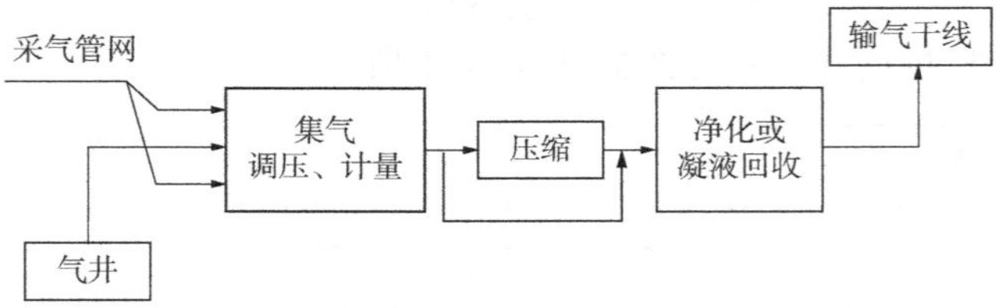

图 3-3-4　依靠地层压力和外输气压缩机增压将采出气输至输气干线示意图

两种流程的差别在于是否设外输气压缩机。普遍做法是储气库距离天然气目标市场近，供气压力低的储气库不设置压缩机，依靠气井能力直接输送至长输管网，反之距离目标市场远、供气压力高、目标市调峰场需求不足的储气库，宜配套天然气压缩机组，实现储气库增压输气。

（二）注采站关键工艺技术

1. 天然气净化工艺

注采站天然气净化分为注入气净化和采出气净化两部分。

储气库注采站不管是增压注气流程还是不增压注气流程，都需要对注入天然气进行净化过滤处理，按照功能可分为流量计或压缩机前端的过滤分离，主要满足以下要求：一是过滤分离进站天然气中所含的液体与固体颗粒、粉尘，满足天然气计量仪表、增压设备要求；二是压缩机增压后天然气的过滤，主要是分离天然气中携带的润滑油等杂质、水分，满足注气井注气质量要求。

储气库采出气净化处理的目的是满足天然气长输管道管输商品天然气的要求。储气库采出气净化流程是指首先对采出气进行气液分离脱出游离水、凝析油，再对天然气露点进行控制(脱水、脱烃)，使其达到管输气标准。干气气藏储气库采出气净化处理比较简单，一般不需要进行脱烃与烃露点控制；凝析气藏储气库采出气需要进行脱水、脱烃及露点控制；油气藏储气库采出气则需要进行油气分离、天然气脱水、脱烃及露点控制，特别是非枯竭油气藏储气库采出气含有原油时，应首先考虑原油与天然气的分离与回收，原油的回收工艺往往比较复杂，管理较为困难。

储气库采出气脱出游离水、凝析油常用重力式气液分离器及配套工艺；水露点控制常用甘醇吸收法脱水工艺；烃、水露点都需要控制时，应综合选用脱水、脱烃工艺，其常用方法：一是采用低温分离方法，在脱水的同时将烃脱出；二是采用先脱水再脱烃的方法，该方法对于枯竭油藏烃含量较低的储气库非常实用，脱烃工艺使用年限短、工艺简单、规模小，可以节省投资与运行费用。

1）低温法脱烃脱水

低温法是将天然气冷却至烃露点以下某一低温，得到一部分富含较重烃类的液烃(天然气凝液或凝析油)，并在此低温下使其与气体分离，故其也叫冷凝分离法。按提供冷量的制冷系统不同，低温法可分为膨胀制冷(节流制冷法和透平膨胀机制冷)法、冷剂制冷法和联合制冷法三种。

除回收天然气凝液时采用低温法，目前含有重烃的天然气同时脱烃(脱液烃或脱凝液)脱水也常用此方法，使其水、烃露点符合商品天然气质量指标或管道输送的要求，即通常所谓的天然气露点控制要求。

为防止天然气在冷却过程中由于析出冷凝水而形成水合物，一种方法是在冷却前采用吸附法脱水，另一种方法是加入水合物抑制剂。前者用于冷却温度很低的天然气凝液回收过程；后者用于冷却温度不是很低的天然气脱烃脱水过程，即天然气在冷却过程中析出的冷凝水和抑制剂水溶液混合后随液烃一起在低温分离器中脱除(即脱烃脱水)，因而同时控制了气体的水、烃露点。

自20世纪中期以来，国内外有不少天然气在井口、集气站或处理厂中采用低温法控制天然气的露点。

尽管通常将低温分离器内气液分离视为一个平衡的过程，即认为其分离温度等于分离出的干气在该压力下的水、烃露点，但是实际上干气的露点通常均高于此分离温度，分析其主要原因如下：

(1) 天然气取样、样品处理、组分分析和工艺计算误差，以及组成变化和运行波动等造成的偏差等因素均会造成偏差，尤其是当天然气中含有少量碳原子数较多的重烃时，这些因素造成的偏差就更大。

必须指出的是，露点线上的临界冷凝温度取决于天然气中最重烃类的性质，而不是其总量。因此，在取样分析中如何测定最重烃类的性质，以及在进行模拟计算时如何描述最重烃类的性质，将对露点线上的临界冷凝温度影响很大。

(2) 低温分离器对气流中微米级和亚微米级雾状液滴和烃液滴的分离效率不能达到100%。

由于低温分离器对气流中微米级和亚微米级雾状水滴和烃液滴的分离效率达不到100%，这些雾状液滴将随干气一起离开分离器，经换热升温后或成为气相或仍为液相进入输气管道或下游生产过程。气流中的这些液烃雾滴多是原料天然气中的重烃，即使量很少，仍能使气流的烃露点明显升高，并将在输气管道某管段中析出液烃。低温分离器分出的冷干气实际烃露点与其分离温度的具体差别视原料气组成和所采用的低温分离器分离条件和效率而定。如果低温分离器、预过滤器及聚结过滤器等的内构件在运行中发生损坏，则分离效率就会更低。

同样，气流中携带的雾状水滴也会使其水露点升高。但是，如果采用吸附法(如分子筛)脱水，由于脱水后的气体水露点很低(一般低于-60℃)，在低温系统中不会有冷凝水析出，因而也就不会出现这种现象。

当加入水合物抑制剂(如甲醇)时，气流中除含有气相甲醇，还会携带含有抑制剂的水溶液雾滴。气相甲醇和水溶液雾滴中的抑制剂对水露点(或水含量)的测定值也有较大影响。而且，由于测定方法不同，对测定值的影响也不相同。当采用测定水露点的绝对法(冷却镜面湿度计法)测定水露点时，如果测试样品中含有甲醇，采用此方法测得的露点是甲醇和水混合物的露点。

此外，目前现场在测定高压天然气中水含量时常用 P_2O_5法。该方法是将一定量的气体通过装填有 P_2O_5颗粒的吸收管，使气体中的水分被 P_2O_5吸收后成为磷酸，吸收管增加的质量即气体的水含量。此方法适用于压力在 1MPa 以上且水含量≥10mg/m^{3}的天然气，但由于天然气中所含的甲醇、乙二醇、硫醇、硫化氢等也可与 P_2O_5反应而影响测定效果。

一般来说，在平稳运行时由低温分离器、预过滤器及聚结过滤器分出的冷干气实际水露点与其分离温度的差值为3~7℃甚至更高，具体差值则视所采用的抑制剂性质及低温分离器等的分离效率等而定。

根据《输气管道工程设计规范》(GB 50251—2015)规定，进入输气管道的气体水露点应比输送条件下的最低环境温度低5℃，烃露点应低于最低环境温度，这样可防止在输气管道中形成水合物和析出液烃。因此，在考虑上述因素后，低温分离器的实际分离温度通常应低于气体所要求的露点。

为了降低获得更低温度所需的能耗，无论是采用膨胀制冷法，还是采用冷剂制冷法中的低温法脱烃脱水工艺，都应采用分离效率较高的气液分离设备，从而缩小实际分离温度与气体所要求露点的差别。例如，采用旋流式气液分离器，在低温分离器后增加聚结过滤器等以进一步除去气体中的雾状液滴等。

必须指出的是，气液分离和捕雾设备等的分离温度和分离效率应在进行技术经济综合论证后确定。

（3）一些凝析气或湿天然气脱除部分重烃后仍具有反凝析现象，其烃露点在某一范围内随压力降低而升高。

天然气的水露点随压力降低而降低，其他组分对其影响不大。但是，天然气的烃露点与压力关系比较复杂，先是在反凝析区内的高压下随压力降低而升高，在达到最高值(临界凝析温度)后又随压力降低而降低。

现以克拉2气田为例，其天然气组成见表3-3-1。由表中的组成2可知，该天然气为含有少量重烃的湿天然气，经集气、处理后，干气通过管道被送往输气管道首站。经过计算及方案优化，进入天然气中央处理厂的压力为12.1MPa，干气出厂压力为9.4MPa。所要求的商品气露点为：烃露点-5℃（在输气管道1.6~10MPa的输送压力范围内），水露点-10℃（12MPa下）。因此，需要对进入处理厂的天然气脱烃脱水以控制其露点。

表3-3-1 克拉2气田天然气组成

组分或代号	N_2	CO_2	C_1	C_2	C_3	C_4	C_5	C_6
组成1①	0.45	0.65	97.57	0.62	0.41	0.2	0.01	0.05
组成2②	0.5975	0.7208	97.8234	0.5499	0.0488	0.0074	0.0119	0.0053
组分或代号	苯	C_7	甲苯	$XF_1$③	XF_2	XF_3	XF_4	XF_5
组成1①	—	—	—	—	—	—	—	—
组成2②	0.0500	0.0079	0.007	0.0082	0.0078	0.0040	0.0016	0.0005
组分或代号	XF_6	XF_7	XF_8	XF_9	XF_{10}	XF_{11}	H_2O	H_2S
组成1①	—	—	—	—	—	—	0.04	0.33④
组成2②	0.0002	0.0001	0.0000	0.0000	0.0000	0.0000	0.1391	—

注：①预可研时提供的天然气组成。
②试采时测试取样分析的天然气组成。
③XF代表不同平均沸点的窄馏分。
④单位为mg/m^3。

在确定脱油脱水工艺方案时，曾考虑将进厂的天然气先采用膨胀制冷(压力由12.1MPa节流至9.4MPa)，再采用冷剂制冷将其再冷至-30℃后进行气液分离。如仅从分离温度来讲，此低温足可满足商品气的露点要求。但由于此时所分离出的干气仍具有反凝析现象，随着压力降低其烃露点反而升高，最高约达28℃。而且，这种反凝析现象正好出现在输气管道的压力范围内，势必会在某一管段中析出液烃，因而给输气管道带来不利影响。

由此可知，只降低分离温度而不改变分离压力还不能满足商品气的烃露点要求，为此又考虑了其他方案。据计算，如将进厂气压力由12.1MPa节流膨胀至6.36MPa，温度相应降至-30℃以下进行低温分离，此时由低温分离器分出的干气虽仍具有反凝析现象，但其最高烃露点仅为-5℃，完全可以满足输气管道压力范围内对商品气的烃露点要求。此方案不足之处是需要将干气增压至 9.4MPa 方可满足外输压力要求，未能充分利用进厂天然气的压力能。

2）甘醇脱水工艺

（1）适用范围。

甘醇法脱水主要用于天然气露点符合管道输送要求的场合，一般建在集中处理厂(湿气来自周围气井和集气站)、输气首站或天然气脱硫脱碳装置的下游。甘醇法脱水深度虽不如吸附法，但气体露点降仍可达 40℃，甚至更大。当采用汽提法再生时，干气的露点甚至可低至约-60℃。

（2）工艺流程。

现以广为应用的三甘醇脱水装置为例进行介绍(图 3-3-5)。此装置由高压吸收及低压再生两部分组成。原料气先经吸收塔塔外和塔内的分离器(洗涤器)除去游离水、液烃和固体杂质，如果杂质过多，还要经过过滤分离器。由吸收塔内分离器分出的气体进入吸收段底部，与向下流过各层塔板或填料的甘醇溶液逆流接触，使气体中的水蒸气被甘醇溶液吸收。离开吸收塔的干气经过气体/贫甘醇换热器先使贫甘醇进一步冷却，然后进入管道被外输。

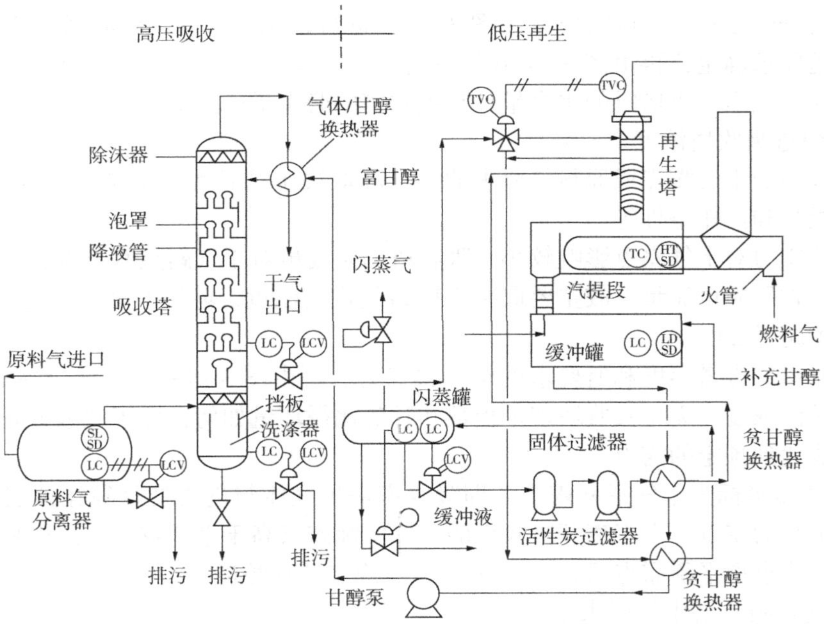

图 3-3-5 三甘醇脱水工艺流程图

吸收了气体中水蒸气的甘醇富液(富甘醇)从吸收塔下侧流出，先经高压过滤器(图中未画出)除去原料气带入富液中的固体杂质，再经再生塔顶回流冷凝器及贫/富甘醇换热器(贫甘醇换热器)预热后进入闪蒸罐(闪蒸分离器)，分出被富甘醇吸收的烃类气体(闪蒸气)。此气体一般作为本装置燃料，但含硫闪蒸气则应灼烧后放空。从闪蒸罐底部流出的富甘醇经过纤维过滤器(滤布过滤器、固体过滤器)和活性炭过滤器，除去其中的固、液杂质后，再经贫/富甘醇换热器进一步预热后进入再生塔精馏柱。从精馏柱流入重沸器的甘醇溶液被加热到 177~204℃，通过再生脱除吸收水蒸气后成为贫甘醇。

为使再生后的贫甘醇溶液浓度(质量分数)在99%以上，通常还需要向重沸器或重沸器与缓冲罐之间的贫液汽提柱(汽提段)中通入汽提气，即采用汽提法再生。再生好的热贫甘醇先经贫/富甘醇换热器冷却，再由甘醇泵加压并经气体/贫甘醇换热器进一步冷却后进入吸收塔顶循环使用。

(3) 甘醇脱水工艺计算。

进行甘醇脱水工艺计算时，首先需要确定以下数据：

① 原料气流量(m^3/h)；

② 原料气进吸收塔的温度(℃)；

③ 吸收塔压力(MPa)；

④ 原料气组成或密度，以及酸性组分(H_2S、CO_2)含量；

⑤ 要求的露点降，或干气离开吸收塔的露点。

除此之外，还需要根据脱水量选定甘醇比循环量、吸收塔塔板数(或填料高度)，以及根据要求的露点降选定贫甘醇进吸收塔的最低浓度。

① 吸收塔。

吸收塔工艺计算主要是确定塔板数(或填料高度)、甘醇比循环量和吸收塔直径。

a. 吸收塔脱水量。

湿原料气进吸收塔的温度就是在该塔操作压力下的露点，其水含量可由图3-3-6查得。对于含酸性组分的原料气，则需要采用图3-3-7进行校正。干气出吸收塔的露点可根据工艺或管道输送要求确定，再由图3-3-6等查得其水含量。然后，可根据原料气流量、原料气进吸收塔和干气出吸收塔时的水含量计算吸收塔的脱水量(kg/h)。

b. 贫甘醇进吸收塔浓度。

离开吸收塔的干气露点或原料气要求的露点降取决于贫甘醇进塔浓度、甘醇比循环量、吸收塔理论板数和操作条件等。

吸收塔的压力对干气露点影响较小。吸收塔的温度虽对干气露点有影响，但因原料气质量流量远大于甘醇质量流量，故主要取决于原料气进塔温度。除吸收压力低于1MPa，塔内各点温差很少超过2℃。

在已知原料气进塔温度和所要求的干气露点时，可由图3-3-8确定贫甘醇进吸收塔时必须达到的最低浓度。无论吸收塔理论板数和甘醇比循环量如何，低于此浓度时离开吸收塔的干气就不能达到预定的露点。

图3-3-8纵坐标为干气平衡露点，即吸收塔塔顶气体与进塔贫甘醇在顶层塔板充分接触并达到平衡时的露点。由于离开吸收塔的干气实际露点高于平衡露点，故应将干气实际露点减去二者差值求得平衡露点后，再由图3-3-8确定贫甘醇进吸收塔时的最低浓度。

c. 原料气在吸收塔中的脱水率。

原料气在吸收塔中的脱水深度也可用其脱水率δ表示，其定义为：

$$\delta=(W_{in}-W_{out})/W_{in} \tag{3-3-1}$$

式中 W_{in}——原料气进吸收塔时的水含量，$kg/10^6m^3$；

W_{out}——干气离开吸收塔时的水含量，$kg/10^6m^3$。

当吸收塔理论板数分别为1、1.5、2、2.5和3(约相当于4块、6块、8块、10块和12块实际板数)时，贫甘醇浓度、甘醇比循环量和脱水率的关系如图3-3-9~图3-3-13所示。因此，当原料气所要求的露点降、吸收塔温度、压力等参数已知时，可由图3-3-9~图3-3-13选择合适的贫甘醇浓度、甘醇比循环量和吸收塔塔板数或填料高度。

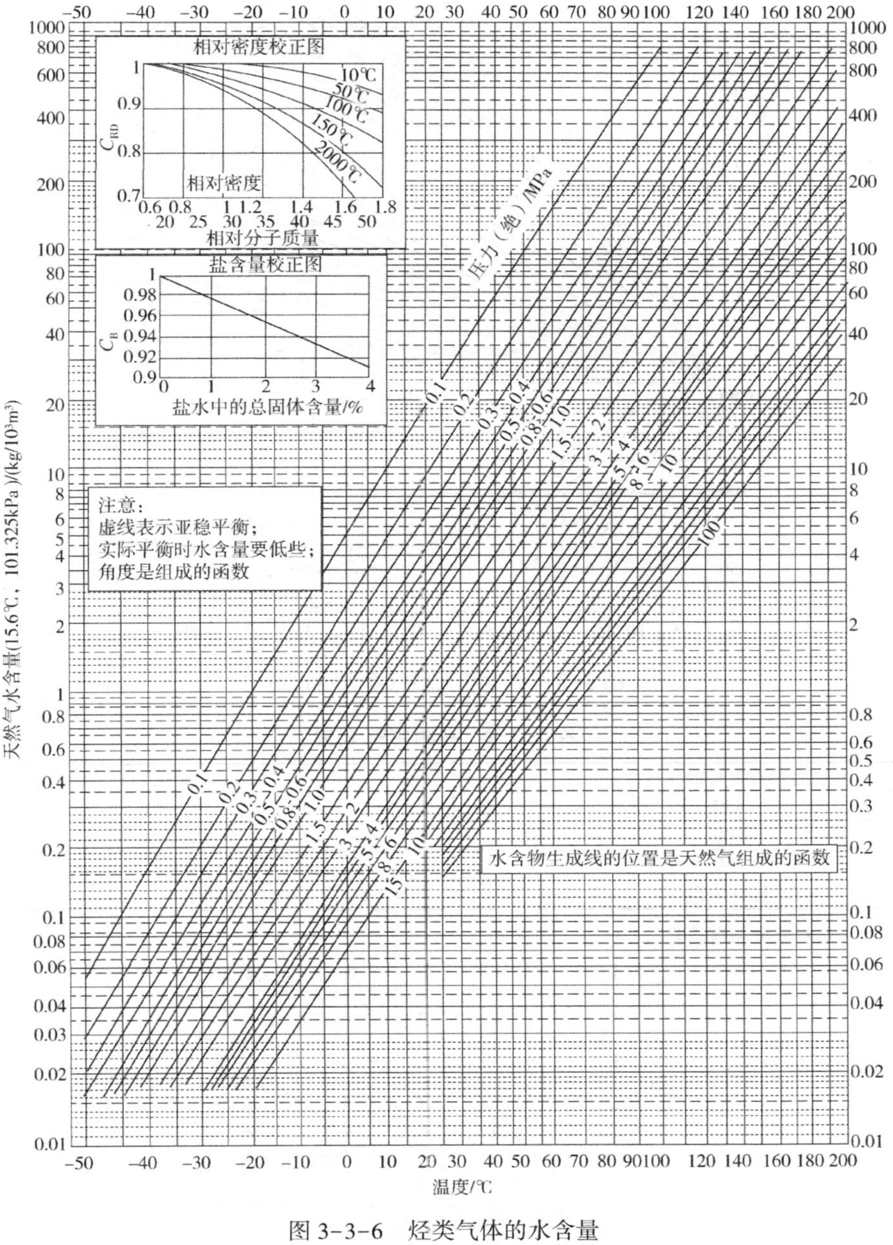

图 3-3-6 烃类气体的水含量

普光天然气净化厂第一联合装置三甘醇脱水装置吸收塔实际塔板数约为 10 块。

d. 吸收塔直径。

板式吸收塔的允许空塔气速可按 Souders-Brown 公式确定，即

$$v_c = K[(\rho_1 - \rho_g)/\rho_g]^{0.5} \tag{3-3-2}$$

式中 v_c——允许空塔气速，m/s；

ρ_1——甘醇在操作条件下的密度，kg/m³；

ρ_g——气体在操作条件下的密度，kg/m³；

K——经验常数，见表 3-3-2。

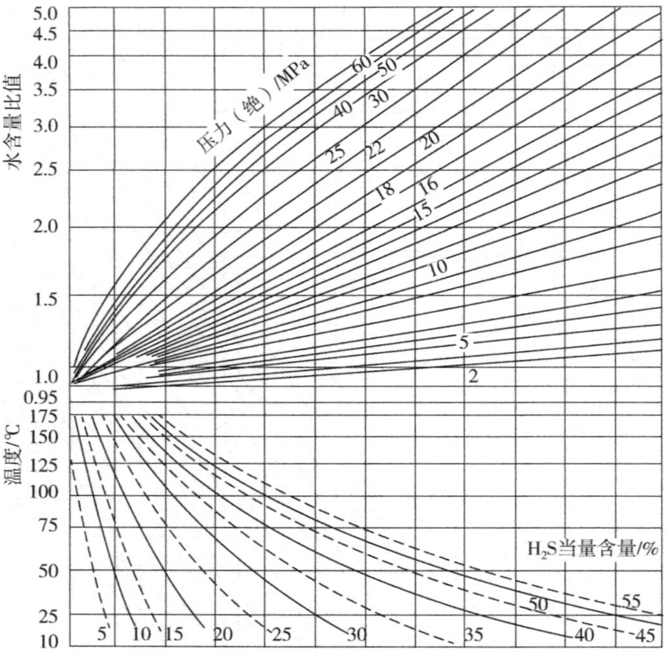

图 3-3-7　含硫天然气水含量比值

表 3-3-2　经验常数 K 值

泡罩塔板间距/mm	K 值
500	0.043
600	0.049
750	0.052
规整填料	0.091～0.122①

注：①取决于填料密度和商品要求。

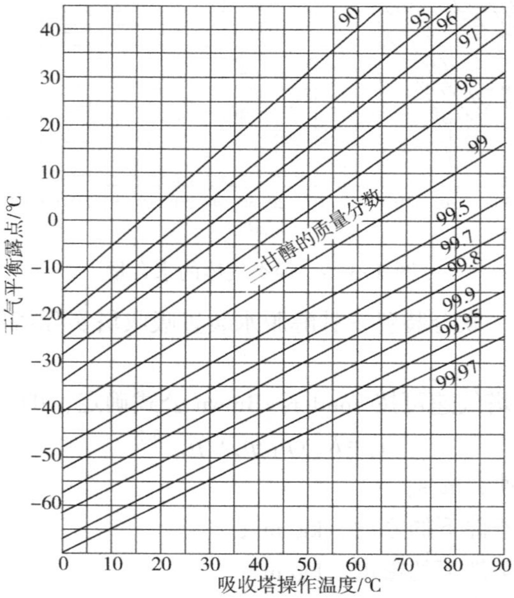

图 3-3-8　不同三甘醇浓度下干气平衡水露点与吸收温度的关系

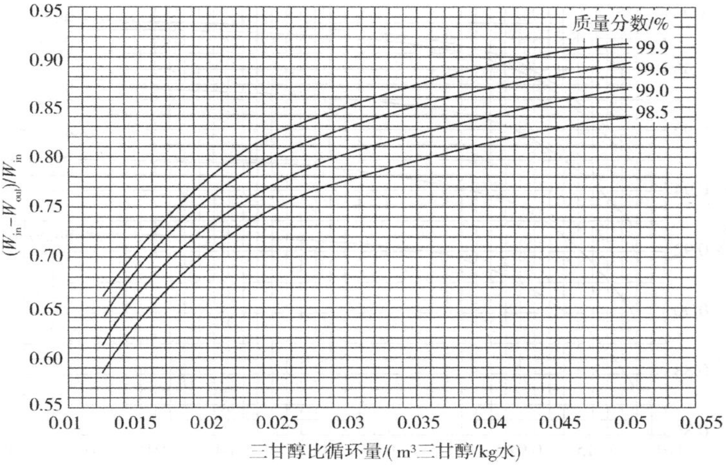

图 3-3-9　不同浓度三甘醇比循环量与脱水率关系($N=1$)

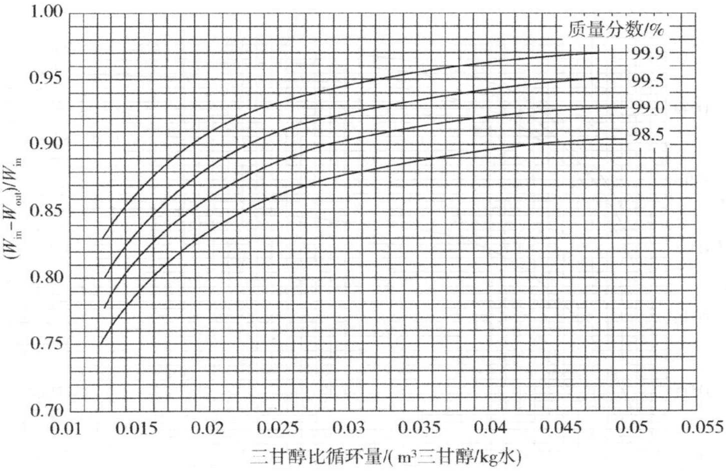

图 3-3-10　不同浓度三甘醇比循环量与脱水率关系($N=1.5$)

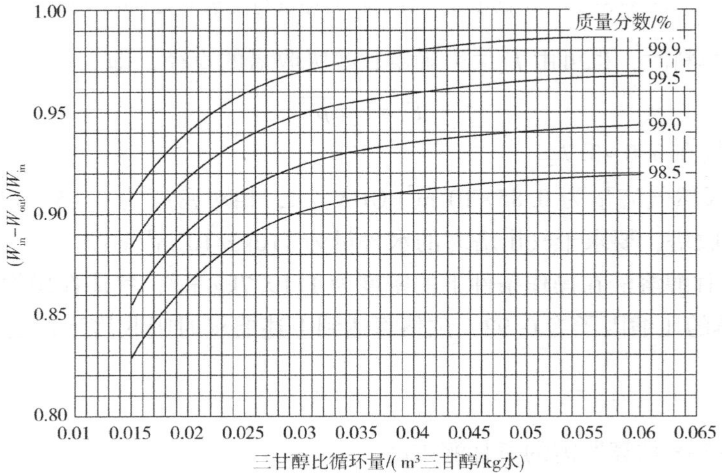

图 3-3-11　不同浓度三甘醇比循环量与脱水率关系($N=2$)

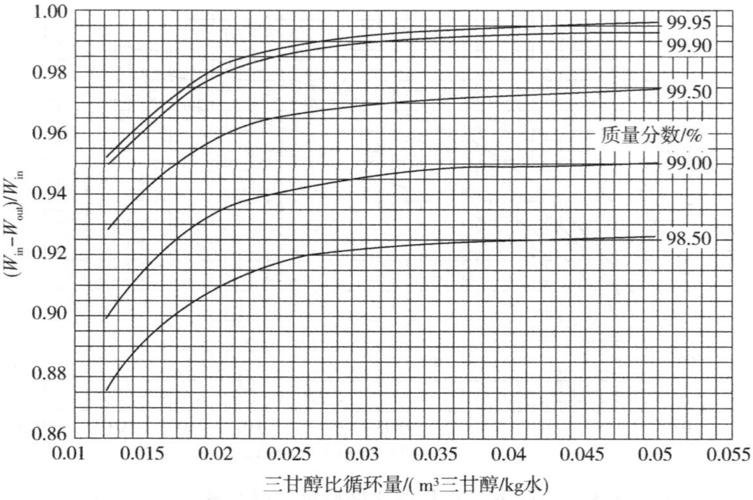

图 3-3-12　不同浓度三甘醇比循环量与脱水率关系(N=2.5)

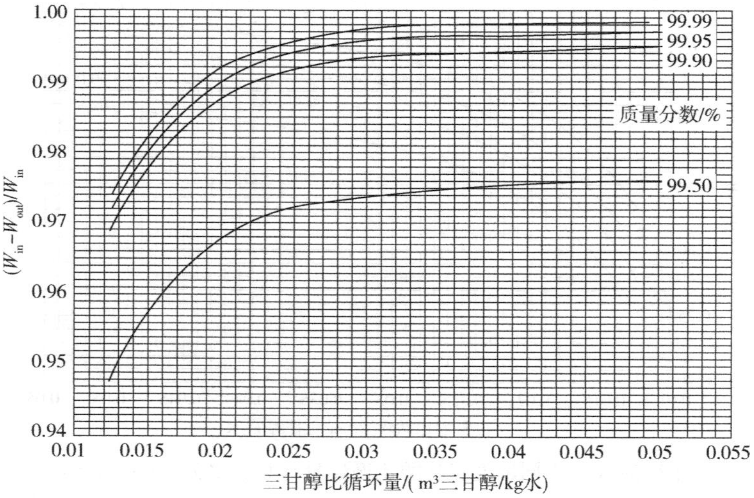

图 3-3-13　不同浓度三甘醇比循环量与脱水率关系(N=3)

当采用规整填料时，也可由 F_s 值来确定甘醇吸收塔的直径，即

$$F_s = V_c\sqrt{\rho_g} \tag{3-3-3}$$

式中　F_s——一般在 3.0~3.7。

【例 1】　某天然气流量为 $0.85\times10^6\text{m}^3$(GPA)/d，相对密度为 0.65，在 38℃和 4.1MPa(绝压)下进入吸收塔，要求干气出塔时的水含量为 $110\text{kg}/10^6\text{m}^3$(GPA)，三甘醇比循环量选用 $0.025\text{m}^3/\text{kg}$，甘醇溶液在操作条件下的密度为 1119.7kg/m^3，气体在操作条件下的密度为 32.0kg/m^3，气体的压缩因子为 0.92，试估算达到上述要求时吸收塔泡罩塔板板数或规整填料高度及直径。

【解】

(1) 由图 3-3-8 估算所需的三甘醇浓度。

由图 3-3-6 查得干气在 4.1MPa(绝压)、38℃和水含量为 $110\text{kg}/10^6\text{m}^3$ 时的露点为

-4℃。假定平衡露点比实际露点低 6℃，则由图 3-3-8 查得贫三甘醇进吸收塔浓度约为 99%。

（2）由图 3-3-9～图 3-3-13 估算理论板数。

由图 3-3-6 查得原料气在 4.1MPa（绝压）、38℃时的水含量为 $1436\text{kg}/10^6\text{m}^3$，故吸收塔的脱水率为：

$$\delta=(1436-110)/1436=0.923$$

由图 3-3-10 纵坐标查得在 $N=1.5$、甘醇比循环量为 $0.025\text{m}^3/\text{kg}$ 和贫甘醇浓度为 99%时脱水率为 0.885；由图 3-3-11 纵坐标查得在 $N=2$、甘醇比循环量为 $0.025\text{m}^3/\text{kg}$ 和贫甘醇浓度为 99%时脱水率为 0.925。因此，选用 $N=2$。

对于泡罩塔板，2 块理论塔板相当于 8 块实际塔板，板间距取 0.6m。

对于规整填料，2 块理论塔板相当于高度为 3m 的填料。

（3）计算吸收塔直径。

对于板间距为 0.6m 的泡罩塔，由式（3-3-2）求得其允许空塔气速 v_c。$v_c=0.049[(1119.7-32.0)/32.0]^{0.5}=0.2845(\text{m/s})$。

气体在吸收塔内的实际流量 q_{ac} 为：

$$q_{ac}=0.85\times10^6\frac{0.92\times101.325\times(273+38)}{24\times4100\times(273+15.6)}=866.5(\text{m}^3/\text{h})=0.2407(\text{m}^3/\text{s})$$

吸收塔的截面积：

$$F=0.2407/0.2845=0.846(\text{m}^2)$$

吸收塔采用泡罩塔板时的直径：

$$d=\left(\frac{4\times0.846}{\pi}\right)^{0.5}=1.04(\text{m})$$

如采用规整填料，K 值取 0.091，则按上述方法计算的吸收塔直径为 0.76m。

如按式（3-3-3）计算，F_s 值取 3.0，则吸收塔直径也为 0.76m。

② 再生塔。

a. 精馏柱。

富甘醇再生过程实质上是甘醇和水两组分混合物的蒸馏过程。甘醇和水的沸点差别很大，且不生成共沸物，故较易分离。因此，精馏柱的理论板数一般为 3 块，即底部重沸器、填料段和顶部回流冷凝器各 1 块。富甘醇中吸收的水分由精馏柱顶排入大气，再生后的贫甘醇由重沸器流出。

精馏柱一般选用不锈钢填料，其直径 D 可根据柱内操作条件下的气速和喷淋密度计算，也可按式（3-3-4）来估算：

$$D=247.7\sqrt{L_Tq_W} \tag{3-3-4}$$

式中 D——精馏柱直径，mm；

L_T——甘醇比循环量，m^3/kg（水）；

q_W——吸收塔的脱水量，kg/h。

精馏柱顶部的回流冷凝器热负荷可取甘醇溶液吸收的水分在重沸器内全部汽化所需的热负荷的 25%～30%。

b. 重沸器。

重沸器的热负荷 Q_R 可由式（3-3-5）计算：

$$Q_R = L_T q_W Q_C \tag{3-3-5}$$

式中　Q_R——重沸器的热负荷，kJ/h；

Q_C——循环 $1m^3$ 甘醇所需的热量，kJ/m^3。

也可根据脱水量由式(3-3-6)估算：

$$Q'_R = 2171+275L'_T \tag{3-3-6}$$

式中　Q'_R——脱除 1kg 水分所需的重沸器热负荷，kJ/kg(水)；

L'_T——甘醇比循环量，L/kg。

其他符号意义同上。

由式(3-3-6)计算的结果通常比实际值偏高。

采用汽提法时，汽提气通常是在重沸器内预热后通入汽提柱，或在预热后直接通入重沸器底部。汽提气量可由图 3-3-14 确定。当重沸器温度为 204℃、汽提气直接通入重沸器中时，可将贫三甘醇浓度(质量分数)从 99.1%提高至 99.5%。如将汽提气通入汽提柱中则效果更好，贫三甘醇的浓度可达 99.9%。但是，采用汽提气也增加了操作费用，因而只在必要时才使用。

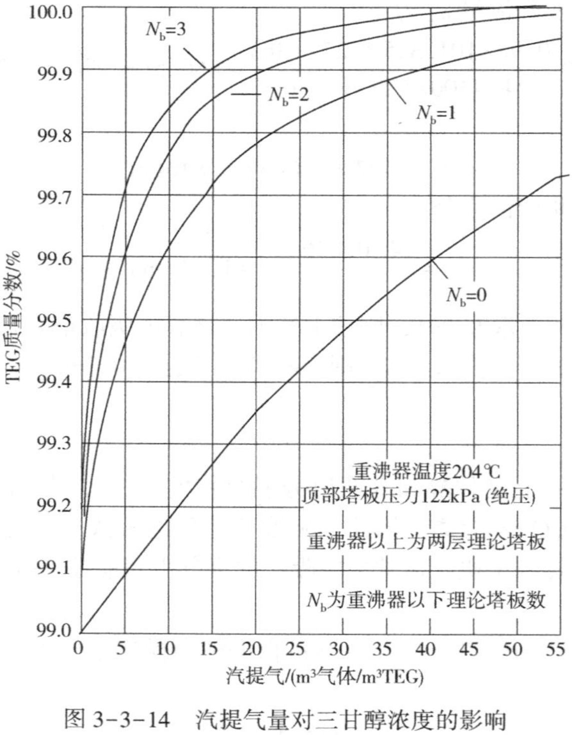

图 3-3-14　汽提气量对三甘醇浓度的影响

【例 2】　接【例 1】，假定进入再生塔的富三甘醇温度为 150℃，重沸器温度为 200℃，三甘醇的平均密度为 $1114kg/m^3$，平均比热容为 2.784kJ/(kg·K)，水的汽化潜热为 2260kJ/kg，试计算以 $1m^3$ 三甘醇为基准的重沸器热负荷。

【解】　将 $1m^3$ 三甘醇由 150℃加热到 200℃所需的汽化潜热 Q_s 为：

$$Q_s = 1114\times2.784(200-150) = 155(MJ/m^3)$$

将 $1m^3$ 三甘醇吸收的水汽化所需要的潜热 Q_v 为：

$$Q_v = 2260/0.025 = 90(MJ/m^3)$$

精馏柱顶部的回流冷凝器热负荷取甘醇溶液吸收的水分在重沸器内全部汽化所需热负荷的25%，则回流冷凝器热负荷 Q_c 为：

$$Q_c = 0.25 \times 90 = 22.5(\mathrm{MJ/m^3})$$

包括10%热损失的总热负荷为：

$$Q_R = 1.1 \times (155+90+22.5) = 294(\mathrm{MJ/m^3})$$

2. 天然气计量工艺

天然气计量是天然气长距离管道及地下储气库生产运行、营销管理的重要手段之一，目前绝大多数天然气计量以体积流量计量为主。

天然气地下储气库工程天然气计量包括进出储气库集注站的交接贸易计量及单井、单体工艺设备的生产过程计量。在进行天然气交接(贸易)计量时，应配套在线连续分析仪分析天然气组分。

1）天然气计量工艺流程

天然气计量工艺部件包括过滤器、零泄漏关断阀、整流器、直管段、压力表、温度计、检修旁路、标定取样放空口等，可分为一支路流程、多支路流程。

2）天然气流量计工作原理

天然气流量计种类繁多，但适用于地下储气库高压力和宽压力工况、大量程比、双向计量，以及满足长周期运行要求的有超声波流量计、靶式流量计、智能旋进旋涡流量计。

(1) 超声波流量计工作原理及优缺点。

根据对信号检测的原理，超声波流量计计量方法可分为传播速度差法(直接时差法、时差法、相位差法和频差法)、波束偏移法、多普勒法、互相关法、空间滤波法及噪声法等。超声波流量计和电磁流量计一样，因而因仪表流通通道未设置任何阻碍件，因而均属无阻碍流量计，是适于解决流量测量困难问题的一类流量计，特别是在大口径流量测量方面，有较突出的优点，它是发展迅速的一类流量计。

超声波流量计是一种非接触式仪表，它既可以测量大管径的介质流量，也可以用于不易接触和观察的介质的测量。它的测量准确度很高，几乎不受被测介质的各种参数的干扰，尤其可以解决其他仪表不能解决的强腐蚀性、非导电性、放射性及易燃易爆介质的流量测量问题。

现今存在的缺点主要是可测流体的温度范围受超声波换能铝及换能器与管道之间的耦合材料耐温程度的限制，以及高温下被测流体传声速度的原始数据不全。目前，我国只能用超声波流量计测量200℃以下的流体。另外，超声波流量计的测量线路比一般流量计复杂。这是因为，在一般工业计量中，液体的流速常常是每秒几米，而超声波在液体中的传播速度约为1500m/s，被测流体流速(流量)变化带给声速的变化最大也就是 10^{-3} 数量级。若要求测量流速的准确度为1%，则对声速的测量准确度须为 $10^{-6} \sim 10^{-5}$ 数量级，因此必须有完善的测量线路才能实现，这也正是超声波流量计只有在集成电路技术迅速发展的前提下才能得到实际应用的原因。

超声波流量计换能器的压电元件常被制成圆形薄片，沿厚度方向振动。薄片直径超过厚度的10倍，以保证振动的方向性。压电元件材料多为锆钛酸铅。压电元件为固定式的，使超声波以合适的角度射入流体，但需要把压电元件放入声楔中，构成换能器整体(又称探头)。声楔的材料不仅要强度高、耐老化，还要求超声波经声楔后能量损失小，即透射系数接近1。常用的声楔材料是有机玻璃，因为它透明，可以观察到声楔中压电元件的组装情况。另外，某些橡胶、塑料及胶木也可作声楔材料。

(2) 靶式流量计工作原理及优缺点。

靶式流量计于20世纪60年代开始应用于工业流量测量，主要用于解决高黏度、低雷诺数流体的流量测量，先后经历了气动表和电动表两大发展阶段，SBL系列智能靶式流量计是在原有应变片式(电容式)靶式流量计测量原理的基础上，采用了最新型力感应式传感器作为测量和敏感传递元件，同时利用现代数字智能处理技术而研制的一种新式流量计量仪表。

靶式流量计整台仪表结构坚固且无可动部件，为插入式结构，拆卸方便。可选用多种防腐及耐高、低温材质(如哈氏合金、钛等)。整机可实现无死角全密封(焊接形式)，无任何泄漏点，可耐42MPa高压。仪表内设自检程序，故障现象一目了然。传感器不与被测介质接触，不存在零部件磨损，使用安全、可靠。可就地采用干式标定方法，即采用砝码挂重法。单键操作即可完成标定。多种安装方式可供选择，如选择在线插入式，安装费用低。实现一体化温度、压力补偿，直接输出质量或体积。可选择小信号切除、非线性修正、滤波时间。能准确测量各种常温、高温(500℃)、低温(-200℃)工况下的气体、液体流量。计量准确，精度可达到0.2%。重复性好，一般为0.05%~0.08%，测量快速。压力损失小，仅为标准孔板的$1/2\Delta P$左右。抗干扰、抗杂质影响能力特别强。可根据实际需要，更换阻流件(靶片)而改变量程。低功耗电池现场显示，能在线直读示值，显示屏可同时读取瞬时和累计流量及百分比棒图。安装简单、方便，极易维护。具有多种输出形式，能远传各种参数。抗振动性能强，在一定范围内可测脉动流。

(3) 智能旋进旋涡流量计工作原理及优缺点。

在入口侧安放一组螺旋形导流叶片，当流体进入流量传感器时，导流叶片迫使流体产生剧烈的旋涡流。当流体进入扩散段时，旋涡流受到回流的作用，开始做二次旋转，出现陀螺式的涡流进动现象。该进动频率与流量呈正比，不受流体物理性质(密度等)的影响，检测元件只要能测得流体二次旋转进动频率，就能在较宽的流量范围内获得良好的线性度。信号首先经前置放大器放大、滤波、整形转换为与流速呈正比的脉冲信号，然后再与温度、压力等检测信号一起被送往微处理器进行积算处理，最后在液晶显示屏上显示出测量结果(瞬时流量、累计流量及温度、压力)。

智能旋进旋涡流量计内置压力、温度、流量传感器，安全性能高，结构紧凑，外形美观，可就地显示温度、压力、瞬时流量和累计流量。采用新型信号处理放大器和独特的滤波技术，有效地剔除了压力波动和管道振动所产生的干扰信号，大幅提高了流量计的抗干扰能力，使其具有出色的稳定性。特有的时间显示及实时数据存储功能，使其无论在什么情况下，都能保证内部数据不会丢失，可永久性保存。整机功耗极低，能凭内电池长期供电运行，是理想的无需外电源而就地显示的仪表。防盗功能可靠，具有密码保护、防止参数改动功能。表头可实现180°随意旋转，安装方便。

储气库进出站天然气交接(贸易)计量宜选用超声波流量计，配套在线连续分析仪分析天然气组分；单井注气、采气可以是单井连续计量或井周期计量；单井、单体工艺设备宜选用智能旋进旋涡流量计，当进行管径大的管道流量或双向计量时，宜选用具有二声道的超声波流量计。

二、天然气增压工艺

从储气库注采气工艺可以看出，天然气压缩机既是储气库工程中的关键设备，也是储气库工程中最大的能耗设备。按照功能可分为注气压缩机、输气压缩机，分别承担增压注气、增压输气任务。

（一）注气压缩机

注气压缩机选型及工艺参数设计，不仅要与天然气长输管道及目标市场需求配套，而且要与储气库地质、注采工程方案配套。即压缩机不仅能够顺利地通过联络线将剩余天然气输送至压缩机，经压缩机增压后通过注气系统注入注气井，而且运行工况参数要与天然气管网参数相匹配，以及与注气井注气能力相匹配，不出现联络线憋压、压缩机进口节流、压缩机出口注气流程节流等现象。

储气库增压注气工艺与其他增压工艺最大特点是注气压力高、周期运行。注气工艺运行压力一般在15.0~35.0MPa，输送增压天然气流量在一定区间内变化，输气管线通过联络线至压缩机的输气量由低到高、由高到低周期性变化，且变化幅度大。压缩机出口至注气井口，注气系统压力随着地层压力上升而上升，且上升幅度大。

目前，离心式储气库压缩机主要应用在欧洲地区，国内储气库压缩机主要是电机驱动往复式压缩机，多为国外进口设备。近年来，储气库压缩机国产研究取得显著成就，中国石化文96储气库、文23储气库国产压缩机出口压力分别达到了25.0MPa、35MPa，配套功率达到了1500kW、4500kW，压缩机的设计制造及运行参数均达到并满足工程要求，装机在用的9台储气库压缩机为国产设备，工程造价节约50%以上。

（二）输气压缩机

输气压缩机选型及工艺参数设计类似于注气压缩机，不仅要与天然气长输管道及目标市场需求配套，还要与储气库地质、注采工程方案设计配套。即通过单井集气管线、天然气净化处理装置处理后的天然气能够顺利进入压缩机增压，然后通过联络线输送至长输管网，压缩机运行工况下出气参数要与天然气管网参数相匹配，参数与集气处理流程参数相匹配，做到压缩机进口集气处理流程不节流、压缩机出口联络线输气不憋压等。

储气库增压输气工艺最大特点是周期运行、进口压力波动范围大。输气压缩机出口压力一般是8.0MPa或10.0MPa，进口压力一般在1.5~8.0MPa，天然气流量由大至小变化。即采气单井通过集气管网、净化处理装置至压缩机的集气量由高到低周期性变化，至压缩机进口，天然气压力随着地层压力（单井集气管网压力）下降而下降，由高到低，下降幅度达数倍，给压缩机选型设计带来困难。输气压缩机出口压力一般≤12MPa，选用一级或二级压缩，国内压缩机制造厂家完全可以满足要求，且压缩机型号、制造厂家选择余地较多。

1. 井口关键工艺技术

井口工艺主要包括调节计量工艺、防止水合物工艺及注缓蚀剂工艺（表3-3-3），由于中国储气库注采气组分和运行工况差异较大，井口一般将注采工艺分开，并单独计量。

表3-3-3　井口工艺

<table>
<tr><th colspan="4">调节计量工艺</th><th colspan="4">防止水合物工艺</th><th>注缓蚀剂工艺</th></tr>
<tr><td colspan="2">计量方式</td><td colspan="2">节流阀</td><td colspan="2">注醇</td><td colspan="2">注醇+加热</td><td rowspan="2">采出井流物中含有腐蚀性介质时，采取腐蚀监测及控制措施</td></tr>
<tr><td>单向计量</td><td>双向计量</td><td>单向调节</td><td>双向调节</td><td>注甲醇</td><td>注乙二醇</td><td>注甲醇+加热</td><td>注乙二醇+加热</td></tr>
</table>

2. 井口计量和注采气量调节

储气库注采气井口计量在储气库注采循环中是一项至关重要的工艺环节。储气库单井注采气计量数据是评价地层天然气储存能力和采出能力的重要依据，准确的井口计量能有效指导生产，优化运行参数，科学评价注采效果，提高天然气注采率。储气库计量有如下特点：储气库压力和气量变化频次大，具有“反复注采”的特点，对计量设备的抗疲劳能力要求高；中国储气库产量变化大(天然气瞬时流量上、下限比例可达 40∶1)，压力变化范围大(单井采出气压力变化范围可达 8~32MPa)，对计量设备适应性有较高要求；储气库采气期流体介质成分各异，凝析气藏或油藏型储气库含天然气、凝析油或黑油、游离水；气藏型储气库含天然气、游离水，对计量设备提出较高要求。

从 2000 年大张坨储气库建成，至 2021 年中国已建储气库 38 座，其中中国石油 20 座，国家管网 11 座，中国石化 6 座，港华燃气 1 座，总库容达 $666.03\times10^8m^3$。已建储气库类型主要有凝析气藏型、气藏型、油藏型、盐穴型等，不同类型储气库采出气成分不同，采取的集输工艺与井口工艺也有差别。中国部分已建储气库采取的集输工艺及井口工艺见表 3-3-4。

表 3-3-4 中国部分已建储气库采取的集输工艺及井口工艺

类型	储气库	集输工艺		井口工艺			
				调节计量工艺		防止水合物工艺	注缓蚀剂工艺
		注采合一	注采分开	计量方式	节流阀		
凝析气藏型	苏桥	—	√	单向	单向和双向	注甲醇+节流	√
	呼图壁	√	—	双向	单向	注甲醇+节流	—
	大张坨	—	√	单向	单向	注甲醇+节流	—
气藏型	雷 61	√	—	双向	双向	注甲醇+节流	√
	陕 224	√	√	双向	单向和双向	注甲醇+节流	—
	双坨子	√	—	双向	双向	注甲醇+节流	—
	相国寺	√	√	双向	单向	注乙二醇+节流	—
	文 23	√	—	双向	双向	注甲醇+节流	√
油藏型	刘庄	—	√	单向	单向	注甲醇+节流	—
	板南	—	√	单向	单向	注甲醇+节流	—
	京 58	√	—	双向	单向	注甲醇+加热节流	—
	双 6	√	—	单向和双向	单向	注甲醇+加热节流	√
盐穴型	金坛	√	—	双向	单向	注甲醇+节流	—

注气管道所输介质为经过处理的洁净天然气，使用单相流量计进行注气计量即可。

储气库采气计量受储气库类型、采出流体介质影响较大。对于采出气较洁净的储气库，如气藏型储气库、采出气含微量凝析气藏或油藏型储气库，可采用双向流量计对注气和采气流量进行计量，工艺流程简单(图 3-3-15)。

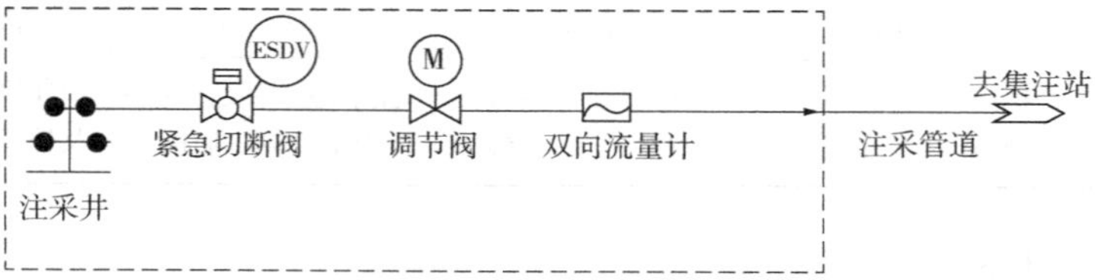

图 3-3-15 双向计量工艺流程示意图

对于采出流体介质较复杂的储气库，如采出气含油量较高的凝析气藏或油藏型储气库，根据地质专业要求，需要计量油、气、水三相流量。目前，中国采用分离计量工艺对每口采气井进行轮换计量，即在集注站或丛式井场内设置 1 台两相或三相计量分离器将油、气、水分离后计量(图 3-3-16)。苏桥储气库、大张坨储气库均采用上述注采分开计量、采气管道分离计量的工艺。

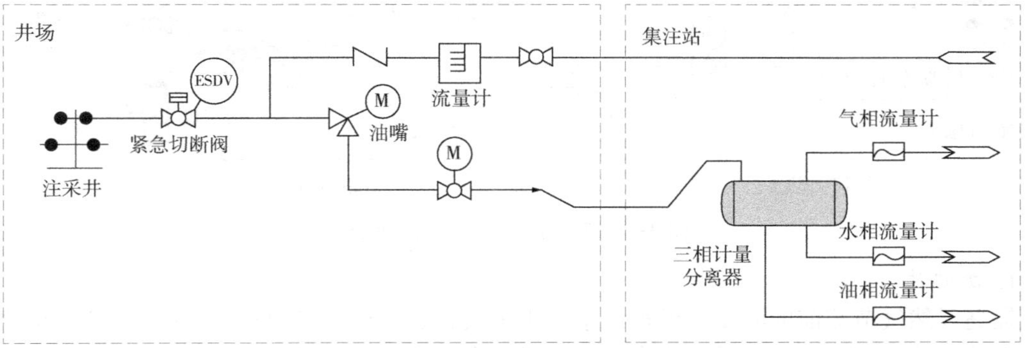

图 3-3-16　采气分离计量流程示意图

对于注采合一的储气库，井口流量采用双向计量，一般采用靶式流量计或超声波双向流量计，注采流量调节一般采用轴流式双向调节阀；对于注采分开的储气库，注气系统采用调节球阀+单井流量计，采气系统采用角式节流阀+两相分离轮换计量。

干气气藏井口计量可采用注采合一、双向计量。凝析气或油藏型储气库井流物含油、气、水，气质变化剧烈，为解决混相计量问题，常规做法是油、气、水三相分离后分别计量。丛式井一般采用轮换计量方式。

三、防冻工艺

从井口采出的或从矿场分离器分出的天然气一般都含水。含水的天然气当其温度降低至某一值后，极易在阀门、分离器入口、管线弯头及三通等处形成固体水合物，堵塞管道与设备。防止固体水合物形成的方法有三种：第一种方法是将含水的天然气加热，如果加热时天然气的压力和水含量不变，则加热后气体中的水含量就处于不饱和状态，亦即气体温度高于其露点，因而可防止水合物的形成，在气井井场采用加热器即为此法的一个案例。

当管道或设备必须在低于水合物形成温度以下操作时，就应该采用其他两种方法。第二种方法是利用溶剂(如三甘醇)吸收法或固体(如分子筛)干燥剂吸附法将天然气脱水，使其露点降低至操作温度以下。第三种方法则是向气流中加入化学剂。目前，广泛采用的化学剂是热力学抑制剂，但自 20 世纪 90 年代以来研制开发的动力学抑制剂及防聚剂也日益受到人们的重视并获得应用。

天然气脱水是防止水合物形成的最好的方法，但从经济方面考虑，一般应在集中处理站内进行脱水。否则，应考虑加热或加入化学剂等其他工艺方法。

储气库在开井初期，地层温度场建立较慢，井口温度较低，单井管道易冻堵，且随着井口参数不断变化，冻堵存在间歇性、短时性和不确定性。

对于气藏型或凝析气藏型地下储气库，根据采气特性，井口大多采用节流注水合物抑制剂不加热工艺，该工艺具有使用流量范围大、流程简单、防冻效果好的特点[图 3-3-17(a)]。

对于油藏型地下储气库，采气时采出井流物中常携带地层中残存的原油。井口一般采用加热节流与注水合物抑制剂相结合的工艺，在井口设置加热炉与注醇设施。当储气库仅开井初期需要加热时，加热炉可多口井共用一台[图 3-3-17(b)]。

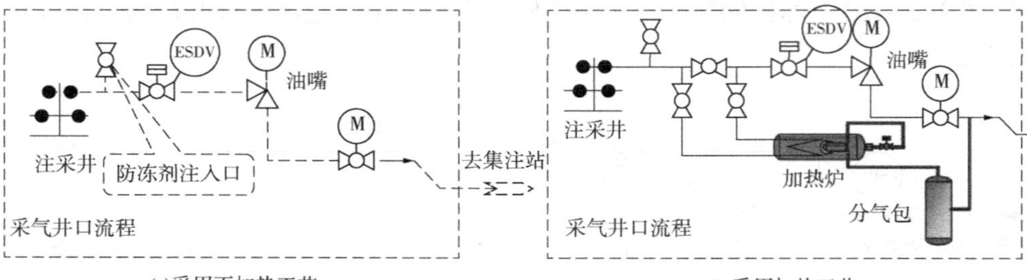

图 3-3-17 井口防冻工艺示意图

1. 加热法

提高天然气节流前的温度，或敷设平行于采气管线的热水伴随管线，使气体流动温度保持在天然气的水露点以上，是防止水合物生成的有效方法。矿场常用的加热设备有套管加热器和水套加热炉。

加热器热负荷计算如下：

确定天然气节流后应达到的温度 t_2。如图 3-3-18 所示，用套管加热器加热天然气，天然气走管程，水蒸气走壳程，p_1 和 p_2 为加热和节流前后的压力，t_0 为加热前的温度，t_1 和 t_2 为节流前后的温度。节流后的温度 t_2 要求比节流后的压力 p_2 条件下的水合物形成温度高 3~5℃。

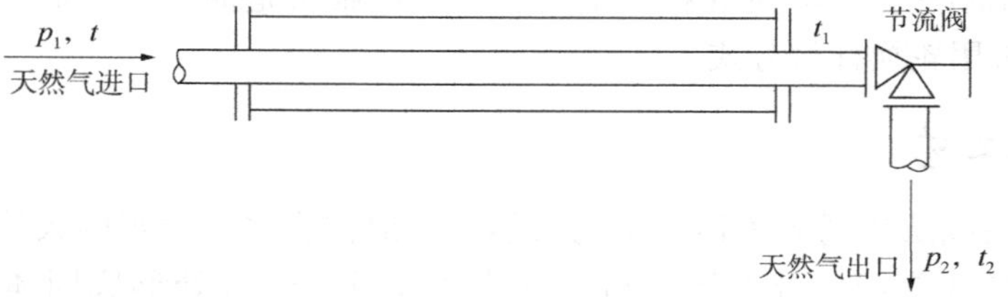

图 3-3-18 套管加热炉示意图

即
$$t_2=t_0+(3\sim5) \tag{3-3-7}$$

式中 t_2——节流后应保持的温度，℃；

t_0——节流后压力条件下水合物生成的温度，℃。

确定天然气节流前加热应达到的温度 t_1。天然气节流前加热升温达到的温度按式(3-3-8)计算：

$$t_1=\Delta t+t_2 \tag{3-3-8}$$

式中 t_1——天然气节流前加热应达到的温度，℃；

Δt——天然气从节流前压力 p_1 降至节流后压力 p_2 所产生的温降，℃；

t_2——节流后应保持的温度，℃。

计算天然气加热所需热量：

$$Q=q_v\rho_g c_p(t_1-t) \tag{3-3-9}$$

式中 Q——加热天然气所需热量，kJ/h；

q_v——天然气流量(p=0.101325MPa，t=20℃)，m^3/h；

ρ_g——天然气密度，kg/m^3；

c_p——天然气在 c_1 和 t_{cp} 条件下的定压比热容，kJ/(kg·℃)；

t_{cp}——天然气加热前后的平均温度，℃。

$$t_{cp}=\frac{t+t_1}{2} \tag{3-3-10}$$

式中 t，t_1——天然气加热前和加热后的温度，℃。

2. 注抑制剂法

可以用于防止天然气水合物生成的抑制剂分为有机抑制剂和无机抑制剂两类。有机抑制剂有甲醇和甘醇类化合物，无机抑制剂有氧化钠、氯化钙及氧化镁等。天然气集输矿场主要采用有机抑制剂，这类抑制剂中又以甲醇、乙二醇和二甘醇最为常用。抑制剂的加入会使气流中的水分溶于抑制剂中，改变水分子之间的相互作用，从而降低表面上水蒸气的分压，达到抑制水合物形成的目的。广泛采用的醇类天然气水合物抑制剂的物理化学性质见表 3-3-5。

表 3-3-5 广泛采用的醇类天然气水合物抑制剂的物理化学性质

项 目	甲醇	乙二醇	二甘醇	氯化钙
分子式	CH_3OH	$CH_2CH_2(OH)_2$	$O(CH_2CH_2OH)_2$	$CaCl_2$
相对分子质量	32.04	62.07	106.1	54
相对密度	0.7915	1.1088	1.1184	2.15
水溶解度（20℃）	完全互溶	完全互溶	完全互溶	一定溶解度
绝对黏度（20℃）/mPa·s	593	21.5	35.7	—
性质	无色易挥发、易燃液体	甜味无臭、黏稠液体	无色无臭、黏稠液体	白色晶体
适用性	不宜采用脱水方法；采用其他水合物抑制剂时用量大，投资大；使用临时设施的地方；水合物形成不严重，不常出现或季节性出现；温度较低；管道较长	气体的脱水防止水合物的生成，温度较高	气体的脱水防止水合物的生成，温度较高	地层水的矿化度较高；需测定凝固温度、沉淀物析出的可能性、水合物形成的平衡条件
同浓度下抑制效果	温降最大	温降次之	温降最小	温降次之
同过冷度下经济性	35175~48072.5 元/天	34768~40672 元/天	57273~58396 元/天	11473~12516 元/天
优点	适用性强，效果好	凝固温度最低，在烃类气体中具有低溶解性	在烃类气体中具有低溶解性	成本低
缺点	易挥发，加入量大（包括气相损失及液相损失两部分）	在凝析油中含芳香烃时损耗大，以细小液滴注入	用量大，价格高，以细小液滴注入	长期使用可能导致晶体形成

水合物热力学抑制剂是目前广泛采用的一种防止水合物形成的化学剂。

作用机理：改变水溶液或水合物的化学位，使水合物的形成温度更低或压力更高。

目前，普遍采用的热力学抑制剂有甲醇、乙二醇、二甘醇、三甘醇等。

对热力学抑制剂的基本要求是：①尽可能大地降低水合物的形成温度；②不与天然气的组分反应，且无固体沉淀；③不增加天然气及其燃烧产物的毒性；④完全溶于水，并易于再生；⑤来源充足，价格便宜；⑥冰点低。实际上，很难找到同时满足以上 6 项条件的抑制剂，但①~④项是必要的。目前，常用的抑制剂只是在上述某些主要方面满足要求。

从表3-3-6中列出的甲醇和乙二醇两种抑制剂在相同条件下所做的水合物形成温度降实验结果可以看出，质量浓度相同的两种抑制剂，其效果是甲醇优于乙二醇。

表3-3-6 甲醇与乙二醇温度降

甲醇			乙二醇		
质量浓度/%	分子分率 n	ΔT/℃	质量浓度/%	分子分率 n	ΔT/℃
5	0.0287	2.0	5	0.0150	0.6
10	0.0583	4.2	10	0.0312	1.8
20	0.1232	—	20	—	5.0
30	0.1941	17.2	30	0.1105	9.5
40	0.2725	30.0	40	0.1620	15.2

由于甲醇沸点低(64.6℃)，蒸汽压高，使用温度高时，气相损失过大，多用于操作温度较低的场合(<10℃)。在下列情况下可选用甲醇作抑制剂：

(1) 气量小，不宜采用脱水方法来防止水合物生成。

(2) 采用其他水合物抑制剂时用量多、投资大。

(3) 在建设正式厂、站之前，使用临时设施的地方。

(4) 水合物形成不严重，不常出现或季节性出现。

(5) 只是在开工时将甲醇注入水合物容易生成的地方。

甲醇使用过程中的有关问题：一般情况下喷注的甲醇蒸发到气相中的部分不再回收，液相水溶液经蒸馏后可循环使用。是否需要再生循环使用应根据处理气量和甲醇的价格等条件并经济分析论证后确定。根据有关文献介绍，在许多情况下回收液相甲醇在经济上并不合算。若液相水溶液不回收，废液的处理将是一个难题，故需要综合考虑，以求得最佳的社会效益和经济效益。

在使用甲醇时，残留在天然气中的甲醇将对天然气的后序加工(主要是天然气吸收或吸附法脱水系统)产生下列问题：

(1) 当用吸收法进行天然气脱水时，甲醇蒸气与水蒸气一起被三甘醇吸收，因而增加了甘醇富液再生时的热负荷。而且，甲醇蒸气会与水蒸气一起由再生系统的精馏柱顶部排向大气，这也是十分危险的。

(2) 甲醇水溶液可使吸收法脱水再生系统的精馏柱及重沸器气相空间的碳钢产生腐蚀。

(3) 当用吸附法进行天然气脱水时，由于甲醇和水蒸气在固体吸附剂表面共吸附和与水竞争吸附，因而也会降低固体吸附剂的脱水能力。

(4) 注入的甲醇聚集在丙烷馏分中，将会使下游的某些化工装置的催化剂失活。

甲醇具有中等程度的毒性，可通过呼吸道、食道及皮肤侵入人体。甲醇对人的致毒剂量为5~10mL，致死剂量为30mL。当空气中甲醇含量达到39~65mg/m^{3}时，人在30~60min即会出现中毒现象。我国工业企业设计卫生标准规定，车间空气中甲醇最高容许浓度为50mg/m^3，因此使用甲醇作抑制剂时应注意采取相应的安全措施。

甘醇类抑制剂的特点如下：

(1) 无毒。

(2) 沸点高(二甘醇：244.8℃；三甘醇：288℃)，在气相中的蒸发损失少。

(3) 可回收循环使用。适用于气量大而又不宜采用脱水方法的场合。

甘醇适于处理气量较大的气井和集气站的防冻；甘醇类抑制剂黏度较大，注入后将使系统压降增大，特别在有液烃存在情况下，操作温度过低将使甘醇溶液与液烃的分离变得困难，并增加在液烃中的溶解损失和携带损失：溶解损失一般为0.12~0.72L/m³液烃，多数情况下为0.25L/m³液烃。在含硫液烃系统中的溶解损失大约是不含硫系统中的3倍。

使用甘醇类作抑制剂时应注意以下事项：

(1) 为保证抑制效果，甘醇类必须以非常细小的液滴(如呈雾状)注入气流中。

(2) 通常用于操作温度不是很低的场合，才能在经济上呈现明显的优势。例如，在一些采用浅冷分离的天然气液回收装置中。

(3) 如果管道或设备的操作温度低于0℃，最好保持甘醇类抑制剂在水溶液中的质量分数在60%~70%，以防止甘醇变成黏稠的糊状体，使气液两相流动和分离困难。

抑制剂注入量计算如下：

注入天然气系统中的抑制剂，一部分与液态水混合成为抑制剂水溶液，称为富液。另一部分蒸发后与气体混合形成蒸发损失。计算抑制剂注入量时，因甲醇沸点低，需要考虑气相和液相中的量。对于甘醇，因其沸点高一般不考虑气相中的量。

当确定出水合物形成的温度降(Δt)后，可按式(3-3-11)计算液相中必须具有的抑制剂浓度X(质量分数)。

$$X=\frac{(\Delta t)M}{K_e+(\Delta t)M}\times100\% \qquad (3-3-11)$$

式中　X——抑制剂最低浓度，质量分数；

Δt——水合物形成温度降，℃；

M——抑制剂的相对分子质量；

K_e——抑制剂常数，K_e取值：甲醇为1297，乙二醇和二甘醇为2220。

由式(3-3-11)计算所得的甘醇最低富液浓度须用图3-3-19和图3-3-20进行校核。甘醇类化合物虽不致凝结为固体，但在低温条件下将丧失流动性，故对其溶液须校核凝固点，应使富液浓度处于非结晶区，否则须提高富液浓度。富液浓度过高将增大抑制剂的注入量，故富液浓度只需要提高到非结晶区即可满足要求。

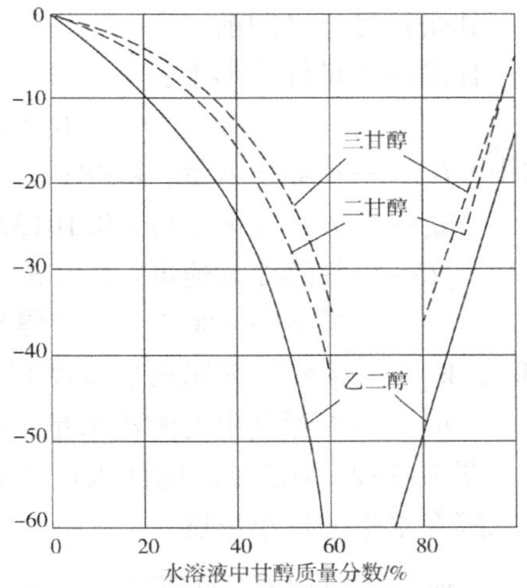

图3-3-19　三种甘醇的凝固点

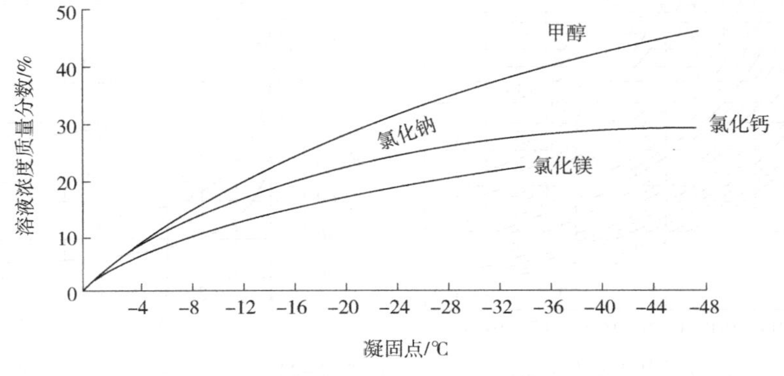

图3-3-20　各种浓度的防冻剂溶液的凝固点

甲醇注入量计算如下：

$$G_{m}=10^{-6}q_{v}(G_{s}+G_{g}) \tag{3-3-12}$$

式中　G_m——甲醇注入量，kg/d；

G_s——液相中甲醇量，mg/m^3；

G_g——气相中甲醇量，mg/m^3；

q_v——天然气流量($p=0.101325MPa$，$t=20℃$)，m^3/d。

$$G_{s}=\frac{X}{C-X}\left(W_{1}-W_{2}+W_{f}+\frac{100-C}{100}G_{g}\right) \tag{3-3-13}$$

式中　C——注入甲醇的浓度，质量分数；

W_1、W_2——天然气膨胀前后温度和在压力条件下的饱和水含量，mg/m^3；

W_f——天然气中的游离水量，mg/m^3。

$$G_{g}=10^{5}\frac{X}{C}\times\alpha \tag{3-3-14}$$

式中　α——甲醇在每立方米天然气中的克数与在水中质量浓度的比值，即 $\alpha=\dfrac{\text{g(甲醇)/m}^3\text{(天然气)(0.1013MPa, 20℃)}}{X\text{(水中甲醇的质量分数)}}$，由图 3-3-21 查得。

其余符号意义同前。

甘醇注入量计算如下：

$$G_{e}=10^{-6}q_{v}G[(W_{1}-W_{2})+W_{f}] \tag{3-3-15}$$

式中　G_e——甘醇注入量，kg/d；

q_v——天然气流量($p=0.101325MPa$，$t=20℃$)，m^3/d；

G——甘醇注入速度(由图 3-3-22 查得)，kg/kgH_2O；注入甘醇浓度一般为：乙二醇 70%～80%，二甘醇 80%～90%；

W_1、W_2——天然气膨胀前后温度和在压力条件下的饱和水含量，mg/m^3；

W_f——天然气中的游离水量，mg/m^3。

图 3-3-22 中乙二醇的注入速度 1、2、3、4 和 5 相应为 70%、60%、50%、40%和 30%乙二醇在水中的最小浓度。

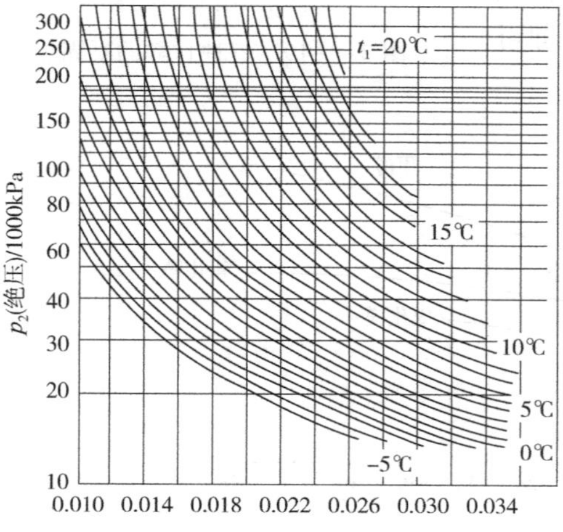

图 3-3-21　α 与压力和温度关系曲线

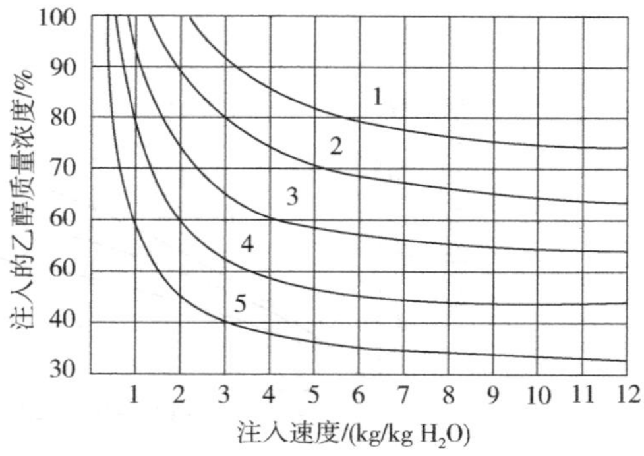

图 3-3-22　乙二醇的注入速度与质量浓度的关系

四、集输系统关键工艺技术

集输管线是集输系统重要的组成部分。气井至集气站第一级分离器入口之间的管线被称为采气管线；集气站至净化厂或长输管道首站之间的管线被称为集气管线。集气管线分为集气支线和集气干线。由集气站直接到附近用户的直径较小的管线也属集气管线范畴。由集气干线和若干集气支线(或采气管线)组合而成的集气单元称为集气管网；一个地区的集气管网则是指一个储气库或几个储气库的集气管线组合而成的集气单元。

图 3-3-23 为某储气库集气系统示意图。净化后的天然气进入输气管线。

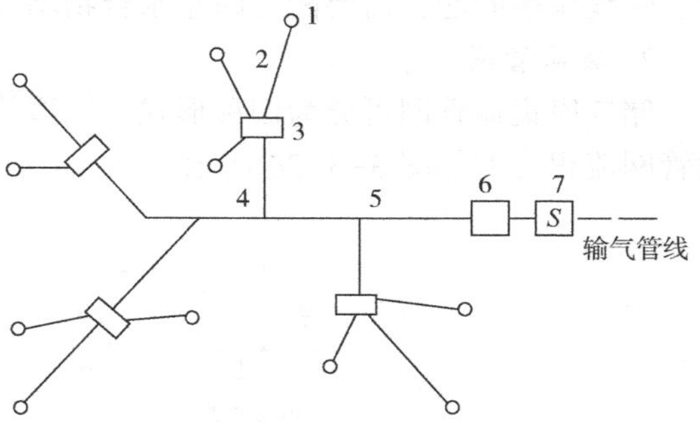

图 3-3-23　某储气库集气系统示意图

1—井场装置；2—采气管线；3—多井集气站；4—集气支线；5—集气干线；6—集气总站；7—天然气净化厂

1. 集输系统分类

集输系统按布站方式可分为一级布站(单井集气，在井场实施节流、调压、分离、计量、加温、注醇、排水采气等)和二级布站(多井集气、分离、计量集中在集气站，简化了井口流程及管理)等。

按集气管线的操作压力通常分为高压集气管线、中压集气管线和低压集气管线。其压力范围见表 3-3-7。

表 3-3-7　压力范围

管线名称	压力范围/MPa
高压集气管线	$10 \leqslant p \leqslant 16$
中压集气管线	$1.6 \leqslant p < 10$
低压集气管线	$p < 1.6$

储气库集输工艺按注采管线是否分开分为注采合一和注采分开两种。集输工艺的选择应综合考虑注采规模、管道压力、管道长度、采出物油水含量、设备与管材、运行管理等因此，对注采管道同管、异管进行技术经济比选。当注采输送气量接近、注采管道压力接近时，采用注采管道合一建设可降低投资成本。但受无缝钢管生产能力限制，当注气设计输量大于 $800 \times 10^4 m^3/d$ 时，注采合一管道需采用双管，与注采分开设置相比，并不能减少管道数量；当注气设计输量大于 $1000 \times 10^4 m^3/d$ 时，注采合一的经济性优势不明显。

从输送介质分析，天然气集输工艺又可分为干气输送和湿气输送两种。所谓干气输送是指在矿场井(集气站)对天然气先进行脱水处理后再集输；而湿气输送是指在矿场井(集气站)对天然气仅降压气液分离，脱出液相后进行集输。

1) 干气输送

干气输送是在矿场井(集气站)内部建脱水装置，各井来气分离后先进入脱水装置，再进计量装置，后经集气干线输往净化厂。脱水装置出站的原料气水露点温度可达 $-15℃$ 以下，以保证从矿场井(集气站)输至净化厂天然气管线中无凝析液产生，防止管线内发生腐蚀。

干气输送的优点是输气管线运行阻力小、管线内腐蚀轻，缺点是工艺复杂、投资高、运行费用高。

2）湿气输送

湿气输送是不在矿场井(集气站)内部建脱水装置，而在末站集中建设脱水装置。天然气中含有硫化氢等酸性气体时，必须配套管道防腐技术或加注缓蚀剂。

湿气输送工艺的优点是工艺相对简单、投资低、运行费用低，缺点是存在水合物堵塞管线、管线腐蚀问题，需要配套防止水合物堵塞、管线内防腐技术。

2. 集输管网

储气库集输管网可分为四种形式：线型管网、放射型管网、成组型管网、环型管网。集输管网流程类型如图 3-3-24 所示。

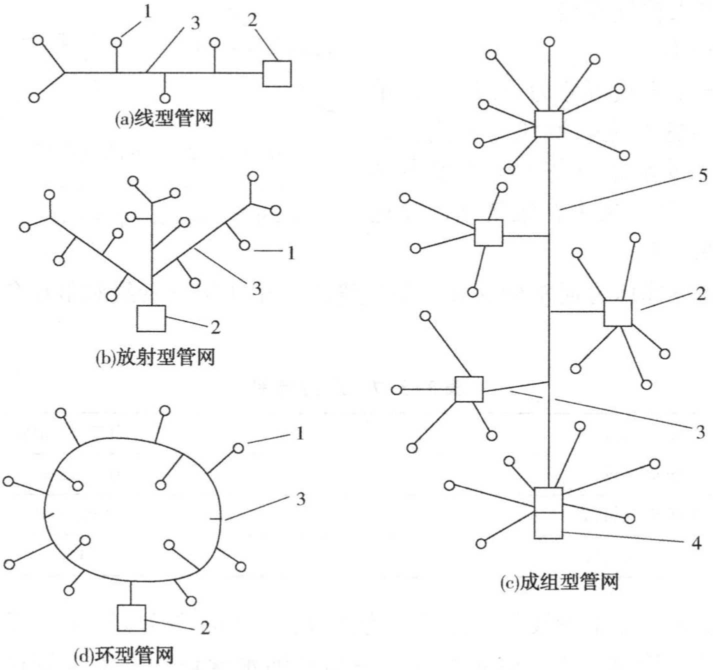

图 3-3-24 集输管网流程类型

1—气井；2—集气站；3—集气管道；4—集气总站或增压站

1）线型管网

线型管网呈树枝状，经储气库主要产气区的中心建一条贯穿储气库的集气干线，将位于干线两侧各井的气集入干线，并输到集气总站。如图 3-3-24(a)所示。该流程适用于气藏狭长且井网距离较大的储气库，其特点是适宜单井集气。

2）放射型管网

放射型管网有几条线型集气干线从一点(集气站)呈放射状分开，如图 3-3-24(b)所示。适用于储气库面积较大、井数较多，且地面被自然条件所分割的矿场。

3）成组型管网

成组型管网如图 3-3-24(c)所示，适用于若干气井相对集中的一些井组的集气，每组井中选一口设置集气站，其余各单井到集气站的采气管线呈放射状，亦称多井集气流程。在四川储气库中应用最广泛，大庆的汪家屯储气库和大港的板桥储气库也采用这种流程，其优点是便于天然气的集中预处理和集中管理，能减少操作人员。

4）环型管网

环型管网如图 3-3-24(d)所示，适用于面积较大的圆形或椭圆形储气库。具备上述条件的储气库，如果地形复杂，储气库处于大山深谷中，则不宜采用，而以采用放射型管网为宜。四川威远储气库即采用这种流程。其特点是气量调度方便，环形集气干线局部发生事故也不影响正常供气。

3. 集输管网的设置原则

大型储气库不局限于一种集气管网，可用两种或三种管网流程的组合。管网的类型主要取决于储气库的形状、井位布置、所在地区的地形、地貌以及集输工艺等诸多方面的因素。因此，管网的布局是一个较为复杂的“系统”问题，要进行优化布置，对提高储气库开发经济效益有关键意义。具体如下：

1）满足储气库开发方案对集输管网的要求

（1）以储气库开发方案提供的产气数据为依据。产气区的地理位置、储层的层位和可采储量；开发井的井数、井位，井底及井口的压力和温度参数(包括井口的流动压力和流动温度)；各气井的天然气组分，开采中的平均组分构成；气井凝液及储气库水的产出量和组分构成，以上数据既是储气库开发方案编制的依据，也是集输管网建设所需的基础数据。

（2）按储气库开发方案规定的开发目标和开发计划确定集输管网的建设规模，并安排建设进度。开发方案根据储气库的可采储量、天然气的市场需求和适宜的采气速度，对储气库开发的生产规模、开采期、年度采气计划、各气井的总采气量和采气率做了具体规定。集输管网的建设规模应与天然气生产规模相一致。当天然气生产规模要求分阶段形成时，集输管网的分期建设计划可根据开发期内年度采气计划规定的年采气量变化来制定。

2）集输管网设置与集气工艺的应用和合理设置集输场站相一致

集输管网的设置与集气工艺的应用、集气生产流程的安排和集输场站的合理布点要求密切相关。采用不同的集气工艺和集输场站设置方案会对集输管网设置提出不同的要求，带来某些有利和不利的因素，影响到集输管网的总体布置和建设投资。通过优化组合集输管网和场站建设方案，将这两项工程建设的总投资额降到最低，是集输管网设置希望达到的主要目标之一。

3）天然气总体流向合理

集输管网内的天然气总体流向合理，管网内主要管道的安排和具体走向与当地的自然地理环境条件和地方经济发展规范协调。

矿场集输中的天然气的终端是天然气净化厂，但经净化后的净化天然气最终要输送到天然气用户区。集输管网内的天然气总体流向不但要与产气区到净化厂的方向一致，还应与产气区到主要用户区的方向一致。为此，要把集输管网设置和天然气净化厂的选址结合起来，把净化厂选址在产气区与主要用户区之间的连线上或与这个连线尽可能接近的区域，并力求净化厂与产气区的距离最短。

管网中集气干管道和主要集气支管道的走向与当地的地形、工程地质、公路交通条件相适应。避开大江、大河、湖泊等自然障碍区和不良工程地段以及高度地震区，使管道尽可能沿有公路的地区延伸。远离城镇和其他居民密集区，不进入城镇规划区和其他工业规划区。

4）符合生产安全和环境保护要求

（1）腐蚀控制。

腐蚀是导致集输管道在内压作用下发生爆破的主要原因，要求根据天然气中腐蚀性物质的种类和含量有针对性地制定防护措施和正确选用管道材质，防止爆破事故的发生。

（2）设置事故时的气源自动紧急截断装置。

爆破事故发生时自动紧急截断通向事故点的气源，是集输管网设置中的安全原则之一。在气井井口设置高低压安全截断阀，在下游管道超压或失压时自动关闭井口。在管道上分段设置能在管道爆破时自动紧急截断上、下游气源的截断阀，将事故发生时的天然气自然泄放量和天然气中有毒物质的绝对泄放量都控制在规定的限定值以内。这些都是降低事故危害作用、防止后续事故发生的通行做法。

五、应用实例

（一）文23储气库

中原文23气田位于河南省濮阳市，地质储量采出程度81%，处于低压低产枯竭阶段，具备建设地下储气库的储层和盖层条件。根据“十二五”期间中国库址资源筛选及评价结果，中国东部地区的油气藏构造整体断裂系统复杂，构造破碎，地下储气库建设难度较大，而中原文23气田具有难得的建设大规模地下储气库的地质条件。中原文23气田共上报探明含气面积12.2km^2，天然气地质储量132.79×10^8m^3。其中，主块含气面积8.15km^2，储量116.10×10^8m^3。主块含气面积大，储量大，原始地层压力38.64～38.87MPa，压力系数1.29～1.34，地层温度115～120℃，为干气藏。文23气田于1988年开始产能建设，截至2013年12月底，累计产气95.19×10^8m^3。自2001年开始，随着采气速度的提高，平均地层压力在4.44MPa，井口压力普遍在0.8～1.6MPa。根据气藏工程测算结果，动用文23储气库的剩余可采储量为5.95×10^8m^3。文23气田含气层系上部覆盖了一套巨厚的文23盐，文23盐厚度大、岩性纯、封闭性好。沙三下亚段沉积的灰白色盐岩，厚度一般为200～600m。良好的区域盖层对文23气田的富集成藏起着重要作用，为储气库的建设提供了得天独厚的封闭条件。

文23气田贴近华北市场，建成储气库后可覆盖整个华北市场，对该区域天然气安全平稳供应具有重要的意义。中原文23气田地处河南省境内，位于华北和长三角两大用气中心的中间位置，储气库建设的地理位置非常优越。储气库建成后，不仅与周边的中国石化榆济、鄂安沧、中开等主干管道相连，还可与豫北管网、山东管网、河北管网、山东液化天然气(LNG)项目输气管道等区域管网相连通。此外，还可以通过鄂安沧濮阳支干线及保定支干线与中国石油陕京输气系统连通，实现对整个华北地区的覆盖，调峰范围极大，将是中国石化在目标市场提高竞争力、获取增量市场的重要手段，将为中国石化进一步做大天然气经营规模提供强有力的支撑(图3-3-25)。

储气库一期有效工作气量32.67×10^8m^3/a，注气能力按照一期平均注气量的1.2倍设计，为1960×10^4m^3/d(含文23储气库先导工程已经具备的200×10^4m^3/d)，需要新增约1800×10^4m^3/d的注采气能力；天然气处理能力按照平均调峰气量的1.6倍设计，为3600×10^4m^3/d。建设1座注采站、8座丛式井场、5座监测井场、站外集输管网等配套工程。

文23储气库一期工程地面采用一级布站方式，主要工艺包括集输工艺、注气工艺、采气工艺，工艺路线特点描述如下：

（1）采用一级布站、气液混输、井口节流、双向计量、注采共用的集输工艺。

（2）采用宽工况、多气源、多机组的注气工艺。

（3）采用井口流量控制、不加热不注醇、“节流+三甘醇脱水”的采气工艺。

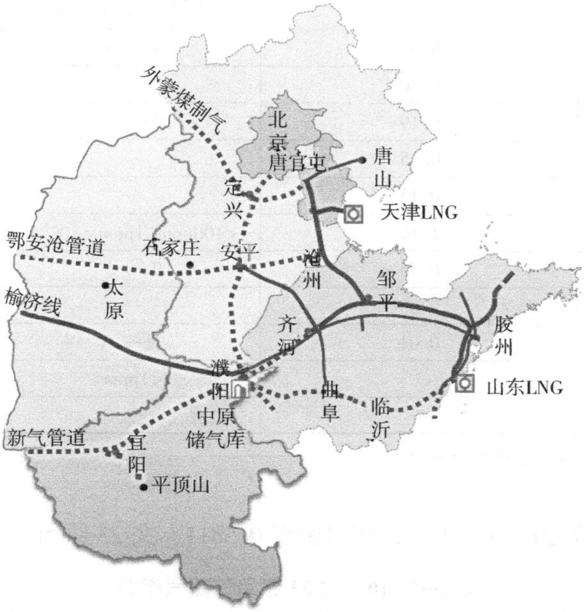

图 3-3-25　文 23 气田周边管道分布情况

1. 气源及组分

1）注气气源

文 23 储气库周边中国石化的主干管道有已建榆济线、中开线和规划的鄂安沧输气管道濮阳支干线、新气管道豫鲁支干线。文 23 储气库一期工程注气气源主要为鄂安沧输气管道气、已建榆济线管道气、中开线管道气，外部气源接入点位置与具体参数见表 3-3-8。

表 3-3-8　外部气源接入点位置与具体参数

序号	接入点管线参数	鄂安沧输气管道濮阳支干线	榆济线	
1	位置	鄂安沧管线	清丰站至文 96 注采站管道巴庄村阀室	中开线文留阀室
2	口径/mm	DN1000	DN500	DN700
3	操作压力/MPa	5.0~9.8	5.0~7.6	5.0~7.6
4	操作温度/℃	5~25	5~25	5~25
5	设计压力/MPa	10	8	8

以上两种气源组分见表 3-3-9。

表 3-3-9　注气气源组分

序　号	名　称	摩尔百分数/%		
		榆济线管道气	鄂安沧输气管道气	
			天津 LNG 管道气	内蒙古煤制气
1	C_1	92.43	91.0~99.9	96.38
2	C_2	3.85	0.1~5	0.11

续表

序号	名称	摩尔百分数/%		
		榆济线管道气	鄂安沧输气管道气	
			天津 LNG 管道气	内蒙古煤制气
3	C_3	0.98	0~2.5	0.1
4	nC_4	0.30	0~1	—
5	iC_5	0.19	0~0.1	—
6	nC_5	0.15	—	—
7	C_{6+}	0.13	—	—
8	CO_2	1.16	<100ppm($1ppm=10^{-6}$)	<2.0
9	N_2	0.55	0~0.5	0.51
10	He	0.03	—	—
11	H_2	0.01	—	<1.0
12	H_2S	—	<1ppm	<6mg/m³
13	总硫	—	—	<60mg/m³

注：投产 3 个月考虑气质中含饱和水的可能性。

2）原始气藏气

文 23 气田天然气成分以甲烷为主，相对密度 0.5811，文 23 原始气藏气组分见表 3-3-10。

表 3-3-10 文 23 原始气藏气组分

序号	名称	含量	序号	名称	含量
1	天然气组分/%		1	天然气组分/%	
	C_1	94.38		CO_2	0.95
	C_2	1.62		N_2	0.94
	C_3	0.37	2	高位热量/(MJ/m^3)	38.03
	C_4	0.26	3	低位热量/(MJ/m^3)	34.29
	C_5	0.18			

文 23 气田自 1990 年正式投入开发以来，水气比一直保持在 $0.1\sim0.3m^3/10^4m^3$，地层水为高矿化度盐水，总矿化度为 $26\times10^4\sim30\times10^4mg/L$，$Cl^-$ 含量为 $16\times10^4\sim18\times10^4mg/L$，水型为 $CaCl_2$ 型。

3）采气组分(拟合)

储气库建成后，采出气组分可以根据管道来气、原始气藏气组分进行拟合，见表 3-3-11。

表 3-3-11 文 23 储气库采出气组分(拟合)

序号	组成	采气组分 1	采气组分 2	采气组分 3
1	C_1	0.9291	0.9396	0.9440
2	C_2	0.0214	0.0129	0.0011
3	C_3	0.0110	0.0030	0.0010
4	nC_4	0.0042	0.0007	0.0000
5	H_2S	2.28×10^{-6}	3.13×10^{-6}	3.00×10^{-6}
6	H_2	0.0171	0.0196	0.0294

续表

序 号	组 成	采气组分 1	采气组分 2	采气组分 3
7	He	0.0000	0.0001	0.0000
8	N_2	0.0035	0.0030	0.0050
9	CO_2	0.0115	0.0180	0.0196
10	C_6	0.0000	0.0003	0.0000
11	iC_5	0.0000	0.0004	0.0000
12	nC_5	0.0000	0.0003	0.0000
13	H_2O	0.0022	0.0022	0.0000

注：采气组分 1 以 30%煤制气、70%天津 LNG 拟合；采气组分 2 以 60%煤制气、20%榆济线管道气、20%原始气藏气拟合；采气组分 3 为 100%煤制气。

2. 井位部署

根据地质方案，新钻 66 口井，利用老井 11 口，分别布置在 8 个井台内。每座井台管辖的井口数量见表 3-3-12。

表 3-3-12 每座井台管辖的井口数量

井台号	总井数/口	新井井数/口	利用井/口	利用井位号
2#	13	11	2	文 23-44、文 23-32
3#	11	10	1	文 23-30
4#	9	9	—	—
5#	8	7	1	文新 31
6#	6	5	1	文 23-26
7#	13	9	4	文 23-19、文 23-17、文 23-13、文 23-36
8#	7	7	—	—
11#	10	8	2	文 23-34、文侧 105
合计	77	66	11	—

3. 设计规模

1）井场设计规模

井场设计规模需根据井场管辖的井口数与单井产量预测进行确定。井场处理规模预测见表 3-3-13。考虑地层扰动系数，8 座丛式井场采气、注气设计规模见表 3-3-14。

表 3-3-13 井场处理规模预测

采气能力								
地层压力/MPa	预计产能/($10^4m^3/d$)							
	2#井场	3#井场	4#井场	5#井场	6#井场	7#井场	8#井场	11#井场
15	116.4	127.9	66.9	79.6	32.2	73.2	48.6	90.2
20	216.8	238.2	124.6	148.3	60.0	136.4	90.6	168.1
25	314.9	346.1	180.9	215.4	87.1	198.2	131.6	244.1
30	406.5	446.6	233.5	278.0	112.4	255.7	169.9	315.0
35	494.0	542.8	283.8	337.9	136.6	310.8	206.5	382.9
38.6	555.5	610.4	319.1	379.9	153.7	349.5	232.2	483.28

续表

注气能力								
地层压力	预计产能/($10^4m^3/d$)							
	2#井场	3#井场	4#井场	5#井场	6#井场	7#井场	8#井场	11#井场
15	421.8	463.4	242.3	288.4	116.7	265.4	176.3	326.9
20	392.7	431.5	225.6	268.6	108.6	247.1	164.1	304.4
25	351.3	386.0	201.8	240.3	97.2	221.0	146.8	272.3
30	296.2	325.4	170.1	202.5	81.9	186.3	123.8	229.5
35	220.9	242.7	126.9	151.1	61.1	139.0	92.3	171.2

表 3-3-14 8 座丛式井场采气、注气设计规模

丛式井号	单井/口	利用井/口	总井数/口	最大注气量/($10^4m^3/d$)	最大采气量/($10^4m^3/d$)	注气设计规模/($10^4m^3/d$)	采气设计规模/($10^4m^3/d$)
2#	11	2	13	421.8	555.5	350	600
3#	10	1	11	463.4	610.4	350	700
4#	9	—	9	242.3	319.1	200	400
5#	7	1	8	188.4	379.9	200	450
6#	5	1	6	116.7	153.7	100	200
7#	9	3	12	265.4	349.5	200	400
8#	7	—	7	176.3	232.2	150	300
11#	8	3	11	326.9	483.28	250	550
合计						1800	3600

2）场站设计规模

本工程设注采站 1 座，注气期接收长输管道来气，在注采站内经过滤分离、计量、增压后，先通过注采气干线输往各丛式井场，再通过单井管线注入注采气井；采气期接收丛式井场来气，在注采站内经冷却、分离、脱水、计量后输往长输管道。

注气规模：$1800\times10^4m^3/d$。

采气规模：$3600\times10^4m^3/d$。

4. 产品要求

1）产品指标要求

储气库外供天然气，气质应满足《天然气》(GB 17820—2018) 中的Ⅱ类气质标准要求。通过对目前注入的管道气与原始气藏气进行分析，地温按 6℃考虑，在输送条件下不会有烃析出，按照设计规范，水露点应不高于 1℃，本次设计水露点设计按-5℃。

2）注采能力要求

一期建成后，注气能力 $1800\times10^4m^3/d$，年注气期 200d；采输气处理能力 $3600\times10^4m^3/d$，年采气期 150d，平衡检测期 15d。

5. 流程简述及设计参数

1）注气部分

(1) 注气流程。

从长输管道来的天然气(压力 5~8MPa、温度 5~25℃)进入注采站，分三路进入旋风分离器及过滤分离器，分离计量后分 12 路进入压缩机系统压缩，经注气压缩机组两级压缩后至 34.5MPa，冷却至 65℃后送到注气汇管分配，分成多路送入集输干线管网至丛式井场，由丛式井场经单井输气管线注入地下储气库。

（2）注气压缩机设计参数。

① 注气规模。

注气规模 $1800\times10^4m^3/d$。

② 压缩机进口压力。

如前所述，文 23 储气库周边中国石化的主干管道有已建榆济线、中开线和鄂安沧输气管道濮阳支干线、新气管道豫鲁支干线。文 23 储气库一期工程注气气源主要为鄂安沧输气管道气、已建榆济线管道气、中开线管道气。压力范围为 5.0~9.8MPa，同时考虑长输管道运行压力范围等因素，注气期压缩机进口压力为 5.0~8.0MPa。

③ 压缩机出口压力。

根据地质资料，注入垫底气后地层压力为 15~38.6MPa。考虑注气井井身结构、注气井深度等造成的注气沿程摩阻，上限压力为 34.5MPa（最高操作压力），下限压力约 18MPa。压缩机出口压力为 18~34.5MPa。同时，压缩机组运行应考虑垫底气注入运行工况要求，出口压力范围为 10~18MPa。

④ 注气压缩机处理量。

为了使压缩机操作、维护方便，应力求选用同一型号的压缩机。此外，注气压缩机组设计应能保证在进气压力 5.0~8.0MPa、排气压力 18~34.5MPa 工况下高效运行。通过多工况核算，确定文 23 储气库注气压缩机组单台排气量为 $150\times10^4m^3/d$。根据一期工程注气规模为 $1800\times10^4m^3/d$，因此配置 12 台。

2）采气部分

（1）采气流程。

来自气井的湿天然气（12~34.5MPa），经井口电动角式节流阀调压至 15MPa、靶式流量计计量后，汇入井场采气汇管，气液混输至注采站采气汇管，经段塞流捕集器、空冷器冷却，以及旋风分离器、过滤分离器分离其中的游离水及杂质后，进入三甘醇脱水装置，脱水后天然气经调压至 9.5MPa、计量后送入外输管网，脱水后水露点<-5℃（交接压力下，地温按 6℃考虑）。在采气后期，由于地层压力降低至 8~12MPa，脱水后天然气经调压至 7.0MPa，井口角式节流阀开度至全开。

其中，三甘醇脱水流程如下：

湿天然气（9.7MPa、25℃）由吸收塔下部的天然气进口进入三甘醇脱水吸收塔，与塔顶流下的贫三甘醇溶液充分接触，脱水后由塔顶天然气出口出塔，然后进套管换热器与进塔贫甘醇换热后，再经过分离器和顶部压力控制阀出装置。控制阀前压力（即吸收塔的工作压力）为 9.5MPa。

富三甘醇由吸收塔底部富液出口出塔，部分进入三甘醇再生塔塔顶盘管，被塔顶蒸汽加热至 40℃后进入三甘醇闪蒸罐，闪蒸分离出溶解在甘醇中的天然气。再生塔塔顶盘管两端连接有手动旁通调节阀，用以调节富三甘醇进盘管的流量，从而调节再生塔塔顶的温度。三甘醇由闪蒸罐下部流出，经过闪蒸罐液位控制阀，依次进入三甘醇二级过滤分离器（滤布）及三甘醇三级过滤分离器（活性炭）。通过滤布过滤器过滤掉富三甘醇中 5μm 以上的固体杂质；通过三甘醇三级过滤分离器过滤掉富三甘醇溶液中三甘醇再生时的降解物质。两个过滤器均设有旁通管路。在过滤器更换滤芯时，装置可通过旁通管路继续运行。过滤后，富三甘醇进入贫/富三甘醇换热器，与由再生重沸器下部三甘醇缓冲罐流出的热贫甘醇换热升温至160℃后进入三甘醇再生塔。

在三甘醇再生塔中，通过提馏、精馏、塔顶回流及塔底重沸的综合作用，使富三甘醇中的水分分离出塔。塔底重沸温度为170~195℃，三甘醇质量浓度可达97%~99%。塔顶水蒸气经富三甘醇溶液冷却后，进入冷凝水缓冲罐。重沸器中的贫三甘醇溢流至重沸器下部三甘醇缓冲罐。贫三甘醇液从缓冲罐进入板式换热器，与富三甘醇换热，温度降至48.5℃左右进三甘醇循环泵，由泵增压后进套管式气液换热器，与外输气换热至35℃进吸收塔吸收天然气中的水分。三甘醇富液闪蒸罐顶部闪蒸气引出后进入燃料气管网。

（2）采气工艺参数。

① 采气规模。

采气规模3600×$10^4m^3/d$。

② 采气压力系统。

因单井来气采用井口三级节流、湿气输送工艺，为保证储气库向鄂安沧或榆济管线平稳供气，采气工艺压力系统采用两级节流，保证注采站出口压力稳定。一级节流位置设置在单井采出管线上，设电动角式节流阀，电动角式节流阀与阀后靶式流量计联锁，通过调节阀门开度控制单井采出气流量；三级节流位置设在脱水撬块三甘醇分离器后，设调压阀，稳定脱水撬块吸收塔的运行压力。采气初期井口压力较高，为12~34.5MPa，三级节流阀控制阀前压力为9.5MPa，阀后压力与管线外输背压相同。一级节流阀调节阀后压力为15MPa，阀前压力与气井压力相匹配。随着采气过程继续，气井压力为9~12MPa时，三级节流阀控制阀前压力为7.0MPa，二级节流阀开度逐渐变大至全开。

③ 脱水撬配置。

根据采气规模3600×$10^4m^3/d$，设3列装置，其中单列装置吸收部分最大处理能力为1200×$10^4m^3/d$，单列装置再生部分三甘醇循环量为$Q=10m^3/h$。

（二）文96储气库

为满足东部地区经济发展对天然气的需求，中国石化以鄂尔多斯盆地北部塔巴庙探区天然气气源为基础，以杭锦旗和杭锦旗南探区为接替区，以山西煤层气作为下一步发展目标，兴建榆林—济南输气管道（榆济线），天然气主要供应豫北、山东市场。

榆林—济南输气管道的建成，将形成以榆林—濮阳输气管道为中心，以濮阳—济南输气管道和濮阳—郑州输气管道为两翼的豫鲁天然气管道系统，同时依托中原油田原有的外输天然气管道和中国石化天然气分公司近年来在山东建设的天然气管道，形成以省际输气管道为骨架，以省内干线输气管道为基础，沟通县区输气管道，与其他气源有效衔接的安全供气网络。

榆林—济南输气管道长1045km，管道沿线地形地貌复杂，若出现事故，输气干线必然会中断向下游供气。对于城市居民用户、部分公共建筑和福利设施，以及冶金、玻璃陶瓷等工业用户来说，如果停气会影响正常的生产、生活秩序，增加社会不稳定因素，同时也会给工业企业带来不可估量的经济损失。因此，为了充分利用榆林—济南输气管道的输气能力、提高其经济性、协调天然气供求关系、保证天然气安全平稳供应，必须建设与之配套的地下储气库，即文 96 储气库。建设了与输气管道相配套的储气库，就可调用地下储气库中的天然气供用户应急用气。

1. 库容

储气库动用主块和文 92-47 块的有效工作气量达到 $2.95\times10^8m^3$，因此，储气库的地面工程设计规模应与其相匹配，确定为 $2.95\times10^8m^3$，文 96 储气库库容见表 3-3-15。

表 3-3-15 文 96 储气库库容

参 数	主 块	文 92-47 块	合 计
最大库容量/10^8m^3	5.19	0.69	5.88
基础垫气量/10^8m^3	0.62	0.08	0.7
附加垫气量/10^8m^3	1.96	0.27	2.23
总垫气量/10^8m^3	2.58	0.35	2.93
有效工作气量/10^8m^3	2.61	0.34	2.95

2. 设计规模

1）注气系统

榆林—济南输气管道最大富余气量为 $167\times10^4m^3/d$，因此确定文 96 集注站注气系统设计规模 $200\times10^4m^3/d$，单井注气规模 $\leqslant50\times10^4m^3/d$。

2）采气系统

文 96 集注站天然气脱水处理系统设计规模 $350\times10^4m^3/d$；单井采气规模 $\leqslant60\times10^4m^3/d$；应急供气规模 $500\times10^4m^3/d$。

3. 气源及组分

储气库采出天然气由两部分构成：

第一部分为注入的管道气，符合《天然气》(GB 17820—1999) 中的Ⅱ类气质标准。榆林—济南输气管道天然气组成见表 3-3-16。

表 3-3-16 榆林—济南输气管道天然气组成

序 号	名 称	含 量	序 号	名 称	含 量
1	摩尔组分/%		1	CO_2	0.8642
	C_1	94.7809		N_2	0.4464
	C_2	2.9639		He	0.033
	C_3	0.5752		H_2	0.0107
	iC_4	0.1008	2	天然气相对密度	0.5903
	nC_4	0.1156	3	压力/MPa	4.18
	iC_5	0.0538	4	温度/℃	2.7
	nC_5	0.0363	5	水露点(工况)/℃	-16
	C_{6+}	0.0192	6	烃露点/℃	-28.8

第二部分为文 96 原始气藏气，其组成见表 3-3-17。

表 3-3-17　文 96 原始气藏气组成

序　号	名　称	含　量	序　号	名　称	含　量
1	摩尔组分/%		1	nC_5	0.43
	C_1	85.69		C_6	0.40
	C_2	5.94		C_{7+}	0.32
	C_3	3.27		CO_2	0.66
	iC_4	0.68		N_2	0.88
	nC_4	1.25	2	相对密度	0.6588～0.7505
	iC_5	0.48			

4. 井口设计参数

储气库注采工程方案中注采井生产参数如下：

新钻采气井 14 口，其中注采合用井 6 口。

单井采气规模：$\leqslant 60\times10^4 m^3/d$。

单井注气规模：$\leqslant 50\times10^4 m^3/d$。

采气井井口压力：≤22.5MPa。

采气井井口温度：≤62.47℃。

注气井井口压力：≤23.5MPa。

注气井井口温度：≤60℃。

5. 流程简述及设计参数

1）注气工艺

（1）注气流程简述。

在注气期(4—10 月)，榆林—济南输气管道富余的天然气通过清丰分输站至文 96 集注站的输气干线进入文 96 集注站，首先进行流量计量，经过滤分离后进入注气压缩机增压，增压后的天然气经单井管线注入地下储气库。文 96 集注站注气工艺流程如图 3-3-26 所示。

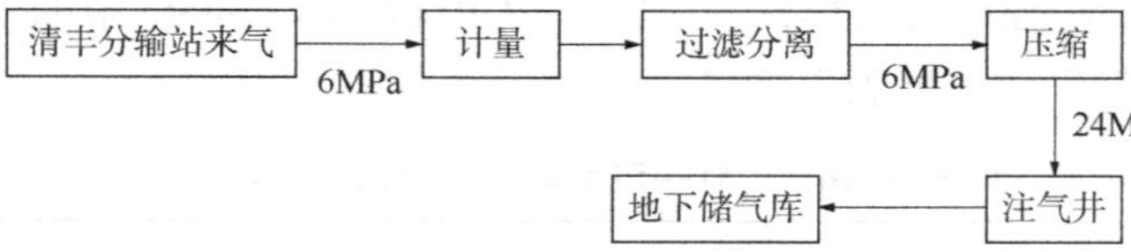

图 3-3-26　文 96 集注站注气工艺流程

（2）注气工艺参数。

储气库地面配套工艺满足“强采、强注”要求，注气压力在注气期开始时低，略高于储气库最低压力，随着注气量的累加，压力越注越高，到注气期结束时，注气井口压力为 24MPa，地层压力达到 27MPa。注气量随着时间的不同而变化，注气期注气压力、注气量、对应的地层压力见表 3-3-18。

表 3-3-18　注气期注气压力、注气量、对应的地层压力

月　份	1	2	3	4	5	6	7	8	9	10	11	12
不均匀系数	1.41	1.27	1.07	0.89	0.82	0.8	0.8	0.8	0.83	0.88	1.07	1.36
月注气量/$10^8 m^3$				0.275	0.45	0.5	0.5	0.5	0.425	0.30		

续表

月 份	1	2	3	4	5	6	7	8	9	10	11	12
日注气量/10^4m^3				92	150	167	167	161	142	100		
累计注气量/10^8m^3				0.275	0.725	1.225	1.725	2.225	2.65	2.95		
地层压力/MPa				14.02	15.89	18.10	20.54	23.26	25.86	26.99		
井底流压/MPa				24.9	25.2	25.6	26.2	26.9	27.8	35		
井口压力/(MPa/口)				12.23/6	14.92/6	17.06/6	18.99/6	21.12/6	22.97/6	23.31/6		

季节调峰期目标市场的最大日注气量在 6 月和 7 月，为 $167×10^4m^3/d$，最小日注气量在 4 月，为 $92×10^4m^3/d$。

（3）注气压缩机工艺参数。

注气压缩机是地下储气库最关键的核心设备，而压缩机工作参数的选择是否合理，关系到储气库的长期运行效率。根据榆林—济南输气管道输气压力计算结果，文 96 集注站进站压力为 5.91～6.05MPa，压缩机进气压力设计点为 6.0MPa，允许波动范围为 5.0～7.0MPa。

根据储气库月度注气量的要求与现有供电条件分析，电机驱动压缩机功率不宜过大，本工程采用 3 开无备用的往复式压缩机配置方案，压缩机电机功率中等。注气压缩机设计参数见表 3-3-19。

表 3-3-19 注气压缩机设计参数

序 号	项目名称	单 位	参 数	备 注
1	进口压力	MPa	6.0	5.5～7.0
2	出口压力	MPa	26.0	
3	进气温度	℃	15～25	
4	出口温度	℃	<60	冷却后

2）采气工艺

（1）采气流程。

储气库采出气随着注采次数的增加，重烃及水分含量越来越低，从气质最差的首次采出气组分看，在 8MPa 工况下，烃露点(工况)为-34.681℃，采出气气质符合重烃含量要求，不需上脱烃设施。

天然气脱水方法有吸收法、吸附法、冷却法。根据《天然气脱水设计规范》(SY/T 0076—2008)，在输送过程中烃类凝液较少，压力较高的天然气脱水宜采用甘醇吸收法。但是，由于地下储气库采取“强采、强注”周期性生产方式，采出天然气水露点控制工艺一般可选择节流-丙烷制冷法脱水、三甘醇吸收法脱水，这两种方法都是成熟的天然气脱水工艺。根据储气库类型不同，选择不同的脱水方法，一般认为由凝析气藏改建的地下储气库选择节流-丙烷制冷法脱水、脱烃工艺，而由盐穴改建的地下储气库选择三甘醇吸收法脱水工艺。

根据露点控制工艺的不同，采气流程分为以下两个方案：

方案一：采用三甘醇脱水工艺时，在采气期(11 月—次年 3 月)将储存在地下储气库中的天然气在井口经过角阀进行一级节流，通过单井集输管线进入集注站，在站内经过自立式调节阀将阀前压力调节节流至阀后不大于 9MPa，然后进行流量调节，一级分离、空冷，经二级分离过滤后进入天然气甘醇脱水处理装置进行脱水，处理后的天然气经流量计量后通过输气干线输送至清丰分输站，补充进入榆林—济南输气管道进行季节调峰。文 96 集注站采气流程如图 3-3-27 所示。

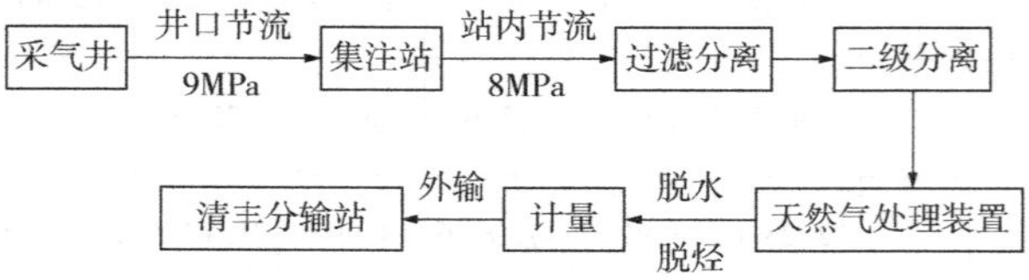

图 3-3-27　文 96 集注站采气流程(一)

方案二：采用节流-丙烷制冷脱水工艺时，流程与方案一基本相同，天然气在井口经过角阀、通过单井集输管线进入集注站，在站内经过自立式调节阀将阀前压力调节节流至阀后不大于 13MPa，然后进行流量调节，当压力高于 12MPa 时，在 12MPa 压力下进行一级分离、空冷，空冷后的天然气进入天然气节流制冷脱水装置；当压力低于 12MPa 时，采用丙烷制冷，脱水后的天然气经流量计量后输送至清丰分输站，补充进入榆林—济南输气管道进行季节调峰。文 96 集注站采气流程如图 3-3-28 所示。

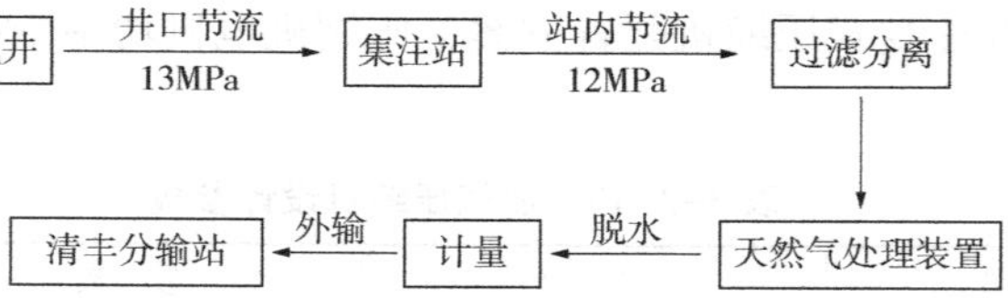

图 3-3-28　文 96 集注站采气流程(二)

在中原油田建设储气库有自身的内部条件和外部条件，采用两种脱水工艺的优缺点介绍如下。

① 三甘醇脱水方案。

本装置利用三甘醇溶液吸收法脱除天然气中的部分水分，满足露点降的要求。

a. 采出气三甘醇脱水处理装置。

根据储气库的规模，建设一套 $500\times10^4m^3/d$ 的脱水装置。

b. 主要工艺流程。

井口来的高压天然气(约 8.0MPa，20～45℃)进高压空气冷却器，温度降低到 24℃左右，经分离过滤器去三甘醇脱水系统。

湿天然气经过场站设置的过滤分离器，分离掉湿其中游离态液滴及固体杂质后，呈水饱和状态的湿天然气进入吸收塔下部的气液分离腔。分离掉因过滤分离器处于事故状态而可能进入吸收塔中的游离液体。湿天然气在吸收塔中的上升过程中，与从塔上部进入的贫三甘醇充分接触，气液传质交换，脱除天然气中的水分后，经塔顶捕雾丝网除去大于 5μm 的甘醇液滴后由塔顶部出塔。

干天然气出塔后，经过套管式气液换热器与进塔前热贫甘醇换热，降低贫三甘醇进塔温度，换热后经基地自力式气动薄膜调节阀调节控制吸收塔运行压力，然后进入外输气管网。

上述调节阀两侧设置旁通管路，管路上设节流阀，供调节阀维修及装置起动时使用。

贫三甘醇由塔上部进入吸收塔，由上而下经过塔板，吸收天然气中的水分。吸收水分的富三甘醇与部分高压天然气的气液混合物经过过滤器进入循环泵(甘醇和天然气驱动泵)。

富三甘醇出甘醇循环泵进三甘醇再生塔塔顶盘管，被塔顶蒸汽加热至40~60℃后进入闪蒸罐，闪蒸分离出作为驱动循环泵的动力气及溶解在甘醇中的烃气体。再生塔塔顶盘管两端连接有旁通调节阀，用以调节富三甘醇进盘管的流量，从而调节再生塔塔顶的回流量。

甘醇由闪蒸罐下部流出，经过闪蒸罐液位控制阀，依次进入滤布过滤分离器及活性炭过滤器。通过滤布过滤器过滤掉富甘醇中5μm以上的固体杂质。通过活性炭过滤器过滤掉富三甘醇溶液中的部分重烃及三甘醇再生时的降解物质。两个过滤器均设有旁通管路。在过滤器更换滤芯时，装置壳通过旁通管路继续运行。

经过滤后富三甘醇进入选型为板式换热器的贫富液换热器，与由再生重沸器下部三甘醇缓冲罐流出的热贫甘醇换热升温至150~170℃后进入三甘醇再生塔。

在三甘醇再生塔中，通过提馏、精馏、塔顶回流及塔底重沸的综合作用，使富三甘醇中的水分及很小部分烃类分离出塔。塔底重沸温度为198~202℃，三甘醇质量浓度可达98.5%~99.0%。

重沸器中的贫三甘醇经贫液汽提柱，溢流至重沸器下部三甘醇缓冲罐，在贫液汽提柱中可由引入汽提柱下部的热干气对贫液进行汽提，经过汽提后的贫甘醇质量浓度可达99.8%。

贫液从缓冲罐进入板式贫富液换热器，与富甘醇换热，温度降至60℃左右进循环泵，由泵增压后进套管式气液换热器与外输气换热至40℃进吸收塔吸收天然气中的水分。

c. 辅助流程。

从吸收塔出口干气干管上引出一股干气至三甘醇缓冲罐，加热后经自力式压力调节阀节流并稳压至0.3~0.4MPa进入燃料气缓冲罐。从燃料气缓冲罐引出一股气，经单流阀后与闪蒸罐罐顶闪蒸气汇合并经自力式压力调节阀稳定后压力为0.2MPa，进入三甘醇再生重沸器燃烧器及焚烧炉燃烧器作燃料气。从燃料气缓冲罐引出另一股气，经流量计进入三甘醇再生重沸器，加热后引申至贫液汽提柱下部，作为贫液汽提气。

三甘醇富液闪蒸罐顶部闪蒸气引出后与燃料气缓冲罐引出燃料气汇合，作重沸器燃烧器及焚烧炉燃烧器的燃料气。在闪蒸气管线上设置放空管线。该管线经设定控制阀前压力的自力式压力调节阀及单流阀后连接站内放空系统。该自力式压力调节阀设定的压力略高于燃料气缓冲罐压力0.5~0.6MPa。其作用是在三甘醇重沸器燃烧器主火强度减弱或熄灭时，在闪蒸罐内通过升压过程储存此时闪蒸出的可燃气体。

闪蒸罐高于正常液位上部设有篦油口，当从吸收塔出来的富三甘醇中混有液烃时，可暂时提高闪蒸罐液位，让液烃从篦油口的管阀排至排污管汇。

重沸器富液精馏柱顶排放的气体主要是三甘醇中再生出来的水蒸气，但同时含有甲烷和乙烷以上烃类，以及微量CO_2、N_2等。大部分情况下经柱顶至焚烧炉排汽管线的冷却，水蒸气冷凝为水液，在焚烧炉下部的分液腔内分离出来，经排污管排放至污水池中。未凝气部分非甲烷烃类含量极少，如符合废气无组织排放标准，可直接排放。

循环增压泵高压出口管线上设有一复线与富三甘醇进三甘醇再生塔管线相连，供装置投产时向重沸器内灌注三甘醇时使用。

仪表风由站内仪表风系统供给，0.7MPa的仪表风由站内经自力式压力调节阀稳压至0.3MPa进入仪表风缓冲罐，并经仪表风过滤器过滤后分配至各气动控制仪表设备。

储气库在运行过程中流量不稳定，脱水装置吸收塔选用泡罩塔盘以适应流量的波动，处理量弹性范围为20%~150%。

② 节流-丙烷制冷法脱水方案。

本工艺利用节流-丙烷制冷法脱出天然气中的部分水分，满足露点降的要求。

a. 采出气节流-丙烷制冷脱水处理装置。

建设一套$500\times10^4m^3/d$节流-丙烷制冷脱水装置。

b. 采气工艺流程。

井口来的高压天然气(12MPa，30~45℃)进高压空气冷却器，温度降低到24℃左右，进分离器分离出冷凝液体，然后加注抑制剂去节流-丙烷制冷系统进一步脱水。在采气期内来气压力高于12MPa时，主要依靠节流制冷进行脱水，只有在2月来气压力低于12MPa时，采用丙烷制冷脱水，在采气期内丙烷制冷脱水运行时间计划为45d。

c. 丙烷制冷工艺流程。

处理能力，2月按$350\times10^4m^3/d$，3月按$200\times10^4m^3/d$，压力为8MPa，天然气进口温度24℃，制冷到-15℃。

由于气体被冷却以后温度到-15℃，考虑到回收这部分低温气体的冷负荷，先用-15℃的尾气通过预冷器，24℃的原生气体冷却到-5℃，然后-5℃的原料气再通过丙烷蒸发器降温到-15℃，把液化的液体分离掉气体后再进入回冷器预冷原生气。经过计算，冷量需求为1250kW，需配套丙烷制冷设计工况为-20℃/20℃。

③ 对比分析。

以上两种脱水方案都可以满足天然气脱水要求，节流-丙烷制冷法脱水工艺方案投资较高，但是运行费用较低，主要是消耗了抑制剂与后期的丙烷制冷用电，工艺能耗利用合理；三甘醇脱水工艺方案投资较少但运行费用较高，主要消耗的是甘醇再生时加热用的天然气；在安全运行方面，节流-丙烷制冷法脱水工艺较三甘醇脱水工艺少了加热设备，运行更加平稳，安全可靠性更高。

由于地下储气库周期性的运行模式，配套脱水装置季节性运行，随着储气库注采次数的增加，节流-丙烷制冷法脱水工艺较三甘醇脱水工艺优势更加明显，因而推荐选择节流-丙烷制冷法脱水工艺(表3-3-20)。

表3-3-20 运行费用对比表

序 号	方案名称	工程费用/元	全部费用/元
1	三甘醇脱水工艺	23929.94	30314.05
2	节流-丙烷制冷法脱水工艺	24098.01	30516.46

(2) 采气期工作参数设计。

每口井敷设一条集气线至集注站，注采阀组及计量设备设在文96集注站内，集气、注气管线最高操作压力按26MPa设计，注采合用井管线设计压力取28MPa，采气期储气库工作运行参数设计见表3-3-21。

表3-3-21 采气期储气库工作运行参数设计

月 份	1	2	3	4	5	6	7	8	9	10	11	12
不均匀系数	1.41	1.27	1.07	0.89	0.82	0.8	0.83	0.8	0.83	0.88	1.07	1.36
日采气量/10^4m^3	342	225	117								117	300

续表

月　份	1	2	3	4	5	6	7	8	9	10	11	12
月采气量/10^8m^3	1. 025	0. 675	0. 175								0. 175	0. 9
累计采气量/10^8m^3	2. 042	2. 717	2. 95								0. 175	1. 075
应急供气/(10^4m^3/d)	470	423	356	296	273	266	173	266	266	293	356	427

（三）卫 11 储气库

卫 11 储气库位于河南省濮阳市中原油田东部，距已建的文 23 储气库约 15km，是利用已经枯竭的卫 11 油气藏建设的地下储气库。卫 11 储气库一期工程地面采用一级布站方式，主要工艺包括集输工艺、注气工艺、采气工艺，工艺路线具有如下特点：

（1）采用一级布站、气液混输、井口节流、双向计量、注采分离的集输工艺。

（2）采用宽工况、单气源、多机组的注气工艺。

（3）采用井口流量控制、不加热、“节流+三甘醇脱水”的采气工艺。

1. 气源及组分

储气库建成后，采出气由两部分构成，一部分为管道气，另一部分为原始气藏气。

1）注气气源

储气库的注入气为管道气，注入天然气主要来自鄂尔多斯—安平—沧州(鄂安沧)输气管道气源。管道气源的组分见表 3-3-22。

表 3-3-22　管道气源组分

序　号	组　分	榆林—济南输气管道气摩尔百分数/%	备　注
1	C_1	92. 4316	
2	C_2	3. 8546	
3	C_3	0. 9758	
4	nC_4	0. 2971	
5	iC_5	0. 1943	
6	nC_5	0. 1460	
7	C_{6^+}	0. 1278	
8	CO_2	1. 1576	
9	N_2	0. 5533	
10	He	0. 0323	
11	H_2	0. 0110	
12	H_2S	—	
13	总硫	—	

2）原始气藏气

卫 11 气藏天然气组分以甲烷为主，甲烷含量 89. 937%，乙烷含量 4. 72%，丙烷含量 1. 9%，异丁烷含量 0. 35%，正丁烷含量 0. 644%，氮气含量 1. 244%，CO_2 占 1. 205%；天然气相对密度 0.6390。地层水矿化度 27×10^4mg/L，氯离子含量 17×10^4mg/L，为 $CaCl_2$型水。

2. 井位部署

卫 11 储气库项目井场地面工程包括 3 座丛式井场和 6 座单井井场。井场概况见表 3-3-23。

表 3-3-23 井场概况

井　场	井场名称	管辖井数/口	备　注
丛式井场（共 3 座）	1#丛式井场	4	新建
	2#丛式井场	2	
	3#丛式井场	4	
	合计	10	
单井井场（共 6 座）	单井井场	6	老井利用
	合计	6	

3. 设计规模

（1）注气总规模：$750\times10^4m^3/d$（考虑预留卫 2 储气库：$300\times10^4m^3/d$）。

（2）采气总规模：$1000\times10^4m^3/d$（考虑预留卫 2 储气库：$500\times10^4m^3/d$）。

4. 井场设计参数

（1）丛式井场单井注气规模：$(5\sim50)\times10^4m^3/d$。

（2）丛式井场单井采气规模：$(5\sim50)\times10^4m^3/d$。

（3）丛式井场设计压力：28MPa。

（4）丛式井场注气运行压力：12～25MPa。

（5）丛式井场注气运行温度：30～65℃。

（6）丛式井场采气运行压力：9～25MPa。

（7）丛式井场采气运行温度：16～65℃。

5. 产品要求

1）产品指标要求

储气库外供天然气，气质应满足《天然气》（GB 17820—2018）中的Ⅰ类气质标准要求。通过对目前注入的管道气与原始气藏气进行分析，地温按 6℃考虑，在输送条件下不会有烃析出，按照设计规范，本次设计水露点按-10℃（10MPa）设计。

2）注采能力要求

工程建成后，注气能力 $450\times10^4m^3/d$，注气期为每年的 4 月 16 日至 10 月 15 日，共计 180d；采输气处理能力 $500\times10^4m^3/d$，采气期为每年的 11 月 1 日至次年 3 月 31 日，共计 150d；检测、维修平衡期 35d。

6. 流程简述及设计参数

1）注气部分

（1）注气流程。

从长输管道来的天然气（压力 6～8MPa、温度 5～25℃）进入注采站，经过计量、过滤分离后，分 3 路进入压缩机系统压缩，经注气压缩机组两级压缩后至 25MPa（表压）、空冷至 65℃后送到注气汇管分配，分成两路送入注气干线至丛式井场，由丛式井场经单井输气管线注入地下储气库。

（2）注气压缩机设计参数。

① 注气规模。

注气处理规模 $150\times10^4m^3/d$(单台)。

② 压缩机进口压力。

卫11储气库一期工程注气主要来自鄂安沧输气管道，气源压力范围为5.0~8.0MPa，同时考虑长输管道运行压力范围等因素，注气期压缩机进口压力为5.0~8.0MPa。

③ 压缩机出口压力。

压缩机出口压力为12~25MPa。

④ 注气压缩机处理量。

为使压缩机操作、维护方便，应力求选用同一型号的压缩机。注气压缩机组设计应能保证在进气压力5.0~8.0MPa、排气压力18~25MPa工况下高效运行。通过多工况核算，确定卫11储气库注气压缩机组单台排气量为 $150\times10^4m^3/d$。根据卫11储气库工程注气规模为 $450\times10^4m^3/d$，配置3台注气压缩机。

2）采气部分

（1）采气流程。

由于该储气库在采气初期，一部分水会以小液滴的形式随着天然气被夹带出地面，另一部分水会在天然气中以饱和水蒸气的形式存在。夹带出的液滴可通过旋风分离器、过滤分离器过滤分出。而天然气中的饱和水蒸气则需要通过降低天然气中的水露点，使天然气达到外输标准。

经过对采出气组分进行模拟计算，在输送压力下，采出气的烃露点为0℃，由于输送的地温为6℃，在输送条件下不时有液烃析出，因此不需要进行脱烃处理。

来自气井的湿天然气，经井口角式节流阀调压、超声波流量计计量后，汇入井场采气汇管，气液混输送至注采站采气汇管，经进站分离器、过滤分离器分离其中的游离水及杂质后，进入三甘醇脱水装置进行水露点控制，脱水后天然气经调压计量被送入外输管网。其中，三甘醇脱水流程如下：

湿天然气(9.7MPa、25~40℃)由吸收塔下部的天然气进口进入三甘醇脱水吸收塔，与塔顶流下的贫三甘醇溶液充分接触，脱水后由塔顶天然气出口出塔，然后进套管换热器与进塔贫三甘醇换热后，再经过分离器和顶部压力控制阀后出装置。控制阀前压力(即吸收塔的工作压力)为9.5MPa。

富三甘醇由吸收塔底部富液出口出塔，部分进入三甘醇再生塔塔顶盘管，被塔顶蒸汽加热至40℃后进入三甘醇闪蒸罐，闪蒸分离出溶解在甘醇中的天然气。再生塔塔顶盘管两端连接有手动旁通调节阀，用以调节富三甘醇进盘管的流量，从而调节再生塔塔顶的温度。三甘醇由闪蒸罐下部流出，经过闪蒸罐液位控制阀，依次进入三甘醇二级过滤分离器(滤布)及三甘醇三级过滤器(活性炭)。通过滤布过滤器过滤掉富甘醇中5μm以上的固体杂质；通过活性炭过滤器过滤掉富三甘醇溶液中三甘醇再生时的降解物质。两个过滤器均设有旁通管路。在过滤器更换滤芯时，装置可通过旁通管路继续运行。经过滤后富三甘醇进入贫富三甘醇换热器，与由再生重沸器下部三甘醇缓冲罐流出的热贫甘醇换热升温至160℃后进入三甘醇再生塔。

在三甘醇再生塔中，通过提馏、精馏、塔顶回流及塔底重沸的综合作用，使富三甘醇中的水分分离出塔。塔底重沸温度为170~198℃，三甘醇质量浓度可达99.8%。塔顶水蒸气经富三甘醇溶液冷却后，进入冷凝水缓冲罐。重沸器中的贫三甘醇溢流至重沸器下部三甘醇缓冲罐。贫三甘醇液从缓冲罐进入板式换热器，与富三甘醇换热，温度降至48.5℃左右进三甘醇循环泵，由泵增压后进套管式气液换热器与外输气换热至35℃进吸收塔吸收天然气中的水分。三甘醇富液闪蒸罐顶部闪蒸气引出后进入燃料气管网。

(2) 采气工艺参数。

① 采气规模。

采气处理规模 $500\times10^4m^3/d$。

② 采气压力系统。

因单井来气采用井口一级节流、湿气输送工艺，为保证储气库向榆济输气管道平稳供气，采气工艺压力系统采用两级节流保证注采站出口压力稳定。井口节流位置设置在单井采出管线上，设角式节流阀，与超声波流量计联锁，通过调节阀门开度控制单井采出气流量，同时角式节流阀后装流量控制装置，限制采气冲蚀流量，井口节流阀后压力由下游系统背压约束；二级节流位置设在脱水撬块三甘醇分离器后，设调压阀，稳定脱水撬块吸收塔的运行压力。采气初期井口压力较高，为12~25MPa，二级节流阀控制阀前压力为9.5MPa，阀后压力与管线外输背压相同。井口节流阀调节阀后压力11.2~11.5MPa，阀前压力与气井压力相匹配。随着采气过程的继续，气井压力为9~12MPa时，二级节流阀控制阀前压力7.0MPa，一级节流阀开度逐渐变大至全开，随着采气过程继续，气井压力为9~12MPa时，二级节流阀控制阀前压力7.0MPa，井口节流阀开度逐渐变大至全开，调流阀调节采气流量，保障采出气水露点等指标满足外输要求。

③ 三甘醇脱水撬配置。

单列装置吸收部分处理能力为 $500\times10^4m^3/d$，单列装置再生部分三甘醇循环量为 $Q=4\sim5m^3/h$。

第四节 模块划分与成撬设计

一、概述

(一) 设计优点

枯竭气藏型储气库模块划分与成撬设计基于功能分析，通过工艺流程(PID)综合梳理，进行合理地组块划分和设计，形成单撬或组合撬模块化设备。设计考虑运输可行性、工艺功能性、系列化使用性和操作空间等需求，管路系统整齐排列、连接端面中心对齐，撬块之间采用法兰连接，方便现场安装。设计优点如下：

1. 减少现场施工量，缩短周期

传统的现场安装固定设备需要经过设备采购、现场安装和调试等，施工周期长。此外，还需要与设计、施工和供货商联络协调，工作效率低下。要求施工方具有丰富的施工经验，掌握设备厂家及配套设施的安装要求，建设方需要配备专业的技术人员予以配合。模块化装备则是一体化供货，组装、测试和检验等工作全部在工厂内完成，减少了现场施工作业量，只需要在进出口管道和电仪设备接线处进行连接，安装调试方便，施工周期较传统现场安装时间缩短一半甚至更多。

2. 提高工程效率，保证建设质量

现场安装固定设备需要施工人员具有较高的专业水平和较好的施工经验。模块化装备则是整体供应，质量容易保证，避免现场因焊接不合格造成返工等问题，提高了建设质量和效率。

3. 节约工程资源，降低建设投资

模块化装置高度集成化，能够充分利用三维空间，设备布置紧凑，且可节省材料，其占地面积也仅为现场安装固定设备所占面积的40%~60%，可节约土地资源。装备整体供货，减少了对现场施工技术人员的需求，降低了现场施工费用，节省了工作人员到现场安装设备的各项差旅费用及作业用设备、完工后余料等的往返运输费用。装备在出厂前进行了全面的检测工作，现场调试的工作量减小，调试费用降低。

4. 方便运行维护

现场安装的固定设备，供货商通常不是一家，对设备出现的问题以及备品备件的采购，需要供货商提供足够的技术支持，后续的运行维护费用较多和管理难度较大。模块化装备出现问题可由供货商及时解决，提高了装置运行的稳定性、可靠性，同时也便于设备的维护管理。

5. 重复利用价值高

模块化装备移动性强，灵活度高，重复利用率高。撬装模块可多次、多地重复整体搬迁使用，设备的再次利用率≥90%，特别具有通用型号的井场节流计量撬、三甘醇储罐模块、采出水及仪表风储罐等。

（二）设计原则

（1）严格执行国家、行业及地方现行的法规、标准、规范、规程和管理规定。

（2）采用先进、成熟、可靠的技术、材料、设备和工艺流程，确保井场安全可靠，长期平稳运行。

（3）在保证安全、可靠的前提下，设备材料的选用充分考虑其经济性。

（4）结合运输路径和限制条件，确定撬块运输尺寸以及随撬块一起运输的设备及设施。

（5）结合设备和管道布置情况，尽量多的设备和管道等设施包括在内，实现最高程度的集成化。

（6）模块的划分结合现场机具吊装能力，做好撬块的内部构成。

（7）模块的划分注意结合上下层之间、左右相邻撬块之间的连接和拆分及预制。

（8）模块内固定管道的支吊架及紧固件应做好防松脱措施。

（9）以“三统一、四定型”为依据，统一体系、标准和工艺技术，定型典型平面、典型模块、标准图集和采购标准，为“五化”建设夯实基础。

（三）工艺特点

（1）井口注采一体、双向计量、注醇节流工艺。

（2）注采分开集输工艺。

（3）三甘醇脱水工艺。

（四）工程概况

根据《中国石化国内上游地面工程“五化”推进方案》的总体安排部署，为全面统筹推进“五化”相关工作，制定了储气库地面工程“五化”建设方案和实施计划。本次设计的模块装置满足中原储气库群项目使用，适用于清溪储气库、卫11储气库、文13西储气库具体项目，以项目为依托，开展储气库“五化”建设工作。

（五）设计内容

根据注采气规模，确定注采120/200、240/500、450/500三种工艺系列。设计包括：井场模块，含井场节流计量模块、井场进出站阀组模块；注采站模块，含注采工艺模块、储罐模块、独立撬块。主要模块见表3-4-1。

表 3-4-1 主要模块

单元代号	单元名称	适用规模/($10^4m^3/d$)	主要设备组成	备 注	数量/套	使用点
01	井场节流计量模块(Ⅰ型)	2×150	注采阀组、流量计	2层	1	清溪
02	井场节流计量模块(Ⅱ型)	2×50	注采阀组、流量计	2层2井式	1+2	卫11+文13西
03	井场节流计量模块(Ⅲ型)	4×50	注采阀组、流量计	2层4井式	2+1	卫11+文13西
04	井场节流计量模块(Ⅳ型)	50	注采阀组、流量计	1层单井	6+4	卫11+文13西
05	井场进出站阀组撬(Ⅰ型)	800	清管阀组	1层4井式	1	卫11
06	井场进出站阀组撬(Ⅱ型)	500	清管阀组	1层4井式	1	文13
07	井场进出站阀组撬(Ⅲ型)	200	清管阀组	1层4井式	1	卫11
08	注采气工艺模块(Ⅰ型)	120	发球筒、过滤分离器、进站计量(注气分离计量子模块)	2层	1	清溪
		200	过滤分离器、脱水缓冲罐(采气脱水分离子模块)	2层		
		200	进站分离器、自用气撬(采气进站分离子模块)	2层		
09	注采气工艺模块(Ⅱ型)	750	过滤分离器(注采)、计量(进站过滤分离子模块)	2层	1	卫11
		500	脱水缓冲罐、自用气撬(采气脱水分离子模块)	2层		
		450	气源阀组、注气出站阀组(进出站阀组子模块)	2层		
		500	采气进站阀组含清管阀(采气进站阀组子模块)	2层		
		500	进站分离器(进站分离子模块)	2撬		
10	注采气工艺模块(Ⅲ型)	500	过滤分离器(注采)、计量(进站过滤分离子模块)	2层	1	文13西
		500	脱水缓冲罐、自用气撬(采气脱水分离子模块)	2层		
		500	气源阀组(进出站阀组子模块)	2层		
		500	采气进站阀组含清管阀、注气出站阀组(注采进出站阀组子模块)	2层		
		500	进站分离器(进站分离子模块)	2撬		
11	储罐模块(Ⅰ型)	25~40	排污罐撬、三甘醇储存撬、三甘醇回收罐	3撬	1	清溪
12	储罐模块(Ⅱ型)	25~40	排污罐撬、三甘醇储存撬、三甘醇回收罐	4撬	1	卫11

续表

单元代号	单元名称	适用规模/($10^4m^3/d$)	主要设备组成	备 注	数量/套	使用点
13	储罐模块(Ⅲ型)	25~40	排污罐撬、三甘醇储存撬、三甘醇回收罐	3 撬	1	文 13 西
14	火炬分液罐撬(150 型)	150	火炬分液罐、泵		1	清溪
15	火炬分液罐撬(500 型)	500	火炬分液罐、泵		1+1	卫 11+文 13 西
16	润滑油撬($2m^3$)	$2m^3$	润滑油储罐		6	通用
17	空氮调节阀组撬		仪表风和氮气调节阀组		3	通用

注：注采站自行设计模块共计 10 类，其中清溪储气库 3 类，卫 11 储气库 2 类，文 13 西储气库 2 类，通用 3 类；井场自行设计模块 7 类，共计单座撬数量 60 座。

二、装置布置与管线走向

(一) 工艺布置原则

为了保证撬块布置符合国家有关规定，同时保证撬块布置的实用性、经济性和美观性，本工艺装置撬块布置设计遵循以下原则。

1. 满足工艺及流程

工艺布置设计满足工艺及流程的要求。如重力流等，一律按管道级仪表流程图(P&ID)的标高要求布置设备。

2. 方便操作

撬块布置考虑能给操作者创造一个良好的操作条件，主要包括：必要的操作通道和平台；楼梯与安全出入口符合规范要求；合理安排设备间距和净空高度等。

3. 便于安装、运输和维修

撬内设备的安装和维修尽量采用可移动式的起吊设备，充分考虑安装、运输所需的占地面积和空间。

撬内设备的布置考虑在定期大修时，有足够的空间对设备进行检修。对换热器、过滤器等的管束抽芯考虑有足够的场地，避免拉出管束时延伸到相邻的通道上。对转动设备部件的检修和更换，考虑提供足够的检修区。

4. 经济合理

设备布置在符合工艺要求的前提下以经济合理为主，并注意整齐美观。除热膨胀(冷收缩)有要求的管道，设备布置时考虑管道尽量短而直。

5. 设备布置说明

装置的设备布置遵循以上布置原则，具体布置符合业主提供的项目总体布置图。

(二) 管道布置

撬块生产过程中使用的物料主要是天然气，火灾危险性为甲类，压力管道级别为 GC1、GC2。在满足工艺需要的前提下，尽量做到布局合理、经济适用、整齐美观。配管设计宜成排成组布置，并考虑其荷重。

三、工程设计

(一) 设计参数

(1) 注气总规模：120/240/450×$10^4 m^3$/d。

(2) 采气总规模：200/500×$10^4 m^3$/d。

(3) 注气设计压力：42MPa(Class2500)。

(4) 采气设计压力：42MPa(Class2500)/10MPa(Class600)。

(5) 注气温度：30~55℃。

(6) 采气温度：16~65℃。

(7) 水露点：-10℃(外输压力)。

(二) 流程与功能简述

1. 井场节流计量模块

1) 功能

实现注采井的注气计量和采气计量、注醇、节流；采气井的计量、节流。

根据井场注采井数量和功能，设计完成4类，模块包括超声波流量计(槽道流量)、电动节流阀及附属电气、仪表。

2) 分类

Ⅰ型：2井式，1口注采井，1井采气井，1座撬块，上下两层，满足1注2采工艺需求。

Ⅱ型：2井式，2口注采井，1座撬块，上下两层，满足2注2采工艺需求。

Ⅲ型：4井式，4口注采井，2座Ⅱ型组合，顶层为联合平台，满足4注4采工艺需求。

Ⅳ型：单井，1口采气井，1座撬块，单层，满足单井采气工艺需求。

井场节流计量模块尺寸如图3-4-1所示。

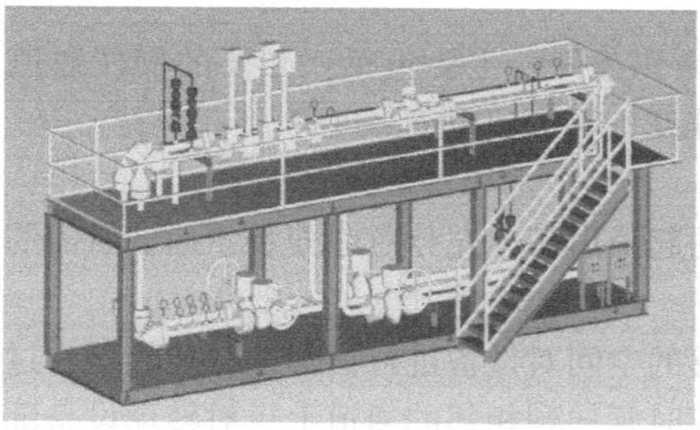

(a)井场节流计量模块(Ⅰ型)10m×2.5m×2.4m

(b)井场节流计量模块(Ⅱ型)10m×2.5m×2.4m

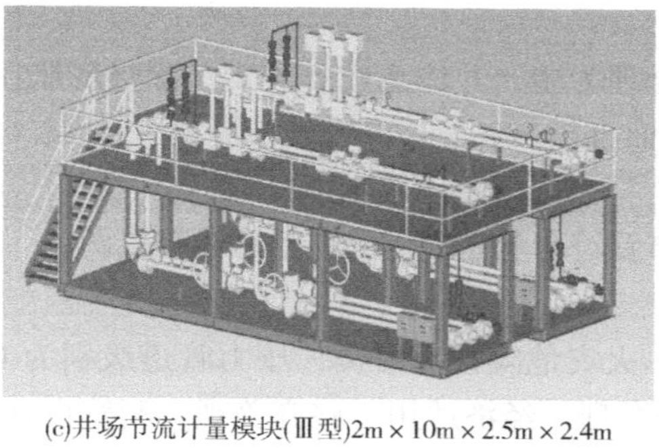

(c)井场节流计量模块(Ⅲ型)2m×10m×2.5m×2.4m

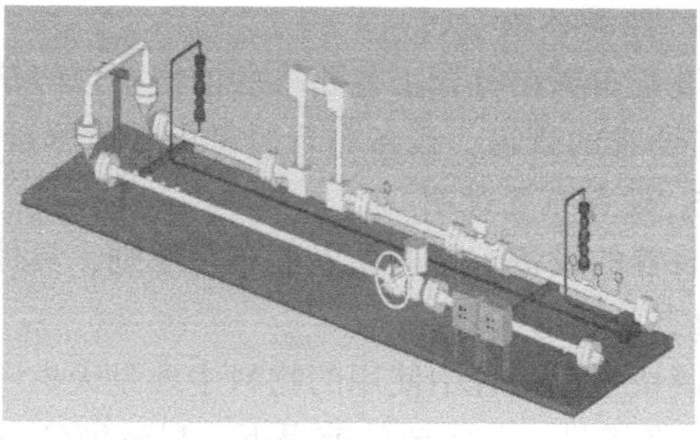

(d)井场节流计量模块(Ⅳ型)10m×2.5m×1.2m

图3-4-1 井场节流计量模块尺寸

3）工艺流程

注气流量：接收注采站来气，经球阀、旋塞阀后计量，计量后的天然气出撬(经紧急切断入井)。

采气流程：注采井采气经计量、两级节流出撬外输至注采站。

注醇流程：丛式井场设置1座甲醇加注撬，开井初期，通过轮换注甲醇防止因低温节流形成水合物冻堵。

4）工艺管道及仪表流程

工艺管道及仪表流程如图3-4-2所示。

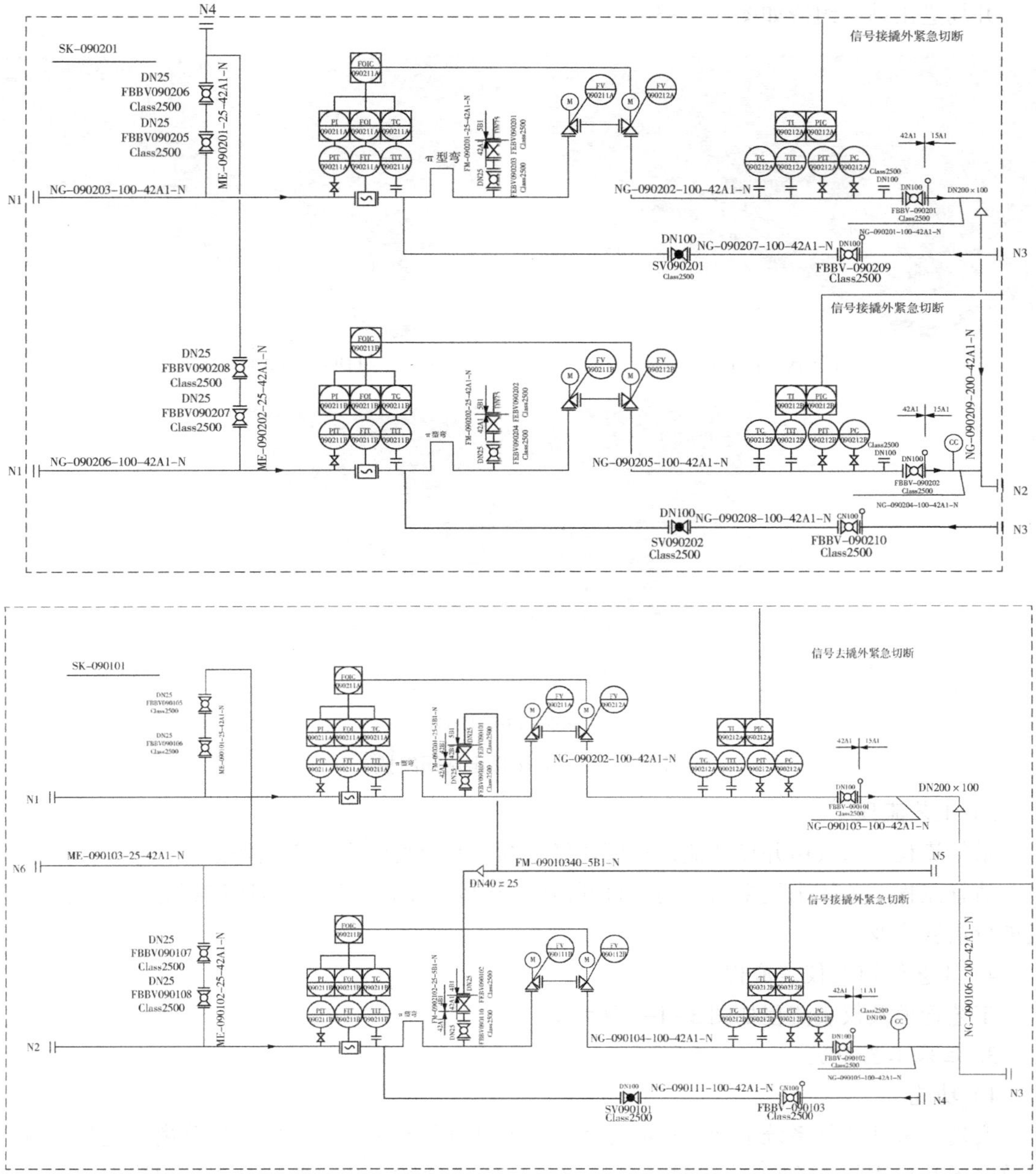

图3-4-2 工艺管道及仪表流程

2. 井场进出站阀组橇

1）功能

实现集输管线的清管功能，根据井场不同采气规模，设计完成 3 类，橇块包括清管阀、附属阀门、电气和仪表。

2）分类

Ⅰ型：满足采气量 $800\times10^4m^3/d$ 规模，清管阀选择 DN400，单橇单层。

Ⅱ型：满足采气量 $500\times10^4m^3/d$ 规模，清管阀选择 DN350，单橇单层。

Ⅲ型：满足采气量 $200\times10^4m^3/d$ 规模，清管阀选择 DN250，单橇单层。

井场进出站阀组橇如图 3-4-3 所示。

(a)井场进出站阀组橇(Ⅰ型)

(b)井场进出站阀组橇(Ⅱ型)

(c)井场进出站阀组橇(Ⅲ型)

图 3-4-3 井场进出站阀组橇

3）工艺流程

采气流程：采气由井场节流计量模块经手阀、紧急切断出橇实现外输。

清管流程：关闭采气主路手阀，打开清管阀两侧手阀，清管球由清管阀通过气流进入管线进行清管作业。

4）工艺管道及仪表流程

工艺管道及仪表流程如图 3-4-4 所示。

3. 注采工艺模块

1）功能

实现注采站注气系统清管、过滤分离、进出站计量和采气系统的进站分离、过滤、脱水以及全场站自用气供给功能，根据注采站不同注采气规模，设计完成 3 类，模块包括收发球筒、注气过滤分离器、进站分离器、采气过滤分离、吸收塔、脱水缓冲罐、自用气撬及附属阀门、电气和仪表。

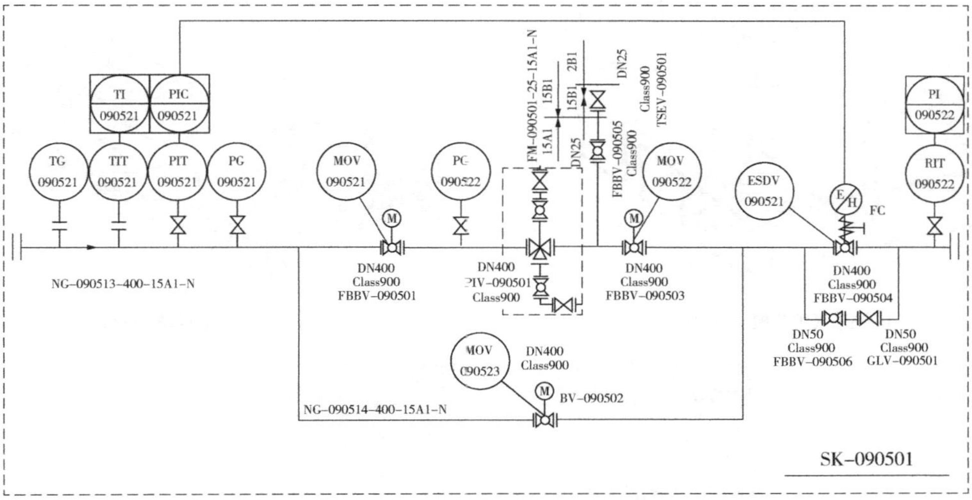

图 3-4-4　工艺管道及仪表流程

2）分类

Ⅰ型：满足注气 $120\times10^4m^3/d$、采气 $200\times10^4m^3/d$ 工况需求。整座模块由 3 座独立撬块组合完成，每座撬块上下两层。分为：进站过滤分离子模块[含过滤分离器(注气)、计量阀组]，采气脱水分离子模块[含过滤分离器(采气)、脱水缓冲罐]，采气进站分离子模块(进站分离器、自用气撬)。

（1）单撬：10m×3. 2m×3. 5m(满足清溪储气库山地运输)。

（2）单撬：<17m×3. 5m×4. 0m(满足中原地区储气库常规运输)。

Ⅱ型：满足注气 $450\times10^4m^3/d$、采气 $500\times10^4m^3/d$ 工况需求。整座模块由 5 座独立撬块组合完成，每座撬块上下两层。分为：进出站阀组子模块(含气源阀组、高压注气阀组)，进站过滤分离子模块[含过滤分离器(注气期)、计量阀组]，采气进站阀组子模块(含采气阀组)，采气脱水分离子模块[含过滤分离器(采气期)、吸收塔出口缓冲罐和自用气撬]，进站分离子模块(含进站阀分离器 2 座)。

Ⅲ型：满足注气 $240\times10^4m^3/d$、采气 $300\times10^4m^3/d$ 工况需求。整座模块由 5 座独立撬块组合完成，每座撬块上下两层。分为：进出站阀组子模块(含气源阀组)，进站过滤分离子模块[含过滤分离器(注气期)、计量阀组、过滤分离器(采气期)]，注采进出站阀组子模块(含采气进站阀组和注气出站阀组)，采气脱水分离子模块(含吸收塔出口缓冲罐和自用气撬)，进站分离子模块(含进站阀分离器 2 座)。

3）工艺流程

注气流程：气源经进站阀组或发球筒、过滤分离器，计量并去注气压缩机增压后，进入注气阀组撬外输至注采站外注气汇管。

采气流程：采气经采气阀组、进站分离器、过滤分离器进入脱水装置，脱水后的干气经过吸收塔出口缓冲罐，计量(共用)外输至气源管线。

注采气工艺模块如图 3-4-5 所示。

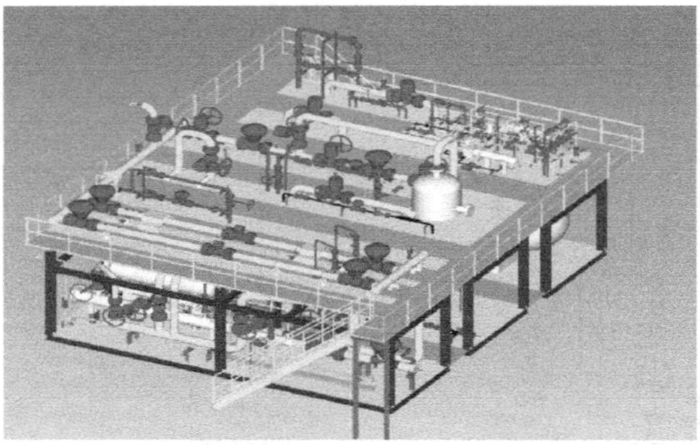

(a)注采气工艺模块(Ⅰ型)

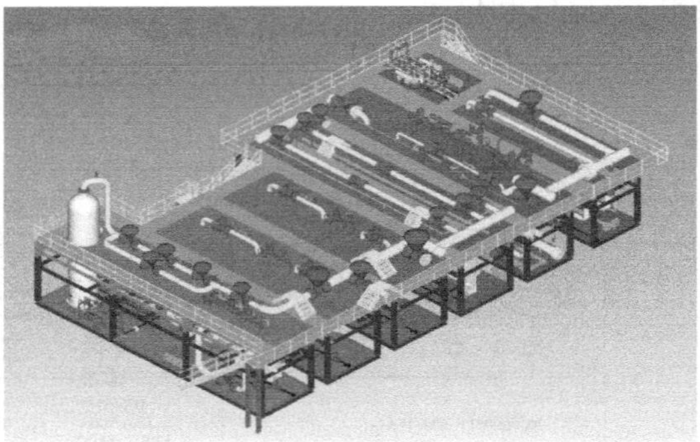

(b)注采气工艺模块(Ⅱ型)

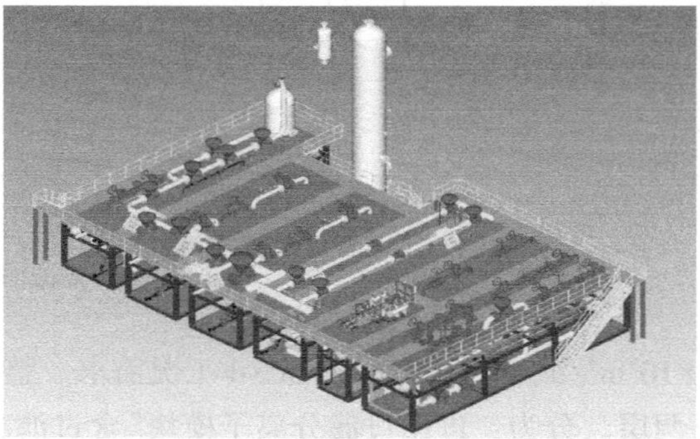

(c)注采气工艺模块(Ⅲ型)

图 3-4-5　注采气工艺模块

4）工艺管道及仪表流程

工艺管道及仪表流程如图 3-4-6 所示。

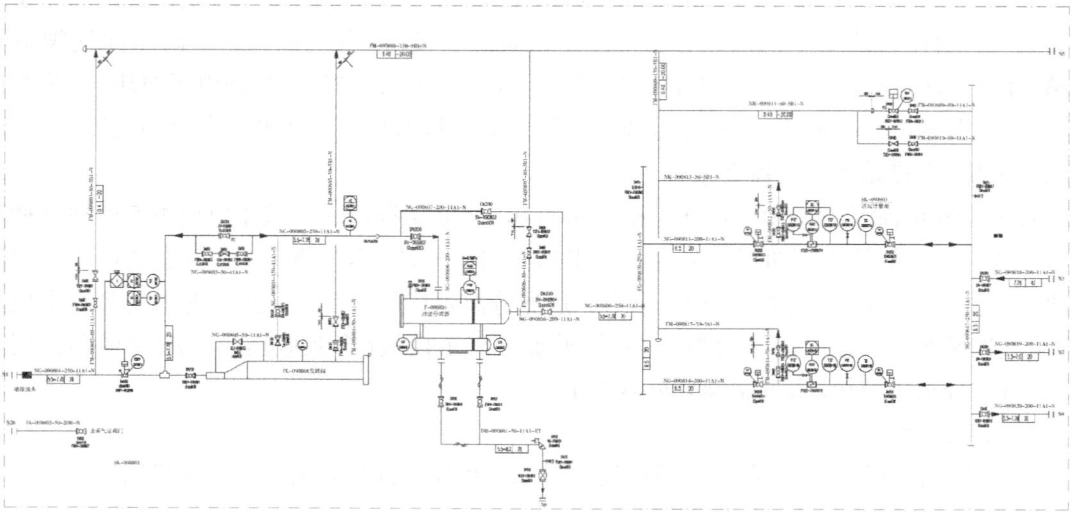

图 3-4-6　工艺管道及仪表流程

4. 储罐模块

1）功能

收集站内闭式排污和三甘醇回收及储存功能。

2）分类

（1）单撬：9m×3. 2m×3. 25m（满足清溪储气库山地运输）。

（2）单撬：12m×3. 8m×3. 5m（满足中原地区储气库常规运输）。

Ⅰ型：设置采出水罐 1 座、三甘醇回收罐 1 座、三甘醇储罐 1 座。3 座压力容器独立成撬，设置顶部联合平台，组合成为一座储罐模块。

Ⅱ型：设置采出水罐 2 座、三甘醇回收罐 1 座、三甘醇储罐 1 座。4 座压力容器独立成撬，设置顶部联合平台，组合成为一座储罐模块。

Ⅲ型：设置采出水罐 1 座、三甘醇回收罐 1 座、三甘醇储罐 1 座。3 座压力容器独立成撬，设置顶部联合平台，组合成为一座储罐模块。

3）撬块三维形象

储罐模型如图 3-4-7 所示。

(a)储罐模块(Ⅰ型)

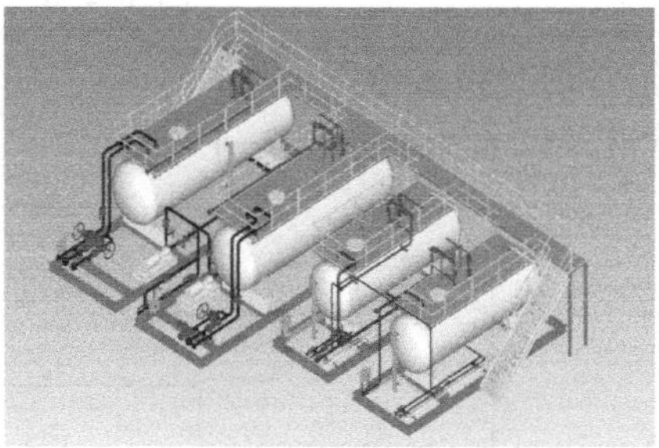

(b)储罐模块(Ⅱ型)

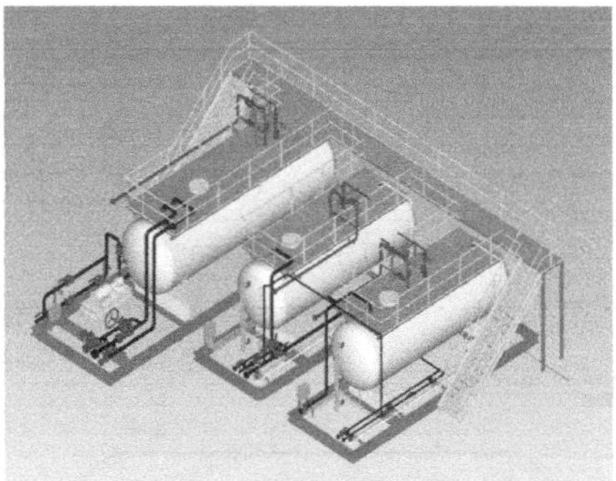

(c)储罐模块(Ⅲ型)

图 3-4-7　储罐模块

5. 火炬分液罐撬

1）功能：

对站内放空气进行液体分离并缓冲。

2）分类

Ⅰ型：火炬分液罐满足 $150\times10^4m^3$/泄放量需求，设置火炬分液罐 1 座，设置顶部平台，独立成撬。

Ⅱ型：火炬分液罐满足 $500\times10^4m^3/d$ 泄放量需求，设置火炬分液罐 1 座，设置顶部平台，独立成撬。

3）撬块三维形象

火炬分液罐撬如图 3-4-8 所示。

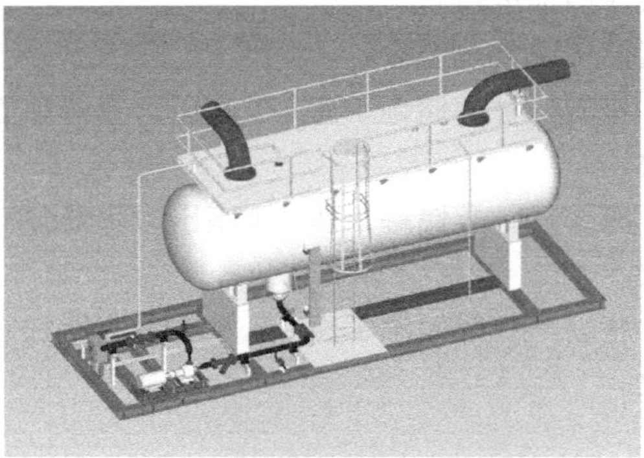

(a)火炬分液罐撬(150型)

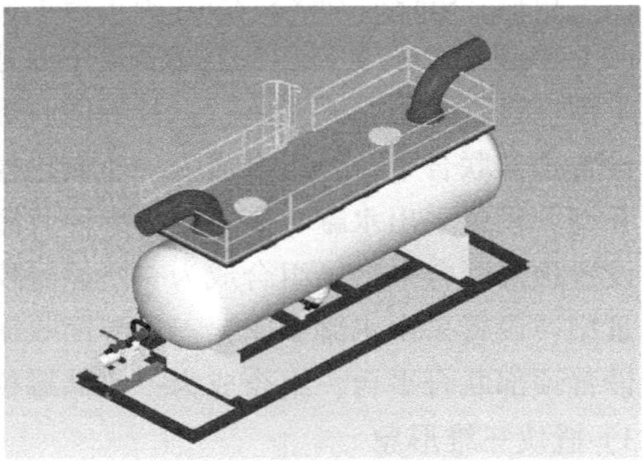

(b)火炬分液罐撬(500型)

图 3-4-8　火炬分液罐撬

4）工艺管道及仪表流程

工艺管道及仪表流程如图 3-4-9 所示。

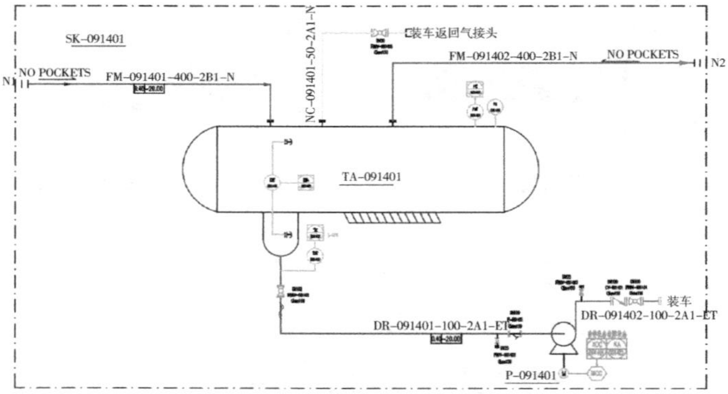

(a)火炬分液罐撬(150型)

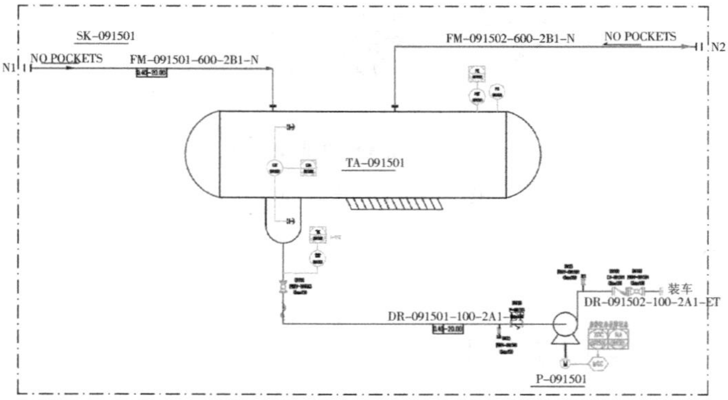

(b)火炬分液罐撬(500型)

图 3-4-9　工艺管道及仪表流程

6. 润滑油储撬

1）功能

储存润滑油与冷却液，满足站内注气压缩机加注润滑油和冷却液的要求。润滑油或冷却液加注采用氮气加压方式。

2）撬块三维形象

润滑油储撬如图 3-4-10 所示。

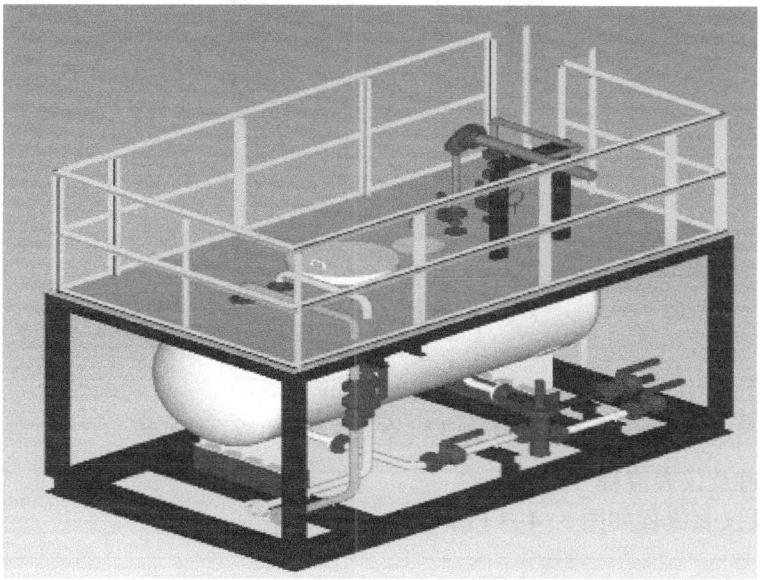

润滑油储撬($2m^3$)

图 3-4-10 润滑油储撬

3）工艺管道及仪表流程

工艺管道及仪表流程如图 3-4-11 所示。

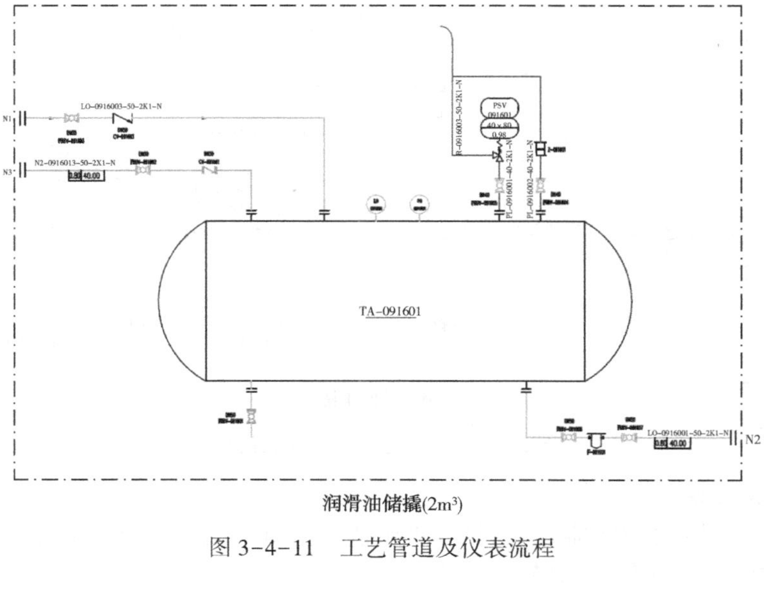

润滑油储撬($2m^3$)

图 3-4-11 工艺管道及仪表流程

7. 空氮调节阀组撬

1）功能

对站内仪表风和氮气储罐外调节阀组独立成撬。实现注采站仪表风、氮气的稳压功能。

2）撬块三维形象

空气调节阀组撬如图 3-4-12 所示。

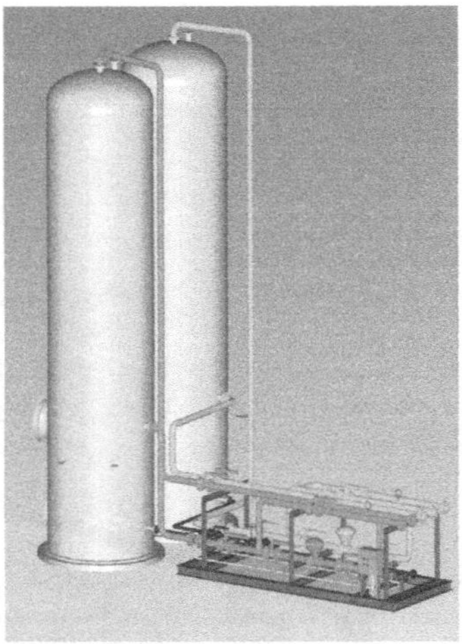

图 3-4-12 空氮调节阀组撬

3）工艺管道及仪表流程

工艺管道及仪表流程如图 3-4-13 所示。

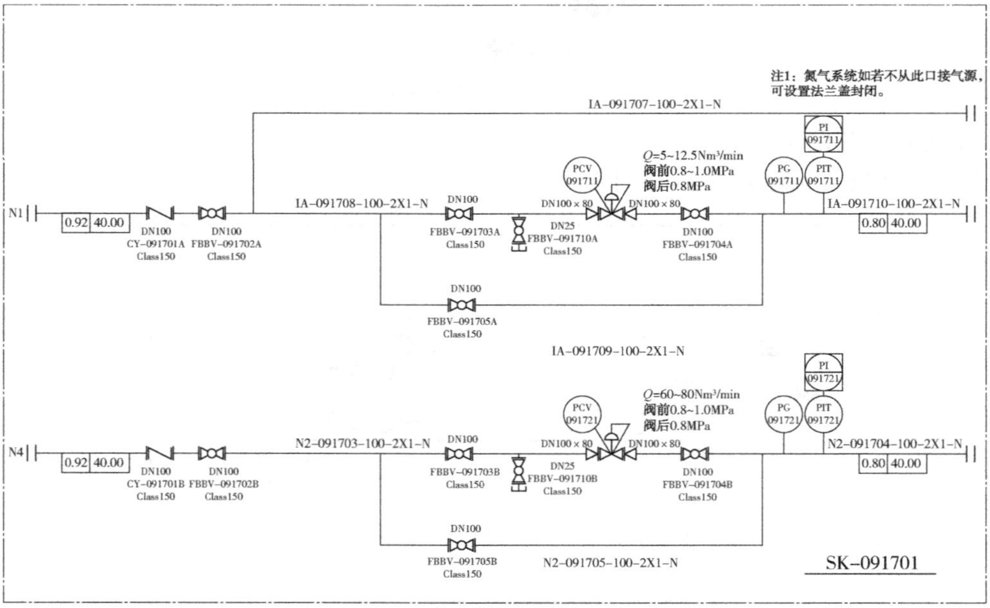

空氮调节阀组撬

图 3-4-13 工艺管道及仪表流程

8. 外购集成装备

形成压缩机模块(含空冷器)、三甘醇再生撬、空氮系统撬、甲醇加注撬四类定型成撬设备。压缩机模块(含空冷器)如图 3-4-14 所示。

图 3-4-14　压缩机模块(含空冷器)

9. 三甘醇再生撬

1）原理

利用三甘醇对天然气、烃类的溶解度低，对水的溶解度高和水蒸气吸收能力强的特点，使天然气中的水分被溶解和吸收，然后再将含水三甘醇溶液与天然气分离，溶剂经再生除去水分后可循环使用。

2）工艺流程

TEG 脱水典型三维流程如图 3-4-15 所示。

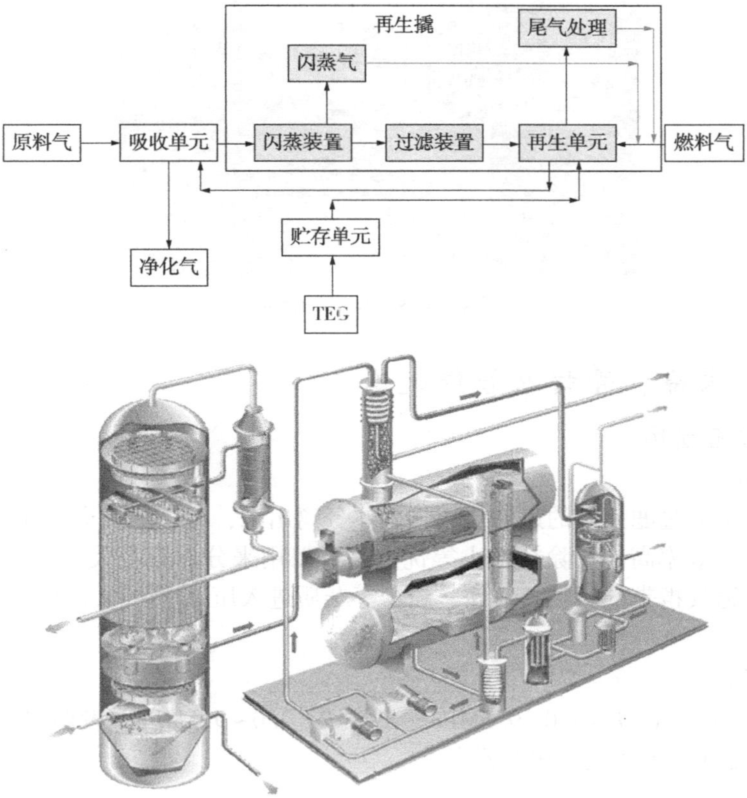

图 3-4-15　TEG 脱水典型三维流程

三甘醇再生撬如图 3-4-16 所示。

10. 空氮系统撬

空氮系统撬如图 3-4-17 所示。

图 3-4-16 三甘醇再生撬

图 3-4-17 空氮系统撬

11. 甲醇加注撬

甲醇加注撬如图 3-4-18 所示。

图 3-4-18 甲醇加注撬

四、主要设备、管材及管件选用

（一）主要设备选用

1. 过滤分离器

过滤分离器依靠过滤元件的过滤作用将固体分离出来，是长输管道、动力设备常用的过滤设备，具有过滤效率高、去除粒径小等优点，可以用来分离直径大于 5μm 的液体和固体颗粒。为避免管道气携带的污物、铁锈、粉尘等杂质进入压缩机，本工程在压缩机进口设置过滤分离器。

2. 自用气装置

满足 100~300m^3/h，P=4.0~9.5MPa，出口 P=4.0~9.5MPa。设两级节流，电加热功率为 10kW，满足外输天然气≥10℃要求。

（二）阀门选用

1. 选用原则

（1）根据阀门的使用介质、使用条件进行选择。

（2）选用的阀门要考虑阀门的生产及应用情况。

（3）选择的阀门以能满足工况为原则，尽量减少功能过剩。

（4）在同等工况下优先选用国产阀门。

2. 一般要求

（1）阀门的制造、检验及试验应符合 ASME B16. 34、API 6D、ISO 5208、API 598 及相关阀门规范的要求。

（2）对焊端阀门的对焊端、承插焊端阀门承插口的尺寸应与配接管子尺寸一致。

（3）法兰连接阀门的法兰应与阀门所在材料等级下的管法兰相一致。

（4）不同材料等级的管路相连接时，连接处阀门应选择材料等级要求较高的阀门。

（5）阀门在工作温度下的允许最高工作压力参见 ASME B16. 34。

3. 阀门选择

1）球阀

钢法兰球阀分为全通径和缩径球阀，DN100 及以下的阀门和需要通球的球阀采用全通径。

2）旋塞阀

旋塞阀类型为全通径、标准型，阀门为倒旋塞阀门。阀门的结构尺寸应满足最新的 API 6D 标准。

3）安全阀

选用弹簧全启式安全阀。

4）排污阀

排污选用阀套式排污阀。

5）节流截止放空阀

放空管线旁路选用节流截止放空阀。

6）清管阀

清管阀为Ⅰ型清管阀(介质断流)。

（三）管材选用

管材为国产钢管，其规格与材料性能应符合现行国家标准 GB/T 9711、GB/T 8163、GB 6479 的有关规定。

（1）站内工艺管道 DN≤400 时采用无缝钢管。

无缝钢管根据设计温度与压力分为以下几类：

① 设计压力<4. 0MPa，设计温度≥-19℃时，执行《输送流体用无缝钢管》(GB/T 8163)规定，材质(除介质为仪表风、氮气，材质选用 20#+镀锌钢管)为 20#钢。

② 设计压力<4. 0MPa，-40℃≤设计温度≤-20℃时，执行《高压化肥设备用无缝钢管》(GB 6479)规定，材质为 Q345E。

③ 设计压力≥4. 0MPa，设计温度≥-20℃时，执行《石油天然气工业管线输送系统用钢管》(GB/T 9711)规定，选用 L415Q。

④ 设计压力≥4. 0MPa，且-40℃<设计温度≤-20℃时，工艺管道选用低温碳钢 Q345E，执行《高压化肥设备用无缝钢管》(GB 6479)规定。

（2）站内工艺管道 DN>400，设计温度≥-10℃时，执行《石油天然气工业管线输送系统用钢管》(GB/T 9711)规定，材质为 L450M，其中工艺管道 400<DN≤550，采用直缝电阻焊

钢管，$DN \geqslant 600$ 的管线选用螺旋缝埋弧焊钢管；-40℃≤设计温度≤-20℃，执行《高压化肥设备用无缝钢管(GB 6479)规定，材质为 Q345E。

(四) 管件选用

(1) $DN \leqslant 40$ 的管件均选用锻制承插焊管件，其性能及验收应符合《锻制承插焊和螺纹管件》(GB/T 14383)的要求；$50 \leqslant DN \leqslant 300$ 的管件均选用钢制对焊无缝管件，类型和尺寸应符合《钢制对焊管件类型与参数》(GB/T 12459)的要求；材料、制造、检验及验收应符合《钢制对焊管件技术规范》(GB/T 13401)的要求。

(2) 热煨弯管曲率半径选用 $R=3D$，弯管两端应留不小于 0.5m 的直管段，并应符合《油气输送用钢制感应加热弯管》(SY/T 5257)的要求。

(3) 支管连接应采用三通管件，当采用支管座连接时，支管座应符合《锻制承插焊、螺纹和对焊支管座》(GB/T 19326)的要求。

(4) 对需要通球主管上的三通要采用通球三通，加设挡球篦子。通球三通采用成品三通焊制。挡条采用 $\Phi 10$ 钢筋制作，应注意以下问题：

① 挡条内弧与主管内径相同，应与支管焊牢。

② 挡条在开孔中央垂直主管轴向设 1 条，再顺其主管流向均设 3 条。

(五) 法兰、垫片及紧固件选用

1. 法兰及垫片

法兰选用带颈对焊钢制法兰。根据介质、温度、压力的不同，选用不同的材质，执行标准为 ASME B16.5。

设计温度>-20℃，其中压力等级低于 Class600 的法兰，密封面为 RF，采用金属缠绕垫，带内环和对中环，CRS/304+柔性石墨/304，执行标准为 ASME B16.20。

压力等级高于 Class600 的法兰，密封面为 RJ，采用椭圆形金属环垫，材料 304 不锈钢，执行标准为 ASME B16.20。

法兰和阀门的端部壁厚应该与相连直管的壁厚相匹配。

2. 紧固件

螺栓应选用全螺纹螺柱，根据介质、温度、压力的不同，选用的材质为 ASTM A320 B7 或 A320 L7，执行标准为 ASME B18.2.1。

螺母应选用管法兰专用螺母，根据介质、温度、压力的不同，选用的材质为 ASTM A194 2H 或 A194 7，执行标准为 ASME B18.2.2。

第五节　储气库标准化材料等级

一、范围

适用于储气库地面工程管道、管配件及阀门的材料、规格及标准的选用。

二、规范性引用文件

(一) 钢管

钢管规范性引用文件见表 3-5-1。

表 3-5-1　钢管规范性引用文件

文件名称	文件编号
《输送流体用无缝钢管》	GB/T 8163—2018
《高压化肥设备用无缝钢管》	GB/T 6479—2013
《石油天然气工业 管线输送系统用钢管》	GB/T 9711—2017
《压力管道规范 工业管道》	GB/T 20801—2020
《无缝钢管尺寸、外形、重量及允许偏差》	GB/T 17395—2008
《流体输送用不锈钢无缝钢管》	GB/T 14976—2012
《低温管道用大直径焊接钢管》	GB/T 37577—2019
《平端钢管、焊接和无缝钢管单位长度尺寸和质量表》	ISO 4200—1991
《气体分输管道系统》	ASME B31. 8—2018

（二）管件

管件规范性引用文件见表 3-5-2。

表 3-5-2　管件规范性引用文件

文件名称	文件编号
《钢制对焊管件 类型与参数》	GB/T 12459—2017
《锻制承插焊和螺纹管件》	GB/T 14383—2021
《优质钢制对焊管件规范》	SY/T 0609—2016
《钢制对焊管件 技术规范》	GB/T 13401—2017
《钢制承插焊、螺纹和对焊支管座》	GB/T 19326—2012
《低温压力容器用钢板》	GB/T 3531—2014
《石油天然气输送管用热轧宽钢带》	GB/T 14164—2013
《锅炉和压力容器用钢板》	GB/T 713—2014

（三）法兰、垫片及紧固件

法兰、垫片及紧固件规范性引用文件见表 3-5-3。

表 3-5-3　法兰、垫片及紧固件规范性引用文件

文件名称	文件编号
《管法兰和法兰接头 NPS 1/2 到 NPS 24 公制/英寸标准》	ASME B16. 5
《用于管法兰环形接头、螺旋缠绕和夹套的金属垫片》	ASME B16. 20
《钢管法兰》	MSS SP—44
《方头、六角、重型六角和斜头螺栓和六角、重型六角、六角法兰、凸头和拉力螺钉(英制系列)》	ASME B18. 2. 1
《通用螺母：机用螺母、六角螺母、四角螺母、六角法兰螺母和连接螺母(英制系列)》	ASME B18. 2. 2
《连续螺纹螺柱和法兰螺栓螺柱(双头螺栓)(英制系列)》	ASME B18. 31. 2

（四）阀门

阀门规范性引用文件见表 3-5-4。

表 3-5-4 阀门规范性引用文件

文件名称	文件编号
《工业阀门-金属阀门的压力测试》	ISO 5208
《阀门-法兰、螺纹和焊接端》	ASME B16. 34—2017
《钢制闸阀 法兰和对焊端螺栓连接的阀盖》	API 600
《用于石油和天然气行业的 NPS 4（DN 100）和更小尺寸的钢制闸阀、截止阀和止回阀》	API 602—2015
《金属球阀-法兰、螺纹和焊接端》	API 608—2020
《管道和管道阀门规范》	API 6D—2017
《阀门耐火试验规范》	API 6FA—2018
《角行程阀门和配备非金属阀座的阀门的防火测试》	API 607—2016
《阀门检验与测试》	API 598—2016
《止回阀：法兰式、凸耳式、对夹式和对焊式》	API 594—2017
《止回阀耐火试验规范》	API 6FD

三、材料等级说明

管道的主要输送介质为天然气、油气层产出水、空气(氮气)、润滑油、甲醇、甘醇、凝析油等。管道材料、管件及法兰等除应满足管道设计压力、温度、结构要求外，还应满足管道的耐腐蚀、耐磨蚀性要求，同时须满足相应标准规范的要求。选材应符合经济合理、安全可靠的原则。

管道材料等级是根据输送介质的性质、设计压力、温度的要求，以及材料的性能和经济合理性确定的。管道和管道组成件的材质、品种和规格型号应根据 P&ID 上的管道材料等级，按本规定选用(图 3-5-1)。

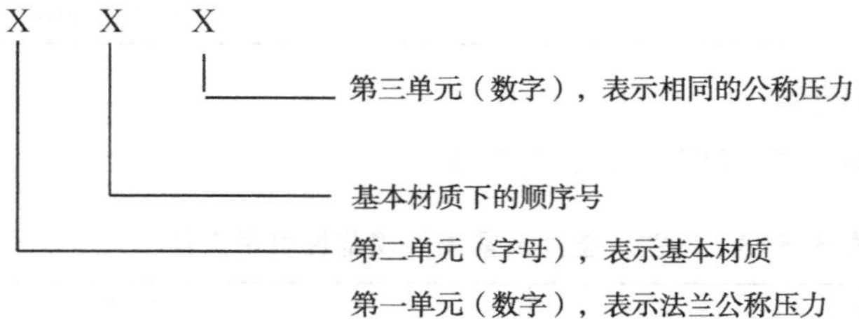

图 3-5-1 管道材料等级

(一) 管道材料等级代号的确定

1. 法兰公称压力等级

管道材料等级中法兰公称压力及代号见表 3-5-5。

表 3-5-5 法兰公称压力及代号(等级代号第一单元)表示含义

第一单元代号表示含义	
20	表示法兰公称压力为 Class 150(PN20)
50	表示法兰公称压力为 Class 300(PN50)
110	表示法兰公称压力为 Class 600(PN110)
150	表示法兰公称压力为 Class 900(PN150)

续表

第一单元代号表示含义	
260	表示法兰公称压力为 Class 1500(PN260)
420	表示法兰公称压力为 Class 2500(PN420)
690	表示法兰公称压力为 10000 psi(PN690)

2. 基本材质代号

管道材料等级中采用的基本材质及代号见表 3-5-6。

表 3-5-6 基本材质及代号(第二单元字母代号)表示含义

A	表示基本材质为碳
B	表示基本材质为低合金钢或低温钢
K	基本材质为不锈钢
X	表示基本材质为碳钢+镀锌
E	表示基本材质为高密度聚乙烯
S	表示材质为钢丝网骨架和热塑性塑料聚乙烯
U	表示材质为聚氯乙烯

3. 管道顺序号

表示由于适用介质不同及腐蚀裕量不同等原因引起的管道和管道组成件规格的变化。该序号用阿拉伯数字顺序编列。

(二) 管道材料等级分界

不同压力等级的管道连接时，除非有盲板等隔断设施，连接点处低等级管道的阀门应按高等级管道选用，并标明管道材料等级分界。

(三) 管道材料等级索引

管道材料等级索引见表 3-5-7。

表 3-5-7 管道材料等级索引

等级号	适用介质	公称压力	设计压力/MPa	设计温度/℃	基本材质	腐蚀裕量/mm
20A1	燃料气、采出水、氮气	Class 150(PN20)	1.2	-20~60	GB/T 8163-20	1.5
20K1	润滑油、仪表风、氮气	Class 150(PN20)	1.2	-20~100	GB/T 14976-06Cr19Ni10	0
20X1	仪表风	Class 150(PN20)	1.2	-20~70	GB/T 8163-20+镀锌	1.5
20B1	放空气(中低压)	Class 150(PN20)	1.2	-40~60	GB/T 6479-Q345E GB/T 37577-16MnDR	1.5
50B1	放空气(高压)	Class 300(PN50)	5.0	-40~50	GB/T 6479-Q345E GB/T 37577-16MnDR	1.5
110A1	注气进站天然气	Class 600(PN110)	10.0	-20~60	GB/T 9711-L415QPSL2	1.5
150A1	井场进站天然气、三甘醇	Class 900(PN150)	12.0	-20~60	GB/T 9711-L415QPSL2	1.5
260A1	增压后天然气	Class 1500(PN260)	26.0	-20~70	GB/T 9711-L415QPSL2	1.5
420A1	增压后天然气	Class 2500(PN420)	42.0	-20~70	GB/T 9711-L415QPSL2	1.5
420A2	增压后天然气	Class 2500(PN420)	28.0	-20~70	GB/T 9711-L415QPSL2	1.5
420A3	增压后天然气	Class 2500(PN420)	32.0	-20~70	GB/T 9711-L415QPSL2	1.5
690A1	增压后天然气	10000 psi (PN690)	56.0	-20~70	GB/T 9711-L415QPSL2	1.5

四、管壁厚度计算

(一) 计算方法

管道根据《压力管道规范工业管道》(GB/T 20801—2020)计算管壁厚度，其公式如下：

$$t=\frac{PD}{2\times(S\Phi W+PY)}+C$$

式中 t——钢管计算壁厚，mm；

P——设计压力，MPa；

D——钢管外径，取管子外径的名义值，或由实测所得，mm；

S——许用应力，MPa；

Φ——(ΦW)焊接接头系数；

Y——计算系数，当 $t<D/6$ 时，由表 3-5-8 查取，当 $t\geqslant D/6$ 时，$Y=\frac{d+2C}{D+d+2C}$；

C——厚度附加量与厚度负偏差之和。

表 3-5-8 $t<D/6$ 时的 Y 值

材料	温度/℃					
	≤482	510	538	566	593	≥621
铁素体钢	0.4	0.5	0.7	0.7	0.7	0.7
奥氏体钢	0.4	0.4	0.4	0.4	0.5	0.7
其他延性材料	0.4	0.4	0.4	0.4	0.4	0.4
铸铁	0.0	—	—	—	—	—

(二) 说明

各等级中标注的管件的壁厚为与之相连的直管的壁厚，管件自身(内部)的壁厚由制造厂计算，但不低于直管壁厚。

五、管道、管件和阀门要求

钢管选用符合标准 GB/T 8163、GB/T 6479、GB/T 9711 等，钢管壁厚是根据管道在等级表中的设计条件按照 GB/T 20801 计算的，并考虑钢管腐蚀裕量及壁厚负偏差向上圆整。管道的壁厚、制造检验标准在各等级中列出。钢管的外径和壁厚系列执行标准 GB/T 17395。

(一) 管道

1. 钢管的种类和材质

站内工艺管道 $DN\leqslant400$ 采用无缝钢管。无缝钢管根据设计温度与压力分为以下几类：

(1) 当设计压力<4.0MPa，设计温度≥-20℃时，执行标准《输送流体用无缝钢管》(GB/T 8163—2018)，材质(除介质为仪表风、氮气，材质为 20+镀锌)为 20#；当-40℃≤设计温度下限<-20℃时，执行标准《高压化肥设备用无缝钢管》(GB/T 6479—2013)，材质为 Q345E。

当设计压力≥4.0MPa，设计温度≥-20℃时，执行标准《石油天然气工业管线输送系统用钢管》(GB/T 9711—2017)，选用 L415Q；设计压力≥4.0MPa，且-40℃≤设计温度下限<-20℃的工艺管道选用低温碳钢 Q345E，执行标准《高压化肥设备用无缝钢管》(GB/T 6479—2013)。

(2) 当站内工艺管道 $DN>400$，设计压力≥4.0MPa，设计温度≥-20℃时，执行标准

《石油天然气工业管线输送系统用钢管》(GB/T 9711—2017)，材质为L415M，选用直缝埋弧焊钢管。但当设计温度下限<-20℃时，执行标准《低温管道用大直径焊接钢管》(GB/T 37577—2019)，材质为Q345E。当设计压力<4.0MPa时，设计温度下限<-20℃时，执行标准《高压化肥设备用无缝钢管》(GB/T 6479—2013)，材质为Q345E。

2. 管道外形尺寸

钢管外径为GB/T 17395中系列1，具体尺寸见表3-5-9。

表3-5-9　管子外径系列对照表

管子公称直径	DN15	DN20	DN25	DN32	DN40	DN50	DN65	DN80	DN100
系列1	21.3	26.9	33.7	42.4	48.3	60.3	76.1	88.9	114.3
管子公称直径	DN125	DN150	DN200	DN250	DN300	DN350	DN400	DN450	DN500
系列1	139.7	168.3	219.1	273	323.9	355.6	406.4	457	508
管子公称直径	DN600	DN700	DN800	DN900	DN1000	—	—	—	—
系列1	610	711	813	914	1016	—	—	—	—

(二) 管件

1. 管件分类

管件包括对焊管件、承插焊/螺纹管件：

(1) 对焊管件包括弯头、三通、管帽、大小头、支管座。

(2) 承插焊/螺纹管件包括弯头、三通、管帽、管塞、支管座、单承口管箍、双承口管箍。

2. 管件选型

(1) DN≤40的管件采用承插焊连接，应符合《锻制承插焊和螺纹管件》(GB/T 14383—2021)的规定，其中主管材质20#的管件材质为20#，执行标准NB/T 47008—2017，主管材质为L415Q的管件材质为16Mn，执行标准为NB/T 47008—2017，主管材质为Q345E的管件材质为16MnD，执行标准为NB/T 47009—2017。

(2) DN≥50的管件采用对接焊连接。其中DN≤400的管件应符合《钢制对焊无缝管件》GB/T 12459-2017的规定；DN>400的管件应符合《优质钢制对焊管件规范》(SY/T 0609—2006)的规定。

(3) 弯头应选用$R=1.5DN$的长半径弯头，通球处采用$R=6DN$。

(4) 选用对接焊连接管件时，管件的材质、压力等级或壁厚规格(管子表号)应与所连接管子一致或相当。

(5) 对于不同压力等级的支管连接应按材料等级规定执行。支管连接应采用三通管件，当采用支管座连接时，支管座应符合《钢制承插焊、螺纹和对焊支管座》(GB/T 19326—2012)的要求。

(6) DN≥50时，管子材质GB/T 8163-20，对应的管帽材质是GB/T 713-Q245R；管子材质GB/T 6479-Q345E(DN≤400)、GB/T37577-16MnDR(DN>400)对应的管帽材质GB/T 3531-16MnDR；管子材质GB/T 9711-L415Q，对应的管帽材质GB/T 21237-L415Q。

(三) 阀门

(1) 阀门的制造、检验及试验应符合ASME B16.34、API 6D、ISO 5208、API 598及相关阀门规范的要求。

(2) 表中所列阀门材料为推荐的阀体材料和阀内件材料，其他具体要求参见阀门技术规格书或数据表。

(3) 对焊端阀门的对焊端、承插焊端阀门承插口的尺寸应与配接管子一致。

(4) 本管道材料等级表同一等级中列入承插焊阀门和内螺纹阀门时，应在确认质量性能可靠的情况下优先选用承插焊阀门。

(5) 法兰连接阀门的法兰应与阀门所在材料等级下的管法兰相一致；螺纹连接阀门的螺纹应为 NPT 管螺纹。

(6) 不同材料等级的管路相连时，连接处阀门应选择材料等级要求较高的阀门。

(7) 阀门在工作温度下的允许最高工作压力参见 ASME B16. 34。

(8) 阀件材质：执行 API 608 的球阀阀门，以及阀体、阀盖等，其材料应符合 ASME B16. 34 的要求。球体、阀杆、金属阀座和阀座支撑所采用的材料应具有与壳体材料相同的化学成分，并具有同等或更好的机械性能和耐蚀性能。

六、法兰、垫片及紧固件

(一) 法兰(含法兰盖)

口径≤40mm 的法兰选用承插焊钢制锻造法兰；口径>50mm 的法兰选用带颈对焊钢制锻造法兰。根据介质、温度、压力的不同，选用不同的材质。

设计温度≥-20℃的介质，低压碳钢钢管的法兰材质选用 A105，中高压碳钢钢管的法兰材质可参考表 3-5-10；镀锌钢管法兰材质选用 A105+镀锌；设计温度-40℃ $<T\leqslant$ 60℃的介质，$DN\leqslant600$ 法兰材质选用 A350 LF2，$DN>600$ 法兰材质选用 A694 F70；不锈钢管法兰材质选用 A182 F304。

$DN\leqslant600$ 的法兰，执行标准为 ASME B16. 5；$DN>600$ 的法兰执行标准为 ASME B16. 47 A 系列。

表 3-5-10 常用法兰与配套螺栓/螺母材质

<table>
<tr><th rowspan="2">接管材质</th><th colspan="2">法兰材质</th><th colspan="2">螺柱/螺母材质</th></tr>
<tr><th>常温工况(-29℃以上)</th><th>低温工况(-46℃以上)</th><th>常温工况(-29℃以上)</th><th>低温工况(-46℃以上)</th></tr>
<tr><td>L245</td><td>ASTM A105
ASTM A350 LF6 class2</td><td>ASTM A350 LF2 class1
ASTM A350 LF6 class2</td><td rowspan="6">ASTM A193 Gr. B7/
ASTM A194 Cr. 2H</td><td rowspan="6">ASTM A320 Gr. L7/
ASTM A194 Cr. 7</td></tr>
<tr><td>L360</td><td>ASTM A350 LF6 class1
ASTM A350 LF6 class2</td><td>ASTM A350 LF6 class1
ASTM A350 LF6 class2</td></tr>
<tr><td>L145</td><td>ASTM A350 LF6 class2</td><td>ASTMA 350 LF6 class2</td></tr>
<tr><td>L450</td><td>ASTM A694 F65 PSL2</td><td>ASTM A694 F65 PSL2</td></tr>
<tr><td>L485</td><td>ASTM A694 F70 PSL2</td><td>ASTM A694 F70 PSL2</td></tr>
<tr><td>304/316</td><td>A182 F304、A182 F316</td><td>A182 F304、A182 F316</td></tr>
</table>

注：1. 压力等级为 CL600，接管材质为 L245、L360，法兰选用 A350 LF6 class2。

2. ASTM A694 F65、ASTM A694 F70 材料需满足 MSS-SP-44 PSL2 的需求。

3. 接管材质为 L245、L360 时，当最低设计温度为-20℃以上时，法兰也可选用 NB/T 47008 中 16Mn 锻钢。当最低设计温度为-40℃以上时，法兰也可选用 NB/T 47009 中 16MnD 锻钢。

4. 不锈钢法兰小于等于 CL300 时，螺柱、螺母也可采用 ASTM A193 B8-2/AST A194 Gr. 8。

(二) 垫片

设计温度≥-20℃，压力等级≤Class600 的法兰，密封面为 RF，采用金属缠绕垫，带内环和对中环，CRS/304+柔性石墨/304，执行标准为 ASME B16.20；压力等级>Class600 的法兰，密封面为 RJ，采用金属环形垫(八角型)，材料 304，执行标准 ASME B16.20。

设计温度<-20℃，其中压力等级≤Class600 的法兰，密封面为 RF，采用金属缠绕垫，带内环和对中环，304/304+柔性石墨/304，执行标准为 ASME B16.20。压力等级>Class600 的法兰，密封面 RJ，采用金属环形垫(八角型)，材料 304，执行标准 ASME B16.20。

(三) 紧固件

螺栓应选用全螺纹螺柱，根据介质、温度、压力的不同，选用的材质为 ASTM A193 B7 或 A320 L7，执行标准为 ASME B18.31.2。杆体长度 LB_{min} 是从头下支撑面到最末一个螺纹刻痕或到挤压角顶部平行于螺钉轴线测量的距离，LG_{max} 代表最大夹紧测量长度。螺纹长度应按夹紧测量长度 LG_{max} 和杆体长度 LB_{min} 控制。全螺纹螺柱的 LG_{max} 和 LB_{min} 见表 3-5-11。

螺母应选用管法兰专用螺母，根据介质、温度、压力的不同，选用的材质为 ASTM A194 2H 或 A194 7，执行标准为 ASME B18.2.2。

法兰和阀门的端部壁厚应该与相连直管的壁厚相匹配。

表 3-5-11　全螺纹螺柱的 LG_{max} 和 LB_{min} 极限

公称规格或产品基本直径	公称产品长度	LG_{max}	公称产品长度		LG_{max}			LB_{min}
	小于或等于	所有螺纹系列	大于	小于或等于	粗牙螺纹(UNC)	细牙螺纹(UNF)	8 牙(UN)	所有螺纹系列
1/4	0.500	0.075	0.500	1.125	0.125	0.089	—	0.043
5/16	0.625	0.083	0.625	1.250	0.139	0.104	—	0.045
3/8	0.750	0.094	0.750	1.375	0.156	0.104	—	0.048
7/16	0.875	0.107	0.875	1.625	0.179	0.125	—	0.052
1/2	1.000	0.115	1.000	1.750	0.192	0.125	—	0.053
9/16	1.125	0.125	1.125	2.000	0.208	0.139	—	0.075
5/8	1.250	0.136	1.250	2.125	0.227	0.139	—	0.078
3/4	1.500	0.150	1.500	2.500	0.250	0.156	—	0.081
7/8	—	—	—	2.750	0.278	0.179	—	0.105
1	—	—	—	3.000	0.312	0.208	—	0.140
1 1/8	—	—	—	3.500	0.357	0.208	0.312	0.146
1 1/4	—	—	—	3.750	0.357	0.208	0.312	0.146
1 3/8	—	—	—	4.250	0.417	0.208	0.312	0.154
1 1/2	—	—	—	4.500	0.417	0.208	0.312	0.154
1 3/4	—	—	—	5.125	0.500	—	0.312	0.166
2	—	—	—	5.750	0.556	—	0.312	0.173
2 1/4	—	—	—	6.500	0.556	—	0.312	0.173
2 1/2	—	—	—	7.125	0.625	—	0.312	0.183
2 3/4	—	—	—	7.625	0.625	—	0.312	0.183
3	—	—	—	8.125	0.625	—	0.312	0.183

第六节　建构筑物标准设计与视觉形象

通过对储气库建设项目的建筑物单体进行归类、划分，形成综合用房和辅助用房(集装箱组装式)、35kV 变电站、在线分析小屋、井场控制小屋四类定型专业用房(图 3-6-1~图 3-6-5)，交货周期缩短 60d。主要建筑物参数见表 3-6-1。

图 3-6-1　综合用房

图 3-6-2　井场控制小屋

图 3-6-3　辅助生产厂房

图 3-6-4　35kV 变电站(单层)

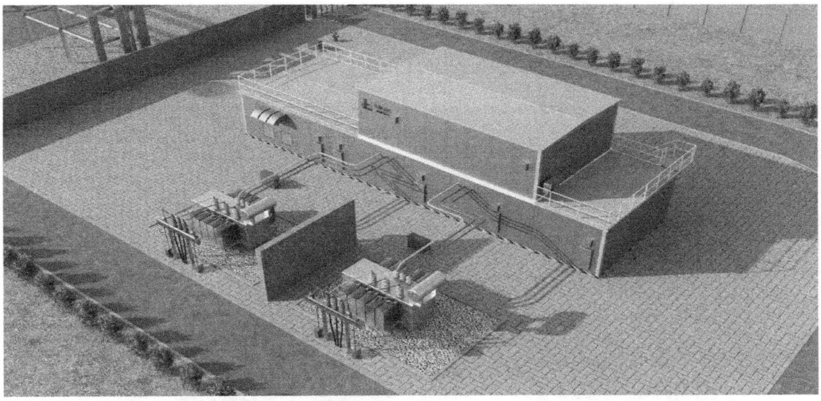

图 3-6-5　35kV 变电站(双层)

表 3-6-1　主要建筑物参数

序号	设备装置名称	规　格	备　注
1	综合用房和辅助用房	集装箱组装式(单层、双层)	2 类
2	35kV 变电站	预装式(单层、双层)	2 类
3	在线分析小屋	集装箱式	—
4	井场控制小屋	集装箱式	—

一、定型 35kV 预制舱式变电站

(一) 中型场站

采用预制舱式变电站(图 3-6-6)，一次设备(高压开关设备、无功补偿、低压开关设备)布置在一层，二次设备(保护、通信)布置在二层。设备选型选用体积小、免维护的各类开关设备。

(二) 小型场站

采用单层预制舱，一次设备、二次设备分区间布置(图 3-6-7、图 3-6-8)。

装备优势如下：

(1) 快：建设周期 3~4 个月，比传统模式节约 2 个月。

(2) 小：相比传统模式节省 20%用地面积。

图 3-6-6　预制舱式变电站

（3）精：工厂预制，完善的质量控制。

（4）活：布局方案多样，适应不同场站的征地。

图 3-6-7　开关室预制舱

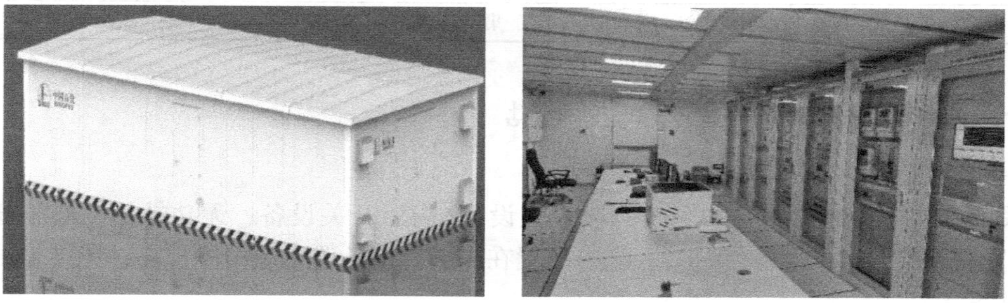

图 3-6-8　二次设备预制舱

二、定型井场控制小屋

井场将现场分散的电、信、控、阴极保护等设备进行系统集成，集成为电控一体化撬装式井场控制小屋。

（一）选型说明

中原油田储气库群采用的一体化小屋为防爆式分析小屋，安装于小屋上的所有带电设备均为独立的防爆部件，如配电设备、照明设备、通风设备、分析仪等部件均为已经取得防爆认证，为独立的防爆产品。

防爆式分析小屋适用于含有爆炸性危险气体的Ⅱ类2区场所，具有ⅡA、ⅡB、HC级，温度组别为T1～T4的爆炸性气体或蒸汽环境中；海拔高度不超过2000m；25℃时，相对湿度95%以下；工作环境温度为-20～+40℃。

（二）结构分析

小屋由主房体、报警系统、配电系统、排风系统组成。主房体为型钢焊接框架式结构；内外墙及屋顶由n型钢板拼装铆接而成；内外墙采用304不锈钢；内外墙及吊顶和屋顶之间充填70mm厚阻燃型保温材料；设置1扇外开单扇型门，净尺寸为2000mm（H）×900mm材质同主体，门与墙之间镶有橡胶密封条，门上开有400mm（H）×600（W）mm钢化玻璃观察窗，带阻尼限位闭门器和扎杆式逃生锁，门外有孔锁及把手；地板采用4.0mm厚花纹钢板制作；底座用槽钢焊接而成，为方便吊运，底部带有起重用的吊耳。

（三）加工制作

分析小屋由专业厂家按照设计进行房体的加工制作以及各系统组配件安装（图3-6-9）。完成后以成品形式运输至现场进行吊装、接线、调试等工作。

具有以下优点：

（1）集成化：多专业高度集成，减小占地。

（2）预制化：实现工厂安装，减少现场工程量，缩短施工周期。

（3）智能化：设备智能终端将各类运行参数实时上传，实现远程管理。

（4）低能耗：针对自控、通信设备用电特点，采用专用DC 24V电源，减少供电环节，具有低能耗、高可靠的特点。

图3-6-9 井场控制小屋

三、定型建构筑物形式与视觉形象

（一）综合用房（钢结构箱式模块化房屋）

1. 建筑物结构选型

钢结构箱式模块化房屋是以钢结构为箱体结构，由维护与框架组合而成，具有建筑功能的箱体作为一个箱式建筑单元模块，组合构成的房屋。单元模块主要由箱顶、箱底、立柱、墙体、门、窗配件等组成，所有模块构件均在工厂进行标准化设计及制作，房屋构件通过标准化连接件在现场进行快速安装，由于保证了构件的精度，在现场的安装能够快速、精准。模块化组合房屋的设计与建造符合通用化、模块化、工业化和优化集成的原则。

钢结构箱式模块化房屋构件的设计均为标准化设计，空间划分灵活，除横向与竖向的连接，钢结构箱式模块化房屋还可以重叠放置，连接后的内部空间也可灵活设置室内隔断、隔墙。

2. 建筑物视觉形象设计

建筑立面造型设计具备现代工业建筑气息，建筑造型和立面色调与周边人文地理环境协调统一；外观设计应简洁、稳重、实用。

建筑主体采用云海灰主基调(色号 RAL7004)，檐口设乳白色(色号 RAL9001)，基座采用云海灰，中国石化品牌标识布置于综合用房山墙，采用喷漆工艺。屋顶采用坡屋面，便于雨水外流(图 3-6-10、图 3-6-11)。

图 3-6-10 单层综合用房（钢结构箱式模块化房屋）

图 3-6-11 多层综合用房（钢结构箱式模块化房屋）

(二) 综合用房(装配式钢结构)

1. 建筑物结构选型

装配式钢结构建筑以钢框架结构体系为核心，集成装配式外围护及外装系统、装配式内墙系统、装配式屋面系统及设备管线系统等技术。

内外墙采用200mm厚ALC条板+金属复合保温装饰一体板，安装速度快，和传统现浇框架结构相比，无须砌筑墙体、抹灰、找平、保温处理和保护、刷涂料等，且工业化的金属复合保温装饰一体板，从建筑效果上可保证品质一致。

内墙采用200mm厚ALC条板，墙体饰面采用竹木纤维集成墙板，无须进行墙面找平、刮腻子、打磨、喷漆等，且不受气候条件制约，品质统一可靠。

屋面采用钢筋桁架屋面板，运输方便，施工简单，质量有保证。

设备管线系统采用管线分离技术，建筑内部的电气、给水排水和采暖管线主要敷设在地面架空层、非承重墙体空腔和吊顶内。

在项目设计、施工及运行全过程中采用BIM技术，提升项目管控效率，减少设计变更，提升施工及运维管理智能化，减少施工及运营安全风险，节约全生命周期运维成本。

装配式钢结构综合用房建筑装配率不低于50%。

2. 建筑物视觉形象设计

建筑立面造型设计具备现代工业建筑气息，建筑造型和立面色调与周边人文地理环境协调统一；外观设计应简洁、稳重、实用。

建筑主体采用乳白色为主基调(色号RAL9001)，檐口、基座为深灰色(色号RAL7010)，中国石化品牌标识布置于综合用房山墙，采用喷漆工艺。屋面采用保温不上人平屋面，有组织排水(图3-6-12、图3-6-13)。

(三) 辅助用房

1. 建筑物结构选型

采用钢结构箱式模块化房屋。

2. 建筑物视觉形象设计

建筑立面造型设计具备现代工业建筑气息，建筑造型和立面色调与周边人文地理环境协调统一；外观设计应简洁、稳重、实用。

建筑主体采用云海灰主基调(色号RAL7004)，檐口设乳白色(色号RAL9001)，基座采用云海灰，中国石化品牌标识布置于综合用房山墙，采用喷漆工艺，屋面坡度5%(图3-6-14)。

图3-6-12　单层综合用房（装配式钢结构）

图 3-6-13　多层综合用房（装配式钢结构）

图 3-6-14　辅助用房

（四）压缩机房

1. 建筑物结构选型

采用门式刚架结构。上部主构架包括刚架斜梁、刚架柱、支撑、檩条、系杆、山墙骨架等。内、外墙及屋面等围护结构采用金属岩棉夹芯板。

门式刚架结构具有受力简单、传力路径明确、构件制作快捷、便于工厂化加工、施工周期短等特点。

2. 建筑物视觉形象设计

建筑立面造型设计具备现代工业建筑气息，建筑造型和立面色调与周边人文地理环境协调统一；外观设计应简洁、稳重、实用。

建筑主体采用云海灰主基调（色号 RAL7004），檐口设乳白色（色号 RAL9001），基座采用云海灰，中国石化品牌标识布置于综合用房山墙，采用喷漆工艺。屋面坡度 1/20～1/8（图 3-6-15）。

（五）大门、围墙

1. 围墙形式

场站为装配式围墙/铁栅栏围墙；井场为铁栅栏围墙。

2. 大门形式

场站为实体电动平开大门/电动伸缩门；井场为钢制铁艺大门。

大门形象墙干挂红色花岗岩（图 3-6-16、图 3-6-17）。

图 3-6-15　压缩机房

图 3-6-16　注采站大门、围墙

图 3-6-17　井场大门、围墙

（六）35kV 预制舱式变电站

（1）预制舱面板喷涂云海灰，色卡 RAL7004，檐口、立柱等框架喷涂白色。

（2）梯子、平台栏杆为淡黄色，色号 Y06。

（3）预制舱四面喷漆中国石化 logo，根据预制舱大小设计，整体美观。

（4）预制舱底部为黄黑相间安全警示带（上、下层均设置警示带）（图 3-6-18、图 3-6-19）。

图 3-6-18 35kV 预制舱(双层)

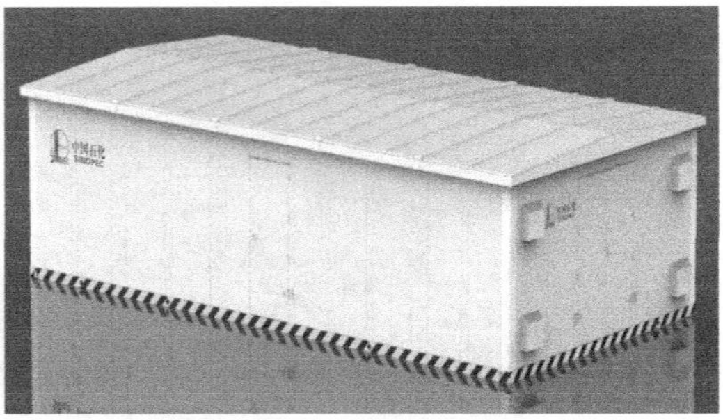

图 3-6-19 35kV 预制舱(单层)

(七) 井场电控小屋

(1) 整体采用喷涂云海灰，色卡 RAL7004。

(2) 正面喷漆中国石化 logo，根据小屋大小设计，整体美观。

(3) 屋门设置警示标识，采用贴图标识，便于更换(图 3-6-20)。

图 3-6-20 井场电控小屋

四、定型现场标志标识

对项目中的设备涂色、设备标识、铭牌、附属设施等的标志标识进行统一、定型图 3-6-21。

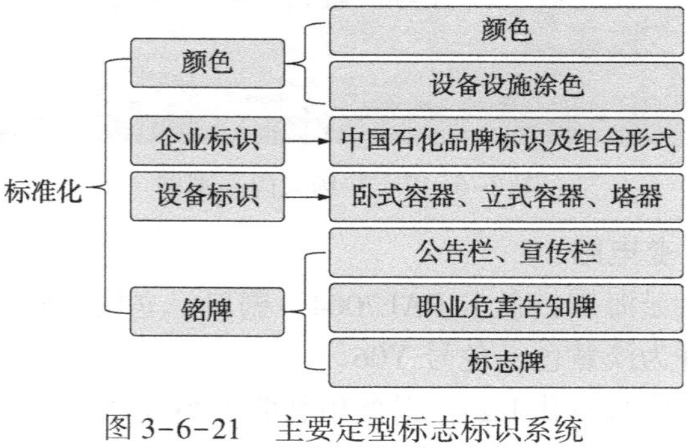

图 3-6-21 主要定型标志标识系统

(一) 颜色

1. 颜色

颜色应符合 GB/T 3181—2008 的规定，设施设备外观涂色要求见表 3-6-2。

表 3-6-2 设施设备外观涂色要求

颜色	颜色标准编号	RGB	PANTONE	RAL
大红	R03	R255，G0，B0	1795C	3020
砖红	—	R178，G34，B34	1805C	3013
桔红	R05	R242，G101，B33	158C	2009
桔黄	YR04	R247，G148，B28	1495C	2000
中黄	Y07	R221，G184，B34	100C	1004
淡黄	Y06	R255，G255，B0	3945C	1018
紫棕	YR03	R82，G46，B46	497C	8017
棕	YR05	R100，G42，B40	1817C	8015
淡棕	YR01	R165，G80，B49	7516C	8029
艳绿	G03	R0，G166，B80	347C	6029
中酞蓝	PB04	R43，G68，B144	7455C	5013
天酞蓝	PB09	R144，G215，B236	636C	5024
淡酞蓝	PB06	R0，G174，B239	306C	5015
蓝灰	PB08	R34，G99，B125	5405C	5025
中灰	B02	R125，G125，B125	424C	7010
海灰	B05	R184，G204，B210	5513C	7038
浅灰	—	R189，G189，B189	421C	7035
黑	—	R0，G0，B0	426C	9017
紫	P02	R161，G134，B190	521C	4012
银白	—	R192，G192，B192	420C	9022
白色	—	R255，G255，B255	—	9016
乳白	—	R255，G255，B248	7499C	9001

2. 设施设备涂色

1）容器和塔器表面涂色

颜色应符合 SY/T 0043—2006 的规定，容器和塔器表面涂色要求见表 3-6-3。

表 3-6-3 容器和塔器表面涂色要求

设施设备名称	颜色	备注
原油罐	中灰	包括压力沉降罐、缓冲罐、事故储罐、净化油罐及含水油罐
轻质油罐	银白	—

续表

设施设备名称	颜 色	备 注
润滑油罐	棕	—
天然气凝液罐	银白	—
燃料气罐	银白	—
液化石油气罐	银白	包括液化天然气罐
压缩空气罐	天酞蓝	—
氮气罐	淡棕	—
水罐	艳绿	包括污水罐、消防水罐、注水罐
消防泡沫液罐	大红	—
聚合物母液罐	淡酞蓝	—
酸、碱罐	紫	—
塔器	银白	—

2）管线表面涂色

颜色应符合 SY/T 0043—2006 的规定，管线表面涂色要求见表 3–6–4。

表 3–6–4 管线表面涂色要求

管线名称	颜 色	备 注
原油管线	中灰	—
轻质油管线	银白	包括汽油、煤油、柴油、天然气凝液管线
天然气管线	中黄	—
液化石油气管线	银白	包括液化天然气管线
蒸汽、热水管线	银白	包括导热油等供热管线
消防泡沫液管线	大红	—
水管线	艳绿	包括给水、注水、循环冷却水、消防水、饮用水、低矿化度清水管线
安全放空管线	大红	—
聚合物母液管线	淡酞蓝	—
酸、碱管线	紫	—

3）其他设施设备涂色

颜色应符合 SY/T 0043—2006 的规定，其他设施设备涂色要求见表 3–6–5。

表 3-6-5　其他设施设备涂色要求

设施设备名称	颜 色	备 注
一般反应器、分离器、冷换设备、天然气干燥器	银白或中灰	保护层选用中灰或乳白色，同一区域应保持一致
加热炉、锅炉	银白	保护层选用中灰或乳白色，同一区域应保持一致
烟囱、火炬	筒体为银白色	上部适当位置应涂刷长度为 2~5m，红白相间的环带
消防设备	大红	—
管道支吊架、平台、梯子、铺板、构架、电缆桥架	中灰	同一区域应保持一致
扶梯第一级和最后一级踏步前沿	淡黄	—
防护栏杆、扶手	淡黄	—
机泵	油泵/海灰 水泵/艳绿	—
电机防护罩	大红	包括泵体和电机之间联动轴
机泵底座	黑色	—

（二）企业标识

中国石化品牌标识应符合《中国石化品牌视觉识别集团手册》规定，实施时应准确制作，比例尺度应符合相关要求，标识缩放时应按高宽比要求进行等比例缩放(图 3-6-22)。

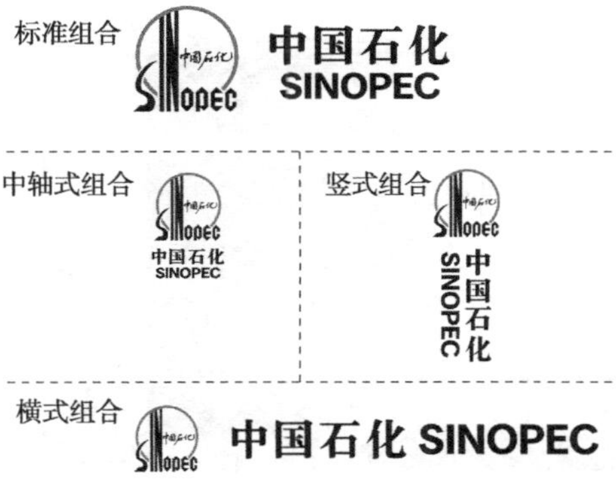

图 3-6-22　中国石化品牌标识组合形式

1. 字体要求

汉仪大宋，中国石化专用字体。

2. 颜色要求

红色 PANTONE：1795C/U。

C：0，M：100，Y：100，K：0。

R：230，G：0，B：18。

黑色 PANTONE：Process Black。

C：0，M：0，Y：0，K：100。

R：0，G：0，B：0。

3. 尺寸要求

按实际情况而定，应用时根据比例关系放大。

(三) 设备标识

1. 立式储罐

1) 涂色要求

涂色要求见表 3-6-3。

2) 标识要求

采用中轴式组合标识与罐号竖向结合方式，标识设于罐体高度 3/4h 处，大型罐体采用白色衬底和原色标识配合，如图 3-6-23 所示。小型深色罐体可采用反白标识；标识下设置罐体名称，特殊环境下为满足反恐安全需要，罐体名称可不标注；消防标号为白底红圈红色数字，大黑，与标识等比例。标识字体尺寸见表 3-6-6。

表 3-6-6 立式储罐标识字体尺寸

罐体尺寸/m	标识高度/mm	罐体名称字高/mm	字 体	宽高比
h<6	500	150	中黑简体	0.8
6≤h<10	1000	200	中黑简体	0.8
10≤h<15	1500	250	中黑简体	0.8
h≥15	2000	300	中黑简体	0.8

图 3-6-23 大型罐体标识示意图

3) 特殊要求

如罐体颜色较深，原标识刷涂不明显时，应采用反白标识或白色衬底(图 3-6-24)。

2. 其他立式设施设备

1) 涂色要求

涂色要求见表 3-6-3。

2) 标识要求

采用中轴式组合标识与编号竖向结合方式，标识上沿位于距离塔顶以下 1/4h 位置，如图 3-6-25 所示。标识尺寸根据设备直径(D)分别规定如下：

(1) 0.8m≤D<2m，且 h>5m，标识宽度 300mm。

(2) D≥2m，且 h>5m，标识宽度 500mm。

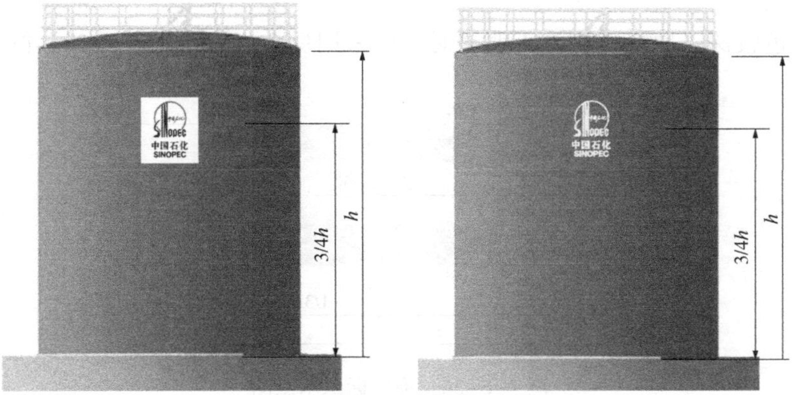

图 3-6-24　罐体标识反白或白色衬底示意图

同一区域各立式设施设备标识及编号应标注在相同的位置，相同字高，相同字体，保持视觉形象统一。规格小于上述尺寸要求的立式设施设备仅标注生产流程编号，不设企业标识。

3）特殊要求

如罐体颜色较深，原标识刷涂不明显时，应采用反白标识(图 3-6-25)。

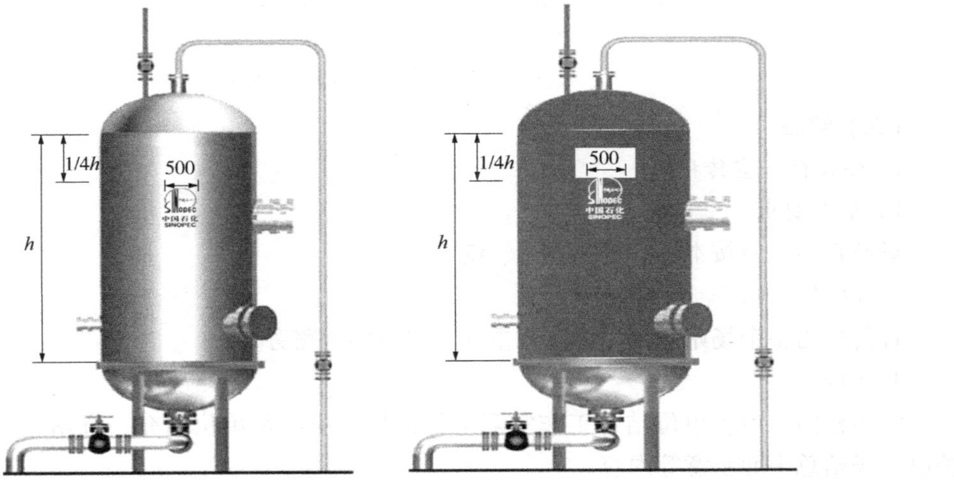

图 3-6-25　罐体标识或标识反白示意图

3. 卧式设施设备

1）涂色要求

涂色要求见表 3-6-3。

2）标识要求

采用标准组合标识，位于设备水平中轴上，标识尺寸设施设备直径(D)分别规定如下：

（1）1. 20m ≤D<2m 容器：标识高度 300mm。

（2）D≥2m 容器：标高度 450mm。

同一区域卧式设施设备标识应标注在相同的位置，相同字高，相同字体，保持视觉形象统一。

3）特殊要求

如罐体颜色较深，原标识刷涂不明显时，应采用反白标识(图 3-6-26、图 3-6-27)。

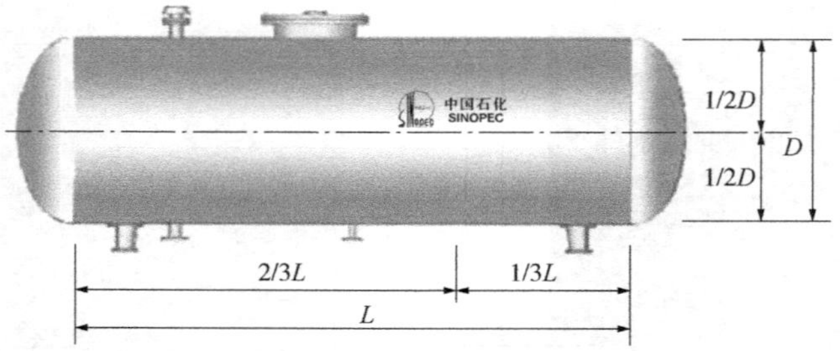

图 3-6-26　罐体标识示意图

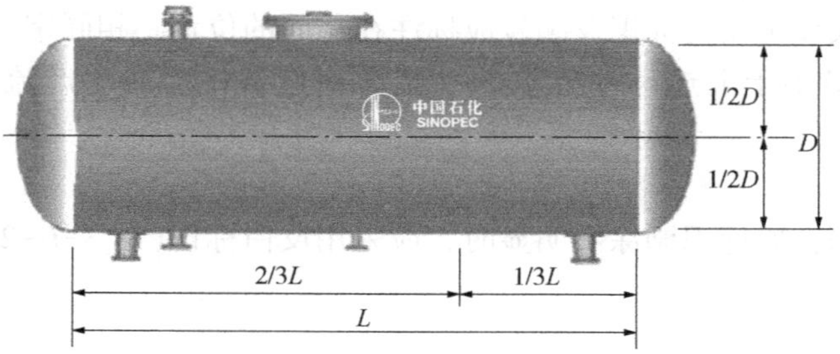

图 3-6-27　罐体标识反白示意图

(四) 铭牌

1. 公告栏、宣传栏

1）基本要求

场站宣传栏应按本标准统一规划、统一布置。

2）设置

宣传栏为整个场站通用，设置在主入口内右侧道路旁。

3）内容

宣传栏内容由各单位结合工作实际进行策划，应涉及单位简介、进站须知、HSE 警示警语、场站总平面示意等内容。

4）版式要求

底图为白色，上方为企业标识、单位(项目部)名称。

2. 职业危害告知牌

1）设置要求

设置在产生职业病危害的工作场所、设备及产品的显著位置。

2）应用范围

适用于工程项目可产生职业病危害的工作场所 、设备及产品(图 3-6-28)。

3）版式要求

底图为白色，上方为企业标识、单位(项目部)名称(图 3-6-29)。

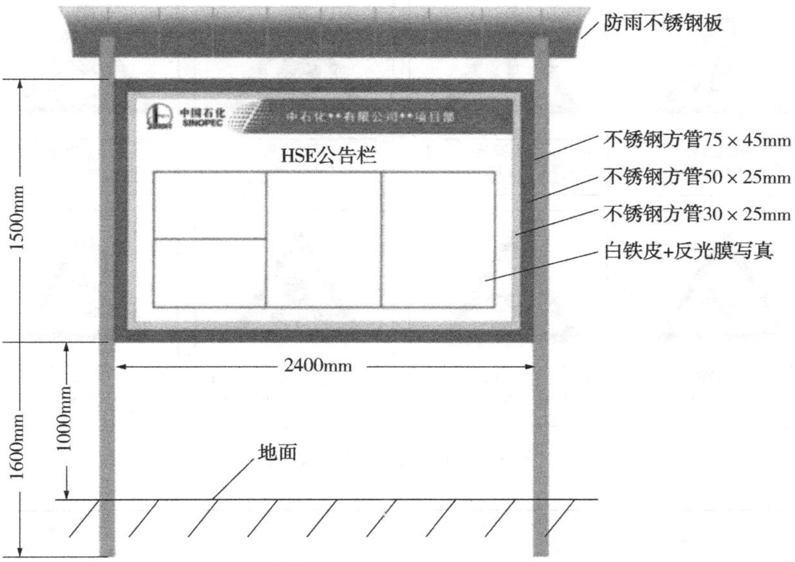

图 3-6-28　公告栏/宣传栏

中国石化 SINOPEC　中石化**公司**项目部

噪声职业危害告知牌

	危害因素	理化特性
噪声有害	长时间处于噪声环境，会引起听力减弱、下降，时间长可引起永久性耳聋，并引发消化不良，呕吐、头痛，血压升高、失眠等全身性病症。听力损失在25dB为耳聋标准，26~40dB为轻度耳聋，41~55dB为中度耳聋，56~70dB为重度耳聋，71dB以上为极度耳聋	声强和频率的变化都无规律、杂乱无章的声音
	防护措施	**应急措施**
戴护耳器	1.控制声源：采用无声或低声设备代替发出强噪声的机械设备。 2.控制声音传播：采用吸声材料或吸声结构吸收声能。 3.个体防护：佩戴耳塞，耳罩，帽盔等防护用品。 4.健康监护：进行岗前健康体检，定期进行岗中体检。 5.合理安排工作和休息：适当安排工间休息，休息时离开噪声环境	1.使用防声器：如耳塞、耳罩等，并立即离开噪声场所。 2.如发现听力异常，及时到医院检查、确诊
作业会产生噪声，对听力有损害，请注意防护		
医院：	消防报警：	应急电话：

图 3-6-29　职业危害告知牌(噪声职业危害)

3. 标志牌

场站标志牌包括警告类标志牌、禁止类标志牌、指令类标志牌、提示类标志牌、消防类标志牌(图 3-6-30~图 3-6-34)。

图 3-6-30 警告类标志牌

图 3-6-31 禁止类标志牌

图 3-6-32 指令类标志牌

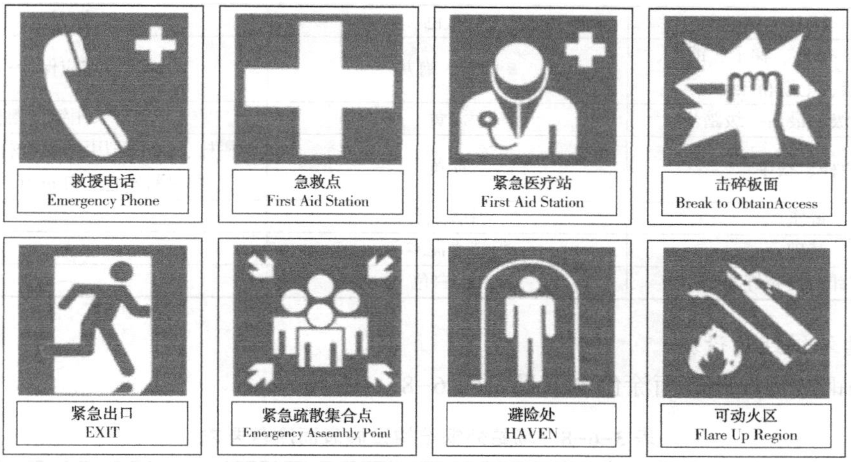

图 3-6-33　提示类标志牌

图 3-6-34　消防类标志牌

（五）钢结构设施

1. 场站内钢结构设施

场站内钢结构设施表面涂色要求见表 3-6-7，栏杆、护栏、扶手等安全设施应符合现行国家标准《安全色》（GB 2893）和《安全标志及其使用导则》（GB 2894）的有关规定。

表 3-6-7 场站内钢结构设施表面涂色要求

名称	颜色	备注
管道支吊架、平台、梯子、铺板、构架、电缆桥架	中灰、海灰	同一区域应保持一致
梯子第一级和最后一级踏步	淡黄	踏步采用钢铬栅板
栏杆、扶手	淡黄	栏杆、扶手采用不锈钢材质时应保持原材料本色，并进行相应标识
撬座	中灰/黑	—
基础	保持水泥本色	—
避雷针、投光灯架	银/白色	—

2. 场站外钢结构设施

场站外钢结构设施表面涂色要求见表 3-6-8。

表 3-6-8 场站外钢结构设施表面涂色要求

名称	颜色	备注
跨越塔架、桁架等主体框架	大红	
步道	淡黄	
护栏	淡黄	
基础	保持水泥本色	

操作平台护栏侧视图及俯视图如图 3-6-35 和图 3-6-36 所示。

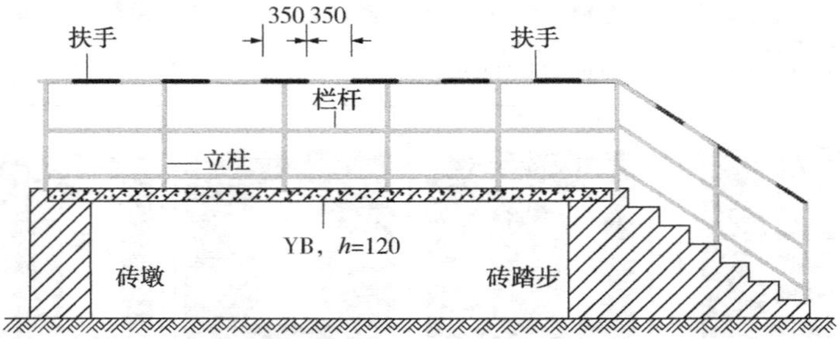

图 3-6-35 操作平台护栏侧视图(单位：mm)

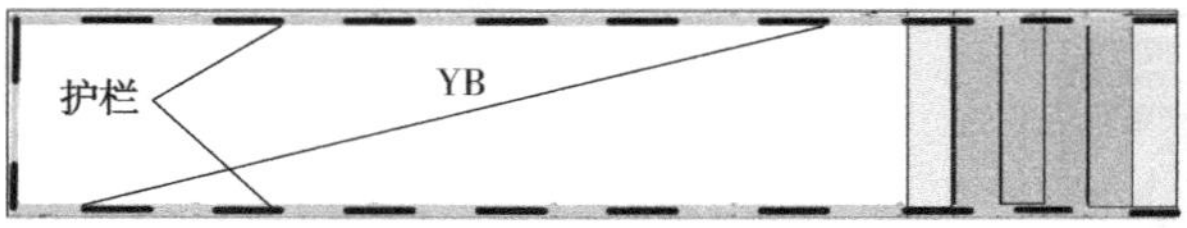

图 3-6-36 操作平台护栏俯视图

第七节 电、仪设备标准化设计

一、电气设备标准化设计

鉴于储气库群项目 7 个月的建设周期，变电站现有的建设模式已无法适应新的要求，故在储气库群项目 35kV 变电站采用了预装式变电站技术。预装式变电站技术不但能够满足"五化"要求，同时能够满足项目建设周期。预装式变电站作为中国石化储气库标准化设计推广的新型设计理念，首次在项目中设计和实际应用。

(一)预装式变电站概述

国外开展预制舱研究较早，这方面研究主要集中在材料与抗震方面。预制舱式二次组合设备舱较多采用非金属材料外壳，主要分 GRC、SMC 两种。其中，Oldcastle Precast 公司展出了 GRC 预制舱，ABB 公司推出的集装箱式电气小屋在中东国家中已经得到较大范围的应用(图 3-7-1)。

图 3-7-1 国外预制舱实例照片

在应用方面，预制舱在 20 世纪 80 年代中期在美国就已经应用在整体模块化的 33kV 变电站，在 20 世纪 90 年代在日本出现的整体模块化的 66kV 变电站也应用了预制舱。

变电站建设模式经过不断的摸索已经形成较为成熟的模式，在提高建设水平促进电网发展的同时也暴露出越来越多的问题：如电网建设的投资力度和建设规模持续增加，电网项目建设难度加大、周期加长，作为电网最主要环节的变电站其建设周期不断压缩，现场施工效率与建设质量的矛盾愈加突出，同时人工、土建施工成本的不断增加，使建站投资越来越高；环保意识不断增强，对变电站建设工地的环保措施和建成站的环评要求越来越严格；随着智能变电站的发展，电站设备智能化、精细化程度不断提高，对现场建设人员的水平要求不断提高，现场接口愈加复杂，现场调试工作量大，调试环境恶劣，且必须等到施工结束才能进行，造成大量时间浪费，建设效率低。为解决上述问题，预装式变电站开始在变电站建设中逐步得到应用，但未被广泛接受；2013 年国家电网公司开展了新一代智能变电站示范工程建设，提出“标准化设计、工厂化加工、模块化建设、机械化施工”的建设原则，提出了配送式智能变电站的概念，模块化预制舱伴随着配送式智能变电站开始在变电站建设中个别部分得到应用。近年来，新能源行业的快速发展，升压站建设对于效率的高要求，使得模块化预制舱式变电站在新能源行业得到了整站广泛应用。

(二)新型预装式变电站

新型预装式集成变电站是变电站建设的一种新模式，改变了传统变电站的设计理念和施工方法，同时在建筑领域采用了许多新材料、新工艺、新方法，充分体现了变电站节约型和环保型的发展理念(图 3-7-2)。

预装式变电站即是将变电站一次、二次系统设备在工厂内安装调试好装入一个可移动、密封、防潮、防锈、耐火、隔热的预制舱体内，并作为一个整体通过物流运输至工程现场进行拼接。

体现预装式变电站的主要设备是预制舱。预制舱包含：包含预制式一次组合设备和预制式二次组合设备。按照功能设计一系列基本的模块部件，以满足整站功能需要，而整个建站过程快捷方便，就像“搭积木”！

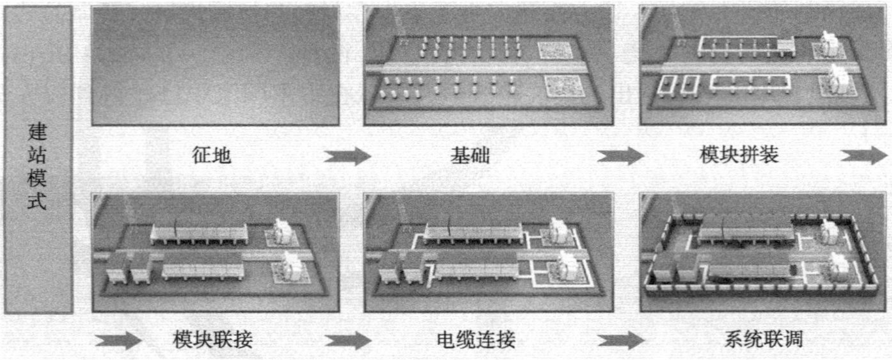

图 3-7-2　预装式变电站建站模式示意图

预装式变电站具有以下四点优势：

（1）快：建设周期 2~3 个月。减少土建等外围配套工程工作量，安装、调试工作更方便、更快速、更简单，缩短了工程建设周期(图 3-7-3)。

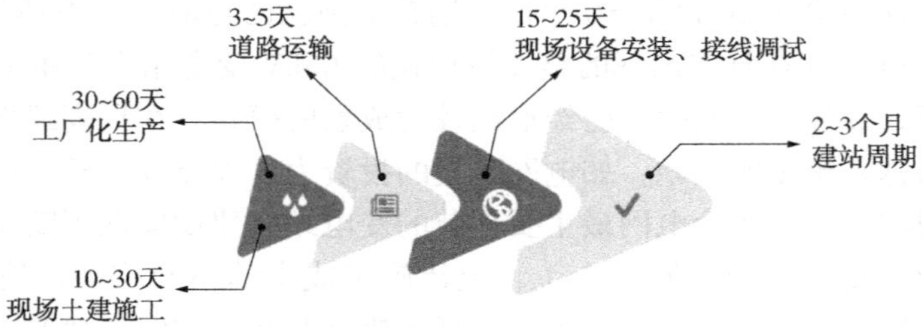

图 3-7-3　预装式变电站模式建站周期示意图

（2）小：集成化安装，占地面积小。结构紧凑、成套性强、可移动，能重复利用(图 3-7-4)。

图 3-7-4　预装式变电站模块化示意图

（3）精：工厂预制，完善的质量控制。预装式生产，出厂前完成内部设备之间的连接、调试及相应控制组件的安装(图 3-7-5)。

图 3-7-5　预制舱工厂在预装式生产

(4) 活：布局方案多样，适应不同场站的征地(图 3-7-6)。

图 3-7-6　预装式变电站多种灵活布局

预装式变电站减少了现场二次接线，减少设计、施工、调试工作量，简化检修维护工作，缩短建设周期，实现系统集成化、生产工厂化、装配模块化、施工简单化的“四化”电站建设，是一种创新的快速配送式建站模式。

(三) 与传统土建变电站对比

自 2007 年以来，国家电网实施变电站“两型一化”，国家电网开展标准化设计、工厂化加工、模块化建设以提高智能变电站效率，在保证安全性的前提下，降低运行成本、提高输电效率是智能化变电站未来发展趋势(表 3-7-1)。

表 3-7-1　土建式变电站与预装式变电站对比

指　标	土建式	预装式
建设模式	传统建站模式，土建施工现场，土建工作量大，施工场地环境复杂，变电站建设原材料、生活设施掺杂，现场管理混乱，建设效率低。整站建设步骤需按部就班，大量复杂土建工作完成后，进行零零散散所有设备的分别安装、调试，工期长且现场突发问题多，建站可靠性差	站内根据不同功能划分预制舱模块，所有设备均合理配置于预制舱内，在工厂内完成所有设备的安装和调试，现场仅需制作土建基础，各模块吊装完成后连线即可。现场管理简洁明了，人力少需求少，建站效率高。预制舱设备的工厂内安装、调试与现场的土建基础制作互不干扰，可同时进行

续表

指　标	土建式	预装式
建设周期	1年。 ①变电站建设受当地环境、天气影响较大，偏远地区土建材料运输不便时建设进度影响大；②因现场土建工作复杂，耗费大量时间，且土建工作完成后，仍需进行复杂的零散设备安装工作，同样耗时耗力；③设备安装完成后需要在现场复杂环境内进行大量的调试、修补缺漏等工作，验收送电前仍需大量时间	3~4个月。 ①现场只需制作简单预制舱基础，整站所有土建工作20~30d即可完成；②所有设备均以预制舱形式在工厂内安装、调试完毕，高度集成且保证可靠性；③现场仅需将各预制舱简单吊装就位，然后进行简单的线缆连接即可验收送电
结构强度	传统湿法施工，土建房屋砌体结构强度低，自重大，抗震性能差	预制舱设计根据内部设备的不同，综合多学科内容，在结构力学、材料力学等理论分析基础上采用的一体化焊接结构设计，充分考虑结构强度及抗震、抗风、雪载等极端使用环境，具备足够的强度承载内部设备，为内部设备提供足够的防护和安全的运行环境，抗震设防烈度可达9度
产品质量与可靠性	变电站建设的最传统模式，分为户外敞开式和户内式。 ①现场设备安装与土建混杂，安装环境复杂，往往难以保证设备安装的可靠性，GIS、充气柜等气体绝缘设备受影响更大。 ②设备安装和调试期间，易发生结构不当、安装错误、配件辅件不匹配、接线混乱、线路不通等突发状况，在现场复杂环境和既有工作人员的条件下解决困难、费力耗时	①依托工厂内最好的制造环境、最有经验的技工、最严格的质量管控体系，在工厂内完成变电站所有设施的生产建设。 ②在工厂内进行一次调试、二次调试、模拟建站、整站联调，确保整站结构合适、产品安全可靠高质；对于出现的细节问题，在工厂内全部提前解决。 ③细节方面，防腐、保温、防尘、防凝露均考虑完备
方案布局及占地情况	变电站建设需要一块儿方正、规整的土地；受制于建站地形，崎岖、细长、不规则地形均不可建站。大城市征地难、山区无规则用地，变电站建设往往存在选址困难的情况。且建站面积较大，征地费用大	模块布置灵活。依托于"立体建站"的布局方式，可根据地形的不同，对各模块进行灵活配置和布置。以地形复杂的山区为例，常规建站模式须铺整出足够的场地进行建站，而模块化平面布置方案则可采用一字型、L型等方案，竖向布置则可采用平铺型及叠装型等多种方案来适应场地需求
扩建方式	需要拆除墙面搬运设备，工程量较大	根据近期远期规划增加相应模块，无须拆除工作
工程管理	土建现场施工，且要与设备安装调试同步，存在多头管理，协调工作量大的问题	土建与预制舱安装界面清晰，工厂化使现场工作量最大限度减少，施工更加简单化
运维检修	空间大，检修方便，但存在空间浪费	成套集成技术，布局紧凑，满足检修要求的同时节约空间

由表3-7-1可知，预装式变电站的应用，可缩短变电站的建设周期，优化建站方案，同时能有效解决土建模式下建设存在的人工、土建施工成本高，现场调试工作量大等诸多问题，提高变电站的可靠性及扩展性，促进了变电站建设效率的提升和建设质量的提高。

二、仪表设备标准化设计

(一) 一般规定

(1) 储气库应选择成熟可靠的过程控制系统和生产管理系统。控制系统的配置应与装置的规模和控制要求相适应。控制系统设计可按现行行业标准《油气田及管道计算机控制系统设计规范》(SY/T 7628)的要求执行。

(2) 控制系统宜采用数据采集与监控系统，集注场场站控制系统宜设置基本过程控制系统(BPCS)、安全仪表系统(SIS)、可燃气体报警系统(GDS)、火灾自动报警系统(FAS)，井场、集配站等小型场站的数据采集与控制系统宜采用远程终端单元(RTU)。各场站控制系统间的通信宜采用光缆。

(3) SIS 系统设置应符合现行国家标准《石油化工安全仪表系统设计规范》(GB/T 50770)的规定，应根据 SIL 评估结果确定安全仪表回路的 SIL 等级。

(4) 注气压缩机、制冷压缩机、加热炉等操作独立性强的单体设备宜采用相对独立的就地控制盘控制，其控制系统宜采用可编程控制器(PLC)。可编程控制器(PLC)与站控系统通过通信接口传输数据。

(5) 储气库应设置火气系统、紧急停车及安全联锁系统，应独立于过程控制系统。当该系统不设置独立的操作站时，需配置相应的通信接口，使基本过程控制系统操作站能够监视紧急停车及安全联锁系统。

(6) 当储气库气体介质含有毒气体时，可燃气体探测报警系统的设置应符合现行国家标准《石油化工可燃气体和有毒气体检测报警设计规范》(GB/T 50493)的规定；当储气库气体介质不含有毒气体时，可燃气体探测报警系统的设置应符合现行行业标准《石油天然气工程可燃气体检测报警系统安全规范》(SY/T 6503)的规定。

(7) 火灾自动报警系统的设置应符合现行国家标准《火灾自动报警系统设计规范》(GB 50116)的规定。

(8) 集注站控制室的设计应符合现行行业标准《油气田及管道计算机控制系统设计规范》(SY/T 7628)的要求，控制室机柜间和操作间宜分开设置，控制室朝向装置区侧的墙体应采取防爆措施。井场应按照无人值守进行设计，井场控制室、机柜间宜采用一体化控制小屋。

(9) 储气库的仪表及自控系统的供电设计、供气设计、防雷及接地设计应符合《油气田及管道工程仪表控制系统设计规范》(GB/T 50892)的要求。

(二) 主要监测及控制方案设置

(1) 场站中生产单元的控制方案应切合实际，并着重于保证安全生产、提高产品质量、降低生产消耗、减少操作人员劳动强度、提高计量精度。

(2) 生产过程参数显示功能设置应符合下列要求：

① 需要现场观察的参数应设置就地显示功能。

② 需要实时监视的参数应设置远传显示功能。

③ 影响生产安全、产品质量、生产稳定性的参数应设置就地和远传显示功能。

(3) 记录和/或存储功能设置应符合下列要求：

① 需要进行分析或影响产品质量的参数应设置记录功能。

② 用于经济分析或核算的参数应设置记录功能。

③ 报警宜设置记录和存储功能。

(4) 经济核算的流量参数应设置积算功能。

(5) 对工艺过程生产运行影响较大的参数应设置自动控制功能。

(6) 频繁多步有规律操作的被控对象宜设置顺序控制功能。

(7) 影响生产安全的参数应设置报警和/或安全联锁功能。

(8) 经常操作的阀门、风门及其他设备宜设置远程操作功能。

(9) 注采单井流量调节阀宜选用带现场手动操作功能的远程控制阀。

(10) 注采井口安全截断阀应联锁注采管线压力高、低限关断，可经系统远程指令关闭。

(11) 单井控制盘应接收控制系统下发的 ESD 关断指令并上传控制阀门状态。

(12) 紧急关断系统宜按泄压关断、生产关断、单元关断进行三级关断设计。

(13) 应根据生产需要设置水露点、烃露点、色谱分析仪、H_2S 等在线分析仪表。

(14) 注气压缩机组、热媒系统等具有独立操作运行功能的成套装置和设备，宜成套设置独立控制系统，采用标准数据接口与上位系统进行数据通信，并通过硬接线将运行状态、综合报警等信号上传及接收紧急停机命令。

(15) 密闭压力容器应设有液位控制和超高、超低报警和超压报警。

(16) 计量分离器、生产分离器和低温分离器等高压容器液位控制除采用单回路 PID 调节外，还应满足调峰采气波动时的计量要求。

(17) 场站进口和生产单元压力分界点应设置必要的紧急关断阀，集注站应设置专门的紧急放空阀。

三、仪表选型

(一) 一般规定

(1) 检测仪表的种类、量程、准确度等级应根据工艺生产过程的要求及介质的特性确定。测控设备的公称压力等级应满足工艺过程设计压力要求。

(2) 检测仪表设备选型及安装应符合 GB/T 50892 的规定。

(3) 在爆炸危险场所的仪表设备防爆等级应符合 GB 50058 的规定。

(4) 安装在振动较大场合的仪表，应选用耐振型仪表。安装在湿热环境的仪表，应选用耐湿热型仪表。

(5) 腐蚀性介质的测量，应选用耐腐蚀型仪表或采取适当的隔离措施。黏性介质、高温、低温或超低温介质的测量，应采取隔离保温措施。

(6) 现场总线仪表应符合现行国家标准《工业通信网络 现场总线规范 第 2 部分：物理层规范和服务定义》(GB/T 16657.2)的有关规定。

(7) 无线仪表的应用宜符合《油气生产物联网系统技术规范》(SY/T 7468)的相关规定。

(二) 温度仪表

(1) 就地检测仪表的选型应符合下列要求：

① 一般工业用温度计的准确度等级宜选用 1.0 级；精密测量用温度计的准确度等级宜选用 0.5 级。

② 温度测量显示仪表的使用范围宜取仪表量程的 20%~90%；正常测量值宜在仪表量程的 50%左右。

③ 测量介质温度为-80~500℃的仪表宜选用双金属温度计。

（2）远传检测仪表的选型，应符合下列要求：

① 当温度检测信号需要远传时，宜选用现场安装的温度变送器。

② 测量介质温度为-200～650℃时，宜选用热电阻；测量介质温度为-200～1800℃时，宜选用热电偶。

③ 检测元件有弯曲安装或要求快速响应以及其他必要的场合，可选用铠装热电阻(偶)。

（3）温度仪表套管与设备连接宜选用法兰；CL150 或以下的非危险介质(如水、空气、氮气等)低压管道，宜采用螺纹连接。

（4）温度仪表套管与测量仪表的连接方式宜采用螺纹。

（三）压力仪表

（1）压力测量仪表选型应符合下列要求：

① 一般测量用压力表的准确度等级宜选用 1.0 级；精密测量用压力表的准确度等级宜选用 0.4 级。

② 测量稳定压力时，正常操作压力应为仪表测量量程的 1/3～2/3；测量脉动压力时，宜为仪表测量量程的 1/3～1/2；测量压力不小于 4MPa 时，不宜超过仪表测量量程的 1/2。

（2）就地压力表选型应符合下列要求：

① 测量腐蚀性介质时，应选用耐腐蚀压力表或不锈钢膜片压力表。

② 测量强腐蚀性、含固体颗粒、黏稠液体等介质时，应选用膜片压力表或隔膜压力表。

③ 在较强振动场合测量时，应选用抗振压力表或采取防振措施。

（3）压力变送器选型应符合下列要求：

① 测量结晶、易堵塞、黏稠、结疤及腐蚀性介质时，应选用法兰连接。

② 与介质直接接触的材质，应符合介质特性要求或采取必要的隔离措施。

③ 小于 500Pa(表压)的微小压力测量时，可选用微差压变送器。

（四）流量仪表

（1）超声波流量计宜用于下列工况：

① 大口径管道气体以及液相流体的流量测量。

② 高压、易爆、高黏度、强腐蚀、放射性条件的被测对象流量测量。

③ 准确度要求高、量程比大的流体测量。

（2）电磁流量计宜用于下列工况：

① 导电流体的流量测量。

② 液固两相、脏污流介质的流量测量。

明渠液体的流量测量。

（3）涡轮流量计宜用于下列工况：

① 洁净、单相流、黏度小的介质测量。

② 液化气、轻烃的流量测量。

③ 易结垢的水流量测量，可选用拆卸式防垢涡轮流量计。

④ 高压流量的测量。

（4）旋进旋涡流量计宜用于下列工况：

① 宜用于洁净、单相流、黏度不高的介质的测量。

②用于压力、温度波动较频繁的介质时，宜对流量进行温压补偿。

③ 用于交接计量时，应对流量进行温压补偿。

（5）质量流量计宜用于精确测量流体的质量流量，且测量值不受流体密度、黏度等物性的影响。

（6）槽道式流量计宜用于下列工况：

① 准确度要求高、量程比大的气体以及液相流体流量测量。

② 安装空间受限，流量计前后直管段不能满足传统流量测量技术要求的。

③ 高低温、高压条件下的气体以及液相流体流量测量。

④ 脏污气体流量测量。

（7）常用介质计量检测仪表选型：

① 单井注采气流量检测仪表宜采用双向计量流量计，采气计量时应充分考虑天然气中携液对计量的影响，宜选用超声波流量计、槽道式流量计、多相流量计。

注：含水率高于3%时，可选用多相流量计；含水率低于3%时，可选用超声波流量计、槽道式流量计；选用超声波流量计(管道式、外夹式)时，应考虑直管段要求及节流噪声的影响，一般情况前后直管段不低于20*D*。

② 集注站进出站流量检测仪表宜采用双向气体超声波流量计，并宜设置气体组分在线检测系统，并应符合GB/T 18604的规定。

③ 采出水、给排水计量宜采用电磁流量计。

④ 轻烃计量宜采用质量流量计。

⑤ 燃料气计量宜采用涡轮流量计、旋进旋涡流量计。

（五）物位仪表

（1）物位仪表选型应符合下列要求：

① 液面、界面和料面的物位测量，应根据被测介质的特性确定。

② 仪表量程应根据工艺对象的实际变化范围确定。

③ 仪表准确度应根据工艺要求选择。

（2）压力式、差压式液位测量仪表选型应符合下列要求：

① 水池、水井、水罐的液面连续测量，宜选用静压式仪表。

② 液面和界面的连续测量，可选用差压仪表。

③ 黏稠性、结晶性、结胶性、沉淀性的液体，以及含悬浮物液体及易凝固液体的液位测量，宜选用插入式法兰差压仪表。

（3）浮筒式液位仪表选型宜符合下列要求：

① 浮筒式液位仪表宜用于测量范围不大于2m，相对密度在0.5~1.5的清洁液体界面；或测量范围不大于1.2m，相对密度差在0.5~1.5的清洁液体界面。

② 不宜停车的工艺设备或密闭容器内液面和界面测控，宜选用外浮筒液位仪表；在操作温度下不结晶、不黏稠，但在环境温度下可能结晶或黏稠的液体对象，宜选用内浮筒式液位仪表。

③ 当测量准确度要求较高，信号远传时，宜选用力平衡型；当准确度要求不高，就地指示或调节时，可选用位移平衡型。

（4）浮子式液位仪表选型应符合下列要求：

① 大型储槽清洁液体的液面连续测量和容积计量，可选用伺服液面计、磁致伸缩液位计。准确度要求较高时可选用伺服液面计或磁致伸缩液位计，准确度要求不高时可选用钢带液位计。就地液位的测量也可选用多个色带式浮球液位计、磁翻转液位计重叠安装。

② 卧式罐液位的就地测量，宜选用杠杆式、色带式浮球液位计或磁翻转式液位计。

③ 内浮式液位仪表应采取预防措施，防止浮子漂移和浮子受液面扰动。

（5）超声波物位测量仪表宜用于下列工况：

① 用于高黏性、腐蚀性、有毒性的液体液面，以及液-液分界面、固-液分界面的连续测量和位式测量。

② 液体温度、成分变化较大时，应采取温度对声波传播速度影响的补偿措施。

（6）雷达物位测量仪表宜用于下列工况：

① 用于高温、高压、腐蚀性、高黏度、易燃、易爆或有毒液体的大型立罐、球罐等存储容器的物位连续测量或计量。

② 用于高温、高压、强腐蚀性、高黏度、易爆或有毒的块状、颗粒状、粉状的料面测量。

（7）物位/液位开关宜用于下列工况：

① 公用工程的报警信号，如冷却水、润滑油等。

② 仅用于报警的工艺场合。

③ 当储罐及容器上宜设有其他连续物位测量仪表时，可选用物位开关作为报警及联锁。

④ 对于储存清洁液体的储罐及容器的液位、界面报警及联锁，宜选用浮球液位开关。

⑤ 对于储罐内物料对音叉无黏连的液报警及联锁，宜选用音叉液位开关。

⑥ 对于存储高温、高压、腐蚀性、高黏度或有毒液体的碳钢储罐及容器的液位报警及联锁，宜选用外贴超声波液位开关；对于不锈钢、合金钢及碳钢带内衬的储罐及容器的液位报警及联锁，宜选用接触式超声波液位开关。

（8）常用介质计量检测仪表选型：

① 低温分离器、计量分离器、生产分离器等高压容器的就地液位检测宜采用磁翻柱液位计，其浮球应为整体承压型，并配套液位开关，信号传至站控系统用于液位报警用。

② 容器液位计既参与联锁控制又参与切断保护的液位检测，宜采用不同测量原理液位计。

③ 低压容器的就地液位检测可根据实际情况选择石英玻璃管或磁翻柱液位计。

注：对于测量液位仪表管路、根部阀，当介质凝点或产生水合物的温度点高于环境温度时应配套电伴热及保温。

（六）火气仪表

（1）火灾仪表选型应符合下列要求：

① 仪表选用应根据可燃物质的分类、火灾的不同阶段、探测器的探测原理选择；同时所选用仪表应符合国家相关部门的强制认证的规定。

② 对火灾初期有阴燃阶段，产生大量的烟和少量的热，很少或没有火焰辐射的场所，应选择感烟火灾探测器。

③ 对火灾发展迅速，可产生大量热、烟和火焰辐射的场所，可选择感温火灾探测器、感烟火灾探测器、火焰探测器或其组合。

④ 对火灾发展迅速，有强烈的火焰辐射和少量烟、热的场所，应选择火焰探测器。

⑤ 对火灾初期有阴燃阶段，且需要早期探测的场所，宜增设一氧化碳火灾探测器。

⑥ 对使用、生产可燃气体或可燃蒸气的场所，应选择可燃气体探测器。

⑦ 同一探测区域内设置多个火灾探测器时，可选择具有复合判断火灾功能的火灾探测器和火灾报警控制器。

（2）可燃气体及有毒气体仪表选型应符合下列要求：

① 可燃气体及有毒气体探测器的选用，应根据被测气体的理化性质、被测介质的组分种类、检测精度要求、安装环境及探测器的技术性能等因素确定。

② 烃类可燃气体宜选用红外吸收型或催化燃烧型探测器。

③ 氢气宜选用催化燃烧型或电化学型探测器。

④ 硫化氢宜选用电化学型或半导体型探测器。

⑤ 氨气宜选用电化学型或半导体型探测器。

⑥ 一氧化碳、二氧化碳宜选用电化学型或红外吸收型探测器。

⑦ 氧气宜选用电化学型探测器。

⑧ 开阔区域宜选用线型气体探测器。

⑨ 需要检测区域气体泄漏时，可采用激光云台扫描式气体泄漏探测器或超声波气体泄漏探测器。

⑩ 当工艺介质泄漏后形成的气体或蒸气能显著改变释放源周围环境温度时，可选用红外热成像型探测器。

（七）分析仪表

（1）常用过程分析仪表的选择，应根据被测介质的背景组分、待测组分及含量、操作温度、压力及物料性质确定。

（2）天然气组分含量的测量，宜选用气相色谱分析仪。10-2 级组分测量宜采用热导式检测器，10-6 级组分测量宜采用氢焰式检测器。

（3）天然气烃露点分析仪宜选用冷却镜面法。

（4）天然气水露点分析仪宜选用光纤法、激光湿度法。

（5）在线硫分析仪选型宜符合下列要求：

① 天然气中硫化氢含量检测，宜选用紫外吸收光谱和电化学等硫化氢分析仪。

② 天然气或原油中无机硫和有机硫总含量检测，宜选用紫外荧光法和 X-射线荧光光谱法总硫分析仪。

（6）天然气热值的检测，可选用燃烧法气体热值分析仪、热值指数仪或色谱分析仪。

注：分析仪表宜放置在分析小屋内，分析小屋应能保证分析仪表的正常工作和使用效果，并对分析仪表及附属设备进行合理布置。

（八）控制阀

（1）控制阀的选型应根据工艺变量、流体特性以及控制阀管道连接形式综合确定。

（2）高、低温工况应选用适合高、低温工况的结构和材质的控制阀。

（3）直通单座控制阀宜用于下列工况：

① 泄漏量小、流量小或阀前后压差较小。

② 黏度不高并且不含悬浮颗粒流体。

（4）直通双座控制阀宜用于下列工况：

① 泄漏量要求不高、流量大、阀前后压差较大且调节精度不高。

② 黏度不高且不含悬浮颗粒流体。

（5）套筒控制阀宜用于下列工况：

① 阀前后压差大、流体可能出现闪蒸或空化现象且要求低噪声。

② 洁净流体不含固体颗粒。

（6）球型控制阀宜用于下列工况：

① 高黏度、含有纤维、固体颗粒或污秽流体。

② V 形球阀宜用于连续控制且要求流通能力大、可调范围宽的场合。

③ O 形球阀宜用于两位式开关的工况。

（7）角型控制阀宜用于下列工况：

① 高黏度、含有悬浮物或颗粒状物质流体。

② 气-液混相或易闪蒸流体。

③ 管道要求直角配管。

④ 高静压、大压差。

（8）偏心旋转控制阀宜用于下列工况：

① 阀门前后压差较大、介质黏度高。

② 要求流通能力大、泄漏量小或可调比宽。

（9）蝶型控制阀宜用于下列工况：

① 大口径、大流量或低压差。

② 浓浊液及含悬浮颗粒流体。

（10）轴流式控制阀宜用下列工况：

① 要求流通能力大、可调比高。

② 长输管线压力和流量调节的场合。

（11）电磁阀宜用于差压小、小口径管道的两位和开关操作控制的工况。直通型电磁阀可用于双位控制和远程控制，根据程序控制的逻辑关系可选择电开式或电关式。

（12）自力式控制阀宜用于工艺介质流量变化小、控制精度要求不高且无外动力源的场合。

（13）压力控制系统中的超压保护宜采用安全切断阀（SSV），安全切断阀应能快速关闭，关阀后应采用就地方式复位。

（14）控制阀口径选择宜符合下列要求：

① 控制阀口径计算宜执行 IEC-60534-2-1 或 ANSI/ISA-75. 01. 01 标准。

② 控制阀口径不应大于管道通径，最大缩径不应超过两级且不应小于管道通径的 1/2。

（15）控制阀的选取不应出现闪蒸和汽化现象。

（16）控制阀在使用过程中产生的噪声不应大于 85dB（A）；用于泄放、放空等脉动或间歇操作的控制阀在使用过程中产生的噪声不应大于 105dB（A）。

（17）控制阀流量特性的选择应符合下列要求（表 3-7-2）：

表 3-7-2　控制阀流量特性的选择

特　性	直线特性	等百分比特性
$\frac{\Delta Pn}{\Delta PQun1}>0.75$	1. 液位定值调节系统； 2. 主要干扰为给定值的流量、温度调节系统	1. 流量、压力、温度定值调节系统； 2. 主要干扰为给定值的压力调节系统
$\frac{\Delta Pn}{\Delta PQun1}\leqslant 0.75$	—	各种调节系统

注：ΔPn 为正常流量下的控制阀两端压差。

$\Delta PQun1$ 为控制阀关闭时的两端压差。

(18) 控制阀流开、流闭的选择应符合下列要求:

① 公称直径不大于 DN20、静压高、压差大或汽蚀冲刷严重的高压阀，应选用流闭型；当公称直径大于 DN20 时，应以稳定性好为条件来决定流向。

② 角型阀用于高黏度、含固体颗粒介质的场合且要求自洁性能好时，应选用流闭型。

③ 单座阀、小流量调节阀宜选用流开型；当冲刷严重时，可选用流闭型。

④ 单密封套筒阀宜选用流开型；有自洁要求时，可选用流闭型。

⑤ 单座阀、角型阀、套筒阀或快开流量特性的两位式控制阀，应选用流闭型；当出现水击、喘振时，应选用流开型。

(19) 执行机构的选择应符合下列要求:

① 执行机构的输出力矩、行程、响应速度应与控制阀相匹配。

② 有气源时宜选用气动执行机构；无气源时可选用电动或电液联动执行机构。

③ 气动执行机构宜选用气动薄膜执行机构；要求执行机构输出力较大、响应速度较快时，宜选用气动活塞式执行机构或长行程执行机构。

(20) 阀材料的选择应符合下列要求:

① 阀体材质的选择:

a. 阀体的材质应根据工艺介质的温度、压力、差压和腐蚀性确定，且不应低于相连接的工艺管道的材质；

b. 阀体材质可选用铸钢或锻钢。当工艺介质有特殊要求时，可选用不锈铸钢、不锈锻钢或特殊材质；

c. 铸钢阀体宜用于空气、饱和蒸汽或过热蒸汽非腐蚀性液体和气体。

② 阀内件材料的选择:

a. 非腐蚀性流体，阀芯材质宜选用不锈钢；

b. 腐蚀性流体，阀芯、阀座的材质应根据流体的种类、浓度、温度和压力，选用相适应的耐腐蚀材料；

c. 闪蒸、空化或严重汽蚀介质的场合，阀内件表面应进行硬化处理；

d. 流体温度不小于 300℃、阀两端压差不小于 1.5MPa 的场合，阀内件表面应进行硬化处理；

e. 流体中含有固体颗粒的场合，阀内件表面应进行硬化处理；

f. 流速大或冲刷严重时应选用耐磨材料。

③ 填料函结构、材料的选择:

a. 填料函宜选用单层结构，对毒性较大的流体、低温或温度高于 200℃的场合，应选用双层结构；

b. 填料函材质宜选用 V 形聚四氟乙烯，温度高于 200℃的场合应选用柔性石墨。

(21) 常见调节阀选型:

① 井场采气节流阀宜选用电动角型节流阀。

② 井场采气流量控制阀宜采用电动角型调节阀、电动轴流式调节阀。

③ 集注站压力、温度、液位调节阀宜采用气动调节阀。

④ 集注站流量控制阀宜采用气动轴流式调节阀。

⑤ 燃料气调压宜采用自力式调节阀。

(九) 执行机构

(1) 执行机构可按下列不同使用场合进行选型:

① 旋转式阀门(如球阀、蝶阀等)应选用角行程执行机构，位移式阀门(如平板闸阀)应选用直行程式执行机构。

② 在有可靠仪表气源的场合宜选用气动执行机构。

③ 在没有仪表气源或气源接入困难的场合，或需要大推力、信号传输迅速、远距离传送的场合，可选用电动执行机构。

④ 在高推力、快速行程、长行程的场合，可选择电液执行机构或气-液执行机构；气-液联动阀宜用于在现场无仪表风气源的情况下，利用管道气源作驱动力的输气管路上安装的阀门。

⑤ 没有外部动力源的场合，宜选用自力式执行机构。

(2) 气动执行机构的选型应符合下列要求：

① 当工艺给定的阀门故障安全位置应首选单作用(弹簧复位型)气动执行机构，可分为仪表风故障关(FC)型或仪表风故障开(FO)型；弹簧应做防腐处理。

② 当工艺特别要求阀门为气源故障保持型(FL)时，应选用双作用执行机构并配有仪表空气储罐，阀门保位时间不应低于48h。

③ 当工艺特别要求阀门为电源故障保持型时，应选用双电控双作用执行机构。

④ 用于紧急切断的气动执行机构应选用气缸上加装有易熔塞的执行机构，易熔塞的熔点宜位250℃。

⑤ 用于紧急切断的气动执行机构，较小口径的阀门宜选用弹簧复位型，较大口径的阀门宜选用蓄能型。

(3) 电动执行机构的选型应符合下列要求：

① 电动执行机构的电源应为380V AC，50Hz三相或220V AC，50Hz两相。

② 用于紧急关断的电动执行机构电源应为一级负荷+UPS供电。

③ 电动执行机构应为非侵入红外设置型，能在现场用红外线遥控器进行各种参数调整及设置、进行执行器和阀门的故障自诊断，并通过LCD显示阀位，当动力电源断电时，LCD显示器仍可显示各种信息。

④ 电动执行机构应具有电机过热、超转矩、防冲击、瞬间反向、阀门防卡死等自保功能，远程控制、阀门状态、就地远程状态、故障自诊断功能可选。

⑤ 电动执行机构控制及联锁回路的设计应确保来自控制系统或SIS系统的紧急关断信号(ESD)能够对电动执行机构的自保功能及其他控制信号进行超驰。

(4) 气液联动执行机构的选型应符合下列要求：

① 集注站进出站紧急切断阀的执行机构宜选用气液联动执行机构。

② 紧急切断阀需根据管道气体速度下降速率紧急关断时，宜选用带电子控制单元的气液联动执行机构。

③ 气液联动执行机构应具有手动液压泵开、关操作功能。

④ 气液联动执行机构应具有手动气压驱动开、关操作功能。

⑤ 阀位就地指示、就地手动复位、远程控制、阀门状态及故障远程显示、ESD功能可选。

⑥ 用于破管自动保护的气液联动执行机构保护单元的压力高于设定值上限或低于设定值下限时，在设定的时间内气液联动执行机构应能关闭阀门；当保护单元的压降速率高于设定值时，在设定的时间内气液联动执行机构应能关闭阀门。

⑦ 用于紧急关断的气液联动执行机构在电磁阀加电时应使阀门处于全开位置，在电磁阀失电时，应动作至阀门全关位置。

(5) 电液联动执行机构的选型应符合下列要求：

① 在无气源、液相流体管线管径大于或等于 DN250 的阀门可选电液联动执行机构。

② 当阀门要求电液联动执行的输出功率小时，可采用液压泵直接作用式电液联动执行机构；当要求输出功能率大时，宜采用蓄能式电液联动执行机构可降低电机的输出功率。

③ 当要求阀门在液压系统故障复位时，宜采用弹簧复位式电液联动执行机构。

④ 液态流体管线紧急关断/泄放阀门的执行机构宜选用电液联动执行机构，口径较小的宜选用弹簧复位型，口径较大的宜选用蓄能型。

⑤ 用于紧急关断/泄放阀门的电液执行机构的 ESD 指令应具有最高优先级。

⑥ 用于紧急切断/泄放的执行机构其安全仪表(SIL)等级应满足安全仪表系统设计的(SIL)等级的要求。

(6) 自力式执行机构的选型应符合下列要求：

① 自力式切断阀在正常工作状态下为常开，一旦系统的压力达到设定值，它将自动切断管路，设定压力的允许偏差应≤±2.5%。切断后不能自动打开，只能就地手动打开。安全切断阀应具备压力值重新设定的功能，可进行远程关断及自行判断压力进行关断保护。

② 用于紧急切断的自力式执行机构其安全仪表(SIL)等级应满足安全仪表系统设计的(SIL)等级的要求。

四、控制系统

储气库集注站控制系统包括站控系统(SCS)和火灾/可燃气体检测报警系统(F&G)。其中，站控系统包括基本过程控制系统(BPCS)和安全仪表系统(SIS)。井场控制系统采用RTU 系统，信号上传至集注站站控系统。控制系统配置如图 3-7-7 所示。

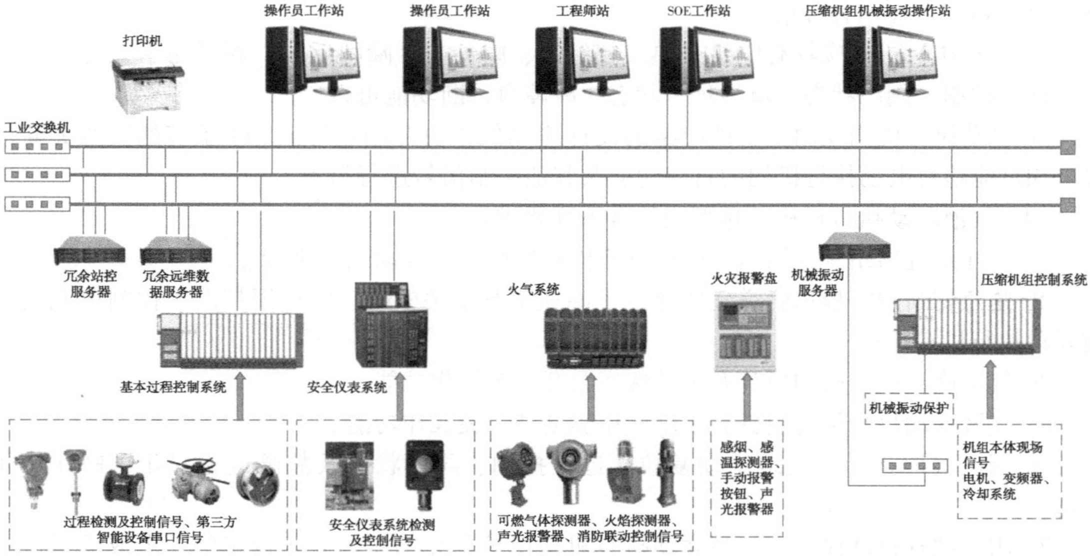

图 3-7-7　控制系统配置

(1) 基本过程控制系统(BPCS)采用一套集散型控制系统(DCS)，对工艺装置、辅助生产设施及公用设施进行数据采集、过程控制、数据记录、报表生成和报警记录等。由操作站、工程师站、打印机、控制站、I/O 机柜、端子柜及网络设备等组成。

(2) 安全仪表系统(SIS)采用一套独立的可编程逻辑控制器(PLC)，用于工艺装置的安全联锁控制。安全仪表系统采用故障安全型设计，安全等级为 SIL2 级。SIS 系统的检测仪表及执行元件与 BPCS 系统分开设置并具备 SIL2 认证。

SIS 系统由工程师站、操作站、I/O 机柜及网络设备等组成，其中控制器、I/O 卡件、通信、电源及相关配件均按照 SIL2 等级冗余配置。

SIS 系统对工艺装置和设施实施安全监控和安全联锁。SIS 系统设置分为 4 级，即：

1 级关断(ESD-1)为泄压关断(关断级别最高)，由火灾或爆炸引起。触发关断时，进出站气液联动阀关断，所有自动放空阀开启，增压单元、节流脱水单元、乙二醇再生单元停机，此级别关断为手动启动。

2 级关断(ESD-2)为保压关断，由气体严重泄漏或关键工艺参数异常引起。操作人员手动启动或火气控制逻辑自动启动。触发关断时，进出站气液联动阀关断，触发 ESD-3 级关断。

3 级关断(ESD-3)为单元关断，由工艺段故障或生产系统的重要装置(增压单元、节流脱水单元、乙二醇再生单元)故障引起，手动或自动启动，触发 ESD-4 级关断。

4 级关断(ESD-4)为设备关断，由单个设备故障引起，仅关断故障设备，不影响其他设备的正常操作，手动或自动启动。

(3) 火灾/可燃气体检测报警系统(F&G)：

火气系统主要由独立的可编程逻辑控制器(PLC)、可燃气体探测器及火焰探测器、建筑物内火灾报警系统、数据通信接口等构成；通过接收来自可燃气体探测器、火焰探测器、火灾报警盘的综合报警和故障信号，并给基本过程控制系统、安全仪表系统、工业电视系统及应急照明控制器提供报警信号进行联动，完成对站内火灾及可燃气体泄漏等情况的监视和控制。主要功能如下：

① 在控制室显示火灾报警及可燃气体检测报警信息。

② 火气系统接收探测器信号，根据逻辑进行判断报警，操作员在规定的时间内完成对报警信息的响应；经过一段时间后仍然报警或已人工确认后，向 SIS 系统发出报警信号，由安全仪表系统执行 ESD 动作。

③ 当压缩机厂房可燃气体高高报警时，联锁启动压缩机厂房风机。

④ 当发生火灾时，联锁启动应急照明系统。

⑤ 火气系统能够远程启动消防泵并监测消防泵、稳压泵的工作状态和消防水罐液位。

五、主要测控内容

(1) 储气库集注站主要工艺装置包含进出站单元、过滤分离单元、计量单元、增压单元、节流脱水单元、乙二醇再生单元等。

进出站单元：进出站阀门采用气液联动执行机构，其余开关阀采用气动执行机构，进出站管线设温度、压力检测。

过滤分离单元：过滤分离器本体设置压力、差压、液位检测，排污管线设置气动调节阀稳定分离器液位。

计量单元：采用贸易级气体超声流量计(配套在线气相色谱仪)，成撬设计，完成体积计量和热值计量。

增压单元：压缩机控制系统随压缩机机组成套提供，监控和保护压缩机机组及相关的辅助系统。

节流脱水单元：再生气分离器设液位控制；再生气压缩机运行参数通过自带 PLC 控制器上传至站控系统。分子筛干燥器进出口管线设置气动开关程序阀，整个吸附、再生过程由程序阀按程序自动切换完成。

乙二醇再生单元：再生塔、重沸器、贫液罐、再生塔顶分离器缓冲罐设置压力、温度、液位检测及控制。

(2) 井场工艺装置主要包含井口节流撬、进出站阀组撬等。

井口节流撬：注采气计量采用双向流量计，节流采用电动角式节流阀。

进出站阀组撬：进出站关断阀配套电动执行机构、电液联动执行机构。

(3) 火气检测。可燃气体检测报警系统：在集注站工艺装置区、压缩机房、罐区等场所设置可燃气体探测器，气体泄漏时，现场声光报警，并在综合楼控制室监控可燃气体报警浓度及报警信息并进行声光报警。

火灾自动报警系统：在集注站工艺装置区和压缩机房设置火焰探测器，厂区和道路等有人接近的地方设置手动报警按钮，在综合楼设置感烟、感温探测器、手动报警按钮、声光报警器，在综合楼控制室设置火灾报警盘。火灾报警时触发 PAGA 广播报警及相应的状态指示灯显示，提示操作人员确认火情，启动消防系统，执行相应紧急关断逻辑。

第八节　标准化设备选型

一、压缩机组选型与技术要求

1. 整体要求

(1) 注气压缩机组宜选用往复式增压机组或往复式增压机组与离心式组合形式。

(2) 压缩机驱动机宜采用电动机，在无电或电力不足的地方，可采用燃气发动机驱动。

(3) 压缩机组宜选用模块、撬装形式。

(4) 往复式压缩机的撬装设计应符合 GB/T 25359 及 GB/T 20322 的有关规定。

(5) 压缩机宜多台机组并联运行，不宜设备用机组。

(6) 储气库注气压缩机适应天然气长输管线运行工况的要求，运行参数(压力、温度、流量)应有一定的波动范围。

2. 压缩机工艺气系统设计应符合下列规定：

(1) 压缩机入口分离器应设液位高限报警及超高限停机装置；应在出口设置润滑油分离设施。

(2) 压缩机各级出口应设置全启封闭式先导安全阀。

(3) 压缩机进出口之间应设旁通回路。

(4) 离心式压缩机应配套设置防喘振控制系统。

(5) 应采取防震、防脉动及管线热应力补偿措施。

(6) 压缩机各级工艺气的冷却宜采用空冷。

(7) 压缩机润滑油及气缸冷却宜采用空冷提供的循环冷却液来完成。

根据储气库地层压力及注气量等要求，选择压缩机组形式，对于压力波动范围大、调峰要求高的储气库宜选择往复式压缩机。

根据输气管网的运行压力范围确定适宜的注气压缩机入口压力范围；根据注气井地层压力、井底流压、管柱压差等要求，确定适宜的注气压缩机出口压力。

根据压缩机出口压力变化范围，注气压缩机组可采用多台全压头压缩机或多级压缩机两种配置方式。

注气压缩机冷却后出口温度≤70℃。

压缩机组燃气发动机应配备消声器、排气管、膨胀节及外保温防护，并考虑排气筒防雨措施。

压缩机组室内布置，且设置降噪措施，厂房应根据压缩机机型、外形尺寸、设备检修方式等进行布置，且应满足操作及检修要求。

应对压缩机组及管线进行气流脉动和管线机械振动分析，脉动控制系统的分析应包括撬内、外工艺配管、任意组合的运行工况。

应对包括压缩机进出口管线的配管系统进行应力分析计算。

压缩机组出口应设置抗脉动的轴向止回阀。

注气压缩机组配套设施技术要求：

① 压缩机组应配带入口洗涤罐和级间分离器，出口分离器应满足注入气体含油要求。分离器应设置液位指示、高液位报警、超高液位停车和排液等设施。各级分离器排除的凝液应排入可回收系统中。

② 压缩机组应配带工艺气级间冷却器和末级冷却器。冷却器宜采用鼓风卧式空冷器，并配有出口温度控制措施。冷却器应有不少于20%的裕量。

③ 压缩机组的配套应满足机组现场启动、停车及并联运行的要求。

④ 采用天然气发动机驱动的注气压缩机组，其燃料气应设置自动切断、调压、计量、放空设施。

⑤ 采用天然气发动机驱动时，宜采用压缩空气启动。较大型压缩机宜设置气动盘存装置。

⑥ 采用往复式压缩机时，注气压缩机中体、填料函、润滑油箱的放空应单独设置并引至压缩机厂房外(高点)安全处放空，或采用其他措施引入放空系统。

⑦ 注气压缩机组天然气就地放空管道应设置阻火器，并可靠接地。

3. 机组控制与保护要求

压缩机组自身应配套完整的检测、控制、报警和联锁停车保护系统，机组控制系统应留有远程紧急停车的硬线接口，接受来自站控系统的紧急停车命令，实施紧急停车。

现场控制盘宜采用交流电源供电。

压缩机组中的预、后润滑油泵的供电宜设置备用供电设施。

压缩机进口、出口工艺管线应设置紧急关断阀。

二、离心式压缩机

输送气体介质并提高其能头的机械称为压缩机。压缩机分类如图3-8-1所示。

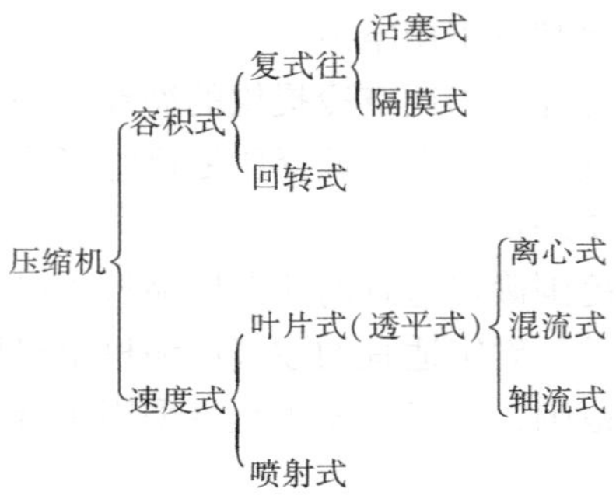

图 3-8-1 压缩机分类

压缩机种类繁多，按其作用原理可分为容积式和速度式两大类。容积式是依靠工作容积的周期性变化来实现流体的增压和输送的。其中，活塞式是依靠活塞在气缸内做往复运动而实现的周期性变化，例如活塞式压缩机，隔膜式属于液压驱动，利用膜片来代替活塞的作用；回转式是借助转子在缸内做回转运动来实现工作容积的周期性变化，例如滑片压缩机、螺杆压缩机等。

叶片式是依靠旋转的工作叶轮，将机械能传递给流体介质并转化成流体的能头。根据介质在叶轮内的流动方向，主要分为离心式、轴流式和混合式，如离心压缩机以及轴流压缩机等均属此类，通常又将该类流体机械称为透平机械。

离心式压缩机属于速度式透平压缩机的一种。在早期，离心压缩机是用来压缩空气的，并且只适用于低、中压力和气量很大的场合。但随着石油化工工业的迅速发展，离心压缩机被用来压缩和输送各种石油化工生产过程中的气体，其应用范围有了很大提高。尤其近十几年来，在离心压缩机设计、制造方面，不断采用新技术、新结构和新工艺，如采用高压浮环密封结构，较好地解决了高压下的轴端密封，采用多油楔径向轴承及可倾瓦止推轴承，减少了油膜振荡，圆筒形机壳的使用解决了高压气缸的强度和密封性；电蚀加工使小流量下窄流道叶轮的加工得到解决。所有这些，都使离心压缩机的使用范围日益扩大，不仅在石油化工生产中得到广泛的应用，而且在石油气输送中也越来越多地被采用。因此，掌握离心压缩机的内容是很必要的。

（一）主要构件及基本工作原理

1. 主要构件

图 3-8-2 是 EI120-6.35/0.95 型离心压缩机剖面图。该机的设计参数是：进口流量为 $125m^3/min$，排气压力为 6.23×10^5Pa；工作转速达 13900r/min，压缩机需用功率为 660kW，用于输送空气或其他无腐蚀性工业气体。由图上可看出，该机由一个带有六个叶轮的转子及与其相配合的固定元件所组成，其主要构件有：

（1）叶轮。其是离心压缩机中唯一的做功部件。由于叶轮对气体做功，增加了气体的能量，因此气体流出叶轮时的压力和速度都有明显增加。

（2）扩压器。其是离心压缩机中的转能装置。气体从叶轮流出时速度很大，为了将速度能有效地转变为压力能，便在叶轮出口后设置流通截面逐渐扩大的扩压器。

（3）弯道。其是设置于扩压器后的气流通道。其作用是将扩压后的气体由离心方向改变为向心方向，以便引入下一级叶轮去继续进行压缩。

（4）回流器。它的作用是为了使气流以一定方向均匀地进入下一级叶轮入口。在回流器中一般都装有导向叶片。

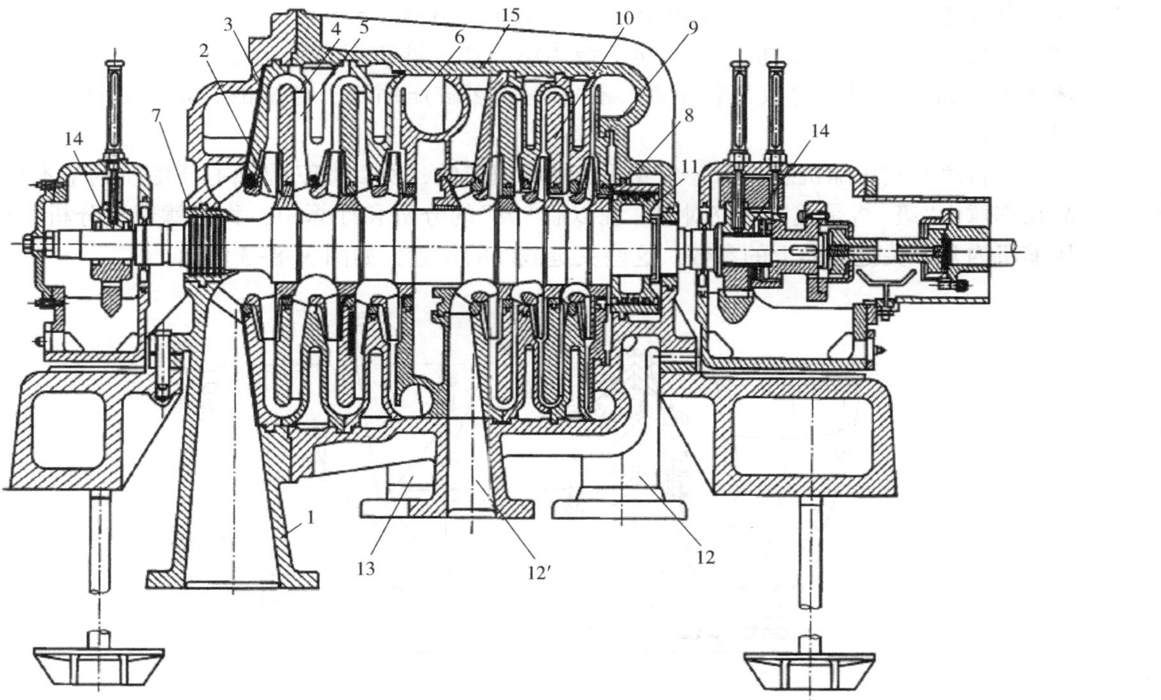

图 3-8-2　EI120-6.35/0.95 型离心压缩机剖面图

1——段、二段吸气室；2—叶轮；3—扩压器；4—弯道；5—回流器；6—蜗壳；7，8—前后轴封；9—级间密封；10—叶轮进口密封；11—平衡板；12，12′——段、二段排出管；13—径向轴承；14—径向推力轴承；15—机壳

(5) 吸气室。其作用是将进气管(中间冷却器出口)中的气体均匀地导入叶轮。

(6) 蜗壳。其主要作用是将从扩压器(或直接从叶轮)出来的气体收集起来，并引出机器。在蜗壳收集气体的过程中，由于蜗壳外径及通流截面的逐渐扩大，因此它也起着降速扩压的作用。

除了上述组件，为减少气体向外泄漏在机壳两端还装有轴封，也为减少内部泄漏，在隔板内孔和叶轮轮盖进口外圆面上还分别装有密封装置。为了平衡轴向力，在机器的一端装有平衡盘等。

在离心压缩机中，习惯上将叶轮与轴的组件称为转子，而将扩压器、弯道、回流器、吸气室和蜗壳等称为固定元件。

2. 基本工作原理

离心压缩机的基本工作原理与离心泵有许多相似处，但气体是可压缩的。气体由吸气室吸入，通过叶轮对气体做功后，使气体的压力、速度、温度都得到提高，然后再进入扩压器，将气体的速度能转变为压力能。当通过一个叶轮对气体做功、扩压后不能满足输送要求时，就必须把气体引入下一级继续进行压缩。为此，在扩压器后设置了弯道、回流器，使气体由离心方向变为向心方向，均匀地进入下一级叶轮进口。至此，气体流过了一个“级”，再继续进入第二级、第三级压缩后，经蜗壳及排出管被引出至中间冷却器。冷却后的气体再经吸气室进入第四级及以后各级继续压缩，最后由排出管输出。气体在离心压缩机中是沿着与压缩机轴线垂直的半径方向流动的。

由图 3-8-2 还可看出，该机的六个级都装在一个机壳中，这就构成一个"缸"。而中间冷却器把"缸"中全部级分成两个"段"。故 EI120-6.35/0.95 型离心压缩机是一台"一缸、两段、六级"的压缩机，一级至三级为第一段，四级至六级为第二段。当所要求的气体压力较高，需用叶轮数目较多时，往往制成多缸压缩机。各缸的转速可以相同，也可以不同。

一台离心式压缩机总是由一个或几个级所组成的，所以"级"是离心压缩机的基本单元，故在本章中"级"将是主要研究对象。在以后"级"的分析和计算中，我们就着重分析、计算压缩机内几个关键截面上的参数。这些关键截面的位置，如图 3-8-3 所示。

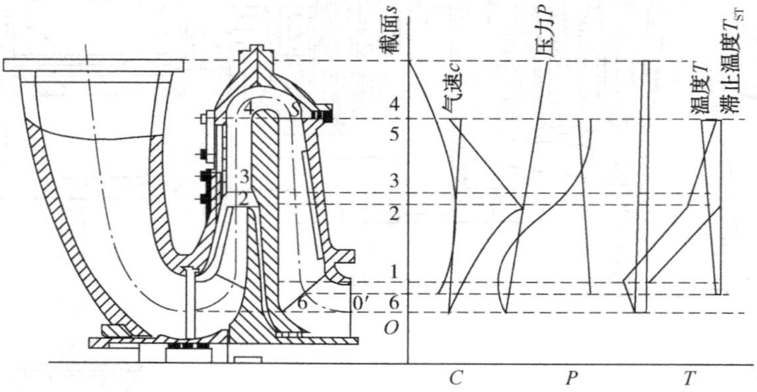

图 3-8-3　级的关键截面位置

S—吸气室进口法兰截面；O—叶轮进口截面；
1—叶轮叶道进口截面；2—叶轮出口截面；3—扩压器进口截面；4—扩压器出口截面；
5—回流器进口截面；6—回流器出口截面(即级的出口截面 d)

（二）主要优缺点

离心压缩机之所以能获得越来越广泛的应用，主要是由于它具有以下优点：

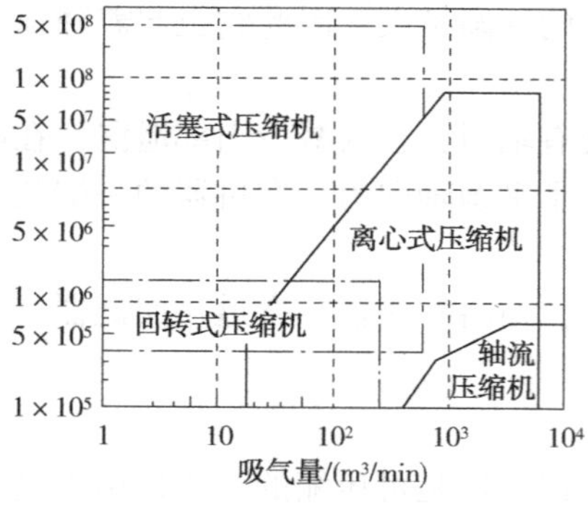

图 3-8-4　活塞和离心式压缩机的应用

1. 排量大

如某油田输气离心压缩机的排气量为 510m³/min；年产 30×10^4t 合成气压缩机的排气量达 2000~3000m³/h，目前，在产量大于 640t/d 的合成氨厂中主要的工艺用压缩机几乎都采用了离心压缩机。图 3-8-4 表示出活塞和离心压缩机等的应用范围。

2. 结构紧凑、尺寸小

机组占地面积及质量都比同一气量的活塞压缩机小得多。

3. 运转可靠

机组连续运转时间在一年以上，运转平稳，操作可靠，因此它的运转率高，而且易损件少，维修方便。故目前长距离输气、大型石油化工厂用的离心压缩机多为单机运行。

4. 气体不与机器润滑系统的油接触

在压缩气体过程中，可以做到绝对不带油，有利于气体进行化学反应。

5. 转速较高

适宜用工业汽轮机直接驱动，可以既合理又充分地利用石油化工厂的热能，节约能源。

目前，离心压缩机还存在一些缺点：

(1) 还不适用于气量太小及压力比过高的场合。

(2) 离心式压缩机的效率一般仍低于活塞式压缩机。

(3) 离心式压缩机的稳定工况区较窄。

三、气体在级中流动的概念及基本方程

气体在级中流动是沿半径方向流动的，其圆周速度为 u，相对速度为 w，绝对速度为 c。但由于气体与液体性质不同，又使其流动过程有所区别。首先，在常温和常压下，气体与液体的密度相差很大，因此当它们通过叶轮获得同样的能头时，两者的压力升 Δp 相差很大；其次，气体是可压缩的，在气体压力提高的同时，其他状态参数如比容、温度等都在变化。尤其在高速下，气体的流动更复杂。由于这些区别，不仅要用到欧拉方程和伯努利方程分析流体的流动情况，而且要运用热力学基本方程来分析气体在压缩过程中状态参数的变化，及其对流动的影响。

严格地说，在离心压缩机级中气体的流动实际上是属于三元非定常流动，而且气体又有黏性和可压缩性，因此气体在级中的流动是很复杂的。但在工程上，为了便于分析研究，常假设级中气体做一元定常流动，即在压缩机的进气状态、排气压力以及转速不变的情况下，认为流道中同一截面上各点的气流参数是均一的，而且在保持稳定工作条件下，气流参数不随时间而变。这种对级中气体流动假设为一元定常流动是一种科学的简化，在工程上具有良好的实用价值。本章就以这种简化为前提，讨论离心压缩机中一些基本概念。

(一) 欧拉方程式

欧拉方程式对离心压缩机完全适用。在这里，欧拉公式写成：

$$H_T = u_2 c_{2u} - u_1 c_{1u} \tag{3-8-1}$$

$$H_T = \frac{u_2^2 - u_1^2}{2} = \frac{w_2^2 - w_1^2}{2} + \frac{c_2^2 - c_1^2}{2} \tag{3-8-2}$$

即叶轮对气体做功，使每千克气体所获得的能量 H_T 称为理论能头。如果知道了叶道进、出口处气流速度，就可以计算出理论能头，而可以不管叶道内部气体流动情况如何，以及气体性质是否相同。因此，无论什么介质，只要叶轮尺寸、转子转速和流量一定，那么理论能头就确定了。

在离心压缩机中，当设计成气体径向进入叶轮叶道时，则 $a_1 = 90°$，$c_{1u} = 0$，称为无预旋。故式(3-8-1)可写成

$$H_T = u_2 c_{2u} = u_2^2 \frac{c_{2u}}{u_2} = \varphi_{2u} u_2^2 \tag{3-8-2a}$$

式中 φ_{2u}——理论能头系数或周速系数，$\varphi_{2u} = \frac{c_{2u}}{u_2}$。

当转子转速和叶轮尺寸一定时，叶轮出口圆周速度 u_2 就确定了，因此理论能头 H_T 的确定就取决于正确计算圆周分速度 c_{2u}或周速系数 φ_{2u}。当叶片有限多时，叶道中的气体由于惯性的作用，而产生轴向旋涡运动，使叶道中的气体流动更加复杂。然而，目前还很难从理论上精确计算叶片有限多时叶轮出口处气流的圆周分速度 c_{2u}。于是，工程上用滑移系数来表

示轴向旋涡对理论能头的影响。

$$\mu=\frac{H_T}{H_{T\infty}}=\frac{c_{2u}}{c_{2u\infty}} \tag{3-8-2b}$$

计算滑移系数μ的公式很多，但往往都是从某种假定出发，得出一些近似计算公式，或根据实验数据得出一些经验公式，因此都有一定的局限性。这里推荐常用于离心压缩机中的斯陀道拉(Stodola)公式，来反映轴向旋涡对圆周分速的影响。

斯陀道拉认为，轴向旋涡的转速与叶轮转速相等，但方向相反，并假设轴向旋涡的直径近似等于叶轮叶道的有效宽度。轴向旋涡导致叶轮出口处气流产生平均附加圆周分速度Δw_{2u}(图 3-8-5)，其数值为：

$$\Delta w_{2u}=\frac{\pi n}{60}\left(\frac{\pi D_2}{z}\sin\beta_{2A}\right)=\frac{\pi u_2}{z}\sin\beta_{2A}$$

式中 n——叶轮转速；r/min；

D_2——叶轮出口直径，m；

z——叶轮叶片数；

β_{2A}——叶轮出口处叶片角。

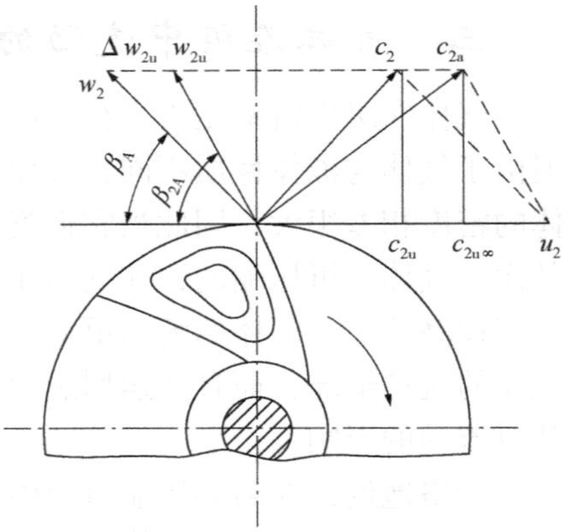

图 3-8-5 出口速度三角形矢量图

由出口速度三角形矢量图可以看出，$\Delta c_{2u}=\Delta w_{2u}$，$c_{2u}=c_{2ux}-\Delta c_{2u}$，所以：

$$c_{2u}=c_{2u\infty}-\Delta w_{2u}=u_2-c_{2r}\cot\beta_{2A}-\frac{\pi u_2}{z}\sin\beta_{2A} \tag{3-8-3}$$

$$\varphi_{2u}=\frac{c_{2u}}{u_2}=1-\frac{c_{2r}}{u_2}\cot\beta_{2A}-\frac{\pi}{z}\sin\beta_{2A} \tag{3-8-3a}$$

$$\mu=\frac{c_{2u}}{c_{2um}}=1-\frac{\frac{\pi}{z}\sin\beta_{2A}}{1-\frac{c_{2r}}{u_2}\cot\beta_{2A}} \tag{3-8-3b}$$

式(3-8-3)称为斯陀道拉公式，是最早提出计算μ值的公式，尽管也有一些假设，但实践已证明它适用于后弯叶片型离心压缩机叶轮的能头计算。对于$\beta_{2A}=90°$的径向直叶片叶轮，此式计算的数值偏低，不宜采用。

将式(3-8-3)代入式(3-8-2a)，得出无预旋时的理论能头为：

$$H_T=u_2c_{2u}=u_2^2\left(1-\varphi_{2r}\cot\beta_{2A}-\frac{\pi}{z}\sin\beta_{2A}\right) \tag{3-8-4}$$

式中 φ_{2r}——流量系数，$\varphi_{2r}=\frac{c_{2r}}{u_2}$。

根据连续性方程式，在定常流动时，通过任意截面i的气体质量流量是一定的，即$m=m_i$。它和体积流量的关系为：

$$Q_i=\frac{Q_s}{v_s}v_i=\frac{Q_s}{\frac{v_s}{v_i}}=\frac{Q_s}{k_{v_i}} \tag{3-8-5}$$

式中 Q_s——压缩机进口处的气体流量，也就是进口状态下的体积流量，m^3/s；

v_s，v_i——进口与 i 截面上气体比容，$v=\dfrac{1}{\rho}$，m^3/kg；

k_{v_i}——比容比，$k_{v_i}=\dfrac{v_s}{v_i}$。

叶轮出口处气流的径向分速 c_{2r}及流量系数 φ_{2r}可写为：

$$c_{2r}=\frac{Q_2}{F_2}=\frac{Q_s}{\pi D_2 b_2 \tau_2 k_{v_2}}$$

$$\varphi_{2r}=\frac{Q_s}{\pi D_2 b_2 \tau_2 k_{v_2} u_2} \tag{3-8-6}$$

式中 τ_2——叶轮出口处叶片阻塞系数。对叶片数为 z、叶片厚度为 δ 和摺边宽度为 Δ 的叶轮(图 3-8-6)，阻塞系数 τ 可用式(3-8-7)计算：

$$\tau=\frac{\pi Db-\dfrac{z\delta\delta}{\sin\beta_A}-\dfrac{2z\delta\Delta}{\sin\beta_A}}{\pi Db}=1-\frac{z\delta\left(1+\dfrac{2\Delta}{b}\right)}{\pi D\sin\beta_A} \tag{3-8-7}$$

当将叶道进口 1 或叶轮出口 2 截面的几何参数代入式(3-8-7)，便可得叶道进口叶片阻塞系数 τ 和叶轮出口处叶片阻塞系数 τ_2。

(二) 级的总耗功和功率

叶轮工作时所消耗的功用于两方面：一方面是叶轮通过叶片对叶道内的气体做功，称为叶片功 L_T，它就是气体获得的理论能头 H_T；另一方面是叶轮本身在旋转时存在两项损失所消耗的功(图 3-8-7)。

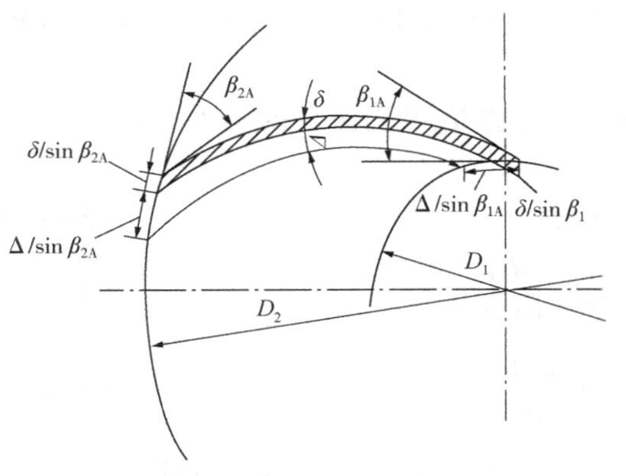

图 3-8-6 叶片几何参数

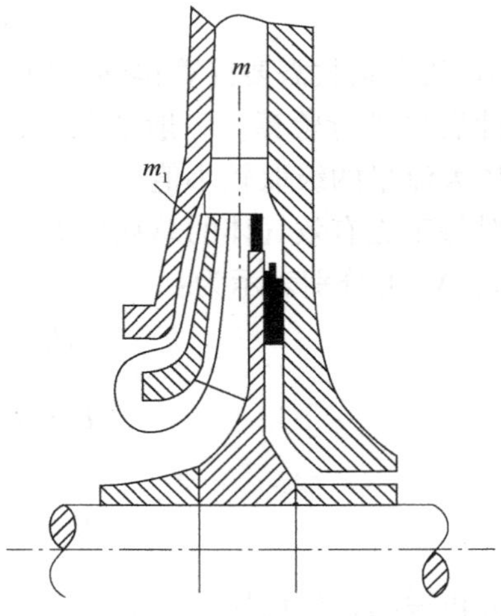

图 3-8-7 叶轮内漏气损失和轮阻损失分析

(1) 叶轮的轮盘和轮盖的外表面及轮缘等与周围气体有相对运动，产生摩擦而消耗功，称为轮阻损失功 L_{df}。根据能量守恒及转换定理，轮阻损失功转变成热量而被气体吸收，从而转化为气体的能量头 H_{df}。

(2) 由于叶轮轮盖处存在泄漏，有 m_1 的气体从叶轮出口返回到叶轮入口，并且反复循环，把能量白白消耗在轮盖密封处，这项消耗功称为内漏气损失功 L_1，它也转变成热量而被气体吸收，进而转化为气体的能量头 H_1。这样，叶轮对每千克有效气体做的总功 L_{tot}为：

$$L_{tot}=L_T+L_{df}+L_1$$

同样，气体从叶轮中得到相应的总能头 H_{tot} 为：

$$H_{tot}=H_T+H_{df}+H_1 \tag{3-8-8}$$

在离心压缩机级中，叶轮是唯一的做功元件，因此气体从叶轮中获得的能头也就是气体由级中获得的能头。从上面分析可以看出，气体在级中获得的总能头 H_{tot} 是以两种方式得到的，一种是叶片直接对气体做功，以机械能形式传给气体的理论能头 H_T，另一种是由于轮阻及内漏气损失消耗的功，以热能形式传给气体，使气体获得能头 $H_{df}+H_1$，它不包括在理论能头 H_T 中。在不考虑气体对外热损失的条件下，根据能量守恒定律，则 $L=H$，故以后均以符号 H 来表示功或能头。

通过叶轮的有效流量为 m，叶片对它做功消耗的理论功率 N_T 为：

$$N_T=\frac{mH_T}{1000}$$

轮阻损失消耗的功率为 N_{df}，内漏气损失消耗的功率为 N_1，由于轮盖处漏气，故经过叶道的实际流量为 m_{tot}，等于有效流量 m 和内漏气流量 m_1 之和，即

$$m_{tot}=m+m_1$$

因此，在考虑了轮阻损失及内漏气损失后，叶轮的总功率消耗 N_{tot} 为：

$$N_{tot}=N_T+N_1+N_{df}=\frac{m_{tot}H_T}{1000}+N_{df}=\frac{mH_T}{1000}\left(1+\frac{m_1}{m}+\frac{1000}{mH_T}N_{df}\right)$$

令 $\beta_1=\frac{m_1}{m}$ 为内漏气损失系数，$\beta_{df}=\frac{1000}{mH_T}N_{df}$ 为轮阻损失系数。于是有：

$$N_{tot}=\frac{mH_T}{1000}(1+\beta_1+\beta_{df}) \tag{3-8-9}$$

β_1 与 β_{df} 两个系数需要计算得到。但在压缩机结构设计之前可根据实践经验先假设其值，待结构设计后再进行验算。一般情况下，取 $\beta_1+\beta_{df}=0.02\sim0.13$。对高压小流量的级取较大值，对低压大流量的级取较小值。

叶轮对每千克有效气体的总耗功 H_{tot}、轮阻损失耗功 H_{df} 及内漏气损失耗功 H_1 以及相应的功率 N_{df}、N_1 可分别表示为：

$$H_{tot}=H_T(1+\beta_1+\beta_{df}) \tag{3-8-10}$$

$$H_{df}=\beta_{df}H_T N_{df}=\beta_{df}\frac{mH_T}{1000} \tag{3-8-11}$$

$$H_1=\beta_1 H_T N_1=\beta_1\frac{mH_T}{1000} \tag{3-8-12}$$

以上分析说明，单位质量有效气体经过叶轮后，获得了总能头 H_{tot}，这将使气体的状态参数发生变化，且这些变化都遵循能量守恒定律。下面将分析以热量形式和机械能形式表示的能量方程式，即热焓值方程和伯努利方程，从而进一步了解级中能量的分配及状态参数的变化规律。

（三）热焓值方程式

当气体在级中稳定流动时，取级中任意两截面 a、b 间气体作为所研究的开口热力系统，如图 3-8-8 所示。气体由 a 截面流进系统，由 b 截面流出系统，a、b 截面上气体的状态参数分别为 p_a、T_a、v_a 及 p_b、T_b、v_b，气流速度分别为 c_a 及 c_b。

根据热力学稳定流动能量方程，对 a、b 两截面间的单位质量气体有下列方程式：

$$H_{ab}+q_{ab}=(i_a-i_b)+\frac{c_b^2-c_a^2}{2}+g(z_b-z_a) \qquad (3-8-13)$$

式中 H_{ab}——单位质量气体在 a、b 两截面间对外界输出或输入的功，在离心压缩机中规定，外界对气体做功时 H 为正，气体对外界做功时 H 为负，J/kg；

q_{ab}——单位质量气体在 a、b 两截面间对外界输出或输入的热，在离心压缩机中规定，外界传给气体热时 q 为正，气体传给外界热时 q 为负，J/kg；

i_a，i_b——单位质量气体分别在 a、b 截面的焓，J/kg；

c_a，c_b——气体分别在 a、b 截面的速度，m/s；

z_a，z_b——a、b 截面的位置高度，m；

式(3-8-13)是热力学第一定律应用于工质定常流动时的能量方程式，因而适用于定常流动的任何过程，无论系统内部如何变化、有无扰动或摩阻均能适用。

对离心压缩机来说，a、b 截面的位置高差(z_a，z_b)相对很小，可以忽略不计，故式(3-8-13)可写成：

$$H_{ab}+q_{ab}=(i_a-i_b)+\frac{c_b^2-c_a^2}{2} \qquad (3-8-14)$$

对理想气体，$\Delta i=c_p\Delta T$，$k=\frac{c_p}{c_V}$，$c_p-c_V=R$(c_p 为比定压比热容，c_V 为比定容比热容)，故有：

$$H_{ab}+q_{ab}=c_p(T_b-T_a)+\frac{c_b^2-c_a^2}{2}=\frac{kR}{k-1}(T_b-T_a)+\frac{c_b^2-c_a^2}{2} \qquad (3-8-14a)$$

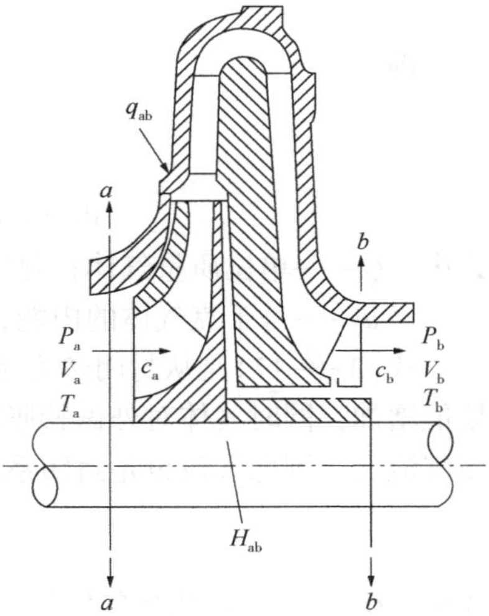

图 3-8-8 推导热焓用图

式中 k——气体绝热指数；

T_b，T_a——a、b 截面的气体温度，K。

式(3-8-14)及式(3-8-14a)称为稳定流动能量方程式或热焓方程式。它将能头、传热量与气体的温度和气速等诸参数联系起来。

在应用上式计算时，由于压缩机中气体流量较大，每千克气体与外界的热交换同气体压缩时焓值的变化比较起来小得多，因此，通常将外界加给气体的热量或气体向外界放出的热量 q_{ab} 忽略不计，即认为 $q_{ab}=0$。这样焓值方程式成为：

$$H_{ab}=c_p(T_b-T_a)+\frac{c_b^2-c_a^2}{2}=\frac{kR}{k-1}(T_b-T_a)+\frac{c_b^2-c_a^2}{2} \qquad (3-8-15)$$

式(3-8-15)是离心压缩机级中气动计算的重要公式，通过它可以求出各截面温度、速度的变化规律。公式中的 a、b 可取级中任意截面。当 a、b 截面分别为级的进、出口截面时，公式中的 $H_{ab}=H_{tot}$，一个级的热焓方程式可写为：

$$H_{tot}=c_p(T_d-T_s)+\frac{c_d^2-c_s^2}{2}=\frac{kR}{k-1}(T_d-T_s)+\frac{c_d^2-c_s^2}{2} \qquad (3-8-16)$$

式中 H_{tot}——级的总能头，J/kg；

T_s，T_d——级进、出口处气体的实际温度，K；

c_s，c_d——级进、出口处气体速度，m/s，

R——气体常数，J/(kg·K)。

显然，式(3-8-16)中级进、出口处气体的实际温度，包括了由于级中轮阻损失和内漏气损失所引起的气体温度变化。

同理，若 a、b 截面分别为扩压器进、出口截面 3 和 4 时，因扩压器内没有外功加入，即 $H_{ab}=0$，则扩压器的热焓方程为：

$$c_p(T_3-T_4)+\frac{c_3^2-c_4^2}{2}=0$$

说明扩压器中绝对速度的减小，增加了气体的热能。

(四) 伯努利方程式

将热力学第一定律应用于封闭热力系统时，对单位质量气体可写出：

$$\mathrm{d}u=\mathrm{d}Q-p\mathrm{d}v$$

即

$$c_V\mathrm{d}T=\mathrm{d}Q-\mathrm{d}(pv)+v\mathrm{d}p$$

$$c_V=c_p-R$$

$$\mathrm{d}Q=c_p\mathrm{d}T-R\mathrm{d}T+\mathrm{d}(pv)-v\mathrm{d}p=-v\mathrm{d}p=\mathrm{d}i-v\mathrm{d}p \tag{3-8-17}$$

式中 Q——单位质量气体在封闭系统中所获得的热量，J/kg；

u——每千克气体的内能，J/kg。

式(3-8-17)是从封闭热力系统中导出的，它表明在封闭系统中，气体得到热量后，其焓值增加，同时气体对外做膨胀功。当气体在 a、b 截面间作稳定流动时，如观察坐标取在该气流上，则此气流也是封闭系统，应用式(3-8-17)，积分后得：

$$Q_{ab}=i_b-i_a-\int_{p_b}^{p_a}v\mathrm{d}p \tag{3-8-18}$$

式中 Q_{ab}——单位质量气体从 a 截面流至 b 截面所得到的热量。

Q_{ab}应该包括外界传给气体的热量 q_{ab} 及气体由 a 截面流至 b 截面时所有的能量损失 $h_{los_{ab}}$ 及转化的热量 $q_{los_{ab}}$，即：

$$Q_{ab}=q_{ab}+q_{los_{ab}}=q_{ab}+h_{los_{ab}}$$

因此，式(3-8-18)变成：

$$i_b-i_a=q_{ab}+h_{los_{ab}}+\int_{p_b}^{p_a}v\mathrm{d}p \tag{3-8-19}$$

将热焓方程式(3-8-14)代入式(3-8-19)，得：

$$H_{ab}=\frac{c_b^2-c_a^2}{2}+h_{los_{ab}}+\int_{p_b}^{p_a}v\mathrm{d}p \tag{3-8-20}$$

式(3-8-20)就是伯努利方程，是以机械能形式表示的能量平衡方程。它表明，在稳定流动中外界对气体所做的功，表现为气体势压头的提高($\int_{p_b}^{p_a}v\mathrm{d}p$)，速度头的提高$\frac{c_b^2-c_a^2}{2}$并克服各种能量损失 $h_{los_{ab}}$。它是计算压缩机级中气体压力变化的一个重要方程式。显然，式(3-8-20)中前两项为有效功，而第三项为无效功(损失)。从热力学第二定律可知，这部分损失是不可避免的，故应采取措施尽量减少它。

若式(3-8-20)中 a、b 截面分别为级的进、出口截面时，则有

$$H_{tot}=\frac{c_d^2-c_s^2}{2}+h_{los}+\int_{p_b}^{p_a}v\mathrm{d}p \tag{3-8-21}$$

（五）级效率

由伯努利方程(3-8-20)有

$$H_{ab}-\frac{c_b^2-c_a^2}{2}=h_{los_{ab}}+\int_{p_b}^{p_a}v\mathrm{d}p$$

式(3-8-21)中，$H_{ab}-\frac{c_b^2-c_a^2}{2}$是外功中可以用来使气体压力升高并克服损失的能头，称为可用能头。由于气体在压缩机级中流动时，能量损失是不可避免的，因此可用能头不能全部变成使气体压力升高的压缩能头，这就出现了效率问题。可用能头中真正用于压缩气体的能头所占的比例称为效率。即：

$$\eta_{ab}=\frac{\int_{p_b}^{p_a}v\mathrm{d}p}{H_{ab}-\frac{c_b^2-c_a^2}{2}}=1-\frac{h_{los_{ab}}}{H_{ab}-\frac{c_b^2-c_a^2}{2}}\tag{3-8-22}$$

式中，a、b 可为级中任意两截面。若 a、b 分别为级的进口 s 和出口 d 截面时，则称 η 为级效率，表达式为：

$$\eta=\frac{\int_{p_b}^{p_a}v\mathrm{d}p}{H_{tot}-\frac{c_d^2-c_s^2}{2}}\tag{3-8-23}$$

由于压缩过程不同，有三种效率。

1. 多变效率 η_{pol}

在离心压缩机中，气体在级中的实际压缩过程一般可用多变过程来表示，多变压缩功为 $H_{pol}=\int_{p_b}^{p_a}v\mathrm{d}p$，则多变效率 η_{pol}为：

$$\eta_{pol}=\frac{H_{pol}}{H_{tot}-\frac{c_d^2-c_s^2}{2}}\tag{3-8-24}$$

它表示级的多变压缩功与级的可用能头之比。

将热熔方程式(3-8-16)及多变压缩功式(3-8-21)代入式(3-8-24)，则有

$$\eta_{pol}=\frac{\frac{mR}{m-1}(T_d-T_s)}{\frac{kR}{k-1}(T_d-T_s)}=\frac{\frac{m}{m-1}}{\frac{k}{k-1}}\tag{3-8-24a}$$

令 $\sigma=\frac{m}{m-1}$为多变指数系数，则

$$\sigma=\frac{m}{m-1}=\frac{k}{k-1}\eta_{pol}\tag{3-8-24b}$$

式(3-8-24a)表示了流动过程的多变指数 m 与多变效率 η_{pol}之间的关系。气体在级中流动时，不仅没有对外传热($q=0$)，反而将所有损失消耗的能头 h_{los}又以热量形式 q_{los}传给了气体，因此在离心压缩机中气体压缩过程的多变压缩指数 m 大于绝热压缩过程指数 k，故级的多变效率 η_{pol}总是小于 1。

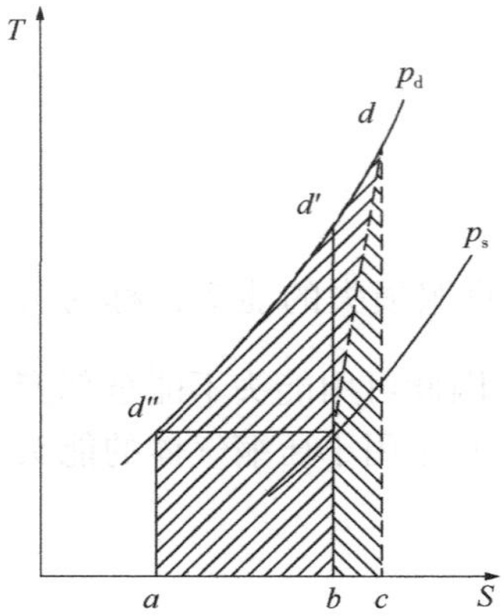

图 3-8-9 T-S 图

由于级中气体流动过程是 $q=0$，$q_{los}\neq 0$ 的多变过程，存在着能量损失，因此它是一个不可逆过程。但在实际应用上总是找一个可逆过程来代替它，使初始状态、终了状态以及对应的热效率都和实际的不可逆过程一样，这样就可用 $T-S$ 图上的曲线来表示这一过程。图 3-8-9 上的 $s-d$ 曲线就表示了这一多变过程。

由式(3-8-16)可得

$$H_{pol}+h_{los}=c_p(T_d-t_s)$$

而在 $T-S$ 图上等压线 p_d 上 d''和 d 与横坐标轴之间的面积等于 $c_p(T_d-T''_d)=c_p(T_d-T_s)$，故 $H_{pol}+h_{los}$，相当于图 3-8-9 中面积 $ad''d'dcba$。而能量损失 h_{los}，是以热量形式加给气体，相当于过程线 $s-d$ 下的面积，即面积 $bsdcb$。因此，多变压缩功 H_{pol} 就相当于面积 $ad''d'dsba$(即面积 $ad''d'dcba$ 减去面积 $bsdcb$)。

因此，在 $T-S$ 图上，级的多变效率相当于面积 $ad''d'dsba$ 与面积 $ad''d'dcba$ 之比。级中能量损失愈大，则气体在流动过程中吸热愈多，多变过程指数 m 与绝热指数 k 的差值愈大，过程线愈向右倾，多变效率也愈低。

根据多变过程方程有：

$$\frac{p_d}{p_s}=\left(\frac{T_d}{T_s}\right)^{\frac{m}{m-1}}$$

两边取对数得：

$$\frac{m}{m-1}=\frac{\lg\frac{p_d}{p_s}}{\lg\frac{T_d}{T_s}}$$

于是多变效率又可按式(3-8-24c)计算：

$$\eta_{pol}=\frac{\frac{m}{m-1}}{\frac{k}{k-1}}=\frac{k-1}{k}\cdot\frac{\lg\frac{p_d}{p_s}}{\lg\frac{T_d}{T_s}} \tag{3-8-24c}$$

在级的模型试验中，调出级进、出口处气体温度和压力，按式(3-8-24c)计算出模型级的多变效率。

一般压缩机级的多变效率 $\eta_{pol}=0.7\sim0.84$。

2. 绝热效率 η_{ad}

绝热效率 η_{ad}是指级中气体由压力 p_s 绝热压缩升至 p_d 时的压缩功 H_{ad}与可用能头之比，即

$$\eta_{ad}=\frac{H_{ad}}{H_{tot}-\frac{c_d^2-c_s^2}{2}}=\frac{\frac{kR}{k-1}(T'_d-T_s)}{\frac{kR}{k-1}(T_d-T_s)}=\frac{(T'_d-T_s)}{(T_d-T_s)}$$

由图 3-8-9 可以看出，绝热过程线为 $s-d'$，这是与外界无热交换且无损失的理想过程。

因此，它的压缩终温 T_d' 小于多变过程的压缩终温 T_d。而多变压缩功大于绝热压缩功(它相当于面积 $ad''d'sba$)，面积 $sd'd$ 就相当于由于多变过程加入了摩擦热，使气体温度有了提高而需要多做的功，所以在同一级中 η_{pol} 总大于 η_{ad}。两者差值愈小，表示级中能量损失愈少，所以经常以此来评价级中的损失。

绝热效率还可用式(3-8-25)从多变效率直接得到：

$$\eta_{ad}=\frac{\dfrac{k}{k-1}R\,T_s\left[\left(\dfrac{p_d}{p_s}\right)^{\frac{k-1}{k}}\right]}{\dfrac{k}{k-1}R\,T_s\left[\left(\dfrac{p_d}{p_s}\right)^{\frac{k-1}{k}}\right]}=\frac{(T_d'-T_s)}{(T_d-T_s)} \qquad (3-8-25)$$

式(3-8-25)就是绝热效率与多变效率的关系式。

3. 等温效率 η_{is}

等温效率 η_{is} 是指级中气体由 p_s 等温压缩升至 p_d 时的等温压缩功 H_{is} 与级中可用能头之比，即

$$\eta_{is}=\frac{H_{is}}{H_{tot}-\dfrac{c_d^2-c_s^2}{2}} \qquad (3-8-26)$$

在图 3-8-9 中等温过程线为 $d''-s$，等温效率 η_{is} 为面积 $ad''sba$ 与面积 $ad''d'cba$ 之比。在有冷却的压缩机中，常采用 η_{is} 来衡量机器冷却的好坏。若实际多变过程愈接近等温过程，则等温效率就愈高。

4. 流动效率 η_{hyd}

流动效率 η_{hyd} 是指级的多变压缩功 H_{pol} 与叶轮对气体做功所获得的理论能头 H_T 之比，即

$$\eta_{hyd}=\frac{H_{pol}}{H_T}=\frac{H_T-\dfrac{c_d^2-c_s^2}{2}-h_{hyd}}{H_T} \qquad (3-8-27)$$

由级的多变效率定义式(3-8-24)可知：

$$H_{pol}=\left(H_{tot}-\frac{c_d^2-c_s^2}{2}\right)\eta_{pol}$$

离心压缩机级进、出口处气体的动能差 $\left(\dfrac{c_d^2-c_s^2}{2}\right)$ 很小，可以忽略，则：

$$H_{pol}\approx H_{tot}\eta_{pol}=H_T\eta_{pol}(1+\beta_1+\beta_{df})$$

$$\eta_{pol}\approx\frac{H_{tot}\eta_{pol}}{H_T}=\eta_{pol}(1+\beta_1+\beta_{df}) \qquad (3-8-28)$$

流动效率反映了气体在级的各元件中流动时流动阻力损失的大小，没有考虑轮阻损失和内漏气损失。从式(3-8-28)可以看出，当压缩机级的流动损失一定时，即 η_{hyd} 一定时，随着轮阻损失和内漏气损失的增加，多变效率 η_{pol} 将下降。

根据流动效率的定义，H_{pol} 可写成：

$$H_{pol}=\eta_{hyd}H_T=\eta_{hyd}\varphi_{2u}u_2^2$$

令 $\varphi_{pol}=\eta_{hyd}\varphi_{2u}$(称为多变能头系数或能头系数)，于是：

$$H_{pol}=\eta_{hyd}H_T=\eta_{hyd}\varphi_{2u}u_2^2 \qquad (3-8-29)$$

因此，在圆周速度如相同的条件下，可以用能头系数来表示压缩机级多变压缩功的大小。一般中 $\varphi_{pol}=0.45\sim0.7$。由此可以估算级的多变能头，在已知总压力比时，便能确定压缩机需要的级数。

四、级的性能曲线

在一般情况下，压缩机级的工作状况是由进口流量 Q_s、进气压力 p_s、进气温度 T_s，以及工作转速 n 四个参数决定的。和离心泵类似，级的性能曲线是指在进气状态一定，转速不变的条件下，级的压力比 g、多变效率 η_{pol}、功率 T_{tot} 随该级进气量 Q_s，而变化的关系曲线，即包括 ε-Q_s、η-Q_s 和 N_{tot}-Q_s 三条曲线。实际上，只要知道 ε-Q_s 曲线和 η-Q_s 曲线就可以计算出 N_{tot}-Q_s。因为当已知 η_{pol} 后，可算出级多变过程指数 m，这时又已知 ε，可算出 H_{pol}，在忽略了进、出口动能差后可得：

$$N_{tot}\approx\frac{N_{pol}}{\eta_{pol}}=\frac{\rho Q_s H_{pol}}{1000\eta_{pol}}$$

故下面只需定性地分析 ε-Q_s 及 η-Q_s 两条性能曲线就可以了。图 3-8-10 便是某离心压缩机模型级的性能曲线。

（一）ε-Q_s 曲线

当静压能头用多变压缩功表示，并忽略级进、出口动能差时得：

$$H_{pol}\approx H_T-h_{hyp}$$

对于离心压缩机叶轮几何参数已定的级，当转速 n 一定时，H_T 随 Q_s 增大而呈线性减小。但 h_{hyp} 较复杂，可以近似地认为，起主要影响的是摩阻损失 h_f 及冲击损失 h_s。这两项损失与流量的关系已在式(3-8-14)及式(3-8-15)中表明。由此得出

$$H_{pol}=H_T-h_f-h_s=H_T-c_{k1}Q_s^2-c_{k2}(Q_d-Q_s)^2$$

用于级的 ε-Q_s，曲线的分析，从而得到 H_{pol}-Q，曲线，如图 3-8-11 所示。

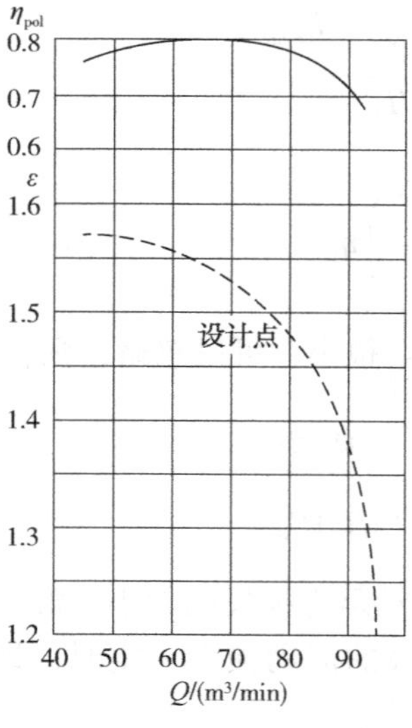

图 3-8-10 某压缩机模型级的性能曲线

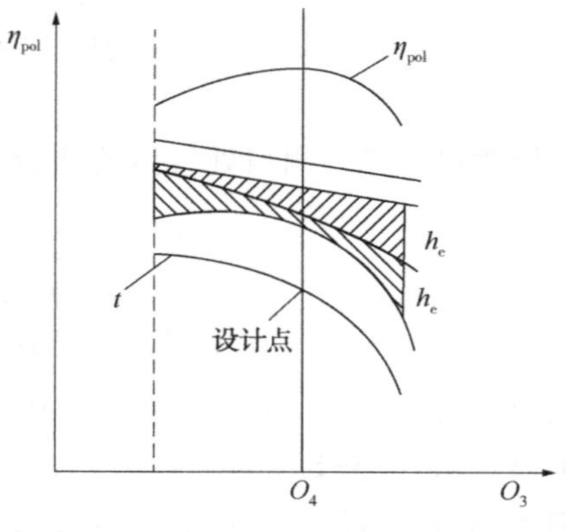

图 3-8-11 级性能曲线的形成

由式

$$\varepsilon=\frac{p_d}{p_s}\approx1+\frac{H_{pol}}{RT_s}$$

可知，在进气温度 T，及气体常数 R 一定的条件下，$\varepsilon-1$ 与 H_{pol} 成正比，也就是 $\varepsilon-Q_s$ 曲线的形状与 $H_{pol}-Q$ 曲线形状相似，是一条随流量增大压力比减小的曲线。

对于一定几何尺寸叶轮的级，在转速 n、进气温度 T_s、气体常数 R 一定的条件下，可以测得级的 $\varepsilon-Q_s$ 性能曲线。所以，在实测的性能曲线图上，必须注明转速、进气温度及介质。

（二）$\eta-Q_s$ 曲线

关于级效率的分析如下：一般在设计工况时，由于气体流动情况与叶片几何形状最协调，流动损失最小，这时级效率最高。当流量大于设计流量 Q_d 时，流动损失 h_f 及 h_s 都增大，自 Q_d 起，随流量增大而效率下降，当流量小于设计流量 Q_d 时，虽 h_f 随流量减小而减小，但 h_s 随流量减小却急剧增大。此外，在流量小时，内漏气损失及轮阻损失相对所占的比例就增大。因而，在流量小时，效率随流量减小而下降。这就使 $\eta-Q_s$ 性能曲线呈现出中间高，两头低的形状，如图 3-8-12 所示。

由于目前对离心压缩机中各元件的流动损失还处于研究阶段，要精确计算各种损失还缺乏完整可靠的数据。因此，对离心压缩机级的性能曲线，还不能用理论计算的方法准确地得到，只能在一定的转速、一定的介质下，对压缩机级逐点实际测试，得出性能曲线。或者由已有的性能曲线利用相似理论进行换算。

（三）喘振工况

从图 3-8-11 看出，离心压缩机级的性能曲线不能达到 $Q_s=0$ 的点。当流量减小到某一值（称为最小流量 Q_{min}）时，离心压缩机就不能稳定工作，发生强烈振动及产生噪声，这种不稳定工况称为“喘振工况”，这一流量极限 Q_{min} 称为“喘振流量”。压缩机性能曲线的左端只能到 Q_{min}，流量不能再减小了。

前已分析，当流量偏离设计流量 Q_d 时，气流在叶片进口处与叶片发生冲击。对压缩机级来说，在进口段产生严重的局部扩压区，在叶片的一侧引起气流边界层严重分离。具体地讲，当流量大于设计流量时（$\Delta\beta<0$），在叶片的工作面产生边界层分离，出现旋涡区。但大量实验表明，叶片工作面上的气流分离区不会发展下去，因此负冲角对压缩机的工作稳定性影响不大。然而，当流量小于设计流量时，冲角为正值（$\Delta\beta<0$），气流的边界层分离发生在叶片非工作面，在此区域内，分离一旦产生，就有继续发展下去的趋势，使叶道进、出口出现强烈的气流脉动。因此，过大的正冲角可使压缩机的工作不稳定，引起“喘振”。

由于分析压缩机中环形叶栅的边界层分离要比分析平面叶栅更困难些，因此大量的研究集中于平面叶栅，但它们的机理是类似的。对平面叶栅边界层分离的实验表明，由于各叶片型线的加工、安装等情况不能完全一致，因此边界层分离现象不可能在所有叶栅中同时发生。边界层的分离开始仅发生在动叶栅的局部区域，这种分离区以一定的速度相对于动叶栅运动，人们常称这种现象为“旋转脱离”或“旋转失速”。压缩机级中旋转脱离区的扩大是级中出现不稳定工况的基本原因。旋转脱离产生的机理可用图 3-8-12 的平面叶栅中流动情况得到解释。

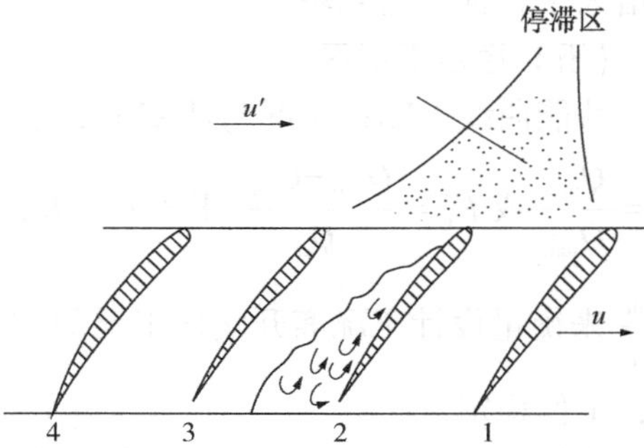

图 3-8-12 旋转脱离现象示意图

假设叶栅以速度 u 移动，当进口容积流量减小时，冲角很大，若在叶片 2 的非工作面上首先发生边界层分离，出现旋涡区，此时叶片 2 和叶片 3 之间的流道部分或全部被堵塞。因此，在流道前面形成了气流低速区(或停滞区)。低速区附近的气流由于受到阻塞的影响而改变方向，位于低速区右边的气流，以较大的进口气流角 β_1 进入叶片 1、2 之间的叶道，使叶片 1 的进口气流冲角减小，叶片 1 非工作面发生边界层分离的可能性减小；位于低速区左边的气流则进入了叶片 3、4 之间的叶道，使此处气流角 β_1 减小，冲角增大，促使叶片 3 非工作面的分离加剧。叶片 3 非工作面出现旋涡区后，与上述分析相同，导致叶片 2 的边界层分离减小，却加剧了叶片 4 非工作面的气流分离。这样，分离区由叶片 2 转移到叶片 3、叶片 4……依此类推。实际上就是气流分离区以某个速度 u' 向叶栅运动的反方向传递。实验证明：分离区移动速度 u' 低于叶栅移动速度 u。在绝对坐标系中观察，分离区则以低于转子的转速旋转，且与转子同向。这就是“旋转脱离”。

旋转脱离的出现，使级进、出口气流的压力、流量等产生强烈脉动，并对叶片产生周期性的交变作用力，导致叶片振动。

若流量再进一步减小，那么几个叶道的边界层分离区可能连成一片，甚至使整个流道都出现分离现象，以致压缩机不能正常工作。这时级(或机)出口压力突然下降。通常压缩机是与管网联合工作的，当压缩机出口压力突然下降时，管网中的压力可能大于压缩机的出口压力，于是气流就从管网往压缩机中倒流，直到管网中压力降到低于压缩机出口压力为止。这时压缩机又恢复工作，以较大的排量向管网供气，管网中压力又随之提高，与此同时，流量又减小，又重复上述倒流的现象，如此周而复始，在整个压缩机——管网系统中产生周期性的低频高振幅压力脉动。其频率及振幅的大小，和管网的气体储量有关，储量愈大，则频率愈低，振幅愈大。这种压力脉动会引发严重的噪声，并使机组发生强烈振动，这种现象叫作“喘振”。压缩机决不允许在喘振工况下操作，因此压缩机级的性能曲线左端只能到喘振时的流量 Q_{min}。

总之，压缩机的喘振是一个很复杂的物理现象，它既与气流边界层有关，又与压缩机所在的管网系统有关。对此，有待更进一步的研究。

(四) 堵塞工况

当级中流量不断增大时，气流冲角不断减小，以致变成较大的负值，在叶片的工作面上发生边界层分离，但不易扩展。但流量加大，摩擦损失及冲击损失都很大，当流量达到某最大值 Q_{max} 时，气体获得的理论能头 H_T 全部消耗在流动损失上，使级中气体压力得不到提高，即 $\varepsilon=1$。或者，当流量增大到 Q_{max} 时，叶道喉部截面上的气速达到音速，这时流量再也不可能增大了，称级达到堵塞工况。所以，压缩机级性能曲线右端只能到 Q_{max}。

(五) 稳定工况区

性能曲线上喘振工况与堵塞工况之间的区域称为稳定工况区。这个区域的大小可用比值 $K_Q=\dfrac{Q_{max}}{Q_{min}}$ 或 $K'_Q=\dfrac{Q_{max}-Q_{min}}{Q_d}$ 来表示。K_Q 愈大，表示级的稳定工况区愈宽。同时，还用比值 $\dfrac{Q_{min}}{Q_d}$ 来衡量设计工况离开喘振工况的程度，比值愈小说明设计工况离喘振工况离喘振点较远，工作稳定。

衡量一个级性能的好坏，不仅要求在设计流量下有最高的效率和较高的压力比，还要有较宽的稳定工作范围。影响稳定工作范围的因素很多，主要与叶片出口角 β_{2A} 密切相关。试验证明，由 β_{2A} 小的后弯叶片型叶轮组成的级，具有较宽的稳定工作范围。其原因是叶道中气流速度比较均匀，具有较小的喘振流量，又加上它的 M_{2c} 较小，从而改善了叶片扩压器的进口条件，因而当考虑流动损失后，性能曲线下降就较径向叶片型叶轮缓慢。

五、多级离心压缩机的性能曲线

气体通过一级叶轮所获得的能头(或压力比)是有限的，这是因为理论能头 H_T 与 u_2^2 呈正比，但选用高的圆周速度 u_2 不仅受材料强度和叶轮进、出口气流马赫数太高的限制，以及当转速一定，则必须增大 D_2，结果使叶道相对宽度 $\frac{b_2}{D_2}$ 减小。效率下降。因此，一般合金钢材料制成的闭式叶轮的圆周速度 u_2，不宜大于 320m/s。为了满足一定的压力比，常采用多级离心压缩机。

对整台离心压缩机的性能曲线形状大致与级性能曲线相似。它是在一定转速、一定进气状态下，对一定的气体介质进行试验测得的，如图 3-8-13 所示。

(一) 级数对压缩机性能的影响

以两级串联性能曲线为例进行分析。

性能曲线的横坐标为各级吸气状态下的气量 Q_s，两级串联时，第Ⅰ级的进气量 $Q_{s\text{I}}=\frac{m_\text{I}}{\rho_{s\text{I}}}=\frac{m_\text{I}RT_{s\text{I}}}{p_{s\text{I}}}$，第Ⅱ级的进气量 $Q_{s\text{II}}=\frac{m_\text{II}}{\rho_{s\text{II}}}=\frac{m_\text{II}RT_{s\text{II}}}{p_{s\text{II}}}$。根据连续性方程，两级串联的质量流量 $m_\text{I}=m_\text{II}=m_{\text{I}+\text{II}}$，故有：

$$Q_{s\text{II}}=\frac{\rho_{s\text{I}}}{\rho_{s\text{II}}}\cdot Q_{s\text{I}}=\frac{p_{s\text{I}}}{p_{s\text{II}}}\cdot\frac{T_{s\text{II}}}{T_{s\text{I}}}Q_{s\text{I}} \tag{3-8-30}$$

式(3-8-30)表明两级串联时第Ⅰ级进气量与第Ⅱ级进气量之间的对应关系。由于串联时两级的吸气状态不同，因此各级进气体积流量(在各自吸气状态下)不等，这就需要先按式(3-8-30)算出第Ⅱ级所对应的流量 $Q_{s\text{II}}$ 及此时的压力比 ε_II，再根据两级串联后压力比 $\varepsilon_{\text{I}+\text{II}}=\varepsilon_\text{I}\varepsilon_\text{II}$ 的关系找出串联后流量-压力比关系曲线。如图 3-8-14 所示，当已知第Ⅰ级及第Ⅱ级单级的性能曲线时，求两级串联后的性能曲线。当第Ⅰ级流量为 $(Q_{s\text{I}})_a$ 时，压力比为 (ε_I)，这时流过第Ⅱ级的流量 $(Q_{s\text{II}})$ 已不再是 $(Q_{s\text{I}})_a$ 了，而要按其他公式计算得出。此时第Ⅱ级的压力比为 $(\varepsilon_{s\text{II}})_a$。因此，当两级串联流量 $(Q_{s\text{I}+\text{II}})_a=(Q_{s\text{I}})_a$ 时，对应的压力比 $(\varepsilon_{s\text{I}+\text{II}})_a=(\varepsilon_{s\text{I}})_a\cdot(\varepsilon_{s\text{II}})_a$。这样逐点计算，可得串联后的性能曲线。

应当指出，ε-Q_s 曲线是在一定进气温度下测得的。串联后第Ⅱ级的进气温度不是常数，是随第Ⅰ级的压力比而变化的。严格地说，第Ⅱ级的 $\varepsilon_\text{II}-Q_{s\text{II}}$ 曲线应该用近似相似换算得出。

针对两级串联后，最小流量、最大流量如何确定，在第Ⅰ级流量小时，压力比 ε_I 较大，经过第Ⅰ级压缩后气体的密度增大，即 $\rho_{s\text{II}}>\rho_{s\text{I}}$ 按式(3-8-30)则 $Q_{s\text{II}}<Q_{s\text{I}}$。若单级的最小流量相同，即 $(Q_{s\text{II}})_{min}=(Q_{s\text{I}})_{min}$，那么当两极串联后，第Ⅰ级还未达到 $(Q_{s\text{I}})_{min}$ 时，第Ⅱ级已有可能达到 $(Q_{s\text{II}})_{min}$ 而开始喘振。多级压缩机中任一级的喘振都会影响整级的正常工作。所以，虽然单独从第Ⅰ级来看还未喘振，可以在更小的流量下正常工作，但在两级串联后，第Ⅱ级已出现喘振，这时的流量应是两级串联的最小流量，$(Q_{s\text{I}+\text{II}})_{min}>(Q_{s\text{I}})_{min}$。也就是说，串联后性能曲线的喘振流量 $(Q_{s\text{I}+\text{II}})_{min}$ 变大，比单级时向右移了，如图 3-8-14 所示。

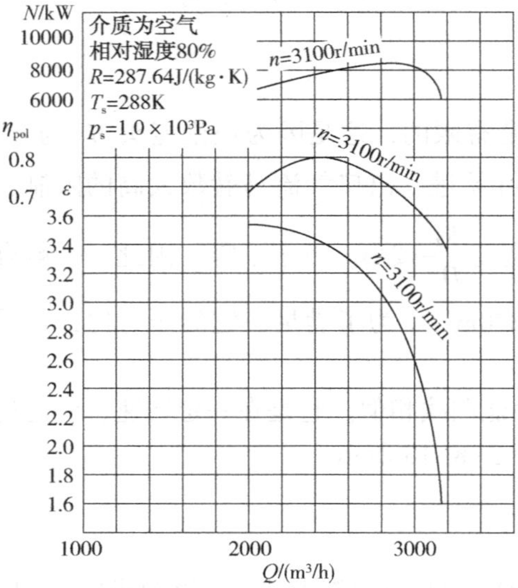

图 3-8-13　与离心压缩机的性能曲线

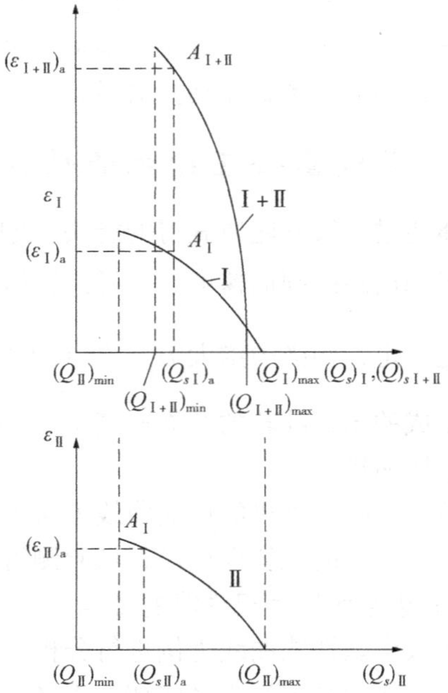

图 3-8-14　两级串联性能曲线的形成

当第Ⅰ级进口流量很大时，压力比 ε_1 很小，级效率很低，叶轮对气体所做的功大部分成为能量损失，使第Ⅱ级进气温度很高，就有可能使第Ⅱ级进口密度反而比第Ⅰ级进口密度小，即 $\rho_{s\mathrm{II}}<\rho_{s\mathrm{I}}$。此时 $Q_{s\mathrm{II}}>Q_{s\mathrm{I}}$，第Ⅱ级先于第Ⅰ级达到堵塞工况。所以，两级串联后的最大流量 $(Q_{s\,\mathrm{I+II}})_{max}$ 就小于第Ⅰ级单独工作时的 $(Q_{\mathrm{I}})_{max}$。也就是说，两级串联后性能曲线上堵塞工况点比单级时向左移了，如图 3-8-14 所示。

所以，两级串联工作时，由于气体密度的变化使喘振流量增大，而堵塞流量减小，$\varepsilon-Q_s$ 曲线变陡，稳定工况区变窄。

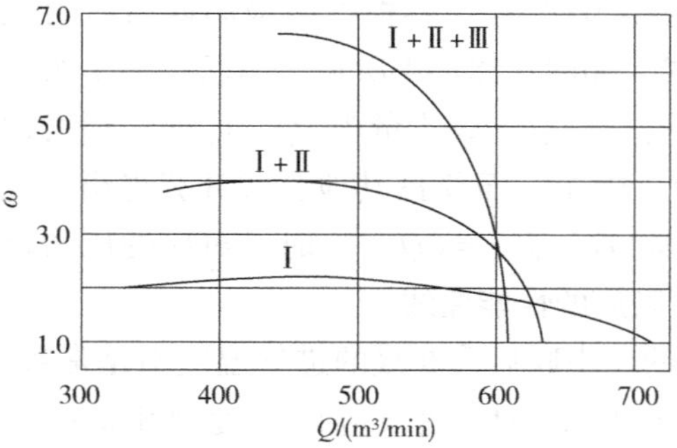

图 3-8-15　级数(段数)对性能曲线的影响

显然，级数越多，密度变化越大，稳定工况区也就越窄。图 3-8-15 表示了具有两个中间冷却器的三段离心压缩机的性能曲线，当第Ⅰ段单独工作，第Ⅰ、Ⅱ段串联以及三段串联工作时的性能曲线的变化情况。

从上述表述可知，多级离心压缩机稳定工况区的宽窄，主要取决于最后几级的特性。为了扩大多级压缩机的稳定工况区，应尽量使后面几级叶轮的 β_{2A} 较小，具有较平坦的性能曲线。

(二) 转速变化对压缩机性能曲线的影响

离心压缩机或级在不同转速下可以得到不同的性能曲线，如图 3-8-16 所示。目前，还相当普遍地应用着在 $\varepsilon-Q$，性能曲线上作出等效率线，如图 3-8-17 所示。当转速 n 增大时，压缩机的压力比将显著增加，$\varepsilon-Q$ 曲线向右上方移动。另外当 n 增大时，气流马赫数也增大，这时流量若偏离设计工况，就会使损失大大增加，性能曲线变陡，使稳定工况范围变窄。

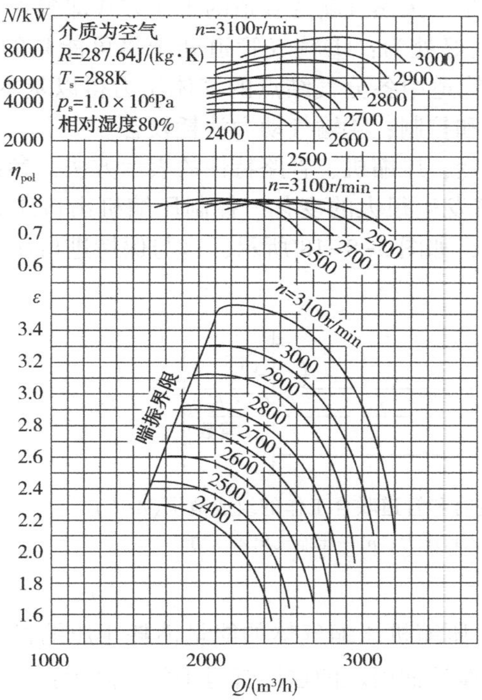

图 3-8-16　同转速下离心压缩机的性能曲线综合图

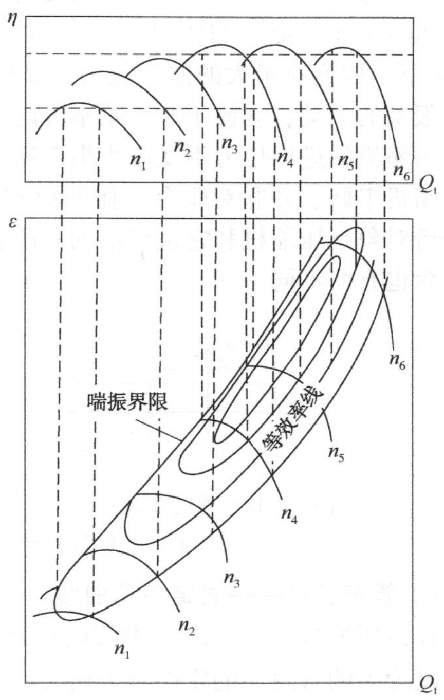

图 3-8-17　作出等效率线的性能曲线

由图 3-8-16 还可看出，在每一个转速下，每条 $\varepsilon-Q_s$ 曲线的左端，都是各自的喘振点，将这些点连接起来，形成性能曲线图上的一条喘振界限。压缩机只能在喘振界限右边正常工作。

根据以上对压缩机性能曲线的分析，可得出以下结论：

（1）在一定转速下，增大流量，压缩机的压力比将下降，反之，则上升。

（2）在一定转速下，当流量为设计流量时，压缩机效率达最高值。当流量大于或小于设计流量时，效率都将下降。

（3）压缩机的性能曲线左端受到喘振工况（Q_{min}）的限制，右端受到堵塞工况（Q_{max}）的限制，在这两者之间的区域为压缩机稳定工况区。稳定工况区的宽窄，是衡量压缩机性能好坏的重要指标之一。

（4）压缩机级数越多，则气体密度变化影响越大，性能曲线越陡，稳定工况区越窄。

（5）转速越高，压力比越大，但性能曲线越陡、稳定工况区越窄。随着转速的增高，压缩机的性能曲线向大流量、高压力方向移动。

此外，还需指出，在一般情况下，只作出压缩机稳定工况区内的性能曲线。喘振区内的性能曲线，只有在专门做喘振试验时才表示出来。喘振点大多发生在性能曲线 $\varepsilon-Q_s$ 的最高点左边的下降线上，有时下降段也画在图上，但经常仍是以最高点作为喘振点，因为这样偏差不大，且更安全。

六、天然气输送中压缩机和管路的联合工作

前面所分析的压缩机与管道的联合工作，大都是以压缩机进口压力不变为依据，而压缩

机出口压力却是随着流量的不同而改变的。但是，天然气输送管道的工作方式却多为保持管道起点压力不变，即压缩机出口压力不变，其好处为：①输气管道处于尽可能高的(允许的)压力下，因而有最大的储气能力；②输气管道中各分气结点的气体压力得以基本稳定，不致有很大的波动；③便于压气站本身的调节和控制；④输气动力消耗较省。

从压缩机的进口压力不变改为出口压力不变，压缩机、管路特性的表示方法，参数的改变和压缩机串联、并联对联合工作的影响都将发生很大的变化。控制压缩机出口压力不变时，分析对象是压缩机和它进口前的一段管道，如图 3-8-18 所示，这与保持进口压力不变时的概念也有所不同。

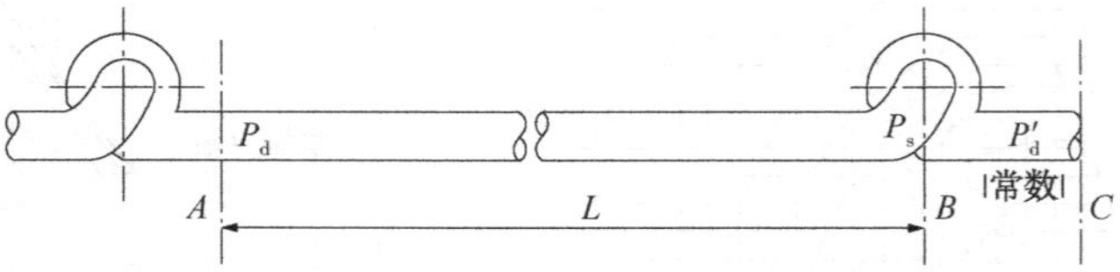

图 3-8-18 保持压缩机出口压力不变时和管道联合工作的组成范围(A-C)

p_d—上游出站压力；p_s—压缩机入口压力；p'_d—压缩机出口压力

(一) 管道特性——管道负荷曲线

在保持压缩机出口压力 p'_d 不变的情况下，压缩机压缩气体的能量消耗于压缩机前面的一段长度为 L 的管道中的摩擦阻力损失。由于摩擦而引起的这段管道中的压降为：

$$\Delta p = p_d - p_s$$

这个压降是流量的函数，当流量增大时，压降也增大；当流量减小时，压降也减小，当流量接近于零时，则压降也接近于零。也就是说，这时压缩机的吸入压力 p_s 接近于上游出站压力 p_d。流量与上游出站压力及压缩机吸入压力的关系如图 3-8-19 所示，这种关系又称为管道负荷曲线。在管道负荷曲线上的任一点的横、纵坐标，表明了管道的流量和在该流量下的压缩机吸入压力 p_s。从图 3-8-19 中曲线 a、b 的相对位置，表明当上游的出站压力 p_d 发生变化后，管道负荷曲线的移动变化情况。这种变化将影响到压缩机的安全运行范围。

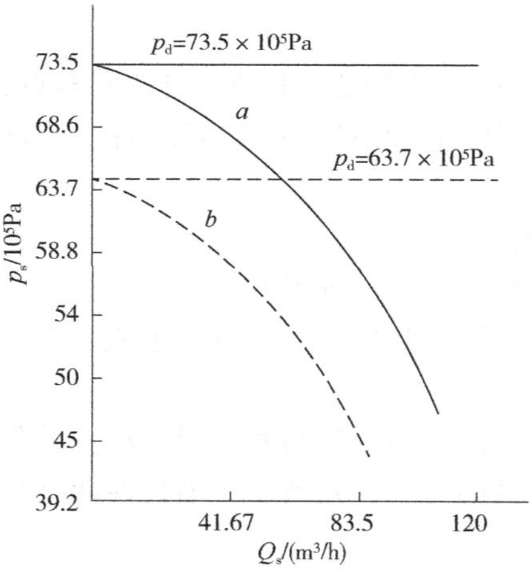

图 3-8-19 管道负荷曲线

(二) 压缩机性能曲线的转换

由压缩机进口压力不变改为出口压力不变时，其性能曲线需加以转换。其中最主要的转换是与管道及压缩机联合工作时有关的压力比——流量关系，即 $\varepsilon = \frac{p'_d}{p_s} = f(Q_s)$。从该关系式可以看出，当流量为一定数值时，压力比值也是一定的。如果进口压力 p_s 不变，且等于大气压，则此式的关系就可用 $p'_d = f(Q_s)$ 代替；如果出口压力 p'_d 不变，则进口压力就是变化的，且

$$p_s = \frac{p'_d}{\varepsilon}$$

从而得到了 $p_s = \varphi(Q_s)$ 的关系，可用图 3-8-20 表示。

进口流量是指容积流量，假如进口压力 p_s 和温度 T_s 改变了，则此容积所代表的质量流量也就改变了。在 $\varepsilon-Q_s$ 的关系中，Q_s 的单位有时采用标准状态下的气体容积(标准 m^3/h)，这实际上是指的质量流量。由于压缩机进口压力 p_s 和温度 T_s 的改变而导致流量改变的换算为

$$Q_0 = Q_s \frac{p_s T_0 z_0}{p_0 T_s z_s} = Q_s \frac{p_s T_0}{p_0 T_s z_s}$$

式中 p_s，T_s，z_s，Q_s——吸入状态下气体的压力、温度、压缩系数和吸入容积；

p_0，T_0，z_0，Q_0——标准状态下气体的压力、温度、压缩系数($z_0=1$)和折合成标准状态时的吸入容积。

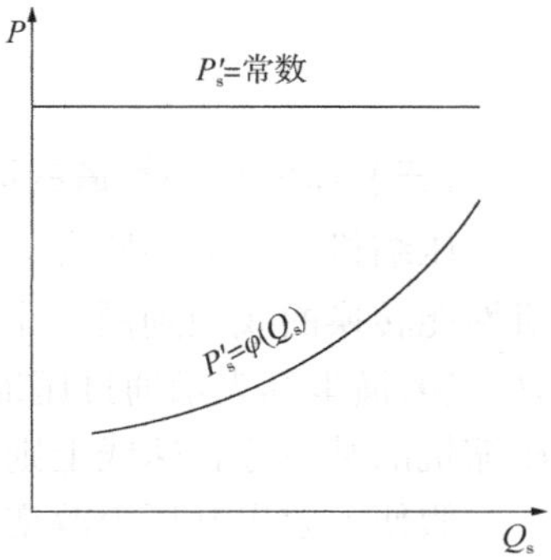

图 3-8-20 把 $\varepsilon-Q_s$ 性能曲线转换成 p_s-Q_s 曲线

如前所述，当压缩机的转速改变时，则可得到相应于各个转速的多条性能曲线，如图 3-8-21所示。转换后压缩机性能曲线(图 3-8-22)，具有下列性质。

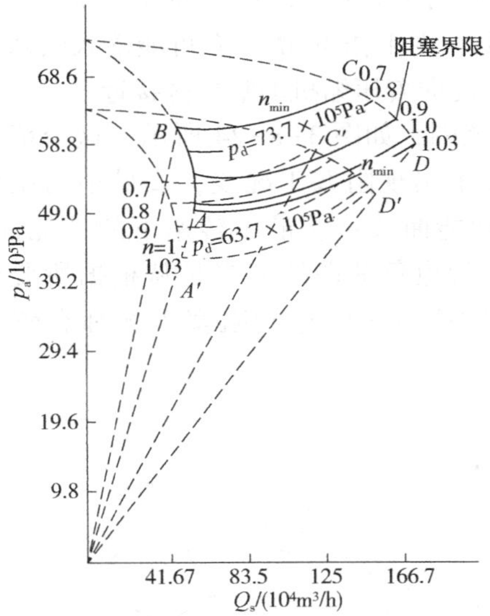

图 3-8-21 变转速时的 $\varepsilon-Q_s$ 曲线

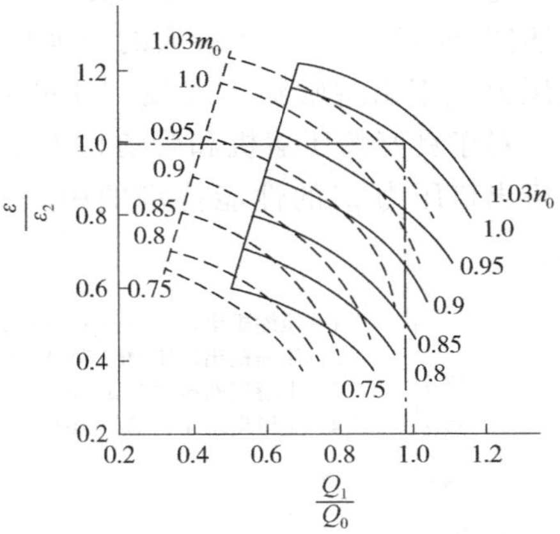

图 3-8-22 转换后的 p_s-Q_s 曲线

(1) 在一定的上游出站压力 p_d 下，压缩机的 $\varepsilon-Q_s$ 关系曲线转换后(或 p_s-Q_s 关系曲线)如图 3-8-22 所示，转速高的曲线在下面，且流量范围较宽，转速低的曲线在上面，且流量范围较窄。可以想到，当转速降至零时，这个流量范围将缩短成为在纵坐标轴上压力为 p_d 的一个点。这表明，当压缩机的转速趋于零时，压缩机的吸入压力将趋于接近于上游压气站的出站压力，也就是说，两个压气站之间的压力降趋近于零。

(2) 在最大转速，最低转速，喘振工况界限，阻塞工况界限之间(图 3-8-22)是压缩机运行可以调节的最大范围(这里没有考虑管道特性和驱动机的匹配)。

(3) 当上游出站压力 p_d 发生变化，则转换后的压缩机性能曲线也发生变化，即运行的可调节范围发生变化。例如 p_d 从 73.5×10^5Pa 降至 63.7×10^5Pa 时，整个运行可调节范围将向左下方偏移，而且向左偏移的幅度与 p_d 的降低有一定关系，即：

$$\frac{p_{\mathrm{A}}}{p'_{\mathrm{A}}}=\frac{Q_{\mathrm{sA}}}{Q'_{\mathrm{sA}}}\quad \frac{p_{\mathrm{B}}}{p\mathrm{B}}=\frac{Q_{\mathrm{sB}}}{Q'_{\mathrm{sB}}}\quad \cdots\cdots$$

（三）压缩机和管道的联合运行及上游出站压力 p_{d}、本站出口压力 p'_{d} 对运行工况的影响

压缩机和管道的联合运行工作就是把图 3-8-19 管道负荷曲线和图 3-8-22 所示的压缩机性能转换曲线画到同一个坐标上（图 3-8-23），两曲线的交点便是工作点，例如 M_1 点。M_1 点的横坐标表示通过压缩机的流量，纵坐标表示压缩机进口的吸气压力。从 M_1 点所在的压缩机的某一等转速线上则可知这时压缩机的转速，如图 3-8-23 所示。

假使上游出站压力改变，例如 p_{d} 由原来的 73.5×10^5Pa 降至 63.7×10^5Pa，而压缩机出口压力仍为 73.5×10^5Pa，则这时管道负荷曲线由 a 移至 b，与压缩机性能曲线 1 的交点（即工作点）也由 M_1 移至 M_2。由此可见，这时压缩机的压力比将增加，而流量却大为减少，以致使压缩机的工况将移到接近或落入喘振的范围。

假使上游出站压力不变，仍为 73.5×10^5Pa，而压缩机出口压力由原来的 73.5×10^5Pa 降为 63.7×10^5Pa，则转换的压缩机性能曲线向左下方移动了。从图 3-8-23 可以看出，工作点 M_1 原来离压缩机性能曲线的阻塞工况界限线较远，而现在却离压缩机新的性能曲线 2 的阻塞工况界限较近了。如果压缩机出口压力 p'_{d} 继续降低，则工作点 M_1，有可能落入阻塞工况范围；相反，如果压缩机出口压力升高，则使新的工况向着压缩机的喘振区接近。

由此便得到压缩机和管道联合工作的运行调节范围，如图 3-8-24 所示。这个范围是由下述四条线组成的：①最大的压缩机出口压力 p'_{d} 下出现阻塞工况线；②最小的压缩机出口压力 p'_{d} 下出现喘振工况线；③最大转速下的性能曲线；④最小转速下的性能曲线。所以，对于良好的压缩机和管道性能的匹配来说，管道负荷曲线应当是从根据所要求的压缩机出口压力 p'_{d} 的性能范围的中央部分通过。这样可离喘振和阻塞工况都有较大的余地。

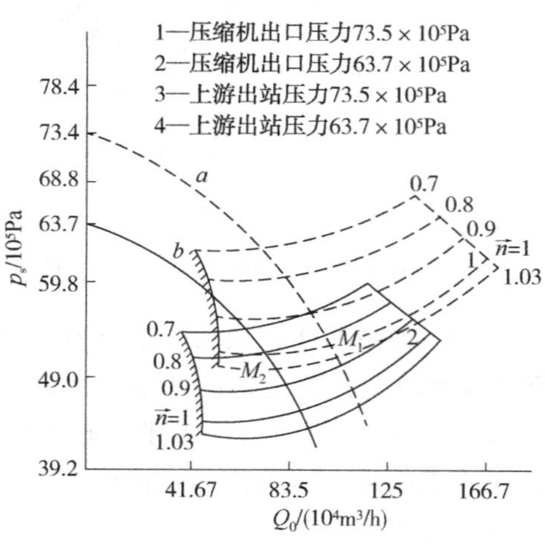

图 3-8-23　管道与压缩机的联合工作

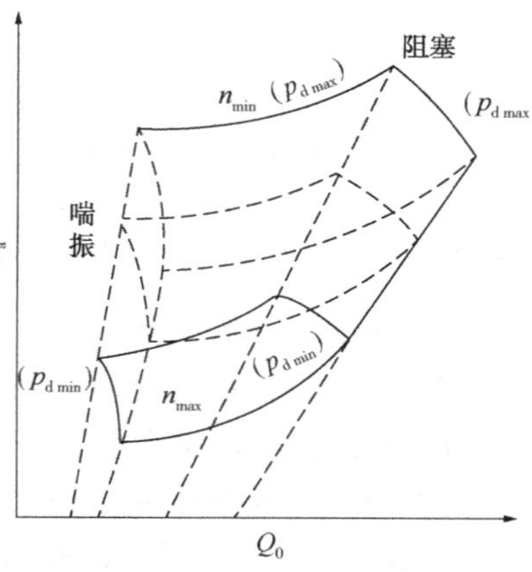

图 3-8-24　压缩机与管道联合工作时的调节范围

（四）压缩机串联后与管道的联合工作

在保持压缩机出口压力不变时离心压缩机串联后性能曲线的转换，与前述单台压缩机性能曲线转换的方法一样，将性能曲线上各点的压力和流量参数逐点的加以换算，但这时：

$$p_s=\frac{p'_d}{\varepsilon^2}$$

$$Q_0=Q_s\frac{T_0}{T_s}\frac{p_s}{p_0}\frac{1}{z_s}$$

式中　ε——一台压缩机的压力比，这里串联的两机性能相同。

现在把串联的两台压缩机看作一个整体，它的出口压力 p'_d就是第二台压缩机的出口压力，而进口压力 p_s 就是串联的第一台压缩机的进口压力。在保持出口压力 p'_d不变，两机串联后由于其总压力比增加了，串联在前面的压缩机入口压力 p_s 便降低了，这就造成串联后入口的质量流最减小，使性能曲线向左下方偏移，如图 3-8-25 所示。

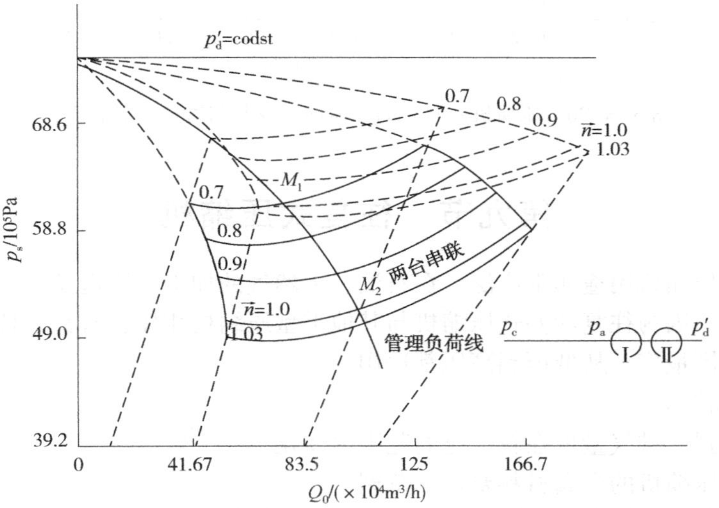

图 3-8-25　两机串联后与管道的联合工作

从图 3-8-25 中还可看出，当压缩机串联后与管道联合工作时，压力比增加了，流量也增加了，流量的增加主要是由于压缩机的吸入压力降低了，因而能够在管道负荷曲线的较低的部分得到工作点。例如，采用一台压缩机时，工作点为 M_1，而采用两台串联时，工作点移到了 M_2。

（五）两台压缩机并联后与管道的联合工作

在保持压缩机出口压力 p'_d不变时，两台或两台以上的压缩机并联后的性能曲线也是把同样压力下的流量相加，逐点将坐标加以换算后得到的。图 3-8-26 就表示保持压缩机出口压力 p'_d不变时，单台、两台并联和三台并联的性能曲线。当与管道联合工作时，两台压缩机并联和三台压缩机并联的性能曲线有重叠。例如，当流量为 $1.54\times10^6m^3/h$ 时，工作点为 M，这时用两台或三台压缩机并联工作都可满足流量要求。那么，选择何种工作方式，应当看哪种方式能使全站的效率最高，同时要考虑尽可能使用较少的设备。假如流量增加到 $1.67\times10^6m^3/h$ 时则只有用三台压缩机并联工作，而且将转速降低至额定转速的 91%。

在离心压缩机并联运转时，每台压缩机分担的流量最好相等，这样各台机器的工况都一样。若流量分配不均匀，或甚至差别很大，则可能出现一台压缩机趋向于阻塞工况。而另一台压缩机却趋向于喘振工况等。

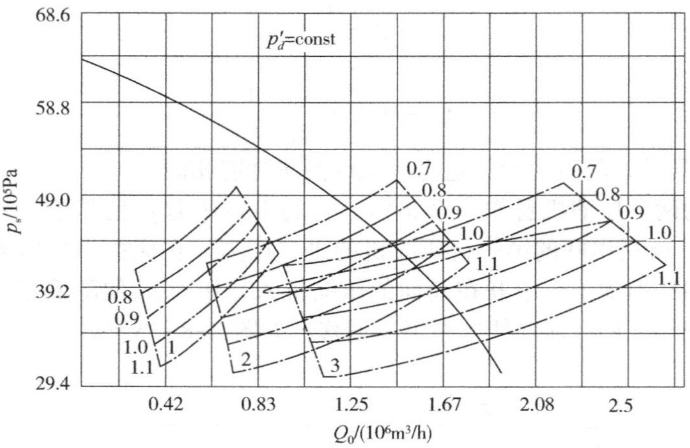

图 3-8-26 压缩机并联后的性能曲线及其与管道的联合工作

第九节 往复式压缩机

往复活塞式压缩机用途非常广泛。在石油、天然气的加工、输送及其他工业部门中占有相当重要的地位。因为往复活塞式压缩机与其他类型压缩机相比，有其独特的优点：

(1) 压力范围最广，从低压到高压都适用。

(2) 热效率较高。

(3) 适应性强，排气量可在较广泛的范围内变化。

(4) 对制造压缩机的金属材料要求不苛刻。

这种压缩机也有其缺点，如外形尺寸及质量大，结构复杂，易损件多，安装及基础工作最大，气流有脉动，运转中有振动等。一般适用于中、小流量及压力较高的情况。目前，在我国，往复活塞式压缩机的应用仍然是最广泛的。所以，对该类压缩机应做较深入的学习。

本章主要讨论往复活塞式压缩机的工作原理，选用这种压缩机用的热力核算及压缩机的选用知识。

一、往复活塞式压缩机的基本结构和工作原理

图 3-9-1 是一台我国自行设计与制造的 L 型空气压缩机总图。如图 3-9-1 所示，活塞式压缩机主要由三大部分组成：运动机构(曲轴、轴承、连杆、十字头、皮带轮或联轴器等)、工作机构(气缸、活塞、气阀等)与机身。此外，还有三个辅助系统，即润滑系统、冷却系统及调节系统。

运动机构是一种曲柄连杆机构，把曲轴的旋转运动变为十字头的往复运动。在 L 型压缩机中，电动机经皮带轮或联轴器带动曲轴旋转，曲轴与两个连杆的大头相连，两个连杆的小头分别与两个十字头连接，而两十字头分别被限定在垂直列和水平列两个滑道内，只能做往复运动。这样旋转的曲轴使连杆做平面摆动，传到十字头则变为往复运动，十字头再通过活塞杆带动活塞在气缸内做往复运动。

机身用来支承和安装整个运动机构和工作机构，又兼作润滑油箱用，曲轴用轴承支承在机身上，机身上的两个滑道又支托着十字头，两个气缸分别固定在 L 型机身的两臂上。

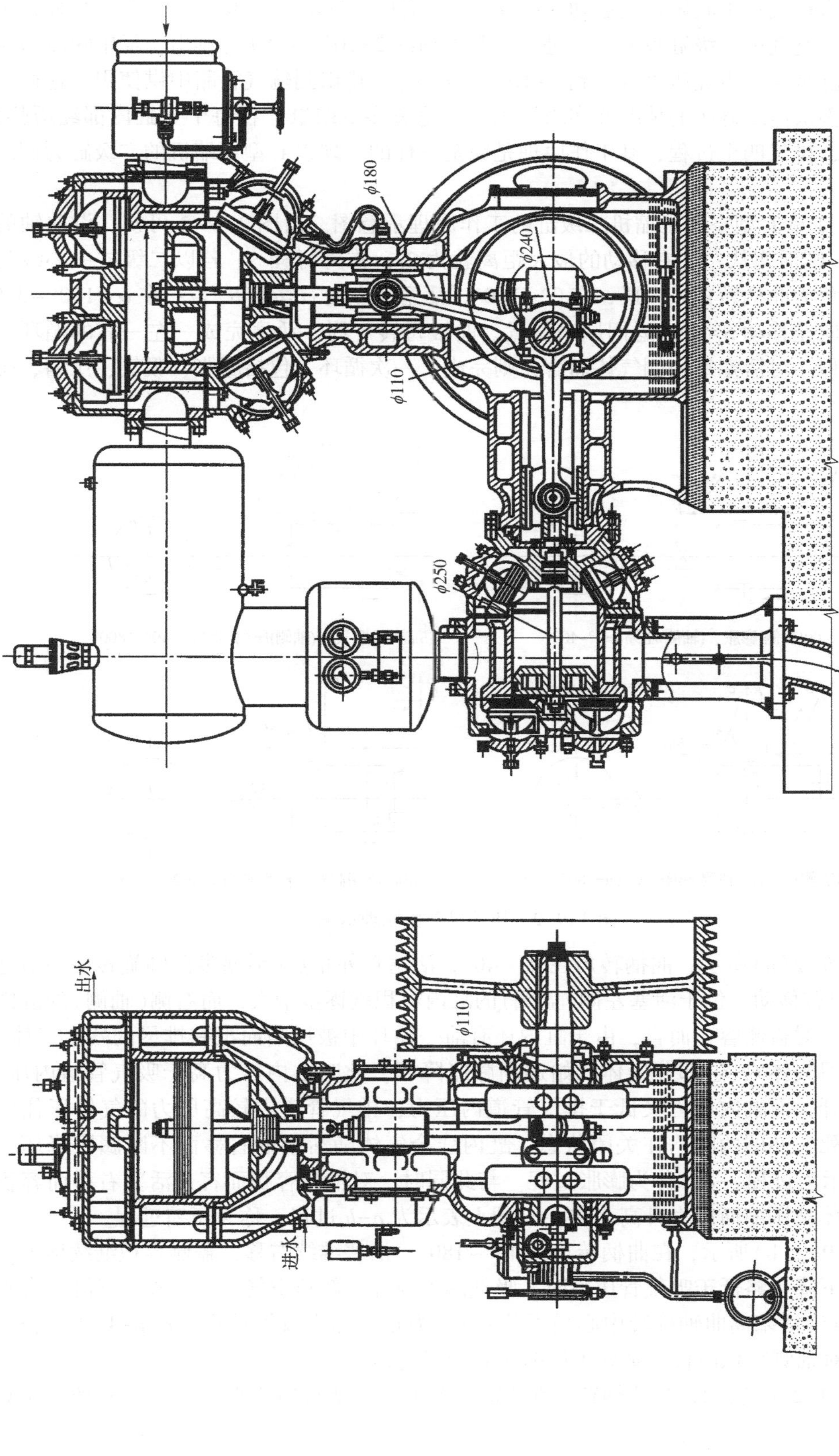

图3-9-1　L型空气压缩机(单位：mm)

工作机构是实现压缩机工作原理的主要部件。气缸呈圆筒形，两端都装有若干吸气阀与排气阀，活塞在气缸中间做往复运动。L 型压缩机有两个气缸，一般垂直列为一级缸，水平列为二级缸。空气由一级缸吸入，经过压缩升压到约 2×10^5Pa(表压)排出，经中间冷却器降温，被二级缸吸入，再经压缩升压到 3×10^5Pa(表压)，排出到输气管路中供使用。这种气体分两次或更多次压缩升压的情况称多级压缩。不论有多少级缸，在每个气缸内都经历膨胀、吸气、压缩、排气四个过程，其工作原理是完全一样的。现以 L 型压缩机的二级缸为例来分析说明。

图 3-9-2 是 L 型空气压缩机二级缸的工作原理示意图。由图 3-9-2 可知，设曲轴的曲柄半径为 r，则活塞从左到右移动的最大距离就为 $2r$，称为行程 S。若以二级缸中心线与曲柄之间的夹角为曲柄转角 α，则 α 在 0°～180°，活塞从左向右移动 $S=2r$；在 $\alpha=180°\sim360°$，活塞又自右向左移动 $S=2r$，返回原来位置。曲轴每转一周，活塞完成一左一右的循环，即走了两个行程。对活塞每一侧气体而言，则完成了一次循环，包括膨胀、吸气、压缩、排气四个过程。

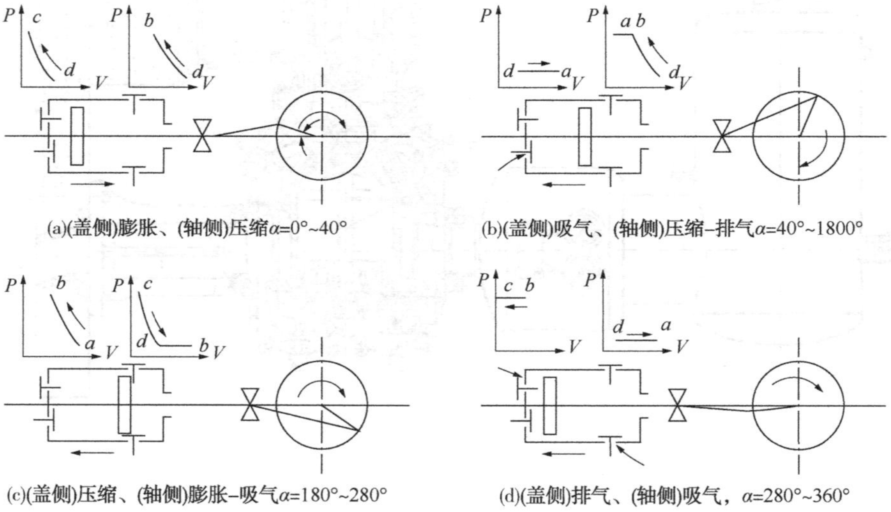

(a)(盖侧)膨胀、(轴侧)压缩α=0°~40°

(b)(盖侧)吸气、(轴侧)压缩–排气α=40°~1800°

(c)(盖侧)压缩、(轴侧)膨胀–吸气α=180°~280°

(d)(盖侧)排气、(轴侧)吸气，α=280°~360°

图 3-9-2 压缩机工作原理示意

如图 3-9-2(a)所示，曲柄转角在 0°～40°，活塞自外止点(活塞离曲轴旋转中心最远距离处)开始向右移动。位于活塞左侧(盖侧)的缸内容积就逐步增大，而右侧(轴侧)的缸内容积相应缩小。对盖侧容积而言，由于缸内还有前一循环中被压缩而没有排尽的残余气体(余除容积内残留气体)，这部分气体开始逐渐膨胀降压。此时缸内压力高于吸气管道内压力，吸气阀未顶开，而缸内压力又低于排气管道内压力，排气管道内较高压力的气体压住排气阀，使之关死。亦即两阀均在关闭状态，缸内残余气体随活塞的右移而不断膨胀降压，在 p–V 图上表示为过程 c–d，称为膨胀过程。与此同时，对轴侧容积而言，活塞右移而容积缩小，缸内气体被压缩而压力升高，在 p–V 图上表示为 a–b 过程，称为压缩过程。

如图 3-9-2(b)所示，在曲柄转角在 40°～180°，活塞继续右移，盖侧容积继续增大，缸内压力继续下降到略低于吸气管压力时，吸气阀被顶开，新鲜空气不断被吸入气缸，直到活塞到达内止点(活塞离曲轴旋转中心最近位置)时为止，称为吸气过程，在 p–V 图上表示为过程 d–a。对轴侧容积而言，则处于压缩接着排气过程。

如图 3-9-2(c)所示，当曲柄转角在 180°～280°，活塞自内止点开始向左移动，盖侧容积逐步缩小而轴侧容积却相应增大。对盖侧容积而言，被吸入的新鲜空气就逐步被压缩升压，此时由于缸内压力已高于吸气压力而又低于排气压力，吸气阀已关闭，排气阀尚顶不开，故缸内气体随活塞左移而不断被压缩升压，称为压缩过程，在 $p-V$ 图上表示为过程 $a-b$。对轴侧容积而言，则处于膨胀接着吸气过程。

如图 3-9-2(d)所示，当曲柄转角在 280°~360°，活塞继续左移，盖侧容积继续缩小，缸内压力继续上升直到略高于排气管压力时，排气阀被顶开，于是压缩空气就不断被排出，直到活塞到达外止点为止，称为排气过程，在 $p-V$ 图上表示为过程 $b-c$，此时轴侧容积则处于吸气过程。

由此可见，曲轴旋转一周，活塞左右往复一次，盖侧与轴侧容积各自完成一个循环。但同一时刻两侧的工作过程恰好相反，这种结构称为双作用气缸。这种气缸的盖侧与轴侧都分别布置有相同数量的吸气阀及排气阀，这些气阀控制着气流只做单向流动。吸气阀只能吸气，排气阀只能排气，不能同时动作。气阀的启闭是依靠缸内外压力差来实现的。但一般吸气或排气管道内的压力是维持恒定的。因此，只有依靠活塞的往复运动，改变了缸内容积，从而使缸内压力发生变化，才造成缸内外一定压差，该压差使气阀时开时闭。所以，归纳起来，往复活塞式压缩机的简单工作原理是：由于活塞在气缸内的往复运动与气阀相应的开闭动作相配合，使缸内气体依次实现膨胀、吸气、压缩、排气四个过程，不断循环，将低压气体升压而源源输出。

二、往复活塞式压缩机的工作循环

分析活塞式压缩机的工作过程，其目的在于研究其主要工作参数，如排气量、功率、压力、温度之间的关系，从而解决排气量、功率和温度的计算。

进行压缩机热力计算的任务是根据要求的排气量和工作压力来确定所需的功率、气缸直径、行程和转数等；或是对已有压缩机进行改造，确定其所能达到的排气量和消耗的功率。在生产实践中，后者较多。

(一) 理论工作循环

压缩机在每转中，气缸内都有膨胀、吸气、压缩、排气四个过程组成一个工作循环，其过程服从热力学规律。但为方便研究起见，先讨论压缩机的理论工作循环。所谓理论工作循环就是做了如下假设，而使压缩机的工作过程理想化。

(1) 在进、排气过程中没有阻力损失，且气体状态保持不变。在压缩过程中，多变指数保持不变。

(2) 压缩机没有余隙容积，因而被压缩的气体能够完全排净。

(3) 没有漏气现象。

(4) 被压缩气体是理想气体。

在上述假设的前提下，压缩机的工作过程可以简化为如图 3-9-3 所示的三个热力过程。

吸气：活塞自外止点 d 移到内止点 a，吸气阀打开，气体在压力 p_1 下进入气缸，为等压过程 $d-a$。这时，气体以压力 p_1 推着活塞移动，气体对活塞做功为 p_1V_1。

压缩：活塞从内止点开始向左移动，吸、排气阀均关闭，气缸内气体压力逐步升高，一般是多变过程 $a-b'$。气体状态从开始点 $a(p_1,\ V_1,\ T_1)$ 变到终点 $b(p_2,\ V_2,\ T_2)$。这时活塞气体做功为 $\int_1^2 p\mathrm{d}v$。

排气：活塞继续向左移动，排气阀打开，气体在 p_2 压力下从缸内排出，是等压过程 $b'-$

c。这时，活塞将气体在等压下排出，活塞对气体做功为 p_2V_2。活塞到外止点时，缸内气体被排尽，到此完成了一个理论工作循环。

在理论工作循环中，缸内的瞬时压力和容积做周期性变化。描述理论工作循环的 $p-V$ 图称为理论指示图。由于吸、排气过程是气体的流动过程，缸内的气量是改变的，故图中横坐标是气体容积 V，而不是比容。压缩过程是一定量气体的热力过程。压缩线的曲率取决于过程指数 m。当压缩过程冷却完全，即进行等温压缩时，$m=1$，如图中 $a-b$ 线所示，此时压缩线较平缓；当压缩过程与外界无热交换时为绝热压缩，$m=k$，k 为绝热指数，如图中 $a-b''$ 的绝热压缩线则较陡；当压缩过程中与外界有部分热交换时为多变过程，若气体放热则 $m<k$，压缩过程线为 $a-b'$，若气体吸热则 $m>k$，压缩过程线为 $a-b'''$。活塞式压缩机中，m 值一般介于 1 与 k 之间。

图 3-9-3 右图表示在 $T-S$ 图上的不同压缩过程线。

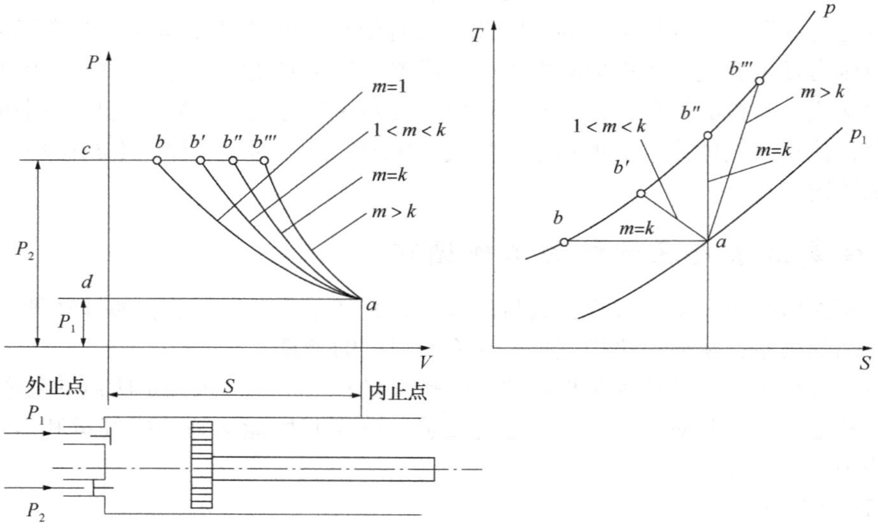

图 3-9-3　压缩机理论工作过程

1. 级的进气量

在理论循环中，级在每转的理论吸气量就是在内、外止点位置间的气缸工作腔容积，称气缸的工作容积，又称为每一转的气缸行程容积 V_h。此容积也是级的压缩元件在一转内所扫过的容积，其值为：

$$V_h = iA_pS \tag{3-9-1}$$

式中 A_p——活塞工作面积，m^2。

i——同级的气缸数；

S——活塞行程，m；

V_h——每转的理论吸气量，即气缸的工作容积，m^3。

单作用活塞此面积为盖侧端面积 A，双作用活塞则为两侧工作面积之和 $A_p=2A-a$（a 为活塞杆面积）；级差活塞则根据具体几何尺寸计算。

2. 压缩过程中容积、温度与压力的关系

由热力学的过程方程知，理想气体自状态 p_1、V_1 压缩到 p_2 时，其容积 V_2 可由下式求得：

$$\frac{V_1}{V_{21}}=\left(\frac{p_2}{p_1}\right)^{\frac{1}{m}} \tag{3-9-2}$$

压缩终了气体的温度 T_2 与压力或容积的关系为：

$$\frac{T_2}{T_1}=\left(\frac{p_2}{p_1}\right)^{\frac{m-1}{m}}=\left(\frac{V_2}{V_1}\right)^{m-1} \tag{3-9-3}$$

式中，m 是多变过程指数；绝热过程 $m=k$；等温过程 $m=1$。

3. 理论功率

压缩机每一循环所需的理论指示功是吸气、压缩、排气三部分指示功之和。在压缩机中设活塞对气体做功为正，气体对活塞做功为负，则循环的理论指示功为：

$$W=-p_1V_1+\left|\int_1^2 p\mathrm{d}V\right|+p_2V_2=\int_1^2 V\mathrm{d}p \tag{3-9-4}$$

即相当于图中 $a-b-c-d-a$ 所包围的面积。

由此可见，压缩机的功耗取决于压缩过程曲线 $a-b$ 的形状。若压缩过程始点一样，则等温过程($m=1$)曲线的斜率最小，为 $a-b$ 线。绝热过程($m=k$)曲线斜率较大，为 $a-b''$。多变过程($1<m<k$)曲线介于二者之间，为 $a-b'$线。从图中看出：等温压缩时面积 $a-b-c-d$ 最小，即功耗最少；绝热压缩时面积 $a-b''-c-d$ 较大，即功耗较大。所以，压缩机需要良好的冷却，使之尽量接近等温压缩过程以节省功耗。压缩机的实际压缩过程中，由于气缸散热速率限制，冷却效果远离等温过程，往往较接近绝热过程，故需要不断改进。

根据压缩功 $W=\int_1^2 V\mathrm{d}p$ 及各种热力过程的方程，可算得不同压缩过程时压缩机每一理论工作循环所需之功。进而得出理论功率的计算式。

(1) 等温压缩过程。过程方程为 $pV=p_1V_1=p_2V_2$，则可求得每一理论工作循环的等温压功为：

$$W_{\mathrm{T}}=\int_1^2 V\mathrm{d}p=\int_{p_1}^{p_2}\frac{p_1V_1}{p}\mathrm{d}p=p_1V\ln\frac{p_2}{p_1} \tag{3-9-5}$$

前已述及行程容积 V_{h} 代表每一转的理论吸气量，若压缩机的转数为 n，则可求得等温压缩理论功率的表达式为：

$$N_{\mathrm{T}}=\frac{1}{1000}p_1V_{\mathrm{h}}n\ln\frac{p_2}{p_1} \tag{3-9-6}$$

式中 W_{T}——每一理论工作循环等温压缩耗功，N·m；

N_{T}——压缩机等温压缩理论功率，kW；

p_1，p_2——标准吸、排气状态的吸、排气压力，Pa；

V_1，V_{h}——一个循环和每转的理论吸气量，m^3；

n——压缩机转速，r/s。

(2) 绝热压缩过程。过程方程为 $pV^k=$常数，则可求得每一理论工作循环的绝热压缩功为：

$$W_{\mathrm{S}}=\int_{p_1}^{p_2}V_1\mathrm{d}p=\int_{p_1}^{p_2}p_1^{\frac{1}{k}}V_1p^{-\frac{1}{k}}\mathrm{d}p=\frac{k}{k-1}p_1V_1\left[\left(\frac{p_2}{p_1}\right)^{\frac{k-1}{k}}-1\right] \tag{3-9-7}$$

同理，可推出绝热压缩理论功率为：

$$N_S = \frac{1}{1000} p_1 V_h n \frac{k}{k-1}\left[\left(\frac{p_2}{p_1}\right)^{\frac{k-1}{k}} - 1\right]$$

式中 W_S——每一理论工作循环的绝热压缩功，N·m；

N_S——压缩机绝热压缩理论功率，kW；

k——气体绝热指数。

（3）多变压缩过程。过程方程为 pV^m=常数，同理得每一理论工作循环的多变压缩功及压缩机多变压缩理论功率为：

$$W_{pol} = \frac{m}{m-1} p_1 V_1 \left[\left(\frac{p_2}{p_1}\right)^{\frac{m-1}{m}} - 1\right] \tag{3-9-8}$$

$$N_{pol} = \frac{1}{1000} \frac{m}{m-1} p_1 V_h \left[\left(\frac{p_2}{p_1}\right)^{\frac{m-1}{m}} - 1\right]_n \tag{3-9-9}$$

式中 W_{pol}——每一理论工作循环的多变压缩功，N·m；

N_{pol}——压缩机的理论多变压缩功率，kW；

m——多变指数。

实际压缩机中多变指数 m 很难确定，它与气缸传热效率有关。热量不易导出者 m 值高，接近于绝热指数 k，反之 m 值低。如水冷气缸比风冷气管导热好，低转速比高转速容易导出热量，小尺寸气缸比大尺寸气缸相对散热面大而易导出热量。各种情况都要具体分析后根据经验合理确定。

等温压缩功耗最省，终温最低；绝热压缩功耗最大，终温最高，多变压缩介于中间。

当用理想气体状态方程式 $p_1V_1 = mRT_1$，将上列式中 p_1V_1 用 mRT_1 代入，则可以看出，W 与 T_1 呈正比，也与 R 呈正比。说明初温较低的气体压缩功耗较省，压缩同样质量的气体（如 1kg）时，密度小的气体功耗大，因气体常数 R 及与相对分子质量 M 呈反比。

（二）实际工作循环

前述简化假设在实际压缩机中是不可能实现的。实际压缩机中，为避免活塞与缸盖相撞以及满足气阀结构、气阀安装的需要，在气缸端部都留有一定的空隙，称为余隙容积。此外，在压缩机吸、排气过程中有阻力损失。缸内气体与外界有热交换。这些因素都使实际工况要比理论工况复杂。

图 3-9-4 表示压缩机一个单作用级的实际工作循环。由于存在余隙容积，排气终了时缸内还有气体残留在余隙内，当活塞自外止点右行时，缸内工作容积增大，残留气体的容积随之增大而压力降低，进行膨胀过程，膨胀线为 CD。由于气阀主要依靠缸内外气体压力差控制启闭，只有当缸内气体膨胀到压力低于吸气管内压力 p_1 并足以克服流动阻力时，才能顶开吸气阀，开始吸气过程。在吸气过程中缸内压力有波动，活塞到内止点 A 时吸气终了，吸气阀关闭。活塞自内止点回行时，缸内容积减小，气体进行压缩过程，压缩线为 AB。当缸内压力 p 高于排气管内压力 p_2 并足以克服阻力而顶开排气阀时才开始排气过程，当活塞回到外止点时，排气过程终了，如此完成了一个工作循环。在 $p-V$ 图上表示的实际循环称为实际指示图。利用示功仪器可实测出压缩机的指示图，指示图上 $ABCDA$ 所包围的面积代表压缩机每个实际工作循环所需的指示功。

压缩机工作时，缸内气体的温度在不断变化，图 3-9-5 示出某压缩机二级缸的膨胀和压缩过程的温熵图。由于气体的热力性质，一般在压缩终了时温度最高，膨胀终了时温度最低，气缸壁面温度则由于热惰性及缸外冷却而保持基本稳定，大约处于吸、排气温度的平均值。因此，如图 3-9-5 所示，在膨胀开始阶段，缸内残留气体的温度高于缸壁温度，气体把热量传给缸壁，是放热膨胀，膨胀过程指数 $m'>k$；随着膨胀过程的进行，气体温度逐渐降低，到了后期，气体温度低于缸壁温度，气体从缸壁吸热，成为吸热膨胀 $m'<k$。一般情况下吸热膨胀部分是主要的。压缩过程则相反，开始阶段是吸热压缩，压缩过程指数 $m>k$，到后期则成为放热压缩 $m<k$。一般放热压缩部分是主要的。

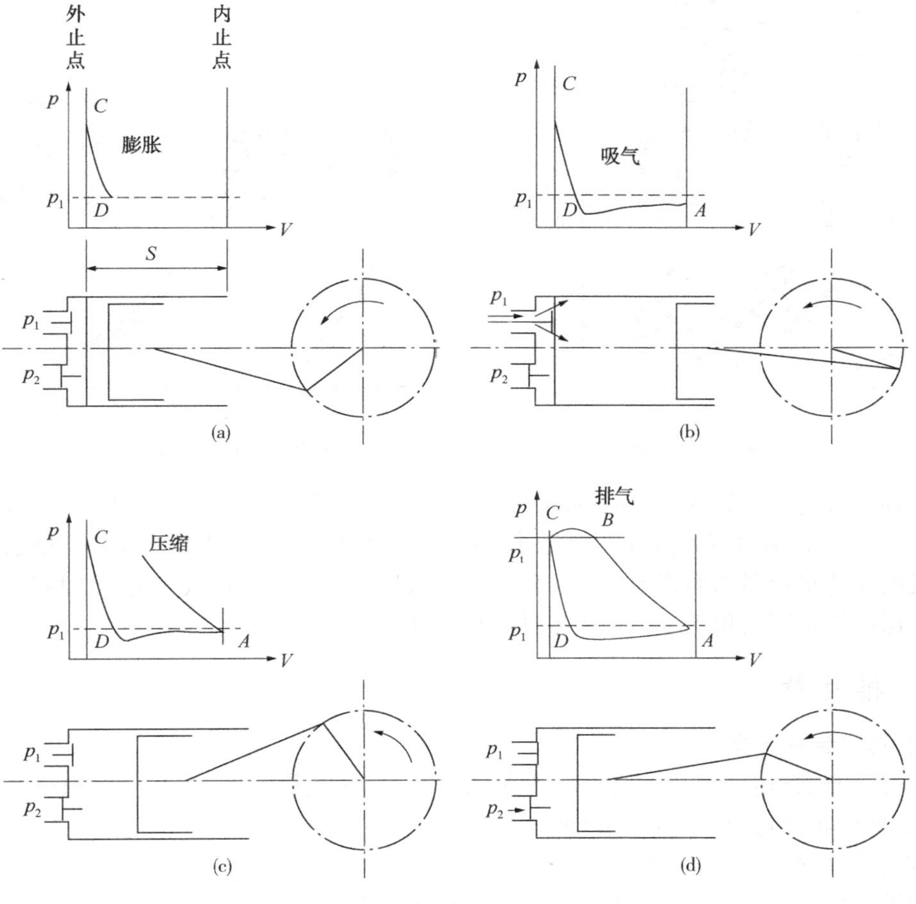

图 3-9-4 实际工作循环

综上所述，实际循环与理论循环的区别是：

(1) 由于存在余隙容积，实际工作循环由膨胀、吸气、压缩和排气四个过程组成，而理论循环则无膨胀过程，这就使实际吸气量比理论值少。

(2) 实际吸、排气过程存在阻力损失，使实际吸气压力低于吸气管内压力 p_1，实际排气压力高于排气管内压力 p_2。吸、排气管内的压力取决于外界系统压力，与缸内过程无关，此压力是在压缩机标准吸、排气位置上测得的压力，叫作标准吸、排气压力，也称为名义吸、排气压力。而气缸内气体的瞬时工作压力 p 是周期性变化的。

(3) 压缩机工作中，活塞环、填料和气阀等不可避免会有泄漏。

(4) 在膨胀和压缩过程中，气体与缸壁间的热交换使膨胀过程指数 m' 和压缩过程指数 m 不断变化。为计算方便，工程上常把过程指数简化成常数。常用的方法有两种。

一种是等端点法。如图 3-9-6 所示，保持指示图上各端点的位置不变，用假想的 m 等于常数的过程线来代替实际过程线，这样得出的过程指数称等端点过程指数。这种方法是维持简化前后的端点位置不变，但指示图的面积略有减少，故适用于计算吸气量。

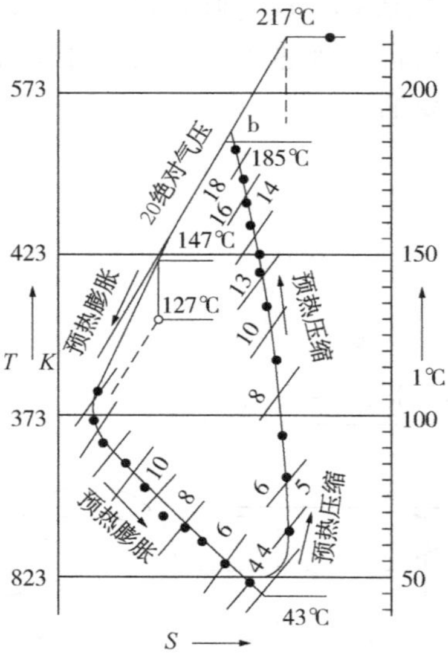

图 3-9-5 温熵图

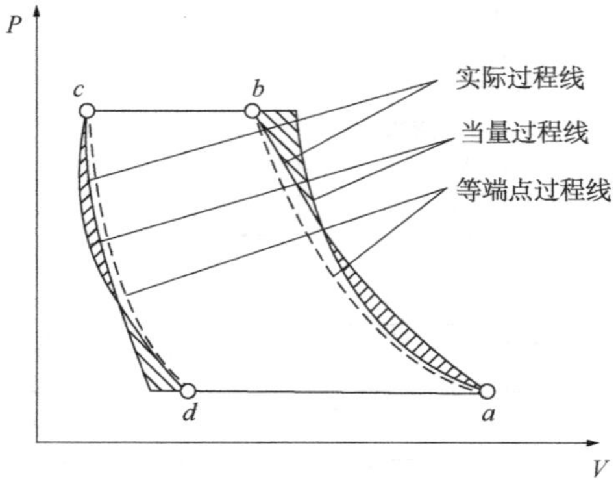

图 3-9-6 过程指数简化图

另一种是等功法。如图 3-9-6 所示，简化的原则是维持指示图的面积不变。假想从膨胀过程始点 c(或压缩过程始点 a)出发，作 m 等于常数的膨胀线(或压缩线)。此线代替实际的过程线而保持指示图的面积不变，这样过程指数称为当量过程指数，过程线称为当量过程线，因它保持指示图面积不变，常用来计算指示功。

三、排气量

(一) 排气量的定义

由于实际要求与换算方法的不同，压缩机的排气量(或称流量)有实际容积流量(实际排气量)与标准容积流量(标准排气量)两种。

1. 实际容积流量(实际排气量)

实际排气量是经压缩机压缩并在标准排气位置排出气体的容积流量，换算到第一级进口标准吸气位置的全温度、全压力及全组分(如湿度)的状态的气体容积值。其标准吸、排气位置是压缩机上认为有代表性的吸、排气位置。此位置随压缩机的结构及安装方式而变化，在有关压缩机试验方法的标准中有明确规定。排气量常用单位为 m^3/min 或 m^3/s。

压缩机铭牌上的排气量叫额定排气量，是在特定进口状态(进气压力为 10^5Pa，温度为 20℃的排气量。

若气体加压冷却后有水或凝液析出或是多组分气体在化工生产中加压后洗涤、净化，除去了一些某工艺不需要的组分，在计算排气量时也要把这些中途分出的水分和气体换算成进口状态容积加进去。

2. 标准容积流量(标准排气量)

压缩机的实际排气量表征压缩机的大小，而不表明压缩机所能提供的有效气体的数量。而在化工工艺中使用的压缩机，由于工艺计算的需要，将压缩机压缩并排出的气体在标准排气位置的实际容积流量换算到标准工况(760mmHg，0℃)的气体容积值叫标准排气量，也称供气量。

（二）活塞压缩机的吸气量

在理论工作循环中，压缩机每转的理论吸气量就是气缸的工作容积 V_h。在实际循环中由于有余隙容积、吸气阻力损失以及气体与缸壁之间的热交换等原因，使实际吸气量总小于理论吸气量。

压缩机工作时，缸内气体的压力、温度是不断变化的，而标准吸气位置的压力和温度是基本稳定的，故压缩机的吸气量是折算到标准吸气位置状态(也称名义吸气状态)的气体容积。

压缩机实际工作循环图可用来分析气缸存在的余隙容积 V_c，以及气缸的工作容积 V_h，如图 3-9-7 所示。在吸气过程中，缸内不断吸入新鲜气体。活塞到内止点时，吸气过程终了，此时缸内实有的气体容积即为气缸的总容积 V_h+V_c，气体处于吸气终了 A 点的状态 p_A 和 T_A，缸内气体容积 V_h+V_c 包括了吸入的新鲜气体和排气终了时残留在余隙容积中的气体。

排气终了点是 C 点，缸内残留气体的容积为 V_c，在膨胀过程中，这部分气体的体积膨胀，在开始吸气时所占容积为 $V_c+\Delta V$。因此，吸入的新鲜气体容积为 $(V_h+V_c)-(V_c+\Delta V)=V_h-\Delta V$。这说明由于余隙容积的影响，使气缸有效吸气容积比理论值减少了 ΔV。余隙容积对气缸有效利用系数的影响用容积系数 λ_V 表示：

$$\lambda_V=\frac{V_h-\Delta V}{V_h}=1-\frac{\Delta V}{V_h} \qquad (3-9-10)$$

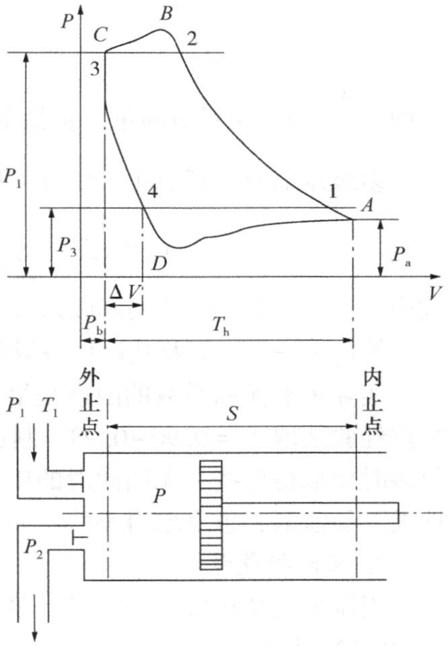

图 3-9-7　吸气量计算图

于是，由于余隙容积的影响而可能吸入的新鲜气量只有 $\lambda_V V_h$。此外，吸气终了点是 A 点，此时的状态为 p_A、T_A，其 $p_A<p_1$、$T_A>T_1$。根据吸气量的定义，要从 A 点状态换算到标准吸气状态 p_1、T_1，所得每转的实际吸气量为 V_1：

$$V_1=\lambda_V V_h\frac{p_A}{p_1}\ \frac{T_1}{T_A}$$

设式中 $\lambda_p=\frac{p_A}{p_1}$为压力系数，$\lambda_T=\frac{T_1}{T_A}$为温度系数。由此可得实际吸气量为：

$$V_1=\lambda_V\lambda_p\lambda_T V_h$$

（三）活塞压缩机的排气量

由于压缩机的气阀、活塞环、填料、管道及附属设备等密封不严而造成气体泄漏，所以压缩机的实际排气量总是比吸气量为小。每一转的排气量 V_2、吸气量 V_1 和外漏 V_t(标准吸入状态)的关系是：

$$V_2=V_1-V_t$$

单位时间的排气量为：

$$Q=V_2\times n$$

1. 泄漏系数 λ_1

压缩机泄漏量的大小用泄漏系数 λ_1 表示。压缩机的泄漏有外泄漏和内泄漏两种。外泄漏是指直接漏到机外损失掉或直接影响到排气量的漏失量。如填料处、管道密封处及单作用活塞的活塞环处等向外部的漏失量。还有从其他级漏到一级吸入系统的漏失量。如一级气阀、活塞环的泄漏。内泄漏是指从高压级漏到低压级或级间管道等的泄漏，这部分气体仍在机内，以后又被压送回高压级，它不直接影响排气量，但会影响级间压力分配。通常用泄漏系数 λ_1 来表示外泄漏量的影响。

单级压缩机的泄漏系数为：

$$\lambda_1=\frac{V_2}{V_1}=\frac{V_2}{V_1+V_2}=\frac{1}{1+\dfrac{V_1}{V_2}}$$

式中 $\dfrac{V_1}{V_2}$——相对泄漏量，包括全部外泄漏。

多级压缩时，任意第 i 级的泄漏系数为：

$$\lambda_{1i}=\frac{V_2}{V_{1i}}=\frac{V_2}{\sum V_{1i}+V_2}\text{（均指一级标准吸入状态容积）}$$

式中 V_{1i}——第 i 级的实际吸入容积；

$\sum V_{1i}$——第 i 级及其以后各级的外泄漏量之和。

实际影响泄漏系数的因素是很复杂的，主要取决于填料、活塞环及气阀的严密性，一般可按经验选取 $\lambda_1=0.90\sim0.98$。制造质量好、密封结构可靠的可取其中较高值，压力高、级数多时要取得低些，无油润滑的压缩机要取得低些；气体介质的分子小或黏度低时，其渗透性大，易泄漏，也宜取得小些，如氢气分子小，石油气黏度低，都易泄漏。

2. 实际排气量

当压缩机结构尺寸一定时，单级压缩机的排气系数和实际排气量可按式（3-9-11）和式（3-9-12）计算。

排气系数：

$$\lambda=\lambda_V\lambda_p\lambda_T\lambda_1 \tag{3-9-11}$$

实际排气量：

$$Q=V_2n=\lambda_1V_1n=\lambda_V\lambda_p\lambda_T\lambda_1\lambda_hn=\lambda V_hn \tag{3-9-12}$$

式中 λ——排气系数；

Q——压缩机实际排气量，m^3/s；

V_h——气缸的工作容积，m^3；

n——转速，r/s。

在多级压缩机中，整合压缩机的排气量取决于一级缸能吸入的气量，因此用一级缸的各项系数代入计算，即

$$Q=V_2n=\lambda_IV_{hI}n=\lambda_{VI}\lambda_{pI}\lambda_{nI}\lambda_{1I}V_{hI}n \tag{3-9-13}$$

式中 V_{hI}——一级缸的工作容积，m^3；

λ_I——一级缸的排气系数；

$\lambda_{VI}\lambda_{pI}$，λ_{TI}，λ_{1I}——一级缸的容积系数、压力系数、温度系数和泄漏系数。

根据现有压缩机的统计，各类压缩的排气系数范围见表 3–9–1，可供粗略估算时参考。

表 3–9–1　各类压缩机的排气系数(参考值)

类　型		排气量/(m^3/min)	排气压力(表压)/10^5Pa	级　数	排气系数 λ
空气压缩机	微型 小型，V 型，W 型 L 型	0.15~0.9	7	1	0.58~0.60
		0.015~0.05	7	1	0.33~0.40
		1~3	7	2	0.60~0.70
		3~12	7	2	0.79~0.86
		10~100	7	2	0.70~0.82
氮氢气压缩机 石油气压缩机 CO_2 压缩机 O_2 压缩机		≤40	150~320	4~6	0.73~0.79
		>100	320	6	0.75~0.80
		10~117	10~42	2~4	0.65~0.80
		45~65	210	5	0.75~0.76
		33~120	20~44	2~4	0.65~0.73

3. 影响排气量的因素

由排气量计算公式看出，当压缩机结构尺寸一定(即 V_h 一定)时，影响排气量的主要因素是转速 n 和排气系数 λ，λ 综合了各种系数对排气量的影响，归纳为：

(1) λ_V 是排气系数中最主要因素，在 λ_V 中气缸余隙影响较大，故在结构设计时应尽可能减少余隙容积。生产中也常利用改变余隙容积的方法来调节排气量。

(2) 改善气缸的冷却效果，以提高膨胀过程指数 m' 来增大 λ_V，同时提高 λ_T，增加实际排气量。

(3) 良好的密封可以减少泄漏，所以寻求有效而寿命长的密封结构和元件是保证压缩机排气量的重要条件。

(4) 压缩机的转速直接影响排气量的大小。电动机驱动的压缩机，若电网电压不稳定将会影响转速而使排气量不稳定。内燃机带动的压缩机转速更易发生变化。有时生产中也用适当提高转速的办法增加排气量，但排气量增加后，使气流速度增加，从而使流动阻力损失增加，所以功耗的增加会比排气量的增加更大。

四、凝析和凝析系数

若压缩机吸入气体中含有水蒸气(或其他易凝组分，如烃类)，这些气体经过压缩后，其中水蒸气或其他易凝组分的分压随气体压力的提高而相应增大，经过级间冷却后，易凝组分的分压大于该温度下的饱和蒸汽压时，就会有凝液析出，并通过分离器排出。这样后面的气缸实际吸入的气量就减少，这种影响可用凝析系数来表示。

(一) 凝析条件

现以干空气和水蒸气的混合物即湿空气为例来分析。每立方米湿空气中所含水蒸气的质量称湿空气的绝对湿度，也就是湿空气中水蒸气在该温度、该水汽分压下的密度。湿空气的潮湿程度常用相对湿度 φ 来表示。相对湿度是湿空气中的实际湿度与同温度下可能含有的最大湿度之比。若把湿空气中的水蒸气视为理想气体，则

$$\varphi=\frac{\dfrac{p_b}{R_bT}}{\dfrac{p_v}{R_bT}}=\frac{p_b}{p_v} \tag{3-9-14}$$

式中 p_b——湿空气中实际水蒸气分压；

p_v——该温度下饱和水蒸气压力。

相对湿度 φ 值常用湿球温度计测定，其大小反映了湿气的饱和程度：

(1) $\varphi=1$，即 $p_b=p_v$，是饱和状态的湿气。

(2) $\varphi<1$，即 $p_b<p_v$，是不饱和状态的湿气，无凝液析出。

(3) $\varphi>1$，即 $p_b>p_v$，是过饱和状态的湿气，会有凝液析出，直到 $\varphi=1$ 时析出过程停止。

重要的任务是要判断压缩机中在什么情况下会有凝液析出。该空压机第一级标准吸入状态 $p_{1\mathrm{I}}$、$T_{1\mathrm{I}}$，一级吸入的湿气总容积为 $V_{1\mathrm{I}}$，相对湿度 φ_I，此时湿空气中水蒸气的分压为 $p_{b\mathrm{I}}=\varphi_{\mathrm{I}}p_{v\mathrm{I}}$，干气分压为 $p_{1\mathrm{I}}-\varphi_{\mathrm{I}}p_{v\mathrm{I}}$。经一级压缩后排出压力为 $p_{2\mathrm{I}}$，也就是二级吸入压力 $p_{1\mathrm{II}}$，此时湿空气中的水蒸气分压也相应变为 $p_{b\mathrm{II}}=\varphi_{\mathrm{I}}p_{v\mathrm{I}}\dfrac{p_{1\mathrm{II}}}{p_{1\mathrm{I}}}$，再经过中间冷却器冷却到二级吸入温度 $T_{1\mathrm{II}}$，该温度下的饱和蒸汽压为 $p_{v\mathrm{II}}$ 下面比较 $p_{b\mathrm{II}}$ 与 $p_{v\mathrm{II}}$。

若 $p_{b\mathrm{II}}>p_{v\mathrm{II}}$，说明二级吸入前有凝液析出，析出过程中 $p_{b\mathrm{II}}$ 不断下降，一直到饱和状态 $p_{b\mathrm{II}}=p_{v\mathrm{II}}$ 为止，即此时二级吸入口 $\varphi=1$。并且，此后各级也必将有凝液析出。

若 $p_{b\mathrm{II}}<p_{v\mathrm{II}}$，说明二级吸入前无凝液析出，需要再逐级判断。若到第 i 级前开始出现 $p_bi>p_vi$ 的情况，说明第 i 级前的冷却器中开始有凝析，第 i 级吸入时 $\varphi_i=1$，并且在第 i 级以后各级也有凝析，此后不必再做判断。

由于凝液析出，使后面各级的实际吸入的湿气容积将减少。

(二) 凝析系数

第 i 级前有凝液析出，则第 i 级吸入的湿气容积 V_{1i} 与一级吸入的湿气容积之比(均折算到一级标准吸入状态容积)称为该级的凝析系数。

由于湿气中水蒸气分压不大，认为理想气体混合气的分压定律也可适用于湿空气。分压定律指出：多组分混合气体的压力等于各组分气体的分压之和，因而有：

总容积×分压力=总压力×分容积

在一级吸入的湿气中，干气分压为 $p_{1\mathrm{I}}-\varphi_{\mathrm{I}}p_{v\mathrm{I}}$，根据分压定律，可知其中干气的分容积 $V'_{1\mathrm{I}}$ 为：

$$V'_{1\mathrm{I}}=V_{1\mathrm{I}}\frac{p_{1\mathrm{I}}-\varphi_{\mathrm{I}}p_{v\mathrm{I}}}{p_{1\mathrm{I}}} \tag{3-9-15}$$

第 i 级吸入时，总压为 p_{1i}，干气分压为 $p_{1i}-\varphi_ip_{vi}$(有凝析，则 $\varphi_i=1$)，其中干气容积 V'_{1i} 为：

$$V'_{1i}=V_{1i}\frac{p_{1i}-\varphi_ip_{vi}}{p_{1i}} \tag{3-9-16}$$

若不计泄漏，则不论析出多少凝液，其干气量总是不变，即折算到一级吸入状态的干容积 $V'_{1\mathrm{I}}=V'_{1i}$。将式(3-9-14)与式(3-9-15)代入得：

$$V_{1\,\mathrm{I}}\frac{p_{1\,\mathrm{I}}-\varphi_{\mathrm{I}}p_{\mathrm{v}\,\mathrm{I}}}{p_{1\,\mathrm{I}}}=V_{1i}\frac{p_{1i}-\varphi_i p_{\mathrm{v}i}}{p_{1i}}$$

由前述及 V_{1i} 与 $V_{1\,\mathrm{I}}$ 之比称第 i 级的凝析系数 $\mu_{\mathrm{d}i}$，即 $\mu_{\mathrm{d}i}=\frac{V_{1i}}{V_{1\,\mathrm{I}}}$。此值反映了由凝析造成第 i 级吸气量与第一级吸气量的差别。于是得：

$$\mu_{\mathrm{d}i}=\frac{V_{1i}}{V_{1\,\mathrm{I}}}=\frac{p_{1\,\mathrm{I}}-\varphi_{\mathrm{I}}p_{\mathrm{v}\,\mathrm{I}}}{p_{1i}-\varphi_i p_{\mathrm{v}i}}\cdot\frac{p_{1i}}{p_{1\,\mathrm{I}}}\tag{3-9-17}$$

式中　$p_{1\,\mathrm{I}}$，p_{1i}——第Ⅰ级，第 i 级的吸气压力；

$p_{v\,\mathrm{I}}$，p_{vi}——第Ⅰ级，第 i 级吸入温度下的饱和蒸汽压；

φ_{I}，φ_i——第Ⅰ级，第 i 级吸入气体的相对湿度，第 i 级前有凝析则 $\varphi_i=1$；

$V_{1\,\mathrm{I}}$，V_{1i}——第Ⅰ级，第 i 级每转吸入的湿气容积（均指在一级标准吸入状态下）。

开始有凝液析出前的各级，其凝析系数 $\mu_{\mathrm{d}}=1$。而经过若干级析出凝液后（例如三级），其后析出的凝液量将越来越少，甚至可忽略，故其后各级的 $\mu_{\mathrm{d}i}$ 可看作常数。实际上，此时吸气压力已较高，p_{1i}、$p_{\mathrm{v}i}$ 相比很小，可以忽略，故此时凝析系数可近似表示为：

$$\mu_{\mathrm{d}i}=\frac{V_{1i}}{V_{1\,\mathrm{I}}}\approx\frac{p_{1\,\mathrm{I}}-\varphi_{\mathrm{I}}p_{\mathrm{v}\,\mathrm{I}}}{p_{1i}-\varphi_i p_{\mathrm{v}i}}\tag{3-9-18}$$

若被压缩介质中含有易凝烃类组分，则需按气、液相平衡关系来计算凝析系数。

凝析系数不影响整机排气量，这是由于排气量的定义是指一级吸入状态下的湿气容积而并不扣除凝液量。生产中或试车中需要实测排气量时，不仅用喷嘴等专用装置测出末级排出的气体量，而且还要加上各级分离器排放出的凝液量，均换算到一级标准吸入状态才得到整机的排气量。若在级间有气体抽出，则还应加上该抽出气量。

当对压缩机提出的是供气量要求（即要求标准状态干气量）Q_{N} 时，应根据状态方程及分压定律换算为标准吸气状态的供气量，排气量为：

$$Q=\frac{p_0T_{1\,\mathrm{I}}}{(p_{1\,\mathrm{I}}-\varphi_{\mathrm{I}}p_{\mathrm{v}\,\mathrm{I}})T_0}Q_{\mathrm{N}}\tag{3-9-19}$$

式中　Q_{N}——供气量（标准状态干气量），$\mathrm{m^3/min}$；

p_0——标准大气压，即 $101325\times10^5\mathrm{Pa}$；

T_0——标准状态温度，$T_0=273\mathrm{K}$。

五、气缸的工作容积及缸径的确定

确定压缩机排气量 Q 后，就可算出各级气缸的工作容积。由于排气量是按一级吸入状态给定的，所以可以直接求出一级缸工作容积。

$$V_{\mathrm{h}\,\mathrm{I}}=\frac{Q}{\lambda_{\mathrm{v}\,\mathrm{I}}\lambda_{\mathrm{p}\,\mathrm{I}}\lambda_{\mathrm{T}\,\mathrm{I}}\lambda_{1\,\mathrm{I}}n}\tag{3-9-20}$$

计算第 i 级气缸工作容积时，要把气量换算成第 i 级吸入状态所占的容积，并考虑凝析所造成的吸气量的减少，即得：

$$V_{\mathrm{h}i}=\frac{\mu_{\mathrm{d}i}}{\lambda_{\mathrm{V}i}\lambda_{\mathrm{p}i}\lambda_{\mathrm{T}i}\lambda_{1i}}\cdot\frac{p_{1\,\mathrm{I}}}{p_{1i}}\cdot\frac{T_{1i}}{T_{1\,\mathrm{I}}}\cdot\frac{Q}{n}\tag{3-9-21}$$

式中　Q——一级标准吸入状态（压力、温度、组分）下的排气量，$\mathrm{m^3/s}$；

n——转速，r/s；

$T_{1\text{I}}$，T_{1i}——第Ⅰ级及第 i 级的气缸工作容积，m^3；

$T_{1\text{I}}$，T_{1i}——第Ⅰ级及第 i 级的吸气温度，K；

λ_{Vi}、λ_{pi}、λ_{Ti}、λ_{1i}——第 i 级的容积系数、压力系数、温度系数及泄漏系数；

μ_{di}——第 i 级的凝析系数。

若在第 i 级前因工艺要求而有气体抽出，则在计算第 i 级工作容积时在排气量 Q 中要除去该抽出气量。

算出气缸工作容积后，就可按各种形式气缸的几何关系求得缸径。

单作用筒形活塞[图 3-9-8(a)]：

$$D=\sqrt{\frac{4V_h}{\pi Si}} \tag{3-9-22}$$

双作用盘形活塞[图 3-9-8(b)]：

$$D=\sqrt{\frac{2V_h}{\pi Si}+\frac{d^2}{2}} \tag{3-9-23}$$

双作用级差活塞[图 3-9-8(c)]：

$$D=\sqrt{\frac{2V_h}{\pi Si}+\frac{D^2+d^2}{2}} \tag{3-9-24}$$

式中 V_h——所计算的气缸每转工作容积，m^3；

D——所计算气缸的直径，m；

S——活塞行程，m；

i——同级气缸数；

d——活塞杆直径，m。根据表 3-9-2 初步选取。

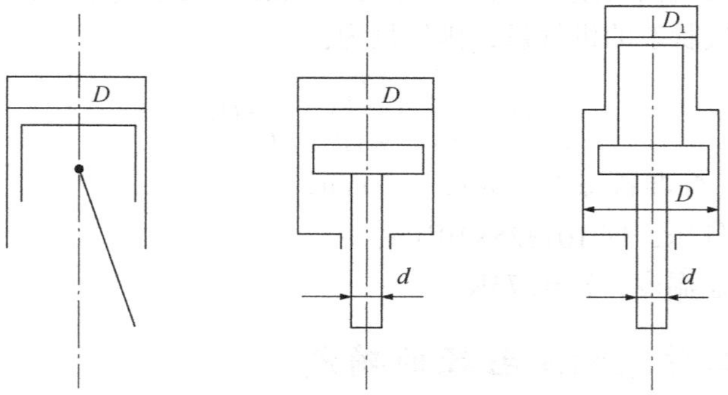

图 3-9-8 行程容积计算图

表 3-9-2 活塞力与活塞杆直径 d 的关系

活塞力/10^8N	1	2	3.5	5.5	8	12	16	22	32	45
活塞杆直径 d/mm	25	30 35	40 45	50 55	60 65	70 80	80 90	90 100	110 120	130

注：同一活塞力中，较大的活塞杆用于活塞杆长度较大者。

计算出气缸直径后还应圆整到相近的气缸标准系列尺寸。圆整时应尽可能保证所要求的排气量。

六、功率和效率

活塞式压缩机是一种大量消耗动力的机器，它所消耗的能量在油气回收、天然气输送，以及在石油化工厂中均占相当大的比例。因而降低压缩机的功耗、提高压缩机的经济性能，对节约能源有十分重要的意义。

(一) 指示功率

压缩机中直接消耗于压缩气体的功(即由示功器记录的压力-容积图所对应的功)称指示功。单位时间消耗的指示功称为指示功率。对已有压缩机用实测法进行标定检验。在新设计时则用解析法进行计算。

1. 实测法确定指示功率

在运转的压缩机上，用示功器测得气缸的指示图。目前，指示图的取得采用机械示功器、电子示功器及计算机采集数据再绘制指示图等方法。取得指示图后用求积仪或计算机求出它的面积 A，则可得压缩机每转的指示功 W_i 为：

$$W_i = Am_{\mathrm{p}}m_{\mathrm{V}}$$

于是得指示功率为：

$$N_i = W_i n = \frac{1}{1000}Am_{\mathrm{p}}\, m_{\mathrm{V}}n \tag{3-9-25}$$

式中　N_i——指示功率，kW；

A——实测指示图面积，cm^3；

m_{p}——指示图上压力坐标比例尺，即压力坐标 1cm 代表 m_{p} 压力，Pa；

m_{V}——指示图上容积坐标比例尺，即容积坐标 1cm 代表 m_{V} 容积，m^3；

n——压缩机转速，r/s。

双作用气缸，应取两侧气缸指示功率之和，多级压缩机则将各级气缸指示功率相加得整台压缩机的指示功率。

2. 解析法确定指示功率

在设计时要求算出指示功率，但实际指示图很复杂，很难直接得到计算公式。为此先将实际指示图简化成类似理论指示图的形式，以便找到计算公式。常用的方法是等功法，也叫等面积法，其原则是简化前后指示图的面积不变，即功量不变。

(1) 由于吸、排气过程有阻力损失及压力脉动的影响，假想用水平线代替实际的不规则的吸、排气线，而保持简化前后指示图面积不变，如图 3-9-9 所示。简化后的压力 p_1' 称气缸内平均实际吸气压力；p_2' 称气缸内平均实际排气压力，$p_1 p_2$ 则是吸、排气压力(即标准吸、排气位置的压力)。则 $\Delta p_1 = p_1 - p'_1$ 称平均吸气压力损失；$\Delta p_2 = p_2' - p_2$ 称平均排气压力损失。这两项压力损失与气阀的结构、尺寸、通道布置、气体的流速、密度、压力等因素有关，不易精确计算。设计时用图 3-9-10 的实验曲线选取。图 3-9-10 是在活塞平均速度 $c_m = 3.5$m/s 条件下，对空气

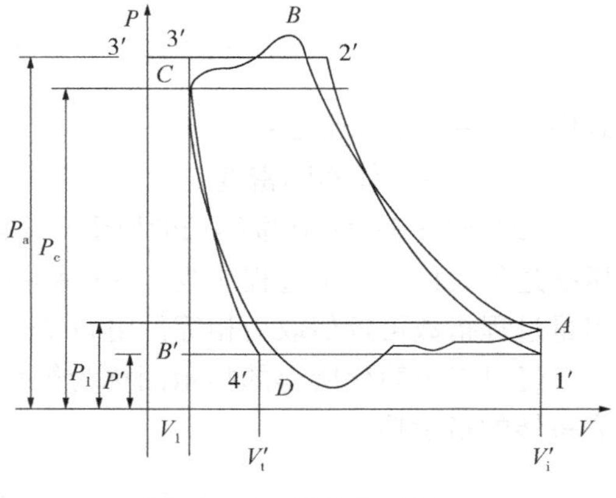

图 3-9-9　简化指示图

介质作出的一组相对压力损失实验曲线，图中横坐标是吸、排气压力值，纵坐标为相对压力损失 $\delta_1=\Delta p_1/p_1$，$\delta_2=\Delta p_2/p_2$。由此可得气缸内实际平均吸排气压力为：

$$p_1'=p_1-\Delta p_1=p_1(1-\delta_1)$$

$$p_2'=p_2+\Delta p_2=p_2(1+\delta_2)$$

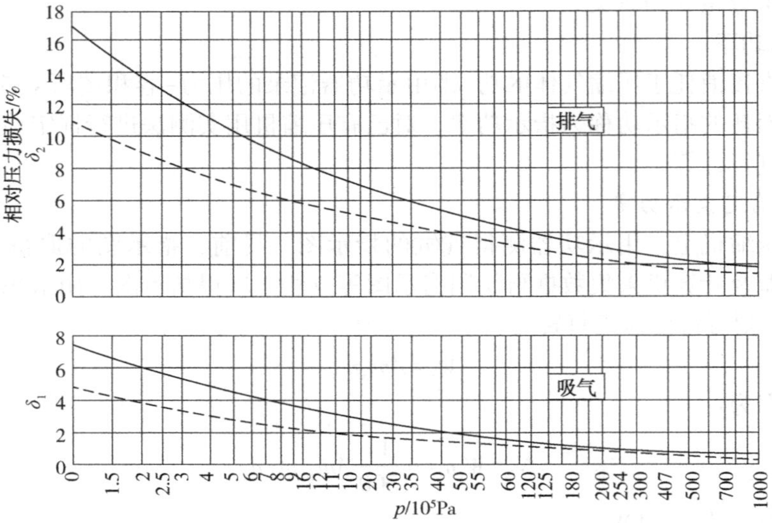

图 3-9-10 相对压力损失参考值

图中实线是按 $\delta_1=0.24/p^{0.3}$ 虚线是按 $\delta_0=0.15/p^{0.25}$ 绘出的（δ_0 是进排气阻力损失之和），并认为进气相对压力损失 $\delta_1=0.3\delta_0$，排气相对压力损失 $\delta_2=0.7\delta_0$。这是因排气阻力中除气阀、通道的阻力损失外，还包括中间冷却器和分离器等的阻力损失。图中实线适用于阻力损失较大的情况，虚线适用于阻力损失较小的情况，但在设计中结构应保证气阀及通流部分的压力损失不超过上述指标。

当活塞平均速度 c_m 与实验条件 $c_m=3.5$m/s 差别较大时相对压力损失值需要修正。

$$\delta'=\delta\left(\frac{c_m}{3.5}\right)^2$$

当气体实际密度与空气相差远时也应对图上所得值加以修正。

$$\delta'=\delta\left(\frac{\rho'}{\rho}\right)^{\frac{2}{3}}$$

式中 ρ'——空气密度；

ρ——气体实际密度。

（2）如图 3-9-10 按等功的原则把实际的膨胀、压缩过程指数简化为常数，所得膨胀及压缩过程线称为当量过程曲线，其过程指数称当量过程指数。经验表明，膨胀与压缩过程的当量过程指数可近似取为相等，用 m 表示。

经过以上简化所得的指示图称为简化指示图。图 3-9-10 中 1′2′3′4′所包围的面积就代表每转的指示功。

$$W_i=S_{1'2'3'4'}-S_{3'4'6'5'3'}=\int_{1'}^{2'}V\mathrm{d}p-\int_{4'}^{3'}V\mathrm{d}p$$

将多变过程指示功代入上式得：

$$W_i=\frac{m}{m-1}p_1'V_1'\left[\left(\frac{p_2'}{p_1'}\right)^{\frac{m-1}{m}}-1\right]-\frac{m}{m-1}p_1'V_1'\left[\left(\frac{p_2'}{p_1'}\right)^{\frac{m-1}{m}}-1\right]$$

$$=\frac{m}{m-1}p'\left[\left(\frac{p_2'}{p_1'}\right)^{\frac{m-1}{m}}-1\right](V_1'-V_4')$$

$(V_1'-V_4')$相当于在气缸中实际吸气状态$(p_1',\ T_1')$下的吸气量，它与标准吸气状态的吸气量V_1有如下关系：

$$V_1'-V_4'=V_1\frac{p_1}{p_1'}\ \frac{T_1'}{T_1}$$

近似取$\frac{p_1'}{p_1}\approx\lambda_p$，$\frac{T_1}{T_1'}\approx\lambda_T$，则有：

$$V_1'-V_4'\approx\frac{1}{\lambda_p\ \lambda_T}V_1=\frac{\lambda_V\ \lambda_p\ \lambda_T}{\lambda_p\ \lambda_T}V_h=\lambda_V\ V_h$$

由此得每转的指示功为：

$$W_i=\frac{m}{m-1}p_1'\lambda_V\ V_h\left[\left(\frac{p_2'}{p_1'}\right)^{\frac{m-1}{m}}-1\right]$$

级的指示功率用 kW 表示时为：

$$N_i=\frac{n}{1000}W_i=\frac{1}{1000}\ \frac{m}{m-1}p_1'\lambda_v V_h n\left[\left(\frac{p_2'}{p_1'}\right)^{\frac{m-1}{m}}-1\right]$$

式中　λ_V——容积系数；

V_h——气缸工作容积，双作用气缸为两侧气缸工作容积之和，m^3；

m——当量过程指数；

n——压缩机转速，r/s；

p_1'，p_2'——平均实际吸、排气压力，Pa。

实际压力比$\varepsilon'=\frac{p_2'}{p_1}$。根据经验，低压级可取$m=(0.95\sim0.99)k$，高压级可取$m=k$。

(二) 轴功率和驱动机功率

活塞式压缩机中，若驱动机物出功率为N_0，由于传动装置(如皮带轮、联轴器、齿轮箱等)的能量消耗，使压缩机曲轴上所得到的输入功率减小为N，此值称为轴功率。又由于压缩机内有摩擦损失，消耗摩擦功率N_m，因此传到气缸内的功率称内功率N_n，在气缸内又有热传递和泄漏损失功率，最后在示功器记录的压力-容积图上对应的功率才是指示功率N_i，如图 3-9-11 所示。

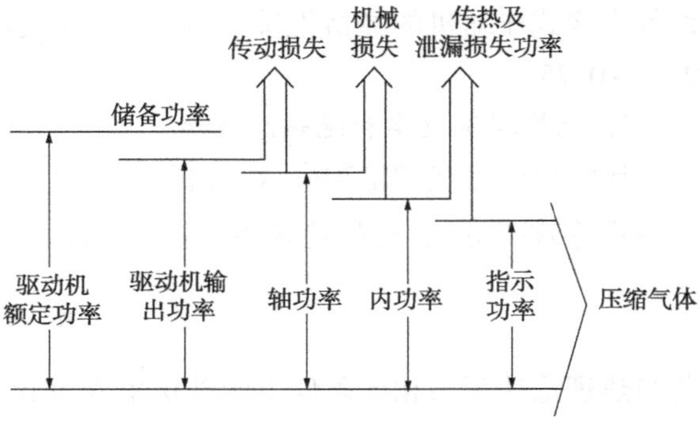

图 3-9-11　压缩机能量分配图

1. 轴功率

轴功率是压缩机驱动轴以后要的功率。它等于内功率加上机械损失功率。内功率又是指示功率和传热及泄漏损失功率之和。因此，轴功率包括指示功率、传热及泄漏损失功率、机械损失功率三部分。现在定义内功率与轴功率之比为机械效率。但内功率不易测定，在以往资料中定义指示功率与轴功率的比值为机械效率 η_m。

为便于计算我们仍采用后一种定义。

$$\eta_m=\frac{N_i}{N}$$

根据现有压缩机的统计对大、中型压缩机的 η_m 为 0. 90~0. 96；小型压缩机的 η_m 为 0. 85~0. 92；微型压缩机的 η_m 为 0. 85~0. 90。高压循环机(填料摩擦损失相对较大)的 η_m 为 0. 82~0. 85；摩托压缩机的发动机连杆和压缩机连杆共装在一个曲拐上时 η_m 为 0. 92~0. 96。

气缸无油润滑的压缩机，或主轴要驱动机油泵、注油器、风扇等，若不另计算功耗时则机械效率取下限。小型压缩机的摩擦功耗所占的相对比值较大型压缩机大，故 η_m 较低。

2. 驱动功率

驱动功率与轴功率的差别在于传动机构的功耗，用传动效率 η_e 表示该相对损失的大小。

通常，皮带传动机构的 η_e 为 0. 96~0. 99；齿轮传动机构的 η_e 为 0. 97~0. 99。

实际选用驱动机功率时，考虑到操作条件和运转负荷的波动，需留 5%~15%的储备功率，即取驱动机额定功率为(1. 05~1. 15) N_o，最后查现有驱动机标准规格选取。

(三) 效率和比功率

压缩机的经济性能可用热效率来衡量，根据基准不同，可分为：

1. 等温理论效率和等温总效率

压缩机理论循环所需的等温理论功率 N_T 是理想的最小功率，以此为基准，与相同吸气压力、相同吸气量下的实际指示功率之比为等温理论效率 η_{i-T}(也称等温指示效率)，即：

$$\eta_{i-T}=\frac{N_T}{N_i} \tag{3-9-26}$$

等温理论功率 N_T 与相应条件下的轴功率 N 之比为等温总效率 η_T，即：

$$\eta_T=\frac{N_T}{N} \tag{3-9-27}$$

等温理论效率反映了实际循环中热交换以及吸、排气过程阻力造成的损失情况，常用来评价水冷式压缩机的经济性能。等温总效率包含了机械损失。一般压缩机的等温总效率为 0. 60~0. 75。

2. 绝热理论效率和绝热总效率

压缩机的绝热理论功率 N_s 与相同吸气压力、相同吸气量下的实际指示功率 N_i 之比称为绝热理论效率 η_{i-s}，也称绝热指示效率，即

$$\eta_{i-s}=\frac{N_s}{N_i} \tag{3-9-28}$$

若绝热理论功率与相同条件下的轴功率 N 相比，得绝热总效率 η_s。

$$\eta_s=\frac{N_s}{N} \tag{3-9-29}$$

压缩机的实际压缩过程更接近于绝热过程，故绝热效率较好地反映了压缩机吸、排气过程阻力损失所造成的影响，但它并未直接反映压缩机的功率指标是否先进。同一台压缩机的绝热效率总比相应的等温效率高。

3. 比功率 N_r

比功率是单位排气量所消耗的轴功率。即：

$$N_r = \frac{N}{Q}$$

这个指标反映了同类型压缩机在相同吸、排气条件下能量消耗指标的先进性，它是动力用空气压缩机中用来衡量经济性的重要指标。应注意在比较时冷却水入口温度及水耗量也应相同。

七、排气温度及排气压力

（一）排气温度

压缩机的排气温度由气体被压缩的热力过程所决定。气体压缩终温不易测定，可将热电偶埋在排气阀内测得较近似的压缩终温。一般所说排气温度是指在标准排气位置测得的温度，由于散热的影响，该温度低于实际压缩终温。根据热力关系，排气温度按下式计算。

$$T_2 = T_1 \varepsilon^{\frac{m-1}{m}}$$

式中 T_2——排气温度，K；

T_1——吸气温度，K；

ε——压力比；

m——压缩过程多变指数。

m 与气体性质及气缸冷却情况有关。用水套冷却时，取较低值。

由此可见，在介质、冷却条件及吸气温度一定时，压缩机压力比越高，排气温度越高。但由于各种原因，排气温度需要限制。

在有油润滑的压缩机中，温度过高会降低润滑油黏度，使润滑性能恶化。过高温度会使润滑油分解出挥发组分，在缸内及气阀上形成积炭加剧磨损，在 180~210℃时尤为严重。压缩机润滑油的闪点温度一般不低于 200~240℃。压缩机排气温度必须比润滑油闪点温度低 20~40℃。因此，国内一般规定固定式压缩机排气温度不超过 160℃，移动式压缩机不应超过 180℃。无油润滑压缩机的排气温度取决于自润滑材料，如用填充聚四氟乙烯材料时，排气温度限制在 170~180℃以下。

工艺用压缩机排气温度受被压缩介质性质的限制。石油裂解气是多组分气体，高温下有些组分会聚合成胶状物，堵塞气阀，卡住活塞环等，排气温度一般不超过 100℃；乙炔是不饱和的碳氢化合物，高温时既可能分解，又可能聚合，分解时放出大量热，易引起爆炸，故排气温度不得超过 100℃；乙烯气在高温下也易分解，排气温度限制在 80~100℃；含水汽的氧气和氯气会引起严重的腐蚀，高温尤甚，故湿氯气排气温度限制在 100℃以下，干燥氯气的排气温度不超过 130℃（排气温度超过规定值）时，必须采用多级压缩以降低单级压力比；同时改善气缸的冷却以降低压缩过程多变指数 m，也有助于降低排气温度。

（二）排气压力

压缩机铭牌上的压力是设计额定压力，在压缩机上是指标准排气位置测得的压力。压缩机实际运转中的排气压力并不总符合设计压力，其值取决于排气系统的压力，如储气端压力或排气端工艺系统的压力。

由于气体服从状态方程，压缩机气量的供求关系变化，表现为排气压力的变化。当压缩机排气量正好满足用户需要时，系统稳定在所需要的压力下运行。如果用气量减小，而压缩机照常工作，气堆内气体越积越多，堆内压力上升。但是，气缸内气体压力高于排气管道内压力时才能顶开排气阀排出气体，所以，排气压力也要升高，若压力升高过多，超过了机器的压力限制或排气温度限制时就会出现事故。反之，当用气量增加时，压缩机排气量不变，则表现为气罐中气体减少压力下降，排气压力也下降。所以，压缩机需要设有调节系统保持稳定操作。

八、往复活塞式压缩机的类型及其选择

要想合理地选择使用活塞式压缩机，应符合如下的基本要求：

（1）满足使用要求，即满足用途、排气量、吸排气压力和温度等要求。

（2）有较高的经济性，即消耗的电、水、油等尽可能低，机器的尺寸小、质量轻。

（3）运转可靠及便于维修，使用寿命长，拆装方便，备件互换性高，制造工艺性良好等。

（4）动力平衡好，动力平衡好的机器运转平稳振动小，要求的基础小，对厂房和管线振动的影响小，对电网的影响小。

要全面满足这些要求是困难的，甚至有些要求之间是有矛盾的。为此，除了了解前几节所讲的热力性能外，还必须概括了解压缩机的动力性能及总体结构，在全面了解压缩机的基础上抓住主要要求进行选择。所以，在本节要将压缩机中的受力情况、运动分析及惯性力计算、惯性力的平衡-转矩均衡，各类压缩机的特点及选择原则等作一概括的介绍。

（一）压缩机中作用力的分析

活塞式压缩机由驱动机带动曲柄连杆机构运动，输入的扭矩用以克服气体力产生的阻力矩。柄连杆机构带动活塞组件做直线往复运动。往复运动是一种变速运动，有加速度，必然也存在惯性力。此外，相对运动的机构间存在着摩擦力。分析这些力如何作用在压缩机的各部位，讨论其值的大小及变化规律。

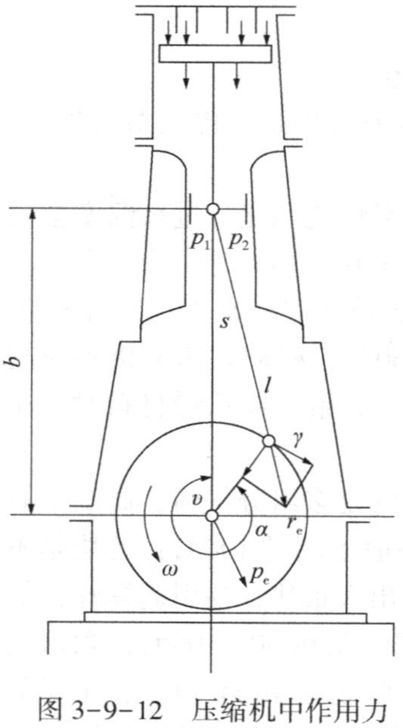

图 3-9-12　压缩机中作用力分析图

现以图 3-9-12 所示的单缸单作用立式压缩机为例来分析主要部件受力情况（设忽略重力影响）。

1. 活塞组件受力分析

活塞组件在气缸中做往复直线运动压缩气体，气缸内有气体压力，于是就有了大小相等、方向相反的力称为气体力 P，分别作用在活塞顶部及气缸盖上。因气缸内的压力 P 是周期性变化的，所以气体力也是周期性变化的，活塞在外止点时所受气体力最大。此外，把全部往复运动质量产生的惯性力总称为往复惯性力 I，把全部往复运动部件间的摩擦力总称为往复摩擦力 F_f。这些力都沿气缸中心线方向作用，它们的代数和称为综合活塞力 P_t。

$$P_t = P + I + F_f$$

综合活塞力 P_t 也是周期性变化的，其方向沿气缸中心线。在计算中规定，凡使活塞杆受拉的力取为正值，使活塞杆受压的力取为负值，其受力情况如图 3-9-13 所示。

2. 十字头销和连杆受力

活塞杆是受拉、受压的零件，它将综合活塞力 P_t 沿气缸中心线传给十字头并作用到十

字头销上，在十字头销处，P_t 由两个力来平衡：一个是沿连杆中心线，称为连杆力 P_c。因连杆是两端铰支的构件，作用力只能沿连杆中心线；另一个是十字头滑道的反力，方向垂直于十字头销道且通过十字头销中心，此力的反作用力垂直加给滑道并传到机身，称为侧向力 N。十字头销上力的平衡如图 3-9-14 所示，C 点为十字头销中心。

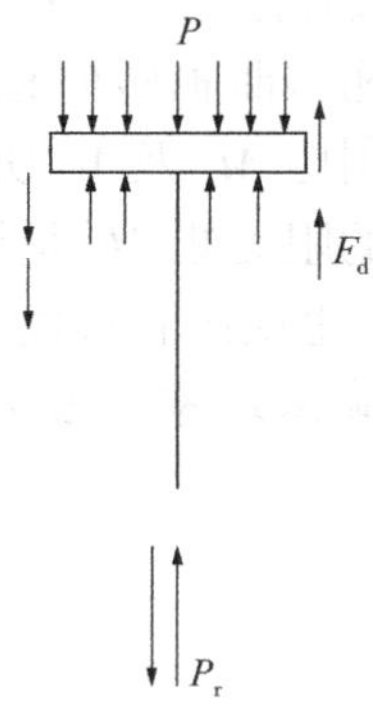

图 3-9-13　活塞受力组件

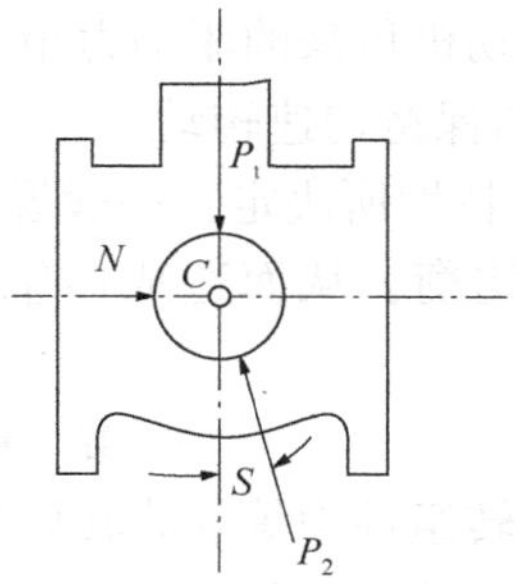

图 3-9-14　十字头销受力图

根据力平衡关系得：

$$P_c = \frac{P_t}{\cos\beta} \tag{3-9-30}$$

$$N = P_c \sin\beta = P_t \tan\beta \tag{3-9-31}$$

式中　β——连杆轴线与气缸中心线的夹角。

连杆受力：在转速不高时，连杆可简化为二力杆，受连杆力 P_c 作用。在高转速时，要考虑平面运动的连杆质量引起的横向惯性力。压缩机中一般都按二力杆处理。

3. 曲轴受力分析

曲轴上所受的力和力矩如图 3-9-15 所示。由连杆传来的连杆力 P_c 作用在曲柄销上，为便于分析，把连杆力 P_c 分解为两个力：一个是作用在曲柄销且垂直于曲柄的力，称为切向力 T；另一个是沿曲柄方向的力，称为径向力 R。根据几何关系得：

$$T = P_c \sin(\alpha+\beta) = P_t \frac{\sin(\alpha+\beta)}{\cos\beta} \tag{3-9-32}$$

$$R = P_c \sin(\alpha+\beta) = P_t \frac{\cos(\alpha+\beta)}{\cos\beta} \tag{3-9-33}$$

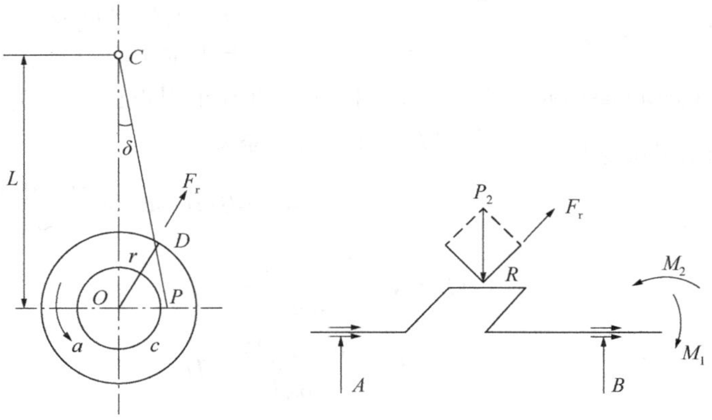

图 3-9-15　曲轴受力图

由不平衡的旋转质量引起的旋转惯性力 I_r，作用在曲柄中心 D，方向与曲柄平行并离心外指。曲轴支持在机身上的轴承上，受到支承反力 A、B。

曲轴上还受到阻力矩 M_y、摩擦力矩 M_f 和驱动力矩 M_d 的作用。阻力矩是由切向力 T 对曲轴旋转中心形成的力矩。$M_y=Tr$，r 是曲柄半径。阻力矩的大小发生周期性的变化，其方向恒与曲轴旋转方向相反，起着阻止曲轴旋转的作用，故称阻力矩。旋转摩擦力构成的旋转摩擦力矩 M_f 也与曲轴转向相反。在设计计算中规定，凡与曲轴转向相反的力矩取为正值，反之为负值。M_d 是驱动机传来的驱动力矩，在曲轴每转中，M_y 及 M_f 所消耗的功与 M_d 输入功保持平衡，所以机器保持匀速转动。但是，每一瞬时的阻力矩 M_y 是周期性变化的，而驱动力矩 M_d 则由驱动机特性所决定，一般说来，两者的变化规律和数值大小不同，因此每一瞬时曲轴所受转矩不均衡，从而造成曲轴瞬时加速与减速现象。根据刚体绕定轴转动方程，有：

$$M_y+M_f-M_d=-J\varepsilon \tag{3-9-34}$$

式中　J——压缩机旋转组件中等效旋转质量的惯性矩；

　　　ε——压缩机曲轴的瞬时角加速度。

瞬时角加速度过大，会造成电网的电压波动和电流脉动，使压缩机运转不平稳，需要装设飞轮(即加大惯性矩 J)来减小瞬时角加速度的变化幅度。

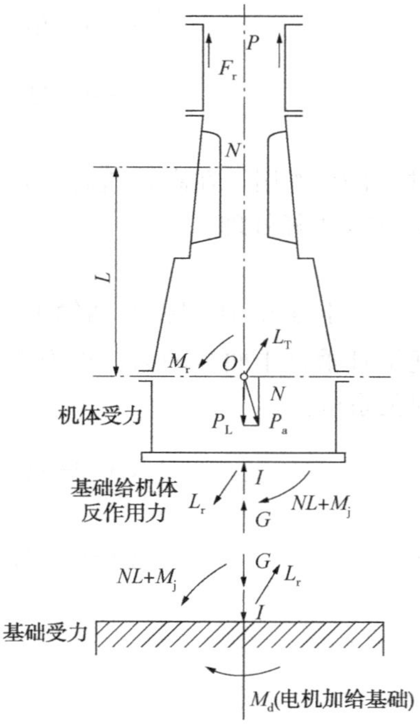

图 3-9-16　机体及基础受力

4. 机体和基础受力

图 3-9-16 所示是机体和基础受力情况图。机体受如下几个力和力矩。作用在气缸盖上的气体力 P 通过连接螺栓加给机体，十字头加给滑道的侧向力 N；曲轴加给主轴承的力有连杆力 P_c 和旋转惯性力 I_r；往复运动件加给机体的往复摩擦力 F_f；曲轴加给机体的摩擦力矩 M_f，其方向与曲轴转向相同。

加给机体的连杆力 P_c 可分解为沿气缸中心线与垂直于气缸中心线的两个力。

沿气缸中心线的分力为 $P_c\cos\beta$，且有：

$$P_c\cos\beta=P_t=P+I+F_f$$

其中，气体力 P 和往复摩擦力 F_f 在机体内部互相平衡。只有惯性力 I 不被平衡，称为自由力，将传给基础。

垂直于气缸中心线的分力 $P_c\sin\beta$，且有：

$$P_c\sin\beta=P_t\tan\beta$$

此力作用在机体上主轴中心位置，它与侧向力 N 大小相等，方向相反，两力作用点的距离为 L，因此构成一个力矩 NL，由几何关系知

$$L=l\cos\beta+r\cos\alpha=r\frac{\sin(\alpha+\beta)}{\sin\beta}$$

$$\begin{aligned}NL&=Nr\frac{\sin(\alpha+\beta)}{\sin\beta}\\&=P_tr\frac{\sin(\alpha+\beta)}{\cos\beta}=Tr\end{aligned} \tag{3-9-35}$$

这个力矩在立式压缩机中有使机器顺曲轴转向倾覆的危险，故称倾覆力矩。由上式可见，倾覆力矩在数值上刚好与阻力矩相等，转向相反，但倾覆力矩是作用在机体上，而阻力矩作用在主轴上，因此在压缩机内并不能平衡，它是一个自由力矩，也将引起机器的振动。如有的压缩机惯性力平衡较好，在空载时运转也较平稳，但刚性较差，满负荷时就出现摇晃，这就是由倾覆力矩所引起的振动。此外，曲轴加给机体的摩擦力矩 M_f 未被平衡，还有旋转惯性力 I_r 是自由力，也未被平衡。

基础上的力都是由机体传来的。除机器自重引起的重力外，凡是在机体内未被平衡的力和力矩均要传到基础上，同时还受有原动机传来的力和力矩。

基础上的受力有：未平衡的往复惯性力 I 和旋转惯性力 I_r；与曲轴转向相同的倾覆力矩 NL 和摩擦力矩 M_f；驱动机加给基础的反力矩，大小等于 M_d，转向与曲轴转向相反。

压缩机设计中常把驱动机与压缩机装在联合基础上，这样，作用在基础上的力矩可互相抵消一部分，此时通过基础传给土壤的力矩是基础上力矩之代数和，为 $M_d-(NL+M_f=J\varepsilon)$。

由此可见，压缩机传到基础上的自由力 I 和 I_r 的值发生周期性变化，是造成机器振动的主要原因，故应使惯性力尽量得到平衡。此外，在每一瞬时的阻力矩与驱动力矩不相等，将造成曲轴转速不均匀，导致压缩机工作不平稳，需要采取措施使转矩尽量均衡。

（二）活塞式压缩机的总体结构分析

活塞式压缩机的形式很多，根据各列气缸中心线之间的夹角和位置不同。可分为三大类：

1. 直列式压缩机

各列气缸中心线夹角 $\gamma=0°$，它又可分为立式（Z 型）和卧式（P 型）两大类。

1）立式压缩机

各列气缸中心线与地面垂直布置，可单列也可多列。列数多者可达六列，国内牌号是 Z 型。常见的有空分装置的三列立式氧气压缩机、小化肥厂用的两列立式循环压缩机等。

立式压缩机的优点是：气缸立式布置，活塞重力不作用在缸壁上，气缸与活塞、活塞杆与填料的磨损均匀且较小，使活塞环工作条件得到改善，使用寿命延长，密封效果也较好；往复惯性力垂直作用在基础上，受力情况好，振动小，基础可小，机身承受的主要是简单拉、压应力，使机身形状简单，重量轻，占地面积小，厂房可小，气缸与活塞拆装方便。

立式压缩机的缺点是：气缸列间距小，有些压缩机几列气缸做成一体，加工要求高，安装调整较困难，因受列间距的限制，气阀与级间管道不易布置，气缸不易变型改造，当做成级差式活塞而多级串联时，机组高度大，为拆装活塞，厂房要求高度要大，大型立式压缩机机身太高，操作维修不方便。

2）卧式压缩机

气缸中心线水平布置，国内牌号为 P，如小化肥用的 1P 型循环压缩机、中型化肥厂仍在使用老牌号 1Г266/320 氮氢气压缩机等。

卧式压缩机的优点是：高度小，操作管理和维修方便；可做成多级串联，减少列数，减少运动部件和填料数量，机身和曲轴结构也较简单；曲轴、连杆等拆装方便，大型压缩机的厂房高度可较低。

卧式压缩机的主要缺点有：惯性力平衡程度差，所以转速不能高，使得机器尺寸、质量较大，驱动机构和基础的尺寸、质量都较大，多级串联时，气缸与活塞安装麻烦，气缸水平布置，活塞和十字头重量作用在气缸壁及滑道上，磨损较重。

因卧式压缩机的严重缺点，在大、中型压缩机中已被淘汰，但在小型高压压缩机中仍有采用，以发挥其结构紧凑、运动部件少和避免高压填料等优点。在循环压缩机中，因压力高，压力比小，气缸重而机身小，所以也常采用卧式结构。

2. 对置式压缩机

各列气缸中心线夹角 $\gamma=180°$，气缸水平布置。按曲柄错角的排列特点，又可分为对称平衡型及对置型两种。

1）对称平衡型压缩机

相邻两列曲柄错角 $\theta=180°$，如国内化肥厂常见的4M12型二氧化碳压缩机和H22型氮级压缩机等。

这种压缩机除具有一般卧式压缩机的优点外，还具有独特的优点。这些优点主要是惯性力容易做到完全平衡，因而机器转速可提高，使机器和基础的尺寸、重量都可减小、相邻两列活塞力作用方向相反，使轴颈受力得到改善。可减轻主轴颈和主轴瓦的磨损，可做成多列结构，串联气缸少、安装方便。

该类压缩机的缺点是：运动部件多，填料盒数量多且受高压力作用；机身和曲轴结构也较复杂。两列结构的切向力均衡性差。

四列及四列以上的对称平衡型压缩机，根据电动机布置位置不同，又有M型及H型两种(图3-9-17~图3-9-19)。

图3-9-17　M型压缩机

图3-9-18　H型压缩机

电动机放在机身一侧的叫M型压缩机，如图3-9-17所示。它的主要优点是安装简单，列数容易增加，产品容易变形。缺点是机身和曲轴的刚度差，制造较困难。

电动机放在两个机身之间的叫H型压缩机，如图3-9-18所示。这种压缩机的列间距较大，操作维修方便；机身与曲轴结构简单，易于制造。但列数只能成四列或八列。产品变形不容易，机身安装找正较难。

对称平衡型压缩机在大、中型压缩机中优点较明显，特别对高压多级大型压缩机，它是一种较合理的结构形式，目前国内外应用均较广泛。对小型压缩机，由于惯性力平衡问题不太突出，所以很少用这种形式。

2）对置型压缩机

相邻两列曲柄错角 $\theta\neq180°$根据气缸布置的不同又有两种。一种是相对的气缸中心线不在一直线上，制成3列、5列、7列、9列等奇数列，如化肥厂用3D22型氮氢气压缩机，3列气缸位于机身两侧，一侧有两列，另一侧只有一列，气缸中心线不在一条直线上，曲柄错角 $\theta=120°$。另一种是曲轴两侧的气缸中心线在一条直线上，十字头为框架式结构，运动机构为两侧气缸所公用，两端柱塞分别固定在十字头的两侧，如图3-9-19所示。这种结构用在超高压压缩机上。

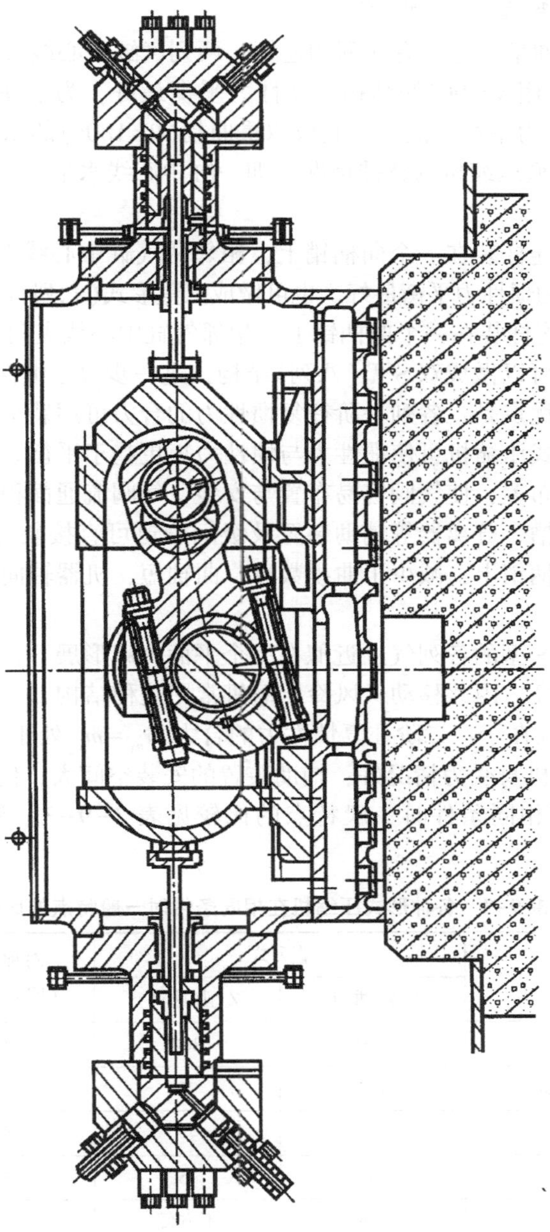

图 3-9-19　对置型超高压压缩机

对置型压缩机具有卧式压缩机的优点，而且气缸可做成奇数排列，切向力较为均衡，但惯性力平衡较差；主轴承数多，机身、曲轴的刚度较好，但曲轴和机身的制造精度相应地要求较高。

由于活塞力很大，大型超高压压缩机，采用了气缸中心线在一直线上的对置型结构，两相对列活塞上气体力可以相互抵消一部分，改善了运动部件的受力情况，同时若采用多列结构，切向力的均衡性也可得到改善。

3）角度式压缩机

气缸中心线间具有一定夹角，角度不等于 0°或 180°。按气缸数及中心线位置的不同，又有 L 型、V 型、W 型和扇型(S 型)等。

V 型压缩机的同一曲柄销上装有两列的连杆，两列气缸中心线夹角可为 45°、60°、75°、90°等。一般单级压缩机用 $\gamma=90°$ 的结构，惯性力平衡最好。为了使结构紧凑，也可用 $\gamma=60°$ 结构。为了改善惯性力平衡性能，可制成双重曲拐($\theta=180°$)的双 V 型(四列)压缩机。L 型压缩机是 $\gamma=90°$ 的 V 型压缩机的特殊情况，即一缸中心线水平，一缸中心线垂直布置的 V 型压缩机。

W 型压缩机的三列连杆装在一个曲柄销上，相邻两气缸中心线夹角为 45°、60°、75°等。一般单级压缩机 $\gamma=60°$ 的惯性力平衡最好。也可做成双重形式(六列)以改善惯性力平衡。

S 型压缩机的四列连杆装在一个曲柄销上，相邻气缸中心线夹角 45°、60°等。当 $\gamma=45°$ 时惯性力平衡最好。也可以做成双 S 型(八列)结构，进一步改善惯性力平衡。

角式压缩机的共同优点是：各列一阶往复惯性力的合力可用装平衡质量的办法达到大部分或完全平衡。双重角式压缩机可使惯性力与惯性力矩更趋于平衡。因此，角式压缩机可用较高转速；气缸呈角度布置，使气阀容易布置与安装，气阀流通面积可增大。

而且，将中间冷却槽、分离器等辅助装置及级间管道可直接装在机器上，使布置紧凑；由于几列连杆在同一曲柄销上，减少了曲拐数目，曲轴短，机器轴向尺寸小，因此主轴颈可用滚动轴承。

此外 V 型、W 型、S 型的各列气缸近似在一个平面内扇形展开，可以采用轴端风扇鼓风冷却，迎风面大而效率高，因此移动式风冷压缩机常用这种结构。

L 型压缩机的独特处在于：二阶往复惯性力的合力 $m_{p_1}=m_{p_2}$ 处于与水平呈 45°角的方向，机器运转比 V 型平稳；机身受力情况好；辅助装置的安装空间大，使机器更紧凑。

各种形式压缩机在相同条件时一般特点的比较见表 3-9-3。常用压缩机的结构形式见表 3-9-4。

表 3-9-3 各种形式压缩机在相同条件时一般特点的比较

形式		直列式		对称平衡	角型
		P 型(两列)	Z 型(两列)	(四列 M 型)	(双 L 型)
相对转数		100	200	200	200
相对质量	机器	100	70	70	68
	基础	100	49	53	40
相对占地面积		100	45	62	50
操作维修		方便	不方便	方便	居中
零部件数量		少	较少	多	较少
气阀布置		容易	难	容易	较易
产品变型		难	难	容易	较易

多级压缩机往往做成多列的形式，其主要目的是通过曲柄错角的合理布置来均衡切向力及改善惯性力的平衡性能，从而提高机器转速，减轻重量，减小基础；列数增多时，功率相同的压缩机，每列承受的气体力减小，各列运动机构减轻，有利于提高速转；每列气缸数减少，气缸与活塞便于拆装。但列数多则零部件数目增多，制造费工，机器发生故障的可能性增多，曲轴也较长，使曲轴与机身的刚度降低且制造复杂。

表 3-9-4 常用压缩机的结构形式

级数	立式	卧式	角度式				对称平衡型			对置型
			L 型	V 型	W 型	扇形	M 型		H 型	
Ⅰ	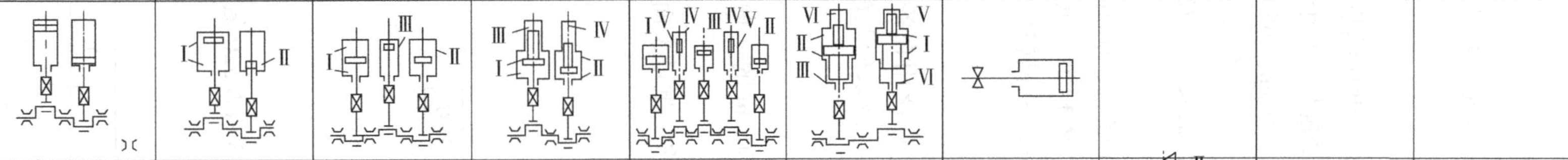									
Ⅱ	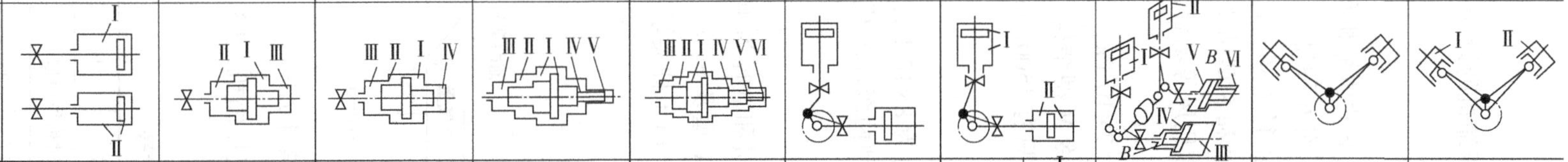									
Ⅲ	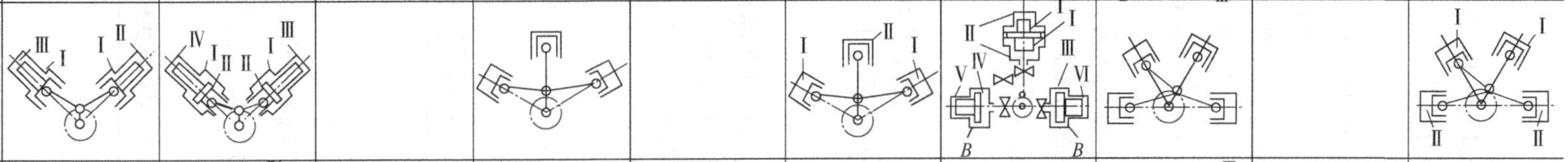									
Ⅳ	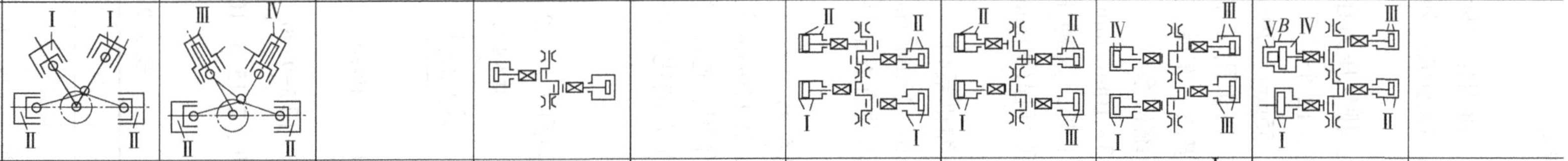									
Ⅴ	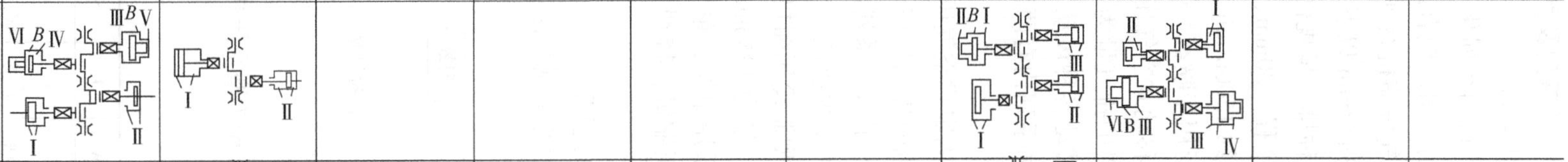									
Ⅵ	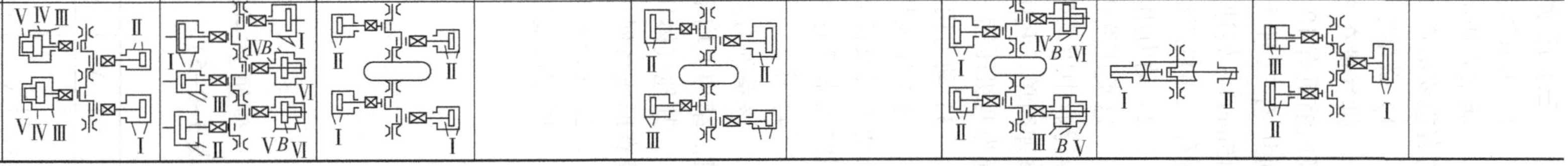									

（三）压缩机的系列及型号

1. 压缩机的系列

活塞式压缩机的系列化、通用化和标准化工作对压缩机的设计、制造、使用维修和管理均有重要的作用。国内现有的压缩机系列有四类。

1）微型空气压缩机系列

排气量在 $3m^3/min$ 以下，排气压力在 $10×10^5Pa$ 以下的压缩机称微型压缩机。系列中单级压缩机有 10 种排气量规格，12 个品种；两级压缩机有 6 种排气量规格，8 个品种。全系列共有三种行程（30mm、55mm、70mm），五种缸径（36mm、50mm、65mm、90mm、115mm），转速约 1500r/min。一般用 Z 型、V 型、W 型和 S 型结构，几乎全采用空气冷却。这种压缩机广泛用于喷雾、喷漆、车胎充气，小型仪表用风等场合，需要量很大。

2）动力用移动式空气压缩机系列

这类压缩机的排气量为 $3\sim10m^3/min$，排气压力为 $7×10^5Pa$，在建筑、矿山、机械制造等行业中用来带动各种风动工具。这种压缩机采用风冷 V 型结构，体积小，重量轻，操作修理简单。我国系列内有两种行程(90mm、112mm)，只有 1500r/min 一种转速，四个品种，皆为两级压缩。

3）动力用固定式空气压缩机系列

这类压缩机的排气量在 $10\sim100m^3/min$，排气压力为 $8×10^5Pa$，广泛用在各种工厂内供风动工具及仪表用风。系列内共有五个品种，都是 L 型两级压缩机。该系列产品自 1958 年制定以来又有了不少改进。

4）中、小型制冷压缩机系列

该系列有缸径为 125mm 及 170mm 的两种氨压缩机和缸径为 100mm 的一种氟利昂压缩机。结构上均采用单级、单作用、逆流式，有 V 型、W 型及 S 型。

其他气体压缩机，特别是石油化工用气体压缩机，由于种类繁多，批量少而变化大，故没有形成系列。

2. 压缩机的型号

压缩机型号的编制方法如图 3-9-20 所示。

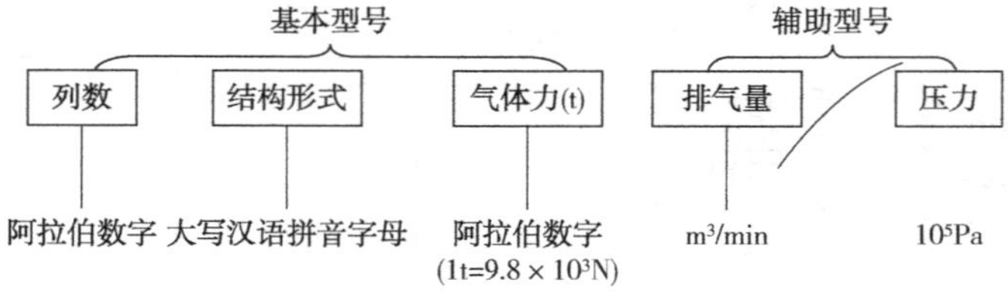

图 3-9-20 压缩机型号的编制方法

例如 2V-0.6/7 型空压机，2M5.5-10.7/44 石油气压缩机，L3.3-17/320 氮氢气压缩机（表 3-9-5）。

表 3-9-5 结构形式代号

代 号	V	W	L	S	Z	P	D	M	H	T	Y	F	G
								对称平衡型					
形式	V 形	W 形	L 形	扇形	立式	卧式	对置式	电机在一侧	电机在中间	倒 T 型	移动式	发动机压缩机	隔膜式

在识别型号时注意如下问题：

（1）结构形式代号见表3-9-5。

（2）气体力小于10×10^3N不必注出数字。

（3）排气量均为吸入状态下的排气量，单位为m^3/min。排气量小于$1m^3/min$的微型压缩机有时也可用m^3/h来表示。制冷压缩机可用产冷量10×10^4kcal/h（1kcal=4.1868kJ）来表示，如2YD8-6/100乙烯压缩机中，6表示制冷量60×10^4kcal/h，100表示蒸发温度为-100℃。

（4）压力的表示有两种。对常压进气的压缩机，只注排气压力（Pa，表压）。对在一定压力下进气的压缩机，注明在额定工况下的进气压力与排气压力。如2D6.5-10/26~36氢气循环压缩机，进气压力为26×10^5Pa，排气压力为36×10^5Pa。

（四）石油化工用压缩机的特点及选用原则

石油化工用压缩机的种类繁多，介质除空气外，还有氮氢混合气、氢气、石油气、天然气、二氧化碳、乙烯、丙烯、氧气、氯气和氨等。尽管这些气体的性质差别较大，但其压缩机的基本原理和基本结构还是与空气压缩机相似。但又有某些特点。

1. 石油化工用压缩机的特点

石油化工厂内有许多气体与空气混合，在一定比例下会发生爆炸，因此必须注意气体的爆炸极限，采取良好的密封措施。

不少气体还会导致人中毒，如氨的浓度在0.5%~1%时，30min内就会使人窒息死亡，所以必须采取严格密封及良好的通风措施，保证其浓度低于0.026%。

不饱和组分在低温高压时会液化而凝成液体析出，稀释与污染气缸润滑油，使机件加快磨损。凝液被活塞杆带到机身内，又会稀释传动机构润滑油，易使轴瓦损坏。液化严重时，缸内会发生水击，使缸体破裂。为了防止液化，可限制水套内冷却水温度，一般应高于进排气温度的平均值，也可用提高所用润滑油黏度及加大油量以防稀释，也可采用无油润滑压缩机设置辅助填料函和刮油环，以及采用液体分离设备等。

当CO、CO_2、Cl_2中含有水分时，会产生酸腐蚀，所以必须去除水分。当气体中含有H_2S、N_2和乙炔时，零件材料不能用铜，否则会很快被腐蚀。

由以上气体性质要求，在设计压缩机时就要加以考虑，现以图3-9-21所示的两列四级对称平衡型石油气压缩机为例作一介绍。

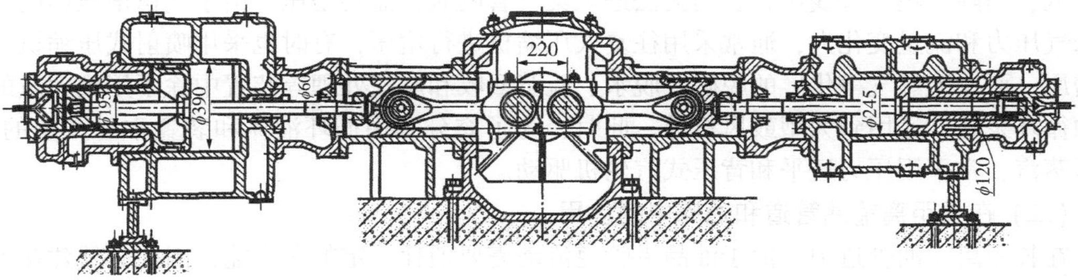

图3-9-21 两列四级对称平衡型石油气压缩机

由于石油气中的重组分在100℃以上时会生成焦油状产物，粘着阀片、填料和活塞环等，破坏压缩机的正常运转。所以采用四级压缩，每级压力比在2.5左右，以保证排气温度不超过90~100℃。石油气压缩过程中会析出凝液，因而气缸上的排气阀布置在下方。有些石油气压缩机还设有排液阀，定期放出凝液，以防产生液击。在级间还要有分离器、缓冲罐，均应有排液管线。机身上设有中间接体，防止凝液进入机身稀释机油，并防止填料漏气进入机身与空气混合发生爆炸。

2. 活塞式压缩机的选用原则

选择压缩机前，首先要了解工艺设计中提出的基本资料，尤其是排气量和进、排气压力。此外，还要考虑其他特殊要求，如对空气的净化和干燥等。

(1) 选择的压缩机生产能力与工艺设计中要求的气量相适应，并力求机组效率高，占用厂房面积小，运转可靠、维修方便。

根据排气压力 p_2 和排气量 Q，可在产品样本中选取。当然，能够满足排气压力及排气量的压缩机，除了活塞式压缩机外，还有其他压缩机，如螺杆压缩机、滑板压缩机、离心压缩机等，实用中应具体分析选择。

(2) 考虑必要的备用机组，即采用适当的保证系数。一般认为相同压力参数的压缩机，在同一压气站内不少于两台，但不宜多于四台，以免增加占地面积和操作维护的困难。若停气不影响生产时，也可只选用一台。

(3) 为使压缩机操作、维护方便，应力求选用同一型号的压缩机。当用气量不同时，应选排气量大小不同的机组，以免经常停车和启动。同一压力参数时，不宜多于两种型号。

(4) 应当充分利用库存和调用设备，以免积压浪费。

(5) 当选用常压进气的空气压缩机在高原地区使用时，因大气压力降低，将影响压缩机的排气量。其修正系数见表 3-9-6。

表 3-9-6　修正系数

海拔高度/m	0	305	610	914	1219	1524	1829	2134	2438	2743	3048	3658	4572
修正系数	1	1.03	1.07	1.10	1.14	1.17	1.20	1.23	1.26	1.29	1.32	1.37	1.43

九、压缩机在油气储运工程中的应用

(一) 在油气集输过程中的应用

天然气从气井采出后，经过节流降压、分离除液和计量后，再由集输气站送至天然气处理厂或长输管道首站。在天然气集输过程中，随着气田天然气不断开采，气井天然气压力逐渐降低，当降至集气管线压力，而无法进入集气管网时，需要增压。由于气田增压站的特点是来气压力和流量变化大，通常采用往复式压缩机进行增压，有时也采用喷射式压缩机来实现增压。而在天然气净化厂的脱硫、脱水、硫黄回收和尾气处理等装置中除了用到大量的耐腐蚀循环泵外，还用到大型鼓风机等。此时，为了充分利用循环液体和装置本身产生的中、高压蒸汽，常采用压力透平和背压式汽轮机驱动。

(二) 在长距离输油管道和油库中的应用

在长距离输油管道中，由于油品沿管道流动需要消耗一定的压力能，因此必须建输油泵站，以将油品保值、保量、安全、经济地输送到油库。输油管道的压力能耗主要有两部分：一部分用于克服地形高差，这部分损失与输量无关；另一部分是与输量有关的摩擦阻力损失，包括油品通过直管段时的摩擦阻力损失和通过各种阀门、管件时的摩擦阻力损失。在输油管道早期，多使用"从罐到罐"的输油方式。此时，油品全部通过各中间站的油罐，蒸发损耗大。后来逐步发展为"旁接油罐"，此时利用油罐调节两站间排量的差额。第三种方式则为“密闭输送”方式，上游来的输油干管直接与下站泵机组的吸入管路相连，各占泵机组直接串联工作，又称为“从泵到泵”方式。由此可见，无论何种输油方式，都需建设输油泵站，输油泵站的任务就是供给油流一定的能量。输油泵主要分为离心泵和螺杆泵。由于离心泵具有大排量、能串联工作、运行平稳以及易于维修等优点，在输油管道上得到了广泛应用。同时，根据输量或输送距离的不同，通常采用多台离心泵并联或串联的方式来实现。螺杆泵与离心泵相比，构造复杂、维修不便、不能串联工作，故不适用密闭输送流程。但螺杆泵适用于输送高黏度油品，常用于流量小、需要压头高的高黏油品输送。

油库用来作为接收、储存和发放原有或石油产品的企业和单位，主要用于协调原油生产、原油加工、成品供应以及运输，油库中油品的收发和输转是依靠泵和管路配合来完成的。油库中输送轻油和黏度在$(4\sim5)\times10^{-4}m^2/s$以下的油品，广泛采用离心泵；输送燃料油和润滑油一般采用往复泵、齿轮泵、螺杆泵和其他形式的容积泵。此外，在油库泵房中还用水环式真空泵所组成的真空系统使离心泵和吸入管路引油灌泵、抽吸油罐车底油以及利用虹吸作用卸油等。此外，油库消防系统、含油污水处理系统和给水系统也需要采用离心泵。

(三) 在长距离输气管道和储气库中的应用

天然气在输气管道的流动过程中由于各种摩擦阻力损失，其压力会不断下降，从而导致输气管道通过能力的降低，因此，仅依靠天然的地层压力长距离输送大量的天然气是绝对不可能的。为在输气管道中保持规定的天然气流量，并保证天然气在管道沿线的最优压力，就必须建造压气站。压气站应保障主要工艺过程得以实现。首站压气站直接建在气田之后，由于在气田开采过程地层压力的下降，首站压气站的用途就是使天然气保持必要的压力，以便继续在干线输气管道中输送。在干线输气管道上，通常每隔100~200km建造一座中间压气站，其用途是根据设计要求，把进站的天然气从进口压力增加到出口压力，以保证干线输气管道中规定的天然气流量。增压站建在有地下储气库的地方，其用途是从干线输气管道中把天然气压送到地下储气库中和从天然气储气库中抽出天然气(通常是在冬季)将其送入干线输气管道或直接将天然气送给用户。首站压气站通常选用离心式压缩机或往复活塞式压缩机，中间站选用离心式压缩机来提高气体压力，增压站由于所需增加的压力较大而常选用往复活塞式压缩机。根据输气量的大小和增压的不同，压气站内可采用多台压缩机并联或串联的组合形式。

(四) 在液化天然气和压缩天然气中的应用

液化天然气(LNG)就是将天然气从矿场开采出来，经过预处理工艺，采用先进的制冷工艺，变成液态(−162℃，压力0.1MPa)的天然气。在天然气液化装置中，压缩机除了用于天然气的增压和输送外，还用于不同温度的制冷。所采用的压缩机主要有往复式压缩机、离心式压缩机以及轴流式压缩机。往复式压缩机通常用于天然气处理量比较小的液化装置，离心式压缩机则用于大型液化装置。轴流式压缩机主要用于混合制冷剂循环装置。

在压缩天然气(CNG)加压站，通常采用往复式压缩机，最高可将天然气压缩到250MPa，充装给气瓶转运车送至城镇布点的压缩天然气汽车加气站或压缩天然气供应站。当绝热压缩时，压缩终温较高；等温压缩时，而温度不变。等温压缩所需功最小，压缩终温又最低。当压力比愈大，此优点愈显著。但等温压缩在实际中是不易实现的，因此，当压力比较大时可采用多级压缩，即分几级达到排气终压，每两级之间需经中间冷却后再进入下一级，使之尽可能接近等温压缩。多级压缩可节省功耗，降低排温，多级压缩必须具有级间冷却，冷却愈完善，省功愈多。实际生产中常采用多级压缩方式。

第十节　旋风分离器

一、离心式或旋风式装置

与其他方法相比，离心分离设备具有以下优点：

(1) 所收集的粉体颗粒为干粉，便于回收利用。

(2) 制造成本低，而且在大多数场合维护费用也低。

(3) 多数情况下结构非常紧凑。

(4) 可用在特殊工艺条件，尤其是高温、高压以及化学腐蚀。

(5) 无活动部件。

(6) 非常坚固。

(7) 阻力降恒定。

(8) 依据使用条件，可使用钢板、金属、合金、铝、塑料和陶瓷等多种材料制造。

(9) 可加耐磨或防腐以及防尘材料作为衬里，例如聚四氟乙烯，内表面可用电抛光来防止结垢。

(10) 可用金属板材制造，如果尺寸小可用模具铸造。

(11) 在一些情况下，可选用合适的液体冲洗来处理黏结或固体黏附。

(12) 既可分离固体颗粒也可分离液滴，有时通过合适的设计可以实现二者同时分离。

离心分离设备具有以下缺点：

(1) 当气体含尘浓度低时，对直径小于切割粒径的颗粒分离效率低。

(2) 压降损失通常高于其他分离设备，如袋式过滤器、低阻捕集器和静电除尘器。

(3) 如果要处理的粉料具有耐磨或黏性，则分离器易磨损或结垢。

(4) 如果设计或操作不当，其性能则会较差。

二、离心式气体净化设备简介

在离心分离设备内，通过让含尘气体产生旋转运动将粉料颗粒甩向边壁，然后通过边壁附近向下的气流将已分离的颗粒带到排尘口。

对于标准的逆流旋风分离器(具有通常所说的槽形或管形入口，图 3-10-1)通过入口结构的设计迫使气流切向进入旋风分离器内产生旋转运动。入口一般为如图 3-10-1 所示的矩形截面。气流在做旋转运动的同时沿分离器的外侧空间向下运动。在分离器锥体段，迫使气体缓慢进入分离器内部区域，然后气体沿轴向向上运动。通常将分离器的流行划分为"双旋涡"，即轴向向下运动的外旋涡和向上运动的内旋涡。净化气体经过升气管排除，升气管为分离器顶板中心向下延伸部分。除了将排气管称为升气管外，还有其他一些叫法，有时还常称为芯管。入口气体的含尘颗粒在分离器内离心力场作用下向外壁运动，同时由边壁附近向下运动的气体将其带到分离器排尘口。

切流式旋风分离器的几何尺寸主要有以下八个尺寸：

(1) 旋风分离器本体直径(直分离器通体截面的直径)，D。

(2) 旋风分离器总高(从分离器顶板到排尘口)，H。

(3) 升气管直径，D_x。

(4) 升气管插入深度(从分离空间顶板算起)，S。
(5) 入口截面的高度和宽度，分别为 a 和 b。
(6) 锥体段高度，H_c。
(7) 排尘口直径，D_d。
(8) 所有尺寸皆被视为内部尺寸，即与气体接触面尺寸。

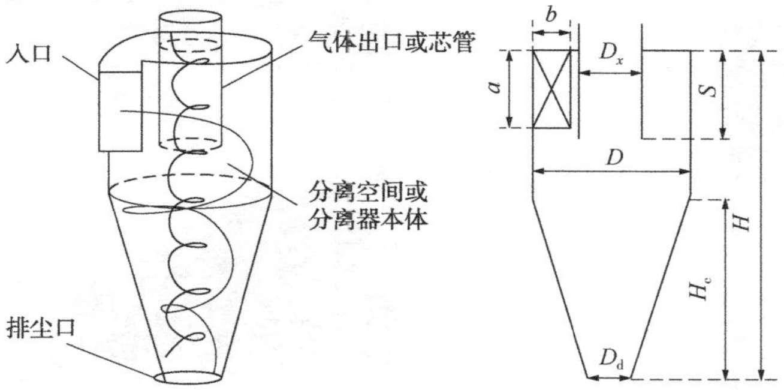

图 3-10-1　具有切向入口的逆流式筒锥型旋风分离器示意

(一) 离心式分离器的应用

离心式分离器在工业上广泛应用于除尘和除雾，尺寸和形状各异(图 3-10-2)。

(a)由DUCON公司提供

(b)由Fisher-Klosternmann公司提供

(c)由EGS系统公司提供

图 3-10-2　不同形状和尺寸的商业旋风分离器示例

图 3-10-3(a)和图 3-10-3(b)给出了两台轻工业用分离器。图 3-10-4 给出了特大型完整旋风分离器系统的示例。图 3-10-5 则说明了炼油厂常用旋风分离器的使用场合。

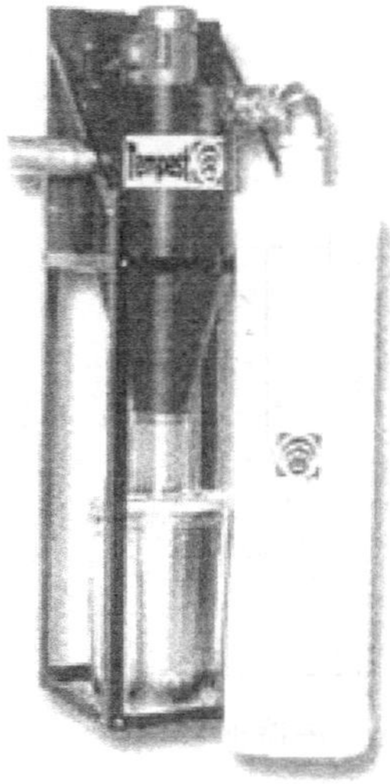

(a)由宾州工业公司提供

(b)由torit产品公司提供

图 3-10-3　两种工业用矩形入口旋风分离器，分离器上部的净化气侧与抽风机相连，再后面安装有袋式过滤器

图 3-10-4　一个完整旋风分离器系统，可用于收集各种木屑、粉尘和刨花，整个系统包括旋风分离器、风机、旋转式衬橡胶密封阀(照片由 Koger Air 公司提供)

切向入口的筒锥型旋风分离器为工业常规形式除尘或除雾用离心分离设备。

(二) 离心式分离器的种类

离心式分离器依据以下特征分为：

(1) 入口结构形式。

(2) 分离器本体形状。

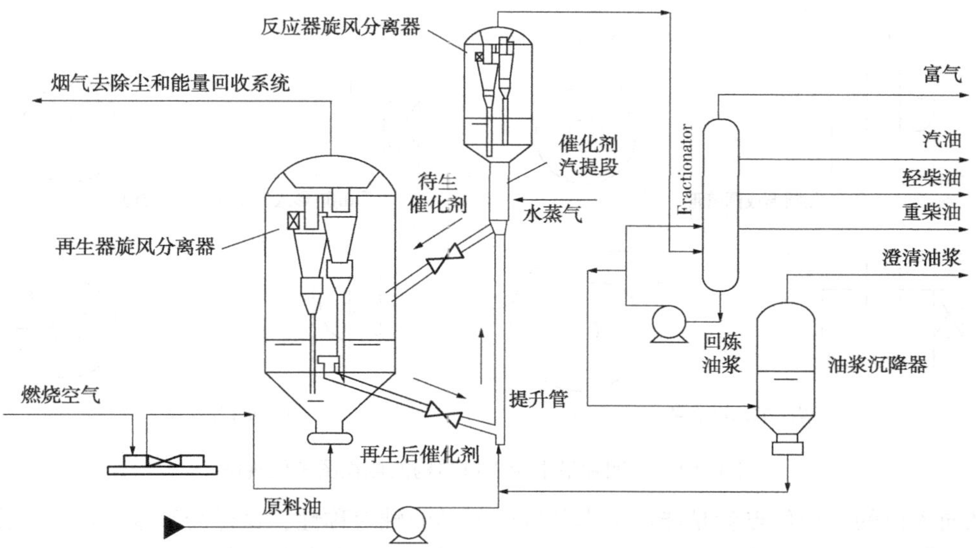

图 3-10-5 装有旋风分离器再生器和反应器的流化催化裂化工艺流程

(3) 气流进入方向。

主要使用的有以下四种类型的入口结构：

(1) 最简单的一种是圆形或管形入口[图 3-10-6(a)]。这种入口结构形式的旋风分离器常用金属板材制作、价格便宜，适用于分离性能要求不高的场合，许多木制品厂和造粒装置常选用这种入口结构的分离器。与后面介绍的槽型入口不同，圆筒入口不需要安装圆形变矩形的过渡段。

(2) 矩形入口[图 3-10-6(b)]。这种入口结构在化工和石油加工行业应用最为广泛。在本书中，除了下面介绍的轴流式外，用“切流式”来表示所有具有切向入口的旋风分离器。除了有时需要增加刚度或特定补强外，切向入口结构旋风分离器制造并不困难，而且分离性能好。由于一般采用圆形管道将来流输送到分离器，这种旋风分离器需要圆形变矩形的过渡段，使得其结构比简单的圆形入口复杂一些。从制造或强度观点来看，入口顶板常略低于分离器顶板，而不是采用图中所示的平齐设计。这可能导致分离器顶板下面存在上灰环现象。但顶灰环存在一般不会显著影响分离性能。

(3) 环绕式又称为螺旋或蜗壳式[图 3-10-6(c)]。对这种入口结构来说，由于气体进入蜗壳后的过流面积减少，使得气体在进入主要分离空间前已逐渐加速。因为这种蜗壳入口半径大于其他结构，导致气流入口环量大，内旋涡涡核的旋转速度也相应增大。这种入口结构可以实现在筒体和锥体段尺寸不变的情况下，增加处理气量。因为来流气体和粉料不会冲击升气管外壁，常选用直径较大的升气管。气体进入主要分离空间前，在蜗壳入口段已首先分离大部分颗粒，因此广泛使用于高浓度条件，蜗壳入口结构常用于处理大流量、高固料浓度的工况。图 3-10-6(c)给出了 360°蜗壳入口。结构相对简单和紧凑的 180°和 270°蜗壳也比较常用。

(4) 轴向叶片入口[图 3-10-6(d)]。导向叶片的作用是使气体沿轴向进入分离器。叶片位于升气管和分离器内壁之间的环形空间(或者对于直流式分离器，中心部分为实体)。这种入口结构的分离器本体常采用直筒型，而不是筒体和锥体组合或单独锥体。有时将这种分离器称之为旋风管或涡管分离器。旋风管一般尺寸小，常并联安装在承压容器内部的管板上。这些旋风管共用一个进气室和一个排气室，进排气室由管板隔开。

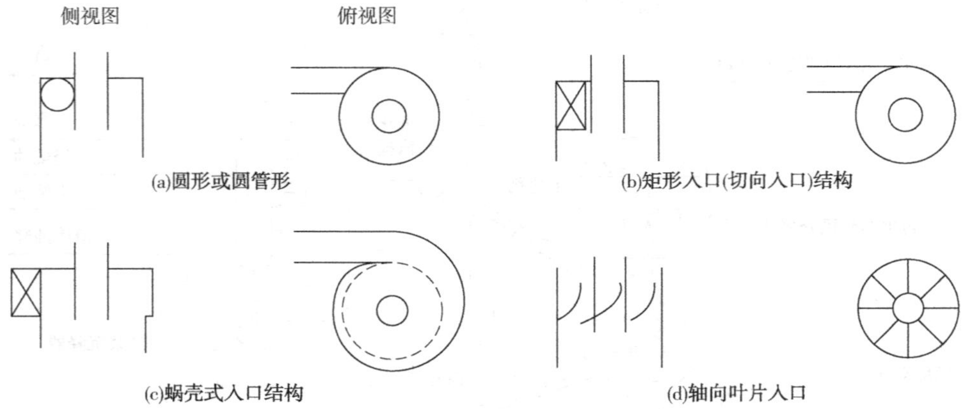

图 3-10-6 四种最常用入口结构的侧视图和俯视图

轴向入口的一个优点就是能保证内部气流流动的轴对称性，这样会给分离器的操作带来方便。例如，它可以消除一般切向入口分离器内与入口背对着的升气管外侧的粉料层。气流的轴对称性也可以通过采用双切向入口来保证。轴向入口也省去了圆形变矩形的过渡段及在筒体段开缝这一工序。由于常将叶片铸造成一体，这样使得导流叶片型旋风分离器比其他分离器安装方便。

本体形状分离器有筒锥组合型和直筒型。

离心分离器的最后一种分类是依据气体进出分离器的方法来分。图 3-10-7 给出了两种形式。净化气体从分离器顶板排出的称为"逆流式"；气体与颗粒都从分离器底部方向排出的称为"直流式"。直流式旋风分离器常采用直筒型结构。

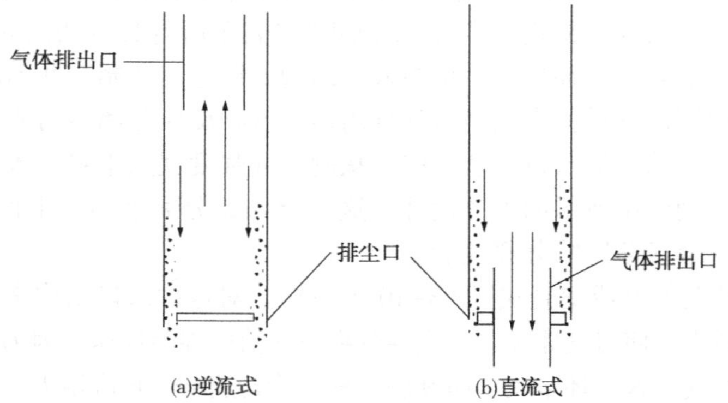

图 3-10-7 轴向气流方向示意图

(三) 旋风分离器和旋风管

上述各种结构形式的旋风分离器有些在实际工程上很少使用，工业上最常用的两种结构旋风分离器，它们都为逆流式：

(1) 切向入口(矩形和环绕式)和本体为筒锥体型的，称之为旋风分离器。

(2) 具有轴向导流叶片入口和本体为直筒型的，称之为旋风管。

这样，就区分清楚了导向叶片和切向入口结构。对切向入口，除非特别加以说明，通常指槽型和环绕式入口。

在科学和工程文献中，旋风分离器是所有离心分离设备的统称，在使用旋风分离器这一术语时，一方面，旋风管被认为是一种特殊类型的旋风分离器。旋风分离器是指离心分离设备，还有特指切向入口的筒锥型旋风分离器。另一方面，旋风管则是指具有导向叶片入口的直筒型分离器也称为旋风管分离器。

三、基本原理

旋风分离器的工作原理是靠作用在旋转流场内颗粒上的离心力，使密度比空气大的颗粒向外运动至旋风分离器壁，然后再沿器壁向下运动到排料口。在逆流式旋转分离器中，净化气体大多沿中心轴线向旋风分离器顶排出。而在直通或直流式旋风分离器中，净化气体从其底部排出。

本节首先介绍旋风分离器中气体和颗粒的运动，然后再引入旋风分离器的两个主要性能指标：分离效率和压降。

(一) 粒径的定义

旋风分离器中的颗粒运动及其分离，除了明显取决于颗粒的尺寸外，还有其他一些重要的影响因素，如像颗粒的密度及切向速度。所说的“尺寸”一词，通常指的是直径。颗粒的直径有几种不同的定义方式，因此在阅读上下文时，应该明白所使用的直径是用的哪种定义。Clift(1975)和 Allen(1990)都对这个问题进行了评论。这里涉及的定义形式与旋风分离器密切相关。

“体积当量”直径是指与实际颗粒具有相同体积的圆球体直径。“表面积当量”直径是指与实际颗粒具有相同表面积的圆球体直径。“表面积体积直径”是指与实际颗粒具有相同表面积/体积比率的当量圆球体直径。

为了说明这些定义，图 3-10-8 示意了一个高度为 $2L$、直径为 L 的圆柱形颗粒及其当量球体。

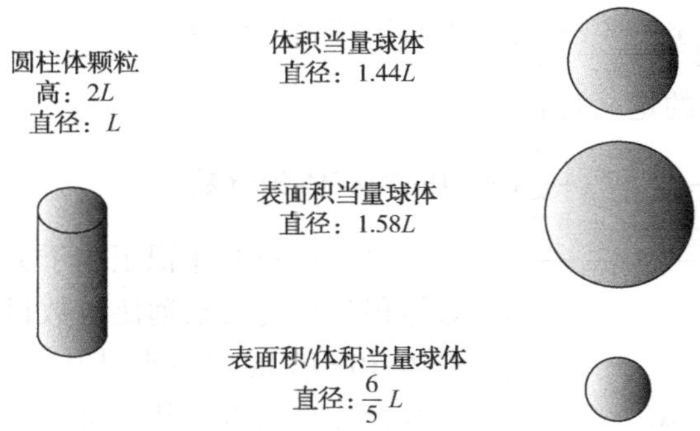

图 3-10-8　圆柱形颗粒与不同当量球体的示意

对旋风分离器来说，最为重要的是颗粒的“动力当量”直径。它是指与实际颗粒有相同终端速度的等密度球体直径。在中等雷诺数范围，或当必须进行 Cunningham 校正时，这个直径的计算是较困难的。在斯托克斯阻力定律所应用的范围内，把这个直径称为“斯托克斯”直径。

在气溶胶科学领域有一个广泛使用的类似度量，即“空气动力粒径”。它是指在重力作用下的常温常压空气中，与实际颗粒具有相同终端速度、密度为 1000kg/m^3，的球体直径。

图 3-10-9 引自 Kaye(1995)，表示了动力当量颗粒的轮廓图像。实际颗粒越是非球形

化，则其粒径就越大，以便它以相同的终端速度沉降。右边的圆球是斯托克斯直径，左边的则是指空气动力粒径。由于二氧化铀的密度远远高于1000kg/m^3，对于这种类型的颗粒，这两个粒径的大小差别最大。

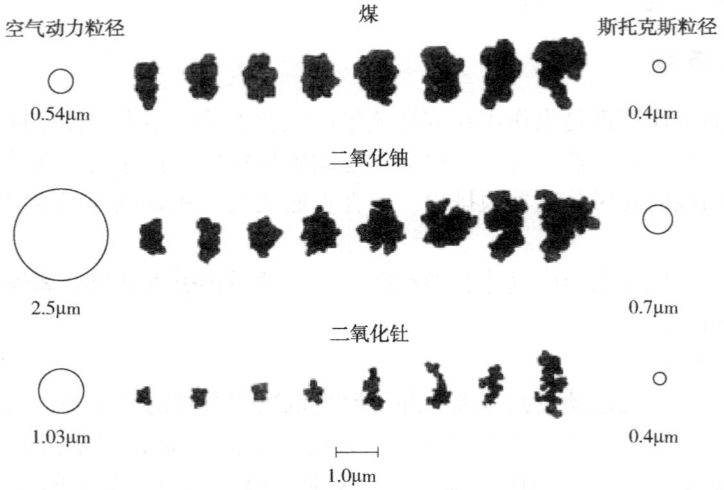

图 3-10-9　几种不同颗粒类型及它们的动力粒径和斯托克斯粒径的轮廓图像

[引自 Kaye(1995)]

(二) 粒径分布

对给定的粉料或者雾滴的粒径分布，可用颗粒的数目、长度、表面积、体积或者质量(重量)分布来描述。图 3-10-10 示意了一个粉料样本的数量和体积分布曲线。图中的曲线是密度曲线：函数值$f(x)$表示在给定区间内的颗粒分率除以这个区间宽度。因此，数目密度分布$f_N(x)$的定义是：

$f_N(x)\,dx$ 粒径在 $x-\frac{1}{2}dx$ 和 $x+\frac{1}{2}dx$ 间的颗粒数目分数。

体积密度分布$f_V(x)$的定义是：

$f_V(x)\,dx$ 粒径在 $x-\frac{1}{2}dx$ 和 $x+\frac{1}{2}dx$ 间的颗粒体积分数。

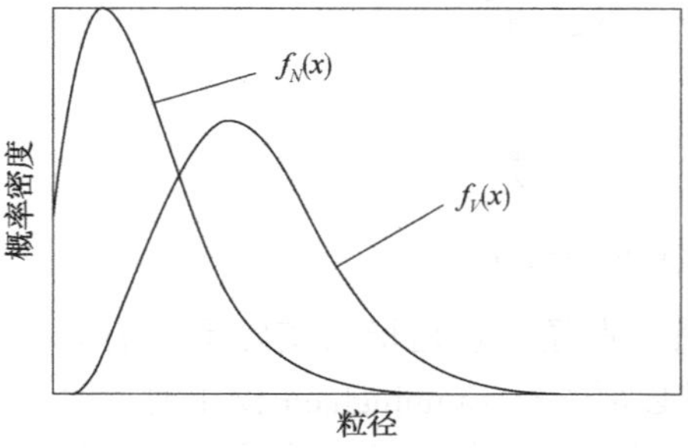

图 3-10-10　一个取样粉体的数量和体积密度分布

由于颗粒的体积正比于x^3，因此，粒径大的颗粒对体积分布的贡献远比对数目分布的贡献要大。这从图 3-10-10 的曲线形状中可以看出。粒径大的颗粒对数目分布的贡献几乎可以忽略不计，在曲线上基本上为零，然而它对体积分布的贡献特别大。对质量或者重量分布的贡献。这也是一样的。由于这个原因，且如果粒径分布很宽的话(对于每个大范围的分布，需要对很多小颗粒进行计数)，则基于颗粒计数的尺寸测量方法，很难获得统计上较满意的体积分布结果。

如果已知其中的一个分布，则可以计算出其他的分布。至少在颗粒为球形假设下可进行这样的计算(Allen，1990)。例如，可以从数目密度分布来计算体积密度分布，由于粒径在区间$(x-\frac{1}{2}dx,\ x+\frac{1}{2}dx)$的颗粒数目分率是$f_N(x)dx$，于是：

$$f_V(x) \propto \frac{\pi x^3}{6} f_N(x)dx \tag{3-10-1}$$

这里需要选择一个比例常数，以便使得整个体积密度分布曲线下的图形面积为1：

$$f_V(x) = \frac{\frac{\pi x^3}{6} f_N(x)dx}{\int_0^\infty \frac{\pi x^3}{6} f_N(x)dx} \tag{3-10-2}$$

除了密度分布以外，一个广泛用于粒径分布的描述方法，“筛下累积率”$F(x)$的使用，它被定义为粒径小于x的颗粒分率。$F(x)$与密度函数$f(x)$有关：

$$F(x) = \int_0^\infty f(z)dz \tag{3-10-3}$$

图3-10-11中的筛下累积粒径分布对应于图3-10-10中的密度函数。

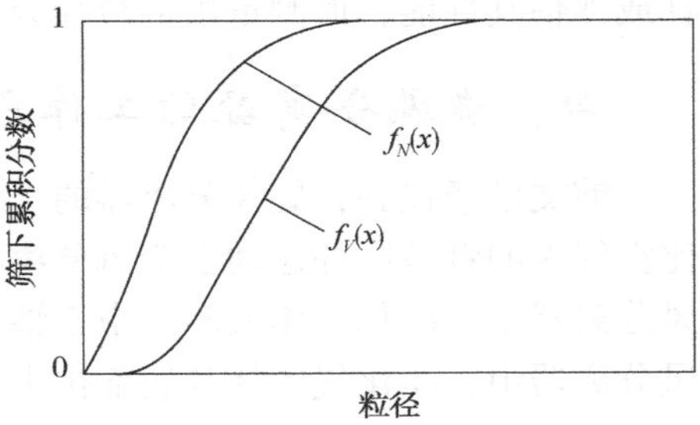

图3-10-11　图3-10-10中粉体的数目累积和体积累积分布

全书中将使用体积分布，且为了简化，以后都省略下标V。在实际中，我们经常会遇到“质量”或“重量”分布这些术语，它们来自筛子分析结果。不管测量粒径所用的的方法如何，但如果组成颗粒分布的所有颗粒的密度都相同的话，则颗粒的质量或重量分布与它们的体积分布是相同的。这是因为任何单个颗粒的体积或者颗粒群的体积分数，在颗粒密度为常数的情况下，与它们的质量或重量呈正比。

目前，有许多典型的粒度分布函数，其中有些分布函数与多种粉体的粒径分布吻合得很好。用得最为普遍的有正态(或“高斯”)分布、对数-正态分布和“Rosin-Rammler”分布(Allen，1990)。后面两种分布尤其适合于描述很多种物料的体积分布。图3-10-10和图3-10-11是用Rosin-Rarnmter分布绘制的曲线。

应该强调的是，在描述颗粒分布时，想用任何特殊的、事先既定的分布函数来拟合颗粒的分布，一般说来没有这个必要。设计和评估旋风分离器性能的计算机程序，在其内部的计算过程中，一般选用原始的粒径分布测量数据(通常为累积分布形式)。这项技术消除了拟合出的数据和要拟合的实际数据之间可能存在的误差，可以经常看到，某些分布函数确实与实测数据分布的绝大部分拟合得好，但也许会在最小的粒径部分出现问题。在这种情况下，如果认为这些“细颗粒”的捕集非常重要的话，那么在实际中人们就不应用这种分布函数。因此，在旋风分离器模拟时应使用实际测量的粒径分布数据。

最后，来看看粒径分布的平均值和分散度。平均粒径有几种不同的定义方式，每种方式又取决于粉体在哪方面特性的重要程度。有关这方面的论述中可参考Allen(1990)。在本书中，使用了体积分布和“体积平均”粒径，它等同于质量平均粒径，定义为体积分布对粒径为零处的一次矩：

$$\langle x \rangle = \int_0^x f(x)dx \tag{3-10-4}$$

其他特征粒径是“中位粒径”x_{med}，是一个定义在$F(x)=0.5$时的粒径。“众数点”是一个

定义在 $f(x)$ 为最大值时对应的粒径。

这里应注意，实际工程中平均粒径和中位粒径常常是比较接近的，且在这两者中，确定中位粒径比确定平均粒径要容易得多，只需从累积粒径分布曲线上直接读取。因此，在实际中，对一给定的粉料。通常把中位粒径认为是平均粒径。在本书中，将按照常规测定方法，用中位粒径作为平均粒径的度量。把它认成是“质量平均”粒径或者“中位”粒径，但当指中位粒径时，总是使用记号 x_{med}。

对于粒径分布，也可用描述其分布特性的参数来表征，即分散度。它的平方是平均值的二次矩：

$$\sigma^2 = \int_0^\infty (x - \langle x \rangle)^2 f(x)\,dx \tag{3-10-5}$$

上面的参数是非常有用的，因为它仅用两个参数来表征粉体的特性。例如，在控制条件下的实验结果就与粒径分布有关。然而，在工程设计中，很少对此进行考虑，为了对工业中的旋风分离器进行设计和故障诊断，它们通常面对的是根据上游工艺过程所提交的资料来设计或评估其性能，而测量出的粒径分布则作为计算的一个依据。

四、旋风分离器的工作原理

前文已经提到，旋风分离器的工作原理是靠作用在旋转流场内颗粒上的离心力，使密度比空气大的颗粒向外运动至旋风分离器器壁，然后再沿器壁向下运动到排料口。在逆流式旋风分离器中，净化气体大多沿中心轴线由旋风分离器顶部排出。而在“直通”或“直流”式旋风分离器中，净化气体从其底部排出。

本部分首先介绍旋风分离器中气体和颗粒的运动，然后再引入旋风分离器的两个主要性能指标：分离效率和压降。

（一）旋风分离器中的流动

从几十年来所积累的实验结果可以看出，对旋风分离器内的气体流态已研究得相当清楚。然而，有关流场中的颗粒轨迹，却很少有实验数据。为此，可借助于计算流体动力学（CFD）方法来分析颗粒运动的轨迹。

1. 气体流态

旋风分离器内速度场一般用热线风速仪、皮托管以及近年来常用的激光多普勒测速仪（LDA）来测量。图 3-10-12 展示了一种标准形式的切流式筒锥形逆流旋风分离器的示意图，图中显示了其内部的流态状况，气体切向进入分离器后在分离空间产生旋流运动。在旋流的外部（外旋涡），气体向下运动，并在中心处向上运动（内旋涡）。这里，旋风分离器外部区域气体的向下运动是至关重要的。因为，它把所分离到器壁的颗粒带到旋风分离器底部，这主要依靠气体的向下运动，而不是靠重力的作用口在垂直放置的旋风分离器中，重力只起辅助作用。只有当旋风分离器内含尘浓度较高时，重力才对粉料排出具有显著的影响。因为，含尘浓度高时的“质量浓度”影响将很明显，以后将予以详细介绍。与此同时，气体还存在一个由外旋涡到内旋涡的径向流动，这个径向流动在沿升气管下面的分离器高度方向的分布并不是完全均匀的。

图 3-10-12 的右侧给出了轴向速度和切向速度沿径向位置的分布图口，前者表明气体在外部区域沿轴向向下运动，在内部区域向上运动。如前面所提到的，器壁附近向下的轴向速度对将颗粒传输到排料口起重要作用，轴向速度在中心线附近常常存在一个滞留区域。有时甚至出现气体轴向速度是向下的。切向速度分布类似于兰金涡：外部的准自由涡和内部的

准强制涡。

在如图3-10-12所示的坐标系中，一般将z轴取为旋风分离器或旋风管分离器的轴线方向；右侧给出了轴向和切向速度沿径向的分布图。对除雾旋风分离器来说，排料口指液体出口。

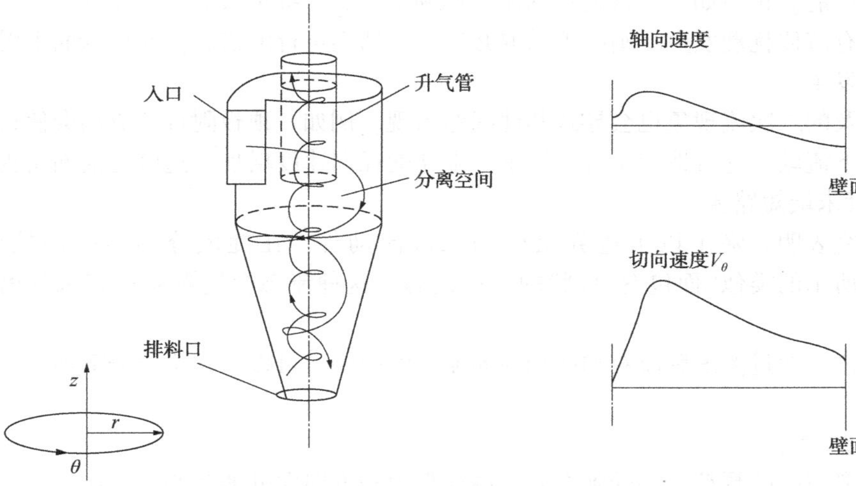

图3-10-12　切向进口旋风分离器及其内部流态示意图

对于径向速度沿径向的分布规律，我们知道得并不太多。一般说来，径向速度要比切向速度小得多，且很难精确测定。但升气管下口以下的径向速度通常是由外向内，但沿高度方向的分布是不均匀的。而且，升气管下口附近的向心径向速度最大，这与下面所讨论的二次流动有关。

旋风分离器凹壁附近的旋流本身是不稳定的流动。因此，旋流运动引起的压力梯度将在旋风分离器内壁产生“二次流”。前面我们知道静态压力沿旋流的外部区域是增加的。从顶板一直到下部的锥体的整个壁面的边界层内都存在压力梯度。此外，由于该边界层内的切向速度较小，其结果是在器壁附近区域的气团内存在向心的合力，于是沿旋风分离器顶板到锥体壁面出现图3-10-13所示的方向向内的流动。因此，这个向心的合力，是由器壁和气团之间的摩擦阻力来平衡。

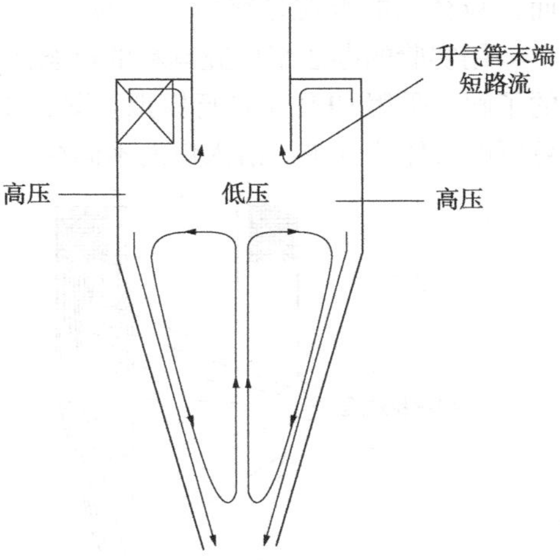

图3-10-13　旋风分离器中旋流产生的二次流动

强烈的压力梯度除了产生上面提及的二次流动外，也会产生其他一些影响，含尘气体有一个离开器壁并做径向流动的强烈趋势，在器壁流动遇到扰动时，这种情况极有可能发生。这包含如下的情况：焊接裂缝、器壁的翘曲或变形、颗粒沉积、耐火或陶瓷衬里的损坏、器壁受到磨蚀、玻璃视窗、热电偶导管、观察孔、人孔或者人孔/窗(它们与旋风分离器的内表面不光滑或者形状不一致)、压力传感器、表面硬化或者“堆焊”的区域、法兰连接处、垫片伸入到流场内。以及大多数以前被维修过的地方(但“不像新的”

旋风分离器那样有光滑的表面)。这甚至还包含器壁的不圆度或者器壁是用平板金属材料经过简单压制而成的，而不是经过滚压加工来保证内表面的光滑。实际上，这样的非理想情况是不可能用现有的模型进行精确地模拟。只有在已知壁面粗糙度时，模型才可用于具有均匀粗糙度的器壁。但是，这不能用来处理上面所列的非理想器壁情况。同时，这些情况还将严重影响分离性能。正因如此，这就特别需要现场工程师、维护人员以及设计者协调处理壁面情况，如果有流体扰动发生，则必须采取必要的、切实可行的措施，使得壁面平滑，以防止扰动现象的发生。

上面提及的二次流现象也会导致其他问题出现。例如，顶板附近的流动会使得流体沿升气管外壁向下流动。这就造成了升气管下口末端的径向速度增加，这就是前面所提到的常称之为"升气管末端短路流"。

实验研究表明，除了以上边界层内的二次流动外，在旋风分离器的涡核处还存在图 3-10-13所示的类似"面包卷"形状的二次流态。这种流态会使颗粒在旋风分离器内做循环运动。

一般说来，通过考虑旋流对轴向和径向流动的影响，可以认识旋风分离器内的许多流动特征。

2. 颗粒流动

进入分离空间的颗粒，将受到方向向内的阻力和方向向外的离心力作用。由于含尘气体一进入旋风分离器就进行旋转流动，而气体中携带的颗粒同时受到方向向外的径向离心力作用，所以"分离空间"的起始点就在这里。这个起始点位置随分离器的进口结构而不同，例如，这个点可以在旋风分离器上部"筒体"前面的进口蜗壳前缘或上部筒体段的螺旋前缘。

由于离心力正比于颗粒质量，即正比于粒径的立方(x^3)。而气体由外旋涡流向内旋涡的对颗粒阻力，则正比于粒径(x)。至少在实际中应用斯托克斯定律时，它一般是成立的。因而，粒径大的颗粒是容易分离的。

用实验的办法来研究颗粒的流态并不是一件易事。为了对颗粒在旋风分离器中运动有更深的了解，采用 CFD 来进行模拟。图 3-10-14 示意了一系列的颗粒轨迹。颗粒在一个事先已计算好的气体流场中，沿入口的不同径向位置进入旋风分离器。图中没有表示出旋转运动。

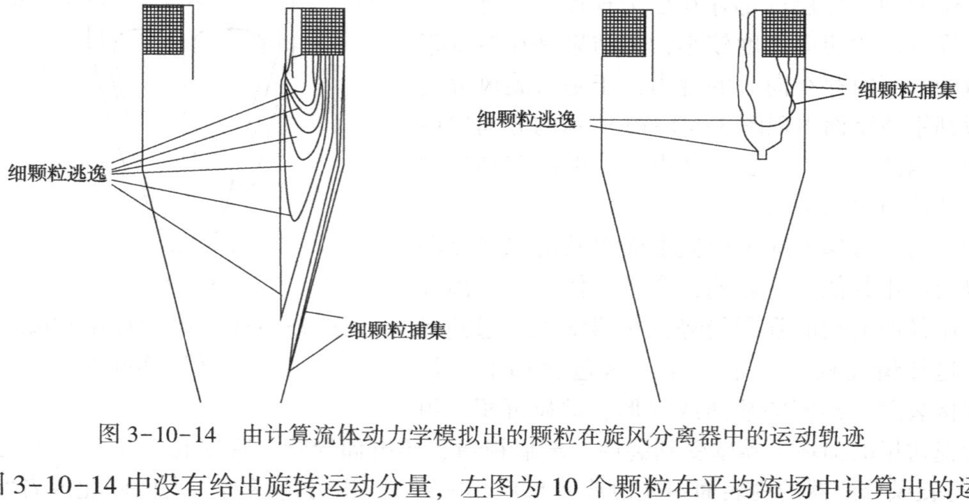

图 3-10-14 由计算流体动力学模拟出的颗粒在旋风分离器中的运动轨迹

图 3-10-14 中没有给出旋转运动分量，左图为 10 个颗粒在平均流场中计算出的运动轨迹；右图为 5 个颗粒轨迹在考虑湍流影响的流场中的运动轨迹。计算条件：旋风分离器筒体

直径 20cm，进口气速 15m/s，气体处在标准状态(标准环境温度和标准压力：25℃和 1 个大气压)下，颗粒密度为 $2730kg/m^3$。

旋风分离器是借助于离心力把颗粒甩到器壁并捕集它们，但分析那些没有被捕集的小颗粒的运动很有意义。图 3-10-14 所示为粒径为 1.0μm 的细小颗粒的运动轨迹。从图中可以看出，一些颗粒从升气管逃逸，而那些从离壁面较近位置开始运动的颗粒，到达了壁面，这些颗粒都会被捕集下来，在模拟计算时就可以不予考虑到达壁面后的运动。

(二) 分离效率

1. 总分离效率

在旋风分离器运行中，考虑三部分颗粒：进入、捕集(或者称作收集或“底流”)和“排放”(或逃逸或损失)。分别用符号 M_f、M_c 和 M_e 来表示它们的质量(或者质量流量)，旋风分离器中的颗粒质量平衡关系为：

$$M_f = M_c + M_e \tag{3-10-6}$$

总分离效率，可简单用旋风分离器捕集的颗粒质量与进入颗粒的质量的比值来计算：

$$\eta = \frac{M_c}{M_f} = 1 - \frac{M_e}{M_f} = \frac{M_c}{M_c + M_e} \tag{3-10-7}$$

通过对这两部分颗粒进行取样和称重来得到效率。

在工业过程中，总分离效率通常是一个最常用的评价指标。但是，对表征某个具体的旋风分离器本身的分离性能而言，这个指标并不全面。因为，它不仅取决于旋风分离器本身，而且还取决于颗粒的粒径及密度。

2. 分级效率

旋风分离器的分离性能最好用所谓的分级效率曲线(GEC)来表征，它是指某一给定粒径或粒径范围(小范围)的分离效率。

对于进入、捕集及逃逸(或散失)的粉料来说，如果相应的体积或质量密度分布分别是 $f_f(x)$、$f_c(x)$ 和 $f_e(x)$，则粒径在 $x-\frac{1}{2}dx$ 和 $x+\frac{1}{2}dx$ 之间的颗粒质量平衡为：

$$f_f(x)dx = \eta f_c(x)dx + (1-\eta)f_e(x)dx = dF_f(x) = \eta dF_c(x) + (1-\eta)dF_e(x) \tag{3-10-8}$$

因此，对小于给定粒径 x 的粉料，通过对式(3-10-8)逐项积分便得到其质量平衡方程：

$$F_f(x) = \eta F_c(x) + (1-\eta)F_e(x) \tag{3-10-9}$$

分级效率定义为，粒径在 $x-\frac{1}{2}dx$ 和 $x+\frac{1}{2}dx$ 之间，被旋风分离器捕集的颗粒与进入颗粒的比值：

$$\eta(x) = \frac{M_c f_c(x)dx}{M_f f_f(x)dx} \tag{3-10-10}$$

利用质量平衡方程(3-10-8)和方程(3-10-9)以及方程(3-10-7)，则有：

$$\eta(x) = \eta\frac{f_c(x)}{f_f(x)} = 1-(1-\eta)\frac{f_e(x)}{f_f(x)} = 1-(1-\eta)\frac{dF_e(x)}{dF_f(x)} \tag{3-10-11}$$

图 3-10-15 为典型的呈 S 形的分级效率曲线。

如果旋风分离器的分离是一个理想化的陡降切割，则在“临界”或“切割”粒径 x_{50} 处的分级效率曲线将是一条垂直线。但实际却并非这样，这里面有很多原因，其中有：

(1) 同样尺寸的颗粒，既可以被捕集，也可以被带出，这取决于它们在入口处的起始

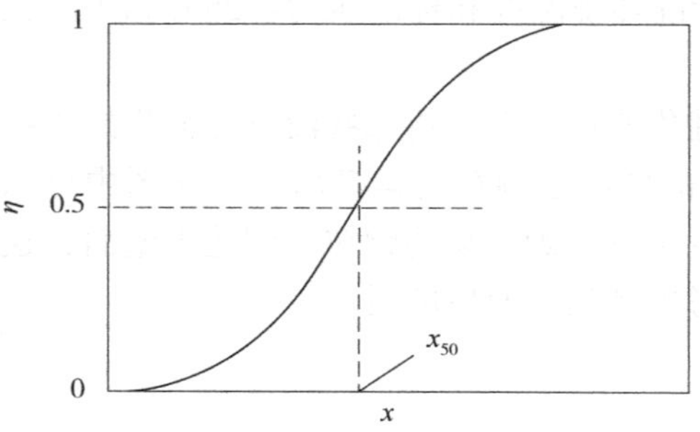

图 3-10-15 典型的呈 S 形的分级效率曲线

位置。

（2）由于一般的流体湍流所引起颗粒的湍流扩散，因内部壁面粗糙和表面的不整齐而进一步增强，从而导致颗粒返混。

（3）如果旋风分离器下部截面没有进行仔细设计，旋风分离器的底部位置或灰斗中已经分离的、粒径大于 x_{50} 的颗粒，也许会被重新夹带。

（4）粒径小于 x_{50} 的颗粒也许会黏附在粒径大的颗粒上而被分离下来。

（5）在旋风分离器内部也会出现颗粒磨损。

由于以上这些原因，在实际中得到的是一个光滑的 S 形的分级效率曲线。切割粒径或“x_{50} 切割点”（常指“d_{50} 切割粒径”）被认为是分离效率等于 0.5 时的颗粒粒径 x_{50}。

与总分离效率不同，旋风分离器的 x_{50} 切割点和分级效率曲线与进料的粒径分布无关，至少在低含尘浓度时是这样的。后面将进一步论述这个问题。因此，它们是分离器本身分离潜力的一个较准确的度量指标。

x_{50} 粒径非常类似于普通纱网或筛子的筛孔。在用筛子过滤时，所有粒径大于 x_{50} 的来料将被捕集或者被“截留”下来，而所有粒径小于 x_{50} 的颗粒都不会被捕集。实际上，筛子本身也呈现某种非理想分离现象，对颗粒粒径不是一个理想化的陡降切割。旋风分离器类似于一个陡降的筛子，它趋于保留所有粒径大于 x_{50} 切割点（筛子通道）的颗粒，而让那些小于切割点的颗粒通过。在实际中，把旋风分离器看成一个“筛子”，这是非常有用的，尤其是在高浓度下对颗粒物料进行分级而不是进行颗粒分离时，更应这样来看待。

此外，如果分级效率曲线是用实际粒径计算出的空气动力粒径来计算出的，则它与进料的密度无关，且能反映旋风分离器的真实特性。

分级效率曲线在切割粒径附近的陡降度反映了旋风分离器“切割锐度”。

为此，一种简单的方法是用分级效率曲线在 x_{50} 的斜率来表示，另一种方法是用与两个给定分级效率点对应的粒径比来表示，如相应于效率 0.25 和 0.75 的粒径比 x_{25}/x_{75}。

上面介绍了两种采用分级效率曲线在其切割点 x_{50} 附近的实际斜率来表示陡降度大小的方法。然而，在很多应用中，可以把所测量的旋风分离器分级效率数据用数学函数形式 $\eta=f(x)$ 来拟合，并经过适当的变量转换，绘制出数据图形，使得它呈直线或接近直线。该直线也存在一个“斜率”，但这个斜率在整个粒径范围内为常数，且与前面所描述的分级效率曲线的“实际”斜率不同。然而，这两个斜率都是有用的，在后文中将会涉及后一种形式的斜率。

3. 总效率和切割粒径间的换算

有时需要进行总效率和切割粒径 x_{50} 间的换算，例如，当对试验确定的效率与模型预测的切割粒径进行比较时，常常需要进行换算。这里介绍两种方法：简单的近似方法和精确法。

简单的近似方法是假设旋风分离器在 x_{50} 有个陡降的切割，即所有低于 x_{50} 的物料将随气体排出，而所有高于 x_{50} 的物料将被收集。如果进料的累积筛下粒径分布是 $F_f(x)$，则（图 3-10-16）：

$$1-\eta=F_{\mathrm{f}}(x_{50}) \quad (3-10-12)$$

对于旋风分离器而言，精确法是使用整个的分级效率曲线 $\eta(x)$ 在粒径 $x-\frac{1}{2}\mathrm{d}x$ 和 $x+\frac{1}{2}\mathrm{d}x$ 范围内的进料百分数为 $f_{\mathrm{f}}(x)\mathrm{d}x$，则其中有 $\eta(x)f_{\mathrm{f}}(x)\mathrm{d}x$ 被旋风分离器捕集下来。因此，进料颗粒被捕集的总百分数为：

$$\eta=\int_0^{\infty}\eta(x)f_{\mathrm{f}}(x)\mathrm{d}x=\int_0^{\infty}\eta(x)\mathrm{d}F_{\mathrm{f}}(x) \quad (3-10-13)$$

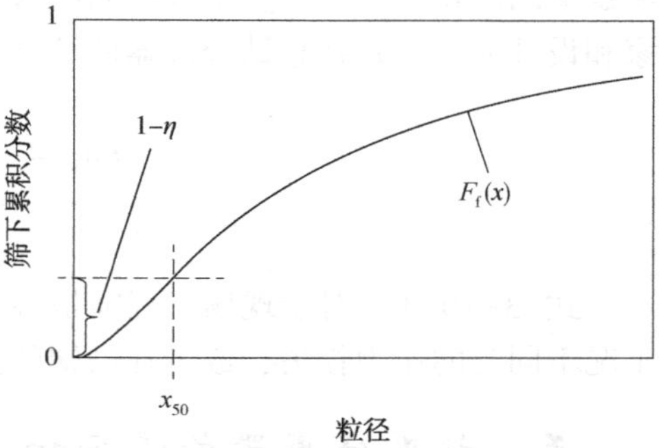

图 3-10-16　由进料颗粒的累积粒径分布和切割粒径来确定总效率的原理

经验表明，近似方法[式(3-10-12)]的精度是非常令人满意的，甚至在旋风分离器的切割远非陡降分离的工况时，也是如此。这一点很有实际意义，当只需对总分离效率进行粗略估算时，经常使用这种方法。

(三) 压降

最后，来简要地介绍一下旋风分离器的压降。在工艺过程中，测量压降的常规步骤是测量上游和下游管道或导管内壁面处的静态压力。由于旋风分离器排出的气体仍然存在旋转流动，使得出口管道的静态压力变得复杂。首先，旋流的存在导致壁面上的静压比整个横截面的平均静压要高；其次是怎样处理旋流所具有的动态压力。而在后文中将考虑这些问题的有效解决办法。这里，所说的分离器“压降”是指总压(静压和动压的总和)降。

一般来说，旋风分离器的压降可分为三个部分：①进口损失；②分离空间的损失(旋风分离器本体)；③升气管内的损失。

进口损失同其他损失相比，可以忽略不计，至少在切向进口的旋风分离器中是这样。但对于带进口导叶的旋风管分离器，几乎没有这方面的数据。不过，如果导流叶片的形状符合空气动力学条件，进口损失一般也很小。

旋风分离器本体中的能量损失比较高，正如在后面要谈到的，其主要原因在于分离空间限制旋流强度：壁面的摩擦损失越大，导致旋流强度越弱。但这部分壁面损失在总压降中并不起支配作用。

在直流和逆流式切向入口两种旋风分离器中，升气管中的能量损失所占的比例是最大的。升气管中的损失可能比其他两种损失高一个量级。但应注意一个例外情况，在高含尘浓度的初级或“粗分离”旋风分离器中，壁面摩擦阻力引起的壁面能量损失则占总压力降的重要部分，而涡核和升气管中的压力损失所占比例相对降低。

整个旋风分离器的压降 Δp，正比于或者非常近似地正比于体积流量的平方，这与所有具有湍流流动的工艺设备中的情况相同。为了描述给定旋风分离器的压降特性，经常把压降表示为无量纲数(欧拉数)的形式：

$$Eu\equiv\frac{\Delta p}{\frac{1}{2}\rho\langle v_z\rangle^2} \quad (3-10-14)$$

式中　v_z——旋风分离器筒体中的平均轴向速度，即体积流量除以旋风分离器筒体的横截面积。

具体采用哪一个速度来定义欧拉数是无关紧要的。实验室研究中普遍采用式(3-10-14)

所定义的欧拉数。而很多工程师们则喜欢用进口速度或者升气管的平均速度来计算，因为商家和设计人员常常在总结分离器的综合性能时给出这两种速度：

$$Eu_{\text{in}} \equiv \frac{\Delta p}{\frac{1}{2}\rho\, v_{\text{in}}^2};\quad Eu_{\text{x}} \equiv \frac{\Delta p}{\frac{1}{2}\rho v_{\text{x}}^2} \tag{3-10-15}$$

式(3-10-15)对于现场工程师是特别有用的，他们希望估算出旋风分离器系统在与设计工况不同时的压力损失，或者在已知的流量下计算。

五、旋风分离器的流场和压降

旋风分离器的分离效率与颗粒的运动过程密切相关，而颗粒的运动又与旋风分离器内部的流场密切相关，为此首先需要了解流场内的速度分布。在旋风分离器分离模型的分析上，一些研究人员把影响气体流场与分离效率两方面的所有因素均考虑在内，而另外一些研究人员则主要集中在某一个方面，或是在流场分析上或是在分离效率上。这里对此分别介绍。

在旋风分离器的压降分析中，一些是以流场分析为基础，一些是以实际耗散损失估算为基础，还有一些是纯经验的方法。

本章主要讨论流场和压降，后续主要讨论分离效率模型。在各种各样的旋风分离器分离模型中，这里主要讨论目前比较常用的模型，但也不可能对模型的详细推导过程进行叙述，仅只阐述这些方程推导的基本原理。通过阅读这些基本内容和理论的推导过程，使设计和现场工程师能够进一步认识旋风分离器的分离原理。同时，也希望本书的读者能将这些知识应用在旋风分离器的设计、性能分析、故障诊断上。若读者想了解方程详细推导过程，请参考原始文献。本章后部分的论述说明了流场计算模型与旋风分离器内部的实际流动很好。本节主要讨论旋风分离器内部气流旋转运动所具有的一些流动上以及压降上的特点，并且尽量从直观的角度去分析这种旋转运动及其特点。

(一) 流场

传递过程中基本方程建立的主要方法是对微分单元进行力的平衡分析，对于圆柱坐标系中的旋流运动也是如此。在这样的坐标体系中，基本方程建立的方法是从纳维尔-斯托克斯方程出发，并对方程进行简化。若能直接了解旋风分离器的流场，则可以从感性上更好地去认识流场的特点和流场的计算方法。旋风分离器的流场计算是从运动方程的切向分量部分开始的。

首先，考虑一个具有微分厚度的环形流体单元做旋流运动(图 3-10-17)。动量矩对时间的变化 $\partial(mv_\theta r)/\partial t$ 等于作用在单元上的力矩之和，即作用在单元体上内外表面的剪力力矩之和。

假设器壁上的摩擦力对旋转流体的影响可以简化为动量矩对流体单元的作用，如同在 Cartesian 坐标系中剪切力被看作动量一样。对一个半径为 R_w 高度为、H_w 面积为 $A_w = 2\pi R_w H_w$ 的旋转流体单元，作用其表面的摩擦力矩为：

$$\text{剪切力矩} = \tau_{r\theta} A_w R_w = f\left(\frac{1}{2}\rho\, v_{\theta w}^2\right)(2\pi R_w H_w) R_w \tag{3-10-16}$$

式中 f——摩擦系数。

在旋风分离器压降和分离效率模型的推导中多次使用到这个参数。

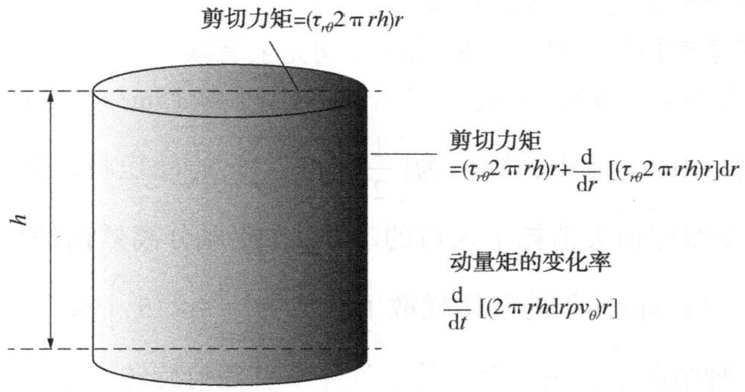

图 3-10-17 厚度为 dr 的环形流体单元上的动量平衡

在稳定流动状态下，动量矩的变化为零。对作用在圆筒上的力矩进行平衡，则有：

$$(\tau_{r\theta}2\pi rh)r=(\tau_{r\theta}2\pi rh)r+\frac{d}{dr}[(\tau_{r\theta}2\pi rh)r]dr=\frac{d}{dr}[(\tau_{r\theta}2\pi rh)r]dr=0$$

式中 2、π、h 和 dr——常数。

这样简化为：

$$\frac{d}{dr}(\tau_{r\theta}r^2)=0$$

因此，通过动量矩平衡可以分析出旋转流场中切向的流动。

(二) 压降

旋流运动使旋风分离器的压降问题变得比较复杂。

(1) 旋风分离器压降与几何参数和工作参数的关系是非线性的。

(2) 旋风分离器的实测压降，由于测量点的问题，一般很难有一个统一的解释。

首先从第一项开始。为了对旋风分离器的压降有本质的了解和正确的认识，需要了解静压和动压(分别为 p 和$\frac{1}{2}\rho v^2$)之间的差别。

旋风分离器的旋转气流是由外旋涡以加速方式流向内旋涡构成的，这个流动过程符合动量矩守恒原理或者角动量守恒原理，表现为静压逐渐降低，或者说旋转流动是静压转换成动压的过程。对于一个给定的入口速度，器壁的摩擦力越小，气流旋转就越强，气体进入升气管中心的静压就越低，静压转换成动压就越有效。式(3-10-2)和式(3-10-3)是在无摩擦旋转这个极限条件下推导的，这在实际中是不存在的。但在其他条件相同的情况下，旋风分离器的器壁越光滑，入口浓度越低，产生的旋转速度越高，中心静压也越低。

气流在器壁和旋转涡核中的摩擦损失将直接导致机械能量的损失。如同管道中的流动一样，这种摩擦损失增加了旋风分离器的压降。如切向速度分量中的动压能量$\frac{1}{2}\rho v_\theta^2$ 主要在升气管和管道中耗散掉了，而没有静压恢复(没有整流器的情况下)。

试验表明，旋风分离器的压降随入口浓度、器壁粗糙度或旋风分离器长度的增加而减少。这三个参数的增大都使旋风分离器器壁的摩擦力增加。从管道流动的经验来看，增加摩擦损失会使压降上升，但旋风分离器中的情况有所不同，摩擦损失增加使压降减少。

根据上面对旋风分离器压降的简要分析，就可以直观地看出旋风分离器的压降随器壁摩擦损失增加而减少。首先考虑旋风分离器内流动状态的两个极端情形：

(1) 很低的器壁摩擦损失，很强的旋转流。

(2) 很高的器壁摩擦损失，基本上使旋转流动完全衰减。

在(1)中，大部分静压被转换为动压口若入口速度为15m/s，则最大的切向速度高达45m/s。于是每单位体积的气体中，数值为$\left(\frac{1}{2}\rho\times45^2\right)$Pa的动压将耗散在升气管和管道中，在(2)中，很高的器壁摩擦损失消耗了入口的动压(在旋风分离器内使用非常粗糙的壁面使旋流基本衰减为零)，每单位体积的气体耗散了数值为$\left(\frac{1}{2}\rho\times15^2\right)$Pa的动压，这比前面的小一个数量级。在第二种情况下，进入升气管的气体没有任何旋转运动，且有很高的静压，这样升气管中的动压耗散是非常低的。结果是，(1)中的压降高于(2)中的压降。因此，旋风分离器的器壁越粗糙，压力损失就变得越小，这与感觉刚好相反。发生这种现象的原因是由于入口浓度很高时，颗粒在旋风分离器器壁表面形成一个颗粒层，对比同一旋风分离器在入口浓度很低的情况下运行，这些颗粒对旋转气流产生很强的滞留作用，使压力损失减少，颗粒和气体之间的阻力消耗大部分气体的能量，使旋转速度降低、静压损失减少。例如，在FCCU反应器顶部的高入口浓度的旋风分离器就是如此。在其他条件相同的情况下，的旋风分离器(用于防止冲蚀和/或热防护)相比，尽管前者增加了沿器壁的能量损失，一个内部有相当粗糙耐火砖衬里与光滑金属板制造的旋风分离器相比，尽管前者增加了沿器壁的能量损失，但其总压损失是比较小的。尽管如此，人们总是尽量使旋风分离器的器壁表面平滑，因为这将使旋转速度更高，分离性能更好。

现在讨论上面第二项的内容：对旋风分离器实验测量压降进行解释。旋风分离器入口压力的测量一般不是问题，因为在整个入口横截面上静压是均匀分布的，可以在器壁上用测压孔进行测量。实际上，很多工业用流化床旋风分离器的入口静压测量是很简单的，测压孔直接安置在速度相当低、放置旋风分离器的大型容器的流化床的稀相部分。然而，对旋风分离器出口压力的测量因压力测量点附近存在着旋流运动而变得复杂。

(1) 旋转流动中的动压问题。

(2) 静压分布在旋转流运动中是不均匀的，在器壁处最高。

在升气管中，旋转气流中的动压是非常大的。如果在升气管中没有安装压力恢复装置或者稳流装置，则管道的弯头、管道的变径和阀门等所产生的器壁摩擦、湍流和返混最终将动压耗散掉，没有静压恢复。

升气管器壁上的静压与其横截面上的平均值静压是不同的。计算流体力学(CFD)的计算结果表明如果使用器壁上的压力而不用横截面上平均压力，则测量的压力降要比实际情况低30%以上。

解决这个问题的方法之一是使器壁上的静压等于横截面上的平均静压加上旋转流中的动压(Hoffmann等，1992)。或者用另外一个方式表达：让器壁上的静压等于在理想的稳流器(或称为“压力恢复扩压器”)后面所测得的静压，这个稳流器把所有的旋流动压转换为静压，这里需要强调的是升气管中的静压是旋转半径的线性函数，才有以上的结论。因此，在没有压力恢复装置的情况下，升气管道壁面上的压力减去进口的静压，就是进口和出口测量点之间的真实耗散损失。其余的动压在下游的管道系统中因为管道壁面、弯头等的摩擦阻力，将导致旋流的进一步衰减，全部耗散掉。

在对流场和压降进行简要讨论后，现在分析计算模型。由于大多数的模型研究主要集中在切流式筒锥型旋风分离器上，这里也主要讨论"筒锥型旋风分离器"的流场和压降模型和对于旋风管分离器的流场和压降模型。现在基本上还没有这方面的研究文献，所以读者可以根据对模型的推导过程，自己能把结论应用到旋风管分离器中。

六、影响旋风分离器性能的其他因素

这里将分析对旋风分离器性能具有重要影响的两个特定因素，它们是气体中粉料浓度和自然旋风长，两者都影响旋风分离器的分离性能、壁面磨损和压降，尤其是对于切向入口的旋风分离器。自然旋风长也与堵塞现象有关。

(一) 粉料浓度的影响

与仅凭直觉所想象的相反，当粉料浓度增加相当大时，旋风分离器的性能会随之改善，即随着粉料浓度的增加，总分离效率增加，而压降降低。

1. 时旋风分离器分离效率的影响

旋风分离器设计人员早已认识到，切向入口旋风分离器的分离效率随着粉料浓度的增加而提高。即使如此，虽然针对这一问题进行了大量的研究，但至今尚未了解清楚分离效率提高的准确机理。

图 3-10-18 给出了切向入口旋风分离器的总效率随粉料浓度的变化规律。可以看出，总效率随着粉料浓度的增加而显著提高。当粉料浓度为每立方米气中含尘量为 40g 时，总效率的提高比较明显，从旋风分离器排气口的粉料浓度在入口浓度中所占的比例只有低浓度时的 1/3。因此，尽管当粉料浓度增加时，从旋风分离器排气口带出的颗粒量仍然增加，但其粉料浓度在入口浓度中所占的比例却减少。但也应注意到，对仅依据模型试验而设计的工业用旋风分离器来说，如果其入口粉料浓度不能确定，则可能会出现问题。

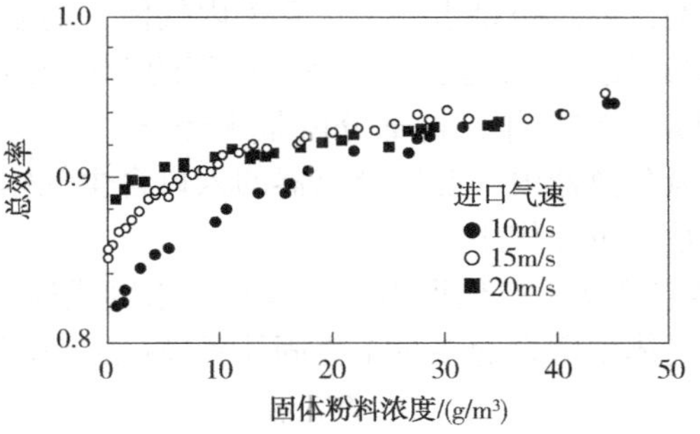

图 3-10-18　旋风分离器总效率与固体粉料浓度之间的变化规律

[实验粉体为中位粒径 6.7μm 的滑石粉体(Hoffmann 等，1991)，分离器的尺寸为：D=0.2m；D_x=0.75m；S=0.1；a=0.1；b=0.04；H_c=0.5m；H=0.8m；D_d=0.075]

图 3-10-19(a)和图 3-10-19(b)给出了与图 3-10-18 的数据点相对应的分级效率和气体出口的粒径分布。图 3-10-19 有以下三个特点值得注意。

(1) 随着颗粒直径的减少，分离效率首先降低，并达到一个最小值，然后当颗粒直径很小时，分离效率又增加。

(2) 随粉料浓度的增加，分级效率曲线整体上移。

(3) 尽管总效率随粉料浓度的增加而显著增加，但气体出口的粒度分布基本不变。

后两个特点与以下有关粉料浓度对效率影响规律的描述一致：在分离器入口区域会分离或析出的"多余"的粉料量(多余是与旋风分离器本体正常分离出的粉料相对而言，正常分离出的粉料与分级效率曲线相对应的)基本不变，即对每一直径的颗粒，在入口处要分离的质量比或体积比相同口，而其余的固体颗粒则继续进入分离器本体内进行分离，此时的分离机理与低浓度时的情况相同。说"基本相同"是因为高粉料浓度时壁面附近的多余颗粒会削弱气流旋转强度。

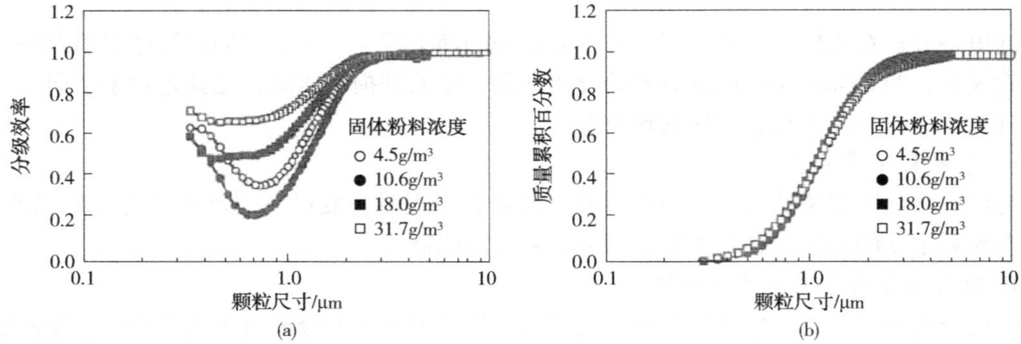

图 3-10-19　与图 3-10-18 的某些实验结果对应的分级效率和出口粒度分布
(入口速度：10m/s，进口和出口粒径分布则利用光学盘离心沉降法逐点测定测量得到)

将在后面简要讨论粉料浓度对旋风管的影响。应注意，由于切向入口旋风分离器和导叶入口的旋风管内的分离特性存在差别，因此上述图中给出的结果不适用于旋风管。

2. 影响旋风分离器效率的模型

尽管尚未完全清楚粉料浓度对分离效率的影响机理，但前面的数据和分析则有助于评价文献中提出的各种解释是否合理。到目前为止，已有多种机理和模型。

对浓度影响的一个解释就是由 Muschelknautz 提出的极限浓度概念。这一概念源于水平管道内粉体的气力输送模型，其思想是水平输送管道内气体中的湍流克服重力的影响后，只能携带一定量的粉体(极限浓度)，而超过这一临界浓度的粉料则会自动沉积到管道的底部，而依据 Musehelknautz 的早期研究工作，这部分就是未经分离器本体分离的粉料。显然可以直接将这一概念引申到旋风分离器内，旋风分离器的入口含尘气体流动可认为是气力输送管内的流动，而离心力则代替了重力作用。

在 Muschelknautz 的早期论文里，他得出了计算临界浓度或称为极限浓度的下列表达式，该浓度的单位为以每千克气体中所含的多少千克固体颗粒(湍流中气体所能携带的)来表示。

$$c_{\mathrm{OL}}=\frac{fD_{\mathrm{m}}\mu}{2\left(1-\dfrac{D_{\mathrm{x}}}{D}\right)\rho_{\mathrm{p}}\,x_{\mathrm{med}}^{2}v_{\theta\mathrm{m}}}\tag{3-10-17}$$

式中，$D_{\mathrm{m}}=(DD_{\mathrm{x}})^{\frac{1}{2}}$，$v_{\theta\mathrm{m}}=(v_{\theta\mathrm{w}}v_{\theta\mathrm{x}})^{\frac{1}{2}}$，$x_{\mathrm{med}}$为入口粉料的中位粒径。

如前所述，由 Hoffmann 等(1992)的发现及图 3-10-18 中的数据都表明，粉料浓度增加时分级效率曲线上移和变缓这一规律，证实了在入口部分区域分离出的"多余"粉体量就是未经分离器本体分离的这一概念的合理性。可是，在 Muschelknautz 和 Trefz 的后来的研究工作中，除了分离器旋流的切割粒径外，又针对高浓度旋风分离器引入了入口区域切割尺寸的概念。注意到，分级效率曲线随浓度的变化规律与入口区域切割尺寸的解释并不一致。

可是，分级效率曲线上移和变缓与入口的部分分离概念一致。Grief(1997)发现在高浓度时，大颗粒在入口区域完全被分离下来，而小颗粒在入口区域的分离效率几乎相同且比较高(<1)。Grief 认为，入口区域的切割粒径小，意味着 S 形的分级效率曲线是相当平的，而

且反映出了所有的颗粒的分离效率都远大于零。这样，Grief 将分级效率随浓度变化的曲线形状[Grief 得出的浓度影响规律与 Hoffmann 等(1992)的结果非常一致]与前人观察到的高浓度时进入分离器本体的颗粒粒径比入口颗粒小这一规律统一起来。

作为极限浓度概念的替代形式，Moihes 和 Loffer(1984)提出了分离效率随浓度增加而提高是由颗粒间的团聚引起的这一思想。他们提出了利用以下两种概率来计算小颗粒向大颗粒运动时的颗粒团聚模型：①碰撞概率；②黏附概率。

当小颗粒的尺寸增加时，碰撞概率也随之增加，而黏附概率减少。他们通过比较这两种概率的综合影响，发现对直径为 15μm 的大颗粒来说，小颗粒团聚到大颗粒的概率大约在小颗粒直径为 2μm 时存在最大值。在这一概念里，当大颗粒在入口区域向旋风分离器壁面运动时，对小颗粒具有携带作用。依据 Mothes 和 Loffer 提出的模型，由于浓度效应的影响，小颗粒的分离效率会随着大粉料浓度的增加而增加。读者要深入了解这部分内容，可参考他们的论文。

此外，也提出了不少没有任何理论基础的纯经验公式，像 Svarovsky (1981) 引用的 Smolik 提出的下列公式：

$$\eta(c_2)=1-[1-\eta(c_1)]\left(\frac{c_1}{c_2}\right)^{0.18} \tag{3-10-18}$$

式中，c_1 和 c_2 代表入口气体中以任意单位表示的两种不同的粉料浓度值；$\eta(c_i)$ 为对应的总分离效率。

另一个纯经验模型则是由 Benz 提出的，它是以利用多年的实际经验得到的数据绘制的如图 3-10-20 所示。

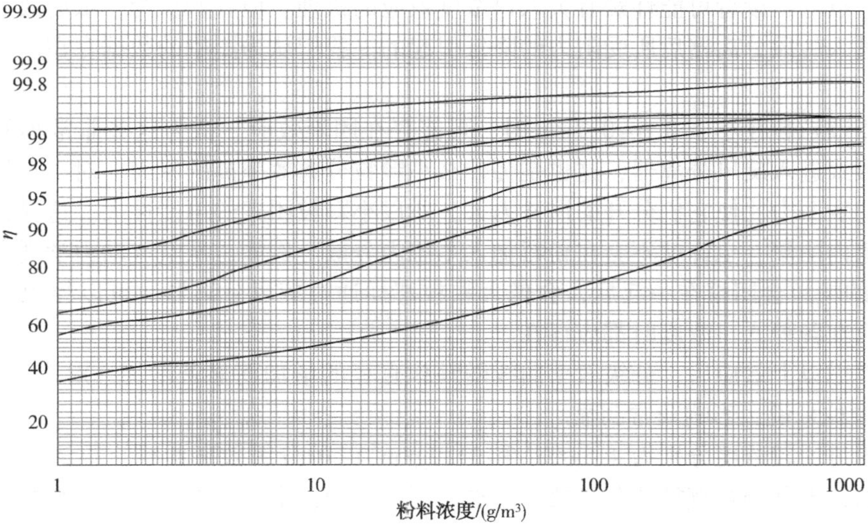

图 3-10-20 用于计算粉料浓度对旋风分离器分离效率影响的 Zenz 图

Smolik 和 Zenz 提出的这两种模型都是基于已知低浓度时的分离效率和给定的浓度，将旋风分离器的分离效率设为浓度的函数来直接计算的。物性参数和操作参数，例如旋风分离器的几何结构和尺寸、固体颗粒分布和密度、入口速度和其他操作条件，都没有在模型中反映出来，因而也就是认为这些参数的影响不太重要。另一方面，在 Muschelknautz 的模型里。入口速度、旋风分离器几何尺寸、入口颗粒的平均直径和密度都具有重要影响。

当试图比较各种有关浓度对分离性能的影响的解释时，可以看到图 3-10-18 和图 3-10-19 的结果与多余物料的概念一致，在这一点上 Muschelknautz 的概念比 Mothes 和 Loffer 的概念更合理。可是，Muschelknautz 的概念，如式(3-10-17)给出的那样，会得到在小于临界浓度的低浓度范围内，浓度对分离效率没有影响这一结论。而由图 3-10-18 可知，并不存在这样一个范围。实际正如 Smolik 和 Benz 提出的模型所指出的，不管浓度多大都会影响分离效率。Muschelknautz 以理论分析为基础且克服了上述缺陷后，提出了一套新的计算公式，其计算结果表明粉料浓度一直影响分离效率，与实验结果比较符合。另一方面，如前所述，他提出的入口切割粒径概念，与实验结果不太符合。

如果在入口区域析出的粉料是未经本体分离器分离的部分，则可以利用低浓度时的数据估算出高浓度时的分级效率。如果 η_{sl} 为入口区域分离的颗粒比例，则其余的粉料就会在分离空间依据分级效率 $\eta_i(x)$ 分离下来，因此高浓度时的分级效率曲线变为：

$$\eta(x,\ c)=1-(1-\eta_{sl})[1-\eta_i(x)] \tag{3-10-19}$$

当依据实验来比较团聚假说的特点时，粉料浓度实验结果并不能清楚地说明因浓度的影响而要分离的多余粉料的颗粒分布规律，尽管希望如此。此外，粗略的估算表明大颗粒进入切向入口后在向壁面运动时所携带的小颗粒的体积量很小，并不能反映实际的浓度影响程度。因此，考虑粉料浓度对旋风分离器分离效率的影响的团聚假说尚有待进一步完善。

人们希望解决前述的第二个问题，而且除了考虑旋风分离器入口区域的颗粒团聚外，还应再考虑旋风分离器上游管道内的颗粒团聚才能解释浓度对效率的影响程度。难以理解的是，尽管工程实际和实验室装置的旋风分离器的上游管线排列各不相同，但浓度影响规律基本一致。

在这一点上，读者可能怀疑有关入口浓度效应的机理。但我们认为，浓度效应是由单个固体颗粒进入旋风分离器后所受阻力的降低引起的。我们认为图中的数据存在以下三方面的单独影响。

（1）当颗粒粒径小于 0.6~0.7μm 时，可能存在团聚效应。认为这些非常小的颗粒会以团聚体的形式进入旋风分离器，这也是为什么小颗粒分离效率高的原因。对小颗粒来说，使颗粒团聚的表面力比使它们分开的惯性力大，所以小颗粒团聚的可能性大。这样，它们可能在入口管道内团聚，也许就不会在粉料加入系统内分散。例如，从空气动力学观点看，直径为 0.3μm 的颗粒会团聚在一起后，会像大颗粒那样通过旋风分离器。可以想象，这些小颗粒团聚效应在各种入口浓度时都应存在。

（2）考虑以上效应后，分级效率曲线随颗粒直径的增加而显著增加。对直径大于 0.6~0.7μm 的颗粒来说，影响非常明显。

（3）通过比较浓度分别为 4.5g/m^3 和 31.7g/m^3 时的分级效率曲线，很清楚地说明随着浓度的增加，各种颗粒直径的分级效率增加。可以认为，中间浓度所对应的数据点或分级效率曲线则位于浓度 4.5g/m^3 和 31.7g/m^3 的曲线之间。

感兴趣的是上面第三点，这可能是由固体颗粒对旋风分离器入口区域的两相流流型的影响引起的。除了从能量观点得出的 Muschelknautz 临界浓度的概念外，可以这样来理解其基本机理。随着粉料浓度的增加，颗粒相所受到的阻力要小于单个颗粒所受到的阻力。这些单个颗粒形成的颗粒微团像大颗粒一样，进入旋风分离器后容易在离心力作用下进行分离。作为一个简单的例子，在房间里难以把由几个颗粒组成的面粉扔得很远。因为阻力会很快使速度降低和向前的动量减少。可是，如果扔一团面粉就容易扔出一米或更远的距离，因为相邻的颗粒之间的屏蔽作用减少了空气的阻力。这一原理也适用于赛车和飞行中的鸟群，它们利用了前面车或鸟的屏蔽作用。要找出一个准确的定量模型来分析这一现象也许并不容易，但这一概念还是易于理解的。

我们提到 Hoffrnann 等(1991)发现，所有有关分离效率与浓度之间的函数关系都可用式(3-10-20)进行准确拟合：

$$\eta(c_0)=\frac{k_1c_0^{k2}+\eta_0}{k_1c_0^{k2}+1} \tag{3-10-20}$$

如果将常数 k_1 和 k_2 与相关参数进行关联，这样一个比较简单的表达式为经验计算提供了良好的基础。式中，η_0 为浓度很低时的分离效率。

图 3-10-21 给出了由 Trefz(1992)得到的切向入口旋风分离器在低浓度和高浓度工况时的照片。这些照片揭示出了旋风分离器入口区域的流动。遗憾的是，左侧照片不能反映出低浓度时入口流动与右侧高浓度时的流型区别。

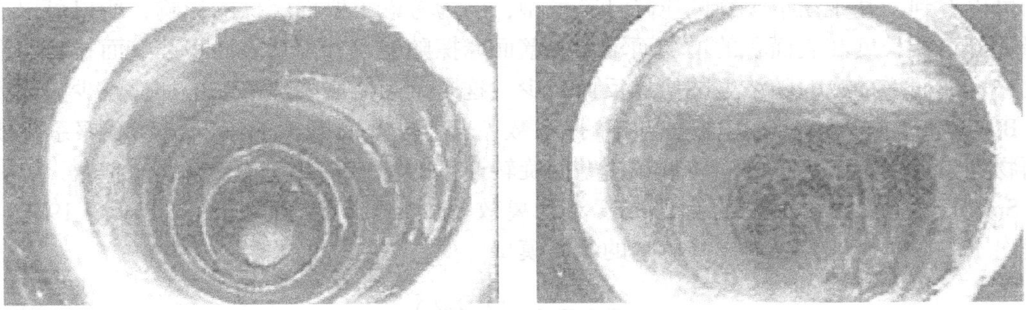

图 3-10-21　切向入口旋风分离器的照片(入口位于照片的右上角)
(左侧为低浓度工况；右侧为高浓度工况；低浓度时，看不到入口气体中的固体颗粒，只观察到壁面上的粉料轨迹，高浓度时，入口气体中的粉料及运动的粉料都可看到)

3. 对旋风管分离效率的影响

有关浓度对导叶式旋风管的分离效率影响的实验数据非常少。如果说切向入口旋风分离器入口区域确实存在浓度效应，可以设想旋风管内的影响规律会完全不同。

事实确实如此，笔者在实验室内得到的实验数据清楚地说明，浓度对这两类分离器的影响规律明显不同。但是实验数据很少，这里不予介绍。

目前在公开文献中尚未有介绍有关计算浓度对旋风管分离效率影响的模型。最好的方法是采用指数形式的 Smolik 关系式拟合得到指数 a。

$$\eta(c_2)=1-[1-\eta(c_1)]\left(\frac{c_1}{c_2}\right)^{0.18} \tag{3-10-21}$$

或者通过实验可以将式(3-10-20)中的常数 k_1 和 k_2 表示为操作参数和物性参数的关系式。

4. 对旋风分离器压降的影响

尽管对浓度对分离效率的影响的机理存在几个的不同学派，但浓度对旋风分离器压降的影响很少有争议。图 3-10-22 反映了浓度对图 3-10-18 所述旋风分离器压降影响的实验结果。

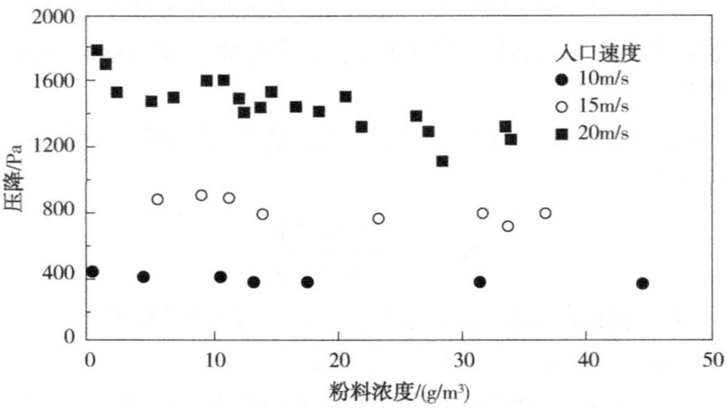

图 3-10-22 浓度对图 3-10-18 中所述旋风分离器压降的影响

壁面摩擦的一个影响就是减小了分离器本体内气流旋转强度，使得旋风分离器压降降低。可以看到，基于动量平衡的压降计算模型，因为考虑了壁面摩擦的影响，所以可以反映压降随分离器长度和表面积的增加而增加。壁面摩擦随旋风分离器表面积和壁面材料本身粗糙度的增加而增加，但随浓度的增加反而减少。这是分离器压降随浓度增加而减少的原因。

Barth-Muschelknatz 方法通过壁面摩擦系数 f 来考虑壁面摩擦的影响，该摩擦系数既与壁面物理粗糙度有关，也与固体颗粒沿壁面旋转产生的“有效”粗糙度有关。

Smolik 除了提出了前述的有关浓度对分离效率影响的模型（参见 Svarovsky，1981）外，还提出了浓度对旋风分离器压降影响的经验模型。

$$\frac{\Delta p(c)}{\Delta p_0}=(1-\alpha c^{\beta}) \tag{3-10-22}$$

式中，Δp_0 为纯气体时的分离器压降；α 和 β 为有量纲的常数，当粉料浓度 c 的单位为 g/m^3 时，它们的值分别为 0.02 和 0.6。

压降随浓度增加而降低这一规律并不是无界限的。Zenz（1999）引用 Dry 等（1993）的结果，表明当粉料载荷约为 7kg/(s·m^2) 时，即对应入口速度 15m/s 的常压空气时的浓度为 0.5kg/kg 空气时，压降降低到最小，约为低浓度时压降的 0.4 倍，而后又随着浓度的增加而继续增加。

5. 对旋风管压降的影响

浓度对旋风管压降的影响与切向入口旋风分离器压降的影响有些不同，尽管其原因并不完全清楚，人们可能设想浓度对这两种分离器的影响方式相同。因此，有限的数据表明，尽管浓度对两种分离器的压降的影响规律定性相同，但至少在相对低的浓度范围内，其对旋风管压降的影响要比对普通切向入口旋风分离器的影响要小。

6. 高浓度时旋风分离器的性能计算

当用旋风分离器模型的实验数据来估算实际装置的性能时，模型的数据不能比实际装置的浓度高。最好在已知的浓度范围内对模型进行验证。

（二）自然旋风长的影响

除了浓度的影响外，设计人员容易忽略的另一因素是旋涡的自然转折长度。大多数分离模型都认为分离器越长，性能越好，至少最佳长度要大于目前大多数工业用分离器的长度。

可是，从开始旋风分离器出现就知道，分离器或旋风管不能任意长。如果太长，旋涡自然会在分离器本体的某一位置结束。这一点称为“自然转折点”，或称为旋涡“端点”或“尾端”，而将这一点到分离器升气管末端之间的距离称为自然旋风长，这一开拓性的工作是由Alexande(1949)提出来的。

下面分析转折点的特征及设计人员为什么和如何来考虑这一特性。

1. 旋涡端部的性质

如果在透明旋风分离器的内壁上存在运动的颗粒或液体，就可以清楚地看到旋涡端部的灰环。直到现在，还不能确定旋涡端点的准确特性。有关文献和旋风分离器研究人员对这一现象的解释有以下两种。

(1) 认为旋涡的端部为轴对称的，端部代表一种回流“气泡”运动，在研究由旋流叶片形成的“旋风管”中的旋涡破裂现象时，可以观察到旋涡端部。而一般管道内的旋涡运动与旋风分离器或旋风管分离器的区别是后者存在逆向流动，前者则是由始端向底部的单向运动，然后流体由底部排出。另一个区别是这类实验通常处于层流流动状态，而旋风分离器内的流动则为湍流状态。

(2) 认为旋涡的端点会附着在侧壁上(即旋涡涡核是弯曲的)，且沿壁面高速旋转，如图 3-10-23 所示。在液体旋风分离器内，可以很容易地观察到这种旋涡旋进现象，而涡核则存在气泡。

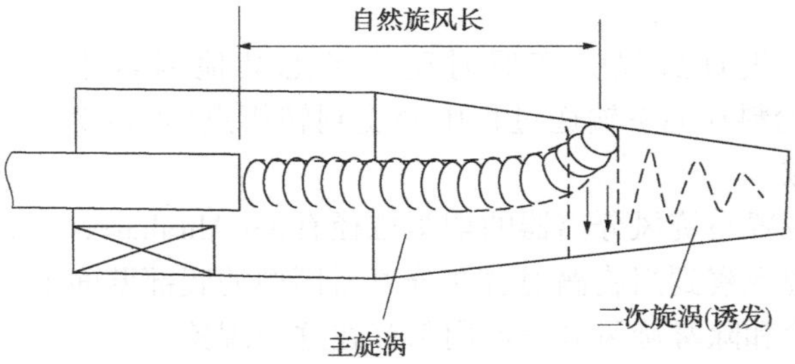

图 3-10-23　自然旋风长的说明

在实验室内通过某些条件可观察到第二类现象。在适当的粉料和光学条件下，用频闪方法可观察到旋进涡核的运动和涡核向器壁附着的现象。通过调整频闪频率的大小，可观察到涡核尾部向前或向后旋转。如果以这种方式“冻结”住涡核，可以看见附着在分离器内壁上的旋涡。

尽管旋涡可能附在分离器下部壁面和旋转摆动(图 3-10-23)，旋涡并不能在轴向某一点停止，准确地说，应是一个面。该主旋涡会在它的下游诱发一个二次旋涡。这种现象称为流体涡核。可用图 3-10-24 所示的一对相对放置的风扇进行类比说明(尽管其耦合性质不同)。在电机带动下不停旋转的风扇叶片，会使得邻近的另一本来静止的风扇叶片也随之旋转。由于为非完全耦合，二次涡流(类似第二个风扇)的能量约为主涡流(或风扇)的 5%。即使如此，这两种情况下都存在诱导或耦合效应。二次旋涡是由主旋涡的旋进引起的，这种旋进现象与图 3-10-23 所示旋流中涡流意义相同。

下面说明旋涡端部对旋风分离器和旋风管性能方面的显著影响。设计旋风分离器的人员应当了解它的性质以及有关旋涡端部的位置影响因素，这一内容目前更应受到重视。

2. 旋涡端部的意义

一旦注意到旋涡具有自然长度这一事实，人们可能认为这一长度可以代替旋风分离器或旋风管分离器的实际长度，这是基于旋涡长度就是有限分离空间长度这一假设。

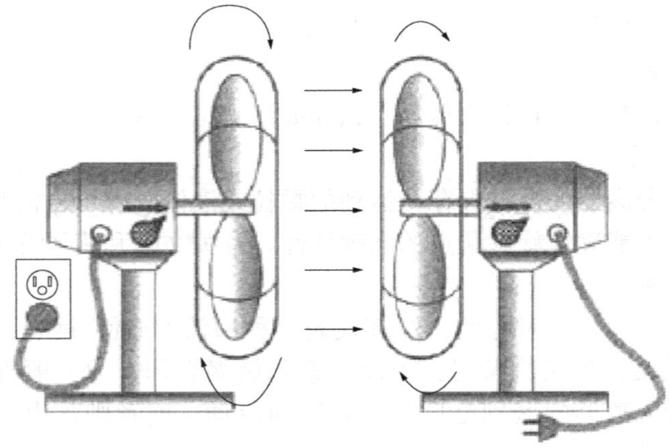

图 3-10-24 左侧风扇通过流体涡核效应诱发右侧风扇旋转

尽管这对具有直筒的旋风管似乎是对的，实验结果表明当旋涡端点位于筒锥形旋风分离器的锥体段时。有效长度减少引起的分离性能的下降要比预想的大得多。最长旋风分离器导致分离效率(对应切割粒径增加)显著降低，此时，旋涡端部位于旋风分离器下部灰斗的锥面上。

除了分离效率外，设计旋风分离器时还应考虑其他因素来避免旋涡端部位于锥体段。“分离”到壁面的粉料在向下输送过程中会受到转折点(实际为一平面)的干扰。该位置一般接近锥体下部区域。

已证明旋涡端部位置与旋风分离器的切割粒径有关(Ahraharrxsen 和 Allen，1986)。为了证明这一结论，作者曾观察到当旋涡附着在分离器模型的底部壁面上，这一平面存在固体颗粒的明显返混，在除尘和除雾旋风分离器内都存在这一现象。

除了对分离性能的不利影响外，旋涡端部处于分离器内也会引起结垢和堵塞现象，因为固体颗粒在旋涡端部以下位置的运动减弱。当打开旋风分离器进行检查时，可以确定旋涡端部位置。如果旋涡端部在壁面，则会发现沿分离器的锥体或筒体段出现环形的壁面沉积物，或抛光环或磨成环形沟槽，当然这与粉料本身的磨蚀性有关。磨损严重时会损坏旋风分离器的下部。

最后，旋涡端部位置可能会使得并联旋风分离器的公用进气室和排气室存在相互“窜气”或“干扰”现象。

3. 自然旋风长的模型

旋涡端部的位置是难于通过模型进行分析确定的。到现在为止。最著名的计算自然旋风长(从升气管末端到旋涡端部位置之间的距离)的公式是由 Alexander(1949)提出的：

$$\frac{L_n}{D}=2.3\frac{D_x}{D}\left(\frac{D^2}{ab}\right)^{\frac{1}{3}} \tag{3-10-23}$$

姬等(1991)也对类似参数提出了计算 L_n 的公式，但这$\frac{D_x}{D}$和$\frac{D^2}{ab}$两组参数对 L_n 的影响关系基本与式(3-10-23)相反。

Buttner(1999)认为 Alexander 关联式主要适用于直径很小的旋风分离器，它基于文献中有关数据的综合得到的，Buttne 认为 L_n 随雷诺数的增加而增加。事实上，这种增加很大，

因为当 Re 大于 10000 时，可能包括所有直径大于几厘米的旋风分离器都不会出现旋风长的问题。尽管用 Alexander 式计算常规尺寸旋风分离器时，计算出的自然旋风长偏小，Buttner 给出了自然旋风长对 R 的依赖关系，但在我们的实验中并未发现二者之间存在像 Buttner 所称的那种依赖程度。事实上，所遇到的主要问题是当旋风分离器的直径为几米时和在整个雷诺数范围内如何确定旋涡末端位置。

笔者通过有关旋涡特性的实验得到了以下结果。

(1) 旋涡不稳定特性，也就是说普通旋风分离器和旋风管分离器的旋涡长度都随其内壁面粗糙度(粗糙的衬里、磨蚀的壁面或壁面沉积物)的增加而减短。与浓度很低(每立方米气体中固体含量为几克)时相比，中等浓度时(每立方米气体中固体含量为几十克)的旋涡强度降低。在浓度很高时，涡核会减弱到出现高速涡核破裂点为止，随后这种效应又消失。

(2) 旋涡强度降低，即通过采用直径非常小的升气管，来降低 L_n。

(3) 旋风长受稳涡板或稳涡锥的影响。

(4) 旋风长随底部抽气量(从收尘灰斗向外抽气)的增加而增加，随漏气量(例如由泄漏引起的)的增加而减少。

(5) 一般来说，导致气体旋转动量减少的因素都会降低旋风长。此时，旋涡的特性与旋转陀螺非常类似。因为二者的旋转质量都受到摩擦阻力的影响，本身都是不稳定的和处于旋进状态口旋转动量矢量绕地球重力方向运动，而旋涡端部的旋转动量矢量则绕分离器中心低压区涡核旋进。

所有这些因素显然使得建立自然旋风长通用表达式变得更加复杂。旋风分离器设计人员在设计旋风分离器时尤其应注意自然旋风长问题。例如安装耐火材料或金属衬里以及减少锥体下口直径都会改变旋涡的有效长度。这时，旋涡的真实长度可能远远小于图纸上的物理长度。

显然，有关旋涡稳定仍然有许多问题有待解决。在由物性参数和操作参数确定旋涡端部位置、控制其非稳态特性以及确定它们对旋风分离器的设计和性能的影响时，仍需要了解旋涡端部的非稳态特性，也许这是可能取得重要进展的领域。

七、旋风分离器设计要点

前面给出的模型并不能满足旋风分离器或者旋风管分离器的设计需要。对于有特殊用途的旋风分离器的设计，这些模型有时是不适用的，或者说对于给定的任务，模型尚不能直接用于优化设计。为此，给出一些设计要点供人们在设计和制造旋风分离器或者旋风管分离器时参考。

(一) 切流式筒锥型旋风分离器

这里主要讨论切流式筒锥型旋风分离器的有关设计要点。为了对设计的可行性有个感性认识，提出具体的建议。首先给出一系列设计实例，再对旋风分离器进行设计和制造。

1. 标准旋风分离器的设计

已经有很多旋风分离器的结构可供参考使用，除了提到的 Stairmand 高效旋风分离器(Stairmand HE)外，Stairmand 还设计了结构紧凑且能处理大气量(HF)的旋风分离器。Abrahamsen 和 Allen(1983)收集整理了一些旋风分离器的结构尺寸，其中一些列在表 3-10-1 中。该表还包含有 Lapple 旋风分离器，它取自 Svarovsky(1981)的有关旋风分离器的结构表。

表 3-10-1 Abrahamsen 和 Allen(1983)旋风分离器结构
[其中一个来自 Svarovsky(1981)]

名 称	D	D_x	S	H	$H-H_c$	a	b	D_c
Muschelknautz E	680	170	311	934	173	173	58	228
Muschelknautz D	357	119	318	863	262	187	54	195
Storch 4	260	117	176	1616	909	260	38	91
Storch 3	192	107	200	821	462	167	60	92
Storch 2	225	108	239	1097	464	188	53	84
Storch 1	365	123	142	1943	548	100	100	64
Tengbergen C	337	112	145	930	187	100	100	112
Tengbergen B	210	112	224	604	324	179	56	112
Tengbergen A	277	112	157	647	180	135	74	202
TSN-11	348	136	242	959	219	184	54	154
TSN-15	266	158	350	1124	589	165	60	119
Stairmand HE	316	158	158	1265	474	158	63	119
Stairmand HF	190	141	165	755	283	141	71	71
Van Tongeren AC	325	100	325	1231	436	149	67	130
Vibco	286	111	124	720	228	111	90	66
Lapple GP	283	141	177	1131	566	141	71	71

表 3-10-1 中旋风分离器的尺寸得到重新调整，使之都具有 0.01m^2 的相同入口面积，同时按比例绘制在图 3-10-25 中，这些图对应于表 3-10-1 是从左到右的顺序。基于相同的入口面积来进行比较，其目的是使它们在相同的入口速度下，有相同的体积流量。绘制的图形表明旋风分离器在设计尺寸上的变化是相当大的。值得注意的是，有两个非常长的 Storch 旋风分离器，其变化比较大的部分是锥体和升气管直径。如果在给定流量下需要采用结构紧凑的旋风分离器，则使用 Stairmand HF 和 Tengbergen B 的设计结构比较适宜。在 Vibco 的旋风分离器设计中，入口管从旋风分离器顶板的高度螺旋下降，这就是通常所指的“螺旋形顶板”结构。

2. 入口设计

旋风分离器的切向入口结构通常采用横截面是矩形的流道。而圆管形切向入口的旋风分离器大多数用在小型的采样旋风分离器中。在某些要求不严格的应用中，简单的圆管形入口能够达到所要求的分离性能时，或者在简易结构和低廉造价成为首选因素时，则可以使用这种简单的圆管形入口结构。如某些现场使用的旋风分离器和粮谷加工用旋风分离器就是实例。

一般矩形入口与旋风分离器本体直接结合成一体。但当旋风分离器的前面为圆管流道时，就需要设置一个从圆形到矩形的过渡段(图 3-10-26)。这个过渡由于流动的流道发生变化，可能会导致流体的边界层分离和附加的湍流扰动，因此设计方圆过渡的形式应像文丘里流量计那样来设计旋风分离器的入口过渡段，收缩角不超出 21°，扩散角不超出 15°(Perry，1997)。

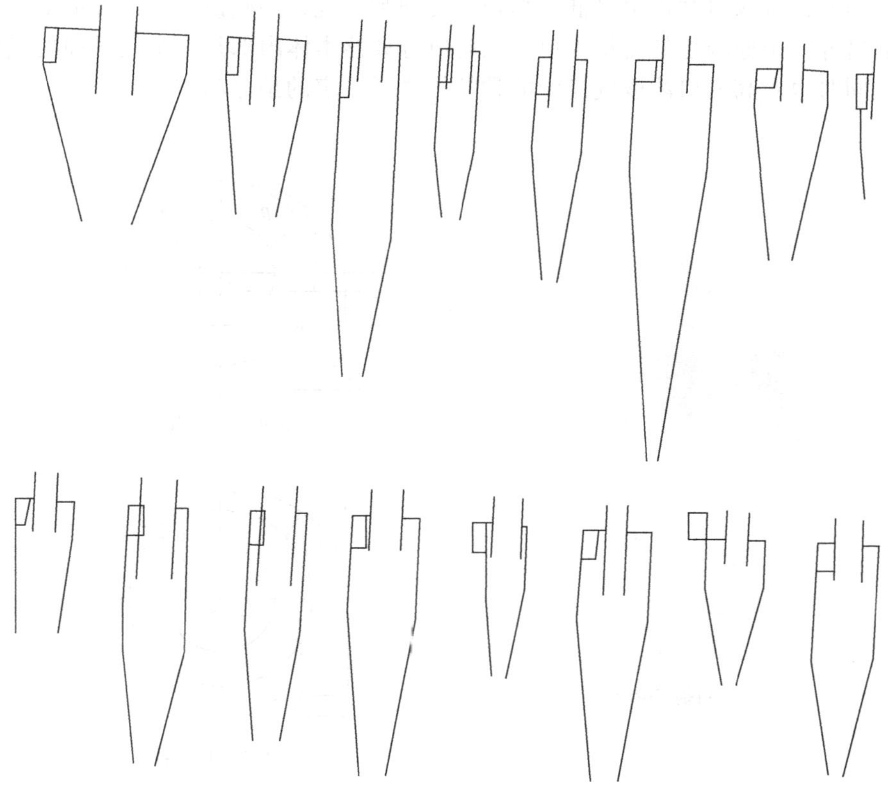

图 3-10-25 表 3-10-1 中的旋风分离器设计结构按照比例绘制的图形

（图形列出的先后次序参见表 3-10-1，入口面积相同）

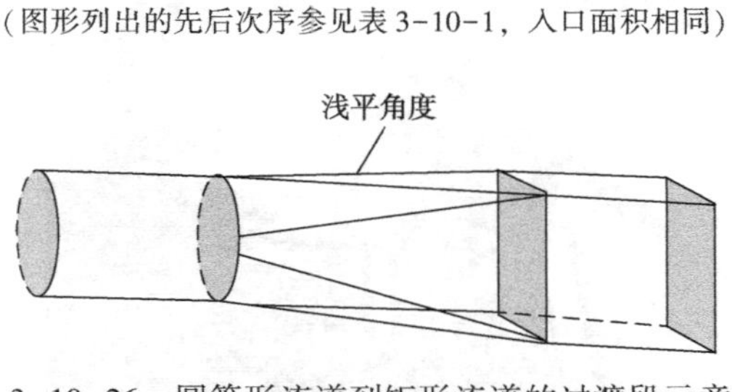

图 3-10-26 圆管形流道到矩形流道的过渡段示意图

除了产生湍流扰动之外，还将导致颗粒的结垢及旋风分离器入口局部区域的冲蚀磨损加剧。所以安装过渡段的旋风分离器，在一定程度上会使旋风分离器入口的来流速度降低，也可能会出现这种结垢和冲蚀现象。

前文中已经提到旋风分离器最简单的入口结构是所谓的矩形入口，这种入口结构可以与旋风分离器外壁平齐地结合在一起。如果入口面积相当大(如在大气量旋风分离器中)或者粉料浓度比较高时。则最好在径向方向上增加入口面积。为使它与旋风分离器本体的外壁光滑地结合在一起(图 3-10-27)，需要逐渐收缩使外半径逐渐过渡到与旋风分离器本体的外径一致，这就是蜗壳式入口结构。

在结构紧凑、大气量的旋风分离器中，蜗壳式入口也可以用来避免入口的气流直接冲刷升气管外壁，因而也就防止了流体流动的湍流扰动和可能产生的冲蚀问题。虽然有些制造商把蜗壳式入口结构看成一个与入口浓度无关的标准结构，但实际上这是串联旋风分离器的第一级旋风分离器通常采用的结构。另外，蜗壳式入口也减小了气流中颗粒对于旋风分离器器壁的碰撞，因此这种入口结构也降低了颗粒的反弹和返混。一些设备设计人员常常采用这种入口结构的另外一个原因是气流从入口进入旋风分离器本体内部是一个较平稳的气体动力学过渡过程，同时也对高入口浓度气流中的颗粒提供了一定的预分离空间。

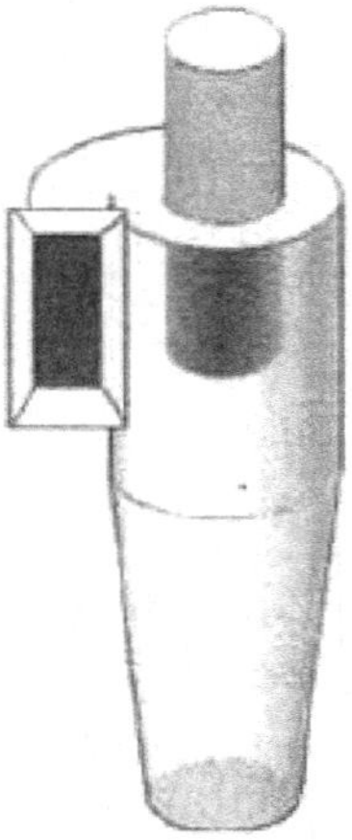

(a)入口蜗壳设计

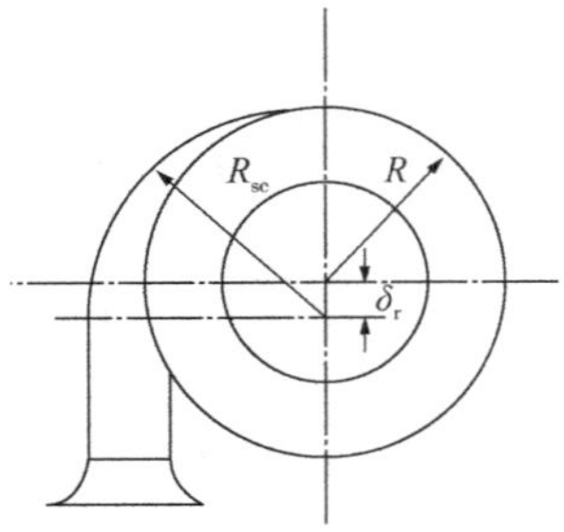

(b)90°　环形蜗壳

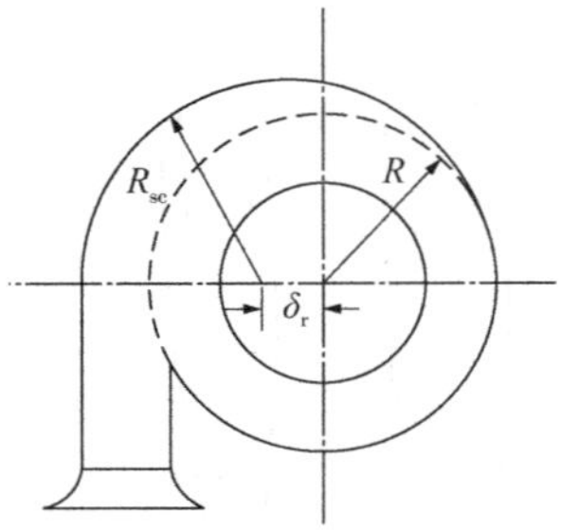

(c)180°　环形蜗壳

(d)180°　蜗壳式入口结构的工业旋风分离器实例

图 3-10-27　旋风分离器的蜗壳式入口结构和 180°蜗壳式入口结构的工业旋风分离器实例

(Fisher-Klosterman Inc 提供)

对于图 3-10-27 所描述的带有蜗壳式入口的旋风分离器而言，这种蜗壳式入口对其分离性能的影响与保持升气管直径不变而增加旋风本体直径所产生的作用相似。因为相对于通常的矩形、圆管形或者导流叶片式的入口，蜗壳式入口增大了旋风分离器的入口半径。这个入口半径的增加，不仅带来了进流旋转动量的增加，还会导致内旋涡旋转速度的增加，切割粒径的减小，而且也伴随着总压力损失的增加。在 Barth 模型中已经考虑到了这一点：蜗壳

入口的 R_m 值较高，则旋风分离器内部的旋转速度也较高。

第一种蜗壳式入口为圆筒环绕式蜗壳。图 3-10-27(b)和图 3-10-27(c)分别示意了 90°和 180°蜗壳。这些圆筒形蜗壳和 270°及 360°的蜗壳(这里没有给出)是实际中最常见的四种蜗壳式入口形式口，这里需要说明的是它们与“对数”螺旋不一样，这些圆筒环绕式蜗壳的曲线半径不随螺旋角 θ 变化。这使得它们的制造要相对简单一些。所有按这种方式设计出的蜗壳，其外缘与入口输送管的外壁相切，其尾边与旋风分离器筒体相切。对于图 3-10-27(b)和图 3-10-27(c)所示的 90°和 180°蜗壳，通过偏心距离来保证蜗壳的设计，偏心距离 δ_r 为：

$$\delta_r = R_{sc} - R \tag{3-10-24}$$

式中　R_{sc}和 R——蜗壳和筒体断面的半径。

另外一种蜗壳式入口结构为对数螺旋式蜗壳。这个结构可由曲线半径 R_{sc} 随螺旋角 θ 不断变化来表征(图 3-10-28)。一般说来，这种对数螺旋式蜗壳可用式(3-10-25)来表达：

$$\ln\left(\frac{R_{sc}}{R_{ini}}\right) = \left[\frac{1}{\theta_{fin}}\ln\left(\frac{R_{fin}}{R_{ini}}\right)\right]\theta \tag{3-10-25}$$

或

$$R_{sc} = R_{ini}\left(\frac{R_{fin}}{R_{ini}}\right)^{\frac{\theta}{\theta_{fin}}} \tag{3-10-26}$$

式中　θ——螺旋的角坐标，rad；

R_{sc}——角度 θ 处的螺旋半径；

R_{ini}——螺旋开始时($\theta_{ini}=0°$)的半径；

R_{fin}——螺旋尾部($\theta=\theta_{fin}$)的半径。

图 3-10-28 是由式(3-10-26)在 $R_{ini}=4$(在 $\theta_{ini}=0°$时)和 $R_{fin}=6$(在 $\theta_{fin}=360°$时)的情况下绘制出来的。

图 3-10-29 说明了图 3-10-28 中的对数螺旋式蜗壳将于旋风分离器本体间的结合。

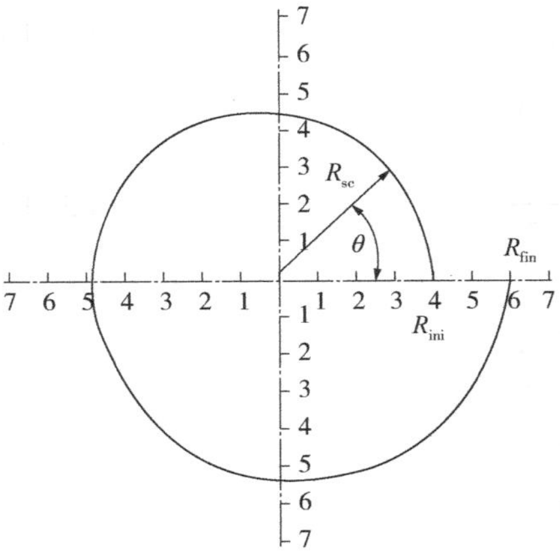

图 3-10-28　360°的对数螺旋式蜗壳

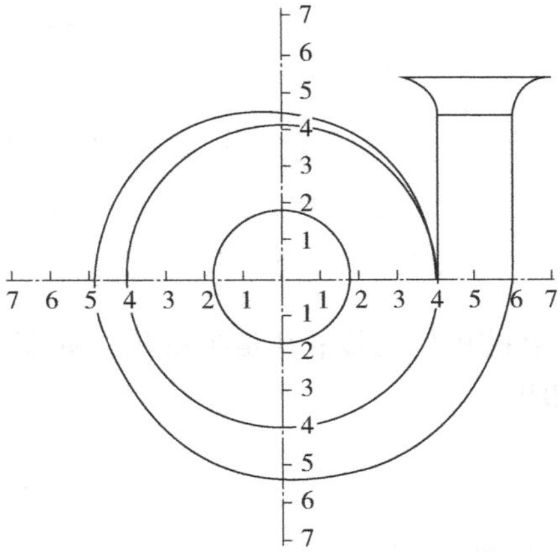

图 3-10-29　360°对数螺旋式蜗壳图解示意

3. 锥体部分设计

本节主要叙述三维锥体的几何结构，尤其是圆锥体的几何结构。主要有：

(1) 旋风分离器的主锥体段。

(2) 灰斗的锥体段，即灰斗圆锥段以及可能的灰斗顶部段。

(3) 某些升气管的设计。

(4) 在旋风分离器进入管和排出管中的圆形管道的收缩或扩散段。

设计旋风分离器锥体部分时，其直径 D_{c1} 和 D_{c2}，以及锥体高度 H_c 一般是已知的。在这些参数给定的情况下，可以计算出锥体的长度(或半径) l_1 和 l_1+l_2(图 3-10-30)和二维展开角 θ，l_1 和 l_1+l_2 的值由式(3-10-27)和式(3-10-28)计算：

$$l_1=D_{c1}\sqrt{\frac{1}{4}+\left(\frac{H_c}{D_{c2}-D_{c1}}\right)^2} \tag{3-10-27}$$

$$l_1+l_2=D_{c2}\sqrt{\frac{1}{4}+\left(\frac{H_c}{D_{c2}-D_{c1}}\right)^2} \tag{3-10-28}$$

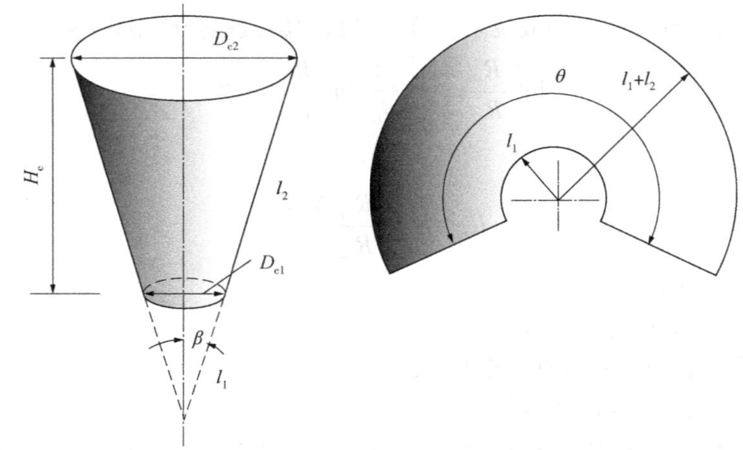

图 3-10-30 旋风分离器锥体结构以及其结构展开形式

展开角 θ 的计算如下：

$$\theta=\frac{360°}{\sqrt{1+\left(\frac{2H_c}{D_{c2}-D_{c1}}\right)^2}} \tag{3-10-29}$$

$$\theta=\frac{360°}{\sqrt{1+\left(\frac{1}{\tan\beta}\right)^2}} \tag{3-10-30}$$

式中，θ 的单位为度；β 是半锥角，如图 3-10-30 所示。

如果

$$\frac{2H_c}{D_{c2}-D_{c1}}\geqslant\frac{\sqrt{3}}{2}$$

或如果 $\beta\leqslant 30°$，则 $\theta\leqslant 180°$。

4. 排料口结构

旋风分离器排料口结构的设计，对于旋风分离器是否能处于良好的工作状态，以及让已经分离出的粗颗粒是否会重新被夹带到旋涡中，有很大的影响。图 3-10-31 示意了四种常用的排料口结构。

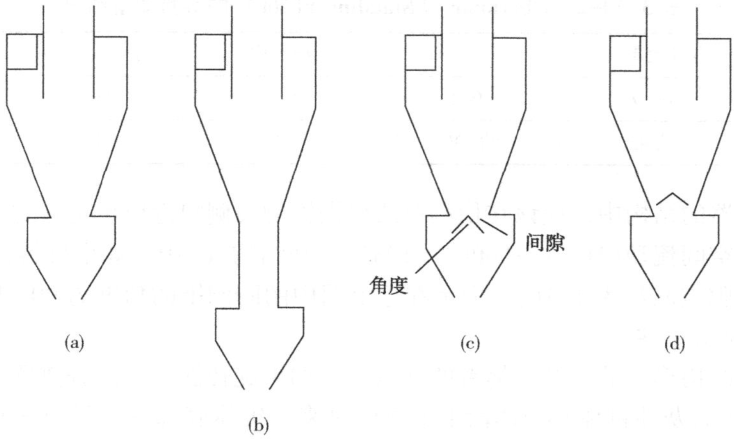

图 3-10-31 排料口结构

在结构(a)中，灰斗直接连接在旋风分离器的排料口上，这常导致旋涡尾部(有时也指旋涡尾巴)延伸到灰斗中收集颗粒的表面上，结果会夹带其中一部分颗粒逃逸。这种情形在其他三种不同的排料口结构中都避免了。在结构(b)中，有一个圆筒段连接排料口。一般说来，这个圆筒段的长度至少是旋风分离器本身长度的一半。旋涡可能会在这个管段内消失，或许延伸至灰斗，尤其是在器壁光滑的旋风分离器中。如果的确发生这样的情况，则被气流从灰斗中夹带向上的颗粒，有被重新离心分离到(筒体)器壁的机会，由于这个原因，结构(b)被认为是最佳的设计结构，但由于它的插入，要有足够的轴向空间来保证。

在结构(c)和(d)中，设置了稳涡器(简单的“防倒锥”)，它可安装在排料口下面(c)或者刚好在排料口上面(d)。稳涡器的目的是向旋涡尾部提供一个平滑的表面，通过这个平滑表面，旋涡可以附着在它上面，并帮助旋转涡稳定在中心处。如果安装旋风分离器缺乏轴向高度的话，稳涡器将是非常有用的。

不应将稳涡器与防涡器搞混，如图 3-10-32 所示。防涡器通常是一块金属板或者一个交叉的“十字形”金属板，放置在灰斗或者料腿上部，主要意图是消除旋转涡对灰斗和上部料腿区域产生的冲蚀，阻止其旋转。这样的防涡器将在旋风分离器内和灰斗较低的区域产生弦烈的扰动，同时也使得气流旋转速度极大地降低。因为这两个因素的影响将导致总分离性能大大降低。为此，不推荐使用它。

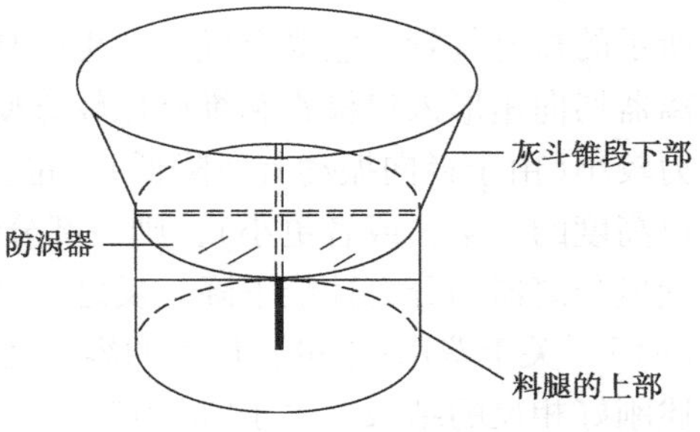

图 3-10-32 旋风分离器料腿上部区域的十字形“防涡器”

对图 3-10-31 所示排料口结构的旋风分离器，Obermair-Staudinger(2001)研究了它们的气体流动、压降和分离效率。其相应的性能测试参数列于表 3-10-2 中。根据比较得知结构(a)没有其他结构有效。这可能是由于灰斗颗粒被重新夹带所致。但它有一个较低的压降。带有稳涡器的两个结构(c)和(d)对分离效率有极大的改进，但其压降有些高，后者即结构(d)尤其是如此。锥段加筒体延伸的设计，即结构(b)，表现出最好的分离性能，其压力降介于(c)和(d)的中间。

表 3-10-2 Obermair 和 Staudinger(2001)的实验测量结果

结 构	分离效率/%	压降/Pa	结 构	分离效率/%	压降/Pa
(a)	69.9	942	(c)	76.8	1140
(b)	约 82	约 1300	(d)	78.8	1400

在带有稳涡器的结构中，应该在稳涡罩或稳涡锥的两侧附近留出足够的空间，以使气体和颗粒能在这个空间流动(Mothes-Loffler，1985)。在结构(c)中，如果排料口尺寸为 $3/4D_x$，则图中所示的间隙空间约为 $1/3D_x$。表示在这个图中的防倒锥的角度为 90~120°，这个角度在结构(c)中稍微大一些。

作为对上述结构形式的总结，笔者的观点是，如果旋转涡从旋风分离器一直延伸到灰斗中，可以将结构(b)灰斗锥体和筒体段上下颠倒过来，锥体底部的内径应该与筒体延伸段的内径一样将获得类似于结构(b)的分离效果。

5. 升气管设计

升气管是一个简单的空心圆筒体，与外面的旋风分离器筒体同心，它的内插长度大约延伸到与入口管底部齐平的位置。它具有几个重要的特征，其中至少包含了对内旋涡直径的定义(或者控制内旋涡直径的大小)，这个内旋涡在升气管入口的下面，处于旋风分离器的中心位置。另外，升气管的作用是将分离后的净气传输到旋风分离器顶部排出。如像前面所论述的那样，切割粒径和压力损失两项与升气管直径密切相关。因为其重要性，它常常被认为是旋风分离器的核心部分。

如图 3-10-33 所示，升气管有着不同的形状和尺寸，这主要取决于设计目标。下面将简要介绍和讨论一下其中的一些结构特点。

图 3-10-33 中的(a)、(b)和(c)示意了三种典型的圆筒形升气管，其中的差别仅是长度不同而已。这些是工业上最常用的几何结构，除非有其特别的原因改变升气管的长度，否则，一般情况下是把升气管的长度延伸到入口底板的位置，这是一个较好的设计原则[图 3-10-33(a)]。相对于图 3-10-33(a)所示的"标准"升气管长度而言，图 3-10-33(b)所示的短升气管，它既有优点，也有缺点。短升气管，制造费用较少、质量轻，通过旋风分离器切向矩形入口检查和维修比较方便，对升气管与旋风分离器顶板连接的焊缝所施加的应力较小(由于径向振动有所降低)，也会使总压力损失稍微减小。但是，如果升气管太短(入口高度的一半，或者更小)，则一部分气固流体将趋于从入口直接进入升气管走"短路"，使旋风分离器的分离性能下降。反之，如果把升气管延伸到入口管底板位置以下[图 3-10-33(c)]，关于费用/重量、检查的容易性、应力、压力损失和"短路"等一系列问题将产生与上述刚好相反的结果。关于"应力"这一点很容易被忽视，因为旋风分离器这个部位的设计在机械设计阶段并非总能引起足够的重视。在某些情况下，绕升气管的流动气体将对升气管产生冲击，并引起升气管的侧向振动。在升气管与旋风分离器顶板连接的圆周部位，这个振动能导致疲劳裂缝。这样形成的裂缝将造成气流走"短路"，即直接从旋风分离器顶板排出。同时，如果这个问题不及时得到解决的话，则会导致升气管与顶板的完全断裂，并掉入旋风分离器的底部。

在图 3-10-33(d)、图 3-10-33(e)和图 3-10-33(f)中，缩口式升气管的设计特征是在升气管的入口处安装一段圆锥或者圆锥加圆筒。在改进的旋风分离器中经常看到这种结构，通过减小升气管的有效直径来改善分离性能。然而，在有的原始设计中也采用这种结构，尤其是在将来希望增大处理气体流量的场合，在这种情况下，圆锥段便可去掉，在必要的情况下也可以用口径更大的圆筒来代替它。

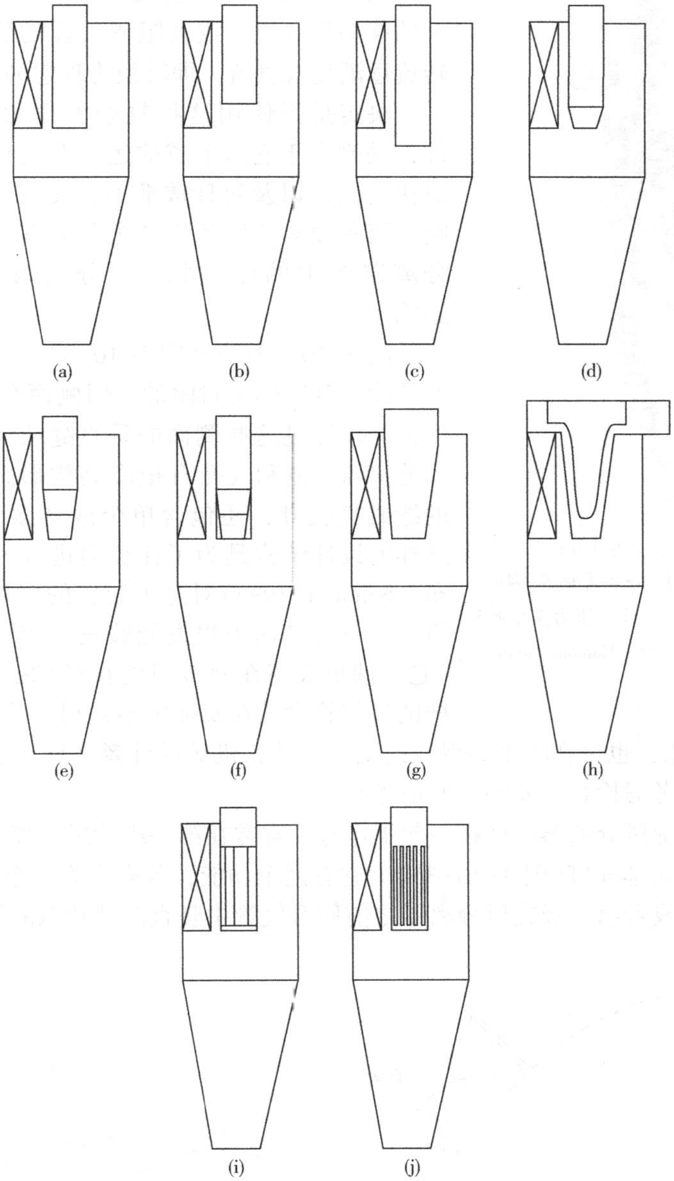

图 3-10-33　升气管几何结构

压力恢复式升气管与安置在旋风分离器顶板上的压力恢复扩压管一起，用来把净化气流的一部分旋转能量转换为静压力。基于 Muschelknautz-Brunner(1967)提供的数据，适量的压力恢复(内旋涡压力损失减少 15%~20%)，可通过简单的锥形升气管来实现，如图 3-10-33(g)所示。通过放置一个设计得很好的内圆锥，如图 3-10-33(h)所示，则更加有效地实现压力恢复(损失减少 35%~40%)。这种升气管常常直接连接在旋风分离器顶板上面的一个宽体出口扩压管或者出口蜗壳上。

图 3-10-34　直径为 10in 的 "CycloTrell" 铸铁旋风分离器的剖视图 [它是 9 个导流叶片的组合体，压力恢复叶片安装在升气管的入口处（HamonResearch - Cottrell 提供）]

作为压力恢复的目的，可以把一个特别设计的叶片部件插入升气管中，如图 3-10-34 所示。这个叶片的前入口边应与气体进入叶片的角一致，以免产生很大的扰动和湍流，或者阻碍气体的旋转，叶片应把旋转流逐渐变成直流，即转换为理想的纯轴向流动。

决定是否使用这种复杂的压力恢复型升气管部件，关键在于它所节省的运行费用与结构附加费用的对比情况，以及对日常维护、安装、检查所带来的影响。资料没有说明使用这个压力恢复叶片装置对旋风分离器体中的流动状态、分离效率是否产生负面影响。

图 3-10-33(i) 和图 3-10-33(j) 是两个长度延伸的开气管，其底部是封闭的，但侧面有垂直缝或者气孔，气体必须经过这些侧面的垂直缝或者气孔才能排出旋风分离器。缝和气孔有很多结构形式，除了像螺旋形的缝或气孔外，还包含单个或者多个缝口或者气孔。这样的设计结构是为了让径向进气速度沿轴向均匀分布。Schmidt(1993) 对这个装置的多种形式做了设计和研究，发现其压力损失能够减少 25%~50%，并使 X_{99}（它是捕集效率在 99%时的粒径）减少 3 倍。然而，这样的升气管设计在实际中不是很普遍，随着这些"非传统"设计经验的积累，也许在将来会得以改变。另外，机械设计者必须注意到应该制定出特殊的措施，也必须考虑检查、安装、磨损等问题。

当两个或多个旋风分离器串联在一起工作时，常常在第一级旋风分离器的开气管出口上直接安装一个蜗壳式排气口(图 3-10-35)。它有两个功能，首先作为一个 90°的弯管使用,，在气体进入第二级或者第三级旋风分离器之前使升气管中竖直流动状态的气体转向到水平流动状态。

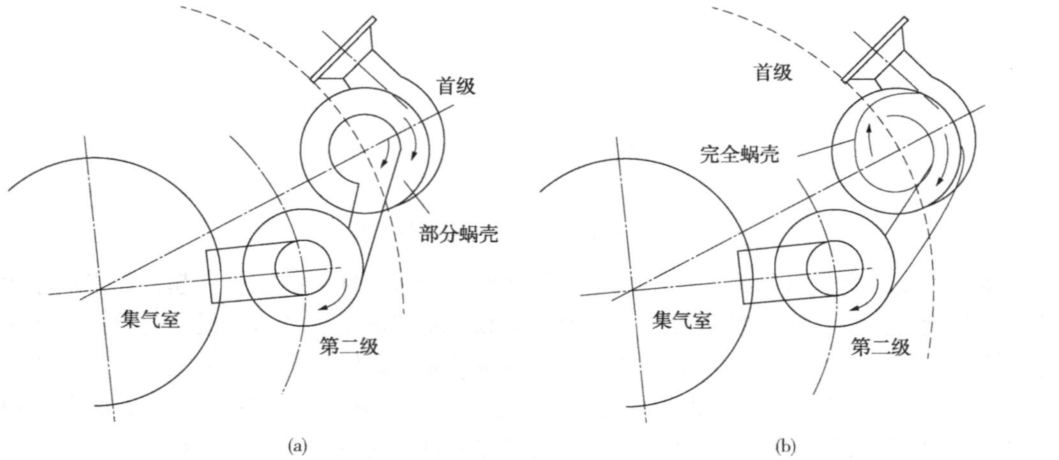

图 3-10-35　两种蜗壳排气口的俯视图

另外，这个蜗壳也可以作为一个预分离器来使用，把一些颗粒离心分离到蜗壳的外壁，这部分颗粒被直接输送到下一级旋风分离器的入口流道的外壁上。因而，可以把它视为下一级旋风分离器的入口蜗壳，其功能相似于在高入口浓度时第一级旋风分离器上的蜗壳式入口。

关于图 3-10-35 中的两个排气蜗壳，左边蜗壳的功能基本上是作为一个 90°的弯管，因为它几乎没有向颗粒提供足够的时间或空间让它分离到外壁上。由于它的紧凑设计，结构相对简单，基本上没有给系统增添重量，所以设计和制造都相当容易。上述这些因素会影响到总成本，因此它是实际设计中最常采用的结构。如果以获得最佳的分离性能作为设计优选的话，应仔细考虑图 3-10-35(b)的全蜗壳结构。但目前还没有相关的研究文献来估算上一级蜗壳[图 3-10-35(b)]的存在对旋风分离器分离效率的影响。由于缺乏这样的资料，对安装这种全蜗壳结构所得到的益处也缺乏评价，设计人员一般不采用全蜗壳结构。

在排气速度需要降低(即将排气扩散到大气中)的旋风分离器上也可以安装排气蜗壳。这与旋风分离器是否是二级，或三级串联系统中的最后一级，或是唯一的一级无关，一个设计较好的排气蜗壳[图 3-10-35(b)]，可以作为一个能量或者压力恢复装置来使用。通过气体流过蜗壳的方式，气体得到平滑扩散，可减少气体速度，并把其能量转换成升高的静压力。没有这样的蜗壳，气体突然或完全膨胀后会伴有较大的动能损失。应用简单的能量平衡关系式(以伯努利方程的形式)可以看出，如果用一个蜗壳使气体平滑地扩散到大气中，速度从 47m/s 仅下降到 23m/s，用动压力来恢复静压力。可以实现的压力恢复有 100mm H_2O (大约 4inH_2O)，否则湍流把它全部转化成热能。

6. 旋风分离器长度

关于旋风分离器长度是如何确定的，现在还不能给出一个一般性的回答。

表 3-10-1 和图 3-10-25 给出了实际中经常使用的旋风分离器长度的范围。旋风分离器长度的选择是在可靠性(旋转涡不应该在器壁上终止)和分离性能之间的一个折中。在其他情况相同时，增加旋风分离器长度，将能逐渐提高分离性能并降低压降。这里注意到 MacLean 等(1978)申请的专利，声称旋风分离器最优设计长度为：

$$\frac{(H-S)}{D}=-1.09\left(\frac{A_x}{A_{in}}\right)+4.49 \tag{3-10-31}$$

式中，A_x 和 A_{in} 分别是排气口和入口的横截面积. 这个专利声称使用这个长度的优点是使分离性能更好和磨损更小，但没有给出这个最优长度是如何发现的。

7. 旋风分离器的操作条件

对于高入口浓度的工业用旋风分离器，典型的入口速度一般在 15~18m/s(50~60ft/s)。对于大多数低入口浓度旋风分离器或者第二级旋风分离器，这个速度可以增加到 23~26m/s (75~85ft/s)。在某些第三级旋风分离器中，可以有更高的入口速度。即使如此，在高于 80m/s 的入口速度下，当处理的颗粒具有磨损性时，冲蚀磨损会急剧增加，尤其是对旋风分离器本体或锥体段下部的磨损。

一般旋风分离器对入口速度的变化要求不严格。基于某些特殊的应用，即使入口速度下降到 5m/s 时，它们运行得也相当好。如果颗粒是靠气力输送进入旋风分离器的，则必须注意颗粒是否在旋风分离器的进口输送管中发生颗粒沉积。这可能会导致不稳定的流动和较差的分离性能。如果颗粒在进口输送管中长期沉积，也会影响到颗粒物料的产品质量。

Svarovsky(1981)根据旋风分离器的压降推荐了入口速度的变化范围，使用经验表明旋风分离器的分离效率在非常高的压降(或入口速度)下会逐渐降低，Svarovsky(1981)推荐旋风分离器应该在 40～100m 气柱的压降范围内操作。通过使用 Shepherd 和 Lapple 的压降模型[式(3-10-28)]反算入口速度，得到 25～40m/s 的入口速度范围。使用 Casal 和 Martines-Genet 模型，其相应的入口速度值为 15～25m/s。Svarovsky 指出，除了分离效率外，另一个限制入口速度的因素是旋风分离器的磨损。他指出旋风分离器的磨损与气体速度的四次方成正比。

上述讨论完成了对切流式筒锥型旋风分离器的设计所考虑的要点。在下一节将讨论带导流叶片的筒型旋风管分离器的设计。在讨论中，将主要集中在旋风管分离器的自身细节上，对切流式旋风分离器和旋风管分离器两者的共同部分，上面的大多数讨论对旋风管分离器来说是同样有效的，例如关于升气管几何结构的讨论。

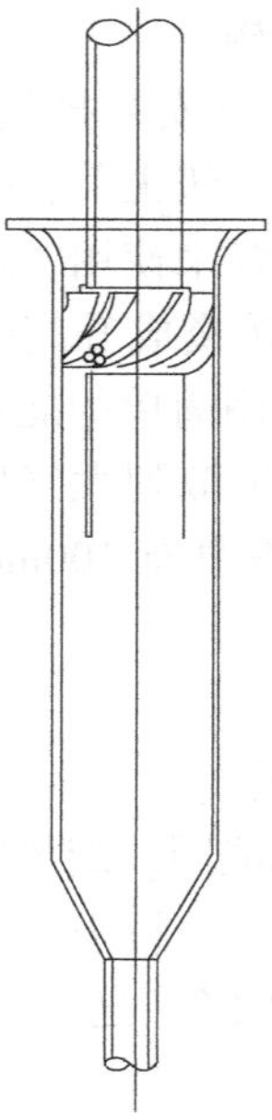

图 3-10-36 带有轴对称导流叶片入口的筒型旋风管分离器

（二）带导流叶片的旋风管分离器的设计

关于旋风管分离器的设计，从公开发表的文献上看，显然要比筒锥型旋风分离器的设计少得多。旋风管分离器的主要设计是入口导流叶片、旋风管本体长度和排料口区域的几何结构。

1. 入口导流叶片的设计

图 3-10-36 示意了带导流叶片的筒体型旋风管分离器。导流叶片的设计在两个方面给予关注：叶片的形状(特别是进出口角度)和叶片的厚度(它决定了有效的过流面积，因而也决定了叶片流道中的速度)。

在传统的切流式旋风分离器中，靠近壁面的旋转速度，是由入口管道内的速度 v_m 和入口的收缩系数决定的。而在旋风管分离器中，它基本上是由叶片喉部的出流速度和叶片的出口角决定的。

图 3-10-37 为叶片的结构示意。减小出口角 β 会增大旋流强度和分离效率及压降。如果 β 角太小，则在叶片内出现边界层分离和激烈的湍流发生(Nieuwstadt 和 Dirkawager，1995)。Muschelknautz 和 Trefz(1991)推荐的 β 范围为 15°～30°。他们也推荐了叶片的栅距，d_u/d_v 的比值大约为 1/4。这里定义的距离 d_u 是叶片的叶尖到前一个叶片曲线与直线的过渡点向叶片作垂线的交点距离。

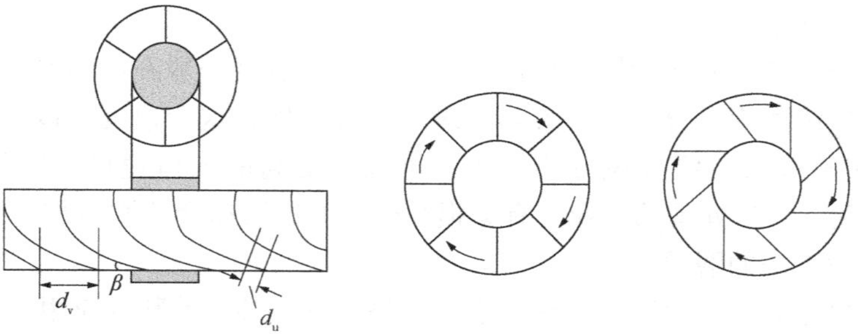

(a)叶片的出口角 (b)正交叶片 (c)后向叶片

图 3-10-37 叶片结构示意图(Postma 等，1998)

对叶片形状的优化，仅需作很少的改进工作，就会得到最大的旋转速度及最小的压降。简单叶片的形状是二维叶片，它仅在一个方向上弯曲，而三维叶片是扭曲的。因此，二维叶片的表面是由垂直于旋风分离器轴线与叶片表面的交线构成，这个交线总是与旋风管分离器轴线相交。

如果叶片为无限薄，则出口轴向速度和切向速度分量可以用体积流量和出口角度简单计算。然而，与过流面积相比，叶片的厚度常常是不可以忽略的。流体是在叶片底部两叶片之间的梯形间隙像射流一样流出的。这些从叶片出口流出的气体切向速度决定了旋风管分离器中的切向速度，这与切流式旋风分离器非常相似，切向入流速度决定旋风分离器中的切向速度。在下一节将给出叶片出口速度的估算方法。

2. 导流叶片出口"喉部"面积计算

图 3-10-38 是导流叶片部件的示意。叶片厚度与其他尺寸相比属于同一量级，不可以忽略。叶片之间的有效流动空间是一个梯形空间。导流叶片部件上部的水平有效流动截面积[图 3-10-38(a)]在叶片上部一段是保持不变的，但当用一个水平面移动到叶片部件较下的位置时，它横切得到的水平有效流动截面积，受到叶片厚度的影响，将随角度口的减小而降低。然而，这里关心的是垂直于流体流动方向的过流面积，因为这个面积决定了进入旋风管分离器本体的流体速度。

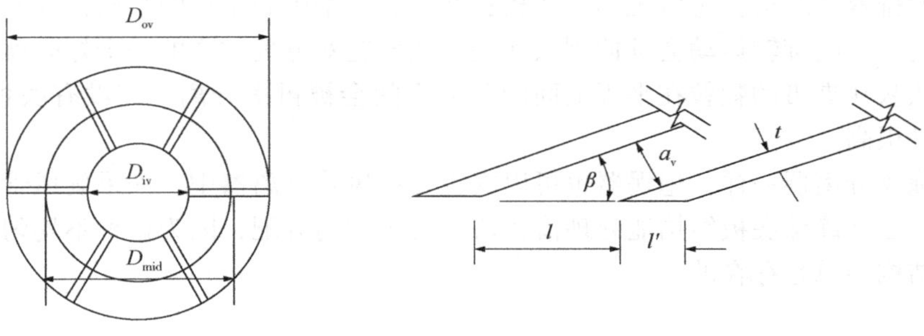

(a) 6叶片数的特征叶片直径 (b) 平均叶片直径D_{mid}处两相邻中片的特征尺寸

图 3-10-38 导流叶片部件的俯视图和侧视图

使用下面的符号：D_{ov}、D_{iv}分别为导流叶片的外径和内径；D_{mid}是导流叶片的几何平均直径，它等于$(D_{ov}D_{iv})^{\frac{1}{2}}$；$l$是两邻近叶片径向中点间的水平间距；$N_v$是叶片数量(也等于流道数)；$t$是叶片厚度；$\beta$是叶片的水平夹角；$a_v$、$b_v$分别是垂直于流动方向的梯形面积的长度和宽度。

在直径D_{mid}处的周长，可近似用下面的表达式来计算：

$$\pi D_{mid}=N_v(l+l')$$

因此

$$l=\frac{\pi D_{mid}}{N_v}=l'=\frac{\pi D_{mid}}{N_v}-\frac{t}{\sin\beta}$$

垂直于流动方向的N_v个梯形流动面积的"高度"和"宽度"：

$$a_v=l\sin\beta=\left(\frac{\pi D_{mid}}{N_v}-\frac{t}{\sin\beta}\right)\sin\beta$$

$$b_v=\frac{D_{ov}-D_{iv}}{2}$$

由于 $A_{th}=a_v b_v N_v$，则垂直于流动方向的叶片喉部总面积为：

$$A_{th}=N_v\left(\frac{\pi D_{mid}}{N_v}-\frac{t}{\sin\beta}\right)\left(\frac{D_{ov}-D_{iv}}{2}\right)\sin\beta \tag{3-10-32}$$

3. 旋风管分离器的长度和排料口

在筒锥型旋风分离器中，当旋涡在锥体段终止时，旋风分离器的分离性能将变得不稳定。但对于旋风管分离器情况就不同了，旋涡在旋风管分离器中终止的主要作用仅是缩短分离器本体的有效长度。

如果增加旋风管分离器的长度，使它比“自然旋风长”更长，则旋转涡底部或者“尾端”将“偏离中心轴”，附着在距排料口(或者排液口)一定距离的器壁上在这个长度的旋风管分离器上还会观察到效率的下降和压降的上升，从这一点上看，旋风管的长度要减少很多。

在发表的文献中，常常推荐(2~3)D 旋风管分离器的长度。如果能够准确地计算入口面积，则可以把 Alexander 关于自然旋风长的表达式应用到旋风管分离器上。

排料口通常是底板周围的一个环形槽。Yaodong 等(1991)在逆流式旋风管分离器上测量了三种不同的排料口结构：①传统的平底板；②带有一个中心小孔的平板；③底部敞开的结构。中心小孔产生的旋转运动会延伸到灰斗里，然而它对分离效率的一个好处就是稳定了旋涡的运动。从灰斗夹带的颗粒在平板上面的分离空间会被再次分离。在没有底板的情况下，分离效率不是很高。

与一般旋风分离器一样，稳涡器也可以安置在旋风管分离器中。如果旋风管分离器是多管安装结构，必须确保底板结构能处理流体流量的不均匀分配，因为这种不均匀分配在多管旋风分离器结构中总是存在的。

第十一节 三甘醇脱水装置

三甘醇脱水装置分为吸收系统和再生系统两部分，吸收系统包括吸收塔、干气贫液换热器，再生系统包括由精馏柱、重沸器及缓冲罐等组合而成的再生塔及闪蒸器、机械过滤器、活性炭过滤器、贫/富液换热器、循环泵(图 3-11-1)。

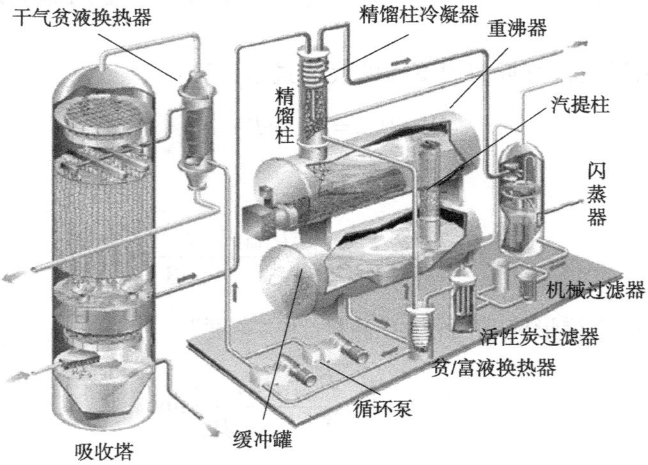

图 3-11-1 三甘醇脱水装置

一、关键设备

(一) 吸收塔

吸收塔一般由底部的分离器、中部的吸收段及顶部的捕雾器(除沫器)组合成一个整体。当原料气较脏且含游离液体较多时，最好将底部分离器设在塔外或在塔外另设一个分离器。

小型装置的气体/贫甘醇换热器有时也设置在塔内吸收段与顶部捕雾器之间。吸收段采用泡罩(泡帽)或浮阀塔板，也可采用填料塔板。

由于甘醇易于起泡，故塔板间距不应小于 0.45m，最好在 0.60~0.75m。顶部捕雾器用来除去≥5um 的甘醇液滴，使干气中携带的甘醇量小于 0.016g/cm^3。捕雾器到干气出口间距不应小于吸收塔内径的 0.35 倍，顶部塔板到捕雾器的间距不应小于塔板间距的 1.5 倍。

吸收塔的脱水负荷与效果取决于原料气的流量、温度、压力和贫甘醇的浓度、温度、比循环量(即脱除气体中 1kg 水蒸气所需的贫甘醇量，其单位通常为"L 贫甘醇/kg 水"，以下示为 L/kg)，以及吸收塔的塔板数或填料高度等。现将这些影响因素分述如下。

1. 原料气流量、温度及压力

原料气进入吸收塔的流量、温度和压力主要影响其水含量和吸收塔需要脱除的水量。此外，由于原料气量远大于甘醇溶液量，故塔内吸收温度主要取决于原料气温度。原料气进塔温度低，塔内温度也低，导致甘醇溶液起泡增多，黏度增加，脱水效果下降。原料气进塔温度高，不仅其水含量增加，而且甘醇溶液脱水能力也会下降。三甘醇溶液的吸收温度一般为 10~54℃，最好在 27~38℃。

吸收塔压力高于 1MPa 时，塔内各处温度差别很少超过 2℃。通常，塔内压力为 2.8~10.5MPa，最低应大于 0.4MPa。若低于此压力时，因甘醇脱水负荷过高(原料气水含量高)，应将气体加压冷却后再用甘醇脱水。

当吸收塔采用板式塔时，其塔板通常均在高气液比的"吹液"区内操作。如原料气量过大，会使塔板上的"吹液"现象更加恶化，对吸收塔操作极为不利。

2. 贫甘醇温度、浓度及比循环量

贫甘醇进塔温度应比塔内气体温度高 3~8℃。如果贫甘醇温度比气体温度低，就会使气体中一部分重烃冷凝，促使甘醇溶液起泡。反之，如果贫甘醇温度高于气体温度 8℃以上，甘醇损失和出塔干气露点就会增加很多。三甘醇脱水装置吸收塔及其他设备操作温度推荐值见表 3-11-1。

表 3-11-1 三甘醇脱水装置操作温度推荐值

设备或部位	原料气进吸收塔	贫甘醇进吸收塔	富甘醇进闪蒸罐	富甘醇进过滤器	富甘醇进精馏柱	精馏柱顶部	重沸器	贫甘醇进泵
温度/℃	27~38	高于气体 3~8	38~93 (宜选 65)	38~93 (宜选 65)	94~149 (宜选 149)	99 (有汽提气时为 88)	177~204 (宜选 193)	<93 (宜选<82)

原料气在吸收塔中的脱水效果(即露点降)随贫甘醇浓度、比循环量和吸收塔塔板数(或填料高度)的增加而增加。三甘醇比循环量一般为 12.5~33.3L/kg。吸收塔至少要有 4 块实际塔板才有良好脱水效果，一般采用 4~12 块。小型脱水装置吸收塔通常有 4~6 块实际塔板，三甘醇比循环量为 20~25L/kg。大型脱水装置吸收塔通常有 8 块甚至更多实际塔板，三

甘醇比循环量可减少至 16.7L/kg。当采用二甘醇脱水时，其比循环量为 40～100L/kg。此外，也可利用 Kremser-Brown 法(吸收因子法)或 Manning 图解法来确定塔板数、贫甘醇比循环量和露点降的关系。如还需详细计算吸收塔理论板数，可绘出修正的 McCabe-Thiele 图来确定，然后除以板效率或乘以填料的等板高度(由制造厂商提供)。泡罩塔板和浮阀塔板的板效率分别约为 25%和 33%。根据经验，还可按原料气经过前 4 块实际塔板时的露点降为 33℃，然后每再经过 1 块实际塔板的露点降为 4℃来估计所用塔板数是否满足气体脱水所要求的露点降。

吸收塔脱水深度受到水在天然气-贫甘醇体系中气-液平衡的限制。图 3-11-2 为出吸收塔温度、进塔贫三甘醇浓度和出塔干气平衡露点关系。已知吸收温度、所要求的干气实际露点(其值一般比相应的平衡露点高 3～6℃)，即可根据平衡露点由此图确定达到所要求露点降时的贫甘醇最低浓度。不论吸收塔塔板数(或填料高度)和贫甘醇比循环量如何，低于此浓度时出塔干气就不能达到预定的露点。

(二) 再生塔

再生塔一般由精馏柱(包括回流冷凝器)、重沸器及缓冲罐(包括换热盘管)组合而成。若要求干气露点很低，在重沸器与缓冲罐之间还设有贫液汽提柱(图 3-11-3)。再生塔通常在常压下操作。

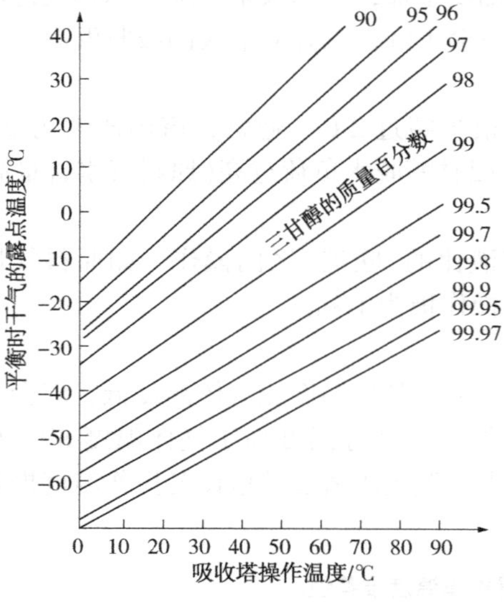

图 3-11-2　吸收塔温度、进塔贫三甘醇浓度和出塔干气平衡露点关系

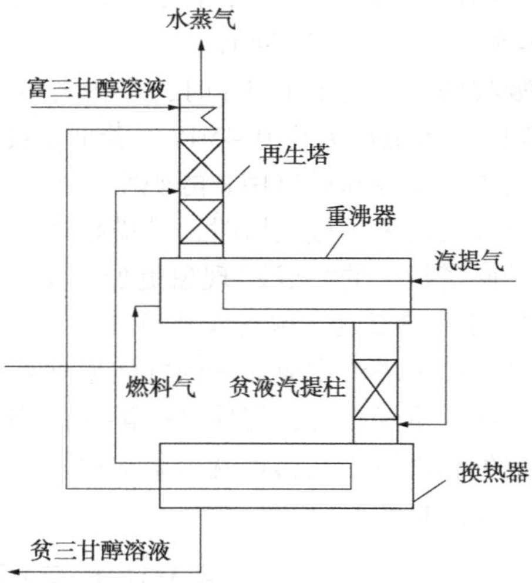

图 3-11-3　有贫液汽提柱的再生塔

1. 精馏柱

精馏柱内充填 1.2～2.4m 高的陶瓷或不锈钢填料(25 或 38mm 的 Intalox 填料或鲍尔环)，大型脱水装置有时也用塔板。小型脱水装置通常将精馏柱安装在重沸器的上部。

由吸收塔来并经过预热的富甘醇在再生塔精馏柱和重沸器内进行再生。精馏柱顶部设有冷却盘管(回流冷凝器)，可使上升的部分水蒸气冷凝，成为柱顶回流，以控制柱顶温度，并可减少排向大气中的甘醇损失量。当回流量约为柱顶水蒸气排放量的 30%时，随水蒸气排放的甘醇量非常少。

在一些小型脱水装置中，精馏柱下段保温，上段裸露，或者在上段外部焊有垂直的冷却翅片，靠大气冷却提供柱顶回流。这种方法虽然简单经济，但却无法保证回流量平稳。

2. 重沸器

重沸器的作用是用来提供热量将富甘醇加热至一定温度，使甘醇溶液所吸收的水分气化并从精馏柱顶排出(即使甘醇溶液再生)。此外，重沸器还要提供回流气化热负荷和补充散热损失。

重沸器一般为卧式容器，既可采用火管直接加热，也可采用水蒸气或热油间接加热，还可采用气体透平或引擎的废气为热源。采用三甘醇脱水时，重沸器火管传热表面的热流密度在 18～25kW/m^2，最高不应超过 31kW/m^2。由于三甘醇在高温下会分解变质，故重沸器中三甘醇温度不能超过 204℃，管壁温度也应低于 221℃。当重沸器采用热源间接加热时，热流密度由热源温度控制，热源温度推荐为 232℃，有时也可到 260℃。

甘醇脱水装置是通过控制重沸器内甘醇溶液温度以得到必要的再生深度或贫甘醇浓度(图 3-11-4)。由图 3-11-4可知，在相同温度下出重沸器的贫甘醇浓度比常压(0.1MPa)下沸点曲线的估计值要高，这是因为甘醇溶液在重沸器中再生时还有溶解在其中的烃类解吸与汽提作用。

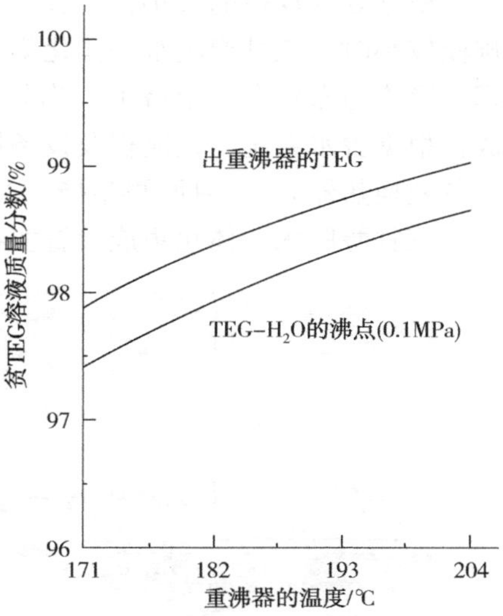

图 3-11-4　重沸器温度对贫甘醇浓度的影响

3. 缓冲罐

有的缓冲罐中不设换热盘管，仅作为再生好的热贫甘醇的缓冲容器，有的缓冲罐中则设有换热盘管，兼作贫/富甘醇换热器(图 3-11-3)。如采用贫液汽提柱，则在重沸器和缓冲罐之间的溢流管(高 0.6～1.2m)内还填充有 Intalox 填料或鲍尔环，汽提气一般从贫液汽提柱下方通入。

(三) 闪蒸罐

闪蒸罐的作用就是在低压下通过闪蒸以分离出甘醇溶液在吸收塔中吸收的少量烃类气体。

原料气若为贫气，在闪蒸罐中通常没有液烃存在，可选用两相(气体、富甘醇)分离器，液体在罐内停留时间为 5～10min。原料气如为富气，在闪蒸罐中会有液烃存在，故选用三相(气体、液烃和富甘醇)分离器，因重烃可使甘醇溶液乳化和起泡，故停留时间为 20～30min。闪蒸罐的压力最好在 0.35～0.52MPa。

当需要在闪蒸罐中分离液烃时，可将吸收塔来的富甘醇先经贫/富甘醇换热器等预热至一定温度。预热可降低液体黏度并有利于液烃与富甘醇的分离，但也增加了液烃在富甘醇中的溶解度，故预热温度不能过高。

二、三甘醇脱水一体化集成装置

三甘醇脱水一体化集成装置集成了三甘醇吸收脱水、三甘醇溶液再生、加热精馏、闪蒸、循环、换热、散放等功能，适用于天然气、煤层气、伴生气、煤制气、合成气等介质，可替代集输场站、处理厂、储气库、净化厂等厂站的脱水单元。

三甘醇脱水一体化集成装置作为集机械、电工、自控、信息等技术于一体对的工业化和信息化融合的功能产品，其集成度、智能化程度更高，功能更强，建设周期更短。该装置有力地促进了设计、制造、采办和劳动组织管理方式的变化，促使安装方式由传统的现场施工转移到预制工厂流水化，现场组装，不仅改善了施工环境，而且提高了建造质量。

根据处理规模的大小，三甘醇脱水一体化集成装置可单撬集成或多撬组合集成。当处理规模较小时，三甘醇脱水一体化集成装置单撬集成，根据脱水系统工艺流程，将整个装置合理、紧凑地布置在一个撬上。当处理规模较大时，三甘醇脱水一体化集成装置多撬组合集成，根据脱水系统工艺流程及设备尺寸，将一体化装置分为多撬，如三甘醇吸收塔撬(含干气贫液换热器)、三甘醇再生撬、产品气分离器撬。

三甘醇脱水一体化集成装置实物照片如图 3-11-5 所示。

(a)装置前视图

(b)装置后视图

(c)装置左视图

(d)装置右视图

图 3-11-5　三甘醇脱水一体化集成装置实物照片

(一) 功能特点

(1) 将三甘醇吸收脱水、三甘醇溶液再生、加热精馏、闪蒸、循环、换热、散放等多个工艺自控系统功能集成。

(2) 配套先进的控制系统，采用基地式、PLC/GCS 等先进的集成控制方案，通过装置的自动化、智能化、数字化，实现了无人值守运行。

(3) 采用完备可靠的高性能探测器、温控器等仪表，实现熄火保护、自动启停、紧急切断、负荷比例调节等功能，保证安全可靠、平稳运行。

(4) 利用天然气压力能的气动循环泵或高效增压泵、自主开发的多级引射式燃烧器等低能耗产品，以及采用合理的能量平衡利用技术，保证了装置的低成本和经济性。

(5) 标准化、模块化、撬装化结构，减少了现场安装工程量、缩短了建设周期。

（二）关键设备

1. 三甘醇吸收塔

三甘醇吸收塔是三甘醇脱水一体化装置的关键设备之一，按功能划分为 3 个部分，即下部预分离段、中部吸收段和上部气液捕集段。

三甘醇吸收塔结构示意图如图 3-11-6 所示。

下部预分离段主要对进入吸收塔的天然气进行预分离，保证气体进入吸收段前达到工艺要求；中部吸收段主要是借用三甘醇的吸收特性深度去除天然气中的饱和水；上部气液捕集段设置了特殊高效的捕集器，去除了天然气中的三甘醇液滴。

吸收塔的吸收单元有圆泡帽塔盘、浮阀塔盘、斜孔塔盘、整装或分块式填料等多种形式，根据天然气处理量的大小、来气压力的高低、露点降要求等可选择一种或两种组合的吸收单元，来达到理想的脱水效果。

2. 重沸器

重沸器主要由富液精馏柱、加热罐、贫液精馏柱和换热罐组成，为四合一的组合装置，是三甘醇再生过程的核心设备。

重沸器结构示意图如图 3-11-7 所示。

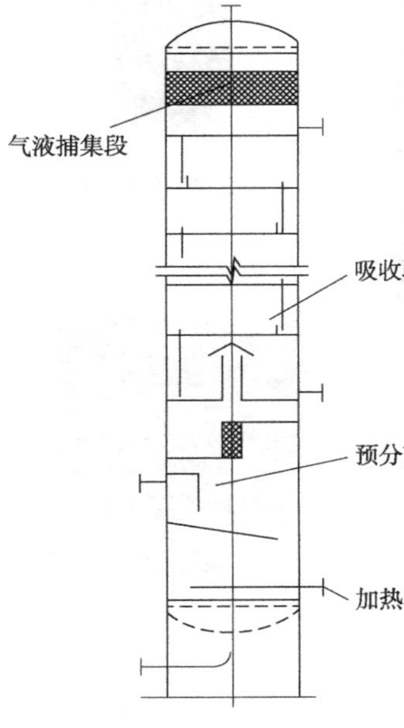

图 3-11-6　三甘醇吸收塔结构示意图

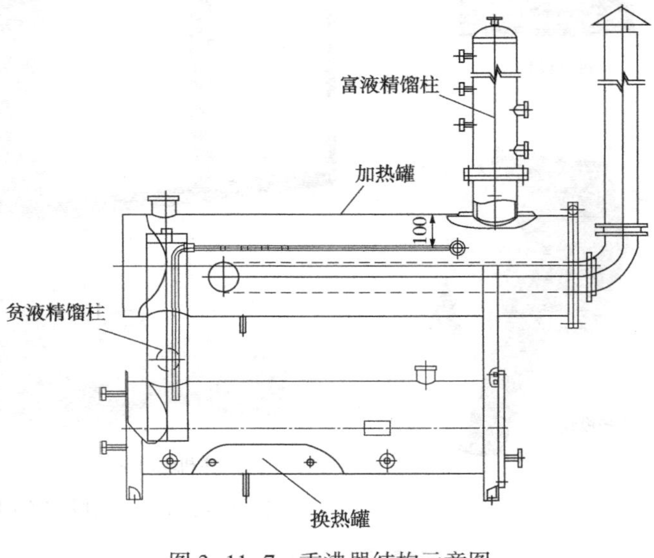

图 3-11-7　重沸器结构示意图

富液精馏柱对三甘醇富液进行热交换再生，并从精馏柱的顶部排出水蒸气；加热罐采用燃料气直接燃烧加热，贫液精馏柱主要用于加热罐的三甘醇贫液与汽提气的接触，进一步提高三甘醇贫液的浓度；换热罐用于热贫甘醇与冷富甘醇之间的换热，同时作为甘醇沉降以及循环泵进料的缓冲罐，换热罐内设有两组盘管，一组盘管作为富甘醇进闪蒸罐前的加热盘管，另一组为富甘醇进富液精馏柱前的加热盘管。

三甘醇溶液的再生是在重沸器的加热罐和富液精馏柱中完成的。该部分还包括溶液过滤、缓冲、气体闪蒸以及尾气处理设备，如过滤器、缓冲罐、凝液罐、闪蒸罐和灼烧炉等，根据具体的工艺流程及三甘醇再生深度要求采用的设备略有不同。

(三) 应用效果

三甘醇脱水一体化集成装置与同类常规工艺装置相比，可以节约再生能耗 40%，占地面积约为常规工艺场站安装装置的 25%，工程投资可降低 20% 以上，建设周期可缩短 60% 以上。

第十二节　空氮系统

空压制氮单元主要由压缩空气系统、空气净化系统、变压吸附制氮系统、液氮配套系统等部分组成。空氮装置的主要任务是为全厂气动仪表提供仪表空气，为全厂工艺装置吹扫置换提供氮气及为生产装置提供工艺空气。

装置的实物照片和立体模型如图 3-12-1 和图 3-12-2 所示。

图 3-12-1　空氮撬实物照片

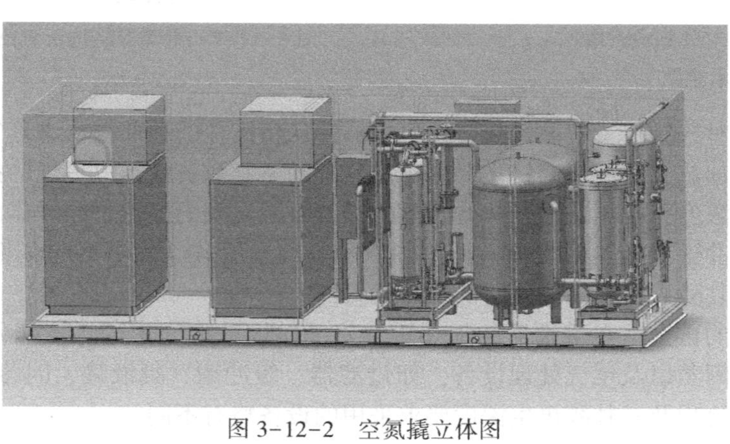

图 3-12-2　空氮撬立体图

一、PSA 制氮系统原理

变压吸附法(Pressure Swing Adsorption，简称 PSA)制氮是 20 世纪 70 年代发展起来的一项成熟技术，其装置投资少，占地面积小，操作维护简单，产气速度快，开机 15min 可产出氮气，自动化程度高。

PSA 制氮系统由精密过滤器、空气储罐、制氮吸附塔、活性炭过滤器、氮气缓冲罐、氮气储罐成。PSA 系统的两个吸附塔交替使用。一个进行吸附操作，另一个进行解析操作。吸附塔是本装置核心设备。其吸附塔碳分子筛是一种以煤粉为原料经特殊加工而成的黑色颗粒。其表面布满了无数的微孔。碳分子筛分离空气的原理，在于空气中氧和氮在碳分子筛微孔中的不同扩散速度，或不同的吸附力或两种效应同时起作用。在吸附平衡条件下，碳分子筛对氧、氮吸附量接近。但由于氧扩散到分子筛微孔隙中的速度比氮的扩散速度快得多，因此，通过适当的控制，在远离平衡条件的时间内，使氧分子吸附于碳分子筛，而氮分子则在气相中得到富集。同时，碳分子筛吸附氧的容量，因其分压升高而增大，因其分压下降而减少。这样，碳分子筛在加压时吸附，减压时解析出氧的成分，形成循环操作，达到分离空气的目的。

二、系统流程(微油风冷)

(1) 首先空气压缩机产出满足制氮装置空气耗量比的(压力为 1.0MPa 左右，最低 0.6MPa，油含量≤3ppm)压缩空气，送入后级空气净化系统。

(2) 压缩空气经过空气缓冲湿罐的缓冲. 稳压，冷却，除水，再进入 C 级离心式油水分离器滤除大体积的水、油、尘，再进入吸附式干燥机干燥、除水，出来进入 T 级主管路过滤器，A 级油雾过滤器，2 级 D 级超高效微油雾过滤器深度吸附油雾，最后洁净的空气送入空气缓冲干罐。

(3) PSA 制氮装置利用压缩空气和碳分子筛的压力变化物理过滤吸附作用得到合格氮气，然后送入氮气工艺罐缓冲储存待用。

(4) 氮气经除尘、过滤纯净后，经氮气纯度分析仪检测，不合格时，放空大气中；合格后，输送到需方使用点(图 3-12-3)。

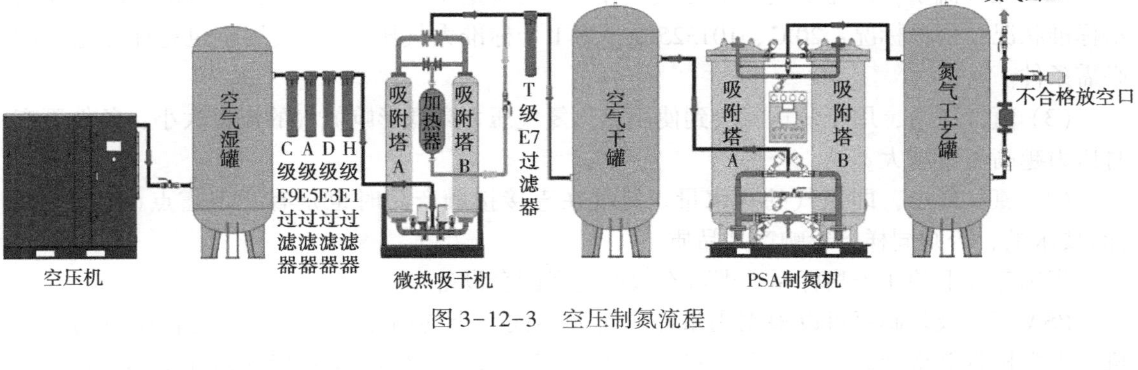

图 3-12-3　空压制氮流程

三、主要设备

(一) 空压机

空压机一般有离心式、活塞式和螺杆式三种，离心式空压机单机排气量大，但单机效率较低，变工况适应能力不强，一般用在较大规模的空压站；活塞式空压机虽一次投资低，但易损件多，运行中故障率高；螺杆式空气压缩机运行平稳，易损件少，噪声低、集约化程度高、结构紧密、基础简单、减震效果好、自动化程度高，因而在空压站中尤其是中小型空压站应用较多。

(二) 干燥机

微热再生空气干燥机由高效油水分离器、吸附塔、电加热器、消声器、粉尘精滤器、控制系统等组成。利用变压吸附原理，在一定压力下，使压缩空气自下而上流经吸附剂床层，在室温、高压下，压缩空气中的水蒸气便向吸附剂表面转移，使压缩空气得到干燥；减压后的干燥空气(再生气)，经加热后，体积膨胀，再与吸附水分饱和的吸附剂接触时，吸附剂中的水分转向再生空气，使吸附剂得到干燥。

该干燥机结构紧凑，占地面积小，生产能力大，智能控制仪全自动控制，操作维护简单，劳动强度低。

(三) 制氮机

仪表气经精密过滤器净化后，导入1个活性炭吸附器下方，再生工艺气自活性炭吸附器上方经打开的阀门流入另一个活性炭吸附器进行再生，再生活性炭吸附器废气自下流出。2个活性炭吸附器的上下中间部位均装有1组平衡均压用的阀。成品氮气先从上部位阀门流经缓冲罐，再通过内置过滤器过滤后，输送到贮气罐。

吸附分离在常温下进行，工艺简单，设备紧凑，占地面积小，开停方便，启动迅速，产气快(一般为30min左右)，氮气纯度高(99.9%以上)，能耗小，运行成本低，自动化程度高，操作维护方便。

四、氮气设备选型

不管选择什么类型的制氮机设备，必须知道以下几个参数：氮气纯度、氮气流量、氮气压力、氮气露点。

(1) 氮气纯度，氮气一般作为工艺气体，有别于我们的压缩空气作为动力气源，必须达到一定的压力和气量。氮气一般直接接触产品隔绝产品周边氧气，在发生高温、焊接、切削等动作时，降低被氧化的风险，保证加工后的产品品质。

(2) 氮气流量，即需要使用的氮气用量(氮气流量单位：Nm^3/h 或 NL/min，其中 N 表示标准状况，俗称标况：20℃、101325Pa，为1个标准大气压)。氮气用量也是保证生产的必需条件。

(3) 氮气压力，用于输送氮气到使用点。氮气压力高低影响氮气的流量大小，条件不变时压力越高流量越大。

(4) 氮气露点，即氮气的含水量。氮气在直接接触产品时也是有一定露点(含水量指标)要求的，否则同样会影响产品品质。

当确定以上的4个指标后，即可有效的选择配套设备。

PSA 变压吸附制氮可以根据用量需求定制不同大小的制氮设备，同时配置相应的空压机、干燥机就能得到氮气。不管是95%、99%、99.99%，还是99.9995%的纯度都有相应的设备规格满足。而压力不管是0.1MPa，还是30MPa也都可以得到。

PSA 系统的选型：

空压机主要根据氮气的纯度、流量、压力来选型。氮气的纯度流量决定了选择什么型号的碳分子筛，不同碳分子筛都对应不同空氮比(以下为伊普思公司的常规 CMS-260 分子筛)的空氮比。

例如：120Nm^3/H-99.99%制氮机空气消耗量计算：

120/60×4.9=9.8m^3/min。其中，60 为 60min，4.9 为空氮比数。9.6m^3/min 为实时消耗量，根据干燥机耗气量空压机选型应放大 10%～30%。

如干燥机部分配有吸干机产生气耗，需放大 30%，则空压机最少选择 12.5m^3/min 的排量，参照此流量选择相应的空压机功率 75kW 即可。

空压机流量算出来以后，可以得到整体管道内的气体压力(如压缩空气压力最高 0.8MPa，则氮气压力最高 0.7MPa)。

干燥净化根据成品氮气露点要求配置。露点无要求，可单独配置冷干机。由于碳分子筛也有一定吸附水分子的作用，此配置成品氮气压力露点在-30℃以下。在制氮机前端配置吸附式干燥机，经吸干机处理后的压缩空气压力露点在-40～-30℃，含水、含油量极低，对碳分子的污染可以忽略不计，可大大延长碳分子的使用寿命，降低制氮机阀件故障率。如果需要更低的露点，可以将干燥机放大或者定制低露点的吸干机，就可以达到-70～-50℃的成品氮气露点。

五、一般规定

(1) 空氮机房的朝向宜使机器间有良好的自然通风，并宜减少日晒。

(2) 螺杆空气压缩机的宜为 3～6 套，工作压力≤1.6MPa 的空气压缩机组，在正常负荷下的供气压力波动幅度不宜超过 0.05MPa；当负荷变化较频繁时，宜选用 1～2 套具有变容或变频等节能型气量调节功能的空气压缩机。

(3) 当工作压力≤10MPa，单台处理量≥20m^3/min 或工作压力≥10MPa，单台处理量≥3m^3/min 的吸附式干燥装置，宜采用加热再生吸附式干燥装置或压缩热再生吸附式干燥装置。

(4) 缓冲罐上必须装设安全阀。

(5) 空气压缩机的吸气、排气管道及放空管道的布置，应采取减少管道振动对建筑物影响的措施。

(6) 在空气压缩机组、管道及其建筑物上，应采取隔声、消声和吸声等降低噪声的措施。

(7) 仪表气源应采用清洁、干燥的空气。

(8) 仪表气源在操作(在线)压力下的露点，应比装置所在地历史年(季)极端最低温度至少低 10℃。

(9) 经净化后的仪表气源，在气源装置出口处，其含尘颗粒直径不应大于 3μm，含尘量应小于 1mg/m^3；其油分含量应小于 1ppm；仪表气源中不应含易燃、易爆、有毒及腐蚀性气体或蒸汽。

(10) 气源装置应设置备用气源。备用气源可采用备用压缩机组、缓冲罐或第二气源。当采用备用压缩机组时，应采用自动切换方式。当工作压缩机组出现故障或退出工作时，备用压缩机组应立刻联锁启动，投入工作。

(11) 缓冲罐中储存的气应在维持时间内将供气管网的压力维持在最低输出压力以上。在上游气源装置发生事故停止供气时，缓冲罐应能提供紧急供气。

（12）维持时间 t，应根据生产规模、工艺流程重要程度确定。如果没有特殊要求，可在 15~30min 取值。

（13）当采用气源分配器向仪表用气点供气时，气源分配器供气点数宜采用 6 点和 10 点。每套气源分配器应设置切断阀，对应每个供气点宜设置单独的气源球阀。

（14）现场供气干管、支管可选用镀锌钢管或不锈钢管。连接管件应与管道材质一致。

（15）气源球阀上游侧供气系统配管，最小管径宜采用 DN15。

（16）供气管路宜架空敷设，不宜在地面或地下敷设。供气管路应避开高温、易受机械损伤、腐蚀、强烈振动及工艺管线或设备物料排放口等不安全环境。

（17）供气管路水平安装应有 1/1000~1/200 的坡度，并在最低点装设排污阀。

（18）仪表空气引入供气点前，应设置气源球阀，并经过减压阀稳压处理。

（19）根据设计中气动仪表的选型要求，可供选用的气源装置送至各界区的压力范围宜为：500~700kPa（表压）。规定的压力下限值为气源装置送至装置各界区的最低压力，若低于此规定值时，应设置声光报警并采取相应安全措施。

（20）仪表供气管网压力低应报警，压力超低宜联锁。

（21）控制室内第二气源不得使用氮气。

（22）在供气系统配管设计时，应设置排污点，并应在干管最低点和末端设排污阀，排污阀宜选用球阀。

（23）供气系统采用不锈钢管时，宜采用焊接式或法兰式连接阀门、焊接管件。

（24）供气系统采用镀锌钢管时，宜采用镀锌螺纹连接管件，不应采用焊接连接。

（25）在供气总管或干管末端，应采用盲板或丝堵封住，不应将管路末端焊死。

（26）对开关时间、耗气量等有特殊要求的供气设备，气源球阀上、下游侧的管径应按实际要求选择。

（27）在供气干管上应留有备用点，至少一点。

（28）对于快速开启、切断的气动执行机构，设置的快速充压、快速排气阀及空气缓冲罐等附件应由制造商成套提供。

（29）压缩空气站内的地沟应能排出积水，并应铺设盖板。

（30）压缩空气站机器间屋架下弦或梁底的高度，应符合设备拆装起吊和通风的要求，且净高度不宜小于 4m。在夏热冬冷和夏热冬暖地区，当机器间跨度 9m 时，宜设天窗。

（31）机器间宜采用耐磨防油地面，墙的内表面应抹灰刷白。缓冲罐之间的外窗宜采取减少日晒的措施（图 3-12-4）。

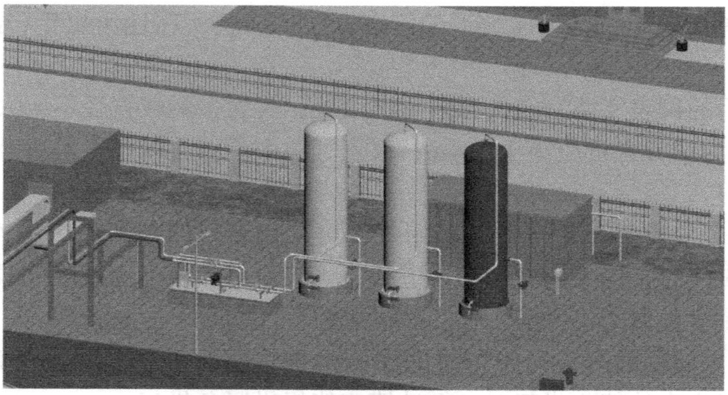

图 3-12-4 空压制氮模块渲染图

第十三节　过滤分离器

一、过滤分离器结构示意图

过滤分离器可分为立式或卧式结构，是由一个内部装有一级滤芯(过滤聚结滤芯)、二级滤芯(分离滤芯)的金属壳体组成，同时配有排污阀、放水阀、压差表、安全阀、或伴热装置等附件，结构示意图如图 3-13-1、图 3-13-2 所示。

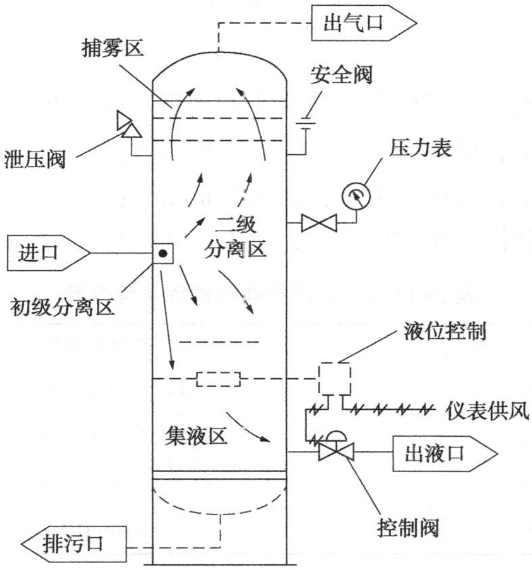

图 3-13-1　立式过滤分离器结构示意图

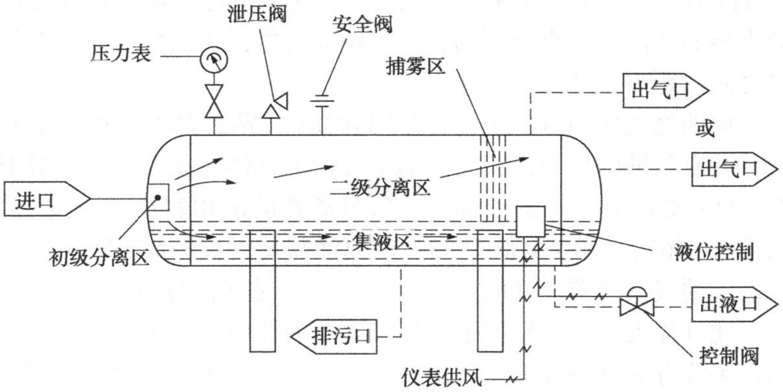

图 3-13-2　卧式过滤分离器结构示意图

二、过滤分离器工作原理

天然气进入过滤分离器后，首先汇集于铝制托盘，再分散进入聚结滤芯由里向外，第一步由过滤层滤除固体杂质，第二步通过破乳层，将乳化状态的油水分离，第三步由聚结层将微小的水滴聚结成大的水滴，沉降于集水槽内；然后未来得及聚结的小水滴靠分离滤芯的斥水作用进一步分离，沉降于沉淀槽，由排水阀排出。干净的燃料通过分离滤芯汇集于二级托盘，由过滤分离器的出口排出。

三、过滤分离器的工艺计算

分离器的天然气处理能力可由修正的斯托克斯定律求出。采用斯托克斯定律时，处理能力以给定流速下气流中沉降出的最小液滴粒径为原则。在操作条件下，气体最大允许表观速度可由式(3-13-1)求出：

$$V_a=K\sqrt{\frac{d_L-d_G}{d_G}} \tag{3-13-1}$$

式中 V_a——通过二级分离区的气体最大允许表观速度，m/s(ft/s)；

d_L——在操作条件下，液体的密度，$kg/m^3(lb/ft^3)$；

d_G——在操作条件下，气体的密度，$kg/m^3(lb/ft^3)$；

K——取决于设计和操作条件的常数，见表 3-13-1。

表 3-13-1 分离器典型操作条件常数

分离器形式	高度或长度 L/mm(ft)	典型的系数 K 范围
立式	1524(5)	0.037~0.073(0.12~0.24)
	3048(10)	0.055~0.107(0.18~0.35)
卧式	3048(10)	$0.122\sim0.152\times(L/3048)^{0.56}$ $[0.40\sim0.50\times(L/10)^{0.56}]$
	其他长度	0.061~0.107(0.2~0.35)

按上述系数计算出的允许表观速度适用于采用钢丝网捕雾器的分离器。这一速度可将直径大于 10μm 的液滴从气体中沉降出来。其他类型捕雾器应考虑最大允许表观速度或其他设计标准。为使捕雾器的功能得到充分利用，应按照捕雾器供货商推荐的丝网与上游气体井口和下游气体出口之间的距离安装。

油气分离器的原油处理能力取决于停留时间和油-气界面面积。基本要求是使原油有足够长的停留时间，并有足够的界面面积使原油中夹带的气体能充分逸出。对于不发泡且相对密度低于 0.8467(API 度高于 35°)的原油，油气分离器的液相容积一般按 1min 停留时间考虑，相对密度高于 0.8467，(API 度低于 35°)的原油需要更长停留时间。

发泡原油是确定油气分离器尺寸的一个因素。泡沫是气体分散在液体中形成的混合物，其密度比液体小、比气体大。在此情况下，将气体从液体中分离出来需要更大的界面面积和更长的停留时间。卧式分离器的界面面积通常是最大的，停留时间也许要长达 15min。在大多数情况下，油气分离器要处理发泡原油的停留时间为 2~5min。从油井取样测试装置模拟可以确定更精确的停留时间，消泡分离器的设计通常包括用以增大处理量的各种专有内部构件。除介质性质外，天然气处理能力还受以下因素影响：

(1) 操作温度高于原油的析蜡点。

(2) 操作温度高于天然气的水合物形成温度。

(3) 液体的起泡倾向。

(4) 流体的均匀性。

（5）消泡剂（如采用）。

油气分离器的液体处理量主要取决于分离器中液体的停留时间。只有足够长的停留时间，在分离温度和压力下才能实现液相与气相之间的平衡，从而达到充分分离。基于停留时间所需的液体处理量或沉降容积量可由式（3-13-2）求出：

$$W=\frac{1440V}{t} \text{或} t=\frac{1440V}{W} \quad (3-13-2)$$

式中　W——流动条件下的液体处理能力，$m^3/d(bbl/d)$；

V——液体沉降容积，$m^3(bbl)$；

t——停留时间，min。

通常，在两相油气分离器中，液体停留时间的基本设计参数见表3-13-2。

表3-13-2　两相油气分离器液体滞留时间的基本设计参数

原油相对密度（原油API度）	停留时间（典型的）/min
0.8467以下（35°以上）	1
0.8732~0.9314（20°~30°）	1~2
0.9314~0.9977（0~20°）	2~4

可用上述公式中的沉降容积来求特定油气分离器的液体处理量。综合考虑气体、液体处理量后，才能确定合适的油气分离器尺寸。需要注意的是，对于多数高压凝析气井，因气油比高，气体处理量往往是油气分离器设计的主导因素，但对于低气油比介质所采用的低压分离器来说，情况则正好相反。油气分离器上的排液阀或调节阀尺寸取决于可能产生的压降、液体流量和液体黏度。

第十四节　储气库标准化采购

一、标准化采购概况

（一）标准化采购定义

（1）标准化采购。是指通过组织专家，优化物资的技术参数和配置，摒弃个性化的需求和过剩的功能，最终建立符合生产实际统一的物资技术标准体系的采购行为。在统一物资标准的基础上，通过招标等方式优选主力供应商。

（2）标准化采购专业组。是项目为推进标准化实施，分专业由各部门专家组立的技术专业组，梳理、制定标准化采购技术标准，为标准化采购提供技术支撑。

（3）标准化采购物资。是指通过制定统一技术标准，经过招标选型、定型谈判、优选主力供应商、签订框架协议等标准化采购流程选型定型的物资。

（4）标准化采购全过程管理。标准化采购全过程管理主要包括标准化采购的采购标准管理、计划管理、采购管理、物码管理、价格管理、供应商管理、物流储备管理、质量管理等环节。

标准化采购管理模式的构建与实施是提高组织运作效率、降低交易成本和提升公司核心竞争力的重要途径。

（二）标准化采购发展

1. 世界领先油气公司标准化采购情况

世界领先能源化工公司十分注重标准化采购在石油化工生产和工程项目建设中所发挥的作用，他们将建设采购技术标准体系视为日常经营管理活动中的重要内容，都拥有一套非常完备的、享有自主知识产权的工程设计和采购技术规范，用以约束投资行为，这既是其国际竞争力的重要体现，也是软实力的客观反映。目前，壳牌公司的标准有330余项、BP有400余项、道达尔有430余项，均侧重于设备、材料的选用和采购领域。由于这些公司的业务遍布全球，国际化经营程度高，他们的技术专家积极参加与公司核心业务的关联程度高的国际标准的制修订，并大力使用这些国际标准。对于没有国际标准可以直接引用，或者需要对国际标准做大量修改的情况，则制定企业标准。这些企业标准会在全公司范围内实施，要求各作业区尽量采用企业标准，减少制定新标准，同时允许各作业区根据当地法律要求适当修改企业标准的部分条款。对于合资项目，也都按照一定规程来约定使用本公司标准。这些公司强调尽量避免重复制定标准，以减少不必要的成本和矛盾。由于重视标准的一致性，严格按标准组织生产经营，都收到了比较好的“标准效益”。如壳牌开展标准化采购，每年可减少5%投资，缩短项目周期的13%，所产生的效益大大高于标准化经费的投入。

2. 国内一流油气公司标准化采购情况

中国石化于2012年全面启动标准化设计和标准化采购工作，目前已基本实现了设计标准规范的统一，建成了较先进的工程设计软件平台，形成了完整的物料编码体系，逐步建立起覆盖油气、炼化装置及系统单元的采购技术标准体系，通过实施标准化采购和集中采购，集团化采购规模和采购资金节约率逐年上升，2020年的集团化采购率已达到88.8%，采购资金节约率6.5%。中国石油在油气领域实施《油气田地面工程标准化设计导则》等系列成套标准，并在此基础上研发应用一体化集成装置，大幅缩减建设周期、降低建设投资，有力促进了地面工程建设理念的变革。中国海油充分利用标准化的“互换性”和“通用性”原则，大力推行海上平台钻机、运输船等钻采、运输设备的模块化设计，推行码头工程、管道工程的标准化设计，减少了生产设备和设计方案的多样性，缩短工程设计周期、采办周期和施工周期。

3. 油气领域的新挑战新特点

从全球来看，低油价倒逼形成了以提高钻井、压裂效率为主导的低成本技术体系，使得北美页岩油气储量和产量在2019年达到新高峰，推动美国实现了能源独立，加上巴西、挪威、圭亚那等新项目投产，全球油气供应有望长期进入供应宽松状态。2020年，受新冠疫情冲击、大宗商品价格剧烈波动、能源需求坠入谷底影响，全球油气巨头们承受着利润蒸发、市值暴跌、大规模资产减记和裁员的压力，全球最大油服公司斯伦贝谢税前亏损达到105亿美元，埃克森美孚公司出现40年来首次年度亏损，BP公司出现10年来首次年度亏损，壳牌公司年利润创16年来新低。

从国内来看，中国石油经济技术研究院的数据显示，2020年我国石油和天然气的对外依存度分别上升至73%和43%。当前我国探明油气资源中，常规与非常规的资源比例为1∶3，发现优质大气田和高效开发越来越难，在剩余天然气资源中，非常规气是常规气的近4倍，非常规油气已成为“稳油增气”的战略资源，这对勘探开发领域提出了更多的创新需求和降本增效要求。

同时，受低油价冲击、全球绿色低碳的大趋势影响，内外因素变化倒逼石油公司低碳转型，欧洲油气企业领跑可再生能源布局，美国油气企业主要专注于碳捕获等“负”碳排技术，国内油气企业则加大天然气“产供销”全产业链建设，中国石油 2020 年的国内天然气产量当量突破 1×10^8t，首次超过原油产量，中国石化正全面推进储气能力建设，计划在 2021 年新增储气能力 22.62×10^8m^3。

（三）实施标准化采购管理的意义

标准化工作的内容包括制定标准、组织实施标准以及对标准的制定、实施进行监督，其目标是提升产品和服务质量，促进科学技术进步，保障人身健康和生命财产安全，维护国家安全、生态环境安全，提高经济社会发展水平。标准化采购是指通过统一设计、采购和制造标准，实现企业生产建设所需物资的选型和配置标准化，提升物资的通用性和互换性，实现全生命周期总成本最优所采用的采购技术标准，主要包括国际标准、国家标准、行业标准和企业标准。采购技术标准体系是指为满足特定领域生产建设需要，按工艺流程确定的若干个采购技术标准总和，以及科学的采购技术标准运用评价体系和示范推广机制。

油气领域属于技术密集型、资金密集型行业，对标准化的要求和标准化的水平都比较高。世界第一家石油公司由洛克菲勒于 1963 年成立，公司名字为“标准”石油公司。大型油气企业开展标准化采购，可以实现：①规范物资选型，优化资源配置，降低管理和维护难度，降低采购成本、库存资金占用和运维成本，提高采购效能。②稳定和提升物资制造质量，有助于建立物资性价比和全生命周期总成本的评判标准。③促进设计、需求、制造、监造、储运、生产、运维、销售等环节有序、高效工作，实现企业利益最大化。④提升供应链延伸管理水平，与合作伙伴建立持续良好的合作关系，获得最大安全性和可靠性支持。⑤避免因技术要求不明确或不一致造成一物多码、一码多物的情况发生，有助于将物料编码与信息化系统充分结合，提高企业数字化和智能化管理水平。⑥建立规范有序的市场竞争，降低腐败、贿赂等风险。

在日趋复杂的市场竞争环境下，近年来，储气库项目供应商产品个性化特点也越来越鲜明，不同厂家生产的相同型号规格的产品，一些常用消耗易损配件也存在差异，相互之间很难匹配替代使用，机械产品细微的差别都会给一线用户装配工作带来很大困难，也易造成产品采购的独家垄断、独家采购现象，不利于产品需求计划提报、物资采购、安装使用和设备维护；不利于项目的物资管理；物资不标准、通用性差，同时给选择集中储备品种造成困难，增加了库存积压。

（四）实施标准化采购的依据

标准化采购是物资定型化、规范化、规模化和市场化采购的集合，是对统一信息平台、统一供应商管理统一专家库统一业务流程、统一库存和标准管理的深刻理解与升华，也是降低采购成本、保证质量和规避风险的有效途径。实施标准化采购应做好以下作。

1. 完善制度、优化流程

标准化采购与传统采购模式截然不同，它是将集中采购、招标采购、谈判采购、供应商管、理库存管理等进行全面整合。要对已有的管理制度进行书面修订、完善和优化，制定出能覆盖采购的计划、采购过程、库存与结算等标准化管理制度，建立标准化操作和信息管理平台。

2. 严格把关、规范定型

设备定型化、规模化是标准化采购的关键要素，也是标准化采购的基础。在设备定型过程中，需要组织各方面专家进行广泛调查、研究和技术交流，对拟定型设备的技术性能、工艺技术要求、适应性、安全可靠性等进行全面考核与评估，将质优价廉、质量可靠、性能稳定、适应大范围推广的产品纳入标准化设计与采购范畴。通过汇总企业建设项目的需求计划，使其形成一定的批量和规模，由标准化采购机构统一采购。通过确立长期的合作伙伴，形成定商、定型、定量、定期和定价的供求关系，达到减少采购环节、缩短采购周期和确保生产建设需要的目的。

3. 优化资源、完善结构

设备定型化使采购部门可以根据市场物资价格的动态信息，利用有利时机统筹安排、批量定购、分批交货和按需分配，能有效抵御市场价格波动对油气生产建设造成的影响。在机构设置方面，可以按照标准化采购的运行模式，进一步优化各级采购机构的设置，使采购部门的职能上移，削弱或减少基层单位的职能和编制，达到减员增效的目的。在物资调配方面，可以通过标准化采购信息管理查询系统，及时准确地了解各库存站点的物资库存与分布情况，能够按需进行统一调配。在供应商管理方面，可以利用标准化采购网络，定期收集、整理物资使用信息和进行市场调研，通过综合评价确定合格的供应商，淘汰不合格的供应商和引入新的供应商，使供应商结构更趋合理。

（五）实施标准化采购具有的潜在优势

实施标准化采购不仅能保证工程质量和提高工作效率，也适应大规模生产建设。标准化采购模式的全面推广与应用，具有以下优势。

1. 利于向标准化管理的转变

标准化采购集成了集中采购的所有优势，具有管理规范、采购流程合理操作简单透明、供货快捷、高效等特点。实行标准化采购后，可以充分利用标准化设计中设备定型化的特点，将设备的生产厂家、规格型号、价格等有关信息录入公司物资采购网络，每年只需根据建设规划的场站数量及规模，就可直接在物资采购网上签订供货合同。不仅剔除了重复设计成本，节省了大量人力资源和不必要的配套设施，提高了工程质量也简化了计划上报、审批、汇总、分类、谈判等烦琐的中间程序，使采购工作效率成倍提高。

2. 可实现集中采购

标准化采购是集中采购的升华和提炼，利用标准化设计平台将各油气田的采购物资汇聚集中，形成批量、长期和稳定的需求态势，使有限、分散的采购人力及采购资金形成合力，能共同应对市场变化。充分利用"大市场"的资源，吸引了更多有实力的供应商参与竞争，不仅能争取到优良的产品质量，还可得到优惠的价格和优质的服务。实施策略：一是采用长期战略合作、年度合同季度定量、月度结算模式，简化了采购程序；二是利用电话传真、网络等现代化通信手段处理采购日常事务，降低了采购交易成本；三是利用批量优势，降低了产品的平均生产成本；四是通过与生产厂家或一级代理商建立稳定的供销关系，减少中间环节和降低销售成本。

3. 能缩短建设周期

工程建设实行标准化设计，能有效缩短项目建设的论证、设计和前期准备周期；采购部门根据标准化设计文件，可提前采购和缩短采购周期；建设单位利用模块化建设，减少了现场施工时间，从 2021 年开始，在中原油田地面建设的所有储气库推广应用了标准化设计、工厂化预制、模块化施工、机械化作业和信息化管理，因省略了前期论证、设计等前期准备工作，使生产建设周期大大缩短，原来建设一座储气库需要 1 年多时间，现在只需 10 个月就能建成投产，为中原储气库群的建设奠定了基础。

4. 降低操作成本

标准化采购使管理难度降低，管理人员减少和管理费用下降；使操作人员调配更为方便，便于统筹安排，现场维护人员减少和生产运行成本降低；使技术和操作人员培训周期缩短，技术力量提升速度加快和培训费用降低；实现了备品配件的统一采购、统一储备和统一调配，使库存数最大幅降低和资金占用量减少；使设备的互换性通用性增强，相互调配更为方便。

5. 能建立长期的战略合作伙伴关系

标准化采购可以促进供应商的诚信度和售后服务质量持续提升，能提高解决问题的能力和效率。由于标准化设计统一设备规格和型号，使每年生产建设需要的设备类型及数量基本定型，变化很小。在经过第一次招标或集中采购后，基本确定设备生产厂家和价格，可采用续订采购的方式进行采购，使供货商或生产厂家能够保持相对稳定。为了保持长期合作关系，他们会努力提高服务质量和诚信度。

二、储气库标准化采购模式的应用与措施

(一) 标准化采购的应用

1. 统筹规划标准体系

储气库建设所需的物资主要包括设备、材料和电气仪表等三大类。随着国内勘探开发对象越来越复杂，国内大型石油公司在攻关极端条件下勘探开发技术装备的同时，也不断创新优化标准化采购体系，将适用性高成本低的设备材料应用到油气勘探、钻井、完井、油气生产、地面工程的全产业链中。这就需要首先抓好顶层设计，由标准化管理的最高决策机构统筹规划标准体系的建设。油气领域全产业链采购技术标准体系参考方案见表 3-14-1。

表 3-14-1　油气领域全产业链采购技术标准体系参考方案

主体系	子体系	体系下覆盖的主要物资
物探工程	探测设备	爆炸机、地震检波器、地震仪
	车载设备	震源车、地震钻机车、勘探仪器车
钻井地面工程	钻机装备	起升系统、循环系统、旋转系统、驱动与传动系统、气控系统、井控系统(节流压井管汇、防喷器防喷器控制系统、方钻杆上部和下部旋塞阀、钻具止回阀)
	井口工具	提升短节、吊卡、吊钳、吊环、卡瓦、安全卡瓦、滚子方补心、动力大钳、动力卡瓦、方钻杆旋扣器
	测井和录井设备	测井地面系统、裸眼测井电缆防喷器、综合录井仪、录井无线传感器
	固井地面设备	水泥车、下灰装置(空气压缩机、输气管、贮灰罐、出灰管、蝶形阀门)、配浆装置(供水管线混灰漏斗、喷嘴、混合器、排出管及灰浆池)
井筒工程	油管、套管	API 系列、非 API 系列
	钻井工具	钻头、钻柱、套管头、悬挂器、钻具稳定器、机械式随钻震击器
	固井工具	引鞋、浮箍、磁性短节、滤砂管、筛管扶正器、联顶节、水泥头、胶塞、泥饼清洗器、堵塞器免钻塞打捞器、免钻塞装置、钻磨铣一体工具
	完井工具	井下安全阀、流动接箍、循环滑套、伸缩短节、井下封隔器、坐封球座、坐放短节、堵塞器
	采油采气工具	泄油器、脱接器、封隔器、砂锚、气锚、抽油杆扶正器、抽油杆防脱器

续表

主体系	子体系	体系下覆盖的主要物资
注采工程	机械采油设备	有杆抽油设备：抽油机、抽油杆、抽油泵、地面驱动螺杆泵。无杆抽油设备：电动潜油离心泵水力活塞、油井射流泵、电动潜油螺杆泵、电动潜油隔膜泵
	自喷井注采设备	采油(气)井口装置
	气举采油设备	高压压气机
	修井设备	通井机、洗井车、修井机、试井车、油田修井作业自动化设备
	压裂设备	压裂车、混砂车、运砂车、储罐车、管汇车、(监控)仪表车、供液管汇、高压管汇、低压管汇储液罐、砂罐
油气集输与处理工程	给排水设备	气压变频恒压供水装置、紫外线消毒器、一体化生活污水处理装置、刮泥机
	采出水设备	往复式注水泵撬、过滤装置、加药装置
	注水设备	注水泵、油田污水精细过滤器、撬装式污水处理装置、液-液旋流分离系统、旋流混合反应澄清装置

2. 协同构建标准体系

经过半个多世纪的发展，国内油气行业标准化发展已达到较高的成熟度，相关国际标准和国家标准、行业标准已较为全面地覆盖了产业流程。采购技术标准体系的构建应从标准的制修订转变为对现行各级标准的整合提升，对企业内同类物资的采购、安装、运维和 HSSE 标准进行压缩整合，对新技术的研究和应用。油气企业标准化管理部门应组建由设计、工程、采购、制造、物流、运维专家组成的高水平团队，对标准化体系中所覆盖物资现有的外部标准(包括国际标准、国家标准、行业标准)和本企业标准认真研究分析，若可以满足采购要求，则直接采用；若外部标准只需做少量更改即可满足特殊地域、特殊工况下的采购要求，则编制补丁模块后采用；若无外部标准或外部标准不适用，则制定企业标准。

3. 科学制定企业标准

企业标准的制修订应体现科学性、适用性，能够促进企业技术进步，提高物资和服务质量，满足不同分(子)公司、不用区域油气勘探开发高质量发展的要求，特别应注重以下几个方面：

起草规则应符合《标准化工作导则　第 1 部分：标准化文件的结构和起草规则》(GB/T 1.1—2020)，内容应涵盖从设计到包装、运输、仓储、现场安装、数字化交付等环节的技术要求。

充分认识质量是物资采购的生命线，材质等级、加工和检验要求应与使用工况对应，条款表述严谨准确，检验指标应可量化、可检测，且不低于、不少于外部标准，即宜严格要求，不应降低要求，从而规避供货方按指标下限选材加工的制造风险，以及用词不严谨或缺少可量化指标使得质量责任方无法确定。

避免采用与加强物资质量管控无关、与提高需求或制造标准化无关，但影响采购公平竞争的歧视性、排他性内容。标准中的技术参数、供货清单应避免出现特定供应商名称和品牌。不过，若企业的年度采购框架协议中涵盖了成套供货中的零部件(如电缆、控制柜、管件、阀门等)，引用年度框架协议中的品牌是很好的办法。

通过明确物资的性能参数和规格尺寸，整合减少个性化需求，实现企业层面需求的统一，通过加工图纸或三维模型的标准化，实现采购标准化产品。

4. 实现标准体系的数字化

数字化、智能化是现代工业的发展方向，而物资所采用技术标准、性能参数、零部件尺寸、结构模型等电子数据是工厂数字化建设的基础信息。因此，首先应在ERP系统中将物资的物料编码和对应的采购技术标准编号、标准文本和规格书进行关联，其次应由供货方按标准的数据接口和格式将设备模型和资料向采购方进行数字化交付，具备条件的企业还应将外部标准的数据库接入到ERP中，以实现外部标准的实时自动更新。

（二）标准化采购的措施

标准化采购通过标准化、规范化的管理流程和操作程序，实现了对物资计划、合同、价格、供应商的集中管理，提升了采购管理的精细化水平。其基本内涵是：设计标准化、设备定型化、采购规模化和运作市场化。

总体上，设计标准化、设备定型化是标准化采购的基础和前提，将采购管理向前端的设计和设备定型延伸，采购规模化是物资采购的具体组织形式，运作市场化是运作机制和基础手段，利用市场资源优化企业资源配置。这四个方面落实到采购管理各个环节，通过物资标准化采购管理体系，实现物资供应链的闭环管理。

采购作为行业运行过程中的一环，需要连接上游和下游段。因此，在采购内部和外部都需要对采购标准化制度进行认知和学习，才能更好地帮助企业推动采购标准化管理。因此，企业在制定标准性采购文件时，需要根据企业文化，将标准性的制度体现在企业的文化和制度建设中，从而使得标准化的概念能够渗透到企业中每一位员工的灵魂，使得员工能够更加规范地按照标准化的制度进行工作，大大提高标准化的使用效率和群体渗透率。标准化的采购管理模式，更好地进行反馈和修正，使得标准化文件体系越发完善，管理制度更加合理。

物资管理部门必须转变物资管理工作理念，将过去的被动管理模式转变为主动出击的计划管理模式。应该制定科学合理的采购计划，以此来有步骤、有秩序地落实好工程项目的物资采购工作。企业的物资管理部门和工程业务部门应携手打造管理清单，采取逐一击破的方式，各业务部门根据短中长期的生产施工或经营管理计划，做好物资采购内容的统计，然后上报审核管理部门，符合规定并审核通过后进行物资的正式采购。物资清单必须与任务或目标完成的时间节点相匹配，要为物资采购留下一定的时间余度，保证物资计划清单有一定的弹性。当时间余度不够或出现临时紧急生产任务时，工程业务部门必须及时主动告知物资计划管理部门，提高计划的准确性，尽量减少计划外采购。要遵循物资利用率的最大化原则，避免采购的浪费现象，尽量以公司或集团为单位进行统一集中采购，增加议价优势，降低采购成本。

另外，除非特殊情况，如临时增加施工工序等情况，应尽量避免出现多次统计采购的现象，以规避零散采购造成的物资采购成本增加问题以及物资采购工作效率低下问题。在制定汇总采购计划的过程中，采购部门要紧密协同技术部门，确保采购计划更加准确和完整。通过优化计划管理的工作流程，建立工程企业全员参与的全面物资计划管理机制，提高物资采购计划执行的严肃性。

（三）建立标准产品库

产品的标准化生产，能够极大地增加生产效率和降低错误率。因此，物资采购部门需要搭建自己的标准产品库，根据标准产品库中的产品进行采购，可以极大地增加产品的合格率。标准库中的产品需要有完善的评价体系对产品进行全方位审核，确定各项指标与企业所需产品完全符合方能进入企业产品库。同时，由于各行各业均在更新换代，因此需要根据固有年限，对行业内的产品进行筛选，并将企业的产品库进行更新迭代，达到与时俱进的效果，以便后续物资的管理和采购工作的展开。

对制造标准统一、标准化程度较高的设备，由设计部门在初步设计选型时，依据定型产品标准，统一进行标准化设计，物资采购部门严格按照标准采购。对非标设备，全面进行设计修订，优化设备结构、规范外部接口，完善设备系列，形成非标设备定型图库，物资采购按照标准执行。对属于试验阶段的设备，积极由技术主管部门、生产厂家等进行技术交流、试验与评价，成熟后纳入设备定型。

（四）完善标准化采购制度评价体系

石化企业的物资管理标准化正在不断地摸索中前进，为了能够具有更加全面合理的管理制度，则全方位的评价体系必不可少。采购过程中，企业需要对供应商、中间商和使用环节进行多方面统一规划和布局。从多维度进行管理成本的控制，使其在有限的成本条件下，选择较优的供应商，使得物资供应系统能够稳定开展。如此，物资的采购才能有更加适合的渠道和商家，使得供应链更加牢固。

根据不同的选购模式，采取不同的评价需求，这要求评价体系也需要及时更新。建立完善的评价体系后，在确定的价格范围内，选择优良的供应商，并通过确定的供应商，组织市场调研，采取多渠道多模式的方式进行对比分析，从而确定出可靠的供应商系统。仓库管理模式的标准化，需要对仓储进行合理的布局和优化，实现利用自动化检测手段，对仓库进行动态管理，提高工作效率和管理水平。

（五）增强物资采购标准化监管工作

监督管理是每个行业至关重要的一环，在石油化工行业内更是如此。在企业运行过程中，监督管理工作具有不可代替性的作用。通过对采购过程中以及采购标准化管理措施的实施过程中对相关人员、相关产品的监督检测，从而保证采购能够更加的合理、合法、合规。监督过程不仅包括对新物资质量和技术标准的检测，也包括对不合时宜的产品进行及时的更换和处理，保证石油公司的整体安全性和时效性，从而降低多重风险。

企业实施项目监管过程中，需要进行责任田的划分，将责任分担到个人，将员工工作合理统一起来，增强团队意识，保证监督过程做到公平、公正、公开，以此积极推动标准化的进程。

（六）提高采购人员的职业素养

采购人员的职业素养直接关系到物资采购标准化管理体系地搭建和落实。由于采购过程中涉及的情况较为复杂，人员工作能力直接影响采购工作的顺利进行。因此，需要对相应的人员进行培养和学习，使其能够全面深刻地理解采购标准化管理体系和理念，并辅以信息化的流程和技术。同时，还需要引进具有明确相应的法律法规和谈判技巧的专业性采购人员，使其能够帮助完善标准化文件的落成，从而提升企业竞争力、保持市场活力。

物资采购管理工作水平的提升不仅仅需要管理制度的规范和约束，更需要工作人员具备良好的素质。此外，随着工程项目业务增多、工程施工工艺升级，物资采购管理者的知识储备以及技能素质也面临更高的要求。对此，工程企业必须以长远的眼光，提高对物资采购管理队伍建设的重视，加强对采购工作人员的储备和培养，通过新理论新技能培训活动、岗位竞赛活动、行业内座谈交流活动、部门创新探索活动等多样化的教育培训模式，加快提升物资采购管理队伍的综合素质，尽快打磨出一支优秀的物资采购管理队伍，为工程企业当前及未来的物资管理工作提供重要的人力资源保障。

（七）升级物资采购管理系统

现代信息技术发展速度越来越快，各种物资管理软件层出不穷。面对各种各样的管理软件，工程企业既要熟悉了解，又不能生搬硬套，应从企业及工程项目采购管理工作的实际情况出发，选择适宜的物资采购管理操作系统。管理系统中可包含监控预警模块，对物资采购管理工作的完成情况进行全程监控，及时发现交货时间滞后或交货质量异常等问题，并委派专人进行跟踪、处理和反馈。另外，要以物资采购管理系统为基点，加快统管控物资供应的全过程，将物资采购管理工作纳入工程企业的风险管控工作体系，建立数据指标系统和风险管控平台，对周、月、季、年等物资管理数据进行监控和分析，提前识别并预警物资管理风险，为企业经营管理决策的制定提供更可靠的信息支持。

三、储气库标准化采购主要方法和实例

（一）实施标准化采购的主要方法

储气库工程标准化采购工作中主要使用了“简化”“统一”“协调”“优化”四种方法，对部分物资开展了标准化采购探索，并取得一定的成效。

1. 运用简化的方法，优化了结构配置

简化是指在一定范围内缩减对象（事物）的类型数目，使之在既定时间内满足一般需要的标准化形式。为了经济有效地满足需要，对标准化的对象（事物）的结构、形式、规格或其他性能进行筛选提炼，剔除其中多余的、低效能的、可替换的环节，确定出满足全面需要所必要的高效能环节，保持整体构成精简合理，使之功能效率最高。

2. 运用统一化的方法，统一技术要求

统一化是把同类事物两种以上的表现形式归并为一种或限定在一个范围内的标准化形式。从现代标准化的角度来说，统一化的实质是使对象的形式、功能或者其他技术特性具有一致性，并把这种一致性通过标准固化下来。统一化的目的是消除由于不必要的多样性而造成的混乱，为正常活动建立共同遵守的秩序。

统一化可分为两大类型：第一是绝对统一，不允许有灵活性，例如物资编码、代号、名称等；第二相对统一，出发点或总趋势是统一的，但有一定的灵活性，可根据情况区别对待，例如产品装配的精度指标，可以要求上下极限、公差等。

3. 运用通用化的方法，实现不同子项目相同物资的互换

通用化是指在相互独立的系统中，选择和确定具有功能互换性或尺寸互换性的子系统或功能单元的标准化形式。通用性是以互换性为前提的，目的是最大限度地扩大同一产品的使用范围。

对于部分通用性物资，在中原储气库群工程实施了集中采购和集中储备，如使用的电力材料、开关柜，勘探井和开发井的钻井工程使用的加重材料、油井水泥等，通过通用化方法统一了用于不同项目的同类设备材料的技术标准。

（二）标准化采购实例

中国石化中原油田在储气库物资采购领域，通过引入标准化设计理念，在中原储气库群建设过程中，不断探索、研究和总结，编制了各类设备、材料的技术规格书，油套管、完井工具、放空分液排液泵、污油回收泵、润滑油加注泵、注气压缩机、三甘醇再生装置、消防

稳压装置、污水提升泵、采出水外输泵、电动单梁起重机、加热炉撬等实现了标准化采购。

1. 完井工具

1）功能和结构

完井工具是完井管柱中除油管和套管外，按照一定功用组合而成的井下工具，具有注气、采气和气藏监测等生产运行功能，能够实现油管通道井下紧急自动关断，阻断封隔器以下部分的流体通道，保证封隔器以上的部分不压井作业，可以满足气密封、防腐蚀、耐压、耐温等要求，是天然气注采环节的重要设备。主要部件由液控管线、流动短节、井下安全阀、永久式封隔器总成(含插入锚定密封)、坐落短节和剪切球座等组成。

2）选型和材料

全部完井工具的材质采用13Cr进行加工，两端连接螺纹应与油管的气密封螺纹扣配套，密封件(含封隔器胶筒)除金属密封和密封圈挡环外，均采用AFLAS材料生产；液控管线的长度通常为110m，材质为316不锈钢；控制管线保护器的材质为低碳钢；井下安全阀按3C适用等级设计生产，具有自平衡机构，上部扣型为气密封母扣，下部扣型为气密封公扣；流动短节的最小内径应与安全阀配套，上部扣型为气密封母扣，下部扣型为气密封公扣；封隔器为可钻式封隔器，按V0等级进行设计生产检验；坐落短节具有管柱试压、封隔器坐封备用、不压井作业、坐落监测仪器等功能，并配套钢丝作业堵塞器、投、捞工具；插入锚定密封的上部扣型为气密封母扣，下部扣型为无扣，脱开形式为正转脱扣，按V0等级进行设计生产检验；剪切球座的上部扣型为气密封母扣，下部扣型为EUE母扣；坐封球座配套喇叭口1件。

2. 井口安全控制系统

1）功能和结构

储气库注采井运行过程中须承受强注、强采的工况，井口安全控制系统具有在火灾或压力异常等情况下，对井下安全阀、地面安全阀的远程关断控制的功能，是气井安全生产的重要保障，它由液压系统(液压动力系统、主控制回路、输出回路、先导控制系统、易熔塞及自动关断回路)和控制系统组成。

2）选型和配置

液压动力系统内应设置1个容积30L的循环液压油储油箱、输出压力不低于6.894MPa(1000psi)的电动液压泵2台和手动液压泵1台，每个泵的进出口应配隔离阀，进口配过滤器，出口配单向阀和溢流阀；井下和地面主控制回路配备蓄能器、隔离球阀、泄压针阀、压力表、单向阀和溢流阀；地面主控制回路配备2组高压减压阀；先导控制回路应配备2组高压减压阀、蓄能器、压力表、紧急关断阀；还包括集成在防爆箱内的远程终端单元以及当区域温度≥121℃时可自动熔化的易熔塞。

3. 注气压缩机组

1）功能和结构

注气压缩机组是储气库工程的核心设备，曾经以进口为主，价格昂贵，调试和售后维修周期长。目前，国产往复式和离心式压缩机组都已研制并应用，既大幅降低了机组采购投资和后期运行成本，又大幅提升了运行的保障能力。机型的选择与储气库的最小日注气量有关，当最小日注气量≥$500\times10^4m^3$建议采用离心式压缩机，其他情况宜采用往复式压缩机组。机组部件由主机总成、驱动系统、工艺气系统、机体润滑系统、气缸润滑系统、冷却水系统、底座系统、电气控制系统组成。通过建立标准化选型、模块化制造、工厂化性能测试、数字化交付的采购模式，机组的质量不仅可满足储气库注气压力高、工况范围广的特点，而且设计、安装和调试的周期还可大幅缩短，符合储气库建设周期的要求。

2）选型和配置

机组配置方面，驱动机可选用天然气发动机或防爆电动机（以下简称电动机）两种类型。与天然气发动机相比，电动机占地小、启动时间短、控制精度高、噪声低、排放少，维护成本低，虽然初始投资较高，但更符合绿色生产的要求，因此，已逐渐成为首选配置。电动机额定功率≥压缩机最大功率×105%。电机轴承形式与额定功率密切相关，见表3-14-2；空冷器的选型与机组的设计压力密切相关，见表3-14-3；状态监测系统由传感器、数据采集器、场站级监测服务器、场站级状态监测软件、远程网络化状态监测及故障分析软件等组成，重点监测机体和十字头的振动、气缸的压力和轴系的键相。

表3-14-2 电机轴承形式

电机额定功率/kW	轴承形式
<2000	宜采用滚动轴承
2000~4000	宜采用滑动轴承
>4000	宜采用强制润滑式滑动轴承

表3-14-3 空冷器的管箱形式

设计压力/MPa	管箱形式
≤10	丝堵式
10~35	集合管
35~70	锻件式

4. 三甘醇再生撬和尾气处理撬

1）功能和结构

三甘醇再生撬和尾气处理撬是储气库工程的重要设备，用于脱除储气库采出的天然气中的水汽，防止水汽进入管道造成积液，引起输气能力及热值降低，以及天然气中的 H_2S 和 CO_2 加速对钢材的腐蚀。撬块由三甘醇再生系统、燃料气系统、甘醇循环系统、尾气处理系统及电气仪表控制系统组成，优化后的系列配置见表3-14-4。

表3-14-4 三甘醇再生及尾气处理撬系列

三甘醇		平面参考尺寸	
处理量/（m^3/h）	压力/MPa	三甘醇再生撬/mm	尾气处理撬/mm
1	2~10	8000×3000	4000×2500
2	2~10	9000×3000	4000×2500
3	2~10	10000×3000	4000×3000
4	2~10	11000×3000	4500×3000

2）选型和配置

撬块配置方面，三甘醇再生设备主要包括预过滤器、活性炭过滤器、后过滤器、精馏柱、重沸器、缓冲罐、贫液泵；三甘醇循环设备主要包括三甘醇闪蒸罐、预过滤器、活性炭过滤器、后过滤器(含差压计)、贫/富液换热器、三甘醇循环泵；尾气处理设备主要包括鼓风机、尾气空冷器、尾气分离器、废水提升泵；辅助配套设备主要包括安全阀、气动球阀、手动球阀、截止阀、节流截止阀、针阀和电磁阀。

设备选型方面，三甘醇循环泵宜选柱塞式往复泵，鼓风机宜选三叶式罗茨鼓风机，空冷器的管箱形式为丝堵式，废水提升泵为离心泵，三甘醇循环泵的电机选用防爆变频电机，其他电机选用防爆工频电机。

随着国内天然气消费量强劲增长和天然气对外依存度逐步攀升，储气库已成为实现管网和接收站的供气平稳和安全必不可少的设施。通过量化和细化标准化评价指标，将储气库建设的标准化采购转化为可操作、可衡量的具体标准，从而帮助建设单位明确方向，大幅提高储气库建设过程中采购的质量和效率。

第十五节　储气库标准化工艺安全控制

地下储气库是将天然气注入地下可保存气体的空间而形成的一种人工气田或气藏。作为一种安全供气、调峰的手段和方法，可以很好地解决供气的不稳定性与安全平稳供气要求之间的矛盾，目前被世界各国开发利用天然气时所广泛采用。

地下储气库是解决天然气供需矛盾的有效手段，已成为国家能源安全的战略性基础设施。中国地质条件极其复杂，多期构造运动与陆相沉积环境导致构造破碎、埋藏深、非均质性强，严重制约储气库选址与建设。在国外经验无法有效指导前提下，中国石油经过十多年持续攻关，取得了四项重大关键技术创新，创建了具有自主知识产权的成套技术和标准体系，形成了中国储气库新型产业。

在复杂地质条件下大型储气库选址与建库技术国际领先，主要创新成果有：创建了复杂地质条件储气库圈闭动态密封理论和库容分区动用新方法。建立了以盖层"动态突破、交变疲劳"和断层"柔性连接、剪切滑移"为核心的动态密封理论，实现了选址评价由静态定性到动态定量评价的根本转变；揭示了储气库"分区差异动用、高速有限供流"注采机理，建立了库容和井网预测模型，形成了建库地质方案设计方法和标准体系，关键指标符合率90%以上。

一、关键技术

1. 高含氯离子、高矿化度输送介质的管材选用及防腐技术

对采出水中高含氯离子、矿化度，气质组分中含有 CO_2(最大2%)、H_2(最大1%)特点，开展复杂环境下的腐蚀分析，确定集输管网钢管材质；注采管线采用了腐蚀挂片(CC)、电阻探针(ER)、极化探针(LPR)等腐蚀监测方法进行，设置水分析取样点，定期进行溶解性离子(主要是铁离子)分析，保障管输系统的安全性。

2. 三甘醇再生尾气回收技术

三甘醇脱水传统工艺再生尾气对空排放，含重烃或苯类尾气环境污染问题，再生尾气密闭回收，消除避免污染环境，减少现场烃臭味，实现节能降耗。

3. 往复式压缩机双回路调节技术

文23储气库具有周期性强采强注、工况变化范围大、压力适应范围广等特点，往复式压缩机组面临可靠性、稳定性控制难题，优化了储气库压缩机工艺流程控制方式，旁通采用

双回路，机组启动时，开启旁通自动球阀及旁通回流调节阀保证机组低负荷启动；停机时，缓慢开启旁通回流调节阀进行卸载，通过调节阀的降压作用，使高压回流气体与进气管路的压力一致，避免带负荷停机。

4. 地面非稳态注采工艺

采用多相流动态模拟分析技术，建立储气库地面系统瞬变流边界模型，研究管道进出口压力波动规律，采用有限元分析方法评价波动工况下管道应力，提出形弯补偿辅助止推滑动的柔性处理方法，形成了非稳态工况下地面注采工艺技术。

1）建立井底压力、井口压力与地面系统出口压力关系模型

在非稳态注气过程中，将地面、井筒和储层作为一个整体，以储层为慢升压系统，井筒为快升压系统，建立了井底压力、储层压力、流量及地面系统出口压力之间的关系模型(图 3-15-1)。

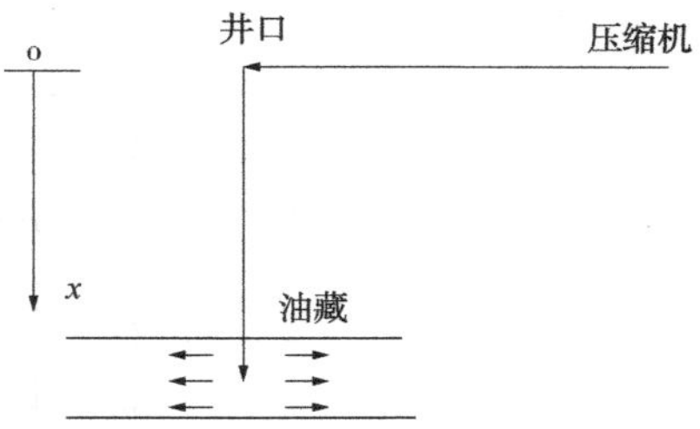

图 3-15-1 关系模型

2）确定快速瞬变流(注气过程)出口边界条件模型

通过地面系统出口(采气期间为进口)压力和注气流量之间的关系，确定地面系统注气期间的边界条件模型，计算了注气量对压力波动的影响规律。

$$\dot{m}=J_{\mathrm{m}}[C_{\mathrm{f}}\dot{m}^2+C_{\mathrm{g}}(p_{\mathrm{out}}-0.5C_{\mathrm{d}}\dot{m}^2)^2-p_{\mathrm{i}}^2]$$

$$J_{\mathrm{m}}=\frac{2\pi KH}{\mu zR_{\mathrm{g}}T\cdot E_{\mathrm{i}}(R_{\mathrm{w}}^2/4at)}$$

其中：

$$C_{\mathrm{f}}=\frac{0.5f(zR_{\mathrm{g}}T)^2}{gA^2}\left[1-\exp\left(\frac{2gL}{zR_{\mathrm{g}}T}\right)\right],\quad C_{\mathrm{g}}=\exp\left(\frac{2gL}{zR_{\mathrm{g}}T}\right)$$

式中 p_{out}、C_{f}，$\dot{m}$——地面系统出口压力、井口油嘴流量系数和天然气质量流量。

模拟计算表明，井口注气量由 $1\times10^4\mathrm{m}^3/\mathrm{d}$ 增长至 $20\times10^4\mathrm{m}^3/\mathrm{d}$ 时，井口压力及注气管道压力上升速度增长 10 倍以上，并且压力增长呈指数上升，造成管道非稳态运行(图 3-15-2)。

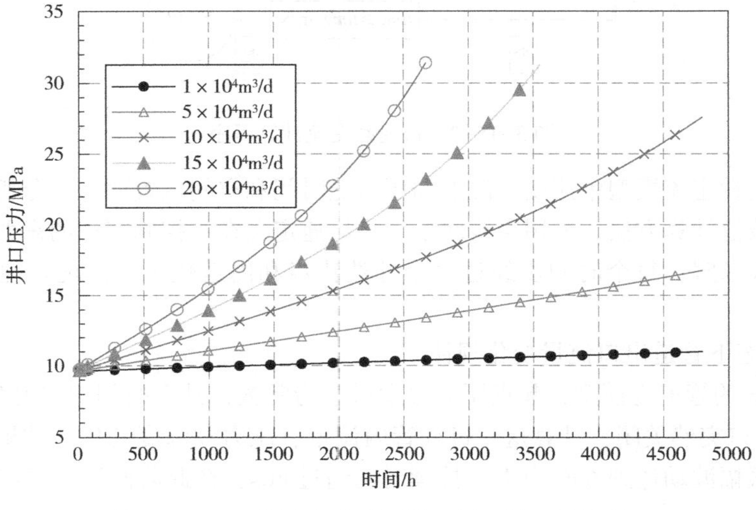

图 3-15-2 不同注气流量下进口压力随时间的变化

3）编制快速瞬变流计算程序

快速瞬变流计算程序如图 3-15-3 所示。

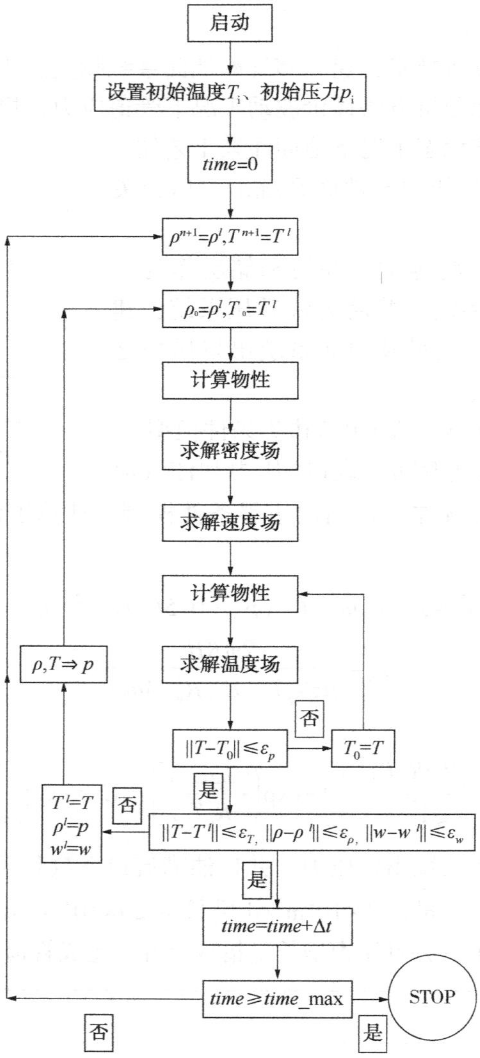

图 3-15-3　快速瞬变流计算程序

针对天然气瞬态流模型中速度、温度和压力随时间和空间位置而变、分析求解过程复杂的难题，建立数值计算方法，采用交错网格，将流速定义在主控制容积的东西边界上，采用温度增量法迭代求解。每个时间步经过多个外迭代步和内迭代步，体现物性随压力温度的变化。

4）瞬变状态下管道出口流量变化规律

以长 5000m 的管道为模型，起点压力温度保持为常数，某个时间出口开启，产生流动，流动 30min，出口突然关闭，计算这一过程管内流量、压力和温度变化。结果表明：关闭瞬间管道内流量振幅波动达到 60%以上，持续时间超过 60s，在此阶段管道系统处于非稳态工况（图 3-15-4、图 3-15-5）。

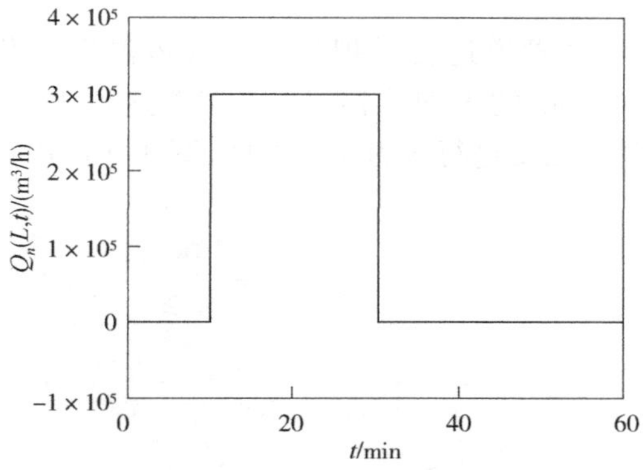

图 3-15-4 出口流量条件

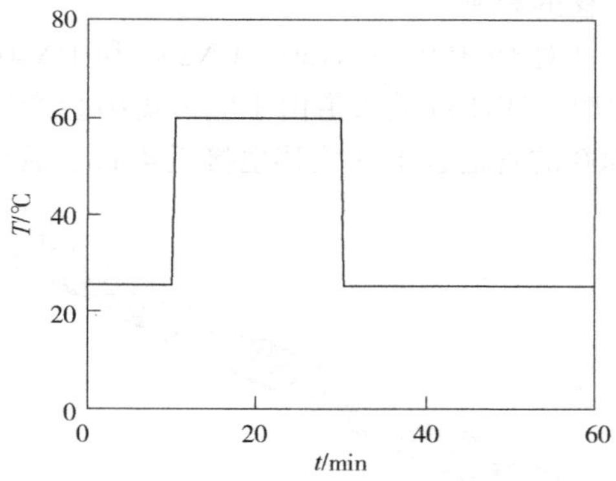

图 3-15-5 进口温度条件

5）瞬变状态下管道出口压力、温度变化规律

管道出口在刚开启时压力突降 50%，之后上升 30%并逐渐稳定，关停之后压力振荡幅度在 50%~150%，并且振幅越来越小，在 600s 内恢复稳定，在此期间，管道出口温差最大可以达到 30℃，压力与温度均处于非稳态(图 3-15-6、图 3-15-7)。

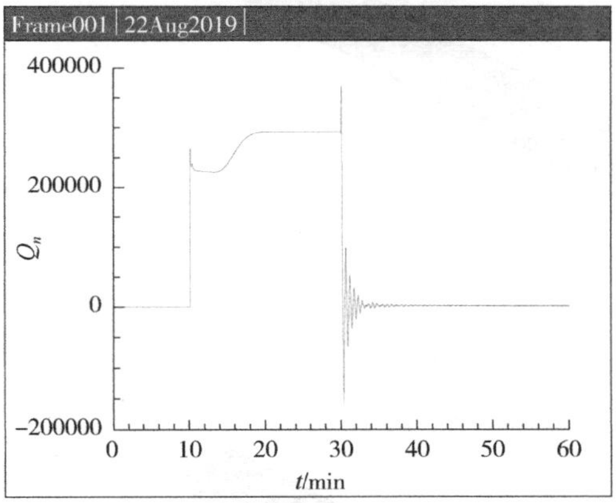

图 3-15-6 注气过程管道出口流量变化

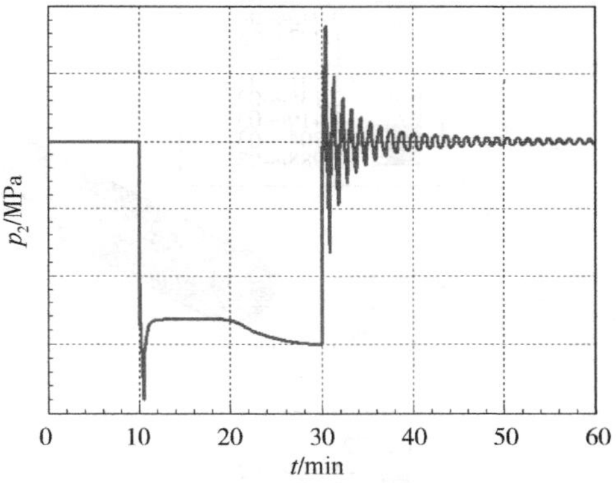

图 3-15-7 出口压力随时间的变化特征

6）建立有限元分析模型评价管道应力

针对注气管道非稳态工况，采用流体动力学方法建立典型管道模型，根据非稳态工况下管道压力、温度变化，确定管道应力分布(图 3-15-8~图 3-15-10)。

7）瞬变工况下管道应力分析

以瞬变温度为输入参数，管道的 Mises 等效应力云图表明：在升温前期，轴向应变随着温差的增大而逐渐增大，在温差 30℃以后应变增速明显提高，此时对应的应变值为 0.027%，在管道发生局部失稳时(温差超过 40℃)，对应的轴向应变值为 0.228%(图 3-15-11)。

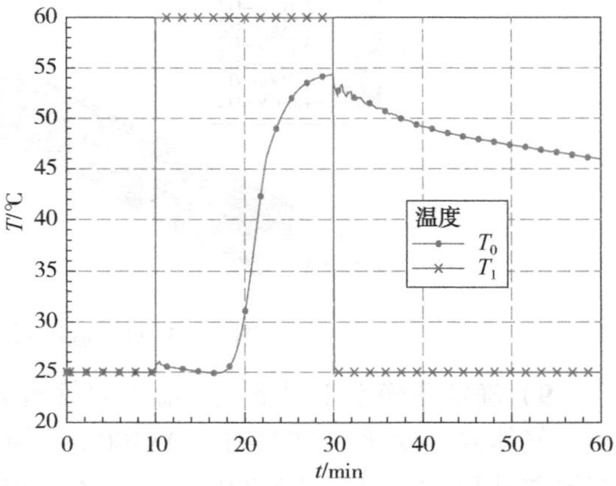

图 3-15-8 进、出口温度随时间的变化

8）确定了非稳态工况下气体温差对管道 Y

向位移的影响

针对 DN100、DN150、DN250 和 DN400 的注气管道进行模拟计算：气体温度变化在 25℃时，DN100 的管道由于应力集中会产生最大 4mm 的 *Y* 向位移，瞬态温差达到 35℃时，DN400 的管道也 *Y* 向位移也接近 4mm，管道设计中需要进行应力缓释处理(图 3-15-12)。

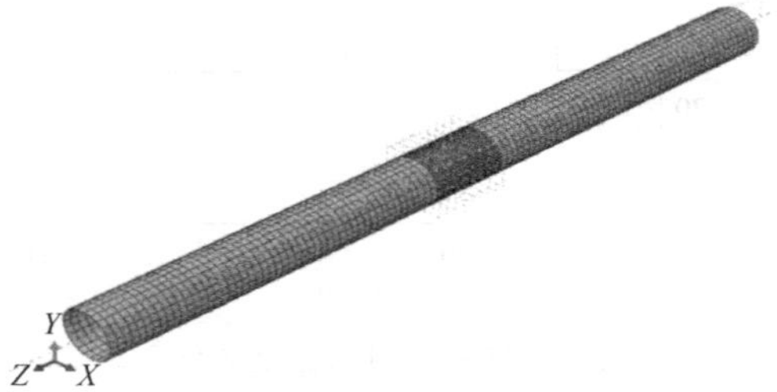

图 3-15-9　典型管道模型

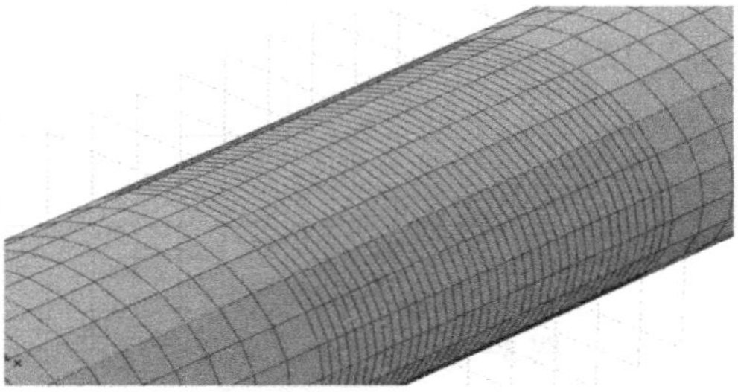

图 3-15-10　管道局部模型

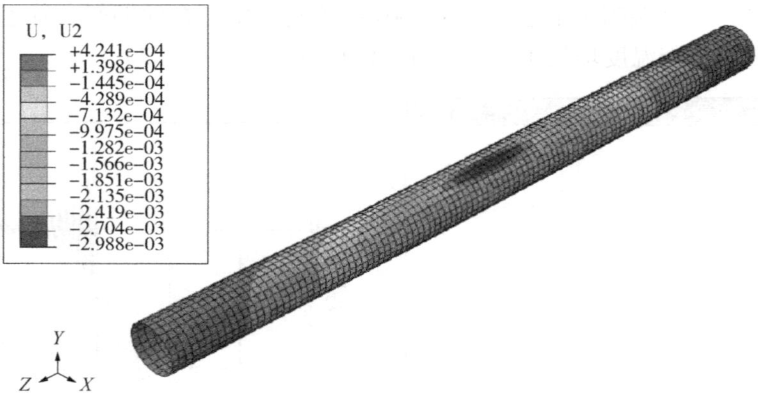

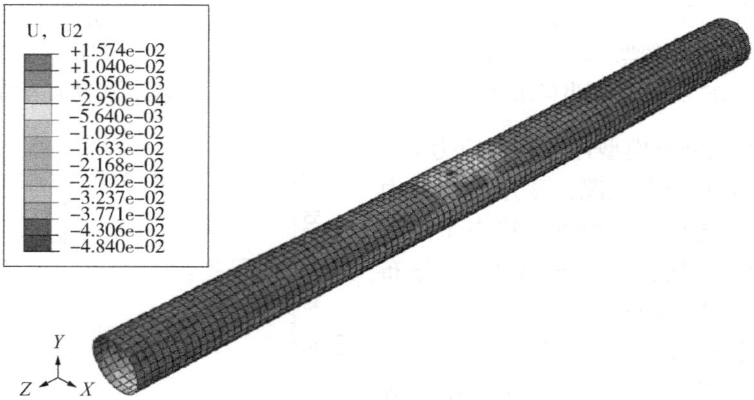

图 3-15-11　温度瞬变工况下管道局部应力分析

9）确定非稳态工况下气体温差对管道 *Z* 向位移的影响

气体温度变化在 30℃时，DN100 的管道由于应力集中会产生最大 4mm 的 *Z* 向位移，瞬态温差达到 38℃时，DN400 的管道 *Z* 向位移也接近 4mm，需要对轴向进行应力释放处理(图 3-15-13)。

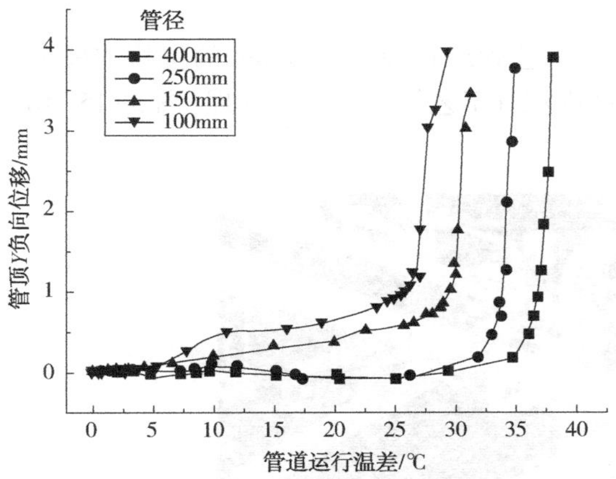

图 3-15-12　管道 Y 位移与温度关系图

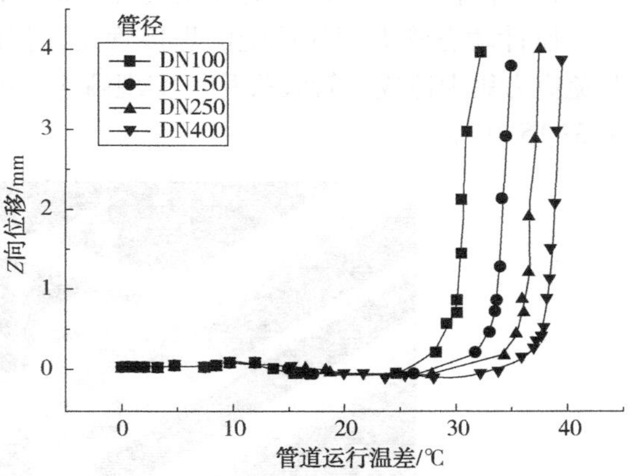

图 3-15-13　管道 Z 位移与温度关系图

10）提出形弯补偿辅助止推滑动的柔性处理方法

针对管道因气体参数瞬变造成的 Y 向及 Z 向位移影响，采用了 45°形弯处理以及滑动止推处理设计工艺，通过有限位移充分缓释温度瞬变造成的应力集中，形成了非稳态工况下柔性设计方法(图 3-15-14、图 3-15-15)。

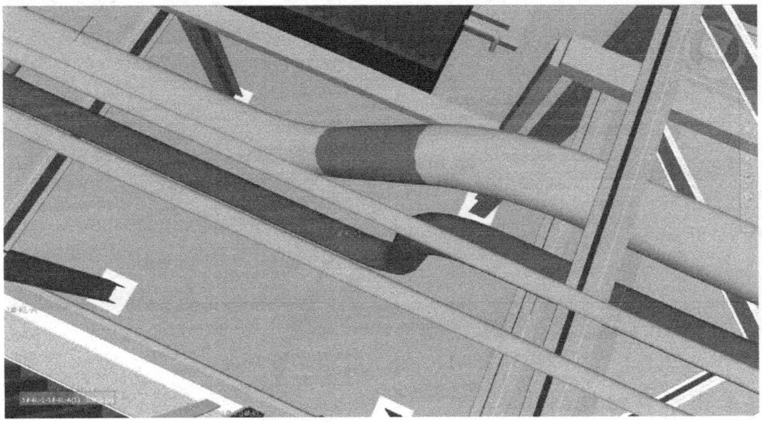

图 3-15-14　形弯补偿

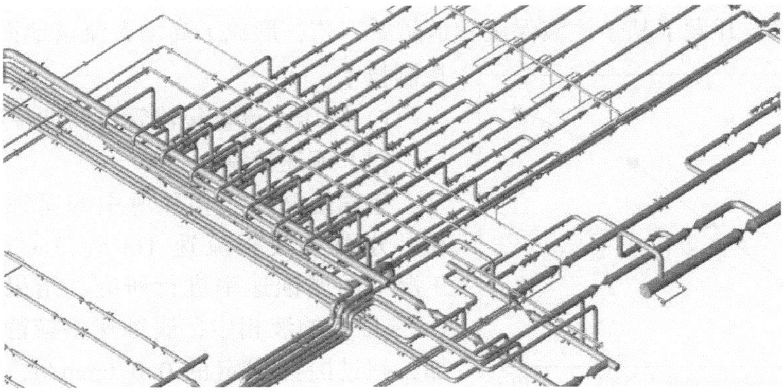

图 3-15-15　滑动止推处理

11）优化管夹结构，实现注气管道柔性设计

设计动态管夹替代传统的焊接管夹，保障注气工艺管线在径向 3～8mm 的位移约束量，避免应力集中造成的管线失稳，实现瞬态工况下站内注气工艺管线的柔性处理(图 3-15-16、图 3-15-17)。

图 3-15-16　管道止推支架

图 3-15-17　注气管道柔性管夹

5. 高矿化度采出水腐蚀控制技术

建立多相流腐蚀评价装置，开展模拟工况下集输管材的抗腐蚀与抗 HIC 性能研究，研发了两相流条件下集输管材腐蚀速率评价方法，准确评价了集输管材的腐蚀速率，确定了注采管线结垢规律，开发了基于注液保湿管道防垢工艺，形成了高压大流量地面注采系统腐蚀控制技术。

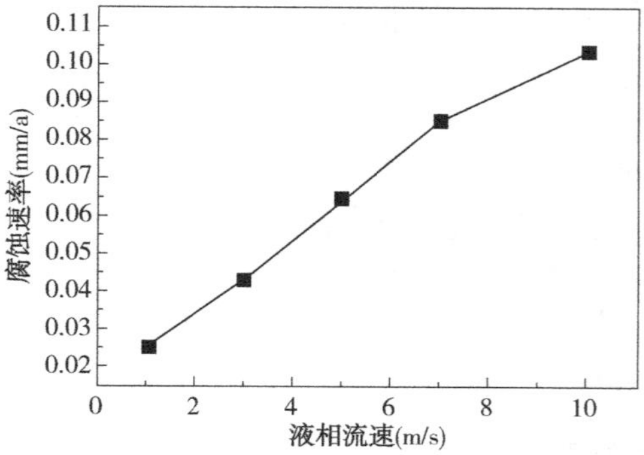

图 3-15-18　液相流速与腐蚀速率的关系

1）高压大流量集输管材腐蚀控制方案研究

（1）流速控制。

集输管材在气相环境中的腐蚀速率远小于液相，分别对液相流速 1m/s、3m/s、5m/s、7m/s 工况下的腐蚀速率进行研究，结果表明：在流速 7m/s 以上的液相中，腐蚀速率较静态环境显著增加，超过国标规定的 0.076mm/a，因此，为控制管道腐蚀速率，需要在采气过程中调整流速不大于 7m/s(图 3-15-18)。

(2) 积液控制。

采用流体动力学仿真技术，分别对液相流速 1m/s、3m/s、5m/s、7m/s 工况下管道内积液运动规律进行研究，结果表明：在气体流速 3m/s 以上，管道内的积液能够被气流携走，气流速度越高，携液能力越强。

因此，综合腐蚀速率与积液规律，可以确定 3~7m/s 为最佳采气流速，在此工况下，管道的腐蚀速率可控制在标准以内。

2) 注采管道防垢工艺技术

(1) 确定了注气期间注采管线结垢规律。

建立透明管道环路装置，模拟试验 30×10^4 mg/L 矿化度采出水在不同流速下的结晶规律，结果表明流速越高，析出晶体越少，1~5m/s 流速下透明管段析出晶体 100mg 以上。注气时，高速干气携带晶体中的水分，导致管壁盐垢产生(图 3-15-19)。

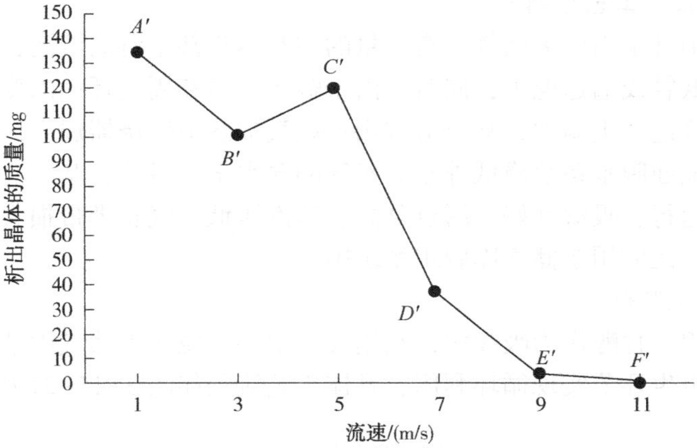

图 3-15-19　析晶规律

(2) 注气期定量注液防垢工艺。

采用注气周期开始后，注气过程中同时通过雾化喷嘴向注气管道中注入水雾，保证注气周期前 30d 管壁盐垢润湿，并与管壁结合力降低(图 3-15-20)。

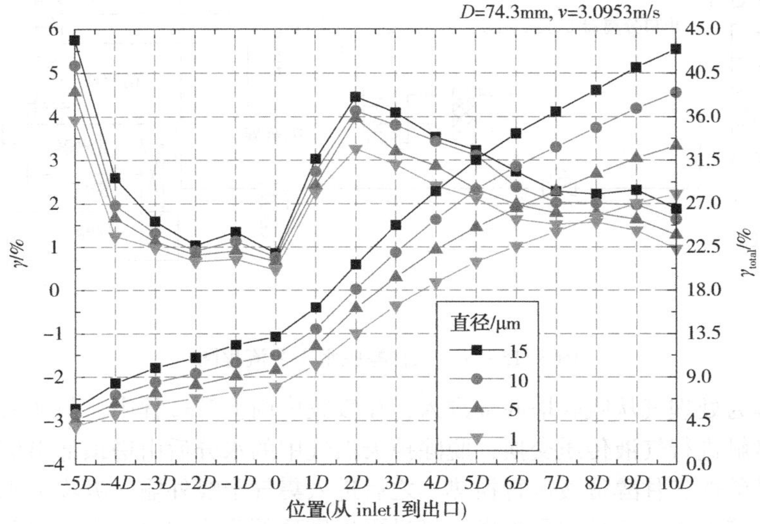

图 3-15-20　三通中不同位置的沉积率

通过注气流速携带晶体颗粒返入井底在流速 6m/s 时，粒径 0.2mm 的颗粒几乎全部被携带至气井，粒径 0.3mm 的颗粒携带率为 80%，粒径 0.35mm 的颗粒携带率为 65%。

二、华北地区供气调峰智能化统筹保障体系

（一）储气库应急采气决策

文 23 储气库在采气期内，井场来天然气经单井计量、调压、气液分离后进入集气站进行节流预脱水，之后进入集注站通过三甘醇脱水系统进行进一步的脱水，处理后的天然气经计量后，外输至输气管道联络线。

脱水系统作为采气流程中最核心的环节，也是保证气体平稳外输的关键。为满足应急采气的需求，需要根据脱水系统变工况运行下的稳态特性与动态特性系统的最优运行参数、主要设备的开停状态、主要控制阀门的开度调节以及相应能耗响应变化。

1. 储气库脱水系统工艺介绍

从储气库气井中开采出的天然气含有大量的饱和蒸汽甚至游离液滴，当含水量超过一定范围时，不仅会降低管线输送能力，同时，由于输送压力和周边环境的变化，形成的水合物和酸性物质还会对管道产生腐蚀，甚至造成用户燃气加热炉燃烧器熄火，存在严重的安全隐患，因此需要通过地面脱水系统降低外输天然气的含水量。目前，基于三甘醇溶剂吸收法由于其具有平稳质量运行、吸湿性好、露点降高、蒸汽压低、气相携带损失小、装置投资及运行费用低等优点，广泛应用于储气库脱水系统中。

1）三甘醇脱水工艺概述

三甘醇脱水采用三甘醇作为吸收剂，利用其亲水特性脱除天然气中的水分，吸收水分后的三甘醇富液通过再生环节实现循环利用，具体工艺流程如图 3-15-21 所示。

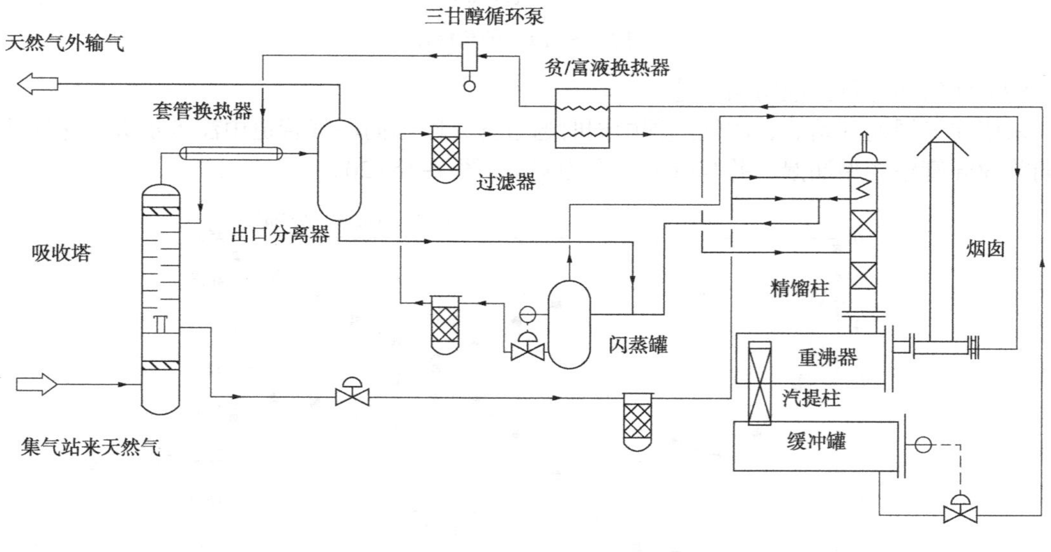

图 3-15-21 三甘醇脱水工艺流程图

湿天然气作为处理气从吸收塔底部进入，在吸收塔内上升过程中，与从塔上部进入的三甘醇贫液充分接触进行气液传质交换，脱除掉天然气中的水分后由塔顶部出塔，经套管式气液换热器与进塔前热三甘醇贫液进行换热，之后进入集气干线外输。吸收了水分的三甘醇富液由吸收塔底部流出进入三甘醇再生塔，经过再生塔顶部蒸汽加热后进入闪蒸罐，在闪蒸罐

中闪蒸出部分烃气体回收；闪蒸后的三甘醇通过闪蒸罐底部流出进入贫/富液换热器，与从重沸器底部的缓冲罐流出的三甘醇贫液进行换热，之后流入再生塔，在再生塔中分离出三甘醇富液中的水分。重沸器中的三甘醇在汽提柱中由引入汽提柱下部的热干气对其进行汽提后进入循环泵，由泵增压后与外输气换热，之后打入吸收塔顶部完成循环操作。

2）脱水系统运行分析

文 23 储气库脱水系统共有 3 列，总设计处理气量 $3000\times10^4m^3/d$，单列系统的设计处理规模为 $1000\times10^4m^3/d$，外输气水露点要求低于-15℃。

由于缺乏文 23 储气库脱水系统运行数据，采用现役运行的文 96 储气库脱水系统的数据进行分析，其运行参数如表 3-15-1 所示。

表 3-15-1　文 96 储气库脱水系统运行参数范围

序　号	运行参数	单　位	参数范围
1	原料气压力	MPa	6.0~7.6
2	处理气量	$10^4m^3/d$	60~350
3	原料气进站温度	℃	20~35
4	贫液进塔温度	℃	30~40
5	三甘醇循环量	m^3/h	2.5~5
6	三甘醇再生温度	℃	170~195
7	闪蒸罐压力	MPa	0.4~0.5
8	干气水露点	℃	-24~-15
9	贫液入泵温度	℃	60~80

分析文 96 储气库运行现状可以得出，在采气期内，由于脱水系统原料流量会发生大范围的波动变化，尤其是在应急采气过程中气量变化更加频繁，当处理气流量与脱水系统运行工况不匹配时，会导致外输气水露点不达标或者造成多余的能量消耗，因此需要针对不同处理气负荷下的脱水系统的运行状态展开研究，在满足外输气水露点要求的前提下，求解脱水系统的最优操作参数，进而保证脱水系统高效、低耗、平稳运行。

2. 脱水系统稳态模拟

由于缺乏文 23 储气库脱水系统的运行数据，本书以文 96 储气库数据为参考进行放大，通过 Aspen HYSYS V9 建立脱水系统的稳态仿真模型开展研究。

1）HYSYS 软件介绍

Aspen HYSYS 是面向油气生产、气体处理和炼油工业的模拟、设计、性能检测的过程模拟软件，具有稳态模拟和动态模拟功能。目前，世界各大主要石油化工公司都在使用 HYSYS 进行生产过程的模拟计算，其技术在广泛应用于石油开采、储运、天然气加工、石油化工、精细化工、制药、炼制等领域。

HYSYS 过程模拟主要包括输入系统、数据检查系统、调度系统以及数据库。输入系统采用图形输入这种简单直观的方式，需要先作出所需计算的模拟流程图，然后再输入相关的基础数据。数据输入完成后，由数据检查系统进行流程拓扑分析和数据检查，这一阶段的检查只是针对数据的合理性、完整性进行分析，并不涉及正确性。完成数据检查之后进入调度系统对流程图中所涉及的模块根据逻辑关系依次进行调度运行。此外，HYSYS 的数据库还包括流体包库、化工单元过程库、功能模块库和收敛方法库等。其中，化工单元过程库关系着系统能否进行计算，流体包库则关系着计算结果的准确性。

2）物性方法选择

通过文献调研，总结了 HYSYS 中针对烃类介质常用的流体包的主要特点及应用，见表 3-15-2。考虑到三甘醇脱水的关键环节为吸收塔内天然气与三甘醇的气液相间传质，其中天然气中组分包含有硫化氢与氢气，因此最终选择 PR 为三甘醇脱水系统的流体包。

表 3-15-2 烃类介质常用的流体包的主要特点及应用

流体包	主要特点及应用
BWR	BWR 方程可以较精准地计算简单的气质组成。但由于该方法计算过程复杂，参数较少，对于己烷以上的重烃以及非烃类组分含量较多的混合物计算精度不理想，且无法用于相平衡计算
BWRS	BWRS 方程是计算烃类焓值最精确的方程，但在低温、高重烃含量、复杂组分等环境下计算精度不高，且无法用于相平衡计算
SRK	SRK 方程形式简单，在计算相平衡、饱和蒸汽压、液体密度、气液逸度等方面应用广泛。但对于包含硫化氢、氢气的物系不能进行很精确的计算
PR	PR 方程是 SRK 方程的补充改良形式，其主要特点与应用范围与 SRK 方程接近，对于包含硫化氢、氢气的物系计算精度相比于 SRK 更加准确

PR 方程的具体形式如下：

$$p=\frac{RT}{v-b}-\frac{a(T)}{v(v+b)+b(v-b)}$$

$$a=045724\frac{R^2T_c}{p_c} \tag{3-15-1}$$

$$b=0.0780\frac{RT_c}{p_c}$$

式中 p——气体的压力，Pa；

v——气体的摩尔体积，$m^3 \cdot mol^{-1}$；

T——介质的温度，℃；

R——气体常数，取 8.314J/mol · ℃。

利用 PR 方程进行三甘醇与天然气体系的相平衡计算时，需要的已知条件有：①闪蒸罐压力 P_f；②闪蒸温度 T_f；③进料量 F；④各组分在总流量中的摩尔分率 Z_i。通过以上已知量可以求解得到的结果有：①分组风在气相中的摩尔分率 v_i；②各组分在液相中的摩尔分率 l_i；③气象流量 V；④液相流量 L。

多组分气液平衡条件为：

总物料平衡方程：

$$F=L+V \tag{3-15-2}$$

各组分的物料平衡方程：

$$Fz_i = Ll_i + Vv_i \tag{3-15-3}$$

根据相平衡常数 k_i，可以得到各组分对应的相平衡方程：

$$v_i = k_i l_i \tag{3-15-4}$$

摩尔分率的加和关系方程：

$$\sum_i (v_i - l_i) = 0 \tag{3-15-5}$$

假设混合物系中有 N 个组分，则公式中涉及的参数包括：N 个 v_i，N 个 l_i，1 个 L，1 个 V，N 个 Z_i，N 个 k_i，其中 v_i，l_i，L，V 为未知参数，共 $2N+2$ 个，而上述方程共有 $2N+2$ 个，因此方程组具有唯一解。

定义 e 为气化分率：

$$e = \frac{V}{F} \tag{3-15-6}$$

则根据平衡条件方程组中式推导出液相摩尔分率 l_i的表达式为：

$$x_i = \frac{z_i}{1-e+ek_i} \tag{3-15-7}$$

根据以上方程组可以推导出：

$$\sum_i (v_i - l_i) = \sum_i \left[\frac{z(k_i - 1)}{1 - e + ek_i} \right] = 0 \tag{3-15-8}$$

其中，相平衡常数 k_i的计算公式为：

$$\ln k_i = \ln\varphi_i^L - \ln\varphi_i^V \tag{3-15-9}$$

式中 φ_i^L——组分 i 的液相逸度系数；

φ_i^V——组分 i 的气相逸度系数。

其中逸度 φ_i 可以根据式(3-15-10)进行计算：

$$\ln\varphi_i = \frac{b_i}{b}(Z - 1) - \ln\frac{p(v - b)}{RT} + \frac{a}{2\sqrt{2}RT}\left(\frac{b_i}{b} - \frac{2}{a}\sum_{j=1}^{N} z_i a_{ij}\right) \times \ln\left[\frac{v + (\sqrt{2} + 1)b}{v - (\sqrt{2} - 1)b}\right] \tag{3-15-10}$$

利用式(3-15-10)进行液相逸度计算时，z_i为液相摩尔分率 l_i；在计算气象逸度时，z_i为气象摩尔分率 v_i。

3）稳态模型建立

根据三甘醇脱水工艺建立文 23 储气库脱水系统的稳态模型，其中吸收塔选择为 6 层塔板的泡罩塔，再生撬选择为再生塔(带塔顶重沸器的精馏塔模型)和汽提塔(吸收塔模型)的组合模型，换热器模型为 LNG 换热器，具体模型如图 3-15-22 所示。

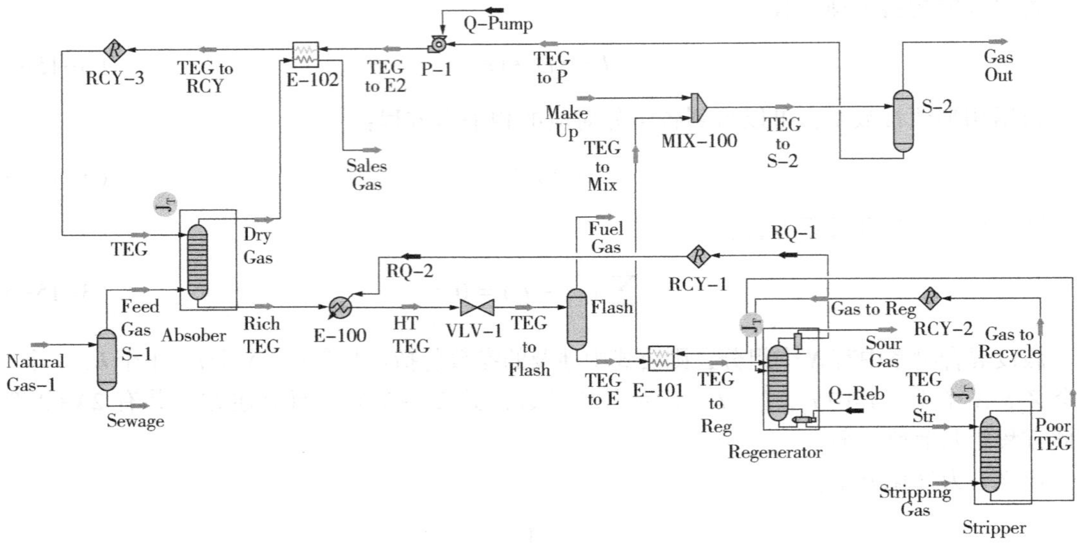

图 3–15–22　脱水系统稳态模型

在设计工况下脱水系统的主要输入参数与处理气组成如表 3–15–3 与表 3–15–4 所示。

表 3–15–3　脱水系统的主要输入参数

序　号	运行参数	单　位	输入值
1	处理气流量	kmol/h	17000
2	处理气温度	℃	25
3	处理气压力	MPa	9.6
4	闪蒸罐压力	MPa	0.3
5	三甘醇循环量	m^3/h	10
6	重沸器温度	℃	190
7	汽提气流量	kmol/h	0.5

表 3–15–4　脱水系统处理气组成

序　号	组　成	采气摩尔分率	序　号	组　成	采气摩尔分率
1	C_1	0.9396	8	N_2	0.0030
2	C_2	0.0129	9	CO_2	0.0180
3	C_3	0.003	10	C_6	0.0003
4	nC_4	0.0007	11	iC_5	0.0004
5	H_2S	0.00000313	12	nC_5	0.0003
6	H_2	0.0196	13	H_2O	0.0022
7	He	0.0001			

3. 脱水系统能耗与脱水效果影响因素

脱水系统的主要能耗设备包括重沸器与循环泵，选择处理气负荷、重沸器温度、汽提气流量与三甘醇循环量为影响因素，根据建立的脱水系统稳态模型开展能耗环节影响与外输气水露点变化的定量分析。

1）处理气负荷

储气库采出气量受外界燃气需求影响波动频繁，脱水系统作为地面工程配套系统，其处理气流量也会相应发生变化。处理气负荷的变化会影响吸收剂富液的浓度，进而影响再生系统。单列脱水装置的处理气流量为 1.7×10^4kmol/h，取操作弹性为 50%～120%，进行敏感性分析，结果如图 3-15-23 所示。

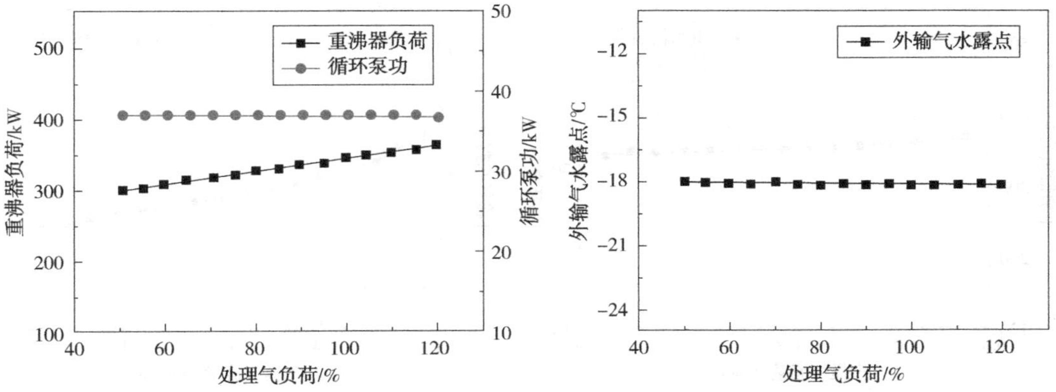

图 3-15-23　处理气负荷变化对于脱水系统的影响

随着处理气负荷的增大，单位质量的三甘醇在吸收塔内带走的水分增多，进而增大了重沸器的负荷；由于三甘醇循环量保持不变，循环泵功基本稳定；外输气水露点稳定在-18℃左右，表明在操作弹性范围内脱水效果达标。

2）重沸器温度

重沸器温度作为再生塔的关键参数，会显著影响再生能耗与再生后三甘醇的贫液浓度。考虑到贫富液换热效果以及高温下三甘醇的降解，选择重沸器温度的变化范围为 170～205℃。从图 3-15-24 可以看出，重沸器负荷随着温度的升高线性增大，每升高 1℃大约增加 10kW；此外，重沸器温度的升高也会提升再生后三甘醇的贫液浓度，从而降低外输气水露点，对于脱水效果提升显著。可以看出，在设计工况下当重沸器温度低于 180℃时，外输气水露点低于-15℃，脱水效果不达标。

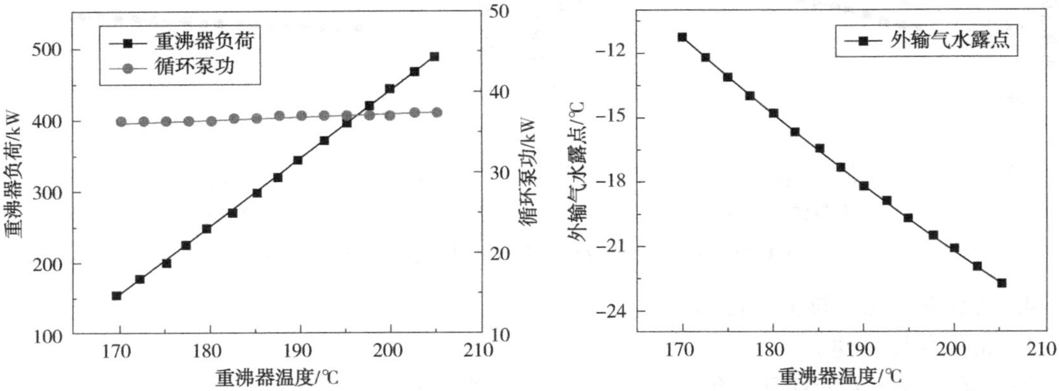

图 3-15-24　重沸器温度变化对于脱水系统的影响

3）汽提气流量

取汽提气流量变化范围 0.1～1.5kmol/h 进行分析，结果如图 3-15-25 所示。随着汽提气流量的增大，重沸器负荷和水露点均降低。这是由于汽提气会进一步提纯三甘醇贫液，在提升了三甘醇贫液的脱水效果同时降低了再生塔的脱水要求。汽提气的来源为外输的干气，所以其流量增大会造成外输气的热值损失，其中 $1m^3$ 的天然气提供的热值大约为 10kW · h，在能耗环节也需要纳入考虑。

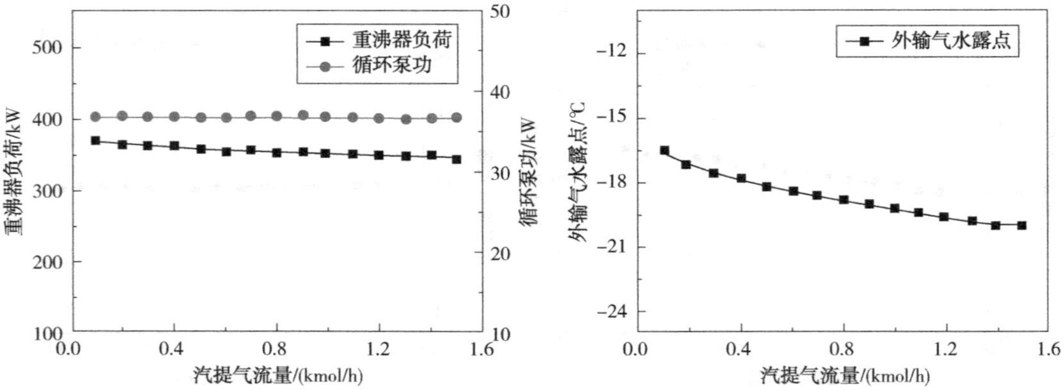

图 3-15-25 汽提气流量变化对于脱水系统的影响

4）三甘醇循环量

根据工程经验，三甘醇循环量的范围为 40～60L 甘醇/1kg 水，故选择三甘醇循环量为 8～$12m^3$/h，结果如图 3-15-26 所示。随着三甘醇循环量的增加，循环泵功与重沸器的负荷均显著增大，外输气水露点基本稳定。这是由于重沸器为保证三甘醇的再生效果，采用恒温控制策略，当进入重沸器的三甘醇的富液流量增加时，需要增大重沸器负荷来维持重沸器温度稳定。

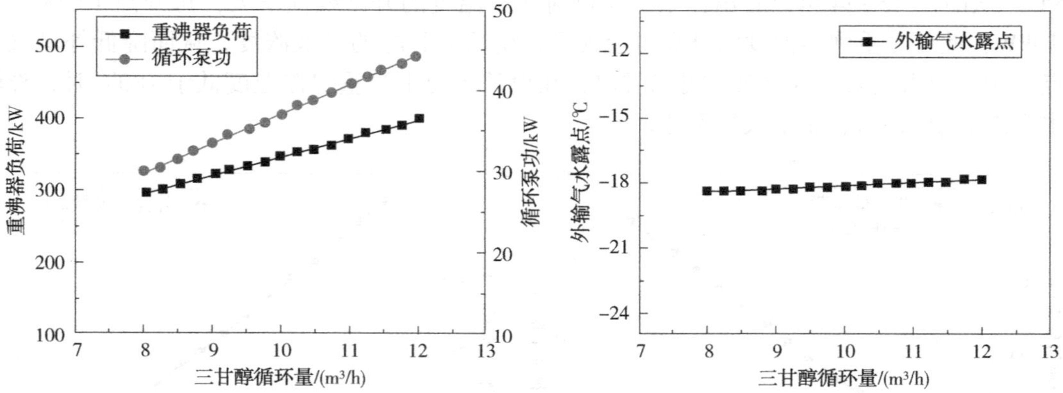

图 3-15-26 三甘醇循环量变化对于脱水系统的影响

4. 脱水系统能耗模型最优化

1）最优化模型建立

脱水系统的主要能耗环节包括能耗设备（重沸器与循环泵）的功耗与汽提气的热值，通过前文的分析可以得到脱水系统操作参数对于能耗的影响，见表 3-15-5。

表 3-15-5 脱水系统操作参数对于能耗环节的影响

系统参数	变化范围	重沸器负荷	循环泵功	汽提气热值
处理气负荷	50~120%	↑	→	→
重沸器温度	170~205℃	↑	→	→
汽提气流量	0.1~1.5kmol/h	↓	→	↑
三甘醇循环量	$8\sim12m^3/h$	↑	↑	→

由于脱水系统的能耗变化受到多因素的影响，其中处理气由上游环节提供，其负荷值属于外界输入变量，因此需要开展不同处理气负荷下脱水系统运行最优化的理论研究。

参考天然气净化厂一般采用单位产量的综合能耗值作为评价指标，因此对于脱水系统的最优化模型的目标函数可设置为净化单位天然气的综合能耗最低，决策变量可设置为重沸器温度、汽提气流量与三甘醇循环量，约束条件为再生后的三甘醇贫液浓度(保证外输气的脱水效果)，决策变量的变化范围见表 3-15-5，建立起最优化模型为：

$$\begin{aligned} \min \quad & E_s(x)=\frac{E_1(x)+E_2(x)+E_3(x)}{Q_0(x)} \\ \text{s.t.} \quad & l\leqslant x\leqslant u \\ & z(x)\geqslant 0.99 \end{aligned} \tag{3-15-11}$$

式中 $E_s(x)$——净化单位天然气的综合能耗，$10^{-4}kW\cdot h\cdot m^3$；

$E_2(x)$——重沸器负荷，kW；

$E_2(x)$——循环泵功或汽提气热值，kW；

$Q_0(x)$——处理气流量，10^4m^3；

x——三维决策变量，包括重沸器温度/℃、汽提气流量/$kmol\cdot h^{-1}$、三甘醇循环量/$m^3\cdot h^{-1}$；

l，u——决策变量的上下限；

$z(x)$——再生贫液中三甘醇的质量分数。

2）最优化求解方法介绍

脱水系统能耗的最优化模型为典型的非线性规划问题，因此选择序贯二次规划算法进行求解。与其他优化算法相比，其最突出的优点是收敛性好、计算效率高、边界搜索能力强。序贯二次规划算法的基本思想如下：

对于所有的非线性约束最优化的问题，均可抽象为如下形式：

$$\begin{aligned} \min \quad & f(X) \\ \text{s.t.} \quad & g_u(X)\leqslant 0 \quad (u=1,\ 2\cdots,\ p) \\ & h_w(X)=0 \quad (w=1,\ 2\cdots,\ m) \end{aligned} \tag{3-15-12}$$

利用泰勒展开将目标函数 $f(X)$ 在迭代点 X^k 简化为二次函数，把约束函数简化成线性函数后就得到了二次规划问题：

$$\begin{aligned} \min \quad & f(X)=\frac{1}{2}[X-X^k]^{T}\nabla^2 f(X^k)[X-X^k]+\nabla f(X^k)^{T}[X-X^k] \\ \text{s.t.} \quad & \nabla g_u(X^k)^{T}[X-X^k]^{T}+g_u(X^k)\leqslant 0 \quad (u=1,\ 2\cdots,\ p) \\ & \nabla h_w(X^k)^{T}[X-X^k]^{T}+h_w(X^k)=0 \quad (w=1,\ 2\cdots,\ m) \end{aligned} \tag{3-15-13}$$

此问题为原约束最优化问题的近似问题，但其解不一定是原问题的可行点。令

$$
\begin{aligned}
&S=X-X^k\\
&H=\nabla^2 f(X^k)\\
&C=\nabla f(X^k)\\
&A_{eq}=[\nabla h_1(X^k),\ \nabla h_2(X^k),\ \cdots,\ \nabla h_m(X^k)]^T\\
&A=[\nabla g_1(X^k),\ \nabla g_2(X^k),\ \cdots,\ \nabla g_p(X^k)]^T\\
&B_{eq}=[h_1(X^k),\ h_2(X^k),\ \cdots,\ h_m(X^k)]^T\\
&B=[\nabla g_1(X^k),\ g_2(X^k),\ \cdots,\ g_p(X^k)]^T
\end{aligned}
\tag{3-15-14}
$$

将上述二次规划问题转变为关于变量 S 的一般形式问题，即为

$$
\begin{aligned}
\min\quad & f(X)=\frac{1}{2}S^T HS+C^T S\\
\text{s.t.}\quad & AS\leqslant 0\\
& A_{eq}S=B_{eq}
\end{aligned}
\tag{3-15-15}
$$

求解此二次规划问题，将其最优解 S^* 作为原问题的下一个搜索方向 S^k，并在该方向上进行原约束问题目标函数的约束问题一维搜索，就可以得到原约束问题的一个近似解 X^{k+1}。反复这一过程就可以得到原问题的最优解。

3）不同处理气负荷下的最优化模型求解

在不同处理气负荷下分别开展最优化模型求解，结果见表 3-15-6。可以看出，虽然处理气负荷发生变化，但决策变量的最优化结果基本保持不变，即脱水系统运行的最优操作参数不需要根据处理气负荷进行调整。

表 3-15-6　不同处理气负荷下的能耗最优化模型求解结果

处理气负荷	重沸器温度/℃	汽提气流量/(kmol/h)	三甘醇循环量/(m^3/h)	单位综合能耗/10^{-4}kW·h·m^3	水露点/℃
50%	189.96	0.69	8.00	15.96	-18.90
60%	190.02	0.69	8.00	13.66	-18.95
70%	189.90	0.70	8.00	12.02	-18.97
80%	189.85	0.71	8.00	10.79	-18.97
90%	189.94	0.70	8.00	9.82	-19.08
100%	189.96	0.70	8.00	9.06	-19.00
110%	189.90	0.70	8.00	8.43	-18.96
120%	189.84	0.71	8.00	7.90	-18.92

因此，确定脱水系统在不同处理气负荷下的最优化操作参数为重沸器温度 190℃，汽提气流量 0.7kmol/h，三甘醇循环量 8m^3/h。

4）不同三甘醇循环量下的最优化模型求解

考虑到在现场运行过程中的三甘醇损耗以及液气比过低可能导致的传质不充分性，根据

实际生产过程可能需要调整最优三甘醇循环量。在之前能耗最优化模型的基础上规定系统的处理气负荷为 100%，探究不同三甘醇流量下脱水系统运行的最优操作参数，结果见表 3-15-7。随着三甘醇循环量的增大，最优重沸器温度基本稳定在 190℃；为保证再生后三甘醇的贫液浓度，最优汽提气流量增大；单位综合能耗因为重沸器负荷和汽提气热值的升高而增大。

表 3-15-7 不同三甘醇循环量下的能耗最优化模型求解结果

三甘醇循环量/(m^3/h)	重沸器温/℃	汽提气流/(kmol/h)	单位综合能/10^{-4}kW·h·m^3	水露点/℃
8	190.12	0.68	9.06	-18.99
9	190.47	0.71	9.95	-18.88
10	189.90	0.79	10.81	-18.89
11	190.03	0.86	11.52	-18.89
12	190.45	0.95	12.53	-18.98

由于增大三甘醇循环量会增加系统能耗、降低脱水效果，因此实际生产中如果有提高脱水效果的需求，建议的调整策略是稳定重沸器温度与三甘醇循环量，增大汽提气流量。

5. 不同处理气负荷下脱水系统的配置决策

储气库脱水系统共有三列，单列装置的设计处理量为 $1000\times10^4m^3/d$，操作弹性为 50%~120%，系统的最大处理量为 $3600\times10^4m^3/d$。在应急采气过程中，需要根据处理气负荷变化的需求制定出对应的配置方案，从而确保脱水系统运行的经济性与可靠性。根据稳态分析的结果，确定了脱水系统运行的最优操作参数为重沸器温度取 190℃，汽提气流量取 0.7kmol/h，三甘醇循环量取 $8m^3/h$。将确定的最优操作参数输入脱水系统的稳态模型，得到单列装置净化单位天然气的综合能耗，见表 3-15-8，随着处理气负荷的增大，单位综合能耗呈下降趋势。因此，在满足天然气处理量要求的前提下，应优先选择更少列数脱水系统运行的配置方案。

表 3-15-8 稳态模拟与动态模拟的主要区别

稳态模拟	动态模拟
仅有代数方程	同时有微分方程和代数方程
物料、能量平衡用代数方程描述	物料、能量平衡用微分方程描述
无水力学限制	有水力学限制
无控制器	有控制器

基于运行能耗最低的原则可以确定不同处理量下脱水系统的配置方案，如图 3-15-27 所示。在低处理气量下开启单列装置开启第一列装置，当处理气量达到 $1200\times10^4m^3/d$ 时开启第二列装置，当处理量达到 $2400\times10^4m^3/d$ 时开启第三列系统，当处理气量达到 $3600\times10^4m^3/d$ 时，三列装置均满负荷工作。

从图 3-15-28 的配置方案中可以看出，在应急采气过程中由于处理气量会发生大范围的波动，对于单列脱水装置而言存在处理气负荷波动、停车运行与开车运行这些变工况运行状态，下文将通过动态模拟的手段对这些变工况运行状态展开研究。

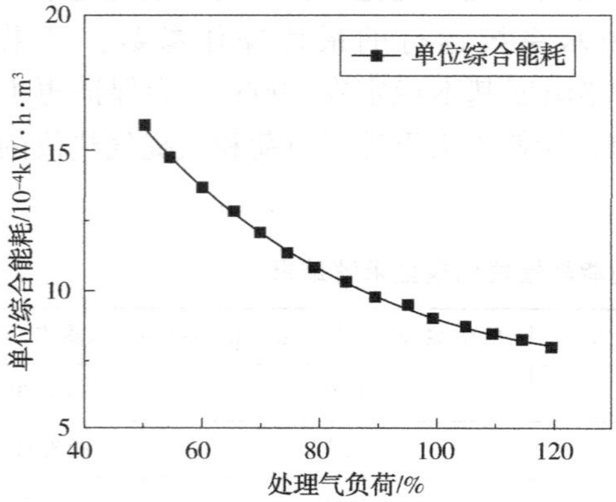

图 3-15-27 不同处理气负荷下单列装置的单位综合能耗

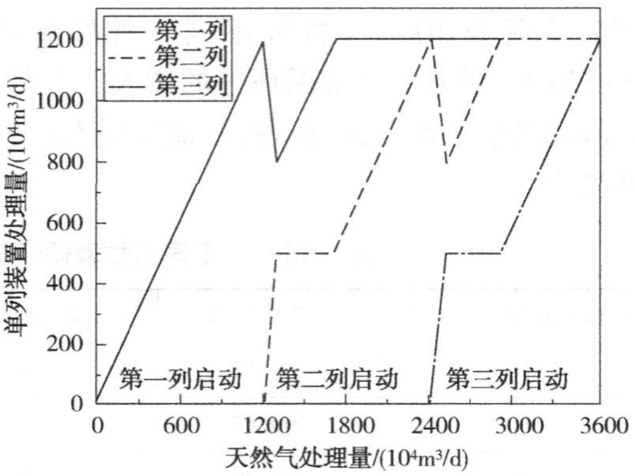

图 3-15-28 不同处理量脱水系统的配置方案

6. 脱水系统动态模拟

储气库在应急采气过程中，气井天然气的采出量根据外界燃气的需求在短时间内会发生大范围的波动，脱水系统为匹配采出气量需要调整装置的启停状态与操作点，受流体惯性和热惯性的影响，流率、温度、压力、液位等参数往往都随时间发生变化。因此，需要通过动态模拟的手段对脱水装置的动态特性展开研究，并以此为依据指导储气库应急采气决策。

1）Aspen HYSYS 动态模拟理论基础

本文采用 Aspen HYSYS 进行脱水系统的动态模拟。与稳态模拟不同，动态模拟将时间变量引入系统，即系统内容部的性质随时间发生变化，它将稳态系统、控制理论、动态化工及热力学模型、动态数据处理有机地结合起来，通过求解巨型常微分方程组进行动态模拟，从而得到所需要的动态特征。稳态模拟与动态模拟的主要区别见表 3-15-8。

（1）滞留模型。

对于具有一定体积或滞留量的容器，在出口物流汇总时需要及时检测进口物流的温度、压力、流量或组成的变化。通过滞留模型能够预测容器的滞留量和出口物流对于进口物流变化的时间响应。

滞留模型中包含物料和能量累积、热力学平衡、热量传递、化学反应等计算。在滞留模型中假设每一相均混合完全，滞留模型内累积的物料和进料之间以及不同相态之间均存在质量和热量的传递。

（2）压力/流量求解器。

在工艺流程中，工质的流动是由压力梯度来驱动的，压力梯度的存在是由于在流程图中的操作单元存在特定的压流关系。Aspen HYSYS 动态模拟通过使用压力/流量求解器实现体积平衡方程和阻力方程的计算，求解流程中每个节点的压力和流量，方程中只将压力和流量作为变量，从而建立整个流程的节点网络。

压力/流量求解器既需要从滞留模型中获取信息，也需要向滞留模型提供信息。当滞留模型计算物料、能量和组分的累积时，压力/流量求解器计算滞留模型的压力和进出口物流流量。滞留模型使用严格或者近似的闪蒸计算为体积平衡方程提供进出口物流信息，求解器返回滞留模型计算所需要的必须信息，如滞留模型的压力和进出口物流流量。

2）脱水系统动态模型建立

（1）动态模拟的控制目标。

在设计化工系统的控制系统时，需要考虑所要实现的控制目标，然后才能有针对性地设计各个控制回路并采用合适的控制策略，针对储气库地面脱水系统所配置的控制系统应该实现以下控制目标：

① 保证整个模拟流程的总物料与总能量守恒，这是最基本的要求，否则无法实现单元模型的收敛计算。

② 保证再生后的三甘醇贫液浓度高于99%，从而确保外输气水露点低于-15℃，满足脱水系统运行的目标要求。

③ 保证系统中的设备满足操作条件约束，尤其在变工况运行的情况下需要确保设备的动态响应过程始终在约束范围内，脱水系统的主要关注点为闪蒸罐、再生塔冷凝器、再生塔重沸器的压力和液位。

在满足上述控制目标的前提下，还应争取最大的经济效益，即保证脱水系统在最优操作参数附近运行。

（2）稳态模拟向动态模拟的过渡。

在稳态模型的基础上，开展脱水系统的动态模拟。Aspen HYSYS 动态模型与稳态模型公用相同的流体包，通过添加各项操作实现稳态向动态的过渡。

添加设备尺寸：

在动态模拟中，必须确定流程中所涉及的塔设备(吸收塔、再生塔、汽提塔)内构件的参数，主要有塔板直径、堰长、堰高和塔板间距等，并通过 Tray Sizing Utility 来完成尺寸核算。

此外，为保证动态模式的有效运行，对流程中涉及的分离器、冷凝器和重沸器还需要进行设备容积计算，相同流量下设备容积越小，系统响应越快。计算过程中规定当流出的液相物流占设备容积50%时，其停留时间为5min，对于罐体，设定高径比为2。

调整塔压力：

在稳态模拟环境下，塔板间的压降是由用户设定的，但在动态模式下，它是由动态水力方法计算得到的。如果塔内的稳态压力曲线和在动态模拟中由压力/流量求解器计算出的压力曲线相差很大，那么由稳态向动态过渡的复杂程度会明显提高。因此，需要根据核算结果对塔压进行调整，同时也需要调整塔进口位置物料压力与塔板压力一致，确保稳态向动态转换的平稳性。

添加压力流量规范：

为保证动态模型计算结果的收敛性，需要将流程图中的自由度降为0。通常情况下需要将边界物流的规范设置为压力，并增加阀门来实现流量控制。针对带有冷凝器回流的塔，需要将回流的物流设置为物流规范，其他物流不需要进行压力/流量规范设置。

添加控制器：

在由稳态模拟向动态模拟的过渡前后都可以添加控制器，虽然控制器对于动态模拟运行并非必须环节，但在系统受到扰动和工况发生变化的情况下，合适的控制策略可以确保滞留模型计算结果的合理性，从而提高模拟系统的现实意义与稳定性。

在 Aspen HYSYS 动态工具箱中，常用的控制器有三类：

比例(P)控制器，其特性方程为：

$$u(t)=K_pe(t)$$
$$e(t)=r(t)-s(t) \tag{3-15-16}$$

式中 $u(t)$——控制器输出的控制信号；

K_p——比例常数；

$e(t)$——被控变量偏差值；

$r(t)$——被控变量实际值；

$s(t)$——被控变量设定值。

比例微分(PI)控制器，其特性方程为：

$$u(t)=K_p\left[e(t)+T_d\frac{de(t)}{dt}\right] \tag{3-15-17}$$

式中 T_d——微分时间常数。

比例积分微分(PID)控制器，其特性方程为：

$$u(t)=K_p\left[e(t)+T_d\frac{de(t)}{dt}+\frac{1}{T_i}\int e(t)dt\right] \tag{3-15-18}$$

式中 T_i——积分时间常数。

针对三甘醇脱水工艺，需要对吸收塔、闪蒸罐以及再生装置进行控制。在吸收塔中，为保证脱水效果需要控制处理气以及三甘醇流量。在闪蒸罐中，设置压力控制使得残留的烃类闪蒸脱离溶液，并确保有足够的动力流经过滤器、换热器和精馏柱。在再生装置中，冷凝器压力与温度、重沸器温度会对三甘醇再生浓度有较大影响，进而影响脱水效果，需要对这些参数进行控制。整个流程中还需要设置液位控制器来保障闪蒸罐与重沸器的液位处于安全范围。

针对上述被控对象，本书采用单回路闭环 PI 控制器进行控制，控制器参数选择 Aspen HYSYS 动态模拟手册中对于液位、压力、流量、温度控制的经典值，具体参数见表 3-15-9。

表 3-15-9 脱水系统控制器参数

控制器	名 称	K_c	T_i
处理气流量控制器	Feed-FC	0.1	0.2
三甘醇流量控制器	TEG-FC	0.1	0.2
闪蒸罐压力控制器	Flash-PC	2	2
闪蒸罐液位控制器	Flash-LC	2	10
冷凝器压力控制器	Cond-PC	2	2
冷凝器温度控制器	Cond-TC	14	5
重沸器液位控制器	Reb-LC	2	10
重沸器温度控制器	Reb-TC	14	5
汽提气流量控制器	Str-FC	0.1	0.2

(3) 模型建立。

三甘醇脱水工艺流程涉及的变量很多，耦合严重，在有干扰存在的条件下，流程的变化比较复杂，有时无法达到收敛定，给控制带来了很大的难度。因此，在脱水系统稳态模型的基础上进行了合理的简化与修改建立了脱水系统动态模型，如图 3-15-29 所示。简化和修改内容如下：

① 将换热器环节替换为加热/冷却器，并进行温度规定。

② 再生塔塔釜出口处增加虚拟泵升压，从而提高后续阀门的传导度。

③ 在边界物流处增加相应的阀门。

此外，由于动态求解过程中各个节点的温度和压力将直接依据压力/流量关系计算得出，因此得到的动态参数与稳态模型中计算出的参数并不完全一致。

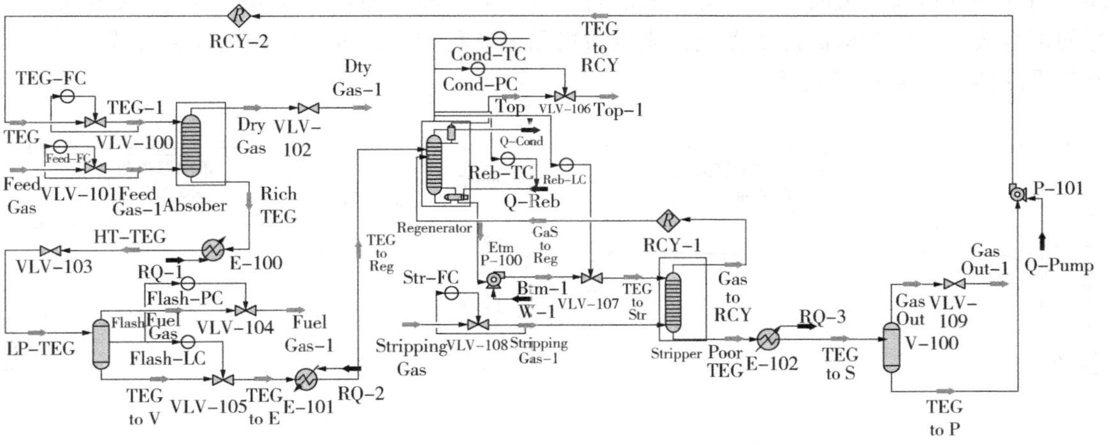

图 3-15-29 脱水系统动态模型

7. 应急采气过程中脱水系统的动态响应

针对处理气负荷波动、停车运行与开车运行这些变工况运行状态，本书通过 Aspen HYSYS 动态模拟分析脱水系统能耗环节、控制阀门以及主要设备控制点参数的响应曲线，其结果可用于指导储气库应急采气过程中的决策。

1）处理气负荷波动运行

由于单列脱水装置的处理气负荷主要在 $500\times10^4\sim1200\times10^4m^3/d$ 波动。因此，选取以下工况进行处理气负荷波动模拟：在 10min 时处理气负荷由 100%增加至 120%，运行到 60min 时负荷由 120%减小至 50%，运行到 120min 时负荷回归至 100%，最后在 240min 时完成仿真。整个过程可以在事件调度工具中通过修改处理气流量控制器的设定值来实现(图 3-15-30)。

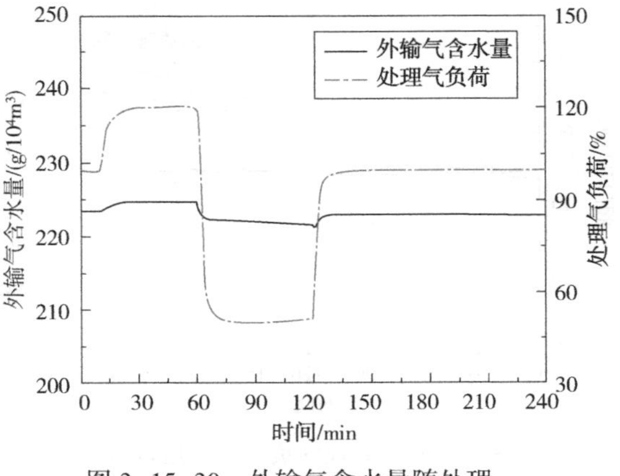

图 3-15-30 外输气含水量随处理气负荷的变化

通过分析外输气含水量随处理气负荷的变化可以发现，当处理气负荷在操作弹性范围内发生阶跃变化时，外输气含水量发生小幅变化，且响应迅速，2min 内基本达到新的平衡态。因此，当脱水系统在操作弹性内发生气量波动运行时，外输气均满足脱水要求。

由于处理气负荷的波动，三甘醇贫液进入吸收塔的阻力发生短暂变化，从而导致进塔流量改变。10min 与 120min 时处理气负荷骤增，三甘醇贫液流量短暂降低，60min 时处理气负荷骤减，三甘醇贫液流量短暂升高，三甘醇贫液流量的变化会对后续环节的响应产生影响。循环泵功在处理气负荷波动期间与三甘醇贫液流量同步变化。具体的响应情况如图 3-15-31 所示，可以看出三甘醇贫液流量波动均在 7%以内。

处理气负荷波动过程中，为保证三甘醇贫液在处理气负荷中的再生效果，需要调节再生塔能耗环节设备负荷从而维持再生塔温度稳定，具体响应情况如图 3-15-32 所示。对比图 3-15-30可以看出，重沸器负荷、冷凝器负荷的变化与处理气负荷变化呈现了一定的同步性。当处理气负荷增大时，三甘醇富液的含水量升高，需要通过提高重沸器负荷来保证三甘醇的再生效果，同时提高冷凝器负荷来维持塔顶温度稳定。同理，当处理气负荷减少时冷凝器与重沸器负荷需要相应降低。

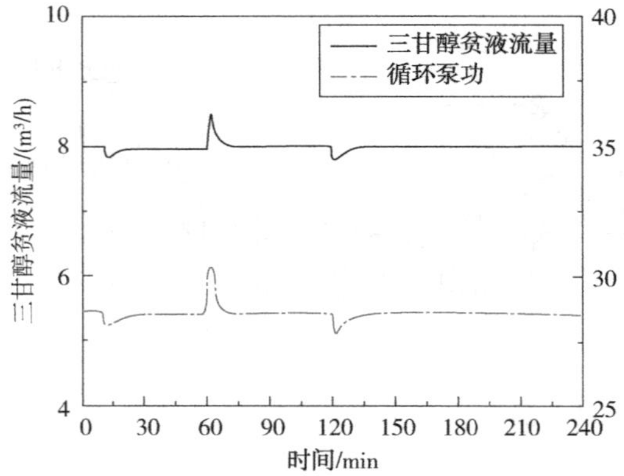

图 3-15-31　处理气负荷波动运行时循环泵功随三甘醇贫液流量的变化

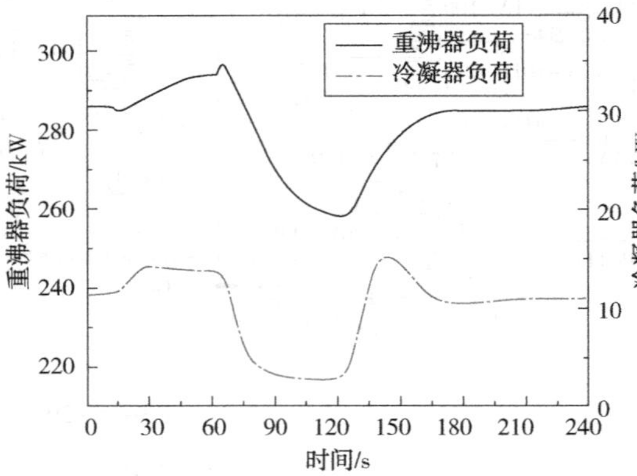

图 3-15-32　处理气负荷波动运行时再生塔能耗环节的响应曲线

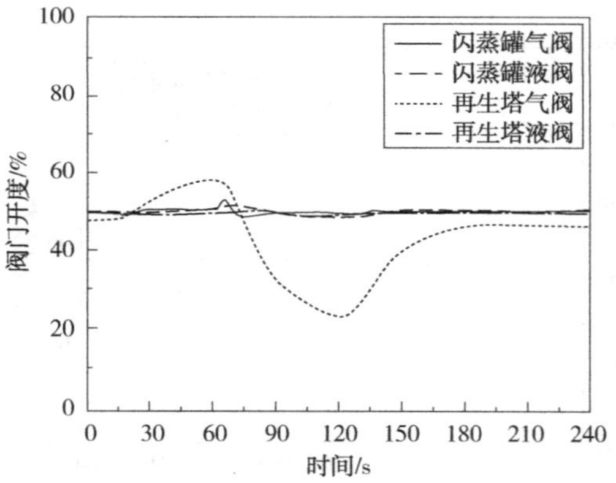

图 3-15-33　处理气负荷波动运行时主要控制阀门的响应曲线

在处理气负荷波动过程中，为维持设备的压力与液位稳定在设定值附近，需要根据处理气负荷变化进行阀门开度调节，具体的响应情况如图 3-15-33所示。当处理气负荷增大时，吸收塔环节的三甘醇的脱水负荷增加，出口富液的含水量增加，当富液进入再生环节后经过精馏柱将吸收的水分以气相形态脱除，这部分气态水对冷凝器的压力造成冲击，导致冷凝器压力增大，需要增大再生塔气阀的开度从而维持塔顶压力稳定。同理，当处理气负荷减少时需要相应减小再生塔气阀开度。而闪蒸罐与重沸器因为进入的三甘醇富液流量没有发生明显变化，所以相应阀门的开度在控制器的指令下进行微调，调整幅度均在3%以内。因此，针对处理气负荷波动运行的工况，需要调节的阀门为再生塔气阀。

根据能耗设备的负荷调节与控制阀门的开度调节，可以得到处理气负荷波动运行时主要设备控制点参数的响应曲线，如图 3-15-34 所示。在处理气负荷发生阶跃变化的时刻，各控制点的参数均在小范围内波动，变化幅度在 1%以内，基本维持在设定值附近，确保脱水系统的平稳运行。

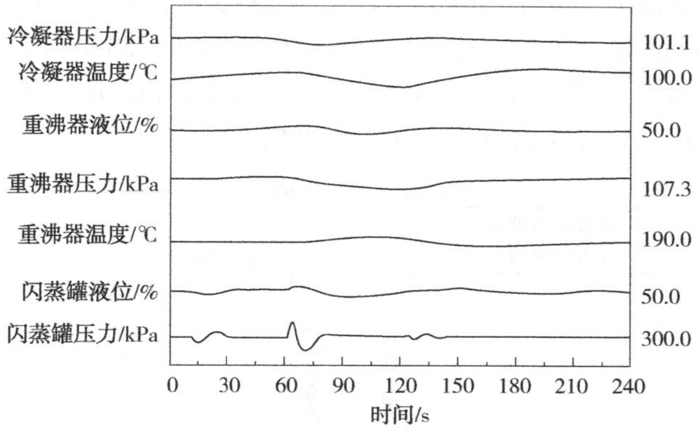

图 3-15-34 处理气负荷波动运行时主要设备控制点参数的响应曲线

此外，通过分析上述气量波动运行工况，为保证系统的平稳运行，主要调节的设备为冷凝器、重沸器与再生塔气阀。进一步，通过探究不同处理气负荷下脱水系统动态模型的运行状态，可以发现处理气负荷每增加 1%，冷凝器负荷增加 0.14kW，重沸器负荷增加 0.32~0.69kW，再生塔气阀开度增加 0.54%(表 3-15-10)。

表 3-15-10 不同处理气负荷下脱水系统动态模型的运行状态

处理气负荷/%	冷凝器负荷/kW	重沸器负荷/kW	再生塔气阀开度/%
50	3.72	258.64	22.03
60	5.12	265.49	27.41
70	6.62	271.87	32.81
80	8.12	277.89	38.19
90	9.60	283.24	43.58
100	10.91	287.99	48.91
110	12.16	291.95	54.28
120	13.71	295.18	59.70

2）停车运行

选取以下工况进行系统停车模拟：在 10min 时系统负荷由 100%减至 0，在 120min 时进入吸收塔的三甘醇贫液流量与进入汽提塔的汽提气流量减至 0，最后在 240min 完成仿真。整个过程可以在事件调度工具中通过修改处理气流量控制器、三甘醇流量控制器与汽提气流量控制器的设定值实现进口物流断供，其余控制器设定值保持不变。

在 Aspen HYSYS 动态仿真中，可将吸收塔视为滞留模型，其持液量的大小与塔内“气托液”能力有关，开停车时由于存在滞留模型的充液与放液过程，吸收塔持液量会发生明显改变，导致吸收塔出口富液流量变化，从而影响后续的再生环节的系统响应。图 3-15-35 为停车运行时三甘醇富液流量随处理气负荷的变化。由于 10min 时处理气负荷量减至 0，吸收塔持液量下降，塔板上积液从塔底流出，从而导致吸收塔出口三甘醇富液流量出现短暂的骤增，在富液流量响应曲线的 10~23min 阶段形成冲击 A，流量峰值达到 21.8m^3/h，120min 由于三甘醇断供，富液流量逐渐减小至 0。

停车过程中，为实现脱水系统中滞留的三甘醇的再生，需要调节再生塔能耗环节设备负荷从而维持再生塔温度稳定，具体响应情况如图 3-15-36 所示。其中，冷凝器负荷在 15min 开始减小，35min 时降至 0；重沸器负荷在 15min 开始增加，23min 时达到峰值 339kW，随后逐渐降低至 240kW 附近达到稳定，在 125min 开始减小，142min 时降至 0。因此，停车过程中再生塔能耗设备在三甘醇断供后 21min 完成停机。

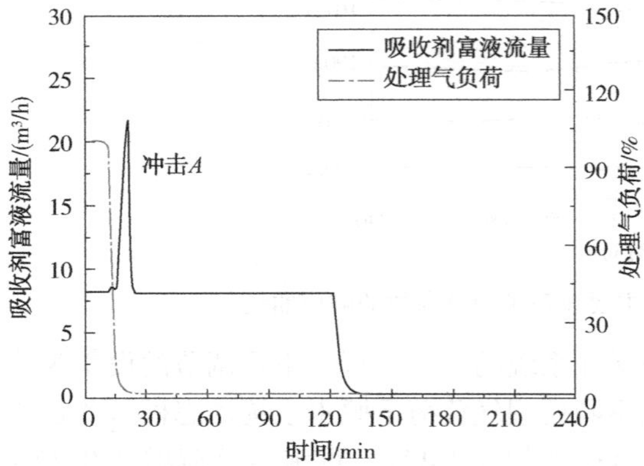

图 3-15-35 停车运行时三甘醇富液流量随处理气负荷的变化

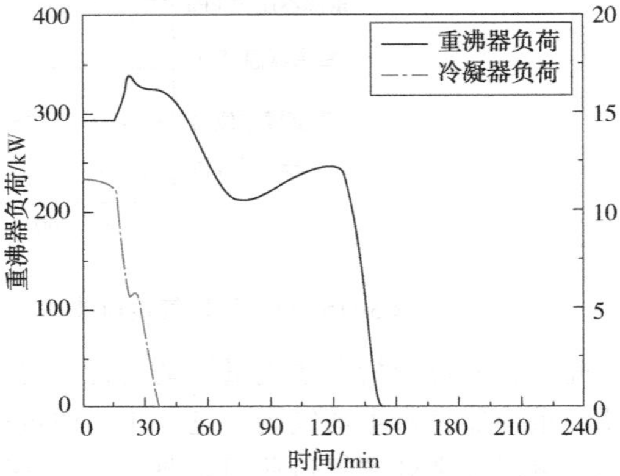

图 3-15-36 停车运行时再生塔能耗环节的响应曲线

通过对比图 3-15-35 可以发现，冷凝器负荷与处理气负荷变化趋势基本一致，重沸器负荷与三甘醇富液流量的变化趋势基本一致，这是由于重沸器与冷凝器是根据塔釜与塔顶的物料流率进行负荷调整，塔顶物流主要成分为三甘醇富液中吸收的水分，其流率变化与处理气负荷一致，塔釜物流为再生后的三甘醇贫液，其流率变化与三甘醇富液流量一致。此外，由于受到热惯性的影响，能耗环节的响应曲线存在大约 5min 的滞后时间，从而导致再生塔温度在停车过程中存在较大范围的波动，因此在控制系统设计时建议引入前馈控制器或史密斯预估器来消除滞后性的影响。

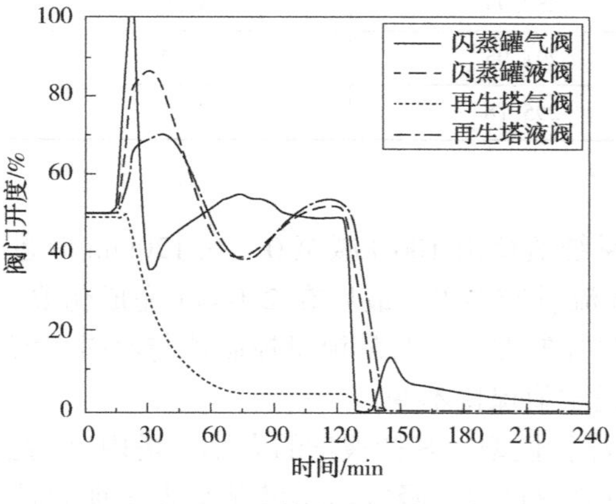

图 3-15-37 停车运行时主要控制阀门的响应曲线

停车过车中，为维持设备的压力在液位稳定设定值附近，需要进行相应的阀门开度调节，具体的响应情况如图 3-15-37 所示。其中，闪蒸罐气阀、闪蒸罐液阀、再生塔液阀主要根据三甘醇富液流量变化进行，在冲击 A 的作用下，需要大幅调整阀门开度以维持液位与压力的稳定，由于闪蒸罐处于系统的上游环节，其液位与压力的响应敏感，调整峰值分别达到了 100%与 86%，下游环节的重沸器响应更加平缓，调整峰值为 70%。再生塔气阀主要根据三甘醇富液流量变化进行，在 20min 开始逐渐减小至关闭。因此，停车过程中主要控制阀门在三甘醇断供后 50min 基本全部关闭。

根据能耗设备的负荷调节与控制阀门的开度调节，可以得到停车运行时主要设备控制点参数的响应曲线，如图 3-15-38 所示。依据停车策略可以将响应曲线划分为两个阶段，10~120min，受富液流量冲击 A 影响，闪蒸罐与重沸器的压力、液位出现短暂骤增，重沸器温度短暂降低，在 20min 达到峰(谷)值，冷凝器温度由于处理气负荷减至 0 逐渐降低至 85.4℃。

120~240min，由于三甘醇断供，闪蒸罐与重沸器的液位逐渐降低，经过相应阀门开度调节最终达到稳定，冷凝器温度逐渐升高，重沸器温度先升高至198.7℃，之后由于重沸器负荷减小，温度回归至190℃附近。在整个停车过程，主要能耗设备与控制阀门在三甘醇断供50min内基本关闭，闪蒸罐受冲击A的作用下响应最敏感，最大偏差达到了25%。因此，对于脱水系统停车运行，需要重点关注闪蒸罐的响应情况。

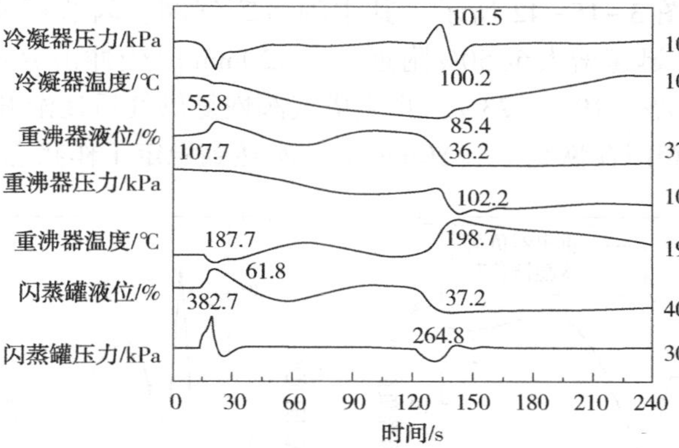

图 3-15-38　停车运行时主要设备控制点参数的响应曲线

3）开车运行

在脱水系统停车模型的基础上进行开车模型的仿真，定义开车运行工况：在10min时进入吸收塔的三甘醇贫液流量与进入汽提塔的汽提气流量恢复至设计值，在120min时处理气负荷恢复至100%，在240min完成仿真。

通过分析开车运行时外输气含水量的响应曲线(图3-15-39)可以发现，当处理气负荷恢复至100%时，外输气含水量迅速达到$225g/10^4m^3$(在9MPa下水露点约为-19℃)附近。因此，脱水系统在恢复供气后可以迅速达到脱水要求。

与停车运行相反，开车运行期间在120min时由于进入吸收塔的处理气量骤增，吸收塔持液量增加，进入塔内的三甘醇会在塔板上开始累积，导致吸收塔出口三甘醇富液流量出现短暂的断流(120~128min)，形成冲击B，具体响应情况如图3-15-40所示。其中，三甘醇富液流量冲击B会对后续环节的响应产生影响。

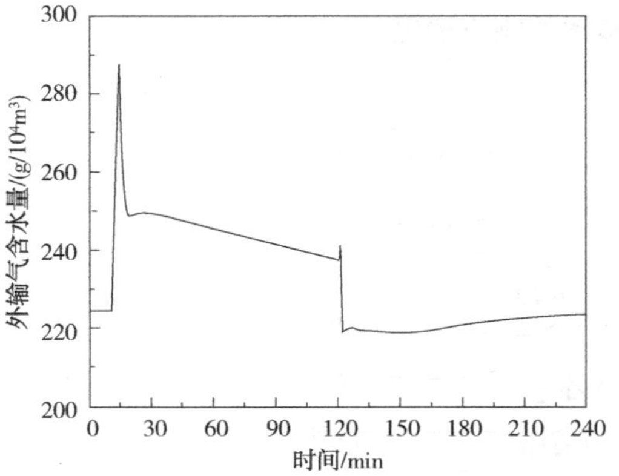

图 3-15-39　开车运行时外输气含水量的响应曲线

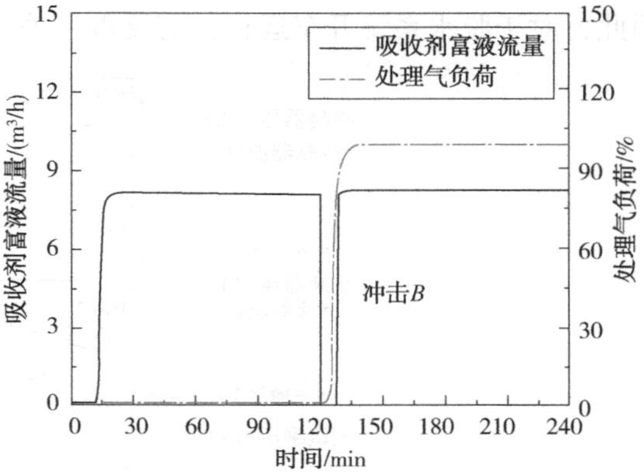

图 3-15-40　开车运行时三甘醇富液流量随处理气负荷的变化

开车过程中，为保证三甘醇贫液浓度迅速达到脱水要求，需要调节再生塔能耗环节设备负荷从而维持再生塔温度稳定，具体响应情况如图 3-15-41 所示，再生塔能耗设备在恢复供气后 80min 达到基本稳定工作状态。与停车运行类似，重沸器负荷与三甘醇富液流量、冷凝器负荷与处理气负荷变化趋势基本一致。

开车过程中，为维持设备的压力在液位稳定设定值附近，需要进行相应的阀门开度调节，具体的响应情况如图 3-15-42 所示。其中闪蒸罐气阀、闪蒸罐液阀、再生塔液阀在 15min 时由于恢复供液，迅速增大至 50%附近；在 120min 时受冲击 *B* 影响，需要短暂减小阀门开度，谷值分别为 0%、19%、23%。再生塔气阀恢复供气后逐渐开启，在 180min 稳定至 44%附近。主要控制阀门在恢复供气 80min 后基本达到稳定工作状态。

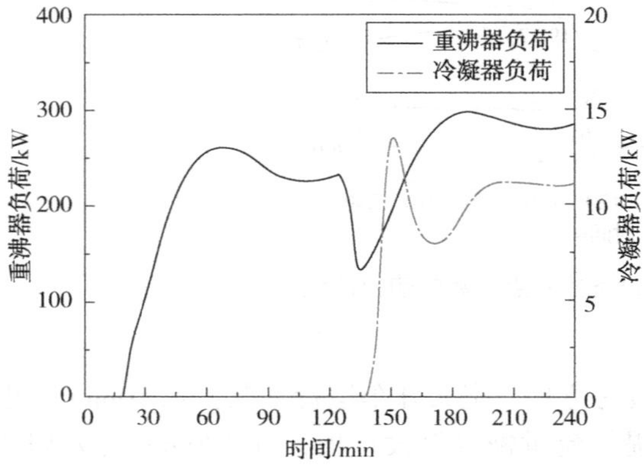

图 3-15-41 开车运行时再生塔能耗环节的响应曲线

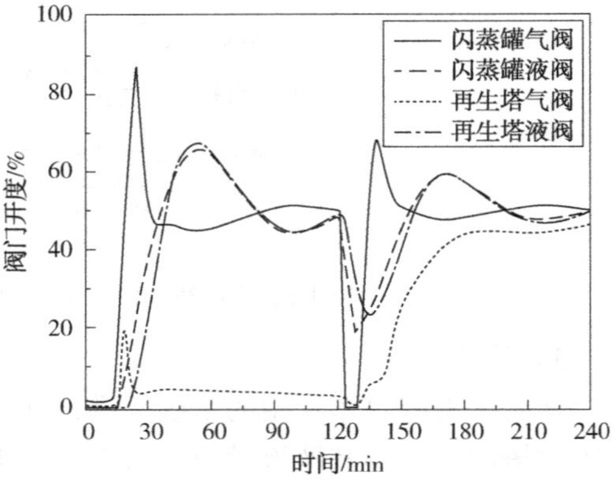

图 3-15-42 开车运行时主要控制阀门的响应曲线

根据能耗设备的负荷调节与控制阀门的开度调节，可以得到开车运行时主要设备控制点参数的响应曲线，如图 3-15-43 所示。依据开车策略可以将响应曲线划分为两个阶段，10~120min 为闪蒸罐与重沸器的充液阶段，其中闪蒸罐压力会短暂增大至 388kPa；120~240min，由于富液流量冲击 *B* 的作用，闪蒸罐、重沸器的液位与压力短暂降低，重沸器与冷凝器温度升高，在整个停车过程中，主要能耗设备与控制阀门在处理气负荷恢复后 80min 内基本达到稳定工作状态，闪蒸罐受冲击 *B* 的作用下响应最敏感，最大偏差达到了 20%。因此，对于脱水系统开车运行，需要重点关注闪蒸罐的响应情况。

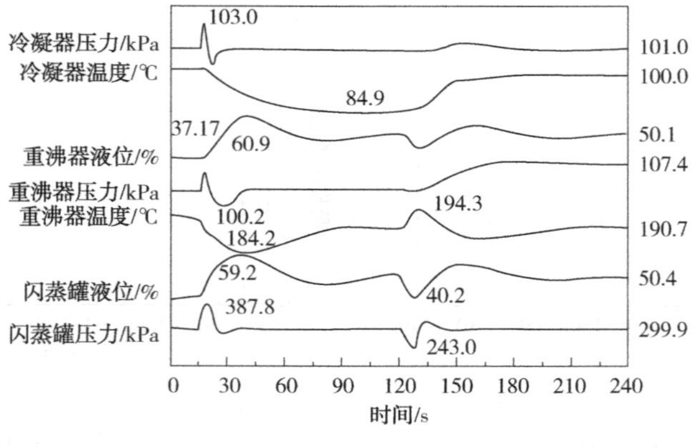

图 3-15-43 开车运行时主要设备控制点参数的响应曲线

8. 小结

本部分针对储气库采气过程中的核心环节——脱水系统展开了变工况运行下的稳态特性与动态特性研究。

针对稳态特性研究部分，首先根据三甘醇脱水工艺建立了脱水系统的稳态模型；其次选择处理气负荷、重沸器温度、汽提气流量与三甘醇循环量为影响因素，对脱水系统的能耗与脱水效果展开定量分析；最后建立了脱水系统能耗最优化模型，通过序贯二次规划法对不同处理气负荷下的模型进行求解，确定了脱水系统运行的最优操作参数为重沸器温度取190℃，汽提气流量取0.7kmol/h，三甘醇循环量取8m^3/h。此外，在实际生产过程中如果有提高脱水效果的需求，建议通过增大汽提气流量的方式实现。

针对动态特性研究部分，首先根据运行能耗最低的原则制定了不同处理气量下脱水系统的配置方案；其次在脱水系统稳态模型的基础上建立了对应的动态模型；最后针对应急采气过程中存在的处理气负荷波动运行、停车运行与开车运行展开动态响应分析，得到如下结论：

(1) 脱水系统在处理气负荷波动运行时，外输气含水量均满足脱水要求，且通过调节冷凝器、重沸器与再生塔气阀可以确保主要控制点参数均稳定在设定值附近。处理气负荷每增加1%，冷凝器负荷增加0.14kW，重沸器负荷增加0.32~0.69kW，再生塔气阀开度增加0.54%。

(2) 脱水系统在停车和开车运行时，为维持主要控制点参数稳定，重沸器负荷、闪蒸罐气阀、闪蒸罐液阀、再生塔液阀需要根据三甘醇富液流量变化进行调节，而冷凝器负荷与再生塔气阀需要根据处理气负荷变化进行调节。

(3) 脱水系统在停车和开车运行时，由于吸收塔持液量的变化导致三甘醇富液流量出现短暂的骤增骤减，在响应曲线上形成冲击 *A*、冲击 *B*，后续设备的运行参数在一定时间内偏离设定值，其中闪蒸罐的液位与压力变化最明显，停车与开车过程的最大偏差分别达到了25%和20%，在现场开停车操作中需要重点关注。

第十六节　附　　录

(规范性附录)

场站材料等级表

一、20A1(表 3-16-1)

表 3-16-1　20A1

压力等级(公称压力)		Class150(PN20)	操作介质	燃料气、采出水、氮气		
法兰压力-温度等级	工作温度	20℃	50℃	60℃		
	最高允许工作压力	19.6bar	19.2bar	18.9bar		
设计条件	设计温度	-20~60℃	主要材质	GB/T 8163-20		
	设计压力	1.2MPa	腐蚀裕量	1.5mm		

材料类型	公称尺寸	规格型号	材质	执行标准
管 子	DN15	无缝钢管 φ21.3×3.5	GB/T 8163-20	GB/T 17395
	DN20	无缝钢管 φ26.9×3.5	GB/T 8163-20	

续表

压力等级(公称压力)		Class150(PN20)	操作介质	燃料气、采出水、氮气		
法兰压力-温度等级	工作温度	20℃	50℃	60℃		
	最高允许工作压力	19.6bar	19.2bar	18.9bar		
设计条件	设计温度	-20~60℃	主要材质	GB/T 8163-20		
	设计压力	1.2MPa	腐蚀裕量	1.5mm		

材料类型		公称尺寸	规格型号	材质	执行标准
管子		DN25	无缝钢管 ϕ33.7×3.5	GB/T 8163-20	GB/T 17395
		DN32	无缝钢管 ϕ42.4×3.5	GB/T 8163-20	
		DN40	无缝钢管 ϕ48.3×3.5	GB/T 8163-20	
		DN50	无缝钢管 ϕ60.3×4.5	GB/T 8163-20	
		DN65	无缝钢管 ϕ76.1×4.5	GB/T 8163-20	
		DN80	无缝钢管 ϕ88.9×5.0	GB/T 8163-20	
		DN100	无缝钢管 ϕ114.3×5.0	GB/T 8163-20	
		DN125	无缝钢管 ϕ139.7×5.0	GB/T 8163-20	
		DN150	无缝钢管 ϕ168.3×5.5	GB/T 8163-20	
管件	弯头	DN15~40	锻制承插焊 3000	NB/T 47008-20 Ⅱ	GB/T 14383
		DN50~150	钢制对焊无缝	GB/T 8163-20	GB/T 12459
	三通	DN15~40	锻制承插焊 3000	NB/T 47008-20 Ⅱ	GB/T 14383
		DN50~150	钢制对焊无缝	GB/T 8163-20	GB/T 12459
	大小头	DN15~40	锻制承插焊 3000	NB/T 47008-20 Ⅱ	GB/T 14383
		DN50~150	钢制对焊无缝	GB/T 8163-20	GB/T 12459
	管帽	DN15~40	锻制承插焊 3000	NB/T 47008-20 Ⅱ	GB/T 14383
		DN50~150	钢制对焊无缝	GB/T 713-Q245R	GB/T 12459
	管塞	DN15~40	方头管塞 NPT Male	NB/T 47008-20 Ⅱ	GB/T 14383
	单承口管箍	DN15~40	锻制单承口 3000	NB/T 47008-20 Ⅱ	GB/T 14383
	双承口管箍	DN15~40	锻制双承口 3000	NB/T 47008-20 Ⅱ	GB/T 14383
管件	支管座	DN15~40（支管）	锻制承插焊支管座 3000	NB/T 47008-20 Ⅱ	GB/T 19326
		DN50（支管）	锻制对焊支管座 STD	NB/T 47008-20 Ⅱ	GB/T 19326
法兰		DN15~40	承插焊突面法兰 SW RF Class150	A105	ASME B16.5
		DN50~150	带颈对焊突面法兰 WN RF Class150 S=对接钢管壁厚	A105	ASME B16.5

续表

压力等级(公称压力)		Class150(PN20)	操作介质	燃料气、采出水、氮气		
法兰压力-温度等级	工作温度	20℃	50℃	60℃		
	最高允许工作压力	19.6bar	19.2bar	18.9bar		
设计条件	设计温度	-20~60℃	主要材质	GB/T 8163-20		
	设计压力	1.2MPa	腐蚀裕量	1.5mm		

材料类型	公称尺寸	规格型号	材质	执行标准
法兰盖	DN15~150	钢制法兰盖 BL RF Class150	A105	ASME B16.5
8字盲板	DN15~150	BLF FF Class150	A105	ASME B16.48
螺栓	所有	全螺纹螺柱	A193 B7	ASME B18.31.2
螺母	所有	管法兰专用螺母	A194 2H	ASME B18.2.2
垫片	所有	金属缠绕式垫片(带内环和对中环)RF Class150	CRS/304+柔性石墨/304	ASME B16.20
截止阀	DN15~40	直通式截止阀 SW/RF Class150	A105	API 602
	DN50~100	直通式截止阀 WN/RF Class150	A216 WCB	API 602
	DN125~150	直通式截止阀 WN/RF Class150	A216 WCB	ASME B16.34
止回阀	DN15~40	升降式止回阀 SW/RF Class150	A105	API 602
	DN50~100	升降式止回阀 WN/RF Class150	A216 WCB	API 602
	DN125~150	升降式止回阀 WN/RF Class150	A216 WCB	API 6D
闸阀	DN15~40	楔式单闸板闸阀 SW/RF Class150	A105	API 602
	DN50~100	平板单闸板闸阀 WN/RF Class150	A216 WCB	API 602
	DN125~150	平板单闸板闸阀 WN/RF Class150	A216 WCB	API 6D
球阀	DN15~40	浮动全通径分体球阀 SW/RF Class150	A105	API 608
	DN50~100	固定全通径分体球阀 WN/RF Class150	A105	API 6D
	DN150	固定球缩径分体球阀 WN/RF Class150	A105	API 6D

注：1. 管件所注的壁厚等级为与管件对接的直管的壁厚，管件壁厚由制造厂计算确定。

2. 本等级表中所有规范均以最新版本的标准与规范为准。

二、20K1(表 3-16-2)

表 3-16-2　20K1

压力等级(公称压力)		Class150(PN20)	操作介质	润滑油、仪表风、氮气		
法兰压力-温度等级	工作温度	20℃	50℃	100℃		
	最高允许工作压力	19.0bar	18.3bar	15.7bar		
设计条件	设计温度	-20~100℃	主要材质	GB/T 14976-06Cr19Ni10		
	设计压力	1.2MPa	腐蚀裕量	0		

材料类型		公称尺寸	规格型号	材质	执行标准
管子		DN15	无缝钢管 ϕ21.3×3.5	GB/T 14976-06Cr19Ni10	GB/T 17395
		DN20	无缝钢管 ϕ26.9×3.5	GB/T 14976-06Cr19Ni10	
		DN25	无缝钢管 ϕ33.7×3.5	GB/T 14976-06Cr19Ni10	
		DN32	无缝钢管 ϕ42.4×3.5	GB/T 14976-06Cr19Ni10	
		DN40	无缝钢管 ϕ48.3×3.5	GB/T 14976-06Cr19Ni10	
		DN50	无缝钢管 ϕ60.3×4.5	GB/T 14976-06Cr19Ni10	
		DN65	无缝钢管 ϕ76.1×4.5	GB/T 14976-06Cr19Ni10	
		DN80	无缝钢管 ϕ88.9×4.5	GB/T 14976-06Cr19Ni10	
		DN100	无缝钢管 ϕ114.3×5.0	GB/T 14976-06Cr19Ni10	
		DN125	无缝钢管 ϕ139.7×5.0	GB/T 14976-06Cr19Ni10	
		DN150	无缝钢管 ϕ168.3×5.0	GB/T 14976-06Cr19Ni10	
管件	弯头	DN15~40	钢制对焊无缝	NB/T 47010-06Cr19Ni10Ⅱ	GB/T 14383
		DN50~150	钢制对焊无缝	GB/T 14976-06Cr19Ni10	GB/T 12459
	三通	DN15~40	钢制对焊无缝	NB/T 47010-06Cr19Ni10Ⅱ	GB/T 14383
		DN50~150	钢制对焊无缝	GB/T 14976-06Cr19Ni10	GB/T 12459
	大小头	DN15~40	钢制对焊无缝	NB/T 47010-06Cr19Ni10Ⅱ	GB/T 14383
		DN50~150	钢制对焊无缝	GB/T 14976-06Cr19Ni10	GB/T 12459
	管帽	DN15~40	钢制对焊无缝	NB/T 47010-06Cr19Ni10Ⅱ	GB/T 14383
		DN50~150	钢制对焊无缝	GB/T 14976-06Cr19Ni10	GB/T 12459
	管塞	DN15~40	方头管塞 NPT Male	NB/T 47010-06Cr19Ni10Ⅱ	GB/T 14383
	支管座	DN15~40(支管)	锻制承插焊支管座 3000	NB/T 47010-06Cr19Ni10Ⅱ	GB/T 19326
		DN50(支管)	锻制对焊支管座 STD	NB/T 47010-06Cr19Ni10Ⅱ	GB/T 19326
法兰		DN15~40	承插焊突面法兰 SW RF Class150	A182 F304	ASME B16.5
		DN50~150	带颈对焊突面法兰 WN RF Class150 S=对接钢管壁厚	A182 F304	ASME B16.5

续表

压力等级(公称压力)		Class150(PN20)	操作介质	润滑油、仪表风、氮气		
法兰压力-温度等级	工作温度	20℃	50℃	100℃		
	最高允许工作压力	19.0bar	18.3bar	15.7bar		
设计条件	设计温度	-20~100℃	主要材质	GB/T 14976-06Cr19Ni10		
	设计压力	1.2MPa	腐蚀裕量	0		

材料类型	公称尺寸	规格型号	材质	执行标准
法兰盖	DN15~150	钢制法兰盖 BL RF Class150	A182 F304	ASME B16.5
螺栓	所有	全螺纹螺柱	A193 B8 CL2	ASME B18.31.2
螺母	所有	管法兰专用螺母	A194 8	ASME B18.2.2
垫片	所有	金属缠绕式垫片(带内环和对中环)RF Class150	304/304+柔性石墨/304	ASME B16.20
截止阀	DN15~40	直通式截止阀 SW/RF Class150	A182 F304	API 602
	DN50~150	直通式截止阀 WN/RF Class150	A351 CF8	API 602
止回阀	DN15~40	升降式止回阀 SW/RF Class150	A182 F304	API 602
	DN50~150	升降式止回阀 WN/RF Class150	A351 CF8	API 602
闸阀	DN15~40	楔式单闸板闸阀 SW/RF Class150	A182 F304	API 602
	DN50~150	平板单闸板闸阀 WN/RF Class150	A351 CF8	API 602
球阀	DN15~40	浮动球全通径分体球阀 SW/RF Class150	A182 F304	API 608
	DN50~100	固定球全通径分体球阀 WN/RF Class150	A182 F304	API 6D
	DN150	固定球缩径分体球阀 SW/RF Class150	A182 F304	API 6D

注：1. 管件所注的壁厚等级为与管件对接的直管的壁厚，管件壁厚由制造厂计算确定。

2. 本等级表中所有规范均以最新版本的标准与规范为准。

三、20X1(表 3-16-3)

表 3-16-3 20X1

压力等级(公称压力)		Class150(PN20)	操作介质	仪表风		
法兰压力-温度等级	工作温度	20℃	50℃	70℃		
	最高允许工作压力	19.6bar	19.2bar	18.6bar		
设计条件	设计温度	-20~70℃	主要材质	GB/T 8163-20+镀锌		
	设计压力	1.2MPa	腐蚀裕量	1.5mm		

材料类型		公称尺寸	规格型号	材质	执行标准
管子		DN15	无缝钢管 ϕ21.3×3.5 NPT Male	GB/T 8163-20+镀锌	GB/T 17395
		DN20	无缝钢管 ϕ26.9×3.5 NPT Male	GB/T 8163-20+镀锌	
		DN25	无缝钢管 ϕ33.7×3.5 NPT Male	GB/T 8163-20+镀锌	
		DN32	无缝钢管 ϕ42.4×3.5 NPT Male	GB/T 8163-20+镀锌	
		DN40	无缝钢管 ϕ48.3×3.5 NPT Male	GB/T 8163-20+镀锌	
		DN50	无缝钢管 ϕ60.3×4.5	GB/T 8163-20+镀锌	
		DN65	无缝钢管 ϕ76.1×4.5	GB/T 8163-20+镀锌	
		DN80	无缝钢管 ϕ88.9×4.5	GB/T 8163-20+镀锌	
		DN100	无缝钢管 ϕ114.3×4.5	GB/T 8163-20+镀锌	
		DN125	无缝钢管 ϕ139.7×4.5	GB/T 8163-20+镀锌	
		DN150	无缝钢管 ϕ168.3×4.5	GB/T 8163-20+镀锌	
管件	弯头	DN15~40	锻制螺纹 2000 NPT Female	NB/T 47008-20Ⅱ+镀锌	GB/T 14383
		DN50~150	钢制对焊无缝	GB/T 8163-20+镀锌	GB/T 12459
	三通	DN15~40	锻制螺纹 2000 NPT Female	NB/T 47008-20Ⅱ+镀锌	GB/T 14383
		DN50~150	钢制对焊无缝	GB/T 8163-20+镀锌	GB/T 12459
	大小头	DN15~40	锻制螺纹 3000 NPT Female	NB/T 47008-20Ⅱ+镀锌	GB/T 14383
		DN50~150	钢制对焊无缝	GB/T 8163-20+镀锌	GB/T 12459
	管帽	DN15~40	锻制螺纹 3000 NPT Female	NB/T 47008-20Ⅱ+镀锌	GB/T 14383
		DN50~150	钢制对焊无缝	GB/T 713-Q245R+镀锌	GB/T 12459
	管塞	DN15~80	方头管塞 NPT Male	NB/T 47008-20Ⅱ+镀锌	GB/T 14383
	双螺口管箍	DN15~80	锻制双螺口 3000 NPT Female	NB/T 47008-20Ⅱ+镀锌	GB/T 14383
	支管座	DN15~40(支管)	锻制螺纹支管座 3000	NB/T 47008-20Ⅱ+镀锌	GB/T 19326
		DN50(支管)	锻制对焊支管座 STD	NB/T 47008-20Ⅱ+镀锌	GB/T 19326

续表

压力等级(公称压力)		Class150(PN20)	操作介质	仪表风		
法兰压力-温度等级	工作温度	20℃	50℃	70℃		
	最高允许工作压力	19.6bar	19.2bar	18.6bar		
设计条件	设计温度	-20~70℃	主要材质	GB/T 8163-20+镀锌		
	设计压力	1.2MPa	腐蚀裕量	1.5mm		

材料类型	公称尺寸	规格型号	材质	执行标准
法兰	DN15~40	螺纹突面法兰 Th RF Class150	A105+镀锌	ASME B16.5
	DN50~150	带颈平焊突面法兰 SO RF Class150 S=对接钢管壁厚	A105+镀锌	ASME B16.5
法兰盖	DN15~150	钢制法兰盖 BL RF Class150	A105+镀锌	ASME B16.5
螺栓	所有	全螺纹螺柱	A193 B7+镀锌	ASME B18.31.2
螺母	所有	管法兰专用螺母	A194 2H+镀锌	ASME B18.2.2
垫片	所有	金属缠绕式垫片(带内环和对中环)RF Class150	CRS/304+柔性石墨/304	ASME B16.20
截止阀	DN15~40	直通式截止阀 Th/RF Class150	A105	API 602
	DN50~100	直通式截止阀 SO/RF Class150	A216 WCB	API 602
	DN125~150	直通式截止阀 SO/RF Class150	A216 WCB	ASME B16.34
止回阀	DN15~40	止回阀 Th/RF Class150	A105	API 602
	DN50~100	止回阀 SO/RF Class150	A216 WCB	API 602
闸阀	DN15~40	楔式单闸板闸阀 Th/RF Class150	A105	API 602
	DN50~150	楔式单闸板闸阀 SO/RF Class150	A216 WCB	API 600
球阀	DN15~40	浮动球全通径分体 球阀 Th/RF Class150	A105	API 608
	DN50~100	固定球全通径分体球阀 SO/RF Class150	A105	API 608
	DN150	固定球全通径分体球阀 SO/RF Class150	A105	API 6D

注：1. 管件所注的壁厚等级为与管件对接的直管的壁厚，管件壁厚由制造厂计算确定。

2. 本等级表中所有规范均以最新版本的标准与规范为准。

四、20B1(表 3-16-4)

表 3-16-4 20B1

压力等级(公称压力)		Class150 (PN20)	操作介质	放空气(中低压)		
法兰压力-温度等级	工作温度	20℃	50℃	60℃		
	最高允许工作压力	19. 6bar	19. 2bar	18. 9bar		
设计条件	设计温度	-40~60℃	主要材质	GB/T 6479-Q345E GB/T 37577-16MnDR		
	设计压力	1. 2MPa	腐蚀裕量	1. 5mm		

材料类型		公称尺寸	规格型号	材质	执行标准
管子		DN15	无缝钢管 ϕ21. 3×3. 5	GB 6479-Q345E	GB/T 17395
		DN20	无缝钢管 ϕ26. 9×3. 5	GB 6479-Q345E	
		DN25	无缝钢管 ϕ33. 7×4. 0	GB 6479-Q345E	
		DN32	无缝钢管 ϕ42. 4×4. 0	GB 6479-Q345E	
		DN40	无缝钢管 ϕ48. 3×4. 0	GB 6479-Q345E	
		DN50	无缝钢管 ϕ60. 3×4. 5	GB 6479-Q345E	
		DN65	无缝钢管 ϕ76. 1×4. 5	GB 6479-Q345E	
		DN80	无缝钢管 ϕ88. 9×4. 5	GB 6479-Q345E	
		DN100	无缝钢管 ϕ114. 3×5. 0	GB 6479-Q345E	
		DN125	无缝钢管 ϕ139. 7×5. 5	GB 6479-Q345E	
		DN150	无缝钢管 ϕ168. 3×6. 0	GB 6479-Q345E	
		DN200	无缝钢管 ϕ219. 1×7. 0	GB 6479-Q345E	
		DN250	无缝钢管 ϕ273×7. 5	GB 6479-Q345E	
		DN300	无缝钢管 ϕ323. 9×7. 5	GB 6479-Q345E	
		DN350	无缝钢管 ϕ355. 6×8. 0	GB 6479-Q345E	
		DN400	无缝钢管 ϕ406. 4×8. 8	GB 6479-Q345E	
		DN450	直缝埋弧焊钢管 ϕ457×8. 8	GB/T 37577-16MnDR	
		DN500	直缝埋弧焊钢管 ϕ508×8. 8	GB/T 37577-16MnDR	
		DN600	直缝埋弧焊钢管 ϕ610×8. 8	GB/T 37577-16MnDR	
		DN700	直缝埋弧焊钢管 ϕ711×12	GB/T 37577-16MnDR	
管件	弯头	DN15~40	锻制承插焊 3000	NB/T 47009-16MnD Ⅱ	GB/T 14383
		DN50~700	钢制对焊无缝	GB 6479-Q345E	GB/T 12459
	三通	DN15~40	锻制承插焊 3000	NB/T 47009-16MnD Ⅱ	GB/T 14383
		DN50~700	钢制对焊无缝	GB 6479-Q345E	GB/T 12459
	大小头	DN15~40	锻制承插焊 3000	NB/T 47009-16MnD Ⅱ	GB/T 14383
		DN50~700	钢制对焊无缝	GB 6479-Q345E	GB/T 12459

续表

压力等级(公称压力)		Class150 (PN20)	操作介质	放空气(中低压)	
法兰压力-温度等级	工作温度	20℃	50℃	60℃	
	最高允许工作压力	19.6bar	19.2bar	18.9bar	
设计条件	设计温度	-40~60℃	主要材质	GB/T 6479-Q345E GB/T 37577-16MnDR	
	设计压力	1.2MPa	腐蚀裕量	1.5mm	
材料类型		公称尺寸	规格型号	材质	执行标准
管件	管帽	DN15~40	锻制承插焊 3000	NB/T 47009-16MnD Ⅱ	GB/T 14383
		DN50~700	钢制对焊无缝	GB/T 3531-16MnDR	GB/T 12459
	管塞	DN15~40	方头管塞 NPT Male	NB/T 47009-16MnD Ⅱ	GB/T 14383
	单承口管箍	DN15~40	锻制单承口 3000	NB/T 47009-16MnD Ⅱ	GB/T 14383
	双承口管箍	DN15~40	锻制双承口 3000	NB/T 47009-16MnD Ⅱ	GB/T 14383
	支管座	DN15~40 (支管)	锻制承插焊支管座 3000	NB/T 47009-16MnD Ⅱ	GB/T 19326
		DN50~350 (支管)	锻制对焊支管座 STD	NB/T 47009-16MnD Ⅱ	GB/T 19326
法 兰		DN15~40	承插焊突面法兰 SW RF Class150	A350 LF2 CL1	ASME B16.5
		DN50~400	带颈对焊突面法兰 WN RF Class150 S=对接钢管壁厚	A350 LF2 CL1	ASME B16.5
		DN450~700	带颈对焊突面法兰 WN RF Class150 S=对接钢管壁厚	A694 F70	ASME B16.47
法兰盖		DN15~600	钢制法兰盖 BL RF Class150	A350 LF2 CL1	ASME B16.5
		DN650~700	钢制法兰盖 BL RF Class150	A694 F70	ASME B16.47
8字盲板		DN15~600	BLF FF Class150	A350 LF2 CL1	ASME B16.48
螺栓		所有	全螺纹螺柱	A320 L7	ASMEB18.31.2
螺母		所有	管法兰专用螺母	A194 7	ASME B18.2.2
垫片		所有	金属缠绕式垫片(带内环和对中环) RF Class150	304/304+柔性石墨/304	ASME B16.20

续表

压力等级(公称压力)		Class150 (PN20)	操作介质	放空气(中低压)		
法兰压力-温度等级	工作温度	20℃	50℃	60℃		
	最高允许工作压力	19.6bar	19.2bar	18.9bar		
设计条件	设计温度	-40~60℃	主要材质	GB/T 6479-Q345E GB/T 37577-16MnDR		
	设计压力	1.2MPa	腐蚀裕量	1.5mm		

材料类型	公称尺寸	规格型号	材质	执行标准
截止阀	DN15~40	截止阀 SW/RF Class150	A350 LF2 CL1	API 602
	DN50~100	直通式截止阀 WN/RF Class150	A352 LCB	API 602
	DN125~700	直通式截止阀 WN/RF Class150	A352 LCB	ASME B16.34
节流截止放空阀	DN15~40	节流截止放空阀 SW/RF Class150	A350 LF2 CL1	ASME B16.34
	DN50~700	节流截止放空阀 WN/RF Class150	A352 LCB	ASME B16.34
止回阀	DN15~40	升降式止回阀 SW/RF Class150	A350 LF2 CL1	API 602
	DN50~100	升降式止回阀 WN/RF Class150	A352 LCB	API 602
	DN125~150	升降式止回阀 WN/RF Class150	A352 LCB	API 6D
闸阀	DN15~40	楔式单闸板闸阀 SW/RF Class150	A350 LF2 CL1	API 602
	DN50~100	平板单闸板闸阀 WN/RF Class150	A352 LCB	API 602
	DN125~600	平板单闸板闸阀 WN/RF Class150	A352 LCB	API 6D
球阀	DN15~40	浮动全通径分体球阀 SW/RF Class150	A350 LF2 CL1	API 608
	DN50~100	固定全通径分体球阀 WN/RF Class150	A350 LF2 CL1	API 6D
	DN125~700	固定球缩径分体球阀 WN/RF Class150	A350 LF2 CL1	API 6D

注：1. 管件所注的壁厚等级为与管件对接的直管的壁厚，管件壁厚由制造厂计算确定。

2. 本等级表中所有规范均以最新版本的标准与规范为准。

五、50B1(表 3-16-5)

表 3-16-5 50B1

压力等级(公称压力)		Class300(PN50)	操作介质	放空气(高压)		
法兰压力-温度等级	工作温度	20℃	50℃	60℃		
	最高允许工作压力	51.1bar	50.1bar	49.4bar		
设计条件	设计温度	-40~50℃	主要材质	GB/T 6479-Q345E GB/T 37577-16MnDR		
	设计压力	5.0MPa	腐蚀裕量	1.5mm		

材料类型		公称尺寸	规格型号	材质	执行标准
管子		DN15	无缝钢管 ϕ21.3×3.5	GB/T 6479-Q345E	GB/T 17395
		DN20	无缝钢管 ϕ26.9×3.5	GB/T 6479-Q345E	
		DN25	无缝钢管 ϕ33.7×4.0	GB/T 6479-Q345E	
		DN32	无缝钢管 ϕ42.4×4.0	GB/T 6479-Q345E	
		DN40	无缝钢管 ϕ48.3×4.0	GB/T 6479-Q345E	
		DN50	无缝钢管 ϕ60.3×4.5	GB/T 6479-Q345E	
		DN65	无缝钢管 ϕ76.1×4.5	GB/T 6479-Q345E	
		DN80	无缝钢管 ϕ88.9×4.5	GB/T 6479-Q345E	
		DN100	无缝钢管 ϕ114.3×5.0	GB/T 6479-Q345E	
		DN125	无缝钢管 ϕ139.7×5.5	GB/T 6479-Q345E	
		DN150	无缝钢管 ϕ168.3×6.0	GB/T 6479-Q345E	
		DN200	无缝钢管 ϕ219.1×7.0	GB/T 6479-Q345E	
		DN250	无缝钢管 ϕ273×7.5	GB/T 6479-Q345E	
		DN300	无缝钢管 ϕ323.9×8.5	GB/T 6479-Q345E	
		DN350	无缝钢管 ϕ355.6×8.5	GB/T 6479-Q345E	
		DN400	无缝钢管 ϕ406.4×9.5	GB/T 6479-Q345E	
		DN450	直缝埋弧焊钢管 ϕ457×10	GB/T 37577-16MnDR	
		DN500	直缝埋弧焊钢管 ϕ508×11	GB/T 37577-16MnDR	
		DN600	直缝埋弧焊钢管 ϕ610×12.5	GB/T 37577-16MnDR	
		DN700	直缝埋弧焊钢管 ϕ711×14	GB/T 37577-16MnDR	
管件	弯头	DN15~40	锻制承插焊 3000	NB/T 47009-16MnDⅡ	GB/T 14383
		DN50~700	钢制对焊无缝	GB 6479-Q345E	GB/T 12459
	三通	DN15~40	锻制承插焊 3000	NB/T 47009-16MnDⅡ	GB/T 14383
		DN50~700	钢制对焊无缝	GB 6479-Q345E	GB/T 12459
	大小头	DN15~40	锻制承插焊 3000	NB/T 47009-16MnDⅡ	GB/T 14383
		DN50~700	钢制对焊无缝	GB 6479-Q345E	GB/T 12459

续表

压力等级(公称压力)		Class300(PN50)	操作介质	放空气(高压)		
法兰压力-温度等级	工作温度	20℃	50℃	60℃		
	最高允许工作压力	51.1bar	50.1bar	49.4bar		
设计条件	设计温度	-40~50℃	主要材质	GB/T 6479-Q345E GB/T 37577-16MnDR		
	设计压力	5.0MPa	腐蚀裕量	1.5mm		

材料类型		公称尺寸	规格型号	材质	执行标准
管件	管帽	DN15~40	锻制承插焊 3000	NB/T 47009-16MnD Ⅱ	GB/T 14383
		DN50~700	钢制对焊无缝	GB/T 3531-16MnDR	GB/T 12459
	管塞	DN15~40	方头管塞 NPT Male	NB/T 47009-16MnD Ⅱ	GB/T 14383
	单承口管箍	DN15~40	锻制单承口 3000	NB/T 47009-16MnD Ⅱ	GB/T 14383
	双承口管箍	DN15~40	锻制双承口 3000	NB/T 47009-16MnD Ⅱ	GB/T 14383
	支管座	DN15~40(支管)	锻制承插焊支管座 3000	NB/T 47009-16MnD Ⅱ	GB/T 19326
		DN50~350(支管)	锻制对焊支管座 STD	NB/T 47009-16MnD Ⅱ	GB/T 19326
法兰		DN15~40	承插焊突面法兰 SW RF Class300	A350 LF2 CL1	ASME B16.5
		DN50~600	带颈对焊突面法兰 WN RF Class300 S=对接钢管壁厚	A350 LF2 CL1	ASME B16.5
		DN650~700	带颈对焊突面法兰 WN RF Class300 S=对接钢管壁厚	A694 F70	ASME B16.47
法兰盖		DN15~600	钢制法兰盖 BL/RF	A350 LF2 CL1	ASME B16.5
		DN650~700	钢制法兰盖 BL/RF	A694 F70	ASME B16.47
8字盲板		DN15~600	BLF Class300 FF	A350 LF2 CL1	ASME B16.48
螺栓		所有	全螺纹螺柱	A320 L7	ASME B18.31.2
螺母		所有	管法兰专用螺母	A194 7	ASME B18.2.2
垫片		所有	金属缠绕式垫片(带内环和对中环)RF Class300	304/304+柔性石墨/304	ASME B16.20
截止阀		DN15~40	截止阀 SW/RF Class300	A350 LF2 CL1	API 602
		DN50~100	截止阀 WN/RF Class300	A352 LCB	API 602
		DN125~700	截止阀 WN/RF Class300	A352 LCB	ASME B16.34

续表

压力等级(公称压力)		Class300(PN50)		操作介质	放空气(高压)	
法兰压力-温度等级	工作温度	20℃	50℃	60℃		
	最高允许工作压力	51. 1bar	50. 1bar	49. 4bar		
设计条件	设计温度	-40~50℃	主要材质	GB/T 6479-Q345E GB/T 37577-16MnDR		
	设计压力	5. 0MPa	腐蚀裕量	1. 5mm		

材料类型	公称尺寸	规格型号	材质	执行标准
节流截止放空阀	DN15~40	节流截止放空阀 SW/RF Class300	A350 LF2 CL1	ASME B16. 34
	DN50~700	节流截止放空阀 WN/RF Class300	A352 LCB	ASME B16. 34
止回阀	DN15~40	升降式止回阀 SW/RF Class300	A350 LF2 CL1	API 602
	DN50~100	升降式止回阀 WN/RF Class300	A352 LCB	API 602
	DN125~700	升降式止回阀 WN/RF Class300	A352 LCB	API 6D
闸阀	DN15~40	楔式单闸板闸阀 SW/RF Class300	A350 LF2 CL1	API 602
	DN50~100	平板单闸板闸阀 WN/RF Class300	A352 LCB	API 602
	DN125~700	平板单闸板闸阀 WN/RF Class300	A352 LCB	API 6D
球阀	DN15~40	浮动全通径分体球阀 SW/RF Class300	A350 LF2 CL1	API 608
	DN50~100	固定全通径分体球阀 WN/RF Class300	A350 LF2 CL1	API 6D
	DN125~700	固定球缩径分体球阀 WN/RF Class300	A350 LF2 CL1	API 6D

注：1. 管件所注的壁厚等级为与管件对接的直管的壁厚，管件壁厚由制造厂计算确定。

2. 本等级表中所有规范均以最新版本的标准与规范为准。

六、110A1(表 3-16-6)

表 3-16-6　110A1

压力等级(公称压力)		Class600(PN110)	操作介质	注气进站天然气		
法兰压力-温度等级	工作温度	20℃	50℃	60℃		
	最高允许工作压力	103.4bar	103.4bar	103.3bar		
设计条件	设计温度	-20~60℃	主要材质	L415Q 或和气源管线保持一致		
	设计压力	10.0MPa	腐蚀裕量	1.5mm		

材料类型		公称尺寸	规格型号	材质	执行标准
管子		DN15	无缝钢管 ϕ21.3×4.0	GB/T 9711-L415Q	GB/T 17395
		DN20	无缝钢管 ϕ26.9×4.0	GB/T 9711-L415Q	
		DN25	无缝钢管 ϕ33.7×4.0	GB/T 9711-L415Q	
		DN32	无缝钢管 ϕ42.4×4.5	GB/T 9711-L415Q	
		DN40	无缝钢管 ϕ48.3×4.5	GB/T 9711-L415Q	
		DN50	无缝钢管 ϕ60.3×5.0	GB/T 9711-L415Q	
		DN65	无缝钢管 ϕ76.1×5.5	GB/T 9711-L415Q	
		DN80	无缝钢管 ϕ88.9×6.3	GB/T 9711-L415Q	
		DN100	无缝钢管 ϕ114.3×6.3	GB/T 9711-L415Q	
		DN125	无缝钢管 ϕ139.7×7.1	GB/T 9711-L415Q	
		DN150	无缝钢管 ϕ168.3×8.0	GB/T 9711-L415Q	
		DN200	无缝钢管 ϕ219.1×9.5	GB/T 9711-L415Q	
		DN250	无缝钢管 ϕ273×11	GB/T 9711-L415Q	
		DN300	无缝钢管 ϕ323.9×12.5	GB/T 9711-L415Q	
		DN350	无缝钢管 ϕ355.6×14.0	GB/T 9711-L415Q	
		DN400	无缝钢管 ϕ406.4×15.0	GB/T 9711-L415Q	
管件	弯头	DN15~40	锻制承插焊 3000	NB/T 47008-16MnⅢ	GB/T 14383
		DN50~400	钢制对焊无缝	GB/T 9711-L415Q	GB/T 12459
	三通	DN15~40	锻制承插焊 3000	NB/T 47008-16MnⅢ	GB/T 14383
		DN50~400	钢制对焊无缝	GB/T 9711-L415Q	GB/T 12459
	大小头	DN15~40	锻制承插焊 3000	NB/T 47008-16MnⅢ	GB/T 14383
		DN50~400	钢制对焊无缝	GB/T 9711-L415Q	GB/T 12459
	管帽	DN15~40	锻制承插焊 3000	NB/T 47008-16MnⅢ	GB/T 14383
		DN50~400	钢制对焊无缝	GB/T 9711-L415Q	GB/T 12459
	管塞	DN15~40	方头管塞 NPT Male	NB/T 47008-16MnⅢ	GB/T 14383
	单承口管箍	DN15~40	锻制单承口 3000	NB/T 47008-16MnⅢ	GB/T 14383
		DN15~40	锻制双承口 3000	NB/T 47008-16MnⅢ	GB/T 14383

续表

压力等级(公称压力)		Class600(PN110)	操作介质	注气进站天然气		
法兰压力-温度等级	工作温度	20℃	50℃	60℃		
	最高允许工作压力	103. 4bar	103. 4bar	103. 3bar		
设计条件	设计温度	-20~60℃	主要材质	L415Q 或和气源管线保持一致		
	设计压力	10. 0MPa	腐蚀裕量	1. 5mm		

材料类型		公称尺寸	规格型号	材质	执行标准
管件	双承口管箍	DN15~40(支管)	锻制承插焊支管座 3000	NB/T 47008-16MnⅢ	GB/T 19326
	支管座	DN50~125(支管)	锻制对焊支管座 XS	NB/T 47008-16MnⅢ	GB/T 19326
法兰		DN15~40	承插焊突面法兰 SW RF Class600	A350 LF6 CL2	ASME B16. 5
		DN50~400	带颈对焊突面法兰 WN RF Class600 S=对接钢管壁厚	A350 LF6 CL2	ASME B16. 5
法兰盖		DN15~400	钢制法兰盖 BL RF Class600	A350 LF6 CL2	ASME B16. 5
8 字盲板		DN15~300	BLF FF Class600	A350 LF6 CL2	ASME B16. 48
螺栓		所有	全螺纹螺柱	A193 B7	ASME B18. 31. 2
螺母		所有	管法兰专用螺母	A194 2H	ASME B18. 2. 2
垫片		所有	金属缠绕式垫片(带内环和对中环)RF Class600	CRS/304+柔性石墨/304	ASME B16. 20
截止阀		DN15~40	截止阀 SW/RF Class600	A105	API 602
		DN50~100	直通式截止阀 WN/RF Class600	A216 WCB	API 602
		DN125~300	直通式截止阀 WN/RF Class600	A216 WCB	ASME B16. 34
止回阀		DN15~40	轴流式止回阀 SW/RF Class600	A105	API 602
		DN50~100	轴流式止回阀 WN/RF Class600	A216 WCB	API 602
		DN125~300	轴流式止回阀 WN/RF Class 600	A216 WCB	API 6D
闸阀		DN15~40	楔式单闸板闸阀 SW/RF Class600	A105	API 602
		DN50~100	平板单闸板闸阀 WN/RF Class600	A216 WCB	API 602
		DN125~600	平板单闸板闸阀 WN/RF Class600	A216 WCB	API 6D

续表

压力等级(公称压力)		Class600(PN110)	操作介质	注气进站天然气		
法兰压力-温度等级	工作温度	20℃	50℃	60℃		
	最高允许工作压力	103.4bar	103.4bar	103.3bar		
设计条件	设计温度	-20~60℃	主要材质	L415Q 或和气源管线保持一致		
	设计压力	10.0MPa	腐蚀裕量	1.5mm		

材料类型	公称尺寸	规格型号	材质	执行标准
球阀	DN15~40	浮动全通径分体球阀 SW/RF Class 600	A105	API 608
	DN50~100	固定全通径分体球阀 WN/RF Class 600	A105	API 6D
	DN150~300	固定球缩径分体球阀 WN/RF Class 600	A105	API 6D

注：1. 管件所注的壁厚等级为与管件对接的直管的壁厚，管件壁厚由制造厂计算确定。
2. 本等级表中所有规范均以最新版本的标准与规范为准。

七、150A1(表 3-16-7)

表 3-16-7 150A1

压力等级(公称压力)		Class900(PN150)	操作介质	井场进站天然气、三甘醇		
法兰压力-温度等级	工作温度	20℃	50℃	60℃		
	最高允许工作压力	155.1bar	155.1bar	155.0bar		
设计条件	设计温度	-20~60℃	主要材质	L415Q 或和气源管线保持一致		
	设计压力	12.0MPa	腐蚀裕量	1.5mm		

材料类型	公称尺寸	规格型号	材质	执行标准
管子	DN15	无缝钢管 ϕ21.3×4.0	GB/T 9711-L415Q	GB/T 17395
	DN20	无缝钢管 ϕ26.9×4.0	GB/T 9711-L415Q	
	DN25	无缝钢管 ϕ33.7×4.5	GB/T 9711-L415Q	
	DN32	无缝钢管 ϕ42.4×4.5	GB/T 9711-L415Q	
	DN40	无缝钢管 ϕ48.3×5.0	GB/T 9711-L415Q	
	DN50	无缝钢管 ϕ60.3×6.0	GB/T 9711-L415Q	
	DN65	无缝钢管 ϕ76.1×6.3	GB/T 9711-L415Q	
	DN80	无缝钢管 ϕ88.9×6.3	GB/T 9711-L415Q	
	DN100	无缝钢管 ϕ114.3×7.1	GB/T 9711-L415Q	
	DN125	无缝钢管 ϕ139.7×8	GB/T 9711-L415Q	
	DN150	无缝钢管 ϕ168.3×8.8	GB/T 9711-L415Q	
	DN200	无缝钢管 ϕ219.1×11	GB/T 9711-L415Q	
	DN250	无缝钢管 ϕ273×12.5	GB/T 9711-L415Q	

续表

压力等级(公称压力)		Class900(PN150)	操作介质	井场进站天然气、三甘醇		
法兰压力-温度等级	工作温度	20℃	50℃	60℃		
	最高允许工作压力	155.1bar	155.1bar	155.0bar		
设计条件	设计温度	-20~60℃	主要材质	L415Q或和气源管线保持一致		
	设计压力	12.0MPa	腐蚀裕量	1.5mm		

材料类型		公称尺寸	规格型号	材质	执行标准
管子		DN300	无缝钢管 ϕ323.9×14.2	GB/T 9711-L415Q	GB/T 17395
		DN350	无缝钢管 ϕ355.6×16	GB/T 9711-L415Q	
		DN400	无缝钢管 ϕ406.4×17	GB/T 9711-L415Q	
管件	弯头	DN15~40	锻制承插焊 3000	NB/T 47008-16MnⅢ	GB/T 14383
		DN50~400	钢制对焊无缝	GB/T 9711-L415Q	GB/T 12459
	三通	DN15~40	锻制承插焊 3000	NB/T 47008-16MnⅢ	GB/T 14383
		DN50~400	钢制对焊无缝	GB/T 9711-L415Q	GB/T 12459
	大小头	DN15~40	锻制承插焊 3000	NB/T 47008-16MnⅢ	GB/T 14383
		DN50~400	钢制对焊无缝	GB/T 9711-L415Q	GB/T 12459
	管帽	DN15~40	锻制承插焊 3000	NB/T 47008-16MnⅢ	GB/T 14383
		DN50~400	钢制对焊无缝	GB/T 14164-L415Q	GB/T 12459
	管塞	DN15~40	方头管塞 NPT Male	NB/T 47008-16MnⅢ	GB/T 14383
	单承口管箍	DN15~40	锻制单承口 3000	NB/T 47008-16MnⅢ	GB/T 14383
		DN15~40	锻制双承口 3000	NB/T 47008-16MnⅢ	GB/T 14383
	双承口管箍	DN15~40(支管)	承插焊支管座 3000	NB/T 47008-16MnⅢ	GB/T 19326
	支管座	DN50~125(支管)	锻制对焊支管座 XS	NB/T 47008-16MnⅢ	GB/T 19326
法兰		DN15~40	承插焊环连接面法兰 SW RJ Class900	A350 LF6 CL2	ASME B16.5
		DN50~400	带颈对焊环连接面法兰 WN RJ Class900 S=对接钢管壁厚	A350 LF6 CL2	ASME B16.5
法兰盖		DN15~400	钢制法兰盖 BL RJ Class900	A350 LF6 CL2	ASME B16.5
8字盲板		DN15~300	BLF RJ Class900	A350 LF6 CL2	ASME B16.48
螺栓		所有	全螺纹螺柱	A193 B7	ASME B18.31.2
螺母		所有	管法兰专用螺母	A194 2H	ASME B18.2.2

续表

<table>
<tr><td colspan="2">压力等级(公称压力)</td><td>Class900(PN150)</td><td>操作介质</td><td colspan="3">井场进站天然气、三甘醇</td></tr>
<tr><td rowspan="2">法兰压力-温度等级</td><td>工作温度</td><td>20℃</td><td>50℃</td><td>60℃</td><td></td><td></td></tr>
<tr><td>最高允许工作压力</td><td>155. 1bar</td><td>155. 1bar</td><td>155. 0bar</td><td></td><td></td></tr>
<tr><td rowspan="2">设计条件</td><td>设计温度</td><td>-20~60℃</td><td>主要材质</td><td colspan="3">L415Q 或和气源管线保持一致</td></tr>
<tr><td>设计压力</td><td>12. 0MPa</td><td>腐蚀裕量</td><td colspan="3">1. 5mm</td></tr>
</table>

材料类型	公称尺寸	规格型号	材质	执行标准
垫片	所有	金属环型垫(八角型) RJ Class900	304	ASME B16. 20
截止阀	DN15~40	截止阀 SW/RJ Class900	A105	API 602
	DN50~100	直通式截止阀 WN/RJ Class900	A216 WCB	API 602
	DN125~300	直通式截止阀 WN/RJ Class900	A216 WCB	ASME B16. 34
止回阀	DN15~40	轴流式止回阀 SW/RJ Class900	A105	API 602
	DN50~100	轴流式止回阀 WN/RJ Class900	A216 WCB	API 602
	DN125~300	轴流式止回阀 WN/RJ Class900	A216 WCB	API 6D
闸阀	DN15~40	楔式单闸板闸阀 SW/RJ Class900	A105	API 602
	DN50~100	平板单闸板闸阀 WN/RJ Class900	A216 WCB	API 602
	DN125~600	平板单闸板闸阀 WN/RJ Class900	A216 WCB	API 6D
球阀	DN15~40	浮动全通径分体球阀 SW/RJ Class900	A105	ASME B16. 34
	DN50~100	固定全通径分体球阀 WN/RJ Class900	A105	API 6D
	DN150~300	固定球缩径分体球阀 WN/RJ Class900	A105	API 6D

注：1. 管件所注的壁厚等级为与管件对接的直管的壁厚，管件壁厚由制造厂计算确定。

2. 本等级表中所有规范均以最新版本的标准与规范为准。

八、260A1(表3-16-8)

表3-16-8　260A1

压力等级(公称压力)		Class1500(PN260)	操作介质	增压后天然气		
法兰压力-温度等级	工作温度	20℃	50℃	70℃		
	最高允许工作压力	258.6bar	258.6bar	258.2bar		
设计条件	设计温度	-20~70℃	主要材质	GB/T 9711-L415Q		
	设计压力	26.0MPa	腐蚀裕量	1.5mm		

材料类型		公称尺寸	规格型号	材质	执行标准
管子		DN15	无缝钢管 ϕ21.3×5.0	GB/T 9711-L415Q	GB/T 17395
		DN20	无缝钢管 ϕ26.9×6.0	GB/T 9711-L415Q	
		DN25	无缝钢管 ϕ33.7×6.0	GB/T 9711-L415Q	
		DN32	无缝钢管 ϕ42.4×7.5	GB/T 9711-L415Q	
		DN40	无缝钢管 ϕ48.3×7.5	GB/T 9711-L415Q	
		DN50	无缝钢管 ϕ60.3×8	GB/T 9711-L415Q	
		DN65	无缝钢管 ϕ76.1×9	GB/T 9711-L415Q	
		DN80	无缝钢管 ϕ88.9×10	GB/T 9711-L415Q	
		DN100	无缝钢管 ϕ114.3×12	GB/T 9711-L415Q	
		DN125	无缝钢管 ϕ139.7×14	GB/T 9711-L415Q	
		DN150	无缝钢管 ϕ168.3×16	GB/T 9711-L415Q	
		DN200	无缝钢管 ϕ219.1×19	GB/T 9711-L415Q	
		DN250	无缝钢管 ϕ273×22	GB/T 9711-L415Q	
		DN300	无缝钢管 ϕ323.9×26	GB/T 9711-L415Q	
		DN350	无缝钢管 ϕ355.6×28	GB/T 9711-L415Q	
		DN400	无缝钢管 ϕ406.4×32	GB/T 9711-L415Q	
管件	弯头	DN15~40	锻制承插焊 6000	NB/T 47008-16MnⅢ	GB/T 14383
		DN50~400	钢制对焊无缝	GB/T 9711-L415Q	GB/T 12459
	三通	DN15~40	锻制承插焊 6000	NB/T 47008-16MnⅢ	GB/T 14383
		DN50~400	钢制对焊无缝	GB/T 9711-L415Q	GB/T 12459
	大小头	DN15~40	锻制承插焊 6000	NB/T 47008-16MnⅢ	GB/T 14383
		DN50~400	钢制对焊无缝	GB/T 9711-L415Q	GB/T 12459
	管帽	DN15~40	锻制承插焊 6000	NB/T 47008-16MnⅢ	GB/T 14383
		DN50~400	钢制对焊无缝	GB/T 14164-L415Q	GB/T 12459
	管塞	DN15~40	方头管塞 NPT Male	NB/T 47008-16MnⅢ	GB/T 14383
	单承口管箍	DN15~40	锻制单承口 3000	NB/T 47008-16MnⅢ	GB/T 14383
		DN15~40	锻制双承口 3000	NB/T 47008-16MnⅢ	GB/T 14383

续表

压力等级(公称压力)		Class1500(PN260)	操作介质	增压后天然气		
法兰压力-温度等级	工作温度	20℃	50℃	70℃		
	最高允许工作压力	258.6bar	258.6bar	258.2bar		
设计条件	设计温度	-20~70℃	主要材质	GB/T 9711-L415Q		
	设计压力	26.0MPa	腐蚀裕量	1.5mm		

材料类型		公称尺寸	规格型号	材质	执行标准
管件	双承口管箍	DN15~40(支管)	承插焊支管座 6000	NB/T 47008-16MnⅢ	GB/T 19326
	支管座	DN50~125(支管)	锻制对焊支管座 XXS	NB/T 47008-16MnⅢ	GB/T 19326
法兰		DN15~40	承插焊环连接面法兰 SW RJ Class1500	A350 LF6 CL2	ASME B16.5
		DN50~300	带颈对焊环连接面法兰 WN RJ Class1500 S=对接钢管壁厚	A350 LF6 CL2	ASME B16.5
法兰盖		DN15~300	钢制法兰盖 BL RJ Class1500	A350 LF6 CL2	ASME B16.5
8字盲板		DN15~300	BLF RJ Class1500	A350 LF6 CL2	ASME B16.48
螺栓		所有	全螺纹螺柱	A193 B7	ASME B18.31.2
螺母		所有	管法兰专用螺母	A194 2H	ASME B18.2.2
垫片		所有	金属环形垫(八角型) RJClass1500	304	ASME B16.20
截止阀		DN15~40	截止阀 SW/RJ Class1500	A105	API 602
		DN50~100	直通式截止阀 WN/RJ Class1500	A216 WCB	API 602
		DN125~300	直通式截止阀 WN/RJ Class1500	A216 WCB	ASME B16.34
止回阀		DN15~40	轴流式止回阀 SW/RJ Class1500	A105	API 602
		DN50~100	轴流式止回阀 WN/RJ Class1500	A216 WCB	API 602
		DN150~300	轴流式止回阀 WN/RJ Class1500	A216 WCB	API 6D
闸阀		DN15~40	楔式单闸板闸阀 SW/RJ Class1500	A105	ASME B16.34
		DN50~100	平板单闸板闸阀 WN/RJ Class1500	A216 WCB	ASME B16.34
		DN150~300	平板单闸板闸阀 WN/RJ Class1500	A216 WCB	API 6D

续表

压力等级(公称压力)		Class1500(PN260)	操作介质	增压后天然气		
法兰压力-温度等级	工作温度	20℃	50℃	70℃		
	最高允许工作压力	258.6bar	258.6bar	258.2bar		
设计条件	设计温度	-20~70℃	主要材质	GB/T 9711-L415Q		
	设计压力	26.0MPa	腐蚀裕量	1.5mm		

材料类型	公称尺寸	规格型号	材质	执行标准
球阀	DN15~40	浮动全通径分体球阀 SW/RJ Class1500	A105	ASME B16.34
	DN50~100	固定全通径分体球阀 WN/RJ Class1500	A105	API 6D
	DN150~300	固定球缩径分体球阀 WN/RJ Class1500	A105	API 6D
旋塞阀	DN50~100	旋塞阀 WN/RJ Class1500	A105	API 602
	DN150~300	旋塞阀 WN/RJ Class1500	A216 WCB	API 6D

注：1. 管件所注的壁厚等级为与管件对接的直管的壁厚，管件壁厚由制造厂计算确定。
2. 本等级表中所有规范均以最新版本的标准与规范为准。

九、420A1(表3-16-9)

表3-16-9　420A1

压力等级(公称压力)		Class2500(PN420)	操作介质	增压后天然气		
法兰压力-温度等级	工作温度	20℃	50℃	70℃		
	最高允许工作压力	430.9bar	430.9bar	430.3bar		
设计条件	设计温度	-20~70℃	主要材质	GB/T 9711-L415Q		
	设计压力	42.0MPa	腐蚀裕量	1.5mm		

材料类型	公称尺寸	规格型号	材质	执行标准
管子	DN15	无缝钢管 ϕ21.3×5.0	GB/T 9711-L415Q	GB/T 17395
	DN20	无缝钢管 ϕ26.9×5.5	GB/T 9711-L415Q	
	DN25	无缝钢管 ϕ33.7×6.5	GB/T 9711-L415Q	
	DN32	无缝钢管 ϕ42.4×7.0	GB/T 9711-L415Q	
	DN40	无缝钢管 ϕ48.3×7.5	GB/T 9711-L415Q	
	DN50	无缝钢管 ϕ60.3×9	GB/T 9711-L415Q	
	DN65	无缝钢管 ϕ76.1×10	GB/T 9711-L415Q	
	DN80	无缝钢管 ϕ88.9×12	GB/T 9711-L415Q	
	DN100	无缝钢管 ϕ114.3×14	GB/T 9711-L415Q	
	DN125	无缝钢管 ϕ139.7×17	GB/T 9711-L415Q	

续表

压力等级(公称压力)		Class2500(PN420)	操作介质	增压后天然气		
法兰压力-温度等级	工作温度	20℃	50℃	70℃		
	最高允许工作压力	430.9bar	430.9bar	430.3bar		
设计条件	设计温度	-20~70℃	主要材质	GB/T 9711-L415Q		
	设计压力	42.0MPa	腐蚀裕量	1.5mm		

材料类型		公称尺寸	规格型号	材质	执行标准
管子		DN150	无缝钢管 ϕ168.3×20	GB/T 9711-L415Q	GB/T 17395
		DN200	无缝钢管 ϕ219.1×25	GB/T 9711-L415Q	
		DN250	无缝钢管 ϕ273×30	GB/T 9711-L415Q	
		DN300	无缝钢管 ϕ323.9×34	GB/T 9711-L415Q	
		DN350	无缝钢管 ϕ355.6×38	GB/T 9711-L415Q	
		DN400	无缝钢管 ϕ406.4×43.5	GB/T 9711-L415Q	
管件	弯头	DN15~40	锻钢承插焊 6000	NB/T 47008-16MnⅢ	GB/T 14383
		DN50~250	钢制对焊无缝	GB/T 9711-L415Q	GB/T 12459
		DN300~400	钢制对焊无缝	GB/T 9711-L450Q	GB/T 12459
	三通	DN15~40	锻钢承插焊 6000	NB/T 47008-16MnⅢ	GB/T 14383
		DN50~250	钢制对焊无缝	GB/T 9711-L415Q	GB/T 12459
		DN300~400	钢制对焊无缝	GB/T 9711-L450Q	GB/T 12459
	大小头	DN15~40	锻钢承插焊 6000	NB/T 47008-16MnⅢ	GB/T 14383
		DN50~250	钢制对焊无缝	GB/T 9711-L415Q	GB/T 12459
		DN300~400	钢制对焊无缝	GB/T 9711-L450Q	GB/T 12459
	管帽	DN15~40	锻钢承插焊 6000	NB/T 47008-16MnⅢ	GB/T 14383
		DN50~250	钢制对焊无缝	GB/T 14164-L415Q	GB/T 12459
		DN300~400	钢制对焊无缝	GB/T 14164-L450Q	GB/T 12459
管件	支管座	DN15~40(支管)	锻制承插焊支管座 6000	NB/T 47008-16MnⅢ	GB/T 19326
		DN50~125(支管)	锻制对焊支管座 XXS	NB/T 47008-16MnⅢ	GB/T 19326
法兰		DN15~40	承插焊环连接面法兰 SW RJ Class2500	A350 LF6 CL2	ASME B16.5
		DN50~400	带颈对焊环连接面法兰 WN RJ Class2500 S=对接钢管壁厚	A350 LF6 CL2	ASME B16.5
法兰盖		DN15~400	钢制法兰盖 BL RJ Class2500	A350 LF6 CL2	ASME B16.5
8字盲板		DN15~300	BLF RJ Class2500	A350 LF6 CL2	ASME B16.48
螺栓		所有	全螺纹螺柱	A193 B7	ASME B18.31.2

续表

压力等级(公称压力)		Class2500(PN420)	操作介质	增压后天然气		
法兰压力-温度等级	工作温度	20℃	50℃	70℃		
	最高允许工作压力	430.9bar	430.9bar	430.3bar		
设计条件	设计温度	-20~70℃	主要材质	GB/T 9711-L415Q		
	设计压力	42.0MPa	腐蚀裕量	1.5mm		

材料类型	公称尺寸	规格型号	材质	执行标准
螺母	所有	管法兰专用螺母	A194 2H	ASME B18.2.2
垫片	所有	金属环形垫(八角型) RJ Class2500	304	ASME B16.20
截止阀	DN15~40	截止阀 SW/RJ Class2500	A105	API 602
	DN50~100	直通式截止阀 WN/RJ Class2500	A216 WCB	API 602
	DN125~300	直通式截止阀 WN/RJ Class2500	A216 WCB	ASME B16.34
止回阀	DN15~40	轴流式止回阀 SW/RJ Class2500	A105	API 602
	DN50~100	轴流式止回阀 WN/RJ Class2500	A216 WCB	API 602
	DN150~300	轴流式止回阀 WN/RJ Class2500	A216 WCB	API 6D
闸阀	DN15~40	楔式单闸板闸阀 SW/RJ Class2500	A105	ASME B16.34
	DN50~100	平板单闸板闸阀 WN/RJ Class2500	A216 WCB	ASME B16.34
	DN150~300	平板单闸板闸阀 WN/RJ Class2500	A216 WCB	API 6D
球阀	DN15~40	浮动全通径分体球阀 SW/RJ Class2500	A105	ASME B16.34
	DN50~100	固定全通径分体球阀 WN/RJ Class2500	A105	API 6D
	DN150~300	固定球缩径分体球阀 WN/RJ Class2500	A105	API 6D
旋塞阀	DN50~100	旋塞阀 WN/RJ Class2500	A105	API 602
	DN150~300	旋塞阀 WN/RJ Class2500	A216 WCB	API 6D

注：1. 管件所注的壁厚等级为与管件对接的直管的壁厚，管件壁厚由制造厂计算确定。

2. 本等级表中所有规范均以最新版本的标准与规范为准。

十、420A2（表 3-16-10）

表 3-16-10 420A2

压力等级（公称压力）		Class2500（PN420）	操作介质	增压后天然气		
法兰压力-温度等级	工作温度	20℃	50℃	70℃		
	最高允许工作压力	430. 9bar	430. 9bar	430. 3bar		
设计条件	设计温度	-20~70℃	主要材质	GB/T 9711-L415Q		
	设计压力	28. 0MPa	腐蚀裕量	1. 5mm		

材料类型		公称尺寸	规格型号	材质	执行标准
管子		DN15	无缝钢管 ϕ21. 3×5. 0	GB/T 9711-L415Q	GB/T 17395
		DN20	无缝钢管 ϕ26. 9×5. 5	GB/T 9711-L415Q	
		DN25	无缝钢管 ϕ33. 7×6. 5	GB/T 9711-L415Q	
		DN32	无缝钢管 ϕ42. 4×7. 0	GB/T 9711-L415Q	
		DN40	无缝钢管 ϕ48. 3×7. 5	GB/T 9711-L415Q	
		DN50	无缝钢管 ϕ60. 3×9	GB/T 9711-L415Q	
		DN65	无缝钢管 ϕ76. 1×10	GB/T 9711-L415Q	
		DN80	无缝钢管 ϕ88. 9×12	GB/T 9711-L415Q	
		DN100	无缝钢管 ϕ114. 3×14	GB/T 9711-L415Q	
		DN125	无缝钢管 ϕ139. 7×14	GB/T 9711-L415Q	
		DN150	无缝钢管 ϕ168. 3×16	GB/T 9711-L415Q	
		DN200	无缝钢管 ϕ219. 1×20	GB/T 9711-L415Q	
		DN250	无缝钢管 ϕ273×24	GB/T 9711-L415Q	
		DN300	无缝钢管 ϕ323. 9×28	GB/T 9711-L415Q	
		DN350	无缝钢管 ϕ355. 6×30	GB/T 9711-L415Q	
		DN400	无缝钢管 ϕ406. 4×32	GB/T 9711-L415Q	
管件	弯头	DN15~40	锻制承插焊 6000	NB/T 47008-16MnⅢ	GB/T 14383
		DN50~400	钢制对焊无缝	GB/T 9711-L415Q	GB/T 12459
	三通	DN15~40	锻制承插焊 6000	NB/T 47008-16MnⅢ	GB/T 14383
		DN50~400	钢制对焊无缝	GB/T 9711-L415Q	GB/T 12459
	大小头	DN15~40	锻制承插焊 6000	NB/T 47008-16MnⅢ	GB/T 14383
		DN50~400	钢制对焊无缝	GB/T 9711-L415Q	GB/T 12459
	管帽	DN15~40	锻制承插焊 6000	NB/T 47008-16MnⅢ	GB/T 14383
		DN50~400	钢制对焊无缝	GB/T 14164-L415Q	GB/T 12459
	支管座	DN15~40	承插焊支管座 6000	NB/T 47008-16MnⅢ	GB/T 19326
		DN50~300	锻制对焊支管座 XXS	NB/T 47008-16MnⅢ	GB/T 19326

续表

压力等级(公称压力)		Class2500(PN420)	操作介质	增压后天然气		
法兰压力-温度等级	工作温度	20℃	50℃	70℃		
	最高允许工作压力	430.9bar	430.9bar	430.3bar		
设计条件	设计温度	-20~70℃	主要材质	GB/T 9711-L415Q		
	设计压力	28.0MPa	腐蚀裕量	1.5mm		

材料类型	公称尺寸	规格型号	材质	执行标准
法 兰	DN15~40	承插焊环连接面法兰 SW RJ Class2500	A350 LF6 CL2	ASME B16.5
	DN50~300	带颈对焊环连接面法兰 WN RJ Class2500 S=对接钢管壁厚	A350 LF6 CL2	ASME B16.5
法兰盖	DN15~300	钢制法兰盖 BL RJ Class2500	A350 LF6 CL2	ASME B16.5
8字盲板	DN15~300	BLF RJ Class2500	A350 LF6 CL2	ASME B16.48
螺栓	所有	全螺纹螺柱	A193 B7	ASME B18.31.2
螺母	所有	管法兰专用螺母	A194 2H	ASME B18.2.2
垫片	所有	金属环形垫(八角型)RJ Class2500	304	ASME B16.20
截止阀	DN15~40	截止阀 SW/RJ Class 2500	A105	API 602
	DN50~100	直通式截止阀 WN/RJ Class 2500	A216 WCB	API 602
	DN125~300	直通式截止阀 WN/RJ Class 2500	A216 WCB	ASME B16.34
止回阀	DN15~40	轴流式止回阀 SW/RJ Class 2500	A105	API 602
	DN50~100	轴流式止回阀 WN/RJ Class 2500	A216 WCB	API 602
	DN150~300	轴流式止回阀 WN/RJ Class 2500	A216 WCB	API 6D
闸阀	DN15~40	楔式单闸板闸阀 SW/RJ Class 2500	A105	API 602
	DN50~100	平板单闸板闸阀 WN/RJ Class 2500	A216 WCB	API 602
	DN150~300	平板单闸板闸阀 WN/RJ Class 2500	A216 WCB	API 6D

续表

压力等级(公称压力)		Class2500(PN420)	操作介质	增压后天然气		
法兰压力-温度等级	工作温度	20℃	50℃	70℃		
	最高允许工作压力	430. 9bar	430. 9bar	430. 3bar		
设计条件	设计温度	-20~70℃	主要材质	GB/T 9711-L415Q		
	设计压力	28. 0MPa	腐蚀裕量	1. 5mm		

材料类型	公称尺寸	规格型号	材质	执行标准
球阀	DN15~40	浮动全通径分体球阀 SW/RJ Class 2500	A105	API 608
	DN50~100	固定全通径分体球阀 WN/RJ Class 2500	A105	API 6D
	DN150~300	固定球缩径分体球阀 WN/RJ Class 2500	A105	API 6D
旋塞阀	DN50~100	旋塞阀 WN/RJ Class 2500	A105	API 602
	DN150~300	旋塞阀 WN/RJ Class 2500	A216 WCB	API 6D

注：1. 管件所注的壁厚等级为与管件对接的直管的壁厚，管件壁厚由制造厂计算确定。

2. 本等级表中所有规范均以最新版本的标准与规范为准。

十一、420A3(表 3-16-11)

表 3-16-11　420A3

压力等级(公称压力)		Class2500(PN420)	操作介质	增压后天然气		
法兰压力-温度等级	工作温度	20℃	50℃	70℃		
	最高允许工作压力	430. 9bar	430. 9bar	430. 3bar		
设计条件	设计温度	-20~70℃	主要材质	GB/T 9711-L415Q		
	设计压力	32. 0MPa	腐蚀裕量	1. 5mm		

材料类型	公称尺寸	规格型号	材质	执行标准
管子	DN15	无缝钢管 ϕ21. 3×5. 0	GB/T 9711-L415Q	GB/T 17395
	DN20	无缝钢管 ϕ26. 9×5. 5	GB/T 9711-L415Q	
	DN25	无缝钢管 ϕ33. 7×6. 5	GB/T 9711-L415Q	
	DN32	无缝钢管 ϕ42. 4×7. 0	GB/T 9711-L415Q	
	DN40	无缝钢管 ϕ48. 3×7. 5	GB/T 9711-L415Q	
	DN50	无缝钢管 ϕ60. 3×9	GB/T 9711-L415Q	
	DN65	无缝钢管 ϕ76. 1×10	GB/T 9711-L415Q	
	DN80	无缝钢管 ϕ88. 9×12	GB/T 9711-L415Q	
	DN100	无缝钢管 ϕ114. 3×14	GB/T 9711-L415Q	
	DN125	无缝钢管 ϕ139. 7×16	GB/T 9711-L415Q	

续表

压力等级(公称压力)		Class2500(PN420)	操作介质	增压后天然气		
法兰压力-温度等级	工作温度	20℃	50℃	70℃		
	最高允许工作压力	430.9bar	430.9bar	430.3bar		
设计条件	设计温度	-20~70℃	主要材质	GB/T 9711-L415Q		
	设计压力	32.0MPa	腐蚀裕量	1.5mm		

材料类型		公称尺寸	规格型号	材质	执行标准
管子		DN150	无缝钢管 ϕ168.3×18	GB/T 9711-L415Q	GB/T 17395
		DN200	无缝钢管 ϕ219.1×24	GB/T 9711-L415Q	
		DN250	无缝钢管 ϕ273×28	GB/T 9711-L415Q	
		DN300	无缝钢管 ϕ323.9×32	GB/T 9711-L415Q	
		DN350	无缝钢管 ϕ355.6×34	GB/T 9711-L415Q	
		DN400	无缝钢管 ϕ406.4×38	GB/T 9711-L415Q	
管件	弯头	DN15~40	锻制承插焊 6000	NB/T 47008-16MnⅢ	GB/T 14383
		DN50~400	钢制对焊无缝	GB/T 9711-L415Q	GB/T 12459
	三通	DN15~40	锻制承插焊 6000	NB/T 47008-16MnⅢ	GB/T 14383
		DN50~400	钢制对焊无缝	GB/T 9711-L415Q	GB/T 12459
	大小头	DN15~40	锻制承插焊 6000	NB/T 47008-16MnⅢ	GB/T 14383
		DN50~400	钢制对焊无缝	GB/T 9711-L415Q	GB/T 12459
	管帽	DN15~40	锻制承插焊 6000	NB/T 47008-16MnⅢ	GB/T 14383
		DN50~400	钢制对焊无缝	GB/T 14164-L415Q	GB/T 12459
	支管座	DN15~40(支管)	锻制承插焊支管座 6000	NB/T 47008-16MnⅢ	GB/T 19326
		DN50~125(支管)	锻制对焊支管座 XXS	NB/T 47008-16MnⅢ	GB/T 19326
法兰		DN15~40	承插焊环连接面法兰 SW RJ Class2500	A350 LF6 CL2	ASME B16.5
		DN50~400	带颈对焊环连接面法兰 WN RJ Class2500 S=对接钢管壁厚	A350 LF6 CL2	ASME B16.5
法兰盖		DN15~400	钢制法兰盖 BL RJ Class2500	A350 LF6 CL2	ASME B16.5
8字盲板		DN15~300	BLF RJ Class2500	A350 LF6 CL2	ASME B16.48
螺栓		所有	全螺纹螺柱	A193 B7	ASME B18.31.2
螺母		所有	管法兰专用螺母	A194 2H	ASME B18.2.2

续表

压力等级(公称压力)		Class2500(PN420)	操作介质	增压后天然气		
法兰压力-温度等级	工作温度	20℃	50℃	70℃		
	最高允许工作压力	430.9bar	430.9bar	430.3bar		
设计条件	设计温度	-20~70℃	主要材质	GB/T 9711-L415Q		
	设计压力	32.0MPa	腐蚀裕量	1.5mm		

材料类型	公称尺寸	规格型号	材质	执行标准
垫片	所有	金属环形垫(八角型) RJ Class2500	304	ASME B16.20
截止阀	DN15~40	截止阀 SW/RJ Class2500	A105	API 602
	DN50~100	直通式截止阀 WN/RJ Class2500	A216 WCB	API 602
	DN125~300	直通式截止阀 WN/RJ Class2500	A216 WCB	ASME B16.34
止回阀	DN15~40	轴流式止回阀 SW/RJ Class2500	A105	API 602
	DN50~100	轴流式止回阀 WN/RJ Class2500	A216 WCB	API 602
	DN150~300	轴流式止回阀 WN/RJ Class2500	A216 WCB	API 6D
闸阀	DN15~40	楔式单闸板闸阀 SW/RJ Class2500	A105	ASME B16.34
	DN50~100	平板单闸板闸阀 WN/RJ Class2500	A216 WCB	ASME B16.34
	DN150~300	平板单闸板闸阀 WN/RJ Class2500	A216 WCB	API 6D
球阀	DN15~40	浮动全通径分体球阀 SW/RJ Class2500	A105	ASME B16.34
	DN50~100	固定全通径分体球阀 WN/RJ Class2500	A105	API 6D
	DN150~300	固定球缩径分体球阀 WN/RJ Class2500	A105	API 6D
旋塞阀	DN50~100	旋塞阀 WN/RJ Class2500	A105	API 602
	DN150~300	旋塞阀 WN/RJ Class2500	A216 WCB	API 6D

注：1. 管件所注的壁厚等级为与管件对接的直管的壁厚，管件壁厚由制造厂计算确定。

2. 本等级表中所有规范均以最新版本的标准与规范为准。

十二、690A1（表 3-16-12）

表 3-16-12　690A1

压力等级（公称压力）		10000psi（PN690）	操作介质	增压后天然气		
法兰压力-温度等级	工作温度					
	最高允许工作压力					
设计条件	设计温度	-20~70℃	主要材质	GB/T 9711-L415Q		
	设计压力	56.0MPa	腐蚀裕量	1.5mm		

材料类型		公称尺寸	规格型号	材质	执行标准
管子		65（2-1/16）	无缝钢管 ϕ76.1×14.2	GB/T 9711-L415Q	GB/T 17395
		78（3-1/16）	无缝钢管 ϕ114.3×20	GB/T 9711-L415Q	
		150（4-1/16）	无缝钢管 ϕ168.3×28	GB/T 9711-L415Q	
管件	弯头	DN15~250	钢制对焊无缝	GB/T 9711-L415Q	GB/T 12459
	三通	DN15~250	钢制对焊无缝	GB/T 9711-L415Q	GB/T 12459
	大小头	DN15~250	钢制对焊无缝	GB/T 9711-L415Q	GB/T 12459
	管帽	DN15~250	钢制对焊无缝	GB/T 9711-L415Q	GB/T 12459
	支管座	DN15~80	钢制对焊无缝	GB/T 9711-L415Q	GB/T 12459
法兰		DN15~250	6BX 型焊颈法兰	A694 F60	API 6A
法兰盖		DN15~300	6BX 型盲板法兰	A694 F60	API 6A
螺栓		所有	全螺纹螺柱	A193 B7	ASME B18.31.2
螺母		所有	管法兰专用螺母	A194 2H	ASME B18.2.2
垫片		所有	BX 型金属环垫	304	API 6A
截止阀		DN15~250	截止阀 WN/BX	A350 LF6 CL2	API 6A
止回阀		DN15~300	轴流式止回阀 WN/BX	410	API 6A
闸阀		DN15~250	闸阀 WN/BX	410	API 6A

注：1. 管件所注的壁厚等级为与管件对接的直管的壁厚，管件壁厚由制造厂计算确定。
2. 本等级表中所有规范均以最新版本的标准与规范为准。

十三、支管连接表(表3-16-13)

表3-16-13 支管连接表(所有等级均相同)

	支管																						
	DN	15	20	25	32	40	50	65	80	100	125	150	200	250	300	350	400	450	500	550	600	650	700
主管	15	S(T)																					
	20	S(T)	S(T)																				
	25	S(T)	S(T)	S(T)																			
	32	S(T)	S(T)	S(T)	S(T)																		
	40	S(T)	S(T)	S(T)	S(T)	S(T)																	
	50	SOL(TOL)	S(T)	S(T)	S(T)	S(T)	B																
	65	SOL(TOL)	SOL(TOL)	B	B	B	B	B															
	80	SOL(TOL)	SOL(TOL)	SOL(TOL)	B	B	B	B	B														
	100	SOL(TOL)	SOL(TOL)	SOL(TOL)	SOL(TOL)	B	B	B	B	B													
	125	SOL(TOL)	SOL(TOL)	SOL(TOL)	SOL(TOL)	SOL(TOL)	B	B	B	B	B												
	150	SOL(TOL)	SOL(TOL)	SOL(TOL)	SOL(TOL)	SOL(TOL)	WOL	B	B	B	B	B											
	200	SOL(TOL)	SOL(TOL)	SOL(TOL)	SOL(TOL)	SOL(TOL)	WOL	WOL	WOL	B	B	B	B										
	250	SOL(TOL)	SOL(TOL)	SOL(TOL)	SOL(TOL)	SOL(TOL)	WOL	WOL	WOL	B	B	B	B	B									
	300	SOL(TOL)	SOL(TOL)	SOL(TOL)	SOL(TOL)	SOL(TOL)	WOL	WOL	WOL	WOL	B	B	B	B	B								
	350	SOL(TOL)	SOL(TOL)	SOL(TOL)	SOL(TOL)	SOL(TOL)	WOL	WOL	WOL	WOL	WOL	B	B	B	B	B							
	400	SOL(TOL)	SOL(TOL)	SOL(TOL)	SOL(TOL)	SOL(TOL)	WOL	WOL	WOL	WOL	WOL	B	B	B	B	B	B						
	450	SOL(TOL)	SOL(TOL)	SOL(TOL)	SOL(TOL)	SOL(TOL)	WOL	WOL	WOL	WOL	WOL	WOL	B	B	B	B	B	B					
	500	SOL(TOL)	SOL(TOL)	SOL(TOL)	SOL(TOL)	SOL(TOL)	WOL	WOL	WOL	WOL	WOL	WOL	B	B	B	B	B	B	B				
	550	SOL(TOL)	SOL(TOL)	SOL(TOL)	SOL(TOL)	SOL(TOL)	WOL	WOL	WOL	WOL	WOL	WOL	WOL	B	B	B	B	B	B	B			
	600	SOL(TOL)	SOL(TOL)	SOL(TOL)	SOL(TOL)	SOL(TOL)	WOL	WOL	WOL	WOL	WOL	WOL	WOL	WOL	B	B	B	B	B	B	B		
	650	SOL(TOL)	SOL(TOL)	SOL(TOL)	SOL(TOL)	SOL(TOL)	WOL	WOL	WOL	WOL	WOL	WOL	WOL	WOL	WOL	B	B	B	B	B	B	B	
	700	SOL(TOL)	SOL(TOL)	SOL(TOL)	SOL(TOL)	SOL(TOL)	WOL	WOL	WOL	WOL	WOL	WOL	WOL	WOL	WOL	WOL	B	B	B	B	B	B	B
	DN	15	20	25	32	40	50	65	80	100	125	150	200	250	300	350	400	450	500	550	600	650	700

注：S—承插焊三通；T—螺纹；B—对焊三通；WOL—对焊支管；SOL—承插焊；TOL—螺纹焊接。